图书在版编目(CIP)数据

北京大学年鉴（2005）/《北京大学年鉴》编委会编. — 北京：北京大学出版社，2008.12
ISBN 978-7-301-14208-0

Ⅰ. 北 … Ⅱ. 北… Ⅲ. 北京大学－2005－年鉴 Ⅳ. G649.281-54

中国版本图书馆 CIP 数据核字（2008）第 134735 号

书　　名：北京大学年鉴(2005)
著作责任者：《北京大学年鉴》编委会
责 任 编 辑：陈　洁
封 面 设 计：林胜利
标 准 书 号：ISBN 978-7-301-14208-0/G·2445
出 版 发 行：北京大学出版社
地　　址：北京市海淀区成府路205号　100871
网　　址：http://www.pup.cn　电子信箱：zpup@pup.pku.edu.cn
电　　话：邮购部62752015　发行部62750672　编辑部62752032　出版部62754962
印　刷　者：北京中科印刷有限公司
787毫米×1092毫米　16开本　36印张　1印张彩页　1328 千字
2008年12月第1版　2008年12月第1次印刷
定　　价：120.00元

2004年9月8日,《李岚清音乐笔谈》首发式暨签名赠书仪式在北京大学举行

2004年10月17日,教育部部长周济视察北京大学中国经济研究中心

2004年8月3日，北京大学－早稻田大学教学科研联合中心正式成立

2004年11月9日，康奈尔大学校长杰弗里·雷蒙与北京大学校长许智宏共同为北京大学－康奈尔大学中国与亚太研究项目揭牌

2004年12月18日，北京大学数字中国研究院挂牌成立

2004年6月9日，北京大学师生传递2004年雅典奥运会圣火

2004年9月9日，北京大学召开2004年庆祝教师节暨表彰大会

2004年4月19日，北京大学巴黎高科日举行

2004年4月24日，北京大学首届国际文化节开幕

2004年8月23日，由北京大学、北京市教委和韩国高等教育财团联合举办的首届北京论坛隆重开幕

2004年4月22日，捷克共和国总统瓦茨拉夫·克劳斯访问北京大学

2004年5月25日，巴西总统卢拉访问北京大学

2004年9月8日，加蓬共和国总统哈吉·奥马尔·邦戈·翁丁巴在北京大学演讲

2004年12月24日，委内瑞拉总统查维斯访问北京大学

2004年5月26日，斯坦福大学校长约翰 ·亨尼斯北京大学名誉博士学位授予仪式暨演讲会隆重举行

2004年8月2日，北京大学授予美国哥伦比亚大学校长李·鲍林格教授名誉博士学位

2004年8月3日，北京大学授予英国剑桥大学校长爱莉森·理查德教授名誉博士学位

2004年3月18日，北京大学光华管理学院新大楼奠基典礼举行

2004年4月28日，北京大学中关园留学生公寓奠基开工典礼举行

2004年9月10日，原中共中央政治局委员、国务院副总理钱其琛参加北京大学国际关系学院大楼落成典礼

2004年3月9日，北京大学与江苏省签署全面合作协议

2004年10月12日，国务院副总理吴仪在第六届中国高新技术成果交易会上参观北京大学展台并指导工作

2004年9月1日，北大社区向部分新生捐赠生活用品

2004年11月18日，“杨芙清王阳元院士奖励基金”协议续签仪式举行

未名湖

图书馆

《北京大学年鉴》(2005)编辑委员会

《北京大学年鉴》(2005)编辑部

编辑说明

《北京大学年鉴》(2005)是北京大学建校以来的第七本年鉴，反映了北京大学2004年度在教学改革、学科建设、科学研究、对外交流等各方面的发展进程和最新成就。

《北京大学年鉴》(2005)以文章和条目为基本体裁，以条目为主。全书共分专文，北大概况，机构与干部，院系情况，教育教学与学科建设，科学研究与产业开发，管理与后勤保障，党建与思想政治工作，人物，北京大学党发、校发文件，表彰与奖励，2004年毕业生，2004年大事记等基本栏目。

2004年，北京大学紧紧围绕创建世界一流大学这个中心任务，锐意创新，深化改革，在学科建设、教学科研、人事改革、对外交流、基础建设等各方面都取得了重大成就。本卷在"专文"一栏中收录了2004年部分重要会议的讲话摘要。

本年鉴所收录的各院、系、所、中心等单位的资料，基本上按照发展概况、学科建设、科研活动等条目编写。统计数字附在相关内容之后。

本年鉴所刊内容由各单位确定专人负责提供，并经本单位领导审定。

本年鉴采用双重检索系统。书前有目录，书后有索引。索引采用内容分析主题法，按汉语拼音排序，读者还可以通过书眉查检所需资料。

本年鉴主要收录了各单位2004年1月1日至2004年12月31日期间发生的重大事件，部分内容依据实际情况在时限上略有延伸。

《北京大学年鉴》(2005)由北京大学党委办公室、校长办公室组织编写，在编写过程中，得到了各有关单位和部门的大力支持，在此谨表衷心感谢。

《北京大学年鉴》编辑部

2005年11月

目　录

·专　文· …………………………… (1)

党委书记闵维方在2004年春季全校干部大会上的讲话 ………………………… (1)
校长许智宏在2004年春季全校干部大会上的讲话 ………………………… (4)
党委书记闵维方在2004年秋季全校干部大会上的讲话 ………………………… (9)
校长许智宏在2004年秋季全校干部大会上的讲话 ………………………… (13)
加强思想理论建设　不断提高领导班子的思想政治素质和领导水平 ………………… (18)

·北大概况· ………………………… (20)

·机构与干部· ……………………… (23)

校领导机构组成名单 ………………………… (23)
学术委员会及教师职务评审委员会 ………… (23)
专业技术职务评审委员会 …………………… (24)
学位评定委员会 ……………………………… (24)
学部学术委员会 ……………………………… (24)
第五届校教职工代表大会执行委员会 ……… (25)
医学部负责人 ………………………………… (25)
校机关各部门、工会、团委负责人 ………… (26)
各院、系、所、中心负责人 ………………… (28)
直属、附属单位负责人 ……………………… (30)
民主党派和归国华侨联合会负责人 ………… (31)

·院系情况· ………………………… (33)

数学科学学院 ………………………………… (33)
力学与工程科学系 …………………………… (35)
物理学院 ……………………………………… (36)
地球与空间科学学院 ………………………… (40)
信息科学技术学院 …………………………… (43)
化学与分子工程学院 ………………………… (49)
生命科学学院 ………………………………… (53)
环境学院 ……………………………………… (54)
心理学系 ……………………………………… (55)
中国语言文学系 ……………………………… (57)
历史学系 ……………………………………… (58)
考古文博学院 ………………………………… (59)
哲学系、宗教学系 …………………………… (60)
国际关系学院 ………………………………… (64)
新闻与传播学院 ……………………………… (67)
政府管理学院 ………………………………… (68)
经济学院 ……………………………………… (71)
光华管理学院 ………………………………… (73)
法学院 ………………………………………… (75)
信息管理系 …………………………………… (79)
社会学系 ……………………………………… (80)
外国语学院 …………………………………… (81)
马克思主义学院 ……………………………… (88)
教育学院 ……………………………………… (89)
艺术学系 ……………………………………… (92)
计算机科学技术研究所 ……………………… (94)
中国经济研究中心 …………………………… (95)
人口研究所 …………………………………… (96)
对外汉语教育学院 …………………………… (97)
软件与微电子学院 …………………………… (98)
体育教研部 …………………………………… (101)
基础医学院 …………………………………… (109)
药学院 ………………………………………… (110)
公共卫生学院 ………………………………… (112)
护理学院 ……………………………………… (114)
第一临床医学院 ……………………………… (115)
第二临床医学院 ……………………………… (117)
第三临床医学院 ……………………………… (121)
口腔医学院 …………………………………… (123)
临床肿瘤学院 ………………………………… (125)
第六医院 ……………………………………… (128)
深圳医院 ……………………………………… (130)
首钢医院 ……………………………………… (133)
中国药物依赖性研究所 ……………………… (135)
生育健康研究所 ……………………………… (136)
医学部公共教学部 …………………………… (138)
元培计划管理委员会 ………………………… (139)

·教育教学与学科建设· ……… (142)

本科生教育教学 ……………………………… (142)
　教学改革 …………………………………… (142)
　教学管理与建设 …………………………… (142)
　本科生科研 ………………………………… (143)

教务管理与服务 …… (143)
教材建设 …… (143)
教学评估 …… (143)
招生工作 …… (144)
马克思主义理论课教学 …… (144)
艺术教学 …… (145)
有关数据 …… (145)
医学本、专科生教育教学 …… (146)
附录　北京大学本科专业目录 …… (150)
北京大学本科课程目录 …… (153)
2004 年北京大学录取各省第一名学生名单 …… (169)
2004 年北京大学录取中学生国际奥林匹克竞赛获奖学生名单 …… (170)
研究生教育 …… (170)
发展概况 …… (170)
招生工作 …… (171)
培养工作 …… (171)
学位工作 …… (172)
研究生工作研讨会 …… (173)
研究生院建院 20 周年 …… (174)
全国博士生学术论坛 …… (174)
研究生精品课程 …… (174)
一级学科评估 …… (175)
研究生课程建设中期检查 …… (175)
新疆研究生培养基地成立 …… (175)
优秀博士学位论文颁奖 …… (175)
院系联络人工作 …… (176)
中国研究生院院长联席会秘书处 …… (176)
深圳研究生院 …… (177)
医学研究生教育 …… (178)
附录　2004 年全国优秀博士学位论文 …… (181)
北京大学有权授予博士、硕士学位的学科专业目录 …… (182)
2004 年在校研究生统计 …… (185)
继续教育 …… (186)
概况 …… (186)
招生工作 …… (186)
学籍管理 …… (186)
进修教师 …… (186)
高层次研修班 …… (187)
自学考试 …… (187)
远程教育 …… (187)
成人教育学院 …… (187)
继续教育工作会议 …… (188)
医学继续教育 …… (188)
附录　2004 年北京大学成人高等学历教育招生录取人数统计 …… (189)
2004 年北京大学高层次继续教育学生统计 …… (189)
海外教育 …… (190)
概况 …… (190)
首届国际文化节 …… (190)
第三届“汉语桥”世界大学生中文比赛决赛 …… (190)
中国首届留华毕业生新年招待会 …… (190)
中国—欧盟奥地利暑期学校 …… (190)
新加坡公务员硕士培养项目 …… (191)
短期留学工作 …… (191)
首届斯坦福大学北京大学分校项目 …… (191)
首届华裔新生代企业家中国经济高级研修班 …… (191)
首届美国密歇根大学商学院中国经济高级研修项目 …… (191)
首届美国斯基德模尔大学“中国学”项目 …… (191)
牛津大学、剑桥大学合作项目 …… (192)
预科留学工作 …… (192)
港澳台学生工作 …… (192)
北大—港大中国历史与文化暑期研修班 …… (192)
医学海外教育 …… (192)
附录　北京大学 2004 年秋季在校外国留学生分国别统计表 …… (193)
北京大学 2004 年秋季在校外国留学生分院系统计表 …… (195)
· 科学研究与产业开发 · …… (196)
理科科研 …… (196)
概况 …… (196)
科研基地建设 …… (197)
科研项目与经费 …… (197)
科研成果 …… (199)
医学科研工作 …… (199)
附录　国家重点实验室 …… (201)
国家工程研究中心 …… (202)
教育部重点实验室 …… (202)
教育部网上合作研究中心 …… (202)
北京市重点实验室 …… (202)
2004 年批准成立的交叉学科研究中心 …… (202)
2004 年理科在研科研项目数统计 …… (203)
2004 年理科科研项目到校经费 …… (203)
1998～2004 年到校科研经费分类统计 …… (204)

2004 年获准国家自然科学基金项目 …………………… (205)
2004 年获国家自然科学基金面上和重点项目 …………………… (206)
理科主持的“国家重点基础研究发展规划”项目 …………………… (206)
2004 年理科新获准“国家重点基础研究发展规划”子项目 …………………… (206)
2004 年理科“国家高技术研究发展计划”课题情况 …………………… (207)
2004 年理科获准“创新团队发展计划”清单 …………………… (207)
2004 年理科获准“新世纪优秀人才支持计划”名单 …………………… (207)
2004 年理科获准教育部重大和重点项目 …………………… (207)
2004 年理科获准高等学校博士点专项科研基金 …………………… (207)
2004 年理科获准霍英东高校青年教师奖和青年教师优选资助课题 …… (208)
2004 年理科获准北京市自然科学基金 …………………… (208)
2004 年理科与北京市科委新签科技合同 …………………… (209)
2004 年理科获准北京市教委共建项目 …………………… (209)
2004 年获奖科技成果 …………………… (209)
2004 年理科发表的 SCI 收录论文及分布 …………………… (211)
1995～2003 年发表的 SCI 收录论文比较 …………………… (212)
2004 年发表的部分较高影响因子 SCI 论文(IF>7) …………………… (212)
2004 年理科经过正式鉴定的科研成果 …………………… (213)
2004 年理科通过验收结题的科研项目 …………………… (213)
2004 年理工科获基金委国际(地区)合作项目 …………………… (215)
2004 年理工科获科技部政府间国际合作项目 …………………… (215)
文科科研 …………………… (215)
概况 …………………… (215)
附录 2004 年新增教育部人文社会科学重点研究基地 …………………… (217)
2004 年北京大学获国家社会科学基金项目 …………………… (217)
2004 年北京大学文科获教育部重大攻关项目名单 …………………… (218)
2004 年北京大学文科获其他横向课题项目 …………………… (218)
2004 年留学回国人员科研启动基金文科入选人员名单 …………………… (220)
北京大学获北京市第八届哲学社会科学优秀成果奖名单 …………………… (220)
人文社会科学入选 2004 年教育部“新世纪优秀人才支持计划”名单 …… (221)
科技开发、产业管理与国内合作 …………………… (222)
概况 …………………… (222)
深化校企改制 …………………… (222)
科技开发成果 …………………… (222)
医学部产业管理 …………………… (223)
国内合作 …………………… (224)
附录 2004 年北京大学科技开发部合同额统计总表 …………………… (225)
2004 年北京大学科技开发部技术合同院系分布表 …………………… (225)
2004 年北京大学科技开发部合同到款额统计总表 …………………… (225)
2004 年主要技术合同目录 …………………… (225)
主要高科技企业 …………………… (228)
北大方正集团公司 …………………… (228)
北大青鸟集团 …………………… (230)
北大未名生物工程集团有限公司 …………………… (232)
北大资源集团 …………………… (232)
首都发展研究院 …………………… (233)
对口支援石河子大学 …………………… (235)
深港产学研基地 …………………… (236)
主要教学科研服务机构 …………………… (237)
图书馆 …………………… (237)
医学图书馆 …………………… (243)
北京大学出版社 …………………… (245)
医学出版社 …………………… (246)
档案馆 …………………… (249)
校史馆 …………………… (250)
《北京大学学报》(自然科学版) …………………… (251)
《北京大学学报》(哲学社会科学版) …………………… (253)
《北京大学学报》(医学版) …………………… (254)
现代教育技术中心 …………………… (254)
医学部教育技术中心 …………………… (255)
计算中心 …………………… (256)
医学部信息通讯技术中心 …………………… (259)
医药卫生分析中心 …………………… (260)
实验动物科学部 …………………… (262)

· 管理与后勤保障 · …………………（264）
“985 工程”与“211 工程”建设…………（264）
“985 工程”二期立项 ……………………（264）
“985 工程”一期专项资金使用及效益情况 ……（264）
“十五”“211 工程”中期检查 ………………（264）
发展规划工作 ……………………………（264）
概况 ………………………………………（264）
校园规划编制工作 …………………………（265）
学校机关机构核定和调整工作 ……………（265）
规划落实工作 ………………………………（266）
工作研讨与交流 ……………………………（266）
奥运场馆建设 ………………………………（266）
环境保护与辐射防护工作 …………………（267）
对外交流 …………………………………（267）
校际交流 ……………………………………（267）
外国政要来访 ………………………………（268）
校际合作项目 ………………………………（268）
其他 …………………………………………（268）
派出工作 ……………………………………（268）
专家工作 ……………………………………（269）
港澳台交流 …………………………………（269）
人事管理 …………………………………（269）
概况 …………………………………………（269）
教职工队伍状况 ……………………………（269）
增员情况 ……………………………………（270）
减员情况 ……………………………………（272）
全员聘任制度的建立 ………………………（272）
长江学者的聘任情况 ………………………（272）
新世纪百千万人才工程项目 ………………（272）
北京市优秀教师奖和北京市优秀教育
　工作者项目 ………………………………（272）
奖教金评审工作 ……………………………（272）
人才开发与培训 ……………………………（272）
新任教职工岗前培训 ………………………（274）
青年教师流动公寓 …………………………（274）
年度考核与岗位聘任 ………………………（274）
专业技术职务聘任 …………………………（275）
流动编制管理 ………………………………（277）
富余人员管理 ………………………………（278）
临时聘用人员管理 …………………………（278）
工资与福利 …………………………………（279）
工人技术培训 ………………………………（279）
保险 …………………………………………（280）
离退休人员工作 ……………………………（280）
博士后管理工作 ……………………………（280）
人事档案管理工作 …………………………（281）
人事信息库整理 ……………………………（281）
全国出国留学工作研究会 …………………（281）
医学部人事管理 ……………………………（281）
财务与审计 ………………………………（287）
财务工作 ……………………………………（287）
审计工作 ……………………………………（289）
医学部审计 …………………………………（290）
资产管理 …………………………………（290）
概况 …………………………………………（290）
房地产管理 …………………………………（291）
房改工作 ……………………………………（292）
房地产对外合作 ……………………………（292）
人防工程管理 ………………………………（293）
实验室管理 …………………………………（293）
仪器设备管理 ………………………………（293）
仪器设备采购 ………………………………（294）
世行贷款“高等教育发展项目” ……………（295）
信息化建设工作 ……………………………（295）
全国大型科学仪器共享网络信息管理
　系统项目 …………………………………（295）
医学部资产管理 ……………………………（295）
附录　2004 年北京大学土地资源
　　　基本情况汇总表 ……………………（296）
　　　2004 年北京大学房屋
　　　基本情况汇总表 ……………………（296）
　　　2004 年北京大学教职工住宅
　　　现状情况表 …………………………（296）
　　　2004 年北京大学成套家属
　　　房汇总统计表 ………………………（297）
　　　2004 年北京大学人防工程统计表 ……（297）
　　　北京大学出售公有住宅楼房
　　　情况一览表 …………………………（297）
　　　北京大学实验室基本情况一览表 ……（298）
　　　1999～2004 年北京大学校本部新增
　　　800 元以上仪器设备对照表 ……（298）
　　　北京大学校内开放测试基金
　　　有关情况 ……………………………（298）
　　　北京大学参加北京地区科学仪器
　　　协作共用网情况 ……………………（298）
　　　1998～2004 年北京大学大型仪器
　　　对外测试服务情况 …………………（298）
　　　2004 年北京大学旧仪器
　　　回收款使用情况 ……………………（299）
　　　1999～2004 年北京大学回收报废
　　　仪器设备对照表 ……………………（299）
　　　2004 年北京大学“985 项目”
　　　进口仪器设备一览表 ………………（299）
　　　2004 年北京大学“十五”“211 工程”
　　　进口仪器设备一览表 ………………（300）

2004 年北京大学正常进口仪器设备一览表 …… (302)
2004 年北京大学国家重点实验室及基建经费进口仪器设备一览表 …… (305)
2004 年北京大学办理境外赠送科教用品一览表 …… (305)
2004 年北京大学世行贷款高等教育发展项目三标仪器设备一览表 …… (305)
2004 年北京大学医学部实验室基本情况表 …… (306)
基建与后勤 …… (307)
基建工作 …… (307)
总务系统工作 …… (309)
医学部后勤工作 …… (319)
医院管理 …… (320)
主要医疗指标 …… (320)
2004 年新发 SARS 的有关工作 …… (320)
支援内蒙医疗队工作 …… (320)
纠风专项治理工作 …… (321)
医疗集团工作 …… (321)
“临床路径”工作 …… (321)
医疗纠纷工作 …… (321)
医院评审工作 …… (321)
部属(管)医院管理分会工作 …… (321)
护理工作 …… (321)
教育基金会与校友工作 …… (322)
概况 …… (322)
筹资情况 …… (322)
校友工作 …… (322)
附录　2004 年北京大学奖学金、助学金、奖教金、研究资助概表 …… (323)
2004 年北京大学校级奖学金、助学金、奖教金、研究资助项目统计表 …… (323)
2004 年北京大学院系奖学金、助学金、奖教金、研究资助项目统计表 …… (325)
会议中心 …… (327)
概况 …… (327)
勺园 …… (327)
对外交流中心 …… (328)
百周年纪念讲堂 …… (328)
中关园项目部 …… (329)
燕园社区服务中心 …… (330)
燕园街道办事处 …… (333)
北京大学医院 …… (334)
北京大学附属中学 …… (336)
北京大学附属小学 …… (339)
· 党建与思想政治工作 · …… (342)
组织工作 …… (342)
概况 …… (342)
干部队伍基本情况 …… (342)
党建工作 …… (342)
干部工作 …… (343)
培训工作 …… (343)
组织系统内部建设 …… (344)
医学部组织工作 …… (344)
宣传工作 …… (347)
概况 …… (347)
理论工作 …… (347)
新闻宣传工作 …… (348)
校园文化建设 …… (349)
校报工作 …… (349)
广播台工作 …… (350)
电视台工作 …… (351)
网络与图片编辑部 …… (351)
英语新闻网 …… (352)
医学部宣传工作 …… (352)
统战工作 …… (354)
概况 …… (354)
大事记 …… (354)
医学部统战工作 …… (355)
纪检监察工作 …… (358)
党风廉政建设 …… (358)
惩防腐败体系 …… (358)
领导干部廉洁自律 …… (359)
宣传教育 …… (359)
信访接待与案件办理 …… (360)
纠风与专项监督检查 …… (360)
岗位聘任申诉受理调查工作 …… (360)
调研成果 …… (360)
纪检监察干部队伍建设 …… (360)
医学部纪检监察工作 …… (360)
保卫工作 …… (363)
概况 …… (363)
重大警卫活动 …… (364)
维护校园稳定 …… (364)
保密工作 …… (364)
治安与科技防范 …… (364)
消防工作 …… (364)
校园环境秩序整治 …… (364)
医学部保卫工作 …… (365)
工会与教代会工作 …… (366)
概况 …… (366)
组织宣传工作 …… (367)

文化工作 …………………………………… (367)
体育工作 …………………………………… (367)
青年工作 …………………………………… (368)
女教职工工作 ……………………………… (368)
生活福利工作 ……………………………… (368)
第五届教代会暨第十七次工代会 ………… (369)
医学部工会与教代会工作 ………………… (369)
学生工作 …………………………………… (371)
概况 ………………………………………… (371)
队伍建设 …………………………………… (371)
学生思想政治教育 ………………………… (371)
学生日常管理 ……………………………… (373)
完善助学体系 ……………………………… (373)
国防教育 …………………………………… (373)
万柳学区工作 ……………………………… (374)
毕业生就业工作 …………………………… (374)
青年研究中心 ……………………………… (376)
医学部学生工作 …………………………… (377)
共青团工作 ………………………………… (380)
概况 ………………………………………… (380)
学生思想政治教育 ………………………… (381)
理论研究与宣传引导 ……………………… (382)
学术科技与社会实践 ……………………… (382)
校园文化建设 ……………………………… (383)
学生组织与学生社团 ……………………… (383)
青年志愿者行动 …………………………… (384)
机关建设与组织建设 ……………………… (385)
共青团干与学生骨干培养 ………………… (386)
万柳学区共青团工作 ……………………… (386)
医学部共青团工作 ………………………… (387)

· 人物 · ………………………………… (392)
在校院士简介 ……………………………… (392)
教授名录 …………………………………… (412)
2004 年在岗博士生导师名单 ……………… (421)
2004 年逝世人物 …………………………… (427)

· 2004 年北京大学党发、校发文件 · ………………… (428)

· 表彰与奖励 · ……………………… (446)
北京市优秀教师和教育工作者 ………… (446)
北京大学教学优秀奖获得者 …………… (446)
2004 年北京大学奖教金获奖教师名单 ……… (447)
2004 年北京大学获国家级精品课名单 ……… (448)
2004 年北京大学获北京市级精品课名单 …… (449)
市级、校级优秀共产党员 ……………… (449)
北京大学先进党支部 …………………… (452)
市级、校级学生奖励获得者 …………… (453)
奖学金获得者 …………………………… (466)
校级优秀毕业生 ………………………… (480)
2004 届北京地区高等学校优秀毕业生名单 …………………………… (484)
共青团系统表彰奖励名单 ……………… (485)

· 毕业生名单 · ……………………… (489)
本专科毕业生 …………………………… (489)
硕士毕业生 ……………………………… (496)
博士毕业生 ……………………………… (501)
毕业留学生 ……………………………… (503)

· 2004 年大事记 · ……………………… (505)

· 附录 · ………………………………… (522)
2004 年名誉教授授予情况 ……………… (522)
2004 年客座教授授予情况 ……………… (522)
2004 年聘请的顾问教授 ………………… (524)
2004 年授予的名誉博士 ………………… (524)
媒体报道有关北京大学主要消息索引 …… (525)

· 索引 · ………………………………… (538)

Contents

Speeches ………………………………………… (1)

CCP Secretary Min Weifang's Speech at the Spring Convention of PKU Cadres ………… (1)

President Xu Zhihong's Speech at the Spring Convention of PKU Cadres ………………… (4)

CCP Secretary Min Weifang's Speech at the Autumn Convention of PKU Cadres ………… (9)

President Xu Zhihong's Speech at the Autumn Convention of PKU Cadres ………………… (13)

Enhancing Theoretical Levels for Political Quality and Leadership ………………… (18)

Peking University Survey ………… (20)

Body and Leadership Lists ………… (23)

University Leaders ……………………… (23)

Academic Committee and Faculty Evaluation Committee ………………………………… (23)

Evaluation Committee of Professional Posts ………………………………………… (24)

Committee for the Evaluation of Academic Degree …………………………… (24)

Board of Academic Committees ………… (24)

The Fifth Executive Committee of Faculty and Staff Representative Congress ………… (25)

Leaders of Health Science Center ………… (25)

Leaders of the Administrative Bodies, Workers' Union and Youth League ……… (26)

Leaders of Colleges, Schools, Departments and Research Centers ……………………… (28)

Leaders of Direct-subordinate and Affiliated Organizations ……………………… (30)

Leaders of Democratic Parties and the Union of Homecoming Overseas Chinese ………… (31)

Schools and Departments ………… (33)

Mathematics ……………………………… (33)

Mechanics and Engineering ……………… (35)

Physics ………………………………… (36)

Earth and Space Sciences ……………… (40)

Electronic Engineering and Computer science …… (43)

Chemistry and Molecular Engineering ……… (49)

Life Science ……………………………… (53)

Environmental Science ………………… (54)

Psychology ……………………………… (55)

Chinese Language and Literature ………… (57)

History ………………………………… (58)

Archaeology ……………………………… (59)

Philosophy and Religious Studies ………… (60)

International Studies …………………… (64)

Journalism and Communication …………… (67)

Political Science and Management ………… (68)

Economics ……………………………… (71)

Guanghua School of Management ………… (73)

Law ……………………………………… (75)

Information Management ………………… (79)

Sociology ……………………………… (80)

Foreign Languages ……………………… (81)

Marxist Studies ………………………… (88)

Education ……………………………… (89)

Art Studies ……………………………… (92)

Research Institute of Computer Science and Technology ……………………………… (94)

China Center for Economic Research ………… (95)

Research Institute of Demographics ………… (96)

International College for Chinese Language Studies ……………………… (97)

Software and Microelectronics ……………… (98)

Physical Education and Research ………… (101)

Basic Medical Sciences ………………… (109)

Pharmacy ……………………………… (110)

Public Health …………………………… (112)

Nursing ………………………………… (114)

The First School of Medicine …………… (115)

The Second School of Medicine ………… (117)

The Third School of Medicine …………… (121)

Stomatology …………………………… (123)

Clinic Oncology ………………………… (125)

The Sixth Hospital ……………………… (128)

Shenzhen Hospital ······························ (130)
Hospital of Capital Steel Company ··········· (133)
National Institute on Drug Dependency ······ (135)
Institute of Reproductive and Child Health ······ (136)
Department of Public Teaching in
Health Science Center ······················ (138)
Committee of Yuanpei Program ·············· (139)

Teaching and Disciplinary Buildup ······ (142)

Education and Instruction of
Undergraduates ······························ (142)
Graduate Education ·························· (170)
Adult Education ······························ (186)
Overseas Education ·························· (190)

Academic Research and Enterprise Development ·········· (196)

Researches in Science ························ (196)
Researches in Humanity and Social Science ······ (215)
Hi-tech Development, Enterprises Management
and National Cooperation ·················· (222)
Main Hi-tech Enterprises ····················· (228)
Beijing Development Institute at PKU ········ (233)
Supporting Shihezi University ··············· (235)
Enterprises Management and Research
Base in Shenzhen and Hongkong ··········· (236)
Main Teaching and Research Faculties ········ (237)

Administration and Logistics ······ (264)

Construction of "985 Project" and
"211 Project" ······························· (264)
Development and Planning ··················· (264)
External Exchanges ························· (267)
Human Resource Management ················ (269)
Finance and Auditing ························ (287)
Assets Management ·························· (290)
Capital Construction and Logistics ·········· (307)
Hospital Management ························ (320)
Foundation of Education and Alumni
Association ································· (322)
Conference Centers ·························· (327)
Yanyuan Community Service Center ·········· (330)
Yanyuan Community Office ················· (333)
PKU Hospital ································· (334)
Affiliated High School of PKU ················ (336)
Affiliated Primary School of PKU ··········· (339)

The CCP Construction and Ideological Education ············· (342)

Organization ·································· (342)
Public Education ······························ (347)
United Front ·································· (354)
Disciplines Inspection and Supervision ········ (358)
Security ······································ (363)
Labor Union and Convention of
Faculty Representatives ····················· (366)
Management of Students ···················· (371)
Communist Youth League ···················· (380)

Profiles ·· (392)

Briefs on PKU Academicians ················ (392)
List of Professors ···························· (412)
List of Supervisors for Ph. D ················ (421)
The Deceased in 2004 ······················ (427)

CCP and Collegiate Documents in 2004 ································ (428)

List of Honors and Awards ········ (446)

Excellent Teachers and
Educators in Beijing ························ (446)
Teaching Prize Winners ······················ (446)
PKU Excellent Classes in China ············ (448)
PKU Excellent Classes in Beijing ············ (449)
Excellent CCP Members ····················· (449)
Excellent CCP Branches ····················· (452)
Student Award Winners ······················ (452)
Scholarship Winners ························· (466)
Excellent Graduates ························· (480)
Excellent Graduates from
Beijing Region ······························ (484)
the Awarded in the Communist
Youth League ······························· (485)

Lists of Graduates ······················ (489)

Undergraduates ······························ (489)
Graduates ···································· (496)
Ph. D. Graduates ···························· (501)
International Graduates ······················ (503)

Events Chronicles in 2004 ………… (505)

Appendixes ……………………………… (522)

PKU Honorary Professors …………………… (522)

PKU Visiting Professors …………………… (522)

PKU Consulting Professors ………………… (524)

PKU Honorary Doctorate Awarded ………… (524)

Indexes of Briefs on PKU in Media Reports(2004) ……………………… (525)

Indices ……………………………………… (528)

·专 文·

党委书记闵维方在2004年春季全校干部大会上的讲话

（2004年2月12日）

同志们：

1月17日和18日，学校领导召开了今年的寒假工作研讨会，会议着重研讨了制订“985工程”二期规划、推进师资人事制度改革、开展职称评审、进行机关干部任期届满考核与重新聘任、加强学校财务工作、加快校园信息化建设等议题，对本学期的主要工作做出了安排。刚才许校长的讲话已经将会议的主要内容做了传达，请同志们结合本单位实际，尽快制订好本单位新学期的工作计划，明确目标、任务和职责，认真贯彻落实。

2003年是极其不平凡的一年，国际国内都发生了许多备受瞩目、影响深远的重大事件。就学校而言，除了继续全面推进“985工程”、加快一流大学建设外，2003年也是一个具有特殊重要意义的年份，值得回顾和总结的事情很多，但总的来看，与学校改革、发展、稳定的大局关系最为紧要的主要有三件大事。

第一件大事是抗击非典的斗争。

在这场突如其来的灾害面前，全校党员和师生员工都经受了一次重大而严峻的考验。我们在党中央、国务院和教育部、北京市委、市政府的正确领导下，积极采取防控措施，组织科研攻关，救治非典患者，不仅确保了非典期间校园的安全稳定和教学科研工作的有序进行，而且为北京市夺取抗击非典的阶段性重大胜利做出了重要贡献。在这场斗争中，学校各级党组织表现出了空前的凝聚力和战斗力，广大师生员工形成了众志成城、和衷共济、迎难而上、敢于胜利的抗击非典精神，这都将成为我们加快创建世界一流大学进程的强大精神动力。

大家一定已经注意到了，从去年年底开始，个别地区又陆续发现了一些非典疑似病例。这说明非典病毒对人类生命健康安全仍然具有现实的威胁，抗击非典的斗争还在继续。最近，高致病性禽流感疫情又侵袭了包括我国在内的一些国家和地区，党中央、国务院十分重视，迅速做出一系列重大决策，要求千方百计地做好预防工作，严防疫情蔓延，确保疫情不感染到人。有了去年防治大规模爆发疫情的经验和教训，我们今年的防控工作应该更加有效、更加得力，不必恐慌，沉着应对，但关键是思想上千万不可麻痹大意！

2月10日，市委组织部转发了《中央组织部关于在防治禽流感工作中充分发挥基层党组织战斗堡垒作用和共产党员先锋模范作用的通知》。《通知》号召广大基层党组织把思想和行动统一到党中央、国务院的一系列重要决策和部署上来，讲政治、讲大局，成为团结和带领群众战胜疫情、夺取胜利的坚强战斗堡垒。广大共产党员要牢记全心全意为人民服务的宗旨，带头落实好各项防治措施，为群众做出表率。

学校党委要求，各级党政领导和负责人都要以对师生员工生命健康安全高度负责的态度，把防控疫情当作一项十分重要的政治任务来抓，切实做好各项工作，一定要认识到位，领导到位，工作到位！希望大家发扬抗击非典精神，提高防范意识，保持良好的卫生习惯和生活习惯，发现可疑病情要及时报告。学校防治非典工作领导小组和办公室一直在运转，进入易发期后更要把工作抓紧抓好，一些被实践证明行之有效的制度和措施要继续坚持，加强对基层防治疫情工作的督促和检查，一定要责任到人，确保万无一失！

第二件大事，是我们去年12月18日至20日胜利召开了北京大学第十一次党代会。

这次党代会召开的时机非常重要，一方面，这是两校合并以后召开的第一次党代会，又是“985工程”一期告竣、二期即将启动的时刻召开的一次承前启后、继往开来的大会；另一方面，党的十六届三中全会刚刚闭幕，全国人才工作会议同期召开，无论是《中共中央关于完善社会主义市场经济体制若干问题的决定》还是人才强国战略的实施，都为学校进一步深化改革、扩大开放、加快发展指明了方向，使我们能够更好地把握住新世纪头二十年的重要战略机遇期，信心百倍地朝着世界一流大学的宏伟目标阔步前进。

在全体党代表和广大师生员工的共同努力下，党代会圆满完成了两大任务：一是审议通过了第十届党委和上一届纪委的工作报告；二是选举产生了北大第十一届党委和新一届纪委。在随后分别召开的党委和纪委第一次全体会议上，又选举产生了第十一届党委常委和书记班子、新一届纪委书记班子。2003年12月29日，北京市委组织部正式批复了我校第十一次党代会的选举结果。这是两校合并以后根据党章和有关文件规定，严格按照组织程序选举产生的第一个北大党的领导集体。在酝酿候选人和正式选举的过程中，既充分发扬了民主，又充分集中了民意，因此当选的党委委员和纪委委员都有着很好的群众基础。新的领导班子成员识大体、顾大局、负责任、有能力、干实事，年龄结构、性别结构、学科结构都比较合理，代表面比较广，这为我们的事业持续、健康、快速地发展提供了坚强的组织保证。

这次党委换届，书记班子的变动比较大。赵存生副书记因为年龄到线而卸任，但现在仍然担任学校工会主席和教代会执委会主任职务，在工会、教代会换届之前继续主持这方面的工作。王登峰副书记被中央组织部选派西部地区挂职，支援西部建设，不再进入新一届党委。这两位刚刚离职的副书记，多年来在各自的主管领域内为学校的建设与发展都做出了非常重要的贡献，在此，我谨代表学校上一届党委和本届党委，代表与他们共事过的领导班子成员，代表广大师生员工对他们表示最衷心的感谢！

当选的两位副书记，一位是吴志攀同志，他将分管意识形态工作、理论宣传工作，并继续兼任主管文科学科建设和发展方向的副校长。另一位是张彦同志，他将主管学生工作，目前还兼任党办校办主任。这两位同志年富力强，对接手的工作都有着丰富的基层工作经验，在长期的工作中也得到了广大师生的好评，希望大家继续支持他们的工作。我们期待着他们在新的工作岗位上开创出新的工作局面。

由于人员变化和分工调整，岳素兰副书记除了继续主管组织干部工作，协助党委书记分管纪检监察工作外，还将协管统战工作。其他9位党委常委的分工如下：

许智宏，党委常委、校长，学校行政首长、法人代表，全面负责学校的教学科研和行政运行工作。

林钧敬，党委常委、副校长兼秘书长，协助校长分管全校的行政运行与协调工作。暂时分管学生行政工作，逐步由张彦副书记接手。

林久祥，党委常委、副校长，协助校长负责学校的人事工作。

郝平，党委常委、副校长，协助校长负责国际合作和校长交办的其他工作。

林建华，党委常委、副校长兼教务长，协助校长负责学科建设，统筹全校的教学科研工作。

王丽梅，党委常委，纪委书记，主要负责纪检监察工作。

杨河，党委常委、党委组织部部长，主要负责党的建设、组织发展、干部培训和队伍建设等工作。

柯杨，党委常委、医学部常务副主任，受韩启德主任的委托，负责医学部日常工作。

郭岩，党委常委、医学部党委书记，负责医学部党务工作。

第三件大事，就是师资人事制度改革。

这件事在社会上引起了较大反响。有关这次改革的大的思路，就是在去年的寒假工作研讨会上确定的，转眼已经一年过去了。经过这一年的反复研讨、修改和完善，大家的共识越来越多，改革方案也越来越稳妥，实施的时机也比较成熟了。刚才许校长在讲话中已经做了重点说明，中心思想就是要稳步推进。师资人事制度改革，不仅是北京大学创建世界一流大学的客观需要，而且与国家在社会经济各个领域不断深化改革的必然趋势完全一致，是完全符合党的十六届三中全会精神的。去年12月召开的全国人才工作会议提出大力实施人才强国战略，北京大学不仅应该通过不断提高教育教学质量和增强对优秀人才的吸引力，使自己成为实施人才强国战略的强大生力军；而且也要通过改革人才引进和培养机制不断提高师资队伍的整体水平，优化人才结构，增强国际竞争力，努力形成精英荟萃、人才辈出的局面，走“人才强校”的道路。

有许多兄弟院校，像清华、北师大、中山大学等等，在我们提出师资人事制度改革计划的前后，都纷纷制订了各自的改革方案，也正在聚精会神地实施校内改革。形势逼人，如逆水行舟，不进则退，我们必须快马加鞭。所以希望大家一定要高度重视，按照学校的工作部署，抓紧制定出本院系的实施细则，在上报学校师资人事改革领导小组审核批准后尽快实施。主管人事工作的林久祥副校长和校人事部还将在最近召开各单位主管人事工作的负责人会议，布置今年的职称评审工作。

以上是我结合去年的工作回顾对本学期的一些主要工作谈的一些原则意见，作为对许校长讲话的一点补充。关于学校的党建与思想政治工作，除了要按照上级党组织的规定和要求做好常规性工作外，本学期还要重点做好六项工作：

第一，加强领导班子建设。

领导班子建设是党的建设的重要内容，党员干部在工作、学习和生活中都要严于律己，以身作则。新一届党委、纪委领导班子要始终坚持以“三个代表”重要思想为指导，按照“立党为公，执政为民”的要求，一心一意谋发展，全心全意为广大师生员工服务；要继承和发扬北大的光荣传统，坚持理论联系实际、密切联系群众、批评和自我批评的优良作风，自觉接受群众监督，不断加强自身的思想建设、组织建设和作风建设；要迅速熟悉工作，进入角色，进一步完善“党委领导下的校长负责制”，坚持民主集中制原则，充分发挥党委一班人的作用，努力建设一个政治坚定、团结敬业、勤奋实干的领导班子。

第二，积极探索在大学生和青年教师中发展党员的有效途径。

去年由中组部和教育部联合召开的全国高校第十二次党建工作会议，重点研讨的就是这个问题。总体来看，我校党委这方面的工作比较扎实，积累了一些有益的经验，因此被选在会上做了交流发言。但是，在新的时期新的形势下，在大学生和青年教师中发展党员的工作也面临着许多新的挑战和问题。这就要求我们在总结经验的基础上进一步增强工作的针对性和实效性，努力将越来越多的优秀年轻人才吸引到党的队伍中来，不断巩固党的阶级基础，扩大党的群众基础。针对这个问题，学校党委和基层党组织都要积极开展调查研究，探索新方法，开辟新思路，开创新局面。

第三，以纪念邓小平同志诞辰一百周年为契机，再次兴起学习、宣传、贯彻、实践邓小平理论和“三个代表”重要思想的新高潮。

今年是邓小平同志诞辰一百周年，学校党委将组织一系列纪念活动。我们要把缅怀伟人的丰功伟绩与明确自己的历史使命结合起来，把理论武装与指导实践、推动工作结合起来，要以创建世界一流大学、落实科教兴国和人才强国战略的实际行动为建设中国特色社会主义事业做出更大的贡献。

第四，大力弘扬求真务实精神，加强党风廉政建设和纪检监察工作。

我校的党风、校风、学风、医风总体上是很好的，但这几年也发生了极个别的违法乱纪事件，给学校声誉造成了一定的负面影响。这说明党风廉政建设、师德学风建设、医德医风建设一刻也不能松懈，纪检监察工作要不断加强。我们要严明党的纪律，加强思想教育，注重制度建设，强化监督制约，努力做到为政要廉、用人要当、办事要公、作风要实。要坚持惩防并举，防微杜渐，增强职业荣誉感和社会责任感，提高职业道德水平，坚决抵制一切教育腐败和学术腐败行为。纪检监察部门要继续加强党风廉政的宣传和教育工作，加强对执行法纪情况的监督和检查，坚决查处各种违法违纪行为，维护党纪国法的严肃性。

第五，积极做好统战工作和群团工作，开好教代会和团代会。

要充分认识高校统战工作的特点和重要性，认真听取民主党派和无党派人士对学校建设与发展的建议与意见，积极支持他们参与学校的各项工作，热情鼓励他们通过各种渠道和方式为学校的改革、发展、稳定出谋划策，解决他们的实际困难。今年还要召开共青团北京大学第十七次代表大会、第五届教职工代表大会暨第十七次工会会员代表大会，这都是学校政治生活中的大事，校党委已经分别成立了由岳素兰副书记牵头的工会、教代会筹备工作领导小组和由张彦副书记牵头的团代会筹备工作领导小组，希望各有关部门在领导小组的统一指挥下，加强协调，精心筹备，确保各项工作的顺利进行。今年是五四运动八十五周年，对北大和共青团组织都意义非凡。在这个特殊时刻召开团代会，要充分体现出北大共青团组织弘扬传统、自强不息、与时俱进、继往开来的精神风貌，要利用这个机会在广大青年学生中开展一次深刻的革命传统教育和时代精神教育。

第五届教职工代表大会暨第十七次工会会员代表大会是两校合并以后第一次全校性的教代会和工会会员代表大会，除了听取学校行政工作报告、财务工作报告、上届教代会和工会委员会工作报告，还要选举产生新一届教代会执委会和工会委员会、经费审查委员会。开好这次会议，对进一步加深校本部和医学部的实质性融合大有裨益，但同时我们也要对筹备工作中可能遇到的各种问题有所准备，以积极进取、有利发展的建设性态度加以解决。教代会、工会会员代表大会和团代会事关全校各机关、各院系、各附属医院，希望大家在学校党委的统一领导下，积极配合筹备工作领导小组做好代表推选、培训和换届人选酝酿等各项工作。我们要通过这两次会议进一步凝聚全校师生员工的智慧和力量，振奋精神，鼓舞士气，把创建世界一流大学的事业不断推向前进。

第六，维护学校安全和保持政治稳定。

这是在任何时候都不能掉以轻心的重要工作。从去年年底到今年年初，国内发生了多起重大安全事故，伤亡人数众多。大家一定要引以为戒，自觉地严格遵守和执行各项安全规章和制度。安全保卫、后勤保障、学生管理和实验室管理等部门尤其要切实负起责任，加强对各种安全隐患的排查，防患于未然。今年是国庆五十五周年、五四运动八十五周年，我们要努力确保学校稳定，自觉维护好安定团结的政治局面。安全稳定工作要层层负责，狠抓落实，各基层党委（党总支）书记是第一责任人，要加强领导，扎实工作。各级党政领导要关心广大师生员工的学习、工作、生活和思想动态，要增强政治敏锐性和责任感，善于做思想工作。各部门要强化教书育人、管理育人、服务育人的意识，不断优化育人环境，加强对青年学生的正面引导。对校园及网络中的热点、焦点和难点问题，要及时掌握，心中有数，妥善处理，避免产生不稳定因素。

同志们，今年是贯彻落实我校第十一次党代会精神的头一年，也是“985工程”第二期的开局之年，我们要努力做好各项工作，为学校未来几年的建设与发展奠定坚实的基础。今年机关干部还要进行届满考核、重新聘任，院系开始施行师资人事制度改革，大家担子很重，责任很大，希望大家能统筹兼顾，锐意进取，脚踏实地，开拓创新。我相信，通过大家的共同努力和不懈奋斗，我们的工作一定会再上一个新的台阶，我们在创建世界一流大学的道路上还将迈出更大的步伐！

最后，祝同志们身体健康，工作顺利！谢谢大家！

校长许智宏在2004年春季全校干部大会上的讲话

（2004年2月12日）

各位老师，同志们：大家下午好！

春节刚过，新学期伊始，在此我谨代表学校党委和行政给在座的各位老师拜一个晚年，祝大家身体健康、工作顺利、家庭幸福、万事如意。

2003年是不平凡的一年。我校经历了非典的洗礼，在取得抗击非典斗争阶段性胜利的同时，显现了空前的凝聚力和战斗力。这一年，学校的建设也迎来了新的、重要的发展阶段，取得了令人鼓舞的成绩。“211工程”二期如期启动，文科、理科、医科的学科布局和发展战略进一步明确；本科生教学改革不断深化，研究生教育在招生、培养和论文质量等环节出台了新的举措，新生录取、学生就业等方面取得了很好的成绩；医学部在全国七年制医学教育教学工作评估中获得了全优的评价。在最近公布的全国第二次学科评估结果涉及的42个一级学科中，我校有13个，在前三名的有10个，其中哲学、公共管理、地理学、地球物理学、基础医学排名第一，生物学名列中科院两个研究所之后，但在高校中也排名第一。在教学科研和学科建设取得进展的同时，我校师资人事制度改革方案经过一年的充分讨论和酝酿已经基本具备全面实施的环境和条件；在北京市委、市政府和海淀区领导的支持下，期盼多年的拓展办学空间的任务取得重要进展；基础设施建设继续推进；国际、国内交流与合作欣欣向荣。更重要的是，在2003年年底胜利召开的北京大学第十一次党代会提出了我校未来几年建设的总体思路和主要任务，对我校的改革、发展和稳定，对创建世界一流大学宏伟目标的实现必将起到重要的推动作用。

春节前，闵书记和我先后出席了中央和北京市召开的一些重要会议，包括中央人才工作会、教育部直属高校领导咨询会、北京市高校领导干部会等。参加这些会议，使我们更加深切地感受到了落实科教兴国战略和人才强国战略对增强国家核心竞争力的必要性和紧迫性，感受到了国家对北大完成创建世界一流大学历史使命寄予的厚望，感受到了全国乃至世界范围内高等教育领域的激烈竞争对学校发展所形成的巨大压力。逆水行舟，不进则退，慢进也是退，这就是我们面临的基本形势。

1月17日至18日，学校领导班子召开了工作研讨会，在传达中央和上级重要会议精神的同时，集中研究了实施“985工程”二期的战略思路与策略，讨论了推进师资人事制度改革的具体步骤和配套措施，分析了学校面临的财政形势和主要问题，审议了2003年预算执行情况和2004年预算草案，部署了本学期要开展的主要工作。下面，我结合这次会议研讨的议题就本学期工作谈几点意见。

一、高度重视，认真筹划，最大限度地争取“985工程”二期的经费支持

“985工程”二期将于今年正式启动。按照教育部和财政部的思路，二期将着眼于创建一批具有国际先进水平的科技创新平台，着眼于增强大学的科技创新能力，着眼于提高大学在国家科技创新体系中的地位。“985工程”连同已经批准立项的“211工程”二期，支持面将涵盖重点学科建设、队伍建设、教学基地建设、公共服务体系建设、基础设施建设和改造等学校改革和发展的各个方面。我们迎来了又一个重要的、历史性的发展机遇。本学期我校的中心工作就是凝聚全校师生员工的力量，全力以赴争取“985工程”二期的支持。这方面的工作，由我和林建华副校长牵头组织实施。

“985工程”二期在资源配置上与一期有非常大的不同。我们都知道，一期三、六、九个亿，分三年拨付给学校，具体建设项目由学校安排，经教育部审查后执行。按照教育部的意见，二期经费的总额不低于一期；但这是总盘子，并不保证每个列入“985工程”建设的高校都得到原来额度的支持，因为二期经费相当一部分是以学科创新平台项目的建设为载体来实施的。

去年年底，学校组织各主要院系积极准备，共提出了20个“985工程”国家科技创新及学科建设平台拟建项目方案，其中包括人文社会科学的七个项目、理科的九个项目和医科的四个项目。在元旦前后，学校组织专家和相关职能部门领导分别听取了各个院系的汇报，进行了初步论证。我参加了大部分平台项目的论证会。通过论证可以看出，各院系对“985工程”二期的平台建设非常重视，做了大量的准备工作。应该说，考虑到我校有81个国家重点学科，能通过梳理形成20个项目这样一个盘子已属不易。由于时间紧迫，也难免存在不少问题，例如：有的院系提出的方案比较粗糙，目标定得过于理想化，没有具体的、可操作的实施办法，需要进一步研究和细化。我们必须仔细领会国家的战略意图，制订的发展战略和发展措施符合国家社会经济发展和科技发展的需求，符合财政部、教育部和科技部的大思路，这样才能得到政府的支持。有了政府的支持，才能真正落实学校的学科发展战略选择。同时，我们也要立足于学校长期以来形成的综合学科优势和跨学科研究的优势，立足于提高学校在国家社会经济发展和科技进步中的影响力，提高学校承担国家重大项目和科研任务的能力。如果我们的学科平台设计得不好，论证不充分，目标不明确，措施不到位，就很难确保得到不低于一期强度的支持。

什么是国家希望建设的学科平台？通过这段时间的组织研讨，学校认为，这样的学科平台要有以下几个特征：具有巨大的科技创新和知识创新能力；具有凝聚、吸引、培养高层次人才的能力；能够服务于社会，为增强国家的核心竞争力提供重大的成果；能够和国家与社会需求密切结合。因此，“985工程”二期建设的总体目标就是，通过“985工程”和学科平台的建设，全面提高北京大学的科技创新能力和整体实力。具体标志包括：

1. 科研成果　要通过“985工程”建设，使学校的论文、专利和科技成果转化的质量和数量有明显提高，形成一批对社会经济发展和科技进步有重大影响的、具有原始创新性的突破性成果。

2. 科研经费　要通过“985工程”的建设，使学校的科技创新实力和科研竞争力明显增强，科研经费有较大幅度的增加。科研经费是大学科研能力、竞争力的综合反映。特别是随着国家科研经费总投入的增加，项目经费强度的增加，争取到充足的科研经费也是促进学校发展、提高学校综合实力的重要保证。在这一点上我们已经被清华、哈工大等学校抛在了后面，必须引起高度重视。

3. 人才培养　这包括两个方面，一方面是培养高素质的本科生和研究生，另一方面是汇聚、吸引和培养优秀的学者、科学家，特别是优秀的学科带头人和领军人物。必须加大力度培养、引进优秀人才，明年国家“十一五”规划将启动，如果我校在各重要领域缺少一批优秀的学科带头人，势必影响北大未来五年中的科技竞争力。

4. 国际化　要通过二期建设扩大北大在国际上的影响力，要充分利用我校良好的国际合作渠道和国际教育资源，培养学生的国际视野，推进科学研究的国际合作，促进我校的科研和教育水平的提高。

这学期，学校还要组织各单位对已经提出的学科建设平台进行细化论证。各院系要通过“985工程”二期论证，进一步明确本学科、本院系未来几年的发展目标和实施方案。工作的关键不是平台的多少，关键在于平台建设方案要有明确的目标，有可行的战略措施和体制保证，有高水平的精悍团队、装备和基础设施等三个资源要素的综合配套。全校各个院系和部门要充分认识到，今年特别是这个学期对北大未来发展的重要战略意义，进一步统一思想、集中精力、做好争取“985工程”二期经费及项目组织工作，并围绕“985工程”二期的组织以及“211工程”二期的实施，使全校师生进一步明确我校创建世界一流大学的目标和任务，凝聚人心，使之成为推动我校各项工作的强大动力。

二、坚持方向，稳妥推进，积极实施师资人事制度改革，为学科建设奠定人才基础

去年12月召开的全国人才工作会议是一次重要的、对国家未来改革和发展具有战略意义的会议。闵书记代表北京大学，作为大会上五个主题发言单位之一，同时也作为全国教育系统的唯一代表介绍了我校高素质人才培养的经验和体会。这表明我校的人才培养、教学改革和师资队伍建设的思路和举措得到了中央的重视和肯定。这更坚定了我们积极、稳妥推进师资人事制度改革的决心和信心。

我校师资人事制度的改革方案于去年年初提出后，在校内经过了大范围的、充分的讨论，也引起了社会的广泛关注。去年10月，学校召开了师资人事制度改革工作会议，进一步统一思想，明确方向，坚定决心。在今年的校领导寒假工作会议上，校党委和行政一致认为师资人事制度改革方案基本成熟，具备了相应的条件和环境，必须在坚持“稳妥、务实、低调”六字方针的基础上，加快推进。经过反复修改定稿的《师资人事制度改革和职务晋升(暂行)规定》今天下发全校实施。请全校各单位依据这个暂行规定的内容，结合本单位实际情况制定和完善实施细则。对各单位制定的实施细则，学校师资人事改革领导小组要按照学科，分为几个工作小组，并吸收有关方面的专家参加，进行审核。遇有难以把握的重大政策问题，应提交人事改革领导小组研究决定。最近，校人事部还将召开分管人事的院系领导会议，具体布置这方面的工作。

在这里，我要强调几点。第一，全校各院系和各部门要进一步统一思想，充分认识到这次改革是北京大学贯彻人才强国战略的必然选择。第二，此次师资人事制度改革的方案经过了充分的、全面的讨论，已经基本成熟，各院系必须加快推进，在实践中去发现问题和解决问题。第三，各院系在制定实施细则和具体方案的时候应遵照学校确定的基本原则，在这个基础上，允许有一定的灵活性。第四,配合师资人事制度改革,还要改组各级学术委员会,要尽快完成学术委员会章程的修订工作。没有强有力的院系学术领导和行政领导班子,学科建设、师资人事制度改革以及全员聘任制组织等工作就无法得到有效的推进,好的制度就无法得到真正的落实。第五,目前的师资人事改革方案不会立刻对现任的教师产生直接的影响。但要抓住规范师资人事管理的几个核心问题,积极推进。一是签署聘用合同,推进全员聘任制的落实,二是所有空缺的教师岗位必须面向校内外公开招聘。这些政策涉及学校的形象和社会影响,要扎扎实实推进。在最近召开的教育部直属高校咨询工作会议上,不少兄弟院校也已推出了相应的师资人事改革的措施,应该说,我校的改革已经得到了很大的呼应和反响,有的学校推进得比我们更快、更有力。这也进一步坚定了我们改革的信心。

按照去年讨论制订师资人事制度改革方案时做出的安排,专业技术职务评审将在师资人事制度改革政策公布后进行,具体操作办法由人事部门发布。管理系列和德育系列的职务晋升评审原则上和教师职务晋升评审同步进行。学校将成立一个领导小组,参照师资人事制度改革的办法,对管理系列和德育系列职务晋升评审的政策和程序进行研究,提出调整方案。

同志们,胡锦涛总书记在全国人才工作会议上指出"国以才富、业以才兴",温家宝总理更是把发展教育、推进教育改革提高到新的战略高度。北京大学的师资人事制度改革响应了党中央、国务院的号召,体现了人才强国战略精神,是保证学校可持续发展的重要举措。人事改革的根本目的是通过解决长期困扰师资队伍建设的关键问题,为优秀人才脱颖而出和健康成长创造良好的制度环境,为培养、稳定、吸引高层次创造性人才提供良好的氛围。因此,在实施师资人事改革方案的同时,还要有步骤、有层次、有重点地实施高层次人才计划,争取教育部以"长江学者奖励计划"和"高校创新团队计划"为重点的"高层次创造性人才计划"的支持,加大力度培养、引进顶尖级优秀人才和领军人物,造就新一代的学术大师和创新团队。人文社会科学领域,还要充分利用教育部即将实施"人文社会科学繁荣计划"的机遇,在文史哲、法学、经济学、国际关系、公共管理、工商管理、社会学和人类学、教育学等学科做好高层次人才的引进和培养工作。高层次人才的培养被胡锦涛同志称为实施人才强国战略的战略抓手,这也是落实人才强校的战略抓手。一个优秀的学者能够带动一个学科领域,能够引领学科的发展方向,能够扩大学校的影响力,也能够为学校带来资源。因此,对优秀人才的引进和培养要十分关注,看准的要加快引进,要有综合配套的措施,并确保他们在各自的岗位上充分发挥作用。

三、总结经验,巩固成果,确保教学科研和学科建设各项任务的完成

围绕学科建设,推进教育教学改革,不断提高人才培养质量,推进科学研究,不断增强学校对社会的知识贡献是研究型大学最根本的任务。总体说来,这些年来,学校在教育教学改革方面进行积极探索,思路清晰,措施得力,效果明显。无论是本科生培养还是研究生培养,具有北大特色、符合教育规律的人才培养模式都已经初步形成。现在的中心工作是总结经验,加强管理,完善配套措施,巩固改革成果。教育部已经确定要对我校的本科生教学工作进行综合评估。我们要以这次评估为契机,进一步推进教育改革,提高教学质量,研究解决影响教学改革成果落实的各种制约因素,如教学管理的不规范,教室资源的短缺等。

这学期,在教学科研和学科建设方面有几项工作需要重点强调一下。

第一,通过最近几年的教学改革,我校已经成为全国本科教育要求学时数最低的学校之一,同世界一流综合大学的学时要求比较接近。这些改革为学生提供了更大的学习自主性和选择余地,也为教师提供了更多的从事科学研究的时间,对教师提出了更高的要求。教务部门在听取各方面意见的基础上提出增设暑假小学期的建议,这是一个涉及学校方方面面的系统工程,必须制订周密的方案。在教学上要进行充分的调研,要考虑学生的要求,还要调动起教师的积极性,要设计精品课程,形成小学期的品牌;在教学管理和学生工作方面,要制订相应的措施和制度,责任明确,工作落实,杜绝放任自流现象的发生。各院系要积极配合学校,做好教师和学生的工作。校内各职能部门和服务机构要制订出相应的工作方案,报学校批准。这项工作,请林建华牵头,林钧敬、张彦、鞠传进等同志参与,做好课程设计、学生管理、行政协调和后勤保障等方面的工作预案,并抓紧落实。

第二,结合学科建设,今年将继续推进研究生招生、培养等方面的改革。预计今年三月召开的全国研究生院院长联席会将进一步讨论研究生教育成本分担问题,这方面有关职能部门要抓紧深入研究和调查,结合我校多年来的研究生教育实践和改革经验,为国家政策的制订提供有价值的信息和建设性的意见。与此同时,研究制订改革预案,为配合国家开展研究生收费制度改革试点工作做好准备。研究生收费涉及研究生的招生、培养、资助等各个环节,收费和资助方案要有可持续性,符合学校长远发展的要求,又要使之成为保证研究生培养质量、调整学科结构和控制总体规模的有力机制。

第三,学校虽在承担国家重大、重点项目,发表科研论文等方面,继续处于高等学校的前列,但是也存在着一些不容忽视的问题。我举个例子，2002年，北京大学和清华大学科研经费的差距是3亿，2003年是5.3亿。仅仅用学科的差异显然不足以解释这种差距，当双方科研经费的差距达到每年7亿、8亿的时候，清华就等于有了两个"211工程"和"985工程"。举这个例子，是想说明在大学科研能力的形成方面已经出现了通过多种渠道，通过市场竞争获得科研项目和科研经费的局面。在此情况下，要确保大学持续科研能力，保持人才持续的活跃程度和创造力，就必须形成自我造血、自我发展的竞争能力。在这方面，我想通过学习兄弟院校在组织重大科研项目方面的经验以及总结我校自己的经验的基础上，请全校文、理、医各个院系，各个部门包括科研管理部门、人事部门、财务部门、资产设备管理部门，各个医院都来研究大幅度增加学校科研经费、增强承担国家和地方科学研究项目的能力的机制与措施。

第四，无论在人才培养还是在科学研究中，学风都是质量和声誉的根本保证。2002年，学校修订颁布了《北京大学教师学术道德规范》，在加强师德学风教育，规范学术行为，严肃学术纪律，完善学术评价机制等方面采取了一系列措施。但从目前的情况看，学生和教师中有违学术道德的现象仍时有发生，严重损害了北大的声誉，令人痛心。这种风气不刹住将有损北大百年来形成的优良学风，侵蚀师生队伍，对于学校形象，对于争取社会和国家的支持都会带来巨大的负面影响。对此，我们必须标本兼治，全校各院系和各部门，要继续做好德育工作，按照学校规章严肃处理违反学术纪律的行为，同时进一步研究改善学术评价体系的问题，把原始创新性作为最重要的导向。

四、开源节流，加强管理，进一步做好学校的财务工作

在校领导寒假工作会议上学校党委和行政听取了校本部和医学部2003年度预算执行情况，并原则批准了2004年预算安排(草案)。2003年我校基本实现了预算收支平衡的目标，这是非常不容易的。由于非典防控工作的需要，学校预算外开支大大增加，部分预算收入的实现出现困难，在财务部门的积极努力下，在各院系、各部门、校办产业和附属医院的大力支持下，在广大校友和社会各界人士的帮助下，学校遵循既定的预算管理原则，保持了财政收支的基本平衡。我在这里要向在座的各位，并通过你们向全校教职工和社会各界朋友表示衷心的感谢！

从2004年的情况看，学校财政工作仍然面临很多困难，尤其是"985工程"二期的启动，对学校基础设施的建设提出了很高的要求，对学校财政带来很大的压力。为此，学校强调：

第一，2004年学校财务工作的总体思路是，以创建世界一流大学为目标，以服务教学科研为宗旨，以不断改善全校师生员工的学习工作条件和教职工生活为落脚点，进一步建立全面的校内经济责任制，进一步建立起与社会主义市场经济体制相适应的学校财务管理体制。日常财务管理当中，继续坚持"严格、透明、公平、效益、服务"的十字方针；坚持"以收定支，量入为出，收支平衡"的预算管理原则，实行"统一领导，财力集中，一级核算，二级管理"的财务管理体制，建立起多渠道筹措办学经费的有效机制和可持续发展的财务工作机制，不断增强办学实力，推动学校发展。

第二，采取切实措施增加财政收入，多渠道筹措办学经费。从2003年收入的情况看，清华大学的办学收入大幅度增加并超过我校，我校的科研经费同清华大学的差距继续拉大。因此在广开财源方面，既要努力工作，争取更多的国家拨款，争取更多的社会捐赠，争取更多的科研经费，也要积极研究在确保办学质量、维护学校品牌的情况下不断增加办学收入的具体措施。

第三，全校各级领导要树立预算观念和成本核算意识，树立艰苦奋斗、勤俭办学的作风，通过成本控制和体制改革，优化资源配置，提高资金使用效率。财务、审计部门在主管领导的指导下，根据国家有关部门的规定，进一步加大财务监管的力度，建章立制，规范管理，继续清理二级单位违规私开银行账户的问题，规范财经行为，确保资金往来合法、安全。

学校决定在今年下半年适当时候召开全校财政工作会议，专题研究新形势下做好学校财政工作的思路，部署为创建世界一流大学聚财、理财，充分发挥资金效益的具体政策和措施。

五、总结经验，完善制度，做好校部机关机构调整和干部考核续聘工作

1999年，作为启动实施"985工程"的重要举措，学校进行了校内管理体制改革，对校部机关进行了大规模的调整合并，模拟拟议中的教育职员制度，实施了机关干部聘任制度和津贴制度改革。一批年富力强的中青年管理骨干走上了领导岗位，为学校这几年的改革和发展做出了突出贡献。2003年6月，学校机关干部任期届满，需要通过考核重新聘任。由于非典的特殊情况，这项工作被顺延到本学期，学校将本着理顺关系、转变观念、提高效率的原则进一步推进机关调整和改革，本着实事求是、任人唯贤、民主集中的原则进行机关干部的考核和聘任。学校希望在年内完成以下三项工作：(1) 部门职能和内设机构核定和调整；(2) 模拟职员制的总结和调整；(3) 干部考核和聘任。具体分工是：机构核定和调整由林钧敬同志牵头，职员制调研和调整由林久祥同志牵头，干部考核聘任由岳素兰同志牵头。学校成立专门的领导小组，总体上指导三项工作的完成，由闵维方同志任组长，上述三位同志任副组长，相关部门的负责人为领导小组成员。

学校确定这次机构核定和调整的主要任务是总结经验，分析现状，适应形势，适当调整。要保持部机关结构和功能大格局的基本稳定，重点放在理顺关系、明确职责、转变作风、优化服务上，特别是适应"三长"制恢复的要求，适应学生综合信息管理和服务系统建设的需要，适应两个校区深度融合和干部交流的需要，做出必要的调整。增减机构要持慎重态度，仔细论证。

六、精心筹备，注重实效，认真搞好几项大型的国际交流活动，提高我校的国际影响力

百年校庆以来，我校的国际交流与合作工作取得了巨大的发展，已经有22位国家元首和政府首脑到我校访问，北大已经成为国家外交工作的重要阵地。我校已经与世界上200多所大学建立了校际交流关系，每年接待大批国外知名大学校长、诺贝尔奖获得者和学术大师。去年"非典"期间，我校的国际交流工作受到很大影响，即使是这样，我们在年底仍成功举办了"耶鲁日"活动，我校秋季学期外国留学生在校生数量与往年基本持平。本学期还会有一大批国际知名高校如剑桥、牛津、斯坦福、巴黎高师等学校的校长到北大访问，学校将迎来"牛津日"、"斯坦福日"、"巴黎高师日"、"北京论坛"和"北大国际文化周"等大型国际交流活动。国际合作部与相关院系一定要预先做好准备，在做好接待工作的同时，还要转变观念，主动争取国际教育科研资源，积极响应国际知名高校的合作倡议，促进我们的教学科研，打出国际合作的品牌，提高对外合作的效益，不断扩大北大在国际上的影响力。

七、医学部和医院工作

到目前，两校合并即将走过第四年。近四年来，医学部保持了良好的发展势头，教学改革和科学研究稳步推进，成效得到公认。2003年医学部顺利通过了教育部组织的七年制医学教育评估，获得全优的评价，而且在困难的财政形势下，实现了合并四年来首次预算收支平衡。

总结起来，主要原因在于，一是学校对医学部的支持，二是尊重现实、循序渐进的合并理念，三是组织机制的保证。学校始终把发展放在第一位，医学部发展，就是北京大学的发展。下一步，学校要在已有的管理模式基础上，继续推进学科的深度融合，加强财务、人事、基建等方面的协调和融合。学校要进一步采取措施，推动燕园校区各有关学科同生命科学与医学的交叉融合，把与卫生、健康和生命科学的交叉作为相关学科的新的生长点。2004年，学校在条件成熟时，将召开专题会议，研究两个校区深度融合和医院的发展和管理问题。

八、需要强调的其他工作

关于基础设施建设　结合"985工程"的建设，各单位都提出了大量的对于基础设施的需求，学校必须统一协调，根据轻重缓急，提出思路，排出顺序，组织实施。学校规划和基建部门要抓紧进行基础设施的规划和建设，这方面的工作请林钧敬同志和鞠传进同志牵头。在2004年，根据奥组委的要求，奥运会乒乓球馆的建设必须启动；新教学大楼、畅春新园和中关园留学生公寓必须加快规划设计和工程招标工作，早日开工。其他的基建项目也要抓紧组织落实。

关于信息化建设　信息化建设是涉及校务运行的综合工程，完成2004～2010年信息化建设规划，必须探索符合电子校务要求的现代管理模式，建立全校统一的信息标准，提供物质条件和组织保障，这是一个长期的过程。学校决定，从本学期开始，针对现行信息系统管理中的主要矛盾，首先完善学生综合信息管理和服务系统，解决与学生相关的管理信息系统信息资源不共享、各部门工作不衔接、学生选课困难等紧迫问题。该系统的建设要纳入"985工程"二期，具体操作要兼顾眼前急需和长远需要，逐步完善。在组织领导方面，由林钧敬和林建华两位副校长牵头来做，在信息化建设办公室成立之前，由两办具体协调，各有关单位要从全局出发，积极配合，主动做好工作。

关于毕业生就业工作　2004年全国高校毕业生比2003年净增32%，加上过去未能就业的毕业生沉淀到本年度，全国实际需要就业的普通高校毕业生今年有可能突破300万人，这对我校学生就业工作提出了更高要求。学校和各院系都要急学生之所急，认清形势，高度重视，加强服务，加强指导，继续保持较高的学生就业率。

关于国内合作　利用学校的学科、人才和智力优势为区域经济发展服务，为推动国家精神文明和政治文明服务，既是大学的重要使命，也是学校获得发展资源的重要渠道。要进一步整合学校资源，加强协调和沟通，讲求实效，通过促进与政府和企业在人才培养、技术开发、咨询服务、科研项目等多方位的合作，不断扩大学校的影响，增强学校的办学实力，促进学校的整体发展。本学期，国内合作的重点仍然是加强与北京市的合作、办好深圳研究生院和产学研基地，以及做好对口支援石河子大学的工作。北大地处首都，必须强化为首都教育、经济和社会文化发展服务的职能，以服务求支持，以贡献求发展。首都发展研究院要把全校的力量组织起来，针对首都的新情况，加强与市政府的沟通，扎扎实实做实事，在首都发展的宏观思路方面出主意、造舆论。

关于企业改制　四大产业集团的改制方案均已基本确定，其中未名集团的改制工作已经完成，方正和资源集团的改制方案已经得到教育部的批准，这学期要加快推进。在改制过程中，要特别注意维护北大的品牌，企业冠以“北大”的名称，必须严格按照最近校长办公会审议通过的“关于规范北京大学‘企业冠名权’的规定”，维护北大的声誉和收益。同时，在改制过程中，大家还要统一思想，继续支持我校产业的发展，促进科研成果的转化，推进产学研相结合。

最后我还要强调一下学校的安全工作。2月6日，市委教育工委和市教委召开了教育系统安全工作紧急会议，通报了元宵节晚密云迎春灯会上造成的特大伤亡事故，同时教育部也下发了进一步加强学校安全工作的紧急通知，要求各类学校要确立“一保安全、二保稳定、协调发展”的安全工作原则，开展一次以防火、楼梯安全和食品卫生及防疫为主线的全面的安全大检查，要把学校的教室、学生公寓、图书馆、餐厅、实验室和博物馆作为重点，结合非典和流感的防治工作把师生的生命安全放在首位，切实抓好各项安全工作。要加强宣传教育，全面提高师生的安全意识和安全素质。要结合学校自身的实际情况认真研究解决学校安全管理工作中存在的问题，全面加强安全管理。学校正在对各类突发事件进一步制定应急预案。

以上谈的是本学期学校准备重点抓的事情，其他的常规性工作在去年召开的一系列会议中也都做了部署，这里不再一一点到，请同志们抓紧抓好。我想用十六个字——持续发展、提高质量、深化改革、加强管理——来概括2004年的工作主线。

同志们，2004年是北京大学发展的重要战略机遇期中的关键一年。在这一年里，国家科教兴国战略将加快实施，人才强国战略将全面展开。2004年，教育部将继续以“长江学者奖励计划”和“高校创新团队计划”为重点，大力实施“高层次创造性人才计划”，推进“研究生教育创新计划”和“高校科技创新计划”。2004年，“985工程”二期建设将全面启动，“211工程”二期建设项目将进行中期评估。2004年，教育部将实施“高等学校哲学社会科学繁荣计划”，大力加强哲学社会科学学术带头人和学术新人的扶持培养，继续加强人文社会科学重点研究基地建设。我们必须聚精会神，全力以赴，抓住机遇，尽力争取得到国家更多的支持和资助，稳步推进我校创建世界一流大学的步伐，以我们出色的教育科研业绩来回报国家和社会。

谢谢大家。

党委书记闵维方在2004年秋季全校干部大会上的讲话

（2004年9月6日）

同志们：

刚才许校长已经将这学期的主要工作做了部署，请各院系和职能部门根据学校的统一要求，结合本单位的具体实际抓紧落实，尽快制订好本单位的工作计划。

下面，我代表学校党委谈几点意见。

首先要再次强调，全校各单位、各级领导都要高度重视“985工程”二期的筹备工作，这是我们的中心工作，是“重中之重”。这关系到北大的长远发展和创建世界一流大学的前景。当前的首要任务是严格按照上级要求进行认真论证，高质量地完成可行性报告和项目论证工作。在这个过程中，希望大家一定要顾全大局，这个“大局”就是要确保“985工程”二期能尽早顺利启动，不能因我们自己内部的工作不到位影响学校整体工作的推进。至于资源如何配置才能更好地兼顾不同学科、不同院系发展的实际需要，学校会根据学科建设和教学科研的总体战略予以统筹安排。在这个问题上，全校必须要有高度共识。

同志们，随着我校创建世界一流大学进程的不断加快和国际国内交流合作的日益活跃，社会各界甚至国外大学都对北大的发展思路和建设远景越来越关心。很多人都问我们，北大的办学理念是什么？一段时间以来，学校党政领导在学习邓小平理论和“三个代表”重要思想、树立和落实科学发展观的过程中，结合筹备“985工程”二期，对北大的办学理念进行了深入讨论。我们认为，可以用“追求真理，追求卓越，培养人才，繁荣学术，服务人民，造福社会”这二十四个字来概括北大的办学理念，它涵盖了北大的光荣传统、创建世界一流大学的伟大理想以及对国家和民族所肩负的神圣使命，是我们建设世界一流大学、搞好学校各方面工作必须长期坚持的重要指针。

关于今年上半年学校党委的主要工作，我们做一个简要的回顾。大家知道，中共中央政治局已经决定在最近召开十六届四中全会，主要议程是研究加强党的执政能力建设问题。与此相应，今年下半年中组部、中宣部和教育部联合召开的第十三次全国高校党建工作会议，也把“加强高校领导班子建设”确定为会议主题。为了迎接这两个重要会议的召开，中组部、中宣部和教育部在上半年就组成了联合工作小组到各高校组织调研，我们北大是调研的重点之一。学校党委高度重视这项工作，按照调研要求，系统总结了近年来学校党政领导班子加强自身建设的思路、做法和体会，从思想理论建设、能力建设、制度建设、队伍建设和作风建设等五个方面认真准备了汇报材料，并配合调研组召开了部分院系党委书记座谈会，比较客观、全面地展示了我校领导班子建设的基本经验和阶段性成果，得到了上级的充分肯定。

上学期开学初，我国大学生思想教育和公共理论课教学中存在的某些问题引起了中央领导同志的高度重视。为此，教育部、中宣部和团中央联合组成调研组分赴全国调研，了解现状，寻找改进大学生思想教育和公共理论课的途径和办法。4月中旬，北京调研组来到北大，进行了为期三天的调研。其间，调研组与学校领导、公共理论课教师、学工系统干部、学生代表进行了广泛深入的座谈。陈至立同志和周济部长也专程参加了一次座谈会。陈至立同志充分肯定了我校学生思想政治工作和公共理论课教学工作取得的成绩，并进一步指出，北京大学的思想政治工作和"两课"教学工作在全国高校中起到了很好的示范作用。为配合此次调研活动，我校对学生思想教育和公共理论课教学工作进行了系统总结，并结合开展"文明生活、健康成才"等主题教育活动，积极探索在当今形势下提高学生综合素质、引导学生培养正确人生观价值观的新模式。这项工作在今后还要继续开展下去，努力在全校形成全员育人的良好氛围。

今年是邓小平同志诞辰100周年。6月下旬，由学校主办、邓小平理论研究中心承办的"邓小平与当代中国和世界"国际学术研讨会隆重举行，一百多名中外专家学者齐聚一堂，对邓小平的历史贡献和邓小平理论的时代意义、精髓内涵等展开了坦诚、深入、热烈的研讨。这次研讨会是理论界为纪念小平同志百年诞辰而举办的最早的高水平国际学术会议，揭开了纪念世纪伟人邓小平同志系列活动的序幕，在国内外都产生了良好反响。

根据中央提出的对干部进行"大教育、大培训"的要求，学校党委在7月中旬组织了暑期干部研讨班，各机关正职和院系党委书记参加了为期三天的学习、研讨和座谈，随后其中部分同志还参加了赴延安的学习考察，接受革命传统教育。经过精心的策划和周详的准备，无论是在校内的理论学习、报告讲座和工作交流，还是在革命圣地的参观学习，都使大家觉得获益匪浅。同志们的学习主动性和积极性被进一步激发出来，政治意识、大局意识、责任意识和服务意识进一步提高，凝聚力和战斗力进一步增强。党委组织部门要在做好工作的基础上认真总结，深入思考，争取多出成果，多出经验，使我们的干部培训工作规范化、制度化，不断提高干部培训水平。

除了上述四项特色工作之外，今年上半年学校党委的日常工作也井然有序，扎实有效。学校领导班子组织了多次专题学习，内容包括世界新技术发展趋势、生命科学发展动态、宪法修正案、国际战略格局与我国的对策等；召开了民主生活会，针对师生员工提出的各种意见和建议，认真剖析了领导班子存在的不足，制定了整改措施。在有关敏感时期确保了校园的政治稳定，妥善处理了几起突发事件，使学校建设和发展的大局没有受到干扰和影响。8月4日，北大医院幼儿园发生了一起重大恶性的伤人事件。事件发生后，学校党委和行政高度重视，立即做出反应，成立了领导小组和情况调查工作小组，一方面组织力量全力以赴、不惜代价地救治伤员；另一方面开展深入细致的调查、安抚和善后工作。目前，我们仍在进行总结善后工作，学校党委对此有四点原则意见：

一、医院和学校各有关方面要着眼于创建世界一流临床医学院的大局，着眼于医院的全面工作和未来发展，尽最大努力，制定有效措施，尽快地、积极稳妥地处理好这次事件。

二、医院在当前已取得的医疗效果基础上，继续尽最大可能，想方设法减少患者痛苦，减轻创伤对患者的遗留影响，认真做好康复工作安排。

三、积极做好家属的抚慰工作，善后处理方案既要讲原则、讲道理，更要讲感情，要通过善后工作达到增强医院凝聚力的效果。

四、从学校、医学部到北大医院的各级党政领导以及相关业务处室和幼儿园的负责人，都要主动、深刻、及时地进行反思，反省工作中存在的不足，并以此为契机，切实认真加强各方面的管理工作。

上学期，学校紧锣密鼓地进行了机关干部任期届满考核和重新聘任工作，虽然这项工作牵涉面广，任务繁重，但通过周密部署和广泛动员，并且采取了分层次、分步骤推进的方法，我们按期、高效、保质地完成了各项工作，保持了校本部和医学部机关工作的连续性和稳定性。在考核聘任过程中，学校机关运转正常，全体机关干部也受到了很好的鼓励和鞭策。同时，也通过正常换届，各基层单位又有一批年轻干部走上了各级管理岗位，为我校干部队伍补充了新生力量。3月，学校召开了2004年党风廉政建设暨纪检监察工作会议，对去年工作进行了总结，传达了上级的新要求与新精神，部署了今年的工作要点，并安排部分单位进行了经验交流。5月份，作为五四运动的发源地，学校隆重召开了纪念五四运动八十五周年大会。同月，校团委成功地召开了第十七次团代会，标志着具有光荣传统的北大共青团在新形势下继往开来，开拓进取，进入了一个新的发展阶段。七一前夕，学校党委评选表彰了一批优秀共产党员和先进党支部，医学部党委也召开了别开生面的表彰大会，营造了树典型、学先进的良好氛围，激励广大党员献身党的事业，推动基层党支部建设。我校的优秀党员领导干部代表、优秀共产党员代表和先进党支部代表还受到了北京市委的表彰。

总体来看，在大家的共同努力下，上半年学校党委的工作进展顺利，成效明显。但是，我们目前面临的形势和任务，不容许我们有丝毫松懈。今年下半年，我们将迎来建国55周年的喜庆节日，中央还要召开十六届四中全会，“985工程”二期即将启动。当前，国际形势风云变幻，国内在总体保持政治安定、经济增长、社会进步的形势下个别地区、个别领域的人民内部矛盾还比较突出，稳定工作一刻也不能掉以轻心。北大在全国稳定大局中的地位举足轻重，学校党委要求全校各级党政领导干部和全体师生进一步增强政治责任感和敏锐性，与党中央保持高度一致，自觉维护校园稳定和安定团结的政治局面，为“985工程”二期的顺利实施创造良好的校园内外环境。这是党委下半年工作的首要任务。各级党委要充分发挥政治核心和保障作用，密切联系师生员工，善于做好教师和学生的思想政治工作，加强正面引导。全体教职员工要牢固树立“教书育人、管理育人、服务育人”的意识，关心同学，尽职尽责，决不能因工作中出现失误引发安全隐患和群体事件。要广开信息渠道，密切关注网上动态，对各种不良苗头要早发现、早报告、早处理。各级党政一把手是本单位安全稳定工作的“第一责任人”，政治要坚定，思想要警觉，反应要敏锐，措施要得力。在学校安全稳定工作领导小组的统一领导下，各单位都要在总结历史经验和教训的基础上，从实际出发，制定好本单位的应急预案，一定要做到有备无患，临危不乱。这项工作，由学校安全稳定工作一线工作小组组长林钧敬副校长、副组长张彦副书记和鞠传进副校长负责检查落实。

今年下半年党委工作的第二个重点，是筹备召开北京大学第五届教职工代表大会暨第十七次工会会员代表大会。学校党委已初步决定将会期定在今年12月17日和18日两天，此前将于10月中旬完成代表选举工作，11月底以前完成有关人选候选人的酝酿工作。今年上半年，医学部已经顺利完成了工会、教代会的换届选举工作，为迎接两校合并后的第一次教代会和工会代表大会做好了准备。这次大会，是全校政治生活中的一件大事，校本部和医学部的教师代表、工会委员将首次会聚一堂共商学校大计，这就需要学校各部门、各院系在学校党委的领导下，加强沟通，积极配合，克服困难，协调一致，认真扎实地完成筹备工作，确保开成一个团结鼓劲、积极向上的大会。对广大教职员工关心的热点、焦点、难点问题，要提前摸底，心中有数，积极引导和支持广大教师代表和工会委员通过提交议案等方式合法有序地反映群众心声；对大家的合理意见和建议，学校领导和各有关部门都要虚心听取，认真对待，及时落实。目前，教代会和工会代表大会的筹备工作由学校党委专设的领导小组具体负责，岳素兰副书记任筹备工作领导小组组长，林钧敬副校长和赵存生主席任副组长。前期工作进展顺利，下一阶段的任务更重，希望大家通力合作，继续向前推进。

下半年党委工作的第三个重点，是落实《北京高校党建和思想政治工作基本标准》。1998年6月，中组部、中宣部、教育部党组联合下发了《普通高等学校党建工作基本标准》。2003年1月，北京市委教育工委印发《北京普通高等学校党建和思想政治工作基本标准(试行)》，将三部委文件具体化，作为北京高校党建和思想政治工作的基本工作规范。北京市委要求，党的关系隶属于中共北京市委的学校都要按照《党建基本标准》执行；从2003年到2007年的5年内，所有高校都要达标，教工委不定期抽查。落实《党建基本标准》的工作从去年起开始在北京部分高校试点，今年3月全面推广。我校已经全面启动。上半年，各职能部门和院系党委都已按学校党委要求进行了自查。从大家提交的自查报告和学校掌握的情况来看，同志们对这项工作重要性和必要性的认识还不够统一，重视程度和实施情况也参差不齐。在暑期战略研讨会上，学校党委就此进行了专题研究，并明确了我校贯彻落实《党建基本标准》的基本思路。我们的指导思想是，以落实《党建基本标准》为抓手，以开展先进性教育为契机，按照加强基础、健全机制、突出重点、鼓励创新、注重实绩、科学规范的原则，加强和改进党建思想政治工作。同时，要发扬解放思想、实事求是、与时俱进的精神，努力探索新时期党建思想政治工作的新思路、新举措、新经验。学校党委要求，全校各级党组织和全体党员都要把思想和行动统一到这一指导思想上来，思想上要高度重视，行动上要积极落实。我们要尽快建立和健全学校党委总体负责、各级党组织和各有关职能部门各司其职、党政齐抓共管的工作格局。学校成立了落实《党建基本标准》领导小组，组长由我担任，副组长是岳素兰副书记和林钧敬副校长，成员有吴志攀副书记兼副校长、张彦副书记、纪委王丽梅书记和医学部郭岩书记，具体分工落实到了每一位校领导。党委要求，校领导班子成员在各自主管范围内都要切实负起责任。大家一定要认识到，《党建基本标准》的内容不仅仅涵盖了党建和思想政治工作，实际上涉及学校工作的方方面面。如果要顺利达标，不能仅仅做好党建和思想政治工作，学科建设、教学科研、行政管理、后勤保障等各项工作都要做好。所以，我们要把落实《党建基本标准》作为推动学校整体工作的一个契机，广泛动员，认真执行，不仅要确保达标，而且要力争继续走在前列。

关于下半年的常规工作，我简要地提几点要求：

第一，认真学习胡锦涛总书记在邓小平同志百年诞辰纪念大会上的重要讲话，继续组织好纪念邓小平同志诞辰一百周年的系列活动，内容要丰富充实，形式要活泼多样，努力在广大教师和学生中不断兴起学习邓小平理论和“三个代表”重要思想的高潮，并把理论学习的成果转化为加快创建世界一流大学进程的实际行动。各级党员领导干部要严于律己，以身作则，不断提高自身的思想修养和理论水平。十六届四中全会结束后，要及时开展学习会议精神、加强执政能力建设的有关工作，根据中央要求进一步加强和改进党的自身建设，提高领导能力，充分发挥党在高校的政治核心作用。

第二，为迎接和庆祝第二十个教师节，一方面要通过各种形式回顾和总结二十年来广大教师在学校的改革、建设与发展中所做出的重要贡献，树立学校各方面为教师和教学科研服务的意识；另一方面，也要借此继续加强师德建设和学风建设，增强教师的职业荣誉感和责任感，树立一批为人师表、严谨治学的先进典型，大力开展学术道德、学术规范、学术纪律的宣传和教育活动，进一步提高当代北大教师的学术水平和道德水准。

第三，根据党中央国务院的有关指示精神，设计和组织好建国55周年的庆祝活动。在努力营造安定祥和、热烈欢乐的节日气氛的同时，要坚持节俭办事的原则，杜绝铺张浪费。要通过各种大家喜闻乐见的方式唱响爱国主义的主旋律，并与纪念小平同志诞辰一百周年相结合，开展主题教育活动，坚定大家走中国特色社会主义道路的信心。

第四，认真贯彻落实8月30日教育部党组召开的直属高校党风廉政建设视频会议精神，把建立健全惩防腐败体系作为当前和今后一个时期重要的工作目标，积极探索建立有高校特点的教育、制度、监督并重的惩治和预防腐败的体系。从严治教，关键在党。我们要按照“立党为公、执政为民”的根本要求，结合领导班子建设、基层党组织建设和干部队伍建设，继续深入学习和贯彻《党内监督条例》和《党纪处分条例》，切实加强党内监督和党风廉政建设，严格执行中央提出的“八个坚持，八个反对”和教育部党组提出的“六不准”规定，努力提高党的执政水平和领导水平，增强拒腐防变和抵御风险能力，始终保持党的先进性，努力形成大公无私、清正廉洁、勤政为民的良好风气。

第五，牢固树立“以人为本”和“全员育人、全过程育人”的观念，高度重视教育教学工作和学生管理与服务工作。学工系统、教务系统、后勤系统等直接面向学生的部门与单位之间要加强协调与配合，把“文明生活，健康成才”的主题教育活动不断引向深入，使之逐渐内化为广大学生的价值标准和行为准则。要加强北大的传统教育和校情教育，共青团工作要以第十七次团代会的胜利召开为契机，进一步开拓创新，团结和带领广大学生，建设富有北大特色的校园文化，尊重学生的主体性和创造性，积极引导他们为学校的改革、发展与稳定贡献智慧与力量。今年下半年，中央将出台加强大学生思想政治教育的相关文件，我们要结合中央的新精神，总结经验，解放思想，以新的思路、新的方法来进一步加强我校的学生思想政治教育工作。

第六，重视发挥党外代表人士参政议政、民主监督的作用，进一步密切与我校各民主党派基层组织的联系，加强政治领导，帮助他们按照正确方针加强自身建设。认真制定并落实党外代表人士的培养、选拔和教育措施，为各民主党派基层组织的长期健康发展做好人才储备。党委统战部、港澳台办公室等部门以及各院系要把对港和对台工作作为一项重大的政治任务认真对待，要密切关注台港两地的政治气候，自觉服从国家统一和政治安定的大局，根据上级要求，结合我校具体情况，及时开展相关工作。

最后，我要特别强调一下学校的宣传工作。北大的历史地位和现实影响力既使我们能够获得党和国家的高度重视和大力支持，也使我们很容易成为新闻传媒和社会舆论关注的焦点。从去年师资人事改革到今年上半年，由于国内外媒体和网络的一些报道不实、不准和过分渲染，使社会上有人对学校工作产生了一些误解，我们的正常工作受到了一定程度的干扰，学校声誉也受到了一定影响。在此，我代表学校党委提出四点具体要求：

一、全校师生员工都要倍加珍惜和自觉维护北大百年来的崇高声誉，热爱母校，理解母校，支持母校，团结一心，众志成城，共同为创建世界一流大学的伟大事业增光添彩。

二、进一步完善学校新闻发言人制度，通过定期和不定期的新闻发布会向外传达学校的准确信息和统一声音，弘扬学校的主旋律。充分发挥校刊、电视台、校园网主页、三角地橱窗等校内宣传阵地的作用，特别是要尽快改进校园网主页，使之成为与北大地位相称的“网上窗口”。各单位、各院系的网络也要及时做好信息更新和安全维护工作。

三、要注意做好校外媒体的工作，加强联系，善于沟通，增进互信，密切合作，使它们多宣传北大的好人好事、科研成果和建设成就，展示北大昂扬向上的精神面貌，树立北大良好的社会形象。对于负面报道和批评意见要以“有则改之，无则加勉”的态度冷静应对，妥善处理,不要被人利用大肆炒作。要始终着眼于做好我们自己的事,善于用事实说话,不要受少数媒体歪曲炒作的干扰。

四、加强宣传工作的统一管理,严格执行宣传工作的有关规定和纪律。

在会议结束之前,学校党委要传达和宣布三个重要决定。

一是中组部、教育部决定学校行政领导班子正常换届,今天正式启动。无论党委届满选举,还是行政班子换届,都是加强我校领导班子建设的重要措施。学校党委要求全校各级干部都要高度重视,按照中组部、教育部的安排和要求,积极配合,确保行政领导班子换届工作的顺利进行。

二是一项人事任免决定:教育部2004年6月29日决定,迟惠生不再担任北京大学常务副校长职务,任命柯杨为北京大学副校长。

迟惠生常务副校长自1991年进入学校领导班子以来,曾分管过学校的外事、产业、教学、科研、学科建设等许多重要工作,他思路开阔,作风严谨,工作勤勉,为学校的改革、建设和发展做出了非常重要的贡献。在与迟校长长期共事的过程中,我们班子里的每一位成员都从他的工作思想、方法和作风中深受启发,获益良多。虽然迟校长由于年龄原因不再担任副校长职务,但作为校务委员会副主任和经验丰富的老领导,我们还是希望在今后的工作中继续得到他的热心指导和帮助。

常务副校长、医学部主任韩启德同志担任全国人大常委会副委员长以后,国务活动繁忙。为了我校医学教育的长远发展,学校领导包括韩校长经过研究并报教育部同意,决定增补一名主管医学工作的副校长。经过一段时间的组织考察,大家普遍认为柯杨同志是非常适合的人选。柯杨同志学术水平较高,组织管理和协调能力较强,群众基础较好。作为党委常委、医学部常务副主任,柯杨同志一直协助韩校长主持医学部的日常工作。我们希望柯杨同志在学校领导岗位上继续努力工作,团结和带领医学部的广大师生为创建世界一流大学和世界一流医学部而努力奋斗,不辜负上级组织和师生员工的信任与期望。

三是对学校领导的分工进行适当调整。

按照目前学校领导的分工,张彦副书记主管学生的思想政治工作,林钧敬副校长分管学生的行政管理工作。根据林钧敬副校长的提议,学校党政联席会研究决定,为便于党政协调,提高效率,从本学期开始,学生思想政治工作和学生行政管理工作由张彦副书记统管。希望学生工作口的各部门和院系的领导配合、支持张彦副书记的工作。林钧敬副校长的分管范围增加国内合作工作,包括对口支援石河子大学工作。

同志们,今年是我校第十一次党代会胜利召开后的第一年,"985工程"二期的启动又将掀开学校大建设、大发展的新的一页。创建世界一流大学的伟大实践正在我们的共同奋斗下不断取得新进展,我们既要感到自豪,也要感到时间紧迫,机遇难得,不能有一丝一毫的麻痹或自满!希望大家齐心协力,鼓足干劲,脚踏实地,共同开创北大更加美好的明天!

谢谢大家!

校长许智宏在2004年秋季全校干部大会上的讲话

(2004年9月6日)

老师们,同志们:

2004年春季学期已经顺利度过,在这一学期里我们的工作取得了不少成绩,包括"985工程"二期筹备工作按进度进行,师资人事改革方案正式实施,机关干部届满考核和续聘工作基本完成等。上学期,教学、科研和为社会服务各项工作进展顺利,国际交流发展势头良好。在后勤服务方面,尽管农副产品市场价格普遍上涨,我校学生食堂的饭菜价格仍基本保持稳定,后勤管理部门及餐饮中心克服了困难,增加了投入,在保持饭菜价格稳定的同时保证了饭菜的质量,为维护校园正常的生活秩序做出了贡献。暑假里很多同志都坚守在各自岗位上为学校的发展建设努力工作,学校工作又取得了新的成绩,例如今年的本科生招生工作,经过全体招生人员的共同努力,我校再获丰收,计有43名各省市的文理科第一名、国际奥林匹克金牌得主12名选择了北大,我校与清华一起招收了全国最好的生源;成功主办了第15届大学管理者国际会议和首届北京论坛,与会外宾共计400多人,在海内外学术界引起普遍关注。上学期的工作很多,在这里我不再一一列举。

下面,我根据校领导暑假研讨会的精神及讨论的成果,就本学期的主要工作做以下布置。

一、明确目标,理清思路,按期完成"985工程"二期的筹备工作

6月8日,教育部和财政部联合召开了"985工程"二期启动工作会议,明确指出,"985工程"二期建设的基本思路是：以建设若干所世界一流大学和一批国际知名的高水平研究型大学为目标，探索建立高等学校新的管理体制和运行机制，牢牢抓住本世纪头20年的重要战略机遇期，集中资源，突出重点，体现特色，发挥优势，坚持跨越式发展，走中国特色的建设世界一流大学之路。这里，深化高校内部管理体制和运行机制改革被提到了前所未有的高度。今年暑假教育部举办了两个大学校长的研讨会，一个是以“大学校长如何领导和管理好大学”为主题的第二届中外大学校长论坛，另外一个是我和吴志攀、林建华两位副校长参加的刚刚在耶鲁大学举办的中国大学校长高级研讨班。教育部举办这两次大学校长会议的根本目的，即在于推动大家学习世界各国大学成功的管理经验，拓展国际视野，努力形成各具特色的办学传统和风格，在大学管理上有所突破和创新，为世界一流大学的建设提供体制和机制的保障。

在认真理解和领会教育部“985工程”二期建设基本思路的基础上，我们在全校范围内已经进行了若干次调研和座谈讨论，与教育部多次进行沟通，形成了拟建16个平台和基地的总体方案。近期工作重点是按期、按要求、高质量地完成可行性研究报告和全部项目论证报告。这项工作我在上学期的干部会上已经做了具体布置，这里我再强调重申几点意见。

（一）要进一步明确“985工程”二期建设的指导思想和整体思路

我校“985工程”二期建设的指导思想和整体思路是，“结合北大的传统和优势，借鉴国际经验，以人才队伍建设为核心，以交叉学科为重点，与解决国家发展、社会进步中的重大实际问题相结合，推进科技创新平台建设，不断深化科研体制改革，营造良好学术环境，全面规划、重点突破，实现跨越式发展”。这一指导思想和整体思路是学校在总结“985工程”一期建设的经验和体会的基础上，经过近一年的调研，在暑期领导班子战略研讨会上通过的，是充分体现北大综合学科优势，借鉴国际国内经验，领会和贯彻国家科教兴国战略和人才强国战略精神，为实现北大未来几年全面、协调、可持续的跨越式发展而提出的战略部署，得到了教育部的充分肯定。“985工程”二期建设事关北大创建世界一流大学的目标能否实现，事关北大发展前景，所以全校师生都要给予高度的重视，学校各项工作都要围绕“985工程”二期建设、围绕建设世界一流大学展开。各院系、各职能部门要认真学习和领会“985工程”二期建设的指导思想和整体思路，切实贯彻到本院系本部门的日常工作中，做到认识统一、步调一致。

（二）要进一步明确队伍建设是学校发展的根本

随着全球化速度加快，人才竞争日趋激烈。北大在人才队伍建设上同时面临来自国外和国内两个方面的挑战。我们既要清醒地认识到并且勇敢地迎接这种挑战，同时也要看到这种形势下我们的队伍建设面临着前所未有的机遇。北大在未来几年能否拿出在世界上有显示度的科研成果，能否不断提高人才培养质量，能否更多地参与国家重大科研项目，以争取更多的经费支持，关键要看我们人才队伍的质量。现在我们正积极筹备“985工程”二期，在这个时候我们首先要考虑，我们希望“985工程”二期建设给北大留下什么？是先进的试验设备？是宽敞的教学大楼？当然这些都是需要的，但最重要的是经过“985工程”二期的投入，北大能够吸引和培养一批高水平的、有较强国际竞争力的学术队伍，涌现一批在国际上有影响的学者。这才应该是“985工程”二期建设的最重要的成果。

这几年来，学校始终高度重视队伍建设，经过大家的努力，一批青年学术带头人队伍已初步形成。到2003年，我们已有4个科研群体获基金委“创新研究群体科学基金”的资助，有10余个团队具备了申请新的创新群体的实力。以“985工程”二期建设为契机，学校将进一步加强团队建设，通过重点引进学术带头人、成组引进团队和校内重点培养等多种形式，不拘一格，在待遇、经费、科研环境配套和平台建设上突破常规，加大力度，努力在一些重要学科和新的学科增长点上形成国际水平的学术团队。学校已原则同意实施“985工程”二期高层次创新人才计划和人文社会科学“长江学者奖励计划”，争取用3年左右的时间，选拔培养100名左右能引领本学科为创建世界一流大学发挥突出作用的高层次人才。与此同时，要积极探索人才成长规律、评价体系和评价机制，继续推进教师队伍人事制度的改革，促进教师队伍整体素质的提高，营造一个有利于吸引和留住优秀人才、有利于人才脱颖而出、人尽其才的环境和机制。能否做到这一点，是评价学校和院系领导工作的最重要的指标之一。

（三）要明确学校“985工程”二期宏观布局，按学科规模和发展状态分层次建设

北大是一所集人文、社科、理科、医学、技术科学为一体的综合性研究型大学。根据这样一个多学科的特点，结合不同学科的规模和发展状况，我们提出了学校“985工程”二期建设宏观布局的三个层次建设方案。第一层次是国家级创新平台与哲学社会科学创新基地，建设方针是要针对国家重大需求，特别是密切关注和结合国家“十一五”规划，整合学科，增强整体创新能力，以创新团队建设为基础构筑高水平、高集成的平台和基地；第二层次是国家重点实验室和部委重点实验室层次，要进一步调整和整合，在拓宽研究领域、加强队伍建设、理顺关系、形成有活力的管理机制的同时突

出优势、集中力量、共享资源，瞄准某一领域的重要发展要求和阶段性的重大任务；第三层次是建立前沿交叉学科研究院，鼓励大学科跨度的研究，以高水平、近距离的公共设施平台促进学科交叉，建设实体研究机构，探索新的运行机制。

（四）要明确支持哲学社会科学创新基地的建设

哲学和社会科学是我校的传统优势学科。借着党中央提出的繁荣哲学社会科学精神的东风，我校各文科院系又迎来了一个重要的发展机遇。“985工程”二期建设更是把建设哲学和社会科学创新基地放在了重要位置。经过长时间的讨论和征求意见，学校确定了哲学社会科学创新基地建设的思路：为哲学社会科学研究与学术交流建设支撑条件；系统性地采集和分析大样本原始数据，为开展高水平的实证研究和经验研究奠定坚实的基础；面向国家重大问题，组织文、理、医、工各学科协同攻关。我们的建设目标是：“985工程”二期完成后，北大的文科能够结合国家发展中的重大理论和实践问题，通过建设社会调查网与实地考察基地、人文社科专业数据与信息资源库和哲学社会科学现代化基础条件，进一步提高我校哲学社会科学的创新能力；大力培养和汇集哲学社会科学研究优秀人才，形成若干创新团队；能够结合国家的重大需求，增强社会服务和提供决策咨询的能力；能够成为弘扬中华文化的窗口，中外文明交流的桥梁，在国际化进程中发挥重要作用。

在明确以上四点的基础上，为做好“985工程”二期建设规划，学校重申：

“985工程”二期建设对北大未来的发展至关重要。全校上下要统一认识，认真领会和落实“985工程”二期建设的指导思想和整体思路，以人才队伍建设为核心、以交叉学科为重点，理顺体制，全面规划，将“985工程”二期投入的相当分量放在优秀人才、创新学科、激励机制上。各院系领导干部和学术带头人尤其要着眼于学科建设，着眼于吸引高水平人才，着眼于本院系未来几年乃至十几年的发展，充分发挥积极性和主动性，加强协调，营造氛围，增进国际交流与合作，按学科、分层次引进人才，切实加强队伍建设。要使科技创新平台的建设成为聚集优秀人才、建设创新团队的基地。学校将继续保持对医学的支持，医学部分由医学部根据学校总体思路具体落实，并通过“985工程”二期进一步促进医学与文理相关学科的交叉整合，形成新的学科生长点。

希望全校教职工始终保持良好的精神状态，保持高度的主人翁责任感和使命感，满怀信心，努力工作。创建世界一流大学是一个需要长期艰苦努力的过程，要真正树立和落实科学的教育发展观，集中精力，以我为主，着眼长远，坚定意志，要使创建世界一流大学的工作起到凝聚人心、激发活力、振奋精神的作用，推动学校的整体工作。

我还要强调一点，国家通过“985工程”向学校提供的支持是宝贵的，也是有限度的，我们必须集中有限力量，实现重点突破。同时也要统筹考虑学校建设的各个方面，努力处理好整体发展与重点建设、当前目标和可持续发展的关系。各院系、各职能部门务必顾全大局，统筹兼顾，科学分配资源，高质量地完成“985工程”建设计划，妥善处理好“985工程”与教育部“高层次创造性人才计划”、“高等学校科技创新计划”、“高等学校哲学社会科学繁荣计划”之间的关系，同时还要完成好“高等学校教学质量与教学改革工程”和“研究生教育创新计划”所确定的工作任务。

总而言之，同志们要高度重视“985工程”二期可行性报告和项目的论证，要根据专家论证的意见进行修改完善或申诉，在落实经费的基础上，稳步推进此项工作，这是本学期的中心工作。此项工作由我来牵头，林建华、吴志攀、柯杨三位副校长负责抓落实。

二、坚定信心，完善机制，稳步推进师资人事制度改革

经过去年近一年的讨论和对方案的反复修订，以《教师聘任和职务晋升暂行规定》及与其配套的《教师职务聘任条件》两个重要文件的颁布实施为标志，师资人事制度改革上学期全面推开，4月份面向海内外公开招聘95个教授，其中21个岗位明确只对校外应聘人员。从总体上看，聘任和晋升工作是顺利的，广大教师对改革是支持的、配合的。学校已经要求人事部门认真总结这次教授公开招聘的经验以及存在的问题，按照“985工程”二期建设的指导思想，进一步加大高层次人才队伍建设的力度，认真研究制定吸引人才、培养人才、人尽其才的良性机制，营造有利于人才创业的环境和氛围。要针对不同学科的特点，遵循不同学科的内在规律，实事求是，建立一个完善的、符合学科发展要求的队伍建设制度，要拿出具体的、有可操作性的工作计划。队伍建设要根据学校的学科发展需要，也要兼顾相关学科的平衡发展。近期特别要着重研究和制定关于文科资深教授待遇的具体办法，这项工作由林久祥副校长牵头，人事部具体负责，社科部配合。

三、总结经验，改进不足，努力提高人才培养质量

教育教学工作始终是学校的重要工作。今年，我们首次试办了暑期学校，教务部和研究生院要认真总结，从培养学生的实际效果、对学校管理工作的影响、实际投入与客观收益的比较等方面进行调查和分析，尽快形成评估和总结报告。作为本科教学改革的核心内容之一，元培试验班已经迎来了第四届学生，明年暑假第一届元培班的同学即将毕业。去年年底，学校召开了“元培计划”工作会议，我和闵书记都参加了。我在会上提出了两点意见：

第一，各院系要积极支持元培计划的工作，为元培学生的选课、考试、推荐研究生等创造良好条件；

第二，元培计划执行委员会要充实力量。这两点意见在本学期要继续落实。本科教学的重点要继续围绕十六字方针，确保教学质量。全国的研究生教育有了很大的发展，也越来越为社会所关注。我们要进一步改进研究生论文评议和学位评审工作，下大力气提高研究生特别是博士生的培养质量。

培养学生是一个系统工程，教学、管理、服务等学校工作的每一个环节都与之密不可分。学校各单位和各部门之间要加强沟通与协调，互相支持，互相配合，切实树立起以人为本、以学生为本的思想。我们要坚持全员育人和全过程育人，把学生的教育教学工作、思想政治工作和日常管理、生活服务有机地结合起来，进一步优化教育环境。

再谈一下继续教育工作。继续教育是北大教育事业的重要组成部分，是北大服务社会的重要形式之一。近几年来，我校继续教育工作发展迅速，也存在一些不容忽视的问题。上学期，学校组成了继续教育发展战略专家组，对我校继续教育工作的现状、未来的定位和发展战略进行了调研。专家组成员做了大量的调研工作，就我校继续教育的管理体制和办学模式向学校提出了意见和建议。学校认为，北大的继续教育必须定位在高层次上，确保质量，维护“北大品牌”的声誉是我们开展继续教育所必须遵循的原则。为深入研究确定我校继续教育工作的发展战略，理顺管理体制和利益分配机制，协调好各方面的关系，学校决定在本学期适当的时候召开全校继续教育工作会议，此项工作由林建华副校长负责，专家组准备调研报告，会议筹备工作由继续教育部具体负责。

四、结合实际，着眼未来，科学合理地做好机关机构调整工作

1999年的机构改革有力地促使机关转变了工作作风，改进了服务质量，提高了工作效率。随着学校事业的不断发展，部分机关的职能也相应发生了变化，原有的机构设置在某些个别环节出现了与学校发展需求不相适应之处。有鉴于此，学校成立了机关机构核定和调整工作小组。本着“理顺关系、革新设置、转变职能”的指导原则，遵循“总结经验、分析现状、适应形势、适当调整”的工作思路，工作小组在校内外进行了较为充分细致的调研，向学校提交了对校内部分职能部门内设机构调整的几点意见和对国内合作委员会的调整意见。学校领导经过深入讨论决定：增设财务部结算中心；元培计划管理委员会下设教学教务办公室和行政学生办公室；设立研究生奖助委员会办公室，待研究生收费制度正式实施时启动，此前在研究生院综合办公室安排一专人负责有关事务和筹建工作；在适当时候取消实验室与设备管理部所属的设备器材供应服务中心；在学生工作部增设心理健康教育办公室；设立研究生联合培养办公室，编制在研究生院现有编制中调剂解决。国内合作委员会的职能调整为：统一制定国内合作的总体规划、相关政策、工作章程及程序，管理、规范全校国内合作工作，监督、促进合作协议的贯彻、落实，维护北京大学的权益。国内合作委员会由2－3位校领导及若干位相关部门负责人组成，下设办公室，挂靠党办校办。办公室的组成实行专兼职结合的原则，党办校办为主任单位，相关部门为副主任单位。办公室设专职工作人员，负责日常事务。

机关机构核定和调整工作小组还重点针对“三长制”的管理体制和运行机制、科研管理体制、机关事务工作委员会的职能、信息化领导小组和学生注册中心，以及学校规划委员会的职能设置做了大量的调研，提出了非常具有建设性的意见和建议，随着学校建设和改革的推进，机关机构的调整工作还将适时、科学、稳妥地进行。全体机关工作人员，包括院系行政教辅人员，都要进一步转变工作作风，提高工作效率，强化服务意识，改进服务态度，提高服务质量。

这里我还要强调，在机关和机构调整中要继续推进校本部与医学部的进一步融合。总的说来，北大目前的运转模式是好的，医学部继续保持了良好的发展势头，在学科、财务、人员等诸多方面都获得了校本部的大力支持，医学专业八年制教育启动后，进展顺利。综观世界各国的著名大学，其医学院(医学部)与校本部的关系有各不相同的模式。北大模式应该说是一种实事求是的模式，是从原北京大学、原北京医科大学强强联合的实际出发，遵循高等医学教育的发展规律，积极探索适合自己的发展道路，并根据实践效果不断加以调整和完善的。今后，要在总结两校合并以来各项工作的成效的基础上，学习借鉴兄弟院校和国外的成功经验，结合我校的实际情况，加强领导，加大对医学部本部和附属医院的支持力度，积极稳妥地推进校本部与医学部的深度融合。继续研究医学教育科研体制，加强大学对附属医院的管理。此项工作由柯杨副校长牵头。

五、克服困难，创造条件，保证重大基建工程项目的进展

根据学校发展规划，未来一段时间，随着“985工程”二期建设的启动，对基础设施提出了更多的需求，基础设施建设必须有一个大发展才能适应学校建设的需要。在有关方面的努力下，学生宿舍38号楼已在暑假竣工，国际关系学院大楼已经启用，畅春新园学生公寓、中关园外国专家留学生博士后公寓、政府管理学院大楼、法学院大楼、光华管理学院新楼、新教学大楼、微电子学院大楼、口腔医院大楼、人民医院新病房大楼等一大批基本建设项目已经或即将开工，奥运乒乓球馆正在积极筹建之中，医学部西北区的开发也有了进展。几年后，校园面貌将会再有一个巨大变化，师生的教学和科研条件会得到进一步改善。我们在感到欢欣鼓舞的同时也应清醒地认识到，我校的基建工作还面临着资金、土地和政策上的种种困难。下一步基建工作要坚持两条原则，一是校本部和医学部要统筹考虑，基建部门要进一步加强协调；二是要结合“985工程”二期学校建设的重点，分清轻重缓急，学校近期发展所急需的建设经费要优先落实、重点保证，要确保按期完成学生公寓的建设。此外，学校各方面也要积极配合，利用各种渠道筹措基建经费。

六、其他几项工作

一是关于财务工作：开源节流，多渠道筹措办学经费是我们一贯的要求。这次国家对我校的审计工作已近尾声，学校要求各单位继续积极配合审计组的工作。此前，我校18亿的“985”专项经费已先后接受过国家的两次正式检查。第一次是2001年财政部驻山西专员办对我校财务工作进行专项检查，结论是：“学校非常重视，采取了有效措施，成立了专门机构，实施严格管理，按时真实地编报学校行动计划专项资金预算和决算；在预算安排上，重点突出，保证急需，紧紧围绕创建世界一流大学这一根本目标分配预算指标；项目管理严格有序；专项资金财务管理严格，会计核算规范，有完善的内部财务管理制度和会计核算制度。”第二次是2003年审计署教育审计局对我校进行专项审计，结论是：“四年来，学校重视行动计划专项经费的使用和管理工作，在国家的重点支持下，认真贯彻‘三个代表’重要思想，紧紧围绕创建世界一流大学这个中心目标，抓住机遇，深化改革，团结奋斗，有力地推动了学校各项事业的发展。在队伍、学科、基础设施建设、公共教学条件改善等方面取得了丰硕的成果。制定了专项资金管理办法，各项财务制度比较健全，财务管理比较规范。”

下一步学校将继续加强财务制度建设，特别是“985工程”二期建设即将启动，各院系和职能部门要高度重视“985”项目资金的落实和使用，严格按财务制度使用经费，完善责任制。为弥补办学经费的不足，学校将进一步加大筹款力度，同时也正在筹划改革科研管理体制，加大力度组织科研项目，积极参与国家中长期科技发展规划和国家“十一五”规划的制定，提高争取“863”、“973”等国家重大项目的能力，加强与地方政府和大中型企业的合作，进一步增强对外争取科研经费的能力。

二是国际合作与交流工作：国际化是当今高等教育发展的趋势，我们必须通过不断加强与世界名校的交流合作促进我校的学科建设，提高办学水平。本学期，斯坦福大学北大分校项目以及加州大学海外学习项目都将启动，这是我校国际交流工作中的大事，对开阔师生的国际视野、推进校园国际化、提高我校的国际影响力都具有重要的意义，学校要求各有关院系和职能部门密切配合，把这项工作做好。

三是做好香港学生的培养工作：今年6月初，按照上级关于依托内地高校资源加强为香港培养人才工作的指示精神，在国务院港澳事务办公室和教育部的指导和支持下，由郝平副校长带队的我校代表团前往香港参加了“北京大学、清华大学在港面试招生新闻发布会暨教育展览会”，我校本着“公正、公平、公开”、确保生源质量、维护北大声誉的原则，经过严格的资格审查和面试，首次在香港地区免试录取了43名优秀中学生，在香港各界起到了良好的社会反响，进一步扩大了我校在港澳地区的影响。目前，这批香港学生已经报到，开始了他们在北大的学习生活。希望各有关院系和职能部门在学生培养过程中相互配合，根据这批学生的特点对他们加强有针对性的指导和帮助，确保这项工作的顺利推进。

四是关于校园安全工作：安全工作，是重中之重。抓安全、保安全的工作必须持之以恒、毫不放松。我校总体安全形势是好的，但仍然存在安全隐患和薄弱环节。医学部北大医院附属幼儿园的意外凶杀事件在中央、教育部和北京市委的指导和关心下，受伤老师和儿童正在康复之中，善后处理工作也在进行中。全校各单位各级领导要清醒地估计我们所面临的形势，认真总结经验教训，查找漏洞，改进不足，确保校园的安全稳定，为师生员工创造一个良好的学习和生活环境。

五是做好学生食堂伙食价格上调的准备工作：随着市场上农产品和主要副食品价格上涨，高校学生食堂伙食价格面临巨大的调整压力。为此国务院办公厅3月12日下发了《关于加强学生食堂管理，维护高校稳定的紧急通知》，教育部、国家发改委、财政部、国家税务总局和国家粮食局等五部委也联合下发了《关于支持高等学校进一步做好学生食堂工作的若干意见》，北京市也多次开会，把五部委文件细化，并制定了对贫困学生给予伙食补贴的标准。学校也正在讨论和制订价格调整方案，具体的调价时间和调整幅度需经与上级主管部门沟通、与兄弟院校协调后确定。学校要求各相关职能部门，各院系领导，特别是餐饮服务单位和各院系主管学生工作的负责人要做好宣传和解释工作，积极引导学生，消除误解、不满甚至怨气。要告诉广大同学，伙食涨价不是北大一家的事情，也不是人为因素造成的，而且学校后勤餐饮部门已经为此进行了巨大的投入，才勉强维持了几个月的未涨价。要特别关心贫困学生的生活，贫困生伙食补贴要做到及时发放。后勤和餐饮部门要在切实保证伙食质量的基础上采取统一采购、定点直供等多种形式，想尽一切办法控制成本。

六是作息时间调整和遵守劳动纪律问题：8 月 23 日起，学校已经开始实行新的作息时间，这是学校从实际情况出发，从关心教职工的角度出发，在广泛征求意见、深入讨论基础上做出的调整。我在这里强调，调整作息时间不是压缩工作时间，各单位要强化劳动纪律观念，按照学校关于调整作息时间的通知安排作息，任何单位都不能变相减少工作时间。学校将对调整作息时间后的执行情况进行抽查。

七是关于教育收费管理工作：部分学校存在的教育乱收费问题，最近引起了社会各界的强烈关注。上级领导也一再要求各高校要严格管理，杜绝此类现象。在这个问题上，北大过去做得是比较好的。今后，北大要继续严格贯彻上级指示精神，包括大学、附属中小学和幼儿园，尤其是涉及到招生等关键环节，更要慎重，要严格按照制度、规章、程序办事。

除了我以上点到的，各单位要根据学校的安排和要求，做好各项常规工作，要进一步强化全局意识，加强协调配合，增强补位意识，只有做到这一点，学校才能高效有序地运转。

同志们，现在是学校改革发展的关键时期，全校各单位应注意在教学、科研、行政协调、后勤保障等各个环节，加强协调，加强管理，做到科学管理，规范管理。学校各级领导和全体教职员工都要进一步强化依法治校的意识，坚决纠正一些方面和环节中不同程度存在的无章无法、有章不循、有法不依的现象，不断完善各项规章制度和办事程序，做到有章可循、有法可依、依法办事。

同志们，前不久，胡锦涛同志在两院院士大会开幕式上的讲话中再次强调，必须坚定不移地实施科教兴国战略，大力推进科技进步和创新，进一步发挥科学技术对经济社会全面发展的关键性作用。这次讲话进一步明确了科教兴国战略在我国改革和发展进程中的重要地位，表明了新一代中央领导集体对科技和教育事业的重视。未来几年，北大的发展将迎来一个更为有利的政策环境和社会环境，也将是决定我校能否实现建成世界一流大学目标的关键时期，让我们振奋精神、开拓创新、锐意进取、真抓实干，全面推进学校的各项工作，在创建世界一流大学的进程中不断取得新的成绩。

谢谢大家。

加强思想理论建设　不断提高领导班子的思想政治素质和领导水平

闵维方

（2004 年 10 月 15 日）

党的十六届四中全会通过的《中共中央关于加强党的执政能力建设的决定》指出，加强党的执政能力建设必须把党的思想理论建设放在首位。几年来，北京大学领导班子努力按照“三个代表”重要思想的要求，紧紧围绕创建世界一流大学的中心任务，不断加强思想理论建设，努力形成一个政治坚定、敢于负责、求真务实、奋发进取、开拓创新的领导班子。在工作中，我们体会到：领导班子思想理论建设是提高思想政治素质和领导水平的前提和基础。下面就北京大学领导班子思想理论建设作简要汇报。

一、坚持用“三个代表”重要思想武装头脑，努力提高领导班子的思想政治素质

高等院校不仅是人才培养和科学研究的重要基地，也是各种文化交流借鉴的桥梁和纽带，是思想上比较活跃和敏感的地方，也是反对和抵制西方敌对势力对我实施西化、分化图谋的前沿阵地。我们体会到，文化的交流和传播越来越成为各国相互关系的重要内容，文化的碰撞和矛盾也越来越成为国际竞争和国际冲突的一个方面。在防范西方敌对势力的文化渗透中，高等学校责无旁贷，北京大学责无旁贷。实践证明，要取得斗争的胜利，关键是要不断加强领导班子的思想理论建设，以此带动干部队伍和整个学校的思想理论建设，坚持社会主义先进文化的主流地位，坚持马列主义、毛泽东思想、邓小平理论和“三个代表”重要思想在意识形态领域的指导地位。只有不断加强领导班子的思想理论建设，掌握“三个代表”重要思想这一强大思想武器，才能在错综复杂的矛盾和斗争中驾驭全局、掌握主动权；才能更好地解放思想、实事求是、与时俱进，总结师生创造的新鲜经验；才能增强解决改革发展稳定中遇到的各种困难和问题的本领，不断开创学校各项事业的新局面。

北京大学领导班子在思想理论建设方面，努力抓

住三个载体，发挥一个优势。所谓“三个载体”，一是以党委理论学习中心组为基本载体，通过落实两周一次的理论学习制度、领导干部撰写年度论文制度、领导班子调查研究制度，密切联系北京大学的实际，深入学习“三个代表”重要思想和党的路线方针政策，定期组织到井冈山、延安、西柏坡、深圳等地进行调研，体会文章在《人民日报》等报刊上发表，使“三个代表”重要思想真正成为领导干部的思想基础。二是以校级党政领导班子和中层干部为载体，根据学校的实际工作，特别是改革发展中的重大问题，在落实党政联席会议制度、中层干部大会制度和寒、暑假领导班子战略研讨会制度中，把理论建设和工作研讨紧密结合，使“三个代表”重要思想成为领导班子科学决策的指南。三是以基层院系党委、学生社团和学生政治理论课为载体，发挥校级领导班子理论学习的先导性作用，通过落实领导干部联系院系制度、领导干部讲政治理论课制度，在全校形成传播和实践“三个代表”重要思想的浓厚氛围。

在抓住三个载体的同时，北京大学更注意发挥综合性大学的哲学社会科学优势。党委理论学习中心组的学习活动十分注重汲取哲学社会科学最新成果，经常邀请哲学社会科学领域著名学者参与研讨，形成了北京大学领导班子独具特色的思想理论优势，提高了领导班子思想理论建设的层次水平，同时也促进了繁荣哲学社会科学的伟大事业，使北京大学逐渐成为“三个代表”重要思想的学习研究基地和传播基地。

二、坚持以“三个代表”重要思想为统领，进一步理清领导班子思想理论建设的思路

在“三个代表”重要思想统领下，随着干部思想政治素质的不断提高，北京大学领导班子深刻思考创建世界一流大学的内在要求，逐渐形成了思想理论建设的思路：坚持“一个方向”和“两个标准”，树立“三个观念”，具备“四个意识”，推动“五项工作”。一个方向，即社会主义办学方向，这是学校工作的灵魂。就是要坚持马列主义、毛泽东思想、邓小平理论和“三个代表”重要思想高校的指导地位，培养德智体美全面发展的中国特色社会主义事业合格建设者和可靠接班人。两个标准，即用社会主义政治家、教育家的标准来要求高校领导班子成员，这是思想理论建设的根本目标，体现在领导班子的政治素质和业务素质“两手都要硬”。三个观念，即科学发展观、人才观和正确政绩观，这为领导班子提供了系统科学的教育发展理念，体现在领导班子科学把握世界一流大学建设发展规律，提出跨越式发展思路，建立拔尖创新人才培养、引进、评价机制，正确处理改革发展稳定的关系等各个方面。四个意识，即政治意识、大局意识、责任意识、忧患意识，体现在领导班子能够把握政治方向，应对复杂局面、解决突发事件、确保学校的政治稳定、带领全校师生承担起创建世界一流大学的使命。五项工作，即教学、科研、管理、服务与党建和思想政治工作这五项高等学校的基本工作，归根结底，落实到推动创建世界一流大学进程这一中心任务上来。

三、坚持在实践中贯彻落实“三个代表”重要思想，不断提高领导班子创建世界一流大学的领导水平

加强思想理论建设重在提高领导班子的领导水平。几年来，我们通过加强领导班子思想理论建设，在实践中贯彻落实“三个代表”重要思想，取得了一些成果。

一是掌握了“三个代表”重要思想与创建世界一流大学的内在联系。学校领导班子及全校师生员工深刻认识到，创建世界一流大学的本质就是为中国先进生产力的发展和先进文化的前进提供人才支持和知识贡献，就是服务于全国人民的根本利益，创建世界一流大学的实践就是贯彻落实“三个代表”重要思想的具体体现。学校党委只有带领全校师生员工真正实践“三个代表”重要思想，才能切实完成各项任务，实现创建世界一流大学这一宏伟目标。这一认识把全校师生员工统一在“三个代表”重要思想旗帜下和创建世界一流大学事业中，使北京大学迎来了快速发展的新时期，在科学研究上获得了国家最高科学技术奖，人才培养上实施了一系列卓有成效的教学改革，社会服务方面形成了以北京大学为中心、西到新疆石河子、北到内蒙古、南到深圳的产学研辐射网，办学实力进一步增强，领导班子“追求真理、追求卓越、培养人才、繁荣学术、服务社会、造福人民”的办学理念更加清晰。

二是增强了领导班子成员的政治意识、大局意识、责任意识、忧患意识。全体成员能够以清醒的政治头脑、敏锐的政治鉴别力和分析能力，同各种错误思想倾向进行旗帜鲜明的斗争，牢牢把握住了社会主义办学方向；能够正确判断国内外形势与高等教育发展的关系，科学把握世界一流大学的建设规律，总揽学校发展全局并协调各方，妥善应对复杂局面，保持了北京大学的稳定。

我们在实践中深深体会到，高校领导班子思想政治建设是一项长期的系统工程，而思想理论建设是基础。我们将在今后的工作中，深入学习贯彻党的十六大和十六届四中全会精神，不断总结经验，寻找差距，为创建世界一流大学、全面推进中国特色社会主义伟大事业做出更大的贡献。

· 北大概况 ·

北京大学创建于1898年，初名京师大学堂，是我国第一所国立综合性大学，也是当时中国的最高教育行政机关。辛亥革命后，于1912年改为现名。1917年，蔡元培先生出任北京大学校长，“循思想自由原则、取兼容并包主义”，对北大进行了卓有成效的改革，促进了思想解放和学术繁荣，北大从此日新月异。陈独秀、李大钊、毛泽东以及鲁迅、胡适等一批杰出人才都曾在北大任教或任职。卢沟桥事变后，北大与清华、南开南迁长沙，共同组成长沙临时大学。1938年年初，临时大学迁往昆明，改称国立西南联合大学。抗战胜利后，北大返回故园，于1946年10月正式复学。当时设有文、理、法、医、农、工6个学院和一个文科研究所，学生总数为3400多人。新中国成立后，全国高校于1952年进行院系调整，北大成为一所以文理基础教学和研究为主的综合性大学。同年，北大校址从北京市内的沙滩原址迁移到位于西北郊的原燕京大学校址，即“燕园”。

北大自创建以来，为国家培养了大批人才。据不完全统计，北大校友和教师中有400多位两院院士，中科院数理学部三分之二的院士来自北大。1955年，北大成立了中国第一个核物理专业，并于50年代后期相继成立了技术物理系和无线电电子学系，为国防科技战线培养了一批骨干，在“两弹一星”的研制中发挥了重要的作用。60年代，北大参与了由中国科学院组织的研制人工合成牛胰岛素工作，这一工作的成功对生命科学研究具有重大的理论意义和实践意义。70年代，中国第一台每秒运算百万次的电子计算机、第一块1024位随机动态存储器和第一台汉字激光照排系统相继在北大诞生。而中国人文社科界的著名学者相当多也出自北大，其中一些大师级学者在中国学术和教育史上产生了深远的影响。

改革开放以来，北大进入了一个前所未有的大发展、大建设的新时期，并成为国家“211工程”重点建设的大学之一。1998年5月4日，北大百年校庆之际，国家主席江泽民题词：“发扬北京大学爱国进步民主科学的优良传统为振兴中华做出更大贡献”，并在庆祝北大建校一百周年大会上发表讲话，发出了“为了实现现代化，我国要有若干所具有世界先进水平的一流大学”的号召。北大适时启动“创建世界一流大学计划”(也称“985计划”)，北大的历史从此翻开了新的一页。

2000年4月3日，原北京大学与原北京医科大学合并为新的北京大学。原北京医科大学的前身是国立北京医学专门学校，创建于1912年10月26日。20世纪三四十年代，学校一度名为北平大学医学院，并于1946年7月并入北京大学。1952年，在全国高校院系调整中，北京大学医学院脱离北京大学，独立为北京医学院，1985年更名为北京医科大学，1996年成为国家首批“211工程”重点支持的医科大学。两校合并进一步拓宽了北京大学的学科结构，为促进医学与人文社会科学及理科的结合、改革医学教育奠定了基础。

一个多世纪以来，作为新文化运动的中心和“五四”运动的策源地，作为中国最早传播马克思主义和民主科学思想的阵地，作为中国共产党最早的活动基地，北大为民族的解放和振兴、国家的建设和发展、社会的文明和进步做出了不可替代的贡献，在中国走向现代化的进程中起到了重要的先锋作用。爱国、进步、民主、科学的传统精神和勤奋、严谨、求实、创新的学风在这里生生不息、代代相传。

2004年，北京大学按照科学发展观的要求，紧紧围绕创建世界一流大学这个中心任务，锐意创新，深化改革，教学科研水平不断提高，基础设施条件和校园面貌不断改善，综合实力进一步增强，国际影响力显著提升，各项事业取得了长足进展。

一、“985工程”二期正式启动

2004年，北京大学认真总结了“985工程”一期建设的经验和不足，进一步明确了学校在二期建设乃至更长远时期的发展重点和战略部署，根据教育部“985工程”二期建设基本思路，在全面分析当前国内外高等教育面临的新形势和国家经济社会发展重大需求的基础上，结合创建世界一流大学的总体规划和学校发展的现状，经过充分研究论证，确立了“以队伍建设为核心，以前沿和交叉学科为重点，以体制创新为动力，全面规划和推进科技创新平台和哲学社会科学创新基地建设”的“985工程”二期建设总体思路，形成了北京大学《“985工程”二期建设项目可行性研究报告》，于2004年11月顺利通过了教育部的审核，并被批准实施。这使北京大学在四年内再次获得国家经费支持，为未来几年的学科发展提供了有力的财政支撑。

二、学校行政领导班子换届工作圆满完成

2004年，学校完成了校级行政领导班子的换届工作，许智宏继续担任校长，几名年富力强的干部走上学校领导岗位，为学校此后几年的建设和发展提供了组织上的保证。

三、新一轮师资人事制度改革正式启动

2004年，北京大学先后出台《北京大学教师聘任和职务晋升(暂行)规定》、《北京大学教师职务聘任条件》、《北京大学学术委员会章程》等文件，对专业技术职务聘任工作进一步进行规范。2004年4月，北京大学面向海内外公开招聘95名教授，一批年富力强、在本领域做出突出贡献、在国内甚至在国际上具有重要影响的专家学者受聘。截至2004年年底，北大已有91位教师获得国家杰出青年基金的资助，自然科学基金委创新群体总数已达4个，"973"项目首席科学家达到14位。为促进文理医高层次人才的平衡发展，更好地发挥哲学社会科学老学者的作用，北京大学设立了哲学社会科学资深教授岗位，聘任了季羡林、林庚等25位哲学社会科学资深教授。

四、教育教学改革稳步推进

2004年，北京大学有14门课程被评为国家级精品课，71项教学成果获北京市教学成果一、二等奖，其中8项成果被推荐参加国家教学成果特等奖和一等奖评选，获奖数均居各高校首位。研究生招生规模在继续保持稳定的基础上，生源质量明显提高，招生制度改革平稳推进。研究生教育质量进一步提高，在2004年度全国优秀博士论文评选中有9篇入选，位列全国高校之首。2004年6月25日至7月25日，北京大学首次开办暑期学校，具有一定首创意义，是学校教学改革的重要举措。北京大学为暑期学校组织课源60多门，并实现课程分类管理，将课程分成面向不同群体的A、B、C三类，既保证了本校正常教学计划内的教学秩序，又实现了部分课程对外开放。

五、科研成果不断涌现

2004年，北大继续发挥在基础学科、医学和人文社会科学领域的传统科研优势，面向经济社会发展需求，积极参与国家重大科研项目，产生了一批国内领先甚至达到国际先进水平的科研成果。2004年度通过国家科学技术奖初评的建议授奖项目有4项，以北大为第一完成单位获国家自然科学二等奖的项目有3项。段学复、杨应昌、赵柏林3位院士获得何梁何利奖。根据国际权威组织对国际主要大学和科研组织过去10年发表论文的引证频次的统计，北大化学、数学、物理、工程科学、材料科学、临床医学、植物和动物学等7个学科已进入全球的前1%。国家实验室建设取得重要进展，北京大学与中科院化学所联合筹建的"北京分子科学国家实验室"(筹)于2004年6月10日正式挂牌。人文社会科学研究水平继续保持高校领先地位，产生了一批对中国特色社会主义政治、经济、文化建设具有重大理论价值和实践指导意义的成果。在198项获北京市第八届哲学社会科学优秀成果奖的成果中，北大有34项，位居榜首。田余庆先生所著《拓跋史探》和刘金质教授的《冷战史(上、中、下)》2项成果获特等奖，占特等奖总数的50%。经过教育部每三年一次的评估，北大的国家文科重点研究基地总数达到了13个，位居全国第一。

六、高科技企业继续健康发展

2004年，方正集团、未名集团和资源集团完成了初步改制工作，由原来的全民所有制企业改制为股份制公司；青鸟集团改制方案已经获得学校批准并已上报，其他在《公司法》颁布前成立的企业也都基本完成了改制工作。完成取消"冠名"和关闭、退股的校直属企业共计45家，另有6家划归四大集团，北京大学股权划转至北大资产经营公司。改制后的股份制公司相继建立以"三会"(股东会、董事会和监事会)为代表的"产权清晰、政企分开、权责明确、管理科学"的现代企业制度，过去的"行政纽带"逐渐转变为"资本纽带"，降低了学校风险，同时也相应建立了风险撤出机制，对学校产业的发展提供了制度上的保证。

七、国际交流更加活跃

2004年，北京大学共接待国外代表团234个，接待来访达17000多人次。其中包括巴西、捷克、伊朗、加蓬、委内瑞拉等5国总统和副总统，国际知名高校校长代表团85个。2004年8月23～25日，在韩国高等教育财团的赞助和北京市政府的大力支持下，北京大学成功举办了高水平的国际学术会议——北京论坛。北京论坛的宗旨是通过推动亚太地区人文社会科学问题的研究，促进亚太地区乃至世界的学术发展和社会进步，从而为全人类的发展与繁荣做出贡献。首届论坛主题是"文明的和谐与共同繁荣"，包括诺贝尔奖得主在内的约400名海内外知名学者与会。2004年，斯坦福大学北大分校第一期学生顺利结业；北京大学—早稻田大学联合教学科研中心正式运行；举办了巴黎高师日、斯坦福大学日、康奈尔大学日等系列活动；主办和承办了第三届中日大学校长论坛、东亚四国大学校长论坛等大型学术会议和高等教育论坛。积极推进学生参与国际交流活动，本科生和研究生参与国际交流的规模迅速扩大，过去五年派出学生已超过3000人次。

八、国内合作稳步推进

北京大学与江苏省人民政府签署了省校合作协议，双方将在人才培养、科学研究、科技成果转化和社会文明建设等各个领域展开交流与合作。同时双方还签订了"国产网络计算机应用工程及产业"等11个具体科技成果产业化合作项目；与浙江省人民政府签署了合作协议，内容涉及科技合作、产学研合作、人才培养、高等教育合作以及决策咨询活动等；与新疆生产建设兵团签署了友好合作协议，同时签署了“北京大学新疆研究生培养基地”备忘录。协议内容主要包括干部挂职和实验室人员培训、宣传系统干部培训、医务人员进修以及在塔里木大学建立北京大学学生社会实践基地、北京大学毕业生实习基地等。

北京大学还积极与国内其他高校展开合作。2004年7月9日，北京大学与郑州大学签署了校际合作协议，在师资培养、学科建设、科学研究、行政管理等方面进行合作。

在对口支援石河子大学方面，北京大学继续加大工作力度。新疆研究生培养基地在石河子大学正式挂牌；北大派出多位教师赴石河子大学授课；签署《北京大学与石河子大学合作开展（试行）远程网络同步教学项目协议书》，向石河子大学开设远程网络直播通选课；生命科学学院、中文系、信息科学技术学院和药学院分别与石河子大学四个对应的学院建立“一对一”的支援带动关系，推进石河子大学汉语言文学、生物技术、计算机科学与技术和药学等四个学科的重点建设。

九、基础设施建设加快步伐

2004年，北京大学国际关系学院大楼工程竣工；学生宿舍38—40楼工程通过验收；北大附小教学及宿舍楼、畅春新园学生宿舍楼、中关园留学生公寓、图书馆改造、燕北园生活服务附属用房等工程相继开工。

2004年，北京大学完成了学生生活区架空线改造工程，架空线全部落地；对学生宿舍25楼、29楼、30楼供电线路进行了增容改造；对学一食堂进行了装修改造同时安装了油烟净化装置；学生浴室全部安装了节水设施，学生洗浴实行计量收费；完成了理科4号楼、国际关系学院新楼周边的环境绿化工作；完成了水塔南至一体北的道路翻修工作；调整改造了中关园留学生公寓、成府园区供暖外管网。

2004年，北大（含医学部）有全日制本科生14486人、专科生696人、硕士研究生9004人、博士研究生4759人、各类外国留学生2015人；有教职工15558人，其中专任教师5226人、教授1379人、博士生导师1112人、两院院士57人、长江特聘教授和讲座教授57人、“973”项目首席科学家14人；现有12个国家重点实验室、2个国家工程研究中心、13个教育部重点实验室、6个卫生部重点实验室；有8所附属医院和12所教学医院。全校有202个博士学位授权点、224个硕士学位授权点、101个本科专业、35个博士后流动站。北大拥有的教授、博士生导师、中科院院士、国家重点学科和国家重点实验室的数量均居全国高校之首。

·机构与干部·

校领导机构组成名单

党委书记 闵维方
党委常务副书记 吴志攀(2004年12月任)
党委副书记 岳素兰 吴志攀(2004年12月免) 张彦
党委常委 闵维方 许智宏 吴志攀 陈文申(2004年12月任) 林建华 柯杨 岳素兰 林钧敬 林久祥 郝平 张彦 王丽梅 杨河 郭岩
校长 许智宏(2004年12月连任)
常务副校长 迟惠生(2004年12月免) 韩启德(2004年12月免) 陈文申(2004年12月任) 林建华(2004年12月任) 柯杨(2004年12月任)
副校长 闵维方(兼)(2004年12月免) 吴志攀(兼) 林钧敬 林久祥 郝平 林建华(2004年12月免) 鞠传进 柯杨(2004年6月任,2004年12月免)
纪委书记 王丽梅
校长助理 史守旭 张维迎 海闻
纪委副书记 孔凡红 叶静漪 周有光
秘书长 林钧敬(兼)
副秘书长 杨开忠 赵为民
教务长 林建华(兼)
副教务长 李克安 张国有(兼) 柯杨(兼) 吴宝科(兼) 李晓明(兼)
总务长 鞠传进(兼)
副总务长 张宝岭

学术委员会及教师职务评审委员会

主任 许智宏
副主任 闵维方 迟惠生 韩启德
委员 王德炳 陈佳洱 吴树青 王义遒 林久祥 陈章良 何芳川 吴志攀 丁伟岳 张恭庆 甘子钊 欧阳颀 黎乐民 赵新生 陈建生 陈晓非 周力平 朱作言 方竞 佘振苏 杨芙清 李晓明 袁行霈 叶朗 申丹 宁骚 梁守德 厉以宁 林毅夫 朱苏力 马戎 王夔 陈慰峰 郭应禄

专业技术职务评审委员会

主　　任　许智宏
副 主 任　闵维方　迟惠生　韩启德
委　　员　岳素兰　吴志攀　林久祥　林钧敬　林建华　王德炳　王义遒　郝　斌　李安模　柯　杨
陆正飞　温儒敏　戴龙基　吴慰慈　王兴邦　沈定予　廖陶琴　王慧芳　唐镇松　李月东
周岳明

学位评定委员会

主　　席　许智宏
副 主 席　林建华　吴志攀　柯　杨
委　　员　袁行霈　甘子钊　厉以宁　杨芙清　张国有　文　兰　涂传诒　赵进东　彭练矛　陶　澍
胡　军　王邦维　何芳川　王浦劬　陈学飞　赵存生　魏丽惠　王　夔　章友康　俞光岩
韩济生

学部学术委员会

人文学部学术委员会

主　　任　袁行霈
副 主 任　赵敦华　申　丹
委　　员　裘锡圭　陆俭明　叶　朗　陈　来　吴国盛　高　毅　阎步克　严文明　安美华　王逢鑫
仲跻昆　张玉书　赵振江　刘金才　张玉安　王邦维　王文融　赵存生　何芳川　李克安

社会科学部学术委员会

主　　任　厉以宁
副 主 任　吴志攀　黄宗良
委　　员　吴树青　梁　柱　张纯元　刘　伟　易　纲　梁守德　陆庭恩　龚文庠　宁　骚　张国有
李士坤　张　文　刘世定　王　余　吴慰慈　闵维方　程郁缀

理学部学术委员会

主　　任　甘子钊
副 主 任　姜伯驹　赵新生　赵进东
委　　员　张恭庆　耿　直　高崇寿　欧阳颀　黎乐民　来鲁华　陶　澍　方精云　濮祖荫　陈建生
陈晓非　刘元方　方家训　江栋兴　郑亚东　郝守刚　朱作言　朱玉贤　朱　滢　迟惠生

信息与工程科学部学术委员会

主　　任　杨芙清
副 主 任　王子宇　佘振苏
委　　员　王阳元　查红彬　王　龙　陈　滨　薛增泉　俞孔坚　唐孝炎　许卓群　程　旭　梁庆林　史树中　张永和　羌　笛

医学部学术委员会

主　　任　韩启德
副 主 任　王　夔　黎晓新
委　　员　王志新　王　宪　王海燕　王　夔　张礼和　陈明哲　汤　健　沈渔邨　陆道培　陈慰峰　张震康　林久祥　柯　杨　秦伯益　郭应禄　郭　岩　秦　炯　党耕町　高晓明　强伯勤　韩启德　韩济生　蔡少青　翟中和　黎晓新

第五届校教职工代表大会执行委员会

主　　任　岳素兰
副 主 任　鞠传进　张国有　孙　丽　敖英芳
委　　员　王春虎　王　蓉　王　磊　王　燕　史录文　关海庭　孙　丽　张大成　张宝岭　陈淑敏　岳素兰　胡　坚　敖英芳　梁　燕　廖秦平　鞠传进　孔庆东　张国有　鲁安怀

医学部负责人

主　　任　韩启德(兼)
常务副主任　柯　杨
副　主　任　魏丽惠　史录文　刘玉村　李　鹰　闫　敏
党委书记　郭　岩
党委副书记　马焕章(兼)　李文胜
纪委书记　马焕章
主任助理　王　杉

校机关各部门、工会、团委负责人

校 本 部

党委办公室校长办公室	主任	张　彦(2004 年 4 月免)
		刘海明(2004 年 4 月任)
发展规划部	部长	岳庆平(2004 年 2 月免)
		李　强(2004 年 9 月任)
纪委监察室	主任	叶静漪(兼)
党委组织部	部长	杨　河
党委宣传部	部长	赵为民
党委统战部	部长	卢咸池
学生工作部	部长	陈建龙
保卫部	部长	张　虹
教务部	部长	关海庭
科学研究部	部长	朱　星
社会科学部	部长	程郁缀
“211”工程办公室	主任	李晓明
研究生院	院长	许智宏
	常务副院长	张国有
继续教育部	部长	李国斌(2004 年 12 月免)
		郑学益(2004 年 12 月任)
人事部	部长	周岳明
财务部	部长	廖陶琴
国际合作部	部长	李岩松
总务部	部长	杨仲昭
资产管理部	部长	初育国(2004 年 11 月免)
		李国忠(2004 年 11 月任)
实验室与设备管理部	部长	张新祥(2004 年 6 月任)
基建工程部	部长	支　琦
审计室	主任	(空缺)
科技开发与产业管理办公室	主任	姜玉祥
工会	主席	赵存生(2004 年 12 月免)
		岳素兰(2004 年 12 月任)
	常务副主席	陈淑敏(2004 年 12 月免)
		孙　丽(2004 年 12 月任)
团委	书记	沈千帆
机关党委	书记	李国斌(2004 年 10 月任)
后勤党委	书记	张宝岭(兼)
产业工委	书记	隋凤花(2004 年 12 月免)
		陈文申(2004 年 12 月任)

医 学 部

党委办公室、主任办公室	主任	李　鹰(兼、2004年6月前)
		戴谷音(2004年6月后)
纪检监察办公室	主任	孔凡红
党委组织部	部长	顾　芸
党委宣传部	部长	李海峰(2004年6月前)
		姜　辉(2004年6月后)
党委统战部	部长	金　纯(2004年6月前)
		乔　力(2004年6月后)
保卫处	处长	王振铎(2004年6月前)
		易本兴(2004年6月后)
工会	主席	马焕章(兼、2004年6月前)
		王春虎(2004年6月后)
研究生思想工作部	部长	李春英(2004年6月前)
		段丽萍(2004年6月后)
学生思想工作部	部长	辛　兵
团委	书记	迟春霞(2004年12月前)
		丁　磊(2004年12月后)
机关党委	书记	刘淑英
后勤党委	书记	张　奇
产业总支	副书记	侯利平
	书记	侯利平(2004年11月后)
党校	副校长(副处)	王军为
人事处	处长	林　丛
人才培训与服务中心	主任	乔 力(2004年6月前)
		朱树梅(2004年6月后)
教育处	处长	辛　兵
科学研究处	处长	方伟岗
研究生院	常务副院长	李春英(2004年6月前)
		段丽萍(2004年6月后)
继续教育处	处长	张成兰(2004年6月前)
		高子芬(2004年6月后)
医院管理处	处长	英立平
计划财务处	处长	闫　敏(2004年6月前)
		郑　庄(2004年6月后)
国际合作处	处长	董　哲
审计办公室	主任	张　明
设备与实验室管理处	处长	周文平
产业管理办公室	主任	侯建新(2004年6月前)
		章　京(2004年6月后)
后勤与基建管理处	副处长(主持工作)	王书生(2004年6月前)
	处长	宝海荣(2004年6月后)

各院、系、所、中心负责人

校　本　部

数学科学学院	党委书记	刘和平(2004 年 1 月免)
		刘化荣(2004 年 1 月任)
	院长	张继平
力学与工程科学系	党委书记	于年才(2004 年 3 月免)
		谭文长(2004 年 3 月任)
	主任	苏先樾
物理学院	党委书记	郭建栋
	院长	叶沿林
信息科学技术学院	党委书记	郭　瑛
	院长	何新贵
	常务副院长	张　兴
化学与分子工程学院	党委书记	刘　锋
	院长	席振峰
生命科学学院	党委书记	许崇任
	院长	丁明孝
	常务副院长	许崇任(兼)
地球与空间科学学院	党委书记	宋振清
	院长	陈运泰
	常务副院长	潘　懋
环境学院	党委书记	莫多闻
	院长	江家驷
	常务副院长	张远航
心理学系	党委书记	吴艳红
	主任	韩世辉
计算中心	主任	黄达武
中文系	党委书记	李小凡
	主任	温儒敏
历史学系	党委书记	王春梅
	主任	牛大勇
考古文博学院	党委书记	赵朝洪(2004 年 7 月免)
		刘　绪(2004 年 7 月任)
	院长	高崇文
哲学系/宗教学系	党委书记	丰子义
	主任	赵敦华
国际关系学院	党委书记	邱恩田
	院长	钱其琛
	常务副院长	潘国华
经济学院	党委书记	刘文忻
	院长	刘　伟
光华管理学院	党委书记	王其文
	院长	厉以宁

法学院	党委书记	张守文
	院长	朱苏力
信息管理系	党委书记	祁延莉
	主任	王余光
社会学系	党委书记	吴宝科
	主任	马　戎
政府管理学院	党委书记	李成言
	院长	罗豪才
	常务副院长	王浦劬
外国语学院	党委书记	吴新英
	院长	胡家峦(2004年2月免)
		程朝翔(2004年2月任)
新闻与传播学院	党委书记	赵为民(兼)
	院长	邵华泽
	常务副院长	龚文庠
艺术学系	直属党支部书记	彭吉象
	主任	叶　朗
马克思主义学院	党委书记	黄南平
	院长	陈占安
教育学院	党总支书记	(空缺)
	院长	闵维方(兼)
人口所	所长	郑晓瑛
对外汉语教育学院	党总支书记	张秀环
	院长	何芳川
	常务副院长	李晓琪
成人教育学院	党工委书记	朱　非
	院长	魏常海(2004年11月免)
		郑学益(2004年11月任,2004年12月免)
		李国斌(2004年12月任)
体育教研部	直属党支部书记	李朝斌(2004年12月任)
	主任	郝光安
"元培计划"管理委员会	党总支书记	陈建龙(2004年5月任)

医　学　部

基础医学院	党委书记	于恩华
	院长	顾　江
药学院	党委书记	洪和根
	院长	彭师奇(2004年3月前)
	常务副院长(主持工作)	刘俊义(2004年3月后)
公共卫生学院	党委书记	王　燕
	院长	胡永华
护理学院	党总支书记	吕凤英(2004年12月前)
		尚少梅(2004年12月后)
	院长	郑修霞

公共教学部	党总支书记	王　倩
	主任	王　倩
网络学院	院长	王晓民(2004 年 6 月前)
	院长	刘玉村(2004 年 6 月后)
第一医院	党委书记	蒋学祥
	院长	章友康
人民医院	党委书记	李月东
	院长	吕厚山
第三医院	党委书记	贺　蓓
	院长	陈仲强
口腔医院	党委书记	俞光岩
	院长	俞光岩
肿瘤医院	党委书记	李萍萍
	院长	游伟程
精神卫生研究所	党委书记	黄悦勤
	副所长(主持工作)	于　欣
	所长	于　欣(2004 年 7 月后)

直属、附属单位负责人

校　本　部

校医院	党委书记	叶树青
	院长	张宏印
图书馆	党委书记	高倬贤
	馆长	戴龙基
出版社	党委书记	王明舟(2004 年 7 月免)
		金娟萍(2004 年 7 月任)
	社长	王明舟
街道党工委	书记	何敬仁
街道办事处	主任	张书仁
附属中学	党委书记	董灵生(2004 年 1 月免)
		康　健(2004 年 1 月任)
	校长	康　健
附属小学	直属党支部书记	李丽华
	校长	尹　超
会议中心	主任	范　强
燕园社区服务中心	主任	赵桂莲
餐饮中心	主任	崔芳菊
学生就业指导服务中心	主任	李国忠
档案馆	馆长	赵存生
	常务副馆长	赵兰明
校史馆	馆长	赵存生(兼)

	常务副馆长	马建钧(2004 年 6 月任)
深圳研究生院	党总支书记	栾胜基
	院长	林建华(兼)
	常务副院长	史守旭
首都发展研究院	院长	迟惠生
	常务副院长	杨开忠(兼)
直属单位党总支	书记	马建钧(2004 年 11 月任)

医　学　部

图书馆	馆长	吴立玲
档案馆	副馆长	李润生
		侯建新(2004 年 7 月 5 日任命)
实验动物科学部	主任	杨果杰
教育技术中心	主任	许连陆
信息中心	主任	张　翎
医药卫生分析中心	主任	崔育新
出版社	社长	陆银道
学报(医学版)编辑部	主任	周传敬
生育健康研究所	所长	李　竹
中国药物依赖性研究所	所长	陆　林(2004 年 7 月 12 日任命)
心血管研究所	所长	韩启德

民主党派和归国华侨联合会负责人

中国国民党革命委员会北京大学支部委员会	主任委员	韩汝琦
	副主任委员	陈月华　吴泰然
中国民主同盟北京大学委员会	主任委员	王晓秋
	副主任委员	黄嘉佑　沈正华　孟广礼　鲁安怀
中国民主建国会北京大学支部委员会	主任委员	黄恒学
	副主任委员	邱建国
中国民主促进会北京大学委员会	主任委员	张颐武
	副主任委员	胡　军　佟　新　刘凯欣
中国致公党北京大学支部委员会	主任委员	李崇熙
	副主任委员	马　军
九三学社北京大学委员会	主任委员	陆杰华(2004 年 12 月换届)
	副主任委员	种连荣　沈兴海　姚孟臣　杨其湘
北京大学归国华侨联合会	主席	王德煌
	副主席	王佩瑛　李安山
中国民主同盟北京大学医学部委员会	主任委员	范家栋
	副主任委员	赵金垣　季加孚　李载权　吴　东
中国农工民主党北京大学委员会	主任委员	顾　晋

	副主任委员	李　刚　金燕志　冷希圣　徐　军
中国致公党北京大学医学部支部委员会	主任委员	陈仲强
九三学社北京大学第二委员会	主任委员	马大龙
	副主任委员	李安良（常务）　张　波　王荫华　屈汉庭　陈　新
北京大学医学部归国华侨联合会	主席	于长隆
	副主席	陈淑华（常务）　刘国魂　黄河清

·院系情况·

数学科学学院

【概况】 1913年北京大学设立的数学门是中国现代第一个数学系科。1919年改称数学系。1952年高校院系调整后称数学力学系。1969年力学专业迁往陕西汉中，后独立成为力学系。1985年概率统计专业独立成为概率统计系。1995年在数学系与概率统计系的基础上成立了北京大学数学科学学院，简称数学学院。

数学学院现设有5个系：数学系、概率统计系、科学与工程计算系、信息科学系、金融数学系。北京大学数学研究所是原国家教委批准成立的研究单位，是数学学院体制创新的标志。北京大学数理统计研究所与概率统计系结合在一起，实行系所合一的体制。“北京大学数学与应用数学教育部重点实验室”、教育部高校数学研究与高等人才培养中心、北京数学会、北京计算数学学会挂靠在数学科学学院。数学学院还编辑出版《数学进展》、《分析中的理论及其应用》(英文版)等全国性学术刊物。

数学学院现有2个一级学科：数学和统计学。3个本科专业：数学与应用数学、统计学、信息与计算科学。4个博士专业：基础数学、应用数学、计算数学、概率统计。四个博士专业都设有博士后流动站并全部被评定为重点学科。

2004年，数学学院在编教职员工138人，其中教师99人，党政管理人员、实验技术人员、教学辅助人员共21人，博士后18人。教师中教授50人、副教授30人、高工1人、讲师18人。教授中有6人为中国科学院院士，其中2人为第三世界科学院院士。2004年“985”岗位聘任110人，其中A类岗47人，B类岗50人，C类岗3人，职员岗10人。

2004年数学学院招收本科生192人、硕士研究生83人、博士研究生55人。毕业本科生193人、硕士研究生34人、博士研究生66人。2004年春季在校学生共计1141人，其中本科生830人、硕士研究生195人、博士研究生116人。秋季在校学生共计1298人，其中本科生849人、硕士研究生278人、博士研究生171人。

2004年春季，数学学院开设研究生课程35门、讨论班54个、本科生课程49门、外院系高等数学课25门。秋季开设研究生课程36门、讨论班45个、本科生课程56门、外院系高等数学课29门。

数学学院为了加强学科建设、活跃学术气氛，采用请进来、走出去的办法加强学术交流。2004年主请国外短期讲学专家19人，又请外籍学者75人。教师出国出境98人次(含港、澳、台地区)，其中长期访问、讲学、合作研究、进修13人次，短期访问、讲学、合作研究、研讨会等26人次，参加国际学术会议59人次。

【学科建设与人才培养】 2004年，围绕北京大学创建世界一流大学总体目标，为建设一流的国际化数学研究与交流平台和一流人才引进与培养平台，造就新一代世界领先的数学家，推动数学在科学和实际领域中的应用，全面提升北京大学数学研究和教育水平，数学学院在学校相关部门的支持下完成了“北京国际数学研究中心”的规划，并上报国家发改委。

为准备“985工程”二期，进一步规划学科发展，数学学院分别于2004年6月10日召开了“数学科学学院学科建设会议”，全院教授、副教授参加；2004年6月23日至6月26日召开了“数学科学学院学科建设研讨会”，学院各学科代表40余人参加，会议充分研讨了各学科的现状、目前在国内外所处的位置、进一步发展的规划和前景等，为“985工程”二期的实施奠定了基础。

2004年10月，教育部组织的重点实验室评估将“北京大学数学及其应用教育部重点实验室”评为优秀实验室。

为迎接国家理科基础科学研究与人才培养基地检查评估，数学学院进一步建立和完善了本科生图书阅览室和多媒体实验室。评估专家对于数学基地的建设予以了充分肯定，将其评为A类基地，在全国数学类基地中名列第一。

2004年6月下旬至8月下旬，北京大学特别数学讲座第七期成功举办。讲座聘请了12名国际知名数学家担任讲座教授，他们是田刚教授(北京大学、美国MIT)、L. Caffarelli教授(美国Texas大学、美国科学院院士)、J. M. Bismut教授(法国巴黎大学(Sud)、法国科学院院士)、戴先哲教授(UCSB美国)、许进超教授(PSU)、Wolfgang Hackbusch教授(Max Planck Institute,德国)、H. Esnault 教授、E. Viehweg 教授(德国 Essen U.)、B. Chow 教授(UCSD)、Jaigyoung Choe 教授(Seoul National University,韩国)、R. Bank 教授(UCSD)、W. Jaco 教授(Oklahoma State University,美国),开设 9 门数学前沿课程和一个研究讨论班。从国内各高校(包括澳门等地大学)择优挑选 197 名优秀博士生和硕士生作为正式学员参加特别数学讲座的学习,其中包括 60 名北大学员。

表 4-1 2004 年数学科学学院获高等教育教学成果奖项目

成果名称	完成人	获奖等级
高等代数的教学改革	赵春来、蓝以中、蔡金星	北京市一等奖
《普通统计学》课程建设和教学	谢衷洁	北京市一等奖
《常微分方程》课程建设	李承治、柳　彬、郑志明、孙文祥、杨家忠	北京市一等奖
《概率论》课程建设	陈大岳、钱敏平、何书元、刘力平	北京市二等奖
《普通统计学》课程建设和教学	谢衷洁	北京大学一等奖
高等代数的教学改革	赵春来、蓝以中、蔡金星	北京大学一等奖
《概率论》课程建设	陈大岳、钱敏平、何书元、刘力平	北京大学一等奖
《常微分方程》课程建设	李承治、柳　彬、郑志明、孙文祥、杨家忠	北京大学一等奖
《数学分析》课程建设与教学改革	彭立中、伍胜键、谭小江、蒋美跃	北京大学一等奖

表 4-2 2004 年数学科学学院获得科技及其他奖项

获奖人	获奖名称
段学复	何梁何利科学技术进步奖
张继平	全国“五一”劳动奖章
张继平	首都劳动奖章
宗传明	中国青年科技奖
朱小华	国家杰出青年基金
刘张炬	教育部科技进步奖一等奖
赵春来	北京市优秀教师
甘少波	霍英东教育基金会青年教师基金及青年教师奖
王　铎	北京市优秀教育工作者
潘家柱、史宇光	北京大学教学优秀奖
文　兰、陈大岳、刘旭峰	北京大学优秀博士后

表 4-3 2004 年数学科学学院获优秀博士学位论文

姓名	论文题目	获奖等级	导师姓名
张雪娟	双稳态系统,单稳态系统,耦合振子系统和混沌系统的随机共振现象	全国优秀论文	钱　敏
张雪娟	双稳态系统,单稳态系统,耦合振子系统和混沌系统的随机共振现象	北京大学一等奖	钱　敏
路在平	双 Cayley 图和三度半对称图	北京大学三等奖	徐明曜
郑伟英	有限元方法在原子分子问题中的应用	北京大学三等奖	应隆安

表 4-4 2004 年数学科学学院本科生获“校长基金”优秀论文

姓名	指导教师	研究题目
马宗明	耿　直	统计因果推断及其在生物医学统计领域中的应用
张恺元	周蜀林、周　铁　姜　明	极小曲面与图像分割
何济峰　殷婧彬	丘维声	序列、差集与密码通讯

表 4-5 2004 年数学科学学院党建及学生工作获奖名单

获奖单位及个人	获奖名称
数学科学学院	北京大学学生工作先进单位
计算、信息与实验室党支部	北京大学先进党支部
田立青、刘雨龙、宋　鹏	北京大学优秀共产党员
刘雨龙	北京大学优秀德育奖
吴　岚	北京大学优秀班主任
汤华中、杨家忠	北京大学优秀班主任
任艳霞、李　若	北京大学优秀班主任
汤华中、张树义	北京大学军训优秀带队老师
刘佰军	北京市优秀学生干部
张恺元、鲁剑锋、胡冲锋	北京市三好学生

【党建及学生工作】 2004 年 1 月 13 日，中共北京大学委员会批复数学科学学院党员大会选举结果（党发[2004]2 号文件），新一届中共数学科学学院委员会由 9 名委员组成，刘化荣为党委书记，田立青为党委副书记。数学学院新一届党委与学院行政密切配合，紧紧围绕学科建设、队伍建设和创建世界一流大学的总体目标开展工作，加强党组织自身的建设，各党支部形式多样地安排组织生活，积极主动地以各种方式加强对党员的教育，发挥党员在各自岗位上的先锋模范作用。

学生党支部开展了“弘扬和培育民族精神，全面建设小康社会”的主题党日活动，通过主题党日活动全面理解体会中共中央和国务院发布的《关于进一步加强和改进大学生思想政治教育的意见》，把理想信念教育和爱国主义教育作为加强和改进大学生思想教育的主要任务，探讨学生党支部如何按照《意见》的要求加强思想、组织、作风建设，发挥党员的先进带头作用。

教工党支部通过组织参观抗日战争纪念馆、周恩来邓颖超纪念馆，弘扬了爱国主义精神，增强了强国意识，进一步了解老一辈无产阶级革命家的丰功伟绩、崇高的精神和人格，教育、鞭策每一名党员爱岗敬业，自觉发挥党员的先锋模范作用。

2004 年数学学院有 3 名党员被评为北京大学优秀共产党员，1 个党支部被评为北京大学先进党支部。学院党委积极做好入党积极分子的培养和组织发展工作。2004 年全院有 90 多名师生自愿参加党校学习，院党委书记为入党积极分子讲了“共产党员的条件”主题党课。新发展预备党员 19 人，批准预备党员转正 27 人。

学院学生工作组及团委在党委的直接领导下，抓紧对学生的政治思想教育，创造性地组织社团活动，卓有成效地开展对学生的管理工作，取得了可喜的成绩。

另外，学生中获得北京大学三好学生标兵 9 人，创新奖 4 人，三好学生 66 人，优秀学生干部 4 人，学习优秀奖 64 人，社会工作奖 14 人。2002 级本科计算班被评为北京大学优秀班集体和北京市优秀班集体，2002 级本科数学 1 班、2002 级本科金融 1 班、2003 级本科 3 班被评为北京大学先进学风班。

（数学科学学院供稿）

力学与工程科学系

【概况】 2004 年 3 月，力学与工程科学系（简称“力学系”）大胆创新管理体制，根据专业的共性，将全系的 6 个教研室和 2 个实验室，调整合并成 4 个学科点，即：流体力学学科点、固体力学学科点、一般力学学科点和工程力学学科点。流体力学学科点是由原“湍流与复杂系统研究国家重点实验室”、“流体力学教研室”和“空气动力学实验室”合并而成，固体力学学科点是由原“固体力学教研室”和“计算力学教研室”合并而成，工程力学学科点是由原“结构工程教研室”和“生物医学工程教研室筹建组”合并而成，一般力学学科点是由原“一般力学教研室”全体人员组成。此外还保留测试分析室、系计算机教学实验室和系图书馆。截至 2004 年年底，有在职教工 80 人，其中中科院院士 1 人、长江特聘教授 3 人、兼职教授 1 人、教授 16 人，副教授 18 人，讲师 10 人，高级工程师 6 人，高级实验师 3 人，工程师和实验师 12 人，管理岗位 6 人，工勤 4 人。博士生导师 19 人。离、退休职工 73 人。

力学与工程科学系是国家力学基础科学研究和教学人才培养基地。力学学科下有流体力学、固体力学、一般力学与力学基础和工程力学 4 个博士点，其中流体力学、固体力学、一般力学与力学基础是国家教育部重点学科。系内还建有北京大学力学博士后流动站。

2004 年招收本科生 72 人，硕士生 50 人，博士生 23 人；毕业本科生 60 人，硕士生 43 人，博士生

11人。2004年年底，全系有本科生263人，硕士生140人，博士生82人，博士后5人。

【教学科研工作】 2004年理科基地建设工作进展顺利。王敏中教授主持的"弹性力学课程"被评为"2004年国家精品课程"，《弹性力学教程》一书被评为"2004年北京市高等教育精品教材"，《弹性力学教程》(教材)获"2004年北京市高等教育教学成果奖二等奖"。2004年9月力学与工程科学系力学理科基地通过教育部和国家自然科学基金委员会组织的专家组评估。

2004年教育部实施"985工程"二期，力学与工程科学系和湍流与复杂系统国家重点实验室(以下简称湍流室)共建"湍流与复杂系统创新科技平台"被列入北京大学"985工程"二期计划。2004年湍流室邀请国外学者作学术报告34人次，邀请国内学者作学术报告23人次，参加国际会议并做报告12人次。2004年湍流室取得的科研成果有：层次结构模型对螺旋波时空混沌态的动力学给出定量的描述；发展了原核生物基因结构的统计模型，并由此发展了一个原创性的原核生物基因结构预测的方法和软件；提出了宏观和微观统一的新的多尺度计算方法。

2004年8月10日至8月13日，湍流室在北京大学举办了第七届全国湍流与流动稳定性学术会议。会议讨论了近年来中国湍流和复杂流动理论、实验和计算研究的进展，并对下一阶段深入开展合作研究的领域和关键问题进行了研讨。会议设有5个主要议题，邀请了23位国内外湍流和复杂流动研究的著名学者作特邀报告。通过学术交流，加深了国内外同行对中国在这方面研究工作的了解，为今后建立科研合作起到了积极的推动作用。2004年9月12日至14日，湍流室承办的第二届涡动力学修研会在北京市密云县召开。会议有2个主题：涡动力学与空气动力学，集中于非定常外流。会议包括2个综述报告以及11个专题报告，强调物理机理和理论问题，包括精确的一般理论和实用的近似理论模型的发展、在理论指导下开展的实验和计算研究，以及探讨物理机理的实验研究。

一般力学学科点智能控制实验室、北京大学系统与控制研究中心长江学者王龙教授课题组，在北京大学"985工程"和国家杰出青年基金的资助下，把智能仿生(Intelligent Biomimetic Machines)这一多学科交叉课题作为主攻方向，研究重点集中在多仿生机器鱼协调和机器海豚研制开发，成功地开发出机器海豚实验和测试平台。至2004年年底，已研制出两代机器海豚样机PKU-dolphin Ⅰ和PKU-dolphin Ⅱ。

【管理工作】 2004年5月完成了系党委领导班子换届。2004年9月至2005年8月的岗位聘任工作在2004年9月份进行，聘任审批结果为：聘任教学科研类岗位41人，教学辅助类岗位24人，其中A1级岗位4人，A2级岗位7人，A3级岗位10人，B1级岗位9人，B2级岗位11人，B3级岗位12人，C1级岗位7人，C2级岗位3人。聘任职员岗位7人。聘任总人数72人。2004年对外公开招聘了1名教授和1名副教授。

【国际交流与合作】 2004年，有18位教师出国参加国际学术会议，5位教师出国短期访问，3位教师出国短期合作研究，2位教师出国长期合作研究，1位教师到德国拜洛伊特大学进修。

2004年9月5日至10日，第六届世界计算力学大会暨第二届亚太计算力学大会(WCCMVI)在北京饭店举行。北京大学力学与工程科学系工程力学学科点袁明武教授与大连理工大学钟万勰院士任大会主席，袁明武教授还任组委会主席。力学与工程科学系工程力学学科点的部分师生参加了大会的组织工作。大会由国际计算力学学会和亚太计算力学学会主办，中国力学学会、中国力学学会计算力学专业委员会、北京大学、清华大学、大连理工大学、中国科学院力学研究所联合承办。参加会议的代表来自五大洲的53个国家，共1249人，打破了世界计算力学大会历届参会人数的纪录。会上，美、英、澳、日、德、意、韩、西班牙等国的21位国际著名专家、教授在计算流体力学、计算固体力学、生物医学工程、纳米材料及多尺度分析等方面作学术报告。会议共收到论文1425篇，其中，中国441篇(大陆398篇，港澳27篇，台湾16篇)，国外984篇。

(李正华)

物理学院

【概况】 物理学院成立于2001年5月18日。它是由原物理系、技术物理系核物理专业、重离子物理研究所、地球物理系的大气物理与气象专业、天文系等单位合并而成。物理学院现有10个教学科研实体单位：普通物理教学中心、基础物理实验教学中心、大气科学系、天文学系、技术物理系、理论物理研究所、凝聚态物理与材料研究所、现代光学研究所、重离子物理研究所及电子显微镜专业实验室。物理学院有人工微结构与介观物理国家重点实验室、暴雨监测与预测教育部重点实验室、重离子物理教育部重点实验室等科研机构；有一级学科博士点1个，二级学科博士点8个，博士后流动站4个；有国家重点学科8个，国家理科基础研究和教学人才培养基地2.5个。全院现有在职教职工285人，其中教师系列176人(含教授76名、副教授76名、中科院院士12名、长江特聘教授8名,国家杰出青年9名),教学辅助人员(工程、实验、图书资料)71人,党政管理人员23人,其他人员15人;离退休人员351人(2004年度退休17人)。2004年度进站博士后8人,出站博士后13人,在站博士后25人。

2004年物理学院招收本科生202位,研究生188名。

【课程建设与教学成果】 配合学校教务部认定了23门物理类主干基础课,聘任主持/主讲人135人次。并对这23门课程进行了建设立项。

物理学院开设了大量课程。2004年,为数学学院、化学学院、生命科学学院、地空学院、信息学院、心理系、医学部等开设普通物理、基础物理课程33班次,学生为3000人次,开设基础物理实验课程约180个组,学生为2453人次。

"电磁学"和"大气探测学"2门课程被评为2003年国家精品课(2004年年初确定),"数学物理方法"被初评为2004年国家精品课。继续聘请外国专家,George Tsoupros博士给物理学院本科生和研究生讲授"基础物理"和"广义相对论"2门英语物理课程。

2003年开始的本科生科研项目于2004年10月结题,参加26个科研项目的40名学生获得了研究型学习的学分,其中3个项目的4名学生为没有立项的自主研究项目。物理学院和理科基地组织了中期检查和结题答辩,并为本科生的14个项目、19位同学(一等奖2项、3人;二等奖5项、7人;三等奖7项、9人)发奖。

2004年12月,物理学院与北京物理学会联合邀请了全国名师、南京大学强化部主任卢德馨教授来北大作关于"研究型教学的理念和实践"的报告。2004年1月寒假期间,物理学院物理基地与基础物理教学中心于12日至16日组织召开了基础物理寒假教学研讨会,对基础物理教学中心组织新编写的普通物理教材《大学物理通用教程》进行分析研讨,来自全国各地院校约50位教师先后参加了研讨会。

2004年12月,物理学院普通物理教学中心与北京物理学会的有关负责人一起组织北大学生积极参加北京市的大学物理竞赛,并取得了优异成绩。在全部3个特等奖中,物理学院03级学生获得2个,在其他奖项中也取得突出成绩。

根据北京大学的要求,物理学院派出教师于2004年上半年到新疆石河子大学主讲"量子力学"和"热力学统计物理"2门基础课程,听课学生300余人。

物理学基地在5年一次的理科基地评估中排名全国第一。

制定了"北京大学物理学院关于教师承担教学工作的规定(试行)",具体定量规定教师承担教学任务的要求,与岗位津贴直接挂钩。基础教学的师资队伍得到明显加强,许多教学科研型的中青年教师主动承担起了基础课程的教学工作。

王稼军教授当选为北大十佳教师。王若鹏和张瑞明教授获2003～2004年度北京大学教学优秀奖。冒亚军教授获2003～2004学年度钟盛标物理教育基金科研奖,朱世琳教授获青年教师奖,陈凯旋副教授教育教学优秀奖。

【教材建设】 2004年物理学院出版6部教材、1部译著:赵凯华的《新概念物理教程光学》、郑春开的《电动力解题指导》、高崇寿的《今日物理》、俎栋林的《核磁共振成像学》、钱维宏的《天气学》、黄嘉佑的《统计天气学》以及胡滨的译著《量子多体理论:从声子的起源到光子和电子的起源》。尹道乐和尹澜的《固体理论》、程檀生的《现代量子力学教程》、刘式达的《大气湍流》、周增均的《近代物理实验》4部教材获得2004年度北京大学教材立项。

表4-6 2004年物理学院教学成果一览表

奖励类别	等级	获奖人	成果名称	说明
北京市教学成果奖;北京大学教学成果奖	一等	赵凯华、陈秉乾、王稼军、陈熙谋、舒幼生	电磁学课程建设	推荐国家一等奖
北京市教学成果奖;北京大学教学成果奖	一等	叶沿林、王稼军、刘玉鑫、段家忯、陈晓林	物理人才培养模式与课程体系改革	推荐国家一等奖
北京市教学成果奖;北京大学教学成果奖	一等	吴崇试、周治宁、马伯强、邓卫真、高春媛	数学物理方法课程建设	推荐国家二等奖
北京大学教学成果奖	一等	钟锡华、陈熙谋、陈秉乾、王稼军、刘玉鑫、周岳明、张瑞明	大学物理通用教程	
北京大学教学成果奖	一等	冯庆荣、段家忯、荀　坤、陈凯旋、季　航	物理学院高年级综合物理实验	
北京大学教学成果奖	一等	高崇寿	今日物理	
北京大学教学成果奖	二等	黄显玲等	激光物理实验	
北京大学教学成果奖	二等	俎栋林	核磁共振成像学课程和教材	

【研究生培养】 2004年物理学院总计招收博士研究生86人，硕士研究生102人。其中免试推荐收到申请121份，通过差额复试和认真审核，实际录取80人，其中直博生53人、硕士生27人；在公开招考中，博士生报考人数34，硕士生报考人数333。通过初试和差额复试，录取博士生7人(其中1人保留入学资格)，录取硕士生75人(其中3人为资返生)；从优秀的硕士生中选拔转为博士研究生26人。

2004年物理学院毕业全日制博士研究生27人，全日制硕士研究生74人，结业博士研究生1人，肄业硕士研究生2人。授予博士学位27人，授予硕士学位84人(其中68人为应届毕业全日制学生，11位为在职申请人，5人为重新申请者)。

2004年9月～10月进行2005年度研究生招生的免试保送生选拔工作，期间共收到申请材料89份。第一次实施一级学科综合知识测试。通过一级学科综合知识测试、差额复试和认真审核，实际录取58人，其中直博生36人、硕士生22人。公开招考硕士生的工作进展顺利，报考人数共计358人。从报考人员的毕业院校情况和学科专业分布看，这次招生的生源质量较2003年度有明显提高。

理论物理专业毕业博士戴東(导师：宋行长教授)的博士论文被评为2004年全国优秀博士论文。理论物理专业毕业博士张永军和大气物理学与大气环境专业毕业博士郑永光的博士论文获北京大学优秀博士论文三等奖。

理论物理专业毕业博士朱煜(导师：林宗涵教授)、金立刚(导师：李重生教授)和大气物理学与大气环境专业毕业博士刘健的博士论文通过学校评选，推荐申报2005年全国优秀博士论文。

光学专业博士生任海振获得第六届北京大学"学术十杰"称号。

理论物理专业博士生常雷获得第十二届中国核物理大会优秀青年报告奖。

李福山、李智、刘一、孙泉、张晓明、易涛、李泉水、马日获得"凌云奖学金"。

第二届"北大物理'钟盛标教育基金'研究生学术论坛"于2004年6月1日至2日在物理学院全院研究生范围内举办。经过本届论坛学术评审委员会认真评议和公示，评出二等奖获得者8位、三等奖获得者11位和鼓励奖获得者10位。在这次论坛活动中，虽然参加本次论坛的同学的学术水平普遍比较高，但由于缺少突出的成果，难以确定特等奖和一等奖。因此，学术评审委员会决定不设特等奖和一等奖，而仅设二等奖、三等奖和鼓励奖。

2004年8月22～24日物理学院组织举办了北京大学全国博士生论坛·物理学科分论坛。这次论坛共录用了全国29个单位的博士生论文89篇，其中7篇论文已经投稿国外期刊，另外有49篇论文投稿国内期刊。论坛期间还举办了4场专场报告，报告人为北京大学物理学院长江学者马伯强教授、中科院物理所张杰院士、北京大学凝聚态物理与材料物理研究所所长张酣教授、清华大学特聘教授张双南。

【科研项目与成果】 2004年成功申请国家自然科学基金项目30项，其中面上项目26项，平均资助强度27万元；重点项目3项，分别是龚旗煌教授"高空间分辨飞秒近场光谱技术及其应用"、孟杰教授"丰中子核的高自旋态和奇特性质的理论与实验研究"和王宇钢教授"低能离子辐射生物物理的基础研究"。另外，马伯强教授负责的"深层的物质结构和大尺度的物理规律"获教育部重大项目资助，赵光达院士牵头的"量子色动力学与强子物理"集体获国家自然科学基金委员会创新群体资助，刘玉鑫获国家杰出青年资助。

2004年到校科研经费约2500万元。正在进行的项目包括：主持"973"项目2项，主持"973"课题17项，主持"863"项目5项，主持国家杰出和海外青年科学基金8项，国防项目5项，其他项目150余项。

物理学院牵头的"985"二期"微观和宇观物质科学科技创新平台"和"人工微结构与介观物理科技创新平台"通过北京大学和教育部评审正式启动。"十五""211"物理学项目通过中期评估检查。

在4年一次的教育部重点实验室评估中，重离子物理重点实验室评为A类，被推荐申报国家重点实验室。

赵光达院士牵头的"量子色动力学与强子物理"集体入选基金委创新群体，团队成员为：赵光达、李重生、马伯强、何小刚、马建平、郑汉青、刘川、朱世琳。

杨应昌院士主持的"新型稀土永磁材料—高性能钕铁氮磁体产业化开发"项目通过教育部和北京市科委的成果鉴定，成功地将基础研究、应用基础研究和产业化结合在一起，拥有自主知识产权和核心技术，已经获得中国和美国专利。

王福仁教授负责的"863"课题"高温超导量子干涉仪及其应用的研发"在"863"超导专项中被评为第三名，并被推选参加"2004中国国际新材料与加工、应用博览会暨研讨会"。

赵夔教授主持的国家自然科学基金重点项目"高亮度连续波超导加速器样机研制"通过了由国家自然科学基金委员会聘请的专家委员会的检查和验收。

刘玉鑫教授入选国家杰出青年，还有2人入选教育部新世纪优秀人才。

2004年物理学院教师发表SCI论文总计302篇，比2003年增加47篇。

表 4-7 2004 年物理学院科研成果一览表

奖励类别	等级	获奖人	成果名称
何梁何利基金科学与技术进步奖		杨应昌、赵柏林、张焕乔(兼)	
国家自然科学奖(公示期)	二等	张树霖等	若干低维材料的拉曼光谱学研究
北京市科学技术奖(通过初评)	二等	郭之虞等	核科学数据信息化管理与网上共享系统的研究
北京市科学技术奖(通过初评)	二等	俞大鹏等	准一维半导体纳米线材料研究
教育部提名国家科学技术奖自然科学奖(公示期)	一等	俞大鹏等	准一维半导体纳米线材料研究
教育部提名国家科学技术奖自然科学奖(公示期)	二等	龚旗煌等	非线性光限幅新材料及机理研究
第四届周培源物理奖		马伯强	强子结构方向的原创性工作

【人才引进与职称评定】 2004 年物理学院从海内外引进 11 人，其中教授 6 人、副教授 2 人、讲师 2 人、工程师 1 人。3 人入选长江特聘教授，1 人入选长江讲座教授。

制定了《北京大学物理学院教师聘任和职务晋升工作的(暂行)实施细则》，并在 2004 年的教师职务晋升和招聘中全面实施。

【对外交流与合作】 从 2003 年 10 月至 2004 年 9 月，物理学院聘请短期专家共 28 人次；长期外国专家 1 人，为物理学院本科生、研究生讲授英语物理课。2004 年 1 月至 12 月，聘请短期专家共 43 人次，接待顺访外宾及代表团约 6 次。

【招生工作】 2004 年物理学院迎来本科生 202 位，其中朝鲜留学生 4 人、九院定向生 30 名、国际物理奥赛金牌获得者 2 人。

在招收全国中学生物理奥赛考生的工作中，配合北京大学开展招生咨询工作，组建由 5 位老师组成的物理学院招生咨询团参与了在重庆举行的第 21 届中学物理奥林匹克竞赛决赛的招生宣传与咨询工作。共招物理竞赛选手 50 余名，并于 2004 年 11 月 2 日至 16 日对报考北大的一等奖学生进行了集训，由舒幼生、王稼军等 6 位教师负责理论课程培训，段家忯等 8 位教师负责实验课程培训，以帮助这些学生冲击国际物理奥林匹克金牌。

2004 年暑期，舒幼生老师负责举办了浙江省中学教师培训班，为加强物理学院与浙江省中学教师的联系，进一步吸收优秀竞赛、高考学生做了有益探索。

【党建与学生工作】 2004 年物理学院共发展新党员 22 名(其中学生党员 19 名，教工 3 名)，39 名预备党员转正。至 2004 年年底，物理学院共有党员 563 人(其中在职党员 105 人，离退休党员 139 人，博士后党员 11 人，研究生党员 168 人，学生党员 75 人)，分布在 32 个支部中。2004 年，9 个教工党支部进行了改选工作，4 个本科生支部进行了重新组建，由原来四个年级党员混编支部改建为由年级组建支部。召开了 2004 年物理学院领导班子党员干部民主生活会，推动落实"三重一大"制度的实施。

物理学院党委根据全院支部多的状况，开展一些有针对性的组织活动。如学生支部，物理学院不仅要求各支部认真学习党的理论知识，还采取"请进来，走出去"的办法，开展多种多样的组织生活形式。物理学院院党委和院学生工作办公室邀请北京大学党委组织部副部长迟行刚为物理学院本科生、硕士生、博士生共 100 多名党员、入党积极分子作名为"新时期支部建设和党员素质"的报告会。

物理学院行政后勤在职教工党支部、03 硕士党支部被评为校级先进党支部，陈晓林被评为校级优秀党员标兵，郑春开、陈海英、蔡建新、邹果秀、费增平、张春雷被评为校级优秀党员。

根据物理学院《教师聘任和职务晋升工作的(暂行)实施细则》，成立了监察工作委员会，参与和监督教师聘任、晋升和岗位考核的全过程，受理申诉和投诉。

2004 年 2 月 27 日，召开了第一届教代会第三次代表会议，代表们听取"物理学院教师聘任和职务晋升工作的实施细则方案"的报告和教代会关于物理学院院教代会、院工会 2003 年度工作总结及院福利费使用管理规定和使用情况报告，推进了院务公开。

2004 年 4 月 17 日，33 名男职工和 35 名女职工参加了校职工运动会，获得精神文明奖。2004 年 12 月 5 日，13 名教工与 120 多名学生共同参加北京大学纪念"一二·九"歌咏比赛，获得三等奖。

物理学院为离退休教职工多次组织了旅游活动。看望因病住院职工 7 位和退休职工 15 人，为 9 位退休患病职工发放学校补助，向生活困难的 8 位在职职工和 22 位退休职工发放福利费、慰问金。

在学生管理工作方面，修改完善了《物理学院奖励奖学金评审条例》、《物理学院班主任工作条例》等文件。实行新的班主任配备方式效果明显。2003 级本科 3 班荣获"2003～2004 年度北京大学优秀班集体"称号，2 班、5 班、6 班荣获"2003～2004 年度北京大学先进学风班”称号。聂瑞娟被评为校级优秀班主任。

2004 年暑假，进行了物理学院毕业生问卷调查。组织 2005 年毕业的本科生、研究生 46 人赴上海各研究所和大企业参观。组织 02 级定向生赴四川绵阳进行教学实习。组织学生 20 余人赴甘肃、青海、宁夏调研走访，了解我国防治沙漠化工作的进程。

2004 年军训物理学院 02 级、03 级本科生共 388 人参加。02 级、03 级男女生均获“优秀连队”、“作风顽强先进连”等称号。其中，02 级男生以全勤的纪录赢得军训团“作风最顽强的连队”赞誉。

1998 年物理系 6 名本科生在革命老区河北易县开展扶贫支教活动，2004 年这一活动仍在延续。物理学院师生为当地一名患重病的小女孩捐助近万元。2004 年 12 月，物理学院 03 级硕士生党支部的 2 位同学到位于北京市郊的“北京市鸿雁实验学校”进行义务支教活动。

【行政管理与岗位聘任】 制定或修订了《物理学院公章管理、审批制度》、《物理学院安全管理制度》等规章管理制度。落实了《物理学院行政办公系统管理细则》，对学院公共服务系统职工进行考勤和年终考核。推出了《物理学院简讯》，通报信息、促进交流。

2004 年全院新增一般仪器（800 元以上）945 台，新增大型仪器（20 万元人民币以上）15 台。上交废旧仪器共 246 台。

2004 年度岗位聘任工作结果为：A1 岗聘任总数为 18 人（其中不占指标的 11 人），A2 岗聘任 24 人，A3 岗聘任 43 人。A1 岗全部为教授职称。A2 岗教授 22 人，研究员 1 人，正高工 1 人。A3 岗教授 33 人，副教授 7 人，正高工 3 人，其中 60 岁以上 11 人，50～59 岁 27 人，40～49 岁 19 人，30～39 岁 17 人。

（赵秀荣）

地球与空间科学学院

【发展概况】 地球与空间科学学院（简称“地空学院”）成立于 2001 年 10 月 26 日，由原地质学系、地球物理学系的固体地球物理专业与空间物理专业、北京大学遥感所和城市与环境学系地理信息系统专业组成。按照一级学科设立系、二级学科设立研究所的原则，地空学院设有 3 个系（虚体）和 7 个研究所（实体）及 1 个重点实验室（详见图 4-1）。

北京大学地球科学与空间科学的教学和研究有着悠久和辉煌的历史，截至 2004 年已为国家培养了包括 50 多位院士在内的地球科学与空间科学高层次专业人才。现设有 5 个本科生专业：地质学、地球化学、地球物理学、地理信息系统和空间科学与技术；9 个硕士研究生专业和 9 个博士研究生专业：构造地质学、矿物学岩石学矿床学、材料与环境矿物学、古生物学与地层学、地球化学、固体地球物理学、空间物理学、地图学与地理信息系统、摄影测量与遥感；并设有地质学、固体地球物理学和地图学与地理信息系统 3 个博士后流动站，1 个国家理科基础科学人才培养基地（地质学）。“造山带与地壳演化实验室”为教育部重点实验室，“构造地质学”和“固体地球物理学”2 个学科为国家重点学科，“空间物理学”为北京市重点学科。

地空学院现有教职工 152 人，其中教师 97 人，教辅及行政管理人员 55 人。教师中有教授 43 人，副教授（包括高工及副研究员）40 人。2004 年新进教师 4 人，离退休人员 136 人，其中 2004 年退休 4 人、调离 2 人。2004 年在站博士后 32 人（2004 年度进站 14 人）。截至 2004 年 12 月地空学院在校学生 777 人，其中本科生 386 人、硕士生 237 人、博士生 154 人。2004 年，本科生开始按照“地球与空间科学专业”和“地质学专业”招生，录取本科生 108 人，其中地质学基地班 28 人；录取硕士研究生 82 人（含大庆班）；录取博士研究生 49 人（含为塔里木油田委托培养博士生 3 人）。2004 年度毕业本科生 78 人，硕士生 52 人，博士生 28 人，出站博士后 22 人。

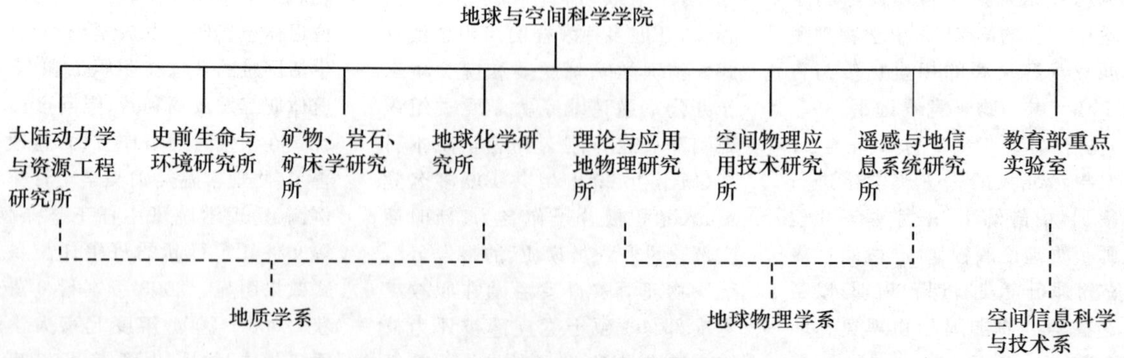

图 4-1　北京大学地球与空间科学学院组织结构

【教学工作】 2003～2004学年度开设本科生课程66门,包括专业必修课、限选课和专业任选课;为全校开设通选课12门,研究生课程112门。其中本科生课程"重力与固体潮"、研究生课程"地球动力学"试用了英文教学。

开始实施新的研究生教学计划与培养方案,并对研究生课程教学内容进行改革,使之与本科生课程衔接。在本科生教学中推广多媒体教学和双语教学,严把教学质量关,2004年本科生毕业论文完成质量比往年有明显提高。

在课程建设方面,完成新一轮主干基础课主持人和主讲人聘任工作;继续丰富和提高教育部创优名牌课程"普通地质学"、"岩石学"、"地史学"的课程建设。地质教学实验中心面向地质系开设了普通岩石学、普通地质学、构造地质学、古生物学、矿床学、矿相学、矿物学、地球化学、地史学、教学地质等十几门地质专业基础课的实验课,可开出实验项目157个;完成教学实验研究成果多项,包括:《火成岩结构构造图册》录像带和《晶体化学》辅助教学系统(光盘)等。

6月24日至7月12日举办了首届"定量遥感"研究生精品课程班。课程班邀请童庆禧院士、美国马里兰大学梁顺林博士、法国国家研究中心李召良博士、加拿大多伦多大学陈镜明博士等国内外知名专家讲授定量遥感的理论基础知识和研究前沿进展。参加该课程班的100余名学员分别来自全国各高校和相关研究机构,绝大多数是研究生和青年教师。

7月24日至8月13日组织了中俄暑期地质实践教学,01级基地班部分学生首次到俄罗斯贝加尔湖地区进行野外实习。加强实验教学,综合野外实习改革正在进行,已经对五台山、宜昌和秦岭地区进行了备课考察。

9月27日至28日,教育部和国家自然科学基金委员会组织的专家组对地空学院地质学理科人才培养基地进行考察评估,专家组高度评价了北大地质学人才培养基地,并对基地的建设提出了更高的要求。

潘懋、郑海飞等获得北京市高等教育教学成果一等奖,并申报国家教学成果二等奖;张立飞、刘建波、任景秋、潘懋、郝维城获得北京市教学成果二等奖;秦其明《遥感实习教程》(署名第二)获2004年北京市高等教育教学成果奖二等奖;刘瑜获2003至2004年度北京大学教学优秀奖;张志诚获北大2003～2004年度优秀班主任一等奖,雷军获该奖二等奖,范闻捷、刘瑜获三等奖。地质教学实验中心被评为北京大学"实验室工作先进集体"。

【实验室建设】 地空学院实验室经过整顿合并,现有教育部实验室1个,北京市重点实验室1个(空间信息集成与3S工程应用),北京大学校级实验室4个。"造山带与地壳演化"教育部重点实验室2004年度完成了扫描型波长色散X射线荧光光谱仪(ARL ADVANTXP十)的引进、安装和调试;建成了近40平方米的化学前处理洁净实验室;全自动全时标高精度激光显微探针40Ar/39Ar定年系统基本完成条件实验;引进了中国科学院地质与地球物理研究所的40Ar/39Ar常规定年系统;电子探针X射线显微分析仪开发成功独居石定年技术;Lu—Hf同位素分析技术取得了决定性进展;10月通过了教育部重点实验室的评估。

理论与应用物理研究所从物理学院收回了原借出的古地磁实验室,并对其重新进行了装修。该所利用"985"项目资助及部分自筹经费建设的面向北京大学全校开放的教学、科研实验室已基本完成。已建有计算地球动力学实验室、计算地球物理实验室、岩石高温高压实验室、重力野外流动观测、宽频带数字野外观测台阵。该研究所和中国科学院研究生院一起申请建立的"计算地球动力学重点实验室"已获中国科学院批准,并拟申报国家重点实验室。

地球化学研究所郑海飞教授负责创建的"金刚石压腔高温高压实验室"已经获得大量研究成果,该实验室可进行压力达10GPa,温度达600℃下拉曼光谱原位测量和矿物岩石以及有机物等化学反应的实验研究。到2004年已经开展高温高压下矿物溶解度、有机物的稳定性等方面的研究。除了教师外已经有11个研究生使用了该实验室,并完成相关的研究论文10多篇。

二噁英污染研究室是北京大学持久性有机污染物二噁英污染研究实验室,属于北京大学"985"项目重点实验室。共投资约400万人民币,占地185平方米;实验室的布局及水、气、电等设计达到国际领先水平,拥有世界最先进超微量有毒污染分析的色谱—质谱联用仪等先进设备,并承担了北京市和国家自然科学基金委员会及卫生部门的多项重要科研项目。该实验室目前已加入国际二噁英实验室质量认证组织(日本、欧洲)。

孟庆茹、陈峰、刘大平获2004年实验室管理工作先进个人奖励。

【北京大学数字中国研究院】 北京大学数字中国研究院(Digital China Research Institute of Peking University,简称DCRI/PKU)于2004年2月17日经第522次校长办公会批准成立。该研究院挂靠地球与空间科学学院,办公室设在遥感与地理信息系统研究所。童庆禧院士任研究院院长,陈运泰院士任学术委员会主任。聘请科技部部长徐冠华院士为名誉院长,陈述彭院士为学术委员会名誉主任。

该研究院设立理事会和学术委员会，实行理事会领导下的院长负责制。国务院信息化工作办公室杨学山副主任担任理事长，新疆生产建设兵团阿勒布斯拜·拉合木副司令员、世界华人协会会长兼香港世华集团董事局主席程万琦、科学技术部刘燕华副部长、全国人大常委倪岳峰、水利部索丽生副部长、国防科工委副主任兼国家航天局局长孙来燕以及北京大学校长许智宏院士和常务副校长兼教务长林建华教授担任副理事长。

【学术交流与合作】 2004年，地空学院各研究所和重点实验室组织学术报告会160余次，接待来访专家40余人，出国访问与交流合作共121人次，其中学生30人次。地空学院各研究所、实验室对学术活动非常重视，积极组织开展各种学术活动，形成良好的传统。地质系每年举办年度地质科学讨论会，交流和总结一年来的科研成果。理论与应用地球物理研究所举办的"北京大学星期五地球物理学术报告会"已经成为地球物理学领域比较知名的学术活动。

8月22日至24日，地空学院研究生会成功承办了"地球系统科学"全国博士研究生学术分论坛。3月份至7月份，分论坛执行委员会进行了"地球系统科学"博士研究生学术论文征文工作，并编辑印刷了"地球系统科学"博士研究生学术论文集，收录了50篇会议学术论文。8月22日下午，在北京大学召开了全国博士生学术论坛——地球系统科学分论坛第一次学术会议，邀请了地空学院陈永顺教授、马宗晋院士和叶大年院士做特邀报告。"地球系统科学分论坛"会议先后共有26位来自各高校的博士生代表们做了学术报告，另外还有30多名博士生代表在会议展览厅张贴出他们的研究论文。该次"地球系统科学"分论坛，共接待了来自全国不同高校和研究所的50多位博士研究生代表。

9月8日至11日，理论与应用物理研究所成功主办了"北京大学—爱媛大学双边国际学术研讨会"，70多人出席会议，45人做了学术报告。

10月11日至12日，第三届西北太平洋海洋遥感国际研讨会在北京大学英杰交流中心成功举行。中、日、韩、俄四国的科研人员参加了该次会议，就各国海洋遥感研究与发展进行了广泛交流和深入探讨。国家科技部、海洋局、中科院、国家自然科学基金委的代表出席开幕式，北京大学林建华副校长到会致欢迎辞。北京大学遥感与地理信息系统研究所所长、大会主席童庆禧院士主持会议，并就中国海洋遥感的发展和展望做了专题报告。中国国家海洋局第二海洋研究所潘德炉院士、日本东京大学Yoshifumi Yasuoka教授、长崎大学Joji Ishizaka教授、韩国海洋研究和发展研究院Yu-Hwan Ahn教授、俄罗斯科学院太平洋研究院远东分部Leonid M. Mitnik教授等专家做了专题报告。会议共分10个小节，有31个报告，到会的其他学者分别就海洋遥感的科研理论和技术进行了深入的探讨。

12月18日，"北京大学数字中国研究院成立大会暨第一届数字中国发展高层论坛"、"'中国信息主管培养计划'启动暨第一届中国信息主管高级研修班"开幕式在北京大学百周年纪念讲堂多功能厅举行。来自国务院信息办、国家发展和改革委员会、科学技术部、信息产业部、人事部、国防科学技术工业委员会、国家航天局、水利部、国土资源部、建设部等部委的有关部门负责人，中国人民解放军、第二炮兵总参谋部等军队单位领导，新疆生产建设兵团、北京市信息办、广东省信息产业厅、四川德阳市人民政府等地方政府领导，有关单位的专家、院士、企业家等社会各界人士和"第一届中国信息主管高级研修班"学员以及北京大学有关部门领导、师生代表共200余人出席成立大会。大会由童庆禧院士主持，许智宏、杨学山分别致辞。科技部部长徐冠华院士、中国科学院陈述彭院士、新疆生产建设兵团阿勒布斯拜·拉合木副司令、世界华人协会程万琦会长、全国人大常委倪岳峰、水利部索丽生副部长、国防科工委孙来燕副主任、中科院郭华东副秘书长、美国得克萨斯A&M大学校长助理隋殿志教授、四川省德阳市政府杨咸武副市长、广东省信息产业厅邹生副厅长和思科（中国）公司张思华副总裁等与会领导和嘉宾出席会议并先后讲话。会上还分别签署了与电子工业出版社合作出版"数字中国"丛书，与北京大学科技园合作筹建"数字中国大厦"以及与中国信息化推进联盟合作启动"中国信息主管（CCIO）培养计划"的合作协议。

【党建与学生工作】 地空学院到2004年年底，有党员291人，其中在岗教工党员74人、离退休党员53人、学生党员164人。共有17个党支部，9个教工支部，8个学生支部，院党委由11名委员组成。2004年按照北京大学党委关于基层党委落实《北京大学党建和思想政治工作基本标准》的要求，地空学院院党委对党委工作、支部工作，根据"标准"逐项对照，进行了全面、系统的整理和检查。依照《检查标准》，院党委特编制了《党支部工作测评表》、《学生党支部书记测评表》、《教工党支部书记测评表》、《党员发挥作用情况测评表》，要求支部、党员按标准自查、互查。从支部自查情况看，达到90分以上的有6个支部，80分以上的9个支部，75分以下2个支部；对75分以下的支部责成他们限期整改，尽早进入优良行列。地空学院在校评优过程中有1个党支部、5名党员被评为校级先进支部和优秀共产党员，2个学生支部，1个教工支部被评为院级先进党支部，有10名党员被评为院级优秀共产党员。31人转为中国共产党正式党员，26人被吸收入党，其中青年教师1人。上半年有26名重点培养对象参加了党校高级班的培训，有84人参加了第17期初级党校的学习并拿到了结业证书。地空学院院党委组织党员积极参加校纪委组织的“党纪条规知识竞赛”，并全部完成答题任务，受到北京大学纪委表扬，并获该次活动组织奖。

2004年有6个班分别获北京大学优秀班集体和先进学风班，100人次获北京大学各种奖励，76人次获北京大学各种奖学金(共计175700元)。03级3班获北京市先进班集体，仲力恒、李慧娟获北京市三好学生，任昊佳获北京市优秀学生干部。地空学院荣获北京大学2004年德育工作先进集体称号。

3月10日，地球与空间科学学院第二届学生学术论坛隆重举行，共有9件作品参赛。该次论坛推选出的优秀作品参加了4月举行的北京大学第12届“挑战杯”竞赛，并夺得一等奖、二等奖和鼓励奖各1名，地空学院也获得该届竞赛优秀组织奖。

4月18日至28日，地空学院院团委带领学生会和研究生会举办了“首届北京大学地球与空间科学文化节”。

4月28日，召开共青团北京大学地球与空间科学学院第一次代表大会。大会通过了地空学院院团委工作报告，选举产生了9名院团委委员。

9月25日与26日，地空学院分别举行了第三届研究生代表大会和第三届学生代表大会，同时进行学生会和研究生会的换届工作。

11月15日，经过民主推举和评选，吴泰然、刘瑜、焦维新、陈晓非、宁杰远、傅绥燕、张立飞、李江海、陈永顺、韩宝福等10位教师被评为地空学院第三届“最受学生爱戴的教师”。

11月24日，在北京大学团委组织的“修身树德，报国为怀，勇做先锋”主题团日活动中，地空学院团委获优秀组织奖，03级地球物理本科团支部和03级空间本科班团支部被评为优秀团支部。

12月5日，在北京大学团委组织的“一二·九”大合唱比赛中，地空学院获得组织奖和优秀奖。

【科研项目和科研经费】 2004年地球与空间科学学院在研和新增科研项目共计179项，其中国家自然科学基金61项、国家自然科学重点基金项目9项、杰出青年科学基金3项(傅绥燕教授获2004年度基金)、博士点基金6项、国家“973”项目17项、国家“863”项目22项、省部级项目20项、横向课题13项、海外合作基金2项、其他26项。共获得科研经费2284.33万元。

【发表论文和论著】 2004年地空学院师生在国内外共发表学术论文468篇，其中被SCI收录论文83篇、EI35篇、核心刊物发表239篇。史前生命与环境科学研究所董熙平教授等在《*Nature*》杂志上发表的有关寒武纪胚胎化石的论文是学院本年度最突出的研究成果。

秦善编著的《晶体学基础》由北京大学出版社出版；承继成主编的《精准农业技术与应用》由科学出版社出版；陈永顺主编的《地球科学进展与评论：第二卷》由高等教育出版社出版。

【获奖情况】 高克勤教授2003年在《*Nature*》杂志上发表的有关早期蝾螈类化石的成果入选教育部2003年十大科技进展，并荣获北大2004年度东盛奖。

臧绍先教授和宁杰远副教授的研究项目“中国周边板块相互作用、俯冲带及对中国大陆构造运动的影响”获2003年北京市科学技术二等奖(2004年公布)。

空间物理所肖佐、邹积清、仲维英、邹鸿等获2003年度北京市科技进步二等奖(2004年公布)。

陈斌教授、传秀云副教授获得中国矿物岩石地球化学学会“侯德封矿物岩石地球化学青年科学家奖”。

王彦宾副教授和黄清华副教授分别获2004年李善邦优秀青年奖一等奖和二等奖。

王德明博士的学位论文《云南曲靖下泥盆统徐家冲组植物研究》获北京大学2004年优秀博士学位论文一等奖、全国优秀博士学位论文奖。张东和博士的学位论文《基于GPS方法的电离层形态和扰动研究》获北京大学2004年优秀博士学位论文三等奖。

陈斌、黄清华被列入教育部“新世纪优秀人才支持计划”。

地空学院被评为北京大学2004年度保密工作先进集体。

(李凤棠)

信息科学技术学院

【发展概况】 信息科学技术学院(简称“信科学院”)于2002年9月9日正式成立，由北京大学原电子学系、计算机科学技术系、信息科学中心组建而成。

2004年信息科学技术学院在职教职工366人。其中，中国科学院院士3人，中国工程院院士1人，长江学者2人，杰出青年科学基金获得者1人，“973”首席科学家3人，国家“863”计划专家组成员3人，国家“新世纪百千万人才工程”1人，教育部跨世纪人才2人，博士生导师44人。教授(含研究员和正高级工程师)67人，副教授(含副研究员和高级工程师)112人，讲师(含工程师)83人，助教(含助理工程师)7人，博士后34

人。教师学位分布情况为博士学位 147 人,硕士学位 58 人,学士学位 60 人。信科学院有本科生 1298 人,硕士研究生 826 人,博士研究生 347 人。有一级学科 4 个,二级学科 11 个,其中重点学科 5 个。

信息科学技术学院拥有 3 个国家重点实验室:区域光纤通信网与新型光通信系统国家重点实验室、视觉与听觉信号处理国家重点实验室、微米/纳米加工技术国家重点实验室。2 个教育部重点实验室:量子信息与测量教育部重点实验室、纳米器件物理与化学教育部重点实验室。5 个其他部委级重点实验室及研究中心:北京市软硬件协同设计高科技重点实验室、微电子科学国家计委专项实验室、微处理器信息产业部重点实验室、教育部软件科学网上合作研究中心、CALIS 中心。

【党政工作】 根据北京大学部署,信息科学技术学院党政班子深入学习贯彻中共十六大和十六届四中全会精神,努力提高信科学院各级领导班子和干部的领导能力,积极推进信科学院各项工作的开展。

1. 学习《党内监督条例》,落实党风廉政责任制。在信科学院党政班子联席会和党委扩大会上,传达胡锦涛总书记在中央纪委三次全会上的重要讲话精神,学习落实党风廉正责任制、民主集中制,认真传达学习教育部视频工作会议精神对高等学校领导干部提出的六不准,制定各项规章制度并认真执行。7 月 1 日召开学院领导班子民主生活会,检查党风廉政情况。邀请全国政协常委、北京市政协副主席韩汝琦教授介绍全国人大与全国政协会议情况以及台湾问题。9 月下旬组织干部党员学习十六届四中全会精神,10 月 18 日组织干部党员观看闵维方书记和黄宗良教授报告录像,12 月 20 日组织学院党政班子就如何提高工作能力进行专题讨论。

2. 加强党的建设,做好支部工作。根据实际情况调整支部设置并落实党委委员联系支部制度,在调研的基础上进行支部工作交流。开展了七一表彰和优秀党日活动,表彰了 6 个先进支部和 63 名先进共产党员。重视组织发展工作,发展新党员 50 余人,其中教师 2 名,转正 80 余人。

3. 抓紧制度建设,认真检查执行。制定了《北京大学信息科学技术学院关于党政领导班子落实“三重一大”制度的实施办法》、《信息科学技术学院研究所干部管理条例》。成立了信科学院二级教代会扩大了民主监督渠道,向与会代表汇报学院工作并听取意见。组织了系所干部工作培训,完成三个研究所换届,增强了研究所干部管理工作的规范性。

4. 努力做好德育工作,加强教师思想建设,信科学院党委参与研究生工作研讨和教师工作规范制定;推动落实班主任工作规范和管理办法制定;组织 2004 年录用的新员工座谈会,介绍信科学院情况,提出要求并听取意见。

5. 围绕创建一流院系的工作目标,进一步完善岗位责任制。根据工作表现与业绩,岗位有升有降。聘任岗位总数 326 人,其中长江学者 2 人、A 岗 80 人、B 岗 182 人、C 岗 40 人、职员 22 人。聘用应届博士生 7 人,硕士生 1 人,从校外调入 7 人,博士后出站留校 3 人,办理辞职离职 5 人,调离 1 人,退休 15 人。晋升确认各类职称 40 人,其中晋升教授 8 人、副教授 15 人、教授级高工 1 人、副研究员 1 人、高级工程师 1 人。聘请客座教授 7 人,兼职教授 1 人,院士 1 人。

【教学工作】 信息科学技术学院下有计算机科学技术系、电子学系、微电子学系、智能科学系。信科学院培养学生的方针是:“加强基础、淡化专业、因材施教、分流培养”。目标为:“努力培养学生具有四个基础(数学、物理、电路、计算机),三大能力(创新能力、综合能力、动手能力),三种素养(科学素养、工程素养、人文素养)。”

本科生教学工作　信息科学技术学院本科生教学的日常工作由学院基础教育部在学院教学指导委员会指导下开展。基础教育部由 6 位教授组成,实行分学科负责,统一管理。

毕业本科生共 268 人,获得理学学士学位 252 人,辅修毕业 27 人,授予双学位 34 人。

2004 年信息科学技术学院第一次不分专业招收本科生 340 名,双学位 45 人,辅修 21 人,进修教师 13 人。

为了鼓励本科毕业生在论文工作阶段有所创新,信科学院采用了两级答辩和评优、评十佳的论文评定工作。本科毕业生先在各所答辩,再推荐到学院参加答辩。2004 年通过答辩,评出本科论文优秀者 56 人,范炜、王博璐、虞南方、杨楷、杨阳、梅源、赵阳、汪萌、韩亮、吴毅凌等 10 人获得学院“十佳优秀论文”。

为做好毕业论文的开题工作,学院基础教育部制定本科生毕业论文的工作规定与程序,体现“学生和指导老师双向选择,在自愿结合基础上,教学指导委员会和基础教育部审核、调配”的原则,以保证学生能按自己的兴趣和专长选择毕业课题,同时保证每个学生都有课题。

2004 年北京大学的主干基础课和主干基础课教师的聘任工作确认了信科学院的主干基础课 27 门,共 118 位教师被聘为主干基础课教师,其中 21 位为其他院系的教师。

2004 年本科生招生中,北京大学把信息科学技术学院作为重点宣传学院。信科学院基础教育部积极准备、策划,编写了招生宣传册，并上网宣传。在本科生招生咨询日，在学院领导的带头下，信科学院基础教育部和行政办公室联手，加强了宣传力度。通过努力，2004年信科学院的生源质量进一步提高。

根据教学督导组对骨干基础课提出的建议，信科学院出经费请学校电教中心专门为“信息科学技术概论”课程摄像。该课程由院士、长江学者和知名教授主讲，其影像资料具有重要价值。

5月1日至8月31日，由全国大学生电子设计竞赛组委会主办，英特尔（中国）有限公司协办，举办了第二届“嵌入式系统”专题竞赛。该届竞赛邀请了56所高校（包括香港、新加坡的4所高校），共106个参赛队参加。信息科学技术学院选派的参赛队荣获一等奖，指导教师是杨延军，参赛队员有韩冰、黄希、王志强，参赛题目是“在Linux平台上搭建基于H.323标准协议的网络视频会议系统”。

11月，信息科学技术学院主办了“第29届ACM国际大学生程序设计竞赛亚洲区北京赛区预选赛暨方正科技杯邀请赛”，全国50多所高校参加了比赛，北京大学的MONKEYKING队获得第四名。该队还在日本的比赛中获得了第五名。

2004年，信息科学技术学院获得北京市高等教育教学成果奖一等奖1项：毛晋昌、王志军、崔玉芹、李斗、刘新元主持的“电子信息科学实验教学体系建设”；二等奖1项：胡薇薇、李红滨、陈江、余道衡主持的“电路分析原理课程内容改革及实践”。获得北京大学教学成果一等奖5项：毛晋昌、王志军、崔玉芹、李斗、刘新元主持的“电子信息科学实验教学体系建设”，胡薇薇、李红滨、陈江、余道衡主持的“电路分析原理课程内容改革及实践”，王克义、程旭、鲁守智、沈静燕、李洁主持的“理科计算机基础课‘微机原理’课程的改革与建设”，谭少华、马修军、邓志宏主持的“智能科学技术专业基础课‘人工智能’的课程建设与全课时英语教学实践”，张铭、赵海燕、王腾蛟、高军主持的“数据结构与算法课程的教学研究和实践”；二等奖3项：王道宪、尚勇主持的“从‘信号与系统’课程的教学工作入手探索理科基础课教法改革”，李斗、刘新元、董明科、毛新宇、郭强主持的“电子线路实验A教学改革”，高嵇、崔玉芹、赵建业、李平曾主持的“电子线路实验B课程的改革与规范化管理”。

研究生教学工作　2004年录取博士生101人（其中非定向89人，定向5人，委培5人，自筹2人）；录取硕士生376人（非定向306人，定向24人，自筹46人）。毕业博士生29人，硕士生214人（计算机系108人，电子学系46人，微电子系20人，智能科学系40人）。学院共开放研究生课程104门。

7月26日至27日在怀柔中国国际商会会馆召开了自学院成立以来的第一次研究生导师会。会议就研究生工作、程序、培养、招生等进行了介绍和讨论。

谢昆青、赵宝瑛、杨冬青、严敏杰、李红燕、盛世敏、夏明耀几位老师获得2004年度华为奖。

【科研工作】　2004年信息科学技术学院共承担各类科技项目272项，其中，国家“973”项目及子项目17项、国家“863”项目15项、国家其他项目57项、国家攻关项目3项、国家自然科学基金70项、教育部各类项目30项、北京市项目5项、横向项目70项、其他项目5项。

2004年信息科学技术学院横向课题经费有大幅度增长，截至2004年12月中旬，横向经费到款额为1333万元。

2004年组织申报各类项目有：国家自然科学基金75项，其中面上基金68项、重点基金3项、海外杰出青年基金3项、杰出青年基金1项。获得批准的面上基金25项、重点基金1项、海外杰出基金1项。学院基金获准率为37%（学校的获准率为32%，全国的获准率为20%）。申请北京市科学基金21项，获得批准3项；申报教育部各类项目19项；申报其他国家项目21项；申报联想研究院课题3项。

2004年获得北京市科技进步奖2项。其中，彭练矛教授负责的“电子微量学基础和纳米结构研究”获得一等奖，李晓明教授负责的“北大燕穹海量网络信息的收集、组织与服务平台”获得二等奖。

2004年组织申报教育部新世纪优秀人才计划。由信科学院各研究所推荐候选人，经学院院务会讨论后向北京大学推荐候选人5名，获得批准2名，分别是陈清和吴玺宏。

2004年信科学院的专利申请60项，比2003年增长了一倍多。获得专利权7项，被SCI（网络版）、EI（网络版）收录的论文（第一作者）207篇，比2003年有所增加。

截至2004年12月，信息科学技术学院共有仪器设备6630台，总价值约1.9亿元人民币，其中大型仪器设备132台，价值约为1.05亿元人民币；一般仪器设备价值约为0.86亿元人民币。2004年新购置仪器设备984台，总价值约为0.22亿元人民币，其中大型仪器设备19台，价值约为0.14亿元人民币。

2004年信科学院对学院部分实验室进行了调整。调整后实验室有14个，除了3个国家重点实验室和2个教育部重点实验室外，还有9个为基础实验室、专业实验室和综合实验室。

2004年信科学院和日本富士通研究开发中心有限公司成立了“富士通—北京大学联合研究中心”,和北京万东医疗装备股份有限公司成立了“北京大学信息学院—北京万东医疗磁共振成像联合研发中心”。

2004年为鼓励教师多为北京大学做贡献,信息科学技术学院颁发了年终奖励。科研项目奖励:按信科学院提成费用的10%返回给课题负责人;成果奖励:出版教材与专著5000元/部(不包括译著)、授权专利800元/项、SCI论文800元/篇、EI论文500元/篇。

【外事活动及学术交流】 2004年聘请国内外教授参加研究生指导小组,在相关领域讲学。利用海外教授访问北京的机会,请他们做学术报告。鼓励青年教师参加国际、国内学术会议进行学术交流,以及短期考察交流等,对学院教学科研工作起到了推动作用。

1. 2月16日,JDSU实验室代表陆建钧向“区域光纤通信网与新型光通信系统国家重点实验室”捐赠仪器及奖学金,林建华副校长、信息科学技术学院院长何新贵院士、学院党委书记郭瑛出席了捐赠仪式。

2. 2月12日,英国亚洲网络技术总公司董事朱利安、863专家组成员纪越峰访问“区域光纤通信网与新型光通信系统国家重点实验室”,并作学术交流。

3. 美国乔治亚理工学院来访人员与信科学院有关研究人员座谈和参观部分实验室。

4. 信科学院有关研究人员和日本早稻田大学相关教授座谈。

5. 信科学院组织教师赴韩国与韩国庆北大学、韩国科学研究院、三星公司等进行交流。

6. 安排深港产学研基地领导和管理人员参观“视觉听觉信息处理国家重点实验室”。

7. 安排“973”专家组成员对学院“973”子项目进行中期检查,并组织参观了信科学院部分实验室。

8. 接待57所科研人员和管理人员到信科学院座谈参观。

9. 为支援新疆大学和内蒙古大学,捐赠仪器12台。

【学生工作】 2004年暑期后开始实施新的班主任工作计量和考核办法,深入了解学生情况,合理安排助、贷、勤、补等问题,做好奖学金评定和学生就业工作。组织学生参加11月9日的无偿献血活动,先后有130人次无偿献血;暑期组织近100名同学参加各类暑期社会实践活动,奔赴全国许多贫困地区或经济发达地区,参加暑期社会实践活动。积极组织学生参加学院各类文体活动:新年联欢会、学院十佳歌手比赛、一二·九大合唱等。组织本科新生和入党积极分子400余人参观卢沟桥抗日战争纪念馆、宛平县城等地,加强爱国主义教育和历史观教育。信科学院学生工作办公室先后制定了《学生工作办公室工作条例》、《班主任工作指南》、《信息学院学生情况学期报表》等。

【其他工作】 2004年信科学院修订了部分规章制度,建立了一些新的制度,如《临时人员管理办法》、《学院公用房管理规定》、《离退休人员公用房管理规定》、《助研岗位津贴发放管理条例》等。加强行政队伍的建设,补充了新人,修订强化了岗位职责。较好地完成了迎新、毕业生、咨询日(开放日)、ACM竞赛等大型活动的组织工作。调整了部分公共资源,完成了院图书馆的整合工作。进一步落实强化安全、保卫、保密工作。信科学院工会积极组织教职工参加北京大学组织的各项大型活动,同时信科学院工会积极组织学院的多项活动,包括联谊会、登山、离退休人员秋游以及教职工体育比赛等。

(王　进　李　林)

表4-8　2004年信息科学技术学院承担各类科研项目一览表

项目分类	项数
国家“973”项目(子项目)	17
国家“863”项目	15
国家攻关项目	3
国家自然科学基金	70
其他国家项目	57
教育部各类项目	30
北京市项目	5
横向项目	70
其他项目	5
共　计	272

表4-9 2004年信息科学技术学院出版科学著作一览表

著作名称	作　者(前三位)	著作性质	出　版　社
空间数据库	谢昆青、马修军、杨冬青	译著	北京：机械工业出版社
数据结构与算法	许卓群、杨冬青、唐世渭	教材	高等教育出版社
语义网简明教程	宋　炜、张　铭	教材	高等教育出版社
光纤通信原理与技术	吴德明	教材	科学出版社
High-energy Electron Diffraction and Microscopy	彭练矛，S. L. Dudarev，M. J. Whelan	专著	牛津大学出版社
信息论与编码理论	李　斗	译著	电子工业出版社
工程电磁学	徐安士、周乐柱	译著	电子工业出版社
Windows操作系统原理(第2版)	陈向群、向　勇、王　雷	专著	机械工业出版社
Visual Basic程序设计题解与实验指导	唐大仕	教材	清华大学出版社
用Java/C#开发手机程序及移动应用	唐大仕	教材	电子工业出版社
人机交互	王　衡、董士海	教材	北京大学出版社
微机原理与接口技术教程	王克义等	教材	北京大学出版社

表4-10 2004年信息科学技术学院获得奖励一览表

获奖成果名称	完成人	奖励类别	奖励等级
电子微量学基础和纳米结构研究	彭练矛、陈　清、薛增泉、吴全德、顾镇南	北京市科技进步奖	一等奖
北大燕穹海量网络信息的收集、组织与服务平台	李晓明、闫宏飞、谢正茂、彭　波、陈　华、龚笔宏、孟　涛、张志刚、王继民	北京市科技进步奖	二等奖
电子信息科学实验教学体系建设	毛晋昌、王志军、崔玉芹、李　斗、刘新元	北京市教学成果奖	二等奖
“电路分析原理”课程内容改革及实践	胡薇薇、李红滨、陈　江、余道衡	北京市教学成果奖	一等奖
从“信号与系统”课程的教学工作入手探索理科基础课教法改革	王道宪、尚　勇	北京大学教学成果奖	二等奖
电子线路实验A教学改革	李　斗、刘新元、董明科、毛新宇、郭　强	北京大学教学成果奖	二等奖
电子线路实验B课程的改革与规范化管理	高　嵩、崔玉芹、赵建业、李平曾	北京大学教学成果奖	二等奖

表4-11 2004年信息科学技术学院获得专利权一览表

授权专利名称	发明人	类型	申请号	授权日
视频和图像数据压缩的整形双正交小波变换电路	许　超、石青云	发明专利	129635.3	2004-2-4
分组校验数据传输法	赵玉萍	发明专利	1118154	2004-3-31
光逻辑运算的非门和与非门	王子宇	发明专利	02100840.X	2004-3-31
直序扩频通信PN码捕获方法及电路装置	吴建军、董明科	发明专利	21168741	2004-4-21
视频和图像数据压缩的简化小波零树编解码方法和电路	许　超、石青云	发明专利	1296345	2004-4-28
金属剥离方法	阎桂珍、张大成	发明专利	01123427.X	2004-6-9
一种场发射阴极及其制造方法和应用	薛增泉、张　葵、张耿民、佘　宁、侯士敏、申志勇、刘惟敏、赵兴钰、陈　清、吴锦雷、张兆祥、彭练矛	发明专利	11400978	2004-6-30

表4-12 2004年信息科学技术学院学科建设单位一览表

一级学科	二级学科	国家重点学科
计算机科学与技术	计算机系统结构 计算机软件与理论 计算机应用	计算机软件与理论 计算机应用(和计算机科学技术研究所共同拥有)

续　表

一级学科	二级学科	国家重点学科
电子科学与技术	物理电子学 微电子学与固体电子学 电路与系统 电磁场理论与微波技术	物理电子学 微电子学与固体电子学
信息与通信工程	通信与信息系统 信号与信息处理	通信与信息系统
物理学	无线电物理 声学	

表 4-13　2004 年信息科学技术学院研究所一览表

系(专业方向)	研究机构	下属单位
计算机科学技术	软件研究所	北京大学软件工程研究所 北京大学贝尔实验室软件技术联合实验室 北大-Intel 新技术实验室 北京大学计算机系信息安全研究室 北京大学计算机系图形教研室 软件工程国家工程研究中心
	计算机系统结构研究所	北京大学微处理器研究开发中心 北大-Intel 软硬件协同设计实验室
	网络与信息系统研究所	计算机网络研究室 人工智能研究室 数据库研究室
	计算语言学研究所	
电子学	电子工程研究所	卫星通信研究室 电磁场微波技术研究室 信号与系统研究室
	光子与光通信研究所	光纤通信国家重点实验室
	物理电子学研究所	纳米电子学教育部重点实验室
	量子电子学研究所	量子信息与测量教育部重点实验室
微电子学	ULSI 科学与技术所	微米纳米加工技术国家重点实验室
	微电子机械系统所	新工艺新器件新结构电路国家专项实验
	室集成系统芯片所	北京市软硬件协同设计高科技重点实验室
智能科学	视觉与听觉信息处理 国家重点实验室	视觉信息处理研究室 听觉信息处理研究室 系统信息处理研究室 心理信息处理实验室

表 4-14　2004 年信息科学技术学院重点实验室一览表

类别	实验室名称
国家重点实验室	1. 视觉与听觉信号处理国家重点实验室 2. 光纤通讯国家重点实验室 3. 微米纳米加工技术国防科技重点实验室
教育部重点实验室	4. 量子信息与测量教育部重点实验室 5. 纳米器件物理与化学教育部重点实验室
其他部委级重点实验室及研究中心	6. 北京市软硬件协同设计高科技重点实验室 7. 教育部软件科学网上合作研究中心 8. 微电子科学国家计委专项实验室 9. 微处理器信息产业部重点实验室 10. CALIS 中心

化学与分子工程学院

【发展概况】 北京大学化学与分子工程学院始建于1910年，是我国高等院校中建立最早的化学系之一。1994年发展成为化学与分子工程学院(简称化学学院)，2001年原北京大学技术物理系应用化学专业并入化学学院。北京核磁共振中心2001年1月成立并挂靠在化学学院。截至2004年，化学学院设有化学系、材料化学系、高分子科学与工程系，应用化学系，化学生物学系，以及若干研究所、研究中心、专业实验室，并有2个国家重点实验室和1个教育部重点实验室。

受中国化学会委托，化学学院负责编辑出版《物理化学学报》和《大学化学》2种刊物。2003年年底，国家科技部批准北京大学化学学院与中科院化学所联合筹建"北京分子科学实验室"，2004年6月正式挂牌筹建。

2004年年底，化学学院有教职工216人，其中中科院院士9人、教授53人(教授级高工1人)、副教授62人、高工21人、博士生导师50人。有11人被教育部聘为"长江教授"，1人被聘为"长江讲座教授"。有教师130人，其中具有博士学位的98人，占教师总数的75.3%。截至2004年年底，共有在站博士后67名。自1986年建立博士后流动站起，共有进站博士后261人。化学学院每年招收本科生约180人、硕士生和博士生约100人。

化学学院现有无机、有机、分析、物化、综合5个基础课实验室，总面积为3500多平方米。全院拥有总价值1.67亿元的各种仪器设备。有7个二级学科(无机化学、有机化学、分析化学、物理化学、高分子化学与物理，应用化学，化学生物学)，其中5个二级学科(无机化学、有机化学、分析化学、物理化学、高分子化学与物理)于1989年被教育部首批认定为重点学科，在2001年再次被评为重点学科。2002年起化学一级学科下学校自设博士点2个：化学生物学和应用化学。5个重点学科均设有硕士点、博士点和博士后流动站。1978～2004年，全院共出版专著、译著、教材80多部，其中先后被评为国家级优秀教材特等奖1部，国家级优秀奖6部，国家教委一、二等奖共9部；共有5项教学成果获得国家级奖励。北京大学化学学科在首次全国一级学科整体水平评估中排名第一。

2004年化学学院主持2项、参加15项国家科技部重点基础研究发展规划项目("973"项目)，主持和参加8项国家"863"高科技项目以及100多项国家自然科学基金项目和省部级项目。1994～2004年有23人获得国家自然科学杰出青年基金资助，9人与国外学者合作获得国家自然科学基金海外杰出青年基金资助。以严纯华为代表的无机化学研究集体被国家基金委评为创新研究群体，以刘忠范为代表的"表界面纳米工程学"研究团体入选教育部"创新团队发展计划"名单。1人获得教育部首届教学与科研奖励基金，5人获得教育部跨世纪人才基金，3人获得教育部新世纪人才基金，10人获得教育部优秀青年教师基金，7人被列为国家级百千万人工程。有6篇论文被评为全国优秀博士论文，1人获得教育部优秀博士论文专项基金，有2人获得中国优秀博士后奖。1978～2004年共获科研成果奖164项(不含北京大学校级奖)，其中国家自然科学奖和国家科技进步奖共20项。1994～2004年在国内外核心学术刊物上发表论文近4000篇，其中被SCI收录3118篇(从99年起使用SCI扩展版)。

2004年配合国家"创建世界一流大学规划"("985"规划)，化学学院继续贯彻执行了学院的目标责任书，进行了2003岗位考核及2004岗位续聘，共聘A类岗位53人，B类岗位98人，C类岗位22人。

表4-15 组织结构

<table>
<tr><th colspan="10">教学与管理服务机构</th></tr>
<tr><td>化学系</td><td>材料化学系</td><td colspan="2">高分子科学工程系</td><td>应用化学系</td><td colspan="2">化学生物学系</td><td colspan="2">院机关、后勤</td><td>院工厂、公司</td></tr>
<tr><th colspan="10">研究机构</th></tr>
<tr><td>无机化学研究所</td><td>有机化学研究所</td><td>北京大学稀土化学研究中心</td><td>理论与计算化学研究所</td><td>分析化学研究所</td><td>北京大学物理化学研究所</td><td>高分子化学与物理研究所</td><td>北京大学分析测试中心</td><td>化学基础教学实验中心</td><td>北京大学纳米科学与技术研究中心</td></tr>
<tr><th colspan="10">重点实验室</th></tr>
<tr><td colspan="10">北京分子科学国家实验室(筹)</td></tr>
<tr><td colspan="3">稀土材料化学及应用国家重点实验室</td><td colspan="2">分子动态与稳态结构国家重点实验室</td><td colspan="3">生物有机与分子工程教育部重点实验室</td><td colspan="2">高分子化学与物理教育部重点实验室(建设中)</td></tr>
<tr><th colspan="10">学报及人事挂靠单位</th></tr>
<tr><td colspan="3">《物理化学学报》编辑部</td><td colspan="4">《大学化学》编辑部</td><td colspan="3">北京市核磁共振中心</td></tr>
</table>

【学科、专业设置】 化学学院本科生学位授予专业为：化学专业、材料化学专业、应用化学专业。

硕士生学位授予专业及研究方向为：应用化学：二次电池正极材料、辐射高分子材料、应用生物化学、药物化学。

博士生学位授予专业及研究方向为：

无机化学：稀土配位化学和分子基功能材料，稀土固体化学和材料，稀土分离及功能材料化学，量子化学和理论无机化学，富勒烯结构的碳原子簇化学，微米和纳米材料的合成与特性。

分析化学：生物和纳米电分析化学，药物与生物物质的分离与分析，分子识别与生化分析，化生分析与生物分离科学，色谱分析与药物分析，免疫分析及药物分析。

有机化学：生物有机化学，金属有机化学，物理有机化学，有机合成与有机材料化学。

物理化学：功能体系分子工程学，纳米化学，结构生物学，表界面化学与催化，理论与计算化学。

高分子化学与物理：高分子可控合成与材料制备，高分子凝聚态物理，特种与高性能高分子材料，生物医用与环境友好高分子材料，信息技术高分子材料及器件。

化学生物学：生物识别化学，生物过程化学，细胞化学生物学，外源物质的生物效应，化学生物技术。

应用化学：辐射化学与工艺，超分子化学与材料，核药物化学，新型储能材料与锂二次电池，核环境化学。

【教学工作】 2004 级学生按 2003 版教学计划执行。本科生的毕业学分 140，其中公共必修课 30 学分，院系必修课 61 学分，学校通选课 16 学分，本院或相关院系选修课 27 学分，本科生毕业论文 6 学分。化学和材料化学专业继续招收具有学士学位（或同等学力）的五年制博士研究生。培养方案按“五年制博士研究生培养试行办法”及补充规定施行。

2004 年度开始按院系招生，不再分化学、材料和应用化学专业。共招收本科生 163 人，其中保送生 58 名。招收五年制硕博连读研究生 98 人，硕士起点四年制博士生 13 人。有 199 名本科生毕业，其中 184 人获得学士学位。有硕士毕业生 10 人，获硕士学位 7 人。有博士毕业生 38 人，37 人获博士学位。接受进修教师 8 名。

卞江、廖一平荣获“北京大学优秀教学奖”，4 名教师获北京大学“奖教金”。4 篇博士生学位论文获北京大学优秀博士论文奖。出版教材、专著 13 部，发表教学研究论文 12 篇。

2004 年化学学院在 5 个学科点的博士后流动站共进站博士后 28 人，35 位博士后出站。截至 2004 年年底，化学学院在站博士后共 67 人。2004 年共获得 12 项博士后科学基金，其中鲁从华获得一等资助金。

【学生工作】 2004 年化学学院学生工作办公室被评为“北京大学学生工作先进单位”；2001 级博士生班再次被评为北京市优秀班集体，同时荣获北京大学学生集体最高荣誉“北京大学五四奖杯”；2002 级博士生班被评为北京大学先进班集体；2002 级本科生 3 班，2003 级本科 1 班、3 班和 5 班被评为北京大学优秀学风班。10 人被评为北京大学“三好学生标兵”，6 人获得“学术创新奖”，61 人被评为“三好学生”，1 人被评为优秀学生干部，67 人获优秀单项奖。在学校各项文体活动中化学学院多次荣获奖杯和奖牌。

【成果统计】 2004 年化学学院出版专著 10 部，在国内、外学术刊物共发表论文约 450 篇，其中被 SCI 收录 400 篇（以 SCI 扩展版统计）。

化学学院顾镇南、蔡生民、施祖进参加，由物理学院主持的“若干低维材料的拉曼光谱学研究”项目获国家自然科学二等奖；化学学院其鲁主持，化学学院为第 2 完成单位的“锂离子二次电池正极材料钴酸锂的合成”项目获国家科技进步二等奖。

林炳雄主持的“新型三效稀土 FCC 助剂（Re 二型）”获 2004 年度教育部科学技术发明一等奖。

稀土材料化学及应用国家重点实验室荣获国家重点实验室先进集体称号，黎乐民院士获国家重点实验室先进个人，王远教授、严纯华教授获 973 计划先进个人的表彰。

2004 年在教育部、国家自然科学基金委组织的“国家基础科学人才培养基金‘十五’中期评估”中，化学学院化学基地被评为优秀基地。

化学学院“一流教育教学水平培育一流化学创新人才”和“全面建设高校的公共仪器实验室”2 个项目荣获北京市教学成果一等奖。

姚光庆教授主持的“普通和无机化学”被教育部评选为 2004 年国家级精品课程。王剑波教授主持的“有机化学”系列课程被评为 2004 年北京市级精品课程。

周公度、段连运主编《结构化学基础》，荣获北京市精品教材。

刘忠范领衔的“表界面纳米工程学”研究团体入选教育部“创新团队发展计划”名单。

张新祥、李子臣、李彦入选教育部“新世纪优秀人才支持计划”。

高松获得第八届中国青年科技奖。

李子臣获得北京大学第二届优秀博士后称号。

齐利民获得霍英东教育基金会第九届高等院校青年教师“研究类”一等奖。

孙聆东获中国化学会 2004 年度“青年化学奖”。

席振峰获得中国化学会第一届“黄耀曾金属有机化学奖”。

赵新生教授获得北京大学“十佳教师”称号。

出版的著作有：

《高分子科学与技术前沿课题》，周其凤，北京大学出版社。

《Liquid Crystalline Polymers》，周其凤，World Sci. Pub. Co. Pte. Ltd。

《燃料电池技术》，范星河，化

学工业出版社。

《耐高温聚合物及其复合材料》，周其凤、范星河，化学工业出版社。

《超越分子前沿》，陈尔强等译著，科学出版社。

《新世纪的物理化学—学科前沿与展望》，邵元华，科学出版社。

《Encyclopedias of Nanoscience and Nanotechnolog》，王远、魏永革、徐东升、郭国霖（其中两章），American Scientific Publishers。

《Nanowires and Nanobelts: Materials, Properties and Devices》，徐东升、郭国霖（其中一章），Kluwer Press。

《固体催化及研究方法》，寇元，科学出版社。

【科研工作】 2004年化学学院共承担纵向科研项目198项，其中国家科部重大基础研究973项目15项，国家863项目及科技部攻关项目8项，国家自然科学基金委（简称“基金委”）重大、重点项目12项，国家自然科学基金委杰出青年基金项目12项，海外青年学者合作基金6项，国家自然科学基金委面上基金（含青年基金）82项。教育部博士点基金14项。当年完成项目57项，仍在进行中141项。

表4-16 2004年化学与分子工程学院承担主要纵向科研项目

项目名称	起止时间	负责人	总经费(万元)	任务来源
SO_2和NO_X的吸附富集固态化学	1999.10～2004.09	寇　元	168.0	973项目
SARS病毒非结构蛋白的结构与功能研究	2003～2004	夏　斌	80.0	973项目
凝聚相、表面和界面复杂体系的动力学研究	1999.12～2004.11	赵新生	229.0	973项目
高表界面固体的分子工程与纳米结构设计、制备与组装	2000.4～2004.12	王　远	295.0	973项目
创造新物质的分子工程学研究	2000～2004	席振峰	32.0	973项目
纳电子运算器材料的表征与性能基础研究	2002～2004	刘忠范	1190.0	973项目
纳米结构的化学合成及应用研究	2002～2004	张　锦	120.0	973项目
纳米结构单元的可控组装及其量子输运性质	2002～2004	朱　涛	240.0	973项目
基因功能预测的生物信息学理论与应用	2003～2005	来鲁华	733.0	973项目
蛋白质—蛋白质相互作用研究	2003～2005	来鲁华	187.0	973项目
新型金属有机配合物非线性光学材料的研究	2004～2006	高　松		973项目
有机高分子材料器件物理综合性能发光稳定性的基础研究	2003～2005	邹德春		973项目
肿瘤临床诊断新方法研究	2003～2005	徐怡庄		973项目
高分子电致发光材料及显示用相关材料的设计与合成	2003～2005	裴　坚		973项目
高分子多相多组分体系的结构设计与化学合成	2003～2005	周其凤		973项目
功能蛋白质设计	2003～2005	曹傲能	45.0	863项目
生物信息学	2002～2004	来鲁华		863项目
蛋白质结构与功能预测的新方法和新算法	2002～2004	韩玉真	18.0	863项目
聚苯并恶唑(PBO)高分子设计合成	2002～2004	范星河	30.0	863项目
农畜产品中高附加值天然产物高效提取技术产品开发	2002～2004	林崇熙	15.0	863项目
新型高效稀土光电功能材料及制备技术	2002～2005	邹德春	140.0	863项目
杰出青年科学基金	2001～2004	李星国	80.0	基金委杰出青年
杰出青年科学基金	2001～2004	陈尔强	80.0	基金委杰出青年
杰出青年科学基金	2002～2005	高　松	80.0	基金委杰出青年
杰出青年科学基金	2002～2005	吴　凯	80.0	基金委杰出青年
杰出青年科学基金	2002～2005	邹德春	80.0	基金委杰出青年
杰出青年科学基金	2002～2005	夏　斌	80.0	基金委杰出青年
杰出青年科学基金	2003～2006	王剑波	100.0	基金委杰出青年
杰出青年科学基金	2003～2006	吴云东	100.0	基金委杰出青年
杰出青年科学基金	2004～2007	齐利民	100.0	基金委杰出青年

续 表

项 目 名 称	起 止 时 间	负 责 人	总经费(万元)	任 务 来 源
杰出青年科学基金	2004～2007	黄建滨	100.0	基金委杰出青年
海外青年合作基金	2002～2004	谢晓亮	40.0	基金委杰出青年
海外青年合作基金	2002～2004	唐本忠	40.0	基金委杰出青年
海外青年合作基金	2003～2005	刘　杰	40.0	基金委杰出青年
海外青年合作基金	2003～2005	汤　超	40.0	基金委杰出青年
海外青年合作基金	2003～2005	王植源	40.0	基金委杰出青年
海外青年合作基金	2004～2007	侯召民	40.0	基金委杰出青年
教育部跨世纪人才基金	2001.01～2004.12	王剑波	20.0	教育部跨世纪人才
教育部优秀青年教师奖励基金	2000～2004	宛新华	50.0	教育部
教育部优秀年轻教师基金	2002～2004	李子臣	10.0	教育部
有机分子及模板引导下的生物模拟材料的合成	2001～2005	齐利民	65.0	优秀博士论文专项基金

【学术交流】 化学学院举办了面向研究生的“兴大科学系列报告”和面向本科生的“今日化学”讲座。2004 年化学学院共举办兴大科学系列报告 23 讲和今日化学讲座 7 讲。

受国家教育部、国家自然科学基金委员会委托，全国化学研究生暑期学校于 8 月 1 日至 20 日在化学学院成功举办。共有来自全国近 40 所大学和研究所 260 名研究生和青年教师参加了为期 20 天的学习。课程分为“理论计算化学”和“分子固体材料化学”2 个专题。聘请了国内外知名化学家担任主讲教师。同时，也邀请了国内外一些有成就的中青年化学家，对化学前沿领域的发展开设讲座。本届暑期学校共聘请国内外专家近 40 人，安排课程 15 门，约 100 学时，讲座 26 次，约 60 学时，编印各类讲义 20 余种。

由化学学院化学生物学系赵新生教授和哈佛大学化学与化学生物学系谢晓亮教授共同组织的“单分子与单细胞研究培训班”于 6 月 24 日至 26 日在化学学院举行。培训班邀请了包括诺贝尔奖获得者朱棣文教授在内的 6 位在该领域从事前沿研究的美籍华裔科学家授课，全国各地、各个学科大约 300 人参加了培训班。朱棣文教授还在“北大理科论坛”第三讲上为 500 多名听众做了“物理学家眼中的生命现象”的科普报告。

由国家自然科学基金委员会和中国化学会主办，化学学院承办的第 13 届全国金属有机化学学术讨论会于 10 月 19 日至 22 日在北京西郊宾馆举行。大会共收到论文 233 篇；安排大会报告 6 个，邀请报告 15 个，口头报告 47 个，墙报 97 篇；国内外科研院所及高校的金属有机化学领域专家、学者和研究生 200 余名参加了大会。

由北京大学和国家纳米科学中心联合举办的第二届亚洲纳米科技会议（Asian Conference on Nanoscience and Nanotechnology 2004）于 11 月 24 日至 27 日在北京大学英杰交流中心举行。这次 AsiaNANO 2004 会议的大会主席是国家纳米科学中心主任白春礼院士，中科院物理所解思深院士、北京大学化学学院刘忠范教授等任副主席，北京大学朱星教授任大会秘书长。与会代表来自中国、日本、韩国、新加坡、泰国、新西兰、澳大利亚、印度以及俄罗斯等国家。会议的规模为 300 人左右。

“北大高分子 50 年”庆祝活动于 5 月 28 日至 30 日在北京大学举行。开幕式上高分子科学与工程系系主任周其凤院士回顾了北大高分子 50 年来走过的历程，预祝高分子逐渐成为具有国际影响的教学科研基地，并代表全体北大高分子人向北大高分子学科创始人冯新德先生敬献了花篮。林建华副校长向 4 位国际著名高分子专家授予北京大学名誉教授、客座教授称号，他们是：诺贝尔化学奖得主 Alan G. MacDiarmid 博士、英国皇家学会院士 Sir Sam Edwards、美国伊利诺伊大学教授 Steve Granick、中科院化学所特聘美籍华人科学家韩志超。参加仪式的有多位中科院院士，国家自然科学基金委和国内兄弟单位代表，以及部分特邀外宾和近 100 位来自海内外的北大高分子专业校友。作为庆祝活动另一组成部分的“庆祝北大高分子 50 年国际高分子学术会议”同时举行，北京大学校务委员会主任闵维方教授出席开幕式并致辞。诺贝尔化学奖得主 Alan G. MacDiarmid 博士应邀作大会报告：“导电聚合物：21 世纪的新材料。”有近 30 位来自美、日以及欧洲等国的高分子学界著名学者在随后为期 3 天的学术会议上作邀请报告。化学学院教师学生近百人参加会议。

2004 年度，化学学院共接待国外及港澳台来宾 91 人，作学术报告近百场。其中由校国际合作部批准并支持的来校讲学、合作研究外国及港澳台专家共 22 人。

（卢英先）

生命科学学院

【学院概况】 北京大学生命科学学院于1993年由生物系扩展而成。学院现有2个国家重点实验室(蛋白质工程及植物基因工程国家重点实验室、生物膜及膜生物工程国家重点实验室),6个系(生物化学及分子生物学系、细胞生物学及遗传学系、生理学及生物物理学系、植物分子及发育生物学系、环境生物学及生态学系、生物技术系),4个中心(北大-耶鲁植物分子遗传学及农业生物技术联合研究中心、大熊猫及野生动物保护研究中心、化学基因组学研究中心、生物基础教学实验中心),2个研究所(分子生物学研究所、细胞生物学研究所),2个国家人才培养基地(国家基础科学生物学人才培养基地、国家生命科学与技术人才培养基地);拥有5个国家重点学科(生物化学及分子生物学、细胞生物学、植物生物学、动物生物学和生理学)。

截至2004年年底,生命科学学院在编职工148人,其中教授42人(含院士3人、长江特聘教授8人、全国杰出青年科研基金获得者13人),副教授24人,讲师22人。具有博士学位和硕士学位的教师分别为68人和22人。

本科生学制为四年,开设基础课22门、专业课36门、选修课18门、专业实验课9门,硕士研究生课程91门。基础课均由教授主持,实验课教学均由教授或副教授主持。课程由学校公共基础课、生物学基础课、生物学专业课、选修课和毕业论文训练五部分组成。研究生招生规模与本科生持平,研究生全部为硕博连读或博士研究生。

【教学与科研工作】 2004年,生命科学学院重新整修了设施完备的基础教学实验室;共有6项成果获得北京大学教学成果一等奖,其中获得市级教学成果一等奖2项:"生命科学创新型基础人才的培养与理科基地建设的实践"(许崇任、郝福英、柴真、苏都莫日根、赵进东);"细胞生物学课程改革和创新性人才培养"(丁明孝、陈建国、张传茂、苏都莫日根)。二等奖2项:"生物技术人才培养体系的探索与实践"(顾红雅、瞿礼嘉、朱玉贤、李毅、魏春红),"改革教学模式、更新教学内容、建立新的植物生物学教学体系"(杨继、饶广远、杨雄、贺新强)。潘文石教授被授予国家"师德标兵"殊荣(全国获此称号的有10人)。"国家理科基地(生物学)建设"项目通过了国家教育部的检查评估,被评为5个优秀基地之一。主干基础课"动物生物学"被评为"国家精品课程",这是继"细胞生物学"之后生命科学学院的第二门国家精品课程。

截至2004年12月,生命科学学院发表SCI收录的论文121篇,其中科学引文索引影响因子大于5.0的较高水平的学术论文为24篇。论文平均影响因子3.314,比上年提高10%;汤姆森科技信息集团首席科学家、国际文献计量学和科学计量学协会主席Henry Small博士宣布,生命科学学院植物学与动物学研究领域进入全球前1%领先地位。2004年获得国家自然科学二等奖1项(李懋学"中国主要植物染色体研究",列第二),国家杰出青年基金1项(王世强),国家自然科学基金重点项目1项(苏都莫日根)。以张传茂为首的细胞增殖与分化创新研究团队获得国家批准,这是继朱玉贤为首的植物发育生物学创新研究团队之后,生命科学学院获准的第二个创新团队。此外,瞿礼嘉教授获得第九届霍英东教育基金会研究类三等奖,梁宇和博士获优先资助课题项目。

由生命科学学院与美国NIH国立人类基因组研究所(NHGRI)组织的"斑马鱼功能基因组国际合作项目"于2004年启动。"973"项目首席科学家王忆平教授主持召开了第14届国际固氮大会,赵进东教授应邀做大会报告。这是自1974年第一届固氮大会开始以来,首次在亚洲召开国际固氮大会。

【党政工作】 生命科学学院党委定期召开班子组织生活会,与行政配合,参加院内各项重大决策的讨论、制定、执行等,在参与中落实监督保证。另一方面,院党委注意发挥团委、工会、学生工作系统等群众和行政组织的积极性,支持他们工作。

2004年生命科学学院进行了教师人事体制改革,制定了配套的人事改革实施细则,实行以PI为主的人事分类管理体系;调整学科布局,弱化系、专业设置,使学院目前的学科布局状况更符合生命科学发展的需要;引进国外年轻优秀的博士,加强重点发展的生物信息学和功能基因组学的学科队伍建设。

党委与行政配合,实行民主决策、分头负责的决策机制。党政主要领导每周召开联席会议,各人分管的事情在会上通报,重大事情讨论通过,集体决定。决定的事项则由主管院长负责贯彻执行,较好地平衡了民主决策与行政效率的矛盾。

建立与群众交流沟通的渠道。院领导既分工又合作,经常与教授们和其他老师谈心,在个人接触中积极宣传领导层的决策,并及时反馈群众意见。

搞好教职工福利,支持工会工作。过年过节组织"送温暖"活动,看望病号和困难职工;落实特困补助;处理突发事件;按时组织教职工查体;搞好文体活动,活跃职工文化生活;组织旅游、疗养等活动,提高职工身体素质。

【学生工作】 2004 年生命科学学院共有 123 人次获得 2003～2004 学年优秀个人等奖励,2003 级生科 2 班和 3 班获得北京大学优秀班级称号,2002 级协和医预 2 班和 2003 级生科 1 班获得北京大学先进学风班称号。

2004 年是北京大学同协和医科大学合作 80 年的协和医预教育的最后一年,学院开展了欢送协和系列活动。

【新生命科学大楼启用】 2004 年 3 月,建筑面积 2.7 万平方米的新生命科学大楼交付使用。生命科学院通过实施研究小组负责人制和淡化系一级管理等一系列措施,使实验室分配和搬迁工作顺利进行,并很快投入了使用。截至 2004 年年底,生命科学院就大楼建设事宜,以“理科四号楼建设文件”的形式向北京大学基建部行文 70 份,以备忘录的形式向建设单位、相关部门发文 38 份,在特殊实验室的技术方案、招投标、设备的选型配套、实验室的配置、特殊使用要求建筑材料的选择、合同文本等方面形成了近 100 万字的文字资料,保证了新生命科学大楼,特别是特殊实验室的顺利建成和投入使用。在近一年的大楼主体设备和特殊实验室的运行中,逐一解决了大楼试运行阶段发生的问题。除 P3 实验室和动物房在等待国家专门认证机构验收认定外,均已达到要求并正常运行。

(彭宜本)

环境学院

【学科建设】 环境学院于 2004 年年初,开始运作“985 二期”工程。其中,对于地球系统科学平台建设提出了详细构思。学院“985 二期”的 3 个平台,均已获得支持与资助,有效支撑了学院整体学科建设。

环境学院“211 二期”工程重视投入和效益的检查,重点突出,进展顺利,已通过学校中期评估。“211 二期”经费预算为 1740 万,已到账 1100 万,占总预算的 63.2%。目前,购置设备 515 万,支出科研业务费 50 万元,已使用经费占到账经费(1100 万)的 51%。项目已建设部分获得一批国家重大、重点项目的支持;取得了一批重大成果,发表了高质量文章,在专利申报上有突破。环境学院在“211 二期”项目中着重加强了在“环境演变与气候变化”和“区域环境污染与可持续发展”两个可能实现建立学术高峰重要领域的学科建设。目前已在持久性有机污染物的区域环境过程、重金属形态的空间分异、影响因素及生态效应、深圳龙岗中心城垃圾处理厂渗滤液处理工程、BELL 绿色示范课程、“长江三峡区域旅游发展规划”、我国生物多样性的大尺度格局研究、城市与区域大气复合污染研究等项目上取得了阶段性进展和成果。

2004 年开始启动重大国际合作平台的建设,如坝上地球环境生态定位站。

【教学科研】 年内顺利完成了 2003 级本科生分专业工作。

在研究生招生工作中,学院组织各实体单位编写研究生招生专业介绍,并通过开展咨询日活动扩大宣传,为吸引优秀生源打下了良好的基础。学院进一步强化对于研究生培养质量的检查,博士论文匿名评审工作收到了良好效果。在学科建设方面,组织申请增列“城市与区域规划”和“景观设计学”2 个硕士点,并获得学校批准。开设 BELL 绿色示范课程“环境技术市场化与政策”,吸引了 8 个大学、10 多个系、80 名注册学生以及近 70 名旁听生参加,受到了社会广泛关注,与课程相关的中国跨越式发展国际论坛,吸引了包括原联合国副秘书长、联合国环境署主任 Maurice Strong, Lester Brown, Danni Heyse 等国际著名的环境科学人士参加。

2004 年,环境学院地理学基础科学研究与教学人才培养基地和地表过程分析与模拟教育部重点实验室分别接受了主管部门的评估,取得了优异成绩。地理学理科基地顺利通过教育部和国家自然科学基金委员会的检查,获全国地理学类第一名、地学类第二名,地表过程分析与模拟教育部重点实验室在评估中获得优秀。

2004 年,环境学院的培训工作步入正轨,开办了 3 个培训班,即天津“房地产管理与开发”研究生课程进修班、“房地产管理与开发”远程研究生课程进修班和北京“房地产管理与开发”高级经理班。

2004 年,学院获得奖励、基金成果丰硕。环境科学系唐孝炎院士领导的课题组,因其在臭氧层保护方面的重大贡献,获得国家环保总局保护臭氧层贡献奖特别金奖。方精云教授领导的课题组的中国陆地生态系统生产力和碳循环研究成果,获得 2004 年国家自然科学二等奖。周一星教授所教课程获得北京市精品课程,北京市教学成果一等奖。

2004 年度环境学院获得“973”项目共 14 项;“863”项目 4 项;自然科学基金项目 63 项,其中重点项目 4 项、重大项目 1 项、协作项目 14 项、面上项目 38 项、重大研究计划 3 项、国际项目 2 项;国际合作项目 9 项。

学院科研经费继续保持稳步增长,2004 年度进入学校的科研经费比 2003 年度增长 30%。

获准专利成果有:一种制备聚氨酯基生物固定化载体的工艺、聚氨酯基生物固定化载体及污水处理方法、垃圾渗滤液处理系统及方法、固定源排放气体的颗粒物采集监测装置。

【对外合作】 2004年度,聘请外籍专家共27人。聘请世界著名学者、诺贝尔化学奖获得者莫妮娜担任学院名誉教授。学校拨外专经费9万元,学院配套约12余万元,全部用于外聘工作。引智成果包括合开课程2门,合作项目8项。

【党建与思想政治工作】 2004年度,党委委员和支书中心组举办了2次集体学习活动;党政班子中心组举办了1次集体学习和1次民主生活会。民主生活会通过谈心、批评与自我批评等多种形式肯定学院取得的成绩,重点总结了学院工作中存在的问题和不足。各支部较好地完成了本年度的学习计划。

2003年年底北京大学党委布置了党建达标工作后,环境学院党委进行了布置和分工,向全体党委委员和支部书记下发了关于党建达标的相关材料,要求每位支部书记在2004年度春季学期期末前作好检查的各项准备工作。2004年秋季学期初,院党委又就此项工作专门召开了包括全体支部书记参加的党委扩大会,就落实达标工作进行了详细部署和明确分工。学院成立了由党委书记莫多闻为组长,党委副书记白郁华为副组长的达标工作组,下设学生和教工两个小组。工作小组对照党建达标标准对各支部及学院党委逐个进行检查。

2004年年初,环境学院举办了支部工作交流会,分教工和学生两个讨论组分别进行,一批工作有特点的支部介绍了经验。

2004年度,进一步完善支部体系的工作重点放在教工支部上。学院对教工支部分为院、系、教研室三级管理。

环境学院党员发展工作始终坚持"培养第一,发展第二"。2004年度的第17期党的知识培训班,共91人顺利结业。学生中入党积极分子数量多、学生党员质量高的特点比较突出。党委在发展学生党员中做了大量工作,党委书记亲自为入党积极分子讲授党课。

2004年上半年,根据北京大学校纪委的部署,环境学院党委会学习了全国教育纪检会和北京市纪检会会议文件。院党委书记在院党政联席会上强调领导干部要严格执行"党风廉政责任制的规定",在学院党委扩大会议上强调党委会成员要注意配合纪委委员的工作。结合学术道德教育宣传活动,在橱窗张贴有关文章材料。组织"党纪知识测试"的答卷工作,回收答卷率在95%以上。

【人事工作】 2004年度,环境学院将人事评估工作构建成为比较详细、初步完善的包括对院系领导、教师和行政管理的三级评估体系。其中,对院系领导的评估制定了详细的评估表,发放给每位教师进行打分。

在2003年人事制度改革的基础上,2004年环境学院在队伍建设方面做了大量工作。针对提职、聘岗工作,经学术委员会、系教研室班子、院领导班子反复开会讨论,最终由学术委员会投票通过学院《人事制度改革实施细则》。学院提职名额减少后没有形成正式申诉案例。聘岗工作只出现少量申请学院复议的情况,也没有形成申诉案例。

【两会提案受重视】 环境学院积极进行了北京大学第5届教师代表会和第17届工会代表会的组织和准备工作。各个实体单位自下而上推选出了5名代表。学院代表在会上提出的未名湖水系补水方案,得到了学校的高度重视,学校已经组织专家进行论证。

【学生工作】 2004年,环境学院团委被评为2003～2004学年北京大学红旗团委、北京市五四红旗团委。党日、团日、班会活动共获得各类奖励十余项。学院团委积极动员团支部参加北京大学第17次团代会,参与率居各选举单位前列。迎新、军训、助学工作进展顺利。学术实践活动成绩优秀,其中,申请学校支持的"箬政"、"泰兆"和校长基金等资助的项目共17项,学院设立的地理教学基地资助项目共12项,在第12届"挑战杯"竞赛中,环境学院3件作品分获一、二、三等奖,另有2件作品分获特别贡献奖一等奖和三等奖,学院也获得团体一等奖和优秀组织奖。

【绿色大楼工程】 2004年,环境学院绿色大楼工程获得首期启动资金——学校从"985二期"拨款5000万元。后续资金环境学院将采取一切有效方式从国内外筹款解决,其中,在谈项目包括韩国国际环境保护协作专项资金(EDCF基金)的无息贷款项目。建设绿色大楼工程已正式启动。

(刘 卉 庞 岩)

心理学系

【教学】 2004年心理系录取硕士研究生29名,博士研究生15名,本科生38名。其中包括台湾、香港和澳门地区以及美国留学生5人。

5月,心理系本科生、辅修、双学位、二学位等各类学生的课程计划及课程简介进一步完善,后打印成册,报送教务部并分发给教师和学生。硕士研究生和博士研究生的培养计划也进行了补充修订。

6月,心理学系对主干基础课进行了重新考核,8位教师竞聘担任主干基础课的主讲教师。每位主讲教师提出了课程建设规划,并初步完善了教学大纲。

2004年心理系的教学工作获得了大丰收。朱滢教授主持的主干基础课"实验心理学"荣获国家级精品课程,是心理系历史上的突破，也是2004年心理学界唯一一门获得该奖的课程。另有2项教学成果获得北京大学教学成果一等奖，分别是"实验心理学教学改革与教学辅助系统建设"和"生理心理大实验课的教学改革与实践"。其中"实验心理学教学改革与教学辅助系统建设"还获得北京市教学成果二等奖。

12月，经统计，报考2005年心理系硕士研究生的有594人，招生比例名列北京大学前列。除了全日制学生的培养工作之外，心理系还积极开拓多种形式办学、培养人才的模式，与北京大学深圳研究生院合作举办人力资源研究生课程进修班（深圳、广州两地）、发展与咨询研究生课程进修班，与北大在线合作举办人力资源研究生课程进修班，总共收学员261名。

【科研】 2004年心理系教师作为主持人新获得国家自然科学基金4项，另有2位教师作为参加者获得2项重点项目。在国内外刊物共发表论文120余篇，其中心理系教师作为第一作者共发表11篇SCI和SSCI文章（其中10篇为SCI收录，1篇为SSCI收录），作为合作者共发表10篇SCI和SSCI文章。心理学系对发表论文的教师（特别是在国际刊物上发表论文的教师）给予了奖励。每篇SCI和SSCI文章奖励5000元发展基金。

（韩世辉）

【外事】 2004年北大心理学系聘请的国外和港台专家在北大期间的主要工作是讲学和合作研究。5月至8月，邀请伯克利加州大学彭凯平教授，讲授"文化心理学"、"应用社会心理学"，并进行有关行为经济学研究，目前已提交合作研究论文1篇。6月18至30日，邀请伯克利加州大学Sheldon Zedeck教授讲授"绩效评价"，并指导研究生写作学术论文。6月至8月邀请伯克利加州大学Kyle来心理系工作，修改英文学术论文，其中4篇已提交。7月25日至8月28日，邀请香港城市大学梁觉教授（北大心理系客座教授）讲授"科学论文写作"，并指导9位研究生写作和修改英文论文。8月8日至15日，邀请欧洲及美、日、澳等国学者8人进行学术交流。汤梅老师9月到心理系，为研究生开设了"职业心理咨询"和"学校心理咨询"2门课程。汤老师还和北大心理系一起开展了对羞耻感的跨文化研究。台湾的萧文和钟思嘉老师来系教授心理咨询督导及亲职团体辅导。英国Birmingham大学的Humphreys教授和意大利Casco教授在京期间，与心理系的学者共同完成了一些研究工作，部分研究成果已经在国际学术刊物上发表。

（韩世辉）

【行政、人事】 2004年1月心理学系顺利完成行政领导班子换届工作。组成了以韩世辉为系主任、吴艳红、谢晓非为副系主任的新一届行政领导班子。

9月26日，顺利完成2004年度岗位聘任及续聘工作。每个教职工都对当年的工作进行了总结，A类岗员进行了述职报告。心理系全系应聘教职员工共计37人，占全系教职员工的88%。对业绩突出的3位教职工予以晋级奖励，对年度考核没有达到要求的教职工（职员制人员）未予晋级。

队伍建设方面，2004年新增3位教师，其中2位是本系留校的博士，1位是海外归来的博士。教师人数目前已达到31人，成为目前国内师资规模最大的心理学系。

在站博士后队伍逐渐扩大。仅2004年就招收了3位博士后进站，在站博士后已有4人。

心理系实验室由原来的2个扩展为4个：认知神经科学实验室、多媒体行为实验室、生理心理实验室、儿童心理实验室，分别由韩世辉、王垒、苏彦捷、周晓林教授担任实验室主任。

北京大学设备管理处为鼓励大型仪器提高使用效率及对外开放，给予18000元的资助，心理系予以积极配合。

另外，2004年组织行政人员进行了行政各岗位的责任制的讨论，明确任务及工作要求，最终形成明确的岗位责任书。

（曲振卿　谢晓非）

【学生工作】 2004年进一步开展了大学生思想道德教育系列活动。活动包括学习、讨论、讲座、征文、参观、知识竞赛等多种形式。

圆满完成党员培训、心理健康文化节、"弘扬和培育民族精神，全面建设小康社会"的主题党日等各项活动。同时，学生党支部、团委，学生会以及学生社团积极参与了"文明修身，健康成才"主题活动、国庆55周年天安门万名大学生庆祝活动、国庆55周年主题班会、纪念"一二·九"大型歌咏比赛等一系列的主题教育活动。

注重学生党支部的组织发展，做到了有培养、有发展，确保心理系学生党员组织发展工作的延续。2004年共发展了包括本科生和研究生在内新党员8名。研究生党支部荣获北京大学"先进党支部"的光荣称号，本科生党支部书记高隽同学荣获北京大学"优秀共产党员"光荣称号。

3月，心理系和北大校医院心理咨询中心，以及北京大学校团委等多个机构联合举办了"关注心灵，享受生命"主题活动。

4月，在心理学社联合校团委举办的心理文化周活动中，由中、德、美、荷、比五国大师组成的专家咨询团做客北大英杰交流中心，同北大学子进行了面对面的交流。

设立心理健康"成长热线"以及为全校师生提供心理健康咨询活动。在三角地举行了2次现场咨询活动和1次网上咨询活动。

按照团委、学生会换届程序规定，在本人自荐、民主推荐、广泛评议的基础上，顺利完成了新一届团委、学生会换届工作。

（吴艳红　曲振卿）

中国语言文学系

【发展概况】 北京大学中文系是国家文科基础学科人才培养和科学研究基地，现设有4个本科专业：中国文学、汉语言、古典文献、应用语言学；9个教研室：古代文学、现代文学、当代文学、文艺理论、民间文学、古代汉语、现代汉语、语言学、古典文献；3个研究所：北京大学古籍整理研究所、北京大学比较文学与比较文化研究所、北京大学中国语言文学研究所；1个实验室：语言学实验室；另有1个资料室。挂靠在北大中文系的学术团体有：教育部古籍整理委员会秘书处及20世纪中国文化研究中心等。截至2004年有2个国家教学科研重点基地：中文基础学科基地与古典文献科研基地；5个全国重点学科：古代文学、现当代文学、汉语史、现代汉语、古典文献学；7个博士点：古代文学、现当代文学、文艺学、汉语史、现代汉语、古文献、比较文学；11个硕士点；1个博士后流动站。

截至2004年12月，中文系在编教职工103人，其中教授40人，副教授40人；在读硕士248人，博士217人（均含留学生和延长学籍者），其中2004年新招硕士生78人，博士生64人；在读本科生为345人，另有本科留学生107人，其中2004年新招本科生87人，本科留学生27人。国内访问学者25人，国内进修生39人；国外学者2人，国外高级进修生13人，国外普通进修生33人；另有博士后6人。

【教学工作】 中文系文科人才培养基地被教育部评为优秀基地。2004年共开设本科生课程109门次，其中上半年57门次，下半年52门次；开设研究生课程103门次，其中上半年51门次，下半年52门次；开设留学生课程22门次，其中上半年11门次，下半年11门次；为外系开设课程15门次；此外，为香港树仁学院设研究生课程12门次。

中文系承担了北京大学若干院系的教学任务；还派出教师赴日本（东京大学、日本大学、神户大学），韩国（高丽大学、忠南大学、顺天大学、韩国外国语大学、梨花女子大学），澳门大学，香港树仁学院，台湾实践大学等大学任教。

2004年，北大中文系获得多项教学成果奖：12门课程获北大优秀教学成果一等奖，5门课程获北京市优秀教学成果一等奖，2门课程获北京市优秀教学成果二等奖。由古代汉语教研室开设的“古代汉语”系列课程获得国家优秀教学成果一等奖，“建立严格的博士生教育管理制度”获得国家优秀教学成果二等奖。

【科研活动】 据不完全统计，2004年度中文系教学科研人员共出版各类学术著作、教材、工具书、参考书、古籍整理著作、译著、编著36种；发表论文286篇（不包括在各类书刊和学术会议上发表的论文）。

2004年度中文系教学科研人员承担各类科研项目117项，完成5项，进行中的项目107项，其中新立项项目15项、合作研究项目11项。

2004年度中文系有多个科研成果获奖，其中袁行霈的《陶渊明集笺注》、郭锐的《现代汉语词类研究》获得北京市第八届哲学社会科学优秀成果奖，董秀芳的《词汇化：汉语双音词的衍生和发展》获得北京大学第九届人文社会科学研究优秀成果奖，姜涛的《“新诗集”与新诗的发生研究》获得全国优秀博士论文奖。

【中文系学术及学位委员会扩大会议】 2004年4月24日，北大中文系举行了学术及学位委员会扩大会议。主要探讨在新的形势下，如何改进学科建设和研究生的培养工作。会议共分为两个阶段进行。第一阶段讨论学科建设，着重探讨了各个学科点的发展战略、学科学术发展前景、拓宽学科研究领域、培养新的学科生长点、不断加强年轻教师的培养等问题；第二阶段主要讨论研究生工作如何进一步开展和深入，重点从招生、培养、专业设置、导师以及外国留学生的招生和培养工作、博士后工作等6个方面展开全面讨论。

【北京大学诗歌中心成立】 2004年6月19日，北京大学诗歌中心成立大会在北大英杰交流中心举行。傅璇琮、袁行霈、谢冕、孙玉石、温儒敏等几十位学者，臧棣、西川、王家新、孙文波、姜涛、西渡等100多位诗人及诗歌爱好者齐聚一堂，共同庆祝北大诗歌中心的成立。

北大诗歌中心挂靠在北大中文系，人员以北大从事诗歌研究的学者为主，并邀请少数海内外知名学者、诗人为兼职研究人员，不设专职机构和固定人员。诗歌中心下设古代诗歌与诗学研究所、新诗研究所，还计划组建民歌民谣、外国诗歌、比较诗学等领域的研究机构。中心由中坤集团提供长期资助，该集团董事长黄怒波系北大中文系毕业生。著名学者、诗人林庚担任诗歌中心主任，袁行霈、谢冕担任副主任。

【北京论坛：中国文学分论坛“文学艺术的对话与共生”】 2004年8月24日开幕的北京论坛中国文学分论坛由北大中文系承办，议题为“文学艺术的对话与共生”。

北京大学中文系主任温儒敏教授首先介绍了20世纪二三十年代围绕新文学诞生而出现的三种代表性的文学史观点和范式后，提出这些先驱者都试图自觉地从史的角度评说新文学，自然彼此构成了微妙的对话关系。他的发言在自由讨论中引来了热烈的讨论。陈平原、乐黛云、宇文所安等国内外知名学者纷纷发言，最终的焦点落在文学史的地位和当今高校教育的利弊问题上。

（杨　强）

历史学系

【发展概况】 北京大学历史学系始于1899年京师大学堂设立之史学堂，是近代中国最早的国立史学高等教育机构。历史学系现有世界史、中国古代史、中国近现代史、历史地理学、专门史、史学理论与史学史、历史文献学及考古学8个二级学科。拥有2个国家重点学科（世界史、中国古代史），1个教育部人文社会科学重点研究基地（中国古代史研究中心），1个国家基础研究与教学人才培养基地，1个历史学博士后流动站。共有2个系直属科研实体（世界史研究院、古代文明研究中心），2个藏书共达20万册并有珍本、善本等特藏的专业图书馆。1个史学文献数字化实验室。历史学系还设有欧洲研究中心、世界现代化进程研究中心、希腊研究中心、东北亚研究所、中外妇女问题研究中心、现代史料研究中心、中外关系史研究所、孙中山思想国际研究中心、当代企业文化研究所、明清史研究中心、历史文化资源研究所、历史文化交流中心、人才研究所等研究机构。2004年度全系承担国家、教育部、省市自治区和学校各类项目48项，其中国家社会科学基金项目11项，教育部人文社科类项目20项，学校和其他项目17项。

2004年，历史学系有教职工74人，其中教师63人（教授31人、副教授26人、讲师6人）。党政管理人员6人，教辅人员5人。有学生630人，其中本科生225人（含留学生70人），硕士研究生219人（含留学生），博士研究生186人（含留学生）。另外还有国内进修教师、访问学者2人，外国留学进修生15人。历史学系特聘长江学者美国宾州印第安纳大学王希教授。

2004年度出版专著11本；编著或教材37本；译著2本；论文188篇；译文3篇。

（刘隐霞）

【教学工作】 2004年上半年历史学系进行了主干基础课的重新认定和主持、主讲教师的重新聘任工作。确认了中国古代史、中国近代史、中国现代史（含中华人民共和国史）、世界古代史、欧美近代史、亚非拉近代史、世界现代史、世界当代史、史学概论、中国史学史、外国史学史共11门主干基础课，制定了每门主干基础课的立项建设计划。聘请阎步克教授为中国古代史主干基础课主持人，王晓秋教授等51位教师为各门主干基础课的主讲教师。历史学系成立了以吴荣曾教授为组长，以及徐天新、梁志明、郑家馨教授等四名退休教师组成的老教师教学督导小组，对本科生课程的教学质量进行检查和评估。

2004年暑假，北京大学第一次开设为时5周的"暑期学校"。历史学系开设了"欧洲文艺复兴"（朱孝远教授主讲）和"明清政治史"（张帆副教授主讲）2门暑期课程。自2003～2004学年开始，申报并获得"箬政基金"、"校长基金"、"泰兆基金"资助的高年级本科生可以"教师指导下的独立研究"或"教师指导下的小组研究"课程形式申请学分。

历史学系高毅教授主持开设的本科生主干基础课"欧美近代史"被评为国家级精品课程。在4年一度的教学成果奖评选中，阎步克、邓小南、张帆老师开设的"中国古代史（上、下）"荣获北京市教学成果奖一等奖，并被评为国家教学成果奖二等奖。高毅、高岱、徐健、包茂宏老师开设的"欧美近代史"荣获北京市教学成果奖二等奖。何晋、刘华祝老师开设的"中国历史文选"荣获北京大学教学成果奖。

（张　帆）

【科学研究工作】 2004年8月，北京大学组织"文明和谐与共同繁荣"北京论坛，历史学系组织"多元文化共存下的记忆与遗忘"分论坛。除本系教师参加和提交论文外，还邀请了南京大学钱乘旦、英国得克萨斯大学的RogerLouis教授、美国北卡罗莱大学的Peter Coclanis、美国纽约市立大学的李弘祺、宾州印地安纳大学的王希、乔治·华盛顿大学的韦伯、老多明宁大学金秋、荷兰来顿大学的包乐士、汉城国立大学的李泰镇、西江大学的尹炳南、新加坡国立大学的王庚武、安东尼·瑞德、缅甸仰光大学的Kyaw Win、香港中文大学的郭少棠等著名教授参加。为纪念北京大学历史学科建立105周年，10月16日举行学术年会，参加会议的人员有历史系师生、国外访问学者、兄弟院校和《历史研究》、《中国史研究》、《世界历史》等学术刊物的代表300余人。何芳川教授作了"历史学的尊严"的致辞，马克尧教授作了"史料与史学"的主题报告。之后以"民族史视野中的中国史"、"古文献与古地图研究"、"近代史料的解读与史事的解释"、"中世纪的西欧社会"、"中国传统政治制度"、"近现代的中外关系"、"全球化的历史进程"等主题开展分组研讨，还与美国哈佛大学、德国自由柏林大学共同召开了学术会议。

（高　岱）

【党委工作】 历史学系有党员225人，其中教工党员83人，学生党员142人，其中预备党员18人。有7个教工支部和9个学生支部。

2004年发展党员17人，预备党员转正21人。2004年上半年，历史系分别召开了党委委员、支部书记、民主党派和群众代表会议，对“班子和干部队伍建设”、“基层党组织建设”、“发展党员工作”、“有特色的工作”等方面，征求了意见，进行了评估打分，对支部书记、支部和党员作用等进行了测评。4月，历史系50多名教工到河南南街村参观、考察；学生党员到北京郊区实践“三个代表”重要思想的先进典型韩村河参观学习。6月，历史学系党委进行了优秀党员和先进支部的评选工作。在各支部评选和推荐的基础上，评选出校级优秀党员、优秀支部，系级优秀党员、系级优秀支部，并召开了表彰会。历史学系建立了每位党委成员联系一个学生支部的制度。聘请离退休教师张衍田做学生支部组织员。

（王春梅）

【学生工作】 邀请全国政协委员、深圳富源集团董事长、北京大学当代企业文化研究所缪寿良研究员举办“当代企业需要什么样的企业家”的报告；组织历史学系部分博士生与系领导和学位委员会负责老师一起座谈“坚持学术规范与博士生的培养”等问题；在北京大学的“牛津大学日”活动中，历史系师生代表与牛津大学校长、法国革命史专家科林·卢卡斯教授举行座谈会；为新生举办“大学生人际交往与礼仪”的讲座；举办“电影中的历史”文化节；在105周年系庆之际举办第二届研究生论坛；01级本科生32名师生利用暑假赴甘肃兰州、张掖、武威、嘉峪关、敦煌、青海湖、西宁等地实习考察历史文化遗迹；带领学生党员参观北京郊区实践“三个代表”重要思想的先进典型韩村河；组织本科生参加百望山定向越野比赛；历史学系志愿者与清华大学建筑学院的志愿者合作，组织行知打工子弟学校的部分师生参观了北大、清华校园；20名师生在建国55周年之际赴天安门广场为国庆献舞。

孙明获得北京大学五四奖章；曹晋被评为北京市优秀毕业生；曹婳、陈春宝被评为北京市优秀学生干部；林小异被评为北京大学共青团标兵；由历史学系发挥主导作用的“人文联队”在校硕士杯足球赛中摘得冠军，在“六人制”足球联赛中，历史学系夺得了亚军；在万柳学区乒乓球比赛中获得男子单打第三名，女子双打第二名和优秀组织奖；在“文明卫生”宿舍评比活动中，有16个宿舍获得文明宿舍称号；02、03、04级本科生团支部分别获得北京大学共青团的各类奖励，02和03级本科生联合党支部、03级硕士生党支部在优秀党日评选中获奖。

（管晓宁）

【研究生学术论坛】 在105周年系庆之际，历史学系举办了第二届研究生学术论坛。论坛共分四组分别探讨了关于“传统史学的重心”、“思想的跃动”、“人的回归”和“学科的开放”等问题。历史学系及兄弟院系的90多名研究生进行了讨论。

（管晓宁）

【“电影中的历史”文化节】 2004年12月3日，历史学系“电影中的历史”文化节拉开序幕，文化节旨在弘扬历史文化，充分展示历史文化的魅力，同时丰富广大同学的课余生活。选取了国内外经典影片，邀请著名教授为大家分析影片，讲解历史，将历史知识与电影的娱乐效果相结合。

（管晓宁）

考古文博学院

【学科建设发展情况】 2004年，是北京大学考古专业成立52周年。52年来，考古文博学院经历了考古专业、考古系、考古学系、考古文博院、考古文博学院的发展历程。2004年5月4日正式更名为北京大学考古文博学院。

2004年7月5日，中共北京大学委员会批复考古文博学院，同意党员大会选举结果，刘绪为考古文博学院党委书记，金英、雷兴山为党委副书记。10月26日，高崇文被任命为考古文博学院院长，赵辉、孙华、吴小红为考古文博学院副院长。北京大学第七届学位评定委员会考古学分会由高崇文教授等11位专家组成，高崇文教授任主席，孙华教授任副主席。

考古文博学院设有以下教学机构：考古学系（旧石器教研室、新石器商周教研室、汉唐教研室、博物馆学教研室）；文物保存科学技术系（文物保护教研室、古代建筑教研室、科技考古教研室）；科技考古与文物保护实验室；资料室（中国考古学研究中心资料室）、北京大学赛克勒考古与艺术博物馆；挂靠在考古文博学院名下虚体研究所3个：陶瓷考古研究所（1988年1月）、古代文明研究中心（1999年5月）、宗教考古研究所（2004年12月20日）；实体研究所1个（单独）：中国考古研究中心。

2004年，考古文博学院在职教职员工共55人，其中教授15人、副教授12人、讲师8人、教辅人员20人。

【教学工作】 2004年，本科考古、博物馆学专业19人毕业，中国古代建筑专业10人毕业。毕业硕士研究生20人，其中新石器商周时代考古8人、汉唐考古4人、博物馆藏品研究1人、陶瓷研究2人、古文字学2人、中外交流考古1人、科技考古1人、博物馆学1人。毕业博士生7人，其中佛教考古2人、中外文化交流考古2人、古文字学1人、中国古代建筑1人、佛教考古1人，出站博士后1人，专业方向为古文字学。

考古文博学院晁华山教授所著《世界遗产》(北京大学出版社出版)获北京高等教育精品教材奖;雷兴山副教授获全国青年霍英东教学类三等奖。

全国省级考古所长岗位培训班于10月12日至11月26日在考古文博学院多功能厅开课。培训班参加人数为28人,40名教授授课。最后进行论文答辩和课程评估及座谈。

【田野调查发掘】 周公庙西周大墓的发现　陕西省考古研究所和北京大学考古文博学院联合组成的周公庙考古队自2004年2月以来在周公庙遗址进行大范围的调查,特别是5月在山南麓钻探出墓葬22座,其中四条墓道的10座,三条墓道、两条墓道和一条墓道的各4座;另有陪葬坑14座。9月考古队选取了其中位于冲沟内已经遭到严重破坏的第32号墓葬进行了挽救性发掘。7月14日,北京大学校长许智宏、副校长吴志攀、文博学院领导赵辉专程前往岐山周公庙遗址进行考察。

【八里岗遗址发掘】 1991年至2004年,北京大学考古系与南阳市文物研究所组成联合发掘队先后对八里岗遗址进行了9次发掘。2004年,揭露面积900平方米,发掘200多个灰坑,房屋、墓多座。

【科研工作】 2004年,考古文博学院国家社科基金项目申请批准1项:"禹州神逅均窑址发掘报告编纂";考古文博学院自然科学基金项目1项:"中国冶金技术起源的年代学"。获北京市社科理论著作出版基金资助1项:《旧石器时代考古方法初探》,申请人:王幼平教授。

2004年,考古文博学院获北京市第八届哲学社会科学优秀成果奖2项:李崇峰教授所著《中印佛教石窟寺比较研究——以塔庙库为中心》获一等奖,张弛副教授所著《长江中下游地区史前聚落研究》获二等奖。

2004年5月28至30日,由北京大学考古文博学院与美国塞克勒艺术科学与人文基金会合作举办的"全球化考古学的新前沿——明确中国的古代传统"国际学术研讨会在北京大学考古文博学院多功能厅举行。参加会议人数64人(国外16人),提供论文60余篇。学术研讨会的基本主题包括:(1)中国考古学:成就与研究课题;(2)科技考古:文物的科技保护和文物保护科技的发展;(3)博物馆学:中国博物馆的任务。该会议对近年来考古文物新发现,文物研究新成果、文物保存科学理论和技术、博物馆管理和发展等问题进行了研讨。

【学术交流及考察】 2004年,考古文博学院国际学术会议参加人次80人、提交论文73篇,与港澳台地区学校交流3人、出访7人,国外专家来校讲学22人(美国11人、德国1人、日本1人、英国4人、法国1人、以色列2人、马耳他1人、挪威1人),国内专家来校讲学12人。学院进行外出社会考察(国内20人、国际2人),派出国外进修学习1人。

【中国考古学研究中心】 中国考古学研究中心多人参加的"中华文明探源工程预研究"项目,在夏文化年代测定、豫西龙山至二里头石器文化谱系梳理、古代刻画符号与早期文字的收集与整理及聚落形态研究等方面取得重要进展。

2004年提出"中国北方旧、新石器时代的过渡研究——以北京门头沟东胡林遗址为中心"和"安徽寿县朱家集楚王墓出土青铜器的整理与研究"两项课题。

【学生工作】 2004年,考古文博学院学工组高度重视学生党建,密切关注学生进步;创造良好成才环境,鼓励学生全方面发展,组织新生调查问卷,结合问卷反映的问题,学院组织新老生座谈,使新生尽快融入新的生活。文物爱好者协会荣获北京大学2004年度"十佳社团"称号。

【北京大学赛克勒考古与艺术博物馆】 2004年,博物馆参观人数30000人。

北京大学赛克勒考古与艺术博物馆于5月27日举办庆祝建馆10周年活动,同时召开国际学术会议并举办了展览:

"花舞大唐春"——何家村遗宝展　展出陕西何家村出土的唐代金、银、玉器60余件,其中包括多件国宝级文物,如"鎏金舞马衔杯纹银壶"、"鎏金鹦鹉纹提梁银罐"、"鸳鸯莲瓣纹金碗"等。

王度先生收藏文物展　由北京大学赛克勒考古与艺术博物馆与台湾中华文物保护协会理事长王度先生合作举办的"王度先生收藏文物展"于2004年4月开幕,促进了大陆与台湾的友好往来。

展览还有"大朝遗珍——蒙元文化展"。

(考古文博学院)

哲学系、宗教学系

【概况】 北京大学哲学系始建于1914年,是中国高等学校中最早成立的哲学系。创建之初为北京大学文科哲学门,亦称"中国哲学门",1919年更名为哲学系。中国著名学者蔡元培、胡适、蒋梦麟、熊十力、唐钺、邓以蛰、汤用彤、梁漱溟、金岳霖、冯友兰、宗白华、朱光潜、冯定、陈康、贺麟、沈有鼎、洪谦、张岱年、胡世华等先后在哲学系执教,培养了数代中国最优秀的哲学家,使这里成为现代中国哲学的摇篮。

1937年,由于日本发动全面侵华战争,哲学系随校内迁,在云南昆明与清华大学、南开大学的相关科系合组为西南联合大学哲学系。抗战胜利后，1946年北京大学复校，哲学系随校北上，恢复为北京大学哲学系。

1952年全国院系调整，部分高校哲学骨干教师汇入哲学系，此后相当长的一段时间里，北京大学哲学系成为大陆地区唯一的大学哲学系。1978年，心理学专业从哲学系分出，独立成为心理学系。1981年，马克思主义哲学、中国哲学、外国哲学、逻辑学、美学成为博士学位授权点。1982年，宗教学专业开始招收本科生。1988年，马克思主义哲学、中国哲学、外国哲学等三个学科被评为国家重点学科。1994年起，列为国家文科基础学科人才培养和科学研究基地。1995年9月，宗教学专业由与哲学、逻辑学并列的专业独立成系，按照一种新的办学模式，宗教学系与哲学系联体运作，以求协力发展。1998年被国务院学位委员会批准为哲学一级学科博士点，在哲学的全部8个二级学科(马克思主义哲学、中国哲学、外国哲学、逻辑学、伦理学、美学、宗教学、科学技术哲学)招收博士和硕士研究生。1999年经教育部批准，设立哲学学科博士后流动站。2002年，马克思主义哲学、中国哲学、外国哲学、美学等4个学科被评为国家重点学科。

2004年哲学系在各方面工作都取得了显著的成绩，特别是举办了一系列庆祝建系90周年的纪念活动和学术活动，出版了纪念建系90周年丛书。

【哲学系90周年系庆典礼】 2004年5月7日上午10时，北京大学哲学系建系90周年庆典大会在百年纪念讲堂隆重举行。庆典大会由哲学系党委书记丰子义主持，哲学系主任赵敦华做主旨发言。教育部副部长袁贵仁、校党委书记闵维方发表热情洋溢的讲话。著名哲学家任继愈、汤一介、叶朗等做精彩演讲。海内外近2000名哲学系系友参加了庆典大会。

【凤凰卫视摄制系庆专题片】 建系90周年前夕，作为系庆活动之一，哲学系与香港凤凰卫视合作拍摄了90分钟大型电视专题片《思想的回声》，并在系庆期间播出。专题片从北京大学哲学系的历史与中国现代社会与思想发展的关系的角度，采取实景拍摄、文献记录、人物采访等多种形式，回顾了哲学系的建立和发展的历史，突出强调了哲学系的历史对中国社会和思想的关联性和重要影响。著名学者、哲学系系友、凤凰卫视资深策划人王鲁湘担任了该片的总撰稿人，哲学系部分教师担任撰稿人。这是凤凰卫视，也是中国电视媒体首次以一个大学院系的历史为主题拍摄和播出大型专题片。

【北大论坛哲学论坛】 作为北京大学哲学系建系90周年庆祝学术活动的组成部分，以“哲学与社会科学跨学科研究”为主题的北大论坛哲学论坛，于2004年5月8日在英杰交流中心开幕。北京大学副校长吴志攀致开幕词，哲学系主任赵敦华和哲学系党委书记丰子义分别主持了上午和下午的会议。上午，国家计划生育委员会主任、哲学系系友张维庆做题为“北大精神与中国人口”的报告。清华大学、西北大学教授，哲学系系友张岂之做题为“哲学与跨学科研究”的报告。中国社会科学院社会学所教授、哲学系系友陆学艺做题为“当代中国社会各阶层结构的演变”的报告。清华大学教授、国家夏商周断代工程首席科学家李学勤做题为“多学科交叉研究的几点经验教训”的报告。下午，黑龙江大学校长、教授、哲学系系友衣俊卿做“中国社会转型期的日常生活批判”的报告。美国康涅狄克州立大学教授 Joil. J. Kupperman 做“关于价值的哲学和社会科学研究”的报告。北京大学哲学系教授王东做题为“中华文明的跨学科、跨文化研究”的报告。北京大学哲学系教授吴国盛做题为“科学与人文”的报告。每个报告完毕后，主讲人都和与会者进行了交流对话。

【首届南北哲学论坛】 北京大学哲学系与复旦大学哲学系分别是中国北方和南方最具实力的大学哲学系，两系为加强学术交流，决定自2004年起，开始每年一次的“南北哲学论坛”学术活动。2004年正是北京大学哲学系建系90周年，首届南北哲学论坛在北京大学哲学系举行，作为北京大学哲学系建系90周年的系列学术活动之一。这次论坛的主题是：哲学与现代中国。论坛于5月15日至16日在北京大学英杰交流中心和哲学系会议室等地点举行。哲学系党委书记丰子义主持了开幕式，系主任赵敦华致开幕词。北京大学哲学系叶朗、孙永平、韩水法、郭建宁、张志刚、胡军、陈来、吴国盛等教授与复旦大学哲学系吴晓明、张汝伦、黄颂杰、郑召利、钱宪民、李天纲、徐洪兴等教授，分别合作主持了各场学术研讨会。

第一场报告有：陈来：“简论张岱年先生1930－1940年代哲学思想的意义”；张汝伦：“他者的镜像：西方哲学对现代中国哲学研究的影响”；楼宇烈：“发扬人文精神，建设人间哲学：21世纪中国哲学的走向”；黄颂杰：“哲学要素论和哲学前景论：西方哲学纵横谈”。

第二场报告有：程炼：“休谟因果性说明”；徐向东：“因果关系与必然联系：‘新休谟’的解释争论”；林晖：“康德实践理性中‘兴趣’问题产生之根源”；刘平：“关于当代中国公共知识分子与媒体联姻的论纲”。

第三场报告有：丁耘：“‘是’与‘有’：从译名之争看中国思想之哲学化与现代化”；赵敦华：“从中西哲学会通的角度看being的意义”；吴增定：“尼采哲学的基本问

题”；杨立华：“施特劳斯的底色”。

第四场报告有：丰子义：“全球性与现代性”；陈学明：“西方马克思主义和马克思主义”；王东：“马克思主义哲学创新论”；孙承叔：“马克思历史哲学的当代意义”；王德峰：“历史唯物主义与当代中国的社会转型”；张立波：“马克思主义哲学研究的三种叙事”。

第五场报告有：李天纲：“关于儒学的宗教性”；孙尚扬：“略论唐元两代基督宗教衰亡之原因”；王晓朝：“对立思想体系的公度性：论儒教伦理与基督教伦理的融合”；陈卫平：“儒学在当代中国能否成为活水”。

第六场报告有：张学智：“从‘云门三句’看牟宗三哲学的诠释点”；杨泽波：“牟宗三超越存有论驳议”；徐洪兴：“也谈‘中哲’与‘西哲’”；吴震：“16 世纪中国儒学思想的近代意蕴”。

第七场报告有：吴新文：“冯友兰与金岳霖哲学观之比较：兼论哲学在现代中国之两难”；胡军：“贺麟：另一位西化论者”；钱宪民：“问题与选择：严复‘做’《天演论》的启示”；彭锋：“走出中国哲学的‘现代’困境”；王博：“庄子与内七篇关系新证：从张岱年先生的有关研究说起”。

最后双方做了自由讨论并分别做了总结发言，还预定了下次论坛的主题。

【“当代视野中康德的道德哲学”国际学术研讨会】 由北京大学外国哲学研究所主办的“当代视野中康德的道德哲学”于 2004 年 5 月 17～19日在北京大学英杰交流中心举行。2004 年是这位伟大思想家逝世 200 周年，在这 200 年中，人们对康德哲学的研究从来没有止步，他提出的问题，是后来者避不开的。康德道德哲学一直备受关注，而近十几年来，政治哲学成为一门显学，许多学者又从康德那里发掘出新的东西，当今国际学术思潮引发了对康德政治思想的广泛关注，这个领域已经成为国际学界一个新的研究热点。在这次会议上，30 多名海内外康德专家就康德道德哲学的内涵，以及对当代社会的伦理、政治思想的影响进行了广泛深入的讨论和交流。这些论文几乎涉及了康德实践哲学中所有重要的概念：永久和平、道德自律、绝对命令、世界公民、职责等等。北京大学哲学系赵敦华、韩水法教授分别在大会上做题为“哥白尼革命——去人化（De-Humanization）的理性”、“康德的世界公民思想与罗尔斯的万民法之比较研究”的讲演。这次会议的成功举办促进了中外学者之间的交流，使国内的学者开阔了眼界，也让海外学者对大陆学术研究状况有更多了解，为各方面的进一步合作打下良好基础。

【《北京大学哲学系史稿》修订出版】 《北京大学哲学系史稿》在 2004 年 4 月建系 90 周年之际修纂出版。1994 年哲学系建系 80 周年期间，曾经出版《北京大学哲学系简史》。这次修订完善的《北京大学哲学系系史稿》分为 4 个部分：史略：分 6 章记述了成立初期、西南联大时期、回京复校时期、50 年代和 60 年代时期、“文化大革命”时期及改革开放时期的基本史实；年表：记述了最近十年的发展事件；人物传：记述了蔡元培等 38 位和哲学系有密切关系的著名学者和人士的生平事迹；机构：介绍哲学系现有的 20 个教学和科研机构。附录 1 是修订过的哲学系系友名录；附录 2 是历届行政与党组织负责人名录。杨立华主编，编委会由丰子义、叶朗、朱德生、李中华、吴国盛、赵敦华、胡军、冀建中组成。全书约 360 千字，由北京大学出版社出版。

【《观澜集》出版】 哲学系建系 90 周年纪念学术文集之一，哲学系胡军主编，北京大学出版社 2004 年 4 月出版。该书收集了已有的和新写作的关于在哲学系工作过的已故著名哲学家哲学思想的学术研究论文 29 篇。其中包括：蔡元培、章士钊、马叙伦、陈大齐、熊十力、胡适、邓以蛰、梁漱溟、汤用彤、张申府、金岳霖、冯友兰、宗白华、朱光潜、何兆清、容兆祖、朱谦之、汪奠基、陈康、苗力田、冯定、贺麟、牟宗三、沈有鼎、洪谦、王宪钧、熊伟、胡世华、李世繁、石峻等 30 位哲学家。而撰写这些论文的作者，也都是在中国哲学界较有影响的哲学家。“观澜”出自《孟子·尽心上》，“孟子曰：‘观水有术，必观其澜”。北大哲学系在中国现代思想的海洋中，因为这些大师们的贡献而汇入了其应有的清流，也会聚成北大哲学系的学术传统。如主编在序言中所说，“哲人已逝，然其深邃的哲学思想所凝聚的哲学传统，他们对北京大学哲学系所作的巨大贡献会永远留存于哲学系的历史长河中。”

【《苦乐年华——北京大学哲学系系友回忆录》出版】 为纪念哲学系建系 90 周年，哲学系在征集来的众多回忆文章中精选了 72 篇辑集出版。编者和作者认为，哲学系的历史不仅存在于卷帙浩繁的学术文库之中，也存在于每一个在其中生活过的人的记忆中。每个和哲学系有过一段关系的人，都在自己的脑海中深刻记忆着它的一个侧面，一些细节，这些构成了哲学系更加鲜活的历史。在 72 篇回忆文章中，有的是像冯友兰、张申府、梁漱溟、熊十力这样的已故大师的遗作，有的是仍然健在的耄耋之年的老者的呕心之作，也有对往事记忆犹新的花甲中老年系友的追忆文章，更有中青年学子的清新回忆。哲学系的历史是中国现代史的缩影，每个人都经历了苦乐年华。如编辑出版者在封底所写的，“格物穷理，不知其苦；明德致知，不倦其乐；清发其志，湛其年华”。回忆中有人物，有事件；有学问，有做人，读来引人深思。主编王宗昱，北京大学出版社 2004 年 4 月出版。

【《薪火集》出版】 哲学系建系 90 周年纪念学术文集之二，由哲学系在职和离退休的教师每人提供一篇学术论文，编纂而成的哲学论文集。书名取“薪火相传”之意，和《观澜集》构成了姊妹篇。全书 800 千字，按学科分为：中国哲学、西方哲学、马克思主义哲学、宗教学、美学、逻辑学、伦理学、科学技术哲学 8 个部分。这些论文都是哲学系教师的代表作，力图代表哲学系近 20 年的发展水平和发展轨迹。主编王博，北京大学出版社 2004 年 4 月出版。

【张岱年先生逝世】 著名哲学家、哲学史家、国学大师，北京大学哲学系教授张岱年先生，因患心肌梗塞引起心律衰竭，经救治无效，于 2004 年 4 月 24 日凌晨 2 时 50 分在北京大学第三医院逝世，享年 95 岁。

张岱年先生字季同，别名宇同，原籍河北省献县，1928 年 10 月入北平师范大学教育系学习。1933 年师大毕业即受聘到清华大学哲学系任助教，1936 年写成了他的名著《中国哲学大纲》。1937 年抗战爆发后，张先生因与学校领导失去联系，未能随校南行，在北平蛰居读书，保持民族气节，不与敌伪妥协。1943 年任北平私立中国大学哲学教育系讲师，次年改任副教授。抗战胜利，清华复校，1946 年张先生回到清华大学哲学系任副教授，1951 年任教授。1952 年全国高校院系调整，张岱年先生调任北京大学哲学系教授。1978 年起，张先生担任中国哲学教研室主任，在教学中发挥了主导作用。1981 年张先生被教育部批准为首批博士学位导师，次年开始培养博士研究生。1979 年全国中国哲学史学会成立，张先生被推为会长，并经选举连任三届会长，后任名誉会长。此外还先后兼任中华孔子学会会长、名誉会长，清华大学思想文化研究所所长等多项职务。

张岱年先生是我国哲学界德高望重的著名学者。张先生早在 20 世纪 30 至 40 年代，以唯物论为基础，综合分析方法、道德理想，建立了自己的具有综合性的哲学体系。他是现代中国少数有体系的哲学家之一。这一综合体系的特点是坚持唯物论和辩证法，兼采分析派哲学，运用分析方法论证唯物主义，同时要求有选择地继承中国哲学重视道德理想的优良传统。张先生长期从事中国哲学史的研究，著述等身，有着极高的造诣和广泛的建树。他的研究重视阐扬中国哲学固有的唯物主义和辩证思维传统，他的著作对中国古代哲学的概念、问题、体系及其起源、演变做出了全面的论述和准确的分析，体现了他在把握中国哲学方面的广阔性和深刻性。他是当代中国哲学研究最有威望和成就的大师，他的研究在国内外学术界有十分重要的地位和影响，享有崇高的国际声誉。20 世纪 80 年代以来，张先生力倡“综合创新”的文化观，在当代文化建设中发挥了重要的作用。张先生从教 70 年，桃李满天下，为教育和科研事业培养了大量人才。张先生的去世，是我国哲学界和学术界的重大损失。

【冯友兰先生追思会】 2004 年 5 月 11 日晚 19 点，“回忆冯友兰先生”活动在英杰交流中心阳光大厅拉开帷幕。著名物理学家、诺贝尔奖得主杨振宁，冯友兰之女、著名作家宗璞和哲学系教授叶朗、赵敦华、陈来、李中华及北京市社科院研究员陈战国等特邀嘉宾，与哲学系为主的北大师生一起，共同追忆了一代哲学宗师冯友兰先生。

大会由哲学系系主任赵敦华教授主持。赵敦华老师首先介绍了本次活动的举办背景，他指出：刚刚在庆祝哲学系建系 90 周年的系庆大会上，来自不同行业的各届系友都表达了对冯先生的怀念，而这次活动由本年度哲学文化节组委会的同学发起举办，更有其不同的意义，表明对冯先生以及其学术成就的追寻将一代一代继承下去。

著名作家、冯友兰之女宗璞先生首先做了关于冯先生的总体介绍。宗璞先生为我们讲述了冯友兰先生走进哲学门的一段故事：冯先生报考北大文科时，负责老师劝他报法科，因为当时法科的出路很好，要求有中学文凭的人才可以报考，而文科相对要求较低。但有文凭的冯先生还是报考了文科，并终生与哲学为伴。冯先生对学习哲学的信念坚定，一生有大量不朽的哲学著作，如《三松堂自序》、《中国哲学史新编》等等。宗璞先生还特别提到《还原冯友兰》中的一句话：“如果黑格尔读到这本书，就不会以为中国没有哲学了。”这正是对冯先生一生从事的哲学的一个很好评价。此外，宗璞还谈到父亲冯友兰对她以及她的文学的影响。她印象最深的是父亲曾教导她要读两种书，一种是有字的人书，一种是无字的天书，天书即自然、社会与人的，只有读了这部天书文章才会有生命，才能做一个真正的人。

冯先生的世交、著名物理学家、诺贝尔奖得主杨振宁先生介绍了他记忆中的冯友兰。1928 年冯先生到清华任教，1929 年杨振宁的父亲担任清华数学系教授。那时杨振宁便常听父亲讲起冯先生的事情。会上杨振宁先生也向大家讲述了很多冯先生的生活细节。关于《三松堂自序》，杨振宁特别向大家介绍了他很喜欢的四个字——“旧邦新命”。杨先生说第一次看到这四个字时引起心里非常大的震动。冯先生八九十岁时，还以无比的毅力写了一部大书，这不只是一部哲学著作，更代表了他做学问做人的态度，是值得后辈人敬佩和学习的。

叶朗教授发言指出，冯友兰先生值得大家学习的东西很多，主要归结为三点：第一，是冯先生的人生境界。第二，是冯先生身上体现出的北大的人文传统和人文精神。第三，是以冯先生为代表的学术前辈们写文章的方法。现在很多学术文章写得死板，而读冯先生的文章会发现他对问题的阐述非常生动，富有趣味。叶朗教授特别提倡大家要细读冯友兰、张岱年、宗白华等大家的著作，只有这样才可以在学术的道路上走得更远更稳，也才更能从大家的著作中学到学问之外的"人生境界"。

陈来教授围绕"旧邦新命"，从另一个方面展现了冯友兰先生的风采。那就是冯先生可以把一些很重要的思想用很简练并带有文言特点的语言表达出来。1988年，陈来教授从国外回来拜见他时，看到了"阐旧邦以辅新命，极高明而道中庸"这副对联。"旧邦新命"是贯穿冯先生内心的一条主线。49年前，贞元之济；49年后，旧邦新命。他以此激励自己创作了众多著作。中华民族的伟大复兴是其生命不息学术不止的内在动力。

李中华教授强调，对冯先生的怀念可以表现在我们从学术上以及教学上注意完成他未完成的工作。冯先生对中国文化尽了他一生最大的努力，"让中国文化冲出亚洲，走向世界"是冯先生最先提出的，而"要让中国文化和中国哲学大放光彩"是冯先生一生的奋斗目标。对冯先生本人和学术成就，李中华谈了两点感受：一是冯先生讲的天地境界，它是超功利、道德、阶级、时代的，是人类的最终追求，是人与自然宇宙的和谐。第二，冯先生一生的哲学研究非常注重方法和自己的思考，为从事哲学研究工作的人树立了榜样。

陈战国研究员回忆了冯先生对自己的教诲，尤其是冯先生教导的读书方法——"精其选，解其言，知其意，明其理"。"精其选"即读书要有选择，书分三类：备查的、泛读的、精读的，我们就是要选出值得精读甚至一辈子读的。"解其言"是讲如何读懂——力求每个字都要有着落有交代；"知其意，名其理"是指书中的文字不是字加上字，因为"文大于言"；"知其意"即"读书得见"，读出言外之意。明理才是从中得出自己的见解。理乃宇宙人生之理。这既是读书的方法，又是做学问做人的道理。

这次"师生共话冯友兰"活动分为两个部分，一部分是由嘉宾追忆冯友兰先生，另一部分是大家围绕主题进行讨论。赵敦华教授通过对大家发言的总结，提出了讨论的主题：谈谈冯先生一生的追求、愿望，以及我们作为其追寻者如何完成他的遗愿——让中国文化走向世界。杨振宁先生首先谈了自己的看法，并在这个问题基础上追加了一个问题：1947年，美国一位历史学家预言中国不可能成为除美苏外的一个大国。但现在事实证明了他的错误。今天这种局面为什么会出现？假如有一个答案的话，它与冯先生最后提出的问题答案应有密切的联系。台下的同学都积极参与，踊跃发言，提出了自己的问题或表达了自己的观点。各位教授也针对大家的困惑做出了解答。

报告会吸引了600多名听众参加。在几位嘉宾分别回忆之后，现场观众进行了积极提问。整个会场秩序井然，活动取得了圆满成功。

本次报告会作为2004哲学文化节系列活动之一，是哲学系90周年系庆活动的组成部分，旨在通过追忆哲学先辈，展现他们孜孜不倦致力于哲学事业的不懈努力和博大胸襟，进一步弘扬哲学文化精神，展示哲学的魅力。

（哲学系）

国际关系学院

【发展概况】 北京大学国际关系学院成立于1996年，其前身是1960年建立的北京大学政治学系（1963年改名为国际政治学系），是国内建立最早的国际关系学院之一，是中国培养国际问题、外交以及涉外工作的教学、研究与应用专门人才的重要基地。

国际关系学院已经形成"三系、三所、多中心"的格局，有国际政治系、外交学与外事管理系、国际政治经济学系，国际关系研究所、亚非研究所、世界社会主义研究所，以及美国研究中心、日本研究中心、俄罗斯研究中心、台港澳与世界事务研究中心、中国战略研究中心等20多个研究中心。学院学科齐全，拥有国务院学科目录中有关国际政治的所有本科、硕士和博士专业，即本科的国际政治、外交学、国际政治经济学，硕士的国际政治、国际关系、外交学、国际政治经济学、中外政治制度、中共党史、科学社会主义与国际共产主义运动，博士的国际关系、国际政治、外交学、科学社会主义与国际共产主义运动，其中国际政治、科社与共运是全国重点学科。国际关系学院还与政府管理学院共同申报了中外政治制度比较博士点，与政府管理学院、马克思主义学院共同设立了政治学博士后科研流动站。

国际关系学院现有教师52名，其中教授21人（博导16人），副教授26人，讲师5人。学院制定了《〈北京大学教师聘任和职务晋升（暂行规定）〉实施细则》，对教师聘任、职务晋升和考核等各项工作做出了明确具体的规定。积极从国内外引进优秀人才，聘请知名专家学者为兼职教授和学术委员会委员。

2004年，国际关系学院本科和研究生的报考比率和录取分数线在北大文科院系中仍然名列前茅。学院现有各类学生1161人,计有本科生530人,研究生471人,双学位生160人,其中外国留学生211人、港澳台地区学生28人。

【教学工作】 2004年国际关系学院继续加大教学工作改革的力度,完善教学体系,提高教学质量。

实行弹性学制。硕士、博士生的学制分别改为二年、四年。根据学生学习情况,硕、博学生的学习年限还可适当延长或缩短。

除正常的本科、硕士和博士的学历教育外,积极加强博士后进人流动站的学术研究,以及国际关系与对外事务双学位/辅修专业学生的培养。

继续出资聘请外教,加大英语课程和专业课英语教学的强度,提高学生的专业外语水平。

2004年度,国际关系学院在课程和教材开发方面也取得了突出成绩。袁明教授的"近代国际关系史"课程获批国家级精品课程。黄宗良教授的"世界社会主义史论"和朱文莉副教授的"国际政治经济学"2门课程获北京大学优秀教学成果奖。全院还出版教材10余部。

在全国一级学科评比中,国际关系学院政治学一级学科被评为第一名。

6月29日,黄宗良教授应邀在中共中央政治局第14次集体学习会上,就关于加强党的执政能力建设问题作了讲解。

由连玉如教授倡导、组织和主持,举办了北京大学"欧洲联盟与德国问题研究论坛"系列讲座——"欧洲联盟在2004年"。从2月至12月,欧洲联盟委员会驻华大使安高胜博士(Dr. Klaus Ebermann),中国前驻德大使、前外交学会会长梅兆荣大使,德国新任驻华大使史丹泽博士(Dr. Stanzel),以及德国慕尼黑联邦国防军大学国际政治、安全政策、国防及国际法研究所所长米歇尔·施塔克教授(Prof. Dr. Michael Staack)等知名专家学者分别到校演讲。整个讲座共举办11场。

2004年,国际关系学院的联合办学和继续教育工作继续取得新的进展。持续近10年的中日联合培养研究生计划进展顺利。国际政治本科专业(早稻田项目)开始招生。该专业为国际关系学院与日本早稻田大学国际教养学部的合作项目,学制4年,其中在早稻田大学学习1年。在修完全部140个学分(含毕业论文6个学分)之后,由国关学院和早稻田大学分别授予本科毕业文凭和学士学位。

与公安部继续联合举办第5期"民族宗教与国际关系"高级研修班。此前该研修班已成功举办4期。前后5期共有来自全国30个省、自治区、直辖市公安系统的领导干部230余人参加培训。研修班开设有"民族与宗教问题分析"、"国家安全概论"、"当代中国外交"、"西方政治与社会"、"台湾问题与国家安全"、"美国政治与中美关系"、"俄罗斯政治与中俄关系"、"日本政治与中日关系"等8门课程,每周安排2～3次热点问题讲座。学员参加学院组织的各科考试,成绩合格者可获得北京大学颁发的研究生课程班结业证书。

【科研活动】 2004年,国关学院在科研方面取得了丰硕成果。共承担各级各类研究课题31项,计国家社科基金项目6项,省部级项目21项,国外基金项目4项。其中叶自成教授主持的教育部哲学社会科学研究重大课题组攻关项目"中国和平发展的国际环境研究"获得批准。学院申报的"985"二期创新基地项目——"全球化与地区国际关系",以及由世界社会主义研究所与马克思主义学院等单位共同申报的"马克思主义与中国特色社会主义"等项目也获通过。

完成了"985"工程一期和"211"工程项目二期的各项科研任务。共出版各类著作23部(见表4-17),发表论文100多篇。

2004年度,刘金质教授的《冷战史》(上、中、下)继获得北京大学第九届人文社会科学优秀成果一等奖后,又荣获北京市第八届哲学社会科学优秀成果奖特等奖。连玉如副教授的《新世界政治与德国外交政策——"新德国问题"》和唐士其副教授的《西方政治思想史》获北京大学第九届人文社会科学优秀成果二等奖。

此外,还积极与外国学术机构及专家学者开展多方面的科研合作,如王杰教授主持的中欧合作项目、张海滨副教授主持的中澳合作项目等。

表4-17 2004年度国际关系学院出版著作一览表

著作名称	作者	出版社	出版时间
中日相互认识论集	李 玉、浦野起央 主编	香港社会科学出版社有限公司	2004.1
非洲民族主义研究	李安山	中国国际广播出版社	2004.1
全球政治与全球治理——政治领域的全球化	张世鹏等 编译	中国国际广播出版社	2004.1
世界社会主义史论	黄宗良、孔寒冰 主编	北京大学出版社	2004.2
全球化时代的世界政治——世界政治的行为主体与结构	梁云祥等 译	社会科学文献出版社	2004.2

续　表

著作名称	作　者	出　版　社	出版时间
伊拉克战争后的国际政治走势	梁守德等　主编	军事谊文出版社	2004.4
国际政治经济学	朱文莉	北京大学出版社	2004.4
中日文化冲突与理解的事例研究	尚会鹏、徐晨阳	中国国际广播出版社	2004.4
香港模式与台湾前途	潘国华、李义虎、张植荣　主编	中国国际广播出版社	2004.5
美国对华政策文件集(第二卷)	牛军等　主编	世界知识出版社	2004.5
亚太安全析论	陈峰君　主编	中国国际广播出版社	2004.5
全球化与美国霸权	张世鹏　编译	北京大学出版社	2004.5
中苏关系及其对中国社会发展的影响	孔寒冰	中国国际广播出版社	2004.6
全球治理中的国际非政府组织	王杰等　主编	北京大学出版社	2004.6
中印关系研究(1947～2003)	张敏秋　主编	北京大学出版社	2004.6
新形势与新国际观	梁守德　主编	中央编译出版社	2004.7
国际格局论	李义虎	北京出版社	2004.8
国际政治经济学：理论范式与现实经验研究	王正毅、张岩贵	商务印书馆(重印)	2004.8
建构安全共同体：东盟与地区秩序(阿米塔·阿察亚)	王正毅、冯怀信　译	上海人民出版社	2004.8
剑桥插图法国史(科林·琼斯)	杨保筠、刘雪红　译	世界知识出版社	2004.8
印度文化传统研究：比较文化的视野	尚会鹏	北京大学出版社	2004.10
国际妇女节考	孔寒冰等	北京大学出版社	2004.11
新全球经济与发展中国家——让开放起作用(丹尼·罗德里克)	王　勇　译	世界知识出版社	2004.12

2004年度，院刊《国际政治研究》继2002年公开发行以来，被南京大学中国社会科学研究评价中心确认为中文社会科学引文索引(CSSCI)来源期刊。

【外事工作】　2004年，在国关学院从事教学和科研的长期专家有14名，分别承担英语、日语和专题教学工作。短期来访的外国专家学者达130余人。

共组织和主持召开了5次重大国际学术会议，如"东北亚区域认同——现状与展望"国际学术讨论会、"变化中的东北亚地区安全"国际学术研讨会暨第一届"北京大学东北亚地区安全论坛"、"东亚冷战的起源：1945～1955"等，这些研讨会涉及冷战史、东北亚国际关系研究、中日韩关系和中美关系等多个方面。

赴国外进修、讲学半年以上者达9人次，有78人次应邀参加国际会议、访问考察和进行合作研究。

【新大楼落成并投入使用】　经过近两年的施工建设，国际关系学院大楼终于落成。2004年9月10日，新大楼举行了落成典礼，正式投入使用。

新大楼由北楼(A座)、中楼(B座)和南楼(C座)组成，总建筑面积10290平方米，其中地上7687.60平方米，地下2602.40平方米。大楼全部建设资金皆由募捐而来，海内外著名社会活动家和企业家——意大利的瓦洛里先生、香港的郭炳湘先生和陈瑞鸿先生，广大院友以及本院教职工共捐资人民币5000多万元。北中南三座楼也分别以主要捐助者的姓名或公司陈瑞鸿、瓦洛里、新鸿基冠名。大楼设计方案和结构施工分别获得北京市优秀设计奖和建筑长城杯金奖。

大楼多功能报告厅和配套的学术讨论室、国际卫星电视频道、多媒体触摸屏信息查询系统和网上实时授课系统等的投入使用，使大楼成为全校综合指标最好的一座办公楼，其不少设施达到了世界一流水平。

大楼C座还专设图书资料中心(北京大学国际关系学院资料室)。中心馆舍建筑面积约1000平方米，可容纳10万卷册以上图书，阅览室近600平方米，备有先进的查询系统供检索、借阅，同时还专门设立了方便博士生撰写论文的工作站式专座。

【党建与学生工作】　2004年，国关学院党建与学生工作主要做了以下几个方面的工作：

1. 采取多种形式，学习贯彻十六届四中全会关于加强执政党执政能力建设的决定。具体措施有：

组织专题报告会。请参与"决定"起草工作的中联部副部长蔡斌向全院党员及积极分子做专题报告。

各支部开展主题党日活动。组织观看《邓小平》等影片,参观访问、知识竞赛、专题讨论等。

与相关学科相结合,把中央决定的精神贯穿到课堂教学和科研活动之中。

2. 以学习贯彻北京大学关于加强和改进教工、学生党支部建设的若干意见和党建与思想政治工作基本标准为主要内容,改进和加强基层党支部建设。

举办党支部书记培训会。邀请北大党委副书记岳素兰做主题报告,院党委提出工作要求,各支部结合实际讨论研究了加强和改进的措施。

推动党支部工作的规范化、制度化。重点抓发展党员工作,健全了学院关于发展预备党员、预备党员转正等工作程序。

3. 加强领导班子的思想、作风建设。

贯彻北京大学关于"三重一大"的要求,严格坚持每周一次的党政办公会制度。党政主要领导带头执行民主集中制原则,密切合作,办事公平、公开、公正。

在北大校领导和党委有关部门的具体领导下,严格按照规定程序进行院行政领导班子的换届工作。

在具体工作中落实党风廉政建设责任制。各领导班子成员,在募集建楼资金、外事交流、国内合作、招生考试等各方面,自觉执行有关规章制度。

4. 以中央关于加强大学生思想政治教育的文件精神为指示,推动学生全面素质教育。

通过学生党团组织初步学习与体会中央文件精神,开展了有国关学院特色的文化节、主题党团和班会活动。积极支持学生社团的工作,开展系统和多层次的学生文艺、体育、辩论会等活动。突出心理健康教育,实行点面结合,在面向广大学生开设心理教育专题讲座的同时,发挥班主任和学生干部的积极性,重点做好个别同学的心理疏导工作。

(陈志瑞)

新闻与传播学院

【概况】 2004 年新闻与传播学院的工作主要体现在教学、科研、对外交流、学术工作等方面。到 2004 年,学院在校全日制学生有本科生、第二学士学位生、硕士生、博士生共计 699 人。其中博士研究生 50 人,硕士研究生 197 人,二学位 40 人,本科生 452 人(其中留学生及港澳台学生 88 人)。

【教学工作】 2004 年度学院继续理顺新旧教学计划,加强本科和研究生的教学工作。本科的 5 个专业的教学均按照教学计划有序进行基础课、专业课的教学工作。第一届新闻专业的本科生进入毕业实习阶段,学院进一步加强了本科实习工作的协调,制订了实习方案。聘请多位新闻传播一线既富经验又有理论素养的老师任教实务性课程,并在春季为本科生开设了"媒介前沿论坛"、秋季为研究生继续开设"新闻与传播专家论坛"2 个系列讲座,每周举办。

【科研工作】 2004 年新闻与传播学院的科研工作围绕学院学科建设开展。举行了一次高层学科研讨会。

2004 年 12 月 11 日,北京大学新闻与传播学院学科发展战略研讨会在香山饭店举行。北京大学副校长林建华、社会科学部部长程郁缀、国内一大批新闻传播学界顶尖级学者和新闻传播学院教授参加了该次研讨会。与会的专家学者对新闻与传播学院取得的成绩给予了肯定,同时也对其未来发展提出了建议。

2004 年度新闻与传播学院共承担国家级和省部级科研项目 10 余项,并加强了与媒介业的学术研究与合作,在学术刊物和相关媒体上共发表学术论文 91 篇,专业文章 50 篇,出版专著和教材(含合著)19 本,出版翻译著作 3 本。并在 2003 年的基础上,完成了《世界传播学经典教材》(影印本)(14 种)和部分中译本的注释和翻译工作,目前影印本 14 种已全部由北京大学出版社出版。

获得多种奖项,主要有:

谢新洲,"基于分析和网络的现代信息服务的理论、技术与应用研究"(项目)获教育部科技进步二等奖。

肖东发,《中国图书出版印刷史论》(北京大学出版社)(专著)获中华文化优秀著作奖,三等奖。

肖东发,2004 年北京市教学成果二等奖。

杨伯溆,《全球化与传播》(专著)(人民出版社)获北京市社会科学成果二等奖。

杨伯溆,《从国际传播到全球传播:跨国公司的介入及其影响》(论文)获第九届北京大学社科成果二等奖。

李琨,《文化与帝国主义》(三联书店)(译著)获第九届北京大学社科成果一等奖。

【国际交流】 2004 年度,新闻与传播学院教师赴境外参加学术会议、合作研究、采访、进修和访问等十多人次,涉及国家和地区有:美国、瑞典、埃及、土耳其、突尼斯、塞浦路斯、法国、新加坡、印度、日本、韩国等,以及中国的香港、台湾。

继续与境外的大学和媒介合作培养学生,形式有课程学习、实习和参加国际会议。出访学生逾 20 人次,涉及国家和地区有美国、新加坡、丹麦、荷兰和中国的香港、台湾等。另外,学生已有学术论文在国际会议上发表。

学院师生积极参加和协助北

京大学的国际交流，服务于北大的国际合作部、国际交流中心、北大新闻网英文版，并参与接待了学校邀请的许多世界知名大学代表团。还与国内涉外媒体合作，或参与了他们的国际交流和节目制作。

【学生工作】 学生工作主要体现在政治学习、党团组织建设等方面。

1. 加强院团组织建设，学生会、研究生会建设

新闻与传播学院进一步加强和规范基层团组织建设，增强团支部建设的针对性，继续开展优秀团活动的评比，并尝试将支部的团活动向全院团员青年开放。

在北京市团委2003～2004年度首都高校"先锋杯"优秀团支部评选活动中，2002级广电新闻团支部和2001新闻团支部均获得"先锋杯"优秀团支部称号。2004年学院2002级新闻本科班获得"北京市优秀班集体"、"北京大学优秀班集体"称号，2001新闻本科班、2001广告本科班、2002研究生班获得"北京大学先进学风班"称号。在2003～2004年度共青团系统评优中，2001级新闻本科班团支部获组织建设奖，2002级广电新闻团支部获工作创新奖，2003级硕士团支部获学术实践奖。2002级本科生高文隽获"十佳团支书"称号。另外有6位同学获得"优秀团干部"称号，5位同学获得"优秀团员"称号。在北京大学第12届"挑战杯"活动中，有11个研究小组或个人申请立项。在最后推荐的4件作品中，胡晓华和杨虎的作品分别获得本科组和硕士生组的一等奖。学院团委获得团体二等奖。

2. 加强专业特色，引导学生面向全校服务

新闻与传播学院在学生培养中注重发挥学生专业所长，引导学生面向全校服务。学院的学生社团中，有以专业为特色的广告协会、新传社。新传社整合新闻系各个年级的资源，集中为校内各媒体(如《北大青年》、校报、北大新闻网、未名bbs、院版等)供稿。

(谢新洲)

政府管理学院

【发展概况】 政治学与公共管理学是培养中高级政治人才、政府管理人才和学术研究人才的学科。1898年北京大学的前身——京师大学堂创办之初，即设立仕学馆，学术根脉延续至今，先后培养出了大批著名学者、知名政治和管理人才。1919年，北京大学废科改门为系后，才正式定名为政治学系。此后，政治学系几经变革，1988年始获重建，定名为政治学与行政管理系。2001年12月，由政治学与行政管理系和城市与环境学系的区域经济专业联合组建成全国高等院校中首家政府管理学院。

2004年，政府管理学院下设6个系：政治学系、行政管理系、公共政策系、公共经济系、城市与区域管理系、政治经济系。设政治学与行政学、行政管理、公共政策学、城市管理等4个本科专业；拥有政治学理论、行政管理学、中共党史、中外政治制度、区域经济学、公共政策专业、发展管理专业和公共管理硕士专业学位(MPA)等8个硕士点；政治学理论、行政管理学域经济和中外政治制度专业等4个博士点；政治学理论、行政管理学、区域经济学设有博士后流动站。其中政治学理论为国家重点学科，政治学理论、行政管理学具有国家一级学科博士授予权。学院还设有2个教研中心，即政府管理与公共政策实证研究中心、MPA教育中心；并同国家人文社科重点研究基地——北京大学政治发展与政府管理研究所有密切的学术协作关系。2004年，在国家一级学科评比中，政治学一级学科获得第一名，成为继2003年公共管理学科被评为第一名之后的第二个获得全国第一的一级学科。

2004年学院共有教职工61人，其中教员51人(包括教授19人、副教授22人、讲师10人)，行政人员10人。共有本科生234人，硕士研究生246人，博士研究生109人。此外，学院共有MPA学生1242人，在各地招收的函授学生千余人。现任院长为全国政协副主席、著名行政法学家罗豪才教授，常务副院长为王浦劬，副院长为周志忍、傅军和赵成根，党委书记为李成言，副书记为李海燕，工会主席为白智利。

【政治学研究基地发展】 北京大学政治发展与政府管理研究所成立于1999年7月，2000年12月被批准为教育部人文社会科学重点研究基地——政治学基地，是政府管理学院的协作单位。主要承担国家社会科学基金项目、教育部人文社会科学基金项目、北京大学基金会项目的科研攻关工作，同时自筹资金开展重大课题的立项和研究工作。2004年，政治学研究基地在科研等工作方面得到了长足的发展。

4月1～2日，北京大学法学院百年院庆论坛"中国宪政之路"理论研讨会在京举行。该次研讨会由北京大学公法研究中心、北京大学政治发展与政府管理研究所、北京大学法学院宪政研究中心主办，来自理论界、实务界和新闻媒体的近百名代表与会，就"中国宪政之路"议题下8个专题的理论问题进行了深入探讨。

7月至12月，受商务部援外司和国际经济合作事务局委托，共举办了5期约旦和叙利亚政府官员

研修班。

8月20～22日，北京大学政治发展与政府管理研究所、北京大学法学院人民代表大会与议会研究中心、甘肃省人大常委会研究室、《人大研究》杂志社联合组办“宪政建设与人大制度理论研讨会”。来自全国人大、地方人大从事法律工作的官员和多所高校的研究人员共80余人参加了该次研讨会。研讨会围绕宪政与人大制度的7个专题——宪政建设与人民代表大会制度、人大制度50年经验教训及其改革发展、党的领导与人民代表大会制度、人大选举制度的改革和完善、人大立法质量与立法民主化改革、人大监督工作的加强与规范、人大自身建设改革与国外议会经验，从理论研究或实际操作的技术层面进行了深入地探讨。

9月14日，教育部社政司组织的专家组对北京大学政治发展与政府管理研究所进行了三年基地建设的实地评估考察。专家组一致认为，经过三年的建设，政治学基地达到了基地建设的要求。

【教学工作】 2004年，政府管理学院共招收88名本科生，其中留学生14名；招收硕士生58名，博士生36名；硕士研修班795人，函授夜大224人。

确立了9门本科主干基础课：政治学原理（王浦劬）；公共管理学原理（赵成根）；公共政策分析（陈庆云）；当代中国政府与政治（杨凤春）；中国近现代政治发展史（关海庭）；人力资源开发与管理（肖鸣政）；比较政治学概论（沈明明）；中国政治思想（江荣海）；城市与区域经济学（杨开忠）。

面向全校学生开出5门通选课，包括徐湘林教授的“中国政治与政府过程”、傅军教授的“政治经济导论”、燕继荣副教授的“政治学原理”、赵成根副教授的“公共管理概论”、杨明副教授的“西方资本主义国家政治制度”。

2004年，政府管理学院的教学管理工作取得了较大的进展。加强教学管理制度建设，制订了《北京大学政府管理学院本科教学管理的若干规定》，确立了一系列本科教学管理的制度规则；制订了《北京大学政府管理学院本科生专业分流方案》，并根据这一方案进行了2003级本科生的专业分流工作。

进一步加强本科生教学的基础工程建设。在2003年与北京大学出版社签订出版北京大学政府管理学院系列教材的出版合约以后，已经组织18本教材进入编写和出版程序，并逐渐构建了教材编写出版的相关管理制度。

2004年，政府管理学院多项教学成果获奖：王浦劬教授牵头的“政治学原理”课程获得国家精品课程奖；黄恒学教授的《公共经济学》、燕继荣教授的《政治学十五讲》、谢庆奎教授的《当代中国政府与政治》获得北京市精品教材奖；在2004年北京大学教学成果奖评奖过程中，政府管理学院有6项获得北京大学教学成果奖一等奖；其中2项成果被报送参评国家教育部教学成果奖；12月，在北京大学“我爱我师”评选中，政府管理学院朱天飚副教授被评为北京大学“十佳教师”。

9月，政府管理学院在本科新生中采取导师制，根据教师和学生特点，确定名单，并通过规章制度保证导师制的有效运行。

2004年，政府管理学院重新修行了本科生教学管理办法，文件规定，在学期结束的课程考核测评中获得4分以上的教师，院行政拨款给予奖励。在抓好教学的基础上，学院重视对学生的科研训练，强调教师要引导学生进行科研活动，鼓励学生参加学校组织的“挑战杯”科技论文比赛，还拨出专款用于本科生的科研和学术竞赛等活动。

【科学研究】 2004年，政府管理学院共有科研成果115项。其中专著、译著、教材21部。李成言主编，《廉政发展》（专著），北京大学出版社；傅军：《反垄断与竞争政策：经济理论、国际经验及对中国的启示》（专著），北京大学出版社；陈恢钦：《判断的艺术》，中国青年出版社；李成言：《现代行政领导学案例分析》（教材），北京大学出版社；句华：《公共部门人力资源案例》（译著），中国人民大学出版社；田凯：《协调约束与组织运作》（专著），商务印书馆；万鹏飞：《地方政府与地方治理——美国地方政府》（译著），北京大学出版社；王浦劬等：《现代公共经济学》（译著），中国青年出版社；王浦劬等：《官僚制与公共经济学》（译著），中国青年出版社；燕继荣：《政治学原理》（教材），中央广播电视大学出版社；燕继荣：《现代政治分析原理》（专著），高等教育出版社；燕继荣：《政治学十五讲》（教材），北京大学出版社；余斌：《微观经济学批判》（专著），中国经济出版社；张国庆：《公共政策分析》（MPA教材），复旦大学出版社；赵成根：《公共管理》（译著），中国青年出版社；赵成根：《现代国家的政策过程》（译著），中国青年出版社；张波：《中国城市成长管理研究》（专著），新华出版社。编著、主编类研究成果12部，研究报告、会议学术报告6篇，学术论文76篇。

共申报国家人文社会科学规划项目4项，立项2项。分别是：肖鸣政教授：“党政领导人才标准与开发战略”（国家社会科学规划一般项目），批准经费7万；燕继荣副教授：“中国政治发展及转型战略研究”（国家社会科学规划一般项目），批准经费7万。

王浦劬教授承担国家社会科学基金重大项目“科学发展观与政府改革研究”，资助经费40万。

共申报国家教育部人文社会

科学规划项目5项，立项1项：周志忍教授："入世后我国企业竞争提升与政府信息服务模式研究"（国家教育部人文社会科学一般项目）。

谢庆奎教授承担太原市政府项目："太原市政府创新"、江门市市政府研究课题"江门市政府创新"；张国庆教授承担北京市公交总公司项目"北京市公交总公司提升员工综合素质的途径"；余斌副教授承担北京市东城区政府项目"北京市东城区机关事务管理服务中心岗位分析与评价"、"北京市重点领域人才需求与现状调查"；郁俊莉承担天津泰达集团项目"天津泰达集团房地产公司内控制度与财务管理规范研究"、邯郸矿务局项目"邯郸矿务局战略规划研究"、邢台矿业集团项目"邢台矿业集团战略发展与资产重组研究"；张波承担北京市天鸿置地有限责任公司项目"北京市八达岭地区前瞻性发展企划研究"。

【对外交流】 2004年，政府管理学院进一步加强了对外学术交流活动。

3月10日，俄罗斯莫斯科大学公共管理学院院长等4人来访，与政府管理学院副院长傅军探讨了今后加强交流与合作的可能。

3月16日至23日，美国南加州大学政策、规划与发展学院Eric Heikkila教授来访，与傅军教授、杨开忠教授商谈发起"北京研究室（Beijing Lab）2004"项目。

4月22日，捷克总统克劳斯访问北大，与李强教授等北大学者进行主题为"中国与捷克改革的经验和合作的前景"的座谈。

5月12日，美国代顿大学（University of Dayton）校长一行访问北京大学，与政府管理学院外事工作组成员进行了会晤，并探讨了双方合作前景。

5月23日至6月4日，政府管理学院与美国南加州大学政策、发展与规划学院合作组织的"北京研究室（Beijing Lab）2004"项目在北京进行。双方学生就交通、环境、住房三个方面共同研究了2008年北京奥运会将会给北京发展带来的影响。

6月3日，政府管理学院与南加州大学政策、发展与规划学院签署了合作备忘录。

10月30日，南加州大学政策、规划与发展学院院长丹尼尔·马兹曼尼恩教授一行访问北京大学，与北京大学副校长吴志攀、北京大学政府管理学院副院长傅军等就进一步发展"北京研究室（Beijing Lab）2004"项目进行了深入的研讨和交流。

11月22日，台湾大学比较法学会代表团访问北大，与北京大学政府管理学院的教授举行座谈会。

北京大学政府管理学院举办"北大公共政策国际论坛"，邀请国外知名学者进行系列讲座。

3月23日，美国旧金山市前市长阿特·阿格诺斯来访并发表了题为"公民参与市政事务（Citizen Participation in Municipal Affairs）"的演讲。

4月1日，美国贸易代表办公室大使、国会议员唐纳德·约翰逊大使来访并发表题为"中美贸易中的政治因素"的演讲。

4月8日，美国UPS公司亚太区公共关系副总裁Steven Okun先生来访并发表题为"跨国公司政府事务业务在中国的实践"的演讲。

5月22日，当代国际关系领域泰斗人物肯尼斯·沃尔兹教授受政府管理学院之邀访问北京大学，并发表了题为"冷战后的美国外交政策（American Foreign Policy After Cold War）"的演讲。

6月2日，美国普林斯顿大学助理教授加里·贝斯（Gary Bass）访问北京大学并发表了题为"权力、正义与战争犯罪法庭（Power, Justice and War Crimes Tribunal）"的演讲。

9月20日，亚洲发展银行驻中国代表处首席代表布鲁斯·默里（Bruce Murray）教授访问北京大学并发表了题为"中国经济发展前景与民营部门的发展（Economic Prospects and Promoting the Private Sector in China）"的演讲。

10月26日，法国孟德斯鸠·波尔多大学政治学院皮埃尔·萨德兰教授访问政府管理学院，并发表了题为"法国公共管理体制的演变（The Development of Public Administrative System of France）"的演讲。

12月4日，政府管理学院与英国大使馆文化教育处联合主办题为"全球化和市场化的背景下的治理问题（Governance in Globalization and Marketization）"的报告会，主讲人为英国贸易工业部公平市场司司长Stephen Haddrill。

12月7日，英国财政部内阁部长保罗·波腾（Rt Hon Paul Boateng）在北京大学发表了题为"全球经济挑战（Global Economic Challenges）"的演讲。

12月9日，著名亚洲事务专家、前美国总统亚洲事务特别助理肯尼思·列勃萨（李侃如）（Kenneth Lieberthal）教授来访并发表了题为"大选后的美中关系（US-China Relations after the Election）"的演讲。

【党团工作与学生工作】 2004年，政府管理学院党委坚持民主办院原则，领导班子成员认真落实北京大学党委提出的贯彻中共中央"三重一大"制度的实施办法，对重大事项决策、重要干部任免、重要项目安排、大额度资金使用均经过党政办公会议讨论决定，并向全院大会通报。

2004年，政府管理学院共有11个基层党支部，其中教职工支部4个、学生支部7个。发展新党员46名,其中青年教师1名、研究生26名、本科生19名。51名本科生、19名研究生参加了北京大学第17期党的知识培训班,并全部取得了结业证书。7月份,北京大学党委进行了表彰活动,迟行刚、王征宇被评为"北京大学优秀共产党员",02～03级本科生联合党支部被评为先进党支部。

9月,院团委获得北京大学红旗团委称号。

2004年,政府管理学院团委积极开展各项教育、实践活动。与北京大学附中组织联合团校、共同为清河立民子弟小学义务支教等。10月,院团委获得"忆伟人风采,庆祖国华诞,做民族栋梁"主题团日活动特色活动奖,"修身树德,报国为怀,勇做先锋"主题团日活动优秀组织奖。11月学院被评为"北京大学学生工作先进单位"。12月,在纪念"一二·九"运动69周年师生歌咏比赛中,荣获三等奖与优秀组织奖。

(政府管理学院)

经济学院

【发展概况】 经济学院的前身是北京大学经济学系。经济学系始建于1912年,是中国高等学校中建立最早的经济学科,源于1898年戊戌维新运动中创办的京师大学堂商学科,至今已有百余年历史。

著名学者、中国共产党的创始人之一李大钊曾在经济学系任教。我国经济学界老前辈马寅初(曾任北京大学校长)是经济学系的早期负责人和教授。1952年全国院系调整后,著名经济学家陈岱孙教授长期担任北大经济学系主任。1985年5月北京大学经济学院正式成立,下设经济学系、国际经济系和经济管理系。

学院现有经济学系、国际经济与贸易系、金融学系、风险管理与保险学系、财政学系、环境资源与发展经济学系等6个本科系及少量专科,9个科研机构。经济学院师资力量雄厚,不仅拥有一批造诣深湛、享誉国内外的教授和学术带头人,还有众多近年来在学术上崭露头角的中青年学者。学院现有教师66人,其中教授21人、副教授28人、讲师17人。

经济学院拥有完整的学士—硕士—博士人才培养体系,是面向全国培养高级经济人才的重要基地之一。在本科生培养方面,实行四年学制,坚持"注重基础,拓宽专业,加强实践,因材施教"的原则,自20世纪80年代中期开始实行学分制。在研究生培养方面,形成了鼓励优秀人才脱颖而出的制度和方法。"勤奋、严谨、求实、创新"是学院一贯倡导的学风。

2004年,经济学院共有学生8900多人,其中在站博士后34人、博士生118人、硕士生267人、访问学者和进修教师近90人、本科生741人、留学生122人、研究生课程进修生342人、成人教育部学生(大学本科与专科)7000多人。

【学科建设】 经济学院的根本任务是为我国经济理论界、经济决策部门和企业界培养适应社会主义经济改革和建设及对外开放需要,德智体全面发展,既有扎实的经济理论基础,又有较强的实际工作能力的专门人才。同时,经济学院还承担着相关学科的大量学术研究任务。学院的教学、学术研究等各项工作坚持以建设有中国特色的社会主义理论为指导,坚持面向实际、面向世界、面向未来的办学方向,积极探索和实施与建设社会主义市场经济体制相适应的各项教学制度、方法和课程,并加强与国家职能部门及企业界的密切合作。在充分发挥原有的以史论见长的传统优势的同时,大力拓展对现实经济问题的教学与研究。

在学生培养方面,学院既重视提高学生的理论素质,又强调应用性学科和实际操作能力的训练。面对世界经济发展的新格局和中国转向社会主义市场经济的现实挑战,学院正在为造就跨世纪的经济型人才而努力奋斗。

经济学院是我国最早设立博士点的院系之一,现有经济思想史、西方经济学、经济史、政治经济学、世界经济、金融学等6个博士点,其中外国经济思想史和西方经济学是国家重点学科,此外还设有经济学博士后流动站。学院有政治经济学、西方经济学、经济思想史、经济史、世界经济、金融学、财政学等7个硕士点和经济学、国际经济与贸易、金融学、风险管理与保险学、财政学、环境资源与发展经济学等6个本科专业。此外,学院成人教育部有3个兼读制本科专业和3个兼读制专科专业。兼读制学生由学院设在全国各地的函授站承担。

本科生各专业必修课程主要有:政治经济学、经济学原理、高等数学(B)、会计学、微观经济学、宏观经济学、财政学、货币银行学、国际贸易、国际金融、保险学原理、计量经济学、经济学说史、环境资源经济学、英语、计算机、体育、文化艺术和自然科学课程等。

【科研工作】 2001～2004年,经济学院共有科研项目82项。其中纵向39项,横向41项,基金1项,国家社科基金项目入围项目1项,总科研经费达到1000多万元。在充分的经费支持下,经济学院的科研工作取得良好成绩。从2004年1月至2005年4月,各类成果共有189项,其中专著8部,编著、教材和主编18部,译著7部,论文159篇,其他成果2项。从1986年以来,经济学院教师共有著作61部,论文39篇获得国家社会科学基金项目优秀成果奖、中国高校人文社会科学研究优秀成果奖、北京市哲学社会科学优秀成果奖、北京大学人文社会科学研究优秀成果奖等。

从 2000 年到 2004 年，按论文署名第一作者统计，经济学院论文被 CSSCI 统计检索次数为 465 次；按论文署名出现作者人次统计，经济学院论文被 CSSCI 统计检索次数为 627 次。

经济学院科研基地于 2003 年 12 月成立。科研基地包括国外经济学说研究中心、市场经济研究中心、经济研究所、国际经济研究所、中国金融研究中心、中国国民经济核算与增长研究中心、中国信用研究中心、中国保险与社会保障研究中心、中国都市经济研究中心等研究机构。中国都市经济研究中心是 2004 年 10 月成立的，其任务在于通过整合校内外研究力量，研究都会城市为主导而形成的区域经济资源优势、竞争力以及发展战略，逐步形成一个集教学、科研和社会服务三位于一身的综合性科研平台。

《经济科学》杂志是经济学院与光华管理学院共同主办的国家级经济理论刊物，1979 年创刊，面向国内外公开发行。其办刊宗旨是坚持四项基本原则，贯彻双百方针，繁荣经济理论，促进学术交流，为教学和科研服务，为改革开放与社会主义现代化服务。主要内容包括经济学、经济管理、国际经济、经济史、经济思想史等。

1978 年以来，经济学院一直努力贯彻对外开放的方针，广泛开展国内合作与国际交流并取得了丰硕成果。1994 年年初，北京大学经济学院与原国家经济体制改革委员会正式建立了合作办学关系。双方商定在教学、科研、信息开发等多项领域切实合作，实现优势互补，积极研究建立社会主义市场经济体制的各项重大理论和实践课题，并探索新形势下开展经济科学教学与研究的新思路。

经济学院注重探索与企业界协力办学的合作方式。1994 年以来先后有海内外的若干企业家资助学院。为加强同社会各界联系及充实教学力量，经济学院先后聘请了于光远、薛暮桥、孙尚清、乌杰、戎文佐、高尚全、蒋震、吴敬琏、董辅礽、伊安·罗兰等海内外数十名专家、学者及政府、企业界人士担任兼职教授或顾问教授。

【外事交流】 为时刻把握国际经济研究的脉搏，站在经济理论研究的前沿，经济学院一直积极开展外事交流活动，非常重视与国外知名大学的积极沟通和互动，并派专人赴美招揽国际人才。2003～2004 年度，经济学院分别与美国伯克莱加州大学(UCB)的资源经济学系、新加坡国立大学(NUS)经济学系等进行了一系列的合作，互派访问学者、交换培养学生以及共同举办大型经济学研讨会，协议框架内的研究和互访项目目前进展良好，达到了预期的阶段性目标。同时，英国伦敦经济学院、美国国家经济研究局、日本早稻田大学和关西大学的合作项目也正在积极洽谈之中。

2003～2004 年度经济学院科研人员与国外科研人员共同合作申请课题及参与国际调研活动共 50 余项，其中，完成的项目有 8 个，取得阶段性成果的有 16 个。

【学生工作】 2004 年，经济学院学生工作本着服务同学的宗旨开展了一系列活动，产生了广泛的影响，树立了良好的形象。可以用"一条主线、两项保障、三大特色"进行概括。

一条主线：坚持不懈地加强学生思想政治教育。在学校的"一二·九"大合唱中获得了二等奖和最佳服装奖，成功举办了首届经济学院"精诚"辩论赛，围绕当前大学生的思想政治状况组织学生展开辩论。

两项保障：加强学生工作队伍建设和学生组织的完善。完成日常学生工作与应对突发事件并重经济学院的团学联和研究生会顺利实现了学生干部民主选举制度，成立了"经济学院团学联章程修订委员会"，专门负责、研究、修订团学联的章程。04 届毕业生就业率本科生在 95%以上，研究生在 97%以上，在北大各院系中名列前茅。

三大特色：注重学生综合素质的提高，加强师生之间的交流和沟通，注重学生社团的管理。举办了多场内容丰富的讲座，题目涵盖了研究学习、职业规划、出国深造等方方面面的内容；积极指导学生参加"挑战杯"学术竞赛，取得优异成绩；大力支持和引导学生参加社会实践活动，院团委被授予北京大学 2004 年学生暑期社会实践优秀组织奖；举办第二届经济学院"明年今日"卡拉 OK 大赛，在校内文体活动中取得了新生文艺会演二等奖，"北大杯"女排第二名等好成绩；组织乒乓球师生对抗赛、新年联欢晚会，增强了师生的团结与凝聚；学生社团在全校十佳社团评选中获得优异成绩。

【硬件设施】 北京大学图书馆经济分馆　国内经济学科成立最早，校内经济类专业资料最齐全、历史最长的文献收藏单位。经济分馆重点为教师和研究生提供专业资料，有利于开展深层次的咨询。目前文献资料全部上校园网，具有网上检索、借还、预约、续借等功能。

经济分馆基本按照每种图书无复本的原则收藏书刊，并编制了完整的书目数据。详见表 4-18。

馆藏英文期刊多为欧美一流的经济学理论及动态性杂志，包括经济类世界著名大学及国际权威研究机构出版的《美国经济评论》、《政治经济学杂志》、《计量经济学杂志》、《国际经济学》、《货币经济学》、《金融学》、《西方经济思想史各流派》、《财政》、《国际贸易》、《保险与风险管理》等专业期刊。

作为教学科研的助手，经济分馆除了在经济理论方面紧跟国际和国内的经济学前沿动态，对国内经济类各种统计年鉴有完整的收藏，而且对世界银行、国际货币基金组织等国际统计资料也给予特别的重视，收集了1980～2004年的三部分统计资料。另外，收藏了自80级以来的23届研究生（硕士、博士）及博士后1710篇学位论文并建成学位论文数据库；论文主题数据库（英文1.3万条），便于研究生做毕业论文时查阅资料。

经济分馆已经在经济学院网站上建有自己的网页，并实行计算机化管理，网上编目、网上借阅。在连续三年全国经济学基地检查中，图书资料作为其中的检查项目之一，在13个参加评审单位中，虽然经济分馆的面积不是最大，但是用现代化的手段管理书刊和服务的效果却处在先进水平，向一流大学标准前进了一大步。

信息中心　包括经院网站、机房及计算机群。机房和计算机群便利同学和教师充分利用网络资源，为多媒体化教学提供硬件资源。经济学院网站不但是对外宣传的窗口、师生互动的平台，还具有信息发布、电子资源下载等多方面的功能。

（肖治合）

光华管理学院

【发展概况】　1985年北京大学成立了经济管理系和管理科学中心，1993年在原北京大学经济学院经济管理系和北京大学管理科学中心的基础上成立北京大学工商管理学院。1994年北京大学与光华教育基金会签订合作协议，工商管理学院更名为光华管理学院。

2004年3月，光华管理学院新大楼奠基，建筑总面积近3万平方米，是一座集教学、办公、会议和餐饮为一体的综合性设施。新大楼预计于2007年建成投入使用。

光华管理学院2004年共招聘具有海外博士学位的教员11名。截至2004年年底，学院共有在编教师93人，其中教授31人、副教授34人、讲师28人；45岁以下的教师80人，占教师总数的86%；获得博士学位的教师79人，占教师总数的85%，其中包括在海外获得博士学位者45人，他们分别毕业于哈佛大学、牛津大学、斯坦福大学等世界名校。学院新进博士后16人，在编党政管理人员9人，在编教辅人员7人。此外，学院还聘请了一批学术造诣深厚和富有实际管理经验的专家学者作为兼职教授。

2004年学院招收各类新生859人，其中本科生157人（含留学生19人），MBA学生518人，其他硕士研究生153人，博士研究生31人。截至2004年年底，共有各类在册学生、进修生、访问学者和函授生2866人，其中本科生537人，MBA学生1036人（含MBA学位班364人），EMBA学生800人，其他硕士生325人，博士生145人，访问学者、进修生23人。

2004年光华管理学院共有各类毕业生977人，其中本科毕业生122人（含留学生8人），MBA毕业生470人（含学位班208人），EMBA学位班毕业生202人，其他硕士毕业生166人，博士毕业生17人。

此外，光华管理学院高层管理者培训与发展中心（EDP）还为政府机构和工商界的高层管理人员提供了多种培训服务。

【学科建设】　2004年，原管理科学与管理信息系演变为两个系，即管理科学与工程系、信息系统与物流管理系。

光华管理学院从2004年开设会计硕士专业学位（MPAcc）项目，首批50名学生已经入学。

学院形成了有特色的多层次、多领域、多方向的课程体系，下设10个系：应用经济学系、金融系、会计系、商务统计与经济计量系、卫生经济与管理学系、信息系统与物流管理系、管理科学与工程系、市场营销系、组织管理系、战略管理系。

教学主体分为本科、硕士研究生、博士研究生3个层次，本科设6个专业：企业管理、财务学、会计学、市场营销、金融学、人力资源管理；硕士研究生设8个专业：国民经济学、金融学、产业经济学、企业管理、会计学、统计学、管理科学与工程、工商管理硕士（MBA）；博士研究生设有6个专业：国民经济学、金融学、产业经济、企业管理、统计学、会计学。

【科研与教学】　2004年光华管理学院共有各类在研项目47项，其中11项为国家自然科学基金项目、国家社会科学基金规划项目以及教育部留学回国人员科研启动基金项目，国际合作项目1项，其余35项为横向项目。

各类科研成果有：学术著作23部（含译著4部）；论文221篇（其中被SSCI收录的论文15篇，占北京大学总数的44%，被SCI收录的论文有10篇）；研究报告14篇；咨询报告14篇；专题报告1篇。

2004年光华管理学院共获得各种奖励13项。有关科研项目、研究成果以及获奖项目的详细内容参见表4-18、4-19。

表4-18　北京大学图书馆经济分馆藏书情况

文献类型	种　数
中文图书	5127
英文图书	2689
中文过刊	168
英文过刊	167
工具书	68
共　计	8219

表 4-19 2004 年光华管理学院承担的科研项目

负 责 人	项 目 类 型	项 目 名 称
曹凤岐	国家自然科学基金项目	WTO 与中国商业银行的改革与创新
王子明	国家自然科学基金项目	房地产泡沫预警与防范系统研究
杨东宁	国家自然科学基金项目	企业环境绩效与经济绩效的关系：基于组织能力的理论模型及实证研究
朱善利	国家自然科学基金项目	中国上市企业股权融资偏好之谜、监管创新与市场均衡研究
仲理峰	国家自然科学基金项目	雇佣关系与心理契约的一致性及其对雇员的影响
王 辉	国家自然科学基金项目	工作绩效的维度及对员工晋升，奖励和离职意向的影响
尹 恒	国家自然科学基金项目	国债的宏观经济影响及最优国债规模研究
周春生	国家自然科学杰出青年基金项目	资本运营中的时机与价格问题
董小英	国家社科基金规划项目	知识创新的信息保障体系
黄张凯	教育部留学回国人员科研启动基金项目	财政分权，金融市场和货币政策
王 辉	教育部留学回国人员科研启动基金项目	工作绩效的维度及对员工晋升、奖励和离职意向的影响
王立彦	与香港中文大学合作项目	中国注册会计师及专业人士法律责任

表 4-20 2004 年光华管理学院获奖科研成果

获 奖 者	获 奖 名 称	成 果 名 称
厉以宁、朱善利、雷 明	北京大学第九届人文社会科学研究优秀成果一等奖	宁夏可持续发展战略规划研究
龚六堂	北京大学第九届人文社会科学研究优秀成果一等奖	Optional taxation and intergovernmental transfer in a dynamic model with multiple levels of government
张圣平	北京大学第九届人文社会科学研究优秀成果二等奖	偏好、信念、信息与证券价格
金赛男	第 11 届国际 Panel Data 大会最佳论文奖	Discrete Choice Modeling with Nonstationary Panels Applied to Exchange Rate Regime Choice
Charles Lee	中国金融国际年会最佳论文二等奖	Corruption and International Valuation: Does Virtue Pay?
王志诚、张 翼	中国金融国际年会最佳论文三等奖	Block Equity Transfers and Corporate Control

另外，靳云汇获得“2003～2004 年度北京大学教学优秀奖”，马化祥获得“北京大学 2003～2004 学年度优秀德育奖”，王莹、周长辉、王辉、张翼分别获得“北京大学 2003～2004 学年度优秀班主任”等奖项。

【交流与合作】 光华管理学院与美国西北大学凯洛格商学院建立了长期战略伙伴关系，在 MBA 教育、师资培养方面进行深入的合作。在 PACKARD 基金会的资助下，与美国曼隆学院建立了长期的学生交流关系。还与台湾大学、台湾政治大学、香港中文大学、香港科技大学、香港城市大学、美国明尼苏达大学、芝加哥大学商学院、宾夕法尼亚大学沃顿商学院、康奈尔大学、奥地利维也纳经济大学、澳大利亚管理学院、新加坡国立大学、南洋理工大学等建立了长期学术交流和合作关系。

2004 年度，光华管理学院教职员工出国出境 46 人次，其中考察 6 人次，学术合作 6 人次，参加学术会议 29 人次，进修学习 2 人次，校际交流 2 人次，其他 1 人次。

2004 年度，学院派送 2 名教师赴哈佛大学商学院进行访问学习；派出 1 名学生赴丹麦哥本哈根商学院、2 名学生赴荷兰蒂尔堡大学、3 名学生赴法国 ESSEC 商学院、7 名学生赴美国曼隆学院、20 名学生赴新加坡国立大学进行交流学习；同时接收了 16 名国外交流学生。

光华管理学院 2004 年的重要学术交流活动有：

1 月 21～25 日，在瑞士达沃斯举办的世界经济论坛第 34 届年会上，光华管理学院副院长张维迎教授应邀参加并主持 2 场分论坛，主题分别为“China: Golden Opportunities or Emerging Threats”和“The Heavy Industries and China: The Medium-Term Outlook”。会议期间，30 多名国家元首、政府首脑和 200 多名各国政界要人以及世界著名公司和企业代表就当今国际重大的政治和经济问题进行了研讨。

2 月 18 日，与国际著名跨国企业摩托罗拉公司在北京共同签署了“中国制造型企业创新 · 战略高层管理者研修班”项目合作协议。

3 月 15 日，举行首次校友联谊酒会，同时宣布光华管理学院校友会正式成立，校友会会长为厉以宁教授。

3 月 18 日，光华管理学院新大楼暨北京大学企业家研修院大楼奠基。

4 月 2 日，与 TCL 集团股份有

限公司签署了“战略知识联盟合作关系框架协议”。

4月29日，与万事达卡国际组织达成合作协议，开设“信用卡专门人才培养计划”项目，每年从学院挑选若干名优秀本科生和研究生，参加校外实习和专业培训课程，这些学生还将获得万事达卡奖学金的资助。

5月～6月，第一届北京大学“光华—泰达—毕节：领导培养项目”成功举办。该项目由光华管理学院EDP中心、天津经济技术开发区(泰达)和贵州省毕节地区联合举办，旨在帮助贵州省毕节地区提高人才素质，特别是提高党政干部素质。来自贵州毕节地区的50名地市县级干部和部分后备干部参加了学习。

6月15日，光华管理学院本科生案例竞赛举行，4名优秀学生10月份代表光华赴香港参加了“花旗集团国际案例竞赛”。

7月3日，“2004年中日高级经济论坛——金融改革与发展”在光华管理学院举行，来自金融界、经济界、学术界的各方人士参加了此次会议。

7月29日，厉以宁教授荣获第15届福冈亚洲文化奖。

7月，会计硕士专业学位(MPAcc)项目正式启动，首届共招生50人。

8月，北大-台大暑期菁英青年交流营活动成功举办。学院共派出60余名师生赴台湾大学进行交流。来自台湾大学管理学院的37位代表分别参观游览了北京、西安等地。

8月25～29日，2004国际公共经济学年会(Public Economic Theory Peking 04)成功地在光华管理学院举行。该次年会由光华管理学院和国际公共经济学协会联合主办。来自世界各国的240多位与会代表围绕“市场、公共政策与经济增长，中国的收入不平等与经济增长，中国的最优税收和增长”等公共经济学理论和热点问题进行了广泛的讨论和交流。

11月22日及25日，美国银行家协会总裁Donald G. Ogilvie、汇丰集团董事和维康基金会董事Stewart Newton分别来光华管理学院举办讲座。

12月9日，WTO副总干事Kipkorir Aly Azad Rana、澳大利亚特别农业谈判代表Christopher Langman、美国国际贸易委员会经济研究局局长Robert Koopman与光华师生一起就“中国与WTO：走向未来”进行了广泛的交流。商务部部长助理易小准、中央汇金投资有限责任公司总经理谢平等参加了会议。

12月25日，第七届北大光华新年论坛在北京大学百周年纪念讲堂和北京大学光华管理学院隆重召开。论坛主题为“科技创新强国”，分论坛主题分别为创新创业与高新技术产业发展、农业—科技企业家精神、从中国制造到中国创造——传统产业与科技创新。国家领导人、政府高层、商界领袖及学术界权威通过论坛共同探讨了科技创新与中国经济健康持续发展相关的重大问题。

(光华管理学院)

法 学 院

【发展概况】 北京大学法学院在中国国立大学法学教育中历史最为悠久。1904年，京师大学堂在其下设的政法科大学堂设立“法律学门”，这是中国首个在近现代大学之内专事法律教育的部门，亦即现今北京大学法学院的前身。1912年，京师大学堂更名为国立北京大学。1919年，北京大学法律学门正式改为北京大学法律学系。此后，经历多次更迭和易名，直至1954年重建北京大学法律学系。北京大学法律学系在撤销各教研室、重新整合各专业学科的基础上，于1999年6月26日改建为北京大学法学院。法学院的学科建制历经百年的积累与变迁，学科分类与课程设置在1949年以前即已领先国内。1949年以后，尤其在1977年恢复正常的高校招生制度之后，各法学专业皆为国内最早或较早培养硕士研究生或博士研究生的学科。

截至2004年法学院有研究中心(所)33个：国际法研究所、经济法研究所、比较法和法律社会学研究所、刑事法理论研究所、实证法务研究所、近代法研究所、劳动法与社会保障法研究所、环境与资源法研究所、国际经济法研究所、宪法与行政法研究中心妇女法律研究与服务中心、法治研究中心、金融法研究中心/司法研究中心、立法学研究中心、人权研究中心、人民代表大会与议会研究中心、港澳台法律研究中心、犯罪问题研究中心、房地产法研究中心、非营利组织法研究中心、税法研究中心、世界贸易组织法律研究中心、中日法律研究与交流中心、科技法研究中心、海商法研究中心、法制信息中心、经济法与比较法研究中心、财经法研究中心、宪政研究中心、公众参与研究与支持中心、法律经济学研究中心、民法研究中心。其中，北京大学宪法与行政法研究中心于2004年11月26日被评为教育部人文社会科学重点研究基地。

(沈 岿)

法学院图书馆也是北京大学的法律文献信息中心，全馆使用面积1100平方米，馆内设有期刊、图书、电子阅览室、中文和外文书库，藏书9万余册。近年又陆续收藏光盘、录像带，建立各种数据库。馆内电子阅览室有41台电脑与国际联网，并已开展国际远程教育。

2000年被联合国确定为“联合国资料保存馆”。到2004年，馆内已全部实现自动化管理。2004年，法学院图书馆共购买新书6800多册，1700多种；订购和赠阅的中文期刊368种；外文现刊120种（赠刊15种）；自购外文图书（影印本）170册；收到外文赠书650册（452种）；除中外文书刊外，还收到联合国出版物600多册；收集中外在线数据库110多个，光盘70多张。

（叶元生）

法学院拥有法学学术性双月刊——《中外法学》（Peking University Law Journal），每期20万字，面向国内外公开发行，是享有盛誉的中国法学类核心期刊之一。

自2003年年底始，法学院自己筹资开始兴建新的法学院大楼。新法学楼位于北京大学东区原成府地区，包括科研和教学两座大楼，总面积近20000平方米。按工程进度，法学院科研楼将于2005年7月竣工并交付使用。

2004年法学院在职教职人员102人，其中教授34人、副教授36人、讲师11人、教辅、党政管理人员21人。在站博士后6人。

2004年法学院招收本科生171人，留学生22人，知识产权二学位31人；法学硕士研究生117人，法律硕士400人，政法系统在职攻读法律硕士专业学位187人，博士研究生61人。

2004年毕业本科生153人，150人获得学士学位；留学生15人，14人获得学士学位；知识产权二学位28人，全部获得学士学位；法学硕士125人，全部获得硕士学位；法律硕士174人，全部获得硕士学位；博士69人，全部获得博士学位。

（龚文东）

【百年院庆】 2004年是北京大学法学院的100周年诞辰。5月2日，法学院在北京大学百周年纪念讲堂隆重举行庆祝大会，法学院的校友、教师、学生代表在会上发言，西南政法大学等国内兄弟院校和伦敦大学法学院等国外法学院也派出代表与会祝贺。全国人大常委会副委员长韩启德教授、全国政协副主席罗豪才教授、最高人民法院副院长黄松有、最高人民检察院副检察长孙谦、教育部副部长袁贵仁、司法部副部长胡泽君、国务院法制办主任曹康泰、北京大学党委书记闵维方教授等，向法学院及其全体师生和海内外校友表示了祝贺与感谢。百年院庆期间，北京大学法学院还举行了法学院院史展、校友论坛、国内外著名法学院院长论坛、百年院庆文艺晚会等活动。海内外校友1700多人返校参加院庆活动。人民日报、中央电视台等新闻媒体对此进行了全面报道。

（殷　铭）

【学科建设】 法学院法学专业教学主体结构分为法学专业本科生、硕士研究生、博士研究生3个层次。法学理论、法律史、宪法学与行政法学、刑法学、民商法学、诉讼法学、经济法学、环境与资源保护法学、国际法学、法律硕士等10个专业设有硕士点。2004年，法学院被评为法学一级学科，法学各专业皆可招收博士研究生。法学院现有4个国家重点学科，分别为法学理论、宪法学与行政法学、刑法学、经济法学，重点学科数量居全国法律院校之首。

（龚文东）

【交流与合作】 2004年，法学院接待了来自国外法学院、研究机构、法院、司法机关等机构的学者、学生、法官、官员等约120多人，以及来自港台地区的学者、学生等约20多人的访问。许多来宾在访问期间发表了精彩的演讲，共计18场。法学院还与来访学者举行了多次学术交流，举办了学术研讨会。共有4位国外访问教授讲学。

法学院2004年主要国际交流活动有：

2月23日下午，荷兰鹿特丹依拉斯姆斯大学（Erasmus University Rotterdam）法学院院长Zwaan和Doelder教授访问北京大学法学院，并在模拟法庭分别为学生做“欧盟法的最新发展”（Zwaan院长）和“国际反有组织犯罪的最新发展”（Doelder教授）的精彩讲座。李鸣副院长接待了来宾。王世洲教授主持讲座。

2月23日下午，劳动法与社会保障法研究所的贾俊玲教授、叶静漪副教授和研究生在北大临湖轩接待来京访问的美国服务工会和劳工学者联合代表团。代表团此次来访的主要目的是探讨与中国大学建立学术交往的可能性，通过两国劳工学者间的交流与合作，增进相互了解。

2月24日上午，美国哥伦比亚特区高级法院副法官、刑事庭主审法官诺尔·克莱默（Noel Kramer）女士来访。梁根林、汪建成两位教授接待了克莱默法官的访问。双方主要就两国司法程序、法庭审判及未来中美司法合作等问题进行了交流。

2月26～28日，劳动法与社会保障法研究所举办了“国际劳动法论坛——改革与发展国际研讨会”。会议的学术意义在于增进各国的劳动法学界的交流，把握劳动立法的国际趋势。会议主要就国际劳动标准的适用、社会保险、工作权利等专题进行讨论，以期对中国劳动法的完善和发展提供借鉴。会议代表除内地、大陆学者外，还有来自港澳台地区以及亚、欧、美、澳洲国家的学者，约60人。

3月6日，美国天主教大学西蒙·爱立西教授参加了非营利组织法中心组织的“非营利组织法论坛之三——非营利组织的税制改革”的主题讨论会。会上，中外学者就非营利组织的税法规则进行了热烈讨论。

3月15日晚，美国统一商法典改编者 Richard E. Speidel 教授携夫人到北大法学院访问，并做了题为“中国合同法与美国统一商法典的比较”的讲座。他的讲座立足于美国统一商法典中关于合同的规定并与中国的相关制度进行了比较。张智勇、葛云松副教授热情接待并作主持。

3月23日，北京大学举办“牛津大学日”。下午，牛津大学法学院 Michael Spence 教授应邀为学生做“知识产权、法律和社会科学”的讲座。讲座由韦之副教授主持。

3月30日上午，丹麦哥本哈根大学校长访问北大。马忆南副教授、杨大文教授参加会见，并与哥本哈根大学校长就家庭法的有关问题进行讨论。

4月14日下午，英格兰和威尔士会计师协会上诉委员会副主席 Marion Simmons QC 女士访问法学院并在模拟法庭发表演讲，演讲题目为“司法独立”。

4月19日～5月30日，台湾东吴大学法学院前任院长杨桢教授应朱苏力院长邀请，为法学院学生开设“英美契约法”课。

5月19日上午，德国司法部部长齐普里斯(Brigitte Zypries)女士访问北大，朱苏力院长、韦之副教授与校领导一同参加会见。会见后齐普里斯部长在法学楼模拟法庭做“国家与互联网”的演讲，韦之副教授主持。

5月19日～6月24日，举办美国密苏里—堪萨斯城大学法学院教授系列讲座。主要内容：Allen Rostron 教授讲授美国侵权法、产品责任法；Jeffrey Thomas 教授讲授美国保险法；Robert Klonoff 教授讲授美国的集团诉讼。

5月25日下午，英国著名教授、牛津大学客座研究员、剑桥大学客座研究员、安理国际律师事务所(Allen & Overy, LLP)伦敦总部律师 Philip Wood 应邀来法学院，为学生做“世界金融法和中国的作用”的精彩讲座。吴志攀副校长会见并亲临讲座，刘燕副教授主持讲座。

8月28日～9月12日，台湾东吴大学法学院在职研究生团来访。该团来访的主要目的是加强对大陆法律的了解，并收集论文资料。法学院教授尹田、王磊分别为该团学员做了“物权法的制定”和“大陆法律制度介绍”的专题讲座。

8月29日下午，法学院“走向中国宪政”项目课题组邀请德国联邦宪法法院法官 Evelyn Haas 在法学院模拟法庭做“宪法与德国联邦宪法法院”的专题演讲。

9月2日下午，由全国政协邀请来华访问的芬兰最高行政法院院长哈尔贝格偕夫人在全国政协副主席罗豪才的陪同下访问北大。哈尔贝格此次访问北大的同时，为北京大学宪法与行政法研究中心以及北大法学院法理学专业师生做了以“法治建设”为主题的演讲，并与师生座谈。座谈会由研究中心主任姜明安教授主持，罗豪才副主席、许智宏校长参加了座谈会。

9月23日下午，应法学院邀请，泰国泰华农业银行行长伍万通(MR. BANVHOON LAMSAM)访问法学院。晚上，伍万通在英杰交流中心第二会议厅做主题为“金融危机的治理与防范”的专题演讲。

9月24日晚，澳大利亚邦德大学(Bond University)法学院院长 John Farrar 教授在法学院模拟法庭做“公司法的现代化”的专题演讲。

9月间，美国富布莱特教授 Ronald Brown 为法学院学生讲授“美国劳动法以及与中国劳动法之比较”。

9月间，张骐副教授为“斯坦福大学北京大学分校”的斯坦福学生讲授“中美法律制度比较”。

10月11日上午，韩国高丽大学法学院代表团一行35人访问法学院，法学院副院长陈兴良、院长助理张智勇接待来宾。陈兴良教授向该代表团介绍了中国司法制度。

10月12日上午，由中国国际文化交流中心邀请的加拿大议会“司法、人权、公共安全和紧急事件常务委员会”和“外交事务、国防与国际合作事务政府决策委员会”主席德里克·李(Dereck Lee，中文名李德伦)访问北大。吴志攀副校长、李鸣副院长以及李红云教授会见了客人，并与他在反恐领域内的法律问题进行了探讨和交流。之后，李德伦为本科生作了“9.11以后的国际反恐法律体系构建”的演讲。

10月13日上午，由泰国 DPU 大学(Dhurakijpundit University)法学院院长 Kanit Nanakorn 教授带领的访问团到法学院交流访问。院长助理张智勇接待该团。双方就本科生、研究生的教学体制以及课程模式等问题交换了意见，并就双方法学院之间国际合作与学生培养项目的可能性进行了探讨。

10月14日下午，应中国法学会邀请，以国际法哲学与社会科学协会主席、瑞典兰德大学教授彼泽尼克维团长的国际法哲学与社会哲学协会执委会代表团一行6人在法学院发表演讲并与师生座谈，张骐副教授负责接待。

10月22～23日，北京大学法学院与香港大学法学院在法学院模拟法庭联合召开了“北大-港大法律研究中心2004年年会”。北大-港大法学研究中心是由北京大学法学院和香港大学法学院共同组建的学术交流机构。中心自1998年成立以来，已由北大法学院和港大法学院轮流组织了多次学术交流活动。研讨会由香港大学、台湾“中央研究院”和北京大学相关领域的学者参加。

表 4-21 法学院 2004 年获北京大学第九届人文社会科学研究优秀成果奖名单

姓 名	成 果 名 称	出版社与出版时间	奖 项	成果形式
葛云松	期前违约规则研究：兼论不安抗辩权	中国政法大学出版社，2003 年 5 月	一等奖	专 著
梁根林	罪刑法定视野中的刑法合宪审查	《法律科学》2004 年第 1 期	一等奖	论 文
曲三强	知识产权法原理	中国检察出版社，2004 年 1 月	二等奖	专 著
张千帆	西方宪政体系（上册 · 美国宪法）（第二版）	中国政法大学出版社，2004 年 2 月	二等奖	专 著
沈 岿	谁还在行使权力——准政府组织个案研究	清华大学出版社，2003 年 9 月	二等奖	专 著
刘 燕	走下"自由裁量权"的神坛——重新解读凯立案及"自由裁量权"之争	《中外法学》2002 年第 5 期	二等奖	论 文

表 4-22 法学院 2004 年获北京市第八届哲学社会科学优秀成果奖名单

姓 名	成 果 名 称	成果形式	出版社与出版时间	获奖等级
张 平	标准化与知识产权战略	专 著	知识产权出版社，2002 年 7 月	二等奖
马忆南	婚姻家庭法新论	专 著	北京大学出版社，2002 年 6 月	二等奖

10 月 22～25 日，日本东京大学著名国际法教授大沼保昭访问法学院。25 日下午，大沼保昭教授在模拟法庭作了题为"日本的战争责任和 21 世纪的日中关系"的演讲。

10 月 16～22 日，新加坡国立大学法学院院长陈清汉（Tan Cheng Han）教授应邀来法学院访问，为法律硕士讲授"Fundamentals of Business Law in the Common Law Tradition"课。

10 月 24 日下午，在法学院学生活动中心，美国南方卫理会大学（SMU）法学院院长 John. Attanasio 教授为学生做专题讲座，题目："Five Themes of American Constitutional law"。王磊教授主持讲座。SMU 大学法学院与北京大学法学院有着长期的友好合作关系，每年都有 1～2 名学生接受奖学金赴该院学习。John Attanasio 教授此次来访，主要是再次为法学院学生提供赴 SMU 的学习机会并面试学生。

（殷 铭）

【科研与学术活动】 2004 年科研立项项目有：

2004 年司法部法治建设与法学理论研究部级科研项目：汪劲：《外来物种入侵法律问题研究》；王世洲：《现代国际刑法学理论研究》；钱明星：《关于资产证券化法律问题研究》

2004 年度国家社会科学基金项目：张千帆：《国家主权与地方自治问题研究》重点项目；饶戈平：《基于国际组织的视角》；张守文：《财产权的税法保护》；尹田：《中国民法典总则之理论与立法研究》

2004 年教育部第五批人文社会科学重点研究基地重大项目：张千帆：《国家主权与地方自治——转型时期国家机构的比较研究》；姜明安：《公权利的法律调控——公法基础理论研究》

2004 年科研成果有：专著 34 部；教材 26 部；译著 5 部；论文 256 篇；译文 2 篇；研究报告 6 篇。

（赵 焕）

【学生工作】 4 月 16 日，北京大学决定对法学院硕士研究生蒙晓燕予以全校通令嘉奖。蒙晓燕参加支教志愿服务时间达 3400 小时，支教期间刻苦勤奋，无私奉献，为当地的教育事业做出了自己的贡献。此前在 2003 年，蒙晓燕因支教工作卓越而获共青团中央首次颁发中国青年志愿服务金奖。

5 月 2 日，法学院迎来百年华诞。为庆祝百年院庆，北京大学法学院学生会联合法律援助协会、法学社，在法学院团委指导下开展"法律文化月"系列活动。包括有：300 余名校内外师生参加的盛大开幕式；重演"杜培武"案、解读程序正义的模拟法庭；每周播放一场、邀请著名教授点评的"法律电影节"；与兄弟院系学生共话"人文学科教育"、"学生组织与社团定位与发展"的校内五四青年学生论坛；与京城高校法学院学生共话法学教育的校外学生论坛等。

法学院学生在 2004 年法律杯模拟法庭、JESSUP 国际模拟法庭和国际贸易模拟仲裁等各类国际比赛中，都有出色的表现。

6 月 16 日，法学院 2004 届毕业生典礼暨学位授予仪式在办公楼礼堂隆重举行。截止到 9 月底，法学院毕业生平均就业率达到 97%。其中本科生和知识产权二学位毕业生共计 182 人，就业率达 98%，法律硕士毕业生 152 人，就业率达 96%，法学硕士、博士毕业生共计 148 人，就业率达 98%。

9～11 月，北京大学法学院奖助工作顺利开展。共有 89 名本科生、120 名研究生获得学校奖励（参评学生数为本科生 485 人、研究生 742 人），其中三好学生标兵 12 名，三好学生 86 名，社会工作奖 13 名，学习优秀奖 85 名；有 14 名学生获得学院奖学金。另外，共有

162名优秀学生获得奖学金；有23名学生申请了国家助学贷款。

11月，法律援助协会10周年会庆开幕式在英杰交流中心阳光大厅举行。12月4日，北京大学法学院联合武汉大学法学院、清华大学法学院、复旦大学法学院等全国14所法律院校，以“弘扬宪法精神，增强法制观念”为主题，以“法律志愿者在服务”为口号，以法律援助和普法宣传为主要形式，举办了“法律援助志愿者在行动——‘12·4’全国法制宣传日”高校联合宣传活动。

11月12～14日，法学院学工组召开北京大学法学院2004年学生工作会议，决定将建设“青年法律人第二课堂”作为未来法学院学生工作的发展思路与目标。

院刊工作开展顺利。《北大法律人》和《法律信息快报》联合中央电视台、《人民日报》、《法制日报》等社会新闻媒体共同承担了院庆前期的“法律人物风采”活动、《北大校刊法学院院庆专刊》，以及院庆过程中诸多活动的采写报道工作。

（杨晓雷）

信息管理系

【发展概况】 信息管理系是中国自主创办的最早的图书馆学情报学教育基地之一，其前身是图书馆学系，始建于1947年，1987年5月改名为图书馆学情报学系，1992年改名为信息管理系。到2004年已成为多学科、多层次、全日制与继续教育相结合的新型专业教育中心和培养高层次信息管理人才的摇篮。拥有图书馆学博士点、情报学博士点以及一级学科授予权。2004年全系有教职员38人，其中教授10人（含博士生导师6人）、副教授14人、讲师5人。其中图书馆学博士生导师2人，情报学博士生导师4人，兼职导师7人。另外，聘有外国客座教授3人，国内兼职教授7人。系内设有3个教研室（图书馆学教研室、信息管理与信息系统教研室、信息分析与咨询教研室），1个研究所（信息传播研究所），2个实验室（数字图书馆开放实验室、计算机信息管理应用实验室），还设有实习室、资料室、党委办公室、行政办公室、函授办公室、教务办公室等机构。

信息管理系还建有国家信息资源管理北京研究基地，承担国家信息化推进工作办公室委托的课题研究任务和相关的社会服务工作。

【学科建设】 在专业设置方面，已形成一个以信息管理为核心的，专业门类较齐全的专业体系。本科层次设有信息管理与信息系统专业和图书馆学专业，2004年招收信息管理与信息系统专业学生42人。博士和硕士研究生层次设有图书馆学和情报学2个专业，2004年硕士生招收39人，博士生招收15人。2004年在校全日制本科生人数达184人，硕士生75人，博士生59人。此外还招收进修教师与访问学者7人。2003年，北京大学信息管理系设立“图书馆学、情报与档案管理”一级学科博士后流动站，2004年招收博士后1人进站工作。

2004年信息管理系本科生继续实行按系招生，文理兼收，打通专业基础课程。系里成立了教学指导委员会，确定了今后的学科发展方向：以信息资源管理和信息技术应用为核心的发展重点，为国家信息化培养合格人才。完成了本科生教学计划的修订工作，编制了本科生教学手册，并初步确定出版一套必修课教材。

2004年该系新开设的部分专业课程包括：信息管理概论、信息资源建设、信息组织、信息存贮与检索、信息服务、信息经济学、信息分析与决策、办公自动化、信息政策与法规、管理信息系统、广告学概论、广告实务、调查与统计方法、数字图书馆、信息系统分析与设计、企业与政府信息化、网络信息传播、网络信息资源组织等。

在教育部2004年度“新世纪优秀人才支持计划”评选工作中，北京大学共评出26人，信息管理系王余光入选。

在北京市精品教材评审工作中，马张华的《信息组织》（第二版）荣获2004年北京高等教育精品教材。

2004年，张浩达的《广告学概论》课程获北京大学校级教学成果一等奖，赵丹群和祁延莉的《信息存贮与检索》课程和刘兹恒的《信息资源建设》课程分获校级教学成果二等奖。

张浩达获2004年度北京大学奖教金。

段明莲获2004年度北京大学优秀教学奖，在教师节受到学校的表彰。

赵丹群被选为系“2004年度最受学生爱戴的老师”和“北大十佳教师”候选人。

【科研工作】 截至2004年底，信息管理系有在研科研项目近20项。出版各类教材、专著和其他著作数十种，发表论文数百篇，获得各种学术奖励和荣誉20余项，有多篇论文被SCI、SSCI（社会科学引文索引）等收录。

在学术交流方面，信息管理系是国际图联、中国图书馆学会、中国科技情报学会、中国社科情报学会、中国信息协会、中国信息经济学会、全国科技传播研究会等重要学术团体的机构会员，并在其中担任了常务理事或副理事长等重要学术职务。与国内外一些著名大学的信息管理系或其他相关院系有密切的交往，每年都接待一定数量的国内外专家学者访问或讲学，选派若干名教师出国进修、访问或参加学术会议。

表 4-23 2004 年信息管理系在研项目

项目类别	课题名称	负责人
国家自然科学基金	促进企业核心竞争力机制形成的知识管理系统研究	赖茂生
国家自然科学基金	提升企业竞争力的信息资源开发战略研究	秦铁辉
国家社会科学基金	中国图书馆法制环境研究	李国新
国家社会科学基金	20 世纪中国文献学研究	王余光
国家社会科学基金	视音频信息的元数据与检索的创新研究	段明莲
国家社会科学基金	面向用户的数字图书馆集成方案和个性化的信息服务环境	王　军
国家社会科学基金	信息资源管理、知识管理与图书馆学、情报学的关系	秦铁辉
国家社会科学基金	中文网络信息动态自动化分类研究	马张华
国家自然科学基金	分类法、主题词表和语义元数据的集成——数字图书馆的知识组织	王　军
国家自然科学基金	竞争情报、知识管理互动关系及其提升企业竞争能力作用机制研究	秦铁辉
教育部重点课题	经典文献 21 世纪中国大学生素质教育研究	王锦贵
教育部(博士点)	中国阅读史研究	王余光
教育部(博士点)	我国信息服务业的行业结构和企业划型标准研究	陈建龙
国家社会科学基金	21 世纪图书馆在先进文化建设中的地位与作用	王锦贵
国家社会科学基金	当代中国图书馆学史(1949.10～1979.12)	周文骏
国家自然科学基金	数字图书馆自学习知识管理系统的研究与实现	余锦凤

与中国图书馆学会合作，承担了《中国图书馆年鉴》的组织编纂工作。

【外事与校外合作】 2004 年境外学者到系短期讲学与访问的有：美国西弗吉尼亚大学图书馆馆长杨肇英来访；美国健康科学研究院 Dav. Robertson 教授来系讲演；美国 Syracuse 大学信息管理学院主任和信息管理硕士项目主管来访。

【成人教育】 自 1956 年开办函授班到 2004 年，已有近 50 年的历史。2004 年开办的成人教育专业有 3 个：专升本专业有 2 个：图书馆学和信息管理与信息系统；专科有 1 个：计算机信息管理专业。2003 年由于“非典”没有招生，2004 年开始全国统一改为春季招生，共招收专科生 315 人，专升本 255 人。2004 年正在学习的学生有 2000 余人，在天津、石家庄、太原、兰州、西安、济南、合肥、南京、广州、长沙等地都设有函授辅导站。

2004 年 11 月 2～5 日在宁波召开继续教育工作会议。会议的主要议题是：函授站与学风、考风建设；2002 年以来信息管理系继续教育工作总结；强化函授教育管理与教学质量控制的办法与措施；研究与部署 2006 年信息管理系函授教育 50 周年庆典活动。北京大学继续教育部部长李国斌、系领导和负责函授工作的教师祁延莉、李国新、罗桂芝、高德与 10 个函授站的负责人共 17 人参加了会议。

信息管理系自 1994 年起每年都开办研究生课程进修班。2004 年图书馆学和情报学 2 个专业在北京、上海、郑州 3 地招生，共招收 158 人，5 班次。

（石晓华）

社 会 学 系

【概况】 2004 年底，社会学系在职的教学、科研、教辅和行政人员共计 47 人，其中新进教师 2 名(新聘 1 名，境外留学归来 1 名)，调出教师 1 名。36 名教师中，有教授 17 人(其中调入后确认 1 人、该年晋升 1 人)，副教授 16 人，讲师 3 人，29 人具有博士学位。

社会学系设有：社会学理论、社会学方法、应用社会学、社会工作等教研室。设有社会学、人口学和人类学 3 个博士点，社会学、人类学、人口学和社会保障 4 个硕士点，有社会学和社会工作 2 个本科专业。2004 年社会学、人类学 2 个重点学科顺利通过国家教育部学位办公室的评估。

社会学系设有专业图书分馆 2 个，共藏书 6 万余册，其中外文图书 1.5 万余册。建设了“社会学人类学中国网”(www.SAChina.edu.cn)。

【教学工作】 2004 年社会学系在基本稳定原课程设置结构和本校区招生规模和结构的同时，有以下变化：

1. 参与了北京大学的“暑期学校”(Summer School)建设工作，开设了 2 门课程：民族与社会、社会学专题讲座。选课的学生包括北大其他院系的学生和来自其他学校(包括港澳地区学校)的本科生。

2. 首次在北京大学深圳研究生院招收计划外社会学专业硕士研究生，共计招生 31 名。课程设置与本部硕士研究生相同，由社会学系教师轮流到深圳授课。导师也由社会学系教师担任，并按照和本部相同的双向选择方法确定。

2004年，社会学系毕业本科生40名，硕士研究生44名，博士研究生13名。

该年，还有其他院校的20多名教师在社会学系进修。

【科研和学术活动】 2004年，社会学系教学科研人员共发表论著100多篇(部)。除了在基础研究方面取得成果之外，一些教师的研究成果对政府政策制定发挥了积极作用。如郭志刚教授主持完成的“农村计划生育家庭奖励扶助目标人群测算课题”受到国家农村部分计划生育家庭奖励扶助制度试点工作协调小组办公室的高度评价。

社会学系教学科研人员成功申报课题33项，总金额243万元，其中有国家社科基金项目3项、教育部哲学社会科学一般项目1项、教育部哲学社会科学研究重大课题攻关项目1项、全国教育规划办重点项目1项、博士后基金项目3项、其他项目24项。

2004年，教育部对第二批文科重点研究基地进行评估，依托社会学系、所的北京大学中国社会与研究中心在列。评估内容包括科研、人才培养、学术交流、资料信息建设、咨询服务、管理体制等方面。在经过材料申报、审核、专家通讯评审、教育部专家组实地考察后，评估通过。

2004年，社会学系博士后流动站出站博士后研究人员5人，进站4人。出站的5人均按要求完成了合同和计划所要求完成的工作。社会学系博士后流动站的“博士后”论坛继续开展。

2004年，组织了若干全国性学术会议和国际会议，包括：

1. 全国博士后“中国社会运行与变迁”学术研讨会。研讨会由社会学系、北京大学中国社会与发展研究中心、北京大学博士后管理委员会办公室、中国博士后科学基金会联合主办。研讨会于5月12～13日在北京大学召开。来自全国各地、具有不同学科背景的近40位在站和已经出站的博士后研究人员参加了研讨。

2. 第二届“金融、技术与社会”研讨会。这是继2002年北京大学中国社会与发展研究中心和台湾东海大学社会学系在北京共同举办第一届研讨会后，双方学者的又一次聚会。研讨会于6月在东海大学举行。参会的两岸学者共30余人，除教师之外，社会学系的3名研究生也参加了会议。这是社会学系首次率研究生赴台湾参会。

3. “中国农村基层组织建设与农村社会可持续发展国际讨论会”。社会学系曾于1999年7月举办了首次“农村基层组织建设与农村社会可持续发展国际学术研讨会”。2004年7月，社会学系再次召开讨论会，参会的学者共60余人。

【党建和学生工作】 社会学系党委于2004年年初和新学年初，分别组织了对十六大文件和党的十六届四中全会文件，特别是《中共中央关于加强党的执政能力建设的决定》的学习。结合北京大学创建一流大学的目标，从教学、科研工作的开展和改进方面进行了讨论；结合校党委布置的关于党建标准的检查工作和教育部准备对高校进行的教学工作全面检查，召开了多次专门会议进行研究，制定具体措施，责任到人，完成了学校布置的多项工作。

召开了系领导班子民主生活会。会上学习了学校纪委和组织部有关通知，学习了胡锦涛总书记关于“不求真务实的十种表现形式”的论述，学习了中纪委提出的“四大纪律和八项要求”。每个人根据自己负责的工作分析了成绩和不足，认真做了自我批评，并开展了相互批评，互相指出了应该注意的问题。林久祥副校长参加了生活会。

【成人教育】 社会学系开设了“应用社会学——社会经济与发展研究方向”的在职研究生课程班，在读学生54人。

2004年秋，社会学系与中共北京市东城区委组织部共同举办了“社会工作课程高级研修班”，有50位社区干部作为第一期学员参加。

(社会学系)

外国语学院

【发展概况】 北京大学外国语学院成立于1999年6月22日，是由原北京大学东方学系、西语系、俄语系、英语系合并而成的北京大学第一个多系、多学科的学院。现任院长程朝翔，副院长王东亮、刘曙雄、王建、刘树森，党委书记吴新英(兼副院长)，副书记李桂霞、宁琦。

外国语学院下设英语系、俄语系、德语系、法语系、西班牙语系、阿拉伯语系、日语系、东语系、世界文学研究所等9个系所，包括英语、俄语、法语、德语、西班牙语、日语、阿拉伯语、蒙古语、朝鲜语、越南语、泰国语、缅甸语、印尼语、菲律宾语、印地语、梵巴语、乌尔都语、波斯语、希伯来语等19个招生语种，共有9个博士点，1个博士后流动站。在学院所属的9个系所中，除世界文学研究所只招收硕士研究生外，其他各系均招收本科、硕士、博士等各个层次的学生。

学院现有教职工273人，其中教授54人(含博士生导师34人)、副教授103人、讲师62人、助教18人。在校学生1226人，其中本科生832人、硕士研究生271人、博士研究生123人。2004年招收新生317人，其中本科生197人、硕士研究生90人、博士研究生30人。2004年共毕业学生252人，其中本科生164人、研究生88人。学院主办的学术刊物《国外文学》与《南亚研究》(合办)为全国中文核心期刊。另外，学院还有20余个虚体研究机构和学术团体，如英语语言文学研究所、加拿大研究中心、澳大利亚研究中心、中俄比较文学学会、普希金研究会、莎士比亚研究学会北京大学分会、中外妇女文学研究会、世界传记中心、外国语言学和应用语言学研究所、文学与翻译学会、北京大学英语教学研究会、日本文化研究所、阿拉伯—伊斯兰文化研究所、印尼—马来文化研究所、伊朗文化研究所、朝鲜文化研究所、泰国研究所等。外国语学院境外卫星电视节目接收系统工程完成施工，可接收26个频道的外语节目信号，目前已经向该院学生开放。

另外，教育部的2个文科基地"东方文学研究中心"和"外语非通用语种本科人才培养基地"设立在外国语学院。

【党务工作】 外国语学院党委现有党支部21个，党员450人。外国语学院党委认真制定理论学习计划，党政领导班子率先进行理论学习。上半年，组织全院党员学习贯彻十六大精神；学习《党内监督条例(试行)》和《纪律处分条例(试行)》。下半年，组织党员系统学习《中共中央关于加强党的执政能力建设的决定》的内容，深刻领会和把握《决定》的精神实质和科学内涵，并全面贯彻落实；传达曾庆红《在同第十三次全国高校党的建设工作会议代表座谈时的讲话》，传达贺国强《认真学习贯彻十六届四中全会精神切实加强高校领导班子思想政治建设——在第十三次全国高校党建工作会议暨高校领导班子思想政治建设座谈会上的讲话》，组织全体党员观看黄宗良教授关于贯彻学习十六届四中全会精神的报告，并认真组织讨论。依照《北京大学党建和思想政治工作基本标准检查手册(试行)》文件的精神部署，院党委及22个党支部认真进行自查并总结。定期召开党支部书记参加的党委扩大会议，交流总结党内建设工作。组织全院党员开展主题党日活动，赴革命圣地西柏坡参观学习，进行革命传统教育。评选并表彰了校级优秀共产党员7人，院级优秀共产党员8人，校级先进党支部2个，院级先进党支部2个。2004年共发展党员16人，其中教工党员2人，学生党员14人。完成党内信息年度统计工作。

【学科建设】 2004年高等学校与科研院所学位与研究生教育评估所开展了第三次学科评估，外国语学院外国语言文学一级学科在整体水平、学术队伍、科学研究、人才培养、学术声誉五方面分别以满分的成绩排名第一。

表4-24　2004年度外国语学院获北京大学教材建设立项名单

教材名称	字数	主编	所属系列
日语语法问题解析及练习上下册	15万	马小兵讲师	一般教材
网络英语论文写作教程	22万	张　薇讲师	新兴学科与边缘学科
《大学英语听说教程》学生用书(1～4) 《大学英语听说教程》教师用书(1～4)	30万/册 附光盘和网络版	刘红中副教授	主干基础课
俄罗斯文学精品解读	35万	刘洪波副教授	主干基础课
基础俄语(一、二、三、四)	120万	赵桂莲教授	主干基础课
日本文学简史	36万	于荣胜教授	主干基础课
《综合日语》1～4册	160万 附CAI课件附光盘	彭广陆教授	主干基础课
现代俄语修辞	25万	王辛夷副教授	主要专业课
中韩·韩中翻译教程Ⅰ Ⅱ	60万	张　敏副教授	主要专业课

表4-25　2004年外国语学院获北京高等教育精品教材名单

教材名称	主编	出版单位
俄罗斯文学史	任光宣	北京大学出版社
语言学教程(修订版)	胡壮麟	北京大学出版社
当代语用学	姜望琪	北京大学出版社
法语教程Ⅰ、Ⅱ	王文融	北京大学出版社

2004年外国语学院有2篇博士论文荣获北京大学优秀博士论文奖：法语系孙伟红（论文题目：《卢梭的梦思与自我意识》）获得二等奖，俄语系王彦秋（论文题目：《俄国象征主义的音乐精神》）获得三等奖。

2002级亚非语言文学专业硕士生史阳，获北京大学第四届研究生"学术十杰"，名列全校文科第一名。

牛云平、李杰、龚觅、钱翰、许彤参加了在武汉举行的"2004年全国博士生学术论坛"。

根据教育部有关招收高校教师在职攻读专业硕士学位的通知，外国语学院从2004年开始招收高校教师攻读英语语言文学专业硕士学位班，经考试录取6人，学生来自中国农业大学、北京联合大学、石河子大学等院校。

【教学工作】 2004学年共开设本科生课程400余门，研究生课程240余门，继续开设德语、法语、日语辅修专业，辅修学生人数已达400余人。

1. 2004年，"大学英语"被评为北京市精品课程。"高年级日语精读（教材）"被评为北京市优秀教学成果二等奖。英语精读教学、大学英语教学改革、日语高年级教材编写和基础俄语教学获北京大学优秀教学成果一等奖。

2. 2004年11月26日召开外国语学院第三届教学研讨会，内容包括英语系研究生培养规范化、俄语系基础阶段教学、阿语系学生修读双学位和辅修专业、东语系本科教学督导、东语系东南亚文化方向研究生培养、日语系日语本科教材编写的理念和法语系与国外大学合作培养博士研究生和大学英语教学改革等。

3. 北京大学国家外语非通用语种本科人才培养基地网站初步建成并投入使用。

【科研工作】 科研项目的立项和申报

（1）共申报20项2004年度国家社科基金"十五"规划项目，获得立项项目7项，为外国语学院学科历史上获立项最多的一年，占北京大学文科获立项总数的近五分之一，是2004年获国家项目最多的院系。申请项目中标率达35%，共获项目经费43.5万元。具体立项名单见表4-26。

（2）教育部留学回国人员科研启动基金项目立项工作，共申报并获立项2项，获项目经费3万元。具体立项名单见表4-27。

（3）外资研究课题的立项工作，共获立项2项，获项目经费约15万元。具体立项名单见表4-28。

科研奖励及荣誉称号

（1）获北京市第八届（2004年）哲学社会科学优秀成果奖一等奖1项，二等奖4项。外国语学院参评成果11项，中标率45.45%，较第七届奖25%的获奖率有大幅增加，为外国语学院学科历史上最好成绩。具体立项名单见表4-29。

（2）获北京大学第九届人文社会科学研究优秀成果奖一等奖4项和二等奖10项。外国语学院上报成果15项，获奖14项，申报获奖率为93%，获奖总数和获一等奖数均居北京大学第一。具体立项名单见表4-30。

（3）获得国际奖4项：1月28日，韩振乾教授获朝鲜民主主义人民共和国文化勋章。5月29日，马来西亚首相巴达维亲自为梁立基教授颁发"马来西亚—中国友好人物奖"以表彰梁立基教授为促进中马两国语言、文学和文化方面的交流所做出的贡献。7月12日，智利政府向赵振江教授颁发"聂鲁达百年诞辰总统勋章"。12月1日，王一丹博士荣获伊朗文献遗产出版中心杰出贡献奖。

（4）获得国内民间奖5项：3月6日，陈岗龙副教授荣获霍英东教育基金会第九届高校青年教师奖（研究类）一等奖。4月，韩振乾教授的论文"韩国人的地方观念透析"荣获中国当代社科研究丛书编撰委员会全国优秀论文一等奖。6月，俄语系李玮副教授的论文"西方传媒的俄罗斯之旅"在成都"中国专家学者科研成果交流及学术研讨会"上，被中国学术系列丛书编纂委员会成都社会科学院国际学术交流中心共同评为"2004科研学术优秀成果"一等奖。9月30日，陈岗龙副教授的专著《蟒古思故事论》荣获中国民间文艺山花奖·第二届学术著作奖一等奖。10月，俄语系李玮副教授的论文"中俄传媒市场化之路的比较"在武汉大学承办的2004年全国博士生学术论坛·新闻传播学分论坛论文评选中荣获首届新闻传播学博士生学术论文二等奖。12月2日，李桂霞副教授的论文"浅谈思想政治工作的创新型人才培养"被评为《中国教育研究与实践》杂志优秀论文。12月，英语系余苏凌讲师的论文"有意义的语境：理论背景及其在练习设计中的应用"被高等教育论丛编委会、中等教育论丛编委会、远方出版社共同评为《科教论丛》优秀论文一等奖。

（5）11月7日，外国语学院教授桂裕芳、金鼎汉、刘安武、张鸿年、魏荒弩荣获中国译协第五届全国理事会授予的资深翻译家荣誉称号。

北京市社科理论专著出版基金申请工作

2004年上半年获1项出版基金资助：陈明《胡医东来：西域出土胡语医学文书研究》。

科研成果统计

2004年外国语学院教师在国内外学术刊物上发表多篇学术论文，根据截止到2004年8月31日的统计，属于CSSCI的论文共35篇。外国语学院编著教材数、译著数、译文数和成果总数均居北京大学文科各院系之首，具体统计数据见表 4-31。

学术会议

共举办学术会议 12 次，其中国际学术研讨会 8 次，国内学术研讨会 4 次。

（1）与美国瓦西塔浸会大学联合举办"传教士与翻译：近现代中国与西方的文化交流（1840～1950）"国际学术研讨会，5 月 23～25 日。

（2）与四川外语学院联合举办"第三届福克纳国际学术研讨会"，5 月 28～30 日。

（3）举办"第一届 KOREAN 教育国际学术讨论会"，6 月 6～8 日。

（4）与海内外 51 所高等院校联合举办"全国中美比较文化研究会第四届年会暨学术研讨会"，7 月 19～21 日。

（5）与杭州灵隐寺管理所联合举办"杭州灵隐寺飞来峰梵语陀罗尼经咒"国际学术研讨会，8 月 25～28 日。

（6）与北京大学新诗研究中心、中国作家协会诗刊社、北京朝阳区文化馆、北京世纪文景文化传播公司联合主办"纪念智利伟大诗人巴勃罗 · 涅鲁达诞辰 100 周年大会"及诗歌朗诵会，9 月 27 日。

（7）与澳大利亚墨尔本大学澳大利亚中心联合举办"澳中关系新视角：全球化与多元文化主义"国际学术研讨会，国内外 40 余位代表与会，宣读论文 30 余篇。10 月 9～11 日。

（8）与人民文学出版社外国文学编辑室联合举办"奥地利当代诗人埃里希 · 傅立特诗歌国际研讨会"，10 月 11 日。

（9）与北京大学亚太研究院联合举办北京大学蒙古学研究中心揭牌仪式暨 2004"面向新世纪的蒙古学：回顾与展望"国际学术讨论会，蒙古国驻中国公使巴特巴雅尔先生、蒙古国科学院特木尔陶高院士、策仁索德诺姆院士及蒙古国和匈牙利等 8 名蒙古学学者参加研讨会并宣读论文。10 月 30～31 日。

（10）中国日语教学研究会主办、北京大学外国语学院日本语言文化系、日本文化研究所承办"2004 日本语言文化教学与研究国际学术研讨会"，来自日本、韩国、中国内地、台湾地区和香港特别行政区的 200 余名代表与会。10 月 21～22 日。

（11）与《文艺报》联合举办首届"世界文学与中国现当代文学"全国性学术研讨会，11 月 26～28 日。

（12）北京大学世界传记中心、中国比较文学学会中外传记文学研究会、北京大学外国语学院世界文学研究所联合举办主题为"传记文学的经典化"的全国第九届中外传记文学研究会年会，11 月 28～30 日。

其他科研工作

2004 年外国语学院完成了院学术机构的调整，制定了一系列科研管理规定，整理科研档案和科研人员档案，负责"北京论坛"外国文学分坛的筹备和组织工作。

表 4-26　2004 年外国语学院获国家社科基金项目统计

负责人单位	负责人姓名	名　称	类　别
东语系	张保胜	元明清遗存蓝紮体梵文文物的解读与研究	一般规划项目
东语系	湛　如	禅苑清规研究	一般规划项目
东语系	刘曙雄	南亚伊斯兰现代进程	一般规划项目
东语系	唐孟生	南亚伊斯兰教研究	一般自选项目
日语系	彭广陆	日语教学语法系统研究	一般自选项目
英语系	周小仪	现代化过程中的消费文化研究	一般自选项目
英语系	张　薇	基于网络的大学英语研究性评价模式	青年规划项目

表 4-27　2004 年外国语学院获教育部留学回国人员科研启动基金项目统计

负责人单位	负责人姓名	名　称	经　费
东语系	陈贻绎	希伯来语圣经世界唯一权威朗诵版本的数码化、网络化工程	1.5 万元
英语系	林庆新	后现代主义历史小说研究	1.5 万元

表 4-28　2004 年外国语学院获外资研究项目统计

负责人单位	负责人姓名	名　称	经费来源
东语系	任一雄	泰语及汉泰语比较研究	泰国大使馆
日语系	刘琳琳	江户时代的幕藩权力和伊势信仰	日本住友财团基金

表 4-29　2004 年外国语学院获北京市第八届哲学社会科学优秀成果奖名单

成果名称	形式	申报单位	申报人	出版或发表时间	出版或发表单位
捍卫与挑战：对故事与话语之关系的思考（Defense and Challenge: Reflections on the Relation Between Story and Discourse）	英文论文	英语系	申　丹	2002 年 10 月	美国《叙事》（NARRATIVE）杂志
东亚模式中的威权政治：泰国个案研究	专著	东语系	任一雄	2002 年 9 月	北京大学出版社
理念与悲曲——华兹华斯后革命之变	专著	英语系	丁宏为	2002 年 10 月	北京大学出版社
印度尼西亚文学史	专著	东语系	梁立基	2003 年 9 月	昆仑出版社
唯美主义与消费文化	专著	英语系	周小仪	2002 年 11 月	北京大学出版社

表 4-30　2004 年外国语学院获北京大学第九届人文社会科学研究优秀成果奖名单

一等奖（4 项）

作者姓名	成果名称	成果形式	职称	出版单位与出版时间
梁立基	印度尼西亚文学史	专著	教授	昆仑出版社，2003 年 9 月
裴晓睿	汉泰词典	工具书	教授	（泰国）理论出版社，2003 年
申　丹	Defense and Challenge: Reflections on the Relation Between Story and Discourse 捍卫与挑战：对故事与话语之关系的思考	英文论文	教授	NARRATIVE（美国《叙事》杂志）2002 年 10 月
段　晴	“唐代大秦寺与景教僧新释”	论文	教授	（北京大学盛唐研究丛书）《唐代宗教信仰与社会》上海辞书出版社，2003 年 8 月
二等奖（10 项）				
唐仁虎	泰戈尔文学作品研究	专著	教授	昆仑出版社，2003 年 9 月
拱玉书	西亚考古史（1842～1939）	专著	教授	文物出版社，2002 年 4 月
周小仪	唯美主义与消费文化	专著	教授	北京大学出版社，2002 年 11 月
张鸿年	波斯文学史	专著	教授	昆仑出版社，2003 年 9 月
赵桂莲	漂泊的灵魂——陀思妥耶夫斯基与俄罗斯传统文化	专著	副教授	北京大学出版社，2002 年 9 月
赵振江	西班牙与西班牙语美洲诗歌导论	专著	教授	北京大学出版社，2002 年 12 月
丁宏为	理念与悲曲：华兹华斯后革命之变	专著	教授	北京大学出版社，2002 年 10 月
曾延生	波斯语汉语谚语—汉语波斯语成语词典	工具书	教授	商务印书馆，2003 年 5 月
李　淑	痴儿西木传	译著	教授	人民文学出版社，2004 年 1 月
秦海鹰	Segalen et la Chine-Ecriture intertextuelle et transculturelle（《谢阁兰与中国——跨文化互文性写作》）	法文专著	教授	巴黎 L'Harmattan 出版社，2003 年 2 月

表 4-31　2004 年外国语学院科研成果分类统计

成果总计	专著	编著或教材	论文	译著	译文	其他成果
369	20	37	262	23	14	13

【外事工作】 2004 年外国语学院共聘请长、短期外籍专家 59 人/次，其中长期专家共 35.5 人/次，从事英、俄、法、德、日、葡、阿、朝等 16 个语种本科生与研究生的教学工作。此外，2004 年共接待来访外宾超过 400 人次，其中大多数为各个领域的国际知名专家；本年度派出长期在国外进修和讲学的教师有 37 人，短期讲学和出席国际学术会议的教师有 50 余人。

年内主要外事活动有：

1 月 2 日，举行澳门理工学院李向玉教授向外国语学院赠书仪式。

1 月 8 日，西班牙文化、教育和体育部长来访。

3 月 14 日，美国 Idaho State

University，Thomas Hale 教授做“美国的印度研究以及基于美国人对印度的理解”讲座。

3 月 15 日，副院长刘树森会见俄勒冈大学教育学院一行并商谈合作意向。

3 月 18 日，北京大学日本文化节开幕。

3 月 24 日，Insearch Limited（英世企有限公司）财政总裁 Peter Neilson 和该公司中国教育集团董事长严骏来访，就学历教育和非学历教育、语言培训的合作项目及前景等问题进行探讨。

3 月 24 日，英语系邀请 Goldberg，Adele E. 教授讲授句式语法。

3 月 30 日，刘树森、谢秩荣接待叙利亚大马士革大学副校长蒙吉德一行。

3 月 31 日，阿拉伯国家驻华使节报告会在图书馆北配楼举行。郝平副校长、外国语学院程朝翔、吴新英、刘树森出席。这是阿拉伯国家驻华使节第一次集体莅临北大，包括阿拉伯国家联盟驻京代表处主任（大使）和约旦、埃及、阿曼、沙特、巴林、巴勒斯坦、伊拉克、苏丹、摩洛哥、卡塔尔、毛里塔尼亚、阿尔及利亚、黎巴嫩、突尼斯、利比亚、索马里、阿联酋等阿拉伯国家的大使或代办。

4 月 7 日，北京大学东南亚研究所举行授予新加坡沈氏宗亲会会长沈时达先生名誉顾问仪式。

4 月 16 日，泰国拉差帕呵叻大学副校长阿色妮、研究生院院长和文学院院长等 34 人来访并与外国语学院师生座谈。

4 月 22 日，印度高等教育学院院长、印度报业托拉斯副总编来访并作演讲。

5 月 2 日，德国慕尼黑大学副校长 Schuboe 教授来访。

5 月 15 日，Thornton Wilder 的著名剧作《*Our Town*》由来自洛杉矶的专业演员、剧作家、制片人、外籍教师 Joseph Graves 执导并参与演出，由北大英语系的同学做本剧首次的中国演员，在北京大学百年纪念讲堂成功公开上演。

5 月 16 日，巴黎第八大学和第四大学文学系 Maurice Courtois，Jacques Neefs，Tiphaine Samoyault，Béatrice Didier 等教授来访，与法语系磋商联合培养博士的合作。

5 月 25 日，巴西联邦共和国总统路易斯 · 伊纳西奥 · 卢拉 · 达席尔瓦阁下来访，并为“北京大学巴西文化中心”成立揭牌。

5 月 27 日，院党委书记吴新英与金鼎一教授会见韩国财团理事一行。

5 月 28 日，英语系在图书馆举办詹姆斯 · 乔伊斯生平展，爱尔兰驻华大使康德伦、北大副校长林钧敬为展览揭幕。

5 月 28 日，外国语学院与韩国江南大学第一学院开始建立学术合作关系。

6 月 6 日，第一届朝鲜（韩国）语教育国际学术研讨会召开。

6 月 7 日，智利音乐人来访并为外国语学院学生演出。

8 月 28 日，旅居泰国的加拿大籍学者 Peter Skilling 博士应邀短期讲学。

8 月 31 日，美国叙事理论界的领军人物 James Phelan 应邀来访并讲学。

9 月 7 日，隶属印度人力资源开发部主席向印度研究中心赠书约 100 册。

9 月 6 日，国际著名语言学家、哈佛大学语言学系 Susumu Kuno 教授应邀来访并讲学。

9 月 14 日，美国 Illinois 大学语言学教授 Douglas Kibbee 应邀来访并讲学。

9 月 15 日，巴基斯坦少数民族、文化、体育、旅游暨青年事务部秘书（副部长）贾利尔 · 阿巴斯率巴基斯坦青年学生代表团一行 100 人来外国语学院与乌尔都语系及英语系的学生进行座谈，并在师生陪同下参观校园。

9 月 17 日，程朝翔、刘树森、韩振乾应邀访问韩国江南大学。

9 月 21 日，泰国拉差威尼学院一行 38 人与泰语师生座谈。

10 月 10 日，美国 City University of New York 教授 Donald Stone 来外国语学院英语系进行短期讲学。

10 月 11 日，杨百翰大学中国教师项目负责人访问英语系

10 月 11 日，巴西文化部长吉尔贝托 · 吉尔在巴西驻华大使、公使、文化参赞等陪同下来访，在巴西文化中心发表演讲并与学生座谈。

10 月 18 日，日本前邮政大臣、自治大臣、通商产业大臣、国家公安委员长，现东洋大学研究生院教授深谷隆司来访并演讲。

10 月 19 日，刘树森、苏耕欣应邀参加意大利使馆文化处举行的意大利语培训班开学典礼并出席招待会。

10 月 26 日，新西兰奥克兰大学代表团一行 8 人来访并演讲，刘树森接待，共同探讨成立新西兰研究中心等事宜。

10 月末，墨西哥殖民时期文学专家马格丽特 · 佩尼娅应邀短期讲学。

11 月 9 日，程朝翔、刘树森前往澳大利亚 Griffith University 短期访问、考察。

11 月 9 日，外国语学院与台湾淡江大学协商合作意向。

11 月 29 日，程朝翔院长与伊尔库斯克国立语言大学签署合作协议及“2004～2005 年合作计划”。

12 月 21 日，阿拉伯语系仲跻昆教授访问埃及并参加“中埃关系及阿拉伯语和汉语研究”的研讨会。

12 月 24 日，泰国纳黎萱大学教育学院副院长婵塔娜 · 占班中博士一行 50 人来外国语学院

座谈。

12月28日,孟加拉国驻华使馆公使莅临外国语学院新开设的孟加拉语课堂,与师生座谈,课后与刘树森副院长、刘曙雄副院长在外文楼会谈。

12月末,为纪念莫斯科大学250周年校庆并推进两校间的交流合作,俄语系邀请莫斯科大学国际教育中心的4位教师来北大进行交流访问,就俄语教学及科研方面的问题进行探讨,并组织俄方专家与俄语系师生座谈。

【学生工作】 2004年外国语学院再次被评为北京大学学生工作先进单位,院团委再次被评为北京大学红旗团委,李桂霞老师被评为北京市高校优秀德育工作者。全院师生认真学习贯彻中共中央、国务院《关于进一步加强和改进大学生思想政治教育的意见》,积极开展党团日和班级活动。提出"党建带团建,团建助党建"的工作思路,注重加强学生党支部的堡垒作用,带动共青团工作的持续发展。9月26日,外国语学院团校正式成立。

外国语学院学生积极参与学校的各项文体活动,在新生文艺汇演中,外国语学院选送的节目分获一等奖和三等奖,学院获组织奖。在新生杯系列赛事中,外国语学院女排夺得全校亚军,男篮进入四强。

学术活动方面,院研究生会与译林出版社合办了"人文与社会"系列讲座。院学生会隆重推出"文明在此交融——走近欧罗巴"欧洲人文风情巡礼活动。10月,成功举办"畅谈新生·感悟成长"主题演讲比赛。此外,外国语学院还与联合国教科文组织和北京大学亚太研究中心合办"东亚青年间对话——中日韩三国青年文化交流调研"活动。12月24日,外国语学院"2005·五彩路"新年晚会在办公楼礼堂隆重举行。

外国语学院的学生充分发挥语言优势,成为各种外事交流与实践的主力军。俄语系学生参加中央电视台"幸运52"庆祝中俄建交50周年特别节目;阿语系学生参加阿拉伯驻华使团演讲会;法语系学生为中非青年文化节担任志愿者;乌尔都语专业同学接待巴基斯坦百人青年团。此外,外国语学院相关专业社团隆重推出日本、法国、韩国文化节。

【继续教育】 2004年度外国语学院举办的继续教育培训项目有:英语自考助学(专科阶段和专升本阶段),剑桥商务英语(BEC)培训班,英语强化班,暑期外教英语口语班,剑桥少儿英语培训班,英语四级考前辅导班,暑期中国文化研习班等,累计培训学生2000多人。

【工会工作】 外国语学院工会发挥桥梁纽带作用,围绕学院中心工作开展工会活动。4月下旬配合院党委组织教职工参观西柏坡;10至12月通过"双代会"代表选举,增强工会会员维权意识,"双代会"前召开座谈会,搜集意见,学院代表共向大会提交议案9份,意见3份。年末召开中青年教师座谈会。看望离退病困教职员工;11月份组织全院教职员工(含离退休人员)查体。积极开展丰富多彩的文体活动:校运动会取得团体总分第8名和精神文明奖杯;校教职工乒乓球比赛取得女子团体冠军、男子团体第4名和女子个人第3名;成功举办全院教职工新年联欢会。保持了校"模范教职工之家"称号。

【李赋宁教授逝世】 西方语言文学大师、著名教育家、翻译家、北京大学外国语学院英语系教授李赋宁先生因病医治无效,于2004年5月10日10时10分在北京逝世,享年87岁。

李赋宁教授历任清华大学外语系副教授,北京大学西语系、英语系教授、系主任,北京大学副教务长,第一届外国语言文学博士生导师,国务院学位委员会学科评议组成员、特约成员,兼任中国外国文学学会理事、名誉理事,《北京大学学报》顾问,《中国大百科全书·外国文学卷》副组长,全国高校外国文学学会副会长,中国莎士比亚学会副会长,中国外语教学研究会副会长等。李赋宁先生通晓英、法、德、拉丁、希腊文和古英语等多门外语,专长研究英语语言文学、英语史、英国和欧洲文学史等。主要著作有《英语史》(获教育部优秀教材一等奖和北京大学哲学社会科学优秀成果一等奖)、《李赋宁论英语学习和西方文学》、《漫谈英语学习》、《蜜与蜡:西方文学阅读心得》等多部专著;主要译著有代表作《约翰生〈莎士比亚戏剧集〉序》,《艾略特文学论文集》、《英国文学名篇选注》等;并在核心刊物上发表了评莎士比亚、乔叟、荷马和有关西方语言文学及英语教学与研究的学术论文40多篇。李赋宁先生是我国西方语言文学界的泰斗,对我国外语研究做出了巨大贡献。

【杜秉正教授逝世】 外国语学院英语系资深教授杜秉正先生因病医治无效,于2004年10月15日10点16分在北京逝世,享年92岁。杜秉正先生曾于1947年在清华大学外文系任教,讲授英语。1952年院系调整时调入北京大学西语系,先后在西语系和英语系任讲师、副教授、教授,并享受政府津贴。曾任教育部外语专业教材编审委员会委员,1982年至1986年任第二届北京市高教学会大学英语教学研究会理事,并担任《大学英语》杂志编委等职务。1956年加入九三学社。杜秉正先生学风正派,治学严谨,平易近人,在教学实践、教学方法研究与教材编写以及翻译经典英语文学作品等方面具有极高的造诣,取得了丰硕成果,深受广大师生的敬重和爱戴。

(安晓朋)

马克思主义学院

【发展概况】 马克思主义学院成立于1992年。学院的教学科研机构有马克思主义哲学教研室、中共党史教研室、政治经济学教研室、思想政治教育教研室、当代世界经济与政治教研室、科学社会主义教研室；社会发展研究所、德育研究所、民营企业研究所；有邓小平理论研究中心（教育部文科重点基地）、社会经济与文化研究中心。有马克思主义理论与思想政治教育、科学社会主义与国际共产主义运动2个博士点（其中后者与国际关系学院共建，是国家重点学科），有中共党史、哲学、经济学、科学社会主义、思想政治教育5个硕士点。学院现有教职工53人，其中教授15人、副教授18人、讲师12人、管理人员8人（研究员1人，副研究员1人，馆员3人）；现有学生1500人，其中在校本科生（专升本）近300人、硕士生120人、博士生近40人、成人教育学生1000余人；有多位访问学者或进修教师来院进修。

【教学工作】 马克思主义学院承担了全校从本科生到博士生除《自然辩证法概论》和《现代科学技术革命与马克思主义》之外的公共马克思主义理论和思想品德课程；承担了国家教育部委托的"两课教师在职攻读硕士学位班"的教学、培养工作；承担了思想政治教育专业本科生的教学、培养工作；承担了学校多层次、长短期的各类继续教育、培训方面工作。

2004年2月，学院开设的"邓小平理论和'三个代表'重要思想概论"课（陈占安教授主持）被教育部认定为国家级精品课程；7月，学院开设的"毛泽东思想概论"课（仝华教授主持）被评为北京市精品课程；学院通过学校申报的教学改革成果"高校本科生思想政治理论课教学的改革和探索"，荣获北京市一等奖。9月，经北京大学校长办公会批准，学院的"邓小平理论和'三个代表'重要思想概论"、"毛泽东思想概论"、"马克思主义哲学原理"、"马克思主义政治经济学原理"、"思想道德修养"、"当代世界经济与政治"等6门课程，被确认为北京大学本科生主干基础课程。

学院组织教师利用暑假和寒假，按研究所、教研室组合，分别到一些改革开放以来发生重大变化的地区进行社会考察和调研。社会发展研究所到青海；经济学教研室到浙江；中共党史教研室到吉林；哲学和思想政治教育两个教研室到云南。各教研室在考察期间顺访了一些兄弟院校，就如何在新的历史条件下加强和改进思想政治理论课教学等问题交流了经验。北京大学与北京青年政治学院正式签署举办思想政治教育本科班协议：由马克思主义学院承办思想政治教育本科班，采取联合办学方式支持北京市的人才队伍建设。

【科研工作】 2004年，学院承担的"985"一期项目"马克思主义与当代现实"中几个子课题的最终成果出版；"十五""211"项目"马克思主义与中国特色社会主义"中20多个子课题的研究在进行中。学院教师发表各种著作28部、论文177篇；年度人均成果4.27，在北京大学文科各院系中排名第四。夏文斌副教授撰写的《知识经济与中国现代化的跨越式发展》论文，荣获北京大学第九届人文社会科学优秀成果二等奖。4月，刘志光副教授参加北京市科学技术奖励大会暨2004年北京科技工作会议，作为课题组主要成员代表获得北京市科学技术进步奖三等奖。12月，陈占安教授荣获中共北京市委颁发的优秀思想政治工作者奖，出席北京市举行的思想政治工作先进集体和个人表彰座谈会。孙代尧、陈德民副教授被认定为北京市高校马克思主义理论与思想政治教育学科青年带头人。

【对外交流】 2004年，马克思主义学院开展的国内学术活动更为活跃。先后同中国人民大学、清华大学、北京师范大学、西南师大、《思想理论教育导刊》联合举办了"全国高校'两课'教师纪念邓小平诞辰100周年理论研讨会"；同呼伦贝尔学院联合举办了"全国'两课'教学研讨会"；同中国历史唯物主义学会、中国社科院、清华大学、中国人民大学联合举办了"马克思主义中国化与邓小平理论全国学术研讨会"；同中国人民大学、清华大学联合举办了主题为"加强党的执政能力"的"三校博士生论坛"；与首都经济学家论坛联合举办"产权理论与国有企业改革研讨会"；学院北京大学中国民营企业研究所举行"学习十六届三中全会精神座谈会"、"品牌战略深度研讨会"。6月25至26日，由北京大学邓小平理论研究中心承办、学院积极参与协办的"北京大学纪念邓小平同志诞辰100周年国际学术研讨会"举行。来自中国、美国、日本、俄罗斯、韩国、吉尔吉斯斯坦等国家和我国台湾地区的学者百余人参加了研讨会。学院有10多位教师提交论文并参加研讨会，论文被收入《邓小平与当代中国和世界》论文集，由北京大学出版社出版。学院教师受邀讲学、参加国内各种学术研讨会超过50人次。

2004年，学院的对外国际学术交流活动进一步扩大和发展。3月，根据中国与匈牙利文化交流协议，匈牙利青年学者毕爱珊到学院做一个学期的访问研究工作，导师为陈占安教授。3月，孙代尧副教授应邀到澳门理工大学作为期一年的访问研究。5月3日，由院长陈占安率队，秦维红、赵顺和医学部的张志同行，组团赴波兰参加由波兰罗兹大学举办的国际学术研讨会。在参加学术研讨会期间，访问团受到波兰罗兹大学校长的接见；与该校经济学系系主任、该校师生进行了广泛的学术交流。7月，祖嘉合教授应美国马里兰大学妇女研究系邀请，赴美参加该校举办的“女性主义理论与网络教育”学术研讨会。7月12日，由北京大学社会经济与文化研究中心与韩国瑞江大学地域发展研究所、北京联合大学应用文理学院在北京联合大学合作举办主题为“东方文化与区域发展”的“第九次中韩国际学术研讨会”。黄南平、邱尊社、刘志光、魏波参加研讨会并在会上致辞和发言；张守民、刘志光、秦维红、陈德民、魏波、王成英、聂志红等撰写的论文入选研讨会论文集。10月，林娅教授应邀到法国参加世界马克思主义大会。12月20日，仝华教授应邀到香港参加妇女问题国际学术研讨会。2004年，学院先后接待了来自日本、美国、奥地利、韩国、匈牙利以及我国台湾地区的多名学者来访。

【学生工作】 2004年，学院积极支持学院团委和学生组织开展了丰富多样的活动，学生工作取得新的成绩。学院的学生组织了学术沙龙活动；组织了文明宿舍卫生评比活动；开展了主题党日、团日活动；院研究生自办的《学林》出刊；本科生自办的班报《思政新篇》出刊。学院团委荣获2003～2004年度北京大学共青团先进团委荣誉称号。学院学生社团青年马克思主义发展研究会荣获2004年北京大学暑假“三下乡”社会实践优秀团队奖，被评为北京大学品牌社团。学院80多名同学获各种奖项和奖学金。

【其他工作】 2004年，学院新一届工会经选举产生，李少军为工会主席，刘士杰、秦维红为副主席。学院修订了各项工作考核新标准及奖励制度；编印《北京大学马克思主义学院2001年至2003年科研工作通讯》，记载了在岗教师三年科研成果统计、重大科研项目目录、科研获奖等情况。

（黄南平）

教育学院

【概况】 北京大学教育学院成立于2000年，是在原北京大学高等教育科学研究所、教育经济研究所和电化教学中心的基础上组建而成。教育学院下设3个系、2个研究所和1个中心，即教育与人类发展系、教育经济与管理系和教育技术系，高等教育研究所和教育经济研究所、基础教育与教师教育中心。其中教育经济研究所为教育部人文社会科学重点研究基地，教育经济与管理为国家重点学科。教学科研辅助机构包括图书及信息资料中心、计算机室、全国高等教育情报网总站（挂靠单位）和全国高等教育技术信息中心（挂靠单位）。在编人员42人，其中教授7人（博士生导师5人）、副教授15人、讲师8人；党政、教辅等人员12人，其中高级职称者4人、中级职称者4人、初级职称者4人。

教育学院在研究方面从事教育学领域的基础性和应用性研究，特别关注对中国教育实践中的重大问题的研究，注重与国际同行的交流与合作。在人才培养方面以研究生的培养为主，专业涉及教育学、教育经济学、国际与比较教育、教育管理与教育政策分析、教育技术、人力资源开发、课程设计与现代教学理论等。另外还为中央、北京市等教育决策部门提供有关决策支持研究和政策咨询，为教育管理人员及教师提供在职培训。

【培养工作】 教育学院设有高等教育学专业博士点（设于1990年）、硕士点（设于1983年），教育经济与管理学专业博士点及公共管理博士学位一级学科授予权（分别设于1997年和2003年）、硕士点（设于1995年）；教育学原理博士点（设于2003年）和教育技术学硕士点（设于2000年）。研究生培养方向包括：（1）高等教育基本理论；（2）教育经济学和教育财政学；（3）中国高等教育及国际与比较高等教育；（4）教育研究方法；（5）教育管理；（6）教育技术学。

2004年度在读硕士研究生79人，博士生84人（其中高级教育行政管理博士研究生32人），访问学者和进修教师以及在职申请学位者近7人，其中新招硕士研究生27人、博士研究生38人（其中高级教育行政管理博士研究生28人）。2004年获博士学位7人，获硕士学位28人。教育学院开设有硕士生、博士生课程以及学校通选课近99门。

【科研工作】 2004年进行中的科研项目计96项，其中新增项目11项。新增的项目主要有（括号中为项目负责人）：教师教育课程资源建设规划研究（陈向明）、教师培训成本分担和经费保障研究（丁晓浩）、海淀教育与社会经济协调发展战略研究（文东茅）、中国教育信息化调查研究（赵国栋）、云南农村教育的发展模式及对策研究（岳昌君）、基于成人学习理论的现代远程教学模式与实践研究（汪琼）、北京地区高校“校园信息化”发展策略研究(赵国栋)、教育投入法专题研究(李文利)、关于国内外高等职业技术教育的现状及在人力资源开发中的作用研究(丁小浩)、融资体制创新与我国体育产业的发展(康小明)、我国普通高等学校学生资助政策体系研究(李文利)。

2004 年启动了 4 项重大的研究项目:

第一,教育部重大课题项目“中国教育与人力资源发展”3 月正式启动,项目由闵维方主持,计划于 2008 年完成。课题参加者还包括西南师大、清华大学、中科院、社科院、国家统计局、上海教科院等机构及来自世界银行、国外研究机构的学者。2004 年课题组召开了 3 次专题研讨会。项目组与国家统计局合作对 12 个省市 1 万个家庭 5 万名左右的居民进行了调查,并对全国东、中、西部地区各层次、各类型超过 1 万名高校毕业生的就业情况调查。

第二,国务院学位办委托项目“学位与研究生教育发展研究”2 月正式启动,项目由陈学飞主持。课题组通过在上海、南京、西安、兰州等地的考察、访谈和问卷调查,年底提交了《中国学位与研究生教育发展报告 1978～2003》(第 5 稿)。

第三,教育部哲学社会科学研究重大课题攻关项目“构建学习型社会和终身学习体系的研究”,由丁小浩和郝克明主持。

第四,北京市教育科学规划领导小组办公室委托项目“大众高等教育时代大学生价值观念与社会行为研究”,由刘云杉主持,课题组包括本院 10 余名教师和研究生。

【学术交流】 教育学院教师赴国内和国外参加学术会议达 668 人次,国际和国内外出讲学 45 人次,到国外和国内其他院校进行考察计 89 人次;来教育学院进行讲学的国际和国内学者计 58 人次,接待的国际和国内正式来访者计 66 人次。国外及港台地区的来访者并进行学术报告的学者主要有:

美国印地安纳大学解学慧学术报告:“中美数学国家教育标准及其课程设计和教学的比较研究——潜在的教育理论和哲学基础讲座”(3 月 1 日);美国杜克大学高柏教授学术报告:“全球化与中国的人力资本”(3 月 10 日);日本名古屋大学教育学部植田健男教授学术报告:“日本教育基本法修改问题和国立大学法人化”(3 月 18 日);英国牛津大学教授墨根(Keith John Morgan)学术报告:“21 世纪的英国高等教育”(4 月 13 日)和“日本工业企业和大学中研究的经济回报的比较”(4 月 15 日);英国东伦敦大学普拉特教授(John Pratt)学术报告:“政策转移”(4 月 29 日);美国加州伯克利大学教授王灵智学术报告:“美国公立教育的理想与现实”(5 月 19 日)和“美国研究型大学的组织与治理”(5 月 26 日);美国北卡大学戎雪兰副教授进行题为“迁移、社会经济平等与教育”的 5 次系列讲座 5 月 22 日起;美国哥伦比亚大学凯文(Kevin Dougherty)副教授学术报告“美国高等教育财政:结构、趋势和问题”(5 月 25 日);加拿大阿伯特大学教授范梅南(Max van Manen)学术报告:“教育现象学”(6 月 2 日);美国索尔兹伯里大学姚红教授学术报告:“劳动经济学”(6 月 8 日);台湾淡江大学大陆研究所杨景尧副教授做“台湾当前教育重要问题与出路”和“两岸与日本国初中历史教科书比较研究”等 5 场学术报告(6 月 15 日～7 月 5 日);印度学者提塔克(J. B. G. Tilak)学术报告:“印度高等教育与国家发展”(8 月 27 日);美国哈佛大学费正清研究中心伊维德教授(Wilt L. Idema)学术报告:“荷兰大学管理和哈佛教育管理差异比较分析”(8 月 28 日);台湾大学黄俊杰教授学术报告:“21 世纪大学通识教育的新课题:全球化的视野”、“21 世纪全球化时代的大学理念与大学教育:问题与对策”、“21 世纪大学人文通识教育的新方向”(9 月 6、7、8 日);美国宾夕法尼亚大学教育学院帕克特教授(John Puckett)学术报告:“宾夕法尼亚大学社区”(10 月 27 日);摩托罗拉大学中国校长阎晓珍学术报告:“人力资源开发在企业中的应用:以摩托罗拉大学为例”(11 月 2 日);美国密执根州立大学赵勇博士学术报告:“元分析研究方法及其实际应用”(11 月 18 日);美国华盛顿大学威廉 · 祖迈特教授学术报告:“美国私立高等教育及其公共政策”;美国纽约州立大学奥伯尼分校凯文 · 金赛尔教授学术报告:“地区认证与美国营利性高等教育”;美国纽约州立大学奥伯尼分校丹尼尔 · 列维教授学术报告:“私立高等教育分析”(12 月 17 日);香港中文大学教育学院卢乃桂教授学术报告:“香港 3-3-4 学制改革会谈”(12 月 27 日)。

【人事工作】 2004 年 4 月沈阳师范大学施晓光应聘到教育学院工作,任副教授。6 月正式聘任到中央教育科学研究所工作,朱小蔓、毕诚、曾天山、陈云英、田慧生等 5 位教授任北京大学教育学院兼职教授。8 月陆小玉晋升为研究员(2003);吴筱萌、郭建如(2003)、赵国栋(2004)晋升为副教授。

3 月和 9 月院务会议决定以下人事调整:陈洪捷教授任教育与人类发展系主任,刘云杉副教授任副主任;王蓉副教授任教育经济与管理系主任，岳昌君副教授任副主任；施晓光副教授任高等教育科学研究所副所长；汪琼副教授、李文利副教授任院长助理；郭文革副教授任教育技术系主任，赵国栋副教授任副主任。李春萍博士任《北京大学教育评论》编辑部副主任。

4月，北京大学教育学院学术委员会重组，主任：丁小浩，副主任：陈向明，委员：闵维方、陈学飞、陈洪捷、高利明、胡荣娣；5月，北京大学第七届学位评定委员会教育学分会组成，主席：陈学飞教授，副主席：陈洪捷教授，委员：闵维方、丁小浩、陈向明、高利明、汪琼、文东茅、王蓉。

8月文东茅副教授公派赴美国哥伦比亚大学教育学院进修学习，为期一年。8月蒋凯赴香港大学教育学院进行博士后研究，为期两年。

【获奖情况】 2004年2月，岳昌君副教授获得"北京大学青年教师教学演示大赛"三等奖。11月，陈洪捷教授、陈晓宇副教授的博士论文获"首届中国高等教育学会高等教育学优秀博士学位论文奖"。12月马万华副教授的专著《从伯克利到北大清华—中美公立研究型大学建设与运行》荣获中国教育学会(1999～2004)二等奖。

5月，在北京大学第十二届"挑战杯五四青年科学奖"竞赛中，博士生李锋亮、硕士生蒋华、宿方圆获得二等奖，硕士生范皑皑获三等奖，沈祖超获鼓励奖，蒋华、宿方圆的作品还获得特别贡献奖的二等奖。教育学院共上报参赛作品4件，获得了团体三等奖。

7月，教育学院党总支召开党员表彰大会，表彰入选学校的优秀共产党员(李文利)和本院优秀共产党员(方洪勉、吴峰、郭丛斌、范皑皑)。

11月，教育经济与管理系申报的"教育经济与管理专业研究生培养课程体系建设和实践"获北京市高等教育教学成果奖二等奖、获北京大学教学成果奖一等奖；教育与人类发展系申报的"高等教育学专业课程建设与研究生培养"获北京大学教学成果奖一等奖；汪琼副教授申报的"优化五合一"教学模式获北京大学教学成果奖二等奖。

12月由教师、硕士生、博士生组成的合唱队在北京大学团委组织的北京大学"一二·九"歌咏比赛中获得优秀奖。

【学术会议】 2004年2月25至27日，北京大学国际合作部、北大教育学院和美国南加州大学联合举办了主题为"环太平洋地区大学联盟高等教育国际化"的国际学术研讨会，近40位来自不同国家的学者专家参加了此次研讨会。

6月19日，举办"教育博士(Ed. D.)的培养与中国的尝试"研讨会，对国内五所高校高级教育管理博士学位(Ed. D.)办学模式、培养方式和发展方向等问题进行了讨论和经验交流。与会者分别来自北大教育学院、北京师范大学教育学院、国家教育行政学院、华东师范大学教育学院、华中科技大学教育科学学院、美国北卡大学教育学院等。

7月28日，由国家教育部主办、北京大学教育学院承办的"高等教育传统与学习文化中德研讨会"在北京召开。该研讨会是中德政府之间"高等教育战略对话"的一个组成部分，与会者为中德双方教育高层官员和学者，章新胜副部长等教育部领导参加了会议。

8月23～25日，在北京大学主办的"北京论坛——文明的和谐与共同繁荣"国际会议上，教育学院主办了"国际视野中的教育与人类发展"的国际研讨会。

8月26～27日，北京大学教育学院、教育经济研究所主办了"中国教育与人力资源发展高级国际研讨会"。来自美国哥伦比亚大学、德国卡塞尔大学、日本东京大学、加拿大多伦多大学、以色列巴以拉大学和世界银行、福特基金会和中国内地、香港高等学校的专家学者以及教育部的有关领导共176人参加了会议。

9月18～19日，与英国剑桥教育集团联合举办了"学校评估与学校发展国际研讨会"；由基础教育与教师教育中心承办，与会者100多人。

11月16～17日，中国教育部中央电化教育馆、加拿大国际发展署"加强中国西部基础教育能力项目"北京办公室、北大教育学院共同主办了"中加合作加强中国西部基础教育能力项目"第一次国家级论坛："提高中国西部在职教师教育质量：经验、挑战、对策研讨会"。

【其他】 《北京大学教育评论》(季刊)被《中国核心期刊要目总览》(第四版)确定为全国高等教育类核心期刊。

9月7日，教育部专家组到普通高等学校人文社会重点研究基地——教育经济研究所进行评估检查。闵维方教授汇报了基地3年来的发展情况。基地顺利通过了教育部的检查。

10月21～22日，教育知行社举办"西部农村教育图片展览"，展览包括100多张反映西部农村教育以及大学生在西部农村社会实践的照片。

10月25日，以03级硕士生为主举办了"教育学院文化节"，主题是"关心教育、理解教育"。活动包括通过展板展示学院的风貌、系列学术讲座、教育影片展播。

(陆小玉　陈洪捷)

艺术学系

【发展概况】 艺术学系现有教师21人(其中教授8人)、行政教辅人员4人;现有学生人数:影视编导专业本科生134人(其中留学生20人),节目主持人专业本科辅修117人,硕士研究生50人,博士研究生3人,硕士研究生课程班学员272人;现有6个研究所:文化产业研究所、书法艺术研究所、京昆古琴艺术研究所、戏剧艺术研究所、汉画研究所、希腊艺术研究所;有资料室、影视实验室、图书资料等多种大规模教学资源。其中,资料室藏有图书、音像资料(包括录像带、磁带、VCD、DVD)6000余册(盘),期刊60余种(2000余册),外刊25种(200余册),幻灯片15000张;影视实验室现有摄像机30余台,多套非线性编辑系统及其相关设备,基本具备演、拍、剪辑、合成、三维场景、虚拟等音像制作功能,主要供影视编导专业本科生实践课所用。教学仪器设备(包括影视设备、乐器、计算机等)300台,价值350万元。

【教学科研】 艺术学系共开本科生课53门(其中通选课14门、公选课18门、专业课13门、双学位专业课8门),研究生课8门。全年出版专著7种,发表论文31篇。

【学术交流】 2004年艺术学系举办了一系列学术交流活动,国外学者的学术讲座有:4月7日,美国加州大学圣地亚哥分校心理学系Vladimir Konecni教授,“艺术中的黄金分割律”;5月12～14日,美国波士顿大学美术史系Fred Kleiner教授,“古希腊美术史专题系列讲座”(包括“艺术的革命:古典风格的诞生”、“奥林匹克运动会和奥林匹亚的宙斯神殿”和“巴特农神殿:雅典卫城的艺术与政治”,有卢斯基金会赞助);5月15日,美国Lake Forest College教务长Chythia Hahn教授,“美国电视节目漫谈”;8月26日上午,美国Thmple大学教授John Lent,“全球化和动画片”;美国马里兰大学教授Ellen Spitz“心理分析和艺术”;8月26日下午,英国剑桥大学教授William St. Clair“国际博物馆问题”;11月23日下午,日本著名画家藤岛博文“唐宋绘画与日本绘画——日本画的审美意识”;2004年12月20日,巴西著名批评家Rodrigo Nabes“巴西当代艺术纵横谈”。

【学科建设】 到2004年,艺术学系建立了3个硕士研究生专业和1个博士研究生专业。3个硕士生专业是:艺术学专业(包括音乐学、舞蹈学、艺术批评、艺术教育、文化艺术管理等方向),电影学专业(包括电影学和电视学方向),美术学专业(包括美术学和书法学方向)。2003年,申请艺术学博士点获得通过,从2004年开始招博士生。2004年开始申报电影学和美术学的博士点。

【艺术教育】 艺术学系一直承担北京大学艺术类公共选修课和艺术类素质教育通选课的教学任务。到2004年,总计开设了58门课程,如《艺术概论》、《艺术史》、《中国音乐概论》、《基本乐理与管弦乐基础》、《世界电影史》、《中国电影史》、《中国古代舞蹈史》、《中国美术史及作品赏析》、《西方音乐史及名作欣赏》、《中国音乐史及名作赏析》、《中国书法史及名作欣赏》、《影视鉴赏》、《西方交响乐欣赏》、《中外名曲赏析》、《舞蹈原理与鉴赏》、《中国卷轴画史》、《历代装饰艺术赏析》等。平均每学期开设约28门通选课和公共选修课,每年接纳学生4000人左右。其中《艺术概论》在2004年被评为国家级精品课程。

【北大学生艺术团】 由艺术学系管理的北大学生艺术团由4个分团组成:合唱团、交响乐团、舞蹈团、民乐团,共有280人。2004年在第11届全国青年歌手电视大奖赛中,作为首次参赛的高校学生队伍,北大学生合唱团部分成员组成的北大代表队表现出色,取得了非职业组团体总分第六名的好成绩并捧得铜奖(为全国高校唯一获奖代表队),队员们还获得了多个单项奖,北大校领导为此颁发了嘉奖令。2004年合唱团赴日本东京参加“第二届东亚著名高校合唱节”。交响乐团先后参加了首都大学生交响音乐暨开幕式专场音乐会和《李岚清音乐笔谈》一书首发式交响音乐会。8月,民乐团在北京大学校领导的带领下赴泰国参加了泰国法政大学校庆活动。

【其他】 2004年北京大学艺术学系面向高等学校(含高职、高专以及新升格院校)招收了40位学员,在职攻读艺术学、电影学硕士学位。与中国人民解放军总政治部直属工作部干部局合作,于2004年开始在北京举办艺术学专业研究生课程进修班。在艺术系挂靠的北京大学书法艺术研究所于2004年开办首届书法艺术研究方向研究生课程进修班。6月,艺术系参加普通高中新课程骨干培训者国家级研修方案评审会,此次评审,教育部师范司采用项目邀标的方式确定承担研究的院校和学科,评审团采取专家打分制,对研修方案目标、研修模式、课程设置(通识培训、学科标准培训、培训理念与方式研讨)、研修工作的组织与管理等方面进行考量。艺术系与其他单位承担了高中艺术骨干教师的培训任务。

(艺术学系)

表 4-32 2004 年艺术学系出版的专著

作者	专著名称	出版社
陈旭光	当代中国影视文化研究	北京大学出版社
	艺术为什么	中国人民大学出版社
	艺术之维	河北教育出版社
李道新	中国电影的史学建构	中国广播电视出版社
白巍	宋辽金西夏绘画史	海风出版社
	人间词画(一套四本)	中华书局
翁剑青	城市公共艺术	东南大学出版社

表 4-33 2004 年艺术学系发表的论文

作者	论文名称	发表刊物
翁剑青	在真实的情感生活中成长	《中国建筑艺术研究年鉴》,中国艺术研究院
李道新	传记的史学维度	《文艺报》2004 年 11 月 30 日
李道新	那种无法重现的古典味道——朱石麟、李萍倩电影笔记	《新京报》2004 年 11 月 24 日
翁剑青	当代语境中美术的地域性与世界性	《首届北京国际美术双年展论文集》,人民美术出版社
丁宁	博物馆:艺术经典的意义流变	《无墙的美术馆》,广西师范大学出版社
丁宁	艺术品修复:一种独特的文化焦点	《无墙的美术馆》,广西师范大学出版社
翁剑青	公共艺术是公民大众的艺术	《公共艺术在中国》,香港心源美术出版社
翁剑青	当代中国公共艺术建设中的公共性问题	《美术观察》
丁宁	罗可可的情调——华托、布歇的绘画一瞥	《中国国际友谊》(第 4 卷),文物出版社
李道新	意识形态氛田与中国恐怖电影的不可预期	《电影新作》2004 年第 5 期
李道新	从孤岛走向世界——谢晋电影与中国电影传统	《福建艺术》2004 年第 5 期
李道新	电影学术:无人喝彩的尴尬与渴望超越的焦虑	《中华读书报》2004 年 8 月 11 日
陈旭光	"家"的寓言与"铁屋子"的故事	《北大讲座》(五),北京大学出版社
翁剑青	关于高等美术学院教育现状的问与答	《中国艺术》2004 年第 4 期
丁宁	"埃尔金大理石":文化财产的归属问题	《2003 中国最佳讲座》,长江文艺出版社
陈旭光	〈电影传奇〉随感录	《电视研究》2004 年 7 期
李道新	作为类型的中国早期喜剧片(下)	《海南师范学院学报》2004 年第 3 期
翁剑青	本真与变幻——关于架上绘画命运的思考	《中国艺术》2004 第 3 期
翁剑青	成长、累积、延展——公共艺术与当代城市	《雕塑》2004 年第 3 期
丁宁	捣毁艺术:文化的一种逆境	《美术馆》2003 年 B 辑,广西师范大学出版社
陈旭光	试论当代艺术研究方法的"文化研究转向"	《艺术学》丛刊第 1 卷第 1 辑,学林出版社
陈旭光	论第六代电影的青年文化性	《北京电影学院学报》2004 年 3 期
陈旭光	电影中"摇滚"的形象与含义	《艺术广角》2004 年 3 期
陈旭光	2004 贺岁影视剧漫论(合作)	《中国电视》2004 年 4 期
陈旭光	悖论及出走:冯小刚的"变脸"与电影中的媒体	《当代电影》2004 年 2 期
李道新	电影启蒙与启蒙电影	《当代电影》2004 年第 2 期
李道新	作为类型的中国早期喜剧片(上)	《海南师范学院学报》2004 年第 2 期
周映辰	戏子文化	《文艺争鸣》2004 年第 2 期
马清	精湛的技术与纯美的音色	《音乐天地》2004 年第 5 期
丁宁	媒体文化时代与中国画问题随想	《美术观点》2004 年第 1 期
陈旭光	论第四代导演与现代性问题	《北京大学学报》2004 年 1 期

表 4-34 北京大学学生艺术团 2004 年演出活动

(一) 学生舞蹈团	
3 月	北大两会代表演出
3 月	中央电视台演出《艺苑风景线》栏目在北京大学举办的专场演出
4 月	参加在国防大学举办的五四晚会
5 月 20 日	赴武汉参加“五月的鲜花”全国大学生合唱节
6 月 25 日	参加北京大学团委与天安门武警支队团委庆“七一”联欢演出
7 月	舞蹈团赴福建演出，参加“家住闽江口”——北大清华百年赛艇演出，及参加福州团市委组织的“青春潮涌”晚会，与当地大学生联欢
8 月	在人民大会堂参加博鳌亚洲论坛组织的“北京论坛”演出，表演舞蹈《秋》
9 月	参加北京电台在北大百年纪念讲堂举办的“永远的校园”文艺晚会
12 月	参加首都学生艺术节演出暨闭幕式(I Love You 北京)舞蹈晚会
12 月 26 日	北京大学学生舞蹈团汇报演出暨孙晓弋舞蹈晚会
(二) 学生合唱团	
5 月	北大学生合唱团组团，获得第十一届全国青年歌手大奖赛团体总成绩第六名，男生六人组合二等奖(郭长雷)；女生独唱优秀奖(宋先花)；女声独唱两个银屏奖(王蓓、张美阳)；男声独唱银屏奖(张然)；女声重唱银屏奖(卓玛、白马占宗)
10 月 8 日～11 日	合唱团赴日本东京参加“第二届东亚著名高校合唱节”
12 月 25 日	在办公楼礼堂举办“在银色月光下”专场新年音乐会
(三) 学生交响乐团	
4 月	首都大学生交响音乐暨开幕式专场音乐会
5 月 1 日～4 日	学生交响乐团应邀赴福建厦门、泉州和福州三所高校演出
9 月	《李岚清音乐笔谈》一书首发式交响音乐会
(四) 学生民乐团	
3 月	“天韵”中国古典专场音乐会
8 月	赴泰国参加泰国法政大学校庆活动
10 月	欢迎康奈尔大学校长代表团演出
10 月	参加庆祝建国 55 周年天安门广场联欢演出

计算机科学技术研究所

【发展概况】 计算机研究所 2004 年在职员工总数为 132 人，其中 45 岁以下员工 118 人，占总人数的 89.4 %；高级职称或硕士以上学历人员 95 人，占总人数的 72%；博士生导师 6 人，硕士生导师 20 人。

2004 年有博士后 2 人，在读博士生 19 人、硕士生 65 人；毕业博士生 1 人、硕士生 19 人。

【科研工作】 2004 年，计算机研究所在电子出版、网络出版、数字媒体等科研方向上，继续紧跟前沿技术开展相关研究开发，实现了自主技术及产品进军国际市场。同时，研究所在已有网络与信息安全技术研究的基础上，成立了信息安全工程研究中心。

【信息安全工程研究中心】 工程中心内设有基础研究、产品开发、成果推广、技术支持等部门，建设了 Honeynet、大规模复杂网络仿真、信息安全技术评测等实验环境。中心主要开展微观安全脆弱性、入侵检测与关联、高性能网络安全计算平台等基础应用技术的研究，目前已经申请专利多项，部分研究成果已经转化为产品。

中心在产品开发、成果推广方面与方正集团专业公司紧密合作，推出了一系列网络安全产品，连续多年在专业评测、评比中获得多项奖励，国内市场占有率位列前三名，2004 年销售额突破 1000 万元。

【Apabi 数字版权管理(DRM)系统】 Apabi 数字版权保护系统已被国内 1200 多家图书馆、400 多家出版社采用，同时出口欧美，美国最大的电子图书提供商 netLibrary 也将采用 Apabi DRM 技术。Apabi 数字版权保护系统产品到 2004 年底已累计销售收入 11790 万元，拥有含数字版权保护的 eBook 图书 15 万种。

表 4-35 计算机科学技术研究所 2004 年获得专利情况

专利名称	发明人
一种改善调频网中间调质量的数值的调频挂网方法	周秉峰、方喜峰、李海峰
在多位成像深度设备上进行图像复制的调频挂网方法	杨 斌、李海锋、周秉锋
一种用于纵横分辨率不同的打印设备的调频挂网方法	周秉锋、杨 斌、李海锋
一种用于凹印制版印刷的无缝挂网方法	周秉锋、贾文华、李海锋
一种手持设备文字排版对齐的方法	汤 帜、贾爱霞、倪爱军、王长桥、张 力
一种外挂式影像捕捉设备功能扩充方法	吴宇雯、杨 斌、张海东、南水鱼
一种对半结构化文档集进行文本挖掘的方法	杨建武、陈晓鸥、吴於茜等

表 4-36 计算机科学技术研究所 2004 年申请专利情况

专利名称	发明人
一种 IP 网络的组播传输方法	李晓东、叶志远
基于应用协议检测引擎的网络入侵检测系统和方法	诸葛建伟、叶志远
具有硬件适应性的数字内容与硬件绑定的方法	俞银燕、汤 帜
一种能够减少页面预光栅化时间的打印控制方法	刘志红、林兆祥
一种调节微小打印墨点的位置及大小的方法	刘志红
对电子公文或文档进行加密及鉴别真伪的方法	张 力、袁灯山、尹树田、徐剑波、蒋建平、卢怀平、高志青、周 劲、董 瑛、王 剑

（丛中笑）

2004 年，Apabi 数字版权管理系统还被国家科学技术部评为"2004 年国家级火炬计划项目"。

【电子出版核心技术 RIP 获得新突破】 在研发高端彩色打印服务器时，采用语法解释与页面组装基于分段的并行处理方式，大大提高了 RIP 的页面生成速度，使 RIP 达到了每分钟生成 100 个彩色 A4 页面点阵的速度，比以前提高一倍以上。同时，研究开发成功面向激光打印和喷墨打印的多种多位挂网技术，并申请了多项发明专利，其中一项已经获得授权。

RIP 技术形成的产品——EagleRIP 的出口增加。以 RIP 为核心的高端打印服务器，以 OEM 方式出口，这成为由产品出口到技术 OEM 出口转型的一个标志。

面向数码印刷的印捷系统 2004 年在国内政府文印和商业快印等领域全面推广，形成了一定规模，发展势头看好。印捷快印连锁已经成为国内快印连锁第一品牌。

【成果统计】 2004 年计算机研究所获得专利授权 7 项（表 4-35），申请专利 6 项（表 4-36），2 人次获奖（汤帜获第二届"中国软件行业杰出青年"和第八届"中国青年科技奖"；杨建武获北京大学优秀博士学位论文奖），成果鉴定与奖励 2 项（方正飞腾集成排版系统获北京市科学技术奖二等奖；方正阿帕比数字版权保护系统获 2004 年国家级火炬计划项目），在国内外各类学术刊物上发表学术论文 38 篇，其中 SCI 收录 1 篇、EI 收录 4 篇、ISTP 收录 3 篇。

中国经济研究中心

【发展概况】 北京大学中国经济研究中心是一个以科研与教学为主的实体，从 1994 年建立以来一直致力于这两方面的发展。现有教职员工 34 人，其中专职教学科研人员 28 人、行政办公及科辅人员 6 人。中心现有教授 18 名，博士生导师 19 名，副教授 3 名，讲师 5 名。林毅夫教授任中心主任，海闻教授任常务副主任，李玲、胡大源、姚洋任中心副主任。中心下设"北大国际 MBA"项目及金融课程班项目。

【学科建设】 中国经济研究中心有政治经济学、经济史、西方经济学、世界经济、金融学和发展经济学 6 个博士点，及政治经济学、经济史、西方经济学、世界经济、金融学、发展经济学 6 个硕士点，有博士研究生 34 名，硕士研究生 126 名，双学位在校生 1507 人，辅修 52 人。2004 年双学位开始了校外双学位项目，每年招生 100 名。中心开设了微观经济学、宏观经济学、计量经济学、国际经济学、产业组织、人口经济、城市经济、环境经济、中国经济问题等10多门专业课。

北大国际MBA于2004年进一步扩大招生。该项目得到国务院学位办的批准，可以授予北京大学硕士学位，在福布斯排名中为"中国最具市场价值的商学院"。北大国际MBA举办了"大管理"论坛，邀请企业总裁、著名学者、知名艺术家等各行业的精英演讲。金融课程班自2001年开办以来到2004年共招收学员126名。

【学术交流】 2004年经济中心教师在国内外学术刊物上发表论文100余篇；出版面向国内政府经济决策研究和新闻单位发行的简报84期，讲座43次；出版反映中心研究成果的中英文内部讨论稿共24篇。为庆祝中国经济研究中心成立10周年，陈平、海闻、林毅夫、卢锋、平新乔、马浩、姚洋、曾毅、赵耀辉、周其仁等教授共出版著作16本。中心举行大型研讨会：第五次海峡两岸经济发展研讨会、第四届中国经济学年会、第二届"中国经济展望论坛"、CCER中国经济观察第一次报告会等。

【培训项目】 北大国际MBA项目除开设常规班、高层管理班外，还承担众多培训项目，如"诺华高级人才"培训、"河南移动通信有限公司高级经理"培训、"精品课程研修班"培训、"泰康人寿保险股份有限公司高层管理人员"培训、"中国医院管理高级培训项目"、《财经》杂志奖学金项目、西部大开发MBA师资奖学金项目。

中心成立至2004年已经成功与国际组织以及国内外相关企业开办包括医院管理高级培训项目(2002年以来)、女经济学者研究培训项目(2002年以来)、北京大学一伦敦经济学院暑期学校(2004年)等培训项目。

（陈　曦）

人口研究所

【发展概况】 北京大学人口研究所是中国最先开展人口学研究与教学的高等教育机构之一，也是首批获得联合国人口基金资助的重点人口机构之一，其前身是成立于1979年的北京大学经济学系人口研究室，1984年经教育部批准扩建为北京大学人口研究所，并在同年开始招收人口学硕士研究生。1991年起开始招收人口学专业的博士研究生。人口研究所是一个以研究工作为主，同时承担培养硕士生和博士生教学任务的科研与教学机构。现任所长郑晓瑛教授(兼世界卫生组织生殖健康与人口科学合作中心主任)，副所长柳玉芝副教授。

北京大学人口研究所现设置的博士专业有人口学，硕士专业有人口学，政治经济学，老年学以及人口、资源与环境经济学。人口研究所还作为北大社会科学博士后流动站的一个分站，接受博士后研究人员来所工作，目前有3名在站人员。人口研究所拥有人口学国家核心期刊《市场与人口分析》杂志(双月刊)。

2004年全所在编教职工16人，其中专职科研与教学人员10人，其中教授5人、博士生导师4人、副教授4人、讲师1人。此外，人口研究所聘有国内外客座教授10余名。

人口研究所具有老中青结合、多学科交叉、结构合理的学科梯队。到2004年，教学科研队伍90%以上具有高级职称，90%以上具有博士学位(全所50岁以下中青年教师共9人，全部获有博士学位)，其中在国外获得博士学位的占一半左右。

人口研究所向国家和省部级相关职能部门递交了极具影响力的政策咨询报告，并有多名教员兼任政府职能部门的专家委员会专家和学术顾问。其中，郑晓瑛教授受聘出任国家计生委"中国出生缺陷综合干预工程"首席科学家；国家重点基础研究发展规划项目("973")"中国人口出生缺陷的遗传与环境可控性研究"首席科学家和国家科技部"国家中长期科技发展规划战略研究"咨询专家。

人口研究所自创建以来就重视同国外知名学术机构的交流、沟通与合作研究，已成为国际上比较有影响的人口研究机构之一。自1992年到2004年，已经为亚太地区一些国家培养了高层次专业人才30多名；完成了多个重大国际合作项目；每年都有教员出访，到亚太其他地区乃至欧美地区进行短期或者长期交流；学生半数以上毕业后到世界名校深造。同时聘请国外学者来所讲学以及进行合作研究。

【科研工作】 据不完全统计，2004年发表文章79篇(部)，其中国内70篇(部)、国际9篇(部)、政府咨询报告4篇、会议论文37篇。

《人口健康与发展研究丛书》4本在出版中，另外《人口大国系列报告》6本已基本上完成。

2004年人口研究所各种在研项目45个(包括973项目、国家社科基金、国家自然科学基金、国际合作等各种项目)，平均每个教师有4个项目。其中，在2004年新立项的项目17个、完成的项目有6个。人口研究所还密切配合学校落实"211工程"建设和申请"985"二期建设项目，推动人口研究所整体发展。在研省部级及国际交流

项目有(按拼音排序):

卞鹰,我国住院医师规范化培训筹资机制研究,卫生部,2004～2005;

卞鹰,不同老人照顾模式的成本效果分析,科技部博士后基金,2004～2005;

卞鹰,血吸虫病医疗服务性别公平研究,世界卫生组织,2002～2005;

陈功,新传染病对老龄健康的影响机制及干预对策研究,教育部人文社会科学研究2003年度博士点基金研究项目,2003～2006;

陈功,北京市老龄产业发展现状、问题与趋势,北京市哲学社会科学"十五"规划项目,2001～2004;

陈功,土地与农村养老保障,国家社会科学基金项目青年项目,2002～2004;

蒋耒文,中国未来人口和家庭户变动与家庭能源消费,教育部留学回国人员科研启动基金,2002～2004;

蒋耒文,中国西部地区太阳能户用光伏系统推广及其对环境影响的评估,世界银行项目,2002～2006;

蒋耒文,中国新疆人口变动与土地退化研究,国际合作,2002～2005;

陆杰华,中国舟山群岛人口增长和消费方式变化对海洋渔业资源影响的研究,美国MacArthur基金,2001～2004;

庞丽华,农村劳动力转移、劳动力老龄化和农村劳动力供给研究,国家自然科学基金,2004;

郑晓瑛、庞丽华,人发大会+10国家报告,国际合作项目,2003～2004;

任强,中国人口和人力资本多区域与概率预测,国家自然科学基金,2004～2006;

宋新明,SARS、体育健身的作用评估与未来发展方向,国家体育总局,2003.9～2004.9;

郑晓瑛等,出生缺陷干预工程,国家计生委,2001～2005;

郑晓瑛,出生缺陷干预的多学科研究,国家教育部重点项目,2002～2005;

郑晓瑛,健康人口学的理论和方法的研究,国家社科基金,2002～2004;

郑晓瑛,提高中国出生人口质量研究,国家杰出青年基金,2001～2004;

郑晓瑛,中国人口出生缺陷的遗传与环境可控性研究,国家"973"项目,2002～2007;

郑晓瑛,体育锻炼对高龄老年人心理健康水平影响评估,国家体育总局,2004～2005;

郑晓瑛,人的全面发展研究,国家人口发展战略课题组,2004;

周云,城市中流动人口避孕套使用研究,世界卫生组织,2003～2004。

【学术交流】 2004年人口研究所举办国内、国际会议6次。其中主要的会议是联合国开发计划署、联合国人口基金、世界卫生组织、世界银行生殖健康特别规划项目、世界卫生组织生殖健康部和北京大学共同召开世界卫生组织第七届亚太区域专家委员会咨询会议。该会议首次在中国召开,其主要成员是世界卫生组织亚太地区高级专家顾问。来自世界卫生组织等国际机构的20多位专家出席了会议。北京大学人口研究所所长郑晓瑛教授作为世界卫生组织亚太区域生殖健康咨询团中国专家代表出席会议,并负责第七届亚太区域专家委员会咨询会议的组织和协调工作。

会议的主要任务是总结区域生殖健康活动的经验和教训,考核和评估国际组织资助的效果,讨论区域生殖健康发展的优先领域,制定生殖健康发展规划,确定阶段的资助项目和活动,提出生殖健康的行动和战略。

另外,2004年人口研究所每位教师都参与了大量的学术研讨会,提供了多篇学术论文。

2004年中参与的主要国际研讨会有:郑晓瑛教授参与的国家统计局人口普查国际会议,北京2004年医学遗传学国际学术研讨会,IPPF-ESEAO Regional Roundtable on ICPD + 10 "COUNTDOWN 2015",国家人口与发展论坛,人口与可持续发展战略国际研讨会,International Workshop on Population Dynamics and Infectious Disease in Asia, Regional Seminar on Strengthening Institutional Capacity in Population and Health Research and Training in the Asia Region;陆杰华参与的海洋渔业资源模型测量的国际研讨会、影响中国长寿水平的国际研讨会;柳玉芝参与的老龄健康研究;庞丽华参与的"农业与粮食安全"国际研讨班等。

【科研奖励】 郑晓瑛教授被评为2004年国家重点基础研究发展计划(973计划)先进个人,获得2003～2004年北京大学优秀博士后奖。郑晓瑛教授等的"妇女组织在社区建设中的组织形式和工作方法研究"获第一届中国妇女研究优秀成果奖调查研究报告类三等奖(全国妇联、中国妇女研究会),陆杰华教授的"人口、消费、技术模式变化对我国海洋渔业生产影响的实证研究"获北京大学社会科学优秀成果论文二等奖;陈功副教授的"土地产权制度变革对农村养老的影响"获2003年度中国社会学会优秀论文二等奖等。

(胡成花)

对外汉语教育学院

【发展概况】 北京大学是中国开展对外汉语教学最早、历史最长的学校之一。从1952年院系调整后的北京大学外国留学生中国语文专修班到2004年已有50余年的发展历程。1984年10月，北京大学在原外事处汉语教研室的基础上，抽调中文系和外语系教师，成立了对外汉语教学中心(简称汉语中心)。教学对象主要是非学历教育的汉语进修生。1995年4月，以对外汉语教学中心和留学生办公室为基础，成立了北京大学海外教育学院。1999年学校体制改革，海外教育学院建制撤销，对外汉语教学中心挂靠在国际合作部。2002年6月29日，北京大学对外汉语教育学院在对外汉语教学中心的基础上成立。

2004年，对外汉语教育学院有教职工58人，其中教员51人、行政及教辅人员7人。教员中教授3人，副教授22人，讲师24人，助教2人。学院下设精读课教研室、视听说课教研室、预科教研室、选修课教研室、信息资料中心和学院综合办公室。

【教学工作】 2004年留学生人数1080人，对外汉语教学方向研究生34人，研究生课程班36人。

在教学管理上，对外汉语教育学院采取汉语、口语分别测试、分别编班的模式。开设了必修课、听力课、选修课、文化讲座课等。汉语视听说教研室举行了教学研讨会，利用现代教学技术手段介绍、展示教学方法和经验。学院课程教材建设委员会就选修课课程框架建设举行了研讨会。

一年一度的对外汉语教育学院留学生作文比赛(4月)和汉语演讲比赛(12月)如期举行。有400多人参加了在电教报告厅举行的作文比赛暨颁奖仪式。在12月举办的汉语演讲比赛中，有40个班80位留学生登台演讲。吴志攀、郝平副校长及国际合作部等职能部门领导、来宾参加了上述活动。

学院组织留学生在学习之余编排文艺节目，参加了在百周年纪念讲堂举行的“2004年新生文艺汇演”。学院留学生参演节目《莫斯科郊外的晚上》获得特别贡献奖。

对外汉语教育学院是全国首批招收对外汉语专业研究生的单位之一。从1986年开始到2004年9月，共招收、培养中外硕士研究生近110名，已经毕业80名。研究生院对学院的研究生工作非常重视，2004年9月23日，张国有常务副院长率研究生院各办公室负责人来学院调研，听取了学院关于研究生整体情况的工作汇报。

学院拓宽教学渠道，与日本早稻田大学合作的汉语远程口语教学项目启动，通过“同步—实时—异地”的远程教学，教授日本学生34人。

【科研工作】 作为国家汉办首批四所基地院校之一，对外汉语教育学院被列入第一批孔子学院承办院校。2004年10月13日，吴志攀副校长及来自全国各地的16所院校领导出席了教育部召开的孔子学院工作会议，听取了教育部副部长章新胜同志的重要讲话，对国家孔子学院工作发表了建设性意见。

教育部批准并拨款支持开发的国家级专项汉语水平考试HSK(商务)研发取得阶段性成果。至2004年底，研发办公室已经完成命题员培训、大样本预测、试卷数据分析、考试大纲的修订、商务词语表的制定等工作。7月～12月，HSK(商务)项目组在北京、上海、美国、韩国等地进行了试题预测。

2004年学院共承担教育部、国家汉办的科研项目11项，北京大学项目1项以及学院设立的资助项目6项。

2004年，对外汉语教育学院学术活动踊跃。据不完全统计，参加国内外学术活动达40人次，提交论文或学术发言24篇，出版教材或专著15本，发表论文39篇。学院还邀请美国夏威夷大学终身教授李英哲教授做了题为“从隐喻和诠释的角度看词汇和语法教学”及姚道中教授“中文教学法与语言测试”的专题讲座。

【对外交流】 2004年学院先后有8位老师被派往美国、英国、法国、荷兰、韩国、日本进行汉语教学，有4人次出访美国、俄罗斯、日本。接待来自美国、荷兰、印度尼西亚、泰国、日本、韩国等国家的教师和教育代表团等，交流了汉语教学工作。

(对外汉语教育学院)

软件与微电子学院

【发展概况】 北京大学软件与微电子学院是按新模式建立、新机制运行的北京大学直属学院。2004年4月20日，经第531次校长办公会批准同意，北京大学软件学院与北京大学国家集成电路人才培养基地结合，正式将北京大学软件学院更名为北京大学软件与微电子学院。

到2004年，初步形成了1个学院、2个学科(软件工程学科、集成电路设计与工程学科)、3个基地(国家软件人才国际(北京)培训基地、国家集成电路人才培养基地、软件工程国家工程研究中心北京工程化基地)的综合性软件与微电子人才培养实体。

北京大学软件与微电子学院图书馆现有藏书5000余册，声像资料700余张，馆藏期刊90余种，2000余册，其中外文刊30余种，约

500册，占总期刊数的25%。2004年，学院图书馆完全纳入北大分馆的建设中，并参与北大分馆的评估系统和业务系统，借阅量在各分馆中名列前茅。

2004年，学院有专职教师25人，兼职教师50人；兼职外国专家12人。党政管理服务人员13人，教学辅助人员5人。

截至2004年12月，学院累计招生1558人，其中软件工程硕士1425人，第二学位133人。2004年7月，首批6名软件工程第二学士学位学生以优异成绩毕业。8月、12月，北京大学首批93名软件工程硕士毕业。

2004年11月9日，“北京大学软件与微电子学院——示范性软件学院建设”项目获北京大学教学成果一等奖；12月9日，该项目获北京市教学成果一等奖。12月22日，该项目通过专家鉴定并推荐申报国家级教学成果一等奖。

【学科建设】 2004年，学院在原有7个系（软件技术系、网络与通信技术系、嵌入式系统系、管理技术系、电子服务系、数字艺术系和集成电路设计系）的基础上，从原先的21个专业方向增加到25个专业方向。调整和增加了电子通讯、移动通信服务终端、数字家电、电脑动画4个专业方向。

2004年2月到2005年1月，学院开设了110门工程硕士课程，采用了86种教材（包含英文教材39种）、114种参考书目；开设了19门二学位学士课程，采用了17种教材（包含英文教材2种）、19种参考书目。组织开发了信息管理系统EMIS，并已完成了招生、教学和学生管理三个模块。

在教学环境改善方面，2004年学院优化了网络配置，校区楼宇间网络全部连通；与瑞萨公司联合新建了北京大学—Renesas T-Engine联合实验室；嵌入式系实验室新增20套Intel Xscale实验板，15套T-Engine实验板；数字艺术新增40套Dell MT370高档工作站，并投资约40万，设立音效工作室。

【师资队伍】 软件与微电子学院继续面向全球招聘专、兼职教师。除了续聘的6名外籍系主任（张德昭博士、金西蒙斯博士、柳翔博士、凌小宁博士、高秉强博士、童缙博士）之外，新聘了加拿大Sheridan大学动画与设计学院前院长Robin任数字艺术系系主任。另外，数字艺术系在2004年新聘了4名外籍教师任教。

2004年，学院专职教师队伍发展到25人，他们都具有教学、工程实践经验，双语教学能力，其中6名为外籍、2名来自台湾。兼职教师队伍（北大、院所、企业）发展到50人，从而实现了初期设想的师资队伍构成模式：国内外知名学者、国内外IT企业资深专家和北京大学校内教师比例为4∶4∶2，具有双语教学能力的教师占70%以上。

【国际国内合作】 2004年度，学院顺利完成了“网络与信息安全外国专家引智项目”、“数字艺术设计外国专家引智项目”，共聘请了17位外国专家从事教学和教学管理工作。

2004年7月，学院先后参加了北京和大连举行的第八届软件博览会、第二届中国软件和信息服务交易会。在大连软交会上，学院的办学模式和成果得到了吴仪副总理、教育部周济部长的肯定和赞赏。

软件与微电子学院在2004年组织开展了一系列国际学术活动：2004年9月18至19日在校内主办了“2004DCCF北京大学国际数字内容创作年会”，2004年11月16至26日在北京大学大兴校区举办了“2004意识的再现——气与复杂”国际学术会议；协办了“2004首届国际新媒体艺术展暨论坛”、“Sino-Graph亚洲图形艺术展”、“2004上海双年展”以及“全国首届智能CAD与数字娱乐学术会议”等。

2004年，学院与IBM、微软、Intel、AMD、联想等20多家企业开展了进一步的合作交流；接待了200多人次、20多个国内外知名学校和企业人员的参观来访。包括IEEE计算机学会、美国NASDAQ上市公司、花旗集团、IBM公司、美国仁斯利尔理工大学、意大利国家软件工程研究所等。并与苏州市人民政府、新加坡南洋理工大学、瑞萨公司、台北中华卡通制作有限公司、日本YRP普适网络实验室等十多个企业、单位签订了相关合作协议。

【学生工作】 2004年，软件与微电子学院团委组织学生参加了北京大学第十七次团代会团代表和委员会委员候选人的选举工作，学院有1名教师和2名学生干部被评为北京大学优秀团干部，2名团员被评为北京大学优秀团员。

学院聘请校内外专家、学者、知名人士，共举办29次人文社科类、管理沟通类、新技术类讲座。组织了4次素质教育考核演讲，参加考核演讲的学生有1292人次，评阅素质教育报告1595份。

2004年度，学生获校级、院级奖励61人，校级、院级奖学金58人，集体校级、院级奖励8次。

2004年，学院有两批383名学生进入到150多家国内外企事业单位实习，参与到近400个企业项目的研发工作中。学生人数与项目和实习岗位比例为1∶3。已经有20多家企业（IBM、微软、Motorola、Intel、方正、联想、神州数码、花旗、南洋理工、瑞萨公司等）成为学院相对固定的实习基地，南洋理工大学已经接收了学院第二批 5 名实习生。

【合作培训】 2004 年，学院与加拿大达内科技公司继续开展第三期合作培训，83 名学员于 3 月 18 日获得“软件工程师就业培训班”结业证书。

5 月，学院与公安部公共信息网络安全监察局联合培养软件工程硕士研究生（信息安全方向）第 2 期开课（98 人）。

9 月至 12 月，教育部、Oracle 公司组织西部 50 所高校的教师进行师资培训，教育部领导在西部教师结业典礼上充分肯定了北京大学软件与微电子学院在本次培训中取得的成绩。

【学院年度大事】 2 月，软件学院大兴校区荣获北京市人民政府、首都绿化委员会联合颁发的“首都绿化美化花园式单位”称号。

3 月 16 日下午，北京市副市长范伯元在北京大学常务副校长迟惠生教授、学院理事长杨芙清院士的陪同下到软件学院视察工作。

4 月中旬，学院首次参加北京大学校运动会，17 日上午，由师生共同组成的 64 人的软件学院方阵代表队参加了北京大学第十二届体育文化节暨师生田径运动会开幕式。

4 月 20 日，经北京大学第 531 次校长办公会决定，北京大学软件学院更名为北京大学软件与微电子学院。

4 月 23 日上午，日本东京大学 YRP 普适网络计算实验室主任坂村教授一行应邀访问学院，并签署了合作共建 T-ENGINE 普适计算联合实验室的合作备忘录。

5 月 18 日，学院与 Renesas Asia 公司签订合作备忘录，Renesas Asia 公司董事长 Osamu Yamashiro 和陈钟院长为“北京大学—Renesas T-Engine 联合实验室”揭牌。

5 月 21 日，以学会主席 Carl K. Chang 博士为团长的 IEEE 计算机学会高级代表团访问北京大学。北京大学常务副校长迟惠生教授、软件与微电子学院理事长杨芙清院士、院长陈钟教授、校国际合作部李岩松部长等会见了该代表团。双方就北京大学与 IEEE 计算机学会合作开展科学研究、人才培养等方面进行了亲切友好的交谈。

5 月 22 日，IEEE 计算机学会主席 Carl K. Chang 到学院作题为“Distributed Systems Design using Function-Class Decomposition with Aspects”的讲座。

5 月 28 日至 6 月 13 日，数字艺术系教师罗素代表学院参加“2004 北京首届国际新媒体艺术展暨论坛”并发言。

7 月 8 日至 10 日，学院在北京国际展览中心参加第八届全国软件博览会。

7 月 9 日，台湾新资讯科技有限公司邓有立到数字艺术系，就动画片《熊猫》项目与学生交流意见。

7 月 13 日上午，加州大学艺术教授、美国知名数字艺术专家 Jen Grey 到数字艺术系作讲座，7 月 15 日上午亲自为学生点评作品。

7 月 22 日，学院数字艺术系 7 名学生的 10 幅作品发表在第 9 期 ADOBE 咨讯邮报上。

7 月 28 日至 30 日，第二届中国国际软件和信息服务交易会在大连举办。学院应大连市人民政府的邀请参加了此次交易会。中共中央政治局委员、国务院副总理吴仪亲临北京大学软件与微电子学院展位参观并称赞了学院的办学成果。

8 月 17 日上午，2004 年第二学士学位毕业生典礼在大兴校区举行。杨芙清院士做总结讲话并亲自为毕业生颁发毕业证书和学位证书。

8 月 18 日上午，北京大学软件与微电子学院理事长、北大教育发展有限公司董事长杨芙清院士为软件与微电子学院以及北大软件教育发展有限公司 100 多名教职员工作了题为“北京大学软件与微电子学院办学思路”的报告，提出学院公司一体化运作的创新思路。

8 月 23 日，加拿大 SHERIDAN 大学动画与设计学院前院长 ROBIN 到数字艺术系做讲座。

9 月 1 日，2004 级新生报到注册。共招收 531 名学生，其中硕士生 488 人（单证 333 人，双证 155 人），二学位学生 43 人。

9 月 5 日上午，学院举行 2004 秋季开学典礼。

9 月 16 日下午，“西部高校教师培训班”开学典礼在清华大学举行。9 月 20 日，“西部高校教师软件技术培训北大班”在北京大学软件与微电子学院大兴校区正式开课。

9 月 18 日上午，由北京大学软件与微电子学院主办的“2004 年北京大学国际数字内容创作年会”在英杰交流中心开幕。会议由学院院长陈钟教授主持，北京大学校务委员会副主任迟惠生教授、软件与微电子学院理事长杨芙清院士分别致辞。该次年会为期 2 天，举办了 5 个主题活动：数字艺术设计高端讲座、数字游戏技术讲座、数字艺术教育论坛、信息科学与数字文化论坛、SIGGRAPH2004 电子剧场、DCC 作品展示展映等。

10 月 16 日至 11 月 16 日，北京大学软件与微电子学院举行首届校园文化节，推出了“校园风”画展、“学苑杯”篮球赛、各类讲座等系列活动。

10 月 23 日至 24 日，数字艺术系组织 30 名学生赴北京门头沟区古村落遗址爨底下村采风写生。10月29日至11月5日，在学院研发楼一层大厅举办了写生活动作品展览，展出了教师及学生的绘画和摄影作品。

11月9日，软件与微电子学院获得北京大学教学成果一等奖。

11月17日上午，北京大学学位评定委员会工程硕士专业学位分会会议讨论通过了软件与微电子学院首批80名毕业生的学位授予问题。

11月24日至27日，由英国普利茅斯大学特瑞执行委员会与北京数码媒体项目委员会主办，北京大学软件与微电子学院数字艺术与设计系、中央美术学院数码媒体工作室、中央音乐学院中国电子音乐中心、北京师范大学艺术学院数字媒体研究所共同承办的"2004意识的再现"(气与复杂)国际会议在北京举行。包括的活动有：在中央美院4天的理论研讨会、在中央音乐学院举办的电脑音乐晚会、在红门画廊举办的媒体艺术展览。

12月1日上午，陈钟院长、吴中海助理在学院B所会议中心与北京融海恒信咨询有限公司签订了捐赠书，对方代表美国NETIQ公司向学院赠送了价值60万人民币的教学软件。

12月9日，软件与微电子学院荣获北京市教学成果一等奖。

12月14日下午，来自西部50所高校的教师在北京大学软件与微电子学院和清华软件学院圆满完成为期3个月的学习，结业典礼在北京大学百年大讲堂四季庭院隆重举行。教育部领导为通过考核的46位西部教师颁发了结业证书和骨干教师证。

12月21日，北京大学学位评定委员会工程硕士专业学位分会会议讨论通过了13名毕业生的学位授予问题。

12月22日上午，在北京大学理科一号楼举行北京大学软件与微电子学院"国家级教学成果奖鉴定会"，专家们对软件与微电子学院建院两年来在示范性软件学院的建设成果进行了鉴定，并推荐申报国家教育部教学成果一等奖。

12月25日上午，在北京大学理科一号楼举行北京大学软件与微电子学院第一届理事会第11次理事会。会议主要审议了学院2004年工作报告、2004年财务决算和2005年财务预算，听取学院深圳、无锡和苏州办学筹备情况汇报。

12月29日下午，学院举行2004年至2005学年学生奖学金颁奖典礼暨2005年师生元旦迎新联欢会。

（软件与微电子学院）

体育教研部

【教学工作】 研究生课程从2月9日开始上课，增加了乒乓球、篮球、足球、排球、网球、台球、素质拓展、现代健身8个项目的体育课程，两个学期参加选课的有20个班的近600名同学，其中台球、现代健身是北京大学新开设的课程项目。

全国首届大学生安全教育——自卫防身学教师培训班于6月5～8日在北京大学举行，大学生安全教育——自卫防身学教师培训是国家教育科学"十五"规划重点科研课题，其宗旨是在全国各大学普及推广安全教育，开设自卫防身课程，继而通过大学向中小学及社会普及推广，以达到全民防身的最终目的。北京大学已经于2003年开设了该项课程，由特意在美国进修学习的老师任教，受到学生的欢迎，并在该课程教学方面获得了一定经验。本次学习班也是介绍经验和听取意见的机会。使本次会议达到学习交流的目的。

开设暑期课程19个班，项目主要有太极拳、健美操和游泳。参加暑期课程的学生达500多人，占学校暑期课程班的1/3。暑期课程的设立，减少了学生选课紧张的压力。

北京大学体育教学获得北京大学校级优秀教学成果一等奖。2004年北京大学参加国家教育部全国高校体育教学成果评奖，获得二等奖。

【体育代表队工作】 2004年北京大学体育特长生测试说明会于1月2日晚举行。1月3日，测试工作全面展开。北京大学体育特长生测试工作已经进行3年。本着公开、公正、公平的原则，提高体育特长生招生的透明度，是为了更好地做好这项工作，招更多更好的学生。

4月25日北京大学举行开放日活动，体育部设点对体育特长生招生工作进行咨询。

北京高校第42届田径运动会于5月8～11日在北京航空航天大学举行。来自北京的70余所高校的1000名运动员参加了比赛。北京大学获9个单项冠军，团体跃居第二名，是近十几年来的最好成绩。

2004年北京高校羽毛球比赛5月22～23日在北京大学体育中心举行，来自北京的近20所高校的学生和教工参加了比赛，北京大学学生队获得3项冠军：以欧阳泽曼、唐婧婧、刘畅组成的北京大学团体队获得女子团体冠军，刘畅获得女子单打冠军，欧阳泽曼/望开力获得混合双打冠军。望开力获得男子单打亚军，秦超、唐婧婧获混合双打亚军。北京大学教工队获得团体第二名。

5月13日下午，美国神州足球队与北京大学足球队在五四运动场进行了一场足球友谊赛,比赛结果客队以 2∶0 获胜。美国神州足球队是以中国在美的福建华侨组成,本次活动与北京大学国际合作部联系,准备在中国进行 3 场比赛。与北大队的比赛是在中国的第一场比赛。

北京大学女子篮球队首次进 CUBA,并打进前四名。这不仅是近年来北京大学的最好水平,也是北京市篮球的最好成绩。

第八届中国大学生羽毛球锦标赛 7 月 21～27 日在湖北宜昌三峡大学举行。北京大学获得男子甲 B 组团体冠军(秦超、望开力),欧阳泽曼/望开力获得混合双打冠军,望开力获得男子单打亚军。

北京大学赛艇队参加了在琅岐砚池湖举行的第六届"北大-清华百年赛艇对抗赛"。北京大学两度超出清华。第一局成绩是 3′45″29 对 3′45″64。第二局成绩是 3′49″88 对 3′51″51。北京大学在本届比赛中打了翻身仗。在第六届"北大-清华百年赛艇对抗赛"上以优异的成绩连挫对手,荣膺本届对抗赛冠军。此次赛艇比赛,北京大学副校长林钧敬,北京大学党委副书记张彦亲自带队。吴卫平、石运佳担任教练。共有 12 名北大运动员参加比赛,其中有 6 名是首次参赛。

第七届全国大学生运动会 2004 年 8 月 31 日～9 月 3 日在上海举行。在健美操比赛中,有 18 所院校参加了比赛。在众多高水平运动员参加的情况下,北京大学健美操队代表北京市,在教练黄育老师的带领下,取得了六人操第二名和男子单人第二名(唐红斌)的好成绩。另外还取得了混合双人操和三人操的第六名。在田径比赛中,有 7 名北京大学学生运动员代表北京市参加了本届运动会田径比赛。

参加第七届全国大学生运动会的教练受到表彰。他们是:胡京翔、顾玉标、曹晓培、黄育、余潜、彭芳。

世界大学生赛艇锦标赛 9 月 2～4日在法国举行。北京大学 10 名运动员首次参赛。在有 14 个队参加的情况下,北京大学虽然仅获得第 11 名,但获得了比赛经验,开阔了视野,得到了锻炼。北京大学代表团团长为副校长鞠传进,领队为体教部副主任刘铮,教练是吴卫平、石运佳。

9 月 20 日,北京大学赛艇队总结会在体育中心隆重举行。北京大学校长许智宏、副校长林钧敬、党委副书记张彦和国家水上运动管理中心魏星部长出席了会议,会议由体教部郝光安主任主持,到会的还有研究生院、教务部、法学院、学工部、总务部、体教部、团委的主要领导。北大赛艇队的教练及队员均到场总结,共同庆祝不久前在福建举行的第六届北大——清华百年赛艇对抗赛和在法国举行的世界大学生赛艇锦标赛中获得好成绩。

【群众体育运动】 中国大学生体育协会自行车分会 2004 年 3 月 20 日在北京大学体育中心成立。北京大学副校长林钧敬和教育部、国家体育总局的领导参加了成立仪式。协会成立后,将在全国高校范围内开展适合大学生的自行车比赛,普及自行车知识,以自行车为工具开展多种活动,提高大学生的综合素质,组织培训班加强交流,共同进步。

第十八届"京华杯"棋牌赛 4 月 3 日在北京大学多功能厅举行。北京大学队以 9 比 13 负于清华大学。在全部 18 届比赛中,北京大学以 10 比 8 领先清华大学。

北京大学第十二届体育文化节开幕暨教职工田径运动会 2004 年 4 月 14～17 日在北京大学五四运动场举行。来自全校 59 个单位的 1000 多名运动员参加了 20 个项目的比赛。

"波司登运动休闲"杯第二届中国大学生攀岩锦标赛于 2004 年 9 月 16～19 日在北京大学举行。来自全国高校的 23 支代表队的 150 名运动员参加了比赛。比赛分新人组、专业组和俱乐部组三个组别进行难度赛和速度赛。北京大学等 6 所院校获得体育道德风尚奖。北京大学获得团体第四名,北京大学俱乐部队的赵雷同学获得男子难度赛和速度赛的两项第一名,北京大学的龚笔宏和胡冠菁获得女子难度赛的第一名和第二名。北京大学林钧敬副校长出席了开幕式和最后的颁奖仪式。本次比赛由中国大学生体育协会攀岩分会主办,北京大学承办,波司登体育用品有限公司独家冠名赞助,北京德川投资股份有限公司协办。

飘动的红丝带——首都大学生艾滋病宣传义跑活动 11 月 28 日下午在北京大学五四运动场举行,活动的口号是"抗击艾滋病,你我共参与"。本次活动由北京大学红十字会、中国人口宣传教育中心、联合国艾滋病规划署、联合国人口基金、北京市海淀区计划生育委员会和北京科技报社 6 家单位主办。北京大学林钧敬副校长和各主办单位的负责人参加了活动并发表讲话。来自北京 20 余所高校参加了活动。

【科研工作】 *办学术活动*　(1) 2004 年 3 月北京大学体育教研部承办了中国体育科学学会会员单位年会;(2) 2004 年 3 月体育总局政策法规司领导到校检查体育社会科学重点研究基地工作的开展情况,董进霞在汇报会上总结了基地的工作和面临的难点和问题,基地来自其他学科的一些研究人员分别在会上发表了各自的意见；(3) 6月，北京大学体育教研部成功举办“全国高校实施《学生体质健康标准》专题研讨会”，近200人参加会议交流；(4) 北京大学体育产业经营管理高级研修班举行。开班典礼10月22日在体育中心会议室举行。体育产业经营管理高级研修班是针对国家与地方体育系统管理干部、运动队的教练员、运动员体育俱乐部管理人士、体育教育人士和从事体育产业的企业管理人员以及高级经理人开办的。核心课程有14门。预计2005年9月结束。本次北京大学体育产业经营管理高级研修班由北京大学国家体育总局体育社会科学重点研究基地主办。研修班的口号是：进军体育产业，抢占奥运商机。11月19日上午，研修班聘请2008北京奥运会执行委员会执委魏继忠做关于“奥运经济——大型赛事运营分析”的报告；(5) 12月中旬张锐代表人文体育研究基地参加全国体育社科基地年会，在会上汇报了北大在体育对外交流方面的经验、基地工作总结和2005年的计划。

论文申报和获奖情况 (1) 北京大学体育教研部申报2004年体育总局体育社会科学和软科学课题，共递交10篇论文，5项课题立项并得到一定的资助；(2) 董进霞2004年获得北京大学人文社会科学研究成果一等奖，北京市2004年哲学社会科学研究成果二等奖；全国妇联首届妇女研究成果三等奖；(3) 2004年9月在上海举行的“全国大学生运动会论文报告会”上，张锐、李杰合写的论文获得二等奖；董进霞、赫忠慧、吴飞、袁睿超、李德昌等5篇论文获得三等奖。

参加国内外学术会议 2004年3月，赫忠慧代表课题组参加中央教育科学研究所“十五”规划课题中期阶段成果报告，并做主题报告。

应在纽约的联合国总部的邀请，2004年4月28～29日北京大学体教部李士信教授，参加了“联合国第十二届可持续发展国际首脑峰会中国板块——生态经济与文化展示投资洽谈会”。并在会上作了关于“健康长寿”的论文报告，获得了大会“杰出成就奖”。

受希腊有关方面的邀请和资助，董进霞于2004年5月24日至6月6日赴雅典，在爱琴大学演讲“中国妇女体育中的性别关系”，并在“体育、社会和认同”国际学术大会上宣读论文；2004年12月应德国邀请，在国际妇女体育领导大会做专题报告。

2004年5月，赫忠慧参加天津高校体育部主任培训班，并做主题报告。

2004年7月，何仲凯、刘丽萍、张锐等赴香港参加“世界学校体育大会”，并在会上宣读了论文。

2004年8月，张锐参加在上海举行的“全国大学生运动会论文报告会”。

2004年8月，董进霞应邀参加由国家体育总局政法司主办、天津体院承办的“雅典奥运会理论论坛”，并在会上做专家报告。

2004年，赫忠慧在“北京市高校体育部长年会”做主题报告。

2004年8月，李杰、张锐赴希腊雅典奥运会科学论文报告会，分别在会上宣读论文。

【场馆工作】 *五四游泳池6月1日开放* 北京大学五四游泳池6月1日开放。开放时间12：30～14：30、16：30～18：30。本年是游泳池最后一次开放，北京大学奥运会综合馆将在年底动工，届时北京大学五四游泳池将成为历史。

2008年北京奥运会乒乓球比赛用馆——北京大学体育馆方案确定 根据国际奥委会的要求，北京大学奥林匹克乒乓球馆建筑面积约为2.6万平方米，馆内拥有6000个固定座位和2000个临时座位。各项设施符合国际最先进标准，总投资约为2.6亿元人民币。建馆工作将于2005年开始，2007年竣工。奥运比赛结束后，该场馆将改建为北京大学综合体育馆，成为全国高校中第一流的体育馆，从而根本解决北京大学体育设施不足的状况，为发展高校体育事业，促进大学生素质教育，满足北京大学未来发展的需要，进一步实现北京大学创建世界一流大学的目标做出贡献。

【党务工作】 *加强党性教育* (1) 学习有关文件。6月4日，北京大学体育教研部党支部召开会议，组织体育教研部全体党员学习了“三个代表”重要思想、党代会文件、《中国共产党党内监督条例》和《中国共产党纪律处分条例》。体育教研部全体党员就《中国共产党党内监督条例》和《中国共产党纪律处分条例》以答卷的形式回答了由上级党组织下发的问卷。参加会议的有40余名党员；10月29日，在体育中心会议室举行体育教研部党支部会议，学习《中共中央关于党的执政能力建设的决定》，传达贺国强在第十三次全国高校党建工作会议暨高校领导班子思想政治建设座谈会上的讲话和曾庆红在同第十三次全国高校党的建设工作会议代表座谈时的讲话。还学习中共北京大学委员会《关于学习贯彻落实〈中共中央国务院关于进一步加强和改进大学生思想政治教育的意见〉的通知》。(2) 组织参观学习。10月23日体教部一行30余人参观了河北省乐亭县李大钊故居和纪念馆。

加强组织建设 (1) 做好党员积极分子工作。10月29日的全体党员会上，请联系人汇报党

员积极分子的情况。11月12日上午召开入党积极分子会议，体育教研部党支部5名支委成员和8位党员积极分子参加了会议。(2)新党员转正工作。6月4日上午体育教研部召开全体党员会议，经过组织程序，在李朝斌书记的主持下，讨论并通过了新党员的转正。(3)北京大学党委同意体育教研部党支部升级为机关直属支部，任命李朝斌为体教部党支部书记。

【工会工作】 举行"南亚行"考察活动 北京大学体教部分两批分别于1月6～16日举行"南亚行"考察活动。

组织离退休人员参观绥中古长城 为了丰富北京大学体育教研部离退休老年人的生活，10月18～20日体育教研部组织离退休人员一行20人参观航天英雄杨利伟的故乡辽宁绥中，使老同志了解到祖国的强大、民族的富强、科技的进步。随后还参观了绥中的古长城和近海的水上活动。

防火知识讲座 为了加强防火教育，增加体育教研部全体教职工安全消防方面的知识，11月25日邀请北京市消防协会负责同志做有关消防报告。

【其他】 2004年4月初，国家体育总局篮球管理中心、中国篮球协会在广东举行篮球甲A联赛总结颁奖会上，北京大学体教部马立军老师再次获得我国篮球界裁判最高奖——"金哨奖"。这已经是他第六次获得该项殊荣。马立军老师还代表中国参加了雅典奥运会篮球比赛的执法工作。

表 4-37 2004 年北京大学体育竞赛成绩

项目	成绩	领队	教练	运动员姓名(单项名次)	比赛名称	比赛地点	比赛时间
赛艇	第一名	刘 铮	吴卫平 石运佳	1号 朱利斯 2号 王 磊 3号 孙 超 4号 吴绍卿 5号 张亨全 6号 李 锐 7号 韩 光 8号 于晓鹏 舵 手 朱 烨 替补：陈国栋、高立存	北京大学——清华大学赛艇对抗赛(1300米)	福建省琅岐岛	8/15
赛艇	第十一名	鞠传进	吴卫平 石运佳	1号 朱利斯 2号 王 磊 3号 孙 超 4号 吴绍卿 5号 张亨全 6号 李 锐 7号 韩 光 8号 于晓鹏 舵 手 朱 烨 替补：陈国栋、高立存	世界大学生赛艇锦标赛(2000米)	法国	9/2～4
武术	男女团体第六名 男队	刘 铮	彭 芳	刘晓晨：自选剑术(6) 自选枪术(3) 长拳(6) 李 扬：四类拳(4) 刀术(6) 夏 娟：42式太极拳(1) 自选剑术(7) 长穗剑(2) 尚 晶：棍术(4) 自选拳(7) 李 伟：初级拳(2) 初级棍术(4) 初级剑(2) 徐成冉：24式太极拳(3) 42式太极拳 (5) 自选太极剑(6) 于 洋：初级三路拳(8) 初级剑术(5) 孟志强：一类拳(4) 陈京煜：24太极拳(6)	北京高校武术比赛	北京吉利大学	5/22
武术		郝光安	彭 芳	夏 娟：太极拳(3)	全国第七届大学生运动会	上海	8/30～9/5
游泳		刘 铮	余 潜	冯 涛：100米自由泳(1) 200米自由泳(1) 4×100自由泳(1) 4×100混合泳(2) 李栋骏：200米混合泳(3) 4×100自由泳(1) 4×100混合泳(2) 马继亮：200米蛙泳(2) 50米自由泳(1) 4×100自由泳(1) 4×100混合泳(2) 孙 放：100米蛙泳(1) 4×100混合泳(2) 白 帆：200米混合泳(2) 张宴儒：200米蛙泳(3) 4×100自由泳(1)	北京高校游泳运动会	北京师范大学	6/6
游泳		郝光安	余 潜	马继亮：4×100混合泳(8) 4×200自由泳(7) 冯 涛：4×100混合泳(8) 4×200自由泳(7) 李栋骏：(无名次) 白 帆：(无名次)	全国第七届大学生运动会	上海	8/30～9/5

续　表

项目	成　绩		领　队	教　练	运动员姓名(单项名次)	比赛名称	比赛地点	比赛时间
田径	男女丙AB第二名、男子丙A第二名、女子丙A第四名、男女丙A第二名	男子	刘　铮	滕炜莹 戴名辉 曹晓培 李　宁 胡京翔 李朝斌 王丽雯 吴尚辉 顾玉标	李　威：100米(5) 金　轲：100米(3)　200米(1) 卢　杰：400米栏(4) 陈　亮：400米栏(3)　110米栏(3) 张　通：400米(8)　200米(4) 王道水：3000米障碍(5)　5000米(7) 王　文：5000米(4)　10000米(1) 李　欣：1500米(5)　800米(7) 刘柏才：10000米(5)　3000米障碍(7) 吴文彬：1500米(1)　3000米障碍(2) 文　韬：撑杆跳高(3) 杨　帆：十项全能(1) 陈　健：跳高(3) 吴晓明：跳高(2) 张大鹏：三级跳远(3) 李洪鹏：三级跳远(2) 隋传宾：跳远(3) 丁昌峰：铅球(3)　铁饼(8) 朱诺伟：铁饼(1)　铅球(4) 朱　深：铅球(5)　链球(7) 邢衍安：110米栏(1) 马　欣：110米栏(2) 杨　波：200米(7)　400米(2) 卢　杰　陈　亮　张　通　杨　波：4×400米接力(2) 李　威　金　轲　叶柱轩　邢衍安：4×100米接力(2)	北京高校第42届田径运动会	北京航天航空大学	5/8～11
		女子			李　杰：400米栏(1)　100米栏(7) 云　岚：400米栏(2)　400米(6) 陈小娟：七项全能(5) 刘艳美：10000米(3)　5000米(8) 庞　虹：10000米(8) 刘国荣：1500米(8) 陈为芬：1500米(3)　5000米(1) 郭思聪：铅球 (4) 刘召风：铅球(5)　铁饼(8) 赵　晨：跳远(8) 赵　宁：跳高(1) 马　陪：跳高(2) 李　杰　云　岚　刘国荣　陈为芬：4×400米接力(4) 李　杰　云　岚　赵　晨　陈小娟：4×100米接力(5)			
		男	郝光安	滕炜莹 曹晓培 胡京翔 顾玉标	杨　波：4×400米(2) 李　威：4×100米(2) 龚　伟：100米(4)　4×100米(3) 杨光辉：铁饼(6)	全国第七届大学生运动会	上海	8/30～9/5
		女			严剑葵：100米(4)　200米(4)　4×100米(4) 张妮娜：七项全能(4)　4×100米(4) 赵　宁：跳高(1) 陈玉香：200米(2)　400米(5)　4×100米(4)			

续　表

项目	成　绩	领　队	教　练	运动员姓名(单项名次)	比赛名称	比赛地点	比赛时间
		刘　铮	滕炜莹 戴名辉 曹晓培 胡京翔 吴尚辉 顾玉标	邢衍安：110 米栏(1) 马　欣：110 米栏(4) 贾子楠：400 米(1) 李洪鹏：三级跳远(4) 王　晨：三级跳远(6) 李　明：跳远(3) 吴晓明：跳高(6) 时立强：5000 米(4)	北京体育大学室内比赛	北京体育大学	12/26
				马　陪：跳高(1) 李　杰：200 米(2) 李　敬：400 米(4) 刘晓萌：400 米(1) 张竹元：60 米栏(3) 刘　晓：三级跳远(4)　跳远(5) 李　杰　李　敬　刘晓萌　云　岚： 4×400 米接力(2)			
男篮	第五名	刘　铮	张　剑	周　博　严　明　许晓雷　徐东宇　张轩铭 许　洋　王彦直　陈锡南　李　磊　郭　亮 徐　轲	北京市高校篮球联赛	北京联合大学	5 月
	第二名	刘　铮	张　剑	孙　超　严　明　王　璁　徐东宇　张轩铭 王　杨　王彦直　陈锡南　李　磊　郭　亮 徐　轲　代跃华	第七届 CUBA 大学生篮球联赛北京赛区选拔赛	主客场	11/13～27
女篮	第二名	仇守银	张　戈 马中清	岳　聪　张宁宁　马　微　孟　菊　刘子祎 戴晶皎　郑　微　拜　静　戚　静　龙　秦 史　蕾　谢淋淋	北京市高校篮球联赛	北京科技大学	5 月
	第三名	仇守银	马中清 张　戈	岳　聪　张宁宁　刘子祎　龙　秦　谢淋淋 戴晶皎　郑　微　戚　静　赵唐薇　双　双 钟　晨　曹　璐	第七届 CUBA 大学生篮球联赛北京赛区选拔赛	北京师范大学	11/13～27
	第四名	仇守银	马中清 张　戈	岳　聪　张宁宁　马　微　孟　菊　刘子祎 戴晶皎　郑　微　戚　静　龙　秦　谢淋淋 张微微	第七届 CUBA 大学生篮球总决赛	山西太原理工大学	4/20～24
	第一名	仇守银	马中清 张　戈	岳　聪　张宁宁　张梓园　史　蕾　刘子祎 戴晶皎　郑　微　戚　静　龙　秦　谢淋淋 张微微	北京大学、台湾大学、香港中文大学三校交流	香港中文大学	11/1～5
健美操		陈建龙	黄　育	林　鸣：混双(5) 吴彤姗：混双(5)	全国健美操锦标赛	湖南长沙	5/29～30
		陈建龙		林　鸣：混双(1) 张连生：男单(1) 刘　博：混双(1) 李文斌：男三(1) 张志凯：三人(1) 李　洋：女单(1)　混双(1) 吴彤姗：混双(1) 黄俊森：三人(1)　男单(3)	北京市高校第 25 届健美操、艺术体操比赛	北京农业大学	12/19

续 表

项目	成绩	领队	教练	运动员姓名(单项名次)	比赛名称	比赛地点	比赛时间
健美操		郝光安	黄育	林鸣:混双(6) 三人(6) 六人(2) 吴彤姗:混双(6) 唐红斌:男单(2) 三人(6) 六人(2) 曹圣光:三人(6) 六人(2) 李文斌:六人(2) 刘博:六人(2) 张连生:六人(2)	全国第七届大学生运动会	上海	8/30~9/5
乒乓球		郝光安	吴飞 于国鹏	吕家辉:男单(无名次)	全国第七届大学生运动会	上海	8/30~9/5
	男团体第一名 女团体第三名 男女团第一名	刘伟		孙杰:男团(1) 男单(2) 混双(3) 宋贺实:男团(1) 吕家辉:男团(1) 男双(1) 混双(3) 男单(1) 周正卿:男团(1) 男单(3) 金风:女团(3) 时盛男:女团(3) 女单(1) 女双(3) 混双(3) 谭赛:女团(3) 女双(3) 混双(3)	北京高校乒乓球锦标赛	北京66中学	12/4~5、11~12
	第一名	孙祁祥	吴飞 于国鹏	孙杰 宋贺实 吕家辉 周正卿 金风 时盛男 谭赛 李蕊	北京大学、台湾大学、香港中文大学三校交流	香港中文大学	11/1~5
女排	第五名	刘铮	冉文升	赵岩 王驰 杨莉莎 苏红 李丹 郝颖非 宋晓纯	北京市高校甲级排球赛	中国人民大学	10/24~28
足球	第四名	李杰	师俭	马克 王巍 孙珂 杨凯 苗晓 张雪莱 李昊城 李乐 刘洋 王志明 冯鹏 周寅猛 宾果树 李旭 王衡 张尧 李锦飞 李治善 尹荣一 王朔然	北京市高校"联大杯"十强足球赛	主客场	9/20~10/30
足球	第四名	李杰	师俭	马克 王巍 孙珂 杨凯 苗晓 张雪莱 李昊城 李乐 刘洋 王志明 冯鹏 周寅猛 宾果树 李旭 王衡 张尧 李锦飞 李治善 尹荣一 王朔然	中国大学生"飞利浦"足球赛北京赛区	北京大学/北京科技大学	3~4月
羽毛球	男团体第二名 女团体第一名	初育国	李志贵	欧阳泽曼:女团(1) 混双(1) 刘畅:女团(1) 女单(1) 唐婧婧:女团(1) 女单(3) 混双(2) 熊平:女团(1) 女单(5) 张世婷:女团(1) 混双(5) 秦超:男团(2) 男单(5) 混双(2) 望开力:男团(2) 男单(3) 混双(1)	北京高校羽毛球锦标赛	北京大学	5/20~21
羽毛球	男团体第一名 女团体第三名	初育国	李志贵	欧阳泽曼:女团(3) 混双(1) 刘畅:女团(3) 唐婧婧:女团(3) 混双(6) 秦超:男团(1) 混双(6) 望开力:男团(1) 男单(2) 混双(1)	中国第八届大学生羽毛球锦标赛	湖北三峡大学	7/20~26
	第二名	初育国	李志贵	欧阳泽曼 唐婧婧 刘畅 张世婷 秦超 望开力 区斌 廖憬烽	北京大学、台湾大学、香港中文大学三校交流	香港中文大学	11/1~5

(滕炜莹)

表 4-38 北京大学田径记录

男 子

项 目	成 绩	姓 名	单 位	时 间	地 点
100 米	10″45(电)	金 轲	法学院	第 41 届高校运动会,2003.10	北京交大
200 米	21″06(电)	金 轲	法学院	第 41 届高校运动会,2003.10	北京交大
400 米	46″53(电)	于宝一	城环系	第 7 届全国运动会,1993.10	北京亚运村
800 米	1′52″5	林 军	城环系	第 3 届全国大学生运动会,1988.8	南京五台山
1500 米	3′50″90(电)	林 军	城环系	第 3 届全国大学生运动会,1988.8	南京五台山
5000 米	14′27″1	马宏升	法学院	第 35 届高校运动会,1997.6	清华大学
10000 米	30′17″9(电)	王 文	法学院	第 42 届高校运动会,2004.5	航空航天大学
110 米栏	13″85(电)	邢衍安	法学院	全国田径大奖系列赛 2004.4	广西桂林
400 米栏	53″32(电)	卢 杰	法学院	全国高校田径锦标赛,2001.8	华南师大
3000 米障碍	8′57″5	马宏升	法学院	第 35 届高校运动会,1997.6	清华大学
4×100 米接力	41″70(电)		校田径队	全国高校田径锦标赛,2001.8	华南师大
4×400 米接力	3′14″0		校田径队	第 34 届高校运动会,1996.6	北京体育大学
跳 高	2.15 米	于 洪	经济学院	第 3 届全国大学生运动会,1988.8	南京五台山
撑杆跳高	3.80 米	陈子楠	力学系	北京大学田径运动会,1985.5	北京大学
跳 远	7.16 米	隋传宾	法学院	北京大学田径运动会,2004.4	北京大学
三级跳远	15.63 米	李洪鹏	法学院	北京体育大学室内比赛,2004.12	北京体育大学
铅 球	16.05 米	丁昌峰	法学院	第 38 届高校运动会,2002.5	北京体育大学
标 枪	57.90 米	陈 涛	经济学院	北京大学田径运动会,1993.4	北京大学
铁 饼	50.15 米	朱诸伟	法学院	第 18 届高校“田径杯”,2002.10	首都师范大学
链 球	42 米	沈 弘	外语学院	北京大学田径运动会,1985.5	北京大学
10000 米竞走	45′20″1	刘立峰	心理系	第 28 届高校运动会,1990.5	北京大学
十项全能	6386 分	杨 帆	法学院	第 9 届全大生田径锦标赛,2002.8	东北财大

女 子

项 目	成 绩	姓 名	单 位	时 间	地 点
100 米	11″88(电)	严剑葵	心理系	第 41 届高校运动会,2003.10	北京交大
200 米	23″95(电)	陈玉香	心理系	第 7 届全国大学生运动会,2004.9	上海大学
400 米	54″19(电)	陈玉香	心理系	第 7 届全国大学生运动会,2004.9	上海大学
800 米	2′13″80(电)	陈为芬	法学院	全国室内田径大奖赛 2004.2	天 津
1500 米	4′29″27(电)	陈为芬	法学院	全国青年田径锦标赛,2004.4	江西宜春
5000 米	16′48″68(电)	路 晶	心理系	第 41 届高校运动会,2003.10	北京交大
10000 米	34′58″90(电)	路 晶	心理系	第 41 届高校运动会,2003.10	北京交大
100 米栏	14″0	刘 波	心理系	校田径运动会,1995.4	北京大学
400 米栏	1′00″0	邱爱华	心理系	第 28 届高校运动会,1990.5	北京大学
4×100 米接力	47″4		校田径队	第 36 届高校运动会,1998.5	北京体师
4×400 米接力	3′58″89		校田径队	第 41 届高校运动会,2003.10	北京交大
跳 高	1.88 米	赵 宁	法学院	全国田径大奖赛,2003.4	广东站
跳 远	6.55 米	关英楠	法学院	第 35 届高校运动会,1997.6	清华大学
三级跳远	12.87 米	刘 萍	法学院	第 41 届高校运动会,2003.10	北京交大
铅 球	19.03 米	周天华	心理系	第 28 届高校运动会,1990.5	北京大学
标 枪	61.99 米	王亚宁	法学院	全国田径锦标赛,1999.10	广东惠州
铁 饼	44.44 米	周天华	心理系	第 28 届高校运动会,1990.5	北京大学
七项全能	5684 分	刘 波	心理系	第 34 届高校运动会,1996.5	北京体育大学

表 4-39 北京大学游泳记录

项目		男子				女子			
		成绩	姓名	单位	时间	成绩	姓名	单位	时间
自由泳	50 米	24′16	宋士新	心理系	1987	29″96	马佳	法学院	1998
	100 米	53″95	宋士新	心理系	1987	1′05″7	马佳	法学院	2000
	200 米	2′02″00	冯涛	外语学院	2003	2′18″15	马佳	法学院	1998
	400 米	4′30″00	李栋骏	外语学院	2003	4′56″84	解华	法学院	2000
蝶泳	50 米	27″55	宋士新	心理系	1987	31″27	杨泳	外语学院	1998
	100 米	1′00″58	张林	法学院	2002	1′09″38	杨泳	国关学院	2000
	200 米	2′25″50	宋士新	心理系	1987	3′33″67	杨泳	外语学院	1997
仰泳	50 米	30″08	孙巍	法学院	2000	33″35	崔康康	法学院	1998
	100 米	1′05″66	孙巍	法学院	1997	1′13″28	崔康康	法学院	1998
	200 米	2′33″13	孙巍	法学院	1998	2′27″50	崔康康	法学院	1999
蛙泳	50 米	33″13	陈涛	法学院	1998	36″05	杨东宁	经济学院	1995
	100 米	1′10″38	孙放	法学院	2000	1′21″04	杨东宁	经济学院	1996
	200 米	2′40″09	陈涛	法学院	2000	2′57″28	杨东宁	经济学院	1995
混合泳	200 米	2′20″00	李栋骏	外语学院	2003	2′36″00	白帆	国关学院	2003

（李德昌）

基础医学院

【发展概况】 北京大学基础医学院创建于 1954 年 9 月。现设 12 个学系、1 个教研室和 1 个实验教学中心。现有教师 226 人，其中教授 61 人，副教授 62 人，讲师 85 人，助教 18 人；具有博士学位者 88 人，具有硕士学位者 86 人；现有教学辅助人员、科学实验技术人员 134 人，其中副主任技师 20 人，主管技师 81 人，技师 18 人，技士 12 人，技工 3 人。现有管理职员 24 人（包括负责学生工作人员 5 人）。基础医学院师资力量雄厚、以治学严谨著称，现拥有一批国内外著名的专家、学者。其中中国科学院院士 2 人、中国工程院院士 1 人、长江计划特聘教授 5 人、国家杰出青年科学基金获得者 2 人、获国家人事部和卫生部授予有突出贡献中青年科技专家称号的 8 人，教育部跨世纪优秀人才 5 人，享受国务院颁发政府特殊津贴 31 人，博士生导师 48 人。基础医学院现已发展成为国内最著名的，以发展多层次基础医学教育，研究人类生命科学和防治疾病的基础理论为主要任务的教学科研中心之一，成为国家基础医学领域高级专门人才的培训基地之一。

【教学活动】 2004 年基础医学院基础医学专业毕业学生 28 名，招收新生 39 名，医学实验专业毕业学生 22 名，招收新生 26 名；毕业研究生 83 名，其中博士生 39 名，硕士生 44 名；招收研究生 139 名，其中博士生 84 名（包括 39 名硕博连读转博研究生），硕士生 55 名；现有在校硕士生 149 名，博士研究生 179 名，在站博士后工作人员 19 名。

2004 年 9 月，基础医学院圆满通过理科基地评估工作。

2004 年，病理学申报了国家级精品课程，病生理学、人体解剖学、药理学和病理生理学申报了北京市级精品课程，其中药理学、病理学和病理生理学已经通过北京市评审，上报国家级精品课程。

“985”创新人才培养项目结题。

2003 年启动的以问题为中心的教学改革正在实施中。

【科研活动】 基础医学院 2004 年共获准各类科研项目 85 项，共获科研经费 2000 余万元。其中中标国家自然科学基金项目 38 项。全院承担各类科研项目 266 项，2004 年到位科研经费约 3500 余万元。发表 SCI 论文 184 篇、影响因子合计 577.1，同时高水平的科研论文不断出现，其中以第一或责任作者发表的 SCI 论文 115 篇、影响因子合计为 340.6；在国外刊物或全国刊物发表非 SCI 论文 243 篇，其中以第一作者或通讯作者单位发表的研究论文 101 篇；非第一作者或通讯作者单位发表的研究论文 41 篇；发表综述、摘要及会议论文 101 篇。主编或编写专著、教材 13 本（或章节）。成功举办六次国际研讨会。申报科技成果奖 7 项，获奖 2 项。2004 年获得批准授权国家发明专利 2 项；2004 年获得批准授权国际发明专利 1 项；2004 年申报受理国家发明专利 9 项。

【学科建设】 基础医学院加强实验基地建设，优化科技条件和资源配置，促进实验条件及科技资源的开放共享。新建了P3实验室、分子形态学实验室。干细胞研究、人类疾病基因研究、免疫学、神经科学、心血管研究、生物安全实验室、病理标本库等一批高水平的科研基地和技术、资源平台不断建设完善。新组建了医学遗传学系，引进钟南教授等国外人才，进行了医学遗传学研究中心的建设准备和论证。积极参与了分子医学国家重点实验室的申报论证。

在北京大学医学部“十五”、“211工程”重点建设的十个学科群中，基础医学院有5个单位被列为牵头单位，分别是干细胞研究中心、人类疾病基因中心、免疫学系、神经生物学系、心血管研究所，建设情况及各项课题实施运行良好，完成了重点学科的年度评估汇报。免疫学系、病理学系、药理学系、神经生物学系、生理与病理生理学系、生化与分子生物学系、细胞生物学系、病原生物学系、心血管研究所等9个重点学科年度发展运行良好。

（基础医学院）

药 学 院

【发展概况】 药学院创建于1941年。现设有化学生物学系、药物化学系、天然药物学系、药剂学系、分子与细胞药理学系、药事管理与临床药学系、教学实验中心、应用药物研究所和一个1987年国家首批建立的重点实验室——天然药物与仿生药物国家重点实验室；一个首批进入“211工程”的现代药学与新药研究学科群，两个国家重点学科即药物化学和生药学。现有5个博士点，即化学生物学、药物化学、生药学、药剂学、药理学，8个硕士点，即化学生物学、药物化学、生药学、药剂学、药物分析学、无机化学、药理学、临床药学；药学作为一级学科为药学博士后流动站和“大药学”博士点，标志着药学院各学科均可招收博士生。

2004年3月刘俊义任药学院常务副院长。学院现有在职职工199名，专任教师121名，其中教授36名、副教授31名，博士生导师18名、硕士生导师43名；具有博士学位的51名，占教师总数42.1%；具有硕士学位的33名，占教师总数27.3%。

学院拥有一支学识渊博、治学严谨的专家学者、师资队伍，其中有中国科学院院士2名；被国家人事部和卫生部授予有突出贡献的中青年专家称号的3名；“长江学者奖励计划”特聘教授1名；国家“杰出青年科学基金”获得者3名，教育部“跨世纪”人才3名，全国优秀教师1名，北京市优秀教师7名，原北京医科大学“桃李奖”获得者5名；享受国务院颁发的政府特殊津贴的36名。

2001年经国家教育部批准可招六年制本硕连读学生。2004年招收六年制学生98名、四年制本科学生40名，夜大学本科生164人、专科生178人；研究生80名（博士生55名、硕士生25名）、进站博士后7名。现有在校生1824名，其中研究生232名（博士后17名、博士生125名、硕士生90名）、本科生543名。

学院与美国、德国、日本、荷兰等国家及港、澳、台地区等十几所大学、科研院所、制药公司建立了友好合作关系，聘请外籍名誉教授4名、客座教授11名。对外交流的扩大更加促进了药学院整体地位与水平的稳步提高。

学院现有教学科研用房建筑面积约13800平方米。有一大批先进的仪器设备，如500兆和300兆核磁共振仪、液质联用仪、顺磁共振仪、红外、紫外、原子吸收仪、氨基酸分析仪、旋光光谱仪、高压液相仪、气相分析仪和元素分析仪等。这些先进仪器为药学院的教学科研打下了牢固的发展基础。

【学科建设】 完成“985”二期药学学科及创新药物研究平台的论证工作。2004年完成了“985”二期创新药物与药学科技创新平台的设计、论证和答辩工作。“985”二期药学学科建设的指导思想是：组织北京大学创新药物研究中相关学科的优势力量，注重从基础到应用研究的两个层次的建设并开展研究工作，培养一支高水平能与国际接轨的新药研究人才队伍，带动一批相关学科的发展，形成一支有国际竞争力、跨学科的研究队伍，成为国内药学研究的重要基地。经过5至10年的奋斗，使化学生物学、药物化学、生药学、药理学、药剂学等学科进入世界一流学科行列。

在2003年工作的基础上进一步整合了药学院相关研究队伍，以天然药物及仿生药物国家重点实验室为基础，加强充实和组建现代药学学科，建设创新药物基础研究工作平台。

2004年，药学院完成了各学科建设方向、目标的调研与规划。组织各系进行了深入的学科调研和规划工作，主要内容包括：本学科在国内的地位与世界一流的差距、主要研究方向、特色与可能的突破点，未来主要的发展方向，如何开展多学科交叉融合和具体的人才培养计划等。这一工作的完成使药学院今后各学科建设和发展的方向更加明确和具体。

【教学活动】

教材建设：编写教材10部，其中长学制教材2部。

教学改革：制定了长学制分流办法和二级学科培养方案及实施细则，为长学制学生进入二级学科培养做好了准备。在2004级试行学分制，课程体系分为公共必修、基础必修、专业必修和专业选修，每部分规定一定的学分。改革考试方式，推出了记时跑的考试形式，为考试改革提供了一种新的尝试。加强了生物医学课的比重，新开出“现代生物技术理论与实验”课，理论课36学时，实验课24学时。

教学评估：完善教学教育质量评估标准和质量评估软件的建设。对药学专科2001级学生的教学质量进行了评估。

继续教育：2004年国家重点学科药物化学被认定为国家级继续医学教育基地；“当代新药研究与开发”、“中药现代化研究与开发”高级研讨班首次获得国家继续教育项目经费资助；举办了国家级继续医学教育项目培训班；接收进研修学员27名。

获奖情况：《21世纪初药学研究型人才培养模式研究与实践》获北京大学教学成果奖一等奖、北京市教学成果奖一等奖；《全面改革医药专业化学实验教学模式、课程体系和内容，培养高素质创新人才》获北京大学教学成果奖一等奖；《药学院新生导师制的创建与发展》获北京大学教学成果奖二等奖。李中军、吴艳芬获医学部教学优秀个人奖，化学生物学系获医学部优秀集体奖。《药理学》、《药用植物学与生药学》被评为2004年北京市高等教育精品教材。

【科研工作】 2004年获国家自然科学基金(NSF)9项，国家杰出青年基金1项，博士点基金3项，科技部项目4项(另有3项子课题)，教育部项目1项，留学回国启动基金3项，国家中医药管理局项目1项，北京市科委基础研究专项1项。共计课题数23项，经费1508万元。发表论文185篇，其中SCI收录66篇，国内论文125篇，(SCI收录7篇)；国外论文60篇，(SCI收录59篇)。会议发表论文53篇。申请专利14项，获得专利授权6项。编写著作5部。与中科院化学所共同承办了“‘科学与中国’中国科学院第十二次院士大会学术报告”会分会报告。

注：SCI收录论文篇数的统计均以药学院为第一完成单位。

表4-40 2004年药学院获省部级以上科研奖励

获奖题目	完成人	奖种	级别
核酸化学及以核酸为靶的药物研究	张礼和等	国家自然科学奖	二等
肉苁蓉属药用植物化学成分、生物活性和质量控制研究	屠鹏飞等	教育部提名国家科学技术奖(自然科学类)	一等
以分子识别为基础的新型HIV抑制剂的研究	杨铭等	北京市科技进步奖	二等
	林文翰	2004吴阶平—保罗药学奖	

表4-41 2004年药学院获国家自然科学基金资助项目

学部	课题名称	负责人	经费(万元)
生命学部	载体给药系统的分子药剂学研究(重点项目)	张强	105
生命学部	靶向硫氧还蛋白还原酶创新抗肿瘤药物EB作用机理研究	曾慧慧	20
生命学部	以群体药物动力学的方法建立中药复方药物动力学的研究模型	卢炜	20
生命学部	松果菊苷体内代谢及其代谢产物抑制神经细胞凋亡活性研究	屠鹏飞	21
生命学部	以脑缺血再灌注性神经细胞损伤为靶的伪肽设计与合成	赵明	20
生命学部	类叶升麻苷对多巴胺能细胞损伤保护作用靶	蒲小平	21
化学部	cADPR模拟物的合成与性质研究	张亮仁	25
化学部	抗病毒鸟嘌呤核苷前药及二核苷酸的合成和生物活性研究	杨振军	20
化学部	环磷酰胺哌嗪季铵盐类化合物的全新设计、合成及抗肿瘤活性	葛泽梅	23

表4-42 2004年药学院获国家杰出青年基金

姓名	经费	来源
蔡少青	100万元	国家自然科学基金委生命学部

表4-43 2004年药学院获教育部博士点基金资助项目

课题名称	负责人	经费(万元)
人参皂苷微生物转化与抗肿瘤活性研究	果德安	6
环腺苷二磷酸核糖的合成及其钙动员活性研究	张亮仁	6
整合素介导的抗癌药物长循环载体给药系统的研究	张强	6

表 4-44 2004 年药学院获科技部项目

课题名称	负责人	经费(万元)
基于功能基因药物研究(973 子课题)	张礼和	600
高效口服环孢素 A 纳米药物研究	张 强	28
20 种常用中药化学对照品的研究	屠鹏飞	300
应用小肠在体吸收模型与群体药物动力学方法筛选甘草黄酮抗病毒由有小活性群	卢 炜	40
细胞粘附性疾病发病机制与调控研究	彭师奇	30
子课题: 新型自乳化技术用于紫杉醇微乳型注射剂的研究	张 烜	60
子课题: 新型高互溶药物贮库系统(HR-Depot TDDS)与复方硝酸异山梨酯透皮贴剂的研究	吕万良	60

表 4-45 2004 年药学院获教育部项目

姓 名	项目名称	经 费
果德安	中药复方复杂体系的关键科学题研究	40 万元

表 4-46 2004 年药学院获北京市科委基础研究专项

姓 名	项目名称	经 费
杨秀伟	先导物和中药的 ADMET 性质快速集成评价实验平台	100 万元

【研究生工作】 2004 届硕士研究生毕业论文双盲评审率为 30%,博士生论文全部实行双盲评审。毕业研究生 73 人,其中硕士生 42 人、博士生 31 人,出站博士后 6 人。

2004 年获得奖学金的研究生共 25 人,其中医学部特等奖 1 人、优秀奖 1 人、医药奖 4 人、光华奖 6 人、东港制药奖 12 人。硕士生获奖比例为 17.9%,博士生获奖比例为 50%。有 7 位毕业研究生获北京大学医学部优秀毕业生奖。

2004 年接收在职申请学位人员 14 名,其中在职申请硕士学位的 13 人,在职申请博士学位的 1 人。

(杜永香)

公共卫生学院

【发展概况】 北京大学公共卫生学院现设有流行病学与卫生统计学、劳动卫生与环境卫生学、营养与食品卫生学、妇女与儿童青少年卫生学、毒理学、卫生政策与管理学、社会医学与健康教育等七个系及院中心仪器室。全院教职员工 155 人,其中教授和副教授 69 人,博士研究生导师 11 人,硕士研究生导师 30 人。院长胡永华,副院长王燕、郝卫东、徐善东;党委书记王燕,副书记徐善东;院长助理冯浩。

【教学工作】

1. 本科生教学。

2004 年,公共卫生学院努力配合各系的日常教学和教学改革工作。

劳动卫生和环境卫生学系在“劳动卫生学”“环境卫生学”课程教学中继续进行内容的调整和融合,在 2002 级长学制“卫生化学”课中首次安排了实验设计教学。

上半年,社会医学与健康教育学系承担了临床、口腔、基础医学、护理、临床检验专业的学生的 3 轮“预防医学”课教学,其中 2001 级临床、口腔、基础医学专业是学校教学首届八年制学生。为了补充“预防医学”课教学力量的不足,通过教办协调,流行病与卫生统计学系、妇女与儿少卫生学系等 3 个单位的 7 名教师参加讲课和实习教学。动员全院的教师指导 2001 级临床专业八年制 264 名学生的预防医学实践教学,在导师的指导下,学生通过选题、设计和调查,整理资料和写调查报告,得到初步科学研究的训练,许多学生感到很有收获。

起草《预防医学长学制二级学科培养方案和二级学科培养方案实施细则》(草稿),召开了由学院学位分会、本科教学委员会成员和各系主任参加的研讨会,会议对二级学科培养目标、修课学分及论文要求及实践教学等问题进行了初步论证。

配合各系顺利完成 1999 级专业生产实习,并组织了毕业论文交流会。今年 66 名本科生毕业,其中 64 人获得学士学位。

组织专家对教师的讲课进行评估,通过课后座谈,专家向被评估教师反馈意见和提出改进建议,这一做法教师们感到对自己的教学工作很有帮助。

组织优秀教师和教学集体评选,吴明、李勇、刘宝花被评为 2004 年北京大学医学部优秀教师。

表 4-47　研究生招生、毕业及在校研究生数量

	博士生	硕士生	博士后	在职博士	在职硕士	MPH
2004 年毕业	10	36	2	1		
2004 年入学	29	29	0	0	7	35
目前在读	72	72	3	4	42	56

2. 研究生工作。

2004 年，公共卫生学院对研究生培养方案进行了修订，新增研究生课程 8 门。

加强了研究生培养过程的质量控制，重点加强硕博连读研究生的资格考试管理。

受医学专业学位委员会秘书处委托，完成全国公共卫生硕士专业学位考试的阅卷工作，并就 MPH 学员的规范管理与研究生院多次协调，取得一定进展。

2004 年完成 2 个“社会医学与卫生事业管理”专业方向研究生主要课程进修班的教学。参与课程进修班授课的教师都是副教授以上的科研骨干，他们在超负荷工作的情况下，高质量完成了教学任务，受到进修班学员的好评。

同时，公共卫生学院 2003 级研究生党支部获得公共卫生学院优秀党支部称号。

3. 继续教育。

流行病与卫生统计学系为北京市房山区、延庆县医护人员 300 余人进行心脑血管防治培训。在全院各系支持下，圆满完成培训任务。今年公共卫生学院接收进修生 14 人，其中西部地区 8 人，留学生 2 人；国内访问学者 3 人，普通进修 11 人。至 11 月底，为学院内继续教育对象举办学术报告和讲座 8 次，参加学习研讨人数 148 人次。统计数字显示，97％的中级及以上职称人员完成了本年度继续教育学分。

4. 一级学科评估和教学成果申报。

国务院学位委员会、教育部委托高等学校与科研院所学位与研究生教育评估所对学校公共卫生与预防医学一级学科进行评估，公共卫生学院总分排名第二。

组织申报改革成果奖。郭岩教授的“预防医学长学制培养模式和实践研究”获北京市教学成果二等奖；詹思延教授的《授之以渔—循证医学教学改革实践》获北京大学教学成果一等奖。

5. 北京精品教材申报。

组织申报北京高等教育精品教材。黄悦勤教授主编的《预防医学》、吕姿之教授的《健康教育与健康促进》获北京市高等教育精品教材。

6. 教学基地建设。

与房山区疾病预防控制中心续签了教学科研基地协议；考察了海淀区疾病预防控制中心，商讨有关建立教学科研基地事宜。为深圳南山区疾病预防控制中心骨干进行业务培训，为海淀区疾病预防控制中心专业技术人员举办了有关《传染病法》方面的专题讲座。

【科研工作】　公共卫生学院领导对科研工作非常重视，由胡永华院长主管科研工作。年初制定了“公共卫生学院科研发展规划”并召开院教职工参加的工作会议，强调工作重点，极大地推动了科研工作的开展。今年科研工作发展顺利，先后获国家自然科学基金、卫生部、教育部、科技部、中国疾病控制中心等部委及北京市、北京大学等多项基金。同时获若干项国际合作项目，包括法国达能营养基金、美国霍普金斯大学科研基金，与世界卫生组织、世界银行、联合国儿童基金会等，也均有合作项目。

今年学院在国外刊物发表论文 38 篇，在全国刊物发表论文 275 篇，地方杂志发表论文 2 篇，总计 315 篇，与去年相比有很大提高。科研水平整体的提高，使大家更加重视发表高质量的论文。2004 年学术交流活动频繁，出国参加学术会议 34 人次，出国进修 10 人，出国讲学 7 人，请外籍专家来院讲学 22 人次。学院学术地位不断提高，2004 年主办全国学术会议 11 次。学院一直很重视开展学术活动，今年各系配合继续教育工作，举办各级各类学术活动，分别邀请韩国、日本、美国环境卫生专家，美国司法护理代表团，美国生化分子专家，美国妇幼卫生学专家，芬兰营养学专家，加拿大黑热病专家，国家突发疫情应急反应专家，澳大利亚循证医学专家等来华访问，并做学术报告，从而扩大了学术交流、了解了新的学科发展，教职工踊跃参加听讲。据不完全统计，全年共举办各级各类学术讲座 59 次，约 2400 多人参加。

4 月，在人民大会堂举行“北京大学循证医学中心揭牌仪式”、“中澳卫生合作中心成立大会”。同时与澳大利亚悉尼大学联合举办“临床研究国际研讨会”。

9 月，协助中华预防医学会共同组织了“中美医学公共卫生整合行动研讨会”，负责教育组的组织工作，郝卫东教授做“医学院校的使命与医学教育”报告；

11 月，请英国国家电子医学图书馆馆长、牛津大学卫生科学研究院第一任院长、循证医学与循证决策的奠基人缪尔·格雷爵士、牛津大学循证医学中心主任、《循证医学杂志》主编保罗做关于“英文科研论文写作”的学术报告。

12 月，北京大学循证医学中心与香港中文大学、英国牛津大

学、香港医院管理局联合举办“第三届亚太地区循证医学大会”，来自世界各地 28 个国家和地区的 300 多名代表参加了会议。

由教育部、北京大学科技部组织的“流行病学重点实验室建设计划论证会”召开。流行病与卫生统计学系认真准备。专家们审议了胡永华院长所做的工作报告，一致通过“教育部流行病学重点实验室建设计划”。

由流行病与卫生统计学系詹思延教授承担的“SARS 期间北京预防用药及问题研究”项目通过验收。这个项目由国家食品药品监督管理局国家药品不良反应监测中心负责，由北京大学公共卫生学院流行病与卫生统计学系承担，北京市药品不良反应监测中心、北京市海淀区疾病预防控制中心协作共同完成。

由流行病学教授李立明教授牵头的国家重点科研项目“流行病学与卫生统计学结合进行因果探讨的理论与方法研究”获北京市科技进步二等奖；由流行病学系刘民教授牵头的项目“艾滋病/性病预防与计划生育服务相结合的评价研究”获北京市科技进步二等奖；由环境卫生学专家卢国呈教授牵头的“小麦粉和人发一级国家标准物质中稀土含量定值研究”获北京市科技进步三等奖和中华医学会科技奖三等奖。

【函授部工作】 2004 年，在北京大学公共卫生学院领导和各函授站的支持下，预防医学培训部在预防医学专业夜大学专科与本科、函授专科、网络教育专升本和卫生事业管理专业电大各层次教学方面，都取得了很大成绩，圆满地完成了年度计划。

卫生事业管理专业本科电大秋季招生工作 9 月完成，生源情况良好，共招收 2004 级新生 75 人。11 月完成 2005 级预防医学专业专升本的招生工作，招收了专升本生 46 人。北京、江苏、大连、四川、河北五个站预防医学专业专科毕业 406 人。校本部和江苏站预防医学本科毕业 86 人，电大毕业 50 人。

为加强教学管理工作，组织了 3 次集体备课活动，编写了 3 门课程教学大纲。派出监考人员 38 人次，外地班级所有课程考试工作已顺利结束，下学期全面进入生产实习阶段。

预防医学本科有 35 名同学进入毕业专题实习阶段，全部顺利通过毕业论文答辩。7 月完成了 588 名专科和本科毕业生登记注册和毕业证书发放工作。在京举办各站优秀毕业生表彰会，并组织学术交流和参观北大校园等活动。2004 年春季和秋季各组织了一次本科班成人三级英语考试，共 8 个考点。

参加中央电大教学工作会议和有关教学活动 5 次，进一步熟悉了电大教学管理工作，制定一系列教学管理文件，实现了网上教学管理。

（周小平）

护理学院

【学院概况】 护理学院现设 4 个教研室（内外科护理学教研室、妇儿科护理学教研室、护理学基础教研室、护理学人文教研室），3 个办公室（院办公室、教学办公室、学生办公室）。全院在职教职工 48 人，其中教师 33 人、教授 3 人、副教授 3 人、讲师 13 人、助教 14 人；博士 1 人、硕士 18 人、学士 14 人；硕士研究生导师 6 人。学院承担 3 个层次、10 个轨道的教学任务。学生 1354 名，其中在校生 734 人，包括研究生 16 人，本科生 200 人，高专生 332 人，高职生 186 人。

【学科建设】 学院申报北京市自然科学基金 3 项，国家自然科学基金 5 项；北京大学教学成果奖 1 项；北京市高等教育教学成果奖 1 项；完成临床护理专业（应用型）硕士研究生培养方案的讨论与申报，修订和审定护理专业硕士学位研究生培养方案；新增硕士研究生导师 2 人；与美国 3M 公司联合建立了微生物实验室，进行医院感染控制的研究。

【教学改革】 教学工作的重点是围绕教学改革，突出“以学生为主体”的教育理念。在实施护理专业课程体系改革中，修订并启用了课程评价、教师教学质量评价和实习评价指标体系。按照新课程设置的要求，对本专科教学大纲中的教学目标、教学内容、教学方法和评价方法进行了修订。重新修订了各层次的教学实习、阶段实习、生产实习指导和评价鉴定手册。积极探索护理专业教学内容和教学方法改革。在教学内容方面加强人文课程，在本科生课程中开设护理美学、护理与法、文化与健康课程。以专业英语、护理伦理、身体评估课程为试点，探索和尝试“参与式”、“PBL”等多种教学方法，激发学生的学习兴趣，提高学生自主学习的能力，促进学生的评判性思维能力。在对学生评价方面实施综合能力考核，采取平时成绩和期末考试相结合的方法，增加平时考核的比例，激发学生的学习兴趣。完善考试管理，建立健全教学质量的管理和监控，成立教学督导组，建立督导制度。

【科研活动】 获得北京大学教育改革成果奖。全年在各类期刊上发表论文 37 篇；主编和参编各类教材、参考书共 11 本；与美国伊利诺依州立大学芝加哥分校合作研究对艾滋病人的护理，并联合举办艾滋病护理研究方法研讨班；与日本高知女子大学看护学部合作研究“中日两国癌生存者的长期适应性及其相关因素的比较”课题；与香港大学合作研究“癌症患者身心评估与健康维护”课题；与北京大

表 4-48 2004 年护理学院论文发表刊登情况

发表刊登论文杂志	篇 数
Leadership: Reflections on nursing	1
Professional Nursing	1
中华护理杂志	5
护士进修杂志	11
实用护理杂志	1
中华医院感染杂志	1
其他中华或中国牌杂志	19
合 计	37

学第三医院护理部合作进行“涉外多元文化护理服务模式”的临床研究；与卫生部医院管理研究所护理中心合作进行“社区护理的内涵外延及发展目标”的研究；独立承担北京大学医学部“985”科研项目“社区护理国际交流与服务中心、社区课程基地建设项目”的延续课题；继续进行“医院感染控制”、“护理教育”、“老年痴呆护理”和“社区护理”等课题的研究。在护理教育方面，进行“护理专业本科生评判性思维评估指标”和“本科教学计划评价体系——关于学生知识与能力相关性的探讨”的研究；在医院感染控制方面，继续与美国3M公司合作，完成了有关“外科不同手术消毒方法效果的比较”的研究；在老年痴呆患者护理研究方面，对痴呆患者照顾者进行个体化干预，探讨其对降低照顾者负担、改善患者的认知功能及日常行为方面的效果；在社区护理方面，在承担社区护士技能考试的同时，对社区护士上岗培训情况进行了调查研究。

【学生工作】 提倡以人文素质为先导的综合素质教育，开展一系列活动。包括阳光基金建设、主题党日活动、社会实践、心理健康指导、校园文化建设等；利用党团日活动及军训，对学生进行革命传统教育，爱国主义、集体主义教育。组织25名优秀学生利用暑期，前往“西柏坡”进行社会实践活动，并荣获“北京大学暑期优秀社会实践团”和“北京大学医学部优秀实践团”称号；“12·6焦庄户爱国主义教育”活动，被团中央授予“学习实践‘三个代表’，为团旗增辉”主题团日活动优秀创意奖。学院本科生、专科生中共有94名学生获奖学金，占24.8%，其中特等奖1名，艾氏奖3名，光华奖1名，一等奖9名，二等奖29名，三等奖45名，单项奖16名；研究生中1人获光华奖，1人被评为北京大学优秀毕业生，1人获医学部优秀奖；获得表彰的三好学生标兵5名、三好学生34名、市级优秀学生干部1名、单项奖励39名；其他各类奖7项；2人被评为北京大学优秀毕业生；1人被评为医学部优秀团干部；4人被评为医学部优秀团员，3个团支部被评为医学部优秀团支部；140名特困生得到副食补助；21名品学兼优，家庭困难的学生获得各种“助学奖学金”；47名特困生办理了“银行助学贷款”；22人被保送到中科院、基础医学院、北京大学、北京师范大学读研究生；学院9名研究生参加北京大学护理学院与美国密歇根大学8名师生的学习交流活动。

【社会服务】 定期到西三旗北京大学第三医院第二门诊部社区护理基地进行社区专家免费咨询，并对社区居家的慢性病人，常见的护理问题和保健问题，举办健康教育讲座。举办的“家庭突发疾病急救”的健康教育活动，深受小区居民的欢迎。新增北京大学医学部校医院为社区护理教学实习基地。受北京市卫生局全科医学工程办公室的委托，护理学院与首都医科大学护理学院合作对来自全市17个区县的840名社区护士进行北京市社区护理专业技能考试。学院承担了4月和10月，北京市高等教育自学考试护理专业的出题、阅卷及69名专升本学生的论文辅导及答辩工作。承担31人的进修任务。

【获奖情况】 学院受到北京市、北京大学和医学部表彰的教职工有13人次和3个集体：郑修霞获北京大学教学优秀、北京市教育创新优秀个人、海淀区卫生局继续教育先进个人；郑修霞、王宜芝获医学部教学优秀奖；李宁获医学部继续教育先进个人；肖菊英获北京大学实验室管理优秀奖；吕凤英获北京市德育教育先进工作者、北京大学优秀德育奖；张进瑜获北京大学优秀党员、医学部优秀团干部；邹红获北京大学优秀班主任；陈胜修获医学部优秀工会干部；教工党支部获医学部“优秀党日活动”二等奖；学院工会获医学部民主建设奖、北京大学医学部先进工会小组。

（杜彩霞）

第一临床医学院

【事业概况】 职工3009人，其中医护技人员2593人，包括高级职称436人，中级职称891人，初级职称1266人，工程院院士1人。

【机构设置】 临床科室33个。包括：心血管内科、肾脏内科、消化内科、呼吸内科、血液内科、内分泌内科、老年病内科、神经内科、普通外科、整形烧伤科、骨科、麻醉科、泌尿外科、胸外科、心外科、神经外科、妇产科、小儿科、小儿外科、眼科、小儿眼科、耳鼻咽喉头颈外科、皮肤性病科、中医针灸科、中西医结合科、感染疾病科、急诊科、口腔科、肿瘤化疗科、预防保健科、心理门诊、生殖与遗传医疗中心、介入血管外科等。

医技科室 19 个。包括：检验科、药剂科、放疗科、医学影像科、核医学科、病理科、物理医学康复科、输血科、营养部、病案统计编目室、感染管理科、超声诊断中心、中心实验室、计算机网络技术中心、供应室、住院处、图书馆、医学统计室、电镜室等。

研究机构：设有 6 个研究所、18 个中心。

【医疗工作】 病人入院 35075 人次，出院 35113 人次；门诊 1227508 人次，日平均 4776.3 人次；急诊 111732 人次，日平均 306.1 人次；手术 14354 人次，病房抢救 1132 人次，抢救成功人数 771 人次；急诊抢救 2103 人次，急诊抢救成功 1934 人次，急诊抢救成功率 91.96%；病床使用率 94.76%，平均住院日 14.75 天。特需门诊 20195 人次；发热门诊 6756 人次。

共组织会诊 955 次，其中院内会诊 89 次，院外会诊 866 次。组织 16 次院外医疗队，共计 53 人参加，完成了国务院、卫生部、全国人大、全国侨联、全国政协、交通部、北京大学、医学部及北京市布置的医疗任务。完成 9232 人次的体检工作。

29 个专业的进修医生达 1923 人；举办 56 期 39 个专业的学习班，共计 1670 人。

成立了医疗质量办公室，由专人负责；加强了与全国各地医院的沟通，2004 年 3 月 26 日至 3 月 30 日举办了“全国医疗质量控制和改进研讨班”，来自全国各地大、中型医院的院领导、医务处负责人、质控办公室负责人约 150 人参会，就医疗质量管理进行了专题讲座及大会发言。

收集 40 多个科室的知情同意书和各种医疗表格约 70 份，将其标准化、规范化，到 2004 年已完成 60 余份，并在临床中应用。

组织了 13 次专题讲座，对工作人员进行法律法规、规章制度、医疗保险、基本技能、传染病知识等培训，参加人数 1600 余人；结合“中华人民共和国传染病法”、“艾滋病日”等活动，组织学习“新发传染病知识讲座”“艾滋病医务人员防护”等活动。

组织抢救了 26 名食物中毒的患者，抢救了 16 名亚硝酸盐中毒患者。制定和完善了医院医疗工作应急预案。在每个节假日前，组织医疗救治队，准备医疗抢救药品、配备救护车随时准备参加各级政府和卫生行政部门的医疗救治工作。召开应对突发事件的专题工作会，制定和完善了医院医疗工作及传染病等的应急预案。

2004 年 2 月 24 日北京市医疗保险中心召开 2003 年度基本医疗保险机构评比表彰大会，北大第一医院获得一等奖，成为北京市医疗保险“A 类”定点医院。

【护理工作】 全面启动了“开展礼仪服务，营造温馨护理文化”的系列活动，确定了 16 个礼仪服务试点病房、组织有奖征集“护德、护训、护规”等活动，编写了北大医院《护士行为规范礼仪服务手册》。2004 年 11 月 25 日，《北京晚报》以“护士编辑护理手册”为题，对这一活动进行了报道。2004 年 7 月，护理部从全院护士中随机抽取了 236 名护士进行了护理基础理论及六项护理操作技能的考核测试，抽考人数占全院护士的 20%。7 月 16 日，《北京晚报》刊发了以“北大医院护士齐充电”为题的新闻报道。2004 年度，护理部除加强护理质量检查及监控的力度外，补充并修订了相关规范及制度 16 项，组织了不同类别的继续教育课程班 4 个，全院护士圆满完成了继续教育学习，学分达标率为 98.47%，共有 17 篇护理论文在核心期刊上发表。

【教学工作】 开展双语教学工作，组织外籍教师参与的专业外语大班讲座 2 次、小班病例讨论 4 次。

利用现有的技术设备加强多媒体教学，完成北京大学临床医学专科生、本科生用网络课件并上传供相应专业、学制学生使用；充分利用信息集成技术建成北大医院手术转播示教系统。该系统可以同时转播 2 台手术、4 路画面，分送不同教室供观看。

组织医院临床教学专家完成了临床相应学科课程教学大纲、实习指导的修订以及《专科医师技能考核手册》的编撰工作；编写长学制教材并已投入使用。“核医学”获北京大学教学成果一等奖，并申报北京市教学成果奖项。“中小科教学模式改革”、“临床医学网络考试系统”获北京大学教学成果一等奖并申报北京市教学成果奖项，该教学模式和考试系统已在使用。组织开展导学活动、桥梁课知识竞赛、“规范化病历书写大赛”、大型医疗咨询活动等。《健康报》对此次大型医疗咨询活动进行了报道。

继续教育项目归口管理，针对不同继续教育对象加强教办对继续教育的管理和指导。顺利完成全院住院医师的规范化培训、考核以及院内外住院医师转科学习的协调工作，顺利完成北医夜大的临床教学管理工作；与北大医学出版社合作编写《国家执业医师资格实践技能考试指南》；组织国家医师资格实践技能考试(北大医院考站)288 人的考务工作；协助国家医学考试中心组织对全国主治医师考试的内科学命题工作。

内科、外科、儿科、中医针灸科、皮肤性病科还承担了医学部下达的，美国等 6 个国家的 22 名留学生的短期教学任务；培训中心共举办了 18 个培训班，参加学员 550 人。

【科研工作】 2004 年申报国家、部委、市级课题 156 项，获批 55 项，中标率 35.2%，获经费 1180.45 万元;北京大学校级"985"、"十五"、"211"课题获批30项,经费227万元;横向课题7项,获经费347.75万元。院级基金申报37项,批准23项,经费27万元。

申报各种奖项18项,获奖8项,中标率48%。

其中,教育部提名国家科学技术奖2项:一等奖1项、二等奖1项。

北京市科技进步奖3项:二等奖2项,三等奖1项。

中华医学科技奖3项:一等奖1项、二等奖1项,三等奖1项。

成果鉴定会12次,其中会议评议8项次,通信评议4项次,成果登记14项。

申请专利2项。

发表论文979篇:

其中,按论文类别:论著624篇,摘要22篇,综述121篇,其他212篇。

按刊物级别:国际杂志70篇;中华系列杂志302篇,北京大学学报(医学版)68篇,国家级杂志539篇。

出版书籍29部。

【学术交流】 主办学术会议24次,其中主持国际学术会议10次,主持国内学术会议14次。参加国内外学术会议458人次,其中国际会议143人次,国内会议315人次。国际大会发言66人次,国内大会发言170人次。

【医德医风建设】 2004年3月2日召开医院中层干部、支部书记会议,传达了中纪委、国务院、卫生部廉政工作会议的精神,并下发了《关于贯彻中纪委、卫生部廉政工作精神重申加大治理收受"红包"和"回扣"力度的通知》,要求各科主任提高认识、起到带头和表率作用,拒收"红包"和"回扣"。在医院门诊大厅及70多个病房内悬挂拒收"红包"和"回扣"的公告牌,并公布监督电话,主动接受患者监督。4月22日向工作人员公布了卫生部颁发的《医疗机构和人员"八不准"》,章友康院长和蒋学祥书记在向社会公开承诺书上签字。

共受理、接待来信、来访、来电和投诉67件,调查案件8件,其中来信34件,来访14件,电话反映问题19件。纪委监察室、党委办公室在6月21日至6月23日分别征求了临床科主任、职能处室领导、民主党派代表、支部书记及党内外干部、群众等多方面的意见,并将这些意见反馈给医院的领导。

10月,章友康院长被中华医院管理学会评为"全国百名优秀院长"。

11月12日,北大医院获得"2004年首都卫生系统文明单位"称号。

【后勤建设】 2004年1月16日,据建设部、中国建筑业协会文件建协[2004]2号,北大医院第二住院部干部、外科病房楼工程获2003年度中国建筑工程"鲁班奖"。

北京市文物局和市规划委员会于2004年11月11日的两局联席会上通过了北大医院内科楼的方案,于11月30日正式发放两局批文,同意内科病房楼新建筑面积31230平方米,其中地上建筑面积18168平方米,地下建筑面积13062平方米,高度18.6米。

(王素梅)

第二临床医学院

【发展概况】 第二临床医学院(人民医院)是中国集资兴建的第一所大型综合医院,原名北京中央医院,于1916年动工,1918年1月正式开院。曾更名为北京中央医院、中和医院、中央人民医院、北京人民医院、北京医学院人民医院(第二附属医院)、北京医科大学人民医院(第二临床医学院)、北京大学人民医院(第二临床医学院)。

人民医院是卫生部部管三级甲等医院,是首批基本医疗保险定点医院。截至2004年12月有建筑面积10万平方米。开放病床1192张,在职职工2283人,其中有正高级职称者110人,有副高级职称者244人。

人民医院承担着北京大学临床医学七年制、护理高职学生的临床教学及实习任务,承担着护理本科、药学、医学检验等专业的实习任务,承担了夜大学的部分临床教学工作。人民医院还承担医学硕士、博士学位研究生培养及部分临床医学七年制学生的二级学科阶段培养工作,截至2004年有在岗博士导师58人,硕士导师144人。接受毕业生95人,其中博士28人、硕士18人、本科9人、专科37人。

2004年,心血管内科、神经内科、骨关节中心、肝胆外科等科室开设了新病房。

2004年11月,人民医院顺利通过了创建首都公共卫生文明单位的评选并名列前茅,同时获得了首都文明单位提名。12月,成功承办了非洲国家医院院长管理研修班。成立了等级评审办公室,建立并完善了包括各项医疗管理共351项制度,通过了医院等级评审。

【医疗工作】 2004年人民医院门诊量有显著增高,全年门诊病人数达1077493人次,在北京市排第六位;急诊病人数为98855人次;出院病人数为27855人次,其中医保出院病人数占总出院人数的30.05%,为8317人次。医院全年共完成手术8878例,其中计划生育科、骨肿瘤科、血管外科、心脏外科、妇科、泌尿科、乳腺外科等8个科室的手术量较2002年有显著的提高;全院手术量突破历史最高水平,共完成手术14076例。平均住院日继续缩短为14.1天,比2003年下降了0.3天。全年总体医疗指标较2003年有明显回升,尤其是下半年的各项指标均接近、达到甚至超过了 2002 年同期水平。

2004 年，人民医院发现北京市首例 SARS 疑似病例，并协助卫生部找出了非典发生和扩散的源头，完成二度抗击非典任务，取得了医务人员、患者和家属零感染、患者无一例死亡的良好成绩。

血研所 2004 年共完成 212 例造血干细胞移植，较 2002 年增长了约 22%；在扩大造血干细胞移植的来源方面有所突破。全年采用 HLA 不相合造血干细胞移植总例数达 94 例，达到了造血干细胞移植的供者来源无困难。

肝病研究所 2004 年完成了 GSP 认证，获得了 18 个生化试剂批文；开展了肝组织病理学研究；医院成立了感染科，隶属于肝研所。

心脏外科 2004 年共完成冠状动脉搭桥术 315 例，创造了人民医院新的历史记录。开展的非体外循环冠状动脉搭桥术居中国首位。首次成功独立完成内窥镜辅助获取大隐静脉行冠状动脉搭桥手术；完成冠状动脉搭桥、心肌打孔和细胞治疗“三合一”治疗冠状动脉硬化手术；8 月，成功实施北京大学首例心脏移植手术。

骨关节中心 2004 年全年完成各类关节置换 800 余例，膝关节置换达到了 415 台。关节镜组开展了关节镜下双侧臀中肌挛缩松解术，同时还开展了半腱肌腱移植重建膝关节 ACL。

2004 年心血管内科开展了骨髓单个核细胞治疗心肌梗死合并心功能不全患者的治疗；开展了经导管化学消融治疗肥厚梗阻性心肌病的治疗；率先在中国国内开展了 AT500 抗房颤起搏器新技术和第三代三腔起搏器新技术；应用超声组织多普勒功能，进行起搏器左右心室同步化治疗取得成功。

普外一科（肝胆外科）2004 年完成 75 例肝脏移植手术，手术总例数居北京市第一位。术后一年生存率和生活质量达到国际肝脏移植中心的水平。成功为一名 8 岁患儿实施减体肝移植手术；开展了国际上最先进的腹部切口疝成型技术。

普外二科 2004 年开展了经腹腔镜结直肠癌根治手术；经腹腔镜巨大切口疝修补术；经腹腔镜脐疝修补术；胃癌的新辅助治疗。开设了胃肠肿瘤诊治、肛门疾病诊治、甲状腺疾病、造瘘并发症治疗和咨询、晚期肿瘤综合治疗五个专业门诊。

普外三科成功开展了腹腔镜胆总管探查、纤维胆道镜下等离子碎石技术，进一步普及了超声刀在手术中的应用。

乳腺外科在 2004 年“三八”节举行大规模义诊；继续进行了乳腺癌新辅助化疗的研究，加强保乳手术，开展新辅助化疗后乳腺癌保乳治疗 20 余例；在开展了乳腺癌手术切除的同时 I 期进行背阔肌皮瓣转移乳房重建和扩张器植入术。完成隆乳成型术 2 例。

与武警总队二院合作的 46 病房 2004 年采用了具有本科特色的改良式腹腔镜胆囊切除术、腹腔镜多脏器联合手术、腹腔镜食管裂孔疝修补胃底折叠术、腹腔镜贲门失弛缓 Heller-Dor 手术等。

骨肿瘤科在 2004 年继续探索肿瘤复发、肺转移患者的综合治疗方案；开展形式多样的保肢治疗，共进行保肢手术 100 余例，将截肢率保持在 10% 以下；完成巨大骨盆肿瘤切除、重建手术 20 余例；对脊柱肿瘤采取多样手术方式，完成脊柱手术 120 例。

创伤骨科在关节内骨折的诊断治疗方面采用 PFN（股骨近端髓内钉）系统治疗股骨粗隆间骨折，LISS 系统（微创稳定系统）治疗股骨干远段和胫骨干近段骨折；对周围神经损伤的修复的术式进行改良；开展了选择性脊神经后根切断术治疗老年人脑中风后遗肢体痉挛性瘫痪患者的手术；开展了吻合血管的游离复合组织瓣移植修复小腿前方软组织缺损的手术。和放射科合作，开展了脊柱椎弓根重建 CT 的临床研究，在国际上首次阐述了椎弓根狭部（即椎弓根最狭窄处）的概念。

脊柱外科 2004 年全年共完成各类手术 358 例，其中脊柱手术 341 例，标志着一个脊柱外科整体水平的颈椎手术数量翻了一番。采用前后路联合分期矫正重度僵硬的特发性脊柱侧弯手术；开展各类胸椎疾病的前路手术；采用颈椎间孔的腰椎间融合（TLIF）手术治疗高位腰椎间盘突出症；前后路联合手术一期治疗重度脊髓型颈椎病；前后路一期手术治疗陈旧性寰枢椎脱位等。

2004 年血管外科用大动脉覆膜支架治疗因降主动脉硬化斑块导致的多发动脉栓塞一例，此法为世界首创；开展了颈动脉内转流保护装置下的颈动脉内膜剥脱术；开展了激光治疗大隐静脉曲张的新方法。

胸外科首次在中国引进了电视激光硬质气管镜手术。

消化内科继续开通消化道出血的急诊“绿色通道”；开展了胰胆管疾病的内镜治疗；开设便秘专科门诊、慢传输试验及生物反馈治疗。

呼吸内科于 2004 年 9 月起在纤支镜检查过程中对患者实行全面监测，以提高检查安全性，内容包括心率、呼吸、心电和 SaO_2。

肾脏内科在 2004 年开发了糖尿病肾病早期诊治、肾功能不全的肾囊疗法治疗、肾囊内治疗性基因注射治疗肾小球疾病等多种新技术。

风湿免疫科积极开展了多种新疗法，包括：(1) 小剂量激素对类风湿关节炎治疗作用和不良反应的观察；(2) 激素及羟氯喹联合治疗对系统性红斑狼疮合并血小板减少的疗效观察；(3) 免疫吸附治疗系统性红斑狼疮的观察。新开展的抗M蛋白亚型测定和抗RA33抗体等免疫实验的诊断方法,使面向临床开展的自身抗体等免疫指标近30项。

2004年人民医院急诊监护病房和抢救室改造完工,留观病房重新粉刷。

产科在脐带血用于胎儿宫内诊断方面在中国处于领先地位;并开展了新生儿听力筛查、新生儿游泳等新生儿早期教育方法。

2004年计划生育与生殖医学科在中国首创了B超引导下局部注射MTX法;开展了精液冷冻。

儿科成功发现并诊断北京市首例输入型传染病例——人附红体病。

眼科开展了附加晶体屈光手术治疗高度近视,泪道栓子治疗干眼症。

耳鼻喉科在2004年成立了人工耳蜗宣教中心和前庭眩晕诊疗中心。开展了用ABR进行新生儿听力筛查的新技术。

皮科开展了皮肤激光美容、病理图文诊断系统和药物过敏检测三项新技术。

中医科新增中医少儿增高门诊。

2004年核医学科引进了具有符合线路的双探头ECT,开展了心肌双核素显像、18F肿瘤显像和局部骨断层显像,并能对PET图像和CT图像进行同机融合。对甲亢的131I治疗及用89Sr对骨转移进行治疗都取得了很好的临床效果。

【医疗保险工作】 2004年公费医疗单位来就诊达23.8万人次,人民医院荣获基本医疗保险评比一等奖,并再次被列入医疗保险A类医院行列。承担了10所大专院校和36家中央单位、30家市级单位、24家区级单位的医疗任务。

【护理工作】 护理部对全院护士进行了规范的培训。截至2004年全院共有护士887名,具有本科学历的护士30名,具有大专学历的护士346名。

【教学工作】 2004年,医院主要承担临床七年制、临床八年制、护理本科、临床护理二年制及三年制、药学专业、中医学专业、航天总医院教学8个轨道13个班641名同学的教学任务。主要完成临床桥梁课、系统课、中小科讲课637学时、教学实习632学时,小讲课291学时。完成生产实习教学38周,护理教学实习不同年级共160周,完成临床选修课授课学时216学时。

2004年医院以项目带管理实现教学管理的现代化:(1)利用多媒体网络评估平台,对23个专业1655个课题611名教师进行了评估,根据评估结果对教师进行末位课题淘汰和招标,并将每月教学评估情况向全院公布。(2)进一步强化教研室对教学的监督管理职能,下放网络评估结果的监控权限,教研室能即时得到对教师的评估结果,以便及时进行管理和调控。教师也可通过教研室及时得到详细的评估反馈结果。(3)量化教办人员管理职责,将教办各项工作进行细化并落实到人。

2004年人民医院开始使用临床八年制教学模式,开展多层次教学改革,由以系统为中心的教学模式过渡到以症状为中心、以疾病为中心、以问题为中心的教学模式。建立了基于网络的模拟面试系统,将有纸化考试改变为无纸化考试,利用真实的临床病例,通过模拟面试,全面考查学生对疾病的实际诊治水平及临床思维能力。在2004年北京大学医学部几个临床医院的桥梁课统考中,人民医院临床2001级同学考试成绩名列前茅。

在北京大学医学部系统首创临床选修课并形成了一套完整的临床选修课课程体系。2004年首先开展了生产实习阶段选修课,安排了医学英语、人文素质、循证医学三大体系课程。

2004年人民医院朱积川教授被评为北京市优秀教师,王杉教授荣获北京市优秀德育教育工作者称号。青年教师王晶桐被北京大学推荐为北京市师德模范。赵明威大夫、脊柱外科王会民大夫在北京高校第四届青年教师教学基本功比赛中荣获三等奖。医院获得北京大学教学成果一等奖课题两项,二等奖两项。

【继续医学教育】 2004年举办全院性校级讲座104次;院级讲座45次;举办国家级继续教育项目23项,北京市级继续教育项目8项;编写出版《北京大学人民医院继续教育实用手册》;组织全院性急救技术培训班四期,包括理论授课及实战演练并编写《急救技术实用教程》。

【科研工作】 科研基金:2004年医院共获科研基金52项,共申报科技成果奖14项,申报科研专利2项,授权2项,申报茅以升北京青年科技奖1项。

其他科研管理:2004年共发表核心期刊文章394篇,其中论著246篇;被SCI收录的文章数为32篇,较2002年翻了一番,在中国医疗机构的排名上升至第14名;获得科学技术专利2项;参加学术会议187人次;出版专著7部。

2004年人民医院共招收新生77人,其中博士生44人(科研型20人,临床型24人),硕士生33人(科研型9人,临床型24人),科研型博士生的比例逐渐增大。共招收3名博士后入站工作。

2004年共毕业研究生70人,其中博士研究生51人,硕士研究生19人。在职申请学位人员54人,其中博士15人,硕士39人。共受理学位申请109人。

2004年新增加硕士生导师24名,医院学位分委员会通过7名硕士生指导教师参加博士生导师的遴选并上报医学部,最终5人参加了专业组答辩,4人通过了专业组的答辩。

2004 年人民医院获得北京大学优秀博士论文二等奖 1 名，三等奖 1 名。

2004 年人民医院图书馆共接待读者 31176 人次，其中高级职称 2236 人次，中级职称 2361 人次，初级职称 1693 人次，研究生 8353 人次，学生 2965 人次，进修人员 10123 人次。电子阅览室实行全天开放，全年到馆阅览达 3445 人次。

【国际交流】 2004 年医院共接待美国、欧洲、非洲、亚洲等国家 25 批专家学者，共 168 人次。共为医院人员办理 158 人次的任务批件、护照、签证或通行证。

1 月 25～29 日，人民医院血液所和血液病房特邀美国西雅图 FHCKC 癌症研究所 Rainer Storp 教授和 Jason Chien 教授来院参加会诊。

2 月 4 日，妇科在北京成功举办了“女性尿失禁非手术治疗研讨会”。大会邀请了芬兰 Kuopio 大学 Joma Penttinen 等教授参加。

3 月 23 日，人民医院心内科在医院举办了“心脏再同步化治疗心衰经验交流会”。美国著名的心内科专家 Libeman 教授不但在会上做了精彩的讲座，还做了两台手术演示。

6 月 7 日，英国卫生部副部长沃奈尔勋爵先生等一行 10 人来人民医院参观。

7 月 27 日，蒙古国卫生部官员在中国卫生部国际合作司有关人员的陪同下来院参观访问，双方就当前两国医疗体制改革等问题进行了交流和探讨。

9 月 8～10 日，特邀了挪威布尔根大学歌德研究所 Roland Jonsson 教授来院参观访问。Jonsson 教授是国际著名的免疫学杂志《Scandinavian Journal of Immunology》的主编、国际著名的干燥综合症权威。

10 月 16～19 日，心血管内科在北京承办了第十四届长城国际心脏病学大会，参加大会的有来自 23 个国家的 100 多位国外专家、教授和近 2000 名国内专家、学者。

12 月 7～8 日，人民医院受中国商务部和卫生部的委托承办了“非洲国家医院院长研修班”。

【文明服务工作】 2004 年医院重新修改、制定了文明服务奖惩办法，设立了“文明服务奖”，中药房、门诊部办公室、检验科、注射室等部门相继获得奖励。9 月 24 日，召开了社会监督员座谈会，医院党政领导亲自与社会监督员见面、座谈、了解情况，发挥院外监督作用。

门诊部增加了导医人员数量引导病人就医，增加收费处、药房及相应部门人员数量；延长收费处、药房、挂号处等窗口开放时间；收费处、药房等窗口取消午休；增加抽血窗口，缩短患者排长队取血时间，延长部分抽血项目时间至下午 3 点；将生化、澳抗、HIV 抗体检查出报告时间由 3 天缩短为次日（工作日）出报告；挂号处使用电脑挂号，电子屏能显示出专家号的剩余数。在高峰时段增加医生应诊人数，增加出诊率低的科室的专家出诊人数，动员挂号难的专家增加出诊次数，尤其增加专家下午出诊时间。

【后勤工作】 2004 年医院后勤部门完成小灵通和移动通讯的信号覆盖。完成大型改造项目 11 项共计 7935 m^2。人民医院第二住院部（西城区白塔寺）完成大型改造项目 2284 m^2。手术室改造工程完工，并交付使用。电梯维修、运行实行社会化管理。完成了人民医院新病房楼的招标及开工前各项准备工作。6 月，新病房楼破土动工；门诊楼改造工程招投标工作启动。截止到 11 月底，全院设备固定资产共 14613 台，总值 512833234 元。

表 4-49　2004 年人民医院各类科研基金申报及获准情况表

序　号	项目名称	获准数	金额(万/人民币)
国家级攻关计划	国家“十五”攻关项目	4 项	385
	国家“863”计划项目	2 项	138
	国家合作项目	2 项	38.6+8.49 万美元
	国家自然科学基金	14 项	378
卫生部科研基金	卫生部临床学科重点项目	1 项	140
教育部科研基金	教育部新世纪人才支持计划	1 项	50
	教育部博士点科研基金	1 项	6
	教育部科研基金重点项目	1 项	10
	教育部回国人员启动基金	6 项	13
北京市科研基金	北京市科技计划项目	2 项	120
	北京市自然科学基金	4 项	35
	北京市科技新星计划	2 项	29
	首都医学发展基金	4 项	120
北京大学科研基金	北京大学医学部基础医学院	1 项	3
公司资助科研基金		6 项	36.3

（人民医院）

第三临床医学院

【发展概况】 2004年，第三临床医学院在职职工2017人，其中高级职称112人，副高级职称212人，中级职称632人，初级职称921人，一般干部5人，高级工人94人，中级工人27人，初级工人6人，普通工人8人。2004年接收了各类毕业生99名，其中博士19名，硕士24名，本科15名。截至2004年年底，全院正式职工中，博士学位者173人，占8.6%，硕士学位者196人，占9.7%。平均开放床位数1128张。

【机构设置】 成立了由临床专家、设备管理专家、纪委委员组成的设备项目论证组。通过规范化的公开招标流程论证、政府采购网国际招标，保证了设备的质量，实现了采购价格的公平合理。

成立医疗救援和突发公共卫生事件应急管理办公室，进一步完善和制定了各种医疗应急预案，加强紧急救援的医疗培训。将原来多个外派医疗救援队归类合并，简化成一个由60人组成的应急医疗救援队，并被确定为全市11支灾害、事故应急救治队之一。

医院住院分部于2004年5月正式启用。

成立了基建领导小组和基建指挥部，做到明确分工，责任在人。

国内首家“国家纳米科学中心生物医学协作实验室”于2004年9月落户三院。

成立了考核评估委员会，出台了《关于对人事代理人员考核评估的暂行规定》。

创办了全面针对患者的《医疗服务指南》，提供丰富的医疗就诊信息，免费发放。

投资90余万元，成立了医辅中心，对医辅中心的工作人员进行了集中培训，统一服务标准，患者抬运、检查标本的配送由医辅中心工作人员承担。

北京北医三院上地门诊部(体检中心和美容门诊)开业运行。

北京大学第三医院燕大启明眼镜店有限公司和分公司相继开业。

【医疗工作】

1. 主要医疗绩效指标完成情况

2004年，第三医院门诊量高达1397827人次，比2003年增加了18.1%，日均门诊量达5547人次，专家门诊量比2003年增加14.3%，门诊量在北京市各大医院中名列第二；急诊量150236人次，比2003年增加22.1%，日均急诊量达411人次，连续9年在北京市各大医院名列第二。

2004年出院病人33761人次，比2003年增加了34%，在北京市各大医院中名列前茅；住院病人中外地病人的比例由2003年的21.22%(5343人次)增加至2004年的24.77%(8395人次)。2004年，住院总人数及外地病人均上升的科室有16个，其中外地病人上升15%以上的科室有12个。

平均住院日连续6年持续缩短，由2003年的12.6天缩短至2004年的11.3天，连续三年在北京市各大医院名列第一。

2004年全年手术例数达到18893例，比2002年和2003年分别增长30.5%和33.2%。

药品收入连续3年以3个百分点下降，由2003年的43.6%下降至2004年的42.66%。

2. 强化质量管理，保障医疗安全

健全制度，明确职责，规范管理。先后修订了《北京大学第三医院医疗工作规章制度》等100多项规章制度，修订并制定《北京大学第三医院医疗质量安全工作流程》等医疗质量安全工作流程20余项，制订应急预案6项，并将重要的规章制度汇编成册统一下发。

加强重点科室、重点病人、重点环节的质控管理。着力加强医疗质量、安全体系中的重点科室，如急诊科、ICU、手术室、麻醉科、血液净化中心等的监管；对危重病人、大手术后病人、首次开展新技术/新疗法的病人、急诊病人等重点控制；强化重点环节的管理，如核心制度的落实、危重病人访视、高风险及特殊病人的手术报告等。

完善新技术、新疗法准入管理制度。2004年度全院共申请新技术、新疗法34项，经院新技术、新疗法管理委员会批准26项，暂缓2项，未通过2项，待审批准入4项；实施超过半年的新技术、新疗法12项。

加强护理质量与安全管理，推动护理学科建设。完善了护理质量控制与管理的组织构架，在护理部成立了质控组、教学组、科研组、培训组，进一步明确了职责和管理思路；建立危重病人访视制度；加强高危病人、高危环节、高危药品的“三高”管理；规范信息分析、反馈、跟踪的护理缺陷管理；加强护理队伍的培训和考核，按能力级别上岗。

3. 加强院内感染的监控

先后投资500多万元用于加强院内感染的监控。改善发热门诊、肠道门诊的就诊服务流程；加强对内镜室、手术室、门急诊等重点科室、重点部门的院内感染监控，规范了医疗废弃物的安全管理。通过网络建设、发行《医院感染与健康教育简讯》，加强医院感染信息的上报和沟通。

【教学工作】 2004年医院共招收研究生126名，毕业研究生103人，研究生在国内核心期刊上发表论文49篇，其中SCI收录了17篇。2004年首次签约接收外院系统住院医师参加北医三院的初级培训体系。2004年共举办全国性的继续教育学习班24次，北京市继续教育项目18个。举办9项15次全员培训，共有7565人次参加。

三院教学平台试运行，逐步实

现了教学管理、教学课程、课程评估的信息化网络管理，对继续教育及规范化教育学分均使用IC卡记录，在多媒体题库、无纸化考试和网络课程等功能上达到国内先进水平。

进一步完善教学绩效奖励机制。年终检查与日常报告结合，书面报告与现场检查结合，教学工作指标与教学管理指标结合，增加客观指标的权重等，并将评估结果与科室的效益、教师个人的利益及职称晋升挂钩。

【科研工作】 2004年三院在国外期刊发表论文43篇，SCI收录国际会议摘要40篇。

1. 加强科研管理服务，提升科研管理的服务内涵。2004年共资助回国人员科研启动经费4人共计7万元，中青年骨干基金4项共计4.21万元，林护眼科基金3项共计15万元。在全院范围内首次进行护理专业的科研启动基金支持工作。

2. 继续加强学术交流，促进学科的交叉、融合。2004年共举办科研学术沙龙10次。

3. 加强医院科研平台建设。国家药品临床研究基地共接受各期临床试验61项、合同签约近300万元。加强各专业医师的"GCP"培训，积极准备临床研究基地7个老专业的资质认证及10个新专业的申请工作。

4. 加强学科建设和人才培养。骨科2004年共取得国家级和部级科研基金2项，共计52万元；在国内核心期刊上发表论文36篇，SCI收录的论文6篇，国际性学术会议交流论文3篇，译著1部；在全国骨科学术会议上交流论文30余篇；应邀在国内学术会议做专题报告30余次。承办了第五届中华医学会骨科分会全国脊柱外科学术会议、中国康复医学会颈椎病专业委员会第八次全国颈椎病学术会议，取得圆满成功。

运动医学新开展了后交叉韧带双束重建术、交叉韧带的同种异体重建术、硅橡胶移植治疗关节软骨损伤、网球肘的关节镜下治疗术等新技术。2004年发表论文24篇，其中SCI收录的2篇。

妇产科新开展了无痛取卵术、AID技术及免疫性不孕的相关治疗、腹腔镜腹膜阴道成形术等技术。2004年获得国家级科研基金3项，共计100万元，发表论文29篇，其中SCI收录的2篇，国际性学术会议交流论文4篇；作为副主编撰写著作1部。

心血管内科2004年获得国家自然科学基金4项，其中重大项目1项，十五攻关课题1项，共计368万元。在国内核心期刊上发表论文40篇，其中SCI收录的14篇。

眼科2004年在国内核心期刊发表论文18篇，SCI收录的1篇。

消化内科获国家级及省部级科研课题5项，共计70万元，其中"胃癌荧光光谱研究"为教育部重大课题，在国际学术会议（亚太消化疾病周）上交流论文26篇；血液内科完成自体及异基因干细胞移植6例，在国内率先进行了淋巴瘤的基因检测，获国家级及省部级科研基金3项，共计46万元。

泌尿外科新开展了腹腔镜下前列腺癌及膀胱癌根治术，肾移植成功率达98%，移植例数位于北京市各大医院之首。

成形科迎来建科55周年，成功地举办了国际学术研讨会，医院投资1500万元改造成形科美容门诊和手术室。

内分泌科参与组建了北京大学糖尿病中心，洪天配教授被任命为北京大学糖尿病中心副主任。

【基建后勤】

1. 基本建设工作。

医院总体规划报批获得突破性进展：2004年3月调整后的医院总体规划方案获北京市规委批复；2004年5月北京市建设委员会将三院改扩建工程纳入北京市市重点工程。总体规划后续项目的国家预算内投资的申请工作已完成可研(代立项)的评审。教学科研楼的初步设计方案已获卫生部批复；2004年5月药学楼全面交付使用。

2. 后勤保障工作。

进一步完善基础设施建设。完成了22面配电柜、直流屏高压控制等更新改造工程并新配了300 KW发电机；开通运行医院专网绿色环保小灵通；对锅炉房及洗衣房噪声扰民的问题进行了科学治理；配合医院基本建设工作完成了大量配套设施的改造任务。

后勤服务更加规范化、标准化。制定了日常物资采购招投标办法；加强停电等突发事件的应对措施，制定了停电应急预案，并组织演练。

改善就医环境。完成了二门诊的装修改造，对心导管室进行了改造，完成特需门诊的装修改造工程，集中更换了门诊的候诊椅，并对门急诊的厕所、诊室及走廊通道进行了装修改造，对门诊环境进行了合理改造。

【医院管理】 2004年完善了一系列规章制度，共计610项，其中修订173项，新制定395项，计划在此基础上出版新的医院管理手册及办法。

集中对临床医技科室主任进行了"创建成功团队"的管理专题培训，并参加中华医院管理学会主办的"现代医院科学管理培训项目"课程班的学习。

加强对中层干部考核。2004年首次对全院87名中层干部从德、能、勤、绩、廉等五个方面，采取了调查访谈、民主测评、同级评议、院领导评议等方法，进行了全方位的届中考核。

党院办、财务处、门诊部和医辅中心等部门举办大型"礼仪讲座"培训，总务处观看学习"项目管理"、"成功经理人"等多媒体教材，

2004年三院在国内有关医院管理方面的杂志上，共发表管理论文10余篇。

【信息化建设】 起草完成《北京大学第三医院信息化发展纲要(2004～2010年)》。

完成了发热门诊、肠道门诊、急诊、门诊等场所的实名制挂号试点工作，建立门诊挂号系统，实现了院内门急诊挂号全部联网。在提供挂号收入统计功能的基础上，逐步建立持卡就诊、持卡消费体系；结合实名制就诊卡的实施工作更换了电话预约卡。对医院的主服务器进行了扩容；完成药学楼的信息设备配备和调试工作；完成药库、制剂等部门的搬迁以及输液配送中心信息系统；完成医院药库的药品网络采购系统；完成超声心动室、脑电图室费用数字录入系统，建设了消化科内镜信息系统、血库信息的网络系统，实行数字化管理。

【精神文明建设】 医院文化建设。举办了第一届"生存与发展，青春与奉献"征文、演讲比赛；举办田径运动会、春节文艺联欢会等活动；开展义诊，送医送药到基层；开展为印度洋海啸受灾地区捐款活动；承担对口支援内蒙古四乌珠穆沁旗医疗队任务等。先后在《人民日报》、《光明日报》、《健康报》等10余种报刊媒体发表文章共156篇。

精神文明建设。2004年三院收到表扬信共计428件，收到锦旗119面，退还患者红包共60人次，共计41850元人民币，退还物品8件等。

【获奖情况】 2005年1月7日医院接受了2004年度卫生部三级甲等医院例行检查，并在1月25～26日接受了北京市卫生局组织的正式的医院等级评审检查组的评审，均顺利通过。

医院以优异成绩被评为"首都公共卫生文明单位"和"首都文明单位"，同时成为第一批实名就诊试点单位，售出实名就诊卡11万张，高居北京市各试点医院榜首。

医院应急医疗救援队，先后承担了亚洲杯闭幕式、国庆节期间市级应急救治、海淀杯汽车拉力赛和国际马拉松赛等医疗服务任务。

神经内科获"北京大学教育教学成果"一等奖，妇产科马彩虹获北京市第四届青年教师授课基本功比赛一等奖及北京大学优秀教师奖，1人获全国优秀博士论文及北京大学优秀博士论文一等奖，1人获北京大学优秀博士论文二等奖。

放射科《MR新技术基础研究及临床应用》获得教育部提名国家科学技术奖科技进步二等奖。

运动医学专著《膝关节镜手术学》获得国家级及省部级科研基金4项，共74万元。

运动医学《关节镜技术在运动创伤诊断和治疗方面的临床研究》获得国家体育科学学会科学技术二等奖。

运动医学《关节软骨损伤机理和新治疗方法的探索》获得国家体育科学学会科学技术三等奖，并同时获得教育部提名的国家科学技术奖科技进步二等奖。

心血管内科《血管新生在缺血性心肌病治疗中的作用研究》获得教育部提名国家科学技术奖自然科学二等奖，1人获2004年心血管实验室技术突出贡献二等奖，2人在全国ISHR会上被评为青年优秀论文奖二等奖。

林三仁教授主编的《消化系统疾病电子内镜图谱》获中国图书奖。

2004年，医院部分在岗工人参加了北京市首届职业技能大赛，取得了优异成绩，特别是制冷工种获得了北京市三等奖和四等奖(一等奖、二等奖空缺)。

由医院主办的《中国微创外科杂志》被收录为国家科技部"中国科技论文统计源期刊"，成为"中国科技核心期刊"。

生殖医学中心通过卫生部关于辅助生育技术的准入检查，成为北京地区唯一获准开展该技术的单位。

2004年护理专业获得首都医学发展科研基金1项，医院中青年科研基金4项，医院教育科研基金1项，参与卫生部课题1项。

2004年5～8月，国家审计署对医院进行了历时3个月的全面审计，对医院的财务管理工作给予了认可，顺利地通过了审计。2004年在部属医院年终财务工作会议上受到表扬的全国四家医院中，三院荣居榜首。财务处赵宜珍处长当选为中国医药会计学会副会长、被中国卫生经济学会卫生部直属分会聘为常务理事。

三院医疗保险工作连续7年获得北京市公费医疗和医疗保险一等奖，2004年首家通过北京市医疗保险诊疗项目价格验收，医院医保诊疗库在北京市第一家实现封库，并成为北京市的标准库。

2004年6月，第三医院神经内科24病房、心内科23病房，分别获得2003年度北京市"青年文明号"称号，神经内科副主任张俊获北京市"青年岗位能手"称号。

在北京大学召开的"七一"表彰大会上，医院1名共产党员标兵、13名优秀共产党员、4个先进党支部受到表彰。

(第三医院)

口腔医学院

【发展概况】 北京大学口腔医学院创建于1941年，1943年正式成立北平大学医学院齿学系，1950年更名为北京大学医学院口腔医学系，1962年建立北京医学院附属口腔医院。1985年更名为北京医科大学口腔医学院。2000年4月更名为北京大学口腔医学院，是口腔医学院、口腔医院和口腔医学研究所三位一体的综合性机构，为国家"211 工程"重点学科建设单位。截至 2004 年北京大学口腔医学院拥有教授 40 名、副教授 45 名。全院在岗职工 721 人，正高级职称 74 人，副高级职称 98 人。具有研究生学历者 191 人，其中博士学位 124 人，硕士学位 67 人。北京大学口腔医学院 3.4 万平方米门诊病房医疗综合大楼改扩建工程已在施工，定于 2006 年 5 月交付使用。

【医疗工作】 北京大学口腔医院 2004 年共完成门诊治疗 729325 人次，日均门诊 2360 人次；急诊 62746 人次，日均 171 人次；椅位使用率 68.1%。全年收治住院病人 2591 人，完成手术 2415 例次。床位使用率 83.6%；平均住院日11.8天。住院病人治疗有效率 95.5%，病死率 0%。

2004 年确立重点扶持项目 20 项，普通发展项目 25 项。2004 年，颌面外科涎腺专业组开展的血管化自体颌下腺移植治疗角膜干燥症继续向基础研究领域拓展，其移植腺体分泌机制的研究取得成果。内置式颌骨牵引延长术治疗牙颌面畸形的研究工作继 2001 年取得中华医学科技一等奖之后，其临床应用领域进一步扩展。放射性粒子近距离治疗口腔颌面部恶性肿瘤已在临床开展 148 例次。口腔正畸科治疗阻塞性睡眠呼吸暂停综合征的临床研究获得 2003 年中华医学科技二等奖；以种植体做支抗配合固定矫治器治疗疑难复杂错畸形病例的临床研究取得成效。牙体牙髓病专业采用显微根管治疗技术治愈了较多临床复杂疑难的牙髓及根尖病变。口腔修复专业开展的多种新材料修复不同状态下的牙体缺损、牙列缺损以及采用特殊总义齿修复技术恢复部分全口牙列缺失患者的咀嚼及咬合功能等。

【教学工作】 2004 年口腔医学院招收八年制学硕博连读生 39 名，五年制（海外班）学生 14 名，口腔修复大专班 15 名，在校学生达 284 名。应届毕业生共 62 人，其中七年制毕业生 11 人，五年制本科班毕业生 34 人，三年制口腔修复工艺大专班毕业生 17 人。完成理论授课 624.5 学时，前期实习课 614.5 学时，生产实习课 31 周。

学院设有 7 个基础教研室（组）和 6 个临床教研室，开设 19 门口腔医学专业课，口腔正畸学、口腔黏膜病学继续试用以问题为中心的教学法。

教学特色方面，口腔医学教学分为三段式，基础医学、临床医学和口腔医学。截至 2004 年，已连续 8 年进入口腔预防医学农村实习基地实习，连续 7 年实行口腔医学专业生产实习综合轮转，已连续给 7 届口腔医学生开设了口腔医学导论课。已为 5 届口腔学生（2000 级至 2004 级）开设早期接触临床课程。

教材建设方面，15 册口腔医学长学制教材的编写工作继续全面展开，《口腔组织病理学》、《口腔正畸学》、《儿童口腔科学》已经出版。

教学改革方面，冯海兰教授主持的"长学制口腔医学人才培养模式的优化"获得北京大学教学成果一等奖，并被推荐参加北京市教学成果的评比。刘宏伟教授主持的"教学成果总结—用 PBL 法进行口腔黏膜病教学的实践与研究"和康军主治医师主持的"牙周手工洁治球形牙练习模型的研制和应用"均获得北京大学教学成果二等奖。

接受国家卫生部"建立我国口腔专科医师培养和准入制度"的研究课题。

先后设各级各类学生奖学金 18 项，2004 年共有 66 名本科学生获奖学金。学生开展访谈医学名人活动，共访问了 23 名口腔界知名专家。97-2 班七年制学生李蓬代表本科生首次出席在美国夏威夷举行的国牙科研究会第 82 届年会，并参加了 Hatton 奖的角逐。98-2 班肖楠代表本科生参加了首次在武汉进行的全国 6 所院校参加的学生临床项目的壁报比赛（Student Table Clinician Program, SCP），取得了第二名的好成绩。按照国际标准举行了第一届七年制学生论文壁报比赛。

2004 年口腔医学院招收研究生 51 名，其中博士生 4 名，硕士生 25 名，博士生 22 名。在校研究生总数达 137 名，其中博士后 9 名，博士研究生 55 名，硕士生 73 名。2004 年毕业研究生 33 名，其中 17 人获博士学位，16 人获硕士学位，博士后出站 2 名。

招收进修生 160 人，其中 32 人来自西部和边远贫困地区，留学生 1 人，学科骨干 2 人。纳入住院医师规范化培养 20 人，其中 3 人参加了第二阶段的考核考试。2004 年博士毕业生 5 人参加了第二阶段的主治医师任职资格考试，5 人参加了第一阶段的考核考试。申报并获准举办国家级继续教育项目 13 项，1022 名学员来自 26 个省市。继口腔颌面外科之后，北京大学口腔医学院又有口腔内科、口腔正畸科获准为国家级继续教育基地。试行了 IC 卡登记继续教育学分的工作，参加学分考核登记的在编人员 417 人，其中护理 157 人。

口腔 1983 届、1984 届校友为庆祝毕业 21 周年、20 周年返回母校，分别举行学术报告会、大型谢师会，并为母校捐款捐原版口腔专业书。

【科研工作】 2004 年口腔医学院新承担部市级以上科研项目 21 项，获科研经费 442 万元，其中国家自然科学基金 8 项，科技部"十五攻关"项目 1 项，卫生部临床学科重点项目 1 项，教育部重点科研项目 1 项。口腔医学院院科研基金立项15项，重点支持青年医师。发表科研论文249篇，其中SCI收录杂志9篇，国家级英文版杂志4篇。王兴教授及其课题组发表于美国整形重建外科杂志论文"颌骨牵引成骨矫治小下颌畸形伴阻塞性睡眠呼吸暂停综合征"获美国颌面外科医师协会和美国内固定研究学会共同颁发的2004年最佳临床研究论文奖；张益等的"颌骨骨折及下颌骨缺损重建的坚强内固定"项目获2004年度北京市科学技术奖二等奖；孟焕新等的"牙龈炎和牙周炎免疫机制的研究"项目获2004年度中华医学科技奖三等奖。2004年口腔医学院主办国内学术会议3次，口腔医学院第十次学术年会共收录论文155篇，其中专题讲座4篇、大会报告7篇、分会报告47篇。

2004年口腔医学院图书馆增订外文期刊17种、中文期刊9种，新购外文图书112册、中文图书348册。图书馆进一步完善网上文献检索系统，并举办各种文献检索讲座4次。

【对外合作】 2004年口腔医学院共接待国（境）外学生短期研修47人次，分别来自日本朝日大学和明海大学（12人次）、台湾中山医学大学口腔医学院（2批12人次）、香港大学牙医学院（23人次）。口腔医学院派出师生7人，到日本朝日大学和明海大学，进行为期一个星期的短期研修。

2004年2月口腔医学院与泰国久拉龙贡大学牙医学院签署合作协议，双方就人员交流、科研合作、学生交换等事项达成了协议。2004年11月口腔医学院与香港大学牙学院签署联合培养牙周专业临床硕士研究生班的合作项目备忘录，筹备联合办学事宜。

2004年6月中华口腔医学会和德国牙体修复学会联合举办德国现代口腔临床新技术学习班，聘请德国专家讲授最新口腔医疗技术。2004年10月中德"血管化自体颌下腺移植治疗重症角结膜干燥症"学术研讨会在京召开；2004年10月第三届北京国际种植会议召开。2004年11月亚洲外伤齿科学会成立并召开第一次学术会议，决定并通过了亚洲外伤齿科学会的章程。

【预防工作】 北京大学口腔医学院作为全国牙病防治指导组的挂靠单位，协助组织并参与第16届"全国爱牙日"，组织卫生部疾病控制司、全国牙病防治指导组、中国牙病防治基金会和中央电视台《健康之路》栏目联合发起的在全国8个省、市、自治区开展为期1年的"促进口腔健康，提高生命质量"大讲堂活动；参与了第八期全国牙防办主任培训班的组织和授课；协助中国牙病防治基金会完成了理事会议的组织工作。

（口腔医学院）

临床肿瘤学院

【医疗工作】 2004年度北京肿瘤医院开放580张床位，年门诊总人次119466人，住院10111人次，手术2820台次，病床使用率达107.1%，业务总收入3.4亿元。

2004年医疗工作统计指标显示：病人数量，医疗工作量、医疗收入均明显增长。

1. 病人明显增多：2004年门诊量119466人次，日均门诊474.1人次，增长21.4%；住院人次10111人次，增长33.8%。其中新病人4570人，比2003年增长18.1%。

2. 工作量明显增加：手术人次2820台，增长24.6%，介入科、病理科、CT、内镜、核医学科、心肺功能室，检查治疗例数平均增加20%左右，年工作量增长幅度最大的是B超室，增长31.6%。

3. 医疗收入明显增加：2004年业务收入较2003年增长27.52%，全年业务收入屡创历史新高，月收入突破3000万，总收入达到3.4个亿。

以医院评审复查为契机，全面整章建制，推进规范管理。2004年7月，北京市卫生局布置了等级医院复查工作，医院认真学习评审标准，对照检查存在的主要差距，成立了等级医院评审办公室和专业训练组，全面整章建制，推进规范化管理、标准化管理。

制定了《医院/科室医疗质量安全管理与持续改进制度》，并制定了各科室具体细则，其中包括：《有创操作管理规定》、《医疗事故处理流程》、《病历资料封存流程》、《新技术准入制度》、《患者告知、知情同意和隐私权》（护理部）、《新药

表4-50　2004年临床肿瘤学院几项主要医疗指标与2003年同期比较

指　标	2004年	2003年	增减	%
年门诊人次	119466	98423	21043	21.4
日均门诊人次	474.1	384.5	89.6	23.6
住院人次	10111	7758	2353	33.8
新病人数	4570	3906	664	18.1
年平均开放床位数	557.0	529.2	27.8	5.6
手术台次	2820	2294	526	24.6
病床使用率(%)	107.1	97.8		
平均住院日(天)	21.5	24.4	－2.9	－10.7
床位周转次数(次/年)	18.2	14.7	3.5	25.0
医疗总收入(万元)	12877	10028	2849	28.41
药品总收入(万元)	21139	16613	4526	27.24
药品比例(%)	62	62		

观察制度》、《手术医师等级制度》、《点名手术准入制度》、《大型手术和特殊麻醉申报制度》、《重大疑难病例救治报告制度》等50余项制度。

制定了《定期到临床征求意见的制度》、《医技科室与临床科室联席会议制度》、《医技科室与临床科室联合病例讨论制度》、护理部修订护理工作制度、流程、应急预案、质量考核标准近百项。

1. 加强学科建设，增加医院的核心竞争力。

(1) 内科专业整合：结合内7病区的开设和内1床位的调整，内科进行了专业整合。调整后，内科由乳腺、消化、呼吸、淋巴瘤、生物治疗及干细胞移植专业组成。

(2) 乳腺中心完成整合。

(3) 完成医院放射治疗科新设备立体定向调强放疗机器的安装调试工作并正式开始治疗病人。

(4) 放射诊断科完成了最新引进的MRI仪的安装调试工作，并正式投入运行。

2. 加强护理管理，不断提高护理质量。

修订补充规章制度、应急流程，加强培训。根据《医院评审标准》，在服务理念、服务流程、质量考评等方面修订了39项规章制度，35项应急流程，16项质量标准，18项考核标准，并就相关规章制度、规范及操作要求进行了培训，每月有计划地安排培训任务，对护理常规、各项应急流程、心肺复苏技术进行全员培训。组织各种形式考核：组织护士长进行心肺复苏考试，组织6年以下、6年以上护士理论考试。健全培训记录：根据评审标准，各病区建立培训记录。

对供应室、ICU进行整顿。医院评审标准将供应室列入重点科室，针对供应室存在的问题调整了护士长，对供应室工作进行了多次检查。护理部与大科护士长对ICU进行了整顿，对护士长工作进行了批评，对护理人员进行了调整，2004年下半年工作有了明显进步。

加强质量考核，与奖金分配挂钩。2004年共发整改通知单101项，与科室绩效考核挂钩奖励1次，扣分16次。

明确强化护理部垂直领导架构，对护理部垂直领导架构、各级护士长任职条件做了调研，并在院长办公会上进行了专题汇报。

对护士编制进行调研，并得到调整。根据调研结果，向院长办公会提出增加护士编制的申请报告，普通病区床护比按1：0.5计算的方案获得批准。

改善合同护士待遇。护理部提出了关于提高合同护士工资待遇的申请，经院长办公会讨论获得批准。

【教学工作】 在成立教研室，完成教学组织体系基础上，2004年继续加强制度建设，规范教学工作。在调研基础上，制定了《北京大学临床肿瘤学院关于具有研究生毕业水平的同等学力人员申请博士、硕士学位的规定》，与2003年下发的《北京大学临床肿瘤学院教研室工作条例》、《北京大学临床肿瘤学院研究生工作有关规定》及《研究生工作手册》等，逐渐形成较为系统、完善的教学管理制度。严格落实各项制度及规定，力求规范导师遴选、接收在职人员申请学位、临床研究生毕业评估、研究生答辩等各工作环节。

2004年招收研究生43名（包括2002级硕博连读生转博），其中博士生21名，硕士生22名。在研究生复试时采取以下措施：1)提高面试比例，由原来的1：1.2提高到1：2.5。2)加强技能及思维能力的测试：临床研究生由教研室统一组织面试，专业课笔试与面试相结合，录取时侧重面试成绩。3)面试工作由包括导师及2名以上相关专业副高职称教师参加。

继续开设"肿瘤学总论"、"肿瘤学各论"、"肿瘤生物学"、"组织培养技术"、"肿瘤学概论"等研究生课程及长学制临床选修课程。病理教研室及影像教研室，针对肿瘤学专业临床研究生及住院医师的培训，开设肿瘤影像及肿瘤病理两门课程。计划开设"肿瘤免疫学"正在申报之中。

2004年正式启动医院自主招收国内访问学者工作。

【科研工作】

1. 科研基金申报工作。

2004年共组织申报院外各项课题71项，获得资金资助40项，获科研经费1053.15万元，是2003年的2倍近459.5万元。

表4-51　2004年临床肿瘤学院科研基金申报及中标情况

课题来源	申报(项)	中标(项)	中标率(%)	经费(万元)
国家自然科学基金	21	7	30	271
国家科技部"863"项目	2	248		
国家科技部"973"	2	330		
国家"十五"攻关	1	100		
北京市自然科学基金	15	1	6.7	15
北京市科委课题	1	75		
教育部留学回国人员启动基金	0	24.5		

续 表

课题来源	申报(项)	中标(项)	中标率(%)	经费(万元)
首发基金	11	6	45	79
北京市卫生局基金	5	2	40	5
北京市留学人员科技活动择优资助项目	3	17		
北京大学医学部"十五""211"循征医学项目	2	13		
医药卫生分析中心蛋白质组学实验室(北大医学部)	2	2	100	5
中美合作课题	1	3		
北京市中医局重点项目	1	1	100	70
横向课题	7	17.65		
合 计	49	40		1053.15

2004年在国家自然科学基金申请项目中，北京肿瘤医院中标7项，其中临床3项，是近15年来中标国家自然科学基金最多的一年。

2. 组织各渠道基金课题年度进展汇报工作和结题验收工作。

组织"十五""211工程"肿瘤学科群专家组成员，对本学科群31个课题进行汇报式的中期评估，专家提问并进行综合评议。同时建立了奖惩机制，对优秀课题追加经费以示鼓励，对课题完成过程中存在较多问题的课题提前终止，并对未参加课题汇报的课题予以处罚。组织在研的103项课题填写院内统一格式的年度进展汇报表。同时，对院内外37项科研项目进行了结题验收。

3. 成果与专利管理。

组织申报北京市科技进步奖5项；组织申报中华医学科技奖2项；获北京市科学技术进步二等奖2项，分别为：寿成超教授负责的"肿瘤细胞的VEGF自分泌及噬菌体肽库中VEGF受体阻断剂的筛选"，邓大君教授负责的"一种快速检测CpG胞嘧啶甲基化的方法"。获授权发明专利1项"治疗肿瘤的药物及其制备方法"，发明人：梁云燕、穆育新、王代树。专利号：ZL 01 1 44161.5。专利权人：北京市肿瘤防治研究所。

4. 全院性学术活动。

2004年北京大学临床肿瘤学院组织安排全院性学术讲座31次，其中17次邀请到国外学者。7月组织"肿瘤临床学术交流月"总计五单元，18人进行了报告，参会人员达到750人次。该次学术交流月报告内容涵盖了肝癌、胃癌、乳腺癌、肺癌等实体瘤诊治及癌症康复、姑息治疗的最新进展，基本代表了国内同类研究的领先水平。12月组织基础科研工作学术交流会，相关人员40余人参加了会议。从事基础科学研究的10个课题组就研究方向、承担课题及取得的成绩，进行了系统汇报，中心实验室、临床实验室及生物诊疗中心也分别进行了工作汇报。

5. 加强对公共技术平台(或资源)的管理与利用。

2004年制订了"标本库建设的近期计划和目标"、"标本库管理的相关规定细则"、"标本库管理章程"、"使用临床标本的若干规定"及"病理蜡块标本用于课题研究的暂行管理办法"等标本使用相关规定，并加大了对标本库的投入及相关工作的检查。对整合后的临床实验室通过组织问卷调查及实验室工作汇报等方式，促进其向临床科研的进一步开放，临床各科室对其各方面满意度达到85%以上。

2004年肿瘤医院共发表论文121篇，其中SCI收录期刊论文22篇。SCI大于4的论文7篇，比2003年多3篇。

【队伍建设】 肿瘤医院于2004年4月起调整了岗位津贴的设置。全院每个岗位都设立津贴，按照知识、技术、风险、贡献等因素拉开距离。试行半年后，召开工会主席团成员座谈会，进行专题讨论，广泛征求职工意见，并在此基础上进行了部分调整。年终考核中，设立各方面的单项奖，对工作绩效突出的集体和个人给予奖励。

2004年9～11月进行了职能处室正、副职干部换届竞聘。进一步修定了正职的岗位职责、任职条件；网上公布，院内外公开招聘；评委所代表的层面更广泛，提问更尖锐、具体、实际；副职出现了差额竞聘局面；在医教处处长岗位，聘用了非在编人员。同时，竞聘工作也暴露出一些不足，如管理干部梯队建设、年轻干部培养等问题。

2004年邀请专家做报告6次，先后邀请北大肖鸣政教授、光华管理学院杨壮教授等就人力资源管理、组织行为学、增加核心竞争力、公文写作等方面做了报告。此外，选派院科两级干部共10人参加清华、北大高级管理人员培训。在2004年肿瘤专科医院管理学术会上，肿瘤医院参会论文8篇，是近年最多的一次。

【行风建设】 北京市肿瘤医院以创建文明单位为标准，从患者满意度调查入手，在宣传教育、整顿行风、改进服务几个方面开展工作。

继续坚持每季度对住院病人和每月对门诊病人发放满意度调查表，根据患者集中反映的问题采取措施。

如：经调查发现，80%的医疗纠纷是医护人员与患者沟通不够引起的。针对此类问题，肿瘤医院将“医患沟通的艺术”列为医务人员的必修课。2004年上半年开展了“医患沟通系列活动”，通过组织医患沟通讲座、演讲比赛，召开经验交流会、英文讨论会等多种形式的教育活动，使医务人员从医德、医术、心理、行为规范等多层面学习了沟通的技巧。通过系列教育，改善了医患关系，减少了医疗纠纷。2004年肿瘤医院医疗纠纷呈下降趋势，医疗赔付病例由万分之九降至万分之七。

1. 开展行风专项治理工作。

按卫生部要求认真开展行风专项治理工作，成立专项治理领导小组，党政主要领导亲自负责，纪委协调、监督、落实。制定、完善了《科室劳务收入管理办法》等相关规定，加强规范化管理和医院内部审计工作；医院、科室、员工逐级签署了承诺书，承诺书在门诊大厅显著位置张贴；工会配合举办了以“八项承诺”为主题的书法比赛，全院百名医师认真抄写承诺书；编制了包含承诺书、医德医风规定、文明达标岗位标准在内的《医德医风手册》，发至每个科室和党支部。

2. 提高服务质量，争创文明单位。

对肿瘤医院服务工作坚持不定期进行检查。2004年共检查4次，检查结果以简报形式向全院公布，对发现的问题限期整改，追踪检查。各科室针对患者提出的意见与建议及时改进。组织座谈会，征求病人对医院目前服务工作意见与建议。会后，将发现的问题转各主管部门处理解决，如：乳腺病区卫生间安装双侧扶手，院内路安装禁止鸣喇叭的警示牌，增加巡视病房次数减少呼叫器铃声等。

3. 继续开展“青年文明号”活动。

2004年组织了“青春行动——青年文明号工作交流会”。当年全院有全国青年文明号集体1个，北大医学部青年文明号集体2个，院级青年文明号争创点3个。

医院员工在医德医风、服务意识、质量水平等方面有了明显提高，患者满意度亦保持比较好的水平：2004年门诊病人基本满意率97.8%，优良率87%；住院病人基本满意率97.7%，优良率85.7%。2004年已收到患者送来的表扬信、感谢信100封，锦旗91面。获得“首都公共卫生系统文明单位”的称号，并被推荐为“首都文明单位”。

【工会工作】　2004年年初，召开了第六届职代会第三次全体会议，职工代表听取了中层以上干部的述职和院长工作报告，审议了财务处处长年度决算等报告，制定了“职代会提案答复工作流程”。2004年职代会代表提案61件，涉及医院及科室发展建设的提案占54%。所有提案在规定时间内均得到了答复。

工会把送温暖活动扩大到每一天，做到了职工生日送蛋糕、喜事有祝贺、生病有慰问、退休有奖励等等，使送温暖活动制度化、规范化。

肿瘤医院工会会同护理部、人力资源处、财务处共同协商解决合同护士入会问题，2004年吸收61名合同护士入会。

（章　玉）

第六医院

【发展概况】　2004年，北京大学第六医院有职工248人，其中卫生技术人员158人（包括主任医师9人，副主任医师13人，主治医师18人，医师9人，护士（含相应职称）79人，技辅人员22人）；科研人员8人；行政及其他人员62人；工勤人员28人。

【医疗工作】

1. 完善规章制度，健全各种委员会。

配合“三甲”医院评审工作，成立了“医院评审工作小组”，由院长担任组长。在备查过程中，各职能处室、科室参照评审标准，检查本部门工作，修改完善了规章制度。

与医疗工作相关的委员会有：院务委员会、医疗质量管理委员会、药事委员会、病案管理委员会、临床检验管理委员会、医院感染管理委员会、医疗服务价格管理小组。

2. 加强医疗质量和安全管理，严格执行医疗事故报告制度。

制定了“住院病历及门诊病历的书写要求”、“住院病历质量评分标准”、“门诊病历质量评分标准”、“病历分级奖罚细则”及“北京大学第六医院模式病历”。派专人定期检查，在每月一次的科主任会上进行讲评，对不合格的乙级病历进行经济处罚。

修订了“医疗纠纷防范处理预案”、“医疗事故及纠纷处理预案”、“医疗事故报告制度”、“关于紧急封存病历的规定”、“关于复印、复制病历的管理办法”。医务处组织了“医疗事故处理条例问答题”考试，26个科室的213人参加，试卷的回收率为96.21%，其中满分189人，占回收总数的88.73%。

3. 改善门诊就医流程，为病人提供更好的服务。

（1）合理挂号流程。在挂号高峰时段，增开窗口，将普通门诊挂号与教授门诊挂号分开，并同时挂号，减少了普通门诊病人的候诊时间。2004年12月起恢复使用门诊手册，简化了就诊程序。据不完全统计，每周初诊病人约400人次，要求用手册的病人约为60%。

（2）门诊部进一步要求实名制挂号，并分步推进实行专家预约挂号。2004年已做到提前一天预约部分专家号。

(3) 根据精神病人的特点，门诊部制定了“门诊应急预案”，包括对兴奋、冲动、伤人以及严重自杀、自伤病人的应急处理。加强保安人员巡视。开设专门诊室。由专人即刻处理突发事件等应急措施。

4. 贯彻“以人为本”的护理理念，实施人性化护理服务。

护理工作以“人性化服务”为理念，“零缺陷”管理为目标，整体护理为模式，注重前馈意识的管理方法。护理质量安全管理组每月按护理质量标准客观考评临床护理工作。

开设了两个开放病房，改变了以往精神病人必须封闭治疗的模式。

全院病房均开展整体护理工作，并注重深化发展，护士们运用护理程序为病人解决问题。及时发现工作中出现的安全隐患，并严格履行逐级讨论制度，根据问题制定防范措施。2004 年护理工作未出现重大差错事故。

【教学工作】 教学办主任进入新一届行政班子，主管医院所有教学工作。同时，在保证原有经费的前提下，新建立了继续教育专项经费保证制度。

2004 年圆满完成医学部 2000 级所有本科生的教学与见习任务；还承担了高 7 年制医学生的教学与见实习安排。其中，2004 年完成的本科生常规教学任务是临床医学 2000 级、预防医学 2001 级、护理 2001 级、护理大专班、护理高职班的精神病学教学工作，理论课教学 10 轮共 291 学时，见习课 9 轮共 285 学时。学生总数 501 人。在教学中继续重视青年教师的培养。

开展 PBL 教学是教学改革的重点工作。在授课形式上，由过去满堂灌的方法，改为学生通过课下自学、课上汇报、老师主持讨论的形式进行教学。另外，启用了青年精神科医师作为讨论课的主持。BPL 教学完成理论课教学 6 轮 180 学时，见习课 6 轮 180 学时，共有 94 名学生参加。

组织管理国家级继续医学教育项目 11 项，教办直接负责或主要负责的项目有 3 项，分别为全国综合医院精神卫生知识培训班，全国精神科医师基础知识基本技能培训班，全国精神科医师临床教学骨干高级研修班。

2004 年年底，国家继续医学教育基地进行总结评审，获得 1 等奖。

研究生工作走上新台阶。2004 年在读硕士博士研究生达到 68 人。确立了“稳定规模，提高质量”的主导思想，主要完成如下工作：(1) 参与研究生院质量评估，申报临床专业学位国家级成果奖；(2) 制定研究生奖金与补助标准规定；(3) 组织建立研究生班；(4) 完成了 10 名博士和 10 名硕士的论文答辩与学位申报工作；(5) 严格规范研究生招生复试程序，2004 年录取博士 11 名、硕士 10 名。

【科研工作】 科研办按照 2004 年科研规划会的要求，从提高课题总量和资助力度、提升科研层次、增强科研实力为主线，在科研组织管理等方面积极开展了一系列工作。

表 4-52　2004 年第六医院门诊病人就诊情况统计

	门诊总人数(人次)	普通门诊(人次)	专家门诊(人次)	特需门诊(人次)	日平均(人次)	急诊(人次)
2004 年	115466	60419	30782	15068	457.92	219
2003 年	92598	51060	31733	9805	361.64	135
增减幅度	+24.7%	+18.3%	−3%	+53.7%	+26.62%	+62.22%

表 4-53　2004 年第六医院住院病人情况统计

	入院总人数	出院总人数	床位使用率	平均住院日
2004 年	1261 人次	1257 人次	96.16%	63.96 天
2003 年	923 人次	896 人次	86.43%	67.92 天
增减幅度	+40.74%	+40.29%	+9.73%	−3.96 天

表 4-54　2004 年第六医院全年护理质量综合平均成绩

项　目	平均成绩	项　目	平均成绩
病人满意度	99.1 %	感染管理合格率	98.2 %
病房管理合格率	94 %	护理文件书写合格率	97.4%
基础护理合格率	91%	整体护理病历书写合格率	89.6%
理论考试合格率	86.7%	特级、一级护理合格率	99.8%
技术操作合格率	92.2%	专科安全护理合格率	99.2%
急救物品完好率	99.3%	护士长夜查房合格率	97.2%

1. 提出科研规划，加强重点学科建设。

根据医院的特点对科研工作进行定位，确定科研工作的目标为：具有国内一流的科研水平、一流的科研梯队、一流的科研成果。

为加强学科建设，适应现代科研思路的发展，召开了科研改革论证会，参会的研究室主任和博士生导师达成了共识。确定了重点研究室，整合了缺少学科带头人的个别研究室。

2. 组织科研项目申报。

申报6项国家自然科学基金，获得批准2项；组织科技部"十五"国家科技攻关计划的申报工作，7人递交申请，5项获得批准立项，资助金额达到350万元；申请教育部博士点基金(1人次)；申请北京市自然科学基金(1人次)；组织首都医学发展基金申请(3人次)；组织北京市科技计划项目申请(1人次)，共2项获得批准立项，获批准资助金额120万元；筹备"六院-杨森"科研基金项目的征集及启动工作，征集项目标书4个，3名临床医生得到该基金资助。

3. 科研项目和论文发表情况。

2004年北京大学第六医院作为第一作者在国内外公开出版物上发表的论著共计51篇。其中，被SCI收录的英文论文13篇，影响因子(IF,2003)均在1.9以上，总影响因子为50.7。其中两篇IF＞5.0的文章获得北京大学医学部优秀论文奖。

2004年全院共有国家级科研项目25个，部委级科研项目6个，市级科研项目3个，协作科研课题129个，代管科研项目9个。

【国际交流与合作】 国际神经精神药理学学会亚太地区大会(CINP)于2004年3月在北京国际会议中心举行，来自国内外的神经精神药理学家、临床精神病学家600余位正式代表参加了会议，其中外宾134名。

开展"中国HIV/AIDS神经心理学初步研究"项目，获项目推动资金32万元人民币。开展"重复经颅磁刺激(rTMS)治疗精神分裂症研究"项目，获得项目经费9万元美金。

2004年共举办了四次国际研讨会，九次学术报告会，接待了50批共计371名外宾到医院参观访问。

【精神卫生工作】 "重性精神疾病防治队伍建设及癫痫防治管理项目"经国务院批准，获培训经费686万；完成"精神卫生法(草案)"第15稿及4本参阅资料；《精神卫生健康教育系列读本》完成，向全国妇联、老龄委、总工会及共青团中央、赠书4000册；配合精神卫生日活动，在卫生部网站、中国共青团网站及新浪网举办了"儿童青少年精神卫生知识有奖问答"；启动心理阳光工程，向大学新生赠送《大学新生心理健康手册》10万册；向卫生部介绍澳大利亚"病人为中心的社区精神卫生服务体系"，建立了中澳合作专家委员会；加入联合国儿童基金会、民政部防灾备灾项目，成为灾难危机干预培训与试点项目的执行单位。

【医德医风建设】

1. 把加强行风建设列入党委和行政工作日程。

2004年5月在北医六院各部门开展了"加强医德医风建设，诚信行医，为患者服务"的公开承诺活动，个人向科室承诺，科室向医院承诺，医院向社会承诺。党委书记黄悦勤、院长于欣签字的承诺书公布于门诊大厅，接受社会的监督。同时还设立举报箱，对医务人员收受"红包"、收取回扣或提成、不合理收费现象等予以举报。

在强化"以病人为中心"的职业道德、职业纪律和职业责任教育方面，充分利用周会时间，由党委书记、院长以身边老教授的典型事迹为例对员工进行职业道德教育。

据不完全统计，2004年共收到患者送来的锦旗、纪念牌12面，表扬信50封。医护人员拒收病人及病人家属红包49人次，约59200元。

2. 开展多种形式的宣传教育，提高员工的综合素质。

制订可行的行风教育计划，在全院范围内开展"热情优质服务"主题教育活动。内容包括固定时间循环播放胡亚美等医林楷模的先进事迹和职业医师法讲座；对医护人员进行职业道德、服务意识、仪表修饰、文明服务、礼貌服务等方面讲座。全院职工人均参加8次，参与率在90%以上。对新参加工作的医护人员进行医德医风教育，组织学习《中华人民共和国执业医师法》、《中华人民共和国药品管理法》和《中华人民共和国护士管理办法》等法规。

3. 对门诊病人、家属和住院病人进行满意度调查。

设专人每月在门诊和病房进行满意度调查。对病人提出的意见及时在院办公会、周会上向相关部门反映，要求提出整改措施，限期进行改进。

2004年门诊平均满意度为87.4%，住院平均满意度为93.6%。

2004年11月获得"首都公共卫生文明单位"称号。

（王素荣）

深圳医院

【发展概况】 2004年，北京大学深圳医院在医、教、研及其他各项工作上获得进一步提高。在2004年深圳市医疗质量整体评估检查中，医院获得全市总排名第二，社会满意度第一，科教工作第二的好成绩。

截至2004年12月底，医院总

资产8.4亿元,净资产7.2亿元。

开放病床718张,正式员工1077人,聘用员工469人。其中,正高职称102人,副高职称207人,博士学位人员66人,硕士学位人员188人。

【医疗工作】 2004年,医院共完成门急诊144.6万人次,同比增长21.6%;出院病人25848人次,同比增长20.4%。

共完成手术29882台,同比增长17.4%。其中住院手术9839台,同比增长22.7%;门诊手术17636人次,同比增长28.2%。

2004年,病床使用率105.3%,同比增长2.3%。平均住院天数10.7天,同比缩短1.2天。药品收入占业务收入的34.0%。

1. 缩短平均住院日。

2004年全年增加出院病人4380人次,其中通过加快床位周转而增加的住院病人占88.5%。

2. 提倡准点手术,缩短接台时间。

严格规定择期手术病人入院5天内必须手术,每天第一台手术必须于上午9:00准时开台,手术接台间隔不超过30分钟,急诊手术1小时内实施。2004年全年住院手术量同比增长22.7%,无重大差错和医疗事故发生。

3. 推行"药师下临床"工作,建立临床药理试验基地。

药师参与临床科室业务查房、会诊、病历分析,参与制订合理用药方案,确保临床用药安全性和合理性。药剂科初步完成临床药理试验基地的组织构架、制度建立、人员及设备配备等大量基础性工作。

4. 优化诊疗流程。

(1) 多项措施缓解门诊"看病难"。在门诊高峰期和门诊量较大的科室推行"弹性上班"或增设"午间门诊",部分窗口科室,如门诊药房、挂号收费午间照常开放。在内科、外科、妇产科等门诊量高的科室实行"电子叫号系统"。(2) 成立"门诊疑难病综合会诊中心"。

5. 重点加强急诊医疗管理,全面提高急诊抢救水平。

针对急诊科管理存在的薄弱环节,组织行政大查房,现场解决急诊科夜间和高峰期管理、值班和交接班管理、输液期管理、院前急救管理等问题。建立急诊科主任、护士长一线值班制度、加强行政、科主任和护士长三条线总值班对急诊的巡查和监督、协调工作。进一步畅通"胸痛"、"脑卒中"、"中毒"和"输血"等在内的急诊绿色通道,新建"创伤与急腹症"绿色通道。对成人输液区、儿童输液区、发热病人输液区重新规划,日均输液病人同期增长36.6%,最高日输液量达726人。

【学科建设】 生殖医学中心在2004年深圳市重点医学专科中期评估中取得良好成绩。"试管婴儿"成功率一直居国内先进水平。下属男性生殖医学实验室已申报教育部和广东省重点实验室,并成功移植小鼠和人胚睾丸组织,其动物移植组织已生成成熟精子;生殖遗传室先后发现世界首报染色体异常核型19例。

北京大学重点扶植的造血干细胞移植中心开展了深圳首例急性再生障碍性贫血造血干细胞移植、多发性骨髓瘤造血干细胞移植、半相合造血干细胞移植、深圳首例和第二例台湾供髓等在内的各种高难度造血干细胞移植手术。从2001年到2004年共开展各类造血干细胞移植31例,长期生存率达78%。

以腔镜和介入技术为代表的微创技术在普通外科、妇产科、泌尿外科、神经外科、骨科、心血管内科等临床各科室广泛应用。2004年全年共完成腹腔镜手术600多例、其他各类腔镜手术1600多例,PTCA和冠脉造影为代表的心脏介入技术在开展例数和成功率上进一步提高。开展手部桡动脉穿刺超微创介入治疗大面积心肌梗死获得成功。

普外科、妇产科、消化内科作为院内重点专科,已申报深圳市重点医学专科。

妇产科成立"宫颈癌早诊早治中心",并被评为全国城市宫颈癌早诊早治示范基地。普外科完成了三级学科设置,分为胃肠外科,肝胆、腹腔镜外科,以及乳腺、甲状腺外科等专业。医院积极参与北京大学临床学系的组建工作。其中,妇产科和核医学科已分别加入北京大学妇产科学系和核医学系。

【教学工作】 严格按照北京大学住院医师规范化培训要求,对住院医师进行基础理论、临床技能、临床思维和外语等的严格培训和考核。进一步健全住院医师规范化培训考核及奖惩制度,强化措施的执行。参加住院医师规范化培训,2004年第一阶段考核通过率77.8%,同比增长42.8%;第二阶段考核通过率71.43%,同比增长21.4%。通过率在北京大学附属医院及教学系统中名列前茅。2004年,医院还通过"广东省住院医师规范化培训基地"的评审。

通过北京大学医学部的"临床医学院现场评估考察"。新建硕士培养点12个,导师28名;博士培养点2个,导师2名。深圳市卫生系统首个博士后科研工作站在深圳医院落户,2004年有进站博士后7名。成立临床教研室47个,接受实习生72人,其中,博士3人,硕士8人。

完成国家及省、市级继续教育项目14项,考取北京大学博士研究生14名,硕士研究生18名。完成全院中层干部赴北京大学医学部附属医院的管理轮训工作,护士长管理轮训工作稳步进行。

【科研工作】 2004年发表论文270篇。其中SCI收录5篇,国家级146篇,省级杂志102篇,国家级期刊发表的文章占论文发表总数的54%。出版医学及医院管理学著作3部。发表论文总数同比增长40.6%，国家级论文数量较去年增加37篇。

2004年科研立项65项，同比增长20%。其中，国家自然科学基金3项，卫生部临床重点项目2项，省自然科学基金3项，省科技厅科技项目2项，省中医药管理局课题1项，省卫生厅科研基金3项，市科技计划项目51项。获成果2项，获市级成果奖1项，受理专利2项，获发明专利1项。

【健康产业】 体检、特诊总收入较2003年增长38.69%。2004年体检人数16.0万人次。其中，高级体检人数3331人次，同比增加24360人次，新增体检单位82家。

特诊中心年门诊量33272人次，接待外宾（包括港澳台）1458人次。特诊病区年出院426人次，其中外宾77人次。2004年特诊中心在医疗服务项目上新增医学美容、康复保健等提高健康附加值的服务项目。

华为社康中心2004年门诊接待36853人次，急诊5834人次，体检12827人次。深圳大学城社康中心各项工作起步顺利，其他健康中心的各项筹备工作已在进行中。

【后勤工作】 2004年，医院后勤工作通过国际ISO14001环境管理体系认证，荣获"深圳市物业管理优秀大厦"、"深圳市先进文明单位"等荣誉称号。医院后勤社会化管理工作进一步走上规范化轨道。后勤管理质量和服务水平不断提高，特别是在安全生产和清理医托、黑陪护、黑推销等方面取得成绩。

成立基建领导小组。自筹资金3050万元，基本完成开院以来最大的基建项目——综合楼加层工程建设。工程总建筑面积10600平方米。

实施医疗物资招标工作。实施院内试剂招标后购入检验试剂500多种，2004年全年试剂成本节省200多万元。先后进行医疗消耗品院内招标6次，价格下调幅度为5%～25%，涉及金额1100万元，为医院节约支出120多万元。

启用景观水池空调水冷却系统、回水系统，空调冷冻泵、冷却泵变频改造等节能降耗工程，2004年节约费用约125万元。

【信息化建设】 实现全院内部联网，基本完成HIS系统的实施和推广。已投入使用25个子模块，基本覆盖所有业务科室和部分行政科室；初步完成了体检信息系统、LIS系统、医院网站以及办公自动化系统的开发；初步完成数字化医院的软件集成和无缝连接；已有30多个临床科室可以通过医生工作站实现网上调阅影像图片资料。此外，在计算机及网络硬件设备维护管理方面尝试"社会化"道路，与有关企业签订"北京大学深圳医院信息系统硬件网络设备托管协议书"，将全院网络硬件设备的日常维护工作全部委托专业公司负责。

【党群工作】 2004年年初，医院获得"深圳市精神文明示范单位"的荣誉称号。推进"双学双比"、"巾帼建功"、"五好文明家庭创建"三大主题活动。计划生育工作顺利达标。协调和处理医疗投诉、纠纷的能力大大增强，大部分医疗纠纷已经得到较为妥善的解决。

【大事记】 2004年4月21～23日，由北京大学、台湾大学和香港科技大学主办，深圳北京大学、香港科技大学医学中心承办，北京大学深圳医院协办的东亚研究型大学协会第一届医学中心深圳研讨会在深圳五洲宾馆举行。来自中国、韩国、日本、美国和中国香港、台湾等国家和地区的十几所知名大学的校长、教授、学者等共50多人参加了该次学术盛会。

2004年4月10日，由深圳北京大学、香港科技大学医学中心、北京大学深圳医院、法国巴斯德研究所和深圳市科技局联合主办的深圳市首届国际生殖医学论坛暨亚洲社区遗传学讲学班在深圳开幕。来自中国、法国、美国、澳大利亚、塞尔维亚等国的专家以及来自印度、柬埔寨、土耳其的学员共130多人参加了该次学术盛会。该次论坛的主题为"男性生殖医学与生殖健康"。

2004年8月13～15日"北京大学妇产科学系筹备会议"在北京大学深圳医院举行。北京大学医学部领导，有关处室负责人及北京大学医学部各附属医院妇产科主任参加了该次会议。会议主要就北大妇产科学系的成立、组织构架、管理办法、教学计划和为配合教学需要在医疗方面建立的质量控制及管理等问题进行了讨论。

2004年9月23日，由深圳北京大学香港科技大学医学中心、北京大学深圳医院和深圳市保健科技学会共同主办的"中国（深圳）健康管理学术论坛暨深圳市保健科技学会第二次会员代表大会"在深圳香蜜湖酒店举行。来自全国各地100多家医院分管健康产业、保健体检的院领导和国内外健康专家、学者济济一堂，共同探讨了健康管理、营养、医院健康产业创业投资策略及发展前景等24个相关问题。

2004年11月4日，由深圳北京大学香港科技大学医学中心主办，北京大学深圳医院协办的"深圳市第二届生物医学论坛——全国干细胞移植基础与临床研究新进展研讨会"在深圳人才大厦举行。论坛邀请了全国知名的血液病及干细胞移植方面的专家和学者，把干细胞移植的临床新进展介绍给深圳的医疗同行。

2004年4月23日，全国人大常委会副委员长、北京大学常务副校长、北京大学医学部主任、中国科学院院士韩启德来到北京大学深圳医院视察，并进行现场工作调研。韩启德副委员长要求北大深圳医院要把眼光放长远，把近期发展和远期规划有机结合起来，在认清和把握国家卫生体制改革大趋势的前提下，在深圳市城市医疗服务体系中找到准确的定位。

2004年6月7～13日，北京大学深圳医院和深圳狮子会华侨城分会、美国西斯通公司联合开展了“爱心天使”活动，获得圆满成功。该次活动由深圳狮子会华侨城分会和美国西斯通公司总裁牵线，美国整形外科医生和北大深圳医院医生共同为6位孤儿做了唇、腭裂矫正手术和手脚畸形整形手术。

2004年7月2日，北京大学深圳医院宫颈癌早诊早治中心正式挂牌。

2004年4月27日，台湾佛教慈济骨髓干细胞中心首次献髓深圳，受髓者为在北大深圳医院血液科接受造血干细胞移植治疗的27岁女性患者徐培。27日晚，由台湾佛教慈济骨髓干细胞中心，捐献的两份共306毫升造血干细胞，在两位台湾义工的护送下抵达深圳。并于当天晚上8时25分输入到患者体内。2004年6月8日，27岁的白血病患者徐培经过精心治疗，顺利走出移植层流舱，标志着深圳首例接受台湾无关供髓患者造血干细胞的移植获得成功。

2004年7月29日，由北京大学深圳医院造血干细胞移植中心施治，深圳首位接受半相合移植技术治疗的急性杂合细胞白血病患者—15岁的徐良敢，顺利走出了血液移植层流舱。

2004年7月28日，北京大学深圳医院生殖医学中心辅助生育科李蓉博士入选首批“新世纪百千万人才工程”，成为深圳市两位入选的国家级人才之一。

2004年4月1日，经过由国家认证委员会和深圳市南方认证委员会组成的ISO14001评审专家组的两次现场审核，北京大学深圳医院顺利通过ISO14001环境质量体系认证，成为深圳市卫生系统首家通过该认证体系的单位。

2004年11月11日，北京大学深圳医院自筹资金3050万元实施的综合楼加层基建工程基本完成，三、四层正式启用。行政职能科室陆续从门诊七、八层楼搬迁至新楼，原门诊七、八两层重新用于业务用房。

（赵羚谷）

首钢医院

【发展概况】 北京大学首钢医院是首钢总公司和北京大学合办的非营利性三级综合医院。医院实行理事会领导下的院长负责制，理事会由首钢总公司和北京大学双方共同组成，其中理事长1人、副理事长3人、理事3人，全国人大常委会副委员长、北京大学医学部主任韩启德院士担任理事长。原全国人大常委会副委员长、中国科学院院士、中国工程院院士、国际著名医学专家吴阶平教授为名誉院长。

2004年，北京大学首钢医院全年经营盈余创医院历史最好水平。

截至2004年，医院有在册职工1414人，其中卫生技术人员1099人，包括主任医师13人，副主任医师107人，主治医师261人，医师251人，护士467人（以上含相应职称）；行政管理人员111人，工勤人员233人（注：职称与管理人员有交叉）。

医院占地面积9.2594万平方米，业务用房建筑面积8.6866万平方米，建有19层综合病房大楼以及门诊楼、办公楼等。医院编制床位1006张，实开床位695张。

医院配有多层螺旋CT、1.5T核磁共振诊断仪、全数字化X光机、大型自动化分析仪等医疗设备，其中50万元以上的设备29台，10万元以上的设备186台（件），设备总值达10722万元。2004年投资361万元，购置了动态心电分析系统、计算机放射成像系统等医疗设备82台（件）。

【管理改革】 2004年3月26日，根据北京大学首钢医院第一届理事会第三次会议关于理事会授权院长聘任副院长的决定，医院公开招聘2名副院长。经专家面试答辩、职工代表投票等程序，最终聘任刘京山、王健松为北京大学首钢医院副院长。

实施了职能管理机构的改革，构建了医疗事业部、人力资源部、经济管理部、办公室三部一室的框架，重新划定了各部门的职能范围。

【机构设置】 医院设有37个临床科室，5个医技科室，25个职能科室，3个实体（物业公司、益生商贸公司、餐饮公司），并有古城、苹果园、老山、金顶街4个社区卫生服务中心和心血管病防治所组成的社区医疗管理集团和12个厂区保健站。

2004年成立了集心脏内科、心脏外科、心导管介入、CCU、心脏电生理、心电图等为一体的心血管疾病诊疗中心，成立了感染性疾病科。

【医疗工作】 门、急诊患者246743人次（急诊36055人次），日均门诊量941.3人次，急诊病人抢救成功率94.76%，住院重病人抢救成功率43.59%，孕产妇死亡率0%，新生儿死亡率0.59%，围产儿死亡率1.05%。

出院患者11776人次，病床使用率75.3%，周转17.01次，平均住院日16.26天，治愈好转率94.22%，死亡率4.87%，入出院诊断符合率99.89%，七日确诊率99.51%。

住院手术 2771 例，开展了肝移植、肾异体移植、胃癌根治术，经腹、会阴、直肠癌联合切除术，胃切除伴食管空肠吻合术，肝部分切除术，肝叶切除术，胰十二指肠切除术根治术，右（左）半结肠切除术，膀胱肿瘤切除术，回肠代膀胱术，（全）髋关节置换术，锥体成形术，脑肿瘤切除，动脉瘤钳夹术，食管—胃吻合术，纵隔肿瘤切除术，筋膜内子宫切除，卵巢肿瘤减灭术，玻璃体切割术，全（半）喉切除术等大手术 635 例。

【重大技术活动】 2 月，由宣武医院神经外科主任凌锋教授任主任的北京脑血管中心与北京大学首钢医院签署协议，建立北京脑血管中心京西分中心（简称京西中心）。

2 月 19 日，北京大学首钢医院妇产科与北京大学第一医院妇产科合作，成功切除一巨大子宫肌瘤。子宫肌瘤大小为41×30×14 立方厘米，重量达 7 公斤，是罕见的巨大子宫肌瘤。

2 月 19 日，北京大学首钢医院肝胆外科成功完成首例“布加氏综合征”手术。

7 月 20 日，北京大学首钢医院消化中心与北京大学第三医院消化疾病研究中心签署合作协议，聘请中华医学会全国消化病学会主任委员、著名消化疾病专家林三仁教授为首钢医院消化中心名誉主任。

9 月 15 日凌晨，北京大学首钢医院首例肝移植手术成功完成。

10 月 2 日，经过中国金属学会冶金医学奖评审委员会评审，北京大学首钢医院两项科研成果获 2004 年度冶金医学奖。那彦群院长负责的“同种异体真皮细胞外基质重建尿道的实验和临床研究”获冶金医学二等奖；刘京山副院长负责的“内镜微创保胆息肉切除术”获冶金医学三等奖。

10 月 14 日，在北京医学会泌尿外科学会学术大会上，那彦群院长再次连任主任委员。

10 月 21 日，在重庆召开的中华医学会泌尿外科分会第七届第一次全国学术大会上，北京大学首钢医院院长、北京大学泌尿外科研究所所长那彦群全票当选为中华医学会泌尿外科分会主任委员。

【护理工作】 在各类杂志、期刊上发表护理论文 7 篇。467 名护理人员中已有 14 人取得大学本科学历，135 人取得大专学历。在全院组织开展了“双零两化”活动（零投诉、零差错、人性化、个性化服务）。组织护士长进行护理质量检查 170 余次，接受 19 所院校 161 名护理实习生，全年发放病人调查问卷 838 份，满意率达 99.15%。

【医保工作】 完成石景山区医保中心联审互查工作，取得了全区第一名的成绩。顺利通过石景山区社保中心对医院医保资质的审核。有效控制单病种次均费用、参保病人住院次均费用以及医保药费比例，加强医保政策宣传，减少拒付。药品的收入占医疗收入总费用的 45%。完成了北京市医保中心下达的急性阑尾炎按病种付费及老年性白内障治疗在首钢医院的医保试点工作。

【预防保健工作】 社区卫生服务共管理人口 146919 人，提供家庭病床服务床日 15455 个，上门医疗健康服务 1272 次。管理高血压病患者 3243 例，糖尿病 956 例，冠心病 304 例，脑血管病 204 例，精神病 779 例。预防接种 22867 人次，接种率 100%。新生儿管理覆盖率 100%，女工防癌普查 3800 人，厂区保健站管理慢性病 1425 例。2004 年组织医务人员开展宣传义诊活动 9 次，发放宣传材料 43 种，约 2700 余份，对 12879 名患者进行健康教育，发放健康教育处方 4919 张，自制宣传材料 1344 份，共有 340 名医务人员参加了 5 次健康教育讲座。加强传染病上报管理，传染病漏报率控制在 0.296%。

【科研工作】 2004 年共举办学术讲座 20 次；选派 8 人外出学习；外出参加各种学术会议、研修班、研讨会等 109 人次。2004 年召开了首届“北京市西部医学论坛”，大会共收到文章 64 篇，会上交流 18 篇，5 位知名专家做了专题讲座，5 所医院参加交流。通过业余自学，61 人取得大专以上学历；参加在职研究生学习 25 人（其中博士生 5 人），考取在职研究生 15 人；接受进修学习医师 13 人，临床教学实习生 163 人。在各类刊物上发表学术论文 46 篇，其中国家级 38 篇，16 篇在全国性学术会议上交流，2 篇在国际性学术会议上交流。承担科研课题 10 项，其中国际间合作项目 1 项，北京市级 7 项，首钢公司级 2 项。2004 年度结题项目国家级 3 项，北京市级 1 项。那彦群院长负责的“同种异体真皮细胞外基质重建尿道的实验和临床研究”获冶金医学奖二等奖；刘京山副院长负责的“内镜微创保胆息肉切除术”获得冶金医学奖三等奖和首钢科技奖三等奖；北京大学首钢医院与安贞医院合作开展的“中国人群心血管病危险因素和 10 年心血管病发病危险的前瞻性队列研究”获得北京市科技进步奖二等奖；与 301 医院合作开展的“成年 2 型糖尿病的流行病调查和糖耐量低减干预的研究”获得北京市科技进步奖三等奖。聘请了黎晓新、张宝善、廖秦平、王彬、凌峰等 10 多位知名专家教授担任医院客座教授。

【医风建设】 完成百姓放心医院第三阶段“绿色医疗环境”的创建工作，被授予“百姓放心医院”、“百姓放心示范医院”的称号，那彦群院长被评为“全国百姓放心示范医院优秀管理者”；被北京市公共卫生委员会评为“首都公共卫生文明单位”；被评为“石景山区 2004 年度精神卫生工作先进集体”。医院党委荣获 2004 年度首钢总公司

"模范党委"和"六好班子"荣誉称号。医院团委荣获"五四红旗团委"称号;重症监护科获"北京市青年文明号"称号;呼吸内科继续保持"北京市青年文明号"称号。

2004年医院制订了《2004年医院反腐倡廉主要任务分工方案》,将反腐倡廉的13项任务分解为17条落实到各专业部门。组织具有业务处置权的9位人员进行如何预防职务犯罪的法制教育学习,修订完善了全院5名处级干部和77名科级干部党风廉政建设责任制工作。修订完善了领导干部党风廉政建设责任制,对党员、干部进行了人生观、权力观、利益观教育,对领导干部进行廉洁自律和诫勉谈话27次,采购人员4次。

2004年创办了院报——《医苑之窗》,开辟了医院新闻、医疗动态等十几个栏目,共刊登稿件254篇。外界媒体刊登及报道医院信息近300篇。

组建"特困职工帮困基金会",职工储蓄保险达4576300元。组织医院离退休职工重阳节联谊会、职工节假日出游活动和以"弘扬雷锋精神,展时代青春风采"为主题的青年志愿者服务活动等。

【基础设施建设】 2004年8月北京大学首钢医院新大门正式启用;燃煤锅炉改造工程竣工;院内3017平方米停车场投入使用;物业公司完成了手术室、内分泌病房、CCU监护病房、心内科病房、特需病房一、二期工程的改造;新的职工食堂已开工建设。

(首钢医院)

中国药物依赖性研究所

【发展概况】 北京大学中国药物依赖性研究所在卫生部、国家食品药品监督管理局、公安部禁毒局以及北京大学各级领导的支持和关怀下,2004年研究所事业进一步发展,成为在药物依赖性研究领域知名的科研机构。针对药物滥用防治和禁毒工作中的一些问题,受卫生部、国家食品药品监督管理局和公安部禁毒局的委托,开展了大量的流行病学研究。设立在研究所的国家药物滥用监测中心建立了覆盖全国的药物依赖性监测网络。国家镇痛药物和戒毒药物的临床研究基地承担着国家禁毒委、国家食品药品监督管理局和国家卫生部及世界卫生组织下达的任务和合作项目。进行中的"973"项目及中英合作项目进展顺利。

【学科建设】 研究所的主要特色和学术思路是:建立一套完整的国家药物依赖性研究的科学研究体系,成为中国各种依赖性药物的临床前和临床药理评价中心,为国家的戒毒工作服务。研究所各研究室的建设既有分工又有联系,神经药理研究室主要为戒毒药和镇痛药进行临床前的药理研究;临床药理研究室在神经药理研究室工作的基础上,进行临床评价;药物流行病学研究室在全国范围内,对毒品种类、吸毒人群状况等进行调查、监测和分析,从而为中国政府部门制定禁毒、戒毒政策提供科学依据;药物信息研究室则负责提供国内外药物滥用的状况和动态,同时出版《中国药物依赖性杂志》,编辑、出版各种科普读物,开展预防教育等宣传工作。

【科研工作】 2004年,研究所高质量研究论文发表数量增加,全所发表(或提交)各类研究论文、报道、综述、调查报告共60余篇,其中国际发表11篇(SCI收录9篇,非SCI国际发表2篇)。同时,基金申请有所突破,参加国家重点基础研究发展规划项目("973"计划)三个子课题的研究——精神活性物质反复滥用的基础与临床研究(2002~2003年资助26.6万元,课题负责人:梁建辉);具有滥用潜力精神活性物质主观感受及其强化效应神经化学机制的研究(2002~2003年资助26.6万元,课题负责人:刘志民);药物滥用者脑功能显像研究(2002~2003年资助20万元,课题负责人:时杰)。神经药理室与校内其他院系合作,参加三项"211工程"研究课题(7.5万元)。药物流行病学室申请到一项"211工程"课题(5万元)。神经药理室通过校际合作,参加一项国家自然科学基金课题(10万元)。药物流行病学研究室与信息室共同申请中英性病艾滋病防治合作项目3个项目课题(资助28万元)。药物流行病学室与香港中文大学合作,共同向美国NIH、NIDA申请研究基金。临床药理室、信息室和药物流行病学室共同参加申请WHO委托"美沙酮维持用于HIV/AIDS预防比较研究"课题(资助1万美元)。在国内也积极同政府部门和其他组织争取项目,药物滥用监测工作得到公安部禁毒局和国家食品药品监督管理局的重视,2003年监测报表量有了大幅度的增加。在社会服务方面,开展了一系列禁毒宣传教育。受教育科学出版社和高等教育出版社委托,由郑继旺、刘志民、赵成正任主编(编委会成员包括安玉泉、刘彦红、刘志民、谢潞、曾岚、张开镐、赵成正、赵冬、郑继旺),组织编写了《中小学生禁毒和艾滋病预防教育系列读本》(共6本)。研究所参加组织6.26国际禁毒日禁毒宣传教育活动。蔡志基、刘志民、徐国柱参加北京市青少年禁毒教育研讨会,郑继旺、刘志民、徐国柱在国际禁毒日接受中央电视台、中国教育电视台采访。为政府部门提供咨询是研究所的另一项重要工作,刘志民分别参加国务院法制办公室兴奋剂使用立法咨询、海洛因成瘾者药物维持治疗试点国家工作组和国家禁毒委员会办公室、公安部禁毒局组织的赴云南考察专家组，研究所还参加国家禁毒工作五年规划草案的征求意见工作。

研究所编辑出版4期《中国药物依赖性杂志》和6期《降低危害资讯》，组织召开第七届全国药物依赖性学术会议。

教学方面，继续为医疗系本科生和全国临床药理进修班讲"药物滥用与药物依赖性"和"药物流行病学"课程；三个研究室共培养博士研究生2名，硕士生4名，在读研究生2名。

（中国药物依赖性研究所）

生育健康研究所

【发展概况】 生育健康研究所由办公室、流行病学研究部、保健技术研究部、信息技术应用研究部、实验研究部组成，编辑出版了《中国生育健康杂志》、建立了中国生育健康网站（www.healthychildren.org.cn）。生育健康研究所还承担国家卫生部和中国残疾人联合会制订的《中国提高人口素质、减少出生缺陷和残疾行动计划（2002～2010年）》的事务性工作。

生育健康研究所所长为流行病学家、博士研究生导师李竹教授。现有专业技术人员53人，副教授以上高级职称人员16人；拥有6名博士、13名硕士；在读博士研究生7人，硕士研究生3人。

【科研合作】 经国家卫生部和美国疾病控制中心（USCDC）批准，"中美预防出生缺陷和残疾合作项目2004年度工作会议"于2004年10月18日至20日在北京九华山庄举行。

北京大学医学部党委书记郭岩教授在大会讲话中，对河北、山西、江苏和浙江四省的各级领导和广大医务工作者对项目工作的支持和配合表示衷心感谢，对美国疾病控制中心和各位外国专家表示敬意。她表示，学校会一如既往地支持"中美预防出生缺陷和残疾合作项目"，并积极参与2005年在北京召开的"第二届发展中国家出生缺陷和残疾国际大会"的筹备工作。

卫生部蒋作君副部长、科技教育司祁国明司长、妇幼保健与社区卫生司杨青司长、"中美开展预防出生缺陷、残疾和因环境因素造成的健康危害合作研究协调指导小组"成员和美国疾病控制中心国家出生缺陷与发育残疾中心（NCBDDD）何塞·柯棣鹏（Dr. José Cordero）主任以及参加"第二届发展中国家出生缺陷和残疾国际大会"组委会筹备会的各国专家出席了大会并讲话。

在工作会议上，各项目课题组报告了"中美预防出生缺陷和残疾合作项目"，2003年度在食品强化叶酸的模拟研究、先天性心脏病产前诊断的可行性研究、孕期微量营养素与减少不良生育结局的随机对照研究、生育健康监测和妇女儿童人群长期随访研究、山西省出生缺陷持续高发的危险因素研究、儿童哮喘监测方法的研究和孕前保健社会营销手段促进妇幼保健工作试点等方面的阶段性工作成果。

"中美预防出生缺陷和残疾合作项目专家组"成员严仁英教授、彭瑞骢教授、李天霖教授和籍孝诚教授及有关项目研究人员，河北、山西、江苏和浙江4省30余个市县主管领导、卫生局长、妇幼保健院（站、所）长，以及山西省平定县、太谷县、泽州县和昔阳县的特约代表共150余人参加了大会。

会议开幕式实况通过"网络视频会议系统"在石家庄、无锡、嘉兴、舟山、宁波等8个城市进行了同步转播。

另外，在与USCDC合作的基础上，生育健康研究所又发展了新的国际合作科研项目。目前正在进行的项目有：中国出生缺陷高发地区的病因研究（与美国休斯敦A&M大学合作）；孕期增补铁和叶酸不同方法的引入性研究（与WHO/WPRO合作）；中国育龄妇女营养状况及其影响因素的研究（与WHO/WPRO合作）等。

【卫生部生育健康研究重点实验室】 卫生部生育健康研究重点实验室下设分子生物学实验室、细胞生物学实验室、营养生化实验室、病毒学实验室及生物标本库。该实验室有别于其他实验室，所从事的研究是以人群为基础的、以应用为主的基础研究。实验室拥有全国上百个（市）县固定人群现场，借助分子遗传学、细胞生物学、营养学、生物化学和血清学研究手段，主攻出生缺陷病因学研究。实验室具备先进的叶酸、维生素B_6、维生素B_{12}、同型半胱氨酸和风疹病毒血清学检测技术，具备成熟的叶酸代谢酶MTHFR、MTRR、MS、CBS基因、还原叶酸载体（RFC）基因，以及TGF-β3、TGF-α、APOC-2、CYP1A1、GSTM1、GSTT1、CYP2E1基因多态性检测技术，并成功建立了淋巴细胞EB病毒转化方法，建立了出生缺陷核心家庭永生细胞库。该实验室所有检测方法均达到国际标准化要求，检测结果得到国际上的认可。

自1996年起，该实验室开始筹划并逐步建立起具有中国特色的生物标本库，在全国多个地区、不同民族人群中开发并建立了标本采集现场。该标本库是北京大学生育健康研究所和"中美预防出生缺陷和残疾合作项目"中生育健康监测系统的重要组成部分。主要收集与人类生育健康和不良生育结局研究相关的人类生物标本和环境标本，用于影响中国人口生育健康的重大疾病的病因和预防措施的研究。标本库的标本类型多种多样，包括血液标本（纸血片、血浆或血清、血细胞或全血）、DNA标本、永生细胞株、胎盘、毛发、尿液、组织、大体标本和环境标本等，可满足遗传物质、体内营养素及代谢物质和环境毒物等指标检测的需要。该实验室生物标本库制定了统一的标准化标本采集规程，建有一整套从标本采集技术培训、指导到标本采集、运输、处理和保存的运行机制，建立并完善了生物标本库标本质量控制系统，实现了生物标本的动态管理，实现了标本实验数据库与其他信息数据库的链接和应用。

该实验室生物标本库目前已拥有育龄妇女纸血片标本15万份，先天性心脏病、脊柱裂、唇腭裂等重大出生缺陷核心家庭的永生细胞株近100套，出生缺陷核心家庭DNA标本、胎盘等组织标本1000余例，不同地区、不同民族育龄妇女以及精子发育异常、习惯性流产和宫内发育迟缓等病例血液标本近10000份，拥有60000张彩色照片的出生缺陷图片库和拥有2500000例妇女孕产期及其生育的儿童从出生到7岁的完整的生育健康数据库。

【学科建设】 通过"中美预防出生缺陷和残疾合作项目"的实施，参加项目的河北、山西、江苏和浙江4省30多个市县合作单位的专业技术水平得到了很大提高，围产保健、儿童保健、健康教育等综合妇幼保健服务能力和管理水平得到了提高。生育健康研究所建立和完善了这个覆盖2100万人口全新完整的医学和公共卫生现场研究基地。

在成功运转了10余年围产保健监测、出生缺陷监测和儿童保健监测的基础上，生育健康研究所开发研制了"生育健康电子监测系统"(Electronic Reproductive Health Survelliance System, ERHSS 2004)。2004年1月1日起在全部南方项目地区成功运转，并停止使用原有的旧系统；2004年7月1日起北方5个项目地区也开始启用。这个经验已被WHO介绍到西太区国家，并由生育健康研究所对这些地区进行培训、指导以及完成电子监测的程序编制等项工作。已出版《中美预防神经管畸形合作项目·围产保健与出生缺陷监测年度报告》四册(1996、1995、1994、1993，北京医科大学出版社)。

【国际交流】 2月，李竹教授赴美国亚特兰大参加"第二届发展中国家出生缺陷和残疾国际大会"预备会议。10月，"第二届发展中国家预防出生缺陷和残疾国际大会"组委会筹备会议在北京长城饭店举行。

1月，美国犹他州州立大学Ron Munger教授到河北香河县项目现场考察。5月，USCDC专家Mary E. Cogswell和梅祖国(Zuguo Mei)考察河北乐亭县和丰润县现场工作，USCDC专家Catherine Webb和加拿大专家Trines Jean考察浙江省嘉兴市、海宁市和江苏省苏州市、常熟市现场工作，并参加在苏州市召开的学术研讨会。6月，USCDC贝聿瑞(Robert Berry)博士访问国家卫生部，考察河北省香河县现场工作和北京北大药业有限公司。7月和10月，美国得克萨斯州农工大学唐纳力(K. C. Donnelly)博士和菲内尔(Richard H. Finnell)博士等来访，商讨山西省出生缺陷高发病因合作研究事宜，并举办两个专题报告。10月，USCDC国家出生缺陷与发育残疾中心(NCBDDD)柯棣鹏(Jose Cordero)主任访华，考察江苏省苏州市、浙江省嘉兴市和河北省香河县现场工作，并出席"中美预防出生缺陷和残疾合作项目"年度工作会议。

5月，任爱国教授在"第三届中日维生素国际学术研讨会"(广西桂林)上报告"十五"国家科技攻关项目研究成果——"中国神经管畸形高发区和低发区的孕妇妊娠3个月体内叶酸水平的对比研究"。7月，叶荣伟副研究员赴所罗门群岛，执行WHO/WPRO任务，进行生育健康监测系统培训。8月，李竹教授以WHO顾问身份参加在美国华盛顿召开的"儿童长期健康随访研讨会"。9月，李竹教授以WHO顾问身份参加"围产期死亡评审顾问会"(瑞士日内瓦)和"促进母婴健康培训班"(肯尼亚内罗毕)，WHO/WPRO项目——"中国育龄妇女和孕妇贫血预防方案的制定和实施"培训班在山西省太古县举办，任爱国教授、叶荣伟副研究员、郝玲博士参加"先天畸形国际论坛"(日本京都)和第31届"国际出生缺陷监测情报交换所(ICBDMS)"年会。11月，李竹教授和胡佑胜工程师赴斐济参加WHO/WPRO"加强西太区岛国母婴保健服务健康信息系统建立国际研讨会"。12月，李竹教授以WHO顾问身份参加国际颌面畸形研究研讨会(瑞士日内瓦)，赴美国亚特兰大与USCDC讨论项目工作计划。

【科普工作】 1月，中国生育健康网(www. healthychildren. org. cn)改版。北京大学生育健康研究所和"中美预防出生缺陷和残疾合作项目"办公室联合举办在京主流媒体支持单位新春茶话会。

7月，国家人口和计划生育委员会科技司推荐《中国生育健康杂志》编辑部陈新主任，作为计划生育/生殖健康学科领域的科技期刊评估专家，入选国家科技部"中国科技期刊评估专家数据库"。

9月，北京大学生育健康研究所受国务院妇女儿童工作委员会、国家卫生部、全国妇联和中国残疾人联合会、委托组织"行动计划爱心寻访活动"，赴陕西省西安市、山西省平定县和河北省井陉县，开展社会宣传、健康教育、专题培训和残疾儿童家庭访问等活动。"中美预防出生缺陷和残疾合作项目"监测系统发布2004年上半年河北省石家庄市等地神经管畸形大幅反弹紧急通报，受到国家卫生部等行政管理机构和社会各界的广泛关注。

11月，陈新和李竹教授主编的《今日男性生殖健康》由上海科学普及出版社出版发行。该书是国家卫生部和WHO合作项目“男性生殖健康和保健服务研究”课题(WP-CHA-RPH/3.2/001/02.01.01/AW 0.2)成果推广项目之一。

2004年全国已有27个省、自治区和直辖市开始推广“中美预防神经管畸形合作项目”的科研成果，即妇女在妊娠前后每日服用0.4毫克叶酸增补剂(商品名为“斯利安”，北京北大药业有限公司生产)以预防神经管畸形的发生。为了倡导新婚妇女服用“斯利安”，提高服药率，以保障妇女和新生儿健康，9月份山西省平定县人民政府、北京大学生育健康研究所和北京北大药业有限公司三方签署了《山西省平定县推广育龄妇女普服“斯利安”预防出生缺陷合作意向书》，共同为探讨和解决中国北方地区神经管畸形等重大出生缺陷持续高发问题提供新的途径和经验。

12月，生育健康研究所与中央电视台科教中心和北京科学电影制片厂合作摄制影片《生一个健康宝宝》。

(陈　新)

医学部公共教学部

【发展概况】 公共教学部成立于2002年7月11日。2004年设有哲学与社会科学系、医学人文学系、医用理学系、应用语言学系和体育学系5个系，共17个教研室，1个研究中心(北京大学医史学研究中心)。2004年有教职员工137人，其中教授12人，副教授37人，讲师49人，助教12人；教学辅助人员19人；管理人员6人；工人2人。

【教学工作】 2004年公共教学部医学英语专业招收本科生40名；毕业研究生6名，新招收研究生6名，其中硕士生4名，博士生2名。目前在校本科生122名，在校研究生16名。

2004年度公共教学部开出的本、专科生必修课共计43门，19926学时；选修课46门，1685学时；研究生课程15门，2487学时。另外还完成成人课程1233学时，网络学院课程1534学时。2004年积极开展各类培训项目，举办各类培训班8个(其中国家级继续教育项目4项)，学员达800余人，接受进修生14人。

2004年，公共教学部周茜、曹波被评为北京大学优秀青年教师。医用理学系被评为北京大学2004年度优秀先进集体。贺东奇教授主持的“高等学校医药类专业人才数学教育模式探索”、张大庆教授主持的“医学史教学改革：架构医学与人文的桥梁”荣获2004年北京大学教育教学成果一等奖。贺东奇教授主持的“高等学校医药类专业人才数学教育模式探索”同时被评为北京市教育教学成果二等奖。张大庆教授主编的《医学史》、胡佩诚教授主编的《医护心理学》荣获2004年北京市精品教材称号。由医用理学系组织和培训的医学部代表队在美国数学及其应用协会主办的第六届国际跨学科模型竞赛中喜获佳绩，两支参赛队一队获一等奖，另一队获二等奖。由物理教研室组织医学部学生参加的北京市第21届大学生物理竞赛中，1人获一等奖，1人获二等奖，9人获三等奖。2002级英语专业学生在全国英语专业4级考试中取得了优异成绩，及格率100%，优秀率60%。

【学科建设】 2004年公共教学部修订了医学英语专业培养计划，更加注重学生的全面素质培养，实施医学教育与专业教育并行，人文教育与医学教育融合的培养体系。为加快建设与现代医学发展和医学人才培养相适应的医学人文学教育，公共教学部特设教学改革课题，每年滚动式立项。2004年确立了6项并对4项2003年教改课题进行了中期评估。其中“医学决策学”和“医学行为学”已面向学生开课。2004年新开选修课8门，深受学生喜爱。召开医学人文学科建设工作研讨会，布置和研讨了医学人文学科建设工作，为公共教学部今后的工作起到指导作用。

【科研工作】 2004年，公共教学部在研项目23项，其中国家级项目3项，省部级项目5项，资金共110余万元，发表论文57篇，其中核心期刊33篇，主编著作9部，参加各种学术会议80人次，其中国际会议23人次。

2004年，公共教学部中青年教师科研基金开始启动。2004年新增重要研究项目，医学人文学系丛亚丽副教授申报的“探索中国医学道德的系统模式”已被列为全国教育科学“十五”规划青年专项课题。医用理学系的物理教研室和数学教研室承担了由国家教研中心立项课题“21世纪中国高等学校农林/医药专业数理化基础课程的创新与实践”中医药类物理子项目及数学子项目。医用语言学系争取到教育部立项的两个项目：大学英语教改试点项目和大学英语教改试点项目扩展项目。医学人文学系的洪炜教授承担人事部国家公务员考试能力倾向测验题目的编制及构架研究。医学人文学系的杨海燕负责国家级项目“十一五”期间科普工作需求和问题研究。

【党建和思想政治工作】 2004年党总支委员坚持中心组的理论学习，开展领导班子成员党风廉政建设，按照《公共教学部党风廉政责任制》要求不断健全民主生活会制度。2004年6月23日召开了有医学部领导参加的、公共教学部领导党风廉政民主生活会，开展了批评和自我批评，从不断提高党在新的历史条件下的执政能力出发，畅谈交流了如何永葆革命的意志和战斗力。

2004年6月15日公共教学部党总支与医学部宣传部联合主办了“纪念邓小平诞辰100周年理论研讨会”，缅怀了邓小平同志革命战斗的一生以及为中国革命和建设所做出的贡献。明确了在新时期要以马列主义、毛泽东思想、邓小平理论和“三个代表”重要思想为指导，坚定革命理想信念，不断为党的事业、人民的利益努力实践和无私奉献。结合理论研讨，2004年10月16日公共教学部党总支组织部分理论课教师随医学部赴井冈山社会实践团参加实践活动，通过实践活动，老师们认识到改革开放和中国特色社会主义建设同样需要井冈山“坚定信念，敢闯新路，艰苦奋斗，无私奉献”的精神。井冈山之行是一堂生动的党课，使每一名教师受益匪浅。

2004年11月6至7日，为加强对党员的革命传统教育，公共教学部党总支组织各支部书记及党员代表一行13人赴西柏坡进行了参观学习，重温了毛泽东等老一辈无产阶级革命家在西柏坡创立下的丰功伟绩，更深入地了解了党的光荣历史和优良传统，深刻领会了西柏坡精神，特别是毛泽东同志提出的“两个务必”，即“务必使同志们继续地保持谦虚、谨慎、不骄、不躁的作风，务必使同志们继续地保持艰苦奋斗的作风”。这一精神也是今天新的历史条件下宝贵的精神财富。

（刘穗燕　谢　虹）

元培计划管理委员会

【发展概况】 “元培计划”到2004年已有3年的历史。2004级162名学生已经到校，元培计划实验班在校学生人数达到了503名。

北京大学校领导非常重视“元培”的发展。2004年4月7日，许智宏校长与元培计划实验班3个年级的学生代表座谈。他听取了学生在“元培”学习和生活的收获、体会以及存在的困惑，并做了重要讲话。

2004年5月16日“元培计划”研讨会在大讲堂202会议室召开。党委书记闵维方、校长许智宏、常务副校长迟惠生、党委副书记兼副校长吴志攀、副校长兼元培计划管理委员会主任林建华出席会议并讲话。学校各职能部门和各院的有关负责人、学校本科发展战略小组的代表以及元培计划管理委员会的工作人员、导师代表、学生代表参加了会议。会议由副教务长李克安主持，元培计划管理委员会执行主任和执行副主任分别做了工作报告。闵维方书记、许智宏校长、迟惠生副校长、吴志攀副校长先后做了重要讲话，对元培计划的进一步发展提出了很多具体意见。与会人员就元培计划实验班实施的情况及目前存在的问题展开了广泛的讨论。

5月18日，元培计划管理委员会成立了党总支，北京大学学工部部长陈建龙兼任书记；元培计划管理委员会学生工作主管李胜任副书记。党总支下设了元培教工党支部和元培2001级、2002级、2003级3个学生党支部，包括教职工党员5名，学生党员89名（正式党员47名，预备党员42名）。2004年，党总支共转正预备党员20名，发展新党员17名。

北京大学教务部针对元培在教学管理上的问题多次讨论研究，提出了许多具体可行的方案。研究生院也针对元培学生在“保研”的问题上给予了大力的支持，较好地完成了第一届“元培”学生的保研工作。资产管理部为“元培”的办公用房进行了调整，2004年11月搬到了法学楼，极大地改善了办公环境。各院系积极配合元培的各项工作，使学生的选课、选专业及保研工作得以顺利进行。

12月由元培计划管理委员会主任、副校长林建华牵头，李克安、朱庆之、段连运、张庭芳、朱青生共同完成的“元培计划——创世界一流大学中本科教育理念的创新与实践”教学成果获北京大学教学成果一等奖、北京市教学成果一等奖。

【教学管理】 学生自主选择专业是元培计划的一大特色。元培计划实验班不分专业按文、理科招生，入校学习一年半后选定专业。在学校教学资源许可的情况下，元培计划实验班学生可以自由选择专业。学生对专业的选择采取渐进式方式，逐步到位。2004年，元培计划实验班2001级、2002级和2003级学生已选定专业进入各院系进行专业学习。结果表明，学生选择志向广泛，分布到全校22个院系。满足学生第一志向达到90%，基本上做到了院系和学生双满意。

表4-55　元培计划实验班2001级、2002级和2003级学生院系分布情况

院系名称	2001级81人	2002级112人	2003级136人
数学科学学院	6	9	13
物理学院	11	17	19
化学与分子工程学院	4	8	11
生命科学学院	12	13	15

续 表

院系名称	2001级81人	2002级112人	2003级136人
信息科学技术学院	5	4	7
地球与空间科学学院	1	/	/
环境学院	3	4	6
心理学系	1	4	4
中文系	5	4	2
历史学系	2	/	1
哲学系	2	1	3
经济学院	13	16	17
光华管理学院	1	5	5
法学院	5	9	11
国际关系学院	1	9	8
社会学系	3	2	5
政府管理学院	3	/	5
新闻与传播学院	3	4	2
外国语学院	/	2	/
信息管理系	/	1	/
力学与工程科学系	/	/	1
艺术学系	/	/	1

在导师的指导下，学生自由选课亦是元培计划的特色之一。元培计划实验班实行学分制，在低年级进行通识和基础教育，高年级进行宽口径专业教育。学生在专业教学计划框架内，由导师指导学生进行自由选课，实验班教学计划为文、理科学生设置了平台课。实践结果表明，元培计划实验班学生在低年级通选课完成得好，基础课程选的层次高，选择课程的面广而深。实践证明取得了明显效果。

2001级的学生完成8项科研基金项目，其中有两项获得全校优秀论文奖，两项获得院系优秀论文奖。

【导师工作】 导师工作稳妥发展，增加和调换部分导师(现有导师34名)。2004年上学期开学第二天下午就安排了导师与学生见面，数学学院的导师丘维声教授和王长平副院长针对新生如何选择适合自己的数学课问题，进行了专门的指导。2004年，给学生安排了19次导师讲座。

【学生工作】 元培计划委员会党总支完善学生管理工作，取得了一定的成果。

1. 制度化、信息化建设。

元培党总支制定了《元培学生党支部工作条例(草案)》、《元培团学联章程(草案)》、《元培基层班委团支委选举办法(草案)》和《元培奖学金评定细则(草案)》等条例并严格实施，理顺了关系，也让各方面工作进一步规范化、制度化。

在加强制度建设的同时，元培党总支注意收集信息，完善工作网络管理体系。到2004年，元培全体学生的Email地址、宿舍电话、手机、家庭住址、家庭联系电话等信息都有清楚记载。对于元培的每一位学生骨干，包括元培团委、学生会、学生党支部，基层班委、团支委的成员，元培党总支也建立了详细的联系方式信息，以便工作的布置、开展和日常联络。

2. 学生思想教育和交流工作。

元培党总支在网络上宣传主导思想和观点，在日常工作中走“群众路线”，注重“人文关怀”，两手齐头并进，尝试学生思想工作的新思路。

元培党总支除了发布常规的事务性信息外，还要求负责学生工作的老师及班主任，根据元培实验班的特点与学生建立密切联系和对话机制，尽量解决学生的困惑，以及就当前国家的一些重大举措或者社会上发生的一些事情进行讨论，交换意见。

表4-56 元培计划导师名单

姓名	院系	姓名	院系	姓名	院系	姓名	院系
王长平	数学	毛晋昌	电子	赵敦华	哲学	吴志攀	法律
丘维声	数学	孙家骕	计算机	王守常	哲学	马 戎	社会
黄克服	力学	杨承运	地空	许振洲	国关	李 强	政管
赵凯华	物理	郝守刚	地空	曹和平	经院	赵成根	政管

续 表

姓 名	院 系	姓 名	院 系	姓 名	院 系	姓 名	院 系
吴思诚	物理	邵 敏	环境	黄桂田	经院	朱青生	艺术
段连运	化学	苏彦捷	心理	孙祁祥	经院	陈昌凤	新闻
许崇任	生科	朱庆之	中文	林毅夫	经济中心	陈向明	教育
张庭芳	生科	牛大勇	历史	龚六堂	光华	傅云义	微电子
闫步克	历史	陈兴良	法律				

（刘亚平　谈小媊　李　胜）

· 教育教学与学科建设 ·

本科生教育教学

【教学改革】 召开元培计划研讨会　会议就元培计划实验班实施的情况及目前存在的问题展开了广泛的讨论，充分肯定了元培计划实施两年半以来所取得的成绩，认为元培计划已经成为北京大学教学改革的一面旗帜。会议强调元培计划要在稳定规模的基础上，以积极稳妥的方式继续推进，为北京大学乃至全国本科教育的改革和发展积累经验；要认真做好元培计划指导教师的调整、充实工作，特别是要充实进一批年轻有为、热爱本科教育教学的青年教师，并在政策上给予必要的支持；各院系要积极支持元培计划的工作，为元培学生在选课、考试、推荐研究生等方面创造良好的条件。

首次举办暑期学校　在参照世界一流大学办学经验的基础上，6月21日～7月23日，北京大学首次举办暑期学校并获得圆满成功，这是我校本科教学改革的一项重要举措，也是中国高等教育与国际接轨的重要方面，具有重要的首创意义。

开放的暑期学校作为世界一流大学办学的一个重要方面，在国外已经较为成熟，但在国内则完全是新生事物，在教育目标的制定以及教学管理等方面没有可供借鉴的经验。为此，北京大学教务部进行了广泛的国际比较研究，并结合中国和北京大学实际，提出了初步的运行方案。依照学校领导指示，教务部又对方案进行了调研，广泛征求各方意见，先后召开理科院系主任、文科院系主任、学生代表等多个座谈会，在听取各方意见之后对原有方案进行了修改，之后再次召开学生代表和全体院系主任会议征求意见，在此基础上，最后完成了“2004年本科暑期学校方案”。经报校长办公会讨论研究，出台了北京大学“关于放暑假、暑期学校及相关工作安排的通知”[校办2004年60号文]及其附件，这一重要文件，成为今年暑期学校工作的指导性文件。

暑期学校组织高质量课程50多门，首次实现了对课程进行分类管理，将课程分成面向不同群体的A、B、C三类，既保证了学校正常的教学活动，又实现了部分课程的对外开放和优质教育资源的共享。暑期学校校内选课人数计2423人，选课3838人次/门，约占本科在校生人数的25%；校外选课人数计359人，选课542人次/门。

为加强对暑期学校的管理，教务部在学期期间组织了大范围的听课工作，在期末对课程进行了评估，在考试期间，安排巡考，以保证考试工作顺利进行。此外，为加强保卫工作，教务部与保卫部专门召开会议，研究暑期学校安全保卫工作，并确定了详细的值班保卫方案。这些措施的落实，为确保了暑期学校的成功举办提供了重要保障。

暑期学校聘请国内外著名大学的优秀教师来北京大学开设特别课程和短期学术讲座。数学学院、天文系、力学系等聘请了国外优秀学者开课，政府管理学院聘请了在美中国学者回国开设8门课程，讲授相关学术领域的最新成果。为加强暑期学校国际交流水平，北京大学还在欧洲、巴基斯坦和缅甸开设了暑期课程。这些课程的开设，有助于提高北京大学本科教育教学质量，同时将促使北京大学更加开放，进而提升北京大学国际化水平。

举办暑期学校，是北京大学为建成世界一流大学而采取的又一重要举措，也是高等教育改革的一个必然的趋势。首次举办暑期学校并取得成功，既扩大了北京大学的国内外影响，又为北京大学推进教育教学改革积累了宝贵的经验。

【教学管理与建设】 召开北京大学2004年度本科战略发展研究小组和老教授教学调研组工作讨论会　会议总结了近年北京大学本科教学改革所取得的成绩，集中讨论了当前本科教学工作中存在的问题，明确了今后工作的思路。会后，结合教务部本年度的工作重点，老教授教学调研组重点检查了全校部分主干基础课，并及时反映了课程建设中存在的问题。

教师节前，北京大学完成了第四届主干基础课的认定和课程主持人、主讲教师的聘任工作。全校共有295门课程被确定为主干基础课，聘任课程主持人136人，主讲教师763人。教务部对主干基础课课程建设实行立项资助。本年度共开设通选课282门次，拨付通选课建设经费100万元。

9月，北京大学9.5个国家理科基础科学人才培养基地（数学、力学、物理、化学、大气、地质、地理、基础医学和核物理（与科学院共建））顺利通过教育部和国家自然科学基金委员会组织的中期评估。专家组对我校重视理科基地建设，认真抓好基地基础科学人才培养工作给予了充分的肯定。经综合评审，北京大学6.5个基地获优秀基地称号，3个获良好基地称号，优秀基地数量居全国高校第一。

12月，召开北京大学本科教学工作会议。会议以“加强教学管理，完善课程体系，全面提升教学质量”为主题，重点讨论了如何加强本科教学管理、进一步完善课程体系、优化课程结构以及修订《北京大学学生学籍管理细则》等事项。会议发布了教育部2007年对我校教学工作水平评估的若干文件，明确了各院系建设教学资料库的要求，强调各院系要将迎评准备工作落到实处。

【本科生科研】 建立了本科生科研学分制 制定《北京大学本科生“研究课程”相关管理规定（试行）》的《补充规定（试行）》，首次将“研究课程”纳入学校正规的课程体系，建立了本科生科研学分制，完成了本科生科研体系建设的关键一步，将本科生研究课程管理提高到了新的水平。按《补充规定（试行）》规定，未受“本科生科研基金”资助（即未选修“研究课程”）的学生，如果符合学校的要求，可以申请并获得“研究课程”的学分。

2004年度，北京大学共有219名本科生取得“研究课程”学分（含7名未受资助的本科生通过专家组审核等形式，申请并获得“研究课程”学分），其中15篇文章发表（或被接收）在国内外学术刊物上（含学生第一作者10篇）。

【教务管理与服务】 修订《北京大学学生学籍管理细则》 随着北京大学本科教学改革的深入，以教育部即将出台《普通高等学校学生管理规定》（修改稿）为契机，《北京大学学生学籍管理细则》修订工作正式启动。在多次召开院系主任、教师和学生座谈会，广泛征求各方意见、建议的基础上，修订工作进展顺利并形成初稿，拟提交校长办公会审议、通过。

出台《北京大学本科生选课办法及管理规则》（讨论稿） 为贯彻实施在教学计划和导师指导下的自由选课学分制，进一步完善本科生选课办法和管理规定，教务部出台了《北京大学本科生选课办法及管理规则》（讨论稿）。

进行教务员培训 为迎接教育部2007年对我校本科教学的评估工作，提高教务员的综合素质，2004年3月，教务部举办了为期两天的教务员培训班。

改造选课系统，提高管理效率 第一阶段，完成了系统改造编码工作，新选课系统正式运行取得圆满成功；第二阶段，将全部课程纳入网上选课系统，顺利实现所有课程网上选课。

在2003年辅修、双学位计算机管理系统的规划基础上，对系统进行了整体的构建、代码编写和调试，新系统现已在全校范围内投入使用且效果良好。

对外交流 2004年，北京大学本科对外交流新增了以下几个项目：（1）与新加坡国立大学商谈“学生交换项目”的第二轮方案，并就协议条款达成共识；（2）与日本早稻田大学国际教养学部商谈双学位计划并签署备忘录，内容包括：早稻田大学每年派10名学生到我校学习双学位课程，合格后由我校颁发双学位证书；我校派10名学生赴早稻田大学插班学习学位课程，合格后获得早稻田大学学士学位证书。

【教材建设】 突出重点，做好教材建设立项工作 自2月开始，教务部进行了2004年度北京大学教材建设立项工作。各院系和广大教师踊跃申报，共有27个院系单位申报了168个项目，经教材建设委员会工作会议审定，批准了133项申请。

组织教师申报高等教育出版社的百门精品课程教材立项计划。在北京大学申报的28种教材中，13种入选精品项目，6种入选立项研究项目，7种入选选题项目。

8月，北京大学动员了一批学术水平高、教学经验丰富、长期致力于教材建设工作的专家学者申报北京市高等教育精品教材建设项目，最后向北京市推荐了100余种高水平教材参加评审。

对立项教材进行规范化管理 2003年年底至2004年2月，北京大学教务部对2000年以来的校级教材立项项目进行了中期检查，通过检查，掌握了立项项目的基本情况，为以后更好地开展教材建设立项工作打下了良好的基础。

【教学评估】 评奖教学优秀奖 经院系评选推荐、教务长办公室评审，评选出2003～2004年度北京大学教学优秀奖40人，其中校本部35人，医学部5人，并于教师节期间公布，每位获奖者获得荣誉证书和奖金5000元。

评奖教学成果奖 2004年度，北京大学本部各院系共上报教学成果204项（校本部154项，医学部50项）。经校教学成果奖评审委员会审议，评选出教学成果奖159项，其中校级一等奖131项（校本部108项，医学部23项），校级二等奖28项（校本部17项，医学部11项）。经北京市教委组织专家评审，已有71项获北京市级教学成果奖，其中一等奖 39 项，二等奖 32 项，总数居全市高校首位。经北京市教委推荐，我校有 39 项获推荐参加国家级教学成果奖评选，其中推荐国家一等奖 8 项，二等奖 31 项，推荐国家奖数量居全国高校榜首。

2004 年度，北京大学有 14 门(含医学部 2 门)课程被评为国家级精品课程，数量居全国高校榜首。同时有 14 门课程被评为北京市级精品课程。

课程教学评估 2004 年度，北京大学共有 1049 门课程进行了教学评估，在 5 分制的综合评估结果中，达到 4.0 分以上的课程占总参评课程的 55.6%，3.5 分以上的占 87.9%，3.0 以下的课程占 1.2%。春季学期课程评估总平均分首次突破 4.0 分。根据评估结果，教务部编撰印制了《北京大学学生课程评估手册》，并撰写了《北京大学 2004 年春季学期课程评估分析报告》和《北京大学 2004 年秋季学期课程评估情况统计与分析》。

【招生工作】 2004 年北京大学本科招生继续保持优势地位，28 个省份的文科和 13 个省份的理科录取分数线居首位。本年度共录取各省(直辖市、自治区)文理科(含外语)第一名 43 人；招收保送生 527 人，其中：奥赛决赛获奖学生 158 人，省级优秀学生 14 人，教育部全国理科实验班学生 23 人；首次在香港地区招生，共录取港澳台学生 44 人；拟定自主招生对象 179 人，高考录取 152 人(男生 71 人，女生 81 人)，86 名考生的高考总分达到北大录取线，正常录取率为 56.57%；招收本科留学生 240 人。

(关海庭　舒忠飞)

【马克思主义理论课教学】 北京大学的马克思主义理论课教学是在北京大学党委的领导下，由马克思主义学院统一组织的。自 1997 年下半年、特别是 1998 年贯彻经过党中央审定的《普通高校马克思主义理论与思想品德课课程设置及实施意见》以来，北京大学加大改革力度，精心设计，周密组织，先行试点，逐步推开。到 2004 年，一套适应新形势发展要求的教学管理方法基本定型，而且在北京大学所有的“两课”教学中采用，这其中包括：

1. 教学组式的教师组合方式。北京大学的“邓小平理论和‘三个代表’重要思想概论”课教学组由 25 位教师组成，其中教授 18 位、副教授 7 位。在这 25 位教师中，具有博士学位和年龄在 50 岁以下的教师占到一半，其中包括一位校外的兼职教授。“毛泽东思想概论”课教学组由 12 位教师组成，其中教授 6 位，含两位校外的兼职教授，副教授 4 位，讲师 2 位(都具有博士学位)。“思想道德修养”课教学组由 10 位教师组成，不仅包括 2 位学校领导，而且还特别聘请了 2 位北京市的青年领导干部。其他的几门课程也都由教学组承担教学任务，教学组的教师数一般在 5 人以上。总结历史的和现实的实践经验，这种教师组合方式的好处在于：一是适应了“两课”这种多学科交叉的课程特点；二是满足了学生希望得到知名教授指导的强烈愿望；三是提出了教师在教学科研方面的更高要求；四是找到了培训中青年教师的便捷途径；五是形成了老中青教师相互帮助相互学习的人际关系。

2. 专题讲座式的授课办法。为了提高“两课”教学效果，马克思主义学院从 1997 年秋季开始，采用专题讲座式的授课方式。几年来，基本维持这种讲座格局，只是讲授内容有所调整。这些讲座的设计，既涵盖了“两课”教学体系的基本内容，又突出了目前时期的教学重点；既尽可能避免与中学政治历史课的重复，又力求体现大学生学习的更高层次。几年来，这种专题讲座的授课方式深受学生的欢迎。

3. 适应学生特点，完善多种教学环节。为配合课堂讲授这个主导性环节，几年来，马克思主义学院在“两课”教学中采取了一些辅助性、实践性环节。其中包括：播放电视专题片；组织参观展览；举办专题讲座；举办课堂讨论；安排心得体会写作等。这种做法实现了理论教育、课堂教学与示范教育、社会实践等方式的有机结合，促成了学生的参与，加深了学生的印象，调动了学生学习的积极性。

4. 应用多媒体教学手段。近年来，北京大学在“两课”教学中大力提倡并推广多媒体教学手段，任课的所有中青年教师都已经掌握了制作和使用课件的能力，绝大多数课堂都使用了课件来进行教学。在 2004 年，挂在网上的“两课”课件点击总量达到 50 万人次，从 IP 地址看，大体上校内外各半。

5. 采用灵活宽松的考核方法。北京大学目前的做法是：首先将学生的成绩四六开，即在百分制中平时成绩占 40 分，期末考试成绩占 60 分；然后将平时成绩再大体分解为考勤占 10 分，讨论发言提纲占 10 分，写心得体会文章占 20 分。学生的期末考试基本上采取开卷考试的方式。这种考核方法有助于切实减轻学生学习上的压力，又着重考核学生掌握马克思主义立场、观点和方法以及理解和运用科学理论的能力。

6. 全年滚动的排课方式。北京大学从 1997 年下半年开始实行全年滚动排课的做法，即每个学期都开设所有的课程，供学生选修。这既为学生选课提供了方便，又为教师积累教学经验提供了条件，同时也减轻了单位在教师编制上的压力。

7. 学生自由的选课办法。2004 年，北京大学在所有的“两课”教学中实行学生自由选课的办法，具体内涵为：一是可以在一个学年的2个学期里自由地选择上课时间；二是可以自由地选择课堂；三是可以自由地选择任课教师。这种新的选课方式，比较好地适应了社会主义市场经济体制的社会大环境，使学生的学习与教师的教学之间形成了一种双项选择的契约关系，它的实行受到学生的普遍欢迎。

8. “四位一体”的教学管理模式。与教学组这种教师组合方式和专题讲座教学方式相配套，北京大学在“两课”的教学管理上实行课程主持人、课堂主管教师、主讲教师和助教“四位一体”的管理方式，做到了分工负责，各司其职，忙而不乱。“两课”的课程主持人是由校长聘任的，一聘2年，课程主持人要对一门课负全责。在课程主持人之下，设若干位课堂主管教师的岗位，主要由中青年教师承担，通常一位课堂主管教师主管2至3个班，要对这几个班学生本门课的学习负责。再就是专题主讲教师，这些教师一个人可以承担少则1个专题，多则3个专题，每个专题最少有2位主讲讲师。最后就是助教，一个班配一位助教，完成教师与学生之间的联系和沟通。这种教学管理模式既保证了主讲教师按时授课，又使学生从始至终能够找到助教。

北京大学“两课”教学中采用的是一套相互联系、有机结合的教学方式方法，它的一个重要教学理念就是以学生为中心组织教学管理，因而受到了学生的欢迎，得到了中央领导的肯定，在校内外产生了重大影响。2004年，北京大学的“两课”教学又获得北京市优秀教学成果一等奖；2月，“邓小平理论和‘三个代表’重要思想概论”课被教育部认定为国家级精品课程（全国首轮评审共认定了151门）；7月，“毛泽东思想概论”课被评为北京市市级精品课程；此外，“思想道德修养”、“马克思主义哲学原理”、“马克思主义政治经济学原理”和“当代世界经济与政治”等课程，也取得了较为明显的成绩。这些课程在推进邓小平理论和“三个代表”重要思想“三进”工作中发挥了重要作用。近年来，新闻媒体对北大的“两课”教学情况也给予特别的关注，并进行过多次报道。北京大学“两课”教学的做法和体会应邀在教育部、北京市、其他省市和兄弟院校组织的多种会议上作过介绍。2004年4月5日，国务委员陈至立在大学生思想教育和公共理论课调研座谈会上的讲话中说：北京大学在全国搞好公共理论课教学方面起到了带动和示范的作用。

（陈占安）

【艺术教学】 艺术学系承担着全校艺术类公共选修课和艺术类素质教育通选课等本科教学任务。到2004年，艺术学系总计开设了58门本科课程，每年接纳学生人数在4000人左右。在精品课评选中，《艺术概论》被评为国家级精品课程。艺术学系管理的北京大学学生艺术团四个分团（合唱团、交响乐团、舞蹈团、民乐团）对增加北大校园的艺术氛围，繁荣校园文化建设，提高全校大学生的艺术修养和综合文化素质发挥了重要的作用。

（王欣涛）

【有关数据】

1. 6.5个理科基地获优秀基地称号，3个获良好基地称号，优秀基地数量居全国高校第一。

2. 教育部2004年教学成果奖评选，北京大学有71项获北京市级教学成果奖，其中一等奖39项，二等奖32项，获奖总数居全市高校首位；经北京市教委推荐，北京大学有39项获推荐参加国家级教学成果奖评选，其中推荐国家一等奖8项，二等奖31项，推荐国家奖数量居全国高校榜首。精品课评选，北京大学有14门（含医学部2门）课程被评为国家级精品课程，数量居全国高校榜首；有14门课程被评为北京市级精品课程。

3. 学生评估本科课程1049门。

4. 2004年入学的3178名新生，有3149人取得学籍，其中，重新入学4人，保留入学资格3人，取消入学资格（未报到）30人。

5. 全年办理异动538人次，其中：休学48人，停学99人，复学102人，转系转专业85人，退学143人，提前毕业6人，转学8人。

6. 违纪作弊处理31人（17+14），其中令退学3人，记过取消学位16人，严重警告10人。

7. 发放学士学位证书2296本，其中：为上届结业生换发35本，境外办学56本；发放本科毕业证书2327本，其中：为上届结业生换发39本，境外办学56本；发放结业证书60本；发放大专毕业证35本；发放双学位证书519本；辅修毕业证书137本；肄业证书34本；补发学历、学位证明各65份。

8. 毕业生保研初审具备免试资格人数1375人，占应届毕业生数的57.6%。实际报名填表硕士生915人，其中校内接收676人，校外接收239人；另有53人直博。

9. 接受新疆石河子大学委培10人；接受内蒙古大学委培95人；接受湖南大学委培2人。

10. 办理各类出国手续392人次；公派出国学习、研修41人；校际交流31人，其中派出：东京大学1人，新加坡国立大学5人，香港大学8+10人，香港科技大学8+8人，香港中文大学8+10人；接受：香港科技大学10+8人，香港中文大学7+9人，香港大学7人。

11. 留学生746人，全年异动106人次，其中：休（停）复学31人次，退学23人，转专业4人，延期毕业27人；49名本科留学生获得奖学金。

12. 境外办学点4个，学生约300人。

13. 考试中心组织全国大学外语四六级、北京大学英语四级、TOEFL、GRE、BEC、韩国语、LSAT等大学考试，总计18250人次。

14. 校本部招生2901人，其中：普通本科招生2735人，第二学士学位94人（软件工程专业43人，国际文化交流专业20人，知识产权法专业31人），思想政治教育专业（专升本）72人。校本部招收留学生245人。

医学本、专科生教育教学

【教学研究与教学改革】

1. 筹划、组织召开首届中国“八年制医学教育峰会”。

2004年7月，按照医学部的指示，教育处筹划、组织首届中国“八年制医学教育峰会”。大会得到教育部、卫生部、中国高等教育学会医学教育专业委员会和各八年制医学教育学校的大力支持和响应。来自七所首批举办八年制医学教育学校的校长、医学院院长、研究生院院长、教育（务）处处长等，共同研讨了临床医学八年制教育的办学指导思想、定位、目标、培养方案等，提出了今后八年制医学教育应进一步研究的问题，并成立了“中国八年制医学教育协作组”。

2. “以问题为中心”的教学改革顺利进行。

从2003年9月开始，经医学部基础医学院多次研讨和论证，提出了10个以问题为中心的课题，各学系、教研室精选了教学学术水平高、责任心强的教授专家为课题主持人，打破学科界限，开展以问题为中心的基础医学课程教学改革。2004年6月14日～7月9日，362名2001级长学制的学生接受了“心力衰竭”、“艾滋病”、“肿瘤”和“焦虑与抑郁”四个专题的PBL教学。采用专题讲座、自学、小组讨论和学生报告。教育处组织了PBL教学效果的网上调查，该教学方法得到参加学生的广泛认可，并将调查结果及时反馈给基础医学院。

护理学院在专业课教学中，探索和完善了PBL的教学流程，促进了学生评判性思维能力的培养，并在教学中首次将网络资源和文献期刊作为主要的参考教材，发展和完善了新的学生综合考核办法。

公共卫生学院也正在论证和完善讨论PBL教学方案。

3. 临床教学改革全面实施。

(1) 早期接触临床

对八年制临床医学、口腔医学专业的学生实行了早期接触临床的实践，通过这种方式，使学生们在医预阶段开始，逐渐对临床工作产生感性认识，激发他们的学习兴趣，培养“救死扶伤”的品格，为他们今后的专业学习乃至从事医疗工作，做好心理准备，同时也是“八年一贯”办学理念的具体体现。

(2) 统一临床教学资源，成立临床学系

临床教学标准的统一和资源的整合，作为临床教学阶段的主要任务全面实施。具体从两个方面着手解决。

加强临床统一考核。医学部教育处2004年在八年制学生中，实践了统一考核，对分布在第一、第二、第三临床学院的2001级临床医学专业，八年制学生的“临床桥梁课”理论，进行了统一考核，并通过试卷分析和反馈，发现和解决几家医院教学及学生中存在的问题，为保证临床医学的教学质量和教学效果，奠定了基础。

筹划、建立临床学系。根据医学部临床教学改革及筹建临床学系的指示，医学部教育处对临床学系成立的具体事宜进行了探索。提出设立临床学系的构架，并于2004年12月30日召开了医学部第一批准备成熟的学系妇产科、传染病、核医学学系成立大会。学系的成立，对于进一步规范教学，统一授课和考核、整合教师资源，实现优势教学资源共享均有重要的意义。这也是医学部教育教学改革迈出的实质一步。

(3) 修订教学大纲

着眼当今医学发展的现状和未来，教育处组织修订、补充、编纂了新版的北京大学临床医学专业临床阶段教学大纲。

4. 开展基础医学、预防医学、药学专业长学制二级学科培养方案的研讨。

在基础医学院、公共卫生学院、药学院对长学制的后期培养方案调研的基础上，刘玉村副主任牵头，组织教育处和研究生院分别与各学院的领导和专家，就二级学科培养目标、培养计划以及有关的管理问题进行了深入的讨论，各学院分别制订了长学制的二级学科培养方案。

【教学管理】 2004年医学部为各学院和临床医学院购买了北京大学第二临床医学院王杉主编的《教学质量时实监控系统》，加大学生对教师的授课质量的网上评估工作。7月9～10日，召开了医学部新一届教学委员会成立大会暨2004年度教学研讨会。研讨会明确提出，临床教学改革和临床教学管理机制改革，是医学部今后一段时间内，本科教学工作的重点，充分整合各临床医学院和教学医院的优势教学资源，建立统一的临床教学及考核标准，逐步形成有特色的临床教学模式，是医学部本科教学及教学管理的目标。会议对医学部教育处提出的，编写临床专业八年制教学大纲、实习指导和组建临床学系的设想，给予了积极的评价和支持。

【师资队伍建设】 为加强医学部

医学基础课和专业基础课的英语授课能力，医学部教育处经研究决定，加强英语教学力度，7月26日～8月21日，来自基础医学院、药学院、公共卫生学院和护理学院的30名青年骨干教师，在北京语言大学继续教育学院接受了为期一个月的半封闭式英语培训，教师们英语能力普遍提高，特别是听说能力提高较明显，为医学部“双语教学”的开展做好准备。

【理科基地检查】 受教育部和国家自然科学基金委的委托，国家理科人才培养基地医学评估专家组一行五人，于9月27日至9月28日在北京大学医学部进行了考察。专家组认为北京大学基础医学理科人才培养基地通过近五年的建设，又有了新的发展，取得了很大的成绩，北京大学医学部在基地建设的各方面都有了新的进展，基地建设达到了优秀水平，专家组其他专家也从不同角度，对基地建设的成果给予了充分的肯定，北大医学部人才培养基地被评为优秀基地。

【临床教学基地建设】 为加强临床教学基地建设与管理，确保临床本科生教学基地的教学水平与教学效果，医学部组织学校资深专家，分别对北京大学深圳临床医学院、北京大学航天中心医院教学医院，进行了全面的评估考察。依据评估考察结果，并经医学部主任办公会研究决定，报北京大学批准，北京大学航天中心医院教学医院更名为，北京大学航天临床医学院；北京大学深圳临床医学院将于2006年起，接受基础医学八年制临床教学。医学部还积极探索临床技能实验室的规划与建设，投资150万元支持第一、第二、第三附属临床学院临床技能实验室的建设。

【课程建设】 2004年6月在医学部教育处的积极组织下，各学院共上报了7门课程，其中基础医学院3门、药学院1门、第一临床医学院3门。与2003年相比，2004年上报的材料，无论是书面报告，还是网上资料，内容都更加完整和丰富。2004年医学部有病理学、病理生理学被评为国家级精品课程，病理生理学、药理学被评为北京市精品课程。

在医学部主任韩启德的倡导下，由刘玉村副主任主持，在北京大学本部开设了《医学发展概论》通选课，该课程汇北京大学医学部院士、知名教授之优势，集医学相关学科前沿领域之精华，着重医学领域热门话题，采用深入浅出的方式，概括介绍了当今医学发展的趋势及热点，使学生对医学发展有一个初步的认识，增加对医学的兴趣，丰富医学知识。第一次开课，选课人数达200余人，教育处还将教师的课件挂在网上，并且为学生提供了网上咨询、讨论专栏。北京大学学生评估反馈意见：该课程知识面广，联系科学前沿和具体实例，讲课精彩，处处体现大师风范，课堂气氛轻松活跃。

【教材建设】 继续完成临床医学、基础医学、口腔医学、预防医学和药学的长学制系列教材建设，目前已出版并投入使用34本，五年制教材已完成29本，出版的教材已陆续投入使用。

2004年，北京市开展精品教材评审，医学部在2001年以后出版的教材中，推荐申报了18本教材，12本教材获得2004年高等教育精品教材。

进一步加强教学辅助教材建设。汇同北京大学医学出版社组织完成涵盖内科、外科、妇产科、儿科、传染病、皮肤病与性病学的《北京大学临床医院教学案例丛书》及涵盖内科、外科、妇产科、儿科的《北京大学医学生临床操作技术手册丛书》，加强学生临床能力培养。

【教学成果奖】 组织完成了4年一度的“教育教学成果奖”申报和评审工作，此次医学部各单位共推荐了50项教学成果，申报项目涉及人才培养模式、教学内容和教学方法改革、精品课程建设、教材建设及教学质量监控等，经过专家评审组的认真筛选、评定，共有34个项目喜获2004年度北京大学教育教学成果奖，其中一等奖23项，二等奖11项。11个项目荣获北京市教育教学成果奖，其中一等奖5项，二等奖6项。

【本科专业】 基础医学（长学制）、临床医学（长学制）、口腔医学（长学制）、预防医学（长学制）、药学（长学制）、临床医学（五年制）、口腔医学（国际班）、护理学（五年制）、生物医学英语（国际班）、生物医学英语（五年制）、医学实验学（四年制）、应用药学（四年制）

【本科课程】 公共基础课程：英语、数学、物理、化学、计算机应用、政治理论课、医学心理学、医学伦理学、法律基础知识。

医学基础课程：人体解剖学、组织胚胎学、生理学、生物化学、生物物理学、细胞生物学、医学遗传学、免疫学、病原学、病理学、病理生理学、药理学、预防医学。

临床医学专业课程：诊断学、内科学、外科学、妇产科学、儿科学；药学基础及专业课：无机化学、有机化学、生物化学、分析化学、物理化学、药物化学、天然药物化学、药理学、药用植物学、药剂学、药物治疗学、药事管理学、药物分析。

预防医学专业课程：卫生统计学、流行病学、毒理学基础、妇女保健与儿少卫生学、职业卫生与环境卫生学、营养与食品卫生学、社会医学、健康教育与健康促进、卫生法学。

口腔医学基础及专业课程：牙体解剖学、口腔生理学、口腔组织病理学、口腔材料学、口腔颌面影像诊断学、口腔生物学；口腔临床药理学、口腔设备学、牙体牙髓病学、牙周病学、儿童牙病学、口腔黏膜病学、口腔颌面外科学、口腔修复学、口腔正畸学、口腔预防医学。

表 5-1 2004 年医学部获北京市精品教材

序 号	教材名称	主编姓名	主编单位
1	病理生理学	吴立玲	北京大学基础医学院
2	医学生理学	朱文玉	北京大学基础医学院
3	组织学与胚胎学彩色图谱(实习用书)	唐军民等	北京大学基础医学院
4	健康教育与健康促进	吕姿之	北京大学公共卫生学院
5	药理学	李长龄等	北京大学药学院
6	药用植物学与生药学	郑汉臣、蔡少青	北京大学药学院
7	医学史	张大庆	北京大学公共教学部
8	医护心理学	胡佩诚	北京大学公共教学部
9	预防医学	黄悦勤	北京大学精神卫生研究所
10	神经内科学	余宗颐	北京大学第一临床医学院
11	预防口腔医学	卞金有	北京大学口腔医学院
12	牙周病学	曹采方	北京大学口腔医学院

【招生工作】 2004 年医学部计划招生 860 人,实际招生数总计为 871 人,其中一批本科 560 人,二批本科 82 人,专科 143 人,高职 86 人。具体分布情况如下:本硕博连读八年制 279 人,本硕连读共录取 167 人,五年制本科 114 人,四年制本科共录取 82 人。

在一批本科录取的 560 名考生中,男生 254 人,占 45%,女生 306 人,占 55%;中共党员 39 人,共青团员 515 人,党团员占 99%;应届生 531 人,占 95%,往届生 29 人,占 5%。

全国各省市自治区立志学医的优秀的高分考生主要集中在北大医学部。在 2004 年录取的考生中,总分 750 分的各省区录取的最低平均成绩为 617 分,最高平均成绩为 698 分。医学部 2004 年录取的最高成绩是吉林生源,分数是 715 分,该生是吉林省理科状元,第一志愿报考了北大医学部,被临床医学八年制录取。

医学部 2004 年在北京市第一批录取的高考成绩最低分为 611 分,仅次于北大本部和清华大学,录取最高分为 663;二批本科最高分为 619,最低分 562 分,较去年提高了近 100 分;专科录取最高分为 535 分,最低分 420 分,其中口腔修复专科录取的最低分 444 分,高于北京市二批本科 433 分的录取线。

纵观医学部在全国的情况,2004 年录取考生的分数绝大部分省区高于往年,在部分省市甚至高出往年 100 分左右(详见下表)。总体来说,2004 年医学部的录取分数在连续三年上涨的情况下再创新高。

医学部招生章程规定在北京市需接收一定量的一志愿报考北京大学本部、二志愿报考医学部的考生。尽管一志愿报考医学部的生源十分充足,但考虑到对社会的承诺,医学部在京专门增加了 8 名计划接收这部分考生。另外,医学部在陕西省招收了 1 名二志愿考生,该生为烈士子女,立志继承父亲遗志学习药学,医学部根据其申请特为其增加了一个药学专业名额。

表 5-2 医学部本科各专业实际录取考生人数

临床医学八年	基础医学	口腔医学	预防医学	药学六年	临床医学五年	护理学	医学英语	应用药学	医学实验
199	40	40	70	97	37	37	40	47	35

表 5-3 医学部 2003、2004 年各省市录取考生(一批)分数比较

(表中广东、广西为标准分,其他省均为实际考分)

年份/地区	2004		2003		低分提高分值
	最高分	最低分	最高分	最低分	
北京	663	611	625	560	51
河北	679	650	624	574	76
河南	687	674	673	639	35
山西	682	660	600	562	98
山东	704	695	646	541	154
内蒙古	673	614	596	531	83

续表

地区＼年份	2004		2003		低分提高分值
	最高分	最低分	最高分	最低分	
辽宁	674	644	659	627	17
吉林	715	619	628	578	41
黑龙江	684	645	658	592	53
浙江	688	616	639	509	107
湖北	675	661	649	595	66
湖南	654	631	622	579	52
广东	850	768	852	743	25
广西	827	784	827	739	43
福建	674	622	633	581	41
江西	690	668	623	548	120
四川	672	652	635	596	56
云南	640	606	588	546	60
重庆	671	654	641	598	56
宁夏	635	629	569	477	152
甘肃	692	666	619	564	102
陕西	699	678	645	612	66
新疆	676	643	610	548	95
西藏	605	510	583	320	190
天津	660	534	632	584	－50
江苏	675	587	635	625	－38

【夜大学】 医学部成人高等学历教育设夜大学、函授和网络教育，夜大学有专科和专升本科两个教育层次。设有药学、护理、临床医学、医学检验、预防医学专业。专科学制四年，专升本科学制三年，业余学习；专科第一、二学年为基础课教学阶段，第三、四学年为专业课教学和毕业实习阶段。专升本前一年半为基础课教学，后一年半为专业课教学和毕业实习。夜大学招生对象主要是北京地区的医药卫生单位在职人员。报考考生全部参加全国成人统一高考。2005年夜大学招生1096人，其中专科568人、专升本科528人，在校生4257人，2004年毕业1649人、其中专科1096人、专升本科553人，获学士学位434人。

医学部夜大学在办学中能主动适应经济、社会发展，发挥医学部的优势，培养了大批专业人才。自1983年以来，夜大学已为北京市培养了6000多个具有专科或本科层次的各类医药卫生人才。

夜大学的管理为医学部和学院(系)两级管理制。部级管理在教育处成教办，负责招生、录取、新生报到注册、学生学籍管理、毕业生验印、学士学位申请等工作。各学院(系)负责教学组织和实施。夜大学设有教学办公室和学生管理办公室。教学办公室负责教学计划审定、教学任务下达和落实、教师聘任、教学质量评估和管理、教材建设、教学检查和评估、教学设备添置更新等工作。学生办公室负责夜大学各专业学生的思想教育和日常管理工作，熟悉和掌握学生的基本情况，针对成人学生的特点，对学生进行规章制度和纪律教育，指导学生处理好工学矛盾，关心他们的思想、工作和生活，力所能及帮助学生解决一些实际问题。各个教学班都有专职或兼职班主任做学生日常管理工作。

夜大学主要培养实用型人才，根据成人高等教育培养目标的要求和社会需求，从教学内容、教学方法方面尽可能与临床结合，使学生在原有的医学理论与实践的基础上有较大的提高。夜大学在教学中，强调教学过程的质量控制和监测，改进教师授课评估标准，加强教学检查和交流，不断总结经验，提高教学质量。

今后，医学部夜大学将根据市场的发展，拓宽办学途径，稳定办学规模，把工作重点放在深入教改和提高教学质量方面，坚持把社会效益放在首位，力求实现社会效益与经济效益的最佳结合。紧紧依托医学部专业和师资优势，更好地利用医学部在医药卫生各学科方面的丰富资源，有针对性地开展成人教育的教学研究工作，为社会培养更多相关专业的急需人才，以适应未来知识经济发展的需要。

【医学部自学高考】 医学部自学考试办公室成立于2000年初，是北京市自考办护理专业独立专升本科段主考学校之一；学校根据护理专业专升本科段考试计划和各门课程自考大纲的要求，举办以面授为主的业余辅导班，护理专升本科段必须自考助学课程有六门：急救护理、护理学研究、护理导论、社区护理学(一)、精神疾病护理学、预防医学(二)。

自学考试由北京市自考办负责组织实施。考生全部课程合格后，报名参加毕业实习、毕业论文撰写及答辩。毕业论文要在教师指导下独立写作(需3个月时间)，并进行答辩。所有考试成绩合格，毕业论文答辩一次性通过且成绩优良，思想品德鉴定符合要求，准予毕业，并按国家本科毕业学位的暂行规定，由有学位授予权的主考学校授予学士学位。医学部护理学院负责指导自考毕业生论文撰写和答辩工作，医学部自考办每年6月办理一次学士学位的申请，2004年，有80名自考毕业生被授予学士学位。

表 5-4　2002～2005 年医学部夜大学招生、在校生、毕业生人数一览表

年份	合计			专科			专升本			
	招生	在校生	毕业	招生	在校生	毕业	招生	在校生	毕业	学位数
总计	3653	15896	4437	1885	10060	3164	1766	5836	2057	779
2002	1256	4086	695	686	2732	546	570	1354	149	116
2003	0	3126	919	0	2082	615	0	1044	304	229
2004	1301	4427	1174	631	2713	1096	668	1714	553	434
2005	1096	4257	1649	568	2533	预 907	528	1724	预 1051	

(医学部教育处)

附　录

表 5-5　北京大学本科专业目录

编　号	院系编码	院系名称	专业代码	专业名称
1	023	哲学系	010101	哲学
2	023	哲学系	010102	逻辑学
3	023	哲学系	010103	宗教学
4	025	经济学院	020101	经济学
5	025	经济学院	020102	国际经济与贸易
6	025	经济学院	020103	财政学
7	025	经济学院	020104	金融学
8	028	光华管理学院	020104	金融学
9	025	经济学院	020107	保险
10	029	法学院	030101	法学
11	024	国际关系学院	030201	科学社会主义与国际共产主义运动
12	031	社会学系	030301	社会学
13	031	社会学系	030302	社会工作
14	032	政治学与行政管理系	030401	政治学与行政学
15	024	国际关系学院	030402	国际政治
16	024	国际关系学院	030403	外交学
17	040	马克思主义学院	030404	思想政治教育
18	020	中国语言文学系	050101	汉语言文学
19	020	中国语言文学系	050102	汉语言
20	020	中国语言文学系	050105	古典文献
21	020	中国语言文学系	050107	应用语言学
22	038	英语语言文学系	050201	英语
23	037	俄罗斯语言文学系	050202	俄语

续 表

编 号	院系编码	院 系 名 称	专业代码	专 业 名 称
24	036	西方语言文学系	050203	德语
25	036	西方语言文学系	050204	法语
26	036	西方语言文学系	050205	西班牙语
27	035	东方学系	050206	阿拉伯语
28	035	东方学系	050207	日语
29	035	东方学系	050208	波斯语
30	035	东方学系	050209	朝鲜语
31	035	东方学系	050210	菲律宾语
32	035	东方学系	050211	梵语巴利语
33	035	东方学系	050212	印度尼西亚语
34	035	东方学系	050213	印地语
35	035	东方学系	050216	缅甸语
36	035	东方学系	050218	蒙古语
37	035	东方学系	050220	泰语
38	035	东方学系	050221	乌尔都语
39	035	东方学系	050222	希伯来语
40	035	东方学系	050223	越南语
41	018	新闻学院	050301	新闻学
42	018	新闻学院	050302	广播电视新闻学
43	043	艺术学系	050303	广告学
44	030	新闻学院	050304	编辑出版学
45	043	艺术学系	050420	广播电视编导
46	043	艺术学系	050422	艺术学
47	021	历史学系	060101	历史学
48	021	历史学系	060102	世界历史
49	022	考古文博院	060103	考古学
50	022	考古文博院	060104	博物馆学
51	001	数学科学学院	070101	数学与应用数学
52	001	数学科学学院	070102	信息与计算科学
53	004	物理学院	070201	物理学
54	004	物理学院	070202	应用物理学
55	010	化学与分子工程学院	070301	化学
56	006	技术物理系	070302	应用化学
57	011	生命科学学院	070401	生物科学
58	011	生命科学学院	070402	生物技术
59	009	天文学系	070501	天文学
60	014	地质学系	070601	地质学
61	014	地质学系	070602	地球化学
62	015	城市与环境学系	070701	地理科学
63	015	城市与环境学系	070702	资源环境与城乡规划管理
64	015	城市与环境学系	070703	地理信息系统
65	005	地球物理学系	070801	地球物理学
66	005	地球物理学系	070901	大气科学

续 表

编　号	院系编码	院 系 名 称	专业代码	专 业 名 称
67	003	力学与工程科学系	071101	理论与应用力学
68	007	电子学系	071201	电子信息科学与技术
69	008	计算机科学技术系	071202	微电子学
70	010	化学与分子工程学院	071302	材料化学
71	015	城市与环境学系	071401	环境科学
72	011	生命科学、环境学院	071402	生态学
73	016	心理学系	071501	心理学
74	016	心理学系	071502	应用心理学
75	001	数学科学学院	071601	统计学
76	008	计算机科学技术系	080605	计算机科学与技术
77	015	城市与环境学系	080702	城市规划
78	003	力学与工程科学系	081702	工程结构分析
79	180	医学部	100101	基础医学(五年)
80	180	医学部	100101	基础医学(八年)
81	180	医学部	100201	预防医学(五年)
82	180	医学部	100201	预防医学(七年)
83	180	医学部	100301	临床医学(八年)
84	180	医学部	100301	临床医学(五年)
85	180	医学部	100304	医学检验(五年)
86	180	医学部	100311w	医学实验学
87	180	医学部	100401	口腔医学(八年)
88	180	医学部	100401	口腔医学(五年)
89	180	医学部	100402w	口腔修复工艺学
90	180	医学部	100701	护理学(五年)
91	180	医学部	100801	药学
92	180	医学部	100801	药学(六年)
93	180	医学部	100807w	应用药学
94	030	信息管理系	110102	信息管理与信息系统
95	028	光华管理学院	110201	工商管理
96	028	光华管理学院	110202	市场营销
97	028	光华管理学院	110203	会计学
98	028	光华管理学院	110204	财务管理
99	028	光华管理学院	110205	人力资源管理
100	032	政治学与行政管理系	110301	行政管理
101	043	艺术学系	110302	公共事业管理
102	030	信息管理系	110501	图书馆学
103	025	经济学院	020115w	环境资源与发展经济学
104	024	国际关系学院	030406w	国际政治经济学
105	032	政府管理学院	110307w	公共政策学
106	032	政府管理学院	110308w	城市管理
107	008	信息科学学院	080627s	智能科学与技术
108	012	地球与空间学院	070803s	空间科学与技术
109	012	地球与空间学院	070802s	地球与空间科学

表 5-6 北京大学本科课程目录

课程名称	年级	课程名称	年级	课程名称	年级
数学科学学院		几何学	2004	应用多元统计分析	
同调论	2001	泛函分析	2001	概率论	
微分拓扑	2001	几何学习题	2004	低年级讨论班(Ⅱ)	2003
泛函分析(二)	2001	概率论	2002	普通统计学高等概率论	2001
交换代数	2001	实变函数	2002	算法设计与分析	2001
信息科学基础	2001	李群及其表示	2001	微观经济学	2002
拓扑学	2001	模形式	2000	宏观经济学	2002
微分流形	2001	组合数学	2002	公司财务	2002
数学模型	2001	数理逻辑	2002	**力学与工程科学系**	
高等数学(B)(三)计算机图形学	2001	密码学	2000	计算方法	2001
		黎曼几何	2000	理论力学(A)(下)	2002
数字信号处理	2001	统计软件测度论	2001	理论力学(A)(下)	2003
常微分方程定性理论	2001	抽样调查	2001	材料力学	2002
运筹学	2001	应用多元统计分析	2001	弹性力学	2001
数值代数	2002	应用随机过程	2002	流体力学(A)(上)	2002
数值分析	2002	应用回归分析	2001	流体力学(A)(下)	2001
最优化方法	2001	毕业论文(1)	2000	力学实验(上)	2002
流体力学引论	2001	毕业论文(2)	2000	力学实验(下)	2001
基础物理(上)	2003	理论力学	2002	计算流体力学	2000
基础物理(下)	2003	计算机代数	2001	计算流体力学	2001
利息理论与应用	2002	并行计算	2001	粘性流体力学	2000
非寿险精算	2001	毕业讨论班	2001	有限元法	2001
金融时间序列分析	2001	高等统计学	2001	自动控制原理	2001
期权期货与其他衍生证券	2001	低年级讨论班	2003	专业英语	2001
证券投资学	2001	程序设计技术与方法	2002	固体力学进展	2001
时间序列分析	2001	理论计算机科学基础	2001	结构矩阵分析	2001
计算概论	2003	人工智能*	2000	常微分方程	2003
数据结构	2003	软件工程	2001	数学物理方法(一)	2002
抽象代数(II)	2001	模式识别*	2001	数学物理方法(二)	2002
衍生工具定价的数学模型和方法	2000	非参数统计	2001	计算概论	2003
		集合论与图论	2002	算法与数据结构	2002
毕业论文(计算金融)讨论班	2000	抽象代数	2003	算法与数据结构	2003
信息安全	2000	数理统计	2002	工程数学	2002
古今数学思想数学分析高等代数分布式计算与网络	2001	风险理论	2001	工程流体力学	2002
		偏微分方程数值解	2001	结构力学	2002
软件形式化方法	2001	微机原理	2002	钢结构	2001
数学分析(Ⅰ)	2004	计算机图像处理	2001	钢筋混凝土结构	2001
数学分析(Ⅱ)	2003	低年级讨论班(2)	2002	钢筋混凝土结构	2002
数学分析(Ⅲ)	2003	寿险精算	2002	工程材料概论	2001
微分几何	2002	毕业论文(证券)讨论班	2000	微分几何及其在力学中的应用	2000
数学分析(Ⅰ)习题	2004	毕业论文(汇率)讨论班	2000	数学分析习题	2003
数学分析(Ⅱ)习题	2003	毕业论文(资产定价)讨论班	2000	数学分析习题	2004
数学分析(Ⅲ)习题	2003	毕业论文(精算)讨论班	2000	工程 CAD(1)	2001
复变函数	2002	经济动力学基础	2001	工程弹性力学	2001
高等代数(Ⅰ)	2004	经济动力学基础	2002	微机原理	2002
高等代数(Ⅱ)	2003	生物信息中的数学模型与方法		力学史	
偏微分方程	2002			生物信息学算法导论	
高等代数(Ⅰ)习题	2004	运筹学		生物固体力学	2000
高等代数(Ⅱ)习题	2003	拓扑学		人力资本理论与教育经济学	
常微分方程	2002	应用时间序列分析		系统与控制引论	

续　表

课程名称	年级	课程名称	年级	课程名称	年级
数学分析(一)	2004	原子物理习题	2002	文献阅读	2000
数学分析(三)	2003	光学习题	2003	量子场论	2001
线性代数与几何(上)	2004	力学习题	2004	群论	2001
力学与结构工程概论	2004	普通物理实验(A)(一)	2003	高等量子力学	2001
计算概论	2004	普通物理实验(A)(二)	2002	量子统计物理	2001
普通物理实验(B)(一)	2003	综合物理实验(一)		广义相对论	2001
普通物理实验(B)(二)	2002	基础物理(Ⅱ)——量子物理部分	2001	物理宇宙学基础	2001
数学分析(二)	2003			粒子物理	2001
线性代数与几何(下)	2003	计算物理学	2001	自然中的复杂性现象	
理论力学(A)(上)	2003	计算概论	2004	核物理实验	2001
物理学院		计算概论上机	2004	大气科学原理	2002
高等数学(B)(一)	2004	算法与数据结构	2003	天气学	2001
高等数学(B)(二)	2003	算法与数据结构上机	2003	大气动力学基础	2001
高等数学(B)(一)习题课	2004	现代电子测量与实验	2002	天体光谱学	2001
高等数学(B)(二)习题课	2003	医学物理导论	2001	天体物理前沿	2000
计算方法(B)	2001	宇宙探测新技术引论	2001	工程图学及其应用	
线性代数(B)	2004	数学物理方法(A)(二)	2002	大气概论	
线性代数(B)习题	2004	平衡态统计物理	2002	普通天体物理	2002
固体理论	2001	电动力学(A)	2002	实测天体物理(一)	2001
核物理与粒子物理导论	2001	量子力学(A)	2001	自然科学中的混沌和分形	
Java 编程		量子力学(A)	2002	环境生态学	
非线性物理专题	2000	量子力学习题	2001	近代天体物理学	
卫星气象学	2001	宇宙概论	2004	电子线路实验	2002
天气分析与预报	2001	数学物理方法	2002	微机原理及上机	2002
气象图形图像软件	2001	数学物理方法	2003	邓小平理论	2001
雷达气象学	2001	数学物理方法习题	2003	军事理论	2004
光学理论	2001	理论力学	2002	**计算机科学技术系**	
粒子理论专题	2001	理论力学	2003	数理逻辑学	
微分几何与拓扑学	2001	电动力学	2002	操作系统	
物理实验	2001	热力学与统计物理(B)	2002	计算机网络概论	2004
演示物理学		现代光学及光电子学	2001	软件工程汇编语言程序设计	2004
现代电子电路基础及实验(一)	2003	电动力学(B)	2002	面向对象技术引论	
现代物理前沿讲座(Ⅰ)	2004	大气探测原理	2002	文科计算机基础(上)	2004
人类生存发展与核科学		流体力学	2002	文科计算机基础(下)	2003
云物理与大气光声电	2001	量子力学(B)	2001	电子商务技术	2004
实测天体物理(二)	2001	大气物理实验	2001	网络信息安全	2002
大气科学导论	2003	环境生态学		Internet 技术与 Web 编程	2004
大气物理学基础	2002	工程图学及其应用		Web 数据仓库技术	2003
电磁学习题	2003	自然科学中的混沌和分形		电子商务实习	2002
力学	2004	固体物理学	2001	金融市场学	2002
热学	2004	现代固体物理	2001	金融市场学	2003
电磁学	2003	固体物理习题	2001	计算机法律概论	2002
光学	2003	激光物理学	2001	离散数学Ⅰ	2004
近代物理	2003	近代物理实验(A)Ⅰ	2001	C++语言程序设计	2004
热学	2003	近代物理实验(A)Ⅱ	2001	微机原理	2004
电磁学	2003	半导体物理学	2001	网络实用技术	2004
光学	2003	超导物理学	2001	**化学与分子工程学院**	
原子物理	2002	天文文献阅读	2001	线性代数(C)	2003
热学习题	2003	中国西部环境演变与发展		高等数学 C(一)	2004
热学习题	2004	量子规范场论	2001	高等数学 C(二)	2003

续 表

课程名称	年级	课程名称	年级	课程名称	年级
力学	2003	普通化学	2004	生态学概论	
热学	2003	普通化学实验	2004	生化及分子生物学仪器分析	2001
电磁学	2003	算法与数据结构	2003	计算概论及上机	2003
光学	2003	定量分析	2003	算法与数据结构及上机	2002
普通物理实验	2003	定量分析实验	2003	生物技术制药基础	2001
机械制图	2001	有机化学(一)	2003	人类的性、生育与健康	
化工实验	2001	有机化学实验(一)	2003	生物学野外实习	2002
应用化学基础	2001	中级分析化学实验	2003	生物学野外实习	2003
仪器分析	2002	化学专业英语放射化学	2001	普通生态学	2002
仪器分析实验	2002	辐射化学与工艺	2001	保护生物学	
有机化学(下)	2002	生物化学实验	2001	植物分子生物学	2001
有机化学实验	2002	大学语文	2004	植物生物学	2004
物理化学(A)(上)	2002	**生命科学学院**		动物生物学实验	2003
物理化学(A)(下)	2002	高等数学 C(一)	2004	植物生物学实验	2004
物理化学实验(A)	2001	高等数学 C(二)	2003	动物生物学	2003
结构化学	2002	物理学(C)(一)	2003	植物生理学实验	2001
计算机上机	2003	物理学(C)(二)	2003	发育生物学	2001
化学实验室安全技术	2002	普通物理实验(B)(一)	2002	发育生物学	2002
化学实验室安全技术	2003	有机化学(B)	2003	神经生物学	2001
电分析化学	2001	物理化学(B)	2003	脑科学导论	
化学动力学选读	2001	有机化学实验(B)	2002	生物学导论	
界面化学	2001	物理化学实验(B)	2003	动物组织与胚胎学及实验	2002
多晶 X 射线衍射	2001	普通物理实验(B)(Ⅱ)	2002	分子生物学导论	
有机化合物光谱鉴定	2002	无机及分析化学(B)	2003	植物生理学	2001
今日化学	2003	无机及分析化学(B)	2004	现代生物技术导论	2001
物理化学实验(A)(上)	2002	无机及分析化学实验(B)	2003	生物学综合实验	2001
生命化学基础	2001	无机及分析化学实验(B)	2004	普通生物学(B)	
材料化学导论	2001	生物化学(上)(生物分子化学)	2002	普通生物学(A)	
材料物理	2001			普通生物学实验(A)	
色谱分析	2001	生物化学(下)(新陈代谢)	2002	结构生物学	2001
天然产物化学	2001	基础分子生物学	2002	大学语文	2004
高分子化学	2001	生物化学实验	2001	地球与空间科学学院	
高分子物理	2001	生物化学实验	2002	高等数学(B)(一)	2004
催化化学	2001	微生物学	2002	高等数学(B)(二)	2003
结构化学选读	2001	微生物学实验	2002	高等数学(B)(一)习题课	2004
大学化学		遗传工程学	2001	高等数学(B)(二)习题课	2003
无机化学实验	2001	蛋白质化学	2001	线性代数	2001
普通物理实验(B)(Ⅱ)	2002	免疫学	2001	线性代数	2002
化工基础	2001	细胞生物学	2001	计算方法(B)	2001
化学信息学	2002	细胞生物学	2002	线性代数(B)	2003
化工基础实验	2001	细胞生物学实验	2001	线性代数(B)习题	2001
无机化学	2001	细胞生物学实验	2002	线性代数(B)习题	2002
分散体系物理化学	2001	遗传学	2001	线性代数(B)习题	2003
综合化学实验	2001	遗传学实验	2001	概率统计(B)	2002
今日新材料		微生物遗传学	2001	力学	2004
魅力化学		普通生物学实验(B)		热学	2003
化学与社会		生物伦理学生理学	2001	光学	2003
生物无机化学	2001	生理学实验	2001	电磁学	2003
计算概论	2004	人类生物学导论生物统计学	2002	光学	2003
计算机上机	2004	生物进化论		原子物理学	2002

续 表

课程名称	年级	课程名称	年级	课程名称	年级
电磁学	2003	海洋地质学	2001	综合自然地理学	2001
热学习题	2003	石油地质学	2001	土地评价与管理	2001
光学习题	2003	水文地质学	2001	旅游地理学	2001
普通物理实验(A)(一)	2003	遥感地质学	2001	中国地貌与第四纪	2001
普通物理实验(A)(二)	2002	沉积环境和相分析	2001	色彩学基础	
普通物理实验(C)(一)	2002	岩矿材料	2001	**环境学院**	
普通物理实验(C)(一)	2003	自然资源与社会发展		线性代数(C)	2002
数学物理方法(A)(二)	2002	地球历史概要		高等数学C(一)	2004
热力学与统计物理(B)	2002	地球连续介质力学基础	2002	高等数学C(二)	2003
理论力学(B)	2002	电离层物理学与电波传播	2001	概率统计(B)	2003
量子力学(B)	2001	空间探测与空间环境模拟	2001	普通物理	2003
地震学与地球内部物理学	2001	地磁学与地电学	2002	近代物理	2003
地球物理信号处理	2000	地球物理观测与实验	2002	环境科学导论	
地球物理信号处理	2001	软件工程原理	2002	环境材料导论	
中、高层大气物理学	2001	GIS概论	2002	物理化学(B)	2003
太阳与太阳风物理学	2001	计算数学	2002	有机化学(B)	2002
地球物理观测与实验	2001	计算机图形学基础	2002	物理化学实验(B)	2003
太空探索		地理信息系统设计	2001	普通化学实验	2004
电子线路实验	2002	数字地形模型	2001	普通化学	2004
微机原理及上机	2001	地史中的生命		定量分析	2003
微机原理及上机	2002	普通地质学	2001	定量分析实验	2003
计算概论	2004	构造地质学	2002	动物生物学	2003
物理化学(B)	2002	构造岩石学	2001	普通生物学(A)	2003
物理化学(B)	2003	孢粉学概论	2001	环境科学导论	
物理化学实验(B)	2001	算法与数据结构	2003	环境材料导论	
普通化学实验	2003	地貌与第四纪地质	2001	地图学	2002
普通化学	2003	普通地质实习	2003	人文地理	2003
C程序设计		区域地质测量实习	2002	城市化与城市体系	2001
地球科学概论(一)	2004	专业实习	2001	中国地理	2004
地球科学概论(二)	2003	新地球科学观		中国自然地理	2002
环境与生态科学	2003	矿产资源经济概论		地貌学	2003
遥感概论	2002	自然灾害与对策		计算概论	2003
测量与地图学	2002	地史学	2002	算法与数据结构	2002
城市与区域科学	2002	普通岩石学	2002	算法与数据结构	2003
离散数学	2002	地球物理学	2002	遥感基础与图像解译原理	2002
操作系统原理	2000	古生态学与古环境恢复	2001	地球概论	2004
全球导航卫星系统		岩浆作用理论概述	2001	气象气候学	2003
普通地质学	2004	地震地质学	2001	环境演变与全球变化	2001
结晶矿物学	2003	结晶岩石学研究方法	2000	土壤学及实验	2003
古生物学	2003	结晶化学原理	2001	生物地理学	2001
矿床学	2002	微量元素地球化学	2001	环境管理学	2002
X粉末衍射分析	2002	算法与数据结构	2002	城市形态与结构	2001
无机非金属材料概论	2002	环境演变与全球变化	2001	人与环境	
地球化学	2002	生物地理学	2001	区域规划原理	2001
大地构造学	2002	遥感数字图像处理	2001	乡村地理	2002
中国区域地质学	2002	遥感应用	2001	地理信息系统设计	2001
现代地层学	2002	数据库概论	2002	数字地形模型	2001
同位素地质学基础	2001	城市设计	2001	中国历史地理	
环境地球化学	2001	城市基础设施规划	2001	中国历史地理	2003
矿产资源经济概论		人口地理	2001	地理信息系统	2002

续 表

课程名称	年级	课程名称	年级	课程名称	年级
现代自然地理学实验方法	2002	植物地理学	2002	注意、记忆和语言中的抑制过程	2001
经济学概论	2003	环境工程(上)	2001		
交通运输地理	2002	环境工程(下)	2001	注意、记忆和语言中的抑制过程	2002
城市总体规划原理	2002	环境监测(2)	2001		
人口地理	2001	环境法	2002	社会心理学	2001
中外城市建设史	2001	决策分析	2001	社会心理学	
中外城市建设史	2003	大气化学	2001	社会性与个性发展	2001
景观规划与设计(含园林绿地规划课程设计)	2001	环境评价	2001	社会性与个性发展	2002
		生态毒理学	2002	社会性与个性发展	2003
社区空间规划	2001	中国地貌与第四纪	2001	社会认知心理学	2001
城市规划管理与法规	2000	北京历史地理		社会认知心理学	2002
城市总体规划(课程设计)	2001	海岸环境、开发与管理		社会心理学	2002
详细规划(课程设计)	2000	全球变化及其对策		心理统计(1)	2003
规划机助技术(规划 CAD)	2002	板块构造与地震		发展心理学	2002
规划机助技术(规划 CAD)	2003	山水成因赏析		高级统计 SPSS 软件	2002
房地产开发与管理	2002	世界文化地理		生理心理学	2002
建筑设计概论与初步	2002	中国传统建筑		生理心理学	2003
建筑设计概论与初步	2003	环境学基础		认知心理学	2002
城市基础设施规划	2001	文化地理学	2002	比较心理学	2001
工业地理学	2001	环境伦理概论		青年心理学	
城市设计	2001	文明与环境导论		生理心理实验	2000
房地产估价	2002	环境保护与可持续发展		心理咨询与治疗引论	2001
建设项目经济评价	2002	全球环境问题		心理学史	2000
自然地理概论	2003	人类生存发展与环境保护		教育心理学	2002
自然地理概论	2004	**心理学系**		儿童心理学	2000
规划设计实习	2000	高等数学 C(一)	2004	健康心理学	2003
城市社会地理学	2001	高等数学 C(二)	2003	神经生物学	2002
土壤地理学原理	2002	概率统计(B)	2003	神经生物学	2003
自然资源学原理	2001	普通物理	2003	职业心理学	2001
综合自然地理学	2001	近代物理	2003	儿童动作与认知发展	2001
土地评价与管理	2001	数据结构	2001	儿童动作与认知发展	2002
水文学与水资源	2003	数据结构	2002	儿童动作与认知发展	2003
旅游规划	2002	数据结构	2003	婴儿心理学	2000
旅游地理学	2001	生理学	2002	组织管理心理学	2002
植物学(上)	2003	生理学	2003	普通心理学	2004
环境经济学	2002	生理学实验	2002	大学生心理卫生与咨询	
应用数理统计方法	2003	生物学导论	2003	高级统计 spss 上机	2002
环境生物学	2001	普通生物学(B)	2004	心理学概论	
环境污染与人体健康	2002	心理测量	2001	**新闻与传播学院**	
环境监测与实验	2001	心理测量	2002	高等数学(D)(下)	2003
应用生态学	2001	实验心理学实验(下)	2002	文科高等数学Ⅰ	2004
微机应用	2003	实验心理学实验	2003	媒介前沿论坛	2002
分析化学	2002	神经心理学	2000	新闻采访与写作(二)	2002
分析化学实验	2002	计算机	2003	新闻理论	2002
地学基础	2003	CNS 解剖	2003	新闻评论	2001
生态学研究方法	2002	实验儿童心理学	2000	新闻传播入门	2004
环境模型	2001	实验儿童心理学	2002	广播电视概论	2002
微量有毒物风险分析	2001	实验心理学(下)	2002	广播电视概论	2003
水环境化学	2002	实验心理学	2002	网络传播	2002
环境土壤学	2003	实验心理学	2003	网络传播	2003

续　表

课程名称	年级	课程名称	年级	课程名称	年级
国际传播	2004	广告学概论	2003	比较文学原理	2001
舆论学	2001	普通统计学	2003	现代汉语虚词研究	2002
舆论学	2002	期刊研究导论	2001	现代汉语语法研究	2000
舆论学	2003	全球化与传播	2004	实验语音学基础	2002
国际广告动态	2000	毕业实习		《论语》选读	2001
CI 研究	2002	传播伦理学	2002	《论语》选读	2003
广告学概论		纪录片简史	2002	索绪尔语言学理论	2001
广告媒体研究	2001	出版理论与实务		美国结构语言学	2000
广告综合研究	2000	广播电视采写	2002	说文解字概论	2001
广告类型研究	2002	播音与主持	2002	日本中国学	2001
市场预测	2002	社会实践		诗经	2001
广告心理学	2002	传媒法律法规	2001	《吕氏春秋》研读	2000
广告策划	2002	国际政治概论	2002	汉语史(上)	2002
广告管理	2001	国际政治概论	2004	汉语史(下)	2001
广告文案	2002	新闻传播学	2003	中国古代文化	2001
计算机广告设计(二)	2002	国际关系概论	2001	小说的艺术	2001
传播学概论	2003	电视摄像与编辑	2002	方言调查	2001
传播学概论	2004	英语新闻阅读与写作		敦煌文献概要	2000
公共关系学概论	2002	**中国语言文学系**		民俗与文化	2001
传播学概论		高等数学 C(一)	2004	《汉书》导读	2003
社会学概论	2002	高等数学 C(二)		民间文学概论	2001
社会学概论	2003	文科高等数学Ⅰ	2004	学年论文	2001
法律基础	2002	现代汉语(上)	2004	毕业论文	2000
报刊编辑	2002	现代汉语(下)	2003	汉语方言语料分析	2000
专业英语	2002	古代汉语(上)	2004	鲁迅研究	2001
专业英语(二)	2002	古代汉语(下)	2003	西方文论经典研究	2001
编辑出版概论	2003	中国古代文学史(一)	2003	明清诗学	2000
电子出版技术	2002	中国古代文学史(二)	2002	老庄导读	2000
出版经营管理	2002	中国古代文学史(三)	2002	老庄导读	2001
中国古籍资源与整理	2002	中国古代文学史(四)	2001	中国现代文学名著研究	2001
中国图书出版史		中国现代文学史	2003	接受美学理论的嬗变	2000
社会调查研究方法	2002	中国当代文学	2003	中文工具书及古代典籍概要	2001
社会调查研究方法	2003	语言学概论	2003	中文工具书及古代典籍概要	2003
基础数据分析	2002	实习	2001	台湾文学专题	2001
汉语修辞学	2004	中国文学理论批评史	2002	汉语和汉语研究	2001
外国文学	2002	汉语方言学	2002	《论语》《孟子》导读	2001
传播学研究方法	2002	汉语音韵学	2002	数据结构	2003
媒体与语言	2001	理论语言学	2001	数据库基础	
优秀影视作品分析	2002	文字学	2002	金庸小说研究	2001
影视编导概论		文学要籍解题	2001	西方文学理论史	2002
视听语言	2002	哲学要籍解题	2001	文革后的中国文学	2001
视听语言	2003	目录学	2002	现代作家作品专题研究	2001
汉语语言修养	2003	版本学	2002	新诗史专题	2001
跨文化交流学	2003	古文献学史(上)	2001	中国古代小说文体研究	2001
英语演讲的艺术与技巧	2004	古文献学史(下)	2001	中国当代理论批评史专题	2001
说服学	2003	训诂学	2001	古代汉语	2001
对外传播概论	2003	训诂学	2002	文学概论	2001
英文新闻写作	2004	民俗学	2001	民俗研究	2001
媒体与国际关系	2003	散曲研究	2000	文学原理	2003
新闻传播学概论	2003	近古文学通论	2000	古代典籍概要	2002

续 表

课程名称	年级	课程名称	年级	课程名称	年级
古代中印文化交流史	2001	史学概论	2002	古希腊语(2)	
宋代作家论:苏轼研究专题	2000	史学概论	2003	古希腊语(2)	2002
当代小说经典文本分析	2000	外国史学史	2002	希腊和拜占庭历史文化	
马克思美学思想研究	2000	考古学通论	2002	西方史学理论原著导读	2001
现代诗学经典导读	2000	中国古代政治文化	2002	国别史专题	2001
大学语文	2001	中国近代政治制度史	2001	欧美近代史	2003
九十年代文学批评研究	2000	中国近代对外关系史	2002	亚非拉近代史	2003
高级汉语	2004	中国近现代文化史	2001	中国历史地理概论	2002
现代汉语(上)	2004	中华人民共和国史专题	2002	中国古代官僚政治	2001
现代汉语(下)	2003	近代中日文化交流史	2001	中国古代经济史专题	2001
古代汉语(上)	2003	美国史	2001	古代中外文化交流史	2002
古代汉语(下)	2002	德国史专题	2001	中国古代民族史	2001
汉语写作	2002	印度现代史	2002	先秦史专题	2001
中国古代文化	2001	东南亚史	2002	秦汉史专题	2001
中国古代文学(一)	2003	韩国史专题	2001	魏晋南北朝史专题	2002
中国古代文学(二)	2002	华侨华人史	2001	蒙元史专题	2001
文字学	2002	中国通史(近代部分)		中国通史(古代部分)	
语法研究	2002	世界通史(上)		中国历史重要问题评析	2001
中文工具书使用	2003	世界通史(下)		左传选读	2002
中国现代文学史(上)	2003	中国书法(技法与理论)		资治通鉴选读	2001
中国现代文学史(下)	2002	中国现代社会经济史	2002	文史知识专题	2001
中国古代文学(三)	2002	基督教文明史	2001	中华民国政治史专题	2002
中国古代文学(四)	2001	拉丁文基础(1)	2002	人物传记研读	2001
中国民间文学	2003	中国古代政治与文化		中国近代思想史	2001
现代汉语词汇	2002	中国婚姻、家庭与社会	2001	中国现代社会史	2002
中国当代文学	2001	比较城市史：地图、形态与文化	2001	明清地方行政与基层社会	2002
中国当代文学	2002			罗马史	2002
现代汉语虚词	2001	欧洲文艺复兴	2001	欧洲一体化研究	2002
古文选读	2003	二十世纪世界史		日本史专题	2001
中国古代神话选读	2001	西方文明史导论	2001	意大利历史专题	2001
先秦诸子概况	2001	欧洲启蒙运动	2001	当代中国	2004
现代语音学基础	2000	西方历史哲学	2001	历史视野中中国人生活	2004
当代文学产生机制的市场化转型		中国传统官僚政治制度		**考古文博学院**	
		二战以来影视中的两岸关系		高等数学C(二)	2003
中国古代史(上)	2004	近现代中日关系史	2002	文科高等数学Ⅰ	2004
中国古代史(下)	2003	中国近代史专题	2002	有机化学(B)	2003
逻辑导论	2004	考古发现与历史研究	2001	有机化学实验(B)	2003
俄苏文学	2001	中世纪西欧社会史		无机及分析化学(B)	2003
历史学系		当代印度史	2001	无机及分析化学实验(B)	2003
中国古代史(上)	2004	拉美国家现代化进程研究	2001	世界上古史	2003
中国古代史(下)	2003	日本及日本人论	2002	中国古代史(一)	2004
中国近代史	2003	中美关系史	2002	中国古代史(二)	2003
中国现代史	2002	日本中国史研究	2002	中国历史文选(上)	2003
中华人民共和国史	2002	世界古代史文献导读	2001	毕业论文	2000
世界上古史	2004	现代希腊语 (1)	2002	古文字学	2003
世界中古史	2003	现代希腊语 (2)	2002	田野考古学概论	2002
世界现代史	2002	东北亚史	2002	中国考古学(上)	2003
当代世界史	2002	现代希腊文学	2002	中国考古学(中)	2003
中国历史文选(上)	2004	古希腊语(1)		室内设计与环境设计	2001
中国历史文选(下)	2003	古希腊语(1)	2002	人体骨骼学	2002

续 表

课程名称	年级	课程名称	年级	课程名称	年级
动物考古学	2002	哲学导论	2004	佛教哲学	
文化人类学	2001	马克思主义哲学导论(上)	2003	近代欧洲哲学专题之近代哲学	
中国古代青铜器	2002	马克思主义哲学导论(下)	2003	亚里士多德《形而上学》	
丝绸之路考古	2001	逻辑导论		古希腊语导论(一)	
科技考古	2001	现代西方哲学	2003	20世纪欧洲哲学	
战国文字	2001	中国现代哲学史	2002	英国哲学研究	
中国古代物质文化史	2001	马克思主义哲学史	2002	德国古典哲学专题	
田野考古实习	2002	科学哲学导论	2001	现代德国哲学	
学年论文	2001	伦理学导论		俄罗斯哲学专题	
冶金考古	2001	伦理学导论	2002	现代法国哲学	
文物法规与行政管理	2001	美学原理		后现代主义哲学	
文物法规与行政管理	2002	美学原理	2002	后现代主义与马克思主义哲学比较	
世界遗产		宗教学导论	2002		
世界遗产	2003	西方马克思主义		老庄哲学	
不可移动文物保护	2001	马克思主义宗教学		先秦哲学	
文物保护材料学	2001	环境哲学		魏晋玄学	
中国古代园林	2002	美国环境思想		儒学哲学专题	
外国建筑史		管理哲学		政治哲学导论	
文物建筑导论	2004	西方美学史		哲学与当代中国	
文物保护概论	2001	中国美学史		学年论文	2001
文物保护概论	2003	艺术与人生		社会调查	2001
博物馆学概论		模态逻辑	2002	中国古代思想世界(上)	
博物馆学概论	2003	模态逻辑		西方哲学史	2003
博物馆学概论	2004	数理逻辑	2004	中国哲学史(上)	2003
建筑初步	2004	直觉主义逻辑		中国哲学史(下)	2003
建筑设计(三)	2002	集合论		知识论	2001
建筑设计(四)	2002	一阶理论	2002	科学与宗教	
中国传统建筑构造	2002	逻辑与批判性思维		现代科学与哲学	
中国古代物质文化史	2002	印度佛教史		科学文化概论	
中国建筑史(下)	2002	中国伊斯兰教史		人文经典阅读	
美术色彩基础(下)	2002	阿拉伯哲学		毛泽东思想概论	2004
传统建筑概预算	2002	基督教和中国文化		军事理论	2003
美术素描基础(上)	2003	基督教原典		**国际关系学院**	
美术素描基础(上)	2004	基督教史专题		高等数学C(一)	2004
古代建筑保护及规划设计(下)	2000	基督教原典		高等数学C(二)	2003
文物考古技术(下)	2002	圣经导读	2001	文科计算机基础(上)	2004
原始时期考古	2002	道教史		文科计算机基础(下)	2003
历史时期考古(上)	2002	道教史	2001	国际政治概论	
历史时期考古(中)	2001	宗教哲学	2001	国际政治概论	2002
历史时期考古(下)	2001	宗教学专题		国际政治经济学	2001
文物保护专业实习	2001	基督教史	2002	世界社会主义理论与实践	2002
文化遗产管理	2003	佛教原典		政治学原理	2004
哲学系		佛教专题		外交学	2002
高等数学(B)(二)		佛教原著选读(下)		国际格局与国际组织	2003
高等数学(B)(二)		中国佛教史		国际关系与国际法	2002
习题课文科高等数学Ⅰ	2004	明末清初基督教和佛教的对话		国际关系与国际法	2003
文科计算机基础(上)	2004			近代国际关系史	
文科计算机基础(下)	2003	明末基督教与佛教(上)		近代国际关系史	2003
古代汉语	2004	佛教研究方法		第三世界发展学	2001
古代汉语(上)	2004	如何理解宗教		英语精读	2004

续 表

课程名称	年级	课程名称	年级	课程名称	年级
英语精读	2003	美国政治与外交	2003	宏观经济学	2002
中华人民共和国对外关系		东北亚政治与外交	2002	国际贸易	2002
中华人民共和国对外关系	2003	中东政治与外交	2001	国际金融	2002
专业英语听说	2002	俄罗斯政治与外交	2002	货币银行学	2002
中国政治概论		俄罗斯政治与外交	2003	概率论与数理统计	2002
中国政治概论	2004	非洲政治与外交	2001	计量经济学	2001
英语听说	2004	翻译理论与实践	2002	发展经济学	2002
英语听说	2003	邓小平理论概论	2003	外国经济史	2003
英语写作	2001	美国文化与社会		《资本论》选读	2001
毕业实习	2000	中国政治概论		中国经济思想史	2002
战后国际关系史	2002	印度社会与文化		产业经济学	2002
中国近现代对外关系	2003	中美经贸关系	2001	房地产经济学	2001
军备控制与裁军	2000	中国边疆问题概论		市场营销学	2001
世界政治中的民族问题	2001	环境与国际关系	2001	经济学说史	2002
西方国际关系理论评介	2001	英语原著选读	2001	投资学	2001
外国政治思想史	2002	亚太概论		保险法	2001
中国涉外法律概论	2001	国际政治思想发展史		风险管理学	2001
世界宗教与国际社会	2001	国际政治思想发展史	2003	财产与责任保险	2002
国际贸易和国际金融	2004	美国与东亚	2000	人寿与健康保险	2002
台湾概论	2003	中东：政治、社会与文化		国际投资学	2001
两岸关系与一国两制	2001	中级微观经济学	2003	公司财务	2001
中美关系与台湾问题	2000	中级微观经济学	2004	西方财政学	2002
海外华侨与华人社会	2003	中东地区的国家关系		商务日语	2000
国际战略学		晚清对外关系的历史与人物		美国经济	2002
国际战略学	2003	国际政治经济学概论		跨国公司管理	2001
中亚各国政治与外交	2001	国际关系与东亚安全		区域经济学	2002
中文报刊选读	2004	欧洲联盟概论		学年论文	2001
中文报刊选读	2003	欧洲联盟概论	2003	世界经济专题	2001
中文报刊选读	2002	中苏关系及其对中国社会发展的影响		投资银行学	2001
外交决策理论和实践	2002			欧盟经济	2002
经济外交	2001	台湾政治概论		金融市场学	2000
毛泽东思想概论	2004	东南亚政治导论		金融市场学	2001
专业汉语	2003	日本历史		金融经济学导论	2001
专业汉语	2002	日语大学英语(一)	2004	数理经济学	2002
中美关系史	2001	大学英语(三)	2003	信息经济学	2001
中俄关系史	2003	马克思主义哲学原理(3.0)	2002	西方经济学主要流派	2001
留学生英语	2004	马克思主义政治经济学原理	2002	西方经济学主要流派	2002
留学生英语	2003	思想品德修养	2003	经济学名著选读	2001
中日关系史	2001	体育一	2004	中国经济史	2000
中国外交史(上)	2003	体育三	2003	中国经济史	2001
中国外交史(下)	2003	军事理论	2003	保险学原理	2000
西方外交思想概论	2003	**经济学院**		保险学原理	2002
冲突学概论	2002	高等数学(B)(一)	2004	保险精算学原理	2001
媒体与国际关系	2004	高等数学(B)(二)	2003	保险会计	2001
东欧各国政治与外交	2002	线性代数(B)	2003	国家预算	2001
东南亚各国政治与外交	2002	概率论与数理统计	2002	国际税收	2001
日本政治与外交		高等数学(微积分)(上)	2004	中外税收制度	2002
日本政治与外交	2002	高等数学(微积分)(下)	2003	公共选择理论	2001
日本政治与外交	2003	统计学	2003	公债管理	2001
美国政治与外交	2002	微观经济学	2003	中华人民共和国经济史	2004

续 表

课程名称	年级	课程名称	年级	课程名称	年级
劳动经济学	2002	公司财务管理	2002	国际私法	2001
开发经济学	2002	管理会计	2002	国际私法	2003
组织行为学	2004	中级财务会计(上)	2002	民事诉讼法	2003
农业经济学	2000	中级财务会计(下)	2002	知识产权法学	
经济学原理(Ⅰ)	2004	高级财务会计	2001	知识产权法学	2002
经济学原理(Ⅱ)	2003	财务会计理论与政策	2002	亲属法与继承法	2002
政治经济学(上)	2004	税法与税务会计	2001	企业法/公司法	2002
政治经济学(下)	2003	市场研究	2002	企业法/公司法	2003
企业并购	2001	市场分析与预测	2002	犯罪学	2002
俄罗斯与中亚经济	2002	运筹学	2002	经济法概论	
国际宏观经济学	2001	计量经济学	2001	财政税收法	2002
世界经济史	2003	会计信息系统	2002	金融法/银行法	2001
公共经济学	2003	管理信息系统	2002	金融法/银行法	2002
中级财务会计		C语言	2002	劳动法与社会保障法	2001
经济学方法论	2001	计算机语言	2002	劳动法与社会保障法	2003
博弈论基础	2002	数理统计	2002	国际经济法	2001
名家专题讲座	2003	金融学概论	2001	国际税法	2001
光华管理学院		金融学概论	2002	海商法	2001
高等数学(B)(一)	2004	保险学	2001	国际技术转让法	2000
高等数学(B)(二)	2003	国际贸易	2002	国际技术转让法	2001
高等数学(B)(一)习题课	2004	企业伦理	2001	国际技术转让法	2002
高等数学(B)(二)习题课	2003	战略管理	2001	商法总论	2002
线性代数(B)	2003	证券投资学	2001	国际公法	2002
线性代数(B)习题	2003	审计学	2001	司法精神病学	2003
微分方程	2001	国际财务管理	2000	外国宪法	
社会主义改革与建设	2001	营销案例分析	2000	比较司法制度	2001
人力资源管理	2001	金融衍生工具	2000	票据法	2000
组织与管理	2003	金融衍生工具	2001	票据法	2001
社会心理学	2003	随机过程	2002	青少年法学	
经济学	2003	组织理论	2002	计算机技术的法律保护	2002
经济学	2004	金融计量经济学	2001	刑事侦查学	2001
微观经济学	2003	投资银行	2001	专业英语	2001
宏观经济学	2002	**法学院**		法学概论	
民商法	2001	文科高等数学Ⅰ	2004	心理卫生学概论	
成本会计	2002	法理学	2002	保险法	2002
公司财务会计与报告	2000	法理学	2004	保险法	2003
营销学	2002	中国法律思想史	2004	刑事执行法	2003
营销学	2003	中国法制史	2004	商标法	2003
概率论基础	2003	西方法律思想史	2003	世界贸易组织法	
应用统计分析	2002	民事诉讼法	2002	经济法学	2002
产业经济学	2002	外国法制史	2003	经济法学	2003
货币金融学	2002	宪法学	2004	实习	2000
财政学	2002	行政法与行政诉讼法	2002	法律社会学	
金融市场与金融机构	2001	行政法与行政诉讼法	2003	犯罪通论	
金融市场与金融机构	2002	民法	2004	刑事诉讼法	2003
国际金融	2001	民法总论	2003	环境法	2002
生产作业管理	2001	刑法	2004	法学原理	2004
生产作业管理	2002	刑法总论(刑法一)	2003	物权法	2003
博弈与社会	2001	刑法分论	2003	国际投资法	2000
财务管理	2001	外国刑法	2003	国际投资法	2001

续 表

课程名称	年级	课程名称	年级	课程名称	年级
国际投资法	2002	市场营销学	2001	经济社会学	2001
国际组织法		计算机网络	2001	发展社会学	
国际金融法	2000	计算机网络	2002	发展社会学	2001
会计法与审计法	2001	中国文化史		历史社会学	2001
英美侵权法		专业英语	2001	贫困与发展	2001
专业英语	2003	西文工具书使用法		劳动社会学	2002
国际公法	2003	信息管理概论	2004	社会问题	2002
国际私法	2004	数据库系统	2002	西方社会思想史	2002
知识产权导论与专利法	2003	调查与统计方法	2002	人类学导论	2002
刑事诉讼法学	2004	信息系统分析与设计	2001	人类学导论	2003
法律导论		选题策划与出版编辑实务	2001	越轨与犯罪社会学	2002
信息管理系		信息资源建设	2002	环境社会学	2002
高等数学(B)(一)	2004	社科文献资源与检索利用	2002	社会学导论	2002
高等数学(B)(二)	2003	文献编目	2002	社会学导论	2003
高等数学(B)(一)习题课	2004	广告学概论		社会工作概论	2003
高等数学(B)(二)习题课	2003	网络信息资源组织	2001	社区工作	2002
线性代数(C)	2003	中国名著导读		社会工作实习	2001
文科高等数学Ⅰ	2004	中文信息处理基础		数据分析技术	2003
文科高等数学Ⅱ	2003	电子资源的检索与利用		影视文本和社会工作	2002
概率统计(B)	2003	人类信息学	2002	影视文本和社会工作	2003
著作权法	2001	信息系统分析与设计上机	2001	民族与社会	2002
传播学原理	2002	视觉圣经——西方艺术中的基督教		社会调查与研究方法	2002
中文信息处理	2004			马列经典著作选读	2001
毕业设计	2000	军事理论	2003	人口社会学	2002
信息存储与检索	2002	**社会学系**		实习	2000
信息服务与用户	2001	文科高等数学Ⅰ	2004	实习	2001
信息经济学	2002	文科计算机基础(上)	2004	越轨、惩罚与法人类学	2003
管理信息系统	2001	文科计算机基础(下)	2003	中国社会结构与转型	2002
信息分析与决策	2001	国外社会学学说	2003	生物学对社会科学的启示	2003
信息分析与决策	2001	社会学专题讲座	2004	毛泽东思想概论	2004
办公自动化	2002	社会学概论	2004	军事理论	2003
程序设计语言上机	2003	国外社会学学说	2003	**政府管理学院**	
中文信息处理上机	2004	中国社会思想史	2002	高等数学(D)(下)	2003
数据库系统上机	2002	社会统计学	2003	高等数学D(下)习题课	2003
数据结构上机	2003	社会人类学	2003	政治学原理	2004
办公自动化上机	2002	城市社会学	2001	比较政治学概论	2002
计算机网络上机	2002	社会心理学	2003	比较政治学概论	2003
管理信息系统上机	2001	经典社会学理论	2002	当代中国政府与政治	2003
信息存储与检索上机	2002	农村社会学	2001	中国现代政治思想	2002
计算概论上机	2004	家庭社会学	2002	中国政党与政治	2002
程序设计语言	2003	社会性别研究	2002	组织与管理	2002
管理学原理	2002	教育社会学	2003	政策科学	2002
管理学原理	2003	教育社会学思考	2003	社会调查的理论与方法	2001
信息政策与法规	2001	个案工作	2002	社会调查的理论与方法	2003
信息组织	2003	群体工作	2002	发展政治学	2002
媒体与社会	2003	社会工作实习	2000	政党学概论	2001
计算概论	2004	社会保障	2001	政治哲学导论	2002
数据结构	2003	社会政策	2002	民族政治学	2001
电子商务	2002	社会行政	2001	西方文官制度	2002
图书馆管理	2001	组织社会学	2002	国家公务员制度	2002

续　表

课程名称	年级	课程名称	年级	课程名称	年级
政治学行政学专业英语(下)	2001	蒙古文学史	2001	日译汉教程	2001
行政领导学	2002	蒙古语翻译教程(上)	2001	日本文学史	2001
公共关系学	2001	蒙古民俗概论	2001	日本文学史	2002
行政案例：方法与实例	2001	高年级蒙古语(二)	2001	汉译日教程(上)	2001
秘书学与秘书工作	2001	高年级蒙古语(三)	2001	汉译日教程(下)	2000
中国近现代政治发展史	2004	蒙古报刊阅读(二)	2001	日本社会	2003
公共财政学	2001	蒙古报刊阅读(三)	2001	日语敬语概论	2001
中国政治思想史	2002	朝鲜语视听说(上)	2003	日语词汇概论	2000
中国政治与政府过程	2000	朝鲜语视听说(下)	2003	日语词汇概论	2001
政治学原理	2000	基础韩国(朝鲜)语(四)	2002	日语句法	2002
西方资本主义国家政治制度	2000	韩(朝鲜)半岛概况	2004	日语会话	2003
当代世界经济与政治	2002	韩国(朝鲜语)语法	2001	日本语言文化专题	2001
公共管理概论	2000	朝鲜语(韩国语)报刊选读(上)	2002	公共日语(一)	2001
普通统计学	2002	朝鲜语(韩国语)报刊选读(下)	2001	公共日语(二)	2000
普通统计学	2003	朝汉翻译教程	2002	公共日语(三)	2001
普通统计学	2004	汉朝翻译教程	2001	公共日语(四)	2000
公共管理学原理	2004	韩国(朝鲜)文学简史(上)	2001	高年级日语(一)	2002
公共经济学原理	2003	韩国(朝鲜)文学简史(下)	2000	高年级日语(二)	2001
微观经济学	2003	韩国(朝鲜)名篇选读(上)	2001	高年级日语(三)	2001
微观经济学	2004	韩国(朝鲜)名篇选读(下)	2000	高年级日语(四)	2000
宪法与行政法学	2002	朝鲜(韩国)经济	2000	基础日语(辅修)(一)	2004
宪法与行政法学	2003	朝鲜(韩国)经济	2001	基础日语(辅修)(二)	2003
政治经济导论	2003	朝鲜(韩国)经济	2002	日语视听说(辅修)(一)	2003
人力资源开发与管理	2003	朝鲜(韩国)国际关系史	2001	日语视听说(辅修)(二)	2003
电子政务与计算机技术	2003	朝鲜(韩国)国际关系史	2002	日语视听说(辅修)(三)	2002
公共政策案例分析	2003	朝鲜语会话(一)	2003	日语阅读(辅修)(一)	2003
城市与区域经济	2003	朝鲜语会话(二)	2002	日语阅读(辅修)(二)	2002
经济地理学	2003	朝鲜语会话(二)	2003	日本文化概论(辅修)	2003
城市管理	2003	朝鲜语会话(三)		基础越南语(二)	2003
地方财政管理	2003	高年级韩国(朝鲜)语(上)	2002	基础越南语(三)	2003
公共政策分析	2003	高年级韩国(朝鲜)语(下)	2001	越语会话(上)	2003
当代世界经济与政治	2003	韩国(朝鲜)语(一)	2004	越语会话(下)	2003
政治经济导论	2000	韩国(朝鲜)语(二)	2003	越南语语法	2001
高等数学(上)D类	2004	韩国(朝鲜)语(三)	2003	越南文学史	2003
西方语言文学系		基础日语(四)	2002	越译汉教程	2001
电影	2001	基础日语(一)	2004	越南现代短篇小说选(下)	2001
外国语学院		基础日语(二)	2003	越南语视听说(二)	2001
古代汉语	2002	基础日语(三)	2003	越南语视听说(三)	2001
文学概论	2002	日本历史	2003	越南报刊选读(一)	2001
中国现代文学史	2002	日语视听说(一)	2003	越南报刊选读(二)	2001
东方文学史	2000	日语视听说(二)	2002	汉译越教程	2001
古代近东文明		日语视听说(三)	2002	汉越语口译	2001
东方文学名著导读	2002	日语视听说(四)	2001	越南文化	2001
日本文化艺术专题	2000	日语视听说(五)	2001	越南文化	2003
公共印地语(一)		日语文言语法	2001	越南语写作	2001
公共印地语(二)	2001	日语作文指导	2001	基础泰语(教程)(四)	2002
东方宗教概论		日语口译指导	2002	泰语听力(上)	2002
圣经概述和导读	2000	日本文化概论	2002	初级泰语阅读(三)	2002
犹太教概述		日语报刊选读(上)	2001	泰文报刊选读(上)	2002
蒙古语视听说(二)	2001	日语报刊选读(下)	2001	泰语语法	2002

续 表

课程名称	年级	课程名称	年级	课程名称	年级
泰语演讲与叙事	2002	波斯文学史(下)	2000	法语视听说(二)	2003
高年级泰语(一)	2002	汉语—波斯语翻译教程(下)	2000	法语视听说(三)	2003
泰国文化	2002	伊朗文化(下)	2000	法语视听说(四)	2002
高年级泰语阅读	2002	基础波斯语(一)	2004	法语视听说(五)	2002
基础缅甸语(四)	2002	基础阿拉伯语(一)	2004	法语视听说(六)	2001
缅甸语视听说(一)	2002	基础阿拉伯语(二)	2003	法语视听说(七)	2001
缅甸语视听说(二)	2002	基础阿拉伯语(三)	2003	法语视听说(八)	2000
缅甸语语法	2002	基础阿拉伯语(四)	2002	法语写作(一)	2002
缅甸语翻译教程(一)	2002	阿拉伯语视听(一)	2003	法语写作(二)	2001
缅甸文化	2002	阿拉伯语视听(二)	2003	法语写作(三)	2001
缅甸报刊选读(一)	2002	阿拉伯语视听(三)	2002	法语写作(四)	2000
缅甸现代文学作品选读(一)	2002	阿拉伯语视听(四)	2002	法语笔译(上)	2001
印度尼西亚历史(一)	2002	阿拉伯语视听(五)	2001	法语笔译(下)	2000
印度尼西亚历史(二)	2002	阿拉伯语视听(六)	2001	法语口译(上)	2001
印尼语导游(一)	2002	阿拉伯语口语(一)	2003	法语口译(下)	2000
印尼语导游(二)	2002	阿拉伯语口语(二)	2003	法国文学史和文学选读(上)	2001
印尼文献选读	2002	阿拉伯语口语(三)	2002	法国文学史和文学选读(下)	2001
马来语	2002	阿拉伯语口语(四)	2002	法语泛读	2002
印尼语(四)	2002	阿拉伯语阅读(一)	2003	法国历史	2003
印尼语(五)	2002	阿拉伯语阅读(二)	2002	法语国家及地区概况	2002
希伯来语视听说(二)	2003	阿拉伯语阅读(三)	2002	商务法语(上)	2002
希伯来语视听说(三)	2003	阿拉伯语阅读(四)	2001	商务法语(下)	2001
希伯来语(二)	2003	阿拉伯语阅读(五)	2001	法国报刊选读(一)	2002
希伯来语(三)	2003	阿拉伯语语法	2002	法国报刊选读(二)	2001
菲律宾语视听说(二)		阿拉伯语写作	2002	法国报刊选读(三)	2001
菲律宾语视听说(三)	2002	阿拉伯语口译(一)	2001	法国报刊选读(四)	2000
菲律宾语语法	2002	阿拉伯语口译(二)	2001	法语文体学	2001
菲律宾历史(一)	2002	阿拉伯语翻译教程(一)	2001	法语精读(辅修)(一)	2004
菲律宾概况	2002	阿拉伯语翻译教程(二)	2001	法语精读(辅修)(二)	2003
菲律宾文化	2002	阿拉伯伊斯兰文化	2002	法语精读(辅修)(三)	2003
基础菲律宾语(四)	2002	阿拉伯文学史	2001	法语精读(辅修)(四)	2002
印度文化	2003	阿拉伯文学选读	2000	法语视听(辅修)(一)	2004
印度英语报刊文章选读(四)	2000	当代阿拉伯世界	2003	法语视听(辅修)(二)	2001
印度宗教	2000	阿拉伯报刊文选(一)	2002	法语视听(辅修)(二)	2003
高级印地语(下)	2000	阿拉伯报刊文选(二)	2001	法语视听(辅修)(三)	2003
印地语报刊阅读(四)	2000	阿拉伯报刊文选(三)	2001	法语视听(辅修)(四)	2002
印地语(二)	2003	阿拉伯语应用文	2001	法语泛读(辅修)(一)	2004
印地语(三)	2003	高年级阿拉伯语(一)	2002	法语泛读(辅修)(二)	2003
乌尔都语视听说(二)	2001	高年级阿拉伯语(二)	2001	法语泛读(辅修)(三)	2003
乌尔都语报刊阅读(上)	2001	高年级阿拉伯语(三)	2001	法语泛读(辅修)(四)	2002
乌尔都语报刊阅读(下)	2001	高年级阿拉伯语(四)	2000	公共法语(上)	2004
乌尔都语翻译课程(一)	2001	法语精读(一)	2004	公共法语(下)	2000
乌尔都语翻译课程(二)	2001	法语精读(二)	2003	德语精读(一)	2004
乌尔都语写作教程(上)	2001	法语精读(三)	2003	德语精读(二)	2003
乌尔都语写作教程(下)	2001	法语精读(四)	2002	德语精读(三)	2003
巴基斯坦文化(上)	2001	法语精读(五)	2002	德语精读(四)	2002
巴基斯坦文化(下)	2001	法语精读(六)	2001	德语视听说(一)	2004
基础乌尔都语教程(一)	2004	法语精读(七)	2001	德语视听说(二)	2003
乌尔都语文学作品选(上)	2001	法语精读(八)	2000	德语视听说(三)	2003
乌尔都语文学作品选(下)	2001	法语视听说(一)	2004	德语视听说(四)	2002

续　表

课程名称	年级	课程名称	年级	课程名称	年级
德语视听说(五)	2002	西班牙语视听(三)	2003	俄语二外(上)	
德语视听说(六)	2001	西班牙语视听(四)	2002	俄语二外(下)	2000
德语国家文学史与选读(二)	2001	西班牙语视听(五)	2002	俄语口译(上)	2001
德语国家文学史与选读(三)	2001	西班牙语视听(六)	2001	俄语口译(下)	2000
德语笔译(一)	2002	西班牙语阅读(一)	2003	俄罗斯文学选读(上)	2002
德语笔译(二)	2001	西班牙语阅读(二)	2003	俄罗斯文学选读(下)	2001
德语笔译(三)	2001	西班牙语阅读(三)	2002	实践俄语(四)	2002
德语笔译(四)	2000	西班牙语阅读(四)	2002	俄语(三)	2001
德语口译(上)	2002	西班牙语阅读(五)	2001	俄语(四)	2000
德语口译(下)	2001	西班牙语口语(一)	2003	俄语语法(下)	2002
德语民间文学	2002	西班牙语口语(二)	2003	翻译(一)	2002
德语散文	2001	西班牙语口语(三)	2002	翻译(二)	2001
德语散文	2002	西班牙语口语(四)	2002	俄语新闻听力(上)	2002
德语国家青少年文学	2001	西班牙语口语(五)	2001	俄语新闻听力(下)	2001
德语长篇小说(上)	2001	西班牙语口语(五)	2002	俄语报刊阅读(一)	2001
德语长篇小说(下)	2000	西班牙语作文(上)	2002	俄语报刊阅读(一)	2002
德语文学名著(上)	2001	西班牙语作文(下)	2001	俄语报刊阅读(三)	2001
德语文学名著(下)	2000	西班牙语文学史和文学选读	2002	俄罗斯及独联体其他国家概况(下)	2002
奥地利、瑞士文学	2001	拉丁美洲文学史和文学选读	2001		
奥地利、瑞士文学	2002	西汉笔译(上)	2001	俄罗斯及独联体其他国家概况(下)	2003
德国历史	2002	西汉笔译(下)	2000		
德语国家国情课	2003	西汉口译(上)	2001	俄罗斯艺术史	2000
德语语法专题	2002	西汉口译(下)	2000	俄罗斯艺术史(上)	2001
德语报刊选读(上)	2002	西班牙历史和文化概论	2004	基础俄语(一)	2004
德语报刊选读(下)	2001	拉丁美洲历史和文化概论		基础俄语(二)	2003
德语精读(辅修)(一)	2004	西班牙语语法	2000	基础俄语(三)	2003
德语精读(辅修)(二)	2003	西班牙语语法	2001	俄语语法(上)	2003
德语精读(辅修)(三)	2003	西班牙语应用文	2001	俄罗斯国情(上)	2004
德语精读(辅修)(四)	2002	西班牙语精读(辅修)(一)	2004	俄罗斯民俗民情(上)	2003
德语视听(辅修)(一)	2004	欧洲文学史		俄语语音	2004
德语视听(辅修)(二)	2003	传记文学：经典人物研究		俄罗斯文学与音乐	2003
德语视听(辅修)(三)	2003	葡萄牙语(一)		普通语言学概论	2003
德语视听(辅修)(四)	2002	葡萄牙语(二)	2004	俄语视听说(二)	2003
德语泛读(辅修)(一)	2004	俄语(一)	2002	俄语新闻听力(上)	2004
德语泛读(辅修)(二)	2003	俄语(二)	2001	俄语新闻听力(下)	2004
德语泛读(辅修)(三)	2003	俄语写作(上)	2002	英语精读(一)	2004
德语泛读(辅修)(四)	2002	俄语写作(下)	2001	英语精读(二)	2003
公共德语(上)	2004	翻译(三)	2001	英语精读(四)	2002
公共德语(下)		俄语视听说(一)	2003	英语精读(三)	2003
德语国家文学史与选读(一)	2002	俄语视听说(四)	2002	英语视听(一)	2004
西班牙语精读(一)	2004	俄罗斯文学史(一)	2002	英语视听(二)	2003
西班牙语精读(二)	2003	俄罗斯文学史(二)	2001	英语视听(四)	2002
西班牙语精读(三)	2003	俄罗斯文学史(三)	2001	英语视听(三)	2003
西班牙语精读(四)	2002	俄语功能语法学	2002	口语(一)	2004
西班牙语精读(五)	2002	俄语阅读—文化背景知识(一)	2003	口语(二)	2003
西班牙语精读(六)	2001	俄语阅读—文化背景知识(二)	2002	口语(四)	2002
西班牙语精读(七)	2001	俄语阅读—文化背景知识(二)	2003	口语(三)	2003
西班牙语精读(八)	2000	俄语修辞学	2000	英语语音(一)	2004
西班牙语视听(一)	2004	俄语修辞学	2001	英语语音(二)	2003
西班牙语视听(二)	2003	俄语应用文	2001	应用文写作	2004

续 表

课程名称	年级	课程名称	年级	课程名称	年级
写作(一)	2003	英汉对译理论与技巧		棒、垒球	
写作(二)	2002	**马克思主义学院**		民族健身球、扇	
测试(A)	2002	邓小平理论	2002	防身术	
英国文学史(一)	2002	毛泽东思想概论	2003	攀岩	
英国文学史(二)	2001	文秘与写作	2002	搏击擒拿术	
普通语言学	2002	文秘与写作	2003	少林棍术	
英译汉	2002	伦理学	2003	跆拳道	
汉译英	2001	社会学	2003	击剑	
美国文学史与选读(一)	2001	组织行为学	2004	奥林匹克文化	
美国文学史与选读(二)	2000	计算机应用(一)	2004	运动、营养与减肥	
二外(德)(一)	2002	思想政治教育心理学	2002	围棋(初级班)	
二外(德)(二)	2001	思想政治教育原理与方法	2003	象棋文化与技战术(初级班)	
二外(法)(一)	2002	中国政治思想史	2004	体育综合素质训练	
二外(法)(二)	2001	政治学概论	2003	现代健身方法	
希腊罗马神话	2004	马克思主义政治经济学原理	2004	**艺术学系**	
英语结构	2004	当代世界经济与政治	2002	文科计算机基础(上)	2004
英语文化	2003	当代世界经济与政治	2003	文科计算机基础(下)	2003
文学形式导论	2002	当代世界经济与政治	2004	大学英语(四)(3.5)	2002
短篇小说选读	2003	公共关系学	2002	大学英语(一)	2004
欧洲文学选读	2003	英语(二)3	2003	大学英语(三)	2003
美国电影与文化	2002	英语(三)3	2004	大学英语(二)(3)	2003
欧洲现代文学选读	2002	英语(四)3	2002	资本主义经济概论	2002
英语词汇学	2003	企业文化与知识管理	2003	思想品德修养	2003
电影	2000	社会经济学		毛泽东思想概论	2004
电影	2001	**体育教研部**		马克思主义政治经济学原理	2001
电影	2002	游泳		马克思主义哲学原理	2002
报刊选读	2001	游泳提高班		社会经济学	2003
语言与文化	2002	太极拳		体育一	2004
英语语体学	2002	健美操		体育二	2003
英国散文名篇	2001	健美操提高班		体育三	2003
英国小说选读	2001	乒乓球		体育四	2002
英国小说选读	2002	乒乓球提高班		艺术概论	2003
美国政法体制	2002	羽毛球		艺术概论	2004
文化与翻译批评	2001	羽毛球提高班		中国音乐概论	
文学与社会	2001	网球		西方音乐史及名曲欣赏	
美国研究入门	2001	足球		中国美术史及名作欣赏	
英语文学文体学	2001	足球提高班		世界电影史	
测试(B)	2001	篮球		钢琴(二)	
莎士比亚新读与欣赏	2001	篮球提高班		钢琴(四)	
中西文化比较		排球		舞蹈	
中西文化比较	2001	排球提高班		当代文化艺术专题	2001
英语戏剧实践		形体(女生)		当代文化艺术专题	2002
澳大利亚社会与文化		体育舞蹈		19世纪欧洲浪漫主义音乐	
认知语言学概论	2001	健美		中国传统装饰艺术赏析	
西方文化介绍系列		艺术体操		舞蹈排练(小品排练)	
英语戏剧写作		武术		影视鉴赏	
清末民初的中国人文地理——西方人眼中的旧中国	2001	武术提高班		中国书法艺术技法	
		保健2		交响乐(初)	
西方学术精华概论(英文讲授)		保健4		交响乐(中)	
西方学术精华概论(英文讲授)	2001	手球		交响乐(高)	

续　表

课程名称	年级	课程名称	年级	课程名称	年级
中国书法史及名作欣赏		中国流行音乐流变		理论力学	2002
基本乐理与管弦乐基础		世界演剧史		电动力学	2002
中国书法史及名作欣赏		西方美术史十五讲		热力学与统计物理	2001
舞蹈课		中国雕塑简史		固体物理	2001
合唱(中)		芭蕾名作赏析		基础物理实验(Ⅰ)	2003
合唱(高)		中国美术概论		基础物理实验(Ⅱ)	2002
传播学	2002	中外艺术理论名著精读		电子线路(B)	2002
西方交响乐欣赏		军事理论	2003	电子线路	2002
中外名曲赏析		**元培计划委员会**		电子线路	2003
毕业实习	2001	普通物理实验(A)(一)	2003	数字逻辑电路	2002
艺术心理学	2001	普通物理实验(A)(二)	2002	信号与系统	2002
艺术心理学	2002	普通物理实验(B)(1)		微波技术与电路	2001
艺术心理学	2003	普通物理实验(B)(1)	2002	数字信号处理	2001
中国电影史	2003	普通物理实验(B)(1)	2003	通信原理	2001
美学原理	2002	普通物理实验(B)(2)	2002	电子线路实验	2002
美学原理	2003	计算概论	2004	电子线路实验	2003
外国文学	2002	算法与数据结构	2002	数字电路实验	2002
影视美学		普通物理实验(B)(Ⅱ)	2002	算法与数据结构	2002
美术理论名著精读		普通化学	2004	微机原理与接口应用实验	2001
毕业论文	2000	普通生物学实验(A)	2002	电子物理	2001
电影史研究专题		**信息科学技术学院**		声学基础	2002
外国美术史专题		线性代数(B)	2003	光电子学	2001
影视营销管理专题	2001	高等数学(B)(一)	2004	数字信号处理实验	2001
视听语言(电影语言)		高等数学(B)(二)	2003	量子力学(B)	2001
影视编剧	2002	高等数学(B)(一)习题课	2004	习题课	2002
影视导演	2002	高等数学(B)(二)习题课	2003	习题课	2003
影视节目策划	2001	线性代数	2004	上机实验	2001
中国绘画及名画鉴藏		计算方法(B)	2002	电子系统课程设计	2001
素描造型技法		线性代数(C)习题	2004	电磁学	2003
影视艺术概论	2003	线性代数(B)习题	2003	嵌入式系统	2001
中国现当代文学	2003	计算方法	2001	INTERNET 与 WEB 技术	2002
美学专题(艺术学部分)		量子力学(B)	2001	数字逻辑实验	2003
中国古代文学(二)	2003	电磁学习题	2003	计算机组织与结构	2002
媒体文化	2001	力学	2004	数理逻辑学	2002
媒体文化	2002	电磁学	2003	代数结构与组合数学	2002
节目主持人概论	2002	基础物理实验(一)	2003	概率统计	2002
主持人节目策划	2001	普通物理实验(A)(一)	2002	编译技术	2002
戏剧影视表演艺术		数学物理方法	2002	编译实习	2002
影视音乐		量子力学习题	2001	程序实习	2003
艺术史研究方法		热力学与统计物理	2002	工艺原理	2001
早期合唱艺术的研究与泛唱		电动力学(B)	2002	半导体器件物理	2001
中国电影史		近代物理实验(B)	2001	微电子学专业实验课	2001
影片导读(一)	2004	基础物理中的数学方法	2004	集成电路 CAD	2001
影片导读(二)	2003	电子线路计算机辅助设计		微电子学概论	2003
影片导读(二)	2004	线性代数(B)	2003	网络实用技术实验计算概论	2004
表演理论与实践	2003	数学物理方法	2002	程序设计实习	2003
毕业作品拍片实践	2001	概率论(B)	2002	操作系统	2002
舞蹈原理与鉴赏		热学与分子物理学	2003	计算机网络概论	2001
非线性编辑(摄像技术)	2002	光学	2003	数据库概论	2001
中外声乐作品赏析		原子物理学	2002	软件工程	2001

续 表

课程名称	年级	课程名称	年级	课程名称	年级
计算机图形学	2001	概率统计		**教育学院**	
人机交互	2001	概率统计	2003	新技术与教育	
图像处理	2001	抽象代数		**信息科学中心**	
汇编语言程序设计	2002	经济思想史	2003	数据结构	2003
专用集成电路设计	2002	宪政经济学	2003	**医学部教学办**	
面向对象技术引论	2001	中级微观经济学		高等数学 C(一)	2004
信息安全导论	2001	中级微观经济学	2003	高等数学 C(二)	2003
Java 程序设计	2003	中级宏观经济学		普通物理Ⅰ	2003
数字化艺术		中级宏观经济学	2003	普通物理实验(B)(1)	2003
EDA 软件应用与开发	2001	计量经济学		物理学(C)	2003
问题求解与程序设计		国际贸易		有机化学(B)	2003
微电子学概论半导体物理	2002	国际金融		物理化学(B)(上)	2003
双极集成电路	2001	微积分		算法与数据结构	2003
MOS 集成电路	2001	微积分	2003	算法与数据结构上机	2003
数据结构与算法	2002	货币与银行		有机化学实验(B)	2003
数据结构与算法	2003	金融经济学		物理化学实验(B)	2003
数据结构与算法实习	2003	发展经济学		普通物理实验(B)(Ⅱ)	2002
数字逻辑设计	2003	公共财政学		无机及分析化学(B)	2004
信息科学技术概论	2004	公司金融		无机及分析化学实验(B)	2004
近代物理	2003	市场营销		生物统计学	2002
集合论与图论	2003	区域经济学		计算概论及上机	2004
思想品德修养	2004	科研方法论与组织学		普通生物学(A)	2003
中国经济研究中心		信息经济学		伦理学导论	2002
经济学原理		劳动经济学		法学概论	2002
农业经济学		环境经济学		医学发展概论	
经济与商业统计		卫生经济学		健康的生活方式与健康传播	
线性代数		中国经济专题		**武装部**	
线性代数	2003	新制度经济学		当代国防	

表 5-7 2004 年北京大学录取各省第一名学生名单

姓 名	性别	科类	录取专业	来源中学
刘 倩	女	理科	生命科学学院	河北石家庄一中
耿 原	女	理科	数学科学学院	辽宁大连育明高中
闫晓峦	男	理科	临床医学院	吉林东北师大附中
王佳杰	女	理科	光华管理学院	上海控江中学
吴杰行	男	理科	元培计划	浙江绍兴鲁迅中学
王 冉	男	理科	元培计划	湖北华师一附中
徐尚华	男	理科	数学科学学院	广东华南师大附中
卢 炜	男	理科	元培计划	广东珠海一中
申栋材	男	理科	元培计划	广东肇庆中学
李田园	女	理科	生命科学学院	重庆市南开中学
费 凡	男	文科	光华管理学院	中国人民大学附属中学
刘 爽	女	文科	法学院	天津耀华中学
杨令霞	女	文科	光华管理学院	河北正定中学
史小燕	女	文科	光华管理学院	山西定襄中学
张 丹	女	文科	光华管理学院	内蒙呼市二中
陈晓梅	女	文科	中国语言文学系	吉林复读生
方美燕	女	文科	光华管理学院	黑龙江海林朝鲜族中学
李圣思	女	文科	法学院	上海宜川中学
殷晓霞	女	文科	法学院	江苏江阴市中学

续 表

姓 名	性别	科类	录取专业	来源中学
周之悦	女	文科	元培计划	浙江海宁市宏达学校
黄晨琦	男	文科	光华管理学院	福建厦门外国语学校
陈 铭	男	文科	元培计划实验班	安徽南陵一中
廖海珍	男	文科	外国语学院(英语)	江西宁都县中学
宿 洁	女	文科	元培计划	山东莱州一中
杨 森	男	文科	元培计划	河南项城一中
石 松	男	文科	社会学系	湖北沙市中学
周 全	男	文科	元培计划	湖南长沙长郡中学
王 馨	女	文科	法学院	广西柳州高中
张宇寒	女	文科	法学院	海南中学
赛 婧	女	文科	外国语学院(法语)	云南建水一中
林英睿	男	文科	经济学院	云南云天化中学
马明宇	男	文科	国际关系学院	贵州贵阳一中
曾雪兰	女	文科	经济学院	重庆市南开中学
伊晓莉	女	文科	法学院	西藏拉萨第一高级中学
柴沿清	男	文科	经济学院	西藏拉萨市区外高中
陈 玥	女	文科	新闻传播学院	陕西镇安县中学
江伟丽	女	文科	法学院	四川成都实验外国语学校
庆出蓝	女	文科	光华管理学院	甘肃临洮高中
韩陆瑶	女	文科	光华管理学院	宁夏银川一中
王 军	男	文科	法学院	青海互助一中
种佳伶	女	文科	经济学院	新疆巴州华山中学
娜迪娅	女	文科	国际关系学院	新疆乌鲁木齐一中

表 5-8 2004 年北京大学录取中学生国际奥林匹克竞赛获奖学生名单

姓 名	性别	录取院系	来源中学	奖 牌
朱庆三	男	数学科学学院	华南师大附中	数学金牌
杨诗武	男	数学科学学院	黄冈中学	数学金牌
彭闽昱	男	数学科学学院	鹰潭市一中	数学金牌
林运成	男	数学科学学院	上海中学	数学金牌
施烨明	男	物理学院	华东师大二附中	物理金牌
郎瑞田	男	元培计划	中国人民大学附属中学	物理金牌
高 亢	男	物理学院	东北师大附中	物理金牌
岳 衎	男	元培计划	河南省实验中学	化学金牌
刘良会	男	元培计划	长沙一中	化学金牌
薛明宇	男	元培计划	华中师大二附中	化学金牌
周 腾	男	生命科学学院	福建莆田一中	生物金牌
杨璐菡	女	生命科学学院	成都七中	生物金牌

研究生教育

【发展概况】 2004 年的北京大学研究生教育在继续保持规模稳定的前提下，坚持"一流水准，分类培养，改善机制，确保质量"的指导思想，稳步建设研究生质量保证体系，完善研究生服务系统，改进招生方式，实行博士研究生学术论文匿名评审等项措施，积极稳妥地推进研究生教育改革，取得了明显的成效。

2004 年北京大学招收研究生 4995 人，其中博士生 1480 人，硕士生 3515 人。在校研究生 13347 人，其中博士生 4634 人，硕士生 8713 人。

北京大学现有博士学位授予权专业 202 个、硕士学位授予权专业 224 个。2004 年博士生指导教师为1117人，其中正在招生的博士生指导教师为920人。

在2004年度全国百篇优秀博士学位论文评选中，北京大学有9篇入选，为全国高校并列第一。

截至2004年9月，在三次全国一级学科评估中，北大排名为全国第一的一级学科共11个；排名为全国前5名的一级学科共29个，居全国高校、科研单位之首。

2004年8月，北京大学成功地举办了为期3天的“2004年全国博士生学术论坛”（理学、医学）。论坛吸引了来自国际、国内的500多名优秀博士生代表，促进了博士研究生的学术交流，引起了媒体的广泛关注，产生了良好的社会影响。

【招生工作】 根据“稳定规模、提高质量、追求卓越”的指导思想，在稳定招生规模的前提下，配合研究生基本学习年限的调整，统筹安排硕士生、博士生的招生比例，重点进行结构优化调整，提高资源配置效率。首先，在博士研究生招生计划的制订和执行中，对重点学科、重点实验室、国家级人才培养基地、国家级奖项、重大科研项目、优秀博士论文产出单位以及交叉学科、新兴学科予以了大力支持。另外，根据学校的战略决策，充分利用北京大学优越的教学科研条件，在深圳研究生院和大兴校区进行了积极的延伸和拓展，使研究生教育保持了较快的发展速度。

2004招生年度，报考北京大学硕士研究生人数为19866人，报考博士生人数为4835人，均再创历史新高。2004年北京大学共招收硕士生3515人，其中校本部2616人，医学部303人，深圳研究生院412人，大兴校区软件学院184人；博士生1480人，其中校本部1024人，医学部385人，深圳研究生院39人，大兴校区软件学院4人，校外教学点高等教育行政管理专业博士学位项目28人。

硕士研究生中，含接收本校及外校推荐免试生1008人，比2003年765人增加约32%。博士研究生中，含直博生255人，比2003年211增加约21%；硕博连读生526人，比2003年351人增加约50%，增量部分主要集中在医学部。

加强对生源质量的分析与评价 为准确把握北京大学研究生的生源质量状况，着重从考生毕业院校和学科专业入手，以定性和定量相结合的办法，对北京大学的硕士、博士研究生生源状况进行了分析和评价。在此基础上，继续适度扩大了接收推荐免试硕士、博士研究生，特别是来自重点院校推荐免试生的比例。同时，在博士生招生过程中，鼓励各单位根据本学科、专业特点，适度增加了直博生、硕博连读生的比例、降低了公开招考博士生的比例，进一步优化了研究生生源结构。

改进博士生的选拔和录取方式 为进一步提高博士研究生的招生质量，2004招生年度，北京大学公开招考博士研究生的选拔和录取方式，逐步由以考试成绩为基础的应试机制，向以素质能力为基础的申请与考核相结合的机制过渡。明确将博士生入学选拔分为素质审核、初试和复试三部分，根据初试与素质审核结果择优确定复试候选人。对于复试及格的考生，将根据初试、复试成绩，结合素质审核结果，综合评估考生各方面的表现，择优录取。

与此同时，充分考虑北京大学学科、专业的多样性和差异性，将以往的博士生复试分数线改为参考分数线，由各学院（系、所、中心）根据参考分数线，结合本学科、专业特点以及生源状况，自行确定分数线及复试人选。

加强宣传与咨询，吸引优质生源 在继续改进以往利用招生主页、咨询热线、专用咨询室、召开咨询会等方式进行招生宣传的基础上，充分发挥学校和各院系的力量，编印了内容翔实的“北京大学研究生招生报考指南”，比较全面地介绍了北京大学研究生教育的状况，并开展了“北京大学研究生招生咨询日”活动，充分展示北京大学的办学优势，吸引了大批重点院校优秀考生。

加强社会监督，完善自我约束机制 进一步修改完善了《北京大学研究生复试规则》。1.公示制度。北京大学实行了硕士生招生全程网上公示制度，全面接受社会的监督。公示内容主要有考生初试成绩、专业名次、复试基本分数线和复试工作相关要求、复试名单和复试规则、复试成绩、录取名单。2.旁听制度。根据各院系安排的研究生复试时间和地点，指派监察员随机旁听复试的全过程。了解各院系复试的工作程序、复试内容以及评分标准等情况，掌握第一手资料，及时发现和解决问题，并为进一步改进工作积累经验。3.复议制度。为及时处理复试过程中出现的争议，在公示相关信息的同时，公布了研招办和各院系的咨询电话和电子邮箱地址，接受考生和全社会的咨询和监督。如有考生提出疑问，由相关单位在3日之内及时给予妥善答复。

【培养工作】 *调整研究生学习年限* 研究生基本学习年限“硕士缩短，博士加长”，是北京大学近年来在研究生培养方面改革的重要举措之一。从2000年起，北京大学在社会科学领域部分学科试行两年制硕士培养，同时在全校学科范围内扩大硕博连读、直博生的比例。这项措施已经从2004级研究生新生开始全面实行。全校所有学科的2004级普通博士研究生的基本学习年限均为4年；应用性的社会科学学科绝大多数硕士研究生在校基本学习年限为2年；基础性的人文科学学科硕士研究生在校基本学习年限为3年。

对研究生实行分类培养 截

至2004年9月10日，北京大学在校研究生总数达13625名，其中博士生4760名，硕士生8865名。就本部而言在校研究生总计11802名，其中博士生3833名，硕士研究生7969名，而本部在岗博士生导师仅676名(医学部244名)，平均每个博士生导师指导5.7个博士研究生(医学部为3.8)。在资源有限的情况下如何保证研究生的培养质量是研究生院面临的核心问题。为了缓解研究生数量大和导师资源不足的矛盾，研究生院进一步明确培养思路，对研究生实行分类培养。对于应用型专业学位的研究生，如法律硕士、工商管理硕士等主要以硕士培养为主，结合实际社会需求，在掌握基本理论和专业知识的基础上注重实践技能的训练。培养目标是使其能够熟练地进行专业性工作，并取得突出的成就，成为相关领域卓越的组织者和领导者。对于学术型的研究生则以博士研究生培养为主。培养目标是使其掌握坚实的基础理论，系统的专业知识和学科前沿的发展动态，能够独立地进行科学研究和创新工作。

修订研究生培养方案　对“关于制订修订研究生培养方案的若干意见”做了进一步修订，强调对研究生注重创新素质、创新能力的培养。同时，要分层次、分类型、分模式制订培养方案，分门别类按照学术型、应用型和复合型人才的特点，因材施教，进行多规格的人才培养。

完善研究生培养质量保证措施　为了保证博士研究生的培养质量，实现培养高水平创新性人才的培养目标，就进一步完善博士生培养过程质量保证措施的有关问题，提出了包括“不断优化、完善博士研究生学科专业培养方案”、“做好博士研究生的课程管理与评价工作”、“强化博士研究生学科综合考试的中期淘汰功能”、“全面推进和规范博士学位论文匿名评审工作”、“加强博士研究生的国际学术交流”和“举办北京大学博士研究生学术论坛”等若干项指导性意见。

加强研究生的学术交流　2004年8月，北京大学首次举办的全国博士生学术论坛，吸引了来自全国各个高校和科研院所的优秀博士生代表。500多名博士生在论坛上自由的交流自己的科研成果和学习心得。这样的活动将把这些未来的学术精英相互联系起来，更方便他们今后的合作交流。2004年暑期，还完成了“北京大学研究生精品课程”的组织实施工作。通过组合国内外优质教育资源和广泛吸收全国的研究生参加学习，有效地促进了学术交流和优质教育资源的共享。

教务管理　组织和安排北京大学研究生三大类公共课包括硕士生和博士生的第一外国语课、第二外国语课、马克思主义理论课，以及文科研究生计算机课、透射电子显微学、多媒体计算机网络、扫描电子显微学和X射线显微分析等课程，共开班143个。2004年聘请6位外籍专家担任博士研究生第一外国语(英语)的任课教师，较好地保证了博士生外语教学的正常进行和教学质量。2004年接受并安排校外研究生来我校选课413人次。

学籍管理　2004年研究生新生入学注册4240人次；各类研究生学籍异动1932人次；办理研究生毕业(结业、肄业)离校手续2729人次；办理研究生对外联系用成绩单5600份；办理研究生出国手续440人次(公派出国)，涉及30多个国家和地区。

研究生课程进修班教学管理　北京大学现有经研究生院批准开办的研究生课程进修班在学学员近5000人。2004年在北京地区组织了两次参加考试人数分别为3000人和2500人规模的课程考试；并组织了光华管理学院商学网及北京大学在线京外8个考点400多人的课程考试；此外，还组织了在京外10多个考点的30多场课程考试。

毕业审批　2004年度审批、审查研究生毕业(结业、肄业)2688人次，其中结业13人次，肄业36人次。

研究生学籍档案归档工作　组织各院系顺利完成2002年、2003年度硕士研究生学籍档案的整理、归档工作。

“研究生教学用书”的申报和遴选　2003～2004年度北京大学组织推荐《脑功能成像物理》、《行政法与行政诉讼法》等12部教材申请参加由教育部学位管理与研究生教育司组织的全国研究生教学用书的遴选工作。北京大学有《行政法与行政诉讼法》、《临床分子遗传学》等5部教材入选(其中：校本部3部、医学部2部)。全国研究生教学用书的遴选和出版工作自1998年首次启动以来，每年组织一次，到2004年已经遴选6次，共推选研究生教学用书479部，北京大学共有13部教材入选。

联合培养研究生　北京大学—莫斯科大学联合研究生院的建设工作初见成效。2003年北京大学首批7名派赴莫斯科大学联合培养的博士研究生已经圆满完成预定的研修学习任务返回；第二批8名北京大学研究生派赴莫斯科大学，同时选拔第三批派赴莫斯科大学学生；接收首批11名莫斯科大学派赴北京大学的学生。此外，北京大学还与美国哈佛大学、耶鲁大学和日本早稻田大学等世界名校开展联合培养研究生的项目交流与合作。2004年，在校研究生有300多人次被派往国外进行短期的学习交流。

【学位工作】　学位授予　2004年的学位授予工作分为夏、秋季两次

(6月10日与9月21日)。授予博士学位740人,其中校本部519人,医学部221人。授予硕士学位2990人,其中校本部2601人,医学部389人。

优秀博士学位论文评选　在2004年度全国优秀博士学位论文评选中,北京大学有9篇入选,为全国高校并列第一。优秀博士学位论文所在学科分别为:哲学、中国语言文学、数学、物理学、化学、地质学、生物学、电子科学与技术、基础医学。在开展全国优秀博士学位论文评选工作(1999年开始)的6年中,北京大学共入选45篇论文,占全国总数591篇的7.6%。从学科入选数占全国同学科的百分比来看,中国语言文学占38%,外国文学占33%,数学占24%,化学占17%,物理学占16%,历史学占13%,医学占12%。

2004年8月,开始2005年全国优秀博士学位论文暨北京大学优秀博士学位论文申报评选工作。共评选出北京大学优秀博士学位论文59篇,其中25篇上报北京市学位委员会参加全国优秀博士学位论文的评选。

学位评定委员会换届　根据《中华人民共和国学位条例》和相关规定,北京大学第六届学位评定委员会及其分会已经任期届满。根据《关于北京大学学位评定委员会换届的通知》,根据学位委员会的职责、换届的意义、委员的条件、推选的程序,2004年4月,完成了北京大学第七届校学位评定委员会的换届工作。新一届委员会由25人组成,经教育部批准备案,已开始履行其工作职责。

博士生指导教师　2004年在岗博士生导师1117名,其中校本部862名,医学部245名;校本部上招生简章的博士生导师有676名。

一级学科评估　教育部学位与研究生教育评估所,对全国一级学科的评估已完成了3期。在2004年的评估中,北京大学排名为全国第一的一级学科4个,分别是政治学、中国语言文学、外国语言文学和历史学;排名第二的一级学科5个,分别是应用经济学、社会学、临床医学、口腔医学、公共卫生与预防医学;排名第三的一级学科2个,分别是心理学和药学;排名第四的一级学科3个,分别是理论经济学、法学和天文学;排名第六的一级学科2个,分别是教育学和艺术学。

继续坚持"匿名评审"制度　在博士学位论文评阅过程中继续坚持"匿名评审"制度,随机进行学位论文抽查,加强对学位论文质量的控制、保证学位授予质量。

学科增设　学科点的启动和增设是在充分听取专家意见的基础上,由院(系)提出,经学位分委员会审核通过申报。2004年申报自行启动的有2个专业、申报自行增设的有13个专业。北京大学组织了以林建华副校长、吴志攀副校长为首的专家组进行论证审核,批准的12个学科将上报国务院学位办公室备案批准。

名誉博士学位授予　2004年北京大学授予名誉博士学位4人。5月26日授予美国斯坦福大学校长约翰.亨尼斯(John Hennessy)名誉博士学位;6月28日授予美国加州理工学院教授艾哈迈德·泽维尔(Ahmed Zewail)名誉博士学位;8月2日授予英国剑桥大学校长爱莉森.理查德(Alison F. Richard,女)名誉博士学位;8月3日授予美国哥伦比亚大学校长李·鲍林格(Lee C. Bollinger)名誉博士学位。至此,北京大学名誉博士授予总数已达到32名。

同等学力申请学位工作　2004年以研究生毕业同等学力申请硕士学位的人数大幅提高,6月份获得学位的人数为497人,其中科学学位186人,专业学位311人。12月获得学位的人数为619人,其中科学学位224人,专业学位395人。

【研究生工作研讨会】　10月29日至30日,召开了"2004年北京大学研究生工作研讨会"。来自北京大学各职能部门、各院(系、所、中心)以及医学部的代表共160余人参加了会议。会议重点讨论如何继续保证生源质量、完善复试机制、改进培养方案和博士生培养全过程质量保证、规范博士研究生指导教师的工作规则,以及北京大学研究生教育未来发展等问题。会议的目的是进一步完善研究生教育质量保证体系,保证和提高北京大学研究生教育质量。

北京大学校长兼研究生院院长许智宏院士在开幕式上做了题为"明确目标,改善机制,确保质量、追求卓越"的主题报告。许校长对北京大学研究生教育在保证生源质量、实行分类指导,分轨培养、严格论文审查过程、加强国际交流与合作等方面所取得的成绩给予了充分肯定,同时也分析了北京大学在生源质量、论文质量和师资质量方面存在的不足。历史系、软件学院、研究生院医学部分院、化学与分子工程学院和数学科学学院分别就保证博士生生源质量、做好专业学位研究生培养工作、实行研究生分轨培养分类指导、加强导师队伍建设和创造研究与交流环境、促进学术创新等问题介绍了本单位的情况和经验,并提出了看法及建议。

29日下午至30日上午,与会同志在国际关系学院学术活动室分四组进行了讨论。在10月30日下午的闭幕式上,数学学院、力学与工程科学系、外国语学院、光华管理学院的主要领导,代表各组就小组讨论情况在大会上做了交流。林建华副校长做了"着眼未来发展,做好基础工作,完善培养环境"的总结报告,就目前北京大学的研究生培养状况、研究生培养管理、生源选拔、重点学科建设、导师队伍建设、今后的人才引进激励政策、未来北京大学研究生教育格局等问题进行了大会总结和工作部署。这次会议上提出"以研究生教育为主导,以本科教育为基础,构建研究型大学的发展框架"的基本思路。

【研究生院建院 20 周年】 北京大学研究生院成立于 1984 年 10 月,是教育部首批批准建立的研究生院之一。从研究生院成立之初到 2004 年,北京大学硕士专业从 104 个增加到现在的 224 个(其中正在招生的 168 个),博士专业从 53 个增加到 202 个;博士生导师从 96 名增加到 1117 名(其中医学部 245 名),其中正在招生的博士生指导教师为 920 名。

经过 20 多年的努力,北京大学研究生院在各方面都取得明显进步和发展,办学规模不断扩大,为国家和社会培养了一批批多门类的高层次专门人才。1978 年至 2004 年,校本部共招收研究生 41361 名,其中博士生 9318 名,硕士生 32043 名。截至 2004 年 9 月,已毕业的博士生 5505 名,硕士生 24103 名。截至 2004 年 9 月,有 4665 人获得博士学位,23818 人获得硕士学位。截至 2004 年 9 月 10 日,北京大学在校研究生总数达 13625 名,其中博士生 4760 名,硕士生 8865 名。

在开展国际合作与对外交流方面,北京大学已先后与 40 个国家和地区 128 所高等院校建立了校际联系,开展了国内外导师联合培养博士研究生工作。

北京大学研究生院成立 20 年来,北京大学的研究生教育取得了巨大的成就。2000 年北京大学 81 个学科被评为全国重点学科。在 2002～2004 年的 3 次全国一级学科评比中,北京大学 33 个参评学科中有 11 个学科排名全国第一(总数全国第二)。排在前五名的共计 29 个一级学科,名列全国高校、科研单位之首。自 2001 年以来,北京大学硕士、博士生报名考试人数始终名列前茅,北京大学研究生生源质量也有很大提高。截至 2004 年北京大学共有 45 篇博士学位论文被评为全国优秀博士学位论文,名列全国第二。

为了回顾北京大学学位与研究生教育的发展历程,总结成绩与经验,研究问题与对策,进一步推动研究生培养质量的提高,加强研究生尤其是博士生创新能力的培养,北京大学研究生院于 2004 年举办了研究生教育老领导(老干部)座谈会、研究生导师代表座谈会、研究生教务管理工作人员座谈会和研究生院建院 20 周年庆祝大会等一系列纪念活动。在庆祝研究生院成立 20 周年的大会上,校领导提出了"以研究生教育为主导、以本科生教育为基础、以继续教育为延展"的研究型大学发展思路。这为进一步推动北京大学研究生教育发展指明了方向。

【全国博士生学术论坛】 "全国博士生学术论坛"是国家研究生教育创新工程的重要项目,由国务院学位委员会办公室和教育部学位管理与研究生教育司主办,旨在为全国博士生提供一个高起点、大范围、多领域的学术交流平台,通过论坛活动,丰富广大博士生的知识储备,促进优秀知识成果的交流,拓宽博士生的学术视野,激发博士生钻研学术的热情,启发博士生的科学思维,增强博士生的使命感和责任感,促进博士生培养质量的不断提高。

2004 年 8 月 22 日至 24 日,由北京大学承办的"2004 年全国博士生学术论坛(理科、医科)"在北京大学隆重举行。论坛以"相约北大、交流学术、探索前沿、激励创新"为主题,下设数学、物理学、化学、生命科学、地球系统科学、医学 6 个分论坛,为来自国际、国内的 500 多名博士生代表提供了为期 3 天的学术交流平台。

2004 年 1 月,北京大学正式开始筹备"2004 年全国博士生学术论坛",成立了以许智宏校长为组长的论坛指导小组,并于 2004 年 3 月建立北京大学"2004 年全国博士生学术论坛"网站。论坛在全国有博士学位授权资格的高校和科研院所选拔推荐的 1180 篇论文的基础上,遴选出近 500 篇交流论文,邀请 500 多名博士研究生参加。

论坛举行了隆重的开幕式和闭幕式。论坛期间学术活动丰富多彩。论坛活动主要包括:国内外著名科学家特邀主题演讲学术报告会;高层科技管理专家特邀学术报告会;分学科博士生学术论坛;研究生教育论坛;博士生学术沙龙及文体活动;参观北京大学国家重点实验室及部分高新技术企业;参观北京大学校史馆和赛克勒博物馆。

全国博士生学术论坛的举办,对研究生教育创新工程的开展,对提高我国博士生培养质量,对科教兴国战略的实施,都将产生重要的推动作用。北京大学高度重视、周密安排、精心组织,圆满地完成了承办"2004 年全国博士生学术论坛"的任务,实现了为全国博士生提供"高起点、大范围、多领域学术交流平台"的目标,取得了良好的社会效果,产生了广泛的社会影响。

【研究生精品课程】 作为"研究生教育创新工程"的重大子项目,"北京大学研究生精品课程资源共享网络"2003 年获得立项资助。2003 年暑期启动并完成了"应用数学与科学计算"、"粒子物理与场论"、"世界历史"3 个研究生精品课程系列。2004 年暑期,来自全国的 640 余名的研究生相聚燕园,分别参加"应用数学与科学计算"、"定量遥感"、"高分子专题展望"、

"中国现当代文学研究"、"全国化学研究生暑期学校"5个研究生精品课程系列的学习，共享优质的研究生教育资源。至此，北京大学已圆满完成第一期"北京大学研究生精品课程资源共享网络"的建设项目。

配合国务院学位委员会办公室"研究生教育创新工程"的实施，根据北京大学建设世界一流大学的总体部署和建立世界一流研究生教育基地的总体规划，北京大学计划在2003年"研究生精品课程资源共享网络"立项并实施完成的基础上，2005年继续选择在"中国现当代文学"、"中外哲学"、"财税法学"、"世界历史"、"定量遥感"、"应用数学与科学计算"、"化学学科"、"物理学科"8个学科领域的优秀课程，组合国内外研究生教育资源，建立更加强大完善的"北京大学研究生精品课程资源共享网络"。

其中，"应用数学与科学计算"自2002年开始举办，2003、2004年纳入精品课程已举办了3届。"全国化学研究生暑期学校"已连续举办3届，2004年正式纳入精品课程项目。"物理学科"、"定量遥感"、"世界历史"和"中国现当代文学"研究生精品课程已开设1次。

【一级学科评估】 为促进学科建设，推动学位授予点的建设与发展，提高研究生培养和学位授予质量，增强中国研究生教育和学位工作的国际竞争力，扩大学位与研究生教育的社会影响，为社会人才流动和学生求学就业提供准确的信息，为政府教育主管部门提供决策依据，教育部高等学校与科研院所学位与研究生教育评估所，联合组织了全国一级学科的评估工作。

2004年9月，教育部高等学校与科研院所学位与研究生教育评估所，组织的第3次全国一级学科整体水平评估完成，在16个参评学科中北京大学共有4个学科排名第一。截至目前，在3次全国一级学科评估中，北京大学排名为全国第一的，一级学科共11个；排名为全国前5名的，一级学科共29个，为全国高校、科研单位之首。

教育部评估所今后将周期性地进行此项评估工作。评估的周期为3年，即每3年对现有一级学科(除军事学门类外)进行一轮评估。

【研究生课程建设中期检查】 为进一步推进研究生课程教学体系的改革，保证和提高研究生培养质量，自1996年开始，北京大学每年投入40万元对全校范围内的研究生课程开展项目化管理的专项建设工作。1996年至2003年共有412门次研究生层次的课程，获得3000到20000元不等的资助。2004年，依据2000年度立项课程的实际建设情况和2003年度的45项申请立项报告对研究生课程建设工作进行梳理，在总结成果和经验的同时，研讨存在的问题并提出了可行的改进建议。

从项目实际执行情况与课程立项申请预定目标的比照来看，大部分立项课程都比较圆满地完成了任务。研究生课程建设对教学内容的更新、教学方式的改革、教材建设和学科建设都起到了积极的作用。

今后，我们还将有针对性、有选择性地对研究生课程立项资助，加大资助力度，推动优势学科群体的构建。

【新疆研究生培养基地成立】 北京大学新疆研究生培养基地于2004年7月29日在新疆乌鲁木齐市揭牌成立。研究生培养基地的成立，是北京大学对口支援石河子大学的一个重要举措，标志着对口支援工作向纵深发展。北京大学校长许智宏和新疆生产建设兵团政委陈德敏，为培养基地揭牌。

北京大学新疆研究生培养基地将在对口支援工作框架内，以石河子大学为依托，立足新疆，服务兵团，面向具备报考条件的新疆高等院校青年教师和相关领域有创新研究潜力的人员，招收博士研究生和硕博连读生，委托培养，为兵团和新疆地区高校培养高素质的教学、科研和管理人才。研究生培养按北京大学相关学科的培养方案进行，并纳入相关院系的研究生学籍与教学管理。研究生培养基地的研究生实行导师和副导师制。以北京大学的导师为主，并根据北大的导师遴选规定，遴选石河子大学或新疆地区其他重点大学的教师为副导师，联合指导研究生。课程根据教学计划分别在北京、新疆进行。2005年北京大学新疆研究生培养基地计划招收10名左右博士研究生，入学考试将按照统一标准和北京大学本部的考试同时进行，择优录取。

新疆生产建设兵团将积极支持北京大学新疆研究生培养基地的建设，为基地运行提供必要的政策和资金支持；兵团所属石河子大学也将全力为北京大学新疆研究生培养基地提供必要的教学、科研和行政后勤条件，积极参与基地的教学、科研、研究生指导和管理工作。

【优秀博士学位论文颁奖】 2004年12月27日，"北京大学研究生院成立20周年庆祝大会暨2004年北京大学优秀博士学位论文颁奖仪式"在北京大学国际关系学院秋林报告厅隆重举行。2004年，北京大学共有9篇博士学位论文获一等奖(全国优秀博士学位论文)、14篇博士学位论文获二等奖、32篇博士学位论文获三等奖。同时获得表彰的还有获奖论文作者的导师。获奖者将获得2000至5000元不等的奖金。优秀博士学位论文获得者代表姜涛同学、博士生指导教师代表韩汝琦教授相继做了发言。

与往年不同的是，2004年，正

值北京大学研究生院成立20周年，以优秀博士学位论文的颁奖，作为20周年院庆的献礼，彰显了颁奖活动的意义和庆祝大会的隆重。

会议由研究生院王仰麟副院长主持。张国有常务副院长就20年来研究生院的发展历程和主要成就做了回顾，研究生院医学部分院常务副院长段丽萍就医学研究生教育发展情况做了介绍。原研究生院常务副院长花文廷教授对研究生院前后两个十年的不同发展历程进行追溯。陈来教授以研究生院成立后的北京大学第一批博士学位获得者和此次优秀博士学位论文获得者指导教师的双重身份做了发言。

林建华副校长为大会做了总结发言。他说，20多年研究生工作的基本经验告诉我们，规划好北京大学未来研究生教育发展的宏伟蓝图，并且扎扎实实地做好当前的工作是至关重要的。我们要以研究生教育为主导，全面构建研究型大学教育体系。要逐步改革博士学科点建设方式，建成若干个具有国际先进水平的学科点；要逐步改革博士生导师遴选机制，加强导师队伍建设；要继续完善北京大学研究生教育质量保证体系；要加强学术道德建设，继续建立公平、公正的研究生教育环境。

【院系联络人工作】　2004年，研究生院继续坚持院系联络人制度和院系调研工作。注意加强研究生院与院系之间的了解与沟通，了解院系对研究生教育管理的意见与建议，使研究生院的各项工作更加贴近院系的实际需求，从而更好地为院系研究生教育工作服务。2004年重点走访了心理系、对外汉语教育学院、法学院等院系，并于7月召开了教务工作研讨会，广泛听取意见，研究问题。

【中国研究生院院长联席会秘书处】

1. 工作会议。

中国研究生院院长联席会2004年工作会议于4月10～12日在厦门召开。国务院学位办公室领导和全国57所研究生院的院长或常务副院长出席会议。会议首先围绕《学位法》(草案)进行了讨论；修改通过了“关于改革研究生培养机制的建议意见(讨论稿)”，并在会后以院长联席会的名义向教育部提交了“关于改革研究生培养机制的建议意见的报告”；对22所试办研究生院进行了转正评估，并将评估意见报国务院学位办。

中国研究生院院长联席会2004年年会于10月22日在武汉召开。会议主题是“加强中国研究生院建设”。出席会议的有国务院学位办、教育部有关部门的领导及全国57所研究生院的院长或常务副院长。会议由复旦大学副校长兼研究生院院长周鲁卫教授主持。会议通报了联席会课题组关于“中国研究生院建设的研究”课题的研究和进展情况；讨论了“研究生院评估指标体系(草案)”和拟提交给教育部学位管理和研究生教育司的“关于加强中国研究生院建设的若干意见的建议(草案)”；北京大学研究生院常务副院长张国有教授代表秘书长就联席会自身建设的有关问题向大会做了通报和协商。会议还投票通过了2004年6月被教育部批准转为研究生院的(22所研究生院)的院长、常务副院长转为联席会的正式会员的提议。

2. 国际交流。

2004年11月9～23日由7人组成的院长代表团赴澳大利亚和新西兰进行了为期两周的考察访问。代表团访问了悉尼大学、新南威尔士大学、昆士兰大学、Griffith大学、奥克兰大学。

2004年11～12月，联席会分别接待了德中文化教育交流中心德方主任一行3人的来访和香港大学研究生院院长叶嘉安院士一行4人的来访，双方进行了友好的交流，为今后进一步的交流与合作打下了良好的基础。

3. 专题研讨。

为举办“2004年全国博士生学术论坛”召开协调会议。1月12日，中国研究生院院长联席会秘书处召集北京大学、清华大学、中国人民大学、武汉大学、哈尔滨工业大学、河海大学、电子科技大学、华东师范大学等8所大学的研究生院负责人，在北京大学正大国际会议中心就承办“2004年全国博士生学术论坛”的有关问题举行了协调会议。会议由国务院学位委员会办公室孙也刚处长主持。清华大学的代表介绍了承办2003年“首届全国博士生学术论坛”的成就、经验和存在的问题。承办“2004年全国博士生学术论坛”的7个学校分别介绍了各自的组织方案和设想。会议就“2004年全国博士生学术论坛”的名称、组织机构、举办的时间、大会徽标、学科分工、经费等问题达成了共识。

“研究生培养机制改革”和“研究生院建设”研讨会议。3月28～31日在北京大学正大国际会议中心召开了有关“研究生培养机制改革”和“研究生院建设”的研讨会议。出席会议的有国务院学位办公室领导和北京大学、清华大学、复旦大学、吉林大学、上海交通大学、华中科技大学等学校的研究生院院长、常务副院长。会议形成了“关于改革研究生培养机制的建议意见(讨论稿)”提交给联席会工作会议(厦门)讨论，会议还就研究生院建设的有关问题进行了讨论。

“国外高校调研”统稿会议。5月12～15日在北京昌平石油大学召开了“国外高校调研”课题的统稿会议。会议由国务院学位办综合处徐伯良处长主持，出席会议的有参加本课题的28所研究生院的主管院长和主要执笔人，会议就稿件的规范、修改要求、截稿时间等取得了一致的意见。

"研究生院建设的研究"课题阶段性研讨会。5月24～27日、7月22～28日、9月26～30日，联席会分别在南昌、长春、南宁召开了"研究生院建设的研究"课题阶段性研讨会议。出席会议的有国务院学位办主任周其凤院士和有关处长。会议就课题阶段性进展进行了交流、研讨，并基本完成了提交给教育部"关于加强中国研究生院建设的若干意见的建议（草案）"的统稿工作。

北京地区研究生院院长会议。10月16日，在北京大学研究生院会议室召开了北京地区研究生院院长会议，出席会议的有新任国务院学位办主任杨卫院士和北京地区的研究生院院长或常务副院长。会议就拟提交年会讨论的"关于加强中国研究生院建设的若干意见的建议（草案）"、研究生院的评估指标体系征求了与会院长的意见。

4. 组织支持西部地区研究生教育活动。

6月7～10日，联席会组织了由复旦大学研究生院顾云深常务副院长为团长的、由南京大学研究生院、西安交通大学研究生院、华中科技大学研究生院和秘书处参加的院长代表团到达湖北民族学院，就该院的人才培养、学科建设等问题进行了实地考察，听取了他们的汇报，并接受了咨询。代表团结合该院的实际情况给出了具有可操作性的建议意见。

2004年，院长联席会先后组织了小型院长代表团到西部参加研究生教育与学科建设会议。如贵州（7月13～16日）、新疆大学（9月11～14日）、广西大学（9月29～30日）、云南农大（11月26～27日）、重庆工商大学（12月3～5日）的研究生教育和学科建设会议，代表团成员认真听取有关介绍，接受咨询，并根据各校的实际情况提出建议意见。

（研究生院）

深圳研究生院

【大事记】 1月5日上午，作为北京大学法学院百年院庆系列活动的一部分，北京大学法学院和《中国社会科学》编辑部共同主办的"法律移植与中国法制"研讨会在深圳研究生院召开。会议分为三个主题："法律移植一般理论"、"法律移植的具体运用"、"法律移植下的中国法制进程。"

2月23日，北京大学吴志攀副校长率北京大学法学院、经济学院、光华管理学院、社会学系等文科院系主要领导一行11人视察深圳研究生院，探讨各文科院系如何在深圳研究生院发展学科和培养人才，并对深圳研究生院未来建设方向和发展目标提出建议。

2月24日，国务院学位办主任周其凤院士一行7人来到深圳研究生院进行考察。周院士此行的目的是考察深圳大学城和北京大学深圳研究生院的硬件条件以及深圳市的产业发展情况，为在深圳建立作为"985"计划一部分的高分子实验室创造条件。

4月22日，北京大学校长许智宏视察深圳研究生院，分别和深圳研究生院的教职工和学生座谈，许校长强调指出：深圳研究生院的办学方针是根据社会实际提出的，是不会改变的。

4月23日上午，全国人大常委会副委员长、北京大学常务副校长韩启德院士在深圳大学城北京大学深圳研究生院视察时强调：北大深圳研究生院一定要办好，要为深圳建设国际化都市做出贡献。

4月24日，深圳市法律援助中心北京大学深圳研究生院工作站暨北京大学深圳研究生院法律援助中心挂牌仪式在深圳研究生院隆重举行。在校本部法援协会的指导和帮助下，在深圳市司法局的大力协助下，该协会正式挂牌成立，目前已有会员40余人。

6月3日上午，由深圳市市委副书记李意珍、副市长吕锐锋、闫小培、市委副秘书长杨建和、市政府办公厅副秘书长余伟良等市领导，率领的大学城调研小组一行，来到深圳大学城实地考察大学城建设管理和三校研究生院的教育科研情况。在深圳研究生院常务副院长史守旭的陪同下，调研小组重点参观了北大微处理器研究开发中心和化学基因组学实验室等研究机构。副市长吕锐锋、闫小培在认真听取汇报以后，对深圳研究生院已取得成绩予以充分的肯定，并对深圳研究生院未来的发展和规划表示了高度的关注。副市长吕锐锋在交谈中表示大学城的建立和北京大学等高等学府的进驻推动了深圳市高等教育和科研文化的发展，为深圳市创建国际化城市奠定了文化基石。

7月13日，北大各院系的教学、教务负责人来到深圳，参加北大一年一度的研究生教学研讨会。北大副校长、北大深圳研究生院院长林建华出席了会议。会议就如何组织和整合北京大学的教学资源，切实巩固和提高深圳研究生院的教学质量进行了探讨。

8月25日，深圳研究生院在举行了2004～2005学年开学典礼，北大党委副书记岳素兰出席了开学典礼仪式。深圳研究生院自2002年开始招收全日制硕士研究生，此次2004年深圳研究生院招收的全日制硕士研究生共计544人，其中各专业博士研究生39人、法律硕士200人、传播学硕士56人、社会学硕士33人、金融学硕士45人、微电子学与固体电子学硕士31人、电子学硕士74人，同时，信息工程学院、环境学院、生物技术与医学院分别招收硕士研究生152人、44人和14人。

8月26日上午，北京大学微电

子研究院院长，中科院院士王阳元教授为深圳研究生院信息工程学院的学子们，做了题为“培养创新人才，肩负历史重任”的演讲。王阳元院士从集成电路产业发展的环境和规律、21世纪微电子发展的特点和面临的科技创新规律以及泛珠江三角洲地区经济发展趋势等方面入手，论证了优先发展设计业的必要性，并就微电子创新人才的培养问题做了精彩的演讲。

8月31日，作为北大法学院“走向中国宪政”的法学学术专题之一，德国联邦宪法法院的哈斯法官在深圳研究生院做了一场有关德国“宪法与宪法审判”的精彩讲座。深圳研究生院的同学们对德国以及欧洲当前的宪法体制问题表现出了极高的热情，与哈斯法官就联邦宪法法院的权力做出限制等问题进行了热烈的讨论，并对德国的宪政机制和宪法审判的一些具体细节问题进行了饶有兴致的探讨。

在深圳第六届中国国际高新技术成果交易会上，深圳研究生院携多项高新技术项目成果和产品参展，涉及的领域包括电子信息类、通信工程类、生物化学、基因组学、新药物开发、环境分析和保护等领域。10月16日，深圳研究生院在深圳会展中心举行了签约仪式，分别与来自海内外的5家企事业单位签订了长期的科研合作协议，签约投资金额超过1亿元人民币。

10月27日，深圳研究生院举行了“化学基因组学与新药开发学术前沿研讨会”。此次会议是针对化学基因组学的研究动态以及新药开发在世界范围内面临的挑战与出路进行研讨，特邀请了来自海内外的该领域国际著名的专家、学者出席此次会议共同研讨化学基因和新药开发领域的问题，以便进一步确立深圳研究生院化学基因组学实验室未来的发展方向和规划。北京大学特聘长江学者邓宏魁、杨震教授、香港科技大学吴云东教授以及香港理工大学的叶涛教授、美国耶鲁大学的张慧教授、耶希华大学的张仲寅教授等专家均在学术研讨会上做了精彩报告。北京大学副校长、深圳研究生院院长林建华教授、校长助理、深圳研究生院常务副院长史守旭教授出席了会议。

10月31日，北京大学深圳2004校友联谊会在深圳研究生院拉开帷幕。许智宏校长，林钧敬副校长，校长助理、深圳研究生院常务副院长史守旭，校长助理海闻等北大校领导参加了此次活动。本届校友会会长丁克义，名誉会长刘家琛等多位校友会领导均到场参加了此次的校友大会。参加此次联谊会的校友分别来自深圳、广州及周边地区，到会人数达700人。

10月31日晚，许智宏校长会见了深圳市副市长闫小培。双方就进一步加强北大与深圳市的深入合作，办好北大深圳研究生院进行了探讨。

11月3日，深圳研究生院第一届研究生代表大会顺利召开，并选举产生了新一届学生会组成人员。

12月23日下午，深圳市人大组织在深圳的全国、省人大代表和部分市人大代表联合视察深圳大学城内三所研究生院，了解建设和办学情况。市人大常委会副主任郭荣俊对深圳大学城创办以来所取得的成绩表示肯定，对有关方面关于立法促进大学城发展的建议表示支持。他还希望深圳大学城敢闯敢试，探索出一条新的成功的办学新路子。大学城体制和模式的创新需要法规予以界定和固化，他建议深圳市为大学城立法。

12月30日下午，深圳市副市长闫小培一行10余人到深圳研究生院视察，并进行了座谈。深圳研究生院常务副院长史守旭向闫副市长一行汇报了深圳研究生院的办学现状及近年来取得的成绩，闫副市长充分肯定了这些成绩，她说：“经过多方努力，在这么短时间内，取得的成绩是非常明显的。”

（武　娟）

医学研究生教育

【概况】 2004年，北京大学研究生院医学部分院、研究生思想工作部在医学部领导的直接领导下，经过全体人员的努力，较好完成了各项工作任务。

2004年医学部研究生招生规模与2003年基本持平。总计招生人数700人，其中，博士生385人、硕士生316人；定向生41人（硕10，博31）、计划外招生67人。招收留学生8人、港澳台学生6人，在校研究生总数为1805人。

2004年实际毕业生500人，其中博士生269人，硕士生231人。就业去向：留校127人（博士生91人，硕士生36人），申请自费出国留学66人，考取国内博士生或进入国内博士后流动站17人，417人参加派遣。一次就业率为98.4%。

经全面审查，组织答辩。2004年6月共向383名研究生授予了学位，其中授予博士学位177人（含临床医学博士专业学位95人），授予硕士学位206人（含临床医学硕士专业学位68人）；共向163名在职人员授予了学位，其中授予在职人员博士学位44人（含临床医学博士专业学位41人），授予在职人员硕士学位119人（含临床硕士专业学位68人）；授予七年制医学硕士专业学位65人，授予五年制学士学位653人；授予成人本科学士学位654人。

2004年北京大学医学部共有8个一级学科博士、硕士学位授权点。二级学科博士点47个（含自行设置11个），覆盖了47个学科专业。二级学科硕士点59个(其中纯硕士点8个,自行设置4个),覆盖了59个学科专业。

博士后经过考核后择优录用。2004年进站34人,现在站77人(其中待分配11人)。

【一级学科评估】 根据国务院学位委员会、教育部学位与研究生教育发展中心文件精神,2004年4月,学位办认真系统组织并圆满完成了高等学校与科研院所学位与研究生教育评估所,部署的对医学部"临床医学"、"口腔医学"、"药学"、"公共卫生与预防医学"四个一级学科进行整体水平评估的材料申报工作,最终结果"临床医学"、"口腔医学"、"公共卫生与预防医学"位于全国第二,"药学"位于全国第三。

【优秀博士学位论文评选】 2004年9月,医学部获北京大学优秀博士学位论文(全国优秀博士学位论文)一等奖1篇,二等奖5篇,三等奖4篇。同时,2004年推荐2005年优秀博士学位论文25篇,经组织专家评审通过报北京大学优秀博士学位论文(全国优秀博士学位论文)一等奖6篇,校级优秀博士学位论文9篇,医学部鼓励奖5篇,共20篇。评审专家普遍认为所推荐的20篇博士学位论文整体水平及已正式发表的学术论文的影响因子均较2003年有所提高,尤其是临床医学中发表论文的影响因子最高达到8.0以上。

【学位与研究生教育调研】 为进一步加强研究生德育工作,全面提高研究生培养质量,不断深化学位与研究生教育改革,9月下旬~10月中旬研究生院医学部分院对各院(部)、教学医院的学位与研究生教育工作开展调研。调研主要集中在:(1)研究生"三助";(2)研究生的管理模式;(3)研究生招生计划制定原则,复试办法及学籍管理;(4)研究生培养过程的质量管理,课程设置的改革,临床医学专业学位博士生毕业考核;(5)导师培训及管理条例。此次调研得到了各单位领导的高度重视和支持,对相关内容提出了许多建设性的意见和建议。

【研究生工作研讨会】 研究生院医学部分院,根据目前研究生教育中存在的主要问题和学位与研究生教育的发展趋势,对各院(部)、教学医院的建议、数据进行了分析,在不同层面上进行总结,并逐层落实。并于12月下旬成功召开了医学部学位与研究生教育工作研讨会议,就相关问题提出解决方案,以不断完善学位与研究生教育质量保证体系,推动学位与研究生教育工作的发展。

【招生工作】 公开招考研究生。2004年博士及北京地区硕士研究生报名与校本部统一采取网上报名的形式。报考医学部的硕士研究生人数1998人,其中应届本科毕业生比例较大,报考单独考试、定向委培的数量减少,考生来源涵盖全国所有省份直辖市。录取人数234人,录取率为11.7%。报考医学部的博士研究生人数357人,录取人数119人,录取率为33.3%。

制定2005年招生规模。在深入调查研究医学部教学资源,各层次学生对教学资源的占有量基础上,征求各学院意见,确定2005年招生规模。2005年硕士生招生规模为380人,其中计划内360人,计划外20人;博士生招生规模为380人,其中计划内340人,计划外40人。

接收推荐免试研究生。2004年申请推荐免试应届本科毕业生85人,接收63人,接收率74.1%,接收数为计划数的70%。接收的推荐免试生全部来自原卫生部部属院校,其中本校生源44人,占接收人数的70%。

公共卫生专业学位招生。报考医学部公共卫生专业学位考生47人,考生生源来自卫生行政机关、医院、预防保健机构,医药食品公司、医药院校等。共录取31人,录取率68.9%。

为了规范招生工作,保证招生质量,针对招生中的问题,修订了《关于制订年度研究生招生计划和编制招生专业目录的意见》,其中确定了医学部制定研究生招生计划的总体原则、各学院制定招生计划的基本原则,以及实施办法和编制招生目录的要求。制定了《北京大学医学部研究生招生复试办法》,其中对复试的组织和管理、复试的基本要求、差额复试的比例、复试的方法、调剂复试等做了具体的规定,特别强调了复试的监督机制。

【学籍管理】 2004年在校研究生总数1823人。受理退学、休学、复学、提前或延期毕业45人;办理在校生短期出国开会15人,出境旅游7人。为加强学籍工作的科学化管理,保证在校研究生的学籍信息准确,进行了研究生学籍信息的网上录入工作。针对学籍管理的规定有些不适合现实的情况及发展的需要,制订了《关于科学学位硕士研究生提前攻读博士学位的暂行规定》,对提前攻读博士学位的条件做了明确要求。在增补的《关于修订研究生学籍管理条例的几点意见》中,对研究生假期、学制和毕业管理做了补充规定。

【培养工作】 2004年医学部研究生教育实现了稳步的发展,在加强建设,积极发展;深化改革,分类指导;注重创新,保证质量等方面下工夫,主要针对医学科学学位研究生、临床医学专业学位研究生、在职申请学位人员数量大量增加的现状,重点围绕提高研究生培养质量、管理工作科学化、规范化,加强服务意识,提高工作效率开展了以下几个方面的工作。

1. 课程教学 在2002年研究生课程教学大纲修订工作的基

础上，针对一些课程存在的问题，与有关院、部共同研讨课程改革工作。根据学科发展需要，为做好研究生课程建设，对已开课程进行归类、合并和调整，对内容相近课程及课程中的重复内容进行优化，使其内容精练，针对性强，更符合研究生的学习特点，并进一步完善研究生课程教学大纲，使研究生课程设置适应研究生培养的要求和特点，体现“高、精、新、宽”的特点，体现“拓宽基础、追踪前沿”的教学要求。

针对社会发展对医学人才社会学、心理学、伦理学及法学等人文科学类知识的需求，以及新增设专业对有关课程的需求，新开设课程 20 余门。

2004 年全面实行网上选课，提高了工作效率，确保了包括研究生、在职申请学位人员及外校人员近万人次选课，并在网上对各开课单位开通学生选课信息，使开课教研室能够及时了解所开课程的选课人数，做好课程准备工作。

为了加强和规范研究生课程教学管理，保证研究生课程教学质量，在 2004 年根据《研究生课程教学管理条例》的要求，规范课程学习管理，严格检查监督，对研究生开课情况、备课情况、课堂教学效果、考核方式、教学方法和态度进行了不定期的检查，进一步规范教学管理制度，保证了教学秩序和教学质量，促进了研究生积极主动学习，保证教学质量的逐年提高。

严格和细化研究生管理，与学生建立网络沟通，使其明确培养的每个步骤及要求，及时录入了 2001、2002 及 2003 级研究生各门课程成绩，及临床轮转审核，使研究生和在职人员及时了解个人学习情况及每个环节。同时完成了 2004 届毕业研究生的毕业及发表论文审核工作。

完成了近 300 名在职申请硕士学位和博士学位人员的课程学习情况的审核及学习档案的整理。

2. *培养工作* 认真执行培养管理规定，严格审核检查研究生培养的各个环节。

落实临床医学专业学位研究生培养工作。

(1) 2004 年 10～12 月组织进行了 2004 年临床医学专业学位硕士研究生、在职申请学位人员和住院医师阶段考核工作。参加考核的考生明显多于往年，共有 487 名考生参加，其中研究生 138 名，在职申请学位人员 156 名，住院医师 194 名。涉及 18 个专业，严格临床技能考核标准，以考核促进临床医学专业学位研究生的培养。

(2) 临床医学博士专业学位研究生毕业考核。针对临床医学博士专业学位研究生的毕业考核缺乏严格的质量控制，不利于保证其培养质量，草拟了《临床医学博士专业学位研究生毕业考核办法》，将按照三级学科统一组织考核，并征求了临床各学科专家组的意见，办法在 2005 年予以讨论落实。

3. *医学科学学位研究生的培养* (1) 2004 年是要求医学科学（理学）博士学位获得者在 SCI 收录、影响因子≥0.5 的期刊上发表一篇论文的第三年，2001 级医学科学（理学）博士研究生应毕业人数 167 人，有 58.43% 的研究生发表的论文符合要求，按期获得博士学位。

(2) 培养管理系统工作 利用培养管理系统对 2004 届毕业研究生进行了毕业审核，2002 级临床医学专业学位研究生临床轮转科室审核。

(3) 完成两学期 260 余门课程，以及研究生资格考试、专业课和专业外语的成绩审核与录入工作，使研究生能够及时上网查询课程完成情况。

(4) 对《联合培养的规定》和《研究生课程进修班管理条例》进行了修订。

(5) 针对研究生课程与培养过程的管理监控进行了调研，了解了情况和存在的问题。

研究生课程进修班工作 2004 年在与北京大学医学部网络教育学院的共同努力下，基本完成网络课件制作和举办远程教育研究生课程进修班的准备工作，第一期班已结业，第二期已经开课。

2004 年举办了应用心理学、护理学、社会医学与卫生事业管理学、精神病与精神卫生学 4 个专业 4 个研究生课程进修班，共招收学员 69 人，2004 年获得研究生课程进修班结业证书学员共计 100 人，此外还举办了高级管理人员工商管理硕士（EMBA）研究生课程进修班，共招收学员 162 人。

【学位工作】 *医学部学位评定委员会及分会换届* 2004 年 4 月至 6 月组织并完成了医学部学位评定委员会、各院（部）学位评定分委员会的换届工作以及新增成立了北京铁路总医院、航天中心医院两家教学医院的学位评定分委员会。

在职人员申请学位 2004 年 3 月，组织了在职人员申请博士学位外语全国统考报名和全部考务工作。参考人员 205 人。2004 年 5 月，组织了在职申请硕士学位外国语、综合水平全国统考的报名及全部考务工作。参考人员 1784 人。2004 年 6 月，接受在职申请硕士专业学位 104 人，科学学位 55 人；博士专业学位 83 人，科学学位 3 人，共计 245 人。2004 年来医学部在职申请硕士学位并报名参加外语统考及参加综合水平考试共 584 人，外语考试合格者 115 人，临床医学考试合格者 129 人，参加博士外语统考报名的共 205 人，考试合格者 100 人。

学位授权点及导师队伍建设

2004 年 10～12 月，为了进一步严格博士生导师资格遴选及上岗制度，认真修订了博士生导师资格遴选条例及上岗条件，条例首次对临床医学发表论文做了 SCI 的要求。经各学位分会初审，一级学科专家评议组审核评议，2004 年 12 月 24 日医学部学位评定委员会二届二次会议审定通过，2005 年 1 月 5 日北京大学学位评定委员会 79 次会议备案确认，同意 48 位教授(含相当职称者)具备博士生导师资格并批准"康复医学与理疗学"为硕士学位授权点。

【博士后工作】 (1) 为了提高博士后研究人员的进站质量，加强了博士后进站前的资格审查工作，博士后经过考核后择优录用。2004 年进站 34 人，现在站 77 人(其中待分配 11 人)。(2) 协助后勤部门做好博士后公寓住房的腾退、调整工作，解决了部分滞留问题。

【医药科工作委员会】 2004 年 8 月 9 日至 8 月 11 日中国学位与研究生教育学会医药科工作委员会第五届学术会在贵州省贵阳市举行。参加会议的有来自全国 54 所医药院校 125 个单位的近 300 名代表，是历届年会人数最多、规模最大的一次，充分显示了医药院校在高校体制改革中的活力和凝聚力。与会的代表认真讨论了当前高等医药院校研究生教育目前存在的问题，特别是专业学位的质量保证体系问题，探讨了临床能力考核的办法。认为进一步加强临床医学专业学位研究生教育，加强研究生德育工作，确保培养质量等，仍然是今后相当长时间内，我们要抓的重点工作。

中国学位与研究生教育学会于 2004 年 12 月 6 日至 7 日在北京召开全体会员大会，会议讨论了第二届常务理事会的工作报告，进行了学术交流及三届换届工作，北京大学常务副校长、医学部常务副主任柯杨教授及北京大学研究生院医学部分院常务副院长段丽萍教授当选为常务理事，医学部副主任刘玉村教授当选为学会学术委员会委员。医药科工作委员会根据会议日程做了工作总结，组织了"十五"重点课题的汇报交流，并进行了换届工作。医药科工作委员会第三届委员会中柯杨教授当选为主任，刘玉村教授当选为常务副主任，段丽萍教授当选为副主任兼秘书长。

根据医药科工作委员会 2003 年工作布置，完成了两个"十五"重点科研课题的开题工作，现课题研究正在进行中。

【全国医学专业学位教育指导委员会秘书处】 在全国医学专业学位教育指导委员会领导下，秘书处具体负责日常工作，包括文件管理、文秘工作，组织课题立项，召开有关会议，调查研究等工作。(1) 5 月，在锦州医学院举办全国临床医学专业学位新增试点单位培训班。(2) 11 月，组织 2003 年在职攻读硕士专业学位(MPH)全国联考的阅卷工作。共有 1308 人参加考试，涉及全国 29 个省市、76 个考场，考试科目有：英语、日语、俄语、流行病学与卫生统计学、卫生事业管理学。(3) 按照全国学位与研究生教育发展中心要求，负责接收、保管、整理试题等，组织校内、外有关教师参加阅卷，加班加点，按时完成了任务。

(研究生院医学部分院)

附　录

表 5-9　2004 年全国优秀博士学位论文(9 篇)

序号	系别/专业	作　者	论 文 题 目	导　师
1	数学科学学院/应用数学	张雪娟	双稳态系统，单稳态系统，耦合振子系统和混沌系统的随机共振现象	钱　敏
2	物理学院/理论物理	戴　东	离散非交换微分几何及其上地场论构造	宋行长
3	化学与分子工程学院/无机化学	黄岩谊	铽配合物光学微腔及双发色团芪唑盐分子的光电功能研究	黄春晖
4	生命科学学院/生物物理学	王　俊	籼稻基因组工作框架图	吴才宏
5	地球与空间科学学院/古生物学及地层学	王德明	云南曲靖下泥盆统徐家冲组植物研究	郝守刚
6	信息科学技术学院/微电子学与固体电子学	张盛东	新型自对准备栅、双栅 MOS 晶体管和三维 CMOS 技术研究	韩汝琦
7	中国语言文学系/中国现当代文学	姜　涛	"新诗集"与新诗的发生研究	温儒敏
8	哲学系/中国哲学	彭高翔	王龙溪与中晚明阳明学的展开	陈　来
9	医学部/病理学与病理生理学	曾晓坤	同型半胱氨酸促进人单核细胞表达和分泌趋化因子 MCP-1 和 IL-8 及其机制	王　宪

北京大学有权授予博士、硕士学位的学科专业目录

校 本 部

01 哲 学

0101　哲学
010101　马克思主义哲学
010102　中国哲学
010103　外国哲学
010104　逻辑学
010105　伦理学
010106　美学
010107　宗教学
010108　科学技术哲学

02 经济学

0201　理论经济学
020101　政治经济学
020102　经济思想史
020103　经济史
020104　西方经济学
020105　世界经济
020106　人口、资源与环境经济学
020120　理论经济学(发展经济学)
0202　应用经济学
020201　国民经济学
020202　区域经济学
020203　财政学(含：税收学)
020204　金融学
020205　产业经济学
020206　国际贸易学
020207　劳动经济学
020208　统计学
020209　数量经济学
020210　国防经济

03 法 学

0301　法学
030101　法学理论
030102　法律史
030103　宪法学与行政法学
030104　刑法学
030105　民商法学
030106　诉讼法学
030107　经济法学
030108　环境与资源保护法学
030109　国际法学
030110　军事法学
0302　政治学
030201　政治学理论
030202　中外政治制度
030203　科学社会主义与国际共产主义运动
030204　中共党史
030205　马克思主义理论与思想政治教育
030206　国际政治
030207　国际关系
030208　外交学
030220　政治学(国际传播)
* 030221　政治学(国际政治经济学)
0303　社会学
030301　社会学
030302　人口学
030303　人类学
030304　民俗学(含：中国民间文学)

04 教育学

0401　教育学
040101　教育学原理
040106　高等教育学
* 040110　教育技术学
0402　心理学
040201　基础心理学
040203　应用心理学

05 文 学

0501　中国语言文学
050101　文艺学
050102　语言学及应用语言学
050103　汉语言文字学
050104　中国古典文献学
050105　中国古代文学
050106　中国现当代文学
050107　中国少数民族语言文学(分语族)
050108　比较文学与世界文学
0502　外国语言文学
050201　英语语言文学
050202　俄语语言文学
050203　法语语言文学
050204　德语语言文学
050205　日语语言文学
050206　印度语言文学
050207　西班牙语语言文学
050208　阿拉伯语语言文学
050209　欧洲语言文学
050210　亚非语言文学
050211　外国语言学及应用语言学

0503 **新闻传播学**
* 050301 新闻学
* 050302 传播学
0504 **艺术学**
050401 艺术学
* 050403 美术学
* 050406 电影学

06 历史学

0601 **历史学**
060101 史学理论及史学史
060102 考古学及博物馆学
060103 历史地理学
* 060104 历史文献学(含:敦煌学、古文字)
060105 专门史
060106 中国古代史
060107 中国近现代史
060108 世界史

07 理 学

0701 **数学**
070101 基础数学
070102 计算数学
070103 概率论与数理统计
070104 应用数学
070105 运筹学与控制论
0702 **物理学**
070201 理论物理
070202 粒子物理与原子核物理
070203 原子与分子物理
070204 等离子体物理
070205 凝聚态物理
070206 声学
070207 光学
070208 无线电物理
0703 **化学**
070301 无机化学
070302 分析化学
070303 有机化学
070304 物理化学
070305 高分子化学与物理
070320 化学(化学生物学)
070321 化学(应用化学)
0704 **天文学**
070401 天体物理
0705 **地理学**
070501 自然地理学
070502 人文地理学
070503 地图学与地理信息系统
070520 地理学(环境地理学)
070521 地理学(历史地理学)
070522 地理学(地貌学与环境演变)
0706 **大气科学**
070601 气象学
070602 大气物理学与大气环境
0708 **地球物理学**
070801 固体地球物理学
070802 空间物理学
0709 **地质学**
070901 矿物学,岩石学,矿床学
070902 地球化学
070903 古生物学与地层学
070904 构造地质学
070905 第四纪地质学
070920 地质学(材料及环境矿物学)
0710 **生物学**
071001 植物学
071002 动物学
071003 生理学
071004 水生生物学
071005 微生物学
071006 神经生物学
071007 遗传学
071008 发育生物学
071009 细胞生物学
071010 生物化学与分子生物学
071011 生物物理学
071012 生态学
071020 生物学(生物信息学)
071021 生物学(生物技术)
0712 **科学技术史**
* 071200 科学技术史
0801 **力学**
080101 一般力学与力学基础
080102 固体力学
080103 流体力学
080104 工程力学
0809 **电子科学与技术**
080901 物理电子学
080902 电路与系统
080903 微电子学与固体电子学
080904 电磁场与微波技术
0812 **计算机科学与技术**
* 081200 计算机科学与技术
081201 计算机系统结构
081202 计算机软件与理论
081203 计算机应用技术
0830 **环境科学与工程**
083001 环境科学

083002　环境工程
0831　生物医学工程
* 083100　生物医学工程

08　工　学

0810　信息与通信工程
081001　通信与信息系统
081002　信号与信息处理
0811　控制科学与工程
* 081101　控制理论与控制工程
0813　建筑学
* 081302　建筑设计及其理论
0816　测绘科学与技术
081602　摄影测量与遥感
0817　化学工程与技术
* 081704　应用化学
0827　核科学与技术
082703　核技术及应用

12　管理学

1201　管理科学与工程
* 120100　管理科学与工程
1202　工商管理
120201　会计学
120202　企业管理
120203　旅游管理
120204　技术经济及管理
1204　公共管理
120401　行政管理
120402　社会医学与卫生事业管理
120403　教育经济与管理
120404　社会保障
120405　土地资源管理
1205　图书馆、情报与档案管理
120501　图书馆学
120502　情报学
120503　档案学

20　专业学

* **2001　法律硕士**
* 200101　法律硕士
* 200301　工程硕士
* 200309　电子与通信工程
* 200312　计算机技术
* 200313　软件工程
2006　工商管理硕士
* 200601　工商管理硕士
* 200602　高级管理人员工商管理硕士
2009　公共管理硕士
* 200901　公共管理硕士

备注　* 仅为硕士学位授权点

医　学　部

07　理　学

0703　化学
* 070301　无机化学
★ 071003　生理学
★ 071006　神经生物学

0710　生物学
★ 071007　遗传学
★ 071009　细胞生物学
★ 071010　生物化学与分子生物学
★ 071011　生物物理学

0712　科学技术史
不分二级学科(医学史)

10　医　学

1001　基础医学
★ 100101　人体解剖与组织胚胎学
★ 100102　免疫学
★ 100103　病原生物学
* 100106　放射医学
★ 100120　病理学
★ 100121　病理生理学

1002　临床医学
★ 100201　内科学(心血管病)
★ 100201　内科学(血液病)
★ 100201　内科学(呼吸系统病)
★ 100201　内科学(消化系统病)
★ 100201　内科学(内分泌与代谢病)
★ 100201　内科学(肾病)
★ 100201　内科学(风湿病)
★ 100201　内科学(传染病)
★ 100202　儿科学
★ 100204　神经病学
★ 100205　精神病与精神卫生学
★ 100206　皮肤病与性病学
★ 100207　影像医学与核医学
★ 100208　临床检验诊断学
* 100209　护理学
★ 100210　外科学(普外)
★ 100210　外科学(骨外)
★ 100210　外科学(泌尿外)

★ 100210　外科学(胸心外)
★ 100210　外科学(整形)
★ 100210　外科学(神外)
★ 100211　妇产科学
★ 100212　眼科学
★ 100213　耳鼻咽喉科学
★ 100214　肿瘤学
* 100215　康复医学与理疗学
★ 100216　运动医学
★ 100217　麻醉学
* 100218　急诊医学

1003　口腔医学
★ 100320　牙体牙髓病学
★ 100321　牙周病学
* 100322　儿童口腔病学
* 100323　口腔黏膜病学
* 100324　口腔预防病学
★ 100325　口腔颌面外科学
★ 100326　口腔颌面医学影像学
★ 100327　口腔修复学
★ 100328　口腔材料学
★ 100329　口腔正畸学
★ 100330　口腔组织病理学

1004　公共卫生与预防医学
★ 100401　流行病与卫生统计学
★ 100402　劳动卫生与环境卫生学
★ 100403　营养与食品卫生学
★ 100404　儿少卫生与妇幼保健学
★ 100405　卫生毒理学

1006　中西医结合
* 100601　中西医结合基础
★ 100602　中西医结合临床

1007　药学
★ 100701　药物化学
★ 100702　药剂学
★ 100703　生药学
* 100704　药物分析学
★ 100706　药理学
★ 100720　[药学]化学生物学
* 100721　[药学]临床药学

12　管理学

1204　公共管理学
★ 120402　社会医学与卫生事业管理

03　法　学

0302　政治学
* 030205　马克思主义理论与思想政治教育

04　教育学

0402　心理学
★ 040203　应用心理学

备注　★ 博士学位授权点
　　　* 硕士学位授权点

表 5-10　2004 年在校研究生统计

院系代码	单位名称	博士生	硕士生	总计
001	数学科学学院	169	277	446
003	力学与工程科学系	79	138	217
004	物理学院	261	287	548
010	化学与分子工程学院	284	164	448
011	生命科学学院	245	141	386
012	地球与空间科学学院	140	235	375
013	环境学院	226	315	541
016	心理学系	52	74	126
017	软件学院	0	231	231
018	新闻与传播学院	38	140	178
020	中国语言文学系	235	256	491
021	历史学系	148	160	308
022	考古文博院	27	67	94
023	哲学系	164	163	327
024	国际关系学院	163	336	499
025	经济学院	127	258	385

续　表

院系代码	单位名称	博士生	硕士生	总计
028	光华管理学院	142	1019	1161
029	法学院	286	956	1242
030	信息管理系	59	116	175
031	社会学系	53	131	184
032	政府管理学院	158	194	352
039	外国语学院	119	266	385
040	马克思主义学院	42	78	120
043	艺术学系	4	50	54
044	对外汉语教育学院	0	35	35
047	深圳研究生院	0	666	666
048	信息科学技术学院	344	826	1170
062	中国经济研究中心	45	125	170
067	教育学院	84	78	162
068	人口研究所	13	35	48
	医学部	927	896	1823
总　计		4634	8713	13347

继　续　教　育

【概况】　北京大学成人学历教育有函授,夜大学,脱产班,远程教育学习形式。2004 年,函授、夜大学、脱产班在校学生总计 8841 人,其中函授 3132 人(专科 1588 人、专升本 1544 人)、夜大学 1785 人(专科 776 人、专升本 1009 人)、脱产班 3924 人(专科 691 人、专升本 467 人、高本 2766 人);远程教育在校学生总计 14030 人,其中远程教学中心 8411 人,最高人民法院系统、最高人民检察院系统委托培养 5570 人,光华管理学院 49 人。2004 年,成人高考录取 3719 人,其中函授 855 人、夜大 870 人、脱产班 1994 人;远程教育自主招生考试录取 2970 人。

成人学历教育不断加强结构调整,在招生规模稳定的情况下,主动向教育部争取增加本科招生计划,扩大本科招生比例。同时注意调整科类结构,增设市场营销和财务管理两个专业,进一步完善金融学、国际经济与贸易、计算机科学与技术等专业的教学计划,以满足社会发展需求。

积极稳步发展现代远程教育,推动现代远程教育健康发展。2004 年,远程教育信息管理系统包括招生管理、教务管理、学籍管理、教学中心管理、网上选课和网页查询六个子系统,有效地支持了远程教育的发展。在浙江省增设了"台州职业技术学院教学中心"、"浙江金华教学中心"两个教学中心,撤消了"武汉教学中心"、"西安石油教学中心"两个教学中心。

【招生工作】　2004 年,全国成人高等学校招生分省计划网上调整系统在成人高考录取工作中首次试运行。北京大学共参加了 13 个省、市、自治区的录取工作,除 3 个省市因当地政策采用省级招办局域网现场录取外,其余 10 个省市都利用中国教育科研网或者公众网进行了远程网上录取。

【学籍管理】　2004 年新生注册 6972 人,其中网络教育 2970 人、脱产 1948 人、函授 1226 人、夜大 828 人;毕业生总数 17300 人,其中网络教育 13249 人、脱产 1392 人、函授 1975 人、夜大 684 人;学籍异动学生 86 人,其中休学 21 人,复学 7 人,转专业 34 人,转出 4 人,转入 20 人。

继续教育部于 2001 年启用了学历证书电子注册系统,并于 2002 年 7 月完成 1991 届至 2001 届成人教育毕业生的数据采集和转换,并通过了北京市教委的软件检测。

2004 年,继续教育部进一步加强了学籍管理工作,对应届毕业学生进行了电子数据的整理。在应届毕业生电子数据整理、上报的工作中,继续教育部按照国家教委要求对学生毕业照片、学生身份证号码和学历证书图像等电子数据进行采集和整理,录入高等教育学历证书验证系统,并通过北京市教委的审查验收,实现了用人单位可以对毕业证书的真伪进行网上查询。

【进修教师】　2004 年,继续教育部严格按照《北京大学进修教师工作管理办法》和《北京大学进修教师管理细则》要求,制定了进修教师的申请条件、课程设置、培养目标以及接受进修教师学科应具备的师资和设备等方面的规章，进一步规范加强进修教师接受工作，从而有效保证了进修教师在北京大学学习期间顺利完成教学、科研等方面的任务。

2004年，北京大学共接受进修教师362人，其中从事课题研究的国内访问学者127人，以系统学习单科课程的普通进修学员235人。在全部进修人员中，105人具有副高以上职称，76人具有硕士学位。在进修教师中，来自“西部之光访问学者”项目的有8人、“新疆少数民族科技骨干”项目的有5人、“北大——云南省校合作”项目的有14人、北京大学的对口支援单位新疆石河子大学“手拉手”项目有14人、新疆教育厅集中培养的大学教师27人、中学英语和语文教师共70人、新疆兵团集中培养的17人。

2004年编辑出版了《北京大学学报——北京大学国内访问学者、进修教师论文专刊》。

【高层次研修班】 2004年，北京大学继续教育的23个教学单位共举办高级研修班160个，短期培训班16个，共培训学员23352人。

2004年，继续教育部接受北京市区县政府、贵州省委组织部、重庆市委党校、浙江余杭区委、中国人民财产保险股份有限公司、中国人寿保险股份有限公司和新疆油田公司等单位的委托，举办了“现代公共管理”、“经济管理”和“高教管理”等8个综合性的高级研修班，培训学员773人。

2004年，继续教育部加强了对校内各教学单位举办的非学历教育规范化管理，着重对办班名称、教学内容、收费标准以及办学质量、师资状况等进行程序性和实体性全面审查，扶持一些社会影响大教学质量好的培训班，取缔那些名实不符、损坏学校形象以及不符合办班条件的培训班，引导普通层次非学历教育继续健康发展，维护了学校声誉。

【自学考试】 北京大学3个单位举办了全日制自学考试辅导班，分别是外国语学院英语自考部的英语专业、法学院法律自考部的法律专业、信息学院培训中心的计算机软件及应用专业辅导班；还有2个单位举办了业余形式的自学考试辅导班，分别是心理系的心理学专业业余辅导班，信息学院培训中心的计算机及应用专业的业余辅导班。全日制自学考试辅导班入学新生约488人，现有在校生约1500人。心理系的心理学专业业余辅导班全年招生800(含外地委托考试学生)人，计算机系的计算机及应用专业的业余辅导班全年招生542人。

2004年，北京大学在北京市主考各专业的自学考试专科、本科毕业学生共计7508人，获得北京大学相关学科学士学位的本科毕业生1910人，主考的公共课和专业课的阅卷总量约为37万份。北京大学在广东省主考各专业的自学考试毕业学生260多人，获得北京大学相关学科学士学位的本科毕业生102人。

【远程教育】 北京大学现代远程教育基于卫星通讯和计算机互联网技术，以及卫星IP数字系统、ISDN会议视频系统，实现文本、音频、视频教育信息的传输。在此基础上增加了BS模式课件点播系统，该系统是删除原多媒体课件视频部分保留音频部分，减小课件所占的带宽，增加了一个BS模式的课件点播，这样有效地解决了点播方式的问题。同时在BBS功能上，建立了功能完善的文字答疑系统，通过语音和电子白板实现现场答疑和直接授课功能，学生能够与教师网上对话，实现教学辅导的互动。

2004年，远程教育办公室进一步完善了招生管理系统、学籍管理系统、教务管理系统、教学中心信息管理系统、网络注册系统、毕业生毕业证和学位证检验系统。同时加强了网络资源和网络课程建设，改进了课件的制作技术，采用了FLASH技术与流媒体结合的方式，较为真实的还原了教师授课的过程；另外，新制作视音频和音频课件达642学时；修改了2003年春季前制作的经济、计算机、汉语言专业等10门公共课程约400余学时的视频课件和音频课件；并针对网络非法用户对远程教育服务器的攻击，在主页服务器、文件系统服务器等各种对外提供公共服务的服务器上安装了天网等网络安全防护程序，提高了服务器的安全性，确保了各教学环节的顺利实施。在改进技术的同时，继续教育部不断加强教学管理、注重教学质量，并根据教育部有关远程教育的文件精神先后制定了一系列教学教务管理规程，使远程教育的招生、录取、教学教务、学籍等的管理更加规范化、制度化，保证了远程教学管理的有序进行并为远程教学的质量提供了制度保障。

【成人教育学院】 2004年学院有脱产住校学生5399人，其中昌平校区有3509人，共43个专业班级，学历生有2653人，非学历生有856人；圆明园校区共有学生1890人，共22个专业班，学历生有1271余人，非学历生有619人。全院共有脱产住校学历生3688人，脱产住校非学历生1475人。学生层次分为高中起点本科、高中起点专科、专科起点本科、培训等类别，有国际经济与贸易、金融学、金融与贸易、法学、法律学、英语、外事外贸英语、计算机科学与技术、计算机实用技术、国际政治、市场营销等11个专业。

2004年，学院图书馆增购新书刊1.2万册，并与学校图书馆实现网络对接，使院图书馆在软件和硬件上能与学校图书馆资源共享；学院先后对计算机房、多媒体教室、语音教室进行了改建、升级和新建，现学院共建成100台以上计算机房2间，50台以内计算机房4间，多媒体教室29间，语音教室6间；学院对网络进行升级改造，引进了1000兆网络光纤，实现与教育网联网，更换落伍设备，提高网络运行整体性能，开通了学生宿舍网络；学院通过中心控制机房，管理整个学院的计算机网络运行体系，各部门可以利用计算机网络实现信息化办公；同时学院积极改善、绿化和美化校区的整体环境，加强对学生体育活动中心的建设，配备各项体育健身训练设施、娱乐活动设施，开放练功房、健身房、多功能活动报告厅等。

2004年，继续教育学院设立了培训办公室，举办了"香港纪律部队公务员国情讲习班"、"中国—东盟博览会高级管理人员研修班"和"城市建设发展与规划高级研修班"等研讨班，收到较大的社会效益和经济效益，为学院赢得了荣誉。

【继续教育工作会议】 2004年12月3日至4日，北京大学继续教育工作会议在香山召开。参加会议的有闵维方、许智宏、林建华、柯扬、岳素兰等校领导，各职能部门及各院系负责人，共计130人。闵维方、许智宏、林建华等校领导发表重要讲话，李克安副教务长主持会议。继续教育部部长李国斌作《继续教育部工作报告》，继续教育体制调整工作小组组长兼体制调整专家小组组长郑学益作"北京大学继续教育改革发展纲要报告"；国际关系学院、生命科学学院、经济学院、数学科学学院、信息管理系、远程教育办公室等单位代表汇报了所在单位开展成人教育、继续教育的情况和经验。

开幕式上，许智宏校长指出，此次会议的主要任务是总结学校成人教育、继续教育工作，研究成人教育、继续教育面临的新形势、新任务、新问题，调整成人教育、继续教育的发展战略和结构体系，交流各院系开展成人教育、继续教育的经验，进一步明确成人教育、继续教育今后改革和发展的方向与目标，以统一思想、振奋精神，推动北京大学成人教育、继续教育事业的健康发展，为我国建立终身教育体系和把北大建成世界一流大学的目标做出新的贡献。

闭幕式上，闵维方书记发表了重要讲话，指出今后北京大学成人教育、继续教育工作应当沿着五个提高的方向发展。第一，提高全校教职员工对继续教育重要意义的认识。继续教育是北京大学创办世界一流大学必不可少的重要组成部分，是现代化大学教育事业结构框架中的重要构件，是现代大学实现三大基本功能、为社会培养各类急需专业人才、推动社会文明进步的重要方式；是学校加强同社会的联系，主动适应社会发展需求，传播先进文化、先进科技成果，促进产学研相结合的重要途径。第二，提高北京大学继续教育的办学层次。北京大学的继续教育，一定要体现出北大的传统、北大的风格、北大的水平，应该重点发展高层次的大学后继续教育，努力为社会培养学术骨干和高级公务人员、高级商务人员、高级技术人员。第三，提高北京大学继续教育的管理水平。理顺学校、各职能部门、各院系之间的责任、权利和利益关系，严格执行并完善具体规章制度，提高学校的管理水平。第四，提高北京大学继续教育的办学效益。第五，提高北京大学继续教育的国际化水平。

《北京大学继续教育改革发展纲要》明确了继续教育的指导思想、战略定位与发展目标，提出了管理体制与运行机制改革调整方案，以及配套改革措施。与会代表充分肯定了《纲要》的总体精神，同时强调，继续教育部及其直属办学实体要代表学校充分行使继续教育的管理职能、办学职能和开发职能，整合全校的资源并组织全校的力量开展继续教育工作，努力把北京大学继续教育办成高校师资和高级公务员、高级商务人员、高级技术人员的重要培训基地，创建具有北京大学特色的继续教育品牌。

医学继续教育

【概况】 2004年6月，根据医学部中层干部换届聘任要求，更换了继续教育处处长，明确了以后医学部继续教育的工作重点仍然是毕业后医学教育和高层次继续医学教育，并应进一步加强国家级继续医学教育基地建设工作和继续医学教育项目管理工作，不断提高继续教育办学质量。

2004年完成住院医师规范化培训第一、第二阶段考试：其中第一阶段培训合格住院医师90人，住院医师转博14人；第二阶段考核合格71人，完成住院医师规范化培训合格71人。

2004年完成首批八个国家级继续医学教育基地试点单位的总结汇报，并组织申报国家级继续医学教育基地4个，获准3个。

2004年举办面向全国各类专业技术人员的继续医学教育项目242项，其中国家级继续医学教育项目113项，北京市级继续医学教育项目129项。培训中级及以上专业技术人员20377人，其中国家级继续医学教育项目培训人员15570人，北京市级继续医学教育项目培训人员3970人，以导师制形式培养国内访问学者(学科带头人及骨干)79人，零散进修758人。

举办校级继续教育项目289项，2万余人次参加。

【住院医师培训】 顺利完成住院医师规范化培训2004年第一、第二阶段考试：其中第一阶段培训合格住院医师90人，住院医师转博14人；第二阶段考核合格71

人;完成住院医师规范化培训合格71人。进一步加大了对教学医院住院医师规范化培训工作的指导,召开教学医院管理干部、科室主任及培训教师座谈会,组织二级学科临床专家专题解答住院医师规范化培训的有关问题;进一步加强与教学医院的沟通,教学资源共享。完成卫生部科教司委托的五个学科"住院医师规范化培训基本标准"课题工作,协助北京市住院医师培训工作,开展住院医师培训基地标准的制定与评估;协助医管处完成卫生部医政司委托的"调查建立护士毕业后规范化培训"的课题研究工作;参加卫生部科教司组织的"住院医师培训与专科医师准入制度"研讨会,并进行大会交流。

【高层次继续教育】 加强国家级继续医学教育基地建设:完成首批8个基地试点单位的总结汇报,组织申报4个国家级继续医学教育基地,北京大学口腔医学院正畸科、北京大学口腔医学院口腔内科、药学院药物化学系获准为国家级继续医学教育基地;组织申报2005年国家级继续医学教育项目162项。经国家继续医学教育学科专家评审,获准2005年国家级继续医学教育项目153项,其中45项为国家级继续医学教育基地的项目。举办面向全国各类专业技术人员的继续医学教育项目242项,其中国家级继续医学教育项目113项,北京市级继续医学教育项目129项。培训中级及以上专业技术职务人员20377人,其中国家级继续医学教育项目培训人员11570人,北京市级继续医学教育项目培训人员3970人,以导师制形式培养国内访问学者(学科带头人及骨干)79人(其中山西省10人、河北省26人、贵阳医学院11人、天津市2人、新疆石河子大学15人、教育部任务3人、人事部任务4人、西部之光4人、新疆少数民族骨干4人),零散进修708人,受部委委托培养50人。举办教育部高研班1个,组织申报2005年高研班5个。《开展多种形式的继续医学教育,培养高层次医学人才》获2004年北京大学、北京市高等教育教学成果一等奖,推荐国家级教学成果二等奖。

【对内继续教育】 2004年医学部继续加强对内继续教育工作的领导,积极举办形式多样、内容丰富的继续教育项目,包括学术报告、校内外专家的专题报告、课题组科研进展活动、临床病理讨论会、联合科室读片会、大查房、联合会诊、疑难病例讨论读片会等多种形式、多种层次和内容的继续医学教育活动。2004年共举办校级继续教育项目289项,参加学习人员达到2万余人次。完成各临床医院卫生部、北京市卫生局关于传染病全员培训工作,培训人员1万余人次。除北大医院、公卫学院外,全面使用"继续医学教育学分管理系统"软件,使继续教育管理工作更加科学化。

【联合办学】 2001年北京大学医学部与中央广播电视大学联合开展公共事业管理(卫生事业管理)本科开放教育试点工作。2001年1月3日,双方共同签订《中央广播电视大学与北京大学医学部联合开展本科开放教育试点协议书》的基础上,2004年9月23日,双方又签订了《北京大学医学部与中央广播电视大学开放教育卫生事业管理专业本科毕业生学士学位授予工作协议书》。至2004年7月,全国15个省市共招收学生2391人,经审核,符合毕业条件的毕业生共计124人。

(医学部继续教育处)

附 录

表5-11 2004年北京大学成人高等学历教育招生录取人数统计

合 计	校本部							医学部	
	函授夜大学		成人脱产班			远 程		夜大学	
	专科	专升本	专科	专升本	高起本	专升本	高起本	专科	专升本
8454	666	1059	831	639	524	3360	279	568	528

表5-12 2004年北京大学高层次继续教育学生统计

进修教师										高级研讨、研修班					
小 计		访问学者	骨干班		助教班		学位班		单科进修	小 计		教育部		自 办	
班次	人数		班次	人数	班次	人数	班次	人数		班次	人数	班次	人数	班次	人数
	361	126							235	156	15209			156	15209

(继续教育部)

海　外　教　育

【概况】 2004年秋季，北京大学新招收长期留学生812人，其中学位生338人，进修生474人，自费留学生上缴学校学费收入2967万。至2004年12月，北京大学在校长期留学生2083人(其中校本部1692人)，来自94个国家；北京大学本部全年接收各类短期留学生2009人次，明显超过以往历年人数，为历史最高水平。北京大学留学生工作继续以“深化改革、完善管理、保证质量、积极稳妥发展”为指导方针，在办学规模、管理水平、服务质量上都取得了长足进步。

2004年4月6日，在北京市公安局召开的北京市留学生管理工作会议上，北京大学被评为“2002～2003年度北京市留学生管理工作先进单位”，北京大学留学生办公室有关人员在会议上做了“关于留学生突发事件应对”的发言。

2004年4月26日，北京大学首届国际文化节成功举办，在校内外引起了很大反响。2004年7月和12月，北京大学受教育部、国家汉办的委托，先后协办了第三届“汉语桥”世界大学生中文比赛决赛、“2005留华毕业生新年招待会”以及“首都高校外国留学生新年文艺汇演”。

2004年，北京大学派人参加有关机构组织的留学中国教育展，分别是：韩国(3月)、南非和埃及(6月)、泰国(10月)、美国(11月)，取得了很好的效果。

【首届国际文化节】 2004年4月24日，北京大学成功举办了“北京大学106周年校庆暨首届国际文化节”，这是改革开放以来北京大学举办的第一个国际文化节，也是首次将校庆活动和国际文化活动结合在一起的有益尝试。首届国际文化节旨在为中外学生提供一个交流平台，让各国青年增进对不同民族与文化的认识和了解，以促进世界的和平与发展。

文化节盛况空前。全国政协副主席罗豪才、王选，教育部副部长章新胜，韩国、阿富汗等多国驻华大使和来自各地的校友代表、各国留学生代表等一起参加了开幕式。据不完全统计，出席开幕仪式的中外贵宾60多人，有50个国家的留学生代表参加展台展出，到场的校内外留学生有1000多人次，中国学生志愿者人数达150人，活动现场的人员流量超过6000人次；来自15个国家的中外学生自编自演了精彩节目。教育部副部长章新胜出席并讲话。

为纪念此次活动，北京大学联合中国集邮总公司共同出版了专题邮折。2004年10月，本次活动的专题画册，《春之舞动——北京大学首届国际文化节纪念画册》正式出版。

【第三届“汉语桥”世界大学生中文比赛决赛】 由国家对外汉语教学领导小组主办、北京大学协办的第三届“汉语桥”世界大学生中文比赛决赛，于2004年8月7～12日在北京大学举行，共有来自39个国家的75名优胜选手参赛。本届比赛以“文化灿烂的中国”为主题，旨在宣传中国历史悠久、灿烂辉煌的文化，让世界进一步了解中国。

2004年8月11日下午，第三届“汉语桥”世界大学生中文比赛颁奖大会在北京大学百年纪念讲堂隆重举行。国家对外汉语教学领导小组常务副组长、教育部副部长章新胜，国家对外汉语教学领导小组成员、商务部副部长魏建国等出席了颁奖大会并向获奖选手颁发了奖品和奖杯。

【中国首届留华毕业生新年招待会】 2004年12月8日，由教育部举办的“中国首届留华毕业生新年招待会”以及教育部和北京市人民政府第六次联合举办的“2005年首都外国留学生新年文艺晚会”，先后在北京大学英杰交流中心和百年纪念堂隆重举行。教育部周济部长、中共北京市委常委、教工委书记朱善璐出席了文艺晚会，教育部副部长章新胜、北京市副市长范伯元、北京大学校长许智宏，以及外交部、文化部、国家广播电影电视总局、北京市教育委员会等单位的领导同志出席了招待会和文艺晚会，章新胜副部长代表教育部在招待会上发表讲话。150多位曾留学中国的外国朋友与北京市有关学校的领导、教师以及来自60多个国家驻华使馆的百余名外交官分别参加了两个活动。来自70多个国家的300多名外国留学生参加了文艺晚会的演出，在京学习的1000多名外国留学生及其指导教师一起观看了演出。

【中国—欧盟奥地利暑期学校】 2004年，“第三届中国—欧盟奥地利暑期学校”由奥地利萨尔斯堡大学、欧亚太平洋网络主办，并得到了欧盟的支持。北京大学共选拔了34名本科生和研究生参加。这是北京大学首次大规模地组织学生参加国外的暑期学校。该团于2004年7月3日从北京出发，参加在维也纳和萨尔茨堡举办的“国际事务”、“欧洲历史”、“欧洲文学”、“欧洲音乐”、“奥地利美术史”、“欧洲宗教”和“欧洲政治与法律”等讲座,此外还前往意大利、法国、德国、荷兰和比利时等国家,参观了维也纳、萨尔茨堡、布鲁塞尔、慕尼黑、巴黎、威尼斯、根特、安特卫普等。艺术学系和教务部对该团也非常重视,在该团中同时开设由丁宁教授主讲的“西方美术史十五讲”,作为2004年北京大学暑期学校在中国境外开设的唯一一门课程。

【新加坡公务员硕士培养项目】 “新加坡公务员硕士培养项目”是中新两国政府总理会谈的成果,被教育部列为来华留学的重点项目。北京大学接受遴选合格的新加坡政府在职高级公务员来北京大学攻读硕士学位,为新加坡政府培养高质量的公共管理人才。

新加坡公务员硕士培养项目于2004年1月开始筹备,学校研究生院等相关部门和院系提供了大力支持与配合,经过半年多的努力,2004年秋季学期该项目正式启动。秋季入学的三名新加坡政府公务员于8月30日来到北京大学,开始了在北京大学的学习生活。2005年春季,另外一名新加坡政府公务员入学,就读于北京大学政府管理学院。

【短期留学工作】 2004年,北京大学短期留学的各个方面都取得了长足的、突破的发展。一方面,在短期汉语培训领域,坚持团体项目与个人项目协调发展的基本原则,在数量稳中有升的基础上注重质量提高和结构优化。不论是学期班还是暑期欧美班,其规模和质量较以往都有明显提高。另一方面,已有的“中国学”项目也不断开拓创新,成果斐然。不少多年酝酿的重要项目在2004年落地生根,一大批新的“中国学”项目开始茁壮成长。

【首届斯坦福大学北京大学分校项目】 2004年9月27日上午,首届斯坦福大学北京大学分校开学典礼在北京大学英杰交流中心举行。北京大学党委书记闵维方、斯坦福北大分校主任裴儒生以及国际合作部、各院系的领导和老师出席了仪式。首批参加该项目的16名斯坦福大学学生,分别来自斯坦福大学经济学、国际关系、管理学、人类学、心理学、东亚研究等专业。

在11周的时间里,斯坦福学生将学习汉语课程和由北京大学与斯坦福大学教授共同开设的专业课程,内容涉及哲学、法律、环境、考古等方面,授课语言为英语。北京大学还为斯坦福大学学生准备了丰富多彩的参观学习和社会实践活动,组织游览故宫、长城,欣赏杂技、京剧,参观天坛、虹桥市场等,以利于他们更深入直接的体会中国传统文化和北京悠久历史。为了让斯坦福学生更好地融入北大的学习和生活,北大还组织了各相关院系同学为他们辅导汉语,并帮助他们尽快融入北大生活。

2004年12月3日,首届斯坦福北大分校项目结业仪式在北京大学英杰交流中心隆重举行,闵维方书记、许智宏校长、斯坦福领队裴儒生博士以及16名斯坦福学生和北京大学相关的师生代表出席。

【首届华裔新生代企业家中国经济高级研修班】 2004年4月中下旬,受国务院侨务办公室委托,北京大学举办了“第一届华裔新生代企业家中国经济高级研修班”。该项目是国务院侨办与北京大学的一个重点项目,目的在为广大华裔新生代企业家提供一个全面深入了解中国经济、政治、法律等方面的机会,从而有利于企业家增强来华投资的信心。

参加该项目的33位学员都是目前在各国非常成功的年轻企业家,来自东南亚和美国等7个国家。通过合理整合利用北京大学一流的师资和浓厚的学习氛围,使这些企业家在短短的两周时间里,学习了法律、经济、税收、投资、海关、国际金融、贸易等方面的知识,增强了在华投资的信心。授课老师既有北京大学著名教授,同时还有中央政府的一大批现任高级领导干部。项目的结业式在钓鱼台国宾馆举行,国务委员唐家璇出席并讲话。

【首届美国密歇根大学商学院中国经济高级研修项目】 2004年5月,第一届美国密歇根大学FLINT分校商学院中国经济高级研修项目在北京大学举办,来自密歇根大学的师生,到北京大学进行中国商业方面的高级研修。该项目形式新颖,内容分课堂授课和实地考察两个部分。课堂授课又分为学术讲座和研究小组(SEMINAR)讨论,请北大著名的教授用英文就中国的经济、政治、文化、社会、商业等领域做专题讲座;小组讨论更注重学生与老师的互动,同时也注重美国学生与北大学生的互动,大家同堂上课并讨论,有力地促进了两校学生的交流。该项目得到了北京大学和密歇根大学领导和师生的大力支持和帮助,进展十分顺利。

【首届美国斯基德模尔大学“中国学”项目】 2004年9月,第一届美国斯基德模尔大学(Skidmore College)“中国学”项目在北京大学落地生根。美国斯基德模尔大学在历史上是美国著名的私立女子学院,地处纽约市附近,有着悠久的历史和良好的学风,2002年得到了美国弗里曼基金(Freeman Foundation)的资助与北大联合举办这一项目。这次与北大合作,促进了双方的不断了解和相关领域的交流,也为两校师生的互访和交流创造了便利条件。

在首届活动中，有4名学生来到北京大学学习汉语和专业课，其中专业课在历史系上课，授课语言为英语；除了课堂教学，实地参观也是一项重要的教学内容，包括到北京市内的一些著名历史文化古迹和周边一些地方，包括平遥古城、承德、天津等地参观，使学生更加了解北京乃至中国的方方面面。

【牛津大学、剑桥大学合作项目】 牛津大学本科项目、剑桥大学硕士“中国学”项目以及剑桥大学本科项目等，都是北京大学的重点短期留学项目，得到北京大学、牛津大学、剑桥大学校领导的重点关注和大力支持，项目自2001年起运作至今，在许多方面都得到了很大发展和改进，并引起社会和教育界的广泛认可。

2004年初，剑桥硕士“中国学”项目还得到了中国教育部部长周济的重要批示，周部长高度赞扬了北京大学在承担这一项目过程中所做的贡献，以及这一项目给中国高等教育国际化发展趋势创造的宝贵经验。

【预科留学工作】 2004年秋季，校内预科项目实际招生145名，开学实际报到128名，分别来自韩国等10个国家。2004年结业的预科班中，69名同学被录取为北京大学本科生。

北京大学—庆熙大学预科培训班项目进展顺利。2004年1月27日，北京大学招生小组赴韩国庆熙大学，经过面试，共录取了35名学生为第二届预科班学员。2004年5月13～17日，由北京大学招生办公室、国际合作部组成的北京大学代表团一行4人再次赴韩国庆熙大学，经过面试和全面考察，最后从第一届预科班学员中录取23人为北京大学本科生。

【港澳台学生工作】 2004年6月，北京大学首次赴港举办教育展暨首届香港免试生招收工作，共吸纳24名香港优秀中学生就读。2004年招收港澳台地区学生113人(其中香港52人、澳门14人，台湾47人)，2004年秋季在校港澳台生总数已达506人，其中55%为硕士和博士研究生。

【北大—港大中国历史与文化暑期研修班】 2004年6月27日，全国人大副委员长许嘉璐在北京人民大会堂香港厅接见了“北京大学—香港大学中国历史与文化暑期研修班”师生并发表讲话。

北京大学—香港大学暑期研修班是根据两校协议，于1996年开始举办，至2004年已经是第七届。每年香港大学的学生都踊跃参加在北大举办的暑期研修班活动。港大学生在北大期间，除学习普通话外，每天还聆听北大著名学者、教授的精彩讲座，内容包括中国历史、政治、经济、法律、外交、文学、武术、戏曲、语言文字等与中国历史和时代发展紧密联系的知识。学生在北大期间，还参加由北大组织的参观长城、北京胡同、历史博物馆、周口店等历史文化名胜活动，并且赴承德参观学习，加深对中国悠久文明的感性认识和深刻理解。作为2004年新增的一个项目，学生们还要参加国家语委主办的普通话等级考试。

(国际合作部)

医学海外教育

【概况】 2004年，医学部共招收留学生228人。其中本科生103人(临床医学专业64人、口腔医学专业9人、生物英语专业30人)；研究生7人(硕士生6人，博士生1人)；汉语预科生39人；进修生79人(长期9人，短期70人)。

2004年，医学部共招收港澳台学生29人。其中临床医学专业本科生17人；口腔医学专业本科生3人；硕士研究生5人；博士研究生2人；短期进修生2人。

2004年，医学部毕结业留学生96人。其中本科毕业7人(获学士学位6人，未获学士学位1人)；硕士毕业并获学位3人；短期进修和汉语预科共结业86人。

2004年，医学部毕结业港澳台学生8人。其中本科毕业3人(获学士学位2人，未获学士学位1人)；硕士毕业并获学位1人；博士毕业并获学位2人；进修结业2人。

【培养工作】 2001级海外学生于2004年2月，分别进入临床教学医院学习，留学生入中日友好医院，港澳台学生入航天中心医院和民航总医院。

为海外学生组织丰富多彩的文体活动：

1. 组织留学生参观中华民族园和观看摔跤、中华硬气功、拉洋片、赛活驴和京剧等京味文化专场演出，让留学生对中国的历史文化有了更深层次的认识。

2. 组织留学生观看首都高校外国留学生文艺汇演，增进了医学部留学生与其他院校留学生的交流。

3. 组织留学生参加大连国际服装节，让留学生有机会了解中国不同地域的风土人情。

4. 组织留学生参加环昆明湖长跑、登慕田峪长城等活动。

5. 组织台湾学生参加，由中华全国台湾同胞联谊会主办的台湾毕业生联谊、迎接台湾新生联谊、台湾同胞中秋联谊、夏令营、冬令营等活动，增进了两岸人民的感情。

(医学部国际合作处)

附 录

表 5-13 北京大学 2004 年秋季在校外国留学生分国别统计表

单位:人

洲 别	国 别	本科	博士	高进	普进	硕士	学者	预科	总计
欧洲	阿尔巴尼亚	0	0	0	1	0	0	1	2
南美洲	阿根廷	1	0	0	0	0	0	0	1
亚洲	阿拉伯联合酋长国	0	0	0	2	0	0	0	2
非洲	埃塞俄比亚	0	0	0	2	0	0	0	2
欧洲	爱尔兰	0	0	0	0	0	0	1	1
欧洲	奥地利	0	0	0	3	0	0	0	3
大洋洲	澳大利亚	8	1	0	6	0	0	0	15
北美洲	巴哈马	2	0	0	0	0	0	0	2
亚洲	巴勒斯坦	1	1	0	0	0	0	0	2
南美洲	巴西	1	0	0	0	0	0	0	1
欧洲	保加利亚	1	1	0	1	1	0	0	4
欧洲	比利时	1	0	0	1	0	0	0	2
欧洲	冰岛	0	0	0	3	0	0	0	3
欧洲	波兰	0	0	3	0	0	0	0	3
南美洲	玻利维亚	0	0	0	0	2	0	0	2
北美洲	伯利兹	6	0	0	0	0	0	0	6
非洲	布吉纳法索	3	0	0	0	0	0	0	3
非洲	布隆迪	6	0	0	0	0	0	0	6
亚洲	朝鲜	8	0	1	5	0	0	3	17
非洲	赤道几内亚	0	0	0	0	1	0	0	1
欧洲	德国	1	0	1	13	0	0	0	15
非洲	多哥	1	0	0	0	0	0	0	1
北美洲	多米尼加共和国	1	0	0	0	0	0	0	1
北美洲	多米尼克	2	0	0	0	0	0	0	2
欧洲	俄罗斯	1	1	5	10	0	0	1	18
南美洲	厄瓜多尔	0	0	0	1	0	0	0	1
欧洲	法国	0	0	2	12	1	0	0	15
亚洲	菲律宾	16	0	0	2	0	0	0	18
欧洲	芬兰	0	0	0	1	0	0	0	1
非洲	刚果共和国	1	0	1	0	1	0	0	3
非洲	刚果民主共和国	0	0	0	1	0	0	0	1
南美洲	哥伦比亚	0	0	0	0	1	0	0	1
北美洲	哥斯达黎加	1	0	0	0	0	0	0	1
北美洲	古巴	0	0	0	2	0	0	0	2
亚洲	哈萨克斯坦	1	0	0	1	0	0	1	3
亚洲	韩国	653	95	8	28	84	1	132	1001
欧洲	荷兰	0	0	1	16	0	0	0	17
北美洲	洪都拉斯	1	0	0	0	0	0	0	1
亚洲	吉尔吉斯斯坦	0	0	0	2	1	0	0	3
非洲	几内亚比绍	29	0	0	0	0	0	0	29
北美洲	加拿大	35	0	1	13	3	0	0	52
亚洲	柬埔寨	1	0	0	0	0	0	0	1
欧洲	捷克	0	1	0	0	0	0	0	1
非洲	喀麦隆	1	0	0	0	0	0	0	1
非洲	肯尼亚	1	0	0	0	2	0	0	3

续 表

洲 别	国 别	本科	博士	高进	普进	硕士	学者	预科	总计
非洲	莱索托	0	0	0	0	1	0	0	1
亚洲	老挝	3	1	0	5	0	0	0	9
非洲	卢旺达	2	1	0	0	0	0	0	3
欧洲	罗马尼亚	0	0	0	0	1	0	0	1
非洲	马达加斯加	1	0	0	0	1	0	0	2
亚洲	马来西亚	42	5	0	1	4	0	0	52
非洲	马里	0	0	0	2	0	0	0	2
非洲	毛里求斯	1	1	0	0	0	0	0	2
非洲	毛里塔尼亚	2	0	0	0	0	0	0	2
北美洲	美国	32	6	9	110	1	2	1	161
亚洲	蒙古	15	0	1	0	2	1	6	25
南美洲	秘鲁	0	0	0	1	0	0	0	1
欧洲	摩尔多瓦	0	0	0	1	1	0	0	2
南美洲	墨西哥	0	1	0	0	1	0	0	2
非洲	南非	1	0	0	0	0	0	0	1
大洋洲	瑙鲁	1	0	0	0	0	0	0	1
亚洲	尼泊尔	9	5	0	0	2	0	0	16
非洲	尼日利亚	0	0	0	1	0	0	2	3
欧洲	葡萄牙	3	0	0	0	0	0	0	3
亚洲	日本	138	16	21	103	17	5	14	314
欧洲	瑞典	0	0	0	5	0	0	0	5
欧洲	瑞士	1	0	0	1	0	0	0	2
欧洲	塞尔维亚	0	1	0	1	0	0	0	2
非洲	塞拉里昂	1	1	0	0	0	0	0	2
亚洲	斯里兰卡	1	0	0	1	1	0	0	3
非洲	苏丹	0	1	0	0	1	0	0	2
亚洲	泰国	4	1	0	12	5	0	0	22
非洲	坦桑尼亚	1	0	0	1	0	0	0	2
亚洲	土耳其	1	0	0	3	0	0	0	4
南美洲	委内瑞拉	1	0	0	0	3	0	0	4
非洲	乌干达	3	0	0	0	0	0	0	3
欧洲	乌克兰	0	0	0	3	0	0	0	3
亚洲	乌兹别克斯坦	0	0	0	2	0	0	0	2
欧洲	西班牙	0	0	0	15	1	0	0	16
欧洲	希腊	0	1	0	0	0	0	0	1
亚洲	新加坡	23	0	0	3	14	0	0	40
大洋洲	新西兰	6	0	0	3	0	0	0	9
欧洲	匈牙利	0	0	1	2	0	0	0	3
亚洲	也门	6	0	0	0	0	0	0	6
亚洲	伊拉克	0	0	0	0	1	0	0	1
亚洲	伊朗	0	0	0	0	1	0	1	2
亚洲	以色列	0	0	0	3	0	0	0	3
欧洲	意大利	1	1	2	3	0	0	0	7
亚洲	印度	0	2	0	2	0	0	0	4
亚洲	印度尼西亚	26	0	1	2	0	1	4	34
欧洲	英国	11	0	0	8	1	0	0	20
亚洲	越南	5	1	0	0	2	0	0	8
	合 计	1125	145	58	420	158	10	167	2083

（王 勇）

表 5-14　北京大学 2004 年秋季在校外国留学生分院系统计表

单位：人

院　系	本科	博研	高进	普进	硕研	学者	预科	合计
地球空间科学学院	1							1
电子学系				1			1	2
对外汉语教育学院			2	311	10		128	451
法学院	107	5		11	3	2		127
光华管理学院	56	3	1	16	17			92
国际关系学院	134	21	4	22	52	1		233
化学与分子工程学院	1							1
环境学院		4	2		2			8
经济学院	110	4	1	4	2			121
考古文博学院	16	5	4	1	6	1		33
科学与社会研究中心		1						1
历史学系	61	16	13	8	13	2		111
社会学系	30	1	4		2			37
生命科学学院	5		1					6
数学科学学院	1		1					2
外国语学院	1	1		2	2			6
物理学院	5	1		1				7
心理学系	2	2						4
新闻传播学院	62	4	1		8			75
信息管理系	5		1		2			8
信息科学技术学院	2	1						3
艺术学系	19	1		2	2			24
医学部	328	3		9	9		39	388
哲学系	21	24	7	2	5			58
政府管理学院	52	8	2	1	3			63
中国语言文学系	106	40	14	29	20	4		213
合　计	1125	145	58	420	150	10	167	2083

（王　勇）

· 科学研究与产业开发 ·

理 科 科 研

【概况】 2004年，北京大学各类科研项目与经费稳中有升，到校科研总经费为4.82亿元。在继续保持基础研究优势的同时，其他各类项目亦有所突破，呈现出良好的发展势头。

2004年，北大获得国家自然科学基金批准的项目数和经费数，均列全国高校和研究机构首位，创造了历史最高记录。截止到2004年底，理科承担的“973”子项目达到89个，承担的“863课题”和子课题达100余个；北大还获得教育部各类项目130项，其中博士学科点基金的批准数，继续高居全国高校之首，重大重点项目批准数也比往年有所增加。北京大学承担的国防项目，以及北京市各类项目的数量和经费均比往年明显增加。

在各类人才计划方面，2004年北京大学有2个研究群体，获得国家基金委创新研究群体科学基金的资助，3个学术团队入选教育部“创新团队发展计划”，9名教师获得国家杰出青年科学基金资助，33位青年教师入选教育部“新世纪优秀人才支持计划”。

2004年是北京大学获得国家和部委奖励的丰收年。在国家科学技术奖方面，北京大学作为第一完成单位获国家自然科学二等奖3项，作为第二完成单位获国家科学技术进步奖1项。这样，在1982～2004年国家公布的奖励项目中，北大为第一完成单位获得的国家自然科学一、二等奖共21项，居高校首位。

北京大学的科学研究依托于不同形式的科研基地。从国家实验室、国家重点实验室、教育部重点实验室，到卫生部、北京市重点实验室，在承担国家重要研究项目、探索国际科学前沿中起到非常重要的作用。重点实验室的建设，成为北大科研基地建设的代表。

2004年北京大学的实验室建设在不同层次上取得了长足的进步。

北京大学与中科院化学所联合筹建的“北京分子科学国家实验室(筹)”于2004年6月10日正式挂牌，经教育部和中科院批准组建了第一届理事会。实验室将在新一届领导班子的领导下，加快实体化建设的步伐。北京大学结合基础医学、临床医学、生命科学等学科的综合优势，正在申报“分子医学国家实验室”。在参加2004年度重点实验室评估中，“稀土材料化学及应用国家重点实验室”被评为优秀类实验室，“微米纳米加工技术国家重点实验室”被评为优秀；在教育部科技司组织的数理、地学类教育部重点实验室评估中，“数学与应用数学教育部重点实验室”、“重离子物理教育部重点实验室”、“地表过程分析与模拟教育部重点实验室”均被评为优秀类实验室。

2004年，北大发表科研论文的特征是高水平论文层出不穷，发表论文数量稳中有升。根据Thomson-ISI 2004年度数据库的初步统计，北京大学发表的科研论文被收录的总数为2418篇。其中以第一作者单位或者责任作者发表论文为1633篇。一批优秀论文在不同领域的顶级期刊上发表，如Nature, Science, Proceedings of the National Academy of Sciences, Nature Cell Biology, Lancet, New England Journal of Medicine, Nature Biotechnology, Physical Review Letters, Angewandte Chemie, Journal of the American Chemical Society等期刊。这是多年来北大第一次，在各领域高层次期刊发表多篇论文。

广泛的国际合作与交流，推动了学校科研工作的进展。北京大学在科研成果(SCI论文)和科研经费方面都取得了较大的成绩。2004年国际合作经费共1156万元。在2004年，由北京大学理科主持召开了13个国际会议。其中多个会议达到百人以上。

2004年，北京大学科研管理工作又上了一个新台阶。科研部组织召开具有影响的会议有：北京大学理科医科科研通报会(1月)，北京大学2003年度科技奖励大会(10月)，北大理科论坛第三讲诺贝尔物理学奖获得者朱棣文教授讲演(6月)，2004年度教育部“创新团队发展计划”和“新世纪优秀人才支持计划”(理科与医科部分)校内公开答辩会(9月)等。2004年科研部人员根据工作实践,围绕大学评估、人才培养、团队建设、基础研究资助模式及成效问题,在SCI收录期刊和国内核心期刊及正式刊物上共发表科研管理论文7篇,并且将科研部近几年发表的40篇论文汇集成“科研管理论文集”。

【科研基地建设】 北京大学的科研基地为学校的学科建设和人才培养做出了重要贡献。这些基地包括:国家实验室、国家重点实验室、国家工程研究中心、部门重点(开放)实验室、部门工程研究中心、北京市重点实验室、校内交叉学科研究中心等。近年成立的若干交叉学科中心,已经成为北大学科建设的重要依托和新学科的生长点。

北京大学与中科院化学所联合建设的北京分子科学国家实验室,是科技部首批批准筹建的5个国家实验室之一,2004年承担了“973”等一大批国家重大任务,取得了一批重要的研究成果,是国内重要基础科学研究基地之一。2004年,北京大学通过整合医学、生命科学及其他相关学科开始申请筹建分子医学国家实验室。

2004年,依托北京大学的国家重点实验室11个、教育部重点实验室14个(含联合实验室)。重点实验室是北大最重要的人才库,北京大学以院士、特聘教授和杰出基金获得者为代表的人才队伍主要集中在各重点实验室。重点实验室也是北大最重要的科研成果产出机构,北大2/3以上的SCI论文出自重点实验室研究人员。重点实验室不仅在科研方面取得重要成就,而且在高层次人才培养方面发挥巨大作用,重点实验室已经成为培养研究生的重要基地。

国家实验室建设 与中科院化学所联合筹建的“北京分子科学国家实验室(筹)”于2004年6月10日正式挂牌,并于11月20日举行了第一届学术报告会;经教育部和中科院批准组建了第一届理事会,并经理事会会议讨论确定了实验室主任聘任人选。同时,申请筹建的“分子医学国家实验室”相继经历了向教育部汇报、接受科技部“973”生命科学专家组的实地考察,并就该实验室的筹备情况向科技部“973”顾问专家组做了汇报。

重点实验室的评估 2004年,在化学领域的国家重点实验室评估中,“稀土材料化学及应用国家重点实验室”被评为优秀类实验室,“分子动态与稳态结构国家重点实验室(联合)”被评为良好类实验室;“微米纳米加工技术国家级重点实验室(联合)”被评为优秀;在数理、地学领域教育部重点实验室评估中,“数学与应用数学教育部重点实验室”、“重离子物理教育部重点实验室”、“地表过程分析与模拟教育部重点实验室”均被评为优秀类实验室,“造山带与地壳演化教育部重点实验室”、“暴雨与旱涝灾害教育部重点实验室”也参加了评估。

基地建设的其他工作 2004年,对建设中的3个教育部重点实验室(高分子化学与物理、流行病学、信息数学与信息行为教育部重点实验室)进行了建设计划的论证工作;完成了信息领域国家重点实验室(“视觉与听觉信息处理国家重点实验室”、“区域光纤通信网与新型光纤通信系统国家重点实验室”)设备更新改造的可行性论证;对2001～2002年度获得设备更新改造立项的4个国家重点实验室进行了设备验收;“造山带与地壳演化教育部重点实验室”完成了主任换届;促进并加强了“湍流与复杂系统国家重点实验室”与力学系的共建和进一步融合。在国家重点实验室计划实施20周年庆祝表彰活动中,“稀土材料化学及应用国家重点实验室”被评为先进集体,黎乐民院士与张礼和院士被评为先进个人。

2004年度批准成立的校内交叉学科中心有:数字中国研究院、北京—香港—新加坡非线性与复杂系统联合研究中心、北京大学—富士通信息科学技术联合研究中心、北京大学—微软统计与信息技术联合实验室。

【科研项目与经费】 2004年北京大学理科在研项目1352项,其中新启动的项目453项。在2004年,北大新获准国家重点基础研究发展规划项目(“973计划”)12个子项目,到校经费8184万元;根据国家自然科学基金委员会公布的数字,北京大学2004年度获国家自然科学基金各类项目总数、经费总数均为全国第一,批准经费总额首次突破亿元,跃升到1.2亿元。2004年,北京大学获得教育部高校博士学科点专项科研基金的项目数和经费数继续在全国高校中排名第一,理科又有一批“863课题”、攻关课题、教育部项目和国防项目获准资助,北京市新批项目和经费比2003年增加一倍。2004年北京大学理科到校科研经费为3.32亿元。

1. 国家自然科学基金委员会资助的各类项目 2004年,北京大学获得国家自然科学基金各类项目,(包括面上项目、重点项目、重大研究计划、杰出青年科学基金、海外(及港澳)青年学者合作研究基金、创新研究群体科学基金。)资助总额超过1亿元,在全国受资助的各高校和科研院所中居首位。其中作为人才基金的国家杰出青年科学基金、海外青年学者合作研究基金获资助数再次名列前茅。

(1) 面上项目 2004年,北京大学共申请面上项目(含重大研究计划中的面上项目)749项,获批准254项,获资助总经费5753万元。其中校本部申请414项,获批准项目160项，获资助经费3829万元；医学部申请335项，获批准项目94项，获资助经费1924万元。

（2）重点项目　2004年，北京大学共申请重点项目（含重大研究计划中的重点项目）61项，获批准13项，获资助经费1815万元；其中医学部申请16项，获批准项目2项，获资助经费225万元。

（3）重大研究计划　2004年，北京大学在4个重大研究计划中共获得16个项目的资助，其中3项重点项目，13项面上项目，获资助经费707万元，已分别统计在面上项目和重点项目中。

（4）国家杰出青年科学基金　2004年，北京大学共有47人申请国家杰出青年科学基金，其中9人荣膺资助，总经费达870万元。他们是：数学科学学院朱小华，物理学院刘玉鑫，化学与分子工程学院裴坚、黄建滨，地球与空间科学学院傅绥燕，生命科学学院王世强，医学部杜军保、朱卫国和蔡少青。2004年全国共计157名青年学者获得该资助。

（5）海外（及港澳）青年学者合作研究基金　2004年，共有4位以北京大学作为国内研究基地，目前尚在海外（或港澳）从事自然科学基础研究的优秀青年学者，获得了此项基金资助，他们的合作者都是北京大学相应学科的带头人。获资助的海外（及港澳）青年学者及其合作者（括弧内为合作者）是：丁飏（李毅，生命学院），邢宝山（陶澍，环境学院），陈志豪（夏明耀，信息学院），杜明清（高子芬，医学部）。

（6）创新研究群体科学基金　2004年，以物理学院赵光达教授为学术带头人的研究群体和以生命科学学院张传茂教授为学术带头人的研究群体，均获得基金委创新研究群体科学基金，获资助总经费分别为360万元。

（7）国际交流与合作项目　2004年，北京大学在基金委资助下，开展各类国际交流与合作共113项，其中包括国际合作重大项目、留学回国人员短期回国工作讲学、国际合作研究项目、在华召开国际会议以及出国参加国际会议，广泛开展国际交流与合作，很好地促进了科研人员所承担的国家自然科学基金项目的高水平完成。

2. 国家科研计划项目　2004年，北京大学理科获得科技部主管的各类国家科研计划经费11490万元，占理科到校经费的35%。其中国家重点基础研究发展规划项目（“973项目”）8184万元，科技攻关计划项目226万元，高技术研究发展计划项目（“863计划”）3053万元。

（1）国家重点基础研究发展规划项目（“973项目”）　北京大学理科2004年新获准“973”子项目12个，其中，综合前沿领域（含中荷国际合作1个）5个，人口健康领域2个，信息领域3个，农业领域1个，资源环境领域1个。

2004年北京大学理科有3个“973项目”通过了中期评估验收，这3个项目的首席科学家分别是：化学学院刘忠范教授和信息学院彭练矛教授，生命学院王忆平教授，以及人口所郑晓瑛教授。根据中期评估专家的意见和各子项目前两年任务完成的情况，3个项目做了少量调整后，得到了后3年的继续资助。

继2003年，化学学院严纯华教授任首席的“973项目”结题之后，2004年北大又有2个任首席的“973项目”完成结题验收，它们是，物理学院甘子钊院士任首席、依托中科院物理所的“973项目”，以及生命学院丁明孝教授任首席、依托北京大学的“973项目”。同时，北大理科共有17个1999年获准的“973”子项目完成了结题验收工作。

（2）国家高技术发展计划（“863计划”）　2004年北京大学理科在“863计划”的3个民口研究领域新立课题12个（含滚动课题5个），其中：信息技术领域8个、生物技术领域1个、资源环境领域3个（其中2个青年课题）。2003～2004年间，北大理科有63个民口“863计划”课题（含子课题）按计划完成并通过了专家组验收。

2004年国家科技部，对现有的“863”领域和主题的专家组进行了部分增选和调整工作。调整后，北京大学在国家“863计划”的领域专家有2人，他们是任生物和现代农业技术领域专家的朱玉贤教授（生命学院）和马大龙教授（基础医学院）。另外，还有2个主题专家，他们是：基因操作技术主题的顾红雅教授（生命学院），计算机软硬件技术主题的梅宏教授（信息学院）。

3. 国防科技项目　北京大学2004年承担的各类国防项目共计81项，比2003年增加5项。

4. 教育部资助项目

（1）创新团队发展计划　“创新团队发展计划”于2004年开始启动，是教育部“高层次创造性人才计划”中的第一层次计划，资助经费纳入学校“985工程”规划。2004年全国高校共有59个团队入选该计划，其中北京大学有3个团队受资助，分别为以化学院刘忠范、理论生物中心欧阳颀和医学部王宪为学术带头人的研究团队，获资助团队数在全国高校中排名第一。

（2）新世纪优秀人才支持计划　原“跨世纪优秀人才培养计划”自2004年起更名为“新世纪优秀人才支持计划”，是教育部“高层次创造性人才计划”中的第二层次计划，资助经费纳入学校“985工程”规划。2004年度全国高校共有1007人入选该计划，其中北京大学有33人受资助（理科14人、医科7人、文科12人），在全国高校中排名第一。

(3) 教育部重大、重点科学研究项目及高等学校博士点学科专项科研基金 2004年度北京大学获准教育部重大项目2项(理科、医科各1项),重点项目9项(其中理科6项,医科3项),资助经费共192万元;2004年北京大学获得教育部高校博士学科点专项科研基金的项目数和经费数继续在全国高校中排名第一。获准项目39个,其中校本部25项,医学部14项,资助经费共220万元。

(4) 教育部其他资助 2004年,北京大学理科共有3人获得霍英东高校青年教师奖,其中一等奖2人,三等奖1人。另有2人获得霍英东青年教师优选资助课题资助;2004年度北京大学理科获准教育部留学回国科研启动基金资助17人。

5. 北京市科研项目

(1) 北京市自然科学基金项目 2004年,北京大学获准北京市自然科学基金项目24项(本部8项,医学部及附属医院16项),其中重点项目3项,面上项目17项,预探索项目4项,资助经费共366万元。

(2) 北京市科技项目与北京市科技新星计划 2004年,北京大学理科与北京市科委新签科技合同2项,合同额100余万元;2004年,北京大学理科2名青年教师入选北京市科技新星计划,他们分别是化学学院的彭静和物理学院的古英。

(3) 北京市教委共建项目 2004年,北京大学理科获准北京市教委共建项目5项,资助范围包括2个重点学科、2个北京市重点实验室和1个产学研合作项目,资助经费共200万元。

6. 北京大学校长科研基金 2004年"北京大学校长科研基金"支出情况如下:2003年SCI论文奖励经费522万元;引进人才科研启动费和科研项目资助费共15万元;理科各院系科研活动组织费20万元;《北京大学学报(自然科学版)》、《物理化学学报》和《非线性科学》三个刊物的办刊补助费20万元。合计577万元。

【科研成果】 论文专著 根据中国科学技术信息所2004年12月7日公布的2003年科技论文统计结果,北京大学2003年共有1481篇论文被SCIE(SCI扩展版)收录,列高校第3位,比2002年的1333篇增长11.1%。国际论文被引用次数为4256次,比2002年的3065次增长了38.9%,国内论文被引用次数为8099次,比2002年的5774次增长了40.3%,这两项重要指标再次获全国高校第1名。北京大学1998~2002年SCI收录论文累积被引用次数18456次,全国高校排名第1名。2004年出版理工类著作47部,通过鉴定的理科科技成果共6项,通过验收结题的理科科研项目共64项。

科技奖励 北京大学理科2004年国家科学技术奖获奖项目有3项,其中北大为第一完成单位的国家自然科学奖二等奖2项,为第二完成单位的国家科学技术进步奖1项,目前,北京大学的国家自然科学奖数量仍居全国高校第一名。2004年,教育部提名国家科学技术奖北京大学理科共申报8项,有7项获奖,其中一等奖3项,二等奖4项,获奖率接近90%。2004年,北京大学理科获北京市科学技术奖3项,其中一等奖1项,二等奖2项。2004年,北京大学段学复、杨应昌、赵柏林3位院士获得何梁何利奖,是2004年度该奖项获奖人数最多的单位。

专利 北京大学理科2004年度共有55项授权专利,授权数量比2003年翻一番,其中发明专利53件,占总数的96%。专利申请方面,2004年度的专利申请量为141项,其中发明专利为137项,占总数的97%。

(蔡晖 吴锜 马信 郑英姿 钟灿涛 韦宇 张铭)

医学科研工作

【科研项目及经费】 2004年医学部拓宽课题申请途径获得成功,新获批准项目306项,总批准经费9190万元。课题批准数目与批准经费额度均比2003年有所增长。详情如下:

国家自然科学基金委员会资助各类项目 2004年获准基金情况:国家自然科学基金136项,经费2898万元;由于批准的重点项目较2003年减少,因此虽然批准项目总数较2003年(107项)增多,但经费略微有所降低(3130万)。其中:基础医学院生物化学与分子生物学系朱卫国教授,第一医院杜军保教授,药学院天然药物学系蔡少青教授获得2004年杰出青年基金资助共计300万。

科技部资助项目 2004年获得国家科技部批准项目40项,批准经费3648万元,其中国家"863"项目12项,批准经费1094万元;国家科技攻关课题24项,批准经费1959万元;国家"973"研究课题3项,批准经费555万元;国家"973"项目前期课题1项,批准经费40万元。

教育部资助项目 2004年获得国家教育部资助项目53项,批准经费271万元。

国家卫生部资助项目 2004年获得国家卫生部资助项目11项,批准经费927.7万元。

北京市科委资助项目 2004年获得北京市科委资助项目54项,批准经费284万元。

国家中医药管理局资助项目 2004年获得国家中医药管理局资助项目5项,批准经费30万元。

其他资助项目7项,批准经费330万元。

【科研成果】 2004年医学部获得国家自然科学二等奖一项，由中科院院士、药学院张礼和教授领导的“核酸化学及以核酸为靶的药物研究”课题组获得；2004年获北京市科技进步奖15项，其中二等奖10项，(其中作为第二和第四完成单位各一项)；三等奖5项(其中三项为第二完成单位)；获教育部提名国家科学技术奖7项，其中自然科学一等奖2项，二等奖2项；科技进步二等奖3项；获2004年中华医学科技奖8项，其中一等奖2项(作为第二完成单位1项)，二等奖1项，三等奖5项(作为第二完成单位2项)；中国体育科学学会科学技术奖二等奖1项，中国体育科学学会科学技术奖三等奖1项。

【学科建设】 “985工程” 2004年北京大学“985工程”二期建设方案顺利通过教育部立项审批。医学部牵头编制的“重大疾病分子医学科技创新平台”和“创新药物与药学科技创新平台”建设论证报告也同期通过批准。

“211工程” 根据教育部211部协办[2004]1号文件要求，自9月至11月20日，医学部对“十五”、“211工程”十个学科群进行了中期检查工作，并召开“十五”、“211工程”中期检查汇报会。

卫生部部属(管)医疗机构临床学科重点项目 2004年医学部共有个8项目获得资助，资助金额865万元。

聘请世界著名学者项目 自2002年以来，教育部“聘请世界著名学者项目”共资助医学部临床医学李若瑜教授、汪涛教授、林野教授，基础医学陈慰峰教授共计23万元。该项目已于2004年12月15日结束。

【重点实验室】 天然药物及仿生药物国家重点实验室 2004年获省部级以上资助的科研项目10项，到位经费约141万元。

发表研究论文及专著92篇(部)，授权专利2项。张礼和院士研究小组的“核酸化学及以核酸为靶的药物”研究课题获得国家自然科学二等奖。另获教育部提名国家自然科学二等奖1项，北京市科技进步二等奖1项。2004年11月26日，天然药物及仿生药物国家重点实验室召开了第三届第七次学术委员会扩大会议。实验室主任张礼和院士做了《天然药物及仿生药物国家重点实验室2000～2004年度工作总结》，会议讨论通过了“围绕国家需要，以天然药物及仿生药物国家重点实验室为基础，充分发挥‘国家队’作用，整合北京大学药学相关的研究队伍，建设创新药物基础研究技术平台”的决定。这一平台包括药物新靶标发现技术平台，化学生物学研究技术平台，大分子与小分子相互作用研究技术平台，药物输送系统研究技术平台，中药作用的分子机理研究技术平台，同时建设创新药物开发研究技术平台。

分子心血管学教育部重点实验室 2004年分子心血管学教育部重点实验室在研课题项目共16项，其中包括“973”计划项目中子课题项目3项，“985”学科建设项目1项，交叉学科研究项目1项，国家自然科学基金重大项目1项、重点项目1项，面上项目7项和教育部博士点基金1项，北京市自然科学基金2项。年度到位研究经费679万。主要成果发表在国内外学术期刊上，并在国际和国内学术会议上报告。1人获2004年心血管实验室技术方面突出贡献二等奖，1人获2004年心血管实验室技术方面突出贡献三等奖。参加国际学术会议10人次。邀请国外学者讲学6人次，邀请国内学者讲学20余人次，组织学术交流15次。

卫生部精神卫生学重点实验室 2004年度获得各项资助703万元，获得河南省教育厅、河南省教育学会颁发的教育管理科学研究优秀成果奖1项，全年度共发表SCI论文13篇。另外，在国内核心期刊上发表论文40篇，参编和主编专著9部，申报和获得1项专利；举办国际会议1次，组织国际学术交流14次，参加国际会议39人次；培养博士生12人，硕士生7人。

教育部、卫生部神经科学重点实验室 2004年在研项目13项，总金额数151万元。发表原著论文33篇，其中SCI 26篇，中文7篇，主办国际会议1次，参加国际会议作大会报告6人次。

卫生部临床肾脏病重点实验室 2004年全年发表各类学术论文共计96篇，其中SCI收录论文12篇；肾脏病研究所共获得科研课题12项，获得科研经费518万元；赵明辉教授获得第八届中国青年科技奖。2004年共有23人次参加7次国际学术会议，38人次参加4次国内大型学术会议。

卫生部生育健康重点实验室 2004年共承担科研项目10项，其中国际合作项目8项，国内项目2项，其中4项为本年度新启动项目。出席国际会议共11人次，筹备2005年第二届发展中国家出生缺陷和残疾国际大会。本年度发表论文20篇，出版专著4部。

卫生部口腔医学计算机应用工程研究中心 2004年度获国家和省部级以上及“十五”、“211工程”资助经费共37.5万元；发表文章10篇，12人次参加全国口腔方面学术会议；4名硕士毕业，1名博士毕业，目前有两名硕士，1名博士在读。

卫生部医学免疫学重点实验室 2004年重点开展肿瘤免疫学，胸腺细胞发育机制，凋亡和细胞因子相关基因、免疫调节机制以及SARS病毒诱导免疫应答的研究，取得一系列成果，共在SCI收录杂志发表学术论文27篇。全年共申请专利8件。

北京大学生物医学跨学科研究中心工作 组织跨学科学术交流讲座19讲。10月26日，第一百讲由全国人大常委会副委员长韩启德院士作了题为“现代医学的成就与困境”的报告，来自跨学科研究生班以及学校理科、医科、社会学科的师生共200余人参加了这次活动；协助北大研究生院设立了两个跨学科研究生班，“生物信息学研究生班”与“生物医学工程研究生班”，2004年“生物医学工程研究生班”招收研究生20名。在2003年建立的“生物医学工程”硕士点基础上，2004年底申报“生物力学与医学工程”博士点。生物医学工程专业课程被教育部评为“精品课程”。自2001年启动的跨学科研究项目，陆续资助共计21项，已经开始取得阶段性成果。其中部分项目延续工作得到国家及企业各种基金的支持。

2004年3月7日至8日，北京大学生物医学跨学科研究中心召开第三次跨学科学术交流会。北京大学理科和医科30个专业的56位专家到会，全国人大常委会副委员长、北京大学常务副校长韩启德院士作为北京大学生物医学跨学科研究中心主任出席交流会，并就“跨学科与创新”问题作了重要讲话。专家在交流会上提出“联系要形成交织的网络，合作要采取不同规模、不同层次、不同形式，研究要具备前沿性、创造性、延伸性和拓展性”等建设性意见。4月18日，召开“生物医学复杂性问题”专题研讨会，全国人大常委会副委员长、北京大学常务副校长韩启德院士作为北京大学生物医学跨学科研究中心主任出席专题研讨会，与到会的来自物理、化学、基础医学、临床医学的十几位专家学者共同听取医学部常务副主任柯杨教授、物理学院欧阳颀教授、工学院张珏、王金枝等老师，在会议上就“生物医学复杂性问题”、“生物网络动力学探索”、“试论复杂性及其在生物医学中的应用”、“论复杂系统控制”的主题发言，并展开学术研讨。柯杨教授作了题为“医学生物学研究的复杂问题”的学术报告。

北京大学人类疾病基因研究中心　2004年授权专利2项(其中1项为美国专利)、新申请专利6项，2004年共发表论文66篇，其中SCI收录论文28篇。“人类新细胞因子CKLF1研究”获教育部提名国家自然科学奖二等奖。

北京大学干细胞研究中心　在国外重要学术会议发言7人次，发表相关论文3篇。在国际刊物上发表论文7篇，影响因子最高3.397。

【学术交流】　2004年由医学部组织学术报告12次，聘请客座教授2人，北京大学名誉教授1人。

截至2004年12月31日医学部共编著专著、译著共102部，在国内外发表论文共3716篇。被SCI收录论文366篇（不包括Meeting Abstract)，医学部为第一完成单位的Research Article共353篇(比去年增加100余篇)，Review和Editorial Material 7篇，其他6篇。353篇SCI研究论文的平均影响因子为2.28(比去年提高近0.3)，其中影响因子大于5.0的共25篇(去年同期增加6篇)。基础医学院尚永丰教授、北京大学心血管研究所陈光慧教授、北京大学第一医院朱学骏教授、北京大学基础医学院于常海教授分别在《GENES & DEVELOPMENT》、《NATURE CELL BIOLOGY》、《LANCET》、《NEW ENGLAND JOURNAL OF MEDICINE》杂志发表论文。其影响因子分别为17.013，20.268，18.316，34.833。

（陈绍鹏　肖　瑜　林晓冬　汪　立）

附　录

表6-1　国家重点实验室

编　号	实验室名称	负责人
1	人工微结构和介观物理国家重点实验室	龚旗煌
2	稀土材料化学及应用国家重点实验室	严纯华
3	分子动态与稳态结构国家重点实验室(联合)	来鲁华
4	蛋白质工程及植物基因工程国家重点实验室	朱玉贤
5	生物膜与膜生物工程国家重点实验室(联合)	王世强
6	湍流与复杂系统国家重点实验室	佘振苏
7	视觉与听觉信息处理国家重点实验室	查红彬
8	区域光纤通信网与新型光纤通信系统国家重点实验室(联合)	徐安士
9	微米/纳米加工技术国家级重点实验室(联合)	王阳元
10	环境模拟与污染控制国家重点实验室(联合)	胡　敏
11	天然药物及仿生药物国家重点实验室	张礼和

（蔡　晖）

表 6-2　国家工程研究中心

中心名称	所在单位	中心主任
电子出版新技术工程研究中心	计算机科学技术研究所	肖建国
软件工程研究中心	信息科学技术学院	杨芙清

（蔡　晖）

表 6-3　教育部重点实验室

编　号	实验室名称	负责人
1	数学与应用数学教育部重点实验室	张恭庆
2	重离子物理教育部重点实验室	郭之虞
3	北京现代物理中心	李政道
4	生物有机与分子工程教育部重点实验室	王剑波
5	纳米器件物理与化学教育部重点实验室	彭练矛
6	量子信息与测量教育部重点实验室	杨东海
7	地表过程分析与模拟教育部重点实验室	陶　澍
8	水沙科学教育部重点实验室(联合)	倪晋仁
9	造山带与地壳演化教育部重点实验室	张立飞
10	分子心血管学教育部重点实验室	韩启德
11	神经科学教育部重点实验室	万　有
12	高分子化学与物理教育部重点实验室(建设中)	
13	流行病学教育部重点实验室(建设中)	
14	信息数学与信息行为教育部重点实验室(联合)(建设中)	

（蔡　晖）

表 6-4　教育部网上合作研究中心

编　号	中心名称	负责人
1	数学与应用数学教育部网上合作研究中心	张恭庆
2	生命科学与生命技术教育部网上合作研究中心	陈章良
3	应用化学教育部网上合作研究中心	焦书明
4	核科学与核技术教育部网上合作研究中心	郭之虞
5	软件科学与技术教育部网上合作研究中心	杨芙清
6	脑科学教育部网上合作研究中心	周晓林
7	流行病学调查网上合作研究中心	顾　江

（蔡　晖）

表 6-5　北京市重点实验室

编　号	实验室名称	负责人
1	医学物理和工程北京市重点实验室	包尚联
2	空间信息集成与3S工程应用北京市重点实验室	晏　磊

（蔡　晖）

表 6-6　2004 年批准成立的交叉学科研究中心

编　号	名　称	负责人
1	数字中国研究院	童庆禧
2	北京—香港—新加坡非线性与复杂系统联合研究中心	欧阳颀
3	北京大学—富士通信息科学技术联合研究中心	梅　宏
4	北京大学—微软统计与信息技术联合实验室	姜　明

（蔡　晖）

表 6-7　2004 年理科在研科研项目数统计

单　位	国家攻关及科技专项	国　家"863 计划"项目	国家重点基础研究"973"	国防项目	国家自然科学基金	教育部项目	其他部委省市专项	企事业单位委托项目	校长基金	总　计
数学科学学院	—	4	6	1	68	25	—	2		106
力学与工程科学系	—	—	3	8	30	9	—	3		53
物理学院	3	9	21	8	111	38	5	3	4	202
化学与分子工程学院	10	9	18	2	144	34	1	3	3	224
生命科学学院	10	27	31	—	59	12	5	3	1	148
地球与空间科学学院	2	12	12	12	69	16	7	15	2	147
环境学院	10	7	15	—	71	14	19	45		181
心理学系	—	—	1	—	17	3	—	3		24
信息科学技术学院	5	31	18	64	76	31	5	7	1	238
理科其他	5	—	2	—	8	8	5	1		29
总　计	45	99	127	95	653	190	47	85	11	1352

（吴　锜）

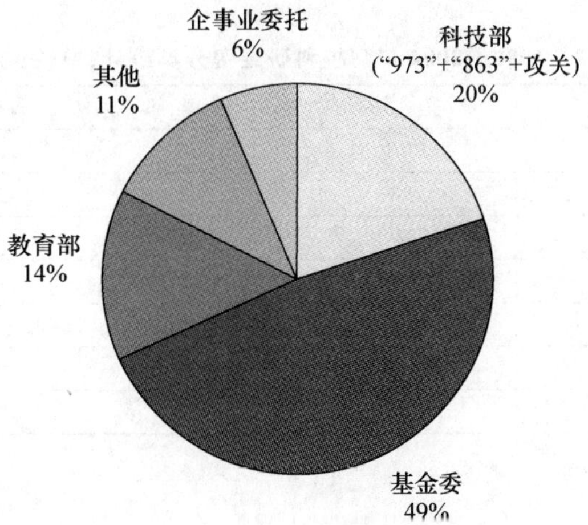

图 6-1　2004 年理科在研科研项目来源

（刘小鹏）

表 6-8　2004 年理科科研项目到校经费(单位：万元)

单　位	国家重点基础研究	国家科技攻关项目	国家"863 计划"	国家自然科学基金	教育部项目	其他部委省市专项	企事业单位委托项目	科技开发	合　计
数学科学学院	758		3	543	68	211	33	20	1636
力学与工程科学系	184			198	32	135	50	385	984
物理学院	425		273	850	60	352	54	223	2237
信息科学与技术学院	1123	200	1832	594	103	2237	227	1370	7686
化学与分子工程学院	914	42	275	1361	130	348	100	190	3360
生命科学学院	1085	320	876	797	74	319	214	304	3989
地球与空间科学学院	166	20	1099	577	74	95	150	550	2731
环境学院	493	124	71	623	78	639	1143	982	4153
心理学系	30	0	0	108	3	34	37	33	245
理科其他			35	204	57	230	23	118	667

（吴　锜）

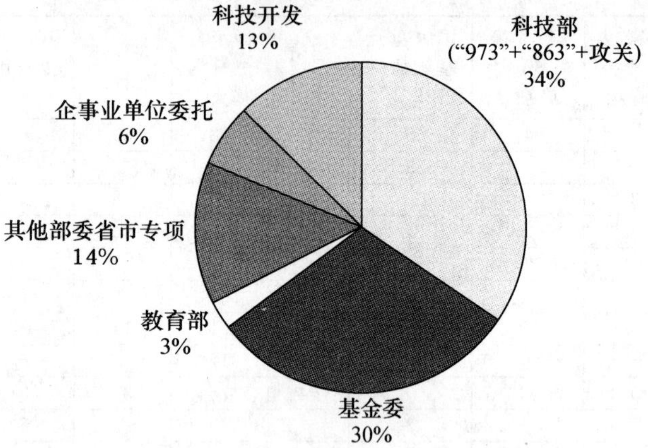

图 6-2　2004 年理科到校科研经费来源

（刘小鹏）

表 6-9　1998～2004 年到校科研经费分类统计(单位：万元)

年　度	理　科	文　科	医学部	科研编制费	合　计
1998	9887	1701		579	12167
1999	14977	793		696	16466
2000	27571	1820	2720	758	32869
2001	22891	2488	4467	1170	31016
2002	29967	2600	8581	1172	42320
2003	30748	2650	9587	1153	44138
2004	33243	3129	10562	1240	48174

（吴　锜）

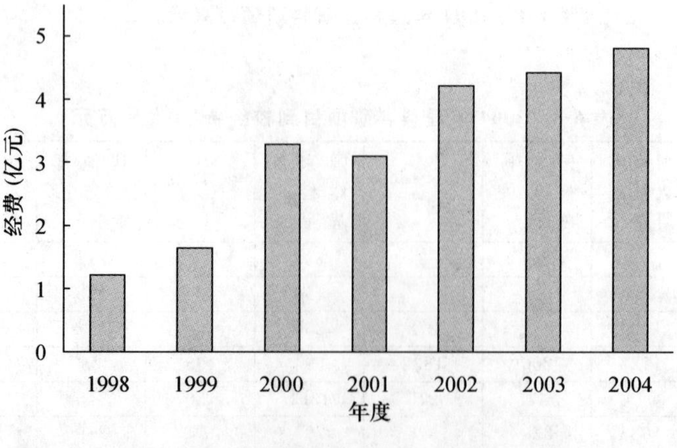

图 6-3　1998～2004 年全校到校科研经费总额增长表

（刘小鹏）

表 6-10　2004 年获准国家自然科学基金项目

（经费数单位：万元）

系　所	面上项目		重点项目		重大项目		重大研究计划				杰出基金		海外青年合作基金		创新群体		其　他		总　计	
							面上项目		重点项目											
	项目数	经费数	项目数	经费数	项目数	经费数	项目数	经费数	项目数	经费数	项目数	经费数	项目数	经费数	项目数	经费数	项目数	经费数	项目数	经费数
数学学院	15	253	—	—	—	—	—	—	—	—	1	70	—	—	—	—	3	45	19	368
力学系	5	111	—	—	—	—	1	25	—	—	—	—	—	—	—	—	—	—	6	136
物理学院	21	557	3	500	—	—	4	98	—	—	1	100	—	—	1	360	3	240	33	1855
化学学院	27	647	1	200	5	800	1	25	2	180	2	200	—	—	—	—	6	169	44	2221
生命学院	15	340	1	120	—	—	2	80	—	—	1	100	1	40	1	360	3	70	24	1110
地空学院	17	526	1	120	—	—	—	—	—	—	1	100	—	—	—	—	1	90	20	836
环境学院	17	422	—	—	1	—	1	45	1	130	—	—	1	40	—	—	—	—	21	637
心理学系	4	85	—	—	—	—	—	—	—	—	—	—	—	—	—	—	—	—	4	85
信息学院	21	470	1	180	—	—	4	124	—	—	—	—	1	40	—	—	1	24	28	838
光华学院	7	89	1	150	—	—	—	—	—	—	—	—	—	—	—	—	—	—	8	239
其　他	4	92	1	90	—	—	—	—	—	—	—	—	—	—	—	—	1	13	6	195
医学部	94	1924	2	225	2	800	—	—	—	—	3	300	1	40	—	—	14	139	116	3428
总　计	247	5516	11	1585	8	1600	13	397	3	310	9	870	4	160	2	720	32	790	329	11948

（马　信）

表 6-11　2004 年获国家自然科学基金面上和重点项目

单位名称	申请项目数		获准项目数		获准率(%)		获准经费(万元)	
	面上	重点	面上	重点	面上	重点	面上	重点
数学学院	27	1	15	—	56	54	253	—
力学系	18	—	6	—	33	33	136	—
物理学院	68	9	22	3	32	32	580	500
化学学院	48	4	27	2	56	56	647	300
生命学院	36	10	16	1	44	37	385	120
地空学院	42	7	17	1	40	37	526	120
环境学院	50	6	18	1	36	34	467	130
心理学系	10	—	4	—	40	40	85	—
信息学院	69	3	24	1	35	35	569	180
光华学院	24	1	7	1	29	32	89	150
其　他	22	4	4	1	18	19	92	90
医学部	335	16	94	2	28	27	1924	225
合　计	749	61	254	13	481	436	5753	1815
面上重点总计	810		267		917		7568	

注：面上、重点的统计包括重大研究计划中的面上和重点项目。

（马　信）

表 6-12　理科主持的“国家重点基础研究发展规划”项目

项目编号	首席科学家	项目名称	状况
G1998061300	严纯华	稀土功能材料的基础研究	2003 结题
G199906400	甘子钊	超导科学技术	2004 结题
G1999053900	丁明孝	细胞重大生命活动的基础与应用研究	2004 结题
G1999075100	姜伯驹	核心数学中的前沿问题	2004 在研
G2000036500	张　兴	系统芯片中新器件、新工艺的基础研究	2004 在研
2001CB6105	刘忠范、彭练矛	纳电子运算器材料的表征与性能基础研究	2004 在研
2001CB1089	王忆平	高效生物固氮机理及其在农业中的应用	2004 在研
2001CB5103	郑晓瑛	中国人口出生缺陷的遗传与环境可控性研究	2004 在研
2002CB713600	赵　夔	基于超导加速器的 SASE 自由电子激光的关键理论及技术问题的研究	2004 在研
2002CB312000	梅　宏	Internet 环境下基于 Agent 的软件中间件理论和方法研究	2004 在研
2003CB715900	来鲁华	基因功能预测的生物信息学理论与应用	2004 在研

（郑英姿）

表 6-13　2004 年理科新获准“国家重点基础研究发展规划”子项目

领域	任务编号	项目名称	负责人	单位
综合前沿	2004CB720207	近代和现代环境过程与环境替代性指标的量化研究	周力平	环境学院
综合前沿	2004CB719403	产品设计中的几何计算理论与方法研究	汪国平	信息学院
综合前沿	2004CB720007	跨膜钙信号转导及其对囊泡活动的调节	王世强	生命学院
综合前沿	2004CB720003	核膜内外物质交流和细胞周期中核膜的动态变化	张传茂	生命学院
综合前沿	2004CB720608	生长性表面的自编纳米图案结构研究(国际合作)	杨威生	物理学院
人口健康	2004CB520801	人类肝脏结构蛋白质组和蛋白质组新技术新方法研究	夏　斌	核磁中心
人口健康	2004CB520801	人类肝脏结构蛋白质组学研究—晶体结构部分	苏晓东	生命学院
资源环境	2004CB418404	断裂带物理特性与地震震源物理	陈晓非	地空学院
信息	2004CB318204	对等存储模式下基于对象的数据组织与索引机制研究	代亚非	信息学院
信息	2004CB318005	数学机械化在生物特征识别中的应用	查红彬	信息学院
信息	2004CB318102	文本内容理解的数据基础	俞士汶	信息学院
农业	2004CB117302	棉纤维细胞转录组学研究	朱玉贤	生命学院

（郑英姿）

表 6-14 2004 年理科"国家高技术研究发展计划"课题情况

领 域	任务编号	课题名称	负责人	单 位
生物领域	2004AA231020	蛋白质结构和功能关系的生物信息学研究	魏丽萍	生命学院
信息领域	2004AA113030	软件开发公共技术支撑体系的若干关键技术研究和系统集成	张世琨	信息学院
信息领域	2004AA112070	基于 Internet、以构件库为核心的软件开发平台研究(滚动)	谢 冰	信息学院
信息领域	2004AA133020	兼容软件接收机的研制及其在 ITS 中的应用	陈秀万	地空学院
信息领域	2004AA1Z1220	原子芯片及其应用	陈徐宗	信息学院
信息领域	2004AA1Z1210	Gx2CPU 核心技术转移及开发(滚动)	程 旭	信息学院
信息领域	2004AA1Z2040	构件化嵌入式操作系统开发环境研制(滚动)	陈向群	信息学院
信息领域	2004AA105070	国家卫星导航技术研究支撑共享平台研究	张飞舟	地空学院
信息领域	2004AA131020	基于 SIG 框架的数字城市服务系统与示范(滚动)	李 琦	地空学院
资源环境领域	2004AA626021	海洋蓝藻基因组及功能基因组研究(滚动)	赵进东	生命学院
资源环境领域	2004AA649090	可移动遗传因子在污染体系中的水平基因转移与基因强化技术研究(青年)	温东辉	环境学院
资源环境领域	2004AA649360	稠油污染土壤淋洗—人工湿地联合修复新技术研究(青年)	籍国东	环境学院

(郑英姿)

表 6-15 2004 年理科获准"创新团队发展计划"清单

学术带头人	研究方向	单 位
刘忠范	表界面纳米工程学	化学学院
欧阳颀	理论与系统生物学研究	理论生物中心

(韦 宇)

表 6-16 2004 年理科获准"新世纪优秀人才支持计划"名单

姓 名	院 系	姓 名	院 系
刘旭峰	数学学院	张 博	生命学院
白树林	力学系	范六民	生命学院
吴学兵	物理学院	陈 斌	地空学院
李 焱	物理学院	黄清华	地空学院
李子臣	化学学院	胡 敏	环境学院
张新祥	化学学院	陈 清	信息学院
李 彦	化学学院	吴玺宏	信息学院

(韦 宇)

表 6-17 2004 年理科获准教育部重大和重点项目

批准编号	项目名称	负责人	承担单位
10401	低维纳米信息材料及其功能研究	彭练矛	信息学院
104003	常规 X 光源单波长反常散射(SAD)的蛋白质直接晶体学方法研究	苏晓东	生命学院
104004	湖南黑色岩系中铂元素富集机理与成矿环境	吴朝东	地空学院
104005	甲壳型电致发光高分子的分子设计、合成与性能研究	范星河	化学学院
104217	抗 SARS 病毒创新药物研究	来鲁华	化学学院
104183	天津地区农业生态系统中的持久性有机污染物与效应	陶 澍	环境学院
104237	基于医学影像的信息整合理论、方法和应用平台	包尚联	物理学院

(韦 宇)

表 6-18 2004 年理科获准高等学校博士点专项科研基金

批准编号	项目名称	负责人	单位简称
20040001030	有限群及其模表示论	张继平	数学学院
20040001032	非线性分析,辛几何和哈密顿系统	蒋美跃	数学学院

续 表

批准编号	项目名称	负责人	单位简称
20040001034	子流形的共形不变量理论	王长平	数学学院
20040001036	微分动力系统的遍历理论	孙文祥	数学学院
20040001049	聚合物及其复合材料本构关系的分子网络理论	王建祥	力学系
20040001002	基微结构模板和纳米结构的自组装	朱 星	物理学院
20040001003	PET数据处理的药物代谢动力学模型研究	包尚联	物理学院
20040001007	利用HERMES实验开展五夸克态的研究	冒亚军	物理学院
20040001008	双星立体观测资料云顶高度几何反演	王洪庆	物理学院
20040001010	致密核物质中粒子的性质及夸克等凝聚的研究	刘玉鑫	物理学院
20040001012	近场飞秒光制备低维电导、光导纳米结构	张家森	物理学院
20040001013	光照条件下富勒烯的开孔反应	甘良兵	化学学院
20040001014	对特定环境因素敏感的新型两亲分子有序组合体的研究	黄建滨	化学学院
20040001016	低温等离子体合成纳电子器件单元材料研究	李星国	化学学院
20040001017	AFM沾笔刻蚀技术在纳米尺度定位无机合成中的应用	李 彦	化学学院
20040001019	研究表皮生长因子受体调控的趋化运动的分子机理并设计抗癌药物	张 宁	化学学院
20040001020	发光颜色调控中的材料与器件基本问题研究	邹德春	化学学院
20040001021	DNA识别分子的研究	袁 谷	化学学院
20040001057	脊髓水平催产素及其受体镇痛作用的神经机制	于龙川	生命学院
20040001058	菊科菊属(Dendranthema)植物的系统学研究	饶广远	生命学院
20040001059	被子植物细胞质遗传的机理、意义和进化	苏都莫日根	生命学院
20040001038	西南喀斯特山区土地退化及其治理的价值计算	蔡运龙	环境学院
20040001055	我国餐饮源排放源成分谱及有机示踪物的确定	胡 敏	环境学院
20040001026	新型高K栅介质可靠性问题研究	康晋锋	信息学院
20040001050	基于SIP软交换的实时通信系统及其关键技术	王 选	计算机所

(韦 宇)

表 6-19 2004年理科获准霍英东高校青年教师奖和青年教师优选资助课题

姓 名	单 位	奖 项
齐利民	化学学院	研究类一等奖
甘少波	数学学院	研究类一等奖
瞿礼嘉	生命学院	研究类三等奖
张 锦	化学学院	优选资助课题
梁宇和	生命学院	优选资助课题

(韦 宇)

表 6-20 2004年理科获准北京市自然科学基金

任务编号	项目名称	负责人	单位简称
4052017	SiC材料制备工艺技术、结构特性及在MEMS中应用	张海霞	信息学院
4052018	基于特征的生成式复用技术及其支撑环境研究	赵海燕	信息学院
4052019	基于自然语言文本分析的领域知识库建造技术研究	穗志方	信息学院
5051003	艾滋病病毒及丙型肝炎病毒小动物感染模型的建立	邓宏魁	生命学院
5052014	水稻矮缩病毒细胞间运动蛋白介导病毒细胞运动机理研究	李 毅	生命学院
7052034	以p38激酶为靶点的抗炎多肽药物先导分子研究	顾 军	生命学院
8052012	北京地区雾浓度湍流通量特征及与雾生消关系的实验研究	张宏升	物理学院
8053020	一种新的地震预测方法及其在首都圈的应用	朱守彪	地空学院

(韦 宇)

表 6-21　2004 年理科与北京市科委新签科技合同

任务编号	项目名称	负责人	单位简称
1	功率型高亮度 GaN 基 LED 的材料、器件及其封装的产业化关键技术研究	张国义	物理学院
2	功能基因组专利战略研究	李　毅　郑胜利	生命学院

（韦　宇）

表 6-22　2004 年理科获准北京市教委共建项目

项目类别	项目编号	项目名称
重点学科	XKl00010402	无线电物理
	XKl00010404	空间物理
北京市重点实验室	SYSl00010401	医学物理和工程实验室
	SYSl00010402	空间信息集成与 3S 工程实验室
产学研合作项目	CXYl00010401	北京市大气环境二次污染控制研究

（韦　宇）

表 6-23　2004 年获奖科技成果

类　别	等级	单位排序	获奖人	项目名称	完成单位
国家自然科学奖	2	1	张树霖、顾镇南、蔡生民、施祖进	若干低维材料的拉曼光谱学研究	物理学院
	2	1	方精云、贺金生、朴世龙	中国陆地生态系统生产力和碳循环的研究	环境学院
	2		张礼和、张亮仁、方家椿、周德敏、杨振军	核酸化学及以核酸为靶的药物研究	药学院
国家科技进步奖	2	2	其　鲁	锂离子二次电池正极材料钴酸锂的合成	化学学院
教育部提名国家科学技术奖	1	1	刘张炬	Poisson 几何及其在物理学中的应用	数学学院
	1	1	俞大鹏、冯孙齐、徐军、邢英杰、张洪洲、白志刚、张晔、常永勤	准一维半导体纳米线材料研究	物理学院
	1	1	林炳雄、李士杰、李能、刘希尧、张婉静、刘英骏	新型三效稀土 FCC 助剂(RE-II)	化学学院
	2	1	顾志福、孙天风	柱群绕流相互干扰研究	力学系
	2	1	龚旗煌、刘春玲、孙宇星、张铁桥、王欣	非线性光限幅新材料及机理研究	物理学院
	2	1	茹炳根、任宏伟、纪建国、康巧华、刘颖、周波、季清洲、吴大庆、陈巧林、陈文、赵税、潘多加、张勇、李崎、沈炯	金属硫蛋白与抗衰老,神经生长抑制因子与抗 AD 的作用机制研究	生命学院
	2	1	谢新洲、包昌火、刘细文、杨列勋、腾跃、胡星光、叶小梁、李娜、黄英、张燕、尹科强、吴淑燕、李艳、林建林、李正中	基于分析和网络的现代信息服务理论、技术与应用研究	新闻与传播学院
	1		屠鹏飞、蒲小平、雷厉、宋志宏、耿兴超、田雪菲	肉苁蓉属药用植物化学成分、生物活性和质量控制研究	药学院
	1		吴希如、张月华(5)、潘虹(6)、陈育才(7)、吕建军(8)、刘晓燕(9)、陶拉娣(10)、姜玉武(11)	儿童失神癫痫基因研究	第一医院
	2		韩文玲、马大龙、张颖妹、王应、娄雅欣、唐军民、陈英玉、邱晓彦、宋泉声	人类新细胞因子 CKLF1 的克隆和功能研究	基础医学院
	2		郭静萱、张萍、陈凤荣、毛节明、张福春、周春燕	血管新生在缺血性心肌病治疗中的作用研究	第三医院

续　表

类　别	等级	单位排序	获奖人	项目名称	完成单位
教育部提名国家科学技术奖	2		谢敬霞、韩鸿宾、杨正汉、郑卓肇、杜湘柯、母其文、王建利、刘挨师、张芳、孔令琦	MR新技术基础研究及临床应用	第三医院
	2		王建中、王淑娟、袁家颖、夏铁安、屈晨雪、李传保、曹凌、孙芾、吴振茹、贺茂林	流式细胞术分析血小板膜糖蛋白及其临床应用研究	第一医院
	2		于长隆、曲绵域、田得祥、敖英芳、余家阔、胡跃林、崔国庆、王健全、郭秦炜、闫辉	关节软骨损伤机理和新治疗方法的探索	第三医院
北京市科学技术奖	1	1	彭练矛、陈清、薛增泉、吴全德、顾镇南	电子显微学基础和纳米结构研究	信息学院
	2	1	李晓明、闫宏飞、谢正茂、彭波、陈华、龚笔宏、孟涛、张志刚、王继民	北大燕穹海量网络信息的收集、组织与服务平台	信息学院
	2	1	郭之虞、陈佳洱、樊铁栓、刘文龙、叶卫国、刘廷进、陈金象、冯玉清、宋翔翔	核科学数据信息化管理与网上共享系统的研究	物理学院
	2		邓大君、周静	一种快速检测CpG胞嘧啶甲基化的方法	肿瘤所
	2		寿成超、田学军、雷和田、安平、张建芝、靳更林、宋述梅、张华、刘晓颖	肿瘤细胞的VEGF自分泌及噬菌体肽库中VEGF受体阻断剂的筛选	肿瘤所
	2		杜军保、唐朝枢、石云、汪立、宫丽敏、李晓惠、金红芳、田宏、赵斌	气体信号分子一氧化碳体系与低氧性肺动脉高压发病机制研究	第一医院
	2		朱学骏、陈喜雪、吴艳、姜薇、杨勇、马彦	基底膜带相关遗传性皮肤病基因突变研究	北大医院
	2		张益、孙勇刚、张震康、俞光岩、章魁华、张建国、何冬梅、刘林、潘瑾	颌骨骨折及下颌骨缺损重建的坚强内固定	口腔医院
	2		刘民、张孔来、梁万年、曾宪嘉、潘利	艾滋病性病预防与计划生育服务相结合的评价研究	公共卫生学院
	2		李立明、胡永华、耿直、郑忠国、姜庆五、方积乾、曹卫华、蒋建成、金华	流行病学与统计学结合进行因果探讨的理论方法与研究	公共卫生学院
	2		杨铭、王保怀、徐志栋、王敏、朱树梅、肖苏龙、于晓琳	以核酸分子识别为基础新型HIV抑制剂的研究	药学院
	2		王向群(7)	突发事件对医护人员、患者、民众心理状态的影响及对策的研究	精神卫生研究所(4)
	2		……	中国人群心血管病危险因素和10年心血管病发病危险的前瞻性队列研究	首钢医院(2)
	3		郭应禄、朱宏建、张智清、辛殿祺、席志军、叶雄俊	UroplakinII基因和启动子在人膀胱癌中的研究	第一医院
	3		卢国理、王耐芬、刘虎生、尹明、张淑贞、蔡绍勤	小麦粉和人发一级国家标准物质中稀土含量定值研究	公共卫生学院
	3		邓大君 (3)	腮腺对机体硝酸盐代谢的影响	北京市肿瘤防治研究所(2)
	3		陆小平(4)	成年2型糖尿病的流行病学调查和糖耐量低减干预的研究	首钢医院(2)
	3		贾少微(2)	不同侧头皮电针治疗中风的SPECT研究和临床观察	深圳医院(2)
中华医学科技奖	1		丁洁、杨霁云、王芳、郭顺华、姚勇、黄建萍、俞礼霞、刘景城、肖慧捷、张敬京、张英	Alport综合征从临床到基因诊断的系列研究	第一医院
	1		庄辉 3	戊型肝炎病毒基因4型及其分子生物学和家畜感染研究	医学部 2

续 表

类 别	等级	单位排序	获奖人	项目名称	完成单位
中华医学科技奖	2		李龙、张金哲、吕国蔚、黄柳明、付京波、王燕霞、贾钧、王淑芹、雷宇、刘宝富、余奇志、王平、刘钢	小儿消化道畸形的基础与临床研究	1. 第一医院 2. 首都医科大学附属北京儿童医院
	3		孟焕新、曹采方、郑麟蕃、刘荣坤、谢昊、朱小玲、陈智滨	牙龈炎和牙周炎免疫机制的研究	口腔医院
	3		唐朝枢 2、苏静怡 4、庞永正 5	缺血再灌注损伤的防治机制研究	医学部 2
	3		魏丽惠 2、王建六 4、屠铮 6、张晓红 8	雌、孕激素受体与妇科肿瘤诊治的研究	人民医院 2
	3		李若瑜、李东明、刘伟、赵军、骆志成、王晓红、余进、马蕾、狄梅、万喆、钟志红、王端礼	病原真菌的分子生物学特性研究及其应用	1. 第一医院 2. 中国科学院微生物研究所真菌与地衣系统学重点实验室
	3		卢国理、王耐芬、刘虎生、尹明、张淑贞、蔡绍勤、倪邦发、洪维民、李冰、刘君卓	小麦粉和人发一级国家标准物质中稀土含量定值研究	1. 公共卫生学院 2. 国家地质实验测试中心 3. 中科院生态环境研究中心 4. 北京有色金属研究总院 5. 中国原子能研究院
中国体育科学学会科学技术奖	2		敖英芳、于长隆、曲绵域、田得祥、王健全、余家阔、胡跃林、崔国庆、郭秦炜、肖健、印钰、徐雁	关节镜技术在运动创伤诊断和治疗方面的临床研究	第三医院
	3		于长隆、曲绵域、田得祥、敖英芳、余家阔、胡跃林、崔国庆、王健全、郭秦炜、闫辉	关节软骨损伤机理和新治疗方法的探索	第三医院

注：单位排序指北大作为获奖单位所处的序次。

（张　铭）

表 6-24　2004 年理科发表的 SCI 收录论文及分布

单 位	国内刊物			国外刊物	总 计	所占百分比(%)	平均影响因子	最高影响因子
	中文	英文	小计	英文				
数学科学学院	0	19	19	88	107	8.9	0.57	1.94
力学与工程科学系	4	17	21	32	53	4.4	1.00	7.04
物理学院	37	84	121	178	299	24.8	1.75	10.27
化学与分子工程学院	100	47	147	252	399	33.1	1.81	8.43
生命科学学院	7	19	26	59	85	7.0	2.39	10.27
地球与空间科学学院	28	21	49	34	83	6.9	1.50	30.98
环境学院	1	16	17	49	66	5.5	1.11	3.59
心理学系	0	2	2	6	8	0.7	3.14	7.97
信息科学技术学院	2	17	19	80	99	8.2	1.52	7.31
分子医学所	0	0	0	1	1	0.1	14.11	14.11
人口研究所	0	0	0	1	1	0.1	0.93	0.93
计算中心	0	0	0	1	1	0.1	0	0
科学研究部	0	0	0	1	1	0.1	1.25	1.25
总 计	179	242	421	782	1203	100	1.64	30.98

（刘小鹏）

表 6-25 1995～2003 年发表的 SCI 收录论文比较

年 度	1995	1996	1997	1998	1999	2000	2001	2002	2003
论文数	269	285	448	542	791	1105	1240	1333	1481
全国高校排名	2	2	2	2	1	1	2	2	3
增长幅度%	16	6	67	21	46	40	12	10.2	11.1

注：1999 年以前的数据是 SCI 核心版收录论文数，1999 年以后的数据为 SCI 扩展版收录论文数，其中 2000 年以后的数据包括医学部。

（周 辉 刘小鹏）

2004 年发表的部分较高影响因子 SCI 论文(IF>7)

1. X. P. Dong, P. C. J. Donoghue, H. Cheng and J. B. Liu（地空学院 董熙平）. Fossil embryos from the Middle and Late Cambrian period of Hunan, South China. Nature. (2004) Jan 15, 427, (6971) 237. (IF 30.979)
2. C. Zhang, W. Xiong, H. Zheng, L. C. Wang, B. Lu and Z. Zhou（分子医学所 周专）. Calcium- and dynamin-independent endocytosis in dorsal root ganglion neurons. Neuron. (2004) Apr 22, 42,(2) 225. (IF 14.109)
3. X. Huang, Y. Q. Dong and J. D. Zhao（生命学院 赵进东）. HetR homodimer is a DNA-binding protein required for heterocyst differentiation, and the DNA-binding activity is inhibited by PatS. Proceedings of the National Academy of Sciences of the United States of America. (2004) Apr 6, 101,(14) 4848. (IF 10.272)
4. F. T. Li, T. Long, Y. Lu, Q. Ouyang and C. Tang（物理学院 欧阳颀）. The yeast cell-cycle network is robustly designed. Proceedings of the National Academy of Sciences of the United States of America. (2004) Apr 6, 101, (14) 4781. (IF 10.272)
5. B. Q. Ma, H. L. Sun and S. Gao（化学学院 高松）. Formation of two-dimensional supramolecular icelike layer containing (H2O)(12) rings. Angewandte Chemie-International Edition. (2004) 43,(11) 1374. (IF 8.427)
6. Y. Chi, L. M. Fu, W. Yuan, J. P. Zhang, W. T. Wong, X. C. Ai, Y. F. Qiao, B. S. Zou and L. L. Gui（化学学院 王远）. A highly luminescent euiropium complex showing visible-light-sensitized red emission: Direct observation of the singlet pathway. Angewandte Chemie-International Edition. (2004) 43,(38) 5010. (IF 8.427)
7. Y. H. Zhao, Z. H. Ma, X. M. Zhang, Y. P. Zou, X. L. Jin and J. B. Wang（化学学院 王剑波）. A highly stereoselective addition of the anion derived from alpha-diazoacetamide to aromatic N-tosylimines. Angewandte Chemie-International Edition. (2004) 43,(44) 5977. (IF 8.427)
8. S. H. Han, Y. Jiang, H. Gu, H. Y. Rao, L. H. Mao, Y. Cui and R. Y. Zhai（心理学系 韩世辉）. The role of human parietal cortex in attention networks. Brain. (2004) Mar, 127, 650. (IF 7.967)
9. Y. R. Ma, L. M. Qi, J. M. Ma and H. M. Cheng（化学学院 齐利民）. Micelle-mediated synthesis of single-crystalline selenium nanotubes. Advanced Materials. (2004) Jun 17, 16,(12) 1023. (IF 7.305)
10. C. Mu, Y. X. Yn, R. M. Wang, K. Wu, D. S. Xu and G. L. Guo（化学学院 徐东升）. Uniform metal nanotube arrays by multistep template replication and electrodeposition. Advanced Materials. (2004) Sep 3, 16,(17) 1550. (IF 7.305)
11. R. C. Che, L. M. Peng, X. F. Duan, Q. Chen and X. L. Liang（信息学院 彭练矛）. Microwave absorption enhancement and complex permittivity and permeability of Fe encapsulated within carbon nanotubes. Advanced Materials. (2004) Mar 5, 16,(5) 401. (IF 7.305)
12. Z. Q. Ouyang, C. Wang and Z. S. She（力学系 佘振苏）. Scaling and hierarchical structures in DNA sequences. Physical Review Letters. (2004) Aug 13, 93,(7). (IF 7.035)
13. S. G. Zhou, J. Meng and P. Ring（物理学院 周善贵）. Spin symmetry in the antinucleon spectrum. Physical Review Letters. (2003) Dec 31, 91,(26). (IF 7.035)
14. F. R. Xu, E. G. Zhao, R. Wyss and P. M. Walker（物理学院 许甫荣）. Enhanced stability of

superheavy nuclei due to high-spin isomerism. Physical Review Letters. (2004) Jun 25, 92, (25). (IF 7.035)

15. H. L. Wang(物理学院 王宏利). Statistics of defect-mediated turbulence influenced by noise. Physical Review Letters. (2004) Oct 8, 93, (15). (IF 7.035)

16. S. Zhang, L. M. Peng, Q. Chen, G. H. Du, G. Dawson and W. Z. Zhou(信息学院 彭练矛). Formation mechanism of H2Ti3O7 nanotubes. Physical Review Letters. (2003) Dec 19, 91, (25). (IF 7.035)

(刘小鹏)

表 6-26　2004 年理科经过正式鉴定的科研成果

成果名称	完成单位	承担人员
BDCR—2003 型计算机 X 线摄影系统	化学学院、北大医院、数学学院、物理学院	李新章等
肿瘤临床诊断的红外光谱新方法	化学学院、第三医院、口腔医院	吴瑾光等
新型稀土永磁材料—高性能钕铁氮磁体产业化开发	物理学院	杨应昌等
基于分析和网络的现代信息服务理论、技术与应用研究	新闻与传播学院	谢新洲等
网络环境下的研究生教育招生系统	计算中心	种连荣等
网络环境下的物资供应与管理信息系统	计算中心	王倩宜等

(张　铭)

表 6-27　2004 年理科通过验收结题的科研项目

承担单位	项目名称	负责人	项目来源分类	开始时间	结题时间
数学学院	基础计算方法的创新与发展	张平文	"973"子项目	1999	2003
数学学院	应用统计	耿　直	科学基金重点项目	1999.01	2003.12
物理学院	超导科学技术	甘子钊	"973"项目	1999	2004
物理学院	SQUID 中的物理问题及新型器件探索	戴远东	"973"子项目	1999	2004
物理学院	超强超短激光在物质微结构和大分子体系的超快动力学中的交叉前沿	龚旗煌	"973"子项目	1999	2004
物理学院	北方干旱半干旱地区生存环境变化的综合集成预测研究	钱维宏	"973"子项目	1999	2004
物理学院	新型稀土永磁材料	杨应昌	国家"863 计划"课题	2001	2003
物理学院	基于氮化镓基发光二极管的白光光源研究	张国义	国家"863 计划"课题	2002	2004
物理学院	C60 相关材料的超导电性研究和器件开发	王福仁	教育部重点项目	2002.01	2004.12
化学学院	凝聚相、表面和界面复杂体系的动力学研究	赵新生	"973"子项目	1999	2004
化学学院	SO_2 和 Nox 的吸附富集固态化学	寇　元	"973"子项目	1999	2004
化学学院	铝合金表面的钎涂改性	高　苏	北京市基金项目	2001.09	2004.09
化学学院	新型纳米金属及合金簇催化剂的合成与性能研究	王　远	教育部重点项目	1999.01	2001.12
化学学院	新型液晶高分子材料的研究	周其凤	教育部重点项目	2001.01	2003.12
化学学院	有序高级结构分子聚集体的理论基础研究	徐筱杰	科学基金重大项目	2001.01	2003.06
生命学院	细胞重大生命活动的基础与应用研究	丁明孝	"973 项目"	1999	2004
生命学院	细胞凋亡抉择调控与执行机制研究	丁明孝	"973"子项目	1999	2004
生命学院	与衰老相关基因或基因群的克隆与功能研究	陈建国	"973"子项目	1999	2004
生命学院	木材材性形成的分子基础及调控机制	崔克明	"973"子项目	2000	2004.09
生命学院	烟粉虱生物型与寄生植物和天敌关系的研究	阎凤鸣	北京市基金项目	2002.01	2004.12
生命学院	结构基因组学研究(北大组)	罗　明	国家"863 计划"课题	2001	2003
生命学院	噬菌体展示库在药用海蛇多肽开发中的运用	顾　军	国家"863 计划"课题	2002	2004

续　表

承担单位	项目名称	负责人	项目来源分类	开始时间	结题时间
生命学院	拟南芥突变体库的建立及功能基因组研究	陈章良	教育部重大项目	2000.01	2003.12
生命学院	利用原位技术进行植物器官发生早期专一表达基因的分离与分析	白书农	教育部重点项目	1999.01	2001.12
生命学院	结构基因组研究	罗　明	教育部重点项目	2001.01	2003.12
地空学院	大陆深俯冲作用在西北地区的探究	张立飞	"973"子项目	1999	2004
地空学院	机载传感器的综合应用	李　京	国家"863计划"课题	2002	2004
地空学院	提高卫星空间分辨率的超分辨率图像重建技术研究	陈秀万	国家"863计划"课题	2003	2004
环境学院	黄河断流对河流系统功能的影响	倪晋仁	"973"子项目	1999	2004
环境学院	河湖水系变迁与北京城市建设和发展	邓　辉	北京市基金项目	2002.01	2004.12
环境学院	近50年北京周边地区植被退化及其生态效应研究	刘鸿雁	北京市基金项目	2002.01	2004.12
环境学院	我国润湿山地植物物种多样性空间格局研究	方精云	教育部重点项目	1999.01	2001.12
环境学院	青藏高原低层大气氧化性及城市污染特征	朱　彤	教育部重点项目	2000.01	2002.12
环境学院	珠江三角洲城市环境污染形成机制及调控原理—城市大气复合污染形成机制	朱　彤	教育部重点项目	2002.01	2004.12
环境学院	典型微量有机污染物的区域环境过程	陶　澍	科学基金重点项目	2001.01	2003.12
心理学系	中文发展性阅读障碍与知觉加工	周晓林	教育部重点项目	2001.01	2003.12
信息学院	微系统设计方法、建模、数据库和仿真相关问题研究	郝一龙	"973"子项目	1999	2004
信息学院	海量信息系统中分布协同与互操作的理论与实现机制研究	李晓明	"973"子项目	1999	2004.11
信息学院	面向内容的海量信息的集成、分析处理和服务	唐世渭	"973"子项目	1999	2004
信息学院	三维加工,材料,封装组装和可靠性相关问题研究	张大成	"973"子项目	1999	2004
信息学院	利用Agent技术进行网上异构空间信息库的协同研究	罗英伟	北京市基金项目	2001.09	2004.09
信息学院	基于网络的虚拟博物馆漫游显示中的关键技术研究	汪国平	北京市基金项目	2001.09	2004.09
信息学院	基于中文概念词典的词义消歧	于江生	北京市基金项目	2003.01	2004.12
信息学院	面向领域的构件运行支撑系统	邵维忠	国家"863计划"课题	2001	2004
信息学院	WDM超长距离光传输技术的研究与实现	陈章渊	国家"863计划"课题	2001	2004
信息学院	10Gb/s驱动电路和微波匹配电路	王子宇	国家"863计划"课题	2001	2004
信息学院	面向网络计算机的众志—863CPU芯片及系统	程　旭	国家"863计划"课题	2002	2003
信息学院	基于XML的数据集成、共享与交换	王腾蛟	国家"863计划"课题	2002	2004
信息学院	软件化嵌入式操作系统开发环境研制	陈向群	国家"863计划"课题	2002	2004
信息学院	基于攻击和取证的信息系统安全隐患发现技术和工具	段云所	国家"863计划"课题	2002	2003
信息学院	面向SIG的在线空间信息协同与并行处理技术	罗英伟	国家"863计划"课题	2002	2004
信息学院	多粒度光交换技术与系统应用	李正斌	国家"863计划"课题	2003	2004
信息学院	ICP加工模型模拟与IP库	张海霞	国家"863计划"课题	2003	2004
信息学院	星载铷原子频率标准(B)	董太乾	技术基础项目	2002	2004
信息学院	TV—铷钟及时间频率同步研究	董太乾	技术基础项目	2002.06	2004.06
信息学院	玻色—爱因斯坦凝聚的实现和原子激射器预先研究	王义遒	教育部重大项目	2001.01	2003.12

续 表

承担单位	项目名称	负责人	项目来源分类	开始时间	结题时间
信息学院	WDM全光通信网波长可变节点研究	徐安士	科学基金重大项目	2000.01	2003.06
信息学院	卫星通信专线网	项海格	型号项目	1999	2004
信息学院	复杂结构目标时域(宽带)RCS的精确建模与分析	王长清	预研基金	2002.01	2004.12
信息学院	自适应突发跳频抗干扰技术研究	梁庆林	预研项目	2001	2004
信息学院	高性能32位RISC军用微处理器及系统软件的实现	程　旭	预研项目	2001.07	2004.03
信息学院	IP模块、IP核嵌入技术研究	于敦山	预研项目	2001.07	2004.03
信息学院	低压SOI集成电路技术研究	张　兴	预研项目	2001.07	2004.03
信息学院	超深亚微米集成电路技术	黄　如	预研项目	2001.07	2004.03

(吴　锜　郑英姿　韦　宇)

表6-28　2004年理工科获基金委国际(地区)合作项目

项目名称	负责人	项目来源	开始时间	结题时间
喜马拉雅—西藏高原碰撞带岩石圈尺度造山动力学	陈永顺	重大国际合作	2005.01	2007.12
基于抑制gp120与CD4结合的抗HIV药物的研究	邓宏魁	港联RGC	2005	2007
单层分散型双金属催化剂研究	朱月香	两个基地	2005.01.01	2007.12.31
有关纳米器件的理论及模拟	陈　清	两个基地	2005.01.01	2007.12.31
微流体科学技术研究	欧阳颀	两个基地	2005.01.01	2007.12.31

(白树林)

表6-29　2004年理工科获科技部政府间国际合作项目

姓　名	院　系	期　限	合作国家
江大勇	地质学系	3个月	德国DFG
王河锦	地空学院	3个月	德国DAAD
朱永峰	地空学院	3个月	德国DAAD
高　松	化学学院	2年	乌克兰
于晓梅	信息学院	2年	丹麦
胡建英	信息学院	2年	澳大利亚
徐明耀	数学学院	2年	斯洛文尼亚
俞孔坚	环境学院	2年	斯洛文尼亚

(白树林)

文　科　科　研

【概况】　中共中央《关于进一步繁荣发展哲学社会科学的意见》的发布,表明繁荣发展哲学社会科学,已经成为全党的共识和我党领导国家建设的战略,这是一件令所有人文社会科学工作者欢欣鼓舞的大事。北京大学社会科学部从具体工作做起,积极学习、领会、贯彻党中央的精神,在2004年工作中,着力加强内部管理,推动学术开放与交流,在举办北京论坛、参加北京市社科评奖、申报重大攻关项目,以及接受教育部进行基地检查等方面,取得了显著的成绩。社科部还积极落实国家规划办、教育部社政司的相关文件精神,组织101人次参加教育部基地评估考察、评审了102份兄弟院校的相关材料、推荐了 91 位老师参加国家社科基金共 1884 份申报材料的评审。人才培养方面，我们配合教育部“新世纪优秀人才支持计划”的实施，遴选并推荐了 17 位优秀的青年学术带头人参加该计划。

2004 年 8 月 23～25 日，在韩国高等教育财团的赞助和北京市政府的大力支持下，北京大学成功举办了一场高水平的国际学术会议——北京论坛。社会科学部从 2003 年底开始，全程参与了首届北京论坛的组织工作。围绕大会主题，组织文科各院系成立了 14 个分会学术委员会，负责海内外学者的推荐和邀请工作，同时整理并编辑了 14 本论文集，制作了精美的大会手册，保证了论坛的成功举办。

在北京市第八届哲学社会科学优秀成果评奖公布的 198 项成果中，我校获 34 项，位居榜首。田余庆先生所著《拓跋史探》和刘金质教授所著的《冷战史（上、中、下）》2 项成果，获特等奖，占特等奖总数的百分之五十，与中国人民大学并列第一。叶朗教授主编的《中国历代美学文库》等 10 项成果获一等奖，占一等奖总数的28.57%，位居第一。方文副教授的专著《社会行动者》等 22 项成果获二等奖，与北京师范大学并列第一。我校参评成果共计 58 项，获奖率为 58.62%，创历史新高。

2004 年北京大学第九届人文社会科学优秀成果评奖共申报成果 104 项，经院系初评推荐、专家通讯评审、学部会议评审以及 20 天的异议期，最终评出一等奖 25 项，二等奖 50 项。在成果管理办公室的积极组织下，我校今年共有 18 项著作获得北京市社科理论著作出版基金资助。2004 年 2 月底，北大 2003 年度人文社科统计工作完成。统计表明，2003 年北大文科教师全年创作的成果总数达到 3020 项，比 2002 年的 2689 项增长了 12.3%。同时，社科部利用新的网络版的科研管理系统，将以前的一些成果数据统一整合到新系统中，使新系统中的成果数据达到 22000 余条，方便了校内各单位的日常使用。

“《儒藏》编纂与研究”作为教育部重大攻关项目于 2003 年立项，又于 2004 年 6 月被国家社科规划办确立为“国家社会科学基金重大项目”，我校非常重视这一项目的研究，成立了以汤一介教授为主任的实体研究机构——《儒藏》编纂中心，具体负责项目的日常工作。近 1 年来，《儒藏》编纂中心已经邀请了 20 多所高校的 300 余位著名专家学者参与编纂工作，任务已经落实到人，并开始进行儒家典籍的校点工作，预计 2005 年将可完成约 100 种儒家典籍的校点。为加强儒学人才培养，《儒藏》编纂中心今年还招收了两名硕士研究生和四名博士研究生。2004 年项目办公室，组织了本年度国家社会科学基金项目申报，共申报 142 项，立项 36 项，立项率 25.6%。2004 年，组织了霍英东教育基金申报工作。

同时，在第九届高校青年教师奖和青年教师基金资助名单中，我校外语学院陈岗龙、光华管理学院龚六堂获青年教师奖研究类一等奖，考古文博学院雷兴山获教学类三等奖。

2004 年 4 至 6 月间，组织了三大纵向课题共 83 个项目的中期检查和 18 个项目的结项工作。

在教育部哲学社会科学研究重大课题攻关项目招标工作中北京大学共申报 12 项，中标 3 项，分别为哲学系张志刚教授的“当代宗教冲突与对话研究”、社会学系马戎教授的“西部开发中的人口流动与族际交往研究”、国际关系学院叶自成教授的“中国和平发展的国际环境研究”。在项目管理办公室的组织下，我校共有 20 位青年教师获得了 2004 年度的留学回国人员科研启动基金。11 月 16 日，教育部文件正式公布了入选国家文科重点研究计划的机构名单，我校接受评估的和新申请的 13 个机构都名列其中，从而使我校的教育部人文社科重点研究基地总数跃居全国第一。2004 年，为配合我校“985”二期战略，我们进行了文科发展规划。2004 年，北京大学主办以及与境外大学合办的国际学术会议共有 37 个，我校文科虚体科研机构新增 17 个，总数达到 171 个，形成包括教育部人文社会科学重点研究基地、人口研究所等实体研究机构、亚太研究院等跨学科研究机构以及众多的虚体研究机构四个梯队。

2004 年社会科学部继续加强部门主页建设，并采用动态网络技术，进一步丰富了网络服务内容，陆续开通了科研机构管理系统、文件交换和共享的 FTP 服务以及文科项目到账查询系统。同时，对日常的通知和相关文件的发布，做到了快速准确地下发到文科各单位，方便和加强了社会科学部与文科各单位的联系。为进一步提高科研管理效率，顺利完成各项工作，2004 年，社会科学部还进行了内设机构负责人的聘任工作。

（王康宁）

附　录

表 6-30　2004 年新增教育部人文社会科学重点研究基地

基地名称	创立时间	中心主任	研究问题
北京大学中国经济研究中心	1994 年 8 月	林毅夫	对我国当前改革和发展中的热点难点问题进行专题研究
北京大学宪法与行政法研究中心	1999 年 12 月	罗豪才	宪法与行政法学领域
北京大学美学与美育研究中心	1960 年	叶　朗	美学基本理论问题研究、中国美学研究、艺术教育与美育研究等方面

（王康宁）

表 6-31　2004 年北京大学获国家社会科学基金项目

单　位	姓　名	项目名称	项目类别
中文系	韩毓海	新自由主义文化思潮研究	一般项目
数学系	秦怀振	域及小域推断研究	青年项目
法学院	张守文	财产权的税法保护	一般项目
光华管理学院	董小英	知识创新的信息保障体系研究	一般项目
经济学院	刘　伟	完善社会主义市场经济体制的理论研究	一般项目
社会学系	周飞舟	农村税费改革的社会学研究	青年项目
考古文博学院	秦大树	禹州神迫均窑址发掘 报告编纂	一般项目
历史系	阎步克	秦汉官阶制与早期帝国官僚	一般项目
社会学系	谢立中	社会研究中的“话语—文本分析”后现代思潮的社会学意函初探之一	一般项目
法学院	饶戈平	国际法的实施机制研究：基于国际组织的视角	一般项目
外国语学院	湛　如	禅苑清规研究	一般项目
对外汉语学院	杜晓勤	中国古代诗歌声律数据库的建立及中近古时期诗歌律化过程研究	一般项目
新闻传播学院	陈昌凤	美国传媒控制系统研究	一般项目
信管系	王锦贵	21 世纪图书馆在先进文化建设中的地位与作用	一般项目
社会学系	刘世定	博弈论与社会学：理论视角和模型	一般项目
法学院	尹　田	中国民法典总则之理论与立法研究	一般项目
哲学系	张立波	后现代视域中的唯物史观	青年项目
外国语学院	刘曙雄	南亚伊斯兰现代化进程	一般项目
政府管理学院	燕继荣	中国政治发展及转型战略研究	一般项目
政府管理学院	肖鸣政	党政领导人才标准与开发战略研究	一般项目
中文系	张　健	明代诗学研究	一般项目
经济学院	王跃生	国际资本流动的新机制与发展中国家的角色研究	一般项目
历史系	李孝聪	中国古代舆地图研究	一般项目
图书馆	戴龙基	我国信息资源共建共享的可持续发展研究	一般项目
外国语学院	彭广陆	日语教学语法系统研究	一般项目
信管系	周文俊	当代中国图书馆学史	一般项目
哲学系	李中华	胡煦易学文献整理及思想研究	一般项目
哲学系	韩水法	欧洲近现代启蒙理论研究	一般项目
中文系	王　枫	中国近代散文文体研究	青年项目
外国语学院	张保胜	元明清遗存蓝札本梵文文物的解读与研究	一般项目
外国语学院	唐孟生	南亚伊斯兰教研究	一般项目
外国语学院	周小仪	现代化过程中的消费文化研究	一般项目
外国语学院	张　薇	基于网络的大学英语研究性评价模式	青年项目

续 表

单 位	姓 名	项 目 名 称	项 目 类 别
中文系	陈保亚	汉台对应语素数据库及其时间层次标注	重点项目
法学院	张千帆	国家主权与地方自治问题研究	重点项目
哲学系	靳西平	现象学与西方 传统认识论	重点项目

（王周谊）

表 6-32 2004 年北京大学文科获教育部重大攻关项目名单

项目批准号	所在院系所	投 标 课 题 名 称	首席专家	经费(万)
04JZD00005	哲学系	当代宗教冲突与对话研究	张志刚	50
04JZD00021	社会学系	西部开发中的人口流动与族际交往研究	马 戎	80
04JZD00040	国际关系学院	中国和平发展的国际环境研究	叶自成	50

（王周谊）

表 6-33 2004 年北京大学文科获其他横向课题项目

来 源	负 责 人	课 题 名 称	工 作 单 位	立 项 时 间
北京市发展和改革委员会	万鹏飞	北京城市化发展战略	首都发展研究院	2004 年 9 月
北京市发展和改革委员会	肖鸣政	北京市人才战略研究	政府管理学院	2004 年 9 月
北京市发展和改革委员会	万鹏飞	北京市优势产业集群研究	首都发展研究院	2004 年 11 月
北京市发展和改革委员会	李国平	京津塘高新技术产业带发展战略规划前期研究	政府管理学院	2004 年 8 月
北京市教委	陈学飞	北京市学分互认、转移和积累体系研究	教育学院	2004 年 12 月
北京市教育科学规划办公室	汪 琼	基于成人学习理论的现代远程教学模式与实践研究	教育学院	2004 年 6 月
北京市教育科学规划办公室	赵国栋	北京地区高校校园信息化发展策略研究	教育学院	2004 年 6 月
北京市社会科学界联合会	赵成根	打造诚信平台	政府管理学院	2004 年 12 月
北京市社会科学界联合会	黄楠森	马克思主义哲学体系的坚持、发展和创新研究	哲学系	2004 年 12 月
北京市卫生局	李 玲	北京市优化医疗资源配置	中国经济研究中心	2004 年 12 月
财政部	林毅夫	国际环境对中国崛起的影响	中国经济研究中心	2004 年 11 月
财政部	陆正飞	公司治理、融资结构及企业投资行为研究	光华管理学院	2004 年 4 月
国家对外汉语教学领导小组	黄 立	乘风汉语课件教本编写_培训教材脚本	对外汉语教育学院	2004 年 6 月
国家对外汉语教学领导小组	刘颂浩	乘风汉语课件教本编写_管理及教学教本	对外汉语教育学院	2004 年 6 月
国家对外汉语教学领导小组	张文贤	乘风汉语课件教本编写_配套资源脚本	对外汉语教育学院	2004 年 6 月
国家对外汉语教学领导小组	李晓琪	关于中国汉语水平考试 HSK(商务)研发	对外汉语教育学院	2004 年 4 月
国家发展和改革委员会	张一弛	全国中小企业信用担保体系建设研究	光华管理学院	2004 年 7 月
国家发展和改革委员会	雎国余	国家物资储备功能、作用及实现途径	经济学院	2004 年 9 月
国家发展和改革委员会	孙祁祥	世界新格局下中国外贸风险及管理对策研究	经济学院	2004 年 12 月
国家发展和改革委员会	向 勇	“十五”时期我国电影业发展战略研究	文化产业研究所	2004 年 9 月
国家民委	钱民辉	西部少数民族教育发展的差异成因分析	社会学所	2004 年 2 月
国家清史纂修委员会	戴龙基	图录、西文古籍中清史图片的数字化整理	图书馆	2004 年 12 月
国家清史纂修委员会	郭卫东	史表——中外约章	历史系	2004 年 6 月
国家人口计生委	陈 功	人口和计划生育政务信息	人口所	2004 年 9 月
国家人口计生委	陈 功	如何加强人口和计划生育系统政务信息工作	人口所	2004 年 9 月
国家人口计生委	陈 功	中国人口安全	人口所	2004 年 11 月
国家人口计生委	郑晓瑛	世界卫生组织合作项目	人口所	2004 年 12 月

续 表

来 源	负责人	课题名称	工作单位	立项时间
国家人口计生委	陈 功	人口和计划生育综合改革	人口所	2004年9月
国家人口计生委	郭志刚	人口发展预测	社会学所	2004年6月
国家体育总局	龚文东	体育运动伤害的法律责任体系研究	法学院	2004年12月
国家体育总局	王曙光	全球化背景下我国体育产业发展战略研究	经济学院	2004年3月
国家体育总局	宋新明	SARS作用评估与未来发展方向	人口所	2004年3月
国家体育总局	郑晓瑛	体育锻炼对高龄老年人心理健康水平影响估计	人口所	2004年12月
国家体育总局	董进霞	北京奥运会遗产展望：不同洲际奥运会举办国家的比较研究	体教部	2004年12月
国家体育总局	李 杰	CUBA中国大学生篮球联赛发展的研究	体教部	2004年12月
国家体育总局	康小明	融资体制创新与我国体育产业的发展	文化产业研究所	2004年12月
国家图书馆	聂 华	数字资源加工标准与操作指南	图书馆	2004年11月
国家文物局	李崇峰	关于犍陀罗与新疆佛教遗迹关系调查与研究	考古文博学院	2004年5月
国家知识产权局	张 平	全国专利实施综合抽样调查与专利促进政策研究	法学院	2004年12月
国家知识产权局	张 平	我国汽车产业知识产权保护状况专项调查研究	法学院	2004年11月
国家知识产权局	张 平	入世后我国知识产权重大涉外案件研究	法学院	2004年11月
国务院发展研究中心	周飞舟	我国农村土地承包制度研究	社会学系	2004年5月
国务院机关事务管理局	句 华	中央国家机关职务消费规范化研究	政府管理学院	2004年10月
教育部	任光宣	俄罗斯文学史	外国语学院	2004年5月
科技部	路 风	提升我国汽车工业创新能力战略研究	政府管理学院	2004年11月
民政部	刘 能	社会捐助研究	社会学所	2004年8月
农业部	沈明高	农村民间金融组织发育及运作情况调查	中国经济研究中心	2004年6月
全国高校古委会	白化文	参天台五台山记	信息管理系	2004年5月
全国高校古委会	李 更	宋代校勘学的发展与嬗变	中文系	2004年5月
全国高校古委会	漆永祥	东吴三惠诗文集	中文系	2004年5月
全国高校古委会	张少康	文心雕龙资料丛书	中文系	2004年5月
全国高校古委会	郝 平	古代国际文化交流	国际合作部	2004年10月
全国哲学社会科学规划办公室	陈志尚	马克思主义人学基本理论和重大现实问题研究	哲学系	2004年7月
全国哲学社会科学规划办公室	陈志尚	经典作家关于人的基本观点研究	哲学系	2004年12月
商务部	王咏梅	东部与中西部开放型经济发展的协调模式	光华管理学院	2004年4月
商务部	赵 晓	人民币汇率变动与中美贸易关系	中国经济研究中心	2004年7月
商务部	邵景春	WTO/TBT和SPS协定的实践情况及我们的应对策略	法学院	2004年6月
商务部	盛杰民	统一市场法	法学院	2004年12月
商务部	杨岳全	出口品牌发展战略研究	光华管理学院	2004年4月
商务部	张维迎	白皮书内外贸企业调查问卷	光华管理学院	2004年7月
司法部	洪艳蓉	证券市场监管权研究	法学院	2004年9月
司法部	饶戈平	国家间多边合作的组织形态	法学院	2004年12月
团中央	沈千帆	北京大学青年文化研究	团 委	2004年12月
团中央	向 勇	青年文化建设研究	文化产业研究所	2004年7月
卫生部	刘 能	医院治理	社会学所	2004年2月

（王周谊）

表 6-34　2004 年留学回国人员科研启动基金文科入选人员名单

单　位	姓　名	课 题 名 称	资助金额(万元)
社会学系	阿拉腾	内蒙古农牧交错地带自然资源利用的生态人类学研究	1.5
哲学系	陈　波	20 世纪西方逻辑哲学	1
外国语学院	陈贻绎	希伯来语圣经世界唯一权威朗诵版本的数码化、网络化工程	1.5
中国经济研究中心	沈明高	民间金融与中小企业融资研究	2
社会学系	朱晓阳	中国企业改革中的职工参与和工场社区建设	1.5
经济学院	黄　玲	半开放经济的财政政策,货币政策与汇率政策	1.5
中国经济研究中心	李　玲	关于农村新型合作医疗的可持续性研究	2
教育学院	李　茵	专家教师关于教育专长的内隐理论	2
光华管理学院	黄张凯	财政分权,金融市场和货币政策	2
外国语学院	林庆新	后现代主义历史小说研究	1.5
图书馆	刘大军	中韩古代活字印刷比较研究	1.5
光华管理学院	刘京军	信用风险管理的数学模型	2
哲学系	彭　锋	环境美学的哲学基础	1.5
中国经济研究中心	汪　浩	一个关于代理与选择的实验研究	1.5
光华管理学院	王　辉	工作绩效的维度及对员工晋升、奖励和离职意向的影响	2
历史学系	王元周	清代朝鲜燕行使与中朝文化交流	2
社会学系	于长江	现代性冲击下传统社会纽带(socialties)的转型与重构	1.5
哲学系	周　程	福泽谕吉对中国启蒙思想家的影响	1.5
国际关系学院	尚　英	国外廉政制度比较研究	1.5
新闻与传播学院	吴　靖	电子视觉修辞对公共领域转型的影响	1.5

(王周谊)

表 6-35　北京大学获北京市第八届哲学社会科学优秀成果奖名单

序　号	项 目 名 称	成 果 形 式	申 报 单 位	申 报 者	出版、发表时间	出版、发表单位
特等奖(2 项)						
1	冷战史(上、中、下)	专著	北京大学	刘金质	2003 年 1 月	世界知识出版社
2	拓跋史探	专著	北京大学	田余庆	2003 年 3 月	三联书店
一等奖(10 项)						
序　号	项 目 名 称	成 果 形 式	申 报 单 位	申 报 者	出版、发表时间	出版、发表单位
3	中国历代美学文库	古籍整理作品	北京大学	叶　朗	2003 年 12 月	高等教育出版社
4	Optimal Taxation and Intergovernmental Transfer in a Dynamic Model with Multiple Levels of Government	论文	北京大学	龚六堂	2002 年 10 月	Journal of Economic Dynamics and Control
5	德国古典大学观及其对中国大学的影响	专著	北京大学	陈洪捷	2002 年 9 月	北京大学出版社
6	中印佛教石窟寺比较研究 · 以塔庙窟为中心 ·	专著	北京大学	李崇峰	2003 年 12 月	北京大学出版社
7	教会法研究	专著	北京大学	彭小瑜	2003 年 11 月	商务印书馆
8	捍卫与挑战：对故事与话语之关系的思考(Defense and Challenge: Reflections on the Relation Between Story and Discourse)	英文论文	北京大学	申　丹	2002 年 10 月	美国《叙事》(NARRATIVE)杂志
9	中国电影批评史(1897～2000)	专著	北京大学	李道新	2002 年 6 月	中国电影出版社
10	现代汉语词类研究	专著	北京大学	郭　锐	2002 年 7 月	商务印书馆
11	陶渊明集笺注	古籍整理作品	北京大学	袁行霈	2003 年 4 月	中华书局
12	登科记考补正	专著	北京大学	孟二冬	2003 年 7 月	北京燕山出版社

续 表

二等奖(22 项)						
序 号	项 目 名 称	成 果 形 式	申 报 单 位	申 报 者	出版、发表时间	出版、发表单位
13	社会行动者	专著	北京大学	方 文	2002 年 7 月	中国社会科学出版社
14	Women, Sport and Society in Modern China : Holding Up More than Half the Sky(当代中国社会、妇女与竞技体育)	专著	北京大学	董进霞	2003 年	FRANK CASS
15	道与真——金岳霖哲学思想研究	专著	北京大学	胡 军	2002 年 9 月	人民出版社
16	宗教哲学研究——当代观念、关键环节及其方法论批判	专著	北京大学	张志刚	2003 年 1 月	中国人民大学出版社
17	天台智者研究：兼论宗派佛教的兴起	专著	北京大学	李四龙	2003 年 8 月	北京大学出版社
18	中国养老保险制度变迁的经济效应	论文	北京大学	郑 伟	2003 年第 10 期	《经济研究》
19	中国银行业改革的侧重点：产权结构还是市场结构	论文	北京大学	刘 伟	2002 年第 8 期	《经济研究》
20	Development Strategy, Viability, and Economic Convergence	论文	北京大学	林毅夫	2003 年 1 月	Economic Development and Cultural Change
21	东亚模式中的威权政治：泰国个案研究	专著	北京大学	任一雄	2002 年 9 月	北京大学出版社
22	标准化与知识产权战略	专著	北京大学	张 平	2002 年 7 月	知识产权出版社
23	婚姻家庭法新论	专著	北京大学	马忆南	2002 年 6 月	北京大学出版社
24	长江中下游地区史前聚落研究	专著	北京大学	张 弛	2003 年 9 月	文物出版社
25	阿拜多斯 U-j 号墓发现的埃及早期文字	论文	北京大学	颜海英	2003 年 6 月	《古代文明》第 2 卷，文物出版社
26	理念与悲曲——华兹华斯后革命之变	专著	北京大学	丁宏为	2002 年 10 月	北京大学出版社
27	印度尼西亚文学史	专著	北京大学	梁立基	2003 年 9 月	昆仑出版社
28	唯美主义与消费文化	专著	北京大学	周小仪	2002 年 11 月	北京大学出版社
29	全球化：起源、发展和影响	专著	北京大学	杨伯溆	2002 年 1 月	人民出版社
30	词汇化：汉语双音词的衍生和发展	专著	北京大学	董秀芳	2002 年 7 月	四川民族出版社
31	《论衡》与东汉佛典词语比较研究	专著	北京大学	胡敕瑞	2002 年 11 月	巴蜀书社
32	50～70 年代中国文学经典再解读	专著	北京大学	李 杨	2003 年 11 月	山东教育出版社
33	欧阳修学术研究	专著	北京大学	顾永新	2003 年 8 月	人民文学出版社
34	数字信息资源的检索与利用	专著	北京大学	肖 珑	2003 年 7 月	北京大学出版社

（倪润安）

表 6-36 人文社会科学入选 2004 年教育部“新世纪优秀人才支持计划”名单

编 号	姓 名	单 位
NCET-04-0007	郭 锐	北京大学中文系
NCET-04-0015	刘浦江	北京大学历史学系
NCET-04-0027	张 弛	北京大学考古文博学院
NCET-04-0017	王 傅	北京大学哲学系
NCET-04-0018	王 建	北京大学外国语学院
NCET-04-0009	黄桂田	北京大学经济学院
NCET-04-0006	龚六堂	北京大学光华管理学院
NCET-04-0030	张守文	北京大学法学院

续 表

编　号	姓　名	单　位
NCET-04-0032	赵成根	北京大学政府管理学院
NCET-04-0029	张　静	北京大学社会学系
NCET-04-0019	王余光	北京大学信息管理系
NCET-04-0025	姚　洋	北京大学中国经济研究中心

（朱邦方）

科技开发、产业管理与国内合作

【概况】 2004 年北京大学校办产业产值达到了 245.85 亿元，其中方正集团 220 亿元，青鸟集团 10 亿元，资源集团 8 亿元，未名集团 4 亿元，出版社 1.6 亿元，印刷厂 0.14 亿元，维信 1.3 亿元，绿色 0.56 亿元，英华 0.15 亿元，医学部 0.1 亿元，与 2003 年度比较，产值增加了近 10 亿元。其中，方正集团、青鸟集团、资源集团（太平洋大厦）共上缴学校 4200 万元。方正集团 2004 年全年实现销售额 220 亿元，利税近 11 亿元，同比均增长 10%；名列“2004 年电子信息百强企业排序”第八名，“北京企业百强”第九名（2003 年业绩排名）。

【深化校企改制】 北大方正集团、未名集团和资源集团都已经按照国务院 58 号文件在 2004 年度完成了初步改制工作，由原来的全民企业改制为股份制公司；北大青鸟集团改制方案已经获得学校批准并已上报，其他在《公司法》颁布前成立的企业也都基本完成了改制工作。经统计，已经完成取消“冠名”和关闭、退股的校直属企业共计 45 家，另有 6 家划归到四大集团下属，已限期更名，北京大学股权也已经划转至北大资产经营公司；剩余 3 家“全民企业”更名和改制工作已经在进行当中；《公司法》之后成立的企业中北京大学股权已经完成划转工作。

已经改制的股份制公司都相继建立了以“三会”（股东会、董事会和监事会）为代表的“产权清晰、校企分开、权责明确、管理科学”的现代企业制度，过去的“行政纽带”逐渐转变为“资本纽带”，降低了学校风险，同时也相应建立了风险撤出机制，对学校产业的发展奠定了制度上的保证。

2004 年北京大学通过了产业办起草的《关于规范北京大学“企业冠名权”的规定》（校发[2004]25 号），对企业“冠名”问题进行了严格管理，产业和开发系统没有一家新公司名称中使用学校校名或简称。

为确保产业改制工作的顺利进行，学校还先后制定并原则批准了《关于北京大学校办企业劳动人事关系管理意见（讨论稿）》、《关于北京大学校办企业校内企业编制劳动人事关系管理意见（讨论稿）》，校人事部和产业办将待具体细则明确后予以实施。

【科技开发成果】 2004 年科技开发部代表北京大学共签订各类技术合同 180 项，合同总额 9492.091 万元，分别比上年增长 32.3% 和 48%，合同到款总额 4177.3783 万元，比上年增长了近 7.7%。其中，技术开发合同 66 项，合同额逾 2969 万元，到款约 1855 万元；技术转让合同 21 项，合同额约 1182 万元，到款额约为 661 万元；技术服务合同 71 项，合同额 4736 万元，其他技术合作共 22 项，技术服务与其他技术合作到款共 1661 万元。按学院分，信息学院合同 60 项，合同额约 1647 万元，到款额 1370 万元；环境学院合同 33 项，合同额近 1000 万元，到款额 982 万元；地空学院合同共 18 项，合同额 710 多万元，到款额近 550 万元；力学系合同 31 项，合同额近 589 万元，到款额 385 万元；化学学院合同 11 项，合同额 1442 万元，到款额近 189 万元；生命学院合同 4 项，合同额 590 万元，到款额 304 万元。如果将医学部科技开发（合同 9 项，到款 190 万元）包括在内，则北京大学共签订各类技术合同 189 项，合同总额达 10159.7696 万元，合同到款总额 4367.3783 万元。

2004 年科技开发部组织协调了校内企业和科研人员参加了多个大型高新科技成果展览洽谈会和地方的技术交易会：5 月在北京国展中心举行的第七届北京国际科技产业博览会；10 月在深圳举行的第六届中国高新技术成果交易会由林钧敬副校长率团参加，并接待了莅临高交会的国务院副总理吴仪、商务部部长薄熙来、教育部副部长吴启迪、国家发改委副主任张晓强等领导同志；5 月以“科技、人才、合作、发展”为主题的 2004 中国（温州）科技成果交易会；6 月的第二届中国·福建科技项目成果交易会；11 月在太原举行的山西省第二届高新技术产业成果展示暨合作洽谈会；11 月参加了“2004 年辽宁省省院校合作工程项目洽谈会”，并在辽宁省各地市实地考察，12 月参加了东莞国际会展中心举行的2004年东莞国际科技合作周等。

2004年产业管理办公室获得北京市教委授予的“北京市校办企业改革先进单位”称号;科技开发部获得北京市科委等授奖的金桥奖个人一等奖1人、项目二等奖1项,并在第六届中国高新技术成果交易会上获优秀组织奖和优秀产品奖。

(科技开发与产业管理办公室)

医学部产业管理

【领导班子换届】 2004年6月18日,北京大学医学部2004年度产业工作会召开。会上,医学部常务副主任柯杨宣读了韩启德主任委托医学部副主任李鹰代理医学部产业领域所有事务的委托书,并宣布了北京北医投资管理有限公司董事会通过的人事变更决议,由医学部副主任李鹰担任公司董事长,聘任吕廷煜为公司总经理。随后医学部副主任李鹰通报了北京大学对医学部产业管理办公室主任章京的任命。

2004年11月19日,医学部产业第一次党员大会召开,大会产生了由侯利平等5人组成的新一届产业党总支委员会,其中侯利平担任产业党总支书记,党委组织部于2004年12月30日批复了选举结果。

至此,产业系统行政、党总支及北医投资管理公司三套班子完成了换届工作,实现了政、企职能分开。其中,产业办公室主要负责国有资产的登记、监督和制定有关政策,为校办企业提供服务与咨询等行政职能;而北京北医投资管理有限公司则代表北京大学医学部统一持有校办企业及其对外投资的股权,负责经营和管理,并承担相应的保值增值责任。两家有明确的分工,但分工不分家,依然是一个统一的团队。

【科技成果转化、产业管理工作专家委员会】 2004年3月29日,北京大学医学部第9次部务会决定成立科技成果转化、产业管理工作专家委员会,以加强社会相关行业专家对医学部科技成果转化工作和产业工作的支持。专家委员会由北京大学常务副校长、医学部常务副主任柯杨和医学部副主任李鹰分别担任主任和副主任。

2004年8月23日,医学部科技成果转化、产业管理专家委员会召开工作会议。与会人员就《北京大学医学部科技成果转化、产业管理工作专家委员会章程》等文件进行了讨论和审议,分别提出了一些修改意见,并达成了以下3点共识:首先制度建设很重要,学校应该加强相关的制度建设。其次,产业工作和科技成果转化工作以后应该走市场化的道路。最后,学校相关机构应该提高服务水平,增强服务意识,更好地为产业发展和科技成果转化服务。

【校企改制】 医学部还有一部分企业未完成公司化改制工作,同时一些二级学院由于历史原因仍拥有自己的企业,这与国务院[2001]58号文件精神和北京大学相关要求不符。因此,医学部产业系统目前的重要工作是继续推进以关、停、并、转为目标的校企改制工作。

2004年11月11日,医学部李鹰副主任主持召开了产业系统校企改制工作会。此次会议主要讨论研究了医学部所属学院院办公司(不含附属医院)关、停、并、转等改制事宜,决定成立整顿清算核资小组,启动二级学院所属公司的关、停、并、转工作。目前,产业系统正努力克服各种困难,推动校企改制向前发展。

【产业管理】

1. 商标注册　为加强对无形资产的管理,维护北京大学和北京大学医学部的信誉及无形资产的合法权益,经北京大学授权,医学部决定以“北京大学医学部”的名义,独立申请相关商标注册并依法行使其他知识产权权利,具体事宜由两办和产业办负责办理。医学部于2004年11月9日,委托北京集佳知识产权代理公司,向国家工商行政管理总局商标局提出商标注册申请,2005年1月25日得到正式受理。申请注册的商标包括:“北京大学医学部＋图形＋英文(即校徽)”、“北京大学医学部”、“北京医科大学”、“北医＋BEI YI”、“北医大＋BEI YI DA”、“PEKING UNIVERSITY HEALTH SCIENCE CENTER”等。此外,产业办配合医学部出台了《关于规范冠用北京大学(医学部)名称的规定(试行)》,对下属企业使用北京大学(医学部)名称的行为进行了规范。

2. 产业审计工作　2004年国家审计署,对北京大学等高校进行了全面审计,其中校办产业是审计重点之一。医学部产业管理部门,积极配合国家审计署和学校审计部门的工作,特别聘请了会计师事务所对产业工作进行了全面审计和管理咨询。此外,医学部还于2004年,召开了前任产业管理办公室负责人离任审计工作会议。

3. 下属企业的管理　2004年,产业办加强了对下属企业的日常管理工作。如,产业办非常关注下属康净公司的经营情况,于2004年7月1日,决定由章京、王岳代替史录文、谭健出任康净公司北医方董事。产业办还积极介入北京北医医疗投资管理有限公司的运作,及时调整了该公司的董事会成员,并对其经营方向提出了指导性意见。

4. 健全各项规章制度　新的产业管理团队组成以后,着重抓了管理的制度化、规范化工作,出台了一系列加强企业财务管理方面的制度,如《医学部产业财务管理内部控制制度》,此外产业管理办公室还修订了《医学部产业楼管理办法》,加强了对产业楼的规范化管理。

【新项目】 医学部产业要做强做大，不仅需要把现有企业经营好，还需要寻找外部前景良好的项目，并参与医学部相关项目的工作。2004年产业管理部门着手的此类项目主要有：

1. 在职教育培训中心项目

2004年8月31日，医学部第25次部务办公会决定将在职教育培训中心从继续教育处分离，委托北京北医投资管理有限公司管理，由医学部副主任李鹰兼任中心主任。中心的职能专门负责医学部对外职业培训。目前中心发展迅速，市场开拓顺利。

2. 西北区项目　西北区项目是北京大学和医学部正在全力推动的重点项目，该项目前期工作主要由医学部产业管理部门负责。2004年11月12日，北京大学医学部决定由北京北医投资管理有限公司与北京景鸿投资有限公司共同投资，组建成立北京北医投资咨询有限公司，专门负责办理西北区项目，和开工之前的所有报批筹备工作。目前西北区项目开工建设前所需办理的相关手续正在进行中。

3. 吴阶平泌尿外科中心项目　2004年北京大学医学部决定在首钢医院建立吴阶平泌尿外科中心项目，并专门成立了筹备小组，其中吸收了产业管理部门的相关人员参与。筹备小组通过经常性的会议研讨，基本确定了项目运作框架和进展时间表。

【产业效益】 新的产业管理团队组成以来通过积极开拓财源，扎实抓好下属企业管理，严格利润和房租上缴制度，在回报学校方面取得了如下成果：2004年产业系统上交医学部的资金达到了170万元，教育培训中心上交医学部120万元；总计在产业管理范围内上交金额近300万元，远远超过了往年的水平。

（于锋池）

国内合作

【概况】 2004年10月，北京大学调整完善了国内合作委员会及其组成人员。委员会的职能是：根据学校的实际情况和社会需求，统一制定国内合作的整体规划、相关政策、工作章程及程序，管理、规范全校国内合作工作，监督、促进合作协议的贯彻、落实，维护北京大学的各项权益。林钧敬担任委员会主任。委员会下设办公室，作为委员会的常设办事机构。办公室的组成实行专兼职相结合的原则，挂靠党委办公室、校长办公室。办公室的主要职责是在国内合作委员会的领导下，贯彻落实委员会的工作计划和各项决定，统一协调全校各单位的国内合作工作；加强对外联络，建立学校与国内高校、科研机构、地方政府、企业的合作互动机制并起草相关合作协议；推动合作协议内容的落实；促进学校发展，维护学校权益。

【省校合作】 北京大学在继续推进已有合作关系的同时，积极拓展国内合作的新领域。2004年先后与江苏省、浙江省、新疆生产建设兵团签署了合作协议，并与兵团共建北京大学新疆研究生培养基地。

1. 北京大学与江苏省的合作

2004年3月9日，北京大学与江苏省人民政府在北京大学英杰交流中心签署了省校合作协议，双方将在人才培养、科学研究、科技成果转化和社会文明建设等各个领域展开交流与合作。同时双方还签订了“国产网络计算机应用工程及产业”等11个具体科技成果产业化合作项目。北京大学党委书记闵维方、校长许智宏、党委副书记岳素兰、副校长林钧敬，江苏省省委书记李源潮、省长梁保华等领导出席了签约仪式。

2. 北京大学与浙江省的合作

2004年3月13日，北京大学与浙江省人民政府在北京大学英杰交流中心签署了合作协议，内容涉及科技合作、产学研合作、人才培养、高等教育合作以及决策咨询活动等。北京大学党委书记闵维方、校长许智宏、党委副书记岳素兰、副校长林钧敬，浙江省省委书记习近平、省长吕祖善等领导出席了签约仪式。

3. 北京大学与新疆生产建设兵团的合作

2004年7月29日，北京大学与新疆生产建设兵团签署了友好合作协议，同时签署了“北京大学新疆研究生培养基地”备忘录。协议内容主要包括干部挂职和实验室人员培训、广电、宣传系统干部培训、医务人员进修以及在塔里木大学建立北京大学学生社会实践基地、北京大学毕业生实习基地等。北京大学校长许智宏、党委副书记岳素兰、副校长林钧敬、林建华、吴志攀，兵团司令张庆黎、政委陈德敏等领导出席了签约仪式。

【市校合作】 北京大学与其他地市展开了广泛的合作，交流活动日益频繁。2004年，浙江嘉兴、绍兴、四川绵阳、贵州遵义以及广州市都与北京大学保持着密切友好的沟通和联系。

【校际合作】 北京大学与国内其他高校展开合作，促进双方共同发展。2004年7月9日，北京大学与郑州大学签署了校际合作协议，双方在师资培养、学科建设、科学研究、行政管理方面进行合作。

【援助捐赠】 北京大学积极向西部贫困落后地区提供力所能及的援助，支持落后地区的教育、文化事业发展。2004年国内合作办公室负责，协调北京大学出版社、团委、实验室与设备管理部，向贵阳市捐赠图书共计349种5432册，折合人民币133896.20元，计算机50套，原价折合人民币30余万元。

（国内合作办公室）

附　录

表 6-37　2004 年北京大学科技开发部合同额统计总表

合同类型	合同数目	合同金额(万元)
技术转让	21	1181.7396
技术开发	66	2969.1780
技术服务	71	4736.4931
技术合作	15	327.9500
合资联营	2	260.0000
其他合同	5	22.9089
校本部合计	180	9498.2696
医学部签订合同	9	661.5000
总　计	189	10159.7696

表 6-38　2004 年北京大学科技开发部技术合同院系分布表

院　系	合同数						
	技术开发	技术转让	技术服务	技术合作	合资联营	其　他	合　计
数学学院	1						1
物理学院	2	1		1	1	1	6
化学学院	6	2	2	1			11
地空学院	9		4	3		2	18
环境学院	4		26	2	1		33
信息学院	34	12	10	3		1	60
生命学院		2		2			4
力学系	6		24	1			31
心理系			3				3
其　他	4	4	2	2		1	13
合　计	66	21	71	15	2	5	180

表 6-39　2004 年北京大学科技开发部合同到款额统计总表

到款以 2004 年 12 月 31 日财务部进账为依据	校财务处立项号	项目总名称	2004 年到款额(万元)
	180	技术开发经费	1854.8506
	201	科技成果转让	661.3783
	301	科技咨询收入	779.1557
	402	实验室对外开放	881.9938
财务部到账小计			4177.3783
医学部所签订合同到款额			190
北大 2004 年合同总到款额			4367.3783

2004 年主要技术合同目录

地空学院

1. 兰坪铅锌矿数字化信息系统开发研究
2. 信息安全型 CMOS 数字成像监控技术的产业化合作协议
3. 特种车辆预警监控系统的产业化合作协议
4. 中海石油(中国)有限公司研究中心勘探项目(2004)——岩石物理弹性参数测定及规律研究项目

5. ITS系列数据结构体系前期研究
6. 多功能无人机航空遥感系统研制
7. 松辽盆地北部徐家围子断陷深层裂缝性火山岩储层测井评价系统
8. 煤矿水与瓦斯重大灾害辨识预警监控数字技术研究开发
9. 测井资料数据库及管理系统
10. 火成岩覆盖地区弱信号的识别
11. 四川省内河航道数字化开发项目

化学与分子工程学院

1. 年产50吨辛基磺酰氟项目
2. PMC多核无机高分子絮凝剂研究及其产业化
3. 化工及海洋污水处理工艺技术研究
4. 稀土、陶瓷材料在曲轴、连杆产品上的应用
5. 云南省工业废气净化及一碳化工研究开发中心
6. 笼状碳材料—富勒烯和富勒烯金属包含物研究开发
7. 采油用新型碳氟表面活性剂研究
8. 食品添加剂辐射保藏

环境学院

1. 临沭县新区修建性详细规划
2. 北京城市职能、发展目标及总体发展策略研究
3. 山东省昌邑市城镇体系规划
4. 北京市金融街B1项目风荷载风洞测试
5. 合肥体育中心项目风荷载风洞测试
6. 天津经济技术开发区空间拓展规划与转型研究
7. 重庆英利大厦风荷载风洞试验研究
8. 中意合作《中国中部地区生态环境典型案例调查》——江汉平原典型区生态环境调查与评价
9. 关于清洗行业教材编写与培训项目的技术咨询服务
10. 中国生物圈保护区可持续管理案例研究——盐城生物圈保护区
11. 关于山西省平顺县旅游资源评价、旅游市场分析等章节的编制工作的协议书
12. 贵州省绥阳县旅游发展总体规划暨双河洞国家地质公园控制性详细规划
13. H2S外排风洞模拟试验
14. 凯晨广场风荷载风洞试验研究
15. 广东省海洋及渔业自然保护区立法研究
16. 北京市中水设施环境卫生安全性研究
17. 大湄公河次区域经济合作过程中的滇西南地区产业结构调整对策研究
18. 关于深圳研究生院共同建立特种废水实验室的合同
19. 九寨沟生物圈保护区质量经济发展案例研究
20. 森林植物检疫信息系统(Delphi版)的设计
21. 美国通用汽车公司关于机动车颗粒物排放特征和颗粒物源成分谱的课题
22. 清洗行业教材编写与培训项目准备过程中的咨询服务
23. 北京市中水设施环境卫生安全性研究—接触中水人群的流行病学调查
24. 贵州省绥阳县旅游发展总体规划暨双河洞国家地质公园控制性详细规划
25. 海宁市域总体规划专题研究
26. 国家体育馆风荷载风洞试验研究
27. 基于地名与地址编码的空间定位技术研究
28. 首都产业聚集区与知识聚集区互动研究

考古文博学院

云南青铜器矿物原料的来源分析与中国青铜文明研究

力学系

1. 南京体育学院仙林分校自行车赛场膜结构工程风荷载风洞实验
2. 沈阳北无站台柱雨棚改造工程风荷载风洞实验
3. 华能北京热电有限责任公司煤场封闭工程煤棚网壳风洞模拟试验
4. 厦门体育中心体育场罩棚膜结构工程风荷载风洞实验
5. 洛阳市体育中心综合体育馆风荷载风洞实验
6. 招远体育场膜结构顶棚风荷载风洞实验
7. 中环世贸中心工程风荷载风洞实验
8. 北京西门子(中国)有限公司总部办公楼建筑工程风荷载、风环境风洞模拟实验研究
9. 援喀麦隆国家体育馆风荷载风洞实验
10. 1.55微米工程化SLD光源研制
11. 克拉玛依机场航站楼工程风荷载风洞实验
12. 向家坝水电站砼重力坝深层抗滑稳定分析计算程序功能扩充及研究
13. 油藏开发过程中地应力场及物性变化的数值模拟研究
14. 坦桑尼亚国家体育场风洞模拟实验研究
15. 摩根中心建筑工程风环境及风荷载风模拟实验研究
16. 航天器在轨M/OD环境通量理论研究
17. 浙江省永康市主体体育场建设工程风荷载风洞实验
18. 中国石油大厦风荷载风洞实验
19. 洛阳综合体育馆和厦门体育中心体育场风荷载实验研究的模型设计和制作

20. 深圳电视塔风荷载风洞模拟实验模型
21. 河南省体育中心训练场膜结构场蓬风洞模拟实验模型
22. 光纤陀螺用1550 nmSLD管芯的研制
23. 北京“万通中心”工程风荷载风洞实验
24. 河南省体育中心体育场风洞模拟实验研究
25. 宜兴市体育中心体育馆游泳馆建筑风荷载风洞实验研究

生命学院

1. 植酸酶专有技术许可使用
2. 关于毒品氯胺酮(K粉)的快速检测技术研究的合作协议书
3. 小麦醇溶蛋白的蛋白分子微胶囊制备方法
4. 关于斑马鱼基因操作技术的合作研究开发

数学学院

高性能网络加密平台在中国国际电子商务网全国成品在市场管理信息系统中的应用

物理学院

1. 油田储层应力场描述与套管载荷计算方法及软件研究
2. 直流偏置场下的高磁导率铁氧体磁性材料生产技术
3. 基于GIS的卫星资料综合显示与可视化加工系统
4. 超高真空扫描隧道显微镜(UHV-STM)
5. 共焦球面扫频干涉仪及相关系统

心理系

1. 委托课程研发项目合作协议
2. 人力资源咨询项目合作协议

信息科学技术学院

1. 有关B3G快速到达角的计算,多径搜索技术的研究
2. 天网系统许可使用及转让协议
3. 人像识别系统
4. 半导体工艺模拟技术开发委托合同
5. 面向百科全书编纂的语言分析及知识更新平台
6. 北京市园林局网上审批项目GIS支撑工具和应用系统
7. 2004年重点油藏评价区可动流体评价及孔隙结构特征研究
8. FT8002火灾报警控制器
9. 从大数据库中提取若干文件图像的算法
10. 有关〈2003年度〈关于为实现国际信息通信中心的高信息技术的共同试验的承包〉〉项目的委托调查合同
11. 奥运多语言信息服务系统资源建设和核心技术评测——多语言常用词库和对语言语料库
12. 无线短波宽带光纤传输设备
13. Intel/University Sponsored Research Agreement
14. 关于SDH光纤通信系统高速光电收发单元系列产品的合作协议
15. 关于转让双语语料库检索原型工具许可使用权的协议
16. 汉字词语切分与词性标注软件
17. 基于语料库的双语词典编纂软件平台
18. 离子注入工艺研究
19. 转让科研成果许可使用权——中文概念词典
20. 转让科研成果许可使用权——现代汉语语法信息词典、现代汉语短语结构知识库
21. 产品评价词典及知识库的研究
22. 语料库委托加工及成果转让
23. 干涉仪合成孔径声纳湖试样机
24. 技术合作整理短语词表
25. 开放式0.5T永磁磁共振磁体设计、计算和优化
26. “数据结构与算法”立体化精品课程教材建设
27. 人体无线内窥胶囊
28. 基于小波的MRI图像增强软件定制合同
29. 手持信息传输终端(PDA)
30. 利用超低频电磁波探测技术研究呼和浩特市城市活动断层的分布
31. INTEL开发协议
32. “数据库管理系统”软件产品应用推广
33. FT8002火灾报警控制器的硬件设计制作
34. Design of Wideband Fully Intergted CMOS
35. The Research of Device Characteristics of UTB MOS-FETs
36. 新型全向消声瓦设计研究
37. 加密狗制作
38. 十进制技术研究

其他

1. 黄河水资源保护监控中心模拟屏系统开发
2. 黄河上游梯级水电站调度自动化系统工程水调模拟屏系统开发
3. 真空荧光显示屏(VFD)应用
4. 麒麟操作系统使用智能ABC输入法合作协议

主要高科技企业

北大方正集团公司

【概况】 北大方正集团由北京大学1986年投资创办，是中国著名的IT企业，在中国IT发展进程中承担着重要的角色。现拥有5家在上海、深圳、香港及马来西亚交易所上市的公众公司和遍布海内外的20多家独资、合资企业，员工近2万人。名列国家首批6家技术创新试点企业之一，500家国有大型企业集团之一，120家大型试点企业集团之一，2004年电子信息百强企业排序第八，北京市企业百强第九，2004年集团销售收入220亿。

方正集团是一家真正拥有自主知识产权技术的高科技企业，拥有并发展对中国IT产业发展和大规模应用至关重要的核心技术，是中国重要的软件出口企业。在国家组织的重大科技攻关项目“748工程”中，王选教授发明的激光照排技术，经方正集团成功转化并产业化，彻底使中国印刷业告别了铅与火的时代。如今，新闻出版领域的技术占据了国内85%以上的市场份额，印刷领域的相关产品成功挺进海外市场，覆盖了亚太和欧美的30多个国家和地区，市场占有率逐年提高。

与此同时，方正进军PC制造领域，构筑中国IT产业发展和大规模应用的制造基础，连续6年稳居行业第二的地位。面对市场竞争，方正快速向IT产业更具增加值的上游环节转移，先后进入电路板、芯片制造领域。

2004年6月，方正依托北大的医学资源，以医疗管理公司的方式切入医药领域，引入国际资本共同投资巨型医院，重组西南合成，打造医疗、医药平台。

方正集团坚持以IT、医疗医药为主业，有选择地进入某些传统行业，主动寻求跨越式发展机遇，将方正做实、做强、做大，成为一个国际化的企业集团。

【IT高科技产业】 2004年9月方正集团在北京召开产业发展研讨会，在这次会议上，方正集团确定了两大产业方向：IT和医疗医药。

IT高科技产业是方正集团第一主营业务。2004年方正集团在“继往开来、软硬兼施、铸就规模”的方针指引下，依托原有的软件和硬件的行业领先地位和产业基础，快速扩大规模。软件领域凭借国内最强的开发实力，快速横向走向国际市场。硬件领域在扩大PC制造规模的同时，快速纵向延伸到产业链高端环节。

方正软件是中国领先的专业化行业应用软件系统解决方案，以及软件产品供应商。荣膺最具竞争力的中国软件企业，方正的中文照排市场份额全球第一，网络安全防火墙技术性能全国第一，方正集团还名列“2004年度中国电子政务IT100强”第二。2004年5月，2004年(第18届)电子信息百强企业排序揭晓，方正集团排名第八。方正报业数字资产管理系统获首届新闻科学技术奖一等奖。

2004年，方正软件已进入日本目标市场40%的份额；在美洲、欧洲以及亚太地区，组建了强大的销售和技术支持队伍；全球300家公司成为方正软件分销商；是中国软件界唯一有自主知识产权的品牌，形成规模软件出口。

方正阿帕比数字版权保护系统(Apabi DRM)荣获国家信息产业部“重大技术发明奖”，目前方正Apabi数字图书馆已建成1000多家，合作出版社400多家。

方正电子政务公文版式文件CEB，已被确定为政府系统的公文版式参考标准，目前已经在国办、中办、国家有关部委、省政府部门广泛使用。

电子出版的照排软件系统是方正集团的核心业务之一。在照排系统的基础上发展起来的围绕CTP的解决方案，新的数字流程业务(畅流)、印厂ERP业务、色彩管理技术等，一直引领着中国新闻出版印刷业前进的步伐，并成为中国软件业位居前列的出口厂商。

在电子出版领域，方正服务已经逐渐形成一个业务体系，为中国电子传媒行业提供了全方位的技术保障。

2001年4月，方正正式推出Apabi网络出版整体解决方案，以数字版权保护技术(DRM)为核心，致力于e-Book及其他数字内容(Digital Content)的转换制作、保护、传播和展示；为数字内容的网上传播提供版权保护的全面解决方案。2002年10月与南开津科合作推出国内第一个电子手持阅读器——翰林电子书。2004年10月，全国建成的方正Apabi数字图书馆已超过1000家。确立了方正在网络出版行业主流技术提供商的地位。

2004年11月，方正联合全国出版社共同推出搜书网(www.esoushu.com)——全球第一家中文图书搜索引擎，以“搜书、翻阅、导购”三大特色服务，为所有图书人及读者，提供全面的中文图书信息与导购服务。

截止到2004年12月，方正已经与全国400家出版社合作建立了14万部知识产权保护的数字图书资源。

方正以应用软件系统开发为基础,推出一系列电子政务应用和系统集成解决方案;在政府办公业务资源管理、信息交换共享、GIS空间地理信息、信息安全和网络系统集成等技术领域具有明显的竞争优势;主要应用于我国中央各大部委,金字工程,省市级区域政府的党委、政府、人大、政协,公安、城市应急联动、税务、邮政、卫生、民政等行业应用领域。

方正自主研发一系列网络安全产品和解决方案。六大产品线:防火墙、杀病毒软件、内容安全网关、虚拟专用网(VPN)、入侵检测和网络管理。在保证系统和网络的安全上具有突出优势,广泛应用于金融、电信、政府、教育、军队、企业、科研等行业。

方正硬件是以IT设备制造为主的业务平台。由方正科技、方正数码石岩湖科技园和珠海方正科技多层电路板有限公司等组成。其目标是:独立自主、内外兼修、走出重围。

方正科技是中国第二大PC制造商,已形成年产300万台PC的东莞制造基地;年生产能力达600万台,年产值达到250亿元的IT设备制造基地,正在苏州国际工业园区组建。目前的主要产品包括以PC为主的集成和终端产品。

方正科技战略重点沿着IT产业链向高端环节挺进。快速购并珠海多层电路板公司,将这一利润远高于PC组装的业务做大;2004年实现销售收入2.5亿元。方正将在短期内建设国内最大最强的印制电路板企业。

同时,方正与国外合资投产我国唯一一条锗硅芯片生产线。

诞生于1995年10月的方正电脑,通过了ISO9001质量认证体系,现已发展成为国内最知名电脑品牌之一,产品包括服务器、商用电脑、家用电脑、笔记本、掌上电脑等全系列产品,广泛应用于办公、科研、商务、企业、家庭、个人消费等领域。1997年方正电脑成为国家重点支持的5家PC生产厂家之一。2004年第四季度方正电脑国内市场占有率11.9%,位列亚太五强,国内第二(IDC),已连续6年位居国内PC市场前两位。方正微型计算机、方正服务器2004年获得“中国名牌产品”称号。方正扫描仪市场占有率稳居国内第一。方正激光打印机:国内市场占有率进入前五名。2004年10月,方正数码相机荣获“中关村十大数码产品 数码相机超值首选品牌”。方正显示器,年产销规模居国内企业前列,60%出口海外。

方正电路板产品广泛用于通讯产品、电子设备、航空航天设备、工业仪器、汽车电子控制系统等,远销欧美市场。

方正集团在电路板领域的研发能力在IT企业里名列前茅,在国内独树一帜地成立了方正技术研究院珠海分院。方正已具备HDI(高密度互连印制板)制作技术,并有多项技术指标领先行业;方正成为国内独一无二的高科技HDI快板生产线,立志在未来几年内占领HDI高端产品市场,成为国内最大最强的高科技印刷电路板生产基地。

方正电路板产品已经通过ISO9000、QS9000、TL9000、国军标和TS16949的认证;拥有大批客户,如MOTOROLA、UT、长虹、海尔、3COM和诺基亚等。

【医疗医药产业】 方正集团的第二主业是医疗医药,坚持“依托北大、借船出海、成就基业”的方针。

即将兴建的北大国际医院,将依托北大雄厚的医学及产业优势,充分发挥北京大学在医学领域的专业、管理及产业优势,并整合国内、国际的优秀人才、尖端技术和先进设备,使医院在就医条件、服务环境、管理模式、运营机制等方面达到世界一流水平,并具备集医疗、教学、科研培训、保健、康复、信息于一体的现代化医学科研中心的作用,成为亚洲地区最受欢迎的医疗设施之一。在北大国际医院管理有限公司的旗帜下,将设立与世界医疗设备巨头共同组建的大型医疗设备运营中心,并创建大型医疗物流公司等医疗配套产业。

西南合成制药股份有限公司是一家集科、工、贸为一体的大型医药类上市公司,是中国西部最大的化学合成药物生产、研制和出口基地,也是西部地区最大的原料药生产和出口基地。西南合成制定的质量内控指标均高于国家或国际标准。2004年12月,西南合成全部产品通过国家药品生产企业GMP认证,4个产品通过美国FDA认证,4个产品获得欧洲药典委员会注册登记,每年有近2000万美元的出口。2004年实现销售收入5亿元。

重庆大新药业股份有限公司的五类产品通过FDA,麦迪霉素国内独家生产,妥布霉素国内50%、国际60%,硫酸阿米卡星占领美国市场90%。

2004年完成销售收入1.5亿元。

【证券与钢铁产业】 方正集团的副产品包括证券和钢铁,方正集团的副产品坚持“精挑细选、精耕细作、择机退出”的原则。

2002年8月,方正集团控股浙江证券(2003年9月更名为:方正证券)。方正证券是全国首批具有证券主承销资格和国债一级自营商资格的券商、全国最早开展B股业务的公司之一,是首批IPO询价对象,全国首批获得证券投资咨询资格、首批获得保荐机构资格的券商。2004年方正证券位于全国券商资本金排名60位;主承销项目总融资金额居全国第9位;营业部部均股票基金交易量居全国前15位。

江苏苏钢集团有限公司始建于1957年，现已形成集炼焦、炼铁、炼钢、轧钢、特钢基本配套、具有年产130万吨钢综合生产能力的大型钢铁联合企业，已获得ISO9001-2000质量体系认证。按照“钢铁+鼠标”的最新管理模式，运用现代化管理理念经营的传统企业。2004年实现销售收入36.5亿元。

（方正集团）

北大青鸟集团

【概况】 2004年，是北大青鸟集团成立10周年。作为北京大学下属的大型高科技企业集团，北大青鸟集团紧密依托北京大学优良、丰富的资源，立足软件、微电子、系统集成、通信、文化传媒、教育、广电网络经营、光机电产品等主要业务，发挥下属5家上市公司、7000余名员工的积极性，推动经营不断发展。其中尤以IT职业教育、传媒文化产业效益增长最为突出，IT产业占有一定的市场份额，核能海水淡化技术等新能源产业积蓄了较大的潜能，资本运营力度较大、回报较为显著。

【杨芙清—王阳元院士奖励基金】 2004年11月18日，北京大学2004年“杨芙清—王阳元院士奖励基金”协议续签仪式在北京大学英杰交流中心举行。杨芙清院士、王阳元院士、青鸟集团总裁许振东和北京大学教育基金会理事长吴树青分别代表捐赠方和学校教育基金会在协议上签字。

“杨芙清—王阳元院士奖励基金”由杨芙清、王阳元两位院士和北大青鸟集团于1999年在北大设立，从2001年度开始，年度捐赠额度为40万元，奖励学科范围覆盖人文、社会、理学、信息四个学部。此次新协议生效后，年度捐赠额度增加到60万元，北大医学部也被纳入奖励的范围。该基金是北大个人奖励额度最大的奖教金、奖学金项目。

【各项业务】

1. 中芯国际　2004年3月，中芯国际先后在美国纽约证券交易所、香港证券交易所上市，北大青鸟集团和青鸟环宇科技分别持有中芯国际的较多股份，北大青鸟集团总顾问王阳元院士是中芯国际的创始人之一，任中芯国际（北京、上海、天津）董事长。

中芯国际是全球第四大芯片制造企业，到2004年，已在上海张江高科技园区建立了3条8英寸芯片生产线，总投资超过36亿美元，到2004年底，中芯国际上海、北京、天津生产基地的月总产能力达10万片，全年总产值达10亿美元。

9月25日，中国第一条12英寸芯片生产线在中芯国际建成投产，生产出中国第一批12英寸硅片产品，这是我国集成电路产业里程碑性的跨越。

2. IT行业　IT业是北大青鸟集团专业致力经营的核心传统产业，在电子政务、金融、商业流通、公安、教育、电力、社保、税务和网络安全等领域成功进行了系统集成和软件开发业务，是业界享有盛誉的完整解决方案和应用服务供应商。

2004年，面对国内银行银根大力收缩、IT产业竞争日趋残酷的大环境，北大青鸟集团锐意进取，战胜了各种艰难险阻，取得了可喜的成绩，全年实现IT主营业务收入21.8754亿元，取得了良好的经济效益和社会效益。

2004年初，经青鸟华光与《中国航天报》签署合同，青鸟华光电子出版系统实施该报社技术进步项目。该项目采用了青鸟华光新闻采编系统、照排系统、图片管理系统；组版采用青鸟华光网络组版软件（超捷网络组版操作员组版平台）；发排系统采用青鸟华光RIP2000高轻系统（全套华光基本字库、青鸟华光大字符集字库）。

2004年初，青鸟天桥通过了科技部组织的“中国软件欧美出口工程试点企业和试点基地”认定工作，被授予“中国软件欧美出口工程试点企业”称号。

2004年初，青鸟环宇研制的青鸟网关防火墙系列产品成功入选国家财政部投资招标许可范围，为该系统今后数年竞标金融、公安、铁路、石油、税务等国家财政投资的重点用户行业赢得了必要的资格。青鸟网关防火墙系列产品是北大青鸟近几年来自行研制并较为成熟的IT公用产品，自2000年研发成功后接连竞得银行、公安、石油、铁路等主要行业领域的入围许可，市场迅速扩大，深得国家各监控主管部门和广大用户的好评，保证了青鸟环宇消防设备公司经营工作连续3年实现了效益大幅度增长，该公司继续保持了在国内消防业名列前5名的优势。

2004年初，青鸟华光电池公司为海尔配套的手机锂电池通过了CE认证。与此同时，青鸟华光电池公司生产的手机锂电池月产量已达到300万只。

2004年初，麦科特光电公司和深圳北大青鸟公司共同研制的“非球面超小型数码摄像头”顺利通过深圳科技局科技成果鉴定。与会专家一致认为，该产品技术优势明显，达到了国际先进水平。麦科特光电已形成月产600万部手机摄像头的产能，广泛应用于nokia、motorola等著名手机厂商，成为国内手机摄像头产品的主要供应商之一。

2004年上半年，麦科特光电公司步入高科技、国际化、初步具备精密光学产品制造核心竞争能力的企业行列，顺利通过广东省级验收，成为广东省光电技术工程中心、全国数码相机生产基地。

2004年，北大青鸟研制的青鸟网硕 NetSureXpert 产品被国内权威评测机构赛迪(CCID)评为"最具竞争力的国产网络与系统管理平台软件"。权威评价说："青鸟网硕 NetSureXpert 具有较高的技术优势和相对完善的网络管理功能模块，处于国产网络管理软件的领先地位，是实现网络综合管理的平台"。

2004年，在中国软件行业协会为旗下会刊《软件世界》杂志举办的"《软件世界》20周年庆典暨共铸中国软件产业生态链高层论坛"上，青鸟网硕 NetSureXpert 荣获中国软件行业协会20年"金软件奖"。

7月8日，在第八届中国国际软件博览会上，北大青鸟获得了中国软件行业协会颁发的"中国软件20年明星企业奖"。

9月28日，青鸟华光顺利通过了中国电子技术标准化研究所体系认证中心(CESI)第三方审核，获得了 GB/T19001-2000 idt ISO9001:2000 质量管理体系认证证书。随后，青鸟天桥、北京商用和青鸟思华公司同时通过了 ISO9001:2000 认证审核，获得 ISO9001:2000 国内认证证书和 UKAS(英国皇家)国际认证证书。此举标志北大青鸟的质量管理迈上了一个新的台阶。

12月16日，青鸟天桥公司顺利通过了由美国 SEI(卡内基梅隆大学的软件工程研究所)授权主任评估师进行的 CMM3 级评估，说明北大青鸟软件产品开发与管理的成熟化，已逐步接近国际标准，标志着青鸟天桥在国内与国际的大型软件项目开发与管理能力上，又迈上了一个新台阶。

2004年底，在信息产业部公布的2004年中国软件产业最大规模前100家企业名单上，青鸟天桥榜上有名，这是北大青鸟连续第3年获评中国软件产业100强。

3. 教育　(1) 2004年1月，作为中国最大的IT职业教育培训提供商和培训授权商，北大青鸟APTECH公司将其传统产品 ACCP2002 如期升级为 ACCP3.0，并隆重推出了"网络工程师 BENET"和"ACCP 启蒙星"两个新产品。这三个新产品完全是北大青鸟APTECH自主研发的，表明其已经具备了作为IT教育产品开发商的基础能力。

2004年度，北大青鸟 APTECH 连锁教育体系以近5个亿的营业收入，连续第三次成为国内IT职业教育市场冠军，比2003年增长了100%，在我国IT职业教育市场占14.8%的份额，位居行业榜首。

2004年，北大青鸟 APTECH 推出的 BENET 网络工程师培训项目获国家劳动和社会保障部职业技能鉴定中心认可。双方协议，劳动和社会保障部职业技术鉴定中心，将对青鸟计算机教育遍布全国的网络工程师授权认证中心，开展的网络工程师职业培训和职业资格进行联合认证。认证共分网络管理员、网络工程师两个等级，联合认证已在北大青鸟 APTECH 网络工程师培训体系内全面推广。这是北大青鸟 APTECH 在继2002年5月 ACCP 软件工程师培训项目之后，与劳动和社会保障部职业技术鉴定中心的再度携手合作。

(2) 7月2日，在原有网络教育的基础上，国家劳动和社会保障部职业技能鉴定中心正式同意北大作为国家职业资格全国统一鉴定试点单位，由北大在线行使项目管理师、企业人力资源管理人员职业资格培训认证职能。北大在线是北京大学从事网络教育及职业培训的专业机构，是中国电子学习内容和服务的首席供应商。

11月26日，北京大学首次向新疆石河子大学开办讲座远程网络直播，北大在线网络责任有限公司作为技术支持方，以远程网络直播的方式向石河子大学开办一系列的优秀讲座和选修课程，以进一步配合北京大学面向西部"对口支援"工作的开展。

青鸟教育公司(由原北大在线的部分部门及业务转而成立的公司)的"企业 e-Learning 应用解决方案"荣获我国2003～2004年度用户推荐奖。此前，青鸟教育公司还顺利入选《2003年现代远程教育解决方案及产品汇编》。

(3) 2004年，北大青鸟的基础教育事业为社会培养有用的文明人才、提高升学率和学生综合素质的教育教育成果得到了学生、家长和社会的进一步认可，北大的品牌效应迅速显示出来，北大附属实验学校在校生达3000多人，首次迎接高考，上线率即达85%，多名学生被国内外著名大学院录取。

(4) 2004年，北大青鸟集团与中国老教授协会合办中华研修大学在在校生有1600余人的基础上，开辟了四个新的专业，又招收大学专科、本科生近千人。

4. 文化　2004年初，中国青年报社与北大青鸟集团共同出资组建了中青报业传媒发展有限公司，《中国青年报》由中青报业传媒发展有限公司负责发行，其广告、品牌经营及其他延伸性经营活动也由该公司负责。

6月1日，《中国青年报》成功改、扩版，由每期8版扩大为12版，风格和版面功能也有了很大改变，受到了广大读者的欢迎和业界肯定。强强联手组建的中青报业传媒发展有限公司，集中了中国青年报社和北大青鸟集团的资源优势。

2004年是北大青鸟集团与人民日报社合办的《京华时报》创刊第四年，《京华时报》灵活按照市场理念运作，2004年经营收入近4亿元，比上一年大幅增长。其发行量达40万份，居北京市综合日报发行量第一、市场零售量第一和自费订阅量第一位。

5. 广电网络　北大青鸟在前几年与国内10省、市、自治区广电局合资成立省级广播电视网络传输公司的基础上，2004年数字广电业务又有实质性进展。北大青鸟的HFC光设备成功中标宁夏广电网络公司，为北大青鸟加快省级广电网络建设步伐和提高经营效益产生了积极影响。北大青鸟开发的SMS系统（数字电视用户管理系统）顺利通过了国家广电总局广电计量检测中心的入网测试，正式进入我国广电网络市场。该产品性能优于国内市场的许多同类产品，是广电DVB业务发展的好帮手。

6. 新能源　北大青鸟集团与中国核工业集团总公司联合，经过近3年科技研发与国际合作，2004年，形成了成熟的核能海水淡化工程技术方案。该工程的预可研报告，通过了中国国际工程咨询公司的专家评审。

专家认为，北大青鸟集团利用核能实现海水淡化，为解决我国水危机提出了一条可行途径。该方案采用低温常压核能技术，供热堆可满足冬季500万平方米建筑的集中供暖基本负荷，或提供日产8万吨纯净水的海水淡化站的热量需求，初步计划纯净水成本价大约为4.0元/吨。在第六届深圳高新技术成果交易会上，北大青鸟集团核能海水淡化投资项目受到到会的国务院副总理吴仪、商务部部长薄熙来、教育部副部长吴启迪、国家发改委副主任张晓强等领导的重点关注。

北大青鸟新能源公司（简称BJB）与以色列IDE公司（简称IDE）已签署了面向中国海水淡化市场的合作、合资协议，确立了IDE海水淡化核心品牌在中国的全面合作关系，开创了中国海水淡化产业的新局面，受到了国家主管部门的高度重视，确立了BJB-IDE战略联盟在中国海水淡化领域的主导地位。BJB-IDE战略联盟向北大青鸟新能源公司颁发了IDE技术中国推广授权书，北大青鸟核能海水淡化项目，将成为北大青鸟集团新的产业领域和利润增长点。

（青鸟集团）

北大未名生物工程集团有限公司

【概述】　北京北大未名生物工程集团有限公司（以下简称北大未名）成立于1992年10月，北京大学四大产业集团之一，主要从事生物工程和制药两大领域，具体包括基因工程制药、疫苗、诊断试剂等方向的技术研究、开发、产业化与商业化，是极具国际竞争潜力的中国最大的生物工程企业集团。

北大未名历经10余年的发展，目前已拥有北京科兴生物制品有限公司、厦门北大之路生物工程有限公司等10余家参股、控股企业，拥有20多个生物药物品种和11条达到国际GMP标准的生产线。集团拥有自主知识产权的国家一类新药甲肝灭活疫苗（孩尔来福®，Healive®）和神经生长因子药物（恩经复®，Nobex®）等产品上市销售情况良好，北大未名建设的北京北大生物城、厦门北大生物园及广州流溪湾白云生物港等生物工程产业化基地进展顺利，为集团将来的生物产业发展，创造了良好的条件。

【研究与开发】　2003年12月，北大未名集团公司，被科技部认定为"国家863计划成果产业化基地"；2004年1月，集团企业—北京科兴承担的SARS灭活疫苗的研究被国家食品药品监督管理局批准进入临床试验，这标志着SARS疫苗的研究进入了一个新的阶段。2004年3月，国家作物设计中心正式落户北大未名，该中心的研究成果，为今后水稻功能基因的研究，提供了丰富的突变体资源。目前，集团计划实施的研发项目，如基因药物工程研究中心、疫苗工程研究中心、诊断试剂研究中心和生物经济研究中心正在建设中，今后拟建立的其他研发中心还有花卉分子设计中心、生物智能研究中心、中药信息学研究中心等；2004年年底，集团企业—北京科兴流感疫苗研究取得进展，疫苗生产车间已经建成，计划在2005年投入规模化生产。

依托生物工程、金融工程和创新理论三大支柱，北大未名将继续以独特的发展战略，推进企业发展，推动中国生物工程产业的发展。

（北大未名生物工程集团）

北大资源集团

【概述】　北京北大资源集团成立以来，一直担负开发北大周边地区，建设北京大学科技园的使命。集团遵循"开拓、实干、高效、奉献"的企业宗旨，经过10余年艰苦创业，初步建成北大科技园的构架。集团先后投资于高科技、文化教育、房地产等领域，发展成为拥有近40亿资产的高科技企业集团，是北京大学校办产业的支柱型企业之一。

2004年资源集团改制工作基本完成，董事会讨论通过北大资源集团管理体制改革的方案，经校产管理委员会，上报教育部科技发展中心和财务司，先后得到批准，现集团已更名为北京北大资源集团有限公司，注册资本8000万元，由北大资产经营公司占股70%，企业职工个人占股30%。

【主营业务】　2004年资源集团确定主营业务为房地产、科技、教育和物业经营管理。

房地产业务　2004年资源集团销售额为8个亿，其中收入主要来自房地产业。

1. 博雅西园和德园项目

博雅西园在2003年强势销售的基础上，2004年顺利完成二期交房，圆满完成销售工作。2004年8月18日，博雅德园项目1号楼开始销售。

2. 安福大厦项目

位于西长安街南侧西单商业办公区的“安福大厦”项目是公司和北京市重点工程。经过2004年一年的努力，已完成场地的初步平整，砌筑了临时围墙，初步完成了工程开工前各项手续的办理。

3. 肖家河教师住宅项目

落实了学校将肖家河教师住宅项目交由资源集团运作的思路，并通过协调北京大学和北京市委、市政府以及各有关职能部门使该项目取得了实质性的进展。

科技项目

1. 北大先锋科技有限公司：制氧机技术趋于成熟，逐步获得了市场的认可。2004年全年新签合同大幅增长。

2. 北大西飞公司：该公司的主打产品蜂窝墙和铝扣板在市场上获得好评。

教育项目

集团以北大学园教育投资有限公司为依托，积极培育和拓展业务。今年由集团收购的北大资源研修学院招收新生1600余名。学园公司与北大心理学系、外国语学院和幼教中心等部门开展了实质性的合作，展现了良好的前景。

物业经营管理工作

在中关村写字楼市场极端过剩，价格一再走低的情况下，集团经营部及时把握市场行情，利用多年培育市场的经验，同时挖掘资源大厦潜在的市场卖点，使出租率逐月提升。截止到2004年11月25日仅半年时间出租率超过70%。

资源楼的设施、设备日渐老化，逐步退居于低端市场的行列，在中高端写字楼市场的夹缝中求生存，公司经营部充分挖掘资源楼的自身优势，及时应对写字楼市场变化，采取更为灵活的价格策略。截止到2004年11月25日，出租率近75%。

继董事会讨论制订并通过了北大资源集团的《公司章程》、《公司经营活动重大决策程序》等规定后，又相继细化和完善了部门和岗位职责，以及日常管理、人事、经营、安全保卫和工程管理等方面的制度，汇总形成了《北京北大资源集团有限公司管理制度规范集》。

（资源集团）

首都发展研究院

【概况】　2004年，首发院全面加强了同市政府各部门的联系，初步形成了以市委市政府为核心，以市科委、市发改委、市教委、市交通委为重点、以北京大学各院、系、所为依托的互动合作格局。具体包括：

1. 刘淇书记和其他市领导非常重视首发院的请示和报告，每一次都给予批示，这成为首发院开展工作的强大动力。

2. 北京市科委作为首发院协调单位，2004年，科委副主任刘振刚带领有关科室负责人先后三次到首发院调研，分别就北京城市都市化和郊区城市化问题、北京市专利战略实施研究问题和首发院2005年工作重点和工作计划等进行了探讨，并委托首发院组织北大专家进行4个项目的研究工作。同时，市科委与首发院就召开第二届理事会的若干问题进行了多次协商。

3. 首发院和市发改委领导多次沟通，双方就土地、水、能源与社会经济发展关系、北京优势产业集群、北京城市化发展战略等问题进行探讨，并落实由首发院组织北大专家进行相关问题的研究。

4. 为了更加有效地动员和组织北京大学面向首都北京的科学研究、人才培训、咨询论坛，技术转让，争取市委市政府对北京大学的支持，首发院制订了“北京大学首都北京行动计划”。首先，首发院积极参与市教工委及市教委的首都教育发展规划工作，并配合草拟了“北京大学服务首都教育行动计划纲要”。北京市教委张国华副主任就“北京大学服务首都教育行动计划纲要”与首发院进行了多次磋商，就纲要中提出的各项行动计划实施的可行性以及存在的问题进行座谈，并就修改后的“北京大学服务首都教育行动计划纲要”进行了深入地交流与探讨。同时，北京市委组织部、北京市人事局干部也到首发院，就“北京大学服务首都教育行动计划纲要”中有关建立北京英才培训中心的必要性、可行性进行了探讨。

5.《北京城市交通的困境与出路》研究报告呈送市委、市政府主要领导批示后，北京市交通委员会领导听取了首发院的汇报，充分肯定了《北京城市交通的困境与出路》研究报告对于解决北京交通拥堵问题的意义，并委托首发院进行“北京市出租汽车主要问题研究”、“北京市就业分布与交通关系研究”。

【市校合作】 2004年，首发院着重通过策划和组织“北京大学服务首都教育行动计划”、编辑《北京大学服务首都工作简报》以及组织项目三个方面发挥北大优势，进一步促进市校合作计划。

1. 策划和组织北京大学服务首都教育行动计划

2004年初，首发院向北京市市委市政府上报了“北京大学服务首都教育行动计划纲要”，并于2004年3月得到刘淇书记和王岐山市长的批示，刘淇书记批示“有关部门认真研究这个纲要，并提出相应的建议报市”。根据批示精神，北京市决定由市教委耿学超主任牵头，就纲要中涉及教育方面的内容进行研究，连同相关部门的意见形成材料上报市领导。随后，首发院经与北京市教育委员会多次交换意见，进一步完善了“北京大学服务首都教育行动计划纲要”及其补充说明。为了更好地促进计划的实施，首发院向市教委建议制订北京大学服务首都教育行动计划纲要实施工作方案，并已上报市委市政府。

2. 编辑《北京大学服务首都工作简报》

2004年，《北京大学服务首都工作简报》编辑了3期，分别以《关于缓解北京交通困境的政策建议》、《论京畿圈战略》、《国外政府知识产权战略比较研究》为主题，《北京全球城市战略——发展先进服务业》、《台湾垃圾循环政策参考》两期简报正在编辑中。首发院先后承担了交委的两项课题，即“北京市出租汽车主要问题研究”、“北京市就业分布与交通关系研究”。

3. 组织项目，参与咨询活动，为首都发展提供实质性智力支持

2004年，由首发院争取到的市研项目经费共计335万元，北大政府管理学院、环境学院和法学院等积极参加了首发院组织的相关项目研究。已结题的项目有北京市科委委托的“首都高新技术产业持续发展对策研究”、“北京市专利战略实施研究”；正在进行研究的课题有：北京市科委委托的“海外大都市区城市化经验借鉴研究”、“北京科技与经济发展重点问题研究”；北京市发展与改革委员会委托的“北京市优势产业集群研究”、“北京城市化发展战略研究”；北京市交通委员会委托的“北京市出租汽车主要问题研究”、“北京市就业分布与交通关系研究”；延庆县人民政府委托的“延庆县经济发展战略研究”、“延庆县旅游发展总体规划研究”。

2004年3月，北京大学政府管理学院教授、首发院院长助理李国平等撰写的《首都圈——结构、分工与营建战略》由中国城市出版社出版。本书是国家软科学研究项目和北京市软科学项目“首都空间发展新战略——关于营建首都圈的理论与规划实践研究”的最终成果。2004年7月，经济学院教授、首发院兼职副院长何小锋等撰写的《奥运金融工程》由北京同心出版社出版。本书是北京奥组委委托首发院进行的“北京举办奥运会的金融支持工程”和“北京奥运金融风险防范与管理”两个课题的研究精华。

2004年，首发院还开展了大量的政策咨询活动，共计组织和参加了近30次论坛、咨询会议等活动。其中比较重要的咨询活动有：举办北京“节水型城市建设”高层论坛、参加北京市人才工作专家座谈会、北京市科学与技术博览会、京津冀都市圈区域规划研讨会、京津塘科技新干线论坛、中关村电脑节中关村发展论坛：海淀中关村全球研发总部论坛、2004年首都与兄弟市(区)经济合作高层论坛、北京市校企合作产学研项目签约仪式暨新闻发布会、张茅副市长主持召开的北京市第3、4季度经济形势分析会等。

2004年，在新经济指数研究首席经济学家、首发院常务副院长杨开忠教授的带领下，进一步丰富和完善了中国新经济概念和指数，并完成了《2003中国省市自治区新经济指数》的编制。2004年12月28日经济日报第13版整版再次独家发布了“2003年中国31个省市区新经济指数”。

【国际交流】 与意大利罗马大学合作，启动中欧区域发展科学研究和教育合作计划：自2003年10月首发院和中国区域科学协会联合召开“城市与区域发展国际会议”之后，首发院和意大利罗马大学开始就区域经济发展、社会和生态问题、环境问题、政府决策等领域的研究和教育合作等问题讨论合作计划。2004年底，通过北京大学和罗马大学双方的国际合作部门的努力，签订了校际合作框架协议。

申办全球发展网络(GDN)2007年年会：GDN是一个由研究和政策机构组成的全球性网络，关注全球发展热点问题的研究、知识共享和发展行动的促进。除全球研究计划外，GDN的活动还包括召开全球发展年会、颁发全球发展奖等。首发院于2004年开始承担申办GDN2007年年会工作，包括以许智宏校长名义向GDN秘书处提交正式的邀请函。该申请将于2005年元月GDN的理事会上讨论，若申办成功，将是首都向世界展示其发展成果的又一个机遇。

（程　宏）

对口支援石河子大学

【概况】 2001年6月，教育部确定北京大学对口支援新疆石河子大学。2001年9月，两校正式签署了《北京大学对口支援石河子大学暨全方位合作协议书》。4年来，经过两校的密切合作和共同努力，石河子大学进入了跨越式发展阶段，教育教学和科研水平显著提高，人才培养和师资队伍建设取得明显实效。在2004年工作中，两校通过共同努力，对口支援工作持续、稳定、扎实进行，取得了新的成效。

根据两校对口支援例会制度，2004年7月，对口支援工作例会在石河子大学召开，北京大学党委副书记岳素兰、副书记兼副校长吴志攀、副校长林钧敬、副校长林建华等校领导出席了会议，就两校深入开展对口支援工作，与石河子大学党委书记周生贵、校长向本春等校领导以及职能部门负责人共同开展了讨论。在认真总结过去一年工作的基础上，两校重点就学科建设、硕士点申报、重点实验室建设、课程建设、远程教育的深入开展交换了意见，对存在的问题及时进行了调整。在这次会上，两校确定了2004～2005学年的工作重点，即在做好常规工作的基础上，重点做好三个方面的工作：一是继续推进北京大学新疆研究生培养基地建设，尽快进入招生、培养等实质性工作阶段；二是利用网络教育手段，北京大学为石河子大学讲授通选课程与开办讲座；三是通过北京大学与石河子大学生命科学学院等四个院系的对口合作，继续抓好石河子大学生物技术、药学、汉语言文学、计算机科学与技术四个专业的学科建设。

【新疆研究生培养基地】 2004年学校决定建立"北京大学新疆研究生培养基地"。在教育部的支持下，经过北京大学、新疆生产建设兵团以及石河子大学的共同努力，"北京大学新疆研究生培养基地"于2004年7月在石河子大学正式挂牌。培养基地主要面向兵团招生，为石河子大学培养师资，培养的毕业生继续留在新疆工作。

2004年11月，北京大学研究生院张国有常务副院长率队专程到石河子大学，就落实建设"北京大学新疆研究生培养基地"的有关事宜与石河子大学进行磋商。双方就"北京大学新疆研究生培养基地"运作中的招生简章、工作细则、经费管理及使用办法等具体事项，细致、全面、深入地交换了意见，制定了相关的工作制度。"新疆研究生培养基地"立足长远，为兵团、新疆培养所需的人才，建立西部高层次人才的造血机制，将有力地拉动石河子大学乃至新疆地区高学历人才队伍建设。

【教学支援】 2004年，北京大学派出政府管理学院徐湘林教授、张建玮教授到石河子大学分别讲授《行政学概论》和《政治学》课程。北京大学派出教师不仅向学生们传授了各自学科的前沿知识，而且注意传授治学方法，培养学生独立思考的能力。教学之余，他们还关注石河子大学的教学改革，为石河子大学教育教学的发展建言献策。2004年上半年，有5名优秀教师到石河子大学担任博士支教工作。

2004年12月，两校签署了"北京大学与石河子大学合作开展(试行)远程网络同步教学项目协议书"，北京大学将每学期向石河子大学开设10门以内远程网络直播通选课，提供6-8场远程网络直播讲座。

2004～2005学年的第二学期，北京大学教师共为石河子大学讲授了"中西文化比较"等四门课程，著名经济学家、经济研究中心主任林毅夫教授通过远程网络为石河子大学讲授了"中国经济问题"。两校虽然远隔千里，石河子大学学生却可以通过先进的网络设备和技术，聆听到北大优秀教师的授课，共享北大的教育资源。

【院系合作】 2004年，北京大学积极部署，将对口支援的工作从管理层面逐渐扩展到教学科研层面，从学校层面逐步下移到院系和职能部门层面，根据石河子大学确定的建设和发展目标，以重点学科专业建设为突破口，丰富对口支援工作的内容，拓展支援工作层面。北京大学生命科学学院、中文系、信息科学技术学院与药学院分别与石河子大学4个相对应的学院建立了"一对一"的支持带动关系。北京大学上述4个院系在自身教学科研工作十分繁重的情况下，认真组织人员，制定计划，通过指导学科建设、实验室建设、教材建设，帮助培养师资队伍等途径，推进石河子大学汉语言文学、生物技术、计算机科学与技术和药学4个学科的重点建设。

北京大学药学院发挥学科建设的优势，与石河子大学药学院共同研究探讨石大药学院学科建设和发展规划，指导药学专业教学、课程建设以及实践教学的科学合理设置，指导重点实验室的建设。2004年3月，吕万良教授任主任的"新疆生产建设兵团植物药资源与中药现代化重点实验室"获得审批成立。2004年7月，北京大学药学院李长龄教授等4位专家与石河子大学药学院陈虹副院长合作，共同申报了2004年兵团医药专项"降血脂地产中药复方颗粒剂的研制"，顺利获得兵团科技局立项资助。10 月，石河子大学药学院陈文博士与北京大学药学院合作申报了国家“973”前期预研项目“应用小肠在体吸收模型与群体药物动力学方法筛选甘草黄酮抗病毒有效活性群”，国家科技部正式批文立项资助。

此外，北京大学中文系主任温儒敏教授对石大中文系申报硕士点工作做了大量的指导工作；中文系接受石河子大学挂职干部 1 人，为石河子大学中文系培养定向研究生，并向石大中文系捐赠了图书资料。生命科学学院、信息科学技术学院分别接受石河子大学进修教师与实验室进修人员以及插班本科生；根据石河子大学的需求，在日常教学及学院管理方面给予石河子大学指导和建议。

【文化西援工程】 为推动石河子大学校园文化建设，繁荣学术氛围，北京大学陆续选派院士及著名学者到石河子大学举办系列学术讲座，开展“文化西援工程”。2004 年，北京大学李克安教授等著名学者在石河子大学共举办了内容丰富、角度多样的 8 场讲座。“文化西援工程”的实施，不仅活跃了校园文化，也为师生开拓了学术视野，成为北京大学对口支援工作中最具特色的支援项目之一，在新疆地区产生了强烈反响。

【国际交流与合作】 北京大学继续积极协助石河子大学开展国际交流，通过扩大与国外高校、企业的学术交流与合作共建，拓展国际视野，开拓办学思路，并积极争取多方援助。

在北京大学的帮助下，石河子大学先后接待了日本大学学者访问团、日本岩手大学以及奥地利国家教育考察团，并与之开展了有益的交流与合作。北京大学还积极牵线搭桥，引介国际优秀学者访问石河子大学。石河子大学聘请了德国柏林自由大学东亚研究所所长罗梅君教授为客座教授；原中科院研究生院常务副院长高文教授，微软亚洲研究院院长沈向洋博士，微软亚洲工程院院长张宏江博士为石河子大学做了 3 场精彩的讲座。

2004 年 7 月，北京大学、美国明导公司与石河子大学签署了共建合作协议，在石河子大学建立“电子系统设计联合实验室”。美国明导公司和北大资源集团共同向石河子大学捐赠供实验室使用的、价值昂贵的硬件设备和软件系统。

在“引进来”的同时，石河子大学也积极“走出去”。在北京大学的协助下，2004 年，石河子大学分三批共 8 人次出访国外高校。通过“请进来，走出去”，使石河子大学有更多的机会了解和学习国外高校办学经验，开拓了办学思路，拓展了国际视野。

（对口支援工作领导小组办公室）

深港产学研基地

【概况】 2004 年，是深港产学研基地各项工作保持快速发展的第五年。成立 5 周年的深港产学研基地立足深港湾区，正逐步成为一个高层次、综合性、开放式的官、产、学、研、资相结合的实体，成为在深港湾畔区具有竞争力的科技成果孵化与产业化基地、风险基金聚散基地、科技体制创新基地、高新技术人才培养引进基地，成为北京大学和香港科技大学除本校所在地以外最重要的合作基地，并初步形成了较为完备的创业体系、高技术项目体系、人力资源体系、政府政策扶持体系和融投资体系。

2004 年 4 月 21 日，深港产学研基地召开了第六次理事会。会议协商通报了第六次理事会理事调整的情况。深圳市常务副市长许宗衡接任李德成同志的副理事长一职，沈翼谋博士接替沈宁耀教授担任深港产学研基地理事会副秘书长、深港产学研基地副主任一职。调整深圳市科技和信息局王学为局长、深圳市贸易工业局殷勇副局长、北京大学林钧敬副校长、香港科技大学钱大康副校长为理事。

【科技开发】 2004 年，深港产学研基地为深圳建设高科技城市大力提供公共技术平台服务，充分利用和挖掘北京大学及香港科技大学两校的科技优势，积极承担、申报深圳市科研课题，为深圳市的可持续发展提供了技术支持。基地组织北京大学环境模拟与污染控制国家重点实验室深圳分室、深港产学研环境技术中心和深圳香港科大海岸与大气研究重点实验室承担了深圳治河办“深圳河水水质改善工程（大鹏湾引水方案）对深圳湾水环境及米埔生态环境影响初步研究”、深圳市水环境综合整治办公室的“深圳河（湾）水系引调水方案专题研究”等一系列项目；申报了“现代化的环境监测系统及分析能力体系”项目以及“深圳湾湿地环境系统研究——建立国际湿地示范区”、“环境参数现场实时采集平台”等科技计划项目。基地筹建香港科技大学材料实验室，申报、筹建国家深海海洋科技基地；参加深圳市虚拟大学园国家重点实验室（工程中心）深圳支撑平台项目，其中“环境模拟与污染控制”深圳市重点实验室顺利通过深圳市科技局的中期考核，实现提前挂牌。

2004 年，深港产学研环境技

术中心对深圳的环境问题进行深入研究，同时也涉足污染治理技术开发，尤其是在水污染控制策略研究以及治理技术开发方面，有长足进展。中心科研人员根据实地调研和科学计算，提出了污水处理厂水资源化作为生态补水，改善河流水环境质量的思路，为深圳市水污染治理工作提供了重要的依据。深港产学研环境技术中心与中国地质大学(北京)、北京大学深圳研究生院联合开发的人工快渗污水处理系统开辟了城市生活污水处理和河流水污染治理的新途径。目前该技术被评选为国家重点环保实用技术，国家发改委推荐其为中小城镇污水处理遴选技术，并通过由中国环境科学研究院工程设计中心组织的专家鉴定，同时申报了国家发明专利。该系统可广泛应用于生活污水处理、受污染河道水修复、污水深度处理以及水资源化领域。目前该技术目前在广东和其他地区已经建设了10余个实用化工程，以建设和运行费用低、管理简单和出水效果好，受到了政府部门的高度评价。

【服务地方】 深港产学研基地依托北京大学及香港科技大学两校的综合智力资源，组织参与了一系列深圳软课题研究，承担了深圳市科技局“深圳市公共实验室建设的战略研究”软课题并顺利通过中期检查；基地建立了“深港产学研合作基金”，为两校专家服务深圳提供支持，“深港产学研合作基金”已资助了两校一批课题，选题大都针对深圳发展所迫切面临的问题，从“适应WTO规则深化深圳外经贸体制改革研究”、“关于深圳今后大力发展文化产业的研究”、“关于深圳民间投融资问题的研究”、“深圳与上海、香港以及其他国家在中学教育方面发展的特点与差异”到“以若干高新技术企业为例研究深圳科技创新”等都有涉猎。

2004年初深港产学研基地培训中心成功竞得深圳市9090工程，承担起为深圳市培养WTO专项人才的培训任务；承担起深圳市委组织部第9批赴港进修班、宝安区委二期、三期局处级干部的培训任务，还为深圳市和宝安区近200名局处级干部提供了公共行政管理高级研修班课程；同年还承办了2004年深圳市人事局知识更新论坛和宝安区新发展观的系列讲座；2004年，深港产学研基地继续做好企业高层管理人才的培养工作，深港产学研基地培训中心共为包括水务集团、天音通信等大型国企的高层管理人员进行了工商管理的短期培训，为200余名企业中高级管理者提供了高水平的培训服务。

【深港产学研论坛】 深港产学研基地为庆贺成立5周年，2004年8月28日，在深港产学研基地举办了“深港产学研论坛·2004”。“深港产学研论坛·2004”结合深圳市关于完善区域创新体系推动高新技术产业持续快速发展的需求，论坛的主题为产业整合和经济增长。深港两地的经济发展和中国的产业整合成为此次论坛关注的焦点，来自北京大学张维迎教授和香港科技大学雷鼎鸣教授分别就“中国的经济增长与产业整合”和“从当代经济增长理论看深圳与香港的发展方向”为题做了精彩报告。此外，2004年，围绕为深圳营造良好的科技、文化氛围，深港产学研基地还成功举办了“深圳北大新年论坛—系列论坛”、“北大光华管理学院人力资源学术调研和论坛”等系列论坛讲座，吸引了大批专家学者、政策研究决策人员、机关干部和市民广泛参与。

【科技成果转化】 2004年，深港产学研基地筹建了桑夏大楼及福田保税区两个孵化器并开展业务，同时还与湖南省益阳市共建孵化基地。孵化了深圳市熙和科技有限公司WAPI与IP-PHONE等项目；积极推进两校科技成果在深圳的产业化进程，推进香港科技大学机电一体化项目；考察、孵化北大智能信息系统实验室智能孕育系统、北大SOC实验室赛博项目。帮助北大智能信息系统实验室组建专业公司；在此基础上还全面启动了深港产学研科技发展有限公司。

【南山社区信息化项目】 2004年，深港产学研基地发挥深圳北大智能信息系统重点室的资源优势，与南山区联合研究开发了“社区综合信息管理分析系统”，该系统利用当前先进的互联网和数据仓库等技术，融社区信息查询、社区综合服务、社区信息数据的采集与管理、领导决策分析等几大功能于一体，是社区信息化管理的综合性解决方案与服务平台，是当前电子政务系统中的一个重要内容，也是社区建设的重要组成部分。

(邓小昆)

主要教学科研服务机构

图书馆

【概况】 2004年，图书馆工作重点主要可以归结为四个方面：(一)在继续加强数字图书馆基础设施建设的同时，致力于数字化资源服务功能的凸现和扩展，进一步充实和合理配置图书馆文献资源，改善服务环境，开拓服务手段，全面提高图书馆的综合服务水平，进一步缩小与世界一流大学的差距；（二）2004 年 6 月，为期 1 年的旧馆改造工程正式开始施工，图书馆克服重重困难，想方设法把对读者服务的影响降至最低，同时，重新设计和定位全馆服务网点，酝酿和筹划采访、编目和期刊等内部工作流程合理化改造，以确保旧馆改造以后图书馆在对外服务质量和内部功能结构上得到提升；（三）继续关注数字图书馆技术前沿的发展，继续完善和拓展系统功能，并加强系统对分馆的延伸，2004 年图书馆系统已在医学部全面启动；（四）关注北大图书馆人文特色和服务传统的发扬和传承，除了继续在全馆树立读者第一的观点，倡导人性化的服务之外，图书馆不断继续挖掘馆藏的深层内容，为广大读者提供深层次的服务。

2004 年，图书馆的大事有："中国高校人文社会科学文献中心"（CASHL）服务正式在北大图书馆启动；与香港大学图书馆和北京大学历史地理研究所合作的，国内第一个北京历史地理文献专题数据库，初步建成并开通；成功举办全国高校图书馆界图书采访工作研讨会；在校本部实现异地还书操作；北大数字图书馆资源统一检索平台，正式发布并开始试运行；完成西文期刊索刊号的修改和倒架工作，使西文期刊做到了按学科排架；成功举办北京大学图书馆第七届五四科学讨论会；首批校园卡在图书馆顺利使用；中国图书馆学会高校图书馆分会成立，戴龙基馆长当选为该分会主任；教育部科技发展中心，正式批准设立北京大学查新工作站，工作站设在北大图书馆。

【文献采访】 2004 年，除因旧馆改造外文赠书减少较大外，图书购入增幅较大，图书采访总量与上年相比，有较大增加。

与 2003 年相比，购入中文文科图书种数增长 42.7%，册数增长 28.3%；中文理科图书种数增长 12.7%，册数减少 22.6%；外文文科图书种数增长 32.5%，册数增长 37.6%；外文理科图书种数减少 4.3%，册数增长 3.3%；赠送交换中文图书种数增长 11.8%，册数增长 11.3%；赠送交换外文图书种数减少 59%，册数减少 58.6%。中外文图书种数总计增长 12.4%，中外文图书册数总计增长 9.7%。

与 2003 年相比，中文报刊略有减少，其中文科报刊减少 169 种，减少 7.4%，理科报刊减少 146 种，减少 8.5%；外文报刊有较大增加，其中文科报刊增加 225 种，增长 19.3%，理科报刊增加 19 种，增长 1.7%。

电子资源方面截至 2004 年底，图书馆总计订购光盘和网络数据库 370 种 413 个，其中中文 210 种 226 个、西文 160 种 187 个；电子期刊 24000 种左右共计 40000 余份，其中中文 9000 余种 20,380 余份、西文 14000 余种 20,556 余份；电子图书 18 万余册。

音像资料方面，2004 年图书馆共购进语言录音带 25 种，54 盘；影视光盘 874 种，967 盘，音乐 DVD59 种，59 盘；音乐 CD43 种，43 盘。

【文献编目】 2004 年文献编目具体情况见表 6-42。

表 6-40　2004 年图书采访统计表

类　别	文科中文图书	理科中文图书	文科外文图书	理科外文图书	赠送交换中文图书	赠书交换外文图书	总　计
种　数	24033	5374	5688	2896	3215	3126	44332
册　数	60610	9901	6683	3324	5864	3564	89946

表 6-41　2004 年期刊采访统计表

刊　类	文科中文报刊	理科中文报刊	文科外文报刊	理科外文报刊
种数	2099	1566	1389	1138

表 6-42　2004 年文献编目统计表

项　目			数　量
年入编书刊总量	种　数		51967
	册　数		101746
中文新书入编量	文科图书	种　数	25631
		册　数	63394
	理科图书	种　数	6018
		册　数	15730
外文新书入编量	文科图书	种　数	9600
		册　数	10993
	理科图书	种　数	2849
		册　数	3216

续表

项目		数量
中文回溯图书入编量	种数	370
	册数	889
外文回溯图书入编量	种数	274
	册数	299
学位论文(篇)	文科	2603
	理科	1401
中文期刊	种数	214
外文期刊	种数	3007

表 6-43 2004 年接待读者借阅咨询统计表

部门	接待读者人次	外借册次	阅览册次	咨询人次	馆际互借册数	电子资源检索频次	电子资源下载篇次
期刊阅览部	461204						
流通阅览部		886747					
古籍特藏部	6927		41133				
视听部	69962						
信息咨询部	100978			19123	15973	7876647	3260048

【读者服务】 2004 年,图书馆共接待读者 1,531,150 人次,外借图书总册数达到 957034 册。

2004 年,“一小时讲座”继续开展,开办图书馆利用专题讲座 97 场次,参加人数 2724;开设的“文献资源检索和利用”专题选修课共 54 学时;上课人数 1150 人。

2004 年,网上虚拟咨询继续开展,增加了咨询时段,全年咨询 7011 人次,并于 10 月制定了《虚拟咨询台工作规范》,对服务态度、工作流程和服务质量等提出要求;还对参加服务的咨询馆员进行了相关培训。

2004 年,管理中心设在图书馆的“中国高校人文社会科学文献中心”(CASHL)正式启动服务。

2004 年,旧馆改造期间,图书馆想方设法尽量减少对读者的影响。

【旧馆改造】 图书馆旧馆建于 1975 年,经过近 30 年的使用,水电线路严重老化,窗户破旧,密闭性差,同时在布局、网络设施方面存在很多不足,而且存在严重的安全隐患,严重影响图书馆的发展。经学校批准,国家教育部拨款,旧馆改造工程于 2004 年 6 月正式启动,分南北两期施工,工期为一年。此次改造,除基本框架外,其余设施设备全部更新,并新增了综合布线、消防监控系统和局部中央空调。在建筑方面,将南天井改扩建为钢结构的一站式服务大厅,新增建筑面积 1385 平方米。现代化的设施设备和宽敞明亮的服务大厅将大大提升图书馆的服务功能。改造项目由学校邀请清华大学建筑设计院进行可行性研究和设计。旧馆改造工程由北大基建工程部主持,图书馆配合。经过投标等程序,中国建筑技术集团公司中标总承包,华夏监理公司监理。

为保证业务工作正常进行,采、分、编工作全部搬迁至新馆。同时,为确保存放于旧馆的图书资料的安全,图书馆决定将这些文献资源全部迁至新馆,由于空间的限制,有些阅览室被迫关闭。这对在校师生,特别是 2005 年的毕业生,产生了较大的影响。影响最大的主要是主书库和保存本阅览室的临时关闭。图书馆召开读者座谈会,了解读者需求,加强馆际互借和电子书刊的服务,争取把对读者用书的影响降至最低。为解决旧馆改造期间,博硕士毕业生查找资料困难的问题,还于 2004 年 10 月成立了“博硕士毕业生应急接待处”,通过加强馆际互借和文献传递等服务方式的力度,竭尽全力解决博硕士研究生撰写毕业论文中遇到的资料问题。由此馆际互借业务量创历史新高,达到年业务量 22000 余件。

2004 年暑假,为保证旧馆图书资料的安全搬迁,图书馆动员全体职工,参加书刊打捆和搬运工作,依靠自己的力量完成了 200 多万册书刊的繁重搬迁任务。

【内部工作】 2004 年,图书馆开始着手将图书、期刊、电子资源、视听资料、其他非书资料的采购统一归采访部管理;并将所有文献资源的编目统一归编目部。另外,图书馆还在人员管理方面进行了初步的调研,以确立最优化人员结构,使工作流程、管理制度、人员配置等更加合理。

【数字图书馆建设】　2004年，图书馆在数字图书馆建设方面仍走在国内同行前列。各种数字资源学科门类基本齐全，数据库总量已达到370多个，网上全文期刊达23000多种，馆藏金石拓片、古籍善本、学位论文、教学参考书的数字化也已经初具规模。图书馆专门建立一条数字加工生产线，成立了数字加工部，对资源进行扫描、采集加工。自行加工资源目前已经接近2个TB。图书馆Unicorn集成软件系统功能不断完善，通过互联网建立起了多层次、立体化的远程虚拟服务平台。读者可以在图书馆主页上进行馆藏目录查询、网上预约续借、馆际互借、数据库检索、电子期刊和图书阅览、多媒体视频点播等，使用虚拟咨询台、网络培训、课题咨询、新书导读、电子剪报等新型服务，利用先进的网络全文传递系统从欧美、港台等地迅速获得大陆稀缺的文献。截至2004年底，图书馆已经在资源建设、平台建设的基础上，建成了以下数据库：北京大学古文献资源库、北京历史地理数据库、北京大学学位论文数据库、北大名师数据库、视频点播多媒体数据库、热点话题数据库、新书导读数据库、网上咨询台—常见问题数据库、一小时讲座—课件数据库，并向广大师生提供服务，受到了一致的好评。

【校园卡试用】　2004年，校园卡在北大校园试行，图书馆是校园卡在全校首先投入使用的单位。2004年暑假前，图书馆就和学校校园卡中心加强联系，进行协商并落实了具体的工作措施。经过图书馆系统部、流通阅览部、信息咨询部的共同努力，到国庆节长假后，全体2004级新生领到校园卡后，即可在图书馆借书。与此同时，全校师生共2万多人的换卡工作也在顺利进行。

【北京历史地理数据库】　北京大学图书馆和香港大学图书馆联合北京大学历史地理研究所，利用先进的数字化及网络技术，初步建成了国内第一个北京历史地理文献的专题数据库，为该领域研究型数据库的进一步发展，奠定了基础。该数据库已分别于2004年4月16日和6月2日在北京大学和香港大学举行了开通仪式，受到了两校师生的欢迎。

北京历史地理数据库以城市的发展建设为主轴，系统地反映环境变迁、物产资源、经济、政治、社会生活、管理制度、文化艺术、宗教、人口、战争、风俗习惯、建筑、聚落、道路交通、文物古迹、科学技术等各方面。现能提供3500万字的印刷文字及少量的地图、图片、音像和多媒体资料。数据库功能实用、操作简易，实现了基于OCR、XML和Unicode的底层文献全文数字化、基于DC和XML的元数据标引、资源组织、整合，以及体现知识关联的全文检索发布系统，达到了一期建设目标的标准。该数据库建成和开通有益于京港两地的学术交流和资源共享；项目建设中图书馆与院系联合，发挥综合优势的方式，也为高等院校图书馆和教学科研单位的良性互动，提供了借鉴。

【医学图书馆使用Unicorn系统】经过近1年的准备，医学图书馆于2004年8～9月开通Unicorn系统流通模块，校本部、医学部的读者可以使用一个借书证在两校借阅文献。图书馆系统部在前期做了大量的工作，进行数据上载规则、上载试验；系统现有参数重审、修改、调整；探索多馆系统运行模式下的参数设置、各馆之间操作关系；组织各部门梳理工作流程、整理工作规范、制定互操作规则、用户使用培训等等。在两馆各部门工作人员的共同努力下，先后平稳、顺利地开通了流通、编目、采访、期刊模块。

【中文电子期刊导航系统发布】图书馆目前正式订购的中国期刊网、万方数字化期刊和中文科技期刊全文数据库等3个系统，共收录18000余种全文电子期刊，这些电子期刊受到读者的广泛欢迎，访问频率相当高。为了方便用户了解图书馆的中文电子期刊馆藏，以及更快捷更便利地使用这些电子期刊，2004年下学期，图书馆自动化部、信息咨询部在CALIS的协助下，发布了中文电子期刊导航系统，用户可以按照学科、期刊名称的拼音顺序快速和方便地查找期刊，并可以根据期刊名称直接进行查找。

【中国高校人文社会科学文献中心服务启动】　2004年3月15日，“中国高校人文社会科学文献中心”服务启动大会暨学术研讨会在北京大学图书馆举行。

中国高校人文社会科学文献中心（China Academic Humanities and Social Sciences Library）简称CASHL，是教育部根据高校人文社会科学的发展和文献资源建设的需要，引进专项经费建立的，是教育部高校哲学社会科学“繁荣计划”的重要组成部分，是全国性的唯一的人文社会科学外文期刊保障体系。其宗旨是组织若干所具有学科优势、文献资源优势和服务条件优势的高校图书馆，有计划、有系统地引进国外人文社会科学期刊，借助现代化的服务手段，为全国高校的人文社会科学教学和科研提供高水平的文献保障。

中国高校人文社会科学文献中心的全国管理中心，设在北京大学图书馆，全国中心设在北京大学和复旦大学，负责资源的整体规划、建设和服务，协调各区域中心和重点学科中心，开展培训，提供服务。区域中心设在武汉大学、南京大学、四川大学、吉林大学、中山大学。

依托CALIS已经建设的服务网络和馆际互借系统，CASHL文献传递服务在较短的时间内便开始投入试运行。2004年2月17日～3月14日,CASHL全国中心在北京大学、复旦大学、武汉大学、南京大学、吉林大学、中山大学、四川大学等几个中心馆范围内开展了CALIS馆际互借系统安装和文献传递服务试运行工作,受到了广大师生和研究人员的热烈欢迎。服务启动大会的召开,标志着CASHL面向全国高校服务的正式展开。

【五四科学讨论会】 2004年9月30日,图书馆第七届五四科学讨论会在图书馆北配楼举行,校本部图书馆与医学部图书馆的同仁参加了研讨会。此次研讨会共收到论文80余篇,张美萍、聂华、张晓雁、白晶、胡海帆、臧健、王海兰、李军凯、王燕等同事作为优秀论文代表先后介绍了自己的研究心得。最后,戴龙基馆长做了总结发言,对图书馆同仁的研究能力和研究成果给予了充分的肯定。研讨会提交论文已经收入《北京大学图书馆第七届五四科学讨论会论文集》。

【《数字信息资源的检索与利用》获奖】 由图书馆副馆长肖珑主编,咨询部电子资源检索课教学及日常检索咨询的几位工作人员共同参与编写的《数字信息资源的检索与利用》一书在2004年连获三个奖项——5月(9月颁奖)获"北京大学第九届人文社会科学研究优秀成果奖"一等奖;7月获"中国图书馆学会第二届图书馆学情报学学术成果著作奖"二等奖;12月获"北京市第八届哲学社会科学优秀成果奖"二等奖。

【期刊改排架】 经过了几年的酝酿讨论,图书馆决定将全部过期刊物由原来的刊名字顺排架改为分类排架。根据规划,全部改架号、倒架工程分为六期进行。一期工程要进行的是期刊阅览区西文过期刊物的改号、贴号和倒架工作。2004年寒假,期刊部利用寒假,不辞辛苦,全体人员齐动员,在编目部、总务科的配合下,顺利完成一期工程。二期工程为旧馆西文刊改号,在编目部完成系统内给号工作后,2004年3月至7月,期刊部核对期刊实物,贴号94913个。因旧馆改造搬迁,倒架工作暂停。12月14日,编目部开始在系统内改号,期刊部配合下架,至12月底已完成1560种,保证了期刊改排架工作的顺利进行。

【学术交流】 2004年是图书馆和哈佛大学人员交换计划的第3年,图书馆派出采访部宋力生博士进行为期1年的学术交流。5月,高倬贤书记、武振江副馆长赴哈佛大学作短期访问。此外,还有两名馆员到香港科技大学图书馆短期交流。

2004年,图书馆主要邀请了5位境外人士来我馆交流。分别为:岭南大学图书馆编目部主任Patrick Lo来我馆交流编目业务的规范、工作流程的优化以及京港两地编目工作的资源共享。香港大学图书馆馆长彭仁贤和副馆长谭惠康来我馆参加两馆的合作项目"北京历史地理数据库"的开通仪式。香港大学图书馆副馆长Peter Sidorko来我馆就目前我馆的读者服务工作做一个评估,并提出改进方案。斯坦福大学图书馆自动化部张甲来我馆交流SIRSI系统方面的经验。通过邀请上述专家来我馆交流,为图书馆在"十五""211"期间梳理业务流程、改进管理和服务等作了充分的铺垫,并提供了大量可以借鉴的经验。

【分馆建设】 2004年,通过大量的宣传动员和组织落实,在学校没有专项经费投入的困难情况下,分馆建设工作还是取得了一定进展。大部分分馆都已完成馆藏书刊的回溯编目任务(个别馆藏量较多的分馆由于人员、经费等原因尚未完成),纳入学校的图书馆自动化管理系统,供全校师生共享。12个分馆中已有11个分馆(中古史不外借,未用此模块)开通流通模块,实现了对分馆已编目书刊的检索、借还、预约的自动化管理,提高了读者服务水平。2004年,分馆编目组共完成校图书馆回溯编目中文书45833种,51376册,西文书28370种,45540册。

【工会工作】 2004年,图书馆工会完成换届选举,李晓娟担任工会主席。

3月,2004年北京大学职工春季运动会上,图书馆取得团体总分第四名的好成绩。

4月,在北京市高校图书馆运动会上,图书馆荣获团体总分第四名和精神文明奖。

7月,图书馆组织党员干部利用暑假赴延安进行革命传统教育。

(郐新明)

【CALIS项目】 2004年,是CALIS"十五"建设非常重要的一年,在各个方面均取得了重要进展,主要包括:国家发展与改革委员会正式批复CALIS"十五"可研报告;CADLIS项目启动暨成果汇报大会召开;CADLIS技术标准规范基本制订完成;CALIS馆际互借与文献传递网正式启动;CALIS省级文献信息服务中心建设启动;CALIS综合文献服务平台基本成形;CALIS各子项目应用软件招投标工作开始;引进资源的发展顺利。

1. 国家发展与改革委员会正式批复CALIS"十五"可研报告

2004年8月,国家发展与改革委员会根据国务院批准的《"211工程"总体建设规划》和《国家计委、教育部、财政部关于"十五"期间加强"211工程"项目建设的若干意见》精神,参考中国国际工程咨询公司评估意见,经研究并商财政部,原则同意教育部所报《"十五""211工程"中国高等教育文献保障体系——中国高等教育数字化图书馆建设(CADLIS)《可行性研究报告》(以下简称"可研报告”)。项目名称:中国高等教育文献保障体系——中国高等教育数字化图书馆建设项目(以下简称“CADLIS”)。

可研报告明确了中国高等教育文献保障体系“十五”建设目标是:以系统化数字化学术信息资源为基础,以先进的数字图书馆技术为手段,以中国教育和科研计算机网(CERNET)为依托,大力推进理论创新、制度创新、科技创新和教育创新,力争到2005年底,初步建成具有国际先进水平的开放式中国高等教育数字化图书馆的框架,使之成为国家重要的信息基础设施之一。以此推进高校文献资源的合理配置,实现信息资源共建、共知、共享,深化资源的有效开发和利用,提高图书文献保障水平,为实现“211工程”总体建设目标,大力推动教育信息化,促进教育现代化奠定了坚实基础。

2. CADLIS项目启动暨成果汇报大会召开

2004年11月,“CADLIS项目建设启动大会”在北京大学胜利召开。全国政协副主席、三院院士王选,教育部副部长吴启迪,教育部、发改委等与项目相关的主管部委领导出席。会议还邀请到国内外其他系统的重要图书情报机构负责人和著名IT公司参会。参加会议的代表由CADLIS项目管理委员会成员、专家委员会成员、CADLIS各子项目参建学校共约150余个图书馆的馆长和部分院校的主管校长以及部分省市教育主管部门的领导组成。

该次会议是CADLIS项目“十五”建设在全国高校正式开展的标志性大会,也是展示项目先期建设已取得的成果、全面落实项目建设内容的动员大会。会议的召开大大提升了有关方面对CADLIS项目的总体认识与把握,宣传了CADLIS的理念,促进了合作,汇聚了社会各界力量来支持CADLIS建设,实现项目建设目标,为“十一五”建设奠定良好的基础。

3. CADLIS技术标准规范基本制定完成

CADLIS建设是一项技术要求极为复杂的工程。作为一个开放的、分布式的、多馆协作的数字图书馆,CADLIS涉及众多参建馆的参与和众多应用系统的集成。因此,技术规范、数据与应用接口的标准化成为项目建设成败的关键所在。CALIS管理中心十分重视标准规范的确定,组织大量的人力开展研究,并组织高校馆积极参加科技部,重大科技专项“我国数字图书馆标准规范研究”工作,成为该研究项目中的主力,力求使CADLIS项目标准与国际、国内接轨。

CALIS管理中心于2003年底,组织人员总结有关技术标准研究成果,编制了“CALIS子项目建设技术标准与规范”,并于2004年2月19～27日集中各子项目专家对其进行了补充修订,增补了各子项目的技术标准与规范。2004年8～10月,CALIS管理中心对上述各类标准规范重新进行了修订和增补,并编撰成为《中国高等教育数字图书馆技术标准与规范》。

本规范包括了三个方面的内容:CADLIS总体架构和基本技术标准与规范;各个子项目专用的技术标准与规范;有关产品认证和项目管理方面的内容,由CALIS体系产品兼容性认证文件和CALIS项目管理汇编而成。

《CADLIS技术标准与规范》已经广泛应用于CALIS总体项目建设、各个子项目建设、各子项目软件开发公开招标、第三方软件认证测试等各个方面。

4. CALIS馆际互借与文献传递网正式启动

为了更好地在高校开展馆际互借与文献传递工作,CALIS管理中心在2004年6月,正式启动了CALIS馆际互借/文献传递服务网(简称“文献传递网”)。该网由众多的图书馆组成,借助“CALIS馆际互借与文献传递系统”应用软件来提供服务或从其他馆获取服务。

利用CALIS文献传递网,读者能以馆际互借或文献传递的方式,通过所在成员馆,获取CALIS文献传递网其他成员馆中,丰富的文献收藏。

该文献传递网具体提供以下服务:提供本馆收藏的中文书和部分外文书的馆际互借服务;提供本馆收藏的期刊论文、学位论文、会议论文、科技报告、专利文献、可利用的电子全文数据库等;特种文献,包括古籍、缩微品、视听资料等文献是否提供服务,由各服务馆根据各馆情况自行制定;代查代索服务:接受用户馆委托请求,帮助查询国内外文献信息机构的文献和代为索取一次文献。

5. CALIS省中心建设启动

“十五”期间CALIS管理中心计划在未设全国中心和地区中心的省市建立15个省中心,把地方建设纳入CALIS体系,通过少量投资,大大加强CALIS服务的整体性和面向全国的辐射作用。

从2004年上半年开始,CALIS管理中心开始进行省中心的筹建工作。在CADLIS启动大会上,有6家单位与CALIS管理中心,签订了省级文献信息服务中心的承建协议书。这些省中心分别是:浙江省文献信息服务中心(浙江大学)、河南省文献信息服务中心(郑州大学)、天津市文献信息服务中心(天津高等教育文献信息中心)、新疆维吾尔自治区文献信息服务中心(新疆大学)、重庆市文献信息服务中心(重庆大学)和福建省文献信息服务中心(厦门大学)。

6. CALIS综合文献服务平台基本成形

综合文献服务平台是CADLIS的核心基础,是重中之重。“十五”

期间，组成平台的CALIS联机编目系统、CALIS馆际互借系统在"九五"建设的基础上不断完善。综合文献服务平台下的应用系统除电子商务与结算子系统外，其他四个应用子系统在2004年基本开发完成。

统一检索系统自2002年8月开始开发，于2004年1月正式推出V1.0版。2004年2月在CALIS中心和北大馆开始部署和运行，8月升级为2.0版，并于9～12月期间，陆续在10余个学校试用和部署。

资源调度系统于2003年11月初推出a版，2004年2月推出B版，5月正式推出V1.0版。2004年12月正式推出V1.5版。

统一用户认证与管理系统于2004年9月推出a版，并开始对各类常用应用系统进行统一认证改造和集成工作，12月推出B版。

门户系统于2003年6月完成了调研分析工作，2004年4月完成了详细设计，7月推出a版，同年11月推出B版，并于2004年11月在CADLIS项目网站上试运行。

电子商务与结算系统于2003年8月，完成了初步调研分析工作，10月完成系统总体设计，2004年10月完成详细设计方案。

7. CALIS各子项目应用软件的招投标工作开始

CALIS项目分为若干个子项目，其中大部分子项目采用"邀请招标"方式进行招标。

CALIS管理中心于2004年1月，制定了《CALIS"十五"建设系统招投标指南》，并于2004年5月编制了"CALIS项目招投标注意事项"。

2004年，经CALIS管理中心授权，CALIS子项目承建单位作为招标人，全权负责CALIS子项目的招投标工作。

CALIS分布式联合虚拟参考咨询系统子项目，首先进行了软件招投标的工作，并于2004年4月在上海完成评标，5月与中标单位签订了正式开发合同。之后，CALIS重点学科网络资源导航库子项目应用软件的招投标工作，于2004年7月完成。

8. 大力强调资源引进

截止到2005年4月30日，CALIS全国文理中心、工程中心、农学中心、医学中心和华东、华南地区中心共组织了62个全国性集团，购买了216个数据库。全国共有790个高校和科研机构，3371个馆次参加了集团采购。其中高校系统参加集团采购的学校达到614所，3063个馆次。参加集团采购最多的学校，参加集团的次数达到了49个集团。购买数据库的费用约2.72个亿。其中高校系统购买电子资源的费用约2.46个亿。

（冯　英）

医学图书馆

【概况】 2004年医学图书馆投入大量的人力、物力，进行了系统合并的前期准备工作，包括大量书刊书目数据、读者信息数据的处理，以及新系统的培训工作。医学部拨出专项经费用于系统更新，使得系统更新所需软硬件，都得到基本保障。北大图书馆对系统合并工作给予了大力支持与配合，组织专门人员协助医学图书馆熟悉新系统，解决更新遇到的难点。在各方的大力支持下，医学图书馆较为顺利地完成新老系统的过渡。8月9日，医学图书馆正式启用了北大图书馆UNICORN自动化管理系统。系统合并后，极大地方便了读者，校本部读者和医学部读者均可凭本人借阅证同时在两馆借阅书刊资料，共享两馆丰富的馆藏资源。同时，医学部读者的图书借阅权限从以前的学生4本图书、教工8本图书，增长到现在的学生10本图书、教工20本图书。

【文献采访】 2004年，书刊经费378万元，其中订购中文书1540种，4492册；订购外文书验收417种，430册；订购中文期刊729种，933册；订购外文期刊252种；采集数据库37种；

【书刊编目】 中文数据回溯/判重7978条。西文数据回溯/判重7485条。论文编目1317册。学报交换375件；中西文期刊编目281种。

【读者服务】 医学图书馆对工作人员加强"读者第一、服务至上"的教育，不断提高服务质量，采取多种服务方式，开展大量服务工作。

1. 日常借阅服务方面：截至2004年11月30日，全年读者借还书量共102122册次；增加了中文图书样本书阅览室的开放时间，进一步方便了广大师生。

2. 馆际互借方面：利用CALIS馆际互借与文献传递系统，2004年为90多个单位或个人提供了馆际互借服务，接待用户总计343人次。馆际互借文献总量是以往的2倍。

3. 参考咨询方面：2004年累计完成科研课题立项或成果申报的查新咨询50余项，完成检索题目500余项，其中包括辅导检索项目。电子阅览室截至2004年11月30日共接待读者25386人次，累计使用机时29571.88小时。

4. 用户教育与培训方面：医学图书馆保质保量地完成了学校安排的各层次学生的"医学信息检索与利用"课程的教学工作。

另外，医学图书馆组织有经验的教师，除完成日常工作任务外，还上门为特定需要的用户进行培训。

为配合医学部"以问题为中心（PBL）"的教学改革，图书馆建立了专门的网站，对PBL的由来、有关文献和网站进行了介绍，还结合PBL的课题，在网上提供相关电子书、刊、数据库和病例。给学生开设的专题检索的培训，时间短，但是针对性和实用性强。

表 6-44 2004 年医学图书馆馆际互借情况

	中文文献	外文文献	总 量	本馆文献	馆外借入
申请(篇)	207	1194	1461		
检到(篇)	169	766	935	561	374
检到/申请百分比(%)	82	65	67	60	40

表 6-45 2004 年医学图书馆教学工作情况

培训项目	对 象	总 学 时	人 数
读者培训	2004 年新生	18	900
图书馆电子资源系列讲座	医学部工作人员	20	600
信息用户培训的继续教育项目	附属医院及护理学院	15	310
《医学文献检索》课	本科生	36	70
《医学文献检索》课	专升本	40	380
《医学信息检索与利用》	心理学研修班	12	80
《医学信息检索与利用》课	研究生	80	200
《医学文献检索》课	脱产夜大专升本	60	440
文献课	网络教育学院和中央电大	20	120
合 计		301	3100

【数字图书馆专项建设】 1. 更新图书馆自动化管理系统。在北大图书馆帮助下,医学图书馆做了大量数据转换工作,2004 年 8 月 9 日,正式启用北大图书馆 UNICORN 自动化管理系统。校本部读者和医学部读者均可凭本人借阅证,同时在两馆借阅书刊资料,共享两馆丰富的馆藏资源。并进一步加强了两馆的资源共建共享,为今后两馆的共同发展,奠定了坚实的基础。

2. 网络资源建设。(1) 引进数据库:医学图书馆加强与北京大学图书馆的沟通与联络,争取更大范围的电子资源共建共享。同时与各附属医院图书馆进一步协调,联合引进医学数据库 20 个,使得医学部和各附属医院共享一套网络资源,为医学部节省了大量经费,提高了医学部文献需求的保障率。通过购置和自建数据库,医学图书馆的数字化资源更加丰富,2004 年已拥有文摘索引数据库 14 个;电子期刊全文数据库 16 个;引文分析数据库 4 个,自建数据库 3 个。

(2) 北大医学部图书馆数字论文系统建设:医学图书馆与杭州麦达公司合作开发的"数字论文系统"正式投入使用,实现了电子版学位论文的提交、验证和检索等功能均在网上完成。为此采编、信息咨询和自动化部的工作人员做了大量工作,对研究生提交论文进行指导;对收到的电子版论文进行整理、分类标引以及验收,目前已将医学部系统博、硕士学位论文进行数字化加工处理 1000 余篇,在校园网上检索、浏览,在图书馆局域网上可浏览全文。

(3) 教学参考书数据库建设:以本校专业基础课为对象,由任课老师提交书目,为广大师生在校园网上检索、浏览课程名称、授课老师及阅读相应的教学参考书,做好准备工作。

(4) SCI 收录北医论文库建设:我馆设计了 SCI 收录北医论文数据库检索系统,该系统使读者在网上既可以查到医学部师生被 SCI 收录的论文,也可显示该论文被引用的次数和刊登该论文的期刊的影响因子值,并可以进行各种统计,大大方便了读者查询。

【CALIS 二期工程建设】 (1) 中标 CALIS 三个子项目:目前,CALIS 已进入二期工程建设阶段,医学图书馆作为 CALIS 全国医学文献信息中心,也将面临机遇和挑战。经过申请投标,图书馆成功中标 CALIS 三个子项目,即:重点学科网络资源导航库、心血管疾病信息资源数据库、教学参考书数据库,并得到一定的经费资助。

(2) 联合采购数据库:2004 年由图书馆牵头,组织全国 40 个医学图书馆 82 个馆次参加联合采购 OVID 公司 LWW 医学电子全文期刊数据库、OUP 电子数据库、EBMR 循证医学数据库以及 Micromedex公司 Health Series 数据库等,不但充实了医学图书馆数据库资源,而且带动了各医学图书馆的数字化建设。经过反复谈判和协调,为各单位节约经费共计 200 余万元,其中医学图书馆节约经费 10 余万元。

(3) 全国医学图书馆现状调查:图书馆于 2003 年 6 月,成立"全国医学图书馆现状调研项目组",以 CALIS 全国医学中心的名义,面向全国 114 所医学图书馆进行现状与需求问卷调查。通过调查和统计分析,掌握了许多医学图书馆的基本情况,获得了比较详实可靠的数据和资料,有助于 CALIS 医学中心组织各医学图书馆开展资源共建、共享、共知工作。此项目的运作不仅扩大了医学中心和医学图书馆的影响,也为医学部赢得了声誉,同时也促进了图书馆的建设与发展,从而更好地为医学部师生提供优质服务。

(4)馆际互借与文献传递服务培训:为配合"CALIS 馆际互借/文献传递服务网"的正式启动,更好地开展馆际互借与文献传递工作,全面提高医药文献的保障率和受益面,在 CALIS 统一安排协调下,CALIS 医学中心先后在山西医科大学、北京大学医学图书馆召开馆际互借系统用户培训会。从软件系统、文献传递网、具体应用流程三方面对"CALIS 馆际互借/文献传递系统"进行了详细介绍,并对"CALIS 馆际互借/文献传递系统"进行详细地操作演示,参与馆人员纷纷表示,将积极加入"CALIS 馆际互借/文献传递服务网",应用"CALIS 馆际互借/文献传递系统"更好地开展本馆的馆际互借与文献传递工作。这一培训活动,使图书馆工作的服务质量和借阅数量较以前有大幅度增长和提高,取得了明显的社会效益。

为促进全国医学文献资源建设,协调全国医药文献资源的共建、共享,全面提高保障率和受益面。医学图书馆多次与解放军医学图书馆、中国协和医科大学图书馆就资源共建、共享工作进行交流讨论,为形成"三角模式"的馆际互借联合保障体系打下了基础。

(多苏敏)

北京大学出版社

【发展概况】 2004 年,北京大学出版社坚持"教材优先,学术为本,建设一流"的办社方针,坚持服务教育,努力为建设一流学科和一流大学做贡献,同时认真学习中央文化体制改革的精神,进一步规范业务管理,各项经济指标有较大增长,办社实力得到加强。

2004 年,中央确定的出版单位体制改革试点工作有序进行。2004 年,试点单位的大学出版社享受多年的企业所得税免征优惠被取消,经营压力非常大。面对这一形势,北大出版社一方面加强管理,拓展市场,提高效益;另一方面规范业务,千方百计节约成本,通过增收节支弥补因税务政策调整带来的不利影响。针对出版社主体支出在生产环节的特点,加强、规范了采购管理,提高了质量。在市场营销方面,加强了对客户和渠道的管理,通过不同形式的教材推广,积极扩大市场活动,如培训和办讲座等进一步拓展北大出版社出版物的市场份额,采取措施规避市场风险,取得了明显效果。

2004 年共出版图书 2766 种次,比上年增长 33.1%(其中新版品种为 1153 种,重版品种为 153 种,重印品种为 815 种;新书中高校教材 301 种、教参 51 种,中小学教材 15 种、教辅 159 种,其他教材 193 种,学术图书 327 种,其他图书 107 种);发行码洋 3.26 亿元,比上年增长 25.4%;经营收入 1.84 亿元,比上年增长 18.7%。电子音像出版也比上年有较大幅度的增长。2004 年,出版社上交学校 1000 万元,比上年增长 42.9%,同时,支持学校教材建设专项基金 100 万元,支持《儒藏大全》编纂 100 万元,上交国家各种税赋 1600 多万元。

截至 2004 年底,北大出版社累计出版图书 200 多个系列,全年出版的 2000 多种图书中 50%左右是本校各院系相关学科的教材和学术著作。法学、中文、对外汉语、哲学、数学等学科基本配套出版了从本科生到研究生教育的教材和教学参考书,英语、经济、管理、新闻传播等其他学科的教材和学术著作出版已全面规划并正在落实,学校规划的学生素质教育教材已经出版几十种,形成了一定规模,并在各兄弟院校产生广泛影响。出版社坚定不移地坚持了"教材优先,学术为本,建设一流"的办社方向,教材、教学参考书和学术著作出版所占比重在 70%以上。

截至 2004 年底,出版社有员工 253 人,其中:事业编制人员 104 人,聘用人员 149 人;正高级职称 4 人、副高级职称 38 人、中级职称 59 人;研究生学历 85 人,本科学历 67 人,大专学历 41 人。

【版权工作】 北京大学出版社坚持"立足北大,面向全国,走向世界"的开放办社模式,版权转让和版权输出工作都位居出版业前列,受到国家版权局的表彰。有大批出版物行销海外。据不完全统计,2004 年输出版权 30 种(其中教材 20 种,学术著作 7 种,一般图书 3 种),对外销售额超过 300 万元,扩大了北大版图书的国际影响。同时,积极吸收国外、校外优势资源,2004 年签订教材和学术著作引进协议 200 多件,共引进版权 339 种(其中教材 52 种,学术图书 217 种,其他图书 70 种),以此推动学校的学科建设和教材更新。

【业务拓展】 2004 年,经过反复、认真调研和讨论,在继续强化对本校教学科研服务功能的基础上,慎重、积极地利用校外优质资源,并以此为基础,辐射区域市场。与华东政法学院、中南财经政法大学签署了合作协议,将两校的优秀教材和学术著作纳入到北大出版社出版范围,并在两校积极推广北大教材;与江苏南通市教育局签署合作协议,为南通的教育和教育市场提供有偿服务。三个合作项目目前正在稳步开展,预计将有较好的社会影响并产生一定的经济效益。

为力争在国际教育和学术领域产生重大影响，北大出版社正在探索在美国建立分支出版机构，以英文版出版反映北大教育水平和学术研究水平的著作，为学校建设世界一流大学提供支撑，同时为在欧美传播中国文化建立基地。

【获奖情况】 2004 年，北大出版社图书获奖 47 项，其中省部级奖 15 项。《德国古典大学观及其对中国大学的影响》（作者陈洪捷）、《中印佛教石窟寺比较研究：以塔庙窟为中心》（作者李崇峰）获北京市第八届哲学社会科学优秀成果奖一等奖；《天台智者研究：兼论宗派佛教的兴起》（作者李四龙）、《东亚模式中的威权政治：泰国个案研究》（作者任一雄）、《青少年心理发展》（作者雷雳）、《婚姻家庭法新论》（作者马忆南）、《依法行政环境研究》（作者金国坤）、《理念与悲曲——华兹华斯后革命之变》（作者丁宏为）、《唯美主义与消费文化》（作者周小仪）、《晚清至五四：中国文学现代性的发生》（作者杨联芬）、《数字信息资源的检索与利用》（作者肖珑）获北京市第八届哲学社会科学优秀成果奖二等奖；《易捷汉语——实用会话》（作者中央电大）、《现代礼仪系列》（社交礼仪、政务礼仪、服务礼仪）（作者刘彤）获第五届全国优秀教育音像制品奖；《陌生化：约翰 · 邓恩的诗歌艺术》（作者李正权）获河北省第九届社会科学优秀成果奖二等奖。

（刘乐坚）

医学出版社

【发展概况】 2004 年，医学出版社坚持走专业性、学术性、教育型的发展道路。把北大医学出版社建设成为国内医学教材（教参）重要的出版基地；国内医学专著（译著）重要的出版基地。全年出版图书 296 种，光盘 20 种。

完成了全国 5 年制医学本科教材的出版任务；北京大学长学制临床教材，基础、药学、口腔、公共卫生长学制教材也陆续进入出版高峰，完成了医学专科教材基础、临床图书第 2 版的出版任务；教材（教参）出版占全社出版品种总量的 65%。

医学专著的出版也有长足进步，出版了一批有分量的优秀原创医学著作，如临床内窥镜系列。今年同爱思唯尔科学出版集团、汤姆森公司等合作，取得成功。共翻译、影印 26 个品种，造货实洋达 62 万美金，占全社造货码洋的 8%。在上品种、上数量的同时，图书的质量也有进步，出版的教材，被各医学院校选用的比例也明显增加。台湾地区引进医学出版社教材达 23 种。林三仁教授主编的《消化系统内镜图谱》获第 14 届中国图书奖。

【管理模式转变】 随着出版社规模壮大，为适应发展的需要，及时调整分配制度，坚持“效率优先、兼顾公平”的原则。实行管理重心下移，在各编辑室、国际合作部独立运行后，今年北医—爱思唯尔编辑室，进一步明确目标、职责，实行由出版社直接考核。改变原来以社策划选题为主，编辑室策划选题为辅，个人策划为补的方针，实行以社、室策划为主，个人策划为辅的方针。提高编辑室的策划能力和综合管理能力，涌现了一批骨干编辑，使 2005 年选题计划由编辑室自主策划的选题占全社选题的 58.3%，使出版社核心竞争力得以提高。

【营销策划工作】 教材推广是今年的重要工作，在社领导直接支持下，召开了山东、广西、青海、新疆、湖南、河北等地由医学院校领导、专家、教授参加的教材推广会，取得了一些经验，为今后的经常性工作打下了基础。5 年制本科教材年发行量呈上升趋势，有些课本年销售已达 1.5 万余册以上。随着外部环境的变化和发展的要求，要及时调整企业内部的组织设置和管理模式，使企业做强做大。加大市场营销力度。出版社组织了 5 次大型推广活动，其中受教育部高教司委托，中国医学教育学会主办召开的“山东医学教材座谈会”是较为成功的例子。山东大学的一位老教授说：“北大医学出版社，终于从象牙塔中走出来了。”

【队伍建设】 加强人力资源管理，随着出版社用工渠道的多元化，逐步健全了事业编制、企业编制、临时用工、返聘人员等人事管理制度，维护职工的合法权益。同时也吸收了优秀出版人员加盟出版社，今年有 3 名医学硕士毕业生来出版社工作，建立了能进能出的良性循环的用人机制。坚持与经济发展速度同步补充人员，今年接收应届医学硕士毕业生 3 名，充实到编辑岗位、市场营销岗位和国际合作部岗位，事业编制达到 33 人。

坚持以在职培训为主的继续教育方针，学历教育和非学历教育相结合。全年举办业务系列讲座 10 次，聘请兄弟出版社专家、社领导、业务骨干和国外专家来讲课，加强业务交流，大家一致反映良好。同时积极参加版协举办的各类学术会议 15 人次。为了开拓进取，扩大视野，出版社坚持派员工参加国际图书展和香港新编辑培训班，全年有 13 人次参加。

【出版基金】 经北京大学医学部科学出版基金委员会审议，2004 年度科学出版基金共资助专著、教材 16 种，781 万字，资助金额 25 万元；资助护理学教材 5 万元。

表 6-46　2004 年度医学部科学出版基金资助项目表

批准号	书　　名	申请者	单　位	字　数	资助金额
0401	专科医师规范化培训大纲	刘玉村 郭晓蕙	第一医院	16 万字	5000 元
0402	北京大学危重病医学科 ICU 诊疗常规(手册)	王谊冰 安友仲 王东信	第三医院 第一医院 人民医院	25 万字	8000 元
0403	皮肤科疑难误诊病例分析	朱学骏	第一医院	60 万字	20000 元
0404	骨与关节 X 线图解——正常、正常变异与损伤	张益英	肿瘤医院	30 万字	10000 元
0405	青少年健康人格	黄悦勤	精研所	30 万字	10000 元
0406	循征医疗卫生决策理论与实践	MuirGray(英) 唐金陵	公卫学院	50 万字	17000 元
0407	直肠癌的诊治	顾　晋	肿瘤医院	30 万字	10000 元
0408	口腔颌面骨疾病临床影像诊断学	吴运堂	口腔医学院	70 万字	24000 元
0409	骨盆骨折手术学	姜保国	出版社组	60 万字	20000 元
0410	神经精神药理学	库宝善	基础医学院	60 万字	20000 元
0411	腹部外科手术学	万远廉	第一医院	100 万字	30000 元
0412	肿瘤标志研究进展及临床应用	万文徽	肿瘤医院	25 万字	8000 元
0413	骨折手术固定图谱	姜保国	人民医院	150 万字	45000 元
0414	毒难戒、毒能戒	韩济生	基础医学院	20 万字	6000 元
0415	临床康复医学(教材)	王宁华	第一医院	20 万字	7000 元
0416	医学心理学(第 2 版)(教材)	洪　炜	公教部	35 万字	10000 元

（马　昕）

北京大学医学出版社 2004 年新书目录

书　名	作　者
2004 公卫医师考试全真模拟及精解	专家组
2004 公卫助理医师考试全真模拟及精解	专家组
2004 护理学专业资格考试全真模拟及精解（执业护士含护士）	护理学院
2004 护理学专业资格考试习题集（执业护士含护士）	护理学院
2004 护理学专业资格考试应试指导（执业护士含护士）	护理学院
2004 口腔医师考试全真模拟及精解	专家组
2004 口腔助理医师考试全真模拟及精解	专家组
2005 西医综合应试指南	专家组
B 超专业人员培训教材	李建国
Sobotta 人体解剖学图谱(E)	R. Putz
X 线专业人员培训教材	唐光健
北京大学专科医师规范化培训	刘玉村
病理生理学(基础医学长学制)(带光盘)	吴立玲
病理学(英文原版教材)(E)	巴　斯
病理学实习指南	钟延丰
病理学应试指南	宫恩聪
不吸第一支烟	田本淳
常见传染病与急性中毒预防和控制手册	卫生部
常见皮肤病性病防治 200 问	张云平
程之范医史文选	甄　橙
创伤骨科手术学	姜保国
当代肿瘤内科治疗方案评价	储大同
耳鼻咽喉头颈科学(五年制教材)	韩德民
放射性粒子组织间近距离治疗肿瘤(第 2 版)	王俊杰
放射掌中宝—腹部百例疾病放射诊断精粹(E)	范家栋 译
放射掌中宝—骨骼肌肉百例疾病影像诊断精粹(E)	杜湘珂 译
放射掌中宝—脊柱百例影像诊断精粹(E)	杜湘珂 主译
放射掌中宝—介入技术百例精粹(E)	翟仁友 译
放射掌中宝—血管百例疾病影像精粹(E)	佟小强 主译
符合线路探测正电子成像与临床	王荣福
妇产科学(五年制教材)(附光盘)	廖秦平
妇产科综合征	廖秦平
高级营养学	林晓明
护理学专业英语阅读教材(上册)	郑修霞
护理学专业英语阅读教材(下册)	郑修霞
激光扫描共聚焦显微镜技术教程	袁　兰
检验专业人员培训教材	左大鹏

书 名	作 者
简明核医学(基础类教材)	潘中允
解剖学与解剖方法(基础医学长学制)	于恩华
精神障碍护理学学习指导	宋燕华
康复医学(五年制教材)	戴 红
康复专业人员培训教材	周维金
口腔医学(临床医学长学制)	章魁华
口腔专业人员培训教材	李新球
口腔组织学与病理学(口腔医学长学制)	于世凤
老年性痴呆的咨询与治疗	赵友文
临床磁共振成像序列设计与应用	韩鸿宾
临床接触镜学	谢培英
临床解剖学(英文原版教材)(E)	蒙克豪斯
临床流行病学(五年制教材)	梁万年
临床流行病学要点与自测(五年制教材)	梁万年
临床泌尿外科病理学	郭应禄
临床营养学学习指导	李淑媛
临医学科综合水平统一考试全真模拟及精解	专家组
流感禽流感人禽流感	陈志海
妈妈宝宝口腔健康必读	王伟健
马克思主义哲学原理	冯惠先
泌尿外科腹腔镜手术图谱(E)	马潞林 黄 毅 主译
泌尿外科内镜诊断治疗学	郭应禄
内科学	柴锡庆
内科学学习指导	柴锡庆
皮肤病学与性病学(五年制教材)	李若瑜
轻松解读心电图(E)	郭继鸿 译
轻松神经系统检查(E)	袁 云 译
轻松学习心电图(E)	郭继鸿 等译
轻松应用心电图(E)	郭继鸿 等译
全国医学博士英语统考复习宝典	李 函
人际交往与护士专业礼仪	刘 宇
人体解剖学	文乐军
人体解剖学同步练习册	文乐军
神经病学(五年制教材)	贾建平
神经病学要点与自测(五年制教材)	贾建平
神经内镜手术技术	王忠诚 张亚卓
神经内科学(临床医学长学制)	余宗颐
神经外科手术精要与并发症	赵继宗
肾上腺糖皮质激素类药物在皮肤科的应用	李林峰
生理学	郭争鸣
生理学(英文原版教材)(E)	麦 乔
生理学实验教程	王庭槐
生理学学习指导	郭争鸣
生物化学	黄富生
生物化学学习指导(五年高职教材)	黄富生
生物化学学习指南	周爱儒
生物药剂学与药物动力学(药学长学制)	魏树礼
生物药剂学与药物动力学(药学长学制教材)	魏树礼
生物医学中英文论文写作与编辑	宋双明
生殖道感染与性传播疾病(生殖健康系列)	王幼勆

书 名	作 者
实验诊断学(五年制教材)	王建中
实用表格内科学	杨俊超
实用医药服务英语	曾达鲁
食物血糖生成指数	杨月欣
受体研究技术	贺师鹏
胎儿心脏超声诊断学	接连利
突发公共卫生事件应对管理	疾控中心
突发性传染病防治教程	杜金香
微生物学与传染病(英文原版教材)(E)	英格利斯
围产期保健(生殖健康系列)	黄 俊
卫生服务导论(第6版)(卫生管理经典译丛)	斯蒂芬·J.威廉斯
卫生管理经济学(卫生管理经典译丛)	应向华 译
物理诊断学(五年制教材)	马明信
膝关节镜手术学	敖英芳
细胞和分子免疫学	Fifth Edition
下丘脑错构瘤	罗世祺
下消化道肿瘤学(E)	顾 晋 译
现代护理新概念与相关理论(第3版)	邹 恂
现代护理诊断手册+B139	邹 恂
现代化洁净手术部护理工作指南(附光盘)	王 方
现代实验化学(上册)	曾慧慧
现代医学影像物理学	包尚联
小儿心脏外科学(E)	刘锦纷 译
心电图教学图谱	苏 海
心电图精要10日教程(E)	郭继鸿 译
心理卫生专业人员培训教材	姜长青
心律失常的导管射频消融术治疗	郭继鸿 译
心律失常机制,诊断与治疗(E)	郭继鸿
心血管疾病的现代观点	林 荣
新编诊断学习题集	陈 垦
性学趣谈(生殖健康系列)	贾孟春
循征医学——循征医疗卫生决策(E)	唐金陵
眼科学(五年制教材)	崔 浩
药理学(基础医学长学制)(附光盘)	库宝善
药理学要点与自测(五年制教材)	娄建石
药用植物学(药学长学制)	艾铁民
医疗保障原理与政策学习指导	吴 明
医疗机构信息管理(卫生管理经典译丛)	王 昕 等译
医学护理健康大词典(E)	
医学机能学实习教程	徐 海
医学寄生虫学(第2版)	高兴政
医学免疫学(五年制教材)	安云庆
医学生理学教学指导	朱文玉
医学生物化学	周爱儒
医学生物化学学习指导	黄如彬
医学心理学要点与自测(五年制教材)	杨凤池
医学药理学(英文原版教材)(E)	温斯坦利
医学遗传学实验指导	李 珏
医学英语初阶	刘 玲 译
医学英语中阶	刘 玲 译

书名	作者	书名	作者
医学英语高阶	刘　玲译	诊断学基础学习指导(第2版)	张树基
医学综合全真模拟及精解	朱文玉	诊断学应试指南	马明信
医用化学学习指导	马祥志	中国癌症研究进展	董志伟
医用化学学习指导(五年高职)	马祥志	中国公共卫生体系改革与思考	疾控中心
医用基础化学	吕以仙	中国健康教育五十年	朱庆生
医用生理学	孙庆伟等	中国糖尿病防治指南	编写组
医院感染管理实用指南	秦小平	中国现代骨科史料	冯传汉
仪器分析(药学长学制)	徐秉玖	中国重点传染病预防控制及重大公共卫生问题应对进展	疾控中心
预防医学(临床医学长学制)	黄悦勤	中国资源环境与健康研究进展(英文版)	徐厚恩
预防医学(五年制教材)	王正伦	中医综合真题解析	张保春
预防医学要点与自测(五年制教材)	王正伦	周氏实用心电图学(E)	郭继鸿 主译
张惠蓉教授论文集	张惠蓉	组织学与胚胎学	祝继明
诊断学(高职教材)	林萍尔	组织学与胚胎学实验指导与习题	祝继明
诊断学复习试题集	赵景涛		
诊断学基础	张树基		

档案馆

【概况】 2004年,档案馆党支部和行政班子密切配合,将思想政治工作融入行政管理工作之中,切实贯彻落实思想政治与党风廉政建设,坚持每周一次的馆务会制度,充分发挥领导班子的集体领导作用,各项工作都能取得共识,为工作的顺利开展提供了保证。档案馆组织全馆职工加强政治理论学习,从思想上提高同志们对档案工作承载历史、见证历史的重要性的认识,不断提高全馆职工的政治理论修养和职业道德素养,提高服务效能,树立良好窗口形象,为学校的教学、科研和管理提供优质服务。2004年起草并修订了基建、设备、会计、声像照片、录音录像、出版、实物等档案管理实施细则,具体立卷方法正在征求相关部门意见,向档案工作管理标准化制度化的目标又迈进了一大步。

【档案收集】 常规业务档案　档案馆坚持"简化立卷,指导在先"的原则,工作人员经常深入到各个部门进行档案业务指导;通过文件材料立卷部门先预审、接收进馆前档案馆复审、进馆后再核审的"三审制",确保北京大学档案的归档质量。同时随着档案管理系统的推广使用,各类归档的业务档案与档案信息化建设同步进行。2004年共接收各类常规业务档案22745卷(件),基建档案381件30卷,地下管网图29张,出版档案1267件册,照片2327张,底片1024张,光盘26张。

企业档案　校办企业股份制改革以后,档案馆对控股企业档案的收集工作进行了调研。由于企业大都建立了专门档案室,档案馆不再收集反应日常业务的档案,只注重对北大和对企业的建设、发展有重要影响的非涉密档案和省部级以上领导、知名人物视察、来访的照片、题词的收集和征集。2004年"百年校庆画展"近千幅名人字画的归档工作得到了资源集团的大力支持,双方举行了归档仪式并拟定了归档日程。

征集档案　照片档案和人物档案是2004年档案馆专项征集的重点。在国际合作部、宣传部和相关院系的大力支持下,档案馆征集到来访北京大学的各国首脑照片109张,名校校长129张,诺贝尔奖获得者55张,并补充收集了非典照片293张。人物档案金克木、严宗毅、胡宁等8位先生的实物材料678件征集入馆。

【档案利用与服务】 为用户提供全方位、多途径的服务是档案工作的首要任务。档案馆不断改善服务条件,改进档案利用的方式,满足校内外档案利用的需求,全年来馆利用档案的为1469人次,利用档案9185卷次,提供复制7827张。

2004年档案馆筹建馆藏精品展室,开办档案精品展是拓宽档案利用服务渠道的一种尝试。

【学术交流与编研】 档案馆与社会学系合作的学籍项目进展顺利,恢复高考后的学籍数据统计和材料采集工作,已基本完成;2004年档案馆同志在计算机、档案类核心期刊发表论文2篇,完成《北京大学校园变迁》初稿编撰工作。

【档案整理鉴定】 开展历史档案的整理与鉴定,为档案开放做准备。2004年继续开展文革前档案的整理工作,全年整理档案2098卷。

【信息化建设】

1. 数据库建设:京师大学堂档案数字化工作初步完成,原文已经全部数字化,已经上载到档案管理系统数据库,并提供利用档案目录数据库;截自2004年底,档案目录数据库共有案卷及卷内目录近22万条。

2. 档案WEB查询系统:为使

档案资料更好地为学校、为社会公众提供信息服务，根据国家档案局档案利用管理标准和数据交换业务规范，档案馆开发了基于IE的WEB查询系统。本系统将为北大各院系及互联网公众提供统一的档案查询阅览平台，学校师生在各办公室和一切可上校园网/互联网的终端通过授权身份登录，可对开放档案进行远程查询利用和原文阅览。WEB查询系统已通过验收，计划2005年上学期投入使用。

（档案馆）

校 史 馆

【概况】 校史馆于2001年9月1日落成，2002年5月4日，在校庆104周年之际举行了隆重的开馆仪式，正式对校内外开放。展览包括北京大学校史陈列和北京大学杰出人物展两个部分：校史陈列以北京大学光荣革命传统和优良学术传统为主线，将北大历史分为九个阶段依次展示，有图片、图表800余幅，实物展品440余件，展线长度400余米；北京大学杰出人物展为北大历史上217位杰出革命家、思想家、理论家、科学家、教育家的生平及照片。

校史馆内设研究室、办公室、资料室，编制7人，兼职2人，返聘13人。日常工作主要为校史展览、校史研究及校史文物的征集、保管和展出。

【校史展览】 校史馆继续发挥对外宣传重要窗口的作用。2004年，接待参观总人数为23561人，比上年的接待人数有大幅提升，其中校内人员、校友及学校客人6524人，校外人员17037人；接待各种参观团体120个，其中包括：江苏省委书记李源潮、省长梁保华、浙江省委书记习近平、省长吕祖善带领的赴京参加“两会”的两省代表团，北京市委常委、组织部长赵家骐，深圳市政协主席李德成，吉林省委常委、政法委书记聂文权，北京军区原司令员李年柱，教育部部长周济，中组部副部长沈跃跃，海淀区委副书记周来升、怀柔区委副书记蔡淑敏带怀柔区政府干部团，江西省吉安市市委书记吕滨、弘强，中央党校两期学习班，兰州大学，国防大学，首都师范大学，青海医学院，上海教育党校，韩国庆熙大学，韩国女子大学，新加坡南洋理工大学，莫斯科大学，美国康奈尔大学校长杰弗里·雷孟，美国乔治梅森大学，美国优瑟琳女中，非洲18所高校校长，台湾中央大学，香港中文大学，澳门高教团，北京海外联谊会组织的海外华裔代表团，参加“第一届世界华人青年论坛”的代表，参加“2004年全国博士生学术论坛”的博士，法学院、外语学院、生命科学学院、化学学院、力学系等院系的返校校友。

配合学工部做好新生入学教育，接待新生参观校史展览。继续与学工部学生志愿者服务总队合作，培训学生义务讲解员，既提高了校史展览的参观效果，又为部分受资助的贫困学生提供了回报社会的岗位。

【专题展览】 举办、协办各种形式和内容的专题展览是校史馆可持续发展的重要内容。2004年，校史馆自办展览2个，协助办展5个。

应澳门学界纪念五四运动筹备委员会的邀请，在五四期间赴澳门成功举办了“纪念五四运动85周年图片展”，澳门特首何厚铧、中联办主任白志健等亲自为展览剪彩。

为展现北大教师严谨治学的风貌，增强学术氛围，促进校史研究的开展，同时为校史文物征集创造突破口，经过精心策划，推出了以“书生本色，学者风范”为题的系列人物展览，第1期为“钱端升先生生平图片展”。系列展览将长期举办，连续推出。

积极协助深圳研究生院在深圳校区筹备“北京大学校史展览”。从展览提纲的编写，到展览线路的规划以及制作单位的确定，校史馆都认真考虑并提出参考意见，还曾先后两次派人赴深圳协助开展相应的工作。

此外，校史馆还协助法学院、国际合作部、历史学系、环境学院等单位，在校史馆举办了以下四项展览：“北京大学法学院百年院史展”、“来自斯诺家乡的艺术家”、“纪念中俄（苏）建交55周年俄外交部档案馆图片和文献巡回展”、及“环境专题展”等。

【校史研究】 由王学珍同志主持的北京大学校志已经完成了部分门类，其余部分正在编写。校史馆还编辑出版了《北京大学校史论著目录索引（1898～2003）》一书（共1248千字，北京大学出版社2004年7月出版），完成《北京大学历届党政领导人（解放后）讲话选集》的编订工作。另外，校史馆研究人员参与的其他校史方面的书籍有：《李大钊研究文集》（内部发行）、《北大的大师们》（中国经济出版社2005年1月出版）、《宪政救国之梦——张耀曾先生文存》（法律出版社2004年11月出版），《李大钊研究文集》（论文集，中国李大钊研究会2004年10月内部发行），《北京大学历史学系系史》（2004年9月内部发行）等。

校使馆研究人员还发表了12篇有关校史的研究文章，如“严复在北京的学术活动”（《北京档案史料》2004年第1期），“严复与近代学术转型”和“严复与章士钊关于‘民约论’的论争”（收入方志出版社2004年1月出版的《中国近代启蒙思想家》），“蔡元培出长北京大学的前前后后”（《北京社会科学》2004年第4期），“张耀曾传”收入法律出版社2005年1月出版《宪政救国之梦——张耀曾先生文存》，“什么值得北京大学万万岁的欢呼”（《北京大学学报》哲社版

2004年第1期)，“北大无校训”(《北京大学校刊》2004年3月15日)，“自省自立，致大致远”(《北京大学学报》哲社版2004年第2期)，“穆藕初与‘五大使’出洋”(《文史精华》2004年第6期)，“德立而百善从之”(《北京大学学报》哲社版2004年第4期)，“陆平校长在北大的特别一段”(《神州》2004年第12期)，“李大钊《庶》、《布》二文的时代价值与历史意义”(合著，收入《李大钊研究文集》)。

参加了多次有关校史、党史研究的学术研讨会，如10月29日～11月2日在河北省乐亭县举行的“李大钊诞辰115周年纪念暨学术讨论会”(由北大主持的“李大钊研究会”是该次学术会议的主办方之一)，“东南社会与中国近代化”学术讨论会，北京市党史研究室组织“党的执政能力与党史研究”学习讨论班等。

目前校史馆的在研项目有：北京大学校志和北京高教志的继续编纂；北京大学大事记的修订；西南联合大学图史的编纂(已完成图片的征集与分类)；北京大学图史的编纂等。

【校史讲座】 北京大学校史系列讲座于2002年6月被列入学校“985规划”项目中，成为北京大学“创建世界一流大学工程”学科建设素质教育的一个子项目。2004年组织了“傅斯年的学术世界”(历史系欧阳哲生教授主讲)，“北大的‘第一张大字报’与‘文革’”(原北大党委副书记王效挺和黄文一研究员主讲)，“西北科考与李宪之先生”(由陈诗闻教授和仇永炎教授主讲)，“认识世界·反思中国·与时俱进——李大钊论第一次世界大战及战后世界”(清华大学历史系教授刘桂生主讲)，“早期北大的文学教育及其讲义”(中文系陈平原教授主讲)等5次讲座。系列讲座还被北京大学电视台录像并多次播放，产生了一定的社会影响。校史馆力求把系列讲座办成一个展示宣传北大形象，学习研究北大传统风范的具有较高学术水准和一定知名度的“名牌讲座”。

【校史文物实物征集】 根据展览不断变化出新的需要，适当加大了校史文物的征集力度。在加强全员文物征集意识的同时，特别返聘了一位老同志专门从事校史文物的征集工作。2004年，在广大校友及有关人士的帮助下，共征集个人捐赠文物91件册，复制新发现的校史照片800余张，现馆藏文物达667件册，从而为校史展览内容的不断丰富和校史研究的持续发展提供了一定的基础。

【内部建设】 1. 针对展馆对外服务和自身建设的需要，逐步建立和完善一些行之有效的规章制度，努力做到管理的规范化和专业化，如坚持实行每周馆务会、双周行政人员例会等制度，便于沟通情况，掌握全局，及时发现和解决问题；在安全保卫方面，除继续执行值班人员定时巡视展区，访客登记、按时清馆等制度外，还新建安保监控系统录像定期检查、馆领导定期组织分管人员实地检查安保情况、保安班长向馆办领导定期汇报工作等制度，并努力在实际工作中落实。

2. 继续完善消防报警系统，在安装运行自动喷淋消防系统的同时，又在展厅和办公区适当增配了灭火器，尽可能做到万无一失。安全防范监控系统和门禁设备等经过试运行后逐步改进完善，通过验收和审计，现已正式运行。注意结合校史馆的特点，悉心摸索展馆的安保规律，做到人防与技防相结合，力求保证校史馆自身及参观人员的安全。校史馆连续3年“十无”达标。

3. 继续加强图书资料室的规范化管理。在搞好自身基础建设、为内部工作人员服务的同时，每周定期对社会开放，做到资源共享，充分发挥馆内图书资料的作用。现有藏书2129本册。

4. 针对校史馆工作人员缺乏一定的专业管理经验等问题，制定了业务学习的计划，通过自学、组织参观有关展览、校史系列讲座、馆内外交流等形式，提高大家的业务水平，促进校史馆的自身建设。

【交流工作】 随着北大对外交流工作的开展，经过校史馆3年多的努力，北大校史馆在国内高校中已具有一定的知名度。除与原有的多所院校的校史研究部门保持联系外，2004年先后与来访的上海师范大学、第三军医大学、山东大学、中国农业大学、北方交通大学、解放军二炮工程兵学院、东北烈士纪念馆、东北师范大学、中央民族大学、中组部、天津大学、哈尔滨工业大学、中科院研究生院、北京第四中学等14个单位的同仁进行校史展览工作方面的业务交流。

(周　爽　郭卫东　马建钧)

《北京大学学报》(自然科学版)

【概况】 刊载论文情况

2004年《北京大学学报(自然科学版)》(以下简称《学报》)共刊载研究论文137篇。

表6-47　2004年《北京大学学报》(自然科学版)刊载论文学科分布[1]

年份	数学	力学	物理学	化学	地质	地理环境	生命科学	心理学	信息科学	总计(英文稿)
2004	8	9	12	3	25	27	11	6	36	137

[1] 学科分类根据学校院系的调整有所变动，如：原“地球物理学”并入“物理学”，“技术科学”改为“信息科学”，等等。

表 6-48 2003 年《北京大学学报》(自然科学版)刊载论文被国际检索机构收录情况

	数学	力学	物理学	化学	地球物理	地质城环	生命科学	心理学	技术科学	总计	收录比例
刊载篇数	11	7	26	8	13	49	14	5	14	147	
Ei 收录	5	5	19	4	2	14	2	0	3	54	36.70%
CA 收录	0	0	5	5	1	14	1	0	1	27	18.30%
SA 收录	5	1	8	2	0	2	0	0	2	20	13.60%
MR 收录	9	1	0	0	0	0	0	0	1	11	7.40%

表 6-49 2002～2003 年《北京大学学报》(自然科学版)论文计量指标

年份	被引频次	影响因子	即年指标	被引半衰期	他引率	扩散因子	基金比例
2002	324	0.332	0.036	5.02	0.91	63.3	0.75
2003	399	0.320	0.153	5.6	0.90	58.5	0.66

表 6-50 2004 年《北京大学学报》(自然科学版)编辑部接收稿件学科分布

年份	数学	力学	物理学	化学	地质	地理城环	生命科学	心理学	信息科学	总计
2004	8	8	26	5	42	33	6	8	42	178

《北京大学学报》2003 年刊载论文被国内外权威检索期刊(数据库)收录情况 根据中国科技信息研究所和中国科学院文献情报所提供的材料,《北京大学学报》2003 年仍被国际权威检索数据库 CA、SA、Ei(pageone)、MR 以及国内 10 余家权威数据库收录。

《北京大学学报》2003 年论文计量指标 据中国科技信息研究所出版的《2004 版中国科技期刊引证报告》中对国内 1576 种主要科技期刊的统计,《北京大学学报》2003 年的计量指标见列表。

收稿情况

2004 年共收稿 178 篇,退稿共 34 篇(不包括社会上非学术单位来稿)。

地质、城环、信息科学类稿件大幅上升,而化学、生命科学类稿件下降较多。

【工作进展】 1. 继续克服由于缺编造成的困难,保证了学报工作的正常运作

2004 年上半年,《学报》编辑部继续缺编,暑假前招聘到一位新成员,暑假后主要是对新人进行培训和让其在工作实践中锻炼。一年来,编辑部同志继续发扬了合作和奋斗的精神,较好地完成了《学报》日常各项工作。

2. 圆满完成建立审稿专家数据库的工作

2003 年下半年,组织开展了建立《学报》审稿专家数据库的工作,2004 年已经初步完成。这是在 1998～2004 年《学报》审稿人的基础上,将 500 余名审稿专家的相关数据整理入库。该库已在学报编辑部选择审稿人时起到重要的参考作用。

3.《学报》独立网站初具规模

2004 年 9 月申请了《学报》网站域名,并外聘网络技术人员开发学报具有多种检索功能的动态网站。到 2004 年底,该网站在试运行期间,即将正式开通。该网站放有 1995～2004 年间《学报》全部的中、英文文摘和《学报》的计量指标以及《学报》论文被国际权威检索机构收录情况、论文被国内期刊引用情况等。

用户可以通过多种检索方式对文摘进行检索,并能检索到论文被收录和被引用情况。从该网站还可以链接到刊载有《学报》全文的《中国期刊网》等数据库。

4. 采访北大学者

作为纪念《学报》创办 50 周年(1955～2005)的活动之一,2004 年编辑部同志采访了约 40 位校内的学人,包括《学报》的创始策划人、部分《学报》主管领导、编委会成员以及老、中、青作者和审稿人等,获得了大量有关《学报》历史沿革的第一手材料和对《学报》今后工作的意见和建议等;同时,也为数 10 年来与《学报》结缘的北大学者们留下了一些珍贵的历史性的资料。

5. 著作权保护工作

以北京大学作为原告的诉重庆维普资讯有限公司和科技部西南信息中心侵犯期刊著作权案,从 2004 年 3 月 16 日,北京市第一中级人民法院受理,6 月 18 日做出初审判决,直到当年 12 月 6 日北京市高级人民法院做出终审判决,北京大学终于获得胜诉,被侵权的 14 种期刊(校本部 3 种,医学部 11 种)共获得赔偿 48 万余元(目前赔款还没到位,正在申请法院强制执行)。《学报》编辑部自始至终关注此案的进展,参加了法院的旁听,并多次配合了律师的工作。

此案告终后,鉴于《学报》著作权享有者和具体操作者关系不明确,会对今后处理《学报》著作权的事务造成不便,因此,向学校主管领导打了报告,请学校能授权《学报》编辑部代为处理有关《学报》著作权

的事宜,获得了学校的批准。至此,《学报》编辑部成为中国高校第一个获得《学报》主办人(即法人著作权人)书面授权的著作权代理人。

此举很快引起了其他高校科技期刊编辑部的关注和竞相效尤。

【科研及论著情况】 陈进元编审撰写的"期刊社和作者签订出版合同的必要性与可行性"一文获"2004'中国科技期刊发展论坛论文一等奖";"进入WTO之际,对我国期刊社著作权及其保护问题的思考"入选《中国精典文库》(2004年5月出版);她还参加了"新闻出版署专业系列教材重点项目"中《科技书刊编辑学教程》第3版的撰稿,写了其中的第十三章"科技期刊的编辑工作",该书已于2004年6月由辽宁教育出版社出版;她在2003年"首届全国电子与网络出版发展研讨会"上做的大会专题发言"作品的网络传播与著作权保护"已入选《电子与网络出版探索与研究》一书,该书于2004年12月由华中科技大学出版社出版。

【获奖情况】 2004年是《学报》获奖的丰收年。9月,《学报》获得教育部"三优"奖,即"全国高校优秀科技期刊一等奖",编辑部连惠民同志获"全国高校优秀编辑工作者奖",陈进元编审的论文获"全国高校优秀编辑学论著一等奖"。

12月,《学报》又获中宣部、新闻出版总署、科技部联合举办的第三届"国家期刊奖"中的提名奖(即二等奖),并且名次有所上升。这是《学报》继第一、二届"国家期刊奖"评比获奖后,第三次获此殊荣。

(《北京大学学报(自然科学版)》编辑部)

《北京大学学报》(哲学社会科学版)

【概况】 根据中国学术期刊(光盘版)电子杂志社和中国科学文献计量评价研究中心《中国学术期刊综合引证报告》(2004版),《北京大学学报》(哲学社会科学版)在大学学报类期刊中的总被引频次和影响因子均名列前茅。

【深化改革】 2004年5月起,学校任命社会科学部部长、博士生导师程郁缀教授担任北京大学学报主编兼编辑部主任。上任伊始,程郁缀经过调研,提出了一些旨在提高学报学术质量的改革措施,受到了同仁们的欢迎。

根据管理出效益的原则,进一步加强管理,使审稿、发稿、付印、付稿酬等工作流程实行制度化、程序化。在用稿方面坚持公平、公正、公开原则,建立有权威的、负责任的专家库,对稿件实行双向匿名评审制度和三审制,做到学术水平至高无上,质量面前人人平等;实行优稿优酬;进一步完善了《北京大学学报(哲学社会科学版)管理条例》,严格按制定好的章程办事,充分发挥编辑人员的积极性和主动性,实行每一期刊物执行编辑负责制和每一篇文章责任编辑负责制,责、权、利分明,责、权、利挂钩;建立健全竞争激励机制,严格工作考核与管理;在收入分配方面,根据奖优罚劣、奖勤罚懒的精神,适当拉开距离,打破分配上的平均主义。注重加强选题策划,积极主动向有深厚学术造诣的著名学者和中青年骨干教师组稿、约稿,加强编辑与作者的联系,改变过去学报那种主要靠自然来稿的局面。在办刊中,不仅把了解作者、联系作者、和作者交知心朋友作为编辑的一项非常重要的工作,而且把编发好的稿件,提高刊发文章的转引率,作为编辑年度考核的一项重要指标。

【名刊建设】 2003年底教育部正式启动名刊工程。2004年2月26～27日,教育部召集各学校主管校长和学报主编召开"教育部高校哲学社会科学名刊工程首批入选学报建设座谈会",袁贵仁副部长就实施名刊工程的重要意义和建设目标发表讲话,指出名刊工程是一个导向工程、建设工程、创新工程、特色工程、整体工程、质量工程、责任工程、系统工程,作为高校学报第一方阵的首批入选学报,要树立整体观念,统筹安排,协调发展。

正是根据这一会议精神,在2004年11月广州召开的中国人文社会科学学报第五次会员代表大会上,程郁缀倡导北大学报与其他兄弟学报之间要确立平等观念,全国学报一盘棋,团结和谐,目标一致,互相协作,共同进步。提倡良性竞争、适度竞争、和谐竞争,在竞争中走向共同繁荣。此外,人文社科学报要树立精品意识,尽量多刊载一些研究解决国家或地区经济、社会发展中具有全局性、前瞻性、战略性的重要研究成果,一些在基础理论方面有创新意义、特别是具有原创新意义的学术成果。

北京大学学报(哲学社会科学版)2004年以建设名刊工程为契机,发挥北大文史优势的传统,结合本校的重点学科、重点基地、重大课题和学术活动进行选题策划,办出特色。如:2004年第5期"纪念邓小平诞辰100周年"和第6期"北京论坛——文明的和谐与共同繁荣"栏目文章,都是从北京大学主办的重大学术活动所收论文中遴选出来的,产生了良好的社会效果。程郁缀还决定进一步整合资源,由社会科学部协调,把教育部学报名刊建设和教育部重点基地建设作为一个系统工程来抓,学报拟从2005年第1期开始开设"重点研究基地论坛",展示我校10多个教育部人文社会科学重点研究基地的最新研究成果,同时在封三对各研究基地的情况进行介绍。

作为名刊建设和创世界一流大学的一个重要方面,北京大学学报经过慎重考虑,决定申办北京大学学报英文版;申请报告已经以北

表 6-51　大学学报类期刊总被引频次分类排序表

序　号	刊　　名	总被引频次	影响因子
1	北京大学学报	791	0.7647
2	中国人民大学学报	572	0.9910
3	复旦大学学报(社会科学版)	413	0.4572
4	浙江大学学报(人文社会科学版)	338	0.3405
5	南京大学学报(哲学人文科学社会科学)	321	0.3884

京大学的名义呈报上级主管部门。我们希望通过办英文版北大学报,把中国学者的最新研究成果介绍到国际上去,加强国际交流和国际竞争,把中国学者和中国学术的影响扩展到国际上的一流大学中去。

【获奖情况】　2005 年 2 月 28 日,第三届国家期刊奖颁奖大会在京隆重举行。中宣部、新闻出版总署、科技部负责同志出席了大会,向获奖期刊颁发奖杯和证书。北京大学学报(哲学社会科学版)荣获第三届国家期刊奖,这标志着该刊连续三届荣获国家期刊最高级别奖。国家期刊奖自 1999 年设立以来,已成功举办三届。国家期刊奖是期刊界的唯一政府奖,也是期刊界的最高奖项。分 3 个级别:国家期刊奖、国家期刊提名奖和百种重点期刊奖。全国社科类期刊约 4000 多种,其中全国高校社科类学报约 1000 多种。北京大学学报(哲学社会科学版)保持"三连冠"的荣誉,在全国高校社科类学报中是唯一一家,也是全国社科类综合性学术理论学术期刊中的唯一一家。

2004 年,本刊还被评为北京市高教学会社会科学学报研究会名刊。编辑部刘曙光、王俐英同志被评为全国高校文科学报研究会"优秀会务工作者",刘曙光同志还被评为"北京高校人文社科类学报优秀编辑"。

(《北京大学学报》(哲学社会科学版)编辑部)

《北京大学学报》(医学版)

【概况】　《北京大学学报(医学版)》创刊于 1959 年,由北京大学主办,是国内外公开发行的综合性医药卫生学术期刊。现任主编:中国科学院院士、病理生理学家韩启德教授;编辑部主任:周传敬编审。

在教育部"2004 年全国高校优秀科技期刊评比"中,《北京大学学报(医学版)》荣获教育部优秀科技期刊一等奖。

2004 年 3 月,被中国科学技术信息研究所评为"百种中国杰出学术期刊"。

2004 年 7 月,入选《中文核心期刊要目总览(第 4 版)》。

2004 年 3 月,再次入选《中国生物学文摘》和中国生物学文献数据库。

(周传敬)

现代教育技术中心

【概况】　2004 年,现代教育技术中心与教务部紧密配合,完成了教学资源制作和资源库建设,网络教学平台的自主研发和运行维护,教育技术培训,教学信息化的技术支持、管理和服务。特别是对学校基础教学的改革和发展提供了高效的和强有力的保障。同时负责北京大学的有线电视天线维修管理工作,还承担着《全国高等学校教育技术协作委员会》秘书处的工作。

中心现有 26 人,其中 50 岁以下的 16 人;正高 4 人,副高 6 人,中级 7 人,初级 8 人。

【主要工作】　1. 北京大学"十五""211 工程"项目"教育资源信息化与教学管理现代化建设及应用系统"于 2003 年年底通过了项目论证和立项,2004 年正式启动。建设目标是:国内外领先的北京大学教学信息化管理与应用平台和教学资源库。力争自主版权,功能实用,特色明显,技术领先。

2. 北京大学自主版权的网络教学平台(ontoedu)面向教师、学生和教务管理人员,平台运行稳定可靠,使用效率高,共有课程 121 门,学生用户 8340 人。2004 年的访问人次已经超过了 20 万,从平台网页中可以查看相关通知、课程情况和相关视频等。

教师用户共 103 位,其中马克思主义学院 18 位,信息管理系 24 位,其他各院系理科 17 位,文科 28 位,医学部 4 位,交叉学科 12 位。

教师利用 ontoedu 网络教学平台,可以进行通知管理(发通知)、讲义管理(发布讲义)、作业管理(发布作业,检查作业提交情况,批改作业)、疑难解答(回答学生们的问题)、自由论坛(学生们之间讨论问题)、成绩管理(发布期中或平时成绩);学生登录平台后可以查看通知、讲义、作业,做作业,提问,自由讨论问题,查看成绩等。

3. 加强建设北京大学公共英语网络教学平台(College english)。北京大学自主版权的公共英语网络教学平台的教师用户和学生用户都是由教务人员在开学前统一录入。教师可以发通知，管理课程(某些老师)，布置练习和测验题，跟踪学生网上学习情况，答疑，课程提问，用户信息修改。学生可以查看通知，学习课程(综合、阅读和听力课程是不一样的)，做语法练习，期末评估，学期初选自学时间段，修改自己的信息等。2004年，共有公英教师用户52人，学生用户共11400多人次(3个学期)。

4. 针对不同的课程类型和应用模式，采用了5种不同的制作技术手段：三路采集的音视频制作；外拍实录＋后期加工；powerpoint＋视频的合成；屏幕捕获＋视频的自助式合成；演播室的现场录制。

教育资源库目前已有信息资源：普通课程1000学时、精品课程68门(其中有14门是国家级精品课程)、中华文化讲座100集，还有名师风采、院士礼赞等60学时。

5. 2004年共举办了5期培训班，全校共有310多人次接受培训(不包括医学部、离退休和校外人员)。培训的课程有：Windows2000、Office2000、上网基础知识及Internet应用基础、网页三剑客、网络教学支撑平台基本操作等。学员普遍反映培训内容实用，效果显著，培训所要求掌握的计算机技能可以运用到实际工作中去。

6. 负责管理和服务82个多媒体教室(8492个座位)、19个语言实验室(770个座位)和2个CAI机房(80台微机)。网络多媒体教室的使用率达到100％。

7. 改造和更新了东大地、中关园和科学院有线电视网络和电教楼有线电视接收系统机房。

8. 国家教育科学“十五规划”重点课题“教育信息资源建设的瓶颈与对策”取得阶段性成果，通过了中期检查。

9. 教育部高教司项目“移动教育的理论与实践研究”(2003～2007)取得的阶段性成果：将移动计算、普适计算、本体技术与教育技术相结合，提出了移动教育的概念。科技部、教育部等已经将移动教育列为立项的一个重要方面。相关成果在全国教育会议、全球华人大会、国际分布式会议上做报告，在教育技术领域核心刊物上发表并获优秀论文奖，被《教育技术通信》等国内教育技术重要杂志转载或引用。

10. 国家青年自然科学基金项目“并行多线索结构开发不同级别并行性的关键技术研究”(2002～2004)取得的阶段性成果：提出了一种多线索嵌入式处理器结构。

11. 教学情况。开设了4门课程：“网页制作”和“移动计算引论”两门通选课，“普适计算与语义Web”为信息学院研究生课程，和一门“信息时代：快速学习与创新”网上公开素质教育课。其中“信息时代：快速学习与创新”有4300多人次学习和访问；“移动计算引论”国内没有见到同类课程，国外Berkeley，MIT，Harvard等都已开设；“普适计算与语义Web”国际上尚未见到同类课程，国外访问量最多时每月5G。

指导培养进修教师1名，成绩优秀，受到派遣单位的高度评价。新招硕士研究生3名。2004年共发表论文8篇。

【协作委员会工作】 策划推动了针对学科的“全国高等学校精品课程电子网络教学资源建设研讨班”的系列活动，在北京、上海、广州、长沙等地已经开展了10余期，对精品课程建设发挥了积极的引导作用。策划推动了“校园网络环境下信息技术与高校本科课程深层次整合的探索”的现场学术交流会，对深入进行本科教学信息化建设发挥了积极的推动作用。

2004年出版发行了6期《教育技术》刊物，共发行了26期。全国高等学校教育技术协作委员会Ceta网站更新了版面，丰富了内容，受到高教司的肯定和广大会员单位的欢迎。

【获奖情况】 现代教育技术中心工作获北京大学2004年优秀教学成果一等奖。陈虎、刘志勇两同志获北京大学2004年实验室工作先进个人奖。杨全南同志被评为校工会积极分子。李树芳、王肖群撰写的“信息技术教育应用的问题与对策研究”获全国计算机辅助教育(CBE)学会2004年学术研讨会优秀论文奖。

(现代教育技术中心)

医学部教育技术中心

【发展概况】 北京大学医学部教育技术中心原名北京医科大学教育技术中心。该中心是1999年4月经校长办公会讨论通过，在原电教中心(1986年9月)基础上成立的北京医科大学教育技术中心。2000年4月，北京大学与北京医科大学合并后更名为北京大学医学部教育技术中心。该中心为医学部直属业务部门，现有技术人员18人。

该中心下辖：综合业务办公室、多媒体教学实验室、音、视频技术工作室、医学摄影工作室、北医电视台等科室。

主要的工作任务是：通过对教育技术的研究与应用，为医学部的教学、科研、医疗工作开展相关的技术服务。目前主要的业务范围包括：教育技术理论和实践的研究、教育技术的培训和技术管理，多媒体软件的开发与应用，音像教材的制作与技术，远程教育、数字录音技术、VCD制作技术、光盘制作技术、数字幻灯制作技术、电视新闻节目及专题片的制作技术、多功能教室的技术管理等等。

十几年来，中心先后制作完成600多部医学教学音像教材和几十部多媒体教学软件，并先后在出版社出版发行。其中有几十部教材或软件分别荣获教育部、卫生部、国家新闻出版署的奖励。

北医电视台自 1991 年 9 月开播以来，共制作《北医新闻》273 期，采集新闻 1909 条，播放 560 余次。

【教材建设】 2004 年，中心人员配合学校教学改革的精神，努力做好光盘教材制作和教学辅助工作。

1. 配合学校医学长学制教材的出版工作，本学年度制作完成的长学制教材配套光盘有：《病理生理学》教学光盘、《药理学》教学光盘、《洁净手术室教学示范》光盘（上、下）均已出版发行。研究生英语考试培训教材录音磁带 4 盒均已出版发行。（以上由北京大学医学出版社出版发行）

2. 配合学校教学需要制作的 CAI 课件有：组织学《眼和耳》CAI 课件、《药用植物》（正在制作中）、《医学寄生虫学总论》（正在制作中）、《微生物学总论》（正在制作中）。

3. 配合学校 2004 年度国家和北京市精品课程的申报工作，组织完成了课程实况录像以及申报材料的光盘制作、包装共七门课程。它们是："核医学"、"妇产科学"、"病理生理学"、"病理学"、"药理学"、"解剖学"、"医学基础化学"。其中"病理生理学"、"病理学"被评为国家级精品课程；"药理学"被评为北京市级精品课程。

【教学服务】 1. 重新与网络教育学院签定加强远程教育合作协议，调整相关设备、线路进行技术准备。

2. 根据网络学院的要求完成了 164 学时的录课以及编辑 42 学时卫星播出课程录像带的制作。其中录制课程名称："功能性消化不良"、"肝脏移植受者的术前评估"、"心力衰竭的治疗"、"胰岛素治疗的进展"、"胃食管反流病"、"消化道内窥镜临床应用"、"机械通气的护理应用"、"肝脏移植的适应症与手术时机及并发症"、"我国肝脏移植的特殊问题与对策"、"糖尿病的综合防治"、"尿路感染"、"肺结核诊断"、"糖尿病的胰岛素治疗"、"医患关系"、"甲状腺疾病超声诊断"、"肺结核的治疗原则"、"常见性病诊断与治疗"、"帕金森症的诊断与治疗"、"胰腺癌早期诊断"、"磁共振成像基本原理"等。

3. 完成儿少所、精研所合作项目"儿童自闭症"的实况录像（4 学时）及光盘制作。此项目正在申报 WHO 项目。

4. 完成糖尿病中心成立及学术报告的实况录像（6 学时）及光盘制作。

5. 完成分析中心电镜培训课程的实况录像（8 学时）及光盘制作。

【北医电视台】 1. 共拍摄新闻 184 条，制作电视新闻 20 期 总片长 366 分钟，播放 40 场，制作发布网上视频新闻 400 分钟。学校重大活动：开学典礼、招生、毕业典礼、七一表彰大会、教代会以及重大外事活动等重要新闻的拍摄与制作。

2. 配合庆七一表彰活动，电视台工作人员制作十佳党支部书记人物专题短片 11 部，在医学部庆七一表彰大会上播放。

【其他】 1. 配合研究生院、教育处、夜大、网络学院完成了本年度毕业生照片档案工作。其中：研究生 432 人、本科生 478 人、夜大学生 1020 人，网络学院 781 人。顺利完成了毕业学生数码个人照片的拍摄及学号、身份证资料的核对工作。

购置了必要的灯光设备，保证了今年毕业的全体研究生，本科生与学校领导的合影拍摄工作的完成。

2. 完成各种报告、培训课程及其他活动的录像任务 50 多小时。

3. 其他视频采集 9767 分钟，刻录光盘 463 盘。

（许连陆　张　靖）

计算中心

【概况】 2004 年 12 月底，计算中心共有职工 67 人，其中：正高级职称 6 人，副高级职称 16 人，中级职称 37 人，初级职称 6 人；具有本科以上学历的人数 50 人，占计算中心总人数 70%以上；具有硕士学位以上的 23 人，占计算中心总人数 34%以上；具有博士学位的 3 人。

2004 年计算中心在校园网的建设与维护和管理信息系统的开发、维护和管理等方面又有了进一步的发展；微机教学实验室在为全校学生提供良好服务方面又上了一个台阶；高性能计算机的利用率得到进一步提高。成果转让取得了可喜成绩，接待了包括清华大学、台湾高校信息化建设访问团和澳门理工学院等国内数十所兄弟院校的来访。

2004 年，计算中心取得了较多的项目成果，如 9 月 25 日，"网络环境下的研究生教育招生系统"和"网络环境下的物资供应与管理信息系统"通过了教育部组织的专家技术鉴定，鉴定委员会一致认为这两个系统"其整体水平已处于国内高校同类系统的领先地位"。12 月 28 日，科技部国家"十五"重大科技攻关项目—"网络教育关键技术及示范工程"中"网络教学系统测试"专题通过项目预验收。2004 年有 2 篇论文被收录到 SCI，国际会议文集 1 篇，国内期刊 27 篇。截至 2004 年度，计算中心共有在读研究生 12 人；成人教育已发展成夜大、脱产和远程教育 3 个系列，拥有本科学生 1400 余名，形成了一定的办学规模与体系。

北京大学首次举办 ACM 亚洲分区大学生编程大赛。计算中心承担比赛环境的规划、方案设计和电源系统、硬件、软件和网络的具体实施，并从设计到施工严格质量把关，比赛环境稳定可靠，使比赛得以顺利进行。

2004年，计算机中心被北京市工会授予“模范之家”的光荣称号；在北京市职工计算机技能比赛大会上周昌令取得“计算机网络管理员”决赛的第二名，李丽获“计算机程序设计员”决赛的第四名，分别得到海淀区和北京大学的嘉奖；在庆祝CERNET成立10周年之际，张兴华、张蓓、王一心、刘贺湘、张立云、李笑难、崔建获“在中国教育和科研计算机网CERNET10年建设中做出突出贡献，授予先进个人称号”荣誉证书；张兴华获“在1995～2002年期间担任中国教育和科研计算机网CERNET专家委员会成员”荣誉证书，张蓓获“在2002～2004年期间担任中国教育和科研计算机网CERNET专家委员会成员”荣誉证书。在CERNET第11届学术年会上，CERNET华北地区北京大学主节点荣获CERNET主干网网络运行综合评比三等奖。

（孙光斗）

【校园网建设】 网络室是北京大学网络中心的技术实体单位，负责北大校园网的建设、运行和管理，CERNET北大主节点的建设、运行和管理，网络应用技术研究与软件技术开发等工作，还承担多项国家、部级和学校科研项目。

2004年1月，校园网申请获得160个C类IP地址。2004年1月主干网完成了部分升级改造和性能扩充，真正形成3个节点核心层以及核心和汇聚层交换的冗余链路，另外其他主干设备也进行了较大调整，大大提高了校园网性能和可靠性。在核心层出口交换机与主节点设备之间连接一台千兆网关设备。

2月，理科4号楼联网，通过一台汇聚层高档交换机接入校园网，用户接入速率10/100兆自适应。全部采用动态分配IP地址，通过个人账号登录网关访问国际。

3月，为进一步方便我校网络用户电子邮件的交流，并解决恶意垃圾邮件可能给用户造成的网络费用损失，计算中心对校管电子邮件账户国际流量停止收费。鼓励网络用户的邮箱迁移到已有防病毒和防垃圾邮件服务的校管邮件服务器上。校园网与赛尔公司协商并开始提供个人包月服务，与原来按流量记费并存，供用户选择。

4月，校园网IP/TV升级，由原来的16个频道增加到28个频道。为了保证校园网用户能够及时获取Windows系统的补丁，安全可靠地使用网络。同时考虑节省用户这部分国际访问的费用，2004年4月7日，北京大学校园网开始提供WindowsUpdate自动更新服务。为进一步提高管理水平和服务质量，调整和更新了校园网服务器，对目录服务器、教工和学生邮件服务器的硬件、软件进行了全面更新。网络室使用两台SunFire4800服务器和一台StorEdge6120磁盘阵列，用户管理的目录服务器已由原来的3台换为全新的4台，服务器软件升至Sun ONE Directory Server 5.2，在反应速度、管理功能方面有很大提高。邮件服务器新增了800G左右的硬盘，负责过滤垃圾邮件和杀毒的邮件网关管理系统升级到2.0，由于用户量大而导致的邮件服务反应慢的现象已彻底解决。

5月，正式启动“下一代互联网IPv6合作项目”，北京大学校园网正式接通IPv6项目网络主干—北京市IPv6城域网。

6月，北京大学医学部网络用户通过校园网共享北京大学IP/TV资源。

7月，通过北京大学校园网访问校外的流量达到均值800Mbps，峰值1000Mbps。

8月，网络室利用暑假时间进行了校园网出口从单链路到双链路的升级，双路的访问均值分别为350Mbps和600Mbps，峰值分别可以达到600Mbps和900Mbps。

9月，完成新建的国际关系学院大楼210个信息点、学生宿舍38、39楼2050个信息点的联网工程全部实施，实现了千兆到楼全交换100M到桌面。

10月，完成红一楼到红四楼网络设备的全面更新和改造，原来100M到楼改造为1000M到楼、桌面带宽由原来共享10M到交换100M。计算中心二层和三层学生公用机房进行网络设备改造，由原来的100M上连10M交换到桌面升级为千兆上连100M交换到桌面。微机室对学生公用微机进行了升级换代，大大地改善了学生的上机环境。

12月1日，持有校园卡的用户可以使用校园卡在计算中心2层圈存机上24小时、不分节假日自主缴纳上网费。基于IPv6的CERNET2正式开通，一期工程接入20个城市的25所院校。北京大学作为接入院校之一，在IPv6节点上提供了www、DNS、FTP网络服务。12月24～27日，北京大学网络室参与举办“中国教育和科研计算机网CERNET第11届学术会议”，圆满完成会议的组织、论文征集和评阅以及会议网站的建设等工作。

2004年，网络室积极争取科研项目，签订了教育部科研项目—“高性能网络测量体系及技术研究”项目，下一代互联网中日IPv6合作项目——“面向业务和逻辑的网络服务管理的实现”和“信息家电应用(e-Home)”。

12月底，华北地区在北大的技术支持下共有141个单位接入中国教育和科研计算机网。

（刘贺湘）

【管理信息系统建设】 管理信息系统研究室主要从事管理信息系统的研究、系统集成和开发等工作。多年来为北京大学及其他高校和社会上的企事业单位研制开发过不同规模、不同类型的管理信息系统，不少项目获得省部级鉴定或奖励。

2004年，MIS室根据需要规划、研制、开发新的信息应用系统，并对已有系统进行完善、更新。保障MIS服务器、数据库系统的正常运行，并向用户提供信息后援、故障排除、应用培训等服务。同时，在开展对新技术的研究、承接国家项目以及对外宣传推广方面也做了大量的工作。北京大学数据中心建设是"十五""211项目"之一，项目采用规范的国际公开招标方式，于2004年1月完成招标工作，并开始建设实施。在完成了数据中心的机房改造，双路电源和专用空调配置后，主机设备入场进行了调试。截至2004年底，已完成了数据中心一期工程的基本部署并逐步投入使用。通过数据中心一期项目的实施，中心的存储容量增加了近16TB的容量，而且速度和安全性得到全面的提升；备份工作也将脱离人工处理，改由备份系统全面接管，通过10TB带库的备份，数据和系统安全将得到新的保障。"学生综合服务管理系统"是北京大学新一代电子校务总体规划的重要部分。它将按照电子校务系统的体系结构设计要求实现，该系统由迟惠生、林钧敬、林建华3位校长主持，从2004年2月底启动，开始进行需求调查、分析与系统设计工作。

"北京大学网上办公系统"完成了开发与试运行工作。2004年7月在学校投入使用。该系统采用先进的技术架构，具有公文流转、信息发布、全文检索、会议管理、流程定制等多项功能。2004年8月首批北京大学校园卡发放并投入使用。计算中心承担完成了总体方案设计、网络布线、数据准备、应用接口设计与开发等工作。截止到年底，校园卡应用系统已提供了宿舍门禁、食堂消费、图书借阅、银行转账、自助交费等多项功能。随着应用的深入，由MIS室开发完成的多个应用系统在学校各项工作中得到充分地使用和不断完善。"北京大学新生入学系统"在2004年迎新工作中继续发挥出巨大作用；研究生网上选课系统完成了19215门次选课任务；重新改造后的宿舍管理、财务管理和学籍管理系统也已实现重要数据共享，更好地配合了学校管理部门的工作。校内信息服务系统也在不断地丰富内容，为学校各部门的信息发布和信息查询提供了更为便利的手段。

"基础课实验教学示范中心网上共享与管理系统"是教育部"十五""211项目"的一个子系统，目标就是建立基础课实验教学示范中心共享资源数据库，实现基础课实验教学示范中心优质资源的共享，推动高校基础课实验室教学的改革与创新。由MIS室承接的该项目，经过整个开发小组的共同努力，保证了项目顺利进展和实施。

由MIS室承担的科技部项目—"大型科学仪器网络管理信息系统"已经完成需求分析报告、概要设计、技术方案设计、考察与调研各项工作。

教育部项目"教育部部属单位资金下拨对账系统"和国家外专局项目"外国专家管理系统"在项目小组的努力下已经完成，进入推广和应用阶段。

（李庭晏）

【教学环境建设】 微机教学实验室是计算中心大型公共基础课教学实习实验室，现有600台微机，系统采用三个网段、六个域架构，域用户登录集中安全管理模式，一人一账号多功能使用方式。微机教学实验室承担着为全校文、理、医的本科生和研究生提供计算机和英语教学实习机时的任务，在建设与发展的规划、方案和实施过程中，坚持服务、管理、技术开发并重，以集成最先进的技术、推广最前沿的应用为理念，在高校同类实验室中处于领先水平。

2004年《计算机、英语教学实习环境更新改造》—"985二期工程"子工程实施以来，微机教学实验室先后完成了服务器、交换机、部分微机的更新改造。新增加服务器共11台，其中流媒体服务器4台，HPML570，原服务器一个Inter至强CPU 500Mhz升级到两个Inter至强CPU 3.0Ghz，内存由512M升级到4GB，硬盘由9GB×4升级到146GB×4，RAID5，网卡由100Mbps升级到1000Mbps。其他7台为域服务器，HPML530，原服务器一个Inter至强CPU 500Mhz升级到一个Inter至强CPU 3.0Ghz，内存由512M升级到2GB，硬盘由9GB×4升级到72GB×4，RAID5，网卡由100Mbps升级到1000Mbps。更新全部边沿交换机26台，24口100Mbps；上连交换机1000Mbps口3台，使桌面交换速度提高到100Mbps。更新208台微机，方正商祺N300，CPU P4 3.0Ghz（TH），内存512MB，硬盘80GB，17纯平，前后置视音频、USB接口，CD-ROM、耳麦。配置合理，技术先进，更进一步提高了多媒体、流媒体教学质量。

由计算中心、信息科学技术学院共同承办，在北京大学阳光大厅举行的2004年国际计算机编程大赛——亚洲分区北京赛区的ACM编程大赛，国内共有76个大学队参赛，微机教学实验室负责整个比赛环境的方案、规划和实施，由于精心的设计和施工，在连续5个小时的比赛中，整个系统（103台微机、2台服务器、8台网络打印机）未发生任何问题和故障，在国内历届比赛环境中，是表现最好的一次，受到ACM组委会和参赛院校队的好评。同时北京大学队荣获第四名的好成绩，根据北京大学此次大赛整体良好的表现，ACM组委会决定2005年北京赛区仍由北京大学承办。全校一年一度的北京大学ACM选拔赛、数学建模选拔赛持续时间分别为5小时和72小时,先后在计算中心圆满结束,期间未出现任何问题。

2004年,计算中心被评为北京大学先进实验室,这荣誉其中涵括了微机教学实验室同志的辛劳和汗水。同时两名同志被评为北京大学实验室先进个人。

为能在Windows 2000 server下进行账户计账管理,该室对Windows 2000 server进行更进一步深层次地应用开发,以备2005年暑假期间,使计账平台从Windows NT server升级到Windows 2000 server。

坚持对系统日、周、月、季度规范化维护和管理,使机器完好率达98%以上,以保证全年开放计算机、英语教学机时90多万小时。

开发新版本的"北京大学教工、学生运动会信息管理系统"。

负责全校教工、学生账户的创建、管理和维护及全校计算机、英语机时的合理安排和管理。

负责完成全校一年一度职称计算机考试任务,圆满完成了培训、出题、考试和阅卷任务。

支援内蒙古大学。为使旧机器能发挥最大的利用率,学校设备部、教务部向我们下达了以旧机器为内蒙古大学构建"教学网络方案"的任务,由于从方案合理性、人员培训、200台微机和服务器零部件的完好性、新交换机配置、包装到运输各个环节的周密策划、严格把关、精心施工,使为内蒙古大学构建的"教学网络方案"工程质量受到内蒙古大学领导和老师的一致好评,并在国家对内蒙古大学综合评估中,发挥了良好的作用。

(丁万东)

【运行室工作】 运行室大量的工作主要是高性能计算机的维护管理、日常设备维护、网络上门服务、家庭联网调试、网络报修维修、值班解答用户各种问题等。是一支不可缺少的专业维修队伍。正是由于每个人员都能在平凡的岗位上默默无闻,兢兢业业地干好自己的本职工作,才使中心各项工作少了许多后顾之忧,在平凡中更体现出他们的伟大。现总结如下:

1. 高性能并行机:

(1) 自SP-6000升级后,机器的整体性能有了很大提高,带宽增加到6GB/S、延迟降低2-5 us,CPU平均利用率为90%,基本达到饱和状态。

(2) 由HP公司赠送4个结点,2U/结点的服务器和由联想公司赠送的2个结点,4U/结点的服务器安装成一个共6个结点。16个CPU的小型PC机群系统,为用户又提供了一个高性能并行计算平台。为采购大型PC机群系统,运行室的相关老师同科学计算中心的同志一起多次协商修改,拟订好了项目标书。

2. 每年新学期开始两周内学生宿舍都有大量的网络报修。运行室一般都是每天24小时接受报修,并保证两日内及时解决问题。

3. 2004年运行室共接用户报修近1000次,咨询电话无数次,新建用户约200多户,熔接光纤1000多芯。

4. 由于1136机房增加设备,使负载从以前48%猛增至91%,线路发热,急需改造。因此我室有关人员加班加点,新安装一台40KVA的UPS,解决了问题。

5. 应MIS室和网络室增加设备的要求,完成了1136和1340两个机房的电力改造,在线路允许的情况下,增加支路,调整了负荷开关。

6. 协助微机室完成了全国大学生程序设计大赛会场的电力、网络布线及安装、调试、值班等工作。

7. 验收西二旗网络工程,采用集中与抽查相结合,经过认真仔细的工作,我们查出了不少问题,并要求施工方限期改正。

8. 与MIS室合作完成了学校一卡通工程,并完成了数据中心机房的光纤施工、熔接、电源改造等工作。

9. 暑假期间完成了中心3号、5号、6号、8号机房网线改造,附小联网,学校财务部改造、国际关系学院自建机房、元培培训中心搬迁、艺术学系、455将非典时期的23楼、24楼改造完成,学校30楼设备搬迁等工作。

(朱洪起)

医学部信息通讯技术中心

【网络电话工作】 2004年,医学部信息通讯技术中心引进了电子邮件过滤系统,将邮件病毒拒之网外;将全校范围内网络IP地址调整,改为动态分配IP地址的管理方法,杜绝IP地址的混乱使用;进一步加强与医院的联网,口腔医院分院联入校园网;建立IP/V6网络环境;与北大联合开通全网电视服务(IP/TV);进一步规范管理。建立了全网网关系统;论证无线校园网方案,准备建立医学部无线网。

【信息工作】 开通校内信息系统,提供信息查询;为加强医学部网页的管理,在充分调研的基础上,引进大汉网页管理平台,协助各单位更新网页并倒入到平台上,培训各单位信息员使用平台,达到信息及时更新;论证网络教学平台,帮助基础医学院建立网络教学平台;协助建立老年网站、精品课程网站等。

【服务工作】 树立主动服务的意识,提高服务质量。全年共进行了上千次的网络及电话上门服务。同时,还建立了每周三上午免费对网络用户进行培训的制度。

(医学部信息通讯技术中心)

医药卫生分析中心

【行政办公室】 1. 协助领导完成了高分辨率质谱仪、生物质谱仪、双光子激光扫描仪“211工程”二期仪器设备的立项论证报告，上交给医学部“211”办公室。

2. 完成了医学部“985”办公室下达的二期要以医药卫生分析中心为基础的医药卫生学技术平台，收集和汇总包括了冷冻电镜、原子立电镜、双光子激光扫描仪、600兆及400兆超导核磁共振仪、脉冲电子顺磁仪、ICP发射光谱仪等仪器设备的立项论证报告，上交给医学部“985”办公室。

3. 参加完成了高校计量认证评审组在北师大举办的内审及监督员的培训班任务。

4. 完成了医药卫生分析中心新职工的招聘、面试、报到、岗前、迎新等计量认证培训工作。

5. 2004年9月14～22日和医学部“985”办公室的工作人员，一起完成了柯杨主任要求的对医药卫生分析中心仪器设备及用房情况的调查工作。

6. 医药卫生分析中心的各分析室共同举办多种业务学习讲座、讲习班，如：“系统生物学研究新技术及发展趋势讲座”、“新的血管调节成分的分离提取和分析鉴定”、“现代电子显微镜技术及其在生物医学中的应用”、“蛋白质组学”、“现代核磁共振技术在医药领域中的应用”、“激光共聚焦显微镜新技术在生物医学研究中的应用”、“热分析在药物分析中的测试及应用研讨会”、“流式分析讲座”等。

7. 业务室按GB/T1548 1—2000新的国家标准，完成了质量手册、程序文件、作业指导书和记录文件修改和编纂工作，并出具了计量认证报告3份。

8. 根据计量认证GB/T1548 1—2000新的国家标准，高校计量认证评审组按计量认证中期监督评审的要求，于2004年11月9日至12日到医药卫生分析中心进行计量认证中期监督评审。

【生物与医学(细胞)分析室】 测试服务　保证一般服务，加强对承担国家重点科研课题科室的服务，配合这些科室尽快发表一些高水平的学术论文。争取刊载在有影响的国际刊物上。从而提高细胞分析室的服务水平。

1. 流式细胞计FACS Vantage DiVa已成为细胞分析室最繁忙的仪器，该仪器在2004年运行超过1200小时，其中大部分时间用于高水平的多参数的分选服务，尤其是无菌分选的大力开展，使得有关学科的论文水平有了大的提高。也吸引了大量的外校和外地用户。有几篇高水平的科研论文要陆续刊登，其中清华大学生命科学系一博士生经过2年的分选实验已总结出一篇影响因子为9.8的论文即将发表。仪器在高速分选和干细胞分选功能上已有长足的进步。2004年细胞分析室管理的另一台流式细胞计也完成了1200小时以上的测试工作。这两台流式计创收10万元。

2004年细胞分析室两台流式细胞计FACS Vantge DiVa和BD LSR顺利通过计量认证的复查。

2. 图像分析仪Leica Q550IW运行1000小时，创收近2万元。激光共焦显微镜Leica TCS SP2 2004年运行超过1200小时，创收3万元，激光共焦显微镜Leica TCS NT运行超过1200余小时。共创收1万元。

以上仪器2004年总共创收近16万元。

教学工作　细胞分析室2004年继续为全校研究生开设了“细胞分析与定量”课，研究生人数为50人，2004年还辅导了免疫系研究生班和科大生物系研究生班200名研究生上机。

细胞分析室在2004年，举办了激光扫描共聚焦显微技术和图像分析系统培训班，各地参加学员50人。

科研工作　根据统计，使用细胞分析室的仪器已有20余篇影响因子超过2.0文章发表在国外不同的杂志上，影响因子最高达到了9.8，另外细胞分析室和其他教研室合作，共同完成论文10余篇，第一作者文章6篇。

实验室建设　2004年细胞分析室的实验室建设有了大的发展。细胞分析室引进3台流式细胞计，2台FACSCalibur和1台具有高速分选功能的高档流式细胞计FACSAria已投入使用，这大大加强了细胞分析室流式的分选能力和满足了分析、分选工作日益增长的需要。细胞分析室继续积极开展开放实验室的工作。在2004年中细胞分析室购买了两台台式电脑，并购买了专用数据处理软件，为细胞分析室的脱机数据处理工作提供了便利条件。

新仪器新功能的开发　2004年集中发挥的FACSVantage DiVa流式细胞计和共焦显微Leica TCS SP2优势，此两台仪器的高速分选、Clonecyt Sorting等许多功能高水平的利用，为北京大学医学部各教研组和各附属医院各临床科室，例如基因组、T细胞室、干细胞室、生理和生化等学科以及校外医科院、北京大学、清华大学和中科院动物所等外单位完成许多重大科题。

【电镜室】

1. 测试服务

透射、扫描电镜对校内外测试服务样品1200多个，纯机时数600小时。创收2万元左右；参与了中国人民银行各国纸币防伪线、基础医学院病理系SARS病毒、国家进出口检验检疫局SARS病毒的电镜观察等工作。

2. 教学工作

承担了透射、扫描电镜课“医

学生物学中的电镜方法”本科生374人。90学时。“免疫电镜方法”研究生50人。32学时的实习教学工作，共计122学时。

3. 科研工作

配合参与基础医学院病理系SARS课题组进行的SARS病毒形态观察，中国人民解放军301总医院耳研所课题“利用免疫电镜方法研究耳蜗中水通道蛋白的表达”，国家进出口检验检疫局SARS病毒的电镜观察工作，口腔医院“鼠牙成骨细胞（类似成骨细胞）”的表达。

4. 学术研究工作

红细胞应用不同的电镜处理方法研究形态的改变程度，以及在不同抗凝剂对红细胞的影响和形态的设定，比较低温包埋及冷冻超薄切片两种实验方法，在样品抗原性的保护方面优劣性等技术研究工作。

5. 技术培训工作

完成了烟台医学院、成都师范大学各两名电镜工作教师对电镜技术方法的培训工作，与莱卡公司联合举办了“免疫电镜方法”学习班，全国各地有40多人参加。

6. 实验室建设

2004年7～8月份和天津天时力微循环公司完成了电镜室的近300百平方米的改造工作。

【医学同位素研究中心（放射性药物联合实验室）】 医学同位素研究中心在2003年工作的基础上，2004年继续按着北京大学医药卫生分析中心建设的整体设想和计划发展，医学同位素研究中心的工作主要有三个方面：

加强科研力度，加快科研进程，发展同位素学科　医学同位素研究中心所承担的国家“十五”科技攻关课题“体内显像诊断和治疗放射性药物的研制”，已按要求全部完成，并已于2004年1月如期通过了科技部组织的验收。通过这个课题，一方面研制出Y-90放射性核素，这在国内医学同位素研究中心唯一拥有的这一资源，为以后研究靶向放射性治疗药物奠定了必备的基础；另一方面，研制出两个放射性新药，分别用于神经内分泌肿瘤的诊断和治疗，并已在临床上进行了初步的应用，效果显著。目前正在与原子能院和原子高科公司商谈技术转让。与301医院PET中心和干细胞中心联合承担的“863”专项，也按进度正常进行，用同位素示踪技术监测移植到兔脊髓的干细胞，完成了转铁蛋白受体体外分析和动物体内示踪的研究，目前正在进行D2受体的评价及反译寡聚核苷酸的研究。另外，2004年中标2项原子能院“院长基金”项目。“985”和“211”项目在正常进展中。已发表SCI论文2篇，国内核心期刊论文2篇，已接受SCI论文3篇，国际会议论文3篇，国内学术会议论文3篇。

教学工作　继续承担教学任务，为基础医学院的本、专科学生和研究生开设“实验核医学”，包括理论教学和实验教学。在教学内容上进行调整和改进，使之更为实用。

公共服务　医学同位素研究中心的建立有利于加强医学部同位素的集中和规范化管理，消除不安全隐患，减少污染和对环境的影响，节省实验空间。医学同位素研究中心的建立大大提高了全医学部在同位素技术方面科研和教学的条件。医学同位素研究中心正在为医学部提供同位素技术支持和服务，先后有药学院、药理、基础医学院、药物依赖研究所、神经科学研究所、干细胞中心、免疫中心、人类疾病基因研究中心、北医三院、人民医院等单位在中心进行科研。

目前医学同位素研究中心已和设备与实验室管理处、基础医学院共同制定了新的实验室管理制度，安排了专职人员负责公共服务，承诺24小时对外开放，不断提高和完善服务质量。

【卫生与环境分析室】 测试与创收服务　卫生与环境分析室对医学部内部的测试服务原则上采取收取成本费的政策，共测试样品1000余份，约2.9万元；此外，卫生与环境分析室今年为社会服务创收约5.9万元左右。

科研工作　2004年1～12月，卫生与环境分析室共发表科研论文7篇，接受1篇，投寄2篇，会议文章2篇。坚持创新原则，基础研究与应用研究并举，用科研成果所得支持既定学科的发展。

教学　由于硬件条件和学术水平的提升，卫生与环境分析室在教学方面也有明显改观，本室目前有应用型研究生1名，统招研究生3名；培养本科毕业专题生2名；并第一次开设“高级医药卫生仪器分析”研究生课程，有7名研究生选修该课程，3名旁听。还经常接受各个学院、附属医院以及外单位博士后、博士生、硕士生毕业专题的实验工作。

【蛋白质组学实验室】 测试服务　接受校内外测试样品近500个，测试费收入近2万元。

科研工作　在实验室建设、仪器验收和测试服务的同时，积极开展科研工作。如进行了凋亡相关蛋白PDCD5与DNA（或RNA）相互作用、生物信息方法（SVM）应用研究等探索工作。开展与外单位合作科研工作，有关的两篇论文已被接受。与校内其他单位共同申请自然科学基金两项。

学科建设　首先经学校领导批准，组织了北京大学医学部“蛋白质组学研究项目启动基金”课题招标和评审工作。经过专家评审，共启动了20个条件比较成熟的课题。这种形势反过来又将大大推进蛋白质组学实验室的工作，对学科建设形成良性循环。将对促进我校疾病相关蛋白质组学研究尽快进入国际前沿和加速人才的培养产生了重要影响。

举办了蛋白质组学讲习班和系统生物学研究新技术及发展趋势报告等一系列大型学术活动，邀请蛋白质组学领域的许多国内外专家做学术报告，得到全校师生的热烈欢迎，其中有院士和许多老教授亲自带领全班人马来参加听课，达到了广泛普及蛋白质组学知识的预期效果。

实验室建设　蛋白质组学实验室2003年底正式宣布成立后，许多工作在逐步开展和完善之中。在完成实验室基本改建后，全室人员又为不断完善实验室的工作条件而努力。随着设备的陆续到货和验收培训，目前已初步具备了开展蛋白质组学研究工作的良好条件。

仪器的安装、调试和验收　2004年初，完成了日本岛津公司的五台仪器验收、安装调试与培训工作。MALDI-TOF质谱仪已对校内外开展了大量的样品分析测试服务和科研合作。与此同时，还完成了许多配套设备的验收。认真负责把好Waters Q-TOF质谱仪的安装、调试和验收关。但由于在验收过程中，仪器出现了一系列故障，而又遇上公司兼并交接不顺畅，使仪器验收和使用受到了影响。蛋白质组学实验室在不断敦促公司尽快调试好仪器的同时，向公司一再严正提出索赔要求，引起公司总部重视，专门派出外国工程师长时间留在中国以解决仪器调试问题。目前仪器ESI功能经重新测试已基本达到指标要求，可以接收样品测试。MALDI及索赔条件等其他问题，将进一步通过与公司谈判解决。

【药学与化学分析室】　建设一流的药学与化学分析、测试、研究平台。已购置仪器有：傅立叶变换红外光谱仪、时间停留荧光光谱仪、时间停留紫外光谱仪、GC-MS联用仪、元素分析仪、分析型高效液相色谱仪、半制备高效液相色谱仪、气相色谱仪、蒸发光散射检测器和NMR用计算机工作站。

测试服务　2004年投入正常运转的仪器有：核磁共振波谱仪INOVA-500和AL-300OV、顺磁共振波谱仪ESP-300、LC-MS/MS、有机磁式质谱仪、GC-MS、荧光光谱仪、紫外光谱仪、红外谱仪、双光束薄层扫描仪、分析型液相色谱仪、分析/半制备型液相色谱仪、元素分析仪和气相色谱仪。

以上仪器共运转机时：16301小时，样品数：12509个，收费：35.3953万元。教学机时：1336小时，主要以校内服务为主。

教学工作　承担“高等波谱解析”硕士研究生课程及实验课，计72学时。

科研工作　2004年度获准科技项目：国家自然科学基金16项，博士点基金3项，科技部项目4项，教育部项目3项，留学回国启动基金2项，国家中医药管理局项目1项，共计课题数29项。经费1290.5万元。共获得3项省部级成果，1项茅以升北京青年科技奖以及1项中国药学发展奖药剂学奖。共申请专利13项。共发表论文176篇(SCI收录82篇)，会议发表论文24篇。其中国内论文110篇，其中SCI收录16篇；国外论文63篇，全部为SCI收录。

(王靖野)

实验动物科学部

【概况】　实验动物科学部有包括教授、副研究员、助理研究员、资深实验动物饲养与动物实验技师在内的工作人员近60人，其中具有高中级职称的人员6人，初级职称的人员13人；博士、硕士学历人员3人，大学、大专学历人员7人。经过人力资源的优化整合，并根据工作任务需要确立了6个科室：办公室、后勤室、SPF/VAF动物生产繁殖室、普通级动物实验室、SPF级动物实验室及实验动物研究室。

2004年，实验动物科学部在全体员工中不断强化“一个中心，两个确保”，即“以教学和科研工作服务为中心，确保提供优质、足量的实验动物，确保提供全方位的动物实验服务”的工作宗旨，并遵循“以研养教，以外养内”的原则，在各级领导的关怀指导和相关部门的大力配合下，在实验动物部全体同志的共同努力下，各项工作稳步向前推进，实验动物科学部正在成为医学部教学与科研公共支撑服务系统中重要的组成部分，已成为学校生命科学教学与研究方面的重要支撑条件和服务平台。

2004年，动物部进一步改善动物实验条件，普通级动物实验室、SPF级动物实验室协助各教研室及附属医院等单位进行动物实验350项次。实验动物研究室2004年首次接受国外实验，受日本国大分延寿堂委托，承做“抗肿瘤药药效学”实验，并且受校内外兄弟单位的委托，以合同形式独立承担并完成了有关毒理学、一般药理学、免疫学、肿瘤学等方面的动物实验42项，既提高了提供服务的技术含量，同时也获得了一定的经济效益。SPF/VAF动物生产繁殖室向校内外供应合格实验动物20余万只。通过剖腹产净化，培育成功SPF家兔。模型动物、近交系动物生产供应量达到了去年的5倍。新引进并保种繁殖成功动物品系5个(II型糖尿病模型鼠、LK、ELK双基因敲除鼠等)。

【培训工作】　实验动物从业人员的上岗证到期后，由于“非典”的原因不能及时更换。北京市科委及北京市实验动物管理委员会要求，凡是实验动物从业人员的上岗证到期的同志，需要进行培训换证。动物部组织培训小组参加了换证教学课程学习，2004年3～12月进行了实验动物从业人员上岗证换证及上岗证培训工作，举办了20多期实验动物从业人员(包括需做动物实验的教学及研究人员、研究生)岗位证书培训班，培训本部及附属医院及北京医院、北京中医药大学、友谊医院、北京安贞医院等40余家单位的人员，培训相关人员2000余人次。占2004年，北京市实验动物管理委员会应培训的人员一半以上，受到北京市实验动物管理办公室的高度评价，并取得了较好的经济效益。

【实验动物尸体处理工作】 动物部还承担了医学部的实验动物尸体处理工作；按有关部门要求，建造实验动物尸体冷藏库；制定实验动物尸体处理管理办法，完善了医学部内动物尸体储存、处理专用设备、设施及管理制度。

(孙燕丽　郑振辉)

· 管理与后勤保障 ·

“985 工程”与“211 工程”建设

【“985 工程”二期立项】 从 2003 年底开始，为制订“985 工程”二期学科规划，在各院、系上报计划的基础上，林建华常务副校长、吴志攀副校长主持召开了 36 次不同学科领域的“985 工程”座谈会及专项学科建设研讨会，会后广泛听取了院系负责人、科技创新平台和哲学社会科学创新基地负责人和学术带头人的意见，对建设内容进行了认真修改，最终形成了北京大学“以队伍建设为核心，以交叉学科为重点，以体制机制创新为动力，建设科技创新平台和哲学社科基地”的建设方针。

在林建华副校长的领导下，“985 工程”办公室协同学校有关管理职能部门编制了《北京大学“985 工程”二期建设管理办法》(校发[2004]245 号)、《北京大学“985 工程”二期专项资金管理办法》(校发[2004]246 号)等管理文件。

【“985 工程”一期专项资金使用及效益情况】 2004 年 3 月 10 日，“985 工程”办公室与财务部共同完成了向教育部上报的北京大学 1999～2003“面向 21 世纪教育振兴行动计划”专项资金使用及效益情况汇报。汇报全面总结了北京大学“985 工程”5 年来(1999～2003)在学科建设、队伍建设、科学研究、改善教学环境、提高教学水平、提高学生综合素质、基础设施建设等方面所取得的重大进展，并总结了 5 年来的主要建设经验及存在的主要困难和问题。

“985 工程”办公室与财务部还共同完成了“北京大学‘985 工程’专项资金使用及效益(1999～2003)”的调查报告，并于 2004 年 5 月 18 日呈报国务院科技领导小组办公室。

【“十五”“211 工程”中期检查】 2004 年，“十五”“211 工程”进入关键阶段。2004 年 8 月 31 日，“211 工程”办公室向全校“211 工程”42 个子项目下发了《关于进行北京大学“十五”“211 工程”中期检查的通知》，要求各项目在 9 月 30 日前提交中期检查报告(其中医学部的 10 个子项目由医学部“211 工程”办公室负责)，并组织了对各建设项目的中期考核工作。“211 工程”办公室采取座谈及考察的形式，对校本部部分子项目进行了走访，了解项目的进展情况和项目执行过程中取得的经验及遇到的困难，最终总结了建设成果，并对建设过程中存在的问题及时地给予解决。

2004 年 12 月 17 日，根据教育部要求，北京大学“211 工程”办公室会同医学部“211 工程”办公室及社会科学部，初步完成了北京大学“十五”“211 工程”中期检查报告，报告中的内容分为学校项目整体进展情况、校内各子项目进展情况、项目管理情况、资金到位和执行情况分析、建设中存在的主要问题和改进建议五个部分；并撰写《关于完成我校“十五”“211 工程”中期检查的报告》，提交校领导。2004 年 12 月 22 日，“211 工程”办公室将《北京大学“十五”“211 工程”建设项目中期检查报告》报送教育部。

(“985 工程”办公室
“211 工程”办公室)

发展规划工作

【概况】 北京大学的发展规划工作由发展规划部负责。发展规划部是在学校党委和行政领导下，对学校的发展规划进行研究、论证、贯彻和落实的职能部门。2004 年，发展规划部紧紧围绕学校的中心工作和创建世界一流大学的奋斗目标，继续坚持“三抓两重”(即工作抓基础、抓重点、抓落实，重服务、重效率)的指导思想，贯彻履行三项职能、努力做好三方面服务(即组织好北京大学学科规划、事业规划和校园规划的研究、制定、修改、完善、贯彻和落实工作；

为学校领导决策服务、为教学科研服务、为师生员工服务)的工作总体思路,认真做好有关北京大学中长期发展规划的编制和修订工作,全面启动《北京大学海淀燕园主校区文物保护规划》的编制工作,完成《北京大学海淀校区校园总体规划》的制定及向北京市规划委员会的报批工作,为校园建设的可持续发展提供科学依据;积极参与学校教学、科研和管理体制改革,参与学校2004年机关机构核定与调整工作,起草、修改并完成《关于机关机构核定与调整的意见》和《关于机关机构核定与调整的意见的说明》;承担和完成北京大学规划委员会和学科规划委员会、事业规划委员会、校园规划委员会的各项日常工作,定期召开校园规划委员会会议及办公室会议,根据实际需要组织各种形式的专题座谈会或论证会,就相关问题充分听取全校各方面的意见和建议,提高规划工作的科学性;同时,发挥组织、协调功能,积极推进"奥运会场馆"、环境学院"环境绿色大楼"和"跨学科与工学院大楼"等重要工程的规划建设;加强对发展规划工作的研究与交流,参加第二届"全国高校发展战略规划工作研讨交流会";采取多种措施,消除隐患,扎实工作,不断提高环境保护和辐射防护工作水平。

发展规划部不断探索、完善专兼职相结合的研究体制,充分调动广大师生,特别是校内专家教授的积极性和创造性,充分发挥他们在制定、修改规划和对学校重要改革方案进行科学研究、设计与论证工作中的重要作用。受学校领导委托,2004年发展规划部组织校内相关职能部门及专家对"北京大学上海微电子研究院"、"北京大学——中国科学院可持续发展联合研究院"、"北京大学动物实验中心"的成立以及建筑学研究中心发展规划、2005北京大学研究生(上报教育部)招生规模等涉及学科建设和事业规划的重要事项进行了认真的调研和论证,论证的结果及时向学校有关领导做了汇报,为领导科学决策提供了参考。

发展规划部努力加强基础工作,努力健全部内公文流转等各项规章制度,加强党风廉政建设,落实党风廉政建设责任制,不断完善自身建设。发展规划部高度重视和不断完善校园网主页建设,增加"规划论坛"等栏目,及时更新维护,以确保信息的权威性和时效性,使主页逐渐成为推进部门工作信息化、促进校务公开、加强工作交流的重要窗口,提高了部内信息化建设水平。

根据工作的实际需要,2004年发展规划部共撰写各种会议纪要、工作简报31期,发送5000余份,回复校园建设项目审批意见书30件,总计5万余字。此外,发展规划部还撰写"关于成立北京大学——中国科学院可持续发展联合研究院及讨论《北京大学建筑学研究中心发展规划》的汇报"和《北京大学建筑学研究中心学科、事业发展相关问题的初步建议》,并从互联网上收集、整理了《世界著名大学工学院设置情况》和《世界著名大学设计学院情况》等,为学校有关决策部门提供参考。

【校园规划编制工作】

1. *完成《北京大学海淀校区校园总体规划》的制定及向北京市规划委员会的报批工作* 按照北京市规划委员会的要求,发展规划部从2004年寒假开始,经过广泛调研,深入研究,实地踏勘,并在认真论证的基础上,制定了《2004～2014年北京大学海淀校区校园总体规划》(以下简称《总规》),于2004年5月正式上报北京市规划委员会审批。《总规》不仅是北京大学未来十年海淀校区规划建设的指导性文件,而且《总规》的批复是北京大学进行单体建筑的前提和关键。经过近六个月的努力,其间经过数次修改与汇报介绍,2004年11月25日,北京市规划委员会正式复函(2004规复函字0366号):"原则同意《北京大学海淀校区校园总体规划》"。按照规划审批208个工作日(折合日历天数九个多月)的规定周期,最终提前三个多月获得北京市规划委员会的批准,为2005年学校的基本建设的顺利进行提供了基本保证。

2. *启动《北京大学海淀燕园主校区文物保护规划》编制工作* 国家文物局、北京市文物局曾多次要求北京大学编制《北京大学海淀校区文物保护规划》(以下简称《规划》)。2004年9月6日,北京市文物局又正式下文(京文物[2004]821号),要求北大尽快完成《规划》的编制工作。《规划》是保护区内建设项目向北京市文物局申报审批,向北京市规划委员会申请《规划建设项目审批意见书》的前提。若《规划》编制不能及时完成,并经北京市和国家文物局审议通过,北京大学将不能在保护区内进行任何建设。为保证《规划》高质量地完成,发展规划部与基建工程部密切配合,全面启动《规划》的编制工作,预计2005年6月完成。

3. *认真做好有关北京大学中长期发展规划的编制和修订工作* 根据学校的统一部署和"985工程"二期的安排,按照教育部、北京市教委的要求和学校领导的指示与部署,发展规划部在保证规划稳定性和连续性的基础上,会同相关部门和单位,根据学校发展的新情况,经过认真细致的调研和论证,分别组织填写上报了《北京大学空间发展规划调查表》、《北京大学用地情况调查表》和《北京大学2004～2008年高等教育发展情况调查表》等,这是对学校事业和校园规划的有益补充与完善。

【学校机关机构核定和调整工作】

2004年2月,学校成立机关干部任

期届满考聘和机构调整领导小组，根据工作内容，下设四个工作小组，其中之一即机关机构核定和调整工作小组。受学校委托，发展规划部作为机关机构核定和调整工作小组的日常办事机构，在组长林钧敬副校长的直接领导下，遵循“总结经验、分析现状、适应形势、适当调整”的基本思路，从2月底开始，展开了深入细致的校内外调研，在校内先后组织召开了7次座谈会，分别邀请机关职能部门和医学部负责同志围绕机构核定与调整目标和内容进行了认真的讨论。每次会后，发展规划部均及时对座谈会的意见进行认真地梳理，形成会议纪要，提供给学校领导、工作小组成员及其他相关人员参考。3月中旬，发展规划部又组织小组部分同志分赴清华大学、复旦大学、上海交通大学和浙江大学等兄弟学校进行调研，并在此基础上，于3月下旬组织召开了三次工作小组全体会议，展开了充分的讨论，形成了《关于机关机构核定与调整的意见(讨论稿)》。随后，工作小组将讨论稿提交机关干部任期届满考聘和机构调整领导小组讨论，发展规划部根据领导小组成员的意见和建议对讨论稿作了数次认真的修改，最终形成了《关于机关机构核定与调整的意见》(以下简称《意见》)。同时，为了使大家对机关机构核定与调整的背景、《意见》形成的过程和《意见》具体内容有一个较为清晰、全面的了解，发展规划部起草和完成了《关于机关机构核定与调整的意见的说明》。

《意见》在全面总结1999年学校机构改革以来的经验、认真分析教学、科研、管理等各个方面发生的一些新变化的基础上，就适当调整现有机关机构设置及其职能、对部分职能部门申请增设、调整内设机构以及解决调研中大家提出的几个与机关工作和机构设置有关的、涉及学校宏观管理体制和运行机制的问题，提出了具有一定前瞻性和较强的可操作性的意见与建议。《意见》中“对部分职能部门申请增设、调整内设机构的意见”和“调整、充实国内合作委员会及其办事机构，加强学校对国内合作工作的统一协调与管理”等内容已经通过学校领导审议批准，以北京大学文件的形式下发执行。

【规划落实工作】 发展规划部根据主管校领导的指示，认真组织校园规划委员会和校园规划办公室会议，对校园建设项目和工程进行审核和监督管理，对学校重要建设工程的可行性方案和具体设计方案进行了审核和一定程序的论证，对基本建设过程中可能出现的问题，向学校提出了建议和改进措施。

2004年，发展规划部共组织召开校园规划委员会会议15次、校园规划办公室会议6次以及专题讨论会10余次，编写校园规划相关方面的发展规划部简报29期，每期发送160份(总计4640份)，并对北京大学体育馆建筑设计方案、中关园外国专家与留学生公寓规划设计方案、畅春新园研究生公寓设计方案、北京国际数学研究中心、校医院大楼设计方案、经济学院综合楼设计方案、公共教室大楼设计方案、总务综合楼与浴室工程设计方案、学生公寓41号楼至43号楼设计方案、地铁4号线成府园站及地下自行车过街通道设计方案等学校有关校园建设项目的立项申请共80余项次，进行了认真的论证和审议，回复校园建设项目审批意见书30件。发展规划部对于所有立项申请，均及时给予答复，保证了学校基本建设的顺利进行，并为学校领导决策提供了科学的依据。

发展规划部注重发挥组织、协调功能，努力推动相关规划的贯彻落实。在做好日常工作的同时，发展规划部还经常进行现场调研，积极协助学校做好协调工作，如：地铁4号线成府园站及地下自行车过街通道的协调工作、中关园外国专家与留学生公寓基础配套设施统一协调工作、成府园区基础配套设施统一协调工作、国际关系学院大楼以捐资方进行命名的协调工作等。

2004年根据学校的整体部署和“985工程”二期的安排，发展规划部邀请学校相关职能部门(财务部、资产管理部、基建工程部、实验室与设备管理部、“211”工程办公室)、环境学院、工学院筹备领导小组以及交叉学科建设的主要负责人，连续召开“环境学院绿色大楼”和“交叉学科与工学院大楼”建设启动工作专题协调会，并实地踏勘、认真论证大楼规划建设的方案和内部的功能分配，全面启动大楼建设的相关工作。两个大楼的建设是“985工程”二期的重要建设项目，规划部将与基建工程部密切配合，加快推进大楼建设的各项工作。

【工作研讨与交流】 2003年，发展规划部会同清华大学、南京大学、厦门大学的规划部门共同发起，在厦门大学成功举办了“全国部分重点高校发展战略规划工作研讨交流会”。2004年“第二届全国高校发展战略规划工作研讨交流会”在华中农业大学举行，全国50余所高校的代表参加了会议，发展规划部副部长倪斌代表北京大学与会，并做主题发言。

会议紧紧围绕贯彻落实周济部长提出的“认真思考‘两个问题’，精心制定‘三个规划’”的指示精神，交流前一阶段各校在规划制定工作中的经验体会，探讨高校发展战略规划的共性问题，取得了预期的效果。

【奥运场馆建设】 根据学校领导指示和北京奥组委、国际乒联和北京奥指办的有关要求，发展规划部在时间紧、任务重的情况下，与基建工程部密切配合，按照《场馆建设工作进程表》的安排，积极、稳妥地推进奥运会场馆建设的各项筹建工作，积极配合校基金会为场馆建设筹集资金。目前场馆建筑设计方案的完善工作已近完成，即将进入实质性的建设阶段。

【环境保护与辐射防护工作】 环保办和辐射防护室是发展规划部的挂靠部门，发展规划部非常重视环保和辐射的防护工作。

2004年10月29～30日，校发展规划部、环保办、辐射防护室组织召开了北京大学首届辐射防护工作会议，对过去五年北京大学放射防护工作进行了认真的总结，肯定成绩，查找不足，明确今后的工作任务，并对校环保办、辐射防护室拟订的《北京大学辐射防护管理规定(细则)》进行了认真的讨论，力争使全校的辐射防护工作有章可循、有法可依，真正做到防患于未然，最终实现辐射防护工作全方位、全过程的安全管理。

此外，环保办和辐射防护室还顺利通过北京市放射工作许可、登记审查，定期检测北京大学水质，在“地球日”、“六·五环境日”期间，组织系列宣传活动，完成北京大学环境保护和辐射防护的其他各项日常工作。

(李 猛)

对 外 交 流

【校际交流】 截至2004年底，北京大学已与世界上49个国家和地区的200余所大学和研究机构建立了校际交流关系。2004年间，北京大学与海外高校新签或续签了9个交流项目协议，其中欧洲地区3个，美洲地区5个，亚洲地区1个。

2004年，北京大学根据校际交流协议派出长短期交流学者、教师共50人。此外，学校以加强教学科研建设为主题进一步拓展与海外知名高校的交流互访，累计派出校级交流代表团13个，其中亚洲6个，美洲大洋洲5个，欧洲2个。

2004年，来自高等院校、政府组织、知名企业等共计234个重要代表团到访北京大学，其中包括斯坦福大学、康奈尔大学、巴黎高等师范学校、牛津大学、巴黎高等科技学院、早稻田大学等世界著名高校校长代表团。其间，北京大学分别举办了“斯坦福大学日”、“康奈尔大学日”、“巴黎高师日”、“牛津大学日”、“巴黎高科日”等5个大型学术交流活动。此外，北京大学与早稻田大学联合成立了“北京大学—早稻田大学教学科研联合中心”这一新型校际合作机构，并开拓了“斯坦福大学—北京大学分校项目”、“北京大学—康奈尔大学中国与亚太研究项目”、“北京大学—早稻田大学本科生双学位联合培养”等重要国际合作项目。

北京大学牛津大学日 3月22日至23日，牛津大学校长、北京大学名誉博士柯林·卢卡斯教授率领牛津大学代表团访问北京大学并举办“北京大学牛津大学日”活动。牛津大学代表团成员还包括：墨顿学院院长杰西卡·罗森教授(Jessica Rawson)、法学院麦克尔·史班斯教授(Michael Spence)和物理系系主任凯斯·伯耐特教授(Keith Burnett)。3月23日上午，柯林·卢卡斯校长在北京大学英杰交流中心做了题为“作为世界一流大学的牛津大学”的主题演讲。演讲会后，许智宏校长与卢卡斯校长出席了联合新闻发布会。当日下午，牛津大学麦克尔·史班斯教授、凯斯·伯耐特教授与杰西卡·罗森教授分赴各相关院系做了题为“知识产权、法律和社会科学”、“牛津大学的数学和物理学”及“牛津大学的世界文化研究—古代中国和当代中国”的专题学术报告。出席此次主题大学日的北大师生共约600人次。

北京大学斯坦福大学日 5月26日，由斯坦福大学校长约翰·亨尼斯(John L. Hennessy)教授率领的斯坦福大学代表团访问北京大学并举办“北京大学斯坦福大学日”活动。斯坦福大学代表团还包括：著名经济学家刘遵义教授(Lawrence J. Lau)，青木昌彦教授(Masahiko Aoki)，斯坦福大学全球供应链管理论坛董事、商学院李效良(Hau L. Lee)教授，海外留学项目主任、地球物理研究所阿莫斯·努尔(Amos M. Nur)教授，1996年诺贝尔物理学奖获得者、人文与科学学院道格拉斯·奥谢罗夫教授(Douglas Osheroff)，以及斯坦福大学北大分校项目主任杰森·帕特(Jason Patent)博士等。当日上午，亨尼斯校长接受了北京大学名誉博士学位并发表题为“关于研究型大学未来的几点设想”的演讲。下午，随团来访的斯坦福大学教授在北大相关院系进行了精彩的学术讲座。出席此次主题大学日的北大师生共计约800人次。

北京大学—早稻田大学教学科研联合中心及两校本科生双学位联合培养项目 8月3日，北京大学—早稻田大学教学科研联合中心在北京大学资源大厦正式成立,北京大学许智宏校长、早稻田大学白井克彦总长以及部分中外媒体及企业等代表出席了当天的中心揭幕仪式。此外,两校校长共同签署了《北京大学—早稻田大学本科生双学位联合培养协议》,并拟于2005年秋季学期正式开始这一合作项目。

在加强与海外高校双边交流合作的同时,北京大学还积极参与大学国际组织并主办了一系列活动。2004年,北京大学主办了相关领域的大规模高水准国际研讨会共计5次。

6月16～20日“东亚论坛会议” 中国和德国大学及相关机构的40余名学者与会;

8月1～3日第三届“中日大学校长论坛” 中日两国21位高校校长与会;教育部周济部长、章新胜副部长出席会议;周济部长做了主题报告;

8月22～26日第十五届“大学行政管理者国际会议” 31个国家和地区的154位大学和教育机构代表及50余位陪同人员与会;教育部副部长章新胜、北京市教工委书记朱善璐出席了开幕式并致辞,章新胜副部长做了大会基调发言;

10月17～19日第一届“欧亚—太平洋学术网络会议” 中国和奥地利、蒙古、俄罗斯、吉尔吉斯、澳大利亚等40余所高校的60余位大学校长及代表与会;教育部周济部长、奥地利联邦教育、科学与文化部部长伊丽莎白·盖勒出席了开幕式并致辞;

11月21～23日,“2004年度东亚四国大学校长论坛暨学术研讨会” 东京大学佐佐木毅校长、韩国汉城国立大学郑云灿校长、越南河内国家大学陶仲诗校长、我校许智宏校长与吴志攀副校长及相关学者60余人与会。

【外国政要来访】 2004年访问北京大学的国家领导人分别为捷克共和国总统瓦斯拉夫·克劳斯、巴西共和国总统卢拉、伊朗副总统玛苏梅、加蓬共和国总统邦戈及委内瑞拉共和国总统查韦斯;另外,还接待了泰国公主诗琳通、芬兰前总统阿赫蒂萨里、巴西外长塞尔索·努内斯·阿莫林、瑞典外交大臣弗赖瓦尔兹、德国司法部长居普里斯等23个部长级以上政要代表团及近十位驻华使节。

捷克共和国总统瓦斯拉夫克劳斯访问北大 4月22日,捷克总统瓦斯拉夫·克劳斯一行访问北京大学。北京大学校务委员会主任闵维方、北京大学副校长吴志攀、郝平和我校经济研究领域的教授与瓦斯拉夫总统就中捷经济发展与合作进行了交流和讨论。座谈结束后,闵维方主任向瓦斯拉夫总统赠送了北大纪念品。

加蓬共和国总统邦戈访问北大 9月8日,加蓬共和国总统哈吉·奥马尔·邦戈·翁丁巴一行访问北京大学。北京大学许智宏校长、校务委员会副主任迟惠生等会见了代表团。邦戈总统与北京大学校领导在北京大学共同栽种了“中加友谊之树”并接受了北京大学名誉教授称号。300余名师生代表出席了名誉教授授予仪式。

【校际合作项目】 北京大学在巩固、加强既有交流合作(续签、改签或者新增合作项目协议)的同时,还与海外高校确定了9个新的合作项目,加大了我校学生的海外学习以及接收海外学生到我校学习的力度,大大地促进了北京大学教育国际化进程。

2004年,医学部在继续保持与国外大学以及科研机构密切合作的基础上,又与国外8所大学(美国约翰霍普金斯大学、华盛顿大学医学院、澳大利亚悉尼大学、格利菲斯大学、墨尔本大学和迪肯大学、泰国久拉龙贡大学牙医学院以及新西兰澳泰哥大学)签订了合作协议。

【其他】 随着中国经济的不断发展以及北京大学在世界上影响的不断加强,国际组织、公司企业积极与北京大学开展各种形式、各种层次的合作。北京大学利用自身的教学、科研条件,积极与这类机构建立紧密的联系。国际电气电子工程师协会(IEEE)主席阿瑟·文森、韩国高等教育财团理事长崔泰源、日本富士通公司会长秋草直之、世界卫生组织生殖健康部主任鲍尔等均造访北京大学。此外,北京大学还举办了首届“北京论坛”,大大促进了各国学者之间的交流及不同文化之间的融汇。

2004年8月22～26日,首届“北京论坛”以“文明的和谐与共同繁荣”为主题,邀请了包括诺贝尔奖得主道格拉斯·诺斯、哈佛大学教授杜维明、北京大学教授汤一介在内共计33个国家和地区的300余位知名学者、中国国务院前副总理钱其琛、泰国公主诗琳通以及30多位外国驻华大使等政要与社会名流与会;论坛开幕式于8月23日上午,在北京人民大会堂举行,泰国公主诗琳通、中国前国务院副总理钱其琛、教育部副部长章新胜、北京市市委常委朱善璐等出席了开幕式并致辞,汤一介、杜维明、道格拉斯等国际知名学者做了专题报告。

【派出工作】 2004年(校本部)全年因公出国出境3029人次,学校代表团出访66个,出访国家及地区达63个,出访人次比例高的前10个国家和地区依次是:中国香港、日本、美国、中国台湾、韩国、法国、德国、澳门、加拿大、新加坡。出席学术会议、合作研究和讲学人次占整个出访人次的56%。与往年不同的是在校生海外学习项目发展较快，一年中增加了9个新的合作项目，共办理学生出访团组14个，其中规模较大的有：划艇队出国参加比赛、艺术团出访交流演出、模拟联合国和国际暑期学校等项目，学生出访659人次，占整个出访人次的22%。活跃的学生国际交流极大地增进了他们与国外学生间的了解和沟通，开阔了视野，培养和锻炼了学生的对外交流能力，同时扩大了北大的国际影响。

2004年医学部办理了包括参加学术会议、合作研究等因公出国和赴港澳台人员共计570人次。办理外国来华签证函共计198人次。2004年接待来自美国、加拿大、英国、法国等20多个国家和地区的专家学者83批，共计470人次。

【专家工作】 2004年北京大学聘请各类外籍人员652人次，其中：长期专家88人，来自17个国家和地区，分布在外国语学院、研究生院、国际关系学院、政府管理学院、光华管理学院、社会学系、历史系、哲学系、法学院、化学学院、软件学院、环境学院、物理学院、信息学院、继续教育学院、附中、附小等。短期讲学专家154人，来自26个国家和地区，分布于22个院、系、所和中心。其余人员或来校出席学术会议，或进行合作研究，或举行学术报告和讲座。

在外籍教师的聘请、使用与管理工作方面，北京大学建立和完善了“三库一会”制度（即“外国专家资格评审委员会”、“专家库”、“项目库”和“成果库”），实现了管理工作的规范化、制度化和科学化。

2004年北京大学共举办国际学术会议58次，其中文科类40次，理科类18次，与会者共达6165人次，其中外籍人员2567人次。这些会议的特点是主题新颖，关注热点问题，规模大，层次高，影响范围广。

【港澳台交流】 2004年度北京大学接待港澳台地区来访团队（包括政界、商界、学界）共106批，约5450余人次（其中来自香港的有2100人、澳门250人、台湾3100余人），来访的重要团体有“香港大律师公会访京团”、“台湾媒体访问团”等；同年，出访上述地区的校级代表团共22个（其中赴香港有14个、赴澳门1个、赴台湾7个），参加学术会议、讲学、访问的学者约665人次（其中赴香港445人、赴澳门77人、赴台湾143人）。9月，与新疆石河子大学联合组织“海峡两岸学者访问团”。访问团在台期间，中国国民党副主席、台湾“立法院”院长王金平会见了代表团。此外，北京大学还与香港特区政府公务员事务局合作举办两期“香港公务员国情培训课程”。

（国际合作部、港澳台办公室）

人　事　管　理

【概况】 2004年人事工作继续朝着创建世界一流的目标前进，坚持“压缩总量、改善结构、加强管理、减人增效、优才优用、优劳优酬”的指导原则，立足改革与创新，有力地推动了学校队伍的建设，形势喜人。

人事部以高度负责的精神，本着积极、稳健、协调的方针，树立“人才资源是第一资源”的观念，继续深化人事分配制度及管理体制改革，并取得了新的成果。

2004年新的师资人事制度改革进展顺利，《教师聘任和职务晋升暂行规定》和《教师职务聘任条件》正式实施。逐步建立了公开、公平、公正的绩效考核和评价机制，营造了良好的学术环境和氛围。同时人事部在落实国家的劳资政策，先后两次调整工资标准、正常晋升工资档次从而提高校本部教职工收入之外，校人事部按照文件精神，进一步推进学校的人事管理体制改革、落实院系管理主动权、促进教职工队伍建设，推进了以完善的专业技术职务聘任制为目标的职称评审制度改革，重点做好了年度考核与岗位聘任工作，实施竞争奖励机制。

【教职工队伍状况】 2004年北京大学教职员工队伍的建设继续朝着控制规模、结构合理的方向发展。截至2004年12月31日，北京大学在职人员共5896人（不含博士后），比2003年减员132人，减员幅度为2%。离退休人员4323人（其中离休358人），比2003年增加151人，增幅为3.5%。学校教职工总规模10615人，比2003年增加93人。职工队伍的年龄、学历结构趋于合理。教师队伍中具有博士学位1362名，基本达到了预期目标，硕士学位516人，大学毕业（含学士学位）383人。教师的平均年龄为42岁，其中教授平均年龄为50岁，比2003年教授的平均年龄下降1岁。45岁以下教授占教授总人数的32.2%。

截至2004年12月31日，北京大学校本部在职人员的专业技术职务分布是（不含博士后）：正高级职务903人，占15.3%，其中教授有797人；副高级职务1581人，占26.9%，其中副教授893人；中级职务1636人，占27.7%；初级职务502人，占8.5%；员级职务20人，占0.3%；无专业技术职务1254人，占21.3%。

表 7-1　2004 年北京大学校本部教职员工基本情况一览表

人员及分布	数　量(人)	比　例
总规模	10615	100%
在职总人数	5896	59
其中：女性	2537	41.8
教　师	2229	35.5
非教师专业技术人员	1761	28
党政管理人员	854	13.6
工勤人员	1072	17
中小学幼教	376	5.9
其中：教师	314	83.5
附　中	230	61.2
附　小	96	25.5
幼　教	50	13.3
事业编制	5109	86
企业编制	149	2.4
集体所有制	518	5.3
博士后流动人员	396	6.3
离退休人员	4323	41
其中：离休人员	358	8.3
退休人员	3889	90
退职人员	76	1.7

表 7-2　2004 年北京大学校本部人员分布情况

总　计	教学科研	实验技术	工程技术	党政管理	图书资料	出版印刷	财会	医护	中小幼教	工勤
5896	2229	488	285	854	243	106	190	115	314	1072

表 7-3　北京大学校本部教师队伍年龄结构

年　份	平均年龄		45 岁以下教授		60 岁以上教授		45 岁以下教师	
	教师平均	教授	数量	比例	数量	比例	数量	比例
1994	46	58.6	50	6.8%			1008	40.6%
1999	43	55	171	22%	367	46%	1403	60.4%
2001	43	52.6	236	28%	266	32%	1408	63.1%
2002	42	53	184	25%	226	30%	1379	62%
2004	42	50	257	32.2%	144	18.1%	1460	65.5%

表 7-4　2004 年北京大学校本部教师队伍的学历状况

学位状况	人数	比例
博士学位	1362	61.1%
硕士学位	516	23.1%
学士学位	351	15.8%

表 7-5　2004 年北京大学校本部现有人员编制构成

总　计	事业编制	企业编制	集体编制	合同制工人	博士后
6292	5109	149	518	120	396

【增员情况】　截至 2004 年 12 月 31 日，北京大学校本部增员 230 人，其中事业编制 217 人，企业编制 13 人。2004 年增加的事业编制人员中，教学科研占 47.5%，实验技术占 5.5%，党政管理占24.0%，图书资料占 1.4%，出版编辑占 1.4%，财会占 5.1%，医护占 2.8%，中小幼教占 12.0%。

在全校增员的 230 人中，获博士学位 100 人，占 43.5%；硕士学位 59 人，占 25.7%；本科及双学位 59 人，占 25.7%；大专及大专以下 12 人，占 5.2%。

在全校增员的 230 人中，选留毕业生为 101 人，占全校增员的 44.1%，其中博士 28 人，占27.8%；硕士 51 人，占 50.5%；本科及双学位

22人，占21.8%；硕博研究生79人，占78.2%，未达到教育部规定的研究生所占80%比例。除去选留两年的学生工作干部20人，实际选留毕业生81人，研究生占97.5%。

在全校增员的230人中，录用留学生30人，占13.1%，选留博士后29人，占12.6%，录用留学生与选留博士后共59人，占全年总增员的25.7%，其中58位获博士学位。

在全校增员的230人中，从地方调入69人，占总增员30%。我校引进了1名院士(张杰)、5名教授(阙维民、郑玉峰、孔江平、郑也夫、黄燎宇)。

表7-6　2004年北京大学校本部增员分布表

总　计	小计	教学科研	实验技术	工程技术	党政管理	选留学工	图书资料	出版印刷	财会	医护	中小幼教	工　勤
总　计	230	103	12	13	32	20	3	3	11	6	26	1
事业编制	217	103	12		32	20	3	3	11	6	26	1
企业编制	13			13								

表7-7　2004年北京大学校本部增员的类别及学历分布

	合　计	选留毕业生	录用留学生	地方调入	选留博士后	其　他
合　计	230	101	30	69	29	1
博　士	100	28	29	13	29	1
硕　士	59	51	1	7		
本科/双学位	59	22		37		
大专及以下	12			12		

表7-8　2004年北京大学校本部选留毕业生的分布

	总计	教学科研	实验技术	工程技术	党政管理	学生工作	图书资料	编辑	校医院	中小幼教
总　计	101	29	7	13	23	20	3	2	1	3
博　士	28	20	1		5			1		1
硕　士	51	9	6	13	16		3	1	1	2
双学位	1				1					
本　科	21				1	20				

表7-9　2004年北京大学校本部调入人员的分布

	总　计	教学科研	实验技术	党政管理	出版编辑	财　会	医　护	中小幼教	工　勤
总　计	69	15	5	8	1	11	5	23	1
博　士	13	13							
硕　士	7	2	2	2	1				
本　科	37		3	5		9	5	15	
大专以下	12			1		2		8	1

表7-10　2004年北京大学校本部离退休人员分布

合　计	教学科研人员		其　他　人　员							
	教　授	其　他	实验技术	党政管理	图书资料	出版编辑	财　会	医　护	中小幼教	工　勤
208	61	8	18	15	7	2	10	4	5	78

注：其他人员中含正高11人

表7-11　2004年北京大学校本部非离退减员分布

总　计	教学科研	实验技术	工程技术	党政管理	图书资料	出版编辑	中小幼教	工　勤
80	44	5	15	9	2	1	3	1

表7-12　2004年北京大学校本部非离退减员学历分布

合　计	博　士	硕　士	本　科	大　专　以　下
80	26	30	17	7

表 7-13　2004 北京大学校本部总减员分布

总　计	教学科研	实验技术	工程技术	党政管理	选留学工	图书资料	出版印刷	财　会	医　护	中小幼教	工勤
288	113	23	15	20	4	9	3	10	4	8	79

【减员情况】　截至 2004 年 12 月 31 日，北京大学校本部减员共 308 人，其中离退休 208 人，调出、辞职、自动离职、在职死亡 80 人(其中事业编制减员 63 人，企业编制减员 17 人)。2004 年净减员 58 人。

【全员聘任制度的建立】　以《中华人民共和国教师法》和《人事部关于在事业单位试行人员聘用制度意见的通知》为政策依据，2004 年 2 月，我校出台了《北京大学关于教师聘任与职务晋升的暂行规定》，并在 2004 年上半年平稳地迈出了改革的第一步。在这种背景下，有必要通过启动全员聘用制，进一步将师资人事制度改革的内容扩大到党政管理、实验技术、医疗技术、保障服务等四支队伍，以巩固和扩大师资人事制度改革的成果，保证五支队伍的整体核心竞争力。

【长江学者的聘任情况】　2004 年，根据教育部《高等学校“高层次创造性人才计划”实施方案》([2004]4 号)中的精神，北京大学多次召开相关领导及职能部门首长会议，学习领会文件精神，研讨北京大学高层次创造性人才计划的落实工作。长江学者计划，是北京大学人才工作的重点，对于北京大学建设一支世界一流的教师队伍，实现建设世界一流大学的目标，具有极其重要的作用。北京大学决定，以高层次创造性人才队伍建设为战略目标，带动整个教师队伍建设。

根据长江学者聘任的学科涵盖的范围扩展到人文社会科学这一新政策，北京大学召开了两次长江学者遴选推荐工作的学习讨论会，一次是自然科学类院系领导，一次是人文社科类院系领导。通过学习讨论，领会了文件精神，交流遴选推荐工作中的重点与难点，并明确了院系首长在遴选推荐工作中的责任。2004 年度长江学者推荐工作布置后，北京大学再次召开全体教学科研单位领导会议，布置本年度的遴选推荐工作。

北京大学在校园网上公布了长江学者招聘岗位。海内外优秀人才申报踊跃，共有 65 名优秀人才通过了同行专家评审，其中，海外申报者占总人数一半以上，在海外任教授职务的达 20 余人。学校组织了自然科学、人文社会科学两个专家委员会，进行学校一级的筛选和推荐。

北京大学强调：一是要坚持学术水平第一的原则，严把人才质量关，坚持公开遴选、平等竞争、择优支持的原则。对于人文社会学科的长江学者，由于是首次操作，一定要组织严谨，推荐稳妥，不能盲目攀比，造成不稳定的局面；二是要高瞻远瞩，拓宽视野，紧密搜罗在国外的优秀人才，加强联系，想方设法、创造有利条件吸引其回来效力，使优秀人才储备更加雄厚坚实；三是要有全局观念，结合国家“十一五”的长期规划及学校的学科建设规划，高屋建瓴地谋划整体布局，突出重点。

经学校专家委员会的严格审核，共遴选出葛力明等 17 人为特聘教授、郁彬等 10 人为讲座教授正式候选人。他们是学科领域中杰出的带头人，其中还包括了 2000 年诺贝尔经济学奖获得者。对于特聘教授的筛选，北京大学严把质量关，候选人原则上应承担过国家杰出青年基金项目；对于讲座教授，北京大学认为候选人原则上应在海外高水平大学担任过教授或相应的职位。即便如此，由于指标限制，我校还有相当一批在海外高水平大学担任教授职务的候选人未能被推荐。经教育部专家评议，有 12 位特聘教授、9 位讲座教授候选人通过评议，等待教育部公示，正式签订长江学者聘任合同。

同时，为了继续发挥聘期届满的长江学者的作用，学校出台了《关于长江学者聘期届满评估以及续聘工作的意见》，对于聘期中业绩优秀的长江学者继续聘用，并享有原有长江学者的待遇。

【新世纪百千万人才工程项目】　2004 年 5 月接教育部通知 8 名教授入选“新世纪百千万人才工程”，他们是环境学院周力平、法学院陈兴良、经济学院刘伟、化学学院宛新华、历史学系荣新江和医学部万有、汪涛。到 2004 年为止累计有 33 人获此奖项。

【北京市优秀教师奖和北京市优秀教育工作者项目】　2004 年 3 月，北京大学上报北京市教委 13 名优秀教师人选和 1 名优秀教育工作者人选，优秀教师是中文系曹文轩、化学学院裴伟伟、医学部刘俊义、考古学院徐天进、信息学院屈婉玲、北大第一医院杨尹默、外国语学院赵振江、数学学院赵春来、北大人民医院朱积川、经济中心平新乔、环境学院韩光辉、医学部高子芬、法学院陈兴良；优秀教育工作者是数学学院王铎。2004 年 4 月收到通知已全部入选，其中赵振江教授入选全国优秀教师。

【奖教金评审工作】　人事部组织了 2004 年的奖教金申报评审工作，共 7 个奖项，54 个获奖名额，奖金总额 47.4 万元。

【人才开发与培训】　2004 年北京大学校本部办理公派出国人数共

计100人(男73人,女27人)。办理教职工探亲等因私出国(境)事务约20人次。2004年公派留学人员共有120人回校工作。

2004年北京大学校本部承办国家项目共31项,推荐人数共计120余人。其中包括:

1. 教育部"关于遴选2004年国家公派赴莫斯科大学留学人员"项目,推荐1人。

2. 留学基金委"关于遴选2004年王宽诚教育基金会奖学金项目赴英国攻读博士学位人选"项目,推荐1人(医学部唐子勇入选)。

3. 留学基金委"关于2004年度申请国家留学基金项目",推荐24人,录取17人。

4. 留学基金委"关于遴选英国伦敦大学学院进行短期访问研究人员项目",推荐1人。

5. 北京市"关于2004年北京市优秀教师、北京市优秀教育工作者评选表彰工作项目",推荐14人。

6. 教育部办公厅"关于2004年国家公派留学人员选拔考试时间安排项目"。

7. 留学基金委"关于遴选2004年度哈佛大学博士后项目人选项目",未推荐合适人选。

8. 教育部人事司"关于选拔联合国教科文组织公职人员后备人选项目",推荐20人。

9. 中国石油学会"关于推荐中国石油学会第六届石油地质专业委员会委员",推荐1人。

10. 留学基金委"关于遴选2004年赴英国UEA攻读Mphil项目"。

11. 留学基金委"关于补选2004～2005年度中荷互换奖学金项目"。

12. 留学基金委"关于遴选2004年非通用语种项目留学人员项目",推荐14人(学生11人)。

13. 留学基金委"2005年CSC与DAAD联合资助科研人员(PPP)赴德研修项目",2项6人,入选1项。

14. 留学基金委"关于遴选2005～2006学年富布莱特项目出国留学人员项目",推荐5人。

15. 中国联合国教科文组织全国委员会"关于推荐2005年度欧莱雅女青年科学家奖学金候选人项目"。

16. 留学基金委"关于补选2004年高校基础课任课教师出国研修项目",推荐3人,入选1人。

17. 留学基金委"补选2004～2005年DAAD博士生奖学金候选人项目",推荐5位老师和5位博士研究生。

18. 留学基金委"关于遴选2005年赴日本攻读博士学位及博士后研究人选候选人项目",推荐1人。

19. 教育部港澳台办"关于遴选2005～2006年度享受香港太古公司奖学金赴英国牛津大学做访问学者项目",推荐1人。

20. 关于遴选唐・康奈尔—中国学者项目候选人,推荐2人。

21. 2005～2006年哈佛燕京学社项目,推荐候选人。

22. 2005～2006校际交流学者项目,已推荐30人。

23. 留学基金委"关于遴选中法欧洲法项目人员",给研究生院选派学生2人。

24. 国家留学基金委"关于遴选杰出青年学者赴国外研修数学物理项目留学人员"项目,未推荐人选。

25. 关于选拔2004年度享受政府特殊津贴专家人选项目。

26. 留学基金委法中科学及应用基金项目。

27. 伊利诺伊大学Freeman Fellows奖学金项目(5个月和11个月两次),推荐5人。

28. 教育部关于更新中央直接掌握联系的高级专家信息和补充人选项目。

29. 留学基金委"关于遴选2005年王宽诚教育基金会赴英国伦敦大学国王学院攻读博士学位人选"项目。

30. 留学基金委"关于遴选沙特国王大学留学候选人员"项目,未推荐人选。

31. 留学基金委"关于遴选2005年中美富布莱特项目外语助教子项目人员"项目。

表7-14 2004年北京大学校本部派出类别

派出类别	人数	派出类别	人数
单位公派进修	36	国家公派进修	20
校际交流	31	借调	1
单位公派任教	9	随任	2
国家公派读博士学位	1		
总　计　100人			

表7-15 2004年北京大学校本部出国人员学历、职称、年龄分布状况

职称	人数	学　位	人数	年龄段	人数
正高	12	博　士	65	50岁以上	9
副高	57	硕　士	30	45～50岁	4
中级	29	学　士	1	40～45岁	10
初级	2	无学位(大学)	4	35～40岁	40
				30～35岁	30
				30岁以下	7
总　计　100人					

表 7-16　2004 年北京大学校本部派出国别(地区)

国别/地区	人　数	国别/地区	人　数	国别/地区	人　数	国别/地区	人　数
美　国	42	英国	4	荷兰	1	叙利亚	1
加拿大	5	法国	2	意大利	1	泰国	1
日　本	12	西班牙	1	墨西哥	1	埃及	1
韩　国	5	奥地利	2	澳大利亚	2	港澳	4
德　国	12	瑞典	2	新西兰	1		
总　计　100 人							

表 7-17　2004 年北京大学校本部公派留学人员回校情况

派出类别	回国人数	批准延期人数	逾期未归人数
国家公派进修	20		
国家公派读博士	2		
单位公派进修	49	8(1 人转读博)	4
单位公派读学位	3	1	
校际交流	27	2	
单位公派出国任教	15		
其　他	3	1(随任)	
总　计	119	12	4

【新任教职工岗前培训】 2004 年 8 月 20～22 日在昌平西御园会议中心,举办了 2004 年新任教职工岗前培训,约 50 名报到来校的新教职工参加了培训,学校领导张彦副书记到会讲话,陆俭明、张继平、肖东发、朱青生教授做了关于教学科研心得体会方面的报告。

【青年教师流动公寓】 青年流动公寓为北京大学吸引高素质、高质量人才工作提供了有力的住房保证。北京大学青年流动公寓共有 4 栋楼 216 间,其中 24 间用作学术假公寓。青年流动公寓政策为我校的引进人才工作提供了有力的住房保证。青年流动公寓出口近几年来一直不畅,目前,已很难保证每年引进人才的住房需求。引进人才的住房问题已经非常凸显,尤其是两居室以上的公寓住房。同时,结合学校教师公寓制度的实施,青年流动公寓的管理和使用都面临着一系列的改变。教师公寓制度的实施,对我校引进人才工作有着特殊的意义。然而在目前教师公寓房源不足、出口不畅、结构不合理的情况下,应在教师公寓中保留足够的二居以上住房,以满足引进人才对住房的需要。

学术假公寓 2004 年共接待了我校各院系国内外访问学者共计 34 人次,为来我校进行学术交流的国内外专家提供了一个舒适、安静、宽松、自由的生活环境。其中,有部分院系租用学术假公寓用于新引进人才在落实住房之前的过渡。这也可以作为今后引进人才配套政策的一个方面,尤其在公寓进一步扩充之后,为到北京大学进行学术交流的国内外专家提供了一个舒适、安静、宽松、自由的生活环境。

【年度考核与岗位聘任】 北京大学于 2004 年 9 月 4 日正式启动,2003～2004 年度考核与 2004～2005 年度岗位聘任工作,并在全校各单位领导干部大会上做了布置。人事部同时下发《关于年度考核与岗位聘任的通知》。就全年的考核与岗位聘任的基本原则、具体要求及完成时间作了明确规定。各单位按照学校的布置,于 9 月 27 日前完成了年度的岗位考核与岗位聘任工作;之后各职能部门对各单位新聘 A 岗人员进行了审核,并在学部审议会议上进行了汇报;各学部于 10 月 22 日前完成了所属各单位聘岗的审议工作。北京大学的年度考核分两类:一类为正常晋升工资档次的年度考核。一类为岗位目标的年度考核。

1. 正常晋升工资档次的年度考核结果　全校参加晋升工资档次年度考核人员共 5737 人(不含在站博士后人员),考核合格者 5566 人,考核不合格者 171 人。考核不合格的主要原因是不在学校工作。

2. 岗位目标的年度考核与聘任结果　(1) 校本部岗位聘任与续聘的要求。

继续坚持高标准、严要求、做到四个有利于:有利于推动优秀学科带头人和学术骨干服务教学第一线,加强教学力量;有利于激励科研人员在学术研究中系统攻坚,勇于创新,承担国家各类重大重点项目;有利于校院系教学科研基础设施建设,促进学校各项改革的深入;有利于吸引国内外优秀的学科学术带头人,加强教学科研骨干队伍建设。聘任、审核和批准程序继续按照2002年度办法执行。教授职务系列人员在前一聘任年度(2003.9～2004.8)无授课任务或新的聘任年度授课任务不落实者,不得晋升岗位级别。晋升A类岗位人员的必要条件:在前一聘任年度内,理科教师必须有第一作者(或通讯作者)的SCI(或EI)收录的论文发表;文科教师必须有第一作者(或通讯作者)的核心刊物文章或专著(含教材)发表。在前一聘任年度(2003.9～2004.8),未完成岗位目标任务者,应降低岗位级别聘任。具体降级情况,由各单位视完成岗位任务及本年度承担的岗位任务而定。

(2) 校本部聘任结果。

校本部聘岗情况汇总:2003～2004年度,校本部聘任各类岗位人员3731人。A类岗844人,其中:A1岗137人,A2岗250人,A3岗439人,BC岗2021人;职员制人员共866人。其中:院系职员制229人,教辅单位职员制8人,机关职员制629人。岗位聘任总数在4000个岗位的限额之内,经费总额也在预算规定的限额之内。

新聘A类岗位情况:校本部各单位拟新聘A类岗位人员138人;其中A1岗21人,A2岗47人,A3岗70人。学部审议通过127人;其中A1岗21人,A2岗46人,A3岗70人。新聘A类岗位人员占A类岗位总数的16.4%;其中新聘A1岗位占A1岗位总数的13.8%;新聘A2岗位占A2岗位总数的18.5%;新聘A3岗位占A3岗位总数的15.7%。

教学科研单位聘岗情况:本次聘岗工作全校各教学科研单位共聘岗位2473人,其中:A类岗位818人,BC类岗位1655人。A类岗中A1岗位147人,A2岗位245人,A3岗位426人。教学科研单位职员制人员考核合格共聘任229人。

教学辅助单位聘岗情况:按照学校部署,图书馆、计算中心、教育技术中心、校医院等教学辅助单位进行岗位考核和聘任工作。参加考核的人员共387人,有379人考核合格得到聘任。其中:A岗人员20人,(A1岗1人,A2岗3人,A3岗16人);BC类岗位人员359人;职员制8人。

A类岗中:1人晋升到A2岗,2人晋升到A3岗。

校机关及直属单位:校机关及直属单位参加考核的干部共629人,考核合格的629人。聘任上岗的共629人。(中学、小学进行单独的考核聘任。)

(3) 聘岗过程中反映出来的情况。

本年度的聘岗工作,继续延续上一年度对晋升A类岗位和降低岗位级别聘任的要求。从实际情况来看,很多院系已经开始转变观念,注重了对实际工作业绩的考核,全校不聘和降级聘任的人数较往年有比较大的增加。全校不聘及降级聘任共149人。其中不聘114人(退休53人,其他61人);降级聘任共35人,其中A类岗位降级聘任8人,BC类岗位降级聘任27人。另外,学部审议会议也希望各职能部门能够进一步明确各岗位人员职责。(本科生教学、研究生教学、指导研究生、科研项目及作用等)

【专业技术职务聘任】 专业技术职务聘任 2004年,学校先后出台了《北京大学教师聘任和职务晋升(暂行)规定》(校发[2004]21号)、《北京大学教师职务聘任条件》(校发[2004]91号)、《北京大学学术委员会章程》(校发[2004]143号)等与专业技术职务聘任相关的文件。人事部组织了计算机、外语两次考试,共有400余人参加。由于学校人员的变动和离退休等原因,经学校批准对校本部的学部、分会、学科评议组的个别委员进行了调整。

聘任原则:根据学校《教师聘任与职务晋升(暂行)规定》校发[2004]21号文件精神,对教师聘任与职务晋升进行稳步改革。

聘任总量的确定:(1) 教师系列 按照校长办公会批准的聘任总量,人事部下达了2004年度教师职务聘任指标,校本部总量控制数为:教授75个以内,副教授120个以内。医学部下达了135个正高指标,262个副高指标。(2) 非教师系列 为贯彻学校精神,人事部与校本部各学科评议组负责人座谈交流,一方面宣传解释学校政策,另一方面讨论拟下达的指标。在细致调查的基础上,提出今年总量控制数为:正高18以内,副高50以内,由学校批准后正式下达。

1. 聘任过程 (1) 单位及学科组推荐:各单位根据学校批准的岗位进行公开招聘,时间从3月25日～5月31日。各单位按照学校要求,将拟聘的教授岗位公开,在学校校园网上公布。单位推荐候选人均按照学校规定,经过教授会议、同行专家鉴定、学术委员会、党政联席会后推荐到学部。同时,各候选人的推荐材料在各单位公示一周。校本部各学科组根据学校下达的指标进行评议,时间为5月17～6月7日。(2) 学部及分会评议:在学部会议前,学校领导召集各学部主任,传达了学校对教师职务聘任的意见。6月8～12日,各学部严格按照学校的要求,对所属各单位推荐的候选人按无差额投票的方式进行审议。分会对所属各学科评议组推荐的候选人按差额投票的方式进行审议,审议时间为6月1～6月25日。(3) 校学术委员会及专业技术职务评审委员会评议:6月18日上午,校学术委员会对全校教师职务聘任进行了审议。7月8日上午,校专业技术职务评审委员会对全校非教师系列专业技术职务聘任进行了审议。(4) 校长办公会审议:8月29日,校长办公会审议通过了全校教师及非教师系列专业技术职务晋升。

表 7-18　2004 年北京大学校本部各学部教授(研究员)审议结果

	占年度指标			其　他				未通过人数
	总　数	正　常	破　格	引　进	提　退	代　评	提　调	
人文学部	14	14		6			1	1
社科学部	15	15		4	1	1		1
理学部	19	15	4	6	7			1+1
信息学部	11	11		4				1
合　计	59	55	4	20	8	1	1	4+1

+1 是指申请提退教授未通过。

表 7-19　2004 年北京大学校本部各学部副教授(副研究员)审议结果

	占年度指标			其　他				未通过人数
	总　数	正　常	破　格	引　进	提　退	代　评	其　他	
人文学部	36	36		3			1(医学部)	0
社科学部	34	34		2		1	1(软件学院)	1
理学部	24	24		14				0
信息学部	21	21		9	1		2(深研院)	2
合　计	115	115		28	1	1	4	3

表 7-20　2004 年北京大学校本部各学部通过教授(研究员)年龄与学历分布统计

	总　数	年龄结构			学历情况				聘任年度	
		最　小	最　大	平　均	博　士	博士比例	硕　士	大　学	2003	2004
人文学部	14	37	53	44.6	10	71.4%	4	0	8	6
社科学部	15	34	56	45.9	10	66.7%	3	2	6	9
理学部	19	34	57	40.7	17	89.5%	0	2	7	12
信息学部	11	34	50	42.5	11	100%	0	0	2	9
合　计	59	33	57	43.3	48	81.4%	7	4	23	36

注：1. 平均年龄与 2002 年 43.4 岁相比，未变化。

2. 获博士学位的比例从 2001 年的 74.6%、2002 年的 76.6%上升到 81.4%。

3. 平均任职年限从 2001 年的 6.8 年、2002 年的 7.2 年上升到 7.6 年。

表 7-21　2004 年北京大学校本部各学部通过副教授(副研究员)年龄与学历分布的统计

	总数	年龄结构			学历情况				聘任年度		获博士学位后平均任职时间
		最小	最大	平均	博士	博士比例	硕士	大学	2003	2004	
人文学部	36	31	42	35.6	30	83.3%	6	0	16	20	2.6
社科学部	34	30	47	36.0	28	82.4%	4	2	15	19	2.9
理学部	24	30	56	35.5	22	91.7%	1	1	13	11	2.9
信息学部	21	29	41	33.1	20	95.2%	1	0	9	12	3.0
合　计	115	29	56	35.2	100	87.0%	12	3	53	62	2.8

注：1. 平均年龄从 2001 年 34.6 岁、2002 年的 35.6 岁到 35.2 岁。

2. 获博士学位的比例从 2001 年 76.7%、2002 年 80%到 87.0%。

2. 聘任结果

(1) 教师系列

教授(含研究员)

北京大学共批准校本部各单位 95 名正高级岗位进行招聘，其中至少 21 个岗位专门用于对外招聘。各单位实际推荐 63 名候选人(不含提退申请 9 人，引进 20 人，代评 1 人，提调 1 人)。通过学部及校学术委员会审议，实际通过 59 名，结果见表 7-20。

副教授(含副研究员)

北京大学校本部共下达 123 名副教授岗位，各单位实际推荐 118 名候选人(不含引进 28 名，提退 1 名，代评 1 名，医学部 1 名，软件学院 1 名，深研院 2 名)。经学部及校学术委员会审议，实际通过 115 名，结果见表 7-21。

讲师(含助理研究员)

各学科审议组审议通过教师系列中级职务 14 人，经审核均符合任职年限和学历，经校学术委员会确认，全部通过。

教师职务晋升总结　北京大学发布公开招聘的公告后，产生了广泛的影响，应聘人数超过250余人；根据不完全统计，校本部有27人损失一次晋升教授机会，有14人损失一次晋升副教授机会；2004年度的教师职务聘任，是首次贯彻执行《教师聘任和职务晋升（暂行）规定》的精神。从总体情况来看，学术标准第一、宁缺毋滥的原则在各级审议中均得到了严格的执行。有限次晋升原则部分地改变了教师的预期，大多数教师在申报时都变得更加慎重。

从聘任的程序上来看，教授会议、党政联席会议和三级学术委员会审议，均发挥了各自有效的遴选作用，程序上的规范保障了评聘的严格和严肃性。特别是新增的教授会议环节，虽然各院系对其操作程序和定位有所不同，但都普遍起到了积极作用。

从聘任的操作环节上来看，专设对外招聘和内外结合的公开招聘方式，拓宽了教师队伍的入口，为各院系公开选拔优秀人才，提供了新的渠道，受到了社会和各院系的认可。

值得进一步总结和完善的是，教授会议的组成、运作程序和运作规范，教授会议与同行专家评定、党政联席会议、院系学术委员会之间的有效协调都需要进一步明确。

（2）非教师系列

正高职务

校本部各学科评议组共申报正高54名，学科评议组指标为20名，学科评议组实际评议20名候选人（不含提退2名，医学部2名）。分会评议后，通过17名，在校专业技术职务评审委员会上，申诉通过1人。

副高职务

校本部各学科评议组共申报副高97名，学科评议组指标为51名，学科评议组实际评议51名候选人（不含提退1名，代评13名，医学部2名）。分会评议后，通过45名，在校专业技术职务评审委员会上，申诉通过提调1人。

中初级职务

中初级职务的晋升主要根据实际工作表现，并严格按照学历和任职年限的规定执行。中初级职务原则上不破格。

各分会审议通过专业技术非教师系列的中级职务36人，其中实验/财会/工程分会8人，图书出版分会3人，医疗卫生分会3人，校产分会4人，教育管理分会18人。另中级职务代评6人。

审议通过初级职务3人，其中图书出版分会1人，教育管理分会2人。代评1人。

【流动编制管理】　截止到2004年12月31日，北京大学共有流动编制人员162人，比2003年度净增30人。根据坚持总量适度控制的原则，流动编制人员的规模没有出现大幅上升的情况；全年调入59人，调出29人，基本上达到了“流动”的目的。2004年度主要采取了以下具体措施：第一，针对远程教育办公室、中国经济研究中心BIMBA项目、北大附小等单位，流动编制的需求较大，特别要求其进行规范化管理和必要的整改，强化流动编制管理的严肃性。第二，针对教学科研单位对流动编制需求较少，采取了适度向教学科研单位的教辅类岗位倾斜的做法，化学学院、信息学院、心理系、生命学院、地空学院、考古文博学院均聘用了流动编制人员。从长远来看，这是缓解教学科研单位编制压力、鼓励他们将固定事业编制用于引进教学科研人员的可行途径。第三，针对后勤保障队伍近几年来基本没有增加固定事业编制人员的现实，给予适当的倾斜，聘用一批具有大学本科学历的管理骨干。在管理方式上，由总务部统一协调和平衡。第四，进一步规范了办事程序。从聘用流动编制人员的申报到流动编制人员的调入、从流动编制人员的日常管理到流动编制人员的调出，都针对人员的具体特点

表7-22　2004年北京大学校本部各分会正高职务评议结果

	占年度指标		其他	
	总数	备注	提退	提调
实验/财会/工程分会	2		1	
图书出版分会	1+2	医学部编审2	1	
医疗卫生分会	1			
校产分会	4	研究员3，教授级高级工程师1		
教育管理分会	9+1*	研究员9		
合计	17+2+1*		2	

注：“+2”表示医学部申请人员；“1*”表示在校专业技术职务评审委员会上，申诉通过提调1人。

表7-23　2004年北京大学校本部各分会副高职务评议结果

	占年度指标		其他		
	总数	备注	提退	提调	代评
实验/财会/工程分会	13		1		
图书出版分会	10+1	医学部副研究馆员1			3
医疗卫生分会	5+1	医学部副主任医师1			10
校产分会	3	副研究员1，高级工程师2			
教育管理分会	14	副研究员12，德育副教授2		1*	
合计	45+2		1	1*	13

注：“+”表示医学部申请人员；“1*”表示在校专业技术职务评审委员会上，申诉通过提调1人。

划分了若干办事环节,依程序办事。第五,自管档案人员尚有一定比例,在档案材料管理、强化流动编制的严肃性、聘用单位用人的随意性等方面都有一定的问题。因此,2004 年度基本没有接受自管档案人员。凡是纳入流动编制管理的,均履行了严格的阅档手续和档案调转手续。第六,进一步明确流动编制人员的档案关系和人事关系。考虑到要把流动编制人员的管理转变成为真正意义上的人事代理管理,2004 年度的调入工作绝大多数都采取了由海淀区人才服务中心发商调函、调函,在海淀区人才服务中心开具相关证明的做法,进一步明确了北京大学与流动编制人员只存在聘用关系的事实。全年中,除由学校解决户口的流动编制人员由人才交流与培训中心履行大量的调动手续外,其他人员均由海淀区人才服务中心履行核心程序。第七,规范了流动编制人员的社会保险和住房公积金的缴纳工作。目前,在岗的流动编制人员基本上都缴纳了社会保险和住房公积金。但在住房公积金的缴纳方面,仍存在滞缴的情况,今后需要进一步规范。继 2000 年 11 月正式在海淀人才服务中心设立人事户头以来,根据《北京大学流动编制暂行办法》的规定,在 2001 年陆续为校内 10 多个单位共 35 名流动编制办理了入户手续,协调落实了人事档案保存、户口、养老保险、失业保险和住房公积金等问题。流动编制的建立解决了各单位正式编制之外人员管理和后勤等社会化单位人员引进等问题。由于较规范的管理,该制度受到了用人单位和个人的好评。

【富余人员管理】 截至 2004 年 12 月 31 日,人事关系在北京大学人才交流与培训中心的人员共有 61 人。其中,离退休、退职人员 25 人,在职人员 36 人。与 2003 年度相比,转岗富余人员减少 3 人,其中 2 人退休回原所在单位,1 人调入资产管理部。

根据北京大学对转岗富余人员管理原则,在开展工作上的思路是:(1) 尽可能地推荐待岗人员积极的寻求校内工作岗位。2004 年度,有 2 位待岗人员上岗,2 位待岗人员应聘未获成功;(2) 与相关单位互相配合,共同管理在其他单位工作的人员;(3) 对于离退休人员,按学校各职能部门的有关安排,落实相应待遇,特别是离退休办公室和校工会的慰问品发放已经做到了一周内兑现;(4) 按照二机关党委的安排,主要以发放学习材料的方式,组织党员进行政治学习,并及时收缴党费。

【临时聘用人员管理】 截至 2004 年 12 月 31 日,北京大学临时聘用人员的管理基本上纳入规范化管理的轨道。目前正在全面摸清底数、规范程序、强化学校政策执行的阶段。第一,严格规范临时聘用人员登记备案程序。人才交流与培训中心把原有的登记备案表加以改进,主要增加了三项内容:(1) 合同生效日期和合同终止日期。既能有效地督促用人单位与临时聘用人员依法签订劳动和劳务合同,又便于学校掌握临时聘用人员的使用动态,也为从财务上规范临时聘用人员劳动报酬发放奠定了基础。(2) 增加了直接负责人签字盖章的环节。有利于明确临时聘用人员的直接管理责任和劳动报酬发放的资金来源渠道,有利于学校二级单位特别是规模较大的二级单位,掌握所属单位聘用临时人员的情况。(3) 增加了"社会保险"一栏,用以强化用人单位履行为临时聘用人员缴纳社会保险的义务,全年缴纳社会保险的人数比 2003 年度增加 24%。2004 年 7 月 21 日,北京大学人才交流与培训中心,在人事部主页上公布了关于临时聘用人员登记备案程序的说明,进一步明确了相关政策。第二,加强政策宣讲和思想说服工作的力度。在登记备案的过程中,人才交流与培训中心向所有的单位负责人或直接负责人逐一说明聘用临时人员的有关国家政策和学校规定,帮助用人单位发现临时聘用人员管理中存在的隐患问题,特别是劳动合同的签订和社会保险的依法缴纳两大核心和难点问题。同时,人才交流与培训中心,结合 2004 年度发生的临时聘用人员劳动争议案例,帮助有关单位处理相应的劳动争议,对其他单位进行教育宣传和说服工作。使用人单位对劳动用工的相关政策规定和焦点问题有所了解,便于今后进一步规范临时聘用人员的管理。第三,在财务部的大力支持下,实现了财务部与人事部的密切合作,初步形成了齐抓共管的局面。主要措施包括:(1) 实行临时聘用人员登记备案程序。2004 年 5 月以来,临时聘用人员登记备案的人数直线上升,为摸清全校临时聘用人员的底数和现状创造了机会。(2) 尝试实行备案登记与劳动报酬发放相结合的做法,即未在人才交流与培训中心登记备案的临时聘用人员,财务部提醒用人单位应及时备案、暂不发放劳动报酬或者待备案后再发放劳动报酬;人才交流与培训中心每月底向财务部提供临时聘用人员备案总名单,便于根据名单发放劳动报酬。第四,强化依法用工的管理工作。人才交流与培训中心以多种方式和渠道要求用人单位及时与临时聘用人员签订劳动合同。对于签订劳动合同的相关程序和政策规定,人才交流与培训中心除提供国家相关政策文件之外,还负责提供合同样本。同时,按北京市政策规定执行对聘用临时人员的最低工资标准。在缴纳社会保险方面,人事部工资与福利办公室做了大量的政策解释和执行工作。这些工作赢得了部分单位的支持和认同。

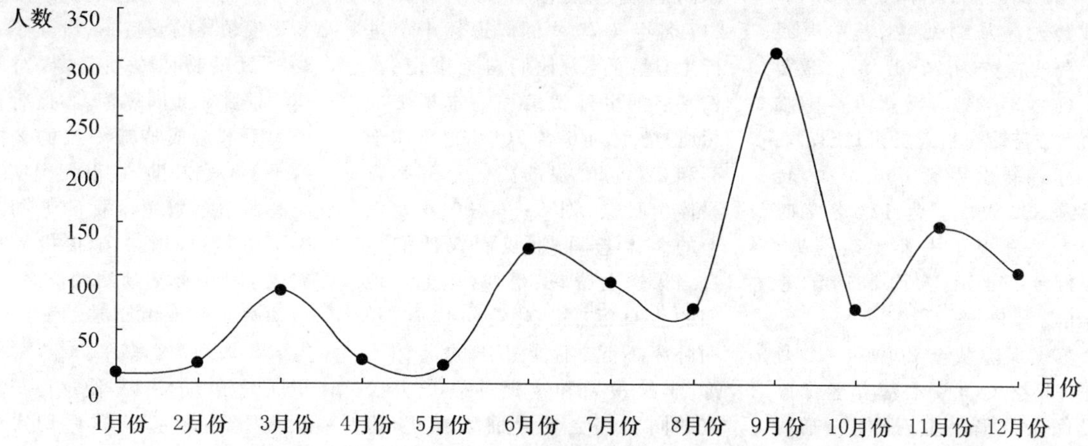

图 7-1 2004 年北京大学校本部临时聘用人员登记备案情况

截至 2004 年 12 月 31 日，人才交流与培训中心共办理临时聘用人员备案手续 1067 人次，比以往年度均有较大幅度增长。其中，与财务部共同采取的配合措施取得了比较好的成效。

【工资与福利】 2004 年北京大学根据北京市《关于机关事业单位工作人员增加职务补贴的通知》和《关于机关事业单位离退休人员增加机制补贴有关问题的通知》的精神，结合北京大学实际，从 9 月 1 日起调整在职人员职务补贴和离退休人员生活补贴标准。前期在人事部做了大量调查研究的基础上，与校领导、校内各单位、医学部、离退休人员等进行了多次沟通，先后提出十几个方案，并进行了测算，顺利完成了这次调整工作，在与北京市职务补贴接轨的计划中又迈进了一步，也为今后属地化管理的工作打下了坚实的基础。

截至 2004 年 12 月北京大学校本部发放了岗位奖励津贴。同时进行了正常晋升工资档次。

在日常工作中，核定了调入人员工资确定：查阅了 170 名调入人员的档案，作出详细记录，为他们确定参加工作时间、职务工资等人事管理必需的项目，并签订工资协议书；2004 年干警补贴除每月浮动一级工资外，全年共为 60 名治安保卫人员发放了干警补贴，为校内各单位返聘的 213 名离退休人员和临时聘用人员核发工资；核发公共英语教研室超课时费用；办理在职职工死亡抚恤 4 人；办理了新高干医疗 6 人。根据卫生部要求，在实行医疗保险前，对享受“102”高干医疗的人员进行重新登记，并启动新的信息库。目前我校已享受高干医疗待遇人员有 1206 人，其中部级 41 人，局级 1165 人；享受高干医疗待遇的 1206 人中离休 176 人，退休 869 人，在职 161 人；为体现国家对高级人才的关怀，协助卫生部组织 25 位高级专家去北京医院进行体检；为学校住房制度改革提供了约 2000 多人的相关信息；为 62 位离休干部发放生活补贴，全年发放总额为 104857 元；2004 年办理离退休死亡抚恤 55 人，年龄最大 93 岁，最小 59 岁。

【工人技术培训】 2004 年 4 月北京大学配合北京市和海淀区的“新世纪首届职业技能大赛”，举办了“北京大学新世纪首届职业技能大赛”，这是多年来北京大学第一次大规模组织人员，参加北京市和海淀区组织的技能比赛，大家投入了极大的热情和干劲，共同努力，为了不影响正常工作，经常利用周末超负荷运转，共组织了 11 个工种 26 场比赛，并取得了优异的成绩，有 27 名选手在北京市或海淀区的比赛中获奖，北京大学还获得本次大赛的优秀组织奖。于 12 月 13 日成功地召开了全校性的表彰大会，圆满地结束了这项工作。另外，本年度还组织了 328 名工人进行了技术等级培训。

表 7-24 2004 年北京大学校本部福利费支出统计表

下拨院系所福利费	离退休人员纪念品	儿童节补助幼教中心	各种临时补助及慰问	校机关家属互助医疗费	合　计
429746 元	8280 元	30000 元	25287 元	12708 元	506021 元

【保险】 失业保险截止到2004年12月31日，北京大学校本部平均月缴费人数为6492人，其中返回保险费的人数为2288人，占缴费总人数的35.24%，缴费人员中临时聘用或流动编制人员占17.37%。全年办理转出手续596人次，转入手续530人次。为174名临时聘用人员办理了失业保险待遇，总金额66258元，人均381元，是上年的2.4倍。

养老保险截至2004年12月31日，北京大学校本部养老保险的投保人数仍呈上升趋势，临时聘用人员缴费人数较上年增加了24%，转出转入人数较上年增加了33%，为学校收取的管理费比去年增加了25%，全年缴费265万元，返回学校金额为237万元，占缴费金额的89.26%。

【离退休人员工作】 截至2004年12月31日，离退休人员4298人，相当于在职职工人数的73%，其中离休干部357人，退休人员3864人，退职人员77人。另外代管离休干部4人。2004年为208人办理了退休手续。

为了加强对离退休工作的领导、落实离退休人员的政治待遇和生活待遇，2004年在政治待遇方面，我们坚持实行司局级离休干部学习制度、通报情况制度、走访慰问制度等。每逢元旦、春节等重要节日，我们对全校离退休同志进行慰问，发放节日慰问品或慰问金，并安排单独上门走访慰问。春节期间，我们开展送温暖活动，为全校每位离退休同志发送一条远红外线床单；走访看望离退休老同志65人，慰问金额27800元；召开离休干部团拜会、离休干部组长慰问会、活动团团长慰问会、司局级离休干部茶话会；组织两场离退休干部专场电影慰问会；教师节前夕为每位离退休同志发送蚕沙枕头一对。对217名年满70岁的离退休干部进行生日慰问，为他们送上书记、校长签名的生日贺信和一本精美的相册；分别为6名70岁的离休干部和22名80岁的离休干部举行集体生日会；对85岁、90岁及以上的离休老同志，我们在他们生日当天送上鲜花、蛋糕，送上对他们的生日祝福。对生病住院、长期卧床不起、不能外出的离休干部，学校领导和离退休管理办公室的同志都会专程前去探望、慰问，并送去慰问品或慰问金，尽力帮助他们克服困难。

在生活待遇方面，确保活动经费到位，提高生活补贴。学校逐步增加了离退休人员的活动经费，离休干部每人每年1000元，退休人员每人每年300元，节日慰问费做到按时足额发放到个人工资卡。我们在离退休工作委员会和学校领导的支持下，设立了每年30万元的特困专项基金，对因瘫痪长期卧床或因癌症、心血管疾病等大手术造成特殊困难的老同志给予了特别补助，在很大程度上为受高额医疗费用困扰的老同志解决了切实的困难。学校投入巨资完成了离退休活动站的修缮工作，活动站面积也由原来的120多平方米扩大到200多平方米，并加强了周围环境的建设，使这里成为真正的"老年之家"。这些切实的工作使北大离退休职工真正做到了老有所养，老有所乐。

【博士后管理工作】 2004年招收了博士后167名（其中国家资助52名、自筹经费79名、留学回国9名、企业联合29名）；出站博士后198名，其中23名留校。

表7-25 2004年北京大学校本部失业保险缴费情况统计表

平均月缴费人数	单位缴纳	个人缴纳	合 计	返回学校
6492人	183万元	59万元	242万元	51万元

表7-26 2004年北京大学校本部养老保险人员及缴费情况表

分 类	项 目	数 额	月/人均数
人员情况	年终人数	1011人	/
	其中：事业编制职工	142人	/
	企业编制职工	4人	/
	流动编制人员	131人	/
	临时工	734人	/
	返回保险费人数	934人	/
	全年转出人数	171人	/
	全年转入人数	372人	/
	全年缴费总人次	10571人	881人
缴费金额	单位缴纳	1899807.42元	168.26元
	其中：单位划转金额	286766.85元	25.24元
	统筹基金	1613040.57	143.02元
	个人缴纳	758907.67元	67.30元
	合 计	2658715.09元	235.56元
返回金额	保险费	2373270.45元	/

表 7-27 2004 年北京大学校本部离退休人员分类统计表

项 目	离 休	退 休	退 职	合 计
年底人数	357	3864	77	4298
占总人数%	8.31%	89.90%	1.79%	100%

2004 年 3 月、9 月分别组织两次中国博士后科学基金申请，其中有 32 名、47 名分别获得第 35 批和第 36 批中国博士后科学基金资助。

2004 年 5 月 12～13 日，由北京大学博士后管理办公室、北京大学中国社会与发展研究中心、中国博士后科学基金会主办的首次全国博士后跨学科学术交流研讨会—“中国社会运行与变迁”，在北京大学正大国际中心召开。全国在站博士后和出站博士后 120 多人参加了本次研讨会。94 岁高龄的费孝通先生特地向大会发来贺信。本次会议对于促进我国社会科学研究紧密结合中国社会变迁的现实问题，进一步调动博士后研究人员在教学和科研中的积极性，都起到了积极的推动作用。

2004 年 11 月 10～11 日，由北京大学与中国博士后科学基金会主办，北京大学人事部博士后办公室、北京大学博士后联谊会、中国华融资产管理公司博士后科研工作站、北京大学中国经济与 WTO 研究所、北京大学国家高新区发展战略研究院以及北京博士后联谊会承办的“2004 中国博士后经济与管理前沿论坛”在北京大学光华管理学院举行。来自全国各地的 70 多位在站博士后参加了此次论坛，并就各自新近研究的成果进行了深入的交流。论坛全程精彩不断、亮点频频。

为加强我校高层次人才队伍建设，奖励在科学研究中具有创新思维、创新能力并取得突出成果的博士后研究人员，北京大学于 12 月 23 日在英杰交流中心阳光大厅，隆重召开了“北京大学优秀博士后”表彰大会。会议由人事部部长周岳明主持，北京大学校长许智宏代表学校做大会讲话，副校长林久祥宣读了对优秀博士后的表彰决定。

【人事档案管理工作】 人事档案管理办公室负责全校教职工及学生近 4 万卷档案管理工作，是全校人员信息量最大、人员资料最全的职能部门之一；2004 年档案进出流量近万卷；归档材料数万份；接待国家及中央部委、各省市厅局、北京市属 200 多个单位，成为北京大学对外宣传最重要的窗口之一。

在 2004 年的工作中，努力改进管理体制，保证档案转递及流通的准确性，变传统等客上门的“守摊式”服务为“开发式”的介绍服务，从单纯提供档案原件的低层次利用，转变为制定人才培养规划的高层次利用，开发多种利用方式。2004 年，毕业生就业转出档案 2576 卷（机要及专人送），学生出国存档 475 人，公证信息核对及存档证明 163 份，新生档案总数 7131（本 2899，博研 1059，硕研 3173），归档 30085 份，接受查阅 1362 人次，电话咨询 2100 余次，机要转档 2475 件（其中教职工调出 43 卷，博士后出站转出 207 卷，学生转出 2225 卷），接收建立博士后档案 97 卷，接收建档调进及留校教职工档案 156 卷，2004 年 5 月以前整理完毕，后插入档案 250 卷待整理，学籍变动 424 人（其中转系 75 人，硕转博 349 人），复印成绩单 172 人次。

【人事信息库整理】 为了给今后的各项工作提供准确翔实的信息和数据，2004 年人事部全面整理了现有的人事信息库，补漏勘误。

截止到 2004 年 9 月 10 日，人事部全体同志利用暑假将第一批信息表 2784 份已经顺利审核、录入完毕，第二批信息表也在陆续核对和录入过程中，相关人员还在紧锣密鼓地继续奋战。

【全国出国留学工作研究会】 原全国出国留学工作研究会更名为中国高等教育学会出国留学教育管理分会。2004 年年会在厦门大学校园内成功举办。教育部国际司曹国兴司长、人事司吕玉刚副司长在会上做了重要发言。与会代表也畅所欲言，就新形势下出国留学工作所呈现的新特点和新趋势进行了深入而热烈的讨论，取得了重要成果。

（人事部）

医学部人事管理

【概述】 2004 年，医学部人事处围绕北京大学创建世界一流大学的中心工作，根据“985 工程”二期建设的指导思想，在人才队伍建设、推进教师聘用制、完善岗位聘任和考核、落实工资和福利待遇等方面做了较大努力，改善了教职工队伍的结构，提高了教师队伍的整体素质和竞争力，为学校各项事业的发展提供了切实的保障。

【教职工队伍状况】 2004 年医学部教职工队伍建设继续朝着规模适度控制、结构基本合理的方向发展。截至 2004 年 12 月 31 日，医学部在职职工总数 10048 人，比 2003 年增加 355 人，增幅 3.7%。其中医学部本部 1768 人，比 2003 年减少 23 人，减幅 1.3%。附属医院 8280 人，比 2003 年增加 378 人，增幅 4.8%。离退休人员 3509 人，其中本部 1160 人，附属医院 2349 人。

表 7-28　2004 年医学部教职工基本情况一览表

人员及分布	医学部本部人数(比例)	医学部(人)
总规模	2928	13557
在职总人数	1768	10048
其中：教师	613(34.7%)	2985
非教师专业技术人员	713(40.3%)	5646
党政管理人员	190(10.7%)	440
工勤人员	251(14.2%)	977
离退休人员	1160	3509
其中：离　休	110	291
退　休	998	3162
退　职	52	56

表 7-29　2004 年医学部教师队伍专业技术职务年龄结构统计表

职务	年龄段总数(比例)	35 岁以下人数(百分比)	36～45 岁人数(百分比)	46 岁以上人数(百分比)
正高级	596	1(0.2)	219(36.7)	376(63.1)
副高级	881	88(10.0)	566(64.2)	227(25.8)
中　级	1063	721(67.8)	254(23.9)	88(8.3)
初　级	445	433(97.3)	9(2.0)	3(0.7)
合　计	2985	1243	1048	694

表 7-30　医学部近 3 年教师队伍学历结构统计表

学历＼年度	2004 年		2003 年		2002 年	
	人　数	百分比	人　数	百分比	人　数	百分比
博　士	945	31.7	808	27.7	666	24.1
硕　士	758	25.4	676	23.2	592	21.4
本科及以下	1282	42.9	1431	49.1	1506	54.5
合　计	2985		2915		2764	

【师资培养与学术梯队建设】 2004 年，医学部继续加强人才引进力度，特别是高层次人才的引进。申报教育部“长江学者”5 人，获批准聘任上岗 3 人，其中特聘教授 2 人(王克威、管又飞)，讲座教授 1 人(王存玉)；调查了解各单位对人才的需求情况，同时利用各种渠道了解国外留学人员回国意向，掌握人才信息，公开发布招聘信息，2004 年从国内外引进汪南平等正高级人员 8 人，提高了教师队伍的水平。

医学部继续加强梯队建设，重视优秀青年骨干教师的培养，注意提高教师整体素质，积极鼓励青年教师在职攻读学位和出国留学，2004 年共有 122 人在职申请攻读硕士学位，45 人在职申请攻读博士学位；选派 77 名优秀人才出国学习，其中国家公派留学 6 人，单位公派留学 71 人，自费留学 2 人。按照《北京大学教师聘任和职务晋升(暂行)规定》精神，2004 年医学部本部接收(调入)新职工 104 人，其中具有博士学位的 35 人；临床医院接收(调入)新职工 378 人，其中具有博士学位的 105 人，提高了教师队伍中的博士比例。

2004 年获“新世纪百千万人才工程”国家级人选 2 人(汪涛、万有)；申报国务院政府特殊津贴 6 人(顾江、刘俊义、胡永华、万远廉、于仲元、陈仲强)。

【教师聘任及专业技术职务晋升】 2004 年医学部对专业技术职务评聘工作仍然本着“坚持标准，保证质量，全面考核，择优评聘”的原则进行。根据各单位队伍结构情况，确定晋升比例，以宏观控制队伍的发展状况。2004 年完成 224 人的职称评审工作，其中申报正高级职务 70 人，申报副高级职务 154 人。

经医学部学术委员会多次讨论和完善，2004 年医学部完成《北京大学医学部专业技术职务评审聘任条例》的修订工作，并于 2005 年正式启用。

【工资与福利】 根据国家和北京市提高在职人员和离退休人员福利待遇的各项政策，积极稳妥地落实教职工各项劳资与福利待遇。

经 2004 年 3 月 8 日医学部部务会研究讨论，同意从 2004 年 2 月 1 日起调整解剖学教研室特殊岗位津贴，标准从 120 元/月调整到 300 元/月。

经 2004 年 5 月 31 日第 17 次部务会讨论决定，从 2004 年 5 月 1 日起给 39 名“五 · 七”连家属工在现有的补贴基础上每人每月增加 100 元，以后每两年按社会物价指数调整。后经 2004 年 11 月 22 日医学部第 32 次部务办公会研究决定，从 2004 年 12 月起给医学部 39 名原“五 · 七”连家属工补助每人每月增加至 300 元。原每月发放补助 6561 元，调整后每月发放补助 11700 元，每月增资 5139 元。

根据京劳社资发(2004)82 号《关于调整北京市最低工资标准的通知》，医学部从 2004 年 7 月 1 日起执行 545 元最低工资标准。

2004 年 9 月 1 日，北京大学参考北京市 2004 年生活补贴的标准(补贴 10)，提高了在职人员职务补贴、离退休人员生活补贴标准，医学部本部同时执行。1768 名在职人员人均月提高 276.06 元，111 名离休人员人均月提高 352.7 元，1035 名退休、退职人员人均月提高 241.79 元。

根据人薪发(1995)150号文件,“两年考核成绩均为合格以上的在职人员,可在本职务所对应的工资标准内晋升一个工资档次”,350名在职人员晋升一个工资档次,人均月增资52.52元。23名退休人员增加退休费,人均月增资20元。

根据教人厅(2001)13号“教育部办公厅关于转发国办发(2001)70号文件及有关事项的通知”文件及北京大学关于年终一次性奖金的要求:在职人员按照本人12月份职务工资与30%津贴之和计发;2004年1月1日至2004年12月31日正常离退休人员,按照本人在职时最后一个月的职务工资与30%津贴之和计发。

完成2003年9月至2004年7月第四轮岗位奖励津贴的发放工作,此间应发放1802.9240万元,实际发放1792.5525万元。

完成2004年度享受遗属困难生活补助费审核、发放工作,2004年给26位遗属发放遗属生活困难补助78840元。

根据北医(2001)部人字136号《关于给医学部本部保卫处干部及校卫队在编工作人员向上浮动壹档工资的通知》,经核准,2004年医学部本部保卫处干部及校卫队在编工作人员16人,浮动壹档工资后,人均月增资55.75元,年增资10704元。

【社会保险】 随着对临时聘用人员加强管理,2004年各项保险缴纳工作也逐步完善。全年失业保险缴费约68万元,养老保险全年缴费约38万元,总计约106万元。

【调配工作】 2004年调配工作继续实行编制控制,以调整结构,优化队伍,搞好梯队建设为出发点,把有限的编制资源用到教学、医疗和科研第一线。在控制人员总量的同时,仍有计划地吸引优秀人才和补充新生力量。针对少数学科梯队断档现象,补充了中级专业技术职务的学科后备力量,使学科梯队建设日趋合理。

调入事业编制人员87人,自筹编制人员11人,共98人。其中:博士27人,占27.6%;硕士20人,占20.4%;本科33人,占33.7%;大专11人,占11.2%;中专及以下7人,占7.1%。选留毕业生386人,其中:博士(博士后)113人,占29.3%;硕士86人,占22.3%,本科57人,占14.7%;大专130人,占33.7%。

近两年医学部本着“选才有序、用才合理”的原则,注重吸引高层次拔尖人才,引进人才的层次明显提高。2004年医学部共引进高级人才24人,其中正高8人,副高16人。

调出事业编制人员161人,自筹编制人员9人,共170人。其中:正高21人,副高19人,中级38人,初级83人,未定职9人。从调出人员情况看,人员流动属有序流动。

表7-31 2004年医学部本部离退休人数统计表(单位:人)

项 目	离 休	退 休	退 职	合 计
2004年办理离退休手续人数	0	53	6	59
2004年年底离退休总人数	110	998	52	1160

表7-32 2004年医学部本部失业、养老保险缴费情况(单位:元)

分 类	项 目	养老保险	失业保险	合 计
人员情况	平均人数	171	1839	——
	其中:合同制职工	37	37	——
	临时聘用人员	134	134	——
	全年转出人员	55	161	——
	全年转入人员	28	79	——
缴费金额	单位缴纳	271208.8	511313.2	782522
	其中:单位划转金额	40681.32	——	——
	统筹基金	230527.48	——	——
	个人缴纳	108483.52	167004.47	275487.99
	合 计	610219.8	678317.67	1058009.99

表7-33 2004年医学部人员调入调出单位分布

	调 入			调 出		
	合 计	事业编制	自筹编制	合 计	事业编制	自筹编制
基础医学院	13	13		7	7	
药学院				6	6	
公共卫生学院	2	2		3	3	
护理学院				2	2	

续 表

	调入			调出		
	合 计	事业编制	自筹编制	合 计	事业编制	自筹编制
生育健康所				2	1	1
药赖所				3	1	2
网络学院	3	0	3			
直属单位	6	3	3	4	1	3
机 关	6	5	1	4	4	
校 产	3	2	1	3	0	3
后勤与基建管理处	6	5	1			
校医院	2	2				
医学部本部小计	41	32	9	34	25	9
北大一院	11	11		40	40	
人民医院	25	25		77	77	
第三医院	8	8		12	12	
口腔医院	9	7	2	6	6	
第六医院	4	4		1	1	
合 计	98	87	11	170	161	9

表 7-34　2004 年医学部调入人员技术岗位分布

		小 计	教学科研	医药护技	实验技术	图书资料	出版印刷	工程技术	党政管理
编 制	事 业	87	18	48		3		2	16
	自 筹	11		3				6	2
	合 计	98	18	51		3		8	18
专业技术职务	正 高	8	4	3					1
	副 高	16	5	8					3
	中 级	37	8	20		2		2	5
	初 级	24	1	17		1		2	3
	未 定	13		3				4	6
	合 计	98	18	51		3		8	18

表 7-35　2004 年医学部调入人员学历及来源分布

	合 计	博士后	留学回国	京外调干	军队转业	京内调入
博 士	27	1	17	1	2	6
硕 士	20		3	2	3	12
本 科	33		1	5	2	25
大 专	11					11
中 专	7					7
合 计	98	1	21	8	7	61

表 7-36　2004 年医学部接收毕业生学历及岗位分布

	小 计	教学科研	医药护技	实验技术	图书资料	出版印刷	工程技术	党政管理
博士(博士后)	113	22	91					
硕 士	84	12	60			3	4	5
本 科	57	4	30				5	18
大 专	130		124	4			2	
中 专	0							
合 计	384	38	305	4		3	11	23

表 7-37　2004 年医学部调出人员专业技术职务及岗位分布

		小计	教学科研	医药护技	实验技术	图书资料	出版印刷	工程技术	党政管理
编　制	事业	161	14	111	1			2	33
	自筹	9	3	3	3				
	合计	170	17	114	4			2	33
专业技术职务	正高	21	2	18					1
	副高	19	5	12					2
	中级	38	6	15				2	15
	初级	83	5	66	1				11
	未定	9	3	2					4
	合计	170	21	113	1			2	33

表 7-38　2004 年医学部调出人员学历及流向分布

	小　计	考研(进博士后站)	出　国	调往公司	调往其他单位	辞　职	其　他
博　士	20	1		4	15		
硕　士	25	3	1	5	16		
本　科	66	11	1	11	42	1	
大　专	23			7	16		
中　专	36			1	35		
合　计	170	15	2	28	124	1	

【年度考核与岗位聘任】　按照 2004 年 9 月 9 日北医(2004)部人字 157 号文件《关于北京大学医学部 2003～2004 学年度考核及 2004～2005 年度岗位聘任的通知》的要求,医学部本部设 ABC 及职员岗位的单位完成了学年度考核,各临床医院和本部其他未设 ABC 及职员的单位,完成了自然年度考核。

医学部本部设 ABC 及职员岗位的单位,应参加学年度考核的人员 1400 人,实际参加考核人员 1294 人。其中优秀人员 133 人,占实际参加考核人数的 10.3%;合格人员 1159 人,占实际参加考核人数的 89.6%;不合格人员 2 人,占实际参加考核人数的 0.2%;未考核人员 106 人,占应参加考核人数的 7.6%。

医学部本部未设 ABC 及职员岗位的单位,应参加考核的人员 352 人,实际参加考核人员 348 人,全部合格;未考核人员 4 人,占应参加考核人数的 1.1%。

各临床医学院应参加考核的人员 8629 人,实际参加考核人员 8320 人。其中优秀人员 708 人,占实际参加考核人数的 8.5%;合格人员 7559 人,占实际参加考核人数的 90.9%;不合格人员 39 人,占实际参加考核人数的 0.5%;未考核人员 309 人,占应参加考核人数的 3.6%。

按照考核结果,进行了新一轮的岗位聘任,此次聘 ABC 岗位共 1004 人(含博士后 72 人)、职员岗位共 313 人,共计 1317 人。

【机关部处办公室主任选聘】　按照北医(2004)部人字 156 号文件《关于北京大学医学部机关部处及学院(部)办公室主任、副主任选聘的通知》要求,在学年度考核的基础上,通过民意测评,经医学部部务会讨论,产生新一届机关部处办公室主任、副主任人选。在坚持任人唯贤、德才兼备,公开、平等、竞争、择优的原则下,打破论资排辈的习俗,使一批年轻的管理干部加入进来,优化了科级干部队伍年龄、学历结构,增强了科级管理队伍的活力。

【干部医疗注册】　从 2004 年 9 月 27 日按照卫生部卫健医函[2004] 18 号文件的有关规定下发《关于干部医疗注册工作有关问题的通知》开始,经过信息核对、录入,以及多次初审和终审,于 2005 年 1 月 6 日通过卫生部保健局的审批。此次医学部共有 001 位医疗照顾对象注册,其中享受副部级医疗照顾者 15 人,享受司局级医疗照顾者 976 人。

【人事档案工作】　医学部人事处档案室负责医学部职工人事档案管理工作。2004 年医学部本部接收档案 120 份(毕业生 65 份;调入 55 份);转出 134 份(其中:调动 70,离退 64 份)。截至 2004 年底,累计管理档案 4599 份。

【人才服务与培训】　2004 年医学部人才服务与培训中心在学校的支持下,通过各级领导和工作人员的共同努力,完成了学校赋予的各项工作任务。

人事代理及档案管理工作

从 1999 年 1 月 1 日开始对新增加的工作人员实行人事代理。

2004年实行人事代理的毕业生379人、调入事业编制57人、自筹编制16人、肿瘤医院新进人36人、合同制人员88人、接收社会个人存档23人，共计599人；截至2004年底，共接收各类代理人员3255人(在卫生部代理577人，在北京市代理2678人)，其中毕业生2116人、调入事业编制232人、肿瘤医院在职人员314人，合同制人员371人、自筹编制103人、社会个人存档119人，除终止或解除合同359人，现有各类代理人员2896人。

社会保险工作

截至2004年12月底，为医学部下属13个二级单位实行人事代理的自筹编制人员、合同制人员、临时用工人员及个人存档人员共计732人，分别办理了各项社会保险，其中养老、失业、医疗保险均为732人，代理缴纳工伤保险89人，代理缴纳住房公积金52人。2004年，因各种原因终止保险代理49人，转入保险代理218人。

技术工人升级考工工作

(1) 完成162名技术工人升级考工工作，其中，林业部考工143人、北京市卫生局19人。

(2) 组织附属医院及校本部157名技术工人参加“新世纪北京首届职业技能大赛”的工作。

临时工的管理

为外地务工的913人办理了就业证；

为医学部本部用工150余人建立了失业及养老保险；

每月负责审核临时工工资及保险统计工作并按北京市要求全部落实最低工资标准。

考务工作

2004年完成2608人次专业技术职务及行政职务晋升考试的考务工作。

培训工作

组织579名新教师进行岗前教育理论培训，其中本部54人、附属医院203人、教学医院214人、北京科技大学108人。为提高新教师的全面素质，结合医学高等院校的特点，2004年在课程上有了一定的调整，培训效果也比较理想。培训结果，579人均取得高等学校教师岗前培训合格证书。

对医学部从1995年到2004年组织的新教师岗前教育理论培训情况进行了全面统计和总结工作，8年来共对3366人进行了培训。

代理人员的管理与服务工作

与6名未聘人员签订代管协议，为其介绍、联系工作岗位，并负责其日常管理和服务工作；

原北医商店8名职工的人事关系挂在人才中心，日常管理由人才中心和用工单位负责，2004年有2人退休。

招聘工作

为了配合医学部人事制度改革，搞活用人机制，在原有招聘模式的基础上强化了网上招聘这种快速有效的信息渠道。2004年为生育健康研究所、心血管研究所、医学部医院、药学院、后勤与基建管理处、药物依赖研究所、基础医学院、医药卫生分析中心、人民医院、第六医院等十几个单位按要求分别在北大校园网、医学部校园网和卫生部人才网上进行招聘工作。

【离退休人员工作】 2004年在全体离退休人员的支持下，离退休人员工作开展得认真、扎实，使离退休工作上了一个新台阶。

2004年4月，医学部调整关心下一代工作委员会成员，徐天民任主任。

2004年11月，医学部党委对各附属医院就本单位领导重视离退休工作、离退休党支部建设、离退休工作难点及如何做好新时期的离退休工作等情况开展调研。

认真落实老干部的政治待遇和生活待遇。凡是重要政治学习，中央、市委和学校有关文件、国内外形势报告等都与在职干部同时传达学习。校部两办每月初派专人将上级有关文件送到医学部离退休办公室，供原校领导传阅。医学部领导重视老干部工作，定期召开老干部代表座谈会，及时向老干部通报医学部的重大事项；主管书记认真听取老干部意见和建议；领导坚持重大节日及老干部因病住院时的走访慰问制度。离退休人员办公室积极协助各二级党委，做好离退休人员党支部工作，各党支部定期过组织生活，离退休办公室每学期为各党支部派车外出参观学习。同时，离退休办公室主办的重大活动、经费使用等情况都及时向支部书记和离退休工作委员通报，认真听取他们的意见。凡是国家和学校有关调整工资、生活补贴的文件，医学部坚决贯彻落实。坚持每年为全体离退休人员进行一次查体。

离退休办公室坚持开展适合老年人身心健康的文体活动，每年组织两次春秋游；两次春秋季运动会，同时还组织了门球队、老年合唱队、老教授合唱队、京剧队、民乐队、太极剑队、书法绘画班等，并在经济上给予大力支持。2004年举办了医学部离退休人员第十四届老年书画展和第九届门球赛。常年开设老年书画班、电脑培训班；绘画组的老同志们，还将自己的绘画作品，制作成2005年挂历，于2004年10月出版。通过一系列活动，丰富了广大离退休人员的文化生活。

(医学部人事处)

财务与审计

财务工作

【财务收支概况】 2004年学校收入总额为238530万元，比2003年的216945万元增加21585万元，增长率为9.95％。2004年学校支出总额为225066万元，比2003年的212751万元增加12315万元，增长率为5.79％。2004年末，固定资产总额为358921万元，比2003年的276496万元增加82425万元，增长率为29.81％。2004年，学校收支总量和固定资产仍保持稳健增长趋势，这表明学校教学科研事业发展活跃、办学实力进一步增强。

【财务专题分析】 多渠道筹措办学经费。2004年学校收入具体构成：国家拨款占总收入的50％以上，是学校办学财力的主要来源；除国家拨款外，教育事业收入、其他收入等学校自筹资金在总收入中所占比重也越来越大，几乎与国家拨款量持平，成为弥补办学经费不足的重要来源。学校的事业发展不再单纯依靠国家拨款，而是逐步形成了以国家拨款为主、多渠道筹措办学经费的格局。

自筹经费能力增强　为弥补办学经费的不足，促进学校长远、可持续发展，在保证正常教学、科研工作的前提下，学校充分利用科研、人才优势，积极开展各种社会服务，努力发展校办产业，广泛争取海内外捐赠和社会资助。2004年学校自筹经费收入达110494万元，占总收入的46.32％。学校自筹经费一直保持着稳步增长趋势，为学校整体收入的不断增长，奠定了坚实的基础。自筹经费能力的增强，大大缓解了学校事业发展和办学经费不足之间的矛盾，为增强办学实力、提高办学效益提供了强有力的资金保障。

支出结构合理　2004年学校总支出为225066万元。教学支出和科研支出占总支出的60％以上，这表明学校在支出预算安排上，始终以教学科研为核心，资金投向明确，支出结构合理。

同时，通过与2003年支出结构的对比发现，学校各项支出情况比2003年更加活跃，科研支出继续维持较高水平，教学支出有所增加，教学科研工作稳步推进。此外，随着离退休人员逐年增加、待遇不断提高，学校每年用于离退休方面的支出将会持续增长，在国家离退休人员拨款标准不变的情况下，学校的负担将越来越重。

财务指标评价良好　2004年学校现实支付能力13.79个月，潜在支付能力15.02个月，非自有资金余额占年末货币资金的80％，自有资金余额占年末货币资金的66％，自有资金动用程度为30％，自有资金净余额占年末货币资金的66％，以上数据表明学校各项财务指标均维持在合理范围之内，财务状况处于良性循环状态。

【财务管理工作】 全力配合国家审计署审计　2004年，国家对学校财务收支、收费管理、后勤、校办产业等进行了全面审计。审计署评定认为学校校本部财务管理情况良好，财务基础工作扎实，财务核算比较规范，资金管理相对集中，资金运转始终处于良性循环的轨道，为学校的正常运转和发展提供了资金保障；同时也提出校内个别二级单位和校办企业在财务管理等方面，还存在一定的问题。

积极推进国家助学贷款工作　2004年，在教育部的积极推动下，国家出台了新的助学贷款管理办法。新办法改变了过去学校自主选择贷款银行、学生在校期间也要计算贷款利息等做法，由教育部通过招标的形式，选择中国银行作为教育部所属院校的贷款银行，学校办理国家助学贷款必须与中国银行签订全面银校合作协议。为保证学生及时、足额得到贷款，北京大学与中国银行北京分行共同举办了新闻发布会，并多次与中国银行北大支行就贷款事宜进行协商。绝大部分提出贷款申请的学生已于2004年12月中旬得到助学贷款，学校与中国银行的全面合作稳步推进。

“985工程”二期正式启动　2004年12月，在教育部的领导下，经过长期精心准备，以2004年的3亿元资金全部到位为标志，“985工程”二期正式启动。根据“985工程”二期的特点，学校及时制定了新的专项资金管理办法，调整了核算科目，明确了管理体制和经费审批程序，做到资金到位、组织到位、管理到位。

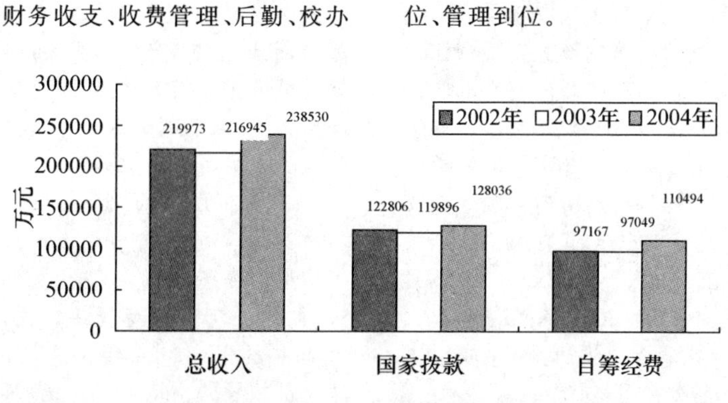

图7-2　2002～2004年北京大学财务收入情况

加强财务规章制度建设　2004年，针对实际工作中存在的问题并结合学校长远发展的需要，北京大学财务部在加强财务规章制度建设方面主要做了以下工作：

1. 制定“三重一大”制度。根据教育部的要求，学校于年初制定了《北京大学“三重一大”管理制度》，该制度对重大事项、重大决策、重大人事任命以及大额资金的审批，做出了明确规定。

2. 修订资金管理内部控制制度。北京大学已于2002年制定了资金管理内部控制制度，经过两年的实践，取得了很好的效果，但由于工作岗位的变动、业务范围和管理范围的不断扩大，现有内部控制制度急需修订。2004年学校财务部将修订内部控制制度作为一项重要工作，通过查找财务工作中的漏洞和可能出现问题的薄弱环节，重新修订了资金管理内部控制制度。

3. 起草科研经费管理办法。2004年，在教育部财务司的主持下，针对科研经费来源渠道多、项目要求各异、主管部门规定不同、课题研究周期较长等特点，学校起草了科研经费管理办法和实施意见等草案，并交教育部组织有关学校进行讨论，在讨论会上，学校起草的科研经费管理办法和实施意见得到大家的普遍认可。

继续清理银行账户　2004年，北京大学在加强银行账户管理方面重点做了以下三项工作：第一，严格执行财政部关于银行账户审批的规定，并按时向财政部驻北京专员办申报。第二，进一步规范后勤等二级独立核算单位的银行开户工作，将后勤所属的独立核算实体银行账户全部纳入校内结算中心统一核算。第三，2004年5月开展了全校范围内的银行账户大检查，继续清理银行账户，取得了较好的效果。

推进财务信息化建设　2004年，北京大学在财务信息化建设方面做了以下工作：第一，对新版学生收费管理软件进行了完善，校内各相关部门的学生信息可以实现共享。第二，对结算中心的会计核算程序进行了升级，实现新旧系统的顺利转换。第三，为实现科研经费信息和科研项目信息共享，财务部提出建设科研管理软件的系统需求和设计思路并积极开展系统研制工作。至此，北京大学已建立起较为完善的财务管理信息系统，形成了以财务部为核心的星型网络信息沟通平台，借助这一平台，财务部内部、派驻会计、校内其他职能部门、校内各单位负责人、教职工和学生个人均可查询与己相关的财务信息。

加强会计队伍建设　2004年，学校财务部组织各院（系、所、中心）、校办产业及附属单位、后勤等部门财务负责人和会计人员参加了由国务院机关事务管理局举办的会计人员继续教育培训，通过加强学习，促进大家努力更新业务知识，不断提高业务水平，为创建世界一流大学提供优质高效的服务。

医学部加强预算管理，维护预算严肃性　2004年，在各级领导的支持下，北京大学医学部重点加大严格预算管理重要性的宣传，明确要求各部门必须足额上缴收入，预算没有安排的支出不得列支，确属于必须增加的支出，须经部务会讨论后视医学部财力情况而定，任何个人和部门均不能做出增支减收的决定。在各部门的共同努力下，医学部确保了年度预算的收支平衡。

医学部广拓财源，多渠道筹措办学经费　随着事业发展和职工待遇的提高，医学部支出大幅上涨，加上长期以来经费缺口大，资金非常紧张。2004年，计财处在医学部领导的支持下，通过各种渠道向财政部、教育部反映医学部的财政困难，为医学部争取到教育专项经费4209万元。此外，医学部还积极挖掘现有资源，调动二级单位的创收积极性，努力开拓财源，加大筹资力度。

医学部加强制度建设，规范校内经济秩序　2004年，医学部在此方面重点做了以下工作：第一，编制了北京大学医学部财经制度汇编（一）。第二，修订了北京大学医学部计财处内部控制制度等财务管理制度。第三，实行校内收费许可证制度，规范收费立项的审批，加强收费管理。第四，协助有关部门加强对基建项目和基础设施改造项目的管理，制定了基本建设及大修项目的立项审批制度，对基建项目进行全过程管理和监督。

医学部加强资金、资产管理　为了防范财务风险，确保资金、资产的安全，医学部做了以下工作：第一，签发支票实行双人联管制度；使用银行对账程序，及时查清当月银行未达账项目；坚持银行对账单双签制度，由财务和审计共同把关。第二，加强水电费资金管理。2004年医学部制定并实施了水电费承包方案，首次实现将水电费控制在预算内，扭转了水电费年年超支、无法控制的局面。第三，加强国有资产管理。核实了对北医投资公司的投资，做到账账相符，以防国有资产的流失。

医学部加强学生交费管理　2004年首次为新生开设了银行账户，新生接到录取通知书的同时可收到存折和灵通卡，从而使历年新生交费程序复杂的状况得到扭转，工作效率也大大提高。

医学部加强会计队伍建设　完成了计财处处、科干部的聘任工作和全处人员的聘岗工作，提拔了一批年轻的干部。同时，加强会计人员职业道德教育和业务培训，鼓励大家团结协作、树立服务意识、提高服务质量。

（田　丽）

审计工作

【概况】 2004年北京大学审计工作主要开展了以下几个方面的工作：

1. 进一步从查错防弊型向风险防范型、价值增加型、管理促进型转变；

2. 全面审计与突出重点相结合，经常化审计与解决突出问题和矛盾相结合，根据风险确定审计战略，充分高效地配置了审计资源；

3. 通过与被审计单位的合作，共同为学校防范风险、规范管理，创造了双赢的结果；

4. 内部审计管理以审计质量管理控制为核心，以"查得出问题、抓得出效益、经得起检验"为总要求，以提高审计工作效率和质量为着眼点来不断完善业务流程与方法，促进审计业务水平不断提高。

【审计工作绩效】 2004年，共开展审计项目470项，包括：(1)校级专项资金审计2项；(2)校级银行存款月度审计审签12项；(3)二级单位财务与管理审计29项；(4)经济责任审计19项；(5)10万元以上工程竣工结算审计229项；(6)学校委托专项审核2项；(7)科研经费审签177项。

审计工作取得的绩效

为学校增收节支：通过学校委托的专项审核，为学校直接减少支出近1亿元。通过工程审计工作，为学校直接减少支出823万元。

为学校防范风险。经过学校审计的项目或单位，在国家审计时普遍反映良好。

促进规范内部管理。通过审计工作，提出规范财经管理的意见和建议80多条，促进了学校财经活动的规范运行。近年来连续进行审计的单位，其内部财经管理规范化程度明显提高。

【财务、管理与经济责任审计】 审计工作从财务审计不断向管理审计、内部控制审计发展。审计活动不再局限于财务收支的审计，而是拓展到整个业务活动以及与业务活动有关的内部控制，通过对业务活动及其内部控制的审计，从而完善整个管理过程。2004年审计二级单位29个，通过审计，处理解决收费立项、固定资产管理、占用学校款项、账外资金、会计信息失真等方面问题，规范了管理，防范了风险。

经济责任审计

配合学校干部换届，审计室对19位干部进行了任期经济责任审计。审计室按照《经济责任审计规定》在对干部所在单位财务与管理审计的基础上，评价干部经济责任，从而促进了经济责任制的贯彻与落实。

校级银行存款审计审签

坚持按照北京大学《校级银行存款审计审签规范》开展工作，规范了大额资金支出程序，完善了内部控制，确保了资金安全。

2004年审计审签校级银行存款12项。

【工程审计】 工程项目竣工结算审计，促进了工程管理部门管理水平的提高。表现在：1. 送审结算价逐渐降低。2004年12月送审的31个工程项目，其中45%的项目结算价低于或等于中标价，31项总的结算价低于中标价3%。2. 审计二次审减率不断降低。亿元级以上工程审减率为1%；亿元级以下工程审减率校本部下降到1.86%，医学部下降到3.2%；

工程项目结算审计效率和质量不断提高；自审工程项目不断增加，委托中介机构审计项目逐渐减少；2004年审结的校级工程中，50%由自审完成。2004年，审结10万元以上工程229项，审结总金额4.4亿元，审减造价823万元。

继续推动学校建设工程招标工作的制度化规范化，初步制订了《北京大学工程建设项目招标规定》。

【审计工作"人、法、技"建设】

1. 审计人员业务素质不断提高。

以"三师"(国际注册内部审计师、中国注册会计师、注册造价工程师)为骨干的审计队伍在不断加强。除上述"三师"之外，还有注册税务师、注册资产评估师等专门人才。2004年有3人通过考试获得国际注册内部审计师资格，2004年末，拥有上述"三师"资格人员达到8人。

2. 内部审计实务标准不断修订，日趋完善。

适合学校情况与现有审计人员特点的一套内部审计实务标准已经完成，并在不断修订完善。2004年进一步修订了竣工结算的审计程序规范、审计文书规范、审计档案规范等。

3. 审计技术不断提高。

(1)"业务入手"的审计方法在工作中不断深入运用，注重综合提取财务与业务信息，注重横向审计方法的运用，使审计业务水平不断提高。

(2)进一步应用先进审计技术，充分发挥电子数据审计的优势，从手工数据审计向电子数据审计逐步过渡，探索不是基于专门审计软件，而是基于通用软件的计算机辅助审计模式和方法，使审计效率、质量、效果不断提高。

【审计科研工作】 2004年10月，承担教育部财务司《教育审计技术与方法》课题研究。该课题组由10所高校审计专家组成，主要就教育审计新兴业务与教育审计管理等方面的问题进行研究，包括内部控制审计、合同审计、对外投资审计、管理与效益审计、工程全过程跟踪审计、审计质量控制等10项专题研究。

(沈 寄)

医学部审计

【经济责任审计】 2004 年上半年，医学部处级干部换届，审计室接受医学部党委的委托，对 13 位处级干部实施离任或届中经济责任审计。该次审计工作的主要范围是 2000 年至 2004 年 4 年的会计账簿及有关经济活动，部分需要追溯到以前年度。除对 13 个部门自身的经济活动实施审计外，还将延伸至下属 12 个公司和 4 个企业单位。截至 2004 年 12 月，已经完成了 6 位处级干部的经济责任审计。对处级干部进行经济责任审计，在医学部是第一次。审计室注意随时疏导，始终坚持客观公正的审计原则，使领导干部从被动接受审计到主动配合审计，通过审计达到增强领导干部的自我约束意识、提高严格履行职责和执行财经纪律的自觉性、促进了党风廉政建设的目的。

【基建修缮工程审计】 审计室持续开展工程审计，向深度与广度延伸。

1. 2004 年完成工程结算审计 87 项，审计金额 12095 万元，审减金额 391 万元，平均审减率为 3.2%。通过 3 年来的努力，医学部的工程造价审减率从 2001 年的 7.3%，下降到 2004 年的 3.2%，3 年的时间下降了 4 个百分点。

2. 2004 年完成工程概算审计 1 项，原设计概算 1.155 亿元，经审计后的设计概算为 9801.9 万元，审减金额 1469.8 万元，审减率为 13%。

【拓宽审计工作范围】 工程设计和工程监理进入审计范围，审计室从过去单纯开展工程结算审计，延伸到对工程设计概算及工程设计、工程监理的审计监督。2004 年 9 月间，审计室对医学部医学教学楼工程概算进行审计，提出了 48 项修改意见，4 次与工程设计人员协商，最终双方达成一致意见，一次性为医学部直接节约工程设计费数 10 万元。

在 88 项工程审计中，有 29 项是医学部所属医院的工程项目。审计中心把医院的工程审计逐步纳入医学部的审计范围，统一政策、统一管理。到 2004 年年底，已对医学部所属 3 家医院的工程项目实行审计代管，医学部系统亿元以上大型基建项目，将全部进入医学部审计中心工程审计管理程序。

【以专业服务为目的】 医学部每年建设工程项目约百个左右，从工程立项到工程审计，审计室注重将审计专业知识与建筑专业知识有机结合，在监督中提供专业服务。在参与基建工程的各项活动中，审计室准确定位，基建工程以基建管理部门为主，审计部门负责提供政策与专业支持。审计室参与工程招标文件的制定，参加工程招投标会议，参与施工合同的审定，还将参与制定《医学部工程建设项目招标规定》、《医学部工程项目负责人管理办法》等多个基建工程管理制度，保障医学部建设资金使用的合法性与有效性。

（医学部审计室）

资　产　管　理

【概况】 2004 年，资产管理部在完成土地与房屋产权管理、公用房调配、人防工程管理、教师公寓管理与服务、住房补贴发放等常规性工作的基础上，重点工作西二旗安宁西里二期经济适用房项目取得可喜成绩，大大改善了部分教职工的住房条件；积极推进肖家河以及五道口教师经济适用房项目，为学校教学、科研发展提供了置换的空间。主要工作：(1) 积极开展对外合作，拓展房源，促成北京大学与北京市安达房地产开发公司合作开发西二旗安宁西里二期经济适用房项目，面向全校教职工出售经济适用房 499 套。(2) 积极推进公用房的分配、调整、搬迁与周转，使学校 30 多个相关单位的教学科研及办公条件得到相应改善；同时，为了逐步贯彻落实《北京大学公用房管理条例及实施细则》，摸清家底，完成了全校所有教学科研用房的普查、面积测量以及数据录入工作。(3) 家属房管理在继续坚持加强管理、完善服务的同时，配合学校相关部门做好家属房的拆迁、评估及置换工作。(4) 加强土地产权管理，完成了篓斗桥学生宿舍、畅春新园学生宿舍等的征地工作，办理主校园、承泽园土地使用证。(5) 稳步推进房改工作，完成了燕北园 294 户拆迁安置住户的优惠售房工作，发放住房产权证 127 本，制作及签订房屋回购契约 510 份，为 2383 名教职工发放了住房补贴。

截至 2004 年年底，北京大学占地面积 2207140 平方米。各类房屋建筑面积 1458937 平方米，其中教学、科研及辅助用房 452478 平方米，行政办公用房 20767 平方米，学生宿舍 150303 平方米，教职工住宅(含集体宿舍)483406 平方米，其他用房 351983 平方米。

2004 年，实验室与设备管理部主要完成了以下几项工作：(1) 实验室条件建设以及实验室管理体制改革，实验技术队伍的建设；(2)“十五”“211 工程”、“985”项目等的执行工作；(3) 世行贷款“高等教育发展项目”的执行工作；(4) 大型贵重仪器设备使用情况及效益的评价、设备购置论证以及进口和国内仪器设备的招标、采购工作；(5) 完成第 12 期大型仪器开放测试基金工作；(6) 大力推行对大型仪器设备(20万元以上)的规范化、系统化管理，提高仪器设备的使用率和完好率；(7) 北京大学参加北京地区协作共用网大型仪器设备的组织与管理工作；(8) 继续做好并完成了实验室与设备相关信息发布系统的建设；(9) 接受境外友好赠送工作；(10) 承担科研部全国大型科学仪器共享网络信息管理系统项目；(11) 全面修改、完善学校有关实验室与设备建设管理的各项规章制度，评选实验室工作先进集体与个人，为召开全校实验室工作会议做准备。

(姜　如　王兴邦)

【房地产管理】 2004年，根据学校的规划和安排，资产管理部进一步加强了对各类房屋、土地资源的科学管理与合理调配，为学校的教学、科研等各项事业的发展服务。主要包括公用房调配与管理，教职工住房、教师公寓的管理与服务，土地与房屋产权管理等方面的工作。

1. 公用房的调配与管理。(1) 公用房分配与调整。2004年，理科4号楼、国关大楼、学生公寓38～39楼建成并投入使用。根据学校发展规划要求以及确定的公用房调整方案，生命科学学院、国际关系学院分别入住使用理科4号楼和国关大楼，生命科学学院、国际关系学院、考古文博学院等单位总计应交回8000多平方米的公用房，由学校另行分配调整。2004年公用房分配与调整工作涉及生命科学学院、国际关系学院、地球与空间科学学院、环境学院、新闻传播学院、元培计划、艺术学系、信息管理系、党办、校办等30多个单位，各相关单位的教学科研及办公条件得到了相应改善。(2) 公用房搬迁与周转。2004年，根据学校校园规划及建设安排，有多处公用房涉及搬迁周转：建设畅春园63号学生公寓楼、篓斗桥学生宿舍、学生宿舍41～43楼、图书馆旧馆维修改造及新教室大楼。涉及社会学所、校园管理中心、化学学院、运输中心、依林楼内各单位、方正集团、社区服务中心、教材中心、信息管理系、团委、工会等单位的搬迁周转及安置等。(3) 公用房普查工作。在2003年普查工作的基础上，2004年继续进行详细普查、核实。对每间房屋实地进行面积测量，对房间号、使用性质、具体用途等情况进行核对。目前，教学科研用房的普查、面积测量以及数据录入工作已经基本完成。(4) 公用房验收。与相关部门配合，共同参与了理科4号楼、国关学院大楼、学生宿舍38～39楼、生物楼主楼及东西配楼、餐饮中心小楼、出版楼四层西侧以及金仙庵古建复建等7处新建及改造工程的竣工验收与交接，房屋建筑面积约7万平方米。其中，理科4号楼、国关学院大楼、学生宿舍38～39楼等3处为新建工程，建筑面积5.7万平方米。(5) 共受理和办理相关单位公用房装修、改造申请23份。参加基建工程部组织的工程招投标会38次。

2. 教职工住房、教师公寓的管理和服务。(1) 西二旗安宁西里一期购房职工原住房催交工作。购买西二旗安宁西里一期(前三批)职工原住房收回的约定时间为2002年11月，由于受“非典”的影响，延期到2003年10月开始收回。截至2004年10月，经过1年近10次的集中通知和个别联系，一期(前三批)应收房屋373处，已经收回371处。截至2004年12月，购买西二旗一期经济适用房的第四批职工，已有70%将原住房交回学校。收回的原住房将作为启动教师公寓的主要房源。(2) 教师公寓、博士后公寓的管理。2004年，资产部首次面向全校进行教师公寓的分配。受购买西二旗经济适用房教职工不允许申请及2003年职称评审暂停一年等因素的影响，本次教师公寓的分配仅操作了约30套。同年，为100位新留校教职工安排了教师公寓集体宿舍；办理博士后进出站4批，共计138人次。(3) 房屋改造和家具、设备的配备。2004年，安排粉刷、检修教师公寓58套、博士后公寓69套，验收房屋、设备、家具69套。在保卫部大力支持下，与青鸟公司合作，为校内16～24楼、36楼短期培训公寓、44楼安装了门禁系统。门禁系统的使用，提高了宿舍的安全性，促进了管理的规范化。(4) 办理相关住房手续。办理退休、调出等转单300余人次，住房、房补调查表8000余人次，开具住房维修单242份，审核煤火费资格715人。(5) 相关费用的收取和支付。2004年，重新核定育新花园、静淑园、西二旗智学苑三个住宅小区北大教职工住房的套数和住房面积，按照国家有关规定和学校现行住房政策，向物业公司统一支付物业费53万元、供暖费249万元。同时，代学校收取外户供暖费24.71万元、支付职工校外住房供暖费44.59万元；代扣房租188万元、天线费76万元。(6) 家属房的拆迁、评估及置换。协助会议中心清理中关园平房强占户6户；向学校提供了朗润园、镜春园、燕南园、燕东园拆迁前期评估、统计资料；置换燕南园小楼2座，燕东园小楼1座。燕南园小楼分配给工学院筹备处和文科沙龙作为办公用房，燕东园小楼分配给附小作为办公用房。(7) 大力支持学生宿舍楼建设工作。配合学校学生宿舍的规划建设，为拆迁楼学生提供成套家属房10套、筒子楼24间作为临时宿舍。

3. 土地与房屋产权管理。(1) 篓斗桥学生宿舍项目征地工作。由于项目变更，用地范围发生改变，需要重新办理有关征地手续以及项目有关审批手续。2004年8月，办理完毕《篓斗桥学生宿舍建设项目预审意见》以及《北京市建设用地地质灾害危险性评估审查认定表》。目前，有关材料已经及时上报市政府。(2) 畅春新园学生宿舍项目进展情况。2004年8月，畅春新园学生宿舍建设项目准备开工，协助校领导与海淀乡多次协调，与海淀乡及西苑村签订了《畅春新园学生宿舍征地补充协议》，解决了海淀乡及西苑村因对畅春新园学生宿舍征地及开工出入口问题有意见，不同意学校开工时从东侧和南侧出入口通行的问题，保证了畅春新园学生宿舍项目的顺利开工。(3) 其他土地专项工作。关于“北大生物城”征用东北旺乡土地遗留问题。1995年“北大生物城”项目征用东北旺乡260亩土地，曾在该地块东侧预留38亩土地。根据校领导的批示，资产部与未名集团、东北旺农场进行调查、核实，协调办理有关事项；关于海淀乡政府现办公用房征地及建设等有关历史遗留问题的调查、核实及办理；协助资源集团办理了万柳学生公寓宗地土地证，用地面积2.6万多平方米。(4) 继续办理国有土地使用权登记。2004年，办理了主校园和承泽园的土地证，占地面积107万多平方米。目前已经对主要宗地(15宗)办理了土地证，占地190万平方米。(5) 房屋产权管理。2004年，为学校有关单位、企业及使用学校房屋的单位出具经营场所产权证明、非经营使用产权证明和其他有关权属证明文件300多份；协助资源集团办理了万柳学生公寓房屋所有权证，建筑面积11万多平方米；协助方正集团办理了中关村方正大厦的房屋所有权证；根据学校的有关决定，就金仙庵古建复建的产权及使用问题，与资源集团进行协商，起草拟订了相关协议。

(刘学志　殷雪松)

【房改工作】　2004年住房制度改革工作，主要包括房改售房和发放教职工住房补贴等工作。

1. 房改售房工作。(1) 继续开展农转居拆迁户优惠售房工作。农转居拆迁历史遗留问题较多，给售房工作造成一定难度。为了保证此项工作的顺利进行，学校制定了具体的优惠售房政策。2004年，对申请购房的农转居拆迁户进行了重新登记、资格审核、房价计算、个人核对、结清房款等工作；并与购房人签订了《北京大学公有住宅买卖契约》，填写了《北京市房屋产权登记书申请书》等材料。(2) 发放《房屋所有权证》127本，代安达房地产公司发放西二旗智学苑经济适用住房购房合同145本。(3) 为81户新申请购房教职工办理了购房登记、资格审核、资料整理录入、收取购房预付款等购房手续。(4) 为170户住房调整的教职工办理了原已购住房学校回购手续，制作并与调房教职工签订《回购契约》共510份。(5) 完成了257户99价购房教职工的购房档案资料的整理工作。

2. 住房补贴发放和预算决算工作。(1) 按照《北京大学教职工住房补贴发放办法》的规定，2004年，为2383名教职工核发了住房补贴，补贴金额共计9060万元。包括：① 为276名人事关系在北大的离退休教职工集中发放住房补贴1337万元。② 为128名人事关系转本市各街道办事处的退休教职工发放住房补贴487万元。③ 为124名1999年后去世的教职工核定住房补贴588万元，按照有关规定为继承人办理了住房补贴领取手续。④ 与财务部合作，为1175名1971年前参加工作住房面积未达标的在职教职工在住房资金管理中心开设了个人住房补贴账户，将核发的住房补贴存入个人账户，共计交存住房补贴4370万元。⑤ 为支持教职工购买西二旗智学苑经济适用住房(二期)，按照《北京大学安宁西里住房(二期)操作方案》规定，为购房教职工优先发放住房补贴，住房补贴直接冲抵购房款，共为563名购买西二旗智学苑经济适用住房的教职工核发住房补贴合计1755万元。(2) 为352名在职无房或住房面积未达标职工办理了住房补贴支取手续，并建立相应的补贴支取档案。(3) 按时完成上报教育部《北京大学住房补贴预算及决算报表》。在人事部、财务部协助下，根据学校最新人事信息和现有职工住房档案对校本部在职及离退休教职工的住房情况、住房补贴金额及发放记录进行了汇总统计及测算，与医学部数据汇总后，制作完成《2003年北京大学住房补贴决算报表》及《2005年北京大学住房补贴预算报表》，按时上报教育部相关部门，为保证上级财政部门正常拨付住房补贴资金做好基础工作。

(杜德华)

【房地产对外合作】　根据学校领导关于多渠道、多途径拓展房源，逐步改善和解决学校教职工住房困难的指示，资产管理部广泛寻求社会市场房源，积极商讨和开展对外合作事宜。2004年，资产部重点操作了西二旗安宁西里(二期)经济适用房售房工作，启动了肖家河教师经济适用房项目及五道口经济适用房项目的前期工作。

1. 西二旗安宁西里二期经济适用房售房及结算工作。为了进一步改善教职工的住房条件，北京大学与北京市安达房地产开发公司合作，定购了西二旗安宁西里二期经济适用房499套，资产部承担了售房的组织管理工作。二期售房操作前，资产部首先面向全校教职工进行了广泛而细致的调查工作，发放购房意向调查表1000份，收回789份，为二期售房操作提供翔实有力的依据；售房工作中，共审核个人材料2500余人次，其中一榜审核1000人次，二榜审核购房人资格789人，三榜确认购房人资格754人。由于工作到位，499套预售房仅用1天半的时间，就销售一空，圆满地完成了西二旗安宁西里二期经济适用房的售房工作。按照合作协议，二期售房操作后，北京大学与北京市安达房地产开发公司进行了项目资金初步结算，安达房地产开发公司返还北京大学订金5600万元，北京大学将代收的住房品质改善款支付给安达房地产开发公司。

2. 关于启动肖家河教师经济适用房项目，置换主校园及周边家属园区的有关前期工作。根据北京市有关部门的要求，2004年10月，资源集团向学校提交了《关于北大肖家河教师住宅项目规划的报告》。按照校领导的批示，资产部经过对主校园及周边家属园区有关房屋、土地等数据进行分类整理、测算，将目前教学科研及学生宿舍等用房现状和缺口情况、校园置换的初步想法和有关数据、置换范围内教职工住房未达标及差额面积、对肖家河教师经济适用房住宅项目的总需求等上报学校，经校领导审阅及校办整理后上报北京市政府。

3. 五道口教师经济适用房项目的有关前期工作。北京法政集团公司负责承建五道口教师经济适用房项目，向市政府有关部门办理相关手续过程中，需要学校给予协助并出具有关文件。根据学校领导的批示，资产部积极配合法政集团做好有关事项：针对五道口教师经济适用房房屋面积的有关问题，起草了《北京大学关于对五道口教师经济适用房房屋面积进行说明的请示》，经校领导审定后上报北京市教委，请求帮助协调解决；根据北京市城市建设综合开发办公室的要求，经过调查测算以及分类整理有关数据，起草了关于五道口教师经济适用房项目的房屋面积说明、置换基本方案以及置换区域人员名单和住房情况等文件，经校领导审阅后上报；起草了《北京大学关于建设五道口教师经济适用房审定设计方案意见的函》，经校领导审阅后上报北京市规划委员会。

4. 成府园区建设的有关工作。根据学校《关于批准成府园规划安排的通知》的要求，在成府园区用地新建公用房的单位，履行规划意见书报批程序前，应与资产管理部签署现有公用房上缴及新建用房需移交学校统一使用部分的房屋协议，资产部与政府管理学院、法学院、经济学院、校医院等单位先后签署落实了相关房屋协议；协助北大科技园办理成府园区开发用地转为划拨用地手续。

（殷雪松）

【人防工程管理】

1. 人防工程建设申报与工程验收。(1) 2004年2月，申请畅春园63号学生公寓楼人防工程异地建设，向教育部人防办以及中央国家机关人防办申报有关手续，并办理完毕。(2) 2004年4月，就畅春新园学生宿舍以及41～43楼学生宿舍楼向教育部人防办以及中央国家机关人防办申报有关手续，并获得批准。(3) 2004年3月，北大科技发展中心二期（燕园资源大厦）人防工程通过了教育部人防办以及中央国家机关人防办的验收。该人防工程建筑面积3935平方米。

2. 人防工程的平时使用及安全管理。(1) 为切实保证人防工程的使用安全，根据教育部人防办以及中央国家机关人防办的有关要求，与学校保卫部等密切配合，加强对学校所属人防工程的消防、防火、防汛等检查，发现隐患，督促有关使用单位和人员及时整改。(2) 燕东园31楼人防地下室，原由学生宿舍中心木工厂的人员住宿使用，在多次检查中均发现安全隐患，现该人防工程内人员已全部迁出，不再用于人员住宿。燕东园35～36楼人防地下室、蔚秀园24楼人防地下室也已转为库房，不再用于人员住宿。

（杨　晶）

【实验室管理】　截至2004年年底，北京大学共有各类实验室79个，其中基础课实验室10个，专业实验室15个，科研实验室45个，综合实验室9个。进行的主要工作有：

推进实验室体制改革，优化资源配置，加强规范化管理，完成了全校实验室机构的重新审核确认工作。2004年是全校实验室变动最大的一年，实验室个数从104个调整为79个。组织完成2004年度实验技术系列职称评审工作。2004年，实验室与设备管理部，对实验室与设备管理方面的20余个规章制度进行补充、修订和完善。2004年组织对全校教学实验室的日常运行经费和教学设备费的情况进行调研，并在调研结果的基础上，对相关经费进行申请和落实。进行全校各实验室年度工作统计上报。对部分实验室的教学条件进行了改善。召开了2004年实验室与设备管理工作主管院长工作会议。召开了2004年实验室与设备管理工作总结和培训会议。实施对口支援新疆石河子大学实验技术人员进修工作，2004年共进行2批，10人次。组织、安排校际与校内实验室工作经验交流及实验室的参观工作等。

（张聂彦）

【仪器设备管理】　2004年是北京大学执行“十五”“211工程”的第2年，再加上“985”一期个别扫尾项目以及“985”二期预支项目，使得2004年北京大学仪器设备购置量与上年相比仍然保持着上升的势头。截至2004年年底，新增800元以上仪器设备8949台(1.78亿元)，在用仪器设备总量达到65345万多台(13.24亿元)。

2004年主要工作如下：

1. 第12期大型仪器开放测试基金的总结、结算。

基金总额：198万元（"十五""211工程"出资152万元，配套46万元）。

参加开放仪器：65台。批准课题：443个。受益单位：化学与分子工程学院、生命科学学院、物理学院、地球与空间科学学院、环境学院、电子学系、考古系等。

2. 第13期大型仪器开放测试基金的申报、评审工作，基金总额306万元。其中，"十五""211工程"出资204万元，配套102万元。参加开放仪器72台，批准课题564个。为提高校拨资金的使用效率，从第13期起，该项基金的配套比例由30％调整为50％。

3. 北京市大型仪器协作共用网入网仪器的管理。

入网仪器：10台。完成课题193个。完成机时9410小时。

测试样品3808个。测试收入103.59万元。

4. 大型仪器对外测试服务收入为328万元，比上一年增加21％。

5. 教学科研保障工作。为降低大型仪器运行成本，就液氮、液氦以及氦气的供应问题，与北分厂签订补充合同：北京大学范围内液氮1.00元/公斤（比市价低30％）、液氦42.00元/升（比市价低50％）、氦气每瓶降低200.00元，以上均为到校价。

6. "十五""211工程"大型仪器维修费使用情况。

心理学系：购置光度计59500.00元。

信息学院：修质谱仪113702.61元；修桌椅8000.00元。

7. 关于地铁四号线引起震动对北京大学大型贵重仪器的影响问题。2003年10月15日，实验室与设备管理部组织专家对与北京大学所属地段地质结构相同的地区进行了分析、研究、对比、测试，并写出《地铁引起地面震动的测试与分析报告》，得出"将对北京大学大型精密贵重仪器设备的正常使用产生严重影响"的结论之后的一年时间里，北京市环保局、国家环保局、北京市轨道交通建设指挥部，就北大提出的上述结论，组织方方面面的专家进行多次的研讨和测试，最后于2004年10月10日，市政府隋振江副秘书长、市交通委赵文芝主任等一行五人到北京大学，就地铁四号线对北京大学仪器振动影响问题，与校长许志宏等有关领导进行了认真讨论，并在"采取综合减振技术措施"的前提下，提出两个预案：方案一：在中关村站设折返线，在采取技术措施没到位的情况下，临时组织中关村以南的列车交路运行，在本次工程建设中一并考虑实施；方案二：鉴于少量高精度仪器振动影响可能难以消除，由北京大学结合学校总体规划制订搬迁方案，北京市政府将给予支持。

8. 受学校领导的委托，经调查研究与协调，学校批准决定在生命科学学院动物房和心理系动物房的基础上重新规划、适当改造筹建"北京大学实验动物中心"，并作为北京大学实验动物公用平台建设纳入"985工程"二期规划，以满足生命科学学院、心理系和化学与分子工程学院、分子医学研究所等对实验动物及动物实验的需求。目前，"北京大学实验动物中心"的规划、动物房改造方案设计（一期）以及专家论证工作已经完成，正逐步进入实施阶段。

9. 回收报废仪器设备3250台（含低值1193台），收回残值103.08万元。向校内各单位的还款工作已经完成。

（张解东）

【仪器设备采购】 2004年采购工作主要集中在"十五""211工程"、"985"项目、正常进口采购、国家重点实验室更新改造费引进工作、世行贷款高等教育发展项目三标的合同执行工作及接受境外友好赠送等诸方面。全年仅进口采购签约就达273项，金额1059.30万美元，折合人民币9020.81万元；引进仪器设备904台（件、套、批），超过10万美元以上的大型贵重仪器17台（套）；办理赠送10项，金额折合美元34.70万元，折合人民币288.01万元。具体情况如下：

1. "985"项目执行情况　截止2004年年底，由实验室与设备管理部负责执行的"985"设备费总拨款约4.47亿元，完成4.36亿元，占拨款总额的97.5％。2004年完成约3350.26万元，其中，用于国内仪器设备采购的资金总额为1708.57万元；用于进口仪器设备采购的合同金额为1641.69万元，谈判、签订合同52项，202台（件、套、批），向海关申报科教用品免税49项，免税金额185.30万美元，超过10万美元以上的大型贵重仪器4台（套），包括水生生物实验生态系统、反应离子刻蚀系统、600 MHz核磁共振谱仪、400 MHz核磁共振谱仪。

2. "十五""211"项目进展情况　截至正常设备进口采购。招标、谈判、签约103项，合同金额140.13万美元，折合人民币1197.97万元，355台（件、套、批）；向海关申报科教用品免税95项，免税金额108.98万美元，超过10万美元的大型贵重仪器1套，为"DPSK信号发生器"。

3. 国内设备集中采购　(1)根据上级政府采购精神和北京大学关于实行集中招标采购的原则，结合具体情况，组织了涉及10种通用仪器设备的集中采购工作，确定了协议供货商，此项采购累计金额2575万元。(2)组织实施了6次国内设备的招标工作，中标签约金额423万元。通过招标、集中采购，为学校节约了资金。

4. 国家重点实验室更新改造费及校基建费　利用国家重点

实验室更新改造费及校基建费招标引进设备7项,合同金额折合美元78.40万元,折合人民币669.99万元,11台(件、套);向海关申报科教用品免税17项,免税金额折合美元77.37万元;超过10万美元的大型贵重仪器2套,实验室自动工作站及相位多普勒离子浓度测量系统。

5. 接受境外赠送工作　接受境外友好赠送10项,全部办理了申请接受赠送的行文、报审、进口(或出口)审批手续,金额折合美元34.70万元,合人民币288.01万元,计86台(件、套、批);办理了科教用品的免税8项,免税金额折美元33.81万元,全部赠送货物已到货。

(石　铄　张聂彦)

【世行贷款"高等教育发展项目"】 1998年立项的世界银行贷款"高等教育发展项目",北京大学共有6个基础教学实验中心纳入建设计划。2004年度该项目进展顺利,主要工作是:(1)完成年度进展报告和项目执行情况汇报。(2)三标合同的执行工作,合同金额折合美元16.71万元,折合人民币142.16万元,168台(件、套、批);所有涉及进口的合同均向海关申请办理了免税手续,仪器设备陆续到货并安装验收。(3)第三批图书资料的采购。(4)接受并顺利通过国家审计署对此项目的第四次审计。(5)利用世行贷款经费,组织短期培训、交流、考察活动,2004年共计5批,达15人次。(6)向协作院校内蒙古大学捐赠仪器设备的运作,共计297台套,设备原值计2223472.00元。

(张聂彦)

【信息化建设工作】 完成实验室与设备相关信息发布系统的建设,实现了校园网用户对全校实验室与设备信息的实时查询。

【全国大型科学仪器共享网络信息管理系统项目】 受国家科技部委托,北京大学承担了国家科技基础条件平台建设重点项目"全国大型科学仪器共享网络信息管理系统"项目的建设工作,项目经费400万元。项目的主要建设目标是建立分层管理的全国大型科学仪器共享网络信息管理系统,实现国家范围内的大型科学仪器的共享。

(黄　凯)

医学部资产管理

【实验室建设与管理】 2004年年底,医学部共有各类实验室33个。实验室工作人员608人,其中高级职称以上216人,大学学历以上424人,50岁以下人员486人;实验项目715个,社会服务144项;完成了302台件大型仪器设备使用效益评估;实验室有效用房面积4.7万平方米。

2004年开展实验室建设与管理工作主要有:

1. 实验室建设与管理方面,按照北京大学要求,修改了实验室管理方面的相关制度,如:《北京大学医学部实验室建设与管理工作规定》、《大型仪器设备开放使用管理实施细则》、《实验室安全管理制度》、《实验室试剂安全管理规定》、《危险化学品安全管理规定》等。实施工作重点下移,加强对实验室内部的监督与管理。

2. 重点加强实验室安全管理工作。多次联合保卫处等部门,组织放射性工作的安全检查,强化了放射源的分类管理、身份管理和全过程跟踪管理,完善各使用单位的内部管理。理顺医学部放射源从购置一直到报废的全过程的登记、管理和处置办法。接管废旧试剂的处理工作,加强了试剂及危险化学品从购置到处理的全过程管理。

3. 按照北京大学要求,为加强实验室和实验技术队伍建设,提高管理水平,总结经验,推广先进,组织开展了北京大学实验室工作先进集体和个人的评选工作,分别召开由医学部领导、职能部处、院系、附属医院负责人参加的动员会、评审会。经过评比,共推选先进集体6个,先进个人15名。

4. P3实验室建设。目前,P3实验室建设工程调试工作基本完成,已进入验收准备阶段。应该说,医学部P3实验室的先进性、安全性和高技术含量已处于国内最高水平。

5. 为合理配置实验室资源,充分发挥各类资源效益,进一步落实和实施《北京大学医学部实验用房管理办法(草案)》、《北京大学医学部医药卫生分析中心测试经费管理办法》,通过制度优化资源配置。

6. 完成了年度贵重仪器设备(≥10万元)使用情况及效益的评价工作。其中:10万元以上仪器302台件(其中40万元以上52台件),贵重仪器设备在用率84%,效益评价合格率12%。

7. 完成了教育部专项经费检查以及财政部项目评估的准备工作;完成了国家科技部大型仪器调查的报送工作;组织填报了2004年实验室基础数据报表。

8. 参与放射防护委员会和生物安全委员会的日常工作,并进一步理顺放射性实验室的管理以及放射性物质的管理,共接受上级主管部门的安全检查6次。

9. 中心楼实验室服务组进一步强化了实验室的安全管理,加强实验室人员的安全意识和防火常识的普及。完善消防安全的各项规章制度,对消防器材实行日常维护,发现问题及时解决,防患于未然。中心楼水站为保证教学、科研用水,继续实行"上门取桶,送水上门"的服务方式,受到各用水单位的好评。

10. 实验室改造方面,重点完成细胞楼"1号任务"实验室的改造工程。

(盛　路　徐继革)

【设备采购与管理】

1. 截至 2004 年 11 月 30 日，医学部及附属医院仪器设备固定资产总值 21.1 亿元，比 1999 年年底增长了 146.2%，比去年增长 6.87%；其中医学部仪器设备固定资产总值 3.8 亿元，共 30660 台件，比 1999 年年底增长了 150.92%，比去年增长 8%。

2. 做好设备采购工作。执行教学、行政、重点学科等设备采购计划 2154 万元，共 1044 台件。其中：进口设备 102 台件，共 176 万美元，"211 工程"设备共执行 179 台件，405.5 万元；"985 工程"今年共执行 388 台件，1031 万元。其中，实验室设施占 9.9 万元。医学部教育专项修购项目：人民医院的 300 万元设备购置已执行结束；北大医院 300 万元、北医三院的 300 万元设备购置正在执行中。校园技安防工程 196 万元已招标结束，等待验收。教育部国家重点实验室专款 300 万元购置表面等离子共振仪已完成。

3. 世行贷款项目三期中标设备接货工作启动，共 17 份合同，其中国内合同 12 份，共 198 台件，20.1 万美元，进口合同 5 份，共 6 台件，6.5 万美元。

4. 组织和负责设备购置、修购项目申请和接受评估，做好事业单位经常性商品的政府采购预算上报及采购工作。今年上报 2005 年预算共 13 个品种，67 台件，403 万元。

5. 为迎接"十五""211 工程"中期检查，对仪器设备的经费执行情况和仪器设备固定资产账进行核对，共执行 179 台件，405.5 万元，并就附属医院"十五""211 工程"设备购置问题到北大医院做了解答。

6. 利用校园网的硬件资源和网络技术，把设备账、卡、资产管理以及实验室信息管理逐步运用网络化管理。现已初步建立大型仪器设备查询系统，可以实现各系级的仪器设备明细账查询。

7. 做好 20 万元以上大型仪器设备的选型论证工作及大宗批量设备的招标工作，全年举行大型仪器设备论证会及批量采购竞标会 18 次，聘请校内、外专家 100 人次，参加厂家 48 家，评议 1477 万元。

（盛　路　梁　惠）

【物资供应中心】 根据物资供应中心改革规划，2004 年共完成工资返还，累计金额 168603 元，从而为医学部减负；当年办理进口试剂免税累计 32 万美元；2004 年中心入库的物资，共计 10553924.05 元，出库的物资，共计 11214779.14 元，满足了医教研工作的物资需要。

（王庆弟）

附　录

表 7-39　2004 年北京大学土地资源基本情况汇总表

区　片	面积(平方米)
主校园	1016971
燕东园	185073
中关园	160201
蔚秀园	84851
畅春园	60644
承泽园	58748
燕北园	98402
昌平园区	346296
其　他	195954
合　计	2207140

（杨　晶）

表 7-40　2004 年北京大学房屋基本情况汇总表

类　别	建筑面积(平方米)
一、教学科研及辅助用房	452478
公共教室	32426
图书馆	55896
体育馆	11667
会堂	12421
实验室及辅助用房	340068
二、行政办公用房	20767
三、生活用房	268644
学生宿舍	150303
教工集体宿舍	20734
学生食堂	24985
生活福利及其他附属用房	72622
四、教工住宅	462672
五、产业用房	185147
六、附小、附中用房	69229
总　计	1458937

（殷雪松）

表 7-41　2004 年北京大学教职工住宅现状情况表

建筑面积(平方米)	使用面积(平方米)	居住面积(平方米)	实住户数(户)	家庭人均居住面积(平方米)	有成套房户数(户)	住房成套率(%)
534227*	401674	241004	8505	10.12	7226	81.95

注：住宅面积中包括蓝旗营小区以及部分校外购福利房面积。

（赵月娥）

表 7-42 2004 年北京大学成套家属房汇总统计表

区 片	套数(套)	建筑面积(平方米)
校 内	96	9834
附 中	108	6000
中关园(含科学院)	1286	79083
蔚秀园	817	43403
畅春园	320	20068
承泽园	386	24961
燕东园(含清华园)	884	51698
燕北园	1390	96700
蓝旗营	641	75600
西三旗(一期)	316	22387
西三旗(二期)	129	14575
六道口	83	6166
燕东园小楼		6547
燕南园小楼		5650
合 计	6456	462672

(赵月娥)

表 7-43 2004 年北京大学人防工程统计表

地 区		个 数	使用面积(平方米)
办 公 区	校办公区	9	15331.52
宿 舍 区	中关园	2	3688.8
	燕东园	4	2086
	蔚秀园	2	714.8
	燕北园	3	2249.8
合 计		20	24070.92

注：以上数据不包括普通地下室。

(杨 晶)

表 7-44 北京大学出售公有住宅楼房情况一览表

统计截至时间：2004 年 12 月

	校园周边住宅区					蓝旗营教师住宅小区	育新花园小区，静淑园小区	农转居拆迁户
	1995 价	1996 价	1997 价	1999 价	2001 价			
售房价格(元/每建筑平方米)	成本价：1165	成本价：1337	成本价：1450	成本价：1485	成本价：1560	集资价：1800	1996～2001 成本价：1337 至 1560	基准价：1165
售房时间	1995～1996	1996～1997	1997～1999	1999～2000	2001～2004	1998～2002	1997～2003	2003～2004
核定购房户	2043	324	1187	399	257	641	524	256
结清全额房款户	2043	324	1187	278	0	639	524	256
已办理产权证户	2043	284	1076	260	0	0	508	0
实收购房款(万元)	4461.25	678.72	3264.97	771.3	279	4493.97(不含贷款)	775	199
住房变动，学校已办理回购手续(户)	479	31	84	21	0	1	74	0

(杜德华)

表 7-45　北京大学实验室基本情况一览表

序号	单　位	实验室个数	实验室使用面积（平方米）	教学实验（2003～2004 学年）			仪器设备			
				实验个数	实验时数	实验人时数（万）	数　量	金额（万元）	其中 20 万元以上	
									数　量	金　额（万元）
	合　计	79	76001	1507	38853	130.27	46205	105272	724	55623
1	数学科学学院	2	2100	28	136	0.42	1555	1355	3	71
2	力学与工程科学系	5	3872	26	1021	0.51	2011	4028	25	1952
3	物理学院	13	16419	300	3101	21.45	7063	20255	116	12795
4	信息科学技术学院	14	12629	223	18877	42.25	7023	19285	130	10510
5	化学与分子工程学院	15	17239	201	3768	29.25	6931	16713	168	10297
6	生命科学学院	9	7311	308	3598	20.53	6039	12188	95	5184
7	地空学院	6	5105	186	764	2.53	3223	5506	41	2428
8	环境学院	4	3400	86	2959	2.43	3486	5712	55	2278
9	心理学系	4	1160	109	2593	1.45	627	711	3	211
10	中国语言文学系	1	80	8	1008	0.65	496	494	0	0
11	考古文博院	1	270	0	0	0	829	1257	9	487
12	现代教育技术中心	1	1128	0	0	0	1475	2193	12	482
13	计算机科学技术研究所	1	1400	0	0	0	85	443	3	298
14	计算中心	1	2968	0	0	0	2170	10274	34	7076
15	光华管理学院	1	520	32	1028	8.8	1814	1922	2	131
16	图书馆	1	400	0	0	0	1378	2936	28	1423

表 7-46　1999～2004 年北京大学校本部新增 800 元以上仪器设备对照表

年　度	1999 年	2000 年	2001 年	2002 年	2003 年	2004 年
增加数量(台套)	4317	8684	8952	10593	8455	8948
增加金额(亿元)	0.6	1	1.5	2.2	1.86	1.78

（张解东　李小寒）

表 7-47　北京大学校内开放测试基金有关情况

开放基金期号	执　行　测　试　费			资助课题(个)
	测试费总额(万元)	其　　中		
		“211”、“985”工程 拨款(万元)	课题配套(万元)	
10 期	75	60	15	358
11 期	91	70	21	374
12 期	198	152	46	443
13 期	306	204	102	564

（张解东　李小寒）

表 7-48　北京大学参加北京地区科学仪器协作共用网情况

年　度	测试项目（个）	测试样品（个）	测试机时（个）	测试费收入（万元）	获运行补贴费（万元）
1999	348	4403	7021	51.48	18.98
2000	324	4241	6995	67.70	26.71
2001	356	4779	9439	74.24	25.49
2002	381	6762	10553	96.58	24.28
2003	217	3691	7876	95.90	29.34
2004	193	3808	9410	103.59	17.77

（张解东　李小寒）

表 7-49　1998～2004 年北京大学大型仪器对外测试服务情况

年　度	金额(万元)
1998	53.50
1999	80.15
2000	100.08
2001	138.30
2002	178.33
2003	270.58
2004	328.00
合计	1148.94

（张解东　李小寒）

表 7-50 2004 年北京大学旧仪器回收款使用情况

申请单位	负责人	使用金额	使用内容	日 期
物理学院	刘克新	70000 元	加速器质谱计配套的辅助设施购置	04.6.23
物理学院	张瑞明	51140 元	文科通选课示教仪器加工	04.9.15
化学学院	陈尔强	4500 元	X 射线衍射仪高压电源购置	04.10.15
生命学院	纪建国	216000 元	不间断电源	04.10
核磁中心	夏 斌	3500 元	超低温冰箱购置	04.11.25

（张解东 李小寒）

表 7-51 1999～2004 年北京大学回收报废仪器设备对照表

年 度	1999 年	2000 年	2001 年	2002 年	2003 年	2004 年
回收数量(台套)	2332	6500	2700	2974	1699	2057＋1193
残值金额(万元)	26	115	106	71	60	103

（张解东 李小寒）

表 7-52 2004 年北京大学“985 项目”进口仪器设备一览表

序 号	品 名	数 量	折合美元($)	用 户
1	气流气压计	1	4840.00	中文系
2	倒置显微镜	1	3320.00	化学学院
3	体式显微镜	2	4200.00	环境学院
4	光学窗口及光学真空罩	1	3083.00	信息学院
5	涡轮分子泵组	1	7588.00	物理学院
6	气相色谱仪	1	30500.00	环境学院
7	拉针仪、显微操作仪	3	8170.00	生命学院
8	液氮罐	1	4450.00	生命学院
9	超低温冰箱	1	6000.00	生命学院
10	水生生物实验生态系统	1	449999.00	生命学院
11	材料模拟软件、HP 服务器	2	102900.00	电镜实验室
12	电声门仪，语音分析软件	2	15459.00	中文系
13	光学冷却系统	1	19500.00	物理学院
14	质谱检测器	1	29800.00	环境学院
15	液氮罐/冷存盒	1	3600.00	生命学院 化学学院
16	生物安全柜	1	8400.00	生命学院
17	倒置显微镜	1	9900.00	生命学院
18	化学试剂	1	1750.00	化学学院
19	毛细管电泳仪	2	24000.00	化学学院
20	CO_2 培养箱	1	3900.00	生命学院
21	网络交换机	74	91680.67	计算中心
22	索氏浸提系统	1	16300.00	考古文博院
23	反应离子刻蚀系统	1	199900.00	物理学院
24	抛磨机	1	16495.00	地空学院
25	尼康显微镜数码摄像系统	1	4900.00	地空学院
26	离子清洗仪	1	13500.00	物理学院
27	倒置显微镜	1	24375.00	物理学院
28	微型光纤光谱仪	1	5300.00	物理学院
29	压片机	1	7892.44	物理学院
30	精流阀、配板	56	3273.50	物理学院
31	电泳凝胶成像系统	1	10540.00	生命学院
32	土壤采样器	1	5124.00	环境学院
33	气相色谱仪	2	39600.00	化学学院

续　表

序　号	品　　名	数　量	折合美元($)	用　　户
34	高效离心机	1	23000.00	生命学院
35	600/400 MHZ 核磁共振谱仪	2	470000.00	核磁中心
36	超低温冰柜、高压灭菌器、恒温培养箱、高温恒温器	4	14500.00	生命学院
37	脑立体定位仪、显微操作器	2	4539.00	分子医学研究所
38	CO_2 培养箱	1	4600.00	分子医学研究所
39	质谱仪	1	43700.00	化学学院
40	气体质量流量控制器	9	9000.00	化学学院
41	基因扩增仪	1	6200.00	生命学院
42	基因扩增仪	1	7100.00	生命学院
43	红外光谱仪	1	35500.00	化学学院
44	扫描样品控制台	1	10154.64	物理学院
45	超低温冰箱	1	5800.00	分子医学研究所
46	超纯水仪	1	6000.00	生命学院
47	DAC 卡	1	1200.00	信息学院
48	陶瓷 X 光管(X 射线衍射仪配件)	2	15194.00	化学学院
49	电子腭位仪	1	9474.79	中文系
50	高能电子信号采集过滤分析系统	1	58600.00	电镜实验室
51	旋转蒸发仪	1	3300.00	化学学院
52	ConventorWare MEMS 专用软件	2	20000.00	信息学院(微所)
合计：202 台(套、件、批)			US$1929702.04	

（张　洁　张志强）

表 7-53　2004 年北京大学“十五”“211 工程”进口仪器设备一览表

序　号	品　　名	数　量	折合美元($)	用　　户
1	生物氧化仪	1	14600.00	环境学院
2	紫外可见分光光度计	1	13000.00	生命学院
3	场发射环境扫描电镜	1	408500.00	电镜
4	显微成像系统	1	23467.00	化学学院
5	细胞破碎仪	1	18000.00	生命学院
6	飞秒激光器	1	46022.58	信息学院
7	泵浦固体激光器	1	60000.00	信息学院
8	生物显微镜	2	29500.00	环境学院
9	显微镜	5	64096.00	信息学院(微所)
10	基道衰落仿真仪	1	30030.73	信息学院
11	制备超速离心机	1	51680.00	生命学院
12	细胞操作与膜片钳系统	1	43940.00	化学学院
13	毛细管拉针融针仪	2	5900.00	化学学院
14	超低温冰柜	1	3800.00	化学学院
15	人工头	1	10728.00	信息学院
16	40GB 光电误码测试系统	1	418842.00	信息学院
17	噪声系数分析仪	1	34309.00	信息学院
18	液氮罐	1	4450.00	生命学院
19	显微操作系统	1	29800.00	生命学院
20	蔡司细胞工作站	1	54877.27	生命学院
21	离子色谱仪	1	55000.00	环境学院
22	全空气采样系统	2	22120.00	环境学院
23	频谱分析仪/矢量信号分析仪	2	65775.00	信息学院

续 表

序 号	品 名	数 量	折合美元($)	用 户
24	微波探针台	1	51700.00	信息学院
25	色度计	1	6440.00	心理系
26	旋转蒸发仪	35	82000.00	化学学院
27	切片机	1	6100.00	生命学院
28	热循环仪	1	7200.00	生命学院
29	超声波细胞破碎仪	1	4500.00	生命学院
30	红外光谱仪	1	21350.00	化学学院
31	流式细胞仪	1	72800.00	生命学院
32	倒置荧光显微镜\显微图像分析仪	2	44500.00	生命学院
33	薄膜蒸镀机	1	210000.00	信息学院
34	不锈钢过滤器	1	2740.00	环境学院
35	化学杂交真空泵	5	14600.00	化学学院
36	微区光谱仪	1	24500.00	信息学院
37	便携式光合作用测定系统	1	35333.94	环境学院
38	基因扩增仪	2	21900.00	生命学院
39	功率计	1	2277.00	物理学院
40	电动平移转动台	1	5242.00	物理学院
41	磁盘阵列	1	285258.30	计算中心
42	离子色谱仪	1	66800.00	环境学院
43	高速冷冻离心机/小型高速离心机	4	33000.00	生命学院
44	超低温冰柜/环境种子柜	2	13300.00	生命学院
45	紫外可见分光光度计	1	13200.00	生命学院
46	数字图像仪	1	16900.00	生命学院
47	傅立叶变换离子回旋共振质谱仪	1	705000.00	生命学院
48	高性能串联飞行时间质谱分析仪	1	320000.00	生命学院
49	EIP性能模拟系统、频谱分析仪、ICCAP器件模型参数提取系统	3	174691.00	信息学院
50	CO_2培养箱/层析柜	2	7000.00	生命学院
51	磁化率仪	1	10845.00	环境学院
52	蛋白快速纯化仪	1	72487.00	生命学院
53	PCR仪	1	5900.00	环境学院
54	双面光刻系统/通用键合系统	2	328635.00	信息学院
55	生物分子微阵列检测仪	1	65800.00	化学学院
56	气质联用仪	1	57200.00	环境学院
57	低压层析系统	1	11500.00	生命学院
58	生物安全柜/CO_2培养箱	2	11600.00	生命学院
59	匀浆器	1	2355.00	生命学院
60	双向电泳仪	1	21000.00	生命学院
61	凝胶成像系统/真空离心浓缩仪/PCR仪	3	24000.00	化学学院
62	双向电泳仪	1	18500.00	生命学院
63	微量台式离心机	3	5700.00	生命学院
64	荧光显微镜	1	20625.00	生命学院
65	分子微阵列点样仪	1	21000.00	化学学院
66	尼康显微镜	1	22000.00	化学学院
67	氦氖激光器、半导体激光器、数据卡	3	9800.00	化学学院
68	离子色谱仪	1	32800.00	环境学院
69	稳态/瞬态荧光光谱仪、皮秒荧光寿命光谱仪	2	207242.00	化学学院(稀土材料)

续 表

序 号	品 名	数 量	折合美元($)	用 户
70	CISCO 网络设备	1	516562.02	计算中心
71	环境大气颗粒物监测仪	2	33500.00	环境学院
72	薄膜蒸镀机附件(冷水机)	1	12649.00	信息学院
73	中低压层析系统	1	31727.00	化学学院
74	高精度眼动跟踪分析系统	1	49500.00	信息学院
75	三维激光图像传感器软件及配件	1	14105.12	信息学院
76	超低温冰箱	1	5200.00	化学学院
77	三维立体视觉数字图像测量仪	1	12460.00	信息学院
78	显微操作系统	1	12500.00	化学学院
79	CO_2 培养箱	1	3300.00	化学学院
80	磁控溅射仪	1	280000.00	物理学院
81	恒温摇床	1	11400.00	生命学院
82	光栅	2	1450.46	物理学院
83	离子色谱仪	2	28000.00	环境学院
84	全空气采样系统	1	18000.00	环境学院
85	集成化声音/振动隔离台、换流器	1	21515.00	化学学院
86	生物分子相互作用分析仪	1	265000.00	化学学院
87	旋转蒸发仪	1	13760.00	化学学院(稀土材料)
88	程控电流源/纳伏表	2	8280.00	物理学院
89	高精度刻蚀蒸镀仪	1	55500.00	电镜实验室
90	离心机	1	3700.00	地空学院
91	超纯水系统	1	18000.00	地空学院
92	小型高速冷冻离心机	1	3500.00	生命学院
93	高精度电动平移转动台	1	6199.56	物理学院
94	SUN 服务器	3	77438.00	计算中心
95	低水平阿尔法计数器	1	29856.00	环境学院
96	高分辨光纤光谱仪	1	4443.00	物理学院
97	无线网络设备	1	26479.01	医学部信息中心
98	高保真数字语音采集系统	1	41161.00	信息学院
合计：168 台(套、件、批)			US$6310943.99	

(张 洁 张志强)

表 7-54 2004 年北京大学正常进口仪器设备一览表

序 号	品 名	数 量	折合美元($)	用 户
1	二氧化碳/水汽分析仪	1	15800.00	环境学院
2	荧光检测器	1	13200.00	环境学院
3	基因扩增仪	1	3075.00	化学学院
4	高压灭菌仪	1	4200.00	化学学院
5	台式微量离心机	1	3800.00	化学学院
6	化学试剂	1	2634.00	生命学院
7	数模转换器	1	4300.00	环境学院
8	控制器设计软件	1	35000.00	信息学院
9	高速冷冻离心机/离心机备件	3	32350.00	生命学院
10	落地式/台式摇床	3	23770.00	生命学院
11	制冰机	1	3500.00	生命学院
12	生物培养箱/CO_2 培养箱	2	6900.00	生命学院
13	SIGMA 试剂	1	1260.40	生命学院

续　表

序　号	品　　名	数　量	折合美元($)	用　户
14	PROMEGE 试剂	1	8903.00	生命学院
15	显微操作仪	2	3640.00	生命学院
16	半导体激光及控制器	1	20830.00	信息学院
17	化学试剂	1	3660.00	生命学院
18	化学试剂	1	6885.00	生命学院
19	培养箱/化学试剂	2	3620.00	生命学院
20	基本型电泳仪、电泳槽、电转化仪	3	6875.00	生命学院
21	加速器配件	1	3108.00	物理学院
22	USB 型光纤光谱仪	1	2799.00	化学学院
23	梯度槽	2	3600.00	生命学院
24	小型高速离心机	4	6000.00	生命学院
25	CO_2 培养箱/高压灭菌仪	2	8100.00	生命学院
26	化学试剂	1	4273.00	生命学院
27	化学试剂	1	2817.30	生命学院
28	化学试剂	1	506.30	化学学院
29	流量计等/电磁阀	13	9320.00	生命学院、环境学院
30	信号发生器	1	230500.00	信息学院
31	化学试剂	1	1191.30	生命学院
32	化学试剂	1	1229.50	生命学院
33	化学试剂	1	13967.00	生命学院
34	拟南芥基因组检测芯片	56	15100.00	生命学院
35	台式控温摇床	2	12600.00	生命学院
36	SIGMA 试剂	1	888.00	生命学院
37	拉曼光谱仪升级件	3	4626.00	物理学院
38	光谱分析软件	1	17485.28	物理学院
39	氡工作水平测量仪	1	8060.00	物理学院
40	宽带放大器	2	12788.00	信息学院
41	探针台	1	50700.00	信息学院
42	PCR 仪	2	14200.00	生命学院
43	清洗机	3	107750.00	信息学院
44	精密移液器	9	1391.60	生命学院
45	蛋白质纯化系统附件	1	3706.00	核磁中心
46	化学试剂	1	1469.40	生命学院
47	化学试剂	1	15503.15	生命学院
48	化学试剂	1	4800.00	生命学院
49	低温水浴	1	2000.00	生命学院
50	锁相放大器	1	8500.00	电镜实验室
51	数据采集卡、GPIB 接口卡等	2	1454.00	电镜实验室
52	陶瓷 X 光管	1	4188.00	化学学院
53	钨丝加热器	1	16150.00	物理学院
54	束流测量仪	1	5506.51	物理学院
55	光学精密调节架	30	2380.00	信息学院
56	制冰机	1	3200.00	生命学院
57	碳化硅	22	2727.13	地空学院
58	化学试剂	1	725.75	生命学院
59	磷屏影像系统	1	17660.00	生命学院
60	脉冲信号发生器	1	9200.00	物理学院

续　表

序　号	品　　名	数　量	折合美元($)	用　　户
61	台式离心机	1	3750.00	生命学院
62	拟南芥基因组检测芯片	5	6240.00	生命学院
63	超低温冰箱	1	6200.00	生命学院
64	SUN FIRE V440 服务器	1	8950.00	图书馆
65	化学试剂	1	2147.44	生命学院
66	化学试剂	1	1635.58	生命学院
67	化学试剂	1	13296.60	生命学院
68	旋转运动控制试验设备	1	15285.00	力学系
69	离子色谱仪	1	14000.00	环境学院
70	金属浴、PCR 仪附件	4	5460.00	生命学院
71	蛋白序列分析仪配件	24	5156.00	生命学院
72	小型超纯水仪	1	2163.00	化学学院
73	化学试剂	1	6817.30	生命学院
74	化学试剂	1	1772.32	生命学院
75	干涉型测量显微镜	1	7603.00	信息学院(微所)
76	纳米扫描定位器	1	5731.66	信息学院(微所)
77	化学试剂	1	809.30	生命学院
78	化学试剂	1	1285.40	生命学院
79	化学试剂	1	1497.20	生命学院
80	化学试剂	1	7759.00	生命学院
81	光子晶体光纤	3	1940.00	信息学院
82	声光调制器	1	1475.00	信息学院
83	函数信号发生器	1	2035.00	信息学院
84	探测器	4	2160.00	物理学院
85	PCR 仪/梯度单槽	1	7000.00	生命学院
86	化学试剂	1	1280.00	信息学院
87	化学试剂	1	1670.00	信息学院
88	化学试剂	1	12015.70	生命学院
89	CO_2 培养箱/超低温冰箱	2	9300.00	化学学院、核磁中心
90	制冰机	1	3300.00	生命学院
91	化学试剂	1	1030.70	生命学院
92	全自动高效层析分离纯化系统	1	23000.00	化学学院
93	电吸收调制二极管/高增益光接收器	2	16712.00	信息学院
94	化学试剂	1	5410.00	生命学院
95	化学试剂	1	3587.00	生命学院
96	电击仪	1	9000.00	生命学院
97	精密移液器	30	4770.00	生命学院
98	PCR 仪	1	7200.00	生命学院
99	数据采集系统等一批结转仪器	38	309725.00	分子医学研究所
100	冻干机	1	8000.00	化学学院
101	二(甲基环戊二烯)锰	1	2650.00	物理学院
102	化学试剂	1	1204.90	生命学院
103	紫外杂交箱、紫外交联仪	3	4900.00	生命学院
合计：355 台(件、套、批)			US$1401302.72	

（张　洁　张志强）

表 7-55　2004 年北京大学国家重点实验室及基建经费进口仪器设备一览表

序　号	品　　名	数　量	折合美元($)	用　　户
1	实验室自动工作站	1	204444.00	生命学院(蛋白质基因)
2	定量 PCR 仪	4	184570.60	生命学院
3	膜片钳系统	1	78288.60	生命学院
4	台式大容量冷冻离心机	1	9933.07	生命学院
5	超速离心机	1	67612.54	生命学院
6	超低温冰箱、液态二氧化碳补充装置	2	10120.00	生命学院
7	相位多普勒粒子浓度测量系统	1	229000.00	湍流研究国家重点实验室
合计：11 台(套、件、批)			US$783968.81	

(张　洁　张志强)

表 7-56　2004 年北京大学办理境外赠送科教用品一览表

序　号	品　　名	数　量	折合美元($)	用　　户
1	图书	1	2691.00	社会学系
2	臭氧探空仪	75	44058.18	物理学院
3	图书	1	8000.00	历史学系
4	软件	1	62500.00	地空学院
5	沙尘暴监测系统	1	42500.00	物理学院
6	建筑模型	2	900.00	建筑学院
7	Omicron 真空泵	1	2797.20	化学学院
8	化学试剂	1	1598.25	化学学院
9	HP 服务器	1	17506.68	信息学院
10	IBM 服务器	1	164429.00	生命学院
总计：86 台(套、件、批)			US$346980.31	

(张　洁　张志强)

表 7-57　2004 年北京大学世行贷款高等教育发展项目三标仪器设备一览表

序　号	品　　名	数　量	折合美元($)	用　　户
1	锁相放大器/斩波器	2	6932.00	物理学院
2	热重分析仪	1	31500.00	化学学院
3	失真度仪/相位计	2	951.85	信息学院
4	超低噪声前置放大器	1	3047.00	信息学院
5	高倍显微镜目镜	78	14350.00	生命学院
6	多媒体显微互动实验示教系统	64	61451.20	生命学院
7	便携式投影机	1	2171.45	物理学院
8	锁相放大器	1	4725.00	信息学院
9	数字示波器	11	25567.30	信息学院
10	体视光学显微镜	1	2646.00	生命学院
11	数字存储示波器 100MHz	2	6360.00	物理学院
12	数字存储示波器 60MHz/500MHz	4	7395.00	物理学院
总计：168 台(套、件、批)			US$167096.80	

(张　洁　张志强)

表 7-58　2004 年北京大学医学部实验室基本情况表

序号	单位	实验室使用面积（平方米）	教学实验（2003～2004 学年）			工作人员情况	
			实验个数	实验时数	实验人时数	教师	实验技术人员
0	合计	40203	227	37144	3044197	357	227
1	生化与分子生物学系	2426	22	221	209956	17	12
2	人体解剖与组织胚胎学系	1549	6	786	798800	26	14
3	免疫学系	1122	6	17	31400	14	20
4	病理学系	1588	9	9808	360936	17	17
5	生理学与病理生理学系	1578	0	0	0	23	12
6	药理学系	938	0	0	0	13	7
7	病原生物学系	861	1	8	128	18	1
8	生物物理学系	967	13	148	15820	9	5
9	细胞生物与遗传学系	724	6	422	113120	20	14
10	神经科学学系	894	0	0	0	7	7
11	生物医学实验教学中心	5250	18	432	398552	1	13
12	中医药现代研究中心	504	4	16	480	5	1
13	心血管研究所	627	0	0	0	8	2
14	化学生物学系	1163	10	13569	499311	33	2
15	药物化学系	906	6	460	29162	15	4
16	天然药物学系	1396	4	807	225245	21	6
17	药剂学系	1028	2	144	55944	17	2
18	分子与细胞药理学系	520	0	0	0	8	1
19	化学实验教学中心	2040	52	267	171507	1	12
20	天然及仿生药物实验室	1366	0	0	0	16	10
21	应用药物研究所	610	0	0	0	4	6
22	流行病与卫生统计学系	816	0	0	0	2	2
23	劳动卫生与环境卫生学系	1274	41	8950	71076	8	8
24	妇幼与儿少卫生学系	1172	0	0	0	3	2
25	营养与食品卫生学系	464	1	168	14280	7	3
26	毒理学系	776	2	60	1440	5	5
27	公卫卫生与健康实验室	320	2	800	800	3	2
28	预防医学实验教学中心	702	0	0	0	0	1
29	公共教学部	1272	22	61	46240	9	9
30	药物依赖研究所	1818	0	0	0	9	12
31	生育健康研究所	538	0	0	0	5	0
32	医药卫生分析中心	2500	0	0	0	11	15
33	干细胞研究中心	494	0	0	0	2	0

基建与后勤

基建工作

【概况】 1999年,北京大学基建工程部岗位编制32人。截至2004年12月底,在编人员28人,其中:计划办公室9人,工程建设办公室7人,维修办公室12人2004年7月29日,经学校人事部批准招聘1人。计划办公室因工作需要返聘1人。在编人员中:高级职称6人(其中教授级职称2人),中级职称12人,助理工程师3人,其他工作人员5人。

在2004年的工作中,党政领导始终坚持党风廉政建设,重视思想教育工作,加强对党员、干部的党性、党风、党纪教育,坚持以"预防为主,教育为主"的方针,把教育工作落实在支部会议上和行政工作中。组织党员干部参加廉洁从政知识测试;组织党员参加党纪、条规知识测试;组织党员干部听专题报告,学习党内监督条例与党纪条例。2004年干部考核应聘中,把落实党风廉政建设责任制作为干部考核的重要内容。在组织活动中,一方面对党员、干部正面教育;另一方面用典型案例进行反面教育。开展"警钟长鸣"警示教育活动,提高党员、干部拒腐防变能力。同时积极宣传、鼓励、表扬干部遵纪守法、廉政、勤政的行为。

2004年,在加强党员、干部思想教育中,积极开展对入党积极分子的培养教育工作。2004年12月10日经组织考察批准,基建分总支一支部发展一位积极分子加入党组织,成为预备党员。基建一支部(在职)现有党员11名,占全体职工人数39%。

2004年年初,经过各个办公室反复研讨,拟定《北京大学工程建设项目施工招标管理规定》提交学校审阅批准。2004年3月10日学校纪委召开了"2004年北京大学廉政建设工作会议"。

2004年基建工程部安全工作一年中无重大事故。交通安全、防火防盗已深入人心。

【基建投资计划与完成】 2004年基建工程部实际完成基建投资12861万元,完成维修改造投资1961万元,完成代管工程中关园留学生专家公寓工程投资1739万元,共计完成各类投资16561万元。

2004年基建工程部新建和改造工程开复工9个项目,建设规模为161473平方米。

2004年基建工程部新建和改造竣工4个项目,竣工面积为32679平方米。

2004年基建工程部新建和改造新开6项工程,建筑面积为135261平方米。

【工程预结算审核】 2004年基建工程部计划办公室以提高审核质量为重点,采取各项措施,加强工程造价控制。2004年共计完成审核项目183项,审核工程造价21071万元。其中,10万元以上工程项目送审72项,审核工程造价总计为20566万元,10万元以下工程项目111项,审核工程造价总计为605万元。已经送审核定的工程项目平均审减幅度较低,工程结算审核质量较高。

【信息管理】 2004年初步建成了基建工程部的信息中心,信息中心收集了部内所有工程任务的数字信息。

基建工程部网页正在完善,发布了大量工程建设信息,为查阅工程建设相关信息提供了便捷的平台,同时配合"阳光工程"开辟了工程招标公告专栏。

地下管网管理工作,管网图纸录入工作不断完善,系统软件升级后,录入速度和质量均有提高。为基建工程部和校内外工程施工及时提供了有效的图纸资料,为学校管网档案管理提供了原始依据。

【工程项目管理】 2004年工程项目管理继续坚持以工程质量、安全为核心,全面做好质量、投资、进度、服务和文明施工等各项工作,杜绝对学校造成重大不良影响的事件发生。

1. 2004年竣工工程

(1) 理科4#楼工程,总建筑面积为27365平方米,2003年12月底已交付使用。2004年工程的各项保修工作已基本完成,10个特殊实验室已全部通过学校验收并部分交付使用。理科4#楼2004年荣获北京市长城杯奖项。

(2) 国际关系学院大楼工程,总建筑面积9997平方米,框架结构,地上四层,地下一层。由北京建筑设计研究院设计,中国建筑总公司总承包,北京菲尔建设监理有限公司监理,此项工程于2003年4月3日正式破土动工,2004年7月29日工程竣工交付使用。

北京大学国际关系学院教学楼工程项目由基建工程部工程建设办公室全权负责施工管理。工程结构施工中,基建工程部管理人员、监理单位、施工单位共同努力把关,经市有关部门检查后被评为北京市结构长城杯奖。

(3) 学生宿舍38楼工程,建筑面积17486平方米,地上六层,地下一层,设计宿舍438间,可入住1752人。本工程由北京市住宅建筑设计研究院设计,北京市第六建筑工程公司总承包,北京市华厦工程监理有限公司监理。

工程于2003年11月2日破土动工,2004年7月31日工程完工,2004年8月10日顺利通过工程验收并办理交付使用。

学生宿舍38楼工程被学校列入暑期用房重点工程,经北京市长城杯评选小组评定,顺利通过结构长城杯验收。

(4) 老生物楼改造工程。2004年9月,教育部、国家基金委对北大理科基地进行评审,评审结果直接影响下一步,对北大理科基地的投入和基地今后的教学科研及发展,学校决定紧急启动老生物楼维修改造工程。

2004年6月29日按照校内招标程序,确定房修一建筑工程公司中标,承担该工程施工任务。

经过两个多月各项维修改造,到2004年9月初全部完成,该楼在保持原有建筑风格的基础上修复了整体建筑,加固了墙体,增强室内采光和整体视觉效果。维修改造后的生物学基地教学实验室更加宽敞、明亮、舒适、美观。

(5) 住宅房屋防水及维修工程。2004年教职工住宅卫生间防水工程完成72户;2004年教职工住宅楼房维修工程完成21户;2004年教职工住宅楼房阳台维修完成45户;2004年教职工平房维修工程完成32户。

(6) 金仙庵复建工程。金仙庵复建工程由北京大学和北京大学资源集团筹集资金,由基建工程部维修办公室负责施工管理。工程建筑面积为2007平方米,为古建房屋落地翻建。2002年5月经招投标程序,确定北京房修一建筑工程有限公司中标。工程于2002年8月19日破土动工,于2004年8月12日竣工验收(未含内装修工程)。

2. 2004年新开工程

(1) 北大附小教学及宿舍楼工程,建筑面积11666平方米,由北京市中颐和建筑设计公司设计,使用功能和布局位置分为五个区,Ⅰ区为新建主教学楼,Ⅱ区为多功能厅和阶梯教室(含地下室部分为厨房),Ⅲ区为接建教学楼,Ⅳ区和Ⅴ区为新建宿舍楼。

工程设计具有长远设想的新工艺和节能环保通风系统,采用诱导式地道风系统,冬季可抽取地道暖风采暖,夏季可抽取地道冷风制冷;此项设计在国内尚属先例,为附小工程增加新亮点。

工程于2004年5月19日经公开招标,确定河北鹏达建设集团有限公司施工总承包,北京鸿厦基建工程监理公司施工监理,基建工程部维修办公室负责该工程项目施工管理。

工程已于2004年6月29日正式破土动工,计划2005年6月底竣工。截至2004年年底本工程主体结构工程已接近封顶。计划2005年暑期竣工。

(2) 畅春新园学生宿舍研A等4项工程,建筑面积为50276平方米,工程由北京住宅建筑设计院设计,设计学生宿舍1631间,可容纳3262位学生入住,学生宿舍内配备电视机、电话、网络线路,地下室人防及消防设施先进,备有自动喷洒系统。为响应市政府节约用水号召,本工程设计中水处理、地热水利用设施,集中使用的学生浴室和生活热水,各项设计功能方便学生居住和使用。

工程经公开招标于2004年7月26日,确定由北京市第六建筑工程公司施工总承包,北京华厦工程建设监理有限责任公司施工监理。学校确定畅春新园学生宿舍研A等4项工程为2005年暑期用房,于2004年8月17日正式破土动工,计划2005年7月17日竣工。截至2004年年底,工程主体结构已经封顶,计划2005年7月竣工。

(3) 中关园留学生公寓(甲型公寓)工程,2004年2月学校决定由北京大学会议中心委托基建工程部接手管理中关园留学生公寓工程施工建设。

中关园留学生公寓工程,先期启动一期工程,即甲型公寓和专家公寓二栋楼,经重新调整批复的规划许可证、施工许可证总建筑面积为39400平方米,工程由北京京澳凯芬斯设计有限公司设计,留学生公寓(甲型公寓)设计为15950平方米,266套房,可供博士后266人居住。中关园留学生公寓工程按市招标办规定程序于2003年3月29日确定中铁建设有限公司为施工总承包,2004年4月5日确定北京市华厦工程建设监理有限公司施工监理。

中关园留学生公寓(甲型)于2004年8月16日破土动工,截止到2004年年底,工程进展顺利,工程已完成结构封顶,计划2005年10月竣工。

中关园留学生公寓(专家公寓)于2004年11月3日前期动工,截止到2004年年底,工程已完成基础开挖土方工程,计划2005年年底竣工。

(4) 图书馆旧馆加固改造工程,图书馆旧馆建于1974年,总建筑面积24813平方米。经过30年使用,设施及功能已不能满足教学、科研要求,学校决定对其进行改造。

图书馆旧馆改造及南门大厅结构加固工程,由清华大学建筑设计研究院和北京冶金建筑设计院设计完成。经邀请招标确定为中国建筑技术集团公司为施工总承包单位,北京华厦工程建设监理有限公司施工管理。

改造工程于2004年7月20日开始施工,工程由基建工程部维修办公室负责施工管理。

此次图书馆旧馆改造工程与其他改造工程不同,图书馆是学校重要的教学科研场所,旧馆改造期间部分阅览室还必须正常开放,因此增加了改造工程施工难度。基建工程部各专业负责人和图书馆武振江副馆长密切配合，与施工单位制定最佳施工方案，将旧馆改造工程分为南部与北部，采用分段施工办法，既满足图书馆为师生员工服务，又使改造工程顺利进行。截至2004年年底，改造工程已完成南区主书库、辅助书库，计划2005年7月底工程全部竣工。

(5) 燕北园生活服务用房工程，建筑面积2018平方米，由北京大学建筑设计研究院设计，经市招标办公开招标确定海淀昊海建筑工程有限公司为施工总承包单位，北京开普建设工程监理有限公司施工监理，本工程于2004年12月18日开工，计划2005年9月竣工。截止2004年年底，本工程进行基础开挖。计划2005年8月竣工。

(6) 地学楼(理科3#楼)卫生间改造工程，该工程与地学楼改造工程同期进行。

【工程前期准备】 截止到2004年年底，其他各项工程完成情况：

学生宿舍41#～43#楼工程，已完成规划许可证及招标准备工作，计划2005年年初开工。

畅春园学生宿舍63#楼工程，已完成规划许可证及招标准备工作，计划2005年3月开工。

篓斗桥学生宿舍工程，已完成工程前期规划方案设计工作。

北京大学体育馆工程(2008年奥运乒乓球馆)已完成科研报告上报工作，设计方案确定并经市政府审批，正进行施工图设计。规划报批已完成规划意见书、交通、环境、地震、安全性审批。

新化学南楼工程，正在进行规划许可证申领工作。

燕北园综合楼工程，已完成规划报批，进行审图工作。

公共教室楼工程，已完成工程立项、调研报告上报，规划意见书、设计方案调整。

北大光华企业家研修院工程，施工、监理招标已完成。

金工实验楼工程，已办理规划意见书。

东操场改造工程，已完成施工图设计。

理科3#楼改造工程，已完成设计前期调研工作。

生物东、西馆改造工程，已完成规划设计。

2004年财政部检查组对理科4#楼进行抽查，认为符合基建程序，能按工程进度付款，无拖欠工程款现象，给予较好的评价。

(张淑寓)

总务系统工作

【总务部工作】 2004年，总务部进一步深入开展北大的后勤社会化改革工作，巩固全国高校后勤社会化改革成果，不断探索适合北大现状及未来发展的后勤管理体制和运行模式；做好学校的后勤保障和服务工作，保证提供正常的供水、供电、供暖，为学生的餐饮、住宿、学习创造良好的条件和和谐的环境，继续做好创建世界一流大学的基础设施建设和改造工作，规范招投标，加强对工程项目的管理，确保工程质量，使学校的后勤保障支撑条件得到不断的改善，后勤保障能力不断的提高；加强内部管理，端正服务态度，提高服务质量，为创造世界一流大学做出积极的贡献。

后勤社会化改革

全国高校后勤社会化改革自1999年作为国务院的重点工作之一，在全国高校推广以来已经进入第六年，改革进入了一个新的阶段，总务部今年主要做了以下工作：

1. 按照北京大学后勤社会化改革方案的要求，在校实施小机关、多实体的总务系统管理模式的基础上，进一步明确总务部同各个服务实体的职责，进一步探讨总务部同中心实体之间的关系。在年初召开了总务系统研讨会，总结过去几年的后勤社会化改革经验，交流工作中的体会和认识，提出存在的问题，研讨解决的办法。

2. 根据学校党委关于《对机关内设机构及其工作人员考核工作指导意见》，总务部组织总务部机关干部考核续聘工作。首先，组成了以总务部部长为组长的5人考核领导小组，并及时召开了总务部机关人员全体会议，动员、布置了总结、考核、测评工作。按照总务部考核聘任领导小组提出的“结合实际，肯定成绩，找出不足，明确方向”的要求，机关三个办公室和全体机关工作人员进行了认真充分的准备。在此基础上，总务部对10位同志和三个办公室进行了群众考核测评。三个办公室的考核测评结果优良率达到100%，10位工作人员的考核测评结果优良率达到98%。通过这次对机关内设机构及其工作人员的考核、测评，推进了干部队伍建设，收到较好的效果。

3. 全面履行总务部职责，为教学、科研、师生生活提供可靠保障和优质服务，同相关部门配合，做好学校基础设施建设的规划，对本年度的后勤保障条件的改造工作做好方案并组织落实。进一步贯彻总务部对中心实体“管理、监督、协调、服务”的八字方针，在强调总务部对各个中心进行协调、提供服务的同时，逐步加强总务部对各个中心实体的管理和监督，对实体的干部考核、经费核算、运行保障和服务质量等重点工作加大管理和监督的力度。

4. 加强后勤综合预算管理，严格管理总务系统的运行经费。2004年，总务部进一步加强对中心实体的量化考核工作和成本核算工作，保证供电、供水、供暖的费用支出，并根据学校的具体情况和多年的拨款情况制定出切实可行的经费预算，对学生餐饮、学生住宿、学生教室等项工作也在考虑分别进行量化管理。根据国家规定和学校财务部要求至2004年年底总务系统各中心的财务账号全部纳入校结算中心，取消了各中心实体在银行设立的独立账号。2003年总务部制定并实施了《总务部系统各实体实行年度上缴的管理办法》，在此基础上，2004年总务部又制定了《总务系统各实体工资返还款和年度上缴款使用管理办法》并报校领导批准后开始执行，本年度利用工资返还款和各实体上缴款1200万元，解决了一批因运行经费不足而急需解决的问题，提高和改善了后勤保障服务能力及条件，满足了师生需求，同时也促进了中心实体的发展。

日常保障服务工作

1. 全力做好学校后勤的保障服务工作，确保全年供水、供电、供热等保障系统的运行和学生餐饮、住宿、教室、浴室及校内环境的服务工作能够安全稳定的进行。总务部同各个中心密切配合，及时解决运行保障和服务工作中出现的问题。在后勤保障能力不断改善的同时，提高管理和服务的水平。保证学校各项工作的顺利进行。

2. 在学生宿舍安全上加大工作力度，结合学校开展的“文明生活，健康成才”活动，总务部牵头同保卫部、学生工作部、校团委、学生宿舍管理服务中心、水电中心等单位多次对学生宿舍的安全进行检查，排除学生宿舍的安全隐患、确保学生在校生活住宿方面的安全。

3. 总务部同学校相关部门密切配合，完成好学校组织的各种大型活动，如毕业生离校、迎接新生、首届国际文化节、北京大学开放日、毕业生就业招聘会、奥运火炬接力、新年狂欢夜等活动，为这些活动提供后勤保障和服务，保证各项活动的圆满完成。

4. 本年度由于农副产品调价，学生食堂面临着很大调价压力，北京市教委多次召开会议研究部署此项工作，总务部同餐饮中心认真做好调价前的各项准备工作，调查涨价品种做出调价方案，了解周边院校调价情况，并在校领导的高度重视下，召开了各院系、学生会、研究生会等部门的相关负责人会议说明情况进行动员，对学生的补贴也及时到位，使我校的学生食堂价格调整工作有序的进行，保证了学校的稳定局面。

（卢永祥）

运行管理

继续完成“985”一期基础设施建设和改造项目的收尾工作，做好二期基础设施建设和改造规划，不断改善基础设施条件，提高保障服务能力。2004年总务部利用“985”项目资金、校拨维修资金、专项资金、总务系统自筹资金等总计1700余万元完成了以下基础设施建设和改造项目。改善了师生的工作、学习条件，提高了后勤保障服务的能力。

1. 供用电工程改造：投资300万元完成了学生生活区架空线改造工程，架空线全部落地；投资50万元对学生宿舍25、29、30楼供电线路进行了增容改造；投资30余万元对校内交流中心南侧等处路灯进行增补。

2. 学生住宿条件改善：利用暑期对所有毕业生房间进行了维修(1237间)；更换45～48楼西侧临街144个宿舍钢窗，改装为密封性较强的塑钢窗；投资近400万元，对部分学生宿舍家具进行了改造。

3. 学生食堂改造：投资160余万元对学一食堂进行了装修改造，同时安装了油烟净化装置；重新启用33楼开水房，改燃气茶炉为电加热茶炉。

4. 学生教学楼改造：对三教、四教的12间厕所进行了节能改造；利用假期对学生教室的门、窗、桌椅等设施进行了全面检修。

5. 学生浴室改造：学生浴室全部安装了节水设施，学生洗浴开始实行计量收费。

6. 校园环境整治：完成了理科4号楼、国际关系学院新楼周边的环境绿化工作；完成了水塔南至一体北的道路翻修工作；在万泉河给水困难的情况下，想办法给未名湖补水，保持未名湖景观。

7. 供暖工程：投资140万元调整改造了中关园留学生公寓供暖外管网；投资320万元调整改造了成府园区供暖外网；投资200万元改造校北区供暖换热站；投资对集中供暖锅炉房的设备进行了改造。

表7-59　2004年总务部基础设施主要工程或项目一览表

序号	工程名称	工程内容	投资金额(万元)	竣工日期
1	学生区外部电力线路改造工程	学生区安装7台箱式变电站，铺设9700米电缆，拆除原有电杆68根，旧架空线10000米	300	2004.8
2	部分配电设施改造工程	① 学生宿舍30楼配电改造 ② 蔚秀园平房危电改造 ③ 幼儿园危电改造 ④ 水塔换热站电气改造	65	2004.11

续 表

序号	工程名称	工程内容	投资金额(万元)	竣工日期
3	供暖外线改造工程	① 集中供暖锅炉房至水塔换热站高温管道全长 699 米 ② 集中供暖锅炉房至中关园留学生公寓总长 285 米	382.2	2004.9 2004.10
4	水塔换热站改造工程	安装 3 台板式换热器,9 台屏蔽泵,3 台配电柜和 2 台变频柜	154.8	2004.10
5	学生区 34 楼茶炉房改造工程	安装一台电热水炉及水处理设备,出水量达到每小时 1200 公斤	15	2004.5
6	学生宿舍维修粉刷 更换学生宿舍钢窗	① 14 栋楼共 1237 间宿舍 ② 45～48 楼共 144 间	151.5	2004.8 2004.10
7	教室楼厕所节能改造及桌椅维修	① 教室楼 12 间厕所安装便斗和节水器 ② 维修课桌椅 1620 件	15	2004.9
8	学生食堂改造工程	学一食堂维修改造 2037 平方米	176	2004.8
9	学生宿舍家具采购	① 组合柜 3474 套 ② 其他类家具 174 套 ③ 双层铁床 1526 架 ④ 单人铁床 426 架 ⑤ 椅子 3838 把	392.57	2004.9
10	学生宿舍床上用品采购	新生卧具 2780 套	86.1	2004.9
11	校内路灯改造工程	① 新建东门道路弯灯 8 套 ② 理科楼南路双火道路弯灯 5 套 ③ 朗润园湖边双火球灯 5 套 ④ 理科教室楼西侧多种草坪灯 29 组	30.25	2004.7
12	合 计		1768.42	

(王祖荫)

人事管理

1. 实行"老人老办法,新人新办法",建立和完善新的用工制度

根据《北京大学后勤社会化改革方案》中人事制度改革的政策,确定了北京大学后勤参与转制干部职工的人事管理办法,实行"老人老办法、新人新办法",建立了固定编制与流动编制、事业编制与企业编制相结合的用人机制,逐步实现了人力资源的合理配制。为培养一支年轻化、专业化、知识化的后勤管理技术队伍,改善后勤队伍结构,适应北大后勤社会化的要求,引进了一大批大专以上学历的企业编制人员。2004 年,总务系统又引进了 10 名应届大学毕业生,并进行了岗前培训。

2. 加强对临时聘用合同工的管理、培训,提高依法用工意识

后勤各中心实体在大量减少学校事业编制和固定编制人员的情况下,使用了大量的流动编制人员和各类临时工(各类务工人员)。一年来,总务部人事室在认真组织各中心人事干部和有关人员学习《劳动法》、《工会法》、《北京市劳动合同规范》和北京市各类社会保险规定的基础上,初步建立了临时工管理、培训和使用的机制,使临时工的管理更加科学化、规范化、制度化、合同化,充分调动了临时工的积极性和创造性。并认真配合水电中心、校园管理服务中心较好地解决了 5 个临时聘用合同工的劳动纠纷问题。

3. 加强人事室自身建设,努力提高总务系统人事干部的素质

一方面,提高服务意识、转变观念、深入实际,为各中心实体排忧解难;另一方面,加强了总务部人事室同各中心实体人事干部之间的交流与协作,建立了每月一次的例会制度,积极研究解决在后勤社会化改革过程中出现的新问题和新情况。再一方面,在人事干部中开展了"加强自身建设、树立服务意识"的活动,全面学习领会公道正派原则的内涵,即"对己清正、对人公正、对内严格、对外平等",把它做为人事干部的立身之本、为人之道、处事之基和人事工作的生命线。一年来,收到一定效果。

4. 认真负责、精心组织总务部系统职业技能大赛,建设保障服务队伍

根据北京市和海淀区的统一部署,北京大学开展了职业技能大赛。此次比赛,不受编制、年龄、职业技能等级的限制,在职职工和临时聘用的合同工均可报名参加。共有 57 个工种的 500 多名工人积极报名参赛,其中 7 个工种由总务部各中心来组织。通过初赛、复赛和决赛，总务部系统韩青山、李衍领同志为新世纪海淀首届职业技能大赛获奖选手，杨桂茹等6位同志为新世纪北京大学首届职业技能大赛获奖选手，韩青山等3位同志被评为北京大学2004年度岗位能手，同时餐饮中心还获得了此次技能大赛优秀组织奖。

（刘宝栓）

爱卫会办公室

开展灭蚊蝇灭蟑螂灭鼠活动，在食堂附近安装灭蚊蝇器，全校参与，人人动手，共同创造卫生的餐饮环境、整洁的居住环境、良好的校园环境，为把海淀区建设成为国家级文明卫生区做了大量工作。通过了市、区两级的多次检查，完成了各项创卫任务。

1. 全校230多座各类楼房进行灭蚊蝇消杀6次；

2. 对校内20多个食堂及食品制售单位进行灭蟑消杀18次；

3. 对学生宿舍进行集中投灭蟑药2次，暑期对维修改造后和新建的学生宿舍1681个房间进行突击灭蟑投药；

4. 安装灭蚊器8个，组织灭鼠监测并进行全校投药2次；

5. 接受市、区创建国家级文明卫生区大检查6次。

（于振清）

节能办公室

2004年是全国能源（电力、水源）紧张的一年，校节能办公室响应中央及北京市有关部门的要求，坚持协调、推广、宣传、监督的原则，协调学校各单位做好节电节水、保护资源、持续发展、支持绿色奥运的工作。

1. 用电运行管理。为保障学校教学科研及师生生活的正常用电，办公室协调水电中心强化管理、加强巡视、按期维修、保证运行。制定了停限电预案，向全校发出节约用电的号召。

2. 安全用电。办公室同学校学工部、团委、万柳学区、保卫部、水电中心、学宿中心等部门一起在春季、暑期和中秋国庆前组织开展了三次安全教育和安全检查活动，查找安全隐患，杜绝违章用电。

3. 坚持执行全校用水用电全额收费的市场运作机制，将节约能源纳入到市场经济轨道。2004年是执行全额收费办法的第三个年头，全校各单位及广大师生的节约意识、资源意识和环境意识有了显著提高，各单位的成本核算观念也进一步增强。全年水电费总支出为4256万元，总收费为4502万元，收支基本平衡，略有节余。

4. 加强节能宣传。积极完成各级政府、能源管理部门及市区节水办布置的节能宣传周、节水宣传周及推广应用节水器具工作，组织完成了市区有关部门在我校开展的“绿色奥运”节水宣传万名学生签名活动。还积极召开高校节能片组会，组织片组兄弟院校完成市教委布置的工作等。去年还积极配合建设部、市水务局、市节水办完成了自备井水质检测工作。

（王祖荫）

【餐饮中心】 1. 概况　餐饮中心是北京大学后勤服务实体，北京高校伙食专业委员会主任单位，北京高校伙食联合采购中心主任单位和中国烹饪协会团体会员。餐饮中心承担着北京大学师生日常就餐的服务和管理工作，员工850多人，年营业额6700多万元。中心实行独立核算、自主经营、自负盈亏，下设中心办公室、质检监督室、财务室、运行保障室、人力资源与培训部、生产采购部等6个职能部室，辖9个食堂（餐厅）。

中心坚持统一规划和定位校内餐饮服务，宏观调控，微观搞活，形成了突出学生伙食、坚持特色经营、多档次、多方式的格局。基本伙食食堂、风味餐厅、快餐厅、宴会厅、西餐厅、咖啡厅等各类食堂在校园内主次分明，良性互补，满足师生的不同饮食需求。中心所属的农园、燕南美食、艺园和学五等四个食堂是北京市教委首批命名的标准化食堂。中心通过实施“三级组织承担、两支队伍为主、两个品牌强化”的培训和“三级监控、人技结合”监督检查，确保饮食安全、产品质量与服务的规范。

中心有较强的管理技术队伍。中心主任崔芳菊同志系中国烹饪协会副秘书长、中国高校伙食管理专业委员会副会长、北京高校伙食管理专业委员会主任、北京高校伙食联合采购中心主任。中心副主任王建华为餐饮业国家职业技能竞赛裁判员、中国烹饪协会会员、北京高校标准化食堂验收专家组副组长。通过改革，中心形成了“不分校内校外，不论正式临时，注重实际能力”的招聘用人机制。45人的管理团队中，1/3具有大专以上学历，具有星级以上饭店餐饮经理任职经历的青年餐饮管理人才4人，全国烹饪比赛金牌得主8人，本科毕业生8人。中心建立了后备人才的招聘、培训、轮换实习制度，建设了扬州大学实习生培训基地，为中心的长远发展储备了足够的人才。

中心的硬件水平实现了厨房设备的不锈钢化、米饭生产的集约化、储存的恒温恒湿化、消毒的科学化、部分初加工的机械化，为饮食卫生的保证和伙食质量的提高奠定了良好的硬件基础。

中心管理制度规范严密，包括岗位责任制度、成本核算制度、集中采购制度、质检监督制度、例会制度等；运行机制高效灵活，包括人事上的全员招聘上岗机制、食堂管理上的经济指标机制、工程和设备采购上的招投标机制、劳资分配上的激励机制等。

设在北大餐饮中心的北京高校伙食专业委员会，在促进北京高校伙食部门的联系与联合、沟通高校伙食部门与政府主管部门等多个方面，发挥着重要的作用。作为后勤社会化的重要成果，由北京大学餐饮中心牵头成立的北京高校伙食联合采购中心已成功开展了四次北京高校伙食联合招标采购活动，吸引了几百家京内外大型主副食供应商。北京70%的高校从该招标采购会上采购所需的相当部分伙食原材料，实现了学校管理服务部门、师生和供应商的三满意。

2. 伙食调价　自2003年10月，粮、油、肉、蛋、菜等农副产品的价格持续上涨，给办伙造成巨大的压力和困难。餐饮中心通过联合采购、挖潜增效、加强核算、调整品种、扩大服务等多种方式，部分消化了伙食原材料涨价造成的亏损，保证了饭菜质量和价格的稳定。

学校于2004年10月18日上调伙食价格。学校通过召开中层干部会、学生代表座谈会和教职工代表座谈会，向师生进行了充分的宣传、沟通和解释工作。学校指导餐饮中心制定了《关于我校伙食调价的宣传提纲》。

北大伙食调价严格做到“先补助、后调价”。学校将国家原定给予食堂的补贴全部发放给经济困难学生；同时将补助学生的覆盖面从在校生的总数5%扩大到20%。在调价范围和幅度上，主食价格低于北京市指导价，肉类食品执行北京市的指导价。

餐饮中心全力做好伙食调价的具体落实工作，做到组织、措施和技术“三落实”：成立专门工作班子，对调价涉及的范围进行严格的成本核算，统一投料标准和核算方式，统一生产操作标准，明码标价。坚持集中采购，确保原材料符合“QS”（质量安全）标准，尽可能降低成本；及时公布采购价格，增加透明度。强化食品卫生意识，规范卫生措施，加大监督检查力度，做好食品卫生和安全工作。中心还制定了主食各调价品种的重量和售价标准，培训了操作人员，统一更新了售饭工具；配备了公平秤，欢迎师生对饭菜的分量进行监督。

为保证低消费学生的饮食营养，餐饮中心采取了两大措施。一是确保低价菜、免费汤和免费调料的供应；二是实行“两个不涨”：其一是1.5元以下的低档菜价格不涨，同时提高质量、丰富品种；其二是水煮鸡蛋、豆浆等保证学生基本营养的食品价格不涨。

3. 开展ISO9001国际质量体系认证和国家卫生A级量化管理申报工作　经“恩格威质量体系认证中心”组织的验收评审，餐饮中心获得ISO9001国际质量管理体系证书。

中心积极参加国家卫生系统倡导的食堂A级量化管理申报工作，2004年年底，学一食堂获得“A级食堂”挂牌，其他食堂正在建设之中。

4. 加强沟通，深化服务　2004年，餐饮中心年底与校学生会、研究生会合作，建立了食堂监督员队伍，首批8名同学受聘上岗，直接参与到伙食服务的监督工作中。

暑期，将学一食堂进行装修改造，提供公用餐具。中心对学一食堂的员工工资和公用餐具费用进行补贴，确保学生得到伙食价格上的实惠。

年底，支持校学生会评选“十佳菜肴”活动。

5. 强化技术培训，加强队伍建设　将技术练兵与参加比赛相结合，锻炼队伍，展现水平。4月16日，餐饮中心代表队参加第五届全国烹饪技术比赛团体赛，以主题为“展百年北大风采，创餐饮服务精品”的“百年燕园”展台获得金奖。

6月中下旬，中心组织技术队伍参加北京市、海淀区“首届新世纪职业技能大赛”，中心243名职工参加比赛，55名职工取得复赛资格，2名选手分别获得海淀赛区中式烹调第一名和中式面点第二名，3名选手获得北京大学2004年度岗位能手荣誉。餐饮中心获得北大职业技能大赛优秀组织奖。

12月，中心在员工中开展食品卫生、伙食管理、服务标准、财务、安全、ISO9001国际质量管理等12个方面知识的综合性强化培训，100%的员工参加培训。按部门随机抽取20%的员工（即170人）进行考核，考核人员全部合格，优良率达到61%（百分制80分以上）。

6. 做好安全工作　安全工作在餐饮管理工作占有特殊重要的位置。2004年，餐饮中心在确保安全方面做了大量工作。

其一，强化对安全工作的领导。由中心主管伙食业务副主任王建华担任安全主管领导，将安全工作与日常伙食业务紧密结合，调整了安全管理组织，完善了逐级安全责任制和岗位安全责任制。

其二，加大安全方面的资金投入。利用暑假对食堂排烟、排污、通风系统与机械设备进行全面维修保养，夯实安全工作的物质基础。加强油锅、天然气、排烟系统等重点部位的安全防范，成效明显。

其三，在食品卫生安全上，中心严格贯彻《食品卫生法》，严把采购关、验收关、加工关、制作销售关和冷荤关，强化监督检查，创造了47年未发生群体食源性疾患的佳绩（1958年至今），确保了师生的饮食卫生和身体健康。

7. 后勤社会化取得新发展　在学校支持下，总务部和餐饮中心共同管理的水厂顺利注册成为北京大学全资的“燕园泉饮品公司”。

中心还发挥管理上的优势，与中国烹饪协会合作，开展面向全国高校餐饮系统的培训。暑假期间与中国烹饪协会培训交流中心、北京高校伙食专业委员会联合举办了首期“全国高校餐饮管理培训班”。来自全国28所高校的76名饮食中心负责人和部门经理参加了培训。教育部后勤改革处处长朱宝桐、北京市卫生局副局长梁万年、中国烹饪协会副会长兼秘书长杨柳和北大知名教授等担任教师。

（李　振）

【水电中心】 供电运行　北京大学110KV变电站和6所开闭站是北大“985”计划重点工程，于2003年年底全部投入使用，新站自动化程度高，整个二次控制系统全部采用清华紫光公司的DCAP3000系列微机综合保护系统，取消了原有的中央集控台，全部采用微机监控界面。在2004年运行中严格执行中心制定的各项规章制度，全年共向学校输送电量约6060万度，全年8760个小时无一次人为原因造成全校停电。随着110KV电站的建成及电网改造的完成，电管科对电网维护的重点做了调整，加强了对电缆管沟及隧道的巡视及管理，多次给电缆管沟及隧道抽水及通风，使沟内保持清洁，并检查沟内地线是否良好。电管科利用先进的电缆故障检测仪迅速地找到故障点，及时抢修，处理电缆故障数次。同时电管科还对家属区线路进行了调整并加大维修力度和线路巡视。对全校建筑防雷、避雷器51处509个点进行了检测，增设了避雷设施.面对日趋严峻的电网运行现实，中心领导和技术人员对校园电网运行又进行了深入的研究，自筹资金13万元，建立10KV校园电网的中心集控系统。在总务部的大力支持下，电网的中心集控系统调试成功，并顺利投入使用。该系统搭建校内水塔开闭站的一套校园电网中心监控系统，对校园10KV开闭站、高压配电室进行全方位的实时、动态监控，通过采用全天值班运行和巡视相结合的管理模式，24小时对校园10KV电网进行监控管理。中心集控站的建立为北大提高供电质量、节约电能创造了有利条件。

N年～N年供水运行　北大供水系统采用ABB公司的ACS600变频控制系统通过对水管网压力的测控实现水泵的起停调配学校水的流向，自动化程度比较高，中心派专人负责控制系统的管理，对各水井的水压、流量、电流和频率进行远程监测和控制，实现了水网的远程自动化监测。同时加强水井的巡视和检查，及时了解水井的运行情况，有问题及时处理，确保学校正常用水，2004年全年共向校内供水303万吨。随着设备运行时限的延长，部分设备已经出现坏损现象，2004年先后更新了畅春园水泵、燕北园水泵，并对畅春园泵房、五四泵房的消毒设备进行了检修，为教学科研提供了安全稳定的用电环境。

水电收费　水电收费科负责全校近千户公用单位：7300多户居民；25栋学生宿舍楼；近5000户IC卡售电户的查表、售电、输电、收费及水电表维修管理工作。2004年水电收费科在中心的领导下，面对水电费的多次调价，通过广大职工的努力较好地完成了2004年的水电收费、水电表维修及服务工作。2004年用水量为303万吨；用电量为6060万度，全年水电费总支出为4256万元，2004年总收入为4502万元，与2003年的收支相比基本持平。

窗口服务　水电中心服务窗口多，如水电零星维修、水电收费等，直接面向全校师生员工。在日常工作中开展服务行为学习、创优质服务、建文明窗口活动，完善落实零修和水电收费窗口的各项管理办法，回访制度等到个人。所有零修基本上都能在当天完成，维修服务车作为一项制度保留下来，主动上门服务，配合零修班组进行各项维修服务，基本上杜绝了报票维修不及时的现象。全年完成水电零星维修26436次，更换、维修灯具，疏通上下水管道，保障了教学区、宿舍区、路灯的照明及上下水通畅。中心还承担了理科楼、光华管理学院、生命科学学院、理科四号楼的水电维修服务，主动参与学校工程建设，全年完成水电工程85项，上缴总务部103万元。

（张岩清）

【供暖中心】 概况　2004年引进了两名大学毕业生，人才的引进使供暖中心的技术力量得到了加强，人员结构趋于合理。2004年6月中心组织职工参加了“新世纪北京首届职工技能大赛”北大赛区的比赛，并承办管工和司炉工项目的竞赛。

党支部工作　2004年，中心党支部在具备入党条件的积极分子中发展了3名新党员，党支部同时还组织党员和入党积极分子参观狼牙山，接受革命传统教育。随着新党员的增加，中心党支部已有21名党员，为了更好地开展工作，于2004年10月经后勤党委批准，原中心党支部分成了二个支部，加上一个退休支部，组成了中心分总支。

供暖、浴室工作　2004年随着学生区38楼、国际关系学院大楼相继建成启用及学生区拆除39、41、42、43楼后，新增供暖面积103426.87平方米，供暖总面积达到1397982.77平方米。由于供暖面积的增加，供暖运行总经费达到2453万元。在中心职工的共同努力下，供暖中心被北京市评为2003～2004年度供热先进单位。2004年煤炭价格上涨，为了保证冬季供暖用煤需要，中心与学校有关部门密切配合、充分协商，经过实地考察，确定了煤炭价格，圆满地完成了储煤工作。学校大浴室及万柳浴室职工不断提高服务质量为师生员工提供了优质的服务。

改造工程　由于国际关系学

院大楼建成和中关园留学生公寓的开工建设，用热量将有很大的增加，现有的通往学校水塔换热站、中关园的供热管线和水塔换热站已不能满足需要，必须进行增容改造，为此学校投资500万元更换了供热管线，改造了水塔换热站。根据学校节水的要求，供暖中心已于2003年7月，对万柳浴室收费系统进行改造，人均用水量从大约300升/人次下降到了少于100升/人次，而总的耗水量则从原来的每天100多吨下降到了40吨左右。根据万柳浴室改革的经验和效果，中心于2004年2月利用春节放假期间，对学校学生浴室也进行了节水收费系统的改造。在每个喷头上安装了节水控制器，洗浴者通过使用洗浴卡控制开停水，达到了节水的目的，同时取消了学生澡票，发放IC洗浴卡，采用计算机计费，方便了学生，提高了管理水平。

（翁正明）

【学生宿舍管理服务中心】　概况　燕园校区有学生宿舍楼22栋、3855间学生宿舍、建筑面积11.7万多平方米，住宿学生约计13800人，从事管理服务工作人员有184人。

提高管理水平　采用专题教育辅导、知识竞赛、赴革命老区实地考察学习等形式，深入学习贯彻党的十六大精神。继续加强党风廉政建设，认真落实党风廉政责任制，加大从源头上预防和治理腐败问题的力度，不断增强中心党员干部的防腐拒变能力。继续完善学生宿舍管理制度，抓好服务窗口建设，努力提高办事效率。不断改进服务态度，提高服务质量。

暑期送旧迎新工作　2004年暑期有本科和研究生毕业生4148名，分别住在13栋859间宿舍内。各毕业生楼管组根据学校关于毕业生相关工作安排通知的精神，分别召开楼委会、出板报做宣传动员工作，并以“楼长寄语”等形式向毕业生提出倡议：“以文明的举止、做好文明离校工作、以真情回报母校培养”。6月21日全体毕业生按照学校的统一安排，秩序井然顺利的踏上了新的征程。7月30日，万柳1443名研究生顺利入住校园研究生公寓楼。8月10日，38、39本科生新公寓楼竣工交付使用，中心用12天就完成了438间新公寓楼1752套家具及876架双层床的运输组装。8月28日组织相关人员协助总务部完成了2800件套学生床上用品的配送。迎新期间中心家具科共为学校各部门配备家具1956件。

宿舍精神文明建设　根据学校关于“强化安全防火意识、消除不安全隐患、美化宿舍环境”的指示精神，5部处对22栋楼3855间学生宿舍进行了安全秩序、卫生环境的专项联合检查。荣获“文明卫生宿舍”标兵称号的宿舍累计有950间，住宿同学3000多名，荣获“文明卫生宿舍”称号的宿舍里的每位同学奖励洗衣卡一张，在学生洗衣房可免费洗衣8次。本年度累计出资96474元用于表彰奖励荣获“文明卫生宿舍”标兵的同学。

信息化管理　2004年，北京大学实行数字迎新，中心为配合学校的信息化建设，更新了一批性能差、效率低的计算机设备。暑期万柳2002级研究生回迁燕园，第一次尝试采用了计算机分配宿舍。

深化“全心全意为同学服务”意识，加强与同学交流　为更好地将“全心全意为同学服务”落到实处，中心首先利用网络多次在BBS校长信箱，三角地等版面对同学提出的有关学生宿舍的一些问题进行及时回复，在第一时间解决了同学们的困难。在遇到涉及学校其他部门的问题时，主动帮助协调解决。同时中心也加强了与部分学生社团的合作，中心与书画协会合作“我爱我家”楼道美化项目已经正式启动，活动由书画协会提供优秀作品，中心统一进行装裱，用来装饰、布置楼道，美化环境。该项目第一批试点宿舍楼36、37楼现已完成。在日常的工作中，中心与学生“两会”保持着密切联系，及时了解同学们所需所想，使服务工作更加贴近同学们的需要。

（宋　飞）

【校园管理服务中心】　校园管理服务中心下设中心办公室、财务室、绿化环卫服务部、保洁服务部、茶饮服务部、收发室、订票室等7个职能部门。2004年中心共有正式在岗职工66人（其中全民所有制职工36人，集体所有制职工30人），临时工185人，退休职工277人，代管职工12人。主要承担校本部的绿化养护、绿化新建及改造工程，校园、公共教室及部分办公用房的清扫保洁，校本部报刊、杂志订阅及信件报刊的投递，饮用开水的管理和供应，寒暑假学生返家车票和日常师生出行的火车票、航空机票的预定，部分送旧迎新的工作。

园林绿化工作　2004年园林绿化完成校本部82万平方米的绿地草坪、6万余株乔灌木、2.5万延长米绿篱、514株　、二级古树的日常养护管理工作，并完成博雅塔南侧、勺园7号楼（原煤场）、8～13公寓停车泊位及部分驳岸的整修、生物东西馆西北山体护坡，校园西北角万泉河进水口泊岸整修及新建进水闸一座、学生区45楼乙、理科4号楼周边绿化、学生区36～37楼周边绿化、燕南园53号院绿化、文博院泊岸修复等10项绿化改造、新建工程。2004年补植、新植乔木242株，灌木2071株，铺装草坪16917平方米，大叶黄杨3289株，早园竹200株，宿根花卉600株，回填土方1450立方米，甬路铺装100平方米，整修恢复青石泊岸527延长米。北京大学200号荒山义务植树日常管理与养护3505亩，栽植幼苗5000株，抚育野生乔木 900 余株，修剪侧柏 110000 株，一树一坑（护树坑）103500 株，其他抚育及割灌 60000 株坑，修割防火道及山间小道 136000 平方米，全年护林防火未发生火灾险情。

环卫、保洁工作　中心负责全校室外清扫、保洁面积 60 万平方米；公共教室 212 间，座位 17326 个，清扫保洁面积 33976 平方米，负责公共教室 15 台饮水机的维修管理工作；扩大有偿服务范围，保洁单位增至 39 家，面积 73288 平方米；全年清运生活垃圾 3650 标准箱，粪便清运清掏 800 车，清运树枝及无人清运的垃圾 1300 余车，对校本部校园内 130 个果皮箱进行了更新，外筒采用铸铁材料，内筒使用高密度 PVC 材料制作。

其他工作　2004 年共分拣、投递信件 252000 封、挂号信 144000 封、报纸 162000 份、杂志 39600 本、外信 39600 封、印刷品 270000 斤、外刷 72000 斤。预定火车票 7738 张，飞机票 620 张，完成寒暑假学生返家车票 12483 张。饮用开水供应 11175 吨/年，日供水量 41.6 吨，所有锅炉房都安装了水处理器，并对水、煤气的使用量实行按月计量。为毕业生离校行李托运 3700 余件，2004 年 8 月 30、31 日，开展迎新工作，在两站（北京站、西客站）设立迎新站，发放新生行李 1960 件，接待新生到校学习。

（刘凤梅）

【运输中心】　2004 年，投入运营车辆大客车 13 辆、中小旅行车 6 辆、小客车 17 辆。运行公里 120 万公里，承接了学校接新生、两会代表接送、附中网校、汉语桥、大学校长论坛、万柳学区夜间班车、教工住宅区班车等较大的运输任务。2004 年，运输中心认真落实《中华人民共和国道路交通安全法》，开展宣传教育，提高职工安全行车和遵法守法意识，坚持安全制度管理和安全措施落实不松懈，2004 年年底，运输中心再度被学校安委会评为北京市交通安全先进单位。

2004 年，运输中心根据整体车辆状况，进行了及时调整。中心接收了成教文理学院和北大附中闲置大客车（柴油）3 台，淘汰了 3 台高油耗的汽油京通大客车，在学校和总务部帮助下新购置了 2 台高档金龙大客车和一台高档四川金牛考斯特面包车，经过车况调整，提高了车辆质量和车辆使用效率，降低了运营成本，适应了学校各方面的用车需求。

2004 年，运输中心在运输服务工作中，坚持用《服务承诺制》监督落实各项服务内容，出车准时率、服务态度、服务语言、服务环境、车单和收费要求等与往年相比有较大提高。司机自觉服务意识逐渐建立，有效提高了服务的内在质量。调度室主动与用户协调沟通，减少了服务盲区。2004 年，运输服务工作整体水平，达到了服务承诺的要求，用户满意度和投诉率达到规定标准要求。

2004 年，运输中心积极参加《北京市新世纪杯职工技能大赛》，共有 13 名职工报名，在学校初赛基础上 4 名职工参加了海淀区复赛，通过参赛推动了职工学习技术的积极性，提高了驾驶员队伍职业技能水平。

（牛林青）

【幼教中心】　幼教中心现有教职员工 118 名，其中在编职工 50 名，流动编制 3 名，外聘人员 65 名。幼儿全日制、寄宿制教学班 25 个，包括大、中、小、托四个年龄班，两个蒙台梭利实验班，一个亮博士班（专门针对弱视幼儿的治疗与教育）。共有入托幼儿 700 余名。其中教职工子女约占 60%，三代子女约占 20%，外单位儿童约占 20%。中心在满足北京大学教职工子女入托的情况下，积极接纳社会人员子女入托，充分实现了教育的社会服务功能。

完善用人制度　深化师资人事制度改革，幼教中心在固定编制人员减少，外聘人员增加的情况下，人员结构从年龄、学历、能力等方面趋于合理并形成梯队。工作效率、业务水平、保教工作水平显著提高。

实行全园聘任制，采取优材优用，优劳优酬的原则，基本做到人按岗定，薪随岗动的岗位奖励机制。目前，幼教中心凝聚了湖南、福建、四川、甘肃、河北、湖北、北京市等来自全国各地的学前专业专科以上学历的优秀人才，确保了师资队伍的专业化和年轻化。

顺利通过北京市教委“早期教育示范基地”的验收工作　作为北京市“一级一类”幼儿园，幼教中心在北京大学海淀区、各级领导的关心和帮助下，利用自身的教育优势，在社区中开展了丰富多样的早教宣传活动，向社区宣传科学的早期教育，这将作为中心全年以及今后工作的重点。2004 年，通过了北京市教委“早期教育示范基地”的验收，12 月 22 日接受正式颁牌，成为社区科学早期教育的宣传窗口。

开办全国首家“亮博士弱视力培训班”　2004 年 10 月 25 日，在北京大学幼教中心成立“亮博士儿童弱视训练实验班”。目的在于运用北京大学人民医院眼科专家的医学优势与北京大学幼教中心的教育资源，选择最佳治疗年龄段，用游戏化的方式，用科学有效的方法，为眼部存有疾患的儿童，提供一个接受系统、科学的治疗与训练的儿童场所。“亮博士班”的开办，得到了北京保教协会张彪会长，海淀区学前科杨宝玲科长，北京大学人民医院王吉善院长和我校副总务长张宝岭等领导的高度评价。

拓宽家园沟通渠道，加强家园信息交流　中心开辟了多种形式的家园沟通渠道，共同促进幼儿的全面发展。中心、分园、班级逐级建立幼儿家长委员会,充分实现家园沟通。每月、每周固定的“班级家长接待日”、“园长接待日”,让家长与教师和园方有了更多的交流机会。在园幼儿人手一册“幼儿家园联系本”,针对每一个孩子的实际发展情况,展开教师与家长间的教育交流和探讨。利用便捷的北大校园网络,设立“幼教中心BBS讨论区”,使幼儿园的信息能够及时向家长宣传,同时获得家长对幼儿园工作的及时反馈。开展各种亲子活动,如:亲子运动会、幼儿半日活动开放、迎新年大型游艺活动等,邀请家长参与其中,使家长全面了解幼儿在园生活和学习状况,增加家园之间的配合及交流。

以教科研活动为依托,提高教师整体素质 在《规程》、《纲要》的指导下,中心积极落实新观念,全面推进课程改革。鼓励教师用新的教育理念去观察儿童、了解儿童,让儿童愉快地学习、快乐地发展。

结合幼教中心的发展特点,从理论上和实践上尝试建立新型的网络式综合主题活动课程。在教育教学活动中突出整体教育的思想,突出儿童的主体性,使儿童在参与活动过程中得到发展。

积极开展教科研工作。从实际出发,研教师所需、补教师所缺,指导教师在理论与实践的结合上寻求途径与办法,最终提高教师的教育实践能力,达到促进儿童和谐发展的目的。为此,中心积极参加了国家、北京市的教研课题工作。如:国家课题《生态式艺术教育》、北京市课题《做中学》、海淀区课题《社区儿童早期教育》等,并获得初步成果。

积极推动中心科研工作,承办“全国生态式艺术教育课题研讨会”,迎接来自全国各地的课题组教师的观摩、指导。

开展形式多样的园本培训,大力提高青年教师的全面素质。中心外请专家入园,利用业余时间对青年教师进行舞蹈、写作、绘画等方面的技能培训。鼓励教师积极参加市、区各级各类教学工作评优活动。2004年9月,幼教中心5名教师被评为海淀区骨干教师,1名教师评为北京市骨干教师。在北京市工人技术大赛中,幼教中心1名保育员获得海淀区赛区第一名,另有6名保育员分获海淀区赛区第二至第六名。发挥骨干教师的作用,带动全中心其他教师的进步。中心开展了一系列活动来提高教师的业务技能及教学实践水平,如:“骨干教师教学观摩展示活动”、“教师音乐活动展示”、“教师户外体育活动展示”、“教师美术技能作品展”等。

参加各种社会公益活动 中心组织幼儿、家长积极参加由北京市教委、北京市科普协会,在西单科普画廊联合举办的“保护生态环境”的展览活动。孩子们与教师、家长一起利用废旧材料,精心制作了展示橱窗,号召人们要学会保护自然,爱护环境。

中心还积极配合全国妇联,开展“心系好儿童”活动,组织全中心孩子参加,荣获中国妇女联合会“心系好儿童”示范基地称号,并于2004年9月份正式颁牌。

丰富的社会公益活动,帮助孩子们增长了知识,锻炼了社会交往的能力。

大力开展幼儿安全教育 配合全面安全工作的开展,中心重新制定修改了各种安全预案,并在儿童、教师中进行有关“安全”的主题教育活动,开展了日常生活自我保护教育以及防火演练、逃生训练、防范伤害知识教育等,大大提高了幼儿及教师的安全意识和安全保护能力。

完善园所条件,开展“科技创安” 2004年,中心加大了在环境、设施、教学设备等方面的资金投入,为教师备课室添置了新的办公桌,财务室、医务室添置了计算机,增加相适应的专业软件,提高办公效率。并投资安装建设燕东园内路灯,改造蔚秀园电路等,使幼教中心国有资产从2003年的127万元增加到2004年的141万元。比2003年提高11%。同时,还加大了在幼儿园安全方面的投入,开展“科技创安”工作,将幼儿园的安全工作与先进的科学技术结合起来,保障在园幼儿的生活和学习安全。

后勤工作卓有成效 中心后勤工作也取得了进展。幼教中心荣获“海淀区卫生局幼儿卫生保健示范幼儿园”的称号,后勤儿童食堂通过卫生部门的严格检查,达到“A”级餐饮标准,并于2004年12月28日接受正式颁牌。

党团支部发挥战斗堡垒作用 2004年年底,幼教中心党支部共有党员25名,其中今年新发展的党员4名,临时工党员1名,平均年龄39.5岁。在北京大学校党委、后勤党委的领导下,支部积极开展工作,注重发挥党员模范带头作用,党员同志在各个工作岗位中都发挥着业务骨干的作用。今年有5名党员被评为海淀区骨干教师,2名党员被评为后勤系统优秀党员,幼教中心党支部被学校评为北京大学先进党支部。

支部重视政治思想工作,组织党员干部深入学习党的各项规章、制度以及思想精神,定期召开支部民主生活会,开展批评和自我批评教育,用“三个代表”的理论要求自己,不断提高党性教育。支部还组织全体党员红色之旅——参观延安革命圣地。通过活动激发了党员的爱国热情,努力进取的精神。同时也增进了党员之间的交流,增强了党组织的凝聚力。抓好党团支部的模范带头作用,进行党团支部成员“带徽上岗”活动，增强党团的影响力，密切党群关系，形成团结奋进的良好风气。

（余　丽）

【电话室】 电话室有正式职工16人，务工人员3人，设有业务、线务、收费、查号、文印五个班组，担负着北京大学的电话通信保障任务。

2004年，受理各类电话业务2100宗，维护电话电缆2.4万米，校内电话11000部，校园卡电话5000部，查修各类电话故障750个，新装校内电话930部，校园卡电话470部，迁移电话600部，免费维修电话机60部，新增电话电缆2000米，新安装电话宽带(ADSL)500部，配合学校电网和闭路电视网改造、改建电话线路800米，收固定电话费12万户次，移动电话费7200户次，小灵通电话费1000户次，IP长途电话费4.8万户次，接受电话业务咨询2500人次，为适应信息多元化，把最新的电话信息及时发布到校园网上和闭路电视上。

（马红梅）

【后勤党委】 1. 为学校提供可靠的后勤保证

2004年，后勤党委按照学校党委关于理论学习的安排和要求，一方面围绕学习教育内容，组织各种座谈会、报告会；另一方面，组织党支部书记和优秀共产党员到延安、井冈山和韶山等地进行学习考察，组织党员和积极分子参观反映革命传统教育和反映改革开放以及现代化建设新成果的展览。另外，后勤系统各中心纷纷在校园网中建立了自己的主页，通过网络，加强了服务者同被服务者的沟通，让全校师生了解后勤、使师生员工明白后勤管理部门和实体的职责，知道自己生活中遇到了问题应该找谁，谁能为他们解决工作、学习、生活中出现的困难。

2. 加强党支部建设和党员、干部队伍建设

(1) 加强党支部建设，提高党支部活动的实效性。

首先，后勤党委认真贯彻落实《北京普通高等学校党建和思想政治工作基本标准(试行)》，并根据《基本标准》的要求，进行了对照检查，从中总结经验、找出差距，制定整改措施寻找适合后勤党支部建设的途径和方法，使党支部工作进一步制度化、规范化、科学化。其次，后勤党委始终把基层党支部的建设放在首位，坚持从后勤的实际出发，指导党支部创造性地开展活动，在2003年开展的“主题党日”活动的基础上，继续开展和组织各种活动。最后，按照学校党委关于评选优秀共产党员和先进党支部的要求，后勤党委结合两年一次的评优工作，开展了“争优创先”活动，并评选出幼教中心和会议中心2个校级先进党支部和餐饮中心等6个后勤级先进党支部，评选出8名校级优秀共产党员和25名后勤级优秀共产党员。

(2) 做好党员发展工作，促进队伍壮大。

在党员发展工作上，后勤党委遵循“坚持标准、保证质量、改善结构、慎重发展”的方针，一年来发展了11名党员。目前，后勤申请入党并参加过学校党校培训的积极分子达93人，并做到每个积极分子都有明确的联系人。

(3) 加强离退休党支部工作，充分体现党组织的关怀。

后勤党委现有党员中离退休党员有180多名，占后勤党员数的近二分之一。根据这种情况，后勤党委和各分总支部、党支部都非常重视加强离退休党支部的工作，将此纳入党委日常工作，使离退休党员凝聚在党组织周围。

3. 进一步加强党风廉政建设责任制

在思想建设上，一是组织党员干部认真学习《中国共产党党内监督条例(试行)》、《中国共产党纪律处分条例》和中纪委全会精神，配合校纪委做好党风廉政建设活动月活动，并根据校纪委《关于在我校全体党员中进行党纪条规知识测试的通知》，认真组织后勤党员参加了党纪条规知识测试活动。二是开好反腐倡廉民主生活会，后勤党委根据北京大学《关于转发中共北京市纪律检查委员会、中共北京市委组织部〈关于开好2004年领导班子党员干部民主生活会〉的通知》精神，认真组织后勤系统各单位结合学习“两个条例”，按照胡锦涛同志提出的党员干部队伍中存在的突出问题的“十种表现形式”和中纪委三次全会提出的“四大纪律”、“八项要求”，逐条进行对照检查，并围绕勤政廉政、服务师生员工、后勤社会化改革、创建世界一流大学、贯彻“三重一大”制度，树立科学的发展观和正确的政绩观，查找领导班子不足和个人的思想差距，开展批评和自我批评，使后勤党员干部进一步树立了正确的世界观、人生观、价值观、权力观和利益观。

在制度约束上，后勤党委统一领导，督促后勤各单位，制定和完善了本单位的《党风廉政建设责任制》，明确了各单位党风廉政建设的责任人，党员干部签订责任书，使党风廉政建设有了组织保证。在基建工程与大型采购中，后勤党委配合基建工程部和总务部等单位，在前几年实施“阳光工程”的基础上，要求所有维修改造及新建工程，必须实行工程预决算制度、重大项目审批制度、项目经理人制度、工程招投标制度、合同制和监理制。

4. 积极关心和支持后勤团委工作

一是建立健全团组织。根据后勤团员青年的状况，后勤党委重新组建了新一届后勤团委会，并将后勤各单位团支部调整为6个。

二是发挥后勤团组织的作用,围绕“服务后勤工作和服务后勤青年”两大主题,在后勤团员青年中开展了“爱国、爱校、爱岗”教育活动。三是支持后勤团委开展适合青年特点的活动,组织团员青年参观了卢沟桥抗日战争纪念馆和“庆祝中华人民共和国成立55周年卡拉OK联欢”等活动,增强了后勤团员青年之间的沟通和交流。

(刘宝栓)

医学部后勤工作

【人事工作】 干部考核竞聘 2004年6月底至7月初,医学部中层领导换届竞聘选举,宝海荣当选后勤与基建管理处处长,韩仁广、陈斌斌任副处长,新一届行政领导核心确定。9月下旬,管理处各办公室主任、副主任竞聘上岗;11月中旬下属各实体中心主任、副主任竞聘上岗。后勤与基建管理处新的领导干部组成。为了公开、公平、公正的进行考核评议与竞聘工作,在后勤范围内共下发测评表370多份,先后有124人参加了实体工作考核汇报会,290人参加了实体主任竞聘答辩会和实体副主任竞聘答辩会,到实体组织测评、谈话和接待来访230余人。

临时工管理 为了加强对临时务工人员的管理,印制了《北京大学医学部后勤与基建管理处临时务工人员登记表》,全面掌握临时务工人员的情况。此外,在全年的考核工作中,要求各实体按照正式职工的标准对临时务工人员进行考核,建立考核档案。针对临时务工人员的情况,研究制定了集中管理临时务工人员办法,在工资、保险、住宿、培训等方面提出要求,制订工作计划。

【机构调整】 2004年6月8日,校舍维护中心与热力供应中心合并,成立新的校舍维护中心;2004年9月13日医学部第27次部务会决定医学部医院由后勤与基建管理处管理,聘任李海峰为校医院院长;2004年10月15日北医(2004)人字16号文件批准后勤与基建管理处增设规划办公室,定编3人。2004年11月成立规划办公室,任命吉慧鸿为办公室主任。

【制度完善】 建立办公室、实体主任竞聘上岗制度,拟订实体主任考核办法和测评表;建立和完善各类会议制度:处长办公会制度、处长协调会制度、党政联席会制度、医学部主任协调会制度、党委会制度、实体主任办公会制度,并建立了相应的印制会议纪要的制度;为了规范管理处及各实体的经营支出,制定了后勤与基建管理处及各实体经费管理办法。

【基建工作】 投资计划与完成 教育部2004年,下达医学部中央财政预算内投资计划10547万元,调减投资1609万元,完成投资8938万元;自筹资金计划2004年年初下达计划9965万元,调减投资1609万元,实际完成投资8356万元。施工工程建筑总面积76807平方米,新规划设计建筑总面积30589平方米。

新建工程 (1)研究生公寓,建筑面积43277平方米,工程于2003年8月20日开工建设,2004年6月15日结构正式封顶,现工程已完成外装修工程,内装修完成70%,工程预计2005年7月20日竣工。(2)教学大楼,建筑面积33530平方米,工程施工及监理经公开招标,北京住总第六工程有限公司施工,泛华工程监理公司监理,2004年11月26日工程开工。计划2006年5月30日竣工。

规划设计 (1)学生综合服务大楼:计划建筑面积20000平方米,高度18米,地上4层,地下2层。工程正在进行设计方案招标。(2)城内学生宿舍:建筑面积10589平方米,地上3层,地下2层。工程设计方案招标阶段。(3)8、9、10号楼家属区改造项目,正在进行方案上报工作。(4)运动场改造项目工程设计方案招标。

【房地产管理】 房屋、土地固定资产管理 根据基建提供的房屋拆建移交单,对房屋固定资产的增减及时入账。2004年账上面积增加5号楼学生宿舍楼23429平方米、26号楼17759平方米,药学楼接建面积1781平方米。

房改工作 根据医学部有关文件规定,为1041人兑现了不同类别的住房补贴,总计支出3648万元住房补贴款。为医学部97号、25号楼集资、安宁庄3号楼和23号楼农转居办理并下发了578份《房屋所有权证》。

住宅管理 落实《医学部关于旧房调整有关问题的通知》和《调房协议》精神,为符合规定的29位职工办理了住宅由高层向低层调整的手续。为97名职工办理了西二旗购房手续。完成了羊肉胡同拆迁的协调工作。完成了索家坟房屋的接管工作。

【能源运行】 概况 在确保全校房屋、水电、气暖运行和维修的基础上,还完成了学校基础设施改造中小型工程近20余项。

节约能源 硬件设施方面:完善和改造设施设备,安装计量水表260块、电表1480块;改变了学校办公、教学区与家属区居民用水一直混合计量收费的状况;清理跑冒滴漏的地方。浴室水控计费系统改造,将原来的脚踏式全部更换成智能射频IC卡收费管理,投入使用120个喷头。供水主干线调整,水泵房改造,家属区全部改自来水。对供电线路进行改造,安装电卡表、调整楼内公共部分线路、全校更换路灯59套。软件管理方面:加强管理、综合分析、提高技能、细化维护、降低成本,在全校范围内大力宣传节能,加大巡查力度，防止跑冒滴漏，降低了消耗，圆满完成了供电、供水任务。通过以上种种措施，相对 2003 年度，为医学部节约水电费近 300 万元。

【后勤服务】 “5999”热线　为了更好地服务于医学部师生员工，2004 年 9 月 1 日，后勤与基建管理处开通 5999 24 小时服务热线。针对水、电、气、暖以及住宿、餐饮、维修抢修等问题，后勤各部门协调服务、以最快的方式帮助解决。方便了医学部师生员工的工作、学习和生活。

草岚子学生宿舍　2004 年 7 至 8 月间更新了 201 套新式铁上下床，配合校舍维护中心完成了草岚子学生宿舍区维修项目，改善了部分学生的住宿条件。

学生食堂　2004 年上半年为学生食堂更换了房屋顶棚、粉刷了墙壁，并把食堂的 14 个旧钢窗更换成整洁卫生的塑钢窗，新开辟出一间 20 平方米的餐具清洗清毒间，为保证饮食卫生安全、改变食堂面貌进行了硬件设施的改善，对学生就餐的跃进厅进行了全面的改造和装修。

（医学部后勤与基建管理处）

医 院 管 理

【主要医疗指标】 2004 年年末，北京大学的三所综合医院和三所专科医院，实有病床数 4599 张，年门诊人次 4666866，年急诊人次 424025，年出院人次 110690。三所综合医院的出院者平均住院日为 13.3～14.75 天，病床周转次数为 24.6～30 次/年。

【2004 年新发 SARS 的有关工作】 2004 年 4 月 21 日，北京大学人民医院发现一例 SARS 疑似病例，4 月 22 日定为 SARS 临床诊断病例，当日转入地坛医院继续治疗，这是 2004 年国内首次诊断 SARS 病例，人民医院为防止新一波 SARS 传播再立新功。人民医院对该例 SARS 病人的密切接触人员实施了就地检疫、医学观察。受医学部领导指派，医管处有关领导参加了 21 日的专家组讨论，并陪同医学部领导数次去人民医院，了解情况并看望职工。从 2004 年 4 月 28 日起，陆续有 61 名密切接触人员解除了医学观察。2004 年 5 月 6 日晨 9:00，人民医院最后一批 68 名 SARS 密切接触人员（其中医务人员 31 人，住院病人及陪护 37 人）全部解除医学观察。人民医院圆满完成医学观察任务，解除了区域隔离，做到了住院病人、门诊病人、医务人员零感染。

2004 年 4 月下旬，受卫生部委托，北京大学派出 5 名病理系教师赴安徽为一死亡 SARS 疑似患者尸解，并向卫生部、世界卫生组织写出情况报告。

认真做好感染 SARS 医务人员的工作。2004 年各医院共有 140 余人曾感染 SARS，医学部及各医院领导高度关心这批同志，人民医院对治疗和休息的同志定期看望。

【支援内蒙医疗队工作】 支援内蒙医疗队工作是 2004 年卫生部医政司交办的重要任务。

2004 年 7 月下旬，根据《卫生部关于开展 2004 年度部属部管医院支援西部地区农村卫生项目的通知》（卫医发[2004]175 号）精神，医学部三所综合医院分别抽调 8 个学科的骨干医生组成 3 支医疗队，去内蒙对口医院工作一个月。3 支支援内蒙医疗队按学校要求于 7 月 25 日前到达受援医院，2004 年 8 月 23 日结束受援医院工作。

第一医院对口支援内蒙乌兰察布市第二医院，即集宁铁路医院。人民医院医疗队对口支援内蒙巴彦淖尔盟临河铁路医院。第三医院对口支援内蒙西乌珠穆沁旗医院。

3 支医疗队共出门诊 8010 人次，做手术 302 例，讲课 99 次，举办学术讲习班一期。其中，第一医院医疗队完成门诊 1450 人次，大小手术 83 台次（包括宫腔镜、腹腔镜、关节镜和阴道镜等），胃镜 71 人次，肠镜 37 人次，尿流率 20 人次，心脏运动试验 4 人次，大小讲课 59 次（其中讲座 10 次），咨询 500 余人次，查房讨论 80 余次及义诊两次，组织了妇科内窥镜和肿瘤新进展学习班，廖秦平、周应芳、赵健 3 位教授来手术及授课，这是乌兰察布市首次举办大规模全程直播手术演习，收到锦旗 6 面及表扬信 1 封。

人民医院医疗队举办全盟范围的学术讲习班，听课医护人员达 1000 余人次，一月内门诊 2400 余人次，为原门诊量的 8 倍。开展各类手术 166 例，其中脑痉瘫手术治疗、腹腔镜下双输尿管取石为巴盟首例；妇科阴式子宫切除术、心外科房间隔缺损修补术、普外腹腔镜胆囊摘除术、神外脑膜瘤摘除术受到好评。心内科完成肾动脉支架术一例，为巴盟首例；冠脉支架术 20 例，置入冠脉支架 26 枚。神内科确诊脊髓空洞症，糖原累积病各 1 例。为对口医院增收 200 余万元。第三医院向对口支援医院捐赠医疗仪器、手术器械和常用药品共折合人民币 129105.47 元。医疗队撤离时又捐赠器械药品等约价值数千元。医疗队组织讲座 40 余次，门诊 4160 余人次，完成大中手术 53 例，抢救急危重病人 20 余例，包括车祸致严重颅脑外伤患者和有机磷中毒患者。对疑难复杂病例，通过医务处经互联网和电话组织院内专家会诊2人次。在每周工作六天的情况下，星期天下乡义诊189人次。

【纠风专项治理工作】 按照中央纪委第三次全会，国务院第二次廉政工作会议精神及全国卫生工作会议的总体部署，卫生行业开展纠风专项治理，重点是落实有关加强行业作风建设的文件精神和“八条行业纪律”，解决在医药购销中存在的收受药品回扣、“开单提成”和医疗服务领域中收受患者“红包”、乱收费等问题。

按照上级的有关精神，2004年3月4日起草下发医学部“关于深入开展医药购销中收受‘回扣’和医疗服务中‘开单提成’、收受‘红包’专项治理工作的通知”；4月22日，组织召开了医院医德医风工作会议。

2004年9月，医管处起草下发医学部关于转发“卫生部关于印发《全国卫生系统开展纠风专项治理检查工作实施方案》的通知”的通知，提出具体要求。同时转发了首都卫生系统精神文明建设协调委员会关于开展创建首都公共卫生文明单位活动的意见、北京市卫生局“关于印发《北京地区医院评审工作实施方案》的通知”。

随着改革的深入，必须加大对医疗质量和医疗安全的管理力度，医疗行为必须有法可依、有章可循。按照医学部领导部署，医管处组织各医院编写《北京大学医学部医院医疗工作规章制度》，年内就编写大纲征求意见。

【医疗集团工作】 各院重视医疗集团工作，通过接收集团医院医师进修，派专家会诊、出门诊、查房、手术、讲课等发挥技术辐射作用。

第三医院上地门诊部2004年11月17日正式开业。

【“临床路径”工作】 各医院按选定的单病种开展“临床路径”试点工作。医管处派人参加了第一医院卵巢良性肿瘤手术治疗临床路径课题研究。

经努力，“临床路径”列入北京市卫生局重点课题，由北京医院协会组织落实，确定十六个住院单病种，并于2004年11月启动。医学部医管处为此课题组长单位之一，第一医院、人民医院、第三医院均为课题成员单位。

【医疗纠纷工作】 医疗信访是医院管理工作联系群众，了解情况的重要渠道，信访工作的难点和重点是医疗纠纷。由于多种原因，医疗纠纷的数量和处理难度逐年增加。2004年1～11月医管处共接待、处理群众投诉类来信、来访、来电话及传真共计224件次，出外重访，计121件，比2003年同期增加42件。2004年12月9日，医管处参加了一院有关纠纷安全的协调会。医管处做了大量正面解释、化解矛盾的工作，以维护医院和医学部的正常工作秩序及良好形象。

医管处参加了北京市卫生局关于2005年医疗责任保险招标的有关工作。积极探索通过保险转嫁医疗风险责任。

2003年SARS突发事件给医疗纠纷处理增加了新内容。各医院积极做好SARS善后有关工作。

【医院评审工作】 第一医院已于2003年通过北京地区医院评审试点。2004年北京大学各医院按要求积极准备接受评审。英立平处长作为评审组专家参加了北京地区医院评审标准的修改、评审员培训及评审等有关工作，并担任医院评审组负责人。

2004年10月中旬，医学部魏丽惠副主任、马焕章副书记带队，纪委、医管处参加组织了对各医院落实首都公共卫生文明单位评比准备情况及医院评审准备情况的检查。

2004年12月中旬，卫生部委托中华医院管理学会对北京地区12所综合医院进行医疗安全与质量管理检查，医学部三所综合医院接受了检查，医管处领导及三所综合医院职能部门领导参加了检查。

【部属(管)医院管理分会工作】 中华医院管理学会部属(管)医院管理分会于2002年10月17日在北京成立。分会秘书处设在医管处。

2004年4月2日，分会在北京组织召开了国际医疗质量指标体系研讨会，30余名医院管理干部到会。

经中华医院管理学会召集在京有关分会协商决定，卫生部部属(管)医院管理分会和社区卫生服务分会、药事管理专业委员会共同与中华医院管理学会联合举办2004年学术年会。分会秘书处参加了数次联席会，参加有关筹备工作，向本分会11所高校寄发中华医院管理学会2004年学术年会征文通知及补充通知，组织参会人员，参加中华医院管理学会2004年南京学术年会的会务工作，得到中华医院管理学会的好评。

2004年南京学术年会期间，2004年11月1日中华医院管理学会卫生部部属(管)医院管理分会在南京召开了简短有效的委员会议。英立平秘书长主持了会议。中华医院管理学会王跃宗副秘书长、王德炳主任委员、陈同鉴副主任委员等领导到会并讲话。参加中华医院管理学会2004年年会的分会委员及有关代表到会。会议讨论了分会更名、分会2005年年会主题及学术活动等问题。

【护理工作】 2004年继续深入开展以病人为中心的整体护理工作。进行了五次联合护理查房。

“5·12”国际护士节，召开了庆祝大会，医学部表彰优秀护士长38名，优秀护理论文10篇；编印护理论文集发各医院。

组织完成卫生部医政司护理课题“护士毕业后规范化教育和专科培训体系研究”。

组织各医院翻译《护理结果分类(NOC)》书，已完成初稿。

组织护理心理培训班3期，共参加100人。

(周喜秀)

表 7-60　北京大学八所医院 2004 年主要医疗指标

项　目	第一医院	人民医院	第三医院	口腔医院	精研所	肿瘤医院	首钢医院	深圳医院
期末实有病床数	1368	1192	1143	100	216	580	708	718
门诊总人次	1227508	1077493	1397827	729325	115466	119466	210688	1165219
急诊总人次	111732	98855	150236	62746	219	237	36055	109164
出院总人次	35113	27855	33761	2593	1257	10111	11776	25847
平均住院日	14.75	14.1	11.3	11.8	63.96	21.5	16.26	10.7
病床使用率(%)	102.86	94.6	92.9	83.6	96.16	107.1	75.3	105.3
病床周转次数(次/年)	25.67	24.6	30	25.9	5.81	18.2	17.01	36

注：此表为各院上报数字。

教育基金会与校友工作

【概况】 根据国务院新出台的《基金会管理条例》，2004 年 10 月，北京大学教育基金会召开理事会，对原有的《北京大学教育基金会章程》进行了重新修订，在理事会之外增设监事会作为监督机构。秘书处继续保持由业务部、财务部、校友联络部、行政部构成的建制。同时为符合有关《民间非营利组织会计制度》的规定，基金会进行了财务系统的修改，做好新旧会计账目的衔接准备工作。

2004 年 12 月，在香港“北大之友”的大力支持和精心安排下，基金会全体人员赴香港进行了为期 3 天的业务培训和交流学习。听取筹款专家讲授有关筹款策略和方法等方面的知识，并与香港大学、香港中文大学和香港科技大学的有关部门就有关筹款工作方面的具体做法和经验进行了交流。

2004 年，基金会加强信息化建设，重新构建了专门的捐赠管理数据库，对捐资情况、访问接待活动、捐赠人信息等进行集中式登记管理，极大地方便了信息的统计及筹款的开展。同时，基金会进一步扩充校友数据库的数量，加强校友信息的整理，建立了一个拥有 6 万余条校友信息的数据平台。校友网，也为联络各地校友发挥了重要作用。

【筹资情况】 2004 年度北京大学教育基金会接受社会捐赠收入 7112 万元人民币。其中 22%用于设立奖学金、助学金、奖教金，22.8%用于科学研究资助，48.1%用于学校基础设施建设及修缮项目，7.1%用于其他项目。

主要的捐赠项目有：金光纸业(中国)投资有限公司再次捐赠 1000 万元人民币，支持北京大学生命科学学院大楼的建设；北京庄胜房地产开发有限公司捐资 1000 万元人民币，支持新法学院大楼建设；为推动亚太地区人文社会科学问题的研究，韩国高等教育财团捐资 100 万美元对“北京论坛”进行资助。

为筹集资金建设北京大学 2008 年奥运乒乓球场馆，教育基金会启动了“万企工程”项目，诚邀社会企业与北大共办奥运。至 2004 年年底，基金会共收到 126 家企业或个人的 312 万元人民币捐款。为了进一步密切北大与企业界及其他社会名士之间的联系与交往，基金会策划并组织了“北京大学企业家俱乐部”。

【校友工作】 2004 年，教育基金会继续做好校友联络的基础性工作：为 5 千多位校友制作了校友卡；为 4 千多名校友提供了免费邮箱；年底向海内外校友寄发了 5 万余封贺年卡。每期发行量为 8 千份的《北大人》和校友网已成为基金会与校友沟通的重要纽带和桥梁。

为了倡导校友回馈母校、更直接地支持母校发展的新理念，基金会积极推广“我爱母校”校友年度捐赠项目。2004 年，共收到 5 个集体和 1163 位校友 42 万余元人民币的捐款。另外，积极发动地方校友会参与 2008 年奥林匹克乒乓球馆的建设，共有 9 个校友会和几十位个人参与组织捐赠，捐赠金额达 45 万元人民币。

2004 年 3 月，基金会与校友会联合组织来京参加“两会”的第 10 届全国人大代表及全国政协委员校友重返母校，与学校及各院系的领导进行了座谈。共 66 位校友出席了此次活动，北京大学党委书记闵维方，校长许智宏，党委副书记岳素兰，副校长吴志攀、林钧敬、郝平、林建华，医学部党委书记郭岩，校长助理海闻、张维迎参加了座谈会。

2004 年校庆期间，基金会配合学校及校友会成功举办了“北京大学 106 周年校庆暨首届国际文化节开幕式”，并组织了 4 字级校友返校活动。数千名校友参加了返校活动。2004 年 12 月底，为加强对北京地区企业家校友的联系，基金会及校友会共同举办了“北京地区企业家校友新春联谊会”。来自北京地区各行各业的二十多位知名企业家校友参加了联谊活动。

(教育基金会)

附 录

表 7-61　2004 年北京大学奖学金、助学金、奖教金、研究资助概表

项　目	奖学金	助学金	奖教金	研究资助	合　计
校级项目	63	29	11	13	116
院系项目	34	7	2	5	48
合　计	97	36	13	18	164

表 7-62　2004 年北京大学校级奖学金、助学金、奖教金、研究资助项目统计表

奖学金

序　号	项 目 名 称	捐赠单位、个人	捐赠金额(单位：元)
1	光华奖学金	光华教育基金会	919662
2	明德奖学金	香港北大之友有限公司	812000
3	华润奖学金	华润(集团)有限公司	360000
4	董氏东方奖学金	香港东方海外货柜有限公司 香港董氏慈善基金会	339647
5	唐仲英奖学金	唐仲英基金会	320000
6	奔驰奖学金	戴姆勒克莱斯勒公司	244858
7	三星奖学金	三星集团	215000
8	玫琳凯奖学金	杭州玫琳凯有限公司	204000
9	四季沐歌奖学金	北京四季沐歌太阳能技术有限公司	200000
10	通用电气基金会奖学金	美国通用电气基金会	165270
11	东港奖学金	东港工贸集团公司	150000
12	侨心工程奖学金	中国华侨经济文化基金会	150000
13	杨芙清—王阳元院士奖学金	杨芙清院士、王阳元院士 北大青鸟集团有限公司	120000
14	大和证券集团奖学金	大和证券集团	108000
15	翔鹭奖学金	翔鹭集团	105000
16	霍尼韦尔奖学金	霍尼韦尔(中国)有限公司	99360
17	韩国学研究基金奖学金	韩国国际交流财团	99169
18	细越奖学金	财团法人细越育英会	97200
19	中国石油奖学金	中国石油天然气集团公司	90000
20	东京三菱银行奖学金	东京三菱银行	89685
21	世川良一研究基金	日本财团	87019
22	杜邦奖学金	杜邦(中国)集团有限公司	70000
23	德尔奖学金	苏州德尔地板有限公司	64800
24	惠普奖学金	惠普公司	60000
25	泽利奖学金	黄绍文先生	52500
26	SK 奖学金	韩国 SK 商务株式会社	50000
27	联想奖学金	联想集团	50000
28	索尼奖学金	中国青少年基金会	48000
29	UFJ 国际基金奖学金	日本 UFJ 国际基金	47188
30	宝钢奖学金	宝钢教育基金	45000
31	华为奖学金	深圳华为技术有限公司	45000
32	大韩生命保险奖学金	大韩生命保险株式会社	42000
33	中国科学院奖学金	中国科学院	35000
34	沈秉钺先生纪念奖学金	沈燕士先生	32400
35	三井住友银行奖学金	三井住友银行全球基金会	32000
36	住友商事奖学金	日本住友商事株式会社	32000
37	晓龙基金会奖学金	晓龙基金会	30000
38	黄鹰育才奖学金	黄鹰先生	21000
39	香港城市大学校长奖学金	香港城市大学	20071

续 表

序 号	项目名称	捐赠单位、个人	捐赠金额(单位：元)
40	松下育英奖学金	中国友好和平发展基金会、松下育英基金	20000
41	佳能奖学金	佳能公司	16275
42	恒生银行奖学金	恒生银行有限公司	15895
43	王度奖学金	王度先生、孙素琴女士	14268
44	叶潜昭奖学金	叶潜昭先生、谢正瑶女士	14000
45	IBM 中国优秀学生奖学金	IBM(中国)公司、国家留学管理委员会	12000
46	西南联大奖学	西南联大北京校友会、北京大学教育基金会	11880
47	Demsets 经济学奖学金	杨国华校友	10000
48	力学攀登奖学金	中国科学院力学所	10000
49	林超地理学奖学金	刘闯女士、刘阳先生	10000
50	东宝奖学金	通化东宝实业集团公司	9800
51	岗松奖学金	岗松家族	9370
52	成舍我奖学金	成舍我纪念基金会	8640
53	朗讯奖学金	朗讯公司	8260
54	杨乃英国政奖学金	杨乃英先生	6294
55	杨乃英历史奖学金	杨乃英先生	6294
56	欧阳爱伦奖学金	欧阳桢兄妹	6143
57	冯奚乔奖学金	冯奚乔纪念基金会	4253
58	顾温玉生命科学奖学金	顾达诚先生、孙同方女士；顾乐诚女士、张光裕先生；顾孝诚女士、蔡荣业先生	3916
59	谢培智奖学金	谢培智基金	2392
60	ECSC 奖学金	美国教育服务机构(ECSC)	2054
61	彭瑞安奖学金	彭瑞安教育福利基金会	2000
62	芝生奖学金	冯钟璞女士	1131
63	顾毓琇名誉教授基金	顾毓琇教授	242
总 计			5957944

助学金

序 号	项目名称	捐赠单位、个人	捐赠金额(单位：元)
1	周虞康奖助学金	周氏教育基金(筹)周虞康先生	350000
2	宣明助学金	世界宣明会—中国	330000
3	郑格如助学金	郑格如基金会	323885
4	ING 贫困学生助学金	荷兰国际集团亚太区	301855
5	晨兴助学金	晨兴(中国)有限公司	199708
6	奔驰助学金	戴姆勒克莱斯勒公司	118874
7	深圳福浩铭徐森助学金	深圳市福浩铭实业有限公司	100000
8	卓识助学金	栾光先生、栾卓识先生	90000
9	华美科技基金会助学金	CAS—TAF 华美科技基金会	82429
10	悟宿助学金	悟宿基金会	57500
11	霍济光助学金	霍济光基金会	55683
12	黄乾亨助学金	黄乾亨基金会	50061
13	李良玉—肖玉敏育才助学金	李良玉先生、肖玉敏女士	50000
14	平安精英大学生励志助学金	中国平安保险(集团)股份有限公司	50000
15	宣明学生公益活动费	世界宣明会—中国	41700
16	德尔助学金	苏州德尔地板有限公司	30000
17	许戈辉助学金	许戈辉女士	30000
18	天思助学金	天思(廊坊)食品机械有限公司	20000
19	孙素琴助学金	王度先生、孙素琴女士	16000
20	谢正瑶助学金	叶潜昭先生、谢正瑶女士	16000
21	浩瀚助学金	浩瀚基金会	15000
22	静如助学金	张淳智、刘秀华校友	10330
23	王丽真郑振宜助学金	王丽真、郑振宜校友	8264

续　表

序　号	项 目 名 称	捐赠单位、个人	捐赠金额(单位：元)
24	王献平、崔林林育才助学金	王献平先生、崔林林女士	8204
25	香港校友会助学金	香港校友会	6518
26	叶珠英助学金	叶珠英女士	6000
27	智慧助学金	照惠法师(释照惠)	5699
28	肖康育才助学金	肖康先生	1000
29	易卫卫助学金	易卫卫	1000
总　计			2375714

奖教金

序　号	项 目 名 称	捐赠单位、个人	捐赠金额(单位：元)
1	正大奖教金	北大正大发展基金	200000
2	杨芙清—王阳元院士奖教金	杨芙清院士、王阳元院士 北大青鸟集团有限公司	200000
3	宝钢奖教金	宝钢教育基金	60000
4	华为奖教金	深圳华为技术有限公司	30000
5	IBM 软件奖教金	IBM(中国)公司、国家留学管理委员会	16000
6	朱光潜奖教金	朱光潜先生的亲属	12763
7	东宝奖教金	通化东宝实业集团公司	10000
8	树仁学院奖教金	香港树仁学院	5496
9	宝洁奖教金	宝洁公司	5193
10	优秀青年加速器工作者奖	陈佳洱教授	4330
11	莱姆森奖教基金	莱姆森先生	928
总　计			544713

研究资助

序　号	项 目 名 称	捐赠单位、个人	捐赠金额(单位：元)
1	华新杰出学者奖学金	无名氏	1321600
2	东盛优秀科学论文奖	西安东盛集团有限公司	1000000
3	正大优秀科技论文奖	北大正大发展基金	800000
4	奔驰博士生海外研修	戴姆勒奔驰基金会	385000
5	法鼓山人文学金	法鼓山人文社会奖助学术基金会	80000
6	韩静远先生哲学教育奖助金	中流文教基金会、喜马拉雅研究发展基金会	70000
7	桐山研究资助	日本阿含宗桐山靖雄先生	54500
8	泰兆大学生科研奖助金	泰兆基金会	50000
9	蒙民伟海外研修基金	蒙民伟先生	46462
10	中流与喜马拉雅研究奖助金	中流文教基金会、喜马拉雅研究发展基金会	33210
11	中国传统文化基金	查良镛先生	20449
12	505 中国文化奖基金	来辉武教授	19800
13	钟盛标物理基金	钟赐贤先生等	2792
总　计			3883814

表 7-63　2004 年北京大学院系奖学金、助学金、奖教金、研究资助项目统计表

奖学金

序　号	项 目 名 称	捐赠单位、个人	捐赠金额(单位：元)
1	肖蔚云基金	肖蔚云先生及其亲友	1094560
2	章文晋基金	章文晋家人、TAI 基金会	414318
3	史美伦奖学金	史美伦女士	200000
4	AMD 奖学金	AMD 公司	150000
5	长飞奖学金	长飞光纤光缆有限公司	70000
6	捷迪讯奖学金	JDS Uniphase Co.	66141
7	国泰奖学金	台湾国泰人寿保险公司	40000
8	中科院地球物理奖	中科院地质与地球物理研究所	40000

续　表

序　号	项目名称	捐赠单位、个人	捐赠金额(单位：元)
9	英特尔奖学金	英特尔公司	39942
10	明导奖学金	明导公司	37170
11	三昌奖学金	三昌企业株式会社李斗哲会长	36107
12	LG 化学奖学金	LG 化学(中国)投资有限公司	30000
13	费孝通奖学金	费孝通基金	21000
14	凌云光电奖励金	武汉凌云光电科技有限责任公司	20000
15	华藏奖学金	新加坡净宗学会	16528
16	陈岱孙基金	社会各界人士	11880
17	王仁院士基金	黄筑平教授	10000
18	刘绍唐奖励基金	刘绍唐	9900
19	人口学奖学金	人口学基金	6746
20	胡济民教授奖基金	社会各界人士	6138
21	儿玉绫子奖学金	儿玉绫子、铃木重岁	5537
22	杨钦清宗教学奖学金	杨钦清先生	4414
23	白仁杰奖助基金	白仁杰先生	3960
24	广发奖学基金	广发证券责任有限公司	3960
25	谢义炳奖学金	谢义炳基金会	2892
26	红十字志愿服务奖	崔从政先生、北京市红十字会	2652
27	君合奖助金	君合律师事务所	2019
28	甘雨沛先生奖助基金	甘雨沛先生、杜岫石先生	1980
29	张景钺—李正理植物学基金	社会各界人士	1968
30	曾昭伦基金	社会各界人士	510
31	关伯仁奖学基金	Prof. Gorlden Beanland & Mr. Andrew Power	232
32	法学院育才奖助金	杨敦先教授、北京纳通医疗技术有限公司	
33	有大奖学金	崔海根先生及家人	
34	曾毅人口经济学奖学金	曾毅教授	
总　计			2350560

助学金

序　号	项目名称	捐赠单位、个人	捐赠金额(单位：元)
1	李宁同学助学基金	李宁先生	300000
2	休斯敦友人助学金	陈龙耀先生、袁有蕙女士、王先泽先生	49580
3	金融保险助学金	中国金融教育发展基金会	24000
4	长城律师奖助金	长城律师事务所	2970
5	葵美术考古助学金	鹤田一成先生	
6	李洪基助学金	李洪基先生	
7	爱华助学金	台湾辛耘企业股份有限公司　谢宏亮先生	
总　计			376550

奖教金

序　号	项目名称	捐赠单位、个人	捐赠金额(单位：元)
1	国泰奖教金	台湾国泰人寿保险公司	42000
2	捷迪讯奖教金	JDS Uniphase Co.	16400
总　计			58400

研究资助

序　号	项目名称	捐赠单位、个人	捐赠金额(单位：元)
1	曼隆学院学生交流项目	马士基(中国)航运有限公司	123900
2	吴瑞讲学基金	United Board	11966
3	国泰专项科研奖励基金	台湾国泰人寿保险公司	10000
4	华藏图书馆项目	新加坡净宗学会	8239
5	石青云基金优秀论文奖	视觉信息处理国家重点实验室教师	
总　计			154105

会议中心

【概况】 北京大学会议中心主要承担为外国专家、留学生和中外宾客提供住宿、餐饮等服务；组织承办各类会议，开展各种形式的对外学术、文化交流活动；管理经营群众文化活动场所，组织各类群众文化艺术活动等工作任务。

会议中心下设办公室、勺园管理部、会议与学术交流部（对外称“北京大学对外交流中心”）、百周年纪念讲堂管理部、中关园留学生公寓建设项目部。

会议中心实行理事会领导下的主任负责制，设主任1名、副主任若干名，由学校聘任。

2004年，在会议中心总体框架下，勺园、交流中心、讲堂密切合作，在管理、经营上相互借鉴，在人员、设备等方面相互支援、互通有无，形成合力，充分发挥会议中心的整体综合优势，三个部分在履行各自不同管理与服务职能的同时，共同承担和完成了学校春节团拜会、学校党政领导寒假工作研讨会、相聚燕园—两会校友招待会、《李岚清音乐笔谈》首发式暨交响音乐会、傅聪先生钢琴独奏音乐会、第29届国际大学生程序设计大赛亚洲预赛北京赛区和巴西、加蓬、捷克、委内瑞拉四国总统来访等多次重要接待服务任务。

2004年4月12日，会议中心理事会第三次会议举行。林钧敬理事长主持会议，听取了范强主任关于2003年会议中心工作情况汇报，陈振亚副主任关于交流中心建立良好企业文化、努力提高员工素质工作情况汇报和张胜群副主任关于中关园留学生公寓筹建工作情况汇报。通报了朱宏涛副主任调离会议中心后学校调整会议中心领导班子，任命刘寿安为会议中心副主任兼讲堂管理部主任，张胜群副主任主管中关园留学生公寓建设事务、不再兼任讲堂管理部主任的情况。决定由张胜群接替朱宏涛任会议中心理事会秘书长。2004年4月28日，北京大学中关园留学生公寓奠基开工典礼顺利举行。2004年，会议中心积极组织员工参加“新世纪北京首届职工技能大赛”，多名员工在市、区两级比赛中获得优异成绩，会议中心获“新世纪北京大学首届职业技能大赛优秀组织奖”。

2004年，会议中心全年总收入5304万元，实现利润1192万元，上缴学校700万元。其中对外交流中心收入842万元，利润130万元，上缴学校50万元；讲堂收入562万元，利润112万元，上缴学校50万元；勺园收入3900万元，利润950万元，上缴学校600万元。根据学校与正大集团的协议，正大中心还上缴学校教育基金会120万元纳入北大正大基金，支持学校教学科研工作。同时，交流中心对校内单位免除和优惠收费共45.8万元；讲堂支持校内单位活动免收费用40万元，师生各艺术团体免费使用讲堂排练260次；讲堂已连续五年为全校特困生共2360人次免费提供电影票兑换券14160张，价值70800元。

（范　强　郝淑芳）

【勺园】 勺园目前共辖10栋楼，总建筑面积43000平方米，有客房779间和4个餐厅。2004年，在勺园长住的外国专家有55人，来自70多个国家和地区留学生约1200人。此外全年共接待中外宾客18006人次，其中各类国际国内会议222批6251人次，短训班47批1367人次；年平均住房率85.7%，为常年最高；全年有36万人次在勺园就餐。

2004年，勺园全体干部、员工认真履行职责，在提高对客人服务工作规范化水平的同时，进一步加强有针对性的个性化服务，不断摸索在学校大环境下接待服务工作如何更好地满足专家学者、留学生、会议团队等不同对象的需求，努力营造高雅温馨环境，提供有文化品位、有自身特色的人性化服务，以情感人，灵活应变，注重实效，使服务质量有了新的提高。

在近半年的时间里，7号楼餐厅员工认真学习《食品卫生法》和量化分级管理的具体要求，狠抓管理和培训，完善规章和岗位职责，同时投入资金改善硬件条件，在8月下旬，通过了海淀区卫生监督部门的严格检查，率先达标，获得了97分的最高分，在首批达到A级单位标准的11所大学的15个餐厅中排名第一。

2004年4月，勺园完成了每年一次的员工岗位续聘工作。5月、6月，分别从承德旅游职业学院和广西宜州职业中专招收了新的实习生。通过总结以往经验，在2004年的新一轮实践中更加注重整个实习周期的规划，把教育和培养人才的指导思想贯穿始终，进一步摸索具有自身优势和鲜明特色的实习生培养、选用的模式。通过严格训练、理论和实操考核、技术比赛等推动岗位技能的提高；同时积极利用北大优越的文化环境，坚持组织文化学习，开展参观座谈、演讲、联欢等多种有益的活动，实习生在思想、业务文化和自立等方面均取得了不同程度的收获。2004年首次开展的基层训导员专题培训活动为健全培训体系、完善训导网络进行了尝试；开始有计划吸收具有大专以上文化水平的优秀青年，培养新的管理骨干。

6月，勺园共有7个工种的38位员工参加了学校组织的初赛，19

位选手参加了海淀区的复赛，中式烹调师、中式面点师、餐厅服务员、客房服务员等4个工种的5位选手取得了参加北京市决赛的资格。田岩在中式烹调师决赛中夺得北京市第6名获三等奖、陶柳伶在餐厅服务员决赛中获北京市第15名，吴海军在中式面点师决赛中夺得北京市第17名；王焕坤、张丽梅两位同志分别获得客房服务员海淀区复赛的第一名、第二名。田岩、修江涛、陈剑桥、吴海军、王焕坤、张丽梅、任翠英、王丽花等8位同志被授予"北京大学2004年度岗位能手"的光荣称号。

7～9月，勺园完成了7号楼三层斯坦福大学北京大学分校办公用房的装修改造。

2004年，勺园连续第14年获得海淀区交通安全先进单位的荣誉称号。

2004年10月，在全国(部分)高校接待交流联合会第十一届年会上，范强第三次当选为联合会理事长，郝淑芳当选为秘书长。

勺园由范强兼任总经理，张胜群兼任副总经理。范强还兼任北京大学正大国际中心总经理，马钧任北京大学正大国际中心副总经理。2004年勺园共有员工440人，其中学校编制员工181人。

(范　强　郝淑芳)

【对外交流中心】 为彻底完成从机关到实体的转型，与具有竞争力的涉外服务性单位接轨，中心将员工的精神概括为：诚信、先进、团结、创新、完美、高效、敬业、勤俭、爱岗。中心确立了"制度完善"和"人才培养"两个重心。通过整理编写《员工行为规范》、《职员守则》、《服务员守则》、《中心的精神——中心企业文化介绍》、《承办会议工作规范》、《团队接待工作规范》、《服务工作分类规范》等一系列规范手册，使员工在工作中做到了规章有据可查，工作有理可依，提高了决策和执行的效率。

随着中心向实体的转变，人员的正常流动日益明显。为顺应这一趋势，中心制定了一整套行之有效的员工招聘程序。从项目职员、学生助理到服务员、保洁员，都有相应的人才引进流程，定位明确、化繁为简。结合领导层和资深员工的言传身教和科学有效的岗前培训，新职员得以迅速进入角色，成为中心高效运转的中坚力量。

组织承办国际会议　2004年共承办国际会议19起。如"北京论坛"、"第十五届大学行政管理者国际会议(IMUA)"、"亚洲纳米科技会议"、"邓小平与当代中国和世界国际学术研讨会"、"2004年东亚四国大学校长论坛"等。其中800人的"北京论坛"和230人的"第十五届大学行政管理者国际会议(IMUA)"恰逢同日开幕。面对时间紧、任务重、人力有限的难题，中心采取提前培训学生助理，合理统筹、科学分工等方法，使得两方大会均圆满成功。

接待交流团体　中心与众多海外学术团体建立了长期稳固的合作关系，由中心规划的交流活动成为双方的年度常规项目。2004年中心接待交流团体共10批，多集中于5、6两月，如Oklahoma大学团、UMKC团等。

接待参观团　2004年，中心共接待了来自17个国家和地区的370批参观团队，以泰国、中国香港和韩国的旅行团为盛，参观总人数达14105人。

会场使用情况　2004年度交流中心会场使用达2718场次，共172174人参加会议，在中心举行的重要会议近200个，包括2004年春节团拜会、世界文明与郑和远航国际学术会议以及罗丹科学院全球年会、第三届西北太平洋国际海洋遥感研讨会、第一届欧亚太平洋学术网络国际会议、纪念五四运动85周年：北大青年与中国和平崛起等。

重要接待　中心在2004年度协助接待了巴西、加蓬、捷克、委内瑞拉四国总统的来访以及北京大学与江苏省、浙江省合作协议签字仪式、巴黎高等师范学校日、牛津大学日、巴黎高科日、斯坦福大学日、哥伦比亚大学日等活动，协办了诺贝尔奖获得者艾伦·格雷厄母·麦克德尔米德和莫利纳北大演讲会，剑桥大学校长 Alison Richard、斯坦福大学校长约翰·亨尼斯、哥伦比亚大学校长林·鲍林格的北大名誉博士授予仪式及演讲会等。

中心实行独立核算、自负盈亏、自我积累、不断发展，坚持社会效益与经济效益并重的原则，在校内采取有偿、低偿、无偿服务相结合的方式服务于各单位，采用在编人员、流动编制人员和外招临时工作人员为一体的用工制度，满足不同层次、不同岗位工作的需要。

对外交流中心由陈振亚兼任主任，崔岩任副主任。中心有在编职工3名，流动编制职工4名，还外聘工作人员14名，共计21名。同时聘有北大在校研究生、大学生20名担任助理工作。

(陈振亚)

【百周年纪念讲堂】 2004年，讲堂继续强化内部管理，认真完成学校的各项任务，大力开展演出、电影等文化活动，为师生丰富课余生活、开阔文化视野、提高艺术修养提供了理想场所，在配合学校开展素质教育、弘扬传统文化、促进国内各地及国际间文化交流方面做出了应有的贡献。

工作调整　2004年4月，校领导对讲堂工作提出了进一步"完善制度、改善服务、树立品牌、提高效益"的要求。讲堂管理部张胜群主任因工作需要调离讲堂，刘寿安接替其职位后，及时召开新阶段工作会议，为落实校领导的指示，提出"巩固基础、完善制度；优化组合，提高整体素质；努力实现经济效益和社会效益双赢"三大工作任务。

完善制度　2004年，讲堂共

出台5项新制度，修订14项原有制度，完善了制度体系，明确了岗位职责。

队伍建设 2004年年初，讲堂将宣传组从行政部门独立出来，成立了专门的宣传办公室，由主任直接领导，专门设立了资料室，将已有的宣传文字、图片资料等进行整理、归档，使宣传工作规范化、系统化，并添置了工具书。

2004年，讲堂积极引进人才，优化员工队伍。在文案、设计方面引进了专业人才。为提高员工整体素质，讲堂加强对员工的培训，内部累计培训8次。组建了由专业人员组成的消防管理监控队伍，加强了管理和巡检力度。在学生志愿者招新工作中引进竞争机制，进一步提高了志愿者队伍质量。

活动统计 2004年，莅临讲堂出席各类活动的党和国家领导人15人次，部委领导90人次，各国使节20人次，校级领导200多人次。承办校内各类会议、报告、典礼、演出等活动总计230场。举办文艺演出135场，其中校内演出61场、国内文艺团体演出52场，国外文艺团体演出22场，观众累计近40万人次。放映电影199场，各部门包场22场，观众累计约23万人次。

文艺演出 2004年是讲堂承接演出场次最多的一年，票房收入274万元。

演出形式涵盖了音乐、舞蹈、话剧、歌剧、戏曲、曲艺、杂技等多种艺术门类，极大地丰富了校园文化生活。交响乐、芭蕾舞，作为高雅艺术的代表，始终在校园内拥有稳定的观众群。除中国交响乐团、中国爱乐乐团、北京交响乐团、中国芭蕾舞团等国内一流艺术团体外，讲堂还引进了俄罗斯国家交响乐团、俄罗斯芭蕾舞剧院等国际著名艺术团体的演出。俄罗斯芭蕾舞剧院推出的“芭蕾之春”出现了三场演出票盛况空前；中法两国芭蕾明星联袂上演的芭蕾舞剧《希尔薇娅》也创造了中芭在讲堂连演五场的记录。2004年，讲堂成功举办的傅聪先生钢琴独奏音乐会和《艺术》(上海话剧艺术中心)、《青春禁忌游戏》(中国国家话剧院)、《立秋》(山西省话剧院)三场话剧等质量上乘的演出。2004年，讲堂先后策划举办的第四届“相约北京”联欢活动暨北京大学“五月阳光”文化艺术周活动、“打开音乐之门”暑期系列音乐会、“庆祝中华人民共和国成立55周年优秀昆曲剧目展演”、“第五届国际民间艺术节在北大”等系列活动。

讲堂管理部2004年4月19日前由张胜群任主任，此后由刘寿安任主任。2004年共有职工36名，其中正式职工7名，外聘人员29名。另聘学生志愿者68名。

(刘寿安)

【中关园项目部】 2004年是会议中心接手中关园留学生公寓园区建设完整运行的第一年，中关园项目部在用地拆迁、工程建设、设计调整、内部管理等方面取得了重要进展。

拆迁工作 2004年年初，针对拆迁事务的难点和紧迫事项，校领导主持召集校内相关部门，对拆迁工作再次进行动员和协调。在海淀区司法、行政机关和学校相关部门的大力支持与配合下，经过一年努力，共与34户签订拆迁协议。

工程建设 为有序推进工程建设，2004年年初，会议中心与基建工程部根据实际情况，确定博士后公寓和专家公寓的建设作为一期工程；原乙型北楼、乙型南楼、丙丁型楼由于拆迁和设计方案等诸多原因作为二期工程；两期工程紧密衔接，滚动建设。

1月5日，一期工程规划建设方案公示立牌。4月7日，经北京市监理评标委员会评审，北京华夏工程建设监理有限公司为一期工程监理单位。4月21日起，由会议中心、基建工程部和施工单位、监理单位正式组成每周一次的四方工程例会，通报情况，沟通信息，解决施工过程中遇到的各种问题。

4月28日，“北京大学中关园留学生公寓奠基开工典礼”顺利举行，林钧敬副校长主持，许智宏校长在讲话中对园区建设提出了“精心组织、精心设计、精心施工，精心管理，争取将留学生公寓建设成为一个具有北大特色的标志性建筑群，一个宣传北大办学理念的窗口工程，一个与学校创建世界一流大学相适应的品牌工程”的要求。

8月13日，博士后公寓正式动工建设。12月16日，专家公寓开始挖槽建设。截至2004年年底，博士后公寓临近结构封顶，专家公寓进行护坡工作。随工程建设的不断推进，会议中心协同基建工程部和施工单位进行了多项施工材料、设备的考察与招标工作。

设计调整 一期工程设计调整方面。3月下旬，在基建工程部、总务部、水电中心等部门的协助下，融合会议中心自身管理经验，优化完善一期工程设计使用功能，对施工图进行修改补充，并与京澳凯芬斯设计有限公司签订了《补充设计协议》；4月上旬完成工程施工图补充修改任务；9月14日，向校园规划委员会提交《专家公寓博士后公寓部分房屋功能调整申请》并获批准，随后完成了博士后公寓地下一层，由公共活动用房改为人居公寓用房、专家公寓洗衣房改为厨房的设计调整；11月上旬，完成专家公寓施工图交底和设计调整工作。

二期工程设计方案调整方面。2月10日，向校园规划委员会提交《关于调整中关园留学生公寓规划设计方案的请示》并获批准；2月27日，在基建工程部协助下进行了二期方案征集工作，邀请北京京澳凯芬斯设计有限公司、北京市建筑设计研究院、北京市住宅建筑设计研究院有限公司、中国建筑设计研究院四家设计单位重新设计二期方案；4月21日，校园规划委员会2004年第六次扩大会议审议通过了“中关园留学生公寓二期规划设计方案”；6月22日，校党政联席会议审议批准会议中心采用中国建筑设计研究院设计方案的申请。

6月，北京市规划管理部门对中关村地区的规划再次进行重大调整，在留学生公寓园区用地范围内新增加了3条市政规划道路。项目部积极应对，组织协调设计院按照规划要求对方案进行调整、细化。截至2004年年底，二期工程设计方案按动力中心、会议接待、公寓、餐饮、康体、公共区域等专题与设计院分别进行调研、完善；同时，频繁与市规委就园区绿化率、容积率、局部地域限高等问题反复进行咨询、磋商和协调；与校内各相关职能部门共同商讨换热站建设、园区动力供给、开闭站建设等事宜，为二期方案报批做准备。

12月9日，校园规划委员审议通过园区外立面以灰色为主色调的设计方案。

内部管理　3月15日，会议中心主任办公会通过了中关园项目部先期设立办公室、拆迁事务部、前期事务部、工程技术部四个二级部门的申请，以全方位推进日常行政、用地拆迁、前期筹备、工程建设、设计方案调整等工作。

为加强制度化、规范化管理，逐步制定、完善、实施了《中关园项目部员工手册》、《中关园项目部办公用品和低值易耗品管理办法》、《中关园项目部财务管理制度》等各项内部管理制度，并在健全人力资源管理体系、顺畅宣传渠道等工作方面取得了一定进展。

中关园项目部由张胜群兼任主任，马钧兼任副主任。外聘专职工作人员10名，会议中心内部兼职工作人员3名。

（张胜群　何海燕）

燕园社区服务中心

【概况】　2004年，燕园社区服务中心有16个经营企业，通过参与市场经营和社区便民服务，取得经济效益，为燕园社区服务提供经济保障。

2004年，燕园社区服务中心正式职工158人，外聘职工500多人，具有中高级职称的管理和技术人员100多人，大中专以上学历150多人。

【社区服务】　以人为本，精心细致做好社区服务工作，为教职工提供高水平、高质量、多方位、现代化的社区服务，是社区服务的宗旨。2004年社区网络服务中心克服了搬迁困难，通过规范服务管理、扩展服务项目、完善服务队伍建设，社区服务水平、质量、效率不断提高，社区服务项目逐步增加，为教职工提供了方便、快捷、优质的社区服务：

1. 社区网络服务运行情况。

截止到2004年12月30日，安装呼叫器用户为2292户。全年呼叫总数为3732次，其中家政服务及检测呼叫3610次，医疗求助呼叫104次，安全求助呼叫18次；全年接听热线电话19354个。社区网络服务积极发挥沟通作用，热心为教职工排忧解难。

2004年社区中心出资，按照学校人事部离退休人员办公室、街道办事处提供的特困户名单，为32户特困教职工免费安装呼叫器，同时免收使用费，受到特困用户广泛好评。

社区服务信息网站设有10个栏目，500余个网页，由于及时发布有关社区服务方面的新内容，备受居民关心。全年有79027人次访问，平均每天访问人数216人次。

2004年，红黄蓝网络服务站配送商品57000人次，营业流水74.3余万元，销售冬贮大白菜、大葱三万多斤，为工作繁忙和年老体弱的用户提供了很大的方便，深受老师们的欢迎。

2. 社区家政服务运行情况。

家政服务项目已由2003年的35项增加到54项。在服务项目中，需求量最大的是保姆、小时工和零修服务，2004年为教职工提供家政服务10675人次，其中介绍保姆小时工2720人次，维修服务2949次。

2004年，社区中心充分发挥服务队的作用，为教职工及时提供维修服务，完成服务量2160人次，其中管道疏通、维修和清洗油烟机932人次，占总服务量的43%，家电维修450人次，占服务量的21%。2004年5月份，社区服务队组织了历时一个月的“清洗空调，换纱窗、玻璃的专项服务活动”，为全校的10个家属园区提供了服务。

3. 大型便民服务活动开展情况。

2004年，组织大型便民服务活动两次，50多家服务单位参加了大型便民服务。有5766人次接受服务，为8250人次提供了医疗等方面的咨询，发放各种宣传资料8500余份，参加服务活动的工作人员达220多人。

表7-64　2004年燕园社区服务中心家政服务开展情况统计表

服务项目	统计数据	服务项目	统计数据
接听热线电话	19354次	介绍保姆、小时工	2720人次
服务队完成服务量	2160户	咨询服务	7413人次
红黄蓝购物人次	57000人次	红黄蓝营业额	74.3万元

为方便燕北园教职员工购物，社区中心每月最后一个周六，组织20多家商户在燕北园开展商品展销，集中销售教职工日常需要的100多个品种的生活用品，深受教职工欢迎。

【社区建设】 2004年，社区中心改造、扩建和维修了一批社区服务设施，改善了服务环境，充实了社区服务内容，为教职工提供了更多的生活便利。

完成社区培训中心建设任务，建设面积532平方米。

新建自行车棚5处，建筑面积493平方米。

完成维修、改造工程12项，改造面积5327平方米。

完成零修工程62项，面积6872平方米。

燕北园生活服务附属用房现已开工建设。

【社区经营】 2004年，社区中心按照以经营养服务、以服务促经营的发展原则，大力发展社区经济，强化企业管理，优化资源、开源节流、积极开拓市场，取得了较好的经营收益和社会效益。

1. 各项经营指标完成情况。2004年，社区中心下属企业全部按合同规定完成了各项指标，2004年经营流水7000多万元；上缴国家税金167多万元；上缴统筹金54万元；在岗职工人年均工资比2003年提高了近40%。

2. 2004年社区中心积极发展社区经济，强化企业经营管理，创造良好经营收益。2004年新开办的燕园社区培训中心，有23个房间，53个床位。培训中心不仅有经济效益，而且安置了6名职工就业。为方便西区教职工及家属就餐，社区中心采取合作或自营的形式，开设了临湖居饭庄、蔚秀餐厅，方便了教职工生活。

3. 对外合作进展顺利。社区中心与山东日照合作开发的教授花园三期项目进展顺利。已有近百位教授（副高以上职称）购买了教授花园住房。为规范合作形式，合作双方共同注册了《山东燕园日照科技发展有限公司》，公司主要承担教授花园三期开发工作。

【拆迁与职工安置工作】 2004年，由于学校整体发展建设需要，要拆迁社区中心的大批办公和经营服务用房，社区中心从学校大局出发，牺牲单位局部利益，积极配合学校有关方面做好拆迁和职工安置工作。

2004年4月，拆除中关园原劳服大院房屋1100平方米，占地面积3000多平方米，并迁出中关园个体商户14户。

2004年7月，拆除中关园网络中心办公楼2200平方米。

2004年10月，拆除校内43楼西南侧华美餐厅、38楼小卖部，1252平方米。

社区中心综合服务社、燕南路商亭位于学生宿舍区，由于房屋、设施都比较简陋，经营条件较差，影响道路两旁的环境和学生休息。社区中心积极配合有关部门，将综合服务社及燕南路商亭的经营商户全部搬入室内市场，既改善了购物环境条件，也优化了周边环境。

由于拆除大批服务经营场地，使得大批职工下岗，社区中心一方面做好职工思想工作，同时想方设法安置职工就业，比较好地解决了拆迁和职工安置工作。

【社区宣传】 2004年，社区中心积极开展宣传工作，通过组织五周年纪念研讨会，编印《燕园社区服务中心五周年纪念文集》、《社区工作简讯》，摄制专题纪录片《祥和社区、九园同馨》，撰写研究文章等形式，积极宣传社区建设、社区服务工作情况，起到良好的推动作用。

1. 2004年11月16日，社区中心召开成立五周年纪念研讨会。教育部、市教委及有关部门领导和学校领导、社区理事会理事、有关专家学者、社区中心干部、职工代表100多人出席了会议。会上播放了专题片《祥和社区、九园同馨》，生动地介绍了社区服务中心5年来的建设与服务工作。林钧敬等领导在会上讲话，充分肯定了社区中心5年来的工作成绩，鼓励社区中心全体干部、职工再接再厉、开拓创新、团结奋进，深入发展社区建设、社区服务新事业，在今后的5年中把燕园社区服务工作做得更好，为北京大学创办世界一流大学做出更大的贡献。与会的专家、教授王学珍、夏学銮、张纯元等人就燕园社区中心创立的“大学社区服务单位模式”进行了深入探讨。

社区中心编印了《燕园社区服务中心五周年纪念文集》，文集收录了反映社区中心五年发展建设历程的图片和专家、教授、社区干部研究北大社区建设模式的论文。

2. 编印8期《社区工作简讯》，上报国家、市、区民政系统领导和学校领导，汇报燕园社区建设、社区服务工作进展情况。校内媒体刊登燕园社区服务、社区建设工作进展和成果的新闻报道10余次，达到了宣传社区、研究社区、热爱社区、服务社区的效果。

3. 编印社区服务电话号码簿6000册，重点介绍社区中心服务项目、服务内容、服务方式、服务人员等信息，免费发放给北大教职工，以方便他们的日常生活。

4. 积极参加社会活动，以扩大燕园社区的影响。林钧敬副校长的关于燕园社区建设的总结文章在全国后勤管理研究会做了交流；有关燕园社区发展、建设的文章在《后勤改革研究》、《高校后勤研究》等刊物上发表。

5. 反映社区中心五年建设历程的专题片《祥和社区、九园同馨》在北大电视台和20多个社区播放。

【综合管理】 2004年，社区中心积极开展优质服务等方面的教育，组织职工参加职业技能大赛，组织开展职工考绩和岗位聘任工作，通过各种有力措施，不断提高职工队伍素质。

1. 2004 年 7 月 9 日上午，社区中心特邀光华管理学院于鸿君教授做了“管理中的制度与情感”专题报告。社区中心全体企业经理、各部门负责人、机关干部和企业班、组长骨干等 70 余人参加了报告会。报告会后，进行了考核答卷。

2004 年 8 月 2 日，社区中心特邀法律顾问周俊业教授做了法律问题专题报告。社区中心全体企业经理、各部门负责人、机关干部和企业财务人员 40 余人参加了报告会。周教授提醒各企业要学法、知法、懂法、守法、用法，要提高法律意识和法律素质，要依法处理国家、企业、职工的关系，要善于运用法律来维护企业和职工的合法权益。报告会后，进行了法律专题学习考核答卷。

2. 组织职工参加职业技能大赛。按照北京大学“新世纪北京首届职业技能大赛”通知要求，社区中心进行了动员布置，并采取了承担参赛费、提供教材、安排参赛时间等项支持措施。社区中心共有 37 人报名，选拔后有 7 个工种的 12 名职工参赛。有 3 个工种的 4 名职工取得复赛资格，水电队的马宝春同志获得北大管工比赛第一名的好成绩。社区中心对马宝春同志给予了表彰和奖励，并制定了《社区中心岗位技能竞赛奖励办法》，以鼓励全体职工积极参加岗位练兵。

3. 组织开展职工考绩和岗位聘任工作，通过德、勤、能、绩等方面的工作考核，不断增强员工爱岗敬业精神和整体素质。2004 年，社区中心下属的 14 个单位、107 名职工通过了岗位考核和聘任。

4. 为提高管理人员素质，规范机关干部行为准则，社区中心经过充分酝酿、讨论，制定了《社区中心干部仪礼》，内容包含仪容仪表、行为举止、文明用语、礼仪接待等方面的行为规范，要求社区中心全体企业经理、各部门负责人和机关干部共同遵守。

5. 开展优质服务教育。2004 年是社区中心优质服务教育年，社区中心编印了《优质服务教育手册》发给每一位在岗职工。通过理论知识学习和服务技能培训，树立优质服务意识，规范服务用语和服务行为，提高服务技能，达到文明礼貌、优质服务的目的。年终学习结束时，进行了书面答卷考核和优质服务知识竞赛。社区中心 220 多名职工参加了考核，7 个单位、20 多人参加了竞赛。

6. 社区中心组织开展了《宪法》和《政府工作报告》的学习活动，让职工了解国家的大政方针和政策。

【安全生产管理】 2004 年，社区中心加强安全生产管理力度，建立和健全了消防安全组织机构；与下属各单位签订了治安综合治理领导责任书和防火安全责任书；坚持每年三次（春节、五一、十一）的定期综合检查，以及每月不定期的抽查，及时消除检查中发现的安全隐患；改造和完善消防设备，举行以厨房安全为主题的消防知识培训和灭火训练。修订了《社区中心综合检查管理办法》，增设了“综合检查流动红旗”，发给安全生产先进单位。2004 年度进行了 5 次大型综合检查，8 次抽查；2 个单位获得“综合检查流动红旗”。

2004 年，社区中心投资对博实商场用电线路和建筑工程处的民工宿舍进行了改造，并加强了建筑工程处大院管理，消除了两大安全隐患。通过社区中心全体员工的努力，全年未发生任何安全生产事故，保证了社区服务的正常进行。

【党支部和工会工作】 2004 年 7 月 10 日，社区中心党支部召开党员领导干部民主生活会，特别邀请党员代表参加。社区中心三位党员领导干部，结合自己的工作实际，按照《不求真务实的十种表现》和《四大纪律 八项要求》，认真进行了自我对照检查和自我剖析。其他党员同志也积极发言，提出了宝贵意见。

在 2004 年社区中心干部年终考核、测评中特别设立了干部勤政、廉洁自律方面的考核内容，同时邀请党支部委员、工会委员和职工代表参与干部考核、测评。社区中心 12 名职能部副主任以上的机关干部和 20 名企业正副经理接受了考核、测评。

党支部组织全体党员和机关干部 20 多人参观西柏坡纪念馆、中共中央旧址和七届二中全会会议旧址，进行革命传统教育。

2004 年社区中心党支部被评选为后勤系统先进党支部。

为丰富退休职工文化生活，社区中心组织全体退休职工参观了弘扬中华民族文化历史的中华文化园。组织部分退休职工赴海滨城市山东日照市休闲、度假。

2004 年，社区中心工会，积极参加校工会组织的各种活动，并结合中心实际，组织各种文体活动。近百人次参加了棋类、爬山和趣味运动会。通过文体娱乐活动，激发了工作热情，提高了团结凝聚力。

（李永新）

附 录

表 7-65 燕园社区服务中心企业名录

企业名称	经理	经营地址	联系电话
北京大学理发店	石玉华	校内三角地	62753284
北京校苑博实商店	练 勤	校内燕南路	62750033
北大超市发超市	曹雨清	北京大学畅春园	62758364
燕园禾谷园超市	刚建国	4～7公寓东侧	62759633
社区中心招待所	常玉琦	48楼南、承泽园、七公寓北侧	62755755
北京燕园蔚秀餐厅	刘继凤	蔚秀园	62755715
北京海淀华庆商行	华永毅	校内三角地	62754582
北大水电队	叶国才	水塔东侧平房	62757963
北京燕园甲天下餐厅	周全强	47公寓南侧	62753655
北京海淀北欣科技公司	余 焓	校内	62750675
北京海淀北大综合服务社	吴文彬	校内学五东南侧	62765982
北京海淀国辉食品批发部	孙 国	校内东南侧	62754271
北京北大燕园建筑工程处	吴宝明	校内朗润园南侧	62751554
北京海淀成龙玻璃经销公司	魏永忠	海淀区后八街	62943389
北京海淀新北高科技开发公司	苑天舒	上地国际创业园C座8层	62974070
北京北大普发中心	张 军		62751059

燕园街道办事处

【概况】 2004年以深入学习贯彻党的十六届三中全会、市第九次党代会、区第九次党代会精神为主线，紧紧围绕市、区政府对街道办事处工作总体要求，以营造一流的社会环境、人文环境为重点，提升城市管理水平，完善社区服务功能，克服机构人员严重短缺的困难，完成了全年的工作计划。

【社区党建工作】 街道工委十分重视社区居委会党支部建设工作，在以往居委会党支部的基础上、进一步完善、理顺，努力做到了一个社区居委会一个党支部。事实证明在社区建设中，社区党支部发挥了非常重要的作用，为辖区的稳定更是起到了重要的作用。

【环境综合整治】 2004年创建“国家卫生区”是北京市政府为优化城市环境，提高人们健康水平，办好奥运会而提出的一项工作。街道办事处以此为契机，将“创卫”与环境综合整治结合起来，大力宣传，加大整治力度，对平时难以解决的脏乱差卫生死角进行了重点整治：

1. 创卫工作：为创建国家卫生区，除按照区政府创卫工作部署的要求做好各项工作外，结合除“四害”消杀工作及加强防蝇设施要求，街道投资20余万元对居民区十几座公共厕所，重新更换安装了新纱门纱窗，使蚊蝇孳生地得到了有效的控制。经过各方的积极努力通过了北京市爱卫会专家组的考核验收，取得了圆满的成果。

2. 集中整治工作：围绕创建国家卫生区工作，重点整治了朗润园8～13公寓居民楼，拆除破旧自行车棚4个，腾出空地进行绿化、铺路，清运垃圾、渣土37车、120吨，为迎接奥运会火炬，还彻底解决了北大西校门外拆迁后遗留下的渣土及围挡问题。

【社区建设】 2004年是社区居委会选举后新一届社区专职工作者任期的第一年，为提高社区工作管理能力和服务水平，更好的发挥社区居委会“四自”作用，社区工作的重点是夯实社区建设基础，完善社区管理制度，推进社区精神文明建设。重新制定了《燕园街道社区居委会规章制度》、系统规范了社区居委会的学习制度、工作汇报会议制度、居务公开制度、考勤请假制度、文件资料管理制度、财物报账管理规定、居委会廉政制度等各种规章制度；为各社区居委会配置新的电脑、文件柜，对各类账卡、文书资料、统计数据进行了整理；重新设计制作“居民户口登记册”。2004年社区围绕着实施《公民道德建设实施纲要》、加强公民道德教育、提高思想素质和道德观念，以社会公益活动、文明礼仪教育为主的道德实践活动，以创建“学习型社区”为契机，开展了一系列“建美好家园，做文明北大人”为主题的活动，丰富了园区的精神文化生活，提高了园区居民的思想道德素质和科学文化素质，倡导了科学、健康、文明的生活方式，形成了追求高尚、激励先进的良好园区风气。一年中在各园区主要开展的活动：除了健身外各园区成立了学习小组、英语组、工艺组、贴花组、合唱团、舞蹈队和歌咏队等，周周有活动，月月有联欢，如春节、“三八”、“五一”等节日各园区组织文艺汇演、联欢活动、有的园区还举办书法篆刻艺术展、老年手工艺展览、鲜花艺术展、各种知识咨询科学讲座、知识竞赛等。

【经济普查工作】 燕园地区第一次经济普查工作由街道办事处来承担，根据国务院的要求和北京市政府及海淀区人民政府的统一部署，先后成立了领导小组，组建了办公室及48人的普查员及普查指导员队伍，完成了准备阶段、清查阶段、101表及附表填报等阶段的工作。整个普查过程，本着严谨、细致、科学、准确的方针，在普查领导小组和全体普查员的共同努力下，圆满地完成了第一次全国经济普查工作，被评为2004年度海淀区统计系统优秀单位。具体数字：按地域划分为7个普查区，13个普查小区，经过对工商、税务、统计等数据库6下6上的调查核实，在对1166家单位及300多家个体进行了实地走访、电话联系后，实际登记法人单位708家、个体261家，收取并实际录入计算机各行业填报的报表599份。

【其他工作】 除了完成日常工作外，2004年的其他重点工作还包括：

成立了司法所、社区矫正办公室，对3名矫正人员进行有效监控；成功调解纠纷63起。

城镇登记失业人员再就业率达到68%，失业率控制在1.5%以内，社区就业安置138人，其中安置就业特困人员19人；办理求职证200余人，优惠证38人，为58位失业人员办理自谋职业手续；全年共发放失业金196334元，补助医疗费18839元等。

2004年计划生育率100%；为落实《北京市人口与计划生育条例》，为478名独生子女父母一次性奖励71.7万元；为600名青少年、幼儿办理“国寿学平”保险；为400余名育龄人群发放了避孕药具自助发放机IC卡，大大方便了育龄群众。

燕北园社区居委会在全区率先成立了社区老年协会，下设若干分会为园区的205户空巢家庭开展了一帮一活动，促进了社区志愿者的组织建设与发展壮大。

完成了流动党员调查、党员现状摸底调查。

（修亚冬）

北京大学医院

【概况】 北京大学医院在编职工134人，其中卫生技术人员112人，包括主任医师2人，副主任医师35人，主治医师62人，医师13人（以上均含相应职称）；行政后勤人员22人。聘用合同人员89人。床位125张。总建筑面积8585平方米。

有万元以上医疗设备165件，其中2004年度新购置牙科治疗台、黑白超声诊断仪、微波治疗仪、肛肠综合治疗仪、动态心电分析仪、DR直接数字成像系统等10件万元以上设备，800元以上固定资产总价值2468万元。

【机构设置】 设有10个普通门诊。30多个专家专科门诊，由正副主任医师和外聘教授开诊。设立体检中心，由专人负责体检工作。

【医疗工作】 2004年门诊239025人次，日均门诊944.76人次，家庭病床36人次，急诊22366人次；入院417人次，出院423人次，床位使用率23.89%，床位周转次数3.38次/张，治愈率31.16%，好转率55.28%，死亡率9.55%，入出院诊断符合率99.75%，7日确诊率99%；普外、妇科及耳鼻喉科手术183例，其中大手术19例，主要手术有：子宫全切术1例、胆囊切除术1例、大隐静脉剥脱术2例、甲状腺叶切除术1例、精索静脉高位结扎术1例、阑尾切除术12例、子宫肌瘤切除术1例；查体23999人次，其中学生13414人次，教职工7376人次，幼儿573人次，三大员2215人次，其他查体421人次。

【护理工作】 北京大学医院强调护理服务意识，改善服务态度，在医院护理人员中率先开展礼仪培训，全面提高护士综合素质，2004年，基本没有收到护理投诉。围绕医院评级工作，修订和完善护理规章制度。以科护士长组成的护理质量管理体系，作为医院护理管理工作的核心，每月组织综合护理质量大查房，坚持每两周一次的护士长例会制度。护理查房内容以医院评级要求为重点，设立护理质量考核标准，以表格形式实施记分制，注重规章制度的执行与监督。病房护理工作在分组护理的基础上做好细化工作，加强病人疾病知识的宣教及健康指导。安排护士在职继续教育业务学习28次。坚持持证上岗准入制，年终对医院聘用人员进行理论和技术操作考核，并将成绩归档，同时与个人奖惩挂钩。做好院内感染控制工作，对医院感染管理委员会成员进行调整，对全院人员进行分层次培训，每月做好空气培养、物表采样，全年共监测674人次，发现问题29人次，院内感染率≤8%。

【科研工作】 2004年发表医学科技论文22篇(其中在国家级杂志发表2篇)，出版著作1本：《抗肿瘤药物与研究》(张宏印)。

【医学教育】 2004年有61人次参加中华医学会、北京医师协会继续教育课程。7人参加全科医师培训，并取得合格证，10人次参加市举办专科培训班，组织本院职工28次业务学习，1020余人次参加。国内、外进修各一人。有学生红十字会会员1000余名；400人次参加红会会务培训，进行急救员培训共两期，16学时，举办同伴健康教育活动6期，共360人参加；通过艾滋病健康教育、红十字知识卫生救护、造血干细胞等多项活动，发放宣传材料10000份和调查问卷200份；在每个学生宿舍楼新增宣传板块共60块，在校园内新增18个急救灯箱，2004年4～5月在涞源举办“涞源希望工程 呼唤社会爱心公益活动”共捐赠物品1.5吨，药品价值约4万元。5月4日400人参加了“青年与艾滋病专家论坛”讲座；6月11日“爱心护眼公益咨询活动”，由大明眼镜公司捐赠60付眼镜，价值5万多；11月举行“飘动的红丝带”大型义跑活动，20多所高校参加。56人通过北京市初级急救队员考试，并取得急救队员资格证书；连续7年被评为北京市红会高校工委先进集体，获2004年北京市优秀红十字先进个人奖2名。

【社区卫生服务】 明确社区卫生服务定位，体现高科技规范管理。以健全和发展现代社区医疗作为根本方针，2004年医院在海淀区社区卫生服务工作研讨会上进行了经验介绍。重视公共卫生服务，以健康为中心、以预防保健为主。将“预防保健、慢病随诊、上门服务、社区健康教育、家庭医疗和网络化管理”有机地整合为一体。社区卫生服务与健康查体相结合；慢病管理与科研相结合；社区健康档案与临床门诊病历相结合；网络呼救系统与上门服务相结合；社区服务与防病工作结合起来；社区工作与健康教育相结合。去年网络呼叫医、护出诊350次，护士上门服务1582次，对行动不便的慢性病患者由医生定期上门服务的有410人次，免费为院士巡诊333人次。各种出诊2690余人次。

【医保工作】 医保工作遵照《北京市人民政府令(第68号)》的精神，宣传医保政策，严格按照北京市医保中心规定的药品库、诊疗库、服务设施项目库及卫生局、物价局制定的标准收费。所有医保病人就医信息均经网络传给医保中心；2004年度区医保门诊人次为1490人，总费用为145775.56元，处方均值为97.84元；医保住院人次为22人，总费用为169227.20元，人均费用为7692.15元，日均费用为256.40元。

【国际交流】 日本渡边牡蛎研究所渡边贡先生一行分别于2004年3月、5月两次访问医院，双方就渡边活性牡蛎丸的药物作用进行了有意义的探讨，接受了渡边牡蛎研究所赠送给北大老师的渡边活性牡蛎丸。受渡边先生的邀请，7月23日至8月2日张宏印院长率北京大学医院代表团一行7人前往日本进行学术演讲和参观访问。在东京举行了有日本临床医师、药师400余人参加的学术讲座。论文题为：“非小细胞肺癌的中西医结合治疗”、“关于老年人免疫功能的探讨”、“渡边活性牡蛎丸在亚健康人群中的影响”。在日本期间，访问了日本创价大学，与若江正三校长进行了亲切友好的会谈；参观了北海道大学医学部，增进了对国外医学领域及医院建设方面的接触和了解。2月在国内心理治疗培训界享有盛誉的“中德班”举办集训；3月进行国际心理创伤治疗连续培训项目的集训；3月到4月间，与北大德国研究中心合作，邀请德国及美国、比利时、荷兰等五国专家做“五国心理治疗师与北大学子对话”报告；8月，心理咨询中心治疗师赴韩国参加“中韩妇女家庭问题交流大会”。

【体制改革与管理】 2004年8月，北京大学医院对上年度聘任的130名上岗人员进行岗位考核，并进行新学年的岗位聘任，130人受聘上岗；医院继续实行院内岗补。

迁建新院是医院在社会主义市场经济环境下一次大的变革，包括制度创新、管理创新、观念创新等诸多核心内容，得到了学校的大力支持和同行的瞩目。改变过去单一寻求上级拨款的思维，实行产权和经营权部分分离的形式，依法争取多渠道的融资途径。迁建管理委员会下设5个职能部门：办公室、财务部、工程部、人力资源部、继续教育部，分四组进行调研，共组织了51人次，考察了11家医院。2月，由校规划部、财务部、审计部、基建部、科技园、医院及部分专家教授等29位评委参加了“北京大学医院迁建项目设计方案评标会”，最终中元国际工程设计院设计的C方案中标。设计方案报校规划部会议通过，上报首规委。11月，首规委批复立项。

【精神文明建设】 医院党委于3月29日至5月14日在全体党员中开展“提高医疗质量，改进服务态度，发挥党员作用，争做服务标兵”主题活动。分为四个阶段，党委加强宣传，各党支部团结向上，党员发挥表率作用，提高服务质量和水平。公布了14项整改措施和党员必做10项要求。全体党员，从我做起，积极参与，改进工作。评选出校级先进党支部1个，优秀党员2名，院级服务标兵7名。6月，在革命圣地西柏坡召开主题活动总结表彰大会。

5月,向全院传达海淀区卫生局纠风工作会议精神,加强行风建设,落实"海淀区卫生系统2004年纠风工作实施方案",会上院长、书记进行动员,要求做到区卫生局提出的"十不准",遵守职业道德规范,再次重申行业纪律,向全体医务人员每人发放一份"携手共筑医学之圣洁和尊严"倡议书,并安排全院进行行风自查。自查结果:未发现医务人员收取"红包"、回扣现象,无病人投诉,无小金库情况。明确规定医药代表不得干扰医生诊疗工作,由办公室主任接待留取宣传材料。采购药品参加北京市统一招标。凡进新药需经药事委员会讨论半数以上委员通过。购置大型设备由院采购小组招标采购。

作为海淀区创建学习型医院的试点,树立"以人为本"服务理念是基础,实现业务和服务创新,进行职业道德教育和继续教育培训,树立"全员学习"、"终身学习"的理念,把"学习工作化,工作学习化"的理论实践落实到人、落实到工作中去,贯穿于医院长期建设和发展中,通过学习与工作的紧密融合,使职工自觉养成终身学习的良好习惯和不断进取的精神风貌。12月获"海淀区学习型组织建设先进单位"。

按照卫生部的要求规范医务人员医疗行为,在全员树立"以人为本"的服务理念,上半年在医院护理队伍中率先开展护士礼仪培训。学习服务人员五项修炼技巧,提高医疗护理服务质量。"5·12"护士节之际举办"以人为本尽显白衣风采,竭诚服务点装燕园春色"联谊会,并邀请主管校长和学工部、校团委负责人及北京十几所高校校医院领导参加活动。

8月,对招聘的新护士进行5天的岗前培训,在职业道德、礼仪、医疗安全、护理基础知识、护理核心制度、护理操作等方面进行专题讲座。培养员工"重医德、精技术、爱医院、爱病人、讲奉献"的从业精神。

开展创建首都公共卫生文明单位活动。将卫生部、北京市和海淀区卫生局有关医德规范、服务标准及医院党风廉政建设责任制、文明服务奖惩办法等汇编为《文明服务手册》,医务人员人手1册。检查各科室及个人落实岗位职责的情况。广泛听取意见,建立和谐的医患关系,10月起聘请校内监督员。定期召开行风监督员座谈会;每月由院监督员做满意度调查100份;促使医院不断改进服务态度。

医院等级评审重点以医疗质量与安全为核心内容,促使医院医疗服务安全有效并得以持续改进。医院从行政、党务、人事、财务、医疗、护理、服务等方面全面修订完善各项规章制度。在保障师生健康方面提高快速反应和应急处理的能力。进行急救演练,制定便民措施,将维护病人尊严、自主和隐私贯穿到医疗服务的全过程中。全年荣获市、区先进集体2次、先进个人4人;校级先进集体4次。医院工会分三批组织180人到怀柔春游,暑假期间分两批组织70多人到天池、镜泊湖5日游。2月,中国科教文卫体工会北京大学委员会授予医院工会模范职工之家。

【后勤工作】 为规范护工管理,使陪护工作安全、有序的进行,更好地为患者提供优质服务,医院于2004年12月同北京金萌泰物业管理公司签订了陪护、保洁协议书。

(叶树青)

北京大学附属中学

【概况】 2004年,北大附中开设教学班58个,并设教育部委办的全国理科实验班,在校学生2322人(初中451人,高中1871人),高中录取分数线509分,应届高考录取率93%,85%进入国家重点大学。教职工186人,其中,专任教师169人,高级专业技术职务教师55人,特级教师6人,全国优秀教师4人。有博士、硕士20人。学校占地面积50000平方米,建筑面积63000平方米,理化生物实验室和各种专用教室43个。体育场地14000平方米。图书馆藏书55000册。全年教育投入约2995万元,其中国拨1429.7万元,自筹约1500万元。

【附中党委进行换届选举】 2月18日下午,北大党委副书记岳素兰、组织部长杨河等同志来到北大附中,在新老党委成员及校级行政班子会上宣布了北大对附中党委换届选举结果的批复。2月23日下午,召开新一届党委成员的第一次会议,党委委员进行了具体分工:党委书记康健负责党内全面工作,党委副书记兼组织委员冯金梅,党委副书记兼宣传委员杨文焕,宣传委员林新民,纪检委员杜友明,统战委员张思明,青年委员栾斌。

【外事往来】 芬兰　3月10日至11日,芬兰罗素高中师生访问团一行8人到附中访问;张继达副校长于3月20日至26日赴芬兰赫尔辛基罗素高中参加由该校主办的"中芬高中合作项目学校教育研讨会"。8月20～27日,由康健校长带队的北大附中访问团一行12人到罗素高中访问交流。

法国　4月8～21日，法国德比西中学师生访问团一行23人到附中交流。

日本　4月27日上午，日本熊本济济黉高中校长石川博敏先生和日本驻中国使馆新闻文化中心一等秘书岩佐敬昭先生访问了北大附中；7月18日～8月1日，北大附中师生一行7人对友好学校大阪清风学园进行了访问；10月16日，日本早稻田大学本庄高等学院第19次访华修学旅行团来北大附中进行友好交流活动。

美国　6月4日，美国北卡Cary Academy学校师生到附中进行友好交流。

韩国　7月29日～8月1日，韩国汉荣外国语高中师生一行83人对北大附中进行了友好访问；8月23～27日，北大附中舞蹈团前往汉城对该校进行友好访问和交流演出。

澳大利亚　9月17～23日，澳大利亚墨尔本Scotch College师生访问团一行38人对北大附中进行了访问。

加拿大　12月6日，加拿大多伦多Upper Canada College的校长Adam先生来我校进行了友好访问，这是他继2003年之后的第二次访问。

【开展绿色奥运活动】　3月20日上午，北大附中团委与北大政府管理学院团委在黄庄中科院小区联合开展“绿色北京，绿色奥运”主题宣讲活动，双方40余人参与了宣讲及社区义务劳动。4月4日，北大政府管理学院与北大附中团委“联合团校”师生80人赴房山马家沟开展植树绿化活动。

【第二届远程教育合作示范校年会】　3月25日上午，第二届北大附中、附小远程教育合作示范校年会在北京人民大会堂隆重举行。来自全国各地的近1000所北大附中、附小远程教育合作示范校校长们，国家教育部领导，北京大学领导，北大附中、附小网校领导出席了这次年会。这届历时两天的年会就北大附中、附小网校2003年共同合作所取得的经验进行总结，规划2004年的发展远景。会议中，就具体项目做了进一步的研讨和交流，制订了切实可行的2004年网络教学计划实施方案，并向参会者演示了《“全班通”网络互动反馈式教学系统》。

【学生获奖】　青少年科技创新大赛　3月26日，北大附中有5个项目参加了“第24届北京市青少年科技创新大赛”，盛蕾的论文《对果蔬清洗机破坏蔬果中维生素C的研究》荣获北京市一等奖；8月14～22日，在成都市举行了“第19届全国青少年科技创新大赛”，盛蕾的论文获全国三等奖。李晗的《生态平衡的计算机模拟》、吴佳欣的《微反评价样品汽油组成及硫化物分析的研究》、卢洋、李洲的《木署醇腈酶基因PCR扩增》、谭宁的《基于特征圆定位和移位对比算法的掌纹识别新技术》获北京市二等奖；陈颖的《对中国古代极光记录的探讨》、刘颖的《帆船行驶的最佳策略》、汪小琳的《铁磁与反铁磁界面自旋的取向》、金威和林亚深的《镍粉—聚乙烯复合材料电学性能的研究》获海淀区一等奖。

北京市英语竞赛　3月28日举行了北京市第十六届高中英语竞赛，北大附中学生薛菲菲获一等奖，杜萌、武安珏获二等奖，王晓愆、胡梦溪获三等奖，王非、许静颐获表扬奖。

程序设计竞赛获区团体第一名　9月25日在十九中举行的海淀区2004年中学程序设计竞赛中，北大附中以绝对优势获团体第一名，总分高于第二名400多分。在近200名参赛选手中北大附中4名高中学生全部获奖，谭宁、闫昭、石超获一等奖，张宇晨获二等奖。初中王达伟获一等奖，王若松等7名同学获二三等奖。

机器人比赛获奖　11月19～22日，学生到上海参加第五届广茂达杯全国机器人比赛，周天熠、俞宏晋获灭火组二等奖，周天熠、刘敬堃获足球组二等奖。

信息学比赛获奖　11月20日，学生参加第十届全国青少年信息学奥林匹克联赛（NOIP2004）北京赛区比赛，在普及组比赛中，王达伟、方嘉琨（北达）、赵曦、朱旻（北达）、王若松获二等奖；顾翔、李潇获三等奖；在提高组比赛中，谭宁、闫昭获一等奖；石超、秦腾获二等奖；金威、张宇晨获三等奖。

【获食品卫生等级A级单位称号】　4月8日下午，海淀区中小学校食品卫生监督量化分级管理A级单位授牌仪式在北大附中隆重举行，全区近百所中小学参加了授牌仪式，经过一系列的检查，包括北大附中在内的17所中小学获得北京市卫生局授予的食品卫生等级A级单位荣誉称号。海淀区副区长赵建忠、海淀区卫生局局长于晓芊、海淀区教委副主任尹丽君、北京市卫生局食品卫生监督所所长郭子侠以及海淀区卫生监督所的领导等出席了会议，赵建忠副区长对食品卫生监督进行量化分级管理的做法给予了充分肯定，认为有此标准，对以后的食品卫生检查，对广大中小学生的身体健康是一个很好的监督。

【工会换届大会】　4月8日下午，北大附中召开工会换届选举大会，会议由原工会主席蒋大凤老师主持，总监票人为党委委员栾斌。经监票人清点人数，到会会员为162人，过半数符合规定。接着监票人把选票发到每位会员手中，大家充分行使民主权利，认真填写选票。通过统计，有效票达到160张，9名候选人选票全部过半。经请示北大工会后，将原定的差额选举改为等额选举，9人全部当选。新一届工会委员顺利产生，他们是工会主席冯金梅、工会副主席吴兴国、委员王淑芳、冯路、冯金梅、张立剑、吴兴国、李晓宁、苏翌丹、汪颖、薛英翠。

【师生获海淀区教育系统奖】 4月29日，在海淀剧院召开了海淀区教育系统表彰大会，北大附中教师姜民、张俊强、刘苏杰、常青、杨兵获海淀区教育系统青年先进教育工作者荣誉称号；李杰等18位同学获海淀区教育系统优秀共青团员荣誉称号；崔丽媛等11位同学获海淀区优秀学生干部荣誉称号；白皓等110位同学获海淀区三好学生荣誉称号。

【学生参加加强未成年人思想道德品质建设的诗歌朗诵会】 5月14日，北大附中高一年级学生700多人参加了海淀区文明委在海淀剧院召开的关于加强未成年人思想道德品质建设的诗歌朗诵会，学生种笑玲代表北大附中向全区240所中小学18万学生发出倡议书，提倡"三实五做"，作诚信的中小学生。

【高二小论文宣讲答辩会举行】 高二小论文写作课是北大附中的教科研课程，已有20多年的历史。5月20日、22日下午，北大附中高二年级全体学生在教学西楼大礼堂举行了"小论文"宣讲答辩会。校长康健老师、副校长张继达老师、程翔老师、学生处主任程致宪老师、年级主任马慨老师出席了宣讲会。参与宣讲答辩的有《基于特征圆定位和移位比对算法的掌纹识别新技术》等共17篇小论文。会场上，同学们积极提问，宣讲者机智答辩，精彩的辩论赢得了大家阵阵掌声，气氛非常热烈。经过评委们的认真评选，高二(1)班谭宁、李洋同学的《基于特征圆定位和移位比对算法的掌纹识别新技术》和高二(3)班关心悦同学的《从古蜀文化看中国浪漫主义文学》获得一等奖，高二(9)班李曦同学获最佳答辩奖，另外，高二(4)班罗天同学策划制作的电视节目《承诺绿色》获特别奖。至此，历时近一年由我校高二年级语文组主持的小论文写作宣讲答辩会落下了帷幕。

【棒球队竞赛获佳绩】 5月29日、30日，北大附中棒球队参加了在丰台体育中心举行的北京市青少年春季棒球比赛，取得了北京市第二名的好成绩，8月9～16日，北大附中棒球队赴上海参加全国青少年AA组棒球锦标赛并获第八名。

【港澳台交流】 4月16日，京港青年交流计划之香港学生北京航天之旅访问团，师生一行36人，来北大附中进行交流和访问。该学生团是由中国青年联合会与香港青年协会共同组织的，所有团员都是品学兼优但家庭经济条件相对比较困难的学生。京港两地青少年通过交流增进了理解，加深了友谊。7月2～7日，北大附中参加了在香港会展中心举行的"首届北京教育展"，北大、清华、北大附中、北京四中等43所首都知名大学和中学到港参展。目的在于通过北京教育资源及招生政策的展示和介绍，让香港学生及家长了解北京的教育优势，为有意来京求学的香港学生提供信息和咨询，同时为未来教育的互动合作打下良好基础。学生王萌赴台交流。8月，北大附中学生王萌作为北京市唯一一名中学生赴台参加了每两年一次的海峡两岸红十字青少年会员夏令营活动。9月30日，香港圣保禄学校校长黄金莲修女来访。

【青年教师在教学风采展示中取得优异成绩】 在2003～2004学年度海淀区第一学期中学"教师课堂教学风采展示"活动评比中，北大附中教师取得了好成绩，都小梅、王金海、李宇明、孙亚梅、刘晶、马达等人获一等奖；李广莉、杨兵、倪一农、刘苏杰等人获二等奖；李克峰、韩校、刘荣、张俊强等人获三等奖。

【召开教育研讨会】 7月11、12日，北大附中教育研讨会在怡生园会议中心召开。会上，各年级教师代表介绍教育工作经验，高一熊美荣、王卫东，高二郑雁青、马慨，高三常青、王文成先后发言。程翔副校长介绍了班主任工作条例讨论稿，供全体参会班主任进行讨论。随后在分年级组的讨论中，各年级根据自己的情况进行了总结。下午，张思明老师介绍了自己在多年教学中积累的经验。此次教育研讨会充分尊重老师的意见和建议，相信对学校的教育工作有所促进。

【被授予北京市中小学科技教育示范学校称号】 4月27日下午，海淀区科技示范校检查团来北大附中进行检查验收，张思明副校长做了主题汇报。10月20日，在2004年海淀区中小学生科技节开幕式上，北大附中由于科技成绩骄人，被授予北京市中小学科技教育示范学校称号并颁发了校牌。

【章熊语文教育思想研讨会在北大附中举行】 10月30日，章熊语文教育思想研讨会在北大附中举行。这次研讨会由中国语文教育研究会、中央教科所、北京教育学院、《中学语文教学》杂志社等单位联合主办，北大附中协办。会议由"中语会"副秘书长苏立康、人民教育出版社的顾之川主持。章熊先生是全国语文界的著名学者。他是北大附中创校教师之一，曾担任语文教研组组长、北大附中副校长。

【两项成果获北京市基础教育成果奖】 经市第二届基础教育教学成果奖评委会评审，市政府批准，北大附中张思明老师主持的全国教育科学规划重点课题《"跨世纪园丁工程"特级教师计划专设课题》之《中学数学创新实践活动的设计与实施》课题获北京市第二届基础教育教学成果一等奖；李冬梅老师主持的《中学信息技术课堂教学模式与教学方法》课题获北京市第二届基础教育教学成果二等奖。

【教师课件在全国获奖】 北大附中语文教师景志国制作的课件《诗歌鉴赏——高考古诗鉴赏思路分

析》在"第四届全国多媒体课件大赛"现场决赛中荣获普教组三等奖。

【被评为北京市红十字学校】 11月13日，在宣武区少年宫举办了北京市红十字会颁奖授匾仪式，北大附中被评为北京市红十字学校，高三年级白璐怡同学被授予"2003年度百名优秀红十字青少年"光荣称号，此外附中有两项活动被授予"北京市十佳活动"，附中任平生副校长等出席了仪式。

【北京市教委号召向张思明学习】 11月30日，中共北京市委教工委、市教委做出决定，号召全市教育系统的广大干部、教师向张思明同志学习，并于12月2日举行了张思明同志先进事迹报告会。张思明老师是北京大学附属中学副校长、中共党员、数学特级教师、全国模范教师、首都"五一"劳动奖章获得者、北京市优秀教师、北京市十大杰出青年。在张思明身上，体现了新时期一名共产党员的先进性，体现了一个学习者、研究者、实践者的统一，他为全市普、职、成教系统的广大党员、教育工作者树立了榜样。

【被授予北京市学生金帆艺术团学校称号】 12月，鉴于北大附中舞蹈团、管乐团的杰出表现，北京市教育委员会授予北大附中北京市学生金帆艺术团学校光荣称号，并颁发了校牌。

【师生向印度洋灾民捐款】 12月31日，北大附中师生向印度洋地区遭遇地震、海啸的难民伸出援助之手，奉献爱心。共捐款17187.80元，其中教师捐款4128.10元，学生捐款12609.70元，此次活动由北大附中学生处、北大附中红十字会联合发起。捐款上交北京市红十字会基金管理办公室。北大附中于12月31日开展的募捐活动是北京市中学中第一批捐款单位。

【学校安装安防监控系统】 为加强学校的安全管理，提高学校安全技术防范及应对预防突发事件的发生能力，北大附中投资70多万元建设了校园安全防范系统。该系统工程于2004年10月29日开工，目前监控与报警系统已调试完毕，进入试运行阶段。监控系统已开始对各个监控范围内做实时录像，报警系统可以随时布防报警。全系统拟于2005年1月31日前完成工程验收工作。

（王欧阳）

北京大学附属小学

【概况】 2004年，附小有学生2279人，52个教学班。教职工127人（不含外籍教师），其中专任教师105人。现有中学高级教师3人，小学高级教师89人，北京市学科带头人1名，北京市中青年骨干教师1名，海淀区学科带头人16名，海淀中心学区学科带头人28名。专任教师本专科学历达到93.3%。

基建　经过多方协调，2月18日设立了附小教学楼专项基金，为合法筹措办学资金提供了政策保障。3月25日下午，旧楼接建部分，9072平方米的新教学楼拿到市规划许可证，至此新教学楼11666.23平方米的建设得到认可。5月10日与北大方正、君和公司、北京二炮、北京武警等单位签署共建协议，保证了筹措资金的渠道。5月19日附小工程揭标，施工方为河北鹏达集团，监理为北京鸿厦集团。

5月31日上午10：00进行了新教学楼开工典礼，北京大学副校长林钧敬、鹏达集团领导参加了开工典礼。6月16日协调了吉永庄居民拦车索要扰民费问题。12月23日大学规划会通过附小旧楼改造方案、地下车库及操场工程方案。

申报示范校　6月23日，校长尹超在颐泉宾馆进行了申请海淀区首批示范校的申述，9月24日，接受了教委的评估检查，10月根据教委的评估回复意见，制订并上交了整改方案。预计明年年初挂牌。

规范财务工作　3月3日，北大审计对附小进行了财务审查，并向校长反馈了审查结果。同年，附小通过了全国治理乱收费检查。

承办科技园区小学　2月26日晚，在北京航空航天大学，海淀区教委主任孙鹏主持召开协调会，决定把西北旺科技园区占地50亩的小学部交给北大附小承办。在新楼建设旧楼改造的同时，运作筹划西北旺分校校园规划与建设（与对方交流、选方案、提要求）。

三代招生问题　6月11日，由林建华校长在办公楼105主持召开了协调会，通过了附小招生三代的新政策，即：只招收从出生之日起父母户口及子女户口都在北大且与老人在一起无住房子女的孩子入学。

教学改革一枝独秀　11月，校长尹超作为小学唯一代表在全区中小学教学改革会上发言，受到了好评。

其他方面　经过多方努力，层层申报，附小于11月领取了"北燕博雅培训学校"营业执照。

【德育工作】 六一活动　5月28日，附小在北京大学百周年纪念讲堂，举行了庆祝六一"大红绸舞起来暨献给西部母亲的爱"大型综艺专场演出。全国人大常委会副委员长、妇联主席顾秀莲、北京大学校长郝平、北京大学各单位领导、社会友邻单位领导及部分家长参加了此次活动。顾秀莲、郝平做了发言并观看了演出。这场演出不仅仅是一场文艺汇演，更是学校办学理念、办学特色的充分展现，体现了附小的办学水平办学特色。这次活动得到了社会和家长的充分肯定，达到了宣传学校、教育学生、振奋精神的目的。在此活动中，附小学生代表将学生们的捐款7万多元交到了妇联主席顾秀莲手中，此款将在内蒙古某村修建一供水工程。

教师节活动 2004年恰逢第20个教师节，少先队大队及音乐组老师们组织学生举行了庆祝教师节演唱会。9月10日的早晨，在合唱队同学的优美歌声中，学生代表在大门口为每位教师献上鲜花。他们代表全校学生的心愿把微笑、歌声、祝福送给了每位老师。束束鲜花、张张笑脸拉开了我校“敬师爱师周”活动的序幕。为期一周的活动激发了学生们爱师、敬师的情感，培养了学生们良好的传统美德。

国内外文化交流 3月接待了日本岩手大学附属小学一行。之后，附小学生的100幅作品在日本展出，日本儿童画105幅作品在我校分批展出。9月附小接待了神户大学附属小学校长山崎健先生；10月进行了第二届GKE国际交流活动。11月王燕海副校长率教师团一行7人赴日本岩手大学附属小学进行友好访问、交流。刘学慧的古诗文诵读课，邱紫雯的音乐课，刘桂红的英语课，贾继红的美术课受到日本朋友的热烈欢迎与称赞。在中日两国教学研讨时，老师们的出色表现，再次树立了北大附小良好的国际形象。中外文化交流提升了我校办学水平及国内外声誉。

古诗文诵读 在古诗文诵读活动中，附小583名学生被评为北京市优秀诵读者，153名学生被评为诵读标兵，42名学生被评为诵读之星。江琳、王敏、季岚三位老师被评选为北京市古诗文诵读工程优秀辅导者。刘学慧老师被评为全国古诗文诵读工程优秀辅导者。附小再次被评选为“中华古诗文诵读工程”全国诵读先进学校。此外，附小成功举办了由全国关心下一代委员会、湖南金鹰卡通卫视承办的“少年中华唐诗行”华北赛区北大附小赛点的选拔赛。经过各年级推荐选拔、初赛、复赛，12名选手参加了选拔赛。其中两名种子选手代表附小，代表华北赛区参加全国决赛。

捐赠活动 10月8日，附小参加了在北京人民大会堂举行的由全国妇联、共青团中央和中央综合治理办公室联合发起的“关注未来·关爱孩子‘十大杰出母亲’思想道德教育传播行动”启动仪式。演员蒋勤勤向附小的学生捐赠价值10万元人民币的“精神文化精囊”系列礼品—成长礼盒，表达了她对孩子们的期望及对公益事业的热心。

12月25日印度洋发生了罕见的特大地震、海啸，附小的学生十分关注此事。全校师生踊跃捐款，总计59234.22元。当天下午学校就派专人把捐款送到了北京市红十字会，市红十字会高度赞扬了同学们的行为。同时，附小的学生还参与了为在京务工人员的子女捐书捐物，为学校科技活动捐书的活动，体现出了附小学生人道、博爱、奉献的精神。

获奖情况 校长尹超获得“星星火炬奖章”，大队辅导员王丽萍被评为“北京市中小学德育工作先进个人”，王利宁被评为“海淀区优秀中队辅导员”，她所带班级被评为“海淀区优秀中队”。

【教学工作】 参加抽测成绩喜人 海淀区教研室对附小六年级1班进行了数学抽测。其中52人参加抽测，44人满分，成绩令人满意。

在《新作文》杂志社的全力支持下，通过全体语文老师的共同努力，完成了一本反映我校作文教学的杂志特刊《小学作文创新教学》—中国名校系列北京大学附属小学专号。

附小共有12位学科带头人，参加海淀区学科带头人评优课，其中孙雪林、刘桂红、梁春玲、杨融冰获双项一等奖即综合素质奖，何立新、陈小葵、李宁、潘东辉获得教学风采一等奖，郭琼、刘雪英获得案例一等奖。

附小完成了光纤引入南二层教学楼、学校校园网百兆接入转化为千兆接入，提高了校园网络运行的带宽和速度，使校园网更好地为教学服务。同时改进了NC教室服务器，使其已完全具备电子阅览室硬件功能并正式启用，扩大了教师、学生的阅读范围。

体育组教师，组织学生在全校开展了争当“做操小标兵”和“运动小健将”的活动，共评选出小标兵420名，小健将112名，调动了学生参加体育活动的积极性。同时，他们克服种种困难，团结奋斗，终于使我校进入海淀区小学生田径运动会基层校前20名。附小女篮获得海淀区小学生比赛第二名。在中心组织的学科带头人和体育组长“创新杯”体育展示课中，薛文志老师获一等奖。

教师获奖 赵静获北京市音乐录像课一等奖，12月代表我市小学音乐教师参加全国课堂教学大赛获一等奖；范冰代表北京市获全国英语比赛团体项目“教学设计”一等奖，个人项目“口语表达”二等奖，并获“求索杯”做课一等奖；潘东辉获“创新杯”全国课堂教学邀请赛一等奖；李宁获北京市录像课评优二等奖；方芳获第三届国际少儿艺术大展艺教组艺术教师二等奖；于锡环获北京市信息录像课三等奖，其制作的课件《趵突泉》获全国“创新杯”一等奖；黄启宪、魏民、方芳获第九届全国中小学生绘画书法比赛教师绘画、书法一等

奖;郭琼获北京市基础教育课程教材改革试验先进个人称号,并获"求索杯"做课二等奖;康万德获北京市中小学优秀音乐教师称号;王雪峰、孙雪林、潘东辉获北京市第三届基础教育科学研究优秀论文评比一等奖;孙雪林还获"求索杯"论文评比一等奖。

学生获奖　附小在北京市中小学生无线电测向竞赛中获女子组装机比赛第二名,无线电测向竞赛第一名及两个个人第三名、两个个人第五名;在北京市第五届中小学师生电脑作品评选活动中获小学组网页、电子报刊二等奖;在北京市小学生消防漫画大赛中1人获二等奖,3人获三等奖;在海淀区中小学生科技英语竞赛中18人获一等奖,21人获二等奖,25人获三等奖;在海淀区中小学计算机知识技能比赛中4人获一等奖,3人获二等奖,7人获三等奖。

学校获奖　2004年,附小被评为北京市教科研先进校、北京市基础教育改革先进校、北京市中小学德育工作先进集体、北京市科技示范校、海淀区优秀大队、海淀区艺术教育先进集体,并再次认定为海淀区科技教育示范校。

(孙江红)

· 党建与思想政治工作 ·

组 织 工 作

【概况】 2004年，北京大学党员总数为17400人，其中校本部11635人，医学部5765人；教职工党员5637人，其中校本部2917人，医学部2720人。

离退休党员3393人，其中校本部2001人，医学部1392人；学生党员6764人，其中校本部5816人，医学部948人。

截至2004年年底，全校共有院（系）级党委数55个，其中：校本部基层党委31个，工委3个，党总支4个，直属党支部3个，共41个；医学部党委1个，其中含医学部基层党委11个，党总支3个，共计14个。

全校党支部863个，其中校本部556个，医学部307个。

【干部队伍基本情况】 截至2004年底，北京大学共有副处级以上（含副处）干部466名，其中女干部157名，副局级以上干部17人，正处级干部158人，副处级干部291人。干部中具有高级职称的396人（正高235人，副高161人），占干部总数的84.98%；具有研究生学历的266人（博士150人，硕士116人），具有本科学历的181人中共党员干部421人，民主党派干部13人，无党派干部33人，少数民族干部18人。处级干部平均年龄46.5岁，其中正处级干部50.0岁，副处级干部44.6岁。

校本部共有副处级以上（含副处）干部329名，其中女干部88名；副局级以上干部14人，正处级干部109人，副处级干部206人。干部中具有高级职称的286人（正高171人，副高115人），占干部总数的86.93%；具有研究生学历的205人（博士115人，硕士90人），具有本科学历的112人；中共党员干部297人，民主党派干部7人，无党派干部25人；少数民族干部12人。处级干部平均年龄从1998年的47岁下降到46.20岁，其中正处级干部从1998年的52岁下降到50.39岁，副处级干部从1998年的45岁下降到43.98岁。45岁以下的干部占干部总数的百分比由1998年的40.7%上升到44.76%。

医学部共有副处级以上（含副处）干部138人，其中女干部69人；副局级以上4人，正处级49人，副处级85人。干部中具有高级职称110人（正高64人、副高46人），占80%；具有研究生学历61人（博士35人、硕士26人），占44%，大学本科学历69人；中共党员干部124人，民主党派干部6人，无党派干部8人；少数民族干部6人。处级干部平均年龄47.1岁，其中正处级平均年龄49岁，副处级平均年龄46岁。

【党建工作】 通过充分发挥各院系党委理论中心组的学习引导作用，积极组织和带领党员开展理论学习活动；通过积极开拓资源，聘请有造诣的专家学者进行理论学习的辅导工作，加深党员对党的方针政策的理解；通过学习活动与党支部开展主题党日活动相结合，不断创新党支部的活动方式。

2004年上半年，通过各基层党委的调研，对北京大学党员先进性的发挥以及保持先进性教育中可能存在的问题作了客观的和实事求是的分析和评价；组织了专门调研组到浙江大学进行调研。按照分类指导、分层实施、分步推进、三年达标、以评促建的原则，做好党建基本标准的任务分解和实施准备工作。贯彻落实北京市委教育工委下达的“党建基本标准是加强党的工作制度化建设的重要措施”，根据党委的统一部署，按照分类指导、分层实施、分步推进、三年达标、以评促建的原则，做好党建基本标准的任务分解和实施准备工作。

在2003年工作的基础上，2004年组织部进一步加强对党支部组织建设的指导，提高支部活动的吸引力和有效性；按照“增强党的阶级基础和扩大党的群众基础”的要求，认真落实全国高校党建工作会议精神，加强在青年知识分子中特别是在大学生中发展党员的工作；注意加强党员管理，积极探索和完善党员管理办法，从制度上保证党支部工作的实效性。

2004年，北京大学共评选出72个先进党支部、236名优秀党员（含10名优秀党员标兵）。医学部在评选北京大学优秀共产党员、优秀共产党员标兵和先进党支部的同时，评选表彰了医学部十佳党支部书记、14个科室文化建设示范党支部，授予了9名医务人员“医德医风风范奖”，表彰了12个文明服务先进科室。

依托北京大学党建研究会，深入开展党建课题的研究。完成了中组部委托的“在高知识群体中发展党员工作的研究”课题，北京高校党建研究会的“按照‘三个代表’重要思想的要求，加强高校党建工作’”课题。北大党建研究会的一期课题也顺利结题，并筹备二期课题的启动。结合中央会议精神，分别就党员发展问题、提高党的执政能力建设等撰写了研究报告。

《北大党建》自2001年创刊以来，成为北京大学党建工作宣传政策、传递信息、沟通情况、反馈意见、交流经验、探讨问题的舆论阵地和工具。2004年集中出版了2期。

【干部工作】 学习、贯彻、落实《深化干部人事制度改革纲要》、《党政领导干部选拔任用工作条例》以及中组部五个文件。根据文件精神，结合北京大学的实际，初步形成了《干部任前公示的规定》、《领导干部个人向组织推荐干部的规定》等几个文件。进一步落实群众对干部工作的知情权、参与权、选择权和监督权；加大干部工作的创新力度，一是在干部选拔任用的方法上，将坚持党管干部的原则与走群众路线相结合、民主推荐和党委任用相结合，增强透明度，坚持“四个公开”，即干部任用的岗位公开、选拔任用的原则公开、干部任用的条件公开、选拔任用的程序公开；二是结合机构改革、院系调整和岗位聘任，采取改任同级非领导职务、平级调岗、高职低聘、离职分流、提前退休等方式，进一步疏通干部“能上能下”的渠道；三是结合两校合并，扩大干部交流范围，积极探索并完善校内交流和校外交流相结合的干部交流机制。

北京大学校本部2004年度换届、调整、充实、新建、撤销、考核领导班子共35个，干部任免共104人次，其中考察新任命与新提任干部(副职提正职)10人，换届连任与调配任命干部25人，干部免辞36人(次)；确认干部级别3人。2004年，校本部共任免干部103人次，其中班子换届39人次，个别调整任免64人次。医学部完成了3个党委的选举、2个行政班子的换届工作。

2004年北京大学校内交流干部14人，向校外输送干部8人，到西部地区挂职干部3名。

按照学校统一部署，基本上按时上交了后备干部推荐人选名单，并对推荐人选情况进行了汇总和初步审核。

2004年10月，教育部对北京大学行政领导班子实行整体换届，党委组织部积极配合，完成了启动动员、民主测评、个别访谈、候选人考察等环节的工作。截至12月，北京大学新一届行政领导班子产生，对机关领导班子和领导干部进行了届满考核。2004年4～6月，北京大学党委统一领导和部署，组织部具体负责，对学校22个职能部门和机构的领导班子和领导干部进行了届满考核。考核工作的对象涉及全校22个领导班子、22名正处级机关干部，91名副处级机关干部，590多名机关工作人员。

完成了2004年度教育管理与德育系列的职称评审工作。2004年度，共有84人申报参加职称评审，其中正高职称申报人数为15人(研究员15人，德育教授0人)，副高职称申报人数为31人(其中副研究员28人，德育副教授3人)，中级职称申报人数为34人，初级职称申报人数为4人。经过初审、分会评审和终审，评出研究员7人，提退2人，提调1人；副研究员14人，提调2人；德育副教授3人，提调1人；助理研究员28人，德育讲师6人；研究实习员4人。

根据北京市委《关于加强国家工作人员因私出国(境)管理实施办法》的通知要求，完成了北京大学处级以上领导干部和离退休厅(局)级以上干部登记备案工作，并与人事、外事等相关部门合作完善处以上领导干部因私出国(境)的内部审批手续。

【培训工作】 在深入调研的基础上，召开党校校务委员会，制定出台了《中共北京大学委员会关于做好2004～2008年干部培训工作的意见》和《北京大学2004～2008年干部培训工作实施办法》，《中共北京大学委员会关于做好2004～2008年干部培训工作的意见》，主要阐述了北京大学2004～2008年干部培训工作的指导思想、目标任务、培训内容、组织实施以及要求，从宏观角度对5年的干部培训工作做了总体规划。《2004～2008年干部培训工作实施办法》从操作层面对这5年的干部培训工作的具体实施方式、有关制度做了较为详细的规定。

健全和完善了干部培训体系，搭建干部学习交流的平台，对干部进行分层次、分类别、多渠道的培训。对后备干部、新上岗干部、在岗干部等不同层次的干部、同一层次中不同系统的干部，加强培训的针对性和实效性。2003年12月至2004年2月，北京大学校本部对新上岗的中层干部进行岗位应知应会培训，共培训干部32人；9～11月，医学部党校和组织部对2002年以来上岗的31名副处级以上干部进行了培训；举办暑期基层党委书记及职能部门正职干部培训班，培训全校正职干部70余人；举办统战干部培训班，培训干部70余人；举办干部学习报告会；2004年举办了两个条例学习报告会、十六届四中全会精神学习报告会。全校中层干部及党支部书记800余人参加了培训学习;医学部党校建立了干部学习讲座制度,举办了《信息通讯社会与大学使命》、《新的教育理念在大学管理中的应用》等干部专题学习讲座。

2004年7月,组织暑期赴延安参观学习考察团,闵维方书记、岳素兰副书记、林钧敬副校长带队,40余名正职干部参加了为期5天的学习考察活动;10月,医学部组织赴井冈山干部学习考察团,医学部党委副书记马焕章、李文胜为领队的35人干部考察团赴江西省井冈山进行社会实践。

分类型培训、分阶段培养、分校区管理,深入开展入党积极分子教育培训工作。2004年共培训教职工及学生入党积极分子3934人次:教职工入党积极分子234人(其中校本部培训教职工入党积极分子62人,医学部培训教职工入党积极分子172人);学生入党积极分子3700人次(其中校本部培训学生入党积极分子3416人次,医学部培训学生入党积极分子284人次)。

【组织系统内部建设】 加强思想作风建设　学习贯彻北京市机关思想作风建设会议精神,围绕"树组工干部形象、做公道正派表率"主题,强化大局意识,改革创新意识和真抓实干意识。加大对组织工作内容、程序、结果的公开力度,加大对组织工作民主监督的力度,鼓励党员、干部和群众了解、评价和监督组织工作。建立健全信访办理制度,坚持原则,讲究方法,及时妥善地处理各类信访案件。改进会风和文风,坚持少而精的原则,精简会议和文件,提倡开短会、发短文,能不开的会议坚决不开,可以合并的合并召开;减轻基层负担,进一步树立组织部门"党员之家、干部之家、知识分子之家"的新形象。

加强制度建设　建立健全机关运行机制,改进工作质量,提高办事效率。突出机关效能建设和公道正派两个方面的内容,认真查找单位和个人存在的突出问题,建立健全部机关各项工作制度,以规章为依据,实现各项工作的协调运转。建立健全责任分解制度,把全年的工作任务和具体职责具体分解落实到人。建立健全监督保障机制,努力提高办事效率和工作创新。对照"廉洁、勤政、务实、高效"和"对己清正、对人公正、对内严格、对外平等"的要求,进一步建立和完善部机关管理制度、工作制度和监督约束制度。

加强干部能力建设　建立健全学习教育机制,构建"学习型"机关。一是加强理论学习,制定学习规划,采取个人自学、集中培训、专题辅导等多种形式,加强对国情、世情、党情的了解和掌握,努力提高组工干部贯彻执行党的路线方针政策的水平。二是强化业务学习。举办干部集中学习会,重点安排组工业务讲座和热点难点问题探讨。三是重视学历教育培训,明确机关干部必须具有硕士学历,积极鼓励攻读博士研究生。

加强信息化建设　组织部高度重视组织系统自身的信息化建设,成立了专门的工作班子,责成分管副部长具体落实。结合学校的人事信息系统和学生信息系统,逐步建立干部信息系统和党组织党员信息系统两大数据库,实现信息资源共享。

(组织部)

医学部组织工作

【概况】 2004年医学部党委组织部、党校在医学部党委的领导下,在北京大学党委组织部的整体部署和指导下,认真贯彻执行党的十六大、十六届三中、四中全会和第十三次全国高校党建工作会议精神,认真践行"三个代表"重要思想,紧紧围绕创建世界一流大学总体目标和学校中心工作,加强思想、组织、作风、制度建设,在提高干部队伍整体素质、增强基层党组织的凝聚力和党员队伍建设方面进行了积极的探索和实践,努力为学校各项事业的发展提供坚实的组织保证和人才支持。

截至2004年12月31日医学部党员总数为5765名,其中在岗教职工党员2720名,学生党员948名,离退休党员1392名,其他705名。

2004年医学部共发展党员291名,其中教职工党员118名(副高职称24名,中级职称39名);学生党员173名(研究生24名,本科生149名)。

医学部共有基层党委11个、党总支3个、基层党支部304个。

医学部共有副处级以上干部138人(男71人,女67人)。其中副局级以上4人,正处级49人,副处级85人;具有高级职称110人(正高64人,副高46人),占80%;具有研究生学历71人(博士35人,硕士26人),占51%,大学本科学历69人;中共党员128人,民主党派7人,无党派6人;少数民族6人。正处级平均年龄为49岁,副处级平均年龄为46岁。

【党建工作】 围绕中心工作,以创新精神做好"七一"表彰　2004年医学部共有4名党员荣获"北京大学优秀共产党员标兵"称号、91名党员荣获"北京大学优秀共产党员"称号和26个基层支部荣获"北京大学先进党支部"称号,10名基层党支部书记荣获医学部"十佳党支部书记"称号、14个基层党支部荣获科室文化建设示范党支部、9名一线医务工作者荣获"医德医风风范奖"、12个科室荣获文明服务先进科室称号。

落实党建基本标准,探究党建工作新思路　1998年6月三部委联合下发文件《普通高等学校党建工作基本标准》(教党[1998]12

号),2003 年 1 月北京市委教育工委印发《北京普通高等学校党建和思想政治工作基本标准》(教工委京教工[2003]1 号),进一步将教党[1998]12 号文件具体化,成为北京高校党建和思想政治工作的基本工作规范。北京大学依照其精神制定出《北京大学党建和思想政治工作检查手册》下发各二级党委(党总支)。各二级党委(党总支)按照学校党委的通知要求,于 2004 年 3～4 月对照《北京大学党建和思想政治工作检查手册》逐项逐条检查本单位党建工作,并在检查的基础上提交了自查工作总结,医学部党委组织部对医学部各二级单位党委(党总支)提交的总结报告进行了汇总分析,上报北大党委组织部。医学部党委组织部还积极参与了《北京大学党建和思想政治工作基本标准实施细则》的制定工作。

医学部党委组织部依照北京大学党委的要求,以落实《党建基本标准》为首要工作,以开展先进性教育为契机,按照加强基础、健全机制,突出重点、鼓励创新,注重实绩、科学规范的原则,坚持解放思想、实事求是,努力探索新时期党建思想政治工作的新思路、新举措、新经验。结合医院工作特点,对医院党委除了提出落实《党建基本标准》任务之外,增加了落实《北京地区规范化服务优质医院标准》、加强医德医风建设和医院文化建设、争创首都精神文明单位等特色工作内容。

加强基层党组织建设 2004 年 3 月,为了摸清医学部各基层党支部书记思想状况,医学部党委组织部以问卷形式对医学部近 300 名党支部书记进行了调查,并对调查结果进行了认真的统计分析。2004 年 11 月,在北京市教工委对高校党员进行抽样调查之际,医学部党委组织部抓住时机,对近 300 份问卷进行了统计,获取了基层党员思想状况的珍贵材料,为有针对性地开展党建工作,制定切实可行的政策提供了依据。根据医学部党委的部署,医学部党委组织部积极筹备了医院党建工作交流会,总结医院党建工作的先进经验和存在的问题,努力探究新形势下医院党建工作的新思路。

继续加大在青年知识分子中发展党员工作的力度,积极主动吸收青年学生、特别是博士研究生和符合党员条件的青年教师,尤其是教学科研骨干、学术带头人、优秀留学归国人员入党,改善和优化党员队伍结构。医学部党员年龄结构分布,35 岁以下党员 1937 名,占党员总数的 33.6%,2002 年和 2003 年比例分别是 28.9% 和 31.8%,医学部近年来 35 岁以下党员比例逐年上升。

配合学生思想工作部、研究生思想工作部做好学生党建工作。2004 年 6 月,医学部党委组织部、学生思想工作部、研究生思想工作部三家联合对 40 名学生优秀共产党员和 10 个学生先进党支部进行了表彰。

认真贯彻北京市第十五次老干部座谈会精神,加强离退休支部建设。根据《中共北京市委组织部关于补充老干部党支部活动经费的通知》(京组通[2002]14 号)和北京大学组织部《关于补充离退休党支部活动经费的通知》(组发[2002]4 号)文件精神,医学部下拨党支部活动经费,按各单位离退休党员实有人数以每人每年 30 元下拨,作为离退休党支部活动经费的补充。截至 2004 年 11 月 26 日,医学部共有离退休党员 1355 名,下拨经费 40650 元。

【干部队伍建设】 *加强干部工作制度化化、规范化建设* 认真贯彻执行《党政领导干部选拔任用工作条例》、《干部人事制度改革纲要》和北京大学组织工作文件,坚持党管干部、任人唯贤、德才兼备等六条原则和"干部四化"方针,认真落实群众对干部选拔任用的知情权、参与权、选择权和监督权。严格履行干部选拔任用工作中民主推荐、民主测评、民主评议、公开选拔、竞争上岗、任前公示、考察预告、领导干部谈话等程序,使干部选拔、任用、考核、交流、监督等工作更加规范化、程序化。

积极稳妥地做好机关干部任期届满考核聘任工作 根据北京大学党委的统一部署,2004 年 3 月,医学部启动了机关干部任期届满考核聘任工作,成立了由党委书记郭岩担任组长的医学部机关干部届满考核工作小组。为深入了解基层单位对医学部机关作风建设和干部届满考核工作的意见和建议,医学部领导和考核工作小组成员分别在各医院、学院召开座谈会 10 次,有医院、学院领导、科(系)主任代表、党支部书记代表 180 多人参加。

干部述职考核方面,处级干部采取自我总结述职、群众民主评议和组织考核鉴定三结合的方式进行。正职干部分别在本单位,全体人员会上和指定范围代表参加的考核测评会上进行述职,在述职和测评的基础上由组织做出考核鉴定。副职干部在本单位,全体人员会上进行述职和测评,根据测评情况,由考核聘任工作小组做出考核鉴定。

在对副处级以上干部进行述职考核和民主测评的基础上,4 月 28 日医学部召开了"北京大学医学部机关处级干部选聘工作动员会",正式启动了机关正处级干部公开选聘工作。整个选聘工作包括民主推荐(自荐)、资格审查、公开答辩、组织考察、任前公示、讨论决定等程序。医学部党委组织部根据《北京大学医学部公开选聘机关部处正职干部的通知》规定的基本任职条件,对自荐、推荐人选进行了资格审查,最后确认 26 人参加答辩。根据应聘答辩和考核组评议推荐结果,部务会确定了 18

个部处正职的考察人选，由北大党委组织部和医学部党委联合组成考察组，从德、能、勤、绩、廉五个方面对18位同志进行了全面考察。根据考察结果，对18个部处正职拟任人选，公示一周，经医学部党政联席会议投票表决通过后，报北大党委审批。正处级干部的选聘工作于6月15日顺利完成。随后根据规定的程序进行了副处级干部的选聘工作，30名副处级干部于7月中旬正式上岗。

机关职能部处岗位实行公开选聘，是医学部积极推进干部人事制度改革的重要举措，极大地拓宽了干部选拔的范围、广开了干部任用渠道、加大了干部轮岗交流力度，为医学部机关干部整体水平的提高奠定了制度化基础。

正常有序地进行中层领导班子换届和干部调整工作 2004年医学部党委组织部根据医学部党委的部署，在北大党委组织部的指导下，认真执行《中国共产党基层组织选举工作暂行条例》，顺利完成了基础医学院党委、护理学院党总支、产业党总支的换届选举工作，药学院党委的换届工作进入筹备阶段。在整个换届工作中，医学部党委组织部按照民主集中制原则，多次深入基层积极配合党委（党总支）开展工作，严格把好换届筹备、干部考察、大会选举等关键程序，以选举出真正得到群众拥护的党委领导班子。

在行政班子换届工作中，认真贯彻落实《党政领导干部选拔任用工作条例》和北大党委有关干部工作的文件，严格规范干部选拔任用程序。2004年3月，完成了药学院行政班子换届工作，7月，完成了精神卫生研究所行政班子换届工作。根据医学部党委的部署，9月启动了口腔医院行政班子换届工作，采用公开选聘、应聘答辩、竞争上岗的方式，医学部党委组织部与换届工作小组在上级党委的指导下严格掌握政策，努力开展工作，12月，换届工作顺利完成。

加强干部思想作风建设 在邓小平同志诞辰100周年纪念大会后和十六届四中全会闭幕后，医学部党委购买了胡锦涛同志讲话和《中共中央关于加强党的执政能力建设的决定》单行本，发到每位中层干部手中，促进医学部中层干部的政治理论学习。认真执行《中共北京大学委员会关于严格领导干部民主生活会制度的若干规定》。2004年5月，医学部党委与纪委及时转发了市纪律检查委员会、市委组织部下发的《关于开好2004年各级领导班子党员领导干部民主生活会的通知》，并要求各二级党委围绕“权为民所用，情为民所系，利为民所谋”的执政观，结合学习《党内监督条例》、《纪律处分条例》和中纪委三次全会提出的“四大纪律”、“八项要求”开好民主生活会。在医学部领导班子召开民主生活会以前，召开了二级单位领导和民主党派负责人座谈会，征求对医学部领导班子和班子成员在党性党风、廉政勤政以及遵守“四大纪律”、“八项要求”方面的意见，并将意见汇总，提交给医学部党委。同时对二级单位开好民主生活会提出了具体要求，并安排医学部领导班子成员和医学部党委组织部、纪委的同志参加二级单位的民主生活会。各二级单位党委书记作为开好领导班子生活会的第一责任人，认真抓好组织学习、广泛征求意见、带头自我剖析、落实整改措施等重要环节，达到了预期目的。

认真执行处级以上领导干部报告个人重大事项规定 根据北京市委《关于加强国家工作人员因私出国（境）管理实施办法》的通知要求，对医学部在职处级以上领导干部和离退休厅（局）级以上干部进行登记备案，医学部党委组织部对报备干部系统的信息实行动态管理、随时整理，定期上报北京大学党委组织部。与人事处合作完善处级以上领导干部因私出国（境）的内部审批手续，及时掌握干部情况。严格执行每年两次的处级以上领导干部收入申报制度。

加强后备干部库的建设 2001年依据北京大学《关于调整我校中层后备干部名单工作的意见》（组发[2001]10号）精神，医学部党委组织部对后备干部库进行了调整、充实，建立起规范的动态管理机制。2004年依照北京大学《关于调整补充中层领导班子后备干部的通知》（组发[2004]19号）要求，向医学部各二级党委（党总支）发文，并对各二级单位党委（党总支）上报的后备干部名单依据后备干部的标准与条件进行审核，经医学部党委会集体讨论形成医学部中层领导班子后备干部人员名单，上报北京大学党委组织部。目前医学部已初步形成了一支素质精良、结构合理的中层后备干部梯队。

【党校工作】 **入党积极分子的培训教育工作** 2004年3～5月，党校举办了本科生、研究生入党积极分子培训班，培训的主要内容是党的基本理论、基本路线和基本知识等。党校组织了4次专题讲座：“青年知识分子的成才之路”（基础医学院副院长万有教授）、“国际形势报告”（国际关系学院赵晓春教授）、“《共产党宣言》的辅导报告”（人民大学安启念教授）、“党员的基本条件”（北京大学侯学忠研究员）。同时党校还组织了学生进行讨论。通过严格考勤、考试，共有284名本专科生、研究生获得结业证书。2004年9～11月，党校举办了职工入党积极分子培训班，参加培训的多数学员是医学部在职职工，还有部分本科生、研究生。党校组织了4次专题讲座：“党的基本知识”（党校副校长王军为副研究员）、“树立共产主义理想信念”（北京大学侯学忠研究员）、“党风廉政建设"(党委副书记马焕章研究员)、"'三个代表'的基本思想"(人民大学王向明教授),共有172名职工、学生获得结业证书。

新上岗中层管理干部的培训工作　2004年9～11月,党校和组织部一起对2002年以来上岗的31名副处级以上干部进行了培训。培训内容以邓小平理论和"三个代表"重要思想为指导,结合北京大学创建世界一流大学的具体实践和医学部的中心工作,集中在政治理论、岗位职责、工作方法等各个方面。具体讲座有:"医学部学科发展战略"(北京大学副校长、医学部常务副主任柯杨教授)、"医学部干部队伍建设"(医学部党委书记郭岩教授)、"廉洁从政,加强党性锻炼"(医学部副书记马焕章研究员)、"关于审计的若干内容"(医学部副主任李鹰研究员)、"医学部的财务制度与财务纪律"(医学部副主任闫敏研究员)、"医学部的教学改革与教育管理"(医学部副主任刘玉村教授)、"谈谈新时期的学生思想政治工作"(医学部副书记李文胜)、"建设一流大学医院,领跑医疗体制改革"(医学部主任助理王杉教授)、"关于加强党的执政能力建设的几点思考"(中央党校蔡霞教授)。

为了进一步深化培训内容,扩大培训成果,10月16～22日,组成了以党委副书记马焕章、李文胜为领队的35人干部考察团赴江西省井冈山进行社会实践,考察团瞻仰了革命烈士陵园,参观了革命历史博物馆、黄洋界哨口、红军医院和毛泽东大井故居等旧址。参观期间,还邀请了井冈山革命博物馆李春祥研究员给大家上党课。

中层在职管理干部培训工作　根据北京市委教育工委颁发的《全员培训干部工作实施意见》和《中共北京大学委员会关于做好2004～2008年干部培训工作的意见》,从2004年起,利用4年时间将校机关部(处)、院(系)党政管理干部普遍轮训一遍,副处级以上的领导干部必须完成累计不少于3个月的学习培训任务。医学部党校和组织部从11月开始为副处级以上的干部定期举办各类讲座,讲座的内容包括理论基础、高等教育、领导能力、党性锻炼以及相关知识。本学期共举办2次干部培训。11月18日北京邮电大学校长林金桐教授做了题为"信息通信社会与大学使命"培训讲座,12月23日北京师范大学教育学院教授陈孝彬做了题为"新的教育理念在大学管理中的应用"培训讲座。

北京市委党校北医分院的教育教学与管理工作　2004年党校认真组织了北京市委党校北医分院新生的入学考试工作;注意选聘教学经验丰富的老师进行授课,督促任课教师参加备课会,组织学生进行教学评估;认真做好学员的日常管理工作。

(医学部组织部)

宣　传　工　作

【概况】　2004年北大党委宣传部在校党委的领导下,以邓小平理论为指导,全面贯彻"三个代表"重要思想,围绕党和国家的工作大局,围绕学校创建世界一流大学的中心任务,努力工作,不断创新,在思想理论建设、校园文化、对外宣传、媒体建设等方面都取得了较大的成绩。在校党委的领导下,始终围绕深入学习贯彻"三个代表"重要思想这条主线,抓住"以研究促进学习、以形势报告带动学习、以调查研究推动学习"三个具体环节,突出实效,取得了明显效果,在研究"三个代表"重要思想方面,取得了一批重要的新成果,在用"三个代表"重要思想武装师生头脑方面取得了新进展,在发挥北大专家"智囊团"作用方面有了新突破,有力地推进了北京大学创建世界一流大学的各项工作。

【理论工作】　突出北大特色,发挥北大专家云集的优势,以研究促进学习,结合重大事件和文件精神先后召开研讨会、座谈会10余次,主要有:为纪念邓小平诞辰100周年召开的大型邓小平理论国际研讨会、学习贯彻十六届四中全会精神,加强党的执政能力建设理论研讨会、北大理论工作会议、学习贯彻《中国共产党党内监督条例》座谈会、"创建世界一流与加强领导班子思想政治建设"座谈会、学习贯彻《中共中央关于进一步繁荣发展哲学社会科学的意见》座谈会等。其中有两个研讨会独具特色、影响较大。一个是2004年6月,为纪念邓小平同志诞辰100周年,举行了"邓小平与当代中国和世界"国际学术研讨会,这是北大首次举行的有关邓小平理论方面的大型国际研讨会,来自中国、美国、日本、俄罗斯、韩国、吉尔吉斯斯坦等国家和中国台湾地区的专家学者百余人参加了会议。中华人民共和国教育部副部长章新胜,中俄友好、和平与发展委员会副主席萧榕,北京大学党委书记闵维方等出席了研讨会并致辞。研讨会从政治、经济、文化、外交、国际战略等不同方面深入研讨了邓小平对当代中国和世界发展所产生的重要而深远的影响,深切缅怀了邓小平的丰功伟绩和崇高风范,大会取得了丰硕成果,人民日报、光明日报等媒体做了深入报道。"邓小平与当代中国和世界”国际学术研讨会，也是国内首次举行的纪念邓小平诞辰百周年的大型国际学术会议，拉开了伟人百年诞辰纪念活动的序幕；另一个是11月13日召开的北大理论工作会议，这是北大今年首次召开的全校理论工作会议，校党委副书记、副校长吴志攀，著名学者和专家赵存生、黄宗良、赵敦华、董学文、阎志民、朱苏力、陈占安、郑晓瑛、姜明安、李义虎、李士坤、郭建宁，以及学校党委组织部、宣传部、社会科学部、医学部等单位负责人出席会议。该会系统地总结了北大近年来理论建设取得的成就和经验，研讨和规划了北大理论工作的战略发展，提出了加强北大理论工作的“八条战略举措”，得到了中宣部和教育部的肯定，为北大新世纪理论工作奠定了良好的基础。

形势报告　以形势报告为载体带动学习，多次邀请重要文件起草者到北大讲解重要文件的起草背景、过程和文件的精神实质等，便于师生学习抓住重点，深刻领会重大文件的内涵。2004年10月，为了进一步组织全校师生员工深入学习贯彻党的十六届四中全会精神，宣传部和组织部、两办一起共同组织了学习十六届四中全会文件的报告会，邀请国际关系学院教授黄宗良做报告，黄宗良教授从国际政党的现状，尤其是从前苏联共产党的垮台说起，深刻阐述了加强党的执政能力建设的重要性和紧迫性，并就如何加强党的执政能力建设提出了许多重要的意见，这一报告受到了学校师生员工的欢迎。

调查研究　开展调查研究，找准学习存在的问题，了解教师思想政治状况，提出加强和改进学习的措施。2004年3月，参加了教育部组织的京、津、沪、鄂、粤、陕、苏、赣等8省市2004年教师状况调查活动。该活动历时一个多月，以座谈会、问卷、实地了解等调查方式动对250多名教师进行了调查，撰写了北京大学2004年教师状况调查报告，为上级和学校充分了解北大教师各方面的情况、进行正确决策提供了科学依据，受到了市教工委的充分肯定和表扬。围绕“加强和改进大学生思想政治教育”、“繁荣哲学社会科学”等重大问题，深入调研，撰写的《北大专家谈如何进一步加强和改进大学生思想政治教育》、《北大专家谈当前应注意的几个理论问题和实践问题》等报告，引起了中宣部和北京市委宣传部领导的高度重视和充分肯定。

舆情信息工作　北京大学作为中宣部在北京高校唯一的舆情直报点，定期了解师生的思想状态、及时上报师生的看法、意见、呼声是北大的一项重要而又独具特色的工作。2004年围绕美国大选、十六届四中全会、加强大学生思想政治教育等国内外热点、难点问题，及时做好向上反映的舆情信息工作，成绩显著。2004年舆情工作有三个鲜明的特色：一是增强了主动性，一有重大事件发生，就以最快的速度向上反映北大师生的思想动态。二是增强深度性，充分利用北大专家的资源优势，紧贴中央关心的重大问题，上报针对性的意见、建议，发挥北大专家的智囊团功能，为国家长远发展献言献策；三是增强研究性，把握工作的一般规律，撰写了“关于网上舆情信息的几点思考”、“正确认识和把握舆情工作中的几个辩证法”等研究文章。2004年实现北大舆情工作发展上的三个最多：一是上报篇数最多，被采用率位居全国前列；二是综合采用最多；三是单独采用最多。北大已连续多年被中宣部和市委宣传部评为“全国舆情信息工作先进单位”和“北京市舆情信息工作先进单位”。

（夏文斌　罗永剑）

【新闻宣传工作】　2004年在与原有媒体继续保持密切联系的同时，又与数家媒体建立了新的联系，特别是与一些专业媒体、京外重要媒体及网络媒体，目前与宣传部建立了经常性联系的媒体有50余家，使得在对待不同新闻事件时可以有更多的宣传选择方式，有效地加强了宣传力度。为了与众多媒体保持良好的关系，宣传部坚持根据不同媒体的需要为其提供所需信息，按照媒体的选题要求，协助他们与校内的单位和个人联络，搜集相关资料等。2004年校外各类媒体直接报道北京大学的新闻数量有2000多条，其中报纸、杂志等平面媒体的报道有近900篇。在中央电视台、中国教育电视台、凤凰卫视、中国人民广播电台、人民日报、光明日报、中国教育报、中国青年报、北京日报等重要媒体上都刊发了重要的报道，以新闻、专题、专家访谈等多种形式对北京大学进行了大量的宣传。此外，网络媒体也成为北京大学对外宣传的重要阵地，直接报道北京大学的内容就有上千条，相关报道更是以万计，在新华网、新浪网、中新网等重要网络也都发了大量的新闻、图片和专题报道。在北京大学一些重大事件上，媒体都给予了高度的关注和广泛的报道。比如，北大考古人员在陕西周公庙的重大考古发现和钻探工作，一直受到媒体的关注，相关系列报道屡见报端，新华社以《专家称周公庙墓葬群是新中国最重大考古发现》(2004年6月10日)、北京晚报以《周公庙考古价值堪比殷墟》(2004年10月19日)、西安日报以《周公庙遗址墓地堪称新中国最重大考古发现》(2004年6月17日)、南方都市报以《考古学家称周公庙遗址为新中国最重大考古发现》(2004年6月12日)等为题目进行了大规模的报道，新浪网还专门开设了周公庙考古专题。通过各种媒体对北京大学方方面面的报道，让社会更加了解正向世界一流大学迈进的北大,收到了很好的效果。针对社会上对北京大学在教学改革、国际合作等领域的关注,由宣传办公室撰写的几篇重要文章先后在光明日报和中国教育报重要版面上发表,如《国际化:一流大学的趋势》(光明日报 2004 年 4 月 1 日 B1 版)、《高校再铸师魂刻不容缓》(中国教育报 2004 年 6 月 24 日 2 版)、《闵维方:我们这样看待世界大学排名》(光明日报 2004 年 12 月 29 日 B1 版),这些带有导向性的文章很好地向社会展示了北京大学所取得的成果和未来发展的思路,加深了社会各界对北大的正面了解。

鉴于媒体对北大的格外关注,有关北大的一些不实或带有歪曲性的报道也常常出现,针对这一情况,负责对外宣传的同志不断摸索经验,完善对外宣传机制,较好地处理了 2004 年出现的一些"危机"情况。

针对网络的传播形式新、表现形式新、难度大、虚拟性突出的特点。北大网络评论员如期开展了网上评论工作,先后在新华网等主要论坛发表了关于教师师德师风建设、学习马祖光的事迹的评论,并与北大的实际结合,应对网上关于北大"成龙事件"、"安全套事件"、"十一北大不接待游客事件"等网上关于北大的种种不利和不实报道进行反驳。在第一时间对有错误导向的舆论进行了澄清评述,反应及时,论述到位,维护了教育部门和北大的舆论形象。

【校园文化建设】 2004 年宣传部继续在丰富校园文化活动、组织具有教育意义和高品位的演出方面进行了多项工作。1 月 5 日举行的傅聪先生钢琴音乐会拉开了 2004 年北大高雅艺术演出的序幕。这次演出得到了校内外师生的盛赞,傅聪先生本人也对北大方面的组织工作非常满意。4 月 11 日接待和组织了新疆歌舞团的演出,9 月 28、29 日,接待和组织了北京大学宁夏文化周活动,这些丰富多彩的活动和演出,让广大师生对我国西部地区的现状和少数民族地区的文化有了更深刻的了解,唤起了大家热爱祖国、热爱西部的热情。9 月 10 日,为庆祝教师节 20 周年,宣传部与新闻传播学院和北京人民广播电台一起为全校老师献上了一台精彩的演出,表达了学校对教师的关心、同学对老师的热爱。12 月 22 日,宣传部与欧美同学会一起举办了小提琴家刘育熙的专场新年音乐会,94 岁高龄的侯仁之先生和众多欧美同学会成员到场观看了演出,为北大的文化活动又添一景。2004 年借北大电视台建台 15 周年之际举办的北京大学主持人大赛得到了同学们的普遍关注和热情参与,整个活动组织圆满成功,成为北京大学的又一项重要学生活动。此外宣传部还积极参与了学校"文明生活、健康成才"的主题教育活动、"北京大学学生十佳演讲比赛"、"北京大学"一二·九"合唱比赛"等文化活动的组织工作。

(孙占龙　张　琳)

【校报工作】 2004 年校报共出报 33 期,其中 3 期报是 8 个版。按一学年 10 个月计算,平均每月出报 3.3 期,超过了计划工作量。在 33 期报纸中,正刊 23 期,奔驰副刊 4 期,专刊 6 期。

1. 2004 年校报加大了网络版的工作力度,取得了很好的网上宣传效果。在每周的 5 个工作日内,平均每天上传新闻 1~5 条,校刊组织采写的稿件在第一时间优先上网,增强了时效性,起到了网络和报纸宣传互补的作用。重大活动做到了周末休息日值班上传新闻。同时,在校刊网络版上编发了报纸的新闻回顾,基本做到各期报纸上所有的内容,在网上都可以浏览、查找。

2. 2004 年校报加强了对外宣传,校刊师生采写了多篇反映北大改革发展、教学科研成果和优秀教师事迹的新闻报道,刊登在《中国教育报》等报刊上,如张兴明采写的《青春在激情与理性中绽放》、《走过艰难,魅力燕园人才兴》、《北京大学,首届国防生毕业受欢迎》、《全国首个学生创业中心在北大诞生》、《一流大学如何实现一流就业》等。学生记者马翔翔采写的历史系党委副书记马春英的稿件被收入到《党课参考》"封面人物"专栏里。校刊许多稿件被社会网站、中国校园网、北大新闻网、北大招生网、《北大人》、《中国社会科学院院报》等转载,其中有消息,有通讯,也有特写与侧记,这对于宣传北大,塑造北大良好的社会形象起到了积极作用。

3. 2004 年校刊编辑理论素养和学术水平得到提高。校刊编辑部承担并完成了党建课题"新世纪高校新闻媒体建设研究"。课题从宏观与微观两个层次探讨了如何把高校媒体建设成为新时代的马克思主义理论宣传主阵地、科技知识信息集散地、先进文化生长地。在随机抽样与个案访谈的基础上进行了理论梳理,最终形成 4 篇论文:《北京四所高校校报与新闻网的比较研究》(魏国英、杜娟、马翔翔)、《入世对高等教育和社会媒体的影响与新环境下高校校报的发展》(李彤)《高校媒体在新时期思想政治工作的适应与变革》(汤继强)、《高校思想宣传工作中马克思主义的指导地位和校园媒体的舆论导向》(张兴明)。其中《北京四所高校校报与新闻网的比较研究》在中国高校校报协会和北京高校校报研究会的好论文评选中均获一等奖。其他几篇论文也分别获得二等奖和三等奖。

4. 全国、北京市高校校报系列好新闻、好论文评选中,校刊刊登的新闻作品也获得好成绩。获中国高校校报好新闻一等奖三项,二等奖一项:

消息类一等奖：《齐利民成为北大首位副教授博导》，作者魏国英

言论类一等奖：《创新与知旧》，作者王义遒

版面类一等奖：《北大校报983期第一版》，编辑李彤

5. 2004年校报编辑部得到了北京市委教育工委宣教处和北京高校校报研究会的表彰，获得北京高校校报“优秀编辑部”称号；主编魏国英获“优秀总编辑”称号；林阳获“优秀编辑”称号。

2004年校报本着“与时俱进，开拓创新”的精神，在2004年的工作中做了一些新的尝试，取得了一些创新性的工作进展。具体表现在以下几个方面：

加强新闻策划，注重理念创新　校刊紧密配合学校各项工作，对北大创建世界一流大学的进展进行了深入宣传报道，对学校的重大新闻事件提前进行新闻策划，确立以编辑部为主体的理念，根据新闻价值大小，有选择性地编辑了专刊、专版。专刊包括《北大教育基金会—北大校友会专刊》、《北大法学院百年校庆专刊(八版)》、《哲学系建系90周年专刊》、《北京论坛专刊(8版)》、《中国经济研究中心成立10周年专刊》、《学生工作部表彰专刊》等6期。专版有“纪念邓小平诞辰100周年”专版、“教师节专版”、“北大教育基金会‘万企工程’专版”、“纪念郑和下西洋600周年专版”、“年度新闻人物回顾专版”等。校刊还用大幅版面报道了“奥运圣火进北大”、“保研”、“燕园社区服务中心”、“继续教育研讨会”、“双代会”、“大讲堂志愿者”、“心理健康教育”、“北大合唱团”等新闻热点。还推出了蒙晓燕、刘正琛等学生中的新闻人物。

体现北大特色，注重内容创新　北大是教育科研重镇，肩负着育人重任。校刊的宣传报道内容要充分体现北大的特色：高知识含量，高学术品味，高育人效能。如在编辑“纪念邓小平诞辰100周年”专版时，注意将纪念性与教育性相结合。适当增加了一些学术探讨性文章，如“北大本无校训”等。同时注意知识性与可读性相结合，刊发了大量学术小品文。例如开辟“燕南园钩沉专栏”，张扬北大人文传统；开辟了“直言争鸣园地”，刊发《保守也是与时俱进的》、《大学校长的无奈》等文章。

美化报头版式，注重形式创新　2004年初，校报报头区扩大，使版面更醒目、舒朗，还调整了报眉设计，提高抢眼效用。2004年还尝试了用新闻纸印彩报，取得了较好的宣传效果。

【广播台工作】　2004年，制作、播出节目一套专栏节目140期，新闻140期，天天点歌140期，未名湖音乐欣赏140期。总计播出两套280天340小时的播音量。在节目制作上，节目明确规范化制作，认真执行《节目制作守则》。内容上，根据同学们的收听习惯调整节目内容，使节目更加贴近同学。播出“燕园之声”和“未名湖音乐欣赏”两套节目。

一套节目设置七个栏目。周一：糊涂说文(文化类节目)；周二：musicbox(流行音乐类节目)；周三：文海星空(文学欣赏类节目)；周四：烤鱼片(娱乐类节目)；周五：有故事的人(访谈类节目)，每天播出的新闻(时事新闻节目)和天天点歌(点歌互动节目)。

二套节目设置两个栏目。周一至周三播出古典音乐，周四和周五播出民族音乐。

广播台网站在2004年校庆之前建成开通，为广播台做网站积累了经验和资料。　2004年10月20日，改版后的网站与大家见面，网站的访问量明显上升。现在每天有效访问量达1000多次。新版的网站在功能上有了明显的进步，可以承担起更多的任务，而不仅是广播台节目的展示平台。它为北大广播台的网络化转型打下了基础。

技术上，新版的网站采用了“智能建站系统”，功能更强大，维护更容易。

内容上，新版网站开设了以下特色栏目：

图文广播。　设立的目的是发挥广播的优势，以录音的新闻采访为主，同时以图片文字的形式，弥补广播的传播单一化。但是由于没有方便的采访设备，现在声音资料很少。只是将记者的原创稿件发表出来。图文广播的定位就是原创，不转载任何外来消息，广播台对内容的真实可靠性负责。

在线播放。　广播台节目的发布平台。现在是将广播台所有的节目按播出日期发布到网站上。下设一个子栏目：专辑。将一些优秀的、相关的节目放到一起，方便听众的收听。

走进我台。　集中向外界展示广播台的形象。成为听众在节目之外了解广播台的方方面面的一扇窗口。下设8个子栏目，而且还在不断完善之中。

点歌。　与点歌节目配合，形成广播与听众的互动。

投稿。　外界为广播台提供新闻线索和节目稿件，这是最快捷的方式。

资讯服务。　提供与广播节目相关的资讯，使想了解广播的人可以快捷地查找到相关的资讯，不用在汪洋的信息中耗费精力。现在设以下子栏目：站站精彩：收集整理与广播相关的网站链接。借此统计国内校园广播的情况。法律法规：收集整理与广播相关的法律法规。节目资料：收集一些可以作为将来节目的资料，本身又有可听可读性的音频、文字资料。

讨论区：承担广播台与听众的交流功能。

（张继洲　刘乃勇）

【电视台工作】 2004年,北京大学电视台全体工作人员不断开辟新思路,推出新举措,实现了跨越式发展。

1. 成功举办了北京大学电视台建台15周年台庆系列活动。该系列活动分为五大板块。一是召开了北京大学电视台建台15周年庆祝大会。中央电视台副台长王庚年、中国教育电视台党委书记黄百炼、校党委常务副书记吴志攀等领导出席了大会并发表了讲话。王庚年还为与会人员做了精彩的学术报告。二是成功举办了全国高校电视台工作会议首届年会。清华大学、中国人民大学等全国40多家著名高校的宣传部部长和电视台台长出席了研讨会。由此建立了全国高校电视台之间学习、交流、沟通、借鉴的平台,实现了我们多年想做而没有做的一件大事。三是在百周年纪念讲堂成功举办了北京大学2004主持人大赛,推出了一批高素质的电视节目主持人,进一步丰富了校园文化的内容。四是举办了北京大学电视台新台标征集活动。在全国范围内征集了300多份方案,经过专家评审后基本确立了最终方案。五是编辑印制了北京大学电视台建台15周年纪念专刊。

2. 在学校领导和部领导的大力支持下,用了将近1年的时间,主持拍摄了全国高校第一部形象宣传片《北大光影交响曲》。目前,该片已经拍摄完毕,已刻制成光盘,在学校电视台播放,并得到了广泛的好评。这也创造了高校电视台依靠自身力量拍摄形象宣传片的记录。

3. 巩固日常工作,在稳定的基础上寻求发展。紧紧围绕着学校的各项重要工作,加强了新闻宣传报道的力度。特别是新开设了《新闻直通车》栏目,制定了重大事件当天播出的制度。全年共计完成节目296期,专题片25部,几乎每天一期新节目,每两周一部专题片。

(秦春华)

【网络与图片编辑部】 网络与图片编辑部,是北大党委宣传部负责网络新闻报道和图片摄影报道的部门。2004年,编辑部围绕学校的各项中心任务,扎实工作,积极开拓,在各个方面都有长足的进展。

1. 不断改善页面设计和内容组合,加大新闻的报道量和吸引力。2004年元旦之际,新闻网启动了新主页和相应的附属页面,丰富的栏目设计和精美的页面制作,赢得了多方的好评。在整个2004年的新闻报道中,提高页面的审美要求和改善栏目组合成为基本的工作要求。为了多角度反映北大的动态,目前主页的综合新闻不光有原创新闻稿件、各单位投递的新闻稿件,还增加了大量社会媒体对北大的报道。

2004年新闻网总发稿量为6697篇,其中综合新闻4000多篇,科教新闻1920条,信息预告415条,德赛论坛新闻549条。学术新闻275条,北大人物新闻500多条。全年在网上发布图片和连结文档685个。

以上措施和工作使新闻网在校园中的影响进一步扩大。2004年北大新闻网浏览总数已达4124221次。日均浏览量为3149次。根据新闻传播学院的调查数据证实:北大新闻网是除BBS外北大师生获取校内新闻的第一平台。

2. 实现专题报道常规化,组织深入采访,保障重大新闻报道的全面和深入。2004年,北大新闻网共组织新闻专题报道107个,其中以专题网页形式进行专题报道的有"北京论坛"、"教师节专版"、"学习十六届四中全会专题"等十多个。专题报道在新闻网已实现制度化。建立专题在发挥网络信息海量特点的基础上,保障了读者对重大新闻的全面和深入的了解。

2004年,北大新闻网对新闻网学生实行新的管理思路,在稿源充足的条件下,把重点放在主动组织专题报道和网络专题策划上。在"北大首届国际文化节"、"国家精品课"、"北大青鸟10周年"、"北大社团点将"等专题的报道中新的管理方式发挥了作用。

2004年,北大新闻网在宣传部领导支持下,两次深入陕西岐山县,对周公庙考古的事件和关键人物进行了深入采访。相关报道成为部分社会媒体的重要参考资料,有的报道被媒体直接采用或转载。

3. 以人为本,严格稿件的编审,开拓新的多媒体报道方式。面对参差不齐的稿件,新闻网对稿件的规范性和人文性提出了严格的要求。每一篇来稿从标题到内容的组织,都要反复琢磨,精心组织。新闻网还多次主动走出去和学工部、团委、研究生会、学生会的师生就新闻宣传的人文性主题展开交流和讨论。北大新闻网在这方面的做法,在12月召开的教育部社政司网络工作会议上,得到不少高校代表的肯定,在校园内也得到师生的好评。

为了探索如何充分利用网络的多媒体特点开展人性化的新闻宣传,北大新闻网在10月发起成立了"北大光影工作室"。工作室在责任老师的指导下,以学生为主体,借助网络多媒体、图片摄影、文字报道等手段的综合运用,通过新闻和艺术的双重视角进行新闻宣传。11月,工作室的"2003年军训FLASH动画展"和"2003年军训图片展"得到了很好的反响。目前工作室正在进行周公庙考古的动画设计报道。工作室的设立不仅开拓了新闻宣传的新渠道,还开辟了对部分同学进行素质教育的新课堂。

4. 继续编辑《北大信息周刊》,完善刊物的栏目组合。为了配合网络宣传,新闻网仍然挤时间继续坚持编辑每周一期的纸质刊物《北大信息周刊》。全年共编辑《周刊》129期,总篇目达3669篇,平均每期 83 篇之多；总页数达 2871 页，平均每期 65 页。

《周刊》的内容由“媒体北大”、“言论参考”、“北大人物”和“校内报道”四个栏目，调整为“媒体关注”、“言论参考”、“北大人物”“学者活动”和“教育视点”。基本反映了北大建设和发展的全貌，并以突出重点为原则，体现了北大改革发展的战略推进。《周刊》报道是网络报道的延伸和补充，是学校领导、人大代表、政协委员、两院院士了解学校各方面工作的重要“参考资料”，同时为北大未来的校史研究准备了重要的依据。

5. 加强图片摄影的报道和人员梯队建设。2004 年摄影组在校外报刊、杂志上发稿 20 余次，作品 60 余幅，在校内报刊，杂志上发稿 130 余幅。摄影组负责的网上“图片北大”，共开设五个栏目，除新闻之外的四个栏目，平均每周更换一组照片，每组四到五幅；新闻栏目是保证有新闻随时发稿。橱窗今年共出 30 版左右，在最近三个月，展版改成用喷绘形式。

在 2004 年北京大学举办首届国际文化节和“北京论坛”等大型活动期间，摄影组做了大量工作，两次大活动后均做了图片册。其中首届国际文化节的图片册还被印刷成精美的画册，作为礼品赠送给来访北大的各方人士。

（杨晓华）

【英语新闻网】 北大英语新闻和“图片北大”在校领导、校宣传部领导以及广播台领导的关心和指导下，于 2004 年元旦同步推出，同时更换了英文主页面，并在英文主页上实现了实时的滚动新闻更新。开学以来，每周的工作日都更新新闻和图片，数量为每天 5 条左右。翻译的新闻和自采的新闻各占大约一半的比例。迄今更新新闻总量达到 1200 多条英语新闻和图片新闻，其中文字新闻 800 多条、图片新闻 400 多条，累计上载英文 40 多万字、图片 2000 多幅。

1. 重大事件报道。英文新闻网对于校内的重大事件，例如“奥运圣火传递”、“北大全球公开招聘教授”等均做了及时报道，对于国外来访的政要以及学术权威也都做了及时报道，如巴基斯坦总统穆沙拉夫、耶鲁大学宏观经济学方面的权威席勒教授。

“图片北大”也刊发了包括各国首脑访问北大、世界著名高校校长及教授访问北大。以及校内举办的各项社团活动和各类讲座的系列图片。

2. 学术新闻系列报道。具体如下：世界文化东亚视角学术研讨会（11 篇）、社会党国际访问北大（2 篇）、巴黎高师访问北大（2 篇）、牛津大学访问北大（2 篇）、北大学生社团系列特写（15 篇）、十佳教师系列特写等等。

3. 报道北大师生风貌和校园文化氛围。在北大学生社团、十佳教师评选、百年讲堂的文化演出等方面都刊发了系列报道。

人物专题主要以介绍正在北大工作的和曾经在北大工作过的著名教授、学者为主。目前图片中介绍过的北大人物有：季羡林、王选、厉以宁、杨芙清、赵宝煦、黄楠森、张岱年、袁行霈、罗豪才、侯仁之等。

风景专题集中记录北大的人文景观和自然风光两个方面。内容包括燕园四季风景、燕园古建筑、未名湖和博雅塔等，在为人们带来美的享受的同时，也使人们更加了解北大文化和北大精神。

图片北大的生活栏目刊发了一系列反映北大人的学习、生活状况的图片。从社团招新到校园讲座，从刻苦学习到告别燕园，从教师演出到工人绿化……

4. 特别内容策划。针对“北大毕业生是废物”的网络言论，英语新闻网和“图片北大”在校宣传部的领导下，特别编辑了“当代中国的北大杰出人物”系列新闻报道和图片报道，陆续发表在英语新闻网和“图片北大”上，对该种不当言论予以回应和纠正。

“图片北大”作为一个中英文对照的网站，自发布以来得到了校内外很多师生和读者的喜爱，他们经常投稿、来信表示感谢并提出建议。“图片北大”同时也实现了一个北大“图片库”的功能。

（胡献红）

医学部宣传工作

【概况】 2004 年医学部宣传部在北京大学党委和医学部党委的领导下，认真贯彻落实党的十六大精神，搞好理论学习与形势政策教育。围绕学校中心工作，积极探索加强职工思想教育的新模式，开展丰富多彩的校园文化活动，做好对内对外宣传，为学校的改革和发展营造了良好的舆论氛围。

宣传部以高水平的理论报告会及理论研讨会为手段，为全校师生员工搭建了政治理论交流与学习的平台，并以邓小平同志诞辰 100 周年纪念活动为契机，深入开展邓小平理论的学习和研究。在校园文化建设中，继续坚持爱国主义、社会主义和集体主义的主旋律教育，倡导寓“教”于“乐”，通过多种多样的校园文化活动，营造出积极向上的良好氛围。

作为校园信息建设的重要载体之一，北医新闻网以高效快捷的方式在校园文化建设和各项宣传工作中发挥着积极的作用。与此同时，北医新闻网、广播电视台、部刊、宣传橱窗、会议中心五个宣传媒体同步宣传的策略，卓有成效地扩大了宣传面，增强了宣传时效，增加了宣传力度。2004 年，北医新闻网共发新闻 1073 条、照片 463 张；宣传部制作宣传橱窗 78 块、图片652张；广播台共播出新闻285条；部刊出报18期、专刊2期。宣传部积极向校外媒体投稿，相继在《中国教育报》、《健康报》、《科学时报》等报刊发表新闻。

【思想理论工作】 2004年，宣传部配合医学部党委中心理论学习举办了两场高水平的报告，一场是邀请北京大学政府管理学院李成言教授做"《党内监督条例》和《纪律处分条例》"的辅导报告，另一场是邀请中央党校王长江教授做"加强党的执政能力建设"辅导报告。两次报告都以信息量大、深入浅出赢得中心组成员的好评，也为进一步深入学习打下了良好的基础。此外，还邀请曾任驻法国特使的外交学院院长吴建民教授做国际形势报告。

2004年是邓小平同志诞辰100周年，医学部组织召开了纪念邓小平同志诞辰100周年理论研讨会，并出版纪念邓小平诞辰100周年理论研讨会文集。

为进一步加强医学部宣传、教育工作，提高从业人员的整体素质，由宣传部、学工部联合倡议，成立了医学部宣传教育骨干沙龙，并成功举办了沙龙活动的第一讲，邀请北大宣传部部长赵为民做有关大学校园文化的讲座，受到了大家的欢迎。在纪念"一二·九"运动69周年期间，宣传部、学工部、团委联合举办了"'加强大学生思想政治教育'宣传活动周"，宣传部与学工部、研思部、团委举办了"加强大学生思想政治教育工作座谈会"，组织中央16号文件宣传教育展板巡展。

【对内对外宣传】 2004年，宣传工作本着"内聚人心，外塑形象"的原则，一方面充分利用新闻网、宣传橱窗、电视台、广播台、部刊等宣传阵地，做好对内宣传工作，开展了2003年医学部十大新闻的宣传，国家精品课程、北京市精品课程的宣传，"三家送"和医院支援内蒙古医疗工作的宣传，医学部各种会议的宣传，如刘思职院士诞辰100周年暨铜像揭幕仪式、"5·12"护士节庆祝活动、教育部"世界银行贷款专家组"检查、北大医院二部病房楼获"鲁班奖"、"七一"表彰活动、第十一届埃德加·斯诺研讨会、逸夫教学楼开工典礼等等。同时，配合医学部重大事件及活动进行宣传报道，如和医管处、纪委一起，加大对落实中央精神、加强行风建设、提高行风质量的宣传力度，并由宣传部整理各医院行风建设的有关材料，撰写了《树行业新风，为患者服务》的文章；针对禽流感疫情，利用橱窗、广播等宣传预防禽流感的有关知识；为丁秀兰、王晶烈士逝世一周年纪念活动撰写纪念文章，弘扬烈士精神；为医学部四年一届的机构改革做准备，营造良好的舆论氛围；配合迎新生工作；广播台配合团代会选举工作的相关系列报道；为北京大学学术人物画册收集了23位专家的资料等等。

另一方面，宣传部积极通过各种渠道把医学部的新闻事件推向校外媒体，并配合校外媒体做宣传，如配合中央电视台体育频道做《钟南山与体育》等电视节目，配合各大报纸做新闻报道等等。

【校园文化】 2004年宣传工作继续弘扬高雅艺术，加强校园文化建设。3月至4月，组织四批师生800多人到北图音乐厅欣赏交响音乐会，3月，还组织100多名教师观看新疆歌舞团的演出。7月，宣传部和研究生会共同承办了中国与委内瑞拉建交30周年钢琴独奏音乐会，在优美的旋律中，每个人都感受到音乐无国界，友情恒流长。在纪念"一二·九"运动69周年期间，宣传部、学工部、研思部、团委组织了"大型音乐史诗—碑树人心中"大型演出。为迎接新的一年，宣传部与工会、团委共同组织了医学部迎新年师生大型文艺汇演。

为活跃师生文化生活，医学部下半年开始不定期地播放电影，并以电影这一优秀的艺术形式净化心灵，提升品格。在张思德同志逝世60周年及毛泽东同志为纪念张思德同志因公殉职发表"为人民服务"题词60周年之际，组织全体党员观看了主旋律影片《张思德》，还利用课余时间为学生放映电影《张思德》，弘扬张思德同志在平凡的岗位上默默奉献的精神，使全体党员和学生受到了一次很好的思想教育。宣传部还组织全体党员观看反映廉洁从政、鞠躬尽瘁的好干部郑培民的电影《郑培民》，使全体党员干部受到了"做官先做人，万事民为先"的精神洗礼。

宣传部门还利用周末、晚上的业余时间，为学生放映有一定影响力的新片，如《邓小平在1928》、《十面埋伏》、《特洛伊》等，受到了学生的好评。在中秋佳节到来之际，还特别组织北医外地来京务工人员观看电影《冲出亚马逊》，使全体医学部的外来务工人员感受到组织的关怀。

【医学部部刊】 2004年部刊继续积极报道医学部教科研各方面发展建设的情况，除以往的栏目外，增加了"患者在我们心中"栏目。本年度出报18期、专刊2期。发消息278篇、通讯16篇、图片66张、刊出诗歌散文25篇、对外报道14篇。其中，《北大医学部科学家初步揭开人类细胞衰老之谜》获得中国高校校报好新闻消息类一等奖。在部刊创刊50周年之际，做了《北医》创刊50周年纪念专刊，全国人大常委会副委员长韩启德及医学部党委书记郭岩分别为纪念专刊题词。

【医学部广播电视台】 2004年，广播台共播出新闻285条。截至2004年12月1日，北医电视台共制作新闻20期，播报新闻消息183条，片长360分钟。播放专题片《中华文明之光》40集。

【会议中心】 作为集思想教育、学术交流、校园文化三者为一体的宣传阵地，会议中心不断改进服务理念，积极营造优良环境。2004年，共提供会场服务392次，累计503天，接待与会人数11万余人次。其中，行政会议全年共276次，累计370天，接待人数达9万余人次，占全年接待会议的70%以上。

（医学部宣传部）

统 战 工 作

【概况】 2004年，党委统战部以邓小平理论和“三个代表”重要思想为指导，深入贯彻落实党的十六大精神，以北大第十一次党代会召开和“985工程”二期启动为新起点，紧密围绕学校的中心工作，在上级统战部门的关心和具体指导下，在学校党委的统一领导下，各级党组织、统战干部和各界统战人士共同努力，较好地完成了统一战线的各项工作任务，为首都的改革、发展、稳定，为开创新世纪新阶段统战工作新局面做出了贡献。

党委统战部利用多种形式，同全校各基层党委负责人和统战委员等党员干部共同深入学习十六届三中全会、十六届四中全会、中央经济工作会议、全国人才工作会议、中央有关党外领导干部培养选拔及党外代表人士发现培养推荐工作的有关精神，特别是党中央关于统战工作的最新论述，自觉地把统战工作放到国际国内形势的大背景中来考虑，放到党和国家工作全局中来谋划，切实落实全国和北京市统战部长会议精神，全面做好北大的统战工作。

2004年，统战部通过各基层党组织及时认真地协助做好党派新成员的发展考察工作。据统计，全校（含医学部）各民主党派发展新成员69人（校本部12人，医学部57人），其中副高以上职称32人（校本部8人，医学部24人）。到年底，全校民主党派成员已达1261人（校本部538人，医学部723人）。九三北大委员会和九三北大第二委员会均已顺利完成换届工作。

根据市委统战部、中央统战部的统一安排，上半年有7位同志参加了民主党派市委副主委学习研讨班，还有部分民主党派成员参加了市社会主义学院举办的专题学习班。有4位同志被评为为首都建设做出突出贡献的统一战线先进个人（全市共100人），还有一些党派北大组织和个人受到党派上级机关的表彰。

2004年夏，全国第七届归侨侨眷代表大会胜利召开，北大有3人为大会代表，3人被评为全国侨界先进个人，还有6人被评为首都侨界先进个人。广大归侨侨眷积极认真学习《中华人民共和国归侨侨眷权益保护法实施办法》。

2004年夏，海淀区召开了第五届民族团结进步表彰大会。由于统战部平时注重与少数民族师生的联系，注意积累有关的资料，所以推荐上报的事迹内容充实、有特色，最终北大有1个先进集体、2个先进个人获得表彰，多于区里原来分配的名额，先进集体代表还在表彰大会作了发言。

重视统战理论研究和信息工作。2004年统战部继续坚持及时、准确地为上级统战部门和学校领导提供党外人士对国内外大事、热点问题的看法及对学校工作的意见建议。全年共发简报24期，在保证数量的基础上，保持了简报的高质量。被上级统战部门采用的条数在北京高校中继续保持领先地位，有关同志被北京市委统战部评选为统战信息工作优秀信息员。

统战部积极参与上级统战部门组织的统战理论课题研究，完成对“协助民主党派加强自身建设中新情况及相关问题”的调研报告。在兰州召开的第九次全国高校统战工作研讨会上，统战部提交的《协助民主党派加强自身建设中遇到的新情况及对相关问题的思考》、《两岸关系与高校对台工作》两篇论文，被选入会议论文集。

【大事记】 民盟中央领导到北大调研 1月9日，民盟中央副主席、北京市委主委王维诚，民盟中央副主席李重庵，民盟中央组织部长江化英，民盟市委副主委唐克美等到北京大学进行调研，就民盟的组织建设问题与北大部分盟员举行座谈。李重庵副主席特意在会上传达了丁石孙主席关于加强民盟组织建设的指示。

九所高校侨联工作座谈会在北大召开 2月5日，北京西北部九所高校侨联工作片会在北大燕南园53号统战小楼会议室举行。会议由北大侨联主席王德煌主持，清华大学、中国人民大学、中国农业大学、北京理工大学、首都师范大学、北京外国语大学、中央民族大学、北京体育大学和北京大学的侨联主席和统战部长出席了会议，北京市侨联副主席兼北大侨联副主席、北大国际关系学院教授李安山也出席了会议。北大党委副书记岳素兰到会并讲话。人大、北外、清华、体大、农大、首师大、理工、民大的侨联负责人和统战干部先后发言，对当前高校侨务工作的情况和问题进行了深入探讨。

北京高校统战理论研究会年会暨换届大会在北京大学召开 5月12日，北京高校统战理论研究会年会暨换届大会在北京大学图书馆北配楼报告厅举行。来自北京50多所高校的主管领导、统战工作干部和统战理论工作者80多人参加了会议。北京高校统战理论研究会第二届会长、原北大党委副书记赵存生在会上做了理事会工作报告。研究会秘书长、北大党委统战部部长卢咸池就修改研究会章程问题和第三届理事会人选建议名单做了说明。会议特别邀请著名法学家、北大法学院教授肖蔚云做了关于香港问题的报告。与会代表分成四个小组，对理事会工作报告、研究会章程修改稿和新一届理事会人选建议名单进行了认真审议。会上一致通过了修改后的研究会章程，决定把研究会名称由"北京高校统战理论研究会"改为"北京高校统战理论与实践研究会"。会议还选举产生了研究会第三届理事会，北京大学党委统战部部长卢咸池为副会长，赵存生、阎志民为研究会顾问。

北大数位教授任中国和平统一促进会理事 中国和平统一促进会第七届理事大会于9月26至27日在北京召开。会上，全国人大常委会副委员长、民盟中央主席、原北京大学校长丁石孙教授，全国政协副主席、致公党中央主席、原北京大学副校长罗豪才教授和全国人大常委会副委员长、九三中央主席、北京大学常务副校长韩启德院士被推选为副会长，全国台联副会长、北京市台联会长、北京大学党委统战部部长卢咸池研究员被推选为常务理事。此外，担任中国和平统一促进会第七届理事的北京大学教授还有：全国人大常委、民盟中央副主席、中文系教授袁行霈，全国政协委员、数学学院姜伯驹院士（无党派），全国政协委员、中国经济研究中心主任林毅夫（无党派），全国人大代表、经济学院教授李庆云（无党派），全国人大代表、中文系教授葛晓音（无党派），以及北大三院心内科主任、血管医学研究所所长高炜（无党派）。

举办党员干部统战理论知识培训 11月25日，北京大学党委办公室、党校、党委统战部联合举办党员干部统战理论知识培训。培训会由党委统战部长卢咸池主持，全校各基层单位党委书记、统战委员参加了培训。中央统战部研究室副主任张献生应邀在会上做了题为《新世纪、新阶段爱国统一战线》的报告。数学学院党委书记刘化荣、外国语学院党委书记吴新英、北大医院党委副书记廖秦平分别在会上介绍了本单位统战工作的经验。结合本次培训，统战部在会上向全体参加培训的党员干部分发了《"三个代表"重要思想统一战线理论学习纲要》等学习辅导材料。

医学部统战工作

【概况】 2004年，北京大学医学部有在职副高级职称以上党外知识分子1068人；7个民主党派成员723人；归侨、侨眷、外籍华人亲属、台胞台属、港澳同胞亲属540人；少数民族师生818人。医学部民主党派组织有中国民主同盟会北京大学医学部委员会、中国农工民主党北京大学委员会、中国致公党北京大学医学部支部和九三学社北大第二委员会。

【主要工作】 **继续做好党外代表人士工作** 截至2004年底，北大医学部有副高级以上职称人员1951人，其中党外人士1068人，占54.7%，比2000年增加247人。医学部现任全国人大代表、全国政协委员8人中50%为党外人士；现任北京市人大代表、北京市政协委员9人全部为党外人士；现任区人大代表、区政协委员15人中80%为党外人士。

"科教兴国，人才强国"战略对做好党外后备干部培养、党外代表人物工作提出了更高的要求。着眼于统一战线政治交接、新老交替和下一届人大、政协、民主党派换届，统战部把党外后备干部培养及代表人士调研作为2004年重点工作，医学部党委主管领导亲自参加，

表8-1 2004年底北京大学校本部民主党派组织机构状况

党派名称	委员会数	总支数	支部数	小组数	本年度发展人数	总人数	备注
民革			1		转入1人	27	
民盟	1		9		5	215	
民建			1			18	
民进	1		6		3	107	
农工			1		1	6	
致公党			1		1	31	
九三	1		6		2	133	
台盟						1	
总计	3		25		13	538	

（统战部）

逐个单位座谈，依靠基层党组织选拔推荐党外后备人才，发现、考察、培养党外代表人物。在此基础上，进一步调整充实了党外后备干部库，并向中央统战部、北京市委统战部推荐了一批无党派和民主党派代表人物。

医学部各级党委认真贯彻“培养人才，吸引人才，使用人才”政策，把党外干部培养使用纳入干部梯队建设规划。在2004年医学部机关中层干部换届中，6位无党派、民主党派人士担任领导职务。6名党外中青年干部参加了医学部党委组织的新上岗中层干部理论培训及赴井冈山学习考察，占培训人数的29%。在医学部派出的赴内蒙古地区3支专家医疗队中，2名党外人士担任队长，圆满完成了卫生部支援西部地区农村卫生项目行动。

无党派人士刘忠军、丁洁再次参加了中央统战部举办的无党派代表人士学习班。新任全国政协委员、北京市人大常委于长隆获得第八批中央统战部“华夏英才出版基金”。

支持民主党派基层组织加强自身建设　统战部年初召开医学部各民主党派负责人会议，交流2003年工作，沟通协商了2004年工作计划。

经过半年多筹备，统战部门协助九三学社圆满完成北大第二委员会换届工作。北大人类疾病基因研究中心主任、北京市有突出贡献中青年专家马大龙教授以高票当选为第四届委员会主委。

统战部多次列席九三学社北大第二委员会工作会议，积极支持新一届委员会加强自身建设，完善工作制度，进一步做好参政议政、组织建设、社会服务和信息工作。7月31日，九三学社北大第二委员会召开工作研讨会，九三学社中央主席、全国人大副委员长韩启德院士、九三市委田麦久主委、王琳副主委、医学部党委马焕章副书记先后讲话。会议强调拥护中国共产党领导，加强自身建设，发挥九三优势，把发展和参政议政作为中心，为国家做贡献。会议结合实际对参政议政、组织发展、宣传信息工作进行了培训和研讨。

统战部还协助进行了肿瘤医院九三支社建立、民盟医学部第三支部和九三北大一院支社班子届中调整工作。

2004年统战系统加大了培训工作力度。医学部3名民主党派市委副主委参加了中央统战部举办的“三个代表”学习班，7月5日又参加了北大统战部举办的民主党派负责人座谈会，交流学习体会，座谈党派工作。沈如群、甄橙参加了农工北京市委举办的中青年骨干培训。马大龙、李安良、王振军等分别参加了九三北京市委组织工作和市委委员学习班。统战部推荐民主党派骨干和统战部干部5人参加了市社会主义学院中共十六大精神的学习，组织民主党派和侨联及各二级党委（总支）统战干部参观“纪念邓小平百年诞辰展”、“全国海关打击走私成果展”及全国先进基层党委、京郊发展经济十大杰出典型——顺义北郎中村。

为纪念邓小平同志诞辰100周年，统战部特约医学部前任和现任民主党派负责人发表文章，以亲身经历深切缅怀有中国特色社会主义理论的开拓者、缔造者——邓小平同志，宣传新世纪新阶段党的统一战线方针政策，增进共识。

在统战部和有关基层党委的积极支持下，民盟和农工组织开展了义务植树和义诊活动；农工北大委员会向全体奋斗在医疗卫生战线上的党员发出《廉洁行医，从我做起的倡议书》；第一医院农工支部组织骨干参观西柏坡；口腔医院党委组织民主党派成员、归侨、侨眷、少数民族同志30余人参观焦庄户地道战遗址、顺义“三高”农业开发区和燕京啤酒厂。

围绕中心服务大局　2004年春节前夕，医学部转发了中央统战部、北京市委统战部关于开展“送温暖”工作的有关文件，要求各二级党委（总支）认真抓好向有困难的党外人士和其他统战成员“送温暖”工作。医学部党委主管领导与统战部一起看望了民主党派老同志；侨联组织慰问了部分归侨、侨眷。北大一院、人民医院等单位分别召开统战人士座谈会，介绍医院情况，听取各方面统战人士对医院发展建设的建议。在元旦、春节“送温暖”活动中，医学部两级党委和统战系统看望慰问民主党派人士119人、无党派人士48人、港澳台侨人士109人、党外人士遗孀4人、共计270人。

4月29日，统战部组织了人事改革通报座谈会。医学部党委主管领导亲自参加，与人事处领导一起与医学部民盟、农工、九三组织代表10余人座谈，通报并解释北大教师聘任制度改革的背景、目的及有关政策等。在听取意见、建议的同时，面对面地进行深化干部人事制度改革的思想工作。

九三北大第二委员会离退休社员代表和基础支社分别召开座谈会，为高等教育发展和管理、医学部建设、教学、科研管理工作建言献策。

医学部广大统战人士在本职岗位上勤奋敬业、努力工作，2004年获得以下表彰奖励：

1. 国家级精品课程主持人

吴立玲（农工　基础医学院）

2. 新世纪百千万人才工程国家级人选

汪涛（第一医院　无党派人士）

3. 全国侨界先进个人

于长隆（致公　第三医院）

4. 首都侨界先进个人

严仁英(九三　侨眷　第一医院)

于长隆(致公　归侨　第三医院)

陈淑华(中共　侨眷　医学部本部)

5. 为首都建设做出突出贡献的统一战线先进个人

吴明(九三　公共卫生学院)

6. 2004年北京市青年师德先进个人

张卫光(无党派　基础医学院)

7. 北京市"教育创新工程"标兵

李六亿(无党派　第一医院)

冷希圣(农工　人民医院)

季加孚(民盟　肿瘤医院)

8. 北京市第四届青年教师教学基本功比赛

一等奖:马彩虹(农工　第三医院)

二等奖:最佳教案奖:吴俊(无党派　基础医学院)

二等奖:刘洁(无党派　基础医学院)

三等奖:王文生(九三　第一医院)

9. 民盟北京市盟务工作先进集体

民盟北京大学医学部委员会

10. 民盟北京市优秀盟员

李载权(基础医学院)

钟铃(人民医院)

白亚华(第三医院)

朱建华(肿瘤医院)

11. 北京大学教学优秀奖

李刚(农工　基础医学院)

郑修霞(九三　护理学院)

马彩虹(农工　第三医院)

12. 北京大学医学部教学优秀奖

汪亚晴(无党派　归侨　基础医学院)

吴明(九三　公共卫生学院)

刘宝花(无党派　公共卫生学院)

吴艳芬(九三　药学院)

王宜芝(九三　护理学院)

刘捷(无党派　人民医院)

毛节明(无党派　第三医院)

李民(无党派　第三医院)

顾晋(农工　肿瘤医院)

13. 北京大学医学部"医德医风风范奖"

金燕志(农工　第一医院)

毛节明(无党派　第三医院)

陈敏华(无党派　肿瘤医院)

做好港澳台侨和民族宗教工作　1月15日,受花园路街道办事处委托,统战部与侨联共同承办了花园路街道侨联第一次新春联谊会。海淀区侨联主席彭疁、副主席王宏汉和花园路街道办事处领导出席,在欢乐气氛中与花园路街道近百名归侨、侨眷共迎2004年新春。

2月20日,医学部侨联委员会传达了中国侨联、北京市侨联以及北大中层干部会议精神,讨论了工作计划。委员们提出中共中央关于"三农"问题的一号文件有重大意义,侨联应为支援农村发展建设做实事。统战部与侨联共同商量为京郊农村和农民工子弟学校捐献电脑、书籍活动,得到医学部领导、有关部门的支持和侨联民主党派成员的积极响应,并收集旧电脑42台(套)。信息中心和计算机教研室老师们逐台维修调试,整旧如新。6月3日、10月22日,42台(套)电脑与3300余册书籍分两批送往海淀区苏家坨镇青年中心和大兴区行知学校。

7月20日,医学部归侨、侨眷50余人参加了第七次全国归侨、侨眷代表大会开幕式。医学部侨联主席于长隆教授、常务副主席陈淑华研究员、90高龄的严仁英教授被评为"首都侨界先进个人",于长隆教授同时获"全国侨界先进个人"荣誉称号。

统战部组织医学部港澳台侨眷属和统战部干部参加了北京大学李义虎教授所做的台湾问题报告会。

在医学部党委的领导下,统战部与国合处、教育处、研究生院、公共教学部等部门合作完成了关于境外势力利用宗教对首都进行渗透情况的调查。

加强统战部自身建设　2004年在医学部领导和有关单位支持下,统战部以及民主党派、侨联办公室都扩大了办公房间,更新了家具,新置了计算机、打印机等设备,办公条件、环境显著改善。

统战部在干部换届、人员更新等情况下,4人次参加上级统战部门组织的统战工作培训,并对各基层党委(总支)的现状及工作情况进行了调研。

11月25日,医学部各二级党委(总支)主管统战工作领导和统战干部及统战部、组织部、宣传部等有关同志参加了北大统战理论知识培训,听取中央统战部统战理论研究室张献生副主任关于新世纪新阶段统战工作的报告。第一医院党委廖秦平副书记作为大会发言之一,交流了一院党委对统战工作的认识、作法和经验体会。

继续加强内部建设,做好宣传信息工作。2004年完成统战部网页内容更新,网上信息报道45篇,同时完成了医学部副高级职称以上人员、民主党派成员及少数民族教职工和学生、归侨、侨眷等数据库的维护和更新工作。

表 8-2　2004 年北京大学医学部民主党派组织机构状况

党　派	委员会	支部(支社)	成　员	外单位成员数	发展数	去世数
民　革		1	31	1	1	
民　盟	1	4	114	1	16	
民　建			1			
民　进			13	4	1	
农　工	1	5	235	6	11	
致公党		1	16		1	
九　三	1	8	313		12	2
合　计	3	19	723	12	42	2

（医学部统战部）

纪检监察工作

【党风廉政建设】 贯彻上级纪检监察机关工作会议精神　教育部和北京市纪检监察工作会议后，2 月 25 日校纪委召开全委会传达有关会议精神，讨论研究 2004 年工作计划和安排。之后又在党委常委会、党风廉政建设工作会、纪检监察工作部署会上进行传达，并结合学校实际，落实具体方案。

党风廉政建设工作会议　3 月 10 日，北京大学召开“2004 年党风廉政建设工作会议”，校党委书记闵维方主持会议。会上，纪委书记王丽梅传达了中纪委三次全会精神和胡锦涛总书记在中纪委三次全会上的重要讲话以及教育部、北京市和北京教育系统纪检监察工作会议的精神，并对北京大学纪检监察工作做了详细部署。王丽梅强调，2004 年重点要抓好五个方面的工作：① 按照中央纪委提出的“四大纪律八项要求”，加强干部廉洁自律工作。② 纠正医药购销、教育收费、招生考试、学术道德等方面发生的损害群众利益、影响教育形象的不正之风。③ 重点查处副处级以上干部违法违纪案件，以及损害群众利益的案件。④ 将反腐倡廉纳入大宣教的工作格局，整合教育资源，加强对党员干部的反腐倡廉教育。⑤ 认真贯彻落实党内监督条例，加强对掌管人、财、物的要害部门、关键岗位的监督，防止权力失控、决策失误、行为失范。教务部部长关海庭、基建工程部部长支琦、纪委副书记兼医学部纪委副书记孔凡红在会上分别就本科生招生和学籍管理、基建工程招投标和医德建设工作做了专题发言。

教育部直属高校党风廉政建设视频会议　2004 年 8 月 30 日，教育部召开了直属高校党风廉政建设视频会议。在校的校领导及各院系、机关部处、单位的主要负责同志在校内的分会场参加了视频会议，北大作了题为《深化财务改革，健全管理制度，不断增强办学实力、提高办学效益》的书面发言。

分解任务、落实责任　协助北京大学校党委、行政制定并下发了《2004 年北京大学党风廉政建设和反腐败工作主要任务分工》，将党风廉政建设任务分解为 18 项具体内容，分别落实到 18 位校领导、26 个牵头单位和 16 个协办单位，以党发[2004]5 号文件发至校内各单位，要求各单位结合本单位的工作实际，按照“谁主管谁负责”的要求，强化责任，严格考核，认真落实党风廉政建设责任制，做好本单位的党风廉政建设工作。

健全和完善相关制度　制定了《北京大学关于党政领导班子落实“三重一大”制度的实施办法》，以党发[2004]4 号文件发至各单位。教育部纪检组监察局《教育纪检监察》2004 年 4 月 6 日第 7 期进行刊登。信息科学技术学院、生命科学学院、法学院、化学院、应用文理学院和北大附小等单位也结合本单位工作的实际，制定了有关“三重一大”的具体规定或实施细则。

全校 20 个单位进一步修订和完善党风廉政建设责任制，促进了学校党风廉政建设工作深入开展和这一制度的落实到位。

对贯彻落实党风廉政建设责任制情况进行检查　2004 年 11 月，学校党风廉政建设责任制领导小组对党办校办、研究生院、财务部、实验室与设备管理部、教务部、基建工程部、总务部、审计室等 9 个职能部门贯彻落实党风廉政建设责任制的情况进行了检查，各单位都进行了自查，并写出了自查报告。

【惩防腐败体系】 部署建立健全惩防腐败体系工作　2004 年 9 月 6 日，在北京大学召开的中层以上干部大会上，校党委强调要认真贯彻落实直属高校党风廉政建设视频会议精神，把建立健全惩防腐败体系作为当前和今后一个时期重要的工作目标，积极探索建立有高校特点的教育、制度、监督三者并重的惩治和预防腐败体系。9 月

17日和9月23日,先后召开了校纪委会和全校纪检监察工作会议,要求全校各职能部门和各院系按照党委提出的目标,积极进行构建惩防腐败体系的探索工作,把学校的反腐倡廉工作引向深入。

开展建立健全惩防腐败体系的理论和工作研讨　10月,纪委监察室先后两次参加了中纪委、监察部驻教育部纪检组、监察局分别在北京和上海举行的《全国教育系统建立健全惩防腐败体系实施意见(草案)》的研讨会,参加了教育部召开的预防教育系统职务犯罪问题的研讨活动。11月,应江苏省纪委、苏州市委、市纪委的邀请,参加了"建立健全惩防腐败体系苏州论坛",监察室副主任侯志山代表北大纪委在论坛上做了题为《走出反腐败单一战略的误区》的发言。

【领导干部廉洁自律】　廉洁自律工作的重点　严格遵守中央纪委三次全会提出的四大纪律八项要求,即领导干部在党风廉政建设方面要严格遵守党的政治纪律、经济纪律、组织纪律和群众工作纪律,尤其要严格遵守以下要求:(1)要同党中央保持高度一致,不允许阳奉阴违、自行其是;(2)要遵守民主集中制,不独断专行、软弱放任;(3)要依法行使权力,不滥用职权、玩忽职守;(4)要廉洁奉公,不接受任何影响公正执行公务的利益;(5)要管好配偶、子女和身边工作人员,不允许他们利用本人的影响牟取私利;(6)要公道正派用人,不任人唯亲、营私舞弊;(7)要艰苦奋斗,不奢侈浪费、贪图享受;(8)要务实为民,不弄虚作假、与民争利。8月30日,教育部党组召开高校党风廉政建设视频会议,提出的领导干部"六不准"(即:1.不准利用职权违规干预和插手建设工程、大宗物资设备采购招投标;2.不准接受与其行使职权有关系的单位、个人的现金、有价证券和支付凭证;3.不准配偶、子女、亲属以及身边工作人员利用领导干部职务的影响牟取私利;4.不准利用职务和工作便利越权干预招生录取、职称评聘、科研项目评审等工作正常开展;5.主要领导不准担任社会上经营性实体的独立董事;6.不准擅自决定学校对外投资、借贷、融资、合作等重大事项)要求各级领导干部严格按照规定规范自己的行为。

民主生活会　按照中共北京市纪律检查委员会、中共北京市委组织部《关于开好2004年各级领导班子党员干部民主生活会的通知》(京组通[2004]20号)的要求,2004年7月前,北京大学绝大多数单位按规定时间召开了党政领导班子民主生活会。民主生活会围绕干部廉洁自律的重点内容"四大纪律、八项要求"、"六个不准"进行了自查和明示。校级领导班子民主生活会前,由组织部、纪委和医学部牵头组织召开了3个征求意见座谈会,并将意见整理集中,由纪委副书记在校级领导班子民主生活会上进行反馈;会后专门安排时间讨论整改措施,并由纪委在一定范围向教职工反馈,接受教职工监督。学校部分党政领导按照分工和联系单位参加了基层单位党政领导班子民主生活会,纪委、组织部派人参加基层党委党政领导班子民主生活会。

干部述职述廉　2004年北京大学进行了机关干部第二轮聘任考核,所有机关干部都接受了考核,竞争上岗。考核的标准包括"德、能、勤、绩、廉"五个方面,干部在接受考核过程中述职述廉,廉洁自律、廉洁从政情况与勤政、政绩情况一并被纳入干部考核内容和评价体系。参加述职述廉的副处级以上干部131人,科级干部320人。

专项情况调查　配合北京市教育纪检监察工作研究会完成了高校处以上领导干部在企业兼职情况、校级"三重一大"制度执行情况的问卷调查。协助校财务部完成了北京大学有关单位及其工作人员在经济往来中违反国家规定收受各种名义的回扣、手续费的调查清理工作。

2004年9月,与组织部一起配合北京市教育工委完成了对高校处级以上干部在企业兼职情况的调研。全校副处级以上干部填写了《北京高等学校处级以上领导干部在企业兼职情况调查问卷》,对"高校领导干部在企业兼职存在的问题"、"高校领导干部在企业兼职的有关规定需做哪些修改和补充"归纳和整理出177条意见和建议。

10月,与财务部一起转发了财政部、监察部财预[2004]85号文《关于对党政领导干部拖欠公款进行清理的通知》,决定对全校处级以上党政领导干部"拖欠公款或利用职权将公款借给亲友的问题"进行一次集中清理。

11月,配合北京市教委完成"评议治理教育乱收费工作调查",发出问卷229张。

【宣传教育】　学习两个条例　《中国共产党党内监督条例(试行)》和《中国共产党纪律处分条例》颁布之初,北京大学校纪委与宣传部于2004年2月19日组织召开了由校内专家、学者沙健孙、赵存生、仝华、阎志民、曹长盛、夏学銮、丰子义,党委副书记岳素兰、纪委书记王丽梅、宣传部副部长夏文斌等20余人参加的学习"两个条例"座谈会,引领"两个条例"的学习。3月10日纪委、组织部、宣传部联合发文(北大纪发[2004]2号)《关于深入学习宣传贯彻〈中国共产党党内监督条例(试行)〉和〈中国共产党纪律处分条例〉的通知》,要求全校各级党组织和广大党员干部要学习、宣传、贯彻"两个条例",务求取得实效。校党委邀请《中国共产党党内监督条例(试行)》的起草人之一、中央党校党建部教授，专门为学校500多名副处级以上党员干部举办了报告会，学校为每一位党员配发了“两个条例”读本。校党委理论中心组、纪检监察干部进行了专题学习。

党纪条规知识测试　2004年5月，组织北京大学全校一万余名党员干部参加《是与非》杂志社举办的党纪条规知识测试。回收试卷8302份，其中校本部5629份，医学部2673份。在这次活动中，纪委监察室被北京市纪委监察局授予优秀组织奖。

转发有关文件　2004年3月，转发了教育部纪检组监察局《关于吴世明严重违法违纪案件的通报》。5月和6月，分别转发了北京市纪委《关于季明明违反廉洁自律规定的有关问题的通报》和教育部就高等学校教学评估工作提出的六点纪律要求。10月份转发了《教育部对高校领导干部提出“六不准”》等文件。12月，印发了《中国共产党党员权利保障条例》，并编发北大纪发[2004]7号《关于在我校全体党员中开展学习贯彻〈中国共产党党员权利保障条例〉活动的意见》。

对领导干部进行廉政教育　2004年上半年，学校对新任的30余名处级以上干部进行了党课教育和专业知识的岗前集中培训。校纪委书记王丽梅向新上岗干部通报了学校党风廉政建设的形势和任务，并有针对性地对新任干部进行廉政准则和遵纪守法教育。

【信访接待与案件办理】　2004年，共受理来信来访及电话举报385件，其中来信224件、来访76件、电话举报85件、署名举报99件。涉及经济方面78件、违反社会主义道德7件、申诉10件、批评建议202件、其他88件(见附表)。

从信访数量上看，与2003年总量(334件)相比略有上升，增幅为15%，其中来信增10%、电话举报上升80%、署名举报增8.8%，来访略有下降，比上年减少9%。从类别看，涉及违反社会主义道德类增幅较大，比上年增133%；涉及招生考试类的有所上升，截止到2004年8月，仅北京大学校本部就收到此类信访27件，占校本部信访件的22%；涉及教育乱收费类有较大减少。

【纠风与专项监督检查】　工作重点是纠正医药购销工作中不正之风，治理教育乱收费和加强招生考试中的监督检查。

治理教育乱收费　根据北京市教委、市纠正行业不正之风办公室、市监察局等七个部门联合下发的《关于印发2004年北京市治理教育乱收费工作意见的通知》(京教监[2004]2号)要求，北京大学治理乱收费工作采取了如下措施：① 进一步明确分工，强化责任，制定和完善规章制度，规范收费管理。纪检监察和审计部门加大对收费工作的监督检查力度，对违规收费问题实施责任追究。② 在校内通过公示栏、公示牌、公示墙等方式，向学生公示收费项目、收费标准等内容。③ 明确附中、附小的捐资助学款(物)的收取办法，捐资助学款和捐资助学物资设备分别由学校财务部和实验室与设备管理部统一代为收取、开具正式发票，用于支持附中、附小的发展。④ 进一步规范高校招生、考试、办班和收费行为，认真清理现行收费项目和收费标准，落实“收支两条线”的规定。⑤ 加强信息沟通，及时上报有关情况，对于特殊事项及时协调处理。

【岗位聘任申诉受理调查工作】　北京大学“申诉受理委员会”由纪委监察室牵头，由纪委监察室、组织部、人事部有关人员组成。2004年，共收到申诉、投诉材料6件(不含重复件)，其中个人申诉5件，投诉1件；涉及A类岗的1件，涉及B类岗位的5件；共涉及5个院系。经过调查了解、与有关院系领导交换意见，各院系均进行了复议，其中1位老师的岗位做了相应的调整，5位老师岗位维持原议。

【调研成果】　2004年，共有两篇调研文章获奖：《与时俱进的光辉理论指南——“三个代表”重要思想对教育纪检监察新实践的指导意义》荣获2002～2004年度北京教育纪检监察工作研究会优秀论文评选优秀奖；《高校党员领导干部违纪违法行为防治对策》荣获2002～2004年度北京教育纪检监察工作研究会优秀论文评选特等奖，在北京市2004年，反腐倡廉宣传教育“五好一创”评选活动中获好文章类二等奖。

【纪检监察干部队伍建设】　按照《中共中央关于加强党的执政能力建设的决定》和中纪委监察部关于提高纪检监察机关的工作水平和工作能力的要求，纪委监察室把提高纪检监察工作能力视为提高党的执政能力的重要组成部分，当作大事来抓。一是加强专业知识学习，组织纪检监察干部学习《纪检监察案件检查简明教程》、《纪检监察案件审理简明教程》等系列教材，并参加了全国纪检监察干部专业知识测试，提高纪检监察干部专业知识水平和工作技能。二是组织纪检监察干部认真开展学习两个条例活动。三是认真参加上级纪检监察部门组织的业务培训和与兄弟院校纪委的工作交流活动。

(纪委办公室、监察室)

医学部纪检监察工作

【概况】　2004年医学部两级纪检监察工作以邓小平理论和“三个代表”重要思想为指导，贯彻落实十六届四中全会、中纪委第三次全会和北京大学第十一次党代会精神，围绕医疗、科研、教学等中心任务，坚持标本兼治、综合治理的方针，加大医疗卫生行业作风建设、领导干部廉洁自律教育、信访举报核查、提高纪检监察干部业务水平等的工作力度，努力构建医学部教育、制度、监督并重的惩治和预防腐败体系，不断推进党风廉政建设和反腐败工作。

【贯彻中纪委三次全会精神】 2004年3月，医学部党委讨论通过了《北京大学医学部2004年党风廉政建设和反腐败工作意见》和《北京大学医学部2004年党风廉政建设主要任务分工》，下发各单位贯彻执行。3月10日，医学部纪委副书记孔凡红在2004年北京大学党风廉政建设工作会议上做题为《加强医德医风建设，维护医院品牌信誉》的发言。党委副书记兼纪委书记马焕章在医学部党委委员、纪委委员及各单位党政一把手会议上，要求二级单位认真贯彻落实北京大学党风廉政建设工作会议精神，落实医学部党风廉政建设和反腐败工作意见。

各单位党委、纪委分别组织领导班子、纪委委员学习中纪委三次全会公报和胡锦涛同志的讲话，结合本单位实际情况，提出2004年党风廉政建设和反腐败工作重点，并召开院务会、纪委会、中层干部会、党支部书记会，传达贯彻上级会议精神，部署党风廉政建设工作。

【党风廉政宣传教育】 5月中旬至6月中旬，开展了以“求真务实、勤政为民”为主题的党风廉政建设宣传教育月活动。结合卫生部开展的纠正医疗服务中不正之风专项治理及医疗机构向社会公开服务的承诺活动，纪委及时报道医学部及各医院医德医风和纠风治理工作进展，并举办“郑重承诺，诚信行医”的图片展。

学习“两个条例” 向全体党员发放《中国共产党党内监督条例(试行)》和《中国共产党纪律处分条例》手册。医学部党委理论学习中心组请北京大学李成言教授为党委委员、纪委委员做学习“两个条例”辅导报告。各单位也相继组织辅导报告，同时开展“两个条例”党课教育。医学部组织全体党员参加北京市纪委组织的党纪条规知识测试答题，2673名党员参加了答卷，参试率为98.1%，成绩优良率为91%，第三医院、口腔医院、第一医院、人民医院获医学部组织奖。医学部纪委将测试题以问答方式在医学部部刊上刊出，会同组织部发出通知，要求党支部安排专题学习，巩固党纪条规知识。各单位通过竞赛、讨论、座谈、自学等多种形式，进一步加深了对“两个条例”的认识和理解。

纪委办公室协同宣传部、组织部放映电影《郑培民》，组织全校党员观看。纪委转发了北京市财政局、北京市监察局《关于加强党政机关公务用车管理的通知》、《中共中央纪委监察部关于领导干部利用职权违反规定干预和插手建设工程招投标、经营性土地使用权出让、房地产开发与经营等市场经济活动，为个人和亲友牟取私利的处理规定》、《中共北京市纪委关于季明明违反廉洁自律规定有关问题的通报》等文件，对领导干部提出明确要求。

【落实领导干部廉洁自律规定】 医学部党政一把手、纪委书记多次在干部会上强调领导干部要认真贯彻中纪委提出的对领导干部廉洁自律的各项规定和四大纪律八项要求，以及教育部党组对高校领导干部提出的“六不准”规定。

廉政培训、谈话、回访 党政一把手亲自与领导干部谈话，提出廉政要求。党委副书记、纪委书记马焕章在医学部中层干部理论培训班上做题为《廉洁从政，加强党性锻炼》的讲座，31名2002年以来新上任的副处级干部接受廉政培训。对药学院、第六医院、口腔医学院行政班子、护理学院总支成员、机关各部处处长共37人进行了任职前廉政谈话。第三医院对新提升的5名副处级以上干部进行了任职前廉政谈话，对15名任职满半年以上副处级干部落实党风廉政建设责任制情况进行回访。

领导干部述职述廉 将管理干部年度考核表中的党风廉政建设责任制执行情况的考核内容进一步细化、量化，同时将廉政列入民主测评表。机关各部处处长在换届考核时将党风廉政情况作为一项重要述职内容向代表报告。

专题民主生活会 医学部两级党政班子专题民主生活会以“权为民所用，情为民所系，利为民所谋”为会议主题。会前认真学习“两个条例”，征求党员、群众共432人的意见和建议，并开展谈心活动。会上对照中纪委三次全会提出的“四大纪律、八项要求”及胡锦涛总书记指出的党员干部队伍中存在突出问题的10种表现，并根据党员群众的意见逐条进行检查。会后提出具体整改措施。医学部领导9人、二级单位党政领导91人参加了民主生活会。医学部领导参加二级单位生活会13人次，医学部纪委、组织部干部参加二级单位生活会16人次。

领导干部兼职调查 2004年9月，纪委办公室配合北京市教育纪工委完成对127名医学部副处级以上领导干部在企业兼职情况的问卷调查。

【行风建设和专项治理工作】 *完善机构，责任到位* 医学部党政班子高度重视医院的行风建设，按照上级要求，认真研究，多次召开专题会议，把落实卫生部纠正医疗服务中不正之风专项治理、创建首都公共卫生文明单位活动和迎接三级医院复审工作融为一体，整体推进医院的建设。成立了以副校长柯杨任组长，党委书记郭岩、副主任魏丽惠、副书记马焕章任副组长，各医院院长为领导小组成员的行风建设工作领导小组。医学部4次召开医院党政领导、纪检监察、医院管理等相关部门会议，传达上级会议精神，要求各医院做到组织领导到位，传达贯彻宣传教育到位，责任落实到位，检查和整改措施到位，违法违纪追究责任到位。各医院按照医学部的要求，成立了行风建设领导小组，各职能处室的领导为小组成员，明确职责，任务落实到人，“一岗双责”得到落实。

广泛宣传，积极动员 各医院结合工作和职工思想的实际，先后召开不同层次的会议和利用多种载体，广泛宣传，积极动员，统一认识，党政工团齐抓共管，全体职工积极参与。医院各科室按照创建标准展开自查，精神文明小组深入病房进行检查，检查结果以简报形式公布。第三医院建立了由党支部书记为骨干的精神文明建设检查组，每月公布检查结果，完善医德医风档案。口腔医院以“加强医患沟通，提高服务质量”为主题，从患者最不满意的地方入手，加强和改进医疗服务工作。

郑重承诺，诚信行医 各医院建立医院对社会、科室对医院、个人对科室的三级承诺。组织科室每位员工学习、领会承诺书的内容和意义，把签署承诺书作为教育的过程，认真履行承诺责任。肿瘤医院以“八项承诺”为主题，在全院职工中开展书法比赛。第三医院以“党员在专项治理中如何发挥模范带头作用”为主题，过一次组织生活。人民医院急诊科党支部带头向社会承诺。肿瘤医院编辑出版了《架起医患之间的桥梁》、《亲情》，供全体党员和职工学习。

医院的全体医护人员认真履行自己的诺言，廉洁行医。通过对出院病人问卷调查和对手术出院病人入户、电话访问等方式，没有发现医务人员拿回扣和收受“红包”等违纪行为。据不完全统计，2004年，6所医院共拒收患者及其家属“红包”63人次（合计人民币62850元）及商业银行信用卡、电子图书、首饰及其他礼品计20件次。各医院在门诊、药房、药库等相关科室外设立“医药代表谢绝入内”的标志，坚决抵制“开单提成”。第六医院在全院停止使用医药代表提出给予“开单提成”的药品所在药厂的所有产品，并对涉及此药的处方进行检查，未发现医生违规使用该种药品的情况。

聘请行风监督员 2004年9月，医学部聘请北京大学校医院党委书记、副院长叶树青，农工民主党中央委员、北京市人民代表、北京大学基础医学院李刚教授，九三学社社员、北京大学公共卫生学院林琬生教授为北京大学医院行风建设监督员。赋予行风建设监督员对医院随时进行暗访，提出批评建议的职责。

专项检查，相互借鉴 2004年5月下旬至6月中旬和10月，医学部两次对7所医院纠正医疗服务中不正之风专项治理情况、创建首都公共卫生文明单位活动和迎接三级医院复审的准备情况进行检查。副主任魏丽惠，党委副书记、纪委书记马焕章，主任助理王杉带领纪检监察、医院管理处同志、各医院行风建设负责人和行风建设监督员，认真听取各医院的工作汇报，并现场考察、听取患者及家属的意见，同时检查了医疗工作流程。各医院在落实八项承诺中，从提高医疗安全、医疗服务质量，规范医疗流程，完善诊疗常规，健全科室自管资金等制度入手，加强了管理力度。各医院行风建设负责人在相互检查中相互借鉴，促进北京大学所属医院整体工作的发展。

行风建设成效明显 2004年11月，7所医院全部被首都卫生系统精神文明建设协调委员会批准为2004年首都公共卫生文明单位，人民医院、第三医院、口腔医院和肿瘤医院获得首都文明单位提名。

学术道德和机关作风建设 党委、纪委在廉政谈话中强调认真执行《北京大学教师学术道德规范》，要求领导干部首先规范学术行为，同时在教师中广泛开展职业道德教育。药学院等请院士为副教授以上人员进行学术道德教育。机关党委按照医学部的要求，在加强机关工作作风建设上采取三项措施，广泛听取意见，接受监督，聘请联络员，定期听取联络员的意见并设置和公布了机关党委热线电话和电子邮箱。

【案件和信访】 *信访受理* 2003年12月至2004年11月20日，医学部两级纪检监察共受理人民群众来信来访263件次，其中署名举报49件、重复信访7件次。经查属实、部分属实信件32件，失实47件，正在核实的11件。

医学部纪委监察室明确了信访案件调查备忘制度，信访件自查率近30%，领导参与重要信访来件调查。加大了下转信访来件的督办力度，通过电话催办、下访指导等形式进行督办。肿瘤医院纪委李振甫书记在院刊上撰写《怎样对待举报信》文章，引导、宣传医院职工正确认识信访举报工作。

口腔医院通过信访工作解决群众反映的病人打咨询电话难问题、医院因施工引起的关于诊室通风、车棚等热点问题。

医学部纪委转发了北京市纪委《关于提高查办案件工作综合效应的意见(试行)》、《中共北京市纪委、北京市监察局关于突出主动出击，严肃查处违纪违法案件的意见》、《中共北京市纪委办公厅关于2003年审结案件质量检查情况的通报》，并结合医学部信访工作实际情况，提出做好案件检查工作的几点意见。纪委领导多次同二级单位领导沟通协调，促进复杂信访件的处理。举办信访案件培训班。

【党风廉政建设责任制】 随着领导干部的调整，医学部及时调整落实党风廉政建设责任制领导小组。

2004年11月18日,领导小组召开会议,由纪委副书记向领导小组成员报告了近年来党风廉政建设责任制贯彻落实情况,针对目前在责任制落实中存在的问题,就如何建立健全配套制度、规范管理、加大监督等进行分析和探讨,对2005年进一步落实党风廉政建设提出意见。

医学部党委年初将党风廉政建设主要任务进行分工,牵头单位和协办单位做到责任到人。11月,领导小组对6所医院落实责任制情况进行全面检查。各医院党政一把手对此次检查高度重视,亲自汇报或做补充发言。各医院领导干部落实党风廉政建设责任制,认识提高,责任意识增强,做到率先垂范,结合医院中心工作,逐步形成体系,确保了责任制落实。

【执法监察】 教育收费治理 收费工作小组在常务副组长马焕章副书记的领导下,对医学部的收费项目进行了清理,对未经审批、自定标准等问题逐项研究,提出整改措施,规范收费管理程序,实行医学部"收费许可证"制度,进一步明确票据管理规定,并配合计划财务处做好招生收费的自查、检查工作。

招生执法监察 医学部纪委及时将教育部招生相关文件转给医学部主管招生工作的领导及招生部门,严格按照"谁主管、谁负责"的要求,做好招生咨询和招生录取工作。受理招生、考试方面信访举报3件,及时进行了核查处理。

基本建设工程执法监察 2004年,两级纪检监察全部参与了本单位的基本建设工程招投标工作。参与了对部分投标单位的初审、考察及工程招标评标的监督等工作。第三医院制定了《日常消耗物质采购招标活动管理办法》、基建工程《廉政建设实施条例》。

药品和低值医用耗材集中招标过程的监督 医学部纪委监察室与北医组长单位的纪检监察负责人参与北医组的药品和低值医用耗材集中招标、网上议价的监督;会同医院管理处召开医院药品招投标工作总结会议,逐步完善招标工作。

干部考核考察工作 纪委书记、副书记为考核小组成员,参与医学部机关部处干部聘任考核和第六医院、口腔医院行政班子及药学院党政班子换届考察工作。

各医院对部分职能部门、临床医技科室主任实行竞聘上岗,对重点科室实行干部轮岗制度。肿瘤医院建立专项审计制度,加大源头治理力度。

【纪检监察队伍自身建设】 两级纪检监察干部以听辅导报告、竞答、自学等形式,认真积极地开展学习《中国共产党党内监督条例(试行)》和《中国共产党纪律处分条例》活动和《中共中央关于加强党的执政能力建设的决定》。组织两级纪检监察干部观看《"立党为公、执政为民"先进事迹报告》中梁雨润、张建国先进事迹及《王怀忠的两面人生》电教片。

结合工作实际,由医学部纪检监察干部讲授纪检监察案件检查、信访工作业务知识。组织5名干部分别参加教育部和北京市纪委组织的纪检监察业务培训班学习。

各医院定期召开纪委会,通报纪委工作,学习上级文件,交流信息、研究工作。肿瘤医院纪委组织纪委委员学习了北京市教委纪检监察主编的《党风廉政建设责任制问答》。

2004年6月,孔凡红被续聘为医学部监察室主任。2004年7月,石敬慈被续聘为医学部监察室副主任。

党委副书记、纪委书记马焕章的党课《党风与反腐倡廉》在北京市纪委、监察局组织的"五好一创"活动中获好党课三等奖。

(医学部纪检监察办公室)

保 卫 工 作

【概况】 2004年,保卫部领导班子在年初召开的工作研讨会上,进一步统一思想,坚持服务上不断创新,以广泛的支持为基础,强化管理工作。提出对管理干部工作理念的教育,要集中在以下五方面:一是强调要从讲政治的高度,做好维护校园稳定的工作;二是要继续坚持主动服务的理念,从学校稳定的大局和师生的安全需要出发,实现从单纯管理型向安全服务管理型理念的转变;三是校园安全保卫工作必须有随时准备应对突发事件的危机意识,做到未雨绸缪,制定预案,找准定位,发挥职能作用;四是要有主动防范意识,在积极开展调查研究的基础上,加大防范工作的预见性,及时制定防范方略,消除隐患,防范于未然;五是用科技创新意识积极推动科技防范,加大防范的提前量,提前制止犯罪,同时扩大防范覆盖面和深度,为打击犯罪提供强有力的支持。

通过全体工作人员的共同努力和实践,保卫部取得可喜的成绩。2004年,北京大学荣获北京市消防安全先进单位、北京市海淀区社会治安综合治理先进单位,燕园地区获北京市海淀区交通安全先进单位,保卫部荣立北京市公安局集体三等功。

在认真做好各项工作的基础上,保卫部积极开展保卫学的研究工作,全年撰写的文章有32篇参加了北京高教保卫学会第九届学术年会的评奖，有3篇获“优秀学术研究成果一等奖”，有6篇获“优秀学术研究成果二等奖”，有15篇获“优秀学术研究成果三等奖”，有8篇获成果奖。保卫部被评为北京高校保卫学研究优秀组织单位。

【重大警卫活动】 2004年共完成重大警卫任务71次，其中三级以上警卫23次。在各次重大警卫活动中，保卫部认真制定警卫预案，精心组织警卫工作，确保了安全。保卫部完成了外国国家元首、中国国家领导人来访的警卫工作，同时完成了北京大学106年校庆暨北京大学“世界的北大、世界的青年”首届国际文化节开幕式、雅典2004年奥运会火炬北京传递、“台湾大学生千人夏令营”等重大活动的安全保卫工作。

【维护校园稳定】 保卫部作为学校领导机关的重要参谋部门和维护校园安全秩序的重要力量，在积极参与学校应急机制的建立的同时，根据实际要求建立了一支能打硬仗的应急队伍。在校党委的领导下，保卫部与学校其他相关部门一道，总结我校近些年处理各类突发事件，特别是2003年抗击“非典”、处置“2.25”爆炸案等突发事件的成功经验，按照教育部的要求，完善应急处置的预警、应急和评估机制，积极探索安全稳定工作的长效机制，确保各类突发事件能够得到及时、妥善的处理，保障师生员工的身体健康和生命安全，为学校改革、发展创造稳定的环境和良好的秩序。根据《北京大学突发事件应急处置预案》的有关要求，保卫部建立了相应的应急机制和应急力量，从制度上保证了工作机制的长久性和责任的到位、到岗、到人，对预案的实施起到了重要保障作用。

【保密工作】 3月2日校党委常委会研究决定，调整了新的北京大学保密委员会。新的保密委员会由19人组成，主任由校党委副书记张彦兼任，副主任、成员分别由重点部门和院系领导组成。张彦副书记在保密委委员会议上强调，学校的保密工作要按照中央和教育部、市委保密委的部署，坚持以邓小平理论和“三个代表”重要思想为指导，以《保密法》为依据，加强领导，强化责任，依法治密，有效防范，突出重点，狠抓落实，严防泄密事件发生，充分发挥保密工作“保安全、保发展”的作用。

根据校保密委员会的工作部署，重点院系成立了保密工作领导小组，其他单位也都确定一名领导主管保密工作，并设有兼职保密员，负责日常保密工作，明确责任到人，做到“谁主管，谁负责”，强化了日常工作中的保密管理。校保密办公室在保密检查工作中，要求各单位要措施到位，不留死角，工作要落到实处，不走形式。发现问题及时解决，力争把可能发生的问题解决在萌芽状态。2004年12月20～30日，对学校62个单位进行了保密工作检查。

2004年，结合学校实际情况，加强了保密规章制度的建设。对原有的保密规章制度该废止的废止，该完善的完善，该制定的制定，组织有关人员对涉及全校17项保密工作规章制度重新进行了制定和修订。

【治安与科技防范】 2004年全年共接各种报警1606起，全年出警762次，出动警力1524人次。办理居民身份证10862人次，迁入迁出户口10742人次。在校园安全技术防范建设上，经过不懈努力，全校视频监控系统一期建设已经完工，进入验收阶段。在监控系统一期工程试运行阶段，已经发挥了重要作用，公安部门已经通过视频录像破获盗窃案件多起。监控系统的建设，得到师生员工的进一步肯定。

【消防工作】 2004年，消防安全工作按照教育部、北京市政府和业务主管部门的部署要求，贯彻执行了有关文件精神，开展了“人员密集场所消防安全专项调查和治理”和“北京市集中开展火灾隐患排查整治工作方案”在学校内的实施工作。除会同北京市公安局文保处、海淀分局高校治安处对学生宿舍、图书馆、第二体育馆、档案馆、财务部、外语学院、化学与分子工程学院、物理学院实验室等重点部位、重点实验室、公共聚集场所进行了联合检查外，还组织未名湖沿岸国家级重点文物保护建筑的安全检查、校内经商单位等人员聚集场所的消防安全检查、地下空间的消防检查和对学生宿舍进行以安全用电为主的安全检查。发现不符合防火要求的立即指出，并发出限期整改隐患通知书。

2004年在消防安全宣传方面，保卫部配合学校开展的以“安全生活、健康成才”为主题的“安全月”活动，编写了消防安全知识、学生宿舍防火安全知识和火场逃生知识手册，在校园网上进行宣传；学生会印发5000册宣传材料发给学生；保卫部、团委、学工部共同组织了消防演练；化学与分子工程学院在化学楼北区举行了模拟遭遇火灾情况下的灭火与疏散演习。保卫部利用“11.9”消防日，精心选材，设计制作了宣传消防安全知识的展板，在全校范围内进行消防安全知识教育。通过这些宣传工作，营造出一个人人重视消防安全的环境氛围。

2004年在安全宣传方面，首先是更新保卫部的网页，网上内容丰富多彩，形式多样，贴近实际，网页点击率大大提高。除此之外，针对入校新生发放《校园安全服务指南》，并举办安全宣传月专门为学生普及安全常识，安全宣传活动得到了校团委、校学工部、学生会的大力支持。

【校园环境秩序整治】 在校园秩序管理工作中，保卫部交通安全管理办公室和校卫队一年来做了大量工作。在全年工作中,门卫人员阻拦校外无关车辆入校29658辆次,查阻非本校人员入校82002人次(其中国外人员12583人次、小商贩484人次、贴广告242人次),纠正各类违章38662人次,校内巡逻人员查获处理翻墙、校门滋扰、商贩、乱贴广告、违章捕鱼、打架、抓获偷车、盗窃、卖盗版盘等违章违纪人员1314人次;交通办和校卫队处理校内违章停车达3037辆次,学校门口的交通道闸系统竣工,校内车辆在校门通行将进一步简便、快捷,长时间停留在校园内的校外车辆将进一步受到限制;理科楼群地下停车场由于安装了技术防范设备,启用以来未发生过破坏、盗窃案件,并大大缓解了道路拥堵问题。

(保卫部)

医学部保卫工作

【概况】 2004年,医学部保卫工作在各级领导的支持和全体同志的共同努力下,取得了良好的成绩,确保了校园的安全稳定。保卫处荣获北京市国家安全局国家安全小组先进集体、北京大学先进党支部、海淀区义务消防队先进集体称号,有9人分别被北京市公安局、北京市国家安全局、北京市交通管理局、北京大学、海淀区交通大队授予个人嘉奖以及被评为先进个人。

【安全技术防范系统工程建设】 2004年,医学部保卫处调整了各办公室的人员分工并重新制定了工作职责。完成了医学部安全技术防范系统工程建设。安全技术防范系统是运用现代科技手段预防和制止犯罪、减少治安灾害事故、维护校园安全、保护广大师生员工生命财产安全的重要手段,也是提高保卫工作人员快速反应能力,加强校园治安综合治理的重要措施。为了抓好此项工作,保卫处牵头成立了安防工程工作领导小组和工作小组,先后考察了20余个已经建立了安防系统的单位。为了确定需要监控的点位,工作小组走遍了校园和家属区的每一个角落。最后确定了技术方案和招标措施。医学部安全防范系统设计和工程实施总体结构包括入侵报警系统、电视监控系统、报警求助系统和通讯联络系统的构建。已安装了160余个监控点位。工程系统建立后,在24小时不间断进行校园内治安、交通、消防情况的视频监控,重点要害部位报警监控,校园报警求助系统监控等等。

【实行机动车进校计时收费制度】 2004年,根据交通事故多发、机动车连续被盗以及校园内道路交通秩序混乱的现状,在进行了1600余份问卷调查的基础上,医学部实行了机动车进校实行计时收费制度。实施机动车进校计时收费的目的,就是要规范校园内机动车行车及道路的管理,杜绝家属区东南门道路乱停车的现象,杜绝家属区西南门道路混乱的现象,减少家属区、校园区大型载重车的噪音污染,杜绝校园区西南门道路乱停车现象,杜绝校园内机动车的丢失和交通事故的发生。为了保证制度的顺利实施,保卫处采取了多项改进措施,如整治家属区东南门、家属区西南门两条道路,禁止乱停车;实行家属区西南门24小时开放、家属区东南门6:00～23:00开放制度;分解家属区两个门车流量的压力,改变原校区西门不通行机动车的规定,实行有学校车证的机动车一律可以从校区西门进出;施工车辆、载重车辆一律走校区北门,禁止走其他校门;延长校区西南门开放时间;放宽了北京市发改委有关机动车计时收费的规定,实行"机动车进校半小时内不收费";在家属区增设"禁行"、"限速"和"禁止鸣笛"的标志;改变以前校卫巡逻不含家属区的做法,组建队伍,加强了家属区道路、交通巡逻,随时制止违章现象;家属区、校园区进行停车画线。

实行"机动车进校计时收费"的举措后,校园区、家属区乱停车现象基本制止;改变了家属区西南门道路严重拥堵现象;杜绝了家属区、校园区的交通事故;实行机动车进校半小时内不收费,极大地方便了师生员工,缓解了进校车流量大的压力;未再发生丢失机动车现象。

【宣传工作】 2004年,保卫处继续发动和组织全处干部和二级单位兼职保卫干部一起参加保卫工作研讨,已连续六年编写了《保卫工作论谈》,共收集发表论文、专论、调查报告109篇。每年每个保卫干部都要写出一篇结合工作实践的保卫工作论文,这样提高了保卫工作的研究与理论水平。

保卫处进一步将安全意识深入广大师生员工,努力开展宣传工作。共编写各种简报、保卫工作内参38期,印发各种宣传材料5000余份(册),召开各种会议29次,进行治安、防火、交通、国家安全工作培训3700余人次,进行橱窗宣传10期。充分发挥了保卫工作的宣传功能。

【治安工作】 2004年,治安工作以抓主要矛盾为主,采取多项预防措施,使得校园治安状况进一步得到改善。由于大规模基建,医学部校园内工地多,外来人口增多。针对这一现状,保卫处确定了要抓住校园治安秩序和环境整治这一主要矛盾,确保校园的安全稳定并采取了一系列防范措施。首先,对全校师生员工进行法制、安全防范教育,半年组织一次讲座。其次,进一步健全了安全员网络,每3个月培训一次。在做好各项基础防范工作的同时,对影响校园环境和秩序安全的诸项因素进行了细致的摸底、排查和建档,并逐一进行解决。

据统计，2004年全校共发生各类案件32起，比2003年减少2起，减少6%。共报失自行车91辆。在校内打击自行车盗窃工作中，现场抓获、破获16起盗窃自行车案。查处违法、违纪人员30余人。给广大教职员工和学生创造了较好的教学、工作、学习和生活环境，同时也提高了广大教职员工的安全防范意识。

【政保工作】 2004年，着重抓了信息工作和宣传教育。在重大敏感期，保持了信息渠道畅通，并力求做到信息及时、准确。为了提高广大师生的国家安全观念，保卫处有计划地对2003级军训学生进行了"国家安全与大学生的关系"教育，提高了同学们国家利益高于一切的观念。

【消防工作】 2004年，医学部的消防工作仍然坚持依法管理，严格管理。在进行了几上几下的充分讨论后，出台了《消防器材和消防设施设备使用、管理规定》。此规定改革了过去消防器材的配置全部依靠医学部出资的作法，规定了经济独立核算的单位、驻医学部的外单位及租赁办公场所等非医学部的单位配置消防器材由本单位出资的办法。

2004年9月2日，保卫处成功地举办了学生公寓消防演习。参加演习的有新生同学、辅导员、学生公寓工作人员、后勤管理人员和义务消防队员等，共计600余人。这次演习对义务消防队的初级扑救、对学校后勤管理系统处理重大事故的能力、对楼内消防设施等均进行了实战检验，也使广大学生学习了消防知识，掌握了防火技能，提高了逃生和自救能力。

2004年，进一步加强了校园消防安全大检查，全年共进行安全大检查10次，对于发现的问题或隐患当即进行了处理或限期处理。召开现场会2次。维修、配备、保养消防器材1052具。以培训的形式对博士苑宾馆、饮食中心、维修中心等单位的师生员工进行了3次约410人次的广泛、深入的防火宣传教育和消防演习。同时处理废旧试剂和放射物品120箱。在"119"宣传日活动中，组织了多项宣传活动，挂横幅9条，做宣传展板5块，收到较好的效果。

【网络安全管理】 2004年的计算机及网络安全工作，在健全、完善网络安全小组的基础上，进一步加强了各单位整体网络的规范化建设。首先是进行了历时3个月的全校计算机机房基础调研，查清了底数。现全校共有15台以上的计算机机房45处，分别由27个安全员进行管理。其次是加强了网上保密工作，规定了明确的审批制度。第三是严格控制了利用网上提供搜索引擎服务查找、链接各种有害信息问题的行为，加强了链接点的安全工作。第四是建立了网页登记制度，明确规定未经批准不允许私自挂网。这些举措改变了目前高校中计算机及网络安全管理滞后现象，走在了高校计算机及网络安全管理的前列。

【校园治安综合治理】 2004年，在进一步健全、完善医学部综合治理网的同时，建立了全校整治台账。在多方努力下，拆除了两厂楼前自装的妨碍道路交通的机动车锁9处；拆除了违章建筑平房1间；对家属区27号楼西侧和9号楼北侧两条道路进行了清理，占路摆摊问题得到解决；治理整顿了原药厂院内混乱的治安秩序。

【校园110及校卫队工作】 2004年，校卫队以校警队为模式，逐步走上规范化。校园110开通6年来，培养了一支能迅速出动、特别能战斗的队伍。校园110全年共接案322件(次)，其中治安类111件，服务类204件，交通类5件，消防类2件，对这些案件，都进行了处理。做到了有警必接，有求必应，有险必救，有难必帮，它已成为医学部一支能处理校园治安、消防、交通、突发事件、大型活动、群众求助、稳定工作的重要力量。

2004年，校卫队共进行大型会议值勤14次，进行全校大清查21次，收缴各类自制非用电器80余件，查处赌博5起，查出无照自行车、三轮车60余辆，清除张贴广告及各类推销人员140余人，清理盘查外来闲杂人员290余人。在巡逻中，共抓获盗窃自行车、偷盗电缆以及流氓滋扰等现行案件25起，扑救家属区因不会使用天然气而引起的火险2起，调解处理打架斗殴事件30起。在维护校园秩序、保障校园安全的工作中起到了重要作用。

（陈亚东）

工会与教代会工作

【概况】 2004年，北大教代会、工会集中组织了几项重大活动，带动了全面工作的开展。(1) 成功地召开北京大学第五届教职工代表大会暨第十七次工会会员代表大会。会议的主要议程是：听取讨论校长工作报告；听取审议第四届教代会执委会、第十六届工会委员会工作报告；选举产生新一届教代会，工会领导班子。(2) 加强学习与调研，推进工会自身建设。先后组织师德事迹宣传和"创建学习型组织，争做知识型职工"知识竞赛活动；对非在编人员入会问题以问卷和座谈会等形式进行调研；对上级工会授予的多项先进荣誉称号获得者进行推荐、评选、表彰;对多个部门工会进行了理顺关系的组织调整。(3)促进校园精神文明建设和教职工队伍素质建设,开展多种形式的群众性文体、青年、女工活动。文体活动方面,分别举办了第十八届“京华杯”棋牌赛、“全民健身活动月”的教职工乒乓球联赛、教职工“资源杯”运动会和工会干部登山比赛;开展了教职工体质体能问卷调查和检测工作;组织校工会艺术团参加演出的“北京大学庆祝‘双代会’召开暨新年慰问演出”。青年教师工作方面,“五四”青年节前召开了青年教师座谈会听取意见和建议;组织6位青年教师参加北京市教育工会举办的第四届青年教师教学基本功比赛,均取得好成绩。女教职工工作方面,举办了庆“三八”节系列活动和两场针对女性特点的讲座;为女教职工提供维权依据,订购了市总工会女工部汇编的《女职工维权手册》发给大家供学习。(4)加强维护职能,为教职工多办实事。内容包括:春节前开展对全校教职工慰问和为特困户送温暖活动。通过办保险、安福信托理财、优惠价格购车、学车、暑期组织境内外休养、旅游和听取及反映广大教职工意见等方式,为教职工办了一系列的好事、实事。

(陈淑敏)

【组织宣传工作】 4月、9月,北京大学工会根据校内机构变动需要继续调整部门工会,理顺关系。截止到12月,校本部共有分工会2个,部门工会61个,校工会直属工会小组5个,会员6066人,其中女会员2258人。

2004年1月8日,北京市总工会副主席侯小丽、北京市教育工会副主席赵秀华到北京大学对高校劳务工人会问题进行调研。3月,根据市教育工会的布置,校工会在校内7个单位进行“高校合同工、临时工入会问题”问卷调查,共发放问卷240份,回收238份,并将调查情况数据上报。

3月3日,校工会邀请部分教代会代表参加机关正职领导干部任期届满考核续聘座谈会,校党委副书记岳素兰到会听取了代表们的意见和建议。

2004年,校本部共有190名教职工从事教育工作满30年。9月,校工会向他们颁发了证章、证书和纪念品,并推荐10位教职工代表参加学校教师节表彰大会。

数学科学学院张继平被全国总工会和北京市总工会分别授予“五一”劳动奖章、首都劳动奖章;生命科学学院潘文石被中国教科文卫体工会授予“全国师德标兵”称号;中国经济研究中心邢惠清等6人被北京市总工会授予“北京市教育创新标兵”称号;国际关系学院初晓波被北京市教育工会授予“北京市青年教师师德标兵”称号。

根据北京大学工会两年组织一次校、系两级工会工作积极分子评选表彰活动的规定,2004年12月～2005年1月,校工会组织评选出莫小欢等141名校级积极分子、白黎明等472名系级积极分子,并分别给予表彰奖励。

3月,校工会分别召开中老年和青年教师座谈会,共有21位教师参加。

4月,根据上级工会布置,校工会组织“创建学习型组织,争做知识型职工”活动,近千名部门工会干部和分管工会工作的党政领导干部学习有关文件并参加知识竞赛答题。

6月,校工会以多种形式对“全国师德标兵”32位候选人,特别是潘文石教授的事迹进行广泛宣传,并组织500名工会干部、会员参加了投票评选活动。

(王冬云)

【文化工作】 2004年,艺术团各分团在困难环境中,坚持开展日常活动,参加艺术团活动的教职工人数比2003年有所增加。校工会在实践中总结出“创新管理、规范服务”的教职工艺术团管理经验,提出了“变形式管理为过程管理,变随机服务为规范服务”,使管理和服务有机结合,提高教职工艺术团的吸引力和生命力的工作目标。该项工作获得北京市教育工会系统工作创新二等奖。

12月17日,校工会举办了“北京大学庆祝‘双代会’召开暨新年慰问演出”,校教职工艺术团和中国广播艺术团的著名演员、北京舞蹈学院的演员、北大幼儿园的小朋友同台演出,展现了学校教职工的风采。

12月,教职工艺术团教授合唱团举办纪念建团五周年的新年音乐会,著名学者侯仁之教授夫妇,校党委常务副书记、副校长吴志攀教授出席纪念音乐会。教授合唱团成立5年来,一直坚持开展活动,多次代表学校对外演出。团长先后由朱梅湘、任明达担任,参加教授合唱团的人员均具有副高级以上职称。教授合唱团先后得到北大未名公司和杨芙清院士的资助。

【体育工作】 4月3日,在勺园七号楼二层多功能厅举行了第十八届北大、清华“京华杯”棋牌友谊赛。此次比赛,清华大学获胜。按十八届总比分,北京大学以10∶8领先清华大学。

4月14日至17日,校工会举办第八届“北大资源杯”教职工田径运动会,本届教职工田径运动会和学生田径运动会合并举行。本届运动会上有3人次破北京大学教职工田径记录:外国语学院刘星云破男子组铅球记录,北大附中常青、化学学院杨延莲破女子1500米记录。有5人次破北京大学教职工田径运动会记录:北大附中冯璐等破男子4×100米记录,北大附中庞剑、冯璐破男子组跳远记录,北大附中刘升破男子组跳远记录,北大附中薛英翠破女子组立定跳远记录。北大附中、计算中心、印刷厂、图书馆、信息科学技术学院、化学与分子工程学院、北大资源集团、外国语学院、实验室与设备管理部、教务系统获团体总分前十名。幼教中心、生命科学学院、校医院、北大附中、物理学院、计算中心、地球与空间科学学院、应用文理学院、信息科学技术学院、外国语学院、一机关、资源集团获精神文明奖。

5月至6月，校工会组织了教职工体质体能问卷调查和检测活动，200人参加抽样。本次调查组分别为人文社科类、理工类、职员类(干部、职工)三类；每类按年龄分为30岁以下、31～40岁、41～50岁、51～60岁四组；每组按职称、性别分为男子正高、副高、中级、初级，女子正高、副高、中级、初级八项。各单位按项目分组要求随机安排了教职工参加。本次调查分为体质监测和健康状况调查问卷两部分。参加调查的会员先填写了《健康状况调查问卷》，然后按指定时间参加了体质监测。

5月22日，校工会在金山组织了2004年工会干部登山比赛，部门工会委员及分管工会的党政领导160余人参加了活动。

7月6日至8日，校工会在延庆松山召开“2004年北京大学工会文体工作研讨会”。来自部门工会和教职工文体社团的38名文体干部和4名校工会干部参加了研讨会。校工会在研讨会前编辑刊印了“工会文体工作论文集”。

11月，校工会举办“全民健身活动月”活动。教职工乒乓球联赛中，男、女团体比赛有57个队、300多名运动员参加，男、女单打比赛有100多名运动员参加。数学学院、一机关获得男子团体冠、亚军，化学学院、外语学院并列男子团体第三名；外语学院、计算中心获得女子团体冠、亚军。信息学院张继伟、校医院李建立分获男、女单打冠军。

2004年，北大教职工棋牌协会围棋队获得海淀棋院年度冠军。至2004年，已蝉联3年冠军。

【青年工作】 “五四”青年节前，校工会召开以“青年教师如何开展教育教学工作及现状”为主题的青年教师座谈会。校党委常务副书记、副校长吴志攀，人事部、教务部等单位领导参加了座谈会，听取青年教师的意见、建议，并对他们提出了希望和要求。

5月，校工会在历年参加北大青年教师教学基本功和现代教育技术应用演示竞赛获奖的教师中选拔出6位教师，进行了多次培训，组队参加北京市第四届青年教师教学基本功比赛，北京大学获优秀组织奖。生命科学学院张崇本获理工组一等奖(第1名)和最佳教案奖，生命科学学院秦咏梅获理工组三等奖，国际关系学院初晓波、经济学院张延获文史组二等奖，新闻与传播学院刘德寰、经济学院戚自科获文史组三等奖。

(王洪波)

【女教职工工作】 2004年庆祝“三八”国际妇女节期间，北京大学工会举办了面向全校女教职工的电影招待会；召开了女中层干部座谈会；举办了部门工会女工委员和部分分管工会工作的女党、政领导干部参加的“三八”节慰问会，会上北京大学教职工艺术团和历史系工会表演了精彩的文艺节目。

9月，举办了“生活美容公益讲座”。12月，邀请西蔓色彩有限公司针对学校女教职工的特点，作色彩搭配及个人衣橱打理等讲座，并请专业顾问来北大进行现场形象设计。

“六一”儿童节慰问幼儿园的小朋友，赠送了适合他们年龄特点的玩具；“五一二”护士节慰问校医院的护士，为她们举办联欢会提供了经费支持。

为帮助基层工会和广大女教职工在维权时能够有法可依、方便快捷地查找相关法律、法规，校工会向各部门工会下发了北京市总工会女工部汇编的《女职工维权手册》。

(张丽娜)

【生活福利工作】 2004年春节前，校工会代表学校党委和行政组织慰问全体在职教职工和离退休老同志，并送上一份节日慰问品；看望了有特殊困难的教职工，并给予金额不等的补助金，同时看望了部分知名学者、教授和劳动模范。以上两项共计63户。此外还对一位做肝脏移植手术的教职工和一位患胃食道癌的教职工分别给予了3000元的慰问金。

3月和5月，有447位教职工投保职工安康互助保险，投保储金447万元。有482位教职工新入或续保了女工安康互助保险，投保了1308份。有224位教职工加入中国职工保险互助会。有1位投保职工安康互助保险的教职工因交通事故死亡，得到赔付5万元；还有2位教职工不符合理赔条件，每人得到80元的慰问金。

2004年1月，组织教职工海南旅游45人，港、澳旅游28人。7月，组织教职工西藏旅游30人，青海、银川旅游85人，欧洲旅游19人。

5月和10月，校工会与海淀汽车驾驶学校联系，为北大教职工开办两期驾驶员培训班，共有310余人参加学习汽车驾驶技术。为帮助教职工理财，校工会组织安福信托投资计划售卖活动，安福信托的投资收益率为5%。10月，校工会与东风雪铁龙合作在校内普及汽车常识，并为教职工提供优惠购车服务。为教职工提供优惠购房服务，教职工购置商品房博雅德园19套、南戴河碧海家园近百套。

2004年，北大职工消费合作社经营状况良好，得到北京市总工会职工消费合作总社的表扬并荣获了市总社颁发的2003年度先进集体奖状。2004年，职工消费合作社对办理了会员优惠卡的教职工给予的优惠金额为6.5万元。

(刘永福　崔　龙)

【第五届教代会暨第十七次工代会】 2004年12月17日至18日，北京大学召开第五届教职工代表大会暨第十七次工会会员代表大会第一次会议，会议主题是：进一步发挥教代会、工会的重要作用，团结动员全校教职工为创建世界一流大学而奋斗。

17日上午，大会在办公楼礼堂开幕。北京市教育工会主席张振民、清华大学工会常务副主席杨晓延分别致辞祝贺。

校党委书记闵维方在开幕词中对本届校教代会、工会工作的作用、成绩表示肯定和感谢。他通报了校行政班子换届工作的结果和当前学校工作中的重大课题，希望代表们发扬主人翁精神，开好这次会议，进一步发挥“双代会”民主决策、民主管理和民主监督的作用。

许智宏校长做工作报告，他提出并阐释了今后几年学校的工作重点：(1) 进一步加强学科建设，提高学校整体竞争力。(2) 深化人事制度改革，完善人才培养和引进机制。(3) 深化教学改革，优化育人环境。(4) 继续深化校内管理机制改革，不断提高管理水平。(5) 推进企业改制，加快高新技术成果转化。(6) 进一步加强合作与交流，提升学校综合实力和影响力。(7) 加快基础设施建设，为广大师生员工办实事。(8) 坚持以人为本，做到科学决策、民主管理、依法治校。同时学校将坚决依靠广大教职工，支持教代会、工会发挥积极作用，监督和参与学校各项工作，为学校的发展建言献策，贡献力量。

校教代会执委会主任、校工会主席赵存生作第四届教代会执委会、第十六届工会委员会工作报告。他总结了近五年来教代会、工会工作的基本情况及主要经验体会，并从五个方面对新一届教代会、工会工作提出了希望和建议：(1) 加强学习，提高认识，增强责任感。(2) 坚持和完善工作的制度化、规范化、经常化。(3) 坚持和更好地实现“两个维护”的统一。(4) 以改革的精神加强自身建设，开创工作新局面。(5) 抓住重点，解决难点，进一步提高工作整体水平。

17日下午，各代表组讨论学校工作报告，讨论审议教代会、工会工作报告和工会财务工作书面报告，并向大会主席团做讨论情况汇报。

在18日的各项议程中，代表们先后讨论和通过了大会有关办法、决议、报告，以投票方式选举出校教代会第五届执委会（委员17名）和校工会第十七届委员会（委员43名），通过了第五届教代会五个专门工作委员会委员名单及第十七届工会经费审查委员会委员名单。闵维方书记致闭幕词。

12月21日下午，校教代会第五届执委会和校工会第十七届委员会分别举行第一次全体委员会议，选举了校教代会执委会主任、副主任，校工会常委会、主席、常务副主席、副主席及各工作委员会主任、副主任。

大会期间，共证集并审议立案、代表提案51件、意见81件。

（梁　燕）

医学部工会与教代会工作

【配合学校召开“两代会”】 按照岳素兰副书记提出的“坚持党委领导教代会、领导工会，坚持民主集中制，坚持依法办事”等三项原则，根据北京大学“两代会”筹备工作领导小组的要求及“两代会”代表和各委员会委员候选人名额分配方案，医学部工会积极筹备北京大学“两代会”的各项工作。下发了《关于医学部推选北京大学“两代会”代表的办法》、《关于推选北京大学第五届教代会暨第十七次工代会各委员会委员候选人的通知》、《关于组织医学部教职工代表按时出席北京大学“两代会”的通知》、《关于做好北京大学两代会代表提案征集工作的通知》等文件。按照法定程序，在10月至11月分别完成了出席北京大学两代会120名代表及北京大学新一届工会委员会委员、各专门工作委员会委员候选人的推选工作。

【召开医学部“双代会”】 依据《工会法》和《北京市高等学校教职工代表大会工作规程（试行）》关于基层工会按期换届的规定，根据医学部党委的整体工作部署，于2004年6月11日召开医学部第四届教职工代表大会暨第九次工会会员代表大会（以下简称医学部“双代会”）。大会从筹备至召开，自始至终充分执行发扬民主、依法办事的原则，顺利圆满地完成了大会各项议事议程。医学部“双代会”是两校合并后的第一次换届大会，为给今后教代会和工会工作奠定坚实的思想基础和组织基础，医学部党委高度重视这次大会，对大会的整体工作实施了坚强正确的领导。2004年2月，经部务会和党委会研究决定，成立医学部“双代会”筹备工作领导小组。医学部党委书记郭岩任组长，马焕章副书记任副组长。领导小组负责指导组织、全面协调大会各项筹备工作。2004年3月末完成了329名“双代会”代表的推荐选举工作。教师代表达到60%以上，代表结构合理，并具有广泛的代表性，整体素质比上一届显著提高。经过“两上两下”的民主选举程序，在2004年4月底顺利完成了各委员会委员候选人的推荐工作。2004年6月11日，医学部“双代会”按期隆重开幕。与会代表听取了北京大学党委闵维方书记的重要讲话，医学部常务副主任柯杨的医学部工作报告，医学部工会、教代会常设主席团马焕章主席、代理主席的教代会、工会工作报告，工会经费审查委员会孙瑞霞主任的工会财务工作报告，杨秀伟同志的提案工作报告。全体代表依据《工会法》中基层工会换届选举工作的有关规定，成功选举出了新一届教代会常设主席团、工会委员会和各专门工作委员会。郭岩书记做了大会总结，希望大家携手并进、励精图治，为创造更加灿烂的北京大学的明天而不懈努力。

2004 年 6 月 24 日，分别召开了第四届教代会常设主席团、第九届工会委员会第一次全体委员会议，选举了新一届教代会常设主席团主席、副主席，工会委员会主席、副主席。选举结果是：敖英芳当选为教代会常设主席团主席，廖秦平、史录文、王燕、王春虎等四位同志当选为副主席，王春虎同志兼任秘书长。王春虎同志当选为工会主席，黄福祥、谷涛两位同志当选为副主席。2004 年 7 月 9 日，召开医学部“双代会”各代表团审议讨论汇报会。各代表团围绕医学部的教育教学、学科建设、医院管理、师德医风建设等重要工作提出很多建设性意见。2004 年 9 月 24 日至 25 日，举办了教代会、工会干部培训班，市教育工会张振民主席、医学部党委马焕章副书记到会做了报告。2004 年 11 月 12 日、18 日，提案工作委员会召开两次会议，对征集的 47 件提案分类整理、立案编号，39 件提案符合立案条件。

【教职工队伍素质建设】 2004 年 5 月 28～30 日，医学部 7 名教师参加了北京市第四届青年教师教学基本功比赛，并取得优秀成绩。马彩虹（第三医院）获一等奖；吴俊（基础医学院）、刘洁（基础医学院）分获二等奖；赵明威（人民医院）、王会民（人民医院）、章远志（基础医学院）、王文生（第一医院）分获三等奖。医学部工会获优秀组织奖。2004 年 9 月 8 日下午，医学部工会为庆祝第 20 个教师节，举办了“教书育人、我爱我岗”教职工演讲比赛。17 名教师和职工讲述了教书育人、爱岗敬业的体会。王亮、曹纪一（第三医院）获一等奖；吴朝霞（公共教学部）、夏丽君、陈春玲（第一医院）获二等奖；张卫光（基础医学院）、樊成红（口腔医院）、闫俊（第六医院）、王会民（人民医院）、翟英（后勤与基建管理处）获三等奖；其他选手均获优秀奖。在教师节期间，开展了“医学部青年教师师德先进个人”评选活动。获此称号的是：徐善东（公共卫生学院）、张英涛（药学院）、刘宇（护理学院）、李海潮（第一医院）、王晶桐（人民医院）、韩江莉（第三医院）、周永胜（口腔医院）、张小田（肿瘤医院）。10 月 16 日至 21 日，医学部党政工干部及教师一行 35 人在马焕章、李文胜两位副书记的率领下赴革命圣地井冈山，进行了为期一周的社会考察活动。2004 年 11 月 19 日召开了工会工作理论研讨会。工会特别邀请了公共教学部的专家，给各院级工会的论文作者讲授了论文立题及写作等方面的知识。

【教工之家工作】 2004 年 6 月，医学部工会修改制定了《北京大学医学部建设教工之家量化考核评分标准》，内容包括：组织机构与组织管理、民主管理、职工教育、文体福利等八个方面，共计 47 条考核内容。2004 年 7 月 31 日，医学部工会召开了基层工会精品工作交流会，14 个部门工会分别介绍了本单位上半年来的精品工作及经验体会。2004 年 11 月 11 日召开了工会小组工作经验交流会，各单位的 17 个工会小组长介绍了先进经验。

【宣传工作】 2004 年共编发《教工之声》10 期，出版《工会之窗》6 期。在校园网络上公布工会的信息 25 篇，《信息》周刊刊登 6 篇，《北医》部刊刊登工会的工作信息、简报等共 8 篇。《北京教工》登载医学部工会的稿件 6 篇，市教育工会网页上公布 7 篇，反映各种活动的照片 8 张，编发了 5 期“双代会”工作简报。各院级工会共上交反映各种活动的信息稿件 210 篇，纪实照片 200 多张。

【福利工作】 2004 年元旦、春节期间，走访看望困难职工、伤病职工，慰问劳动模范、专家院士共计 250 余人次。各单位工会还组织召开了劳动模范、先进人物、离退休老干部团拜会、座谈会，参加人员多达 3500 余人次。部院两级党政工共筹集慰问金 11 万多元，部院两级党政工领导参加慰问活动 120 余人次。还为 2003 年离退休的 61 名教职工购买了慰问品。2004 年元旦、春节、“五一”、“三节”（教师节、国庆节、中秋节）等节日期间，工会共组织四次福利品发放活动，涉及教职工共计 6800 余人次。3 月～5 月，分别为 885 名教职工及 3130 名女教职工办理了职工安康保险和女职工安康保险的入保手续。现医学部参加保险的教职工共计 4015 人，保险储金总额为 759 万元。10 月，超额完成“关注灾区、关爱灾民、奉献一片爱心”的募捐任务。共募捐衣物 3774 件，现金 16129 元。共解决小学生转学 7 人，中学生转学 6 人。

【文艺体育工作】 9 月 8～9 月 10 日，医学部工会举办了教职工手工艺作品展，并动员院级工会组织广大教职工投票评选优秀作品，3 天共接待教职工近 1000 人次。从 200 多幅展览的作品中，评选出一、二、三等奖优秀作品 51 幅，并将获奖作品制作成 2005 年的工作台历分发到各单位工会。9 月 14 日，工会组织各医院、学院、机关、后勤、产业等单位的 160 多名青年教师赴“生存岛新概念旅游基地”进行拓展训练活动 。4 月 9～10 日，医学部工会在有关部门的大力配合下，隆重举办了第 43 届教职工田径运动会。开幕式上，520 名教职工表演了太极剑、太极拳大型团体操。经过一天半的激烈角逐，第三医院、人民医院、第一医院分获团体冠、亚、季军。3月8日，邀请北京市总工会女职工健康知识讲座演讲团的金玉兰教授为女教职工讲授妇女保健知识。郭岩书记、马焕章副书记出席了会议。10月29日，工会和宣传部联合举办“医学部秋之韵服装服饰大赛”，第一医院、肿瘤医院获一等奖，第三医院、人民医院、口腔医院获二等奖，护理学院、基础医学院、药学院获三等奖。11月29日～12月2日，举办医学部第二届教职工羽毛球比赛。经过三个半天的激烈角逐，第一医院、医学部机关分别获得A、B组团体第一名。赵进勇(人民医院)、冯柯玲(人民医院)分别获得男、女单打冠军。6月14～18日，医学部工会和部医院组织校园内各单位近千名女教职工进行了妇科病普查工作。

(医学部工会)

学　生　工　作

【概况】 2004年，学生工作部、人民武装部以邓小平理论和“三个代表”重要思想为指导，认真学习贯彻中央16号文件和全国加强和改进大学生思想政治教育工作会议精神以及全国高校党建工作会议、全国人才工作会议和北京大学第十一次党代会精神，深入、求实、创新，以信息化为契机，进一步完善北京大学学生工作体系，不断提高学生工作对人才培养的贡献率。

【队伍建设】 *调整学生工作的组织体系和机构设置，加大干部培养力度，优化学生工作队伍结构* 增加了心理健康教育办公室，整合相关资源，规划、协调全校的心理健康教育工作；根据工作实际需要，全年举行各办公室主任、副主任缺编干部招聘1次，聘任副主任3人，还组织了心理健康教育办公室干部聘任工作，并加大选留工作的力度，选留23名优秀学生干部充实到学生工作队伍中。认真组织新生班主任培训、选留学生工作干部岗前培训、学生工作干部时事政策培训、心理学知识培训等。加强了对选留学生工作干部队伍的管理，启动选留学生工作干部座谈会制度，进行选留学生工作干部考核管理办法的研讨和拟稿工作。

加强党风廉政建设，做好干部廉洁自律工作 不断加强党纪、政纪、廉政法规的学习和教育。以《中国共产党党内监督条例》和《中国共产党纪律处分条例》的学习和讨论为重点，进一步明确学生工作干部的主要职责和工作制度，树立科学的发展观、正确的政绩观，把学生工作部建设成思想红、风气正、干劲高、团结好的先进群体。认真组织考核、述职续聘工作，坚决落实学生工作部《党风廉政责任制》的相关规定，使党员干部自觉遵守党纪、政纪，做到廉洁、勤政。

加强德育学科和科学研究工作，逐步向科学化迈进 深入开展调查研究工作，组织学生工作干部分赴四川、广东和黑龙江省的主要高校进行专题调研，撰写了数份调研报告；鼓励学生工作干部开展思想政治工作的理论和实践研究，增加青年研究中心理论研究的职能，创办反映思想政治教育工作的刊物《北大青年研究》，为德育学科和科学研究工作提供阵地和平台；举办了寒、暑期学生工作研讨会，深入探讨学分制下学生工作如何开展的问题；组织学工系统干部参加思想品德课的教学工作；以如何提高学生的毕业率和毕业学生的优秀率为重点，组织了相关工作研讨，以扎实有效的工作为学校的人才培养工作做出新的奉献。

完善队伍建设的保障机制，推动部内信息化建设和网络资源整合。积极参与“学生综合信息与服务系统”的建设，启动了学生工作部信息化建设和网络资源整合工作，筹划建设新的学生工作门户网站和网络工作平台。组织成立了网站开发小组，完成了网站功能调研工作。网站建设初步完成一期开发任务，建成了以后台动态数据库支持更新的公共宣传平台。

【学生思想政治教育】 2004年，学生工作部牵头开展了以“文明生活、健康成才”为主题的教育活动，把主题教育活动作为拓展育人空间的示范活动、创新工作手段的品牌活动、老师和同学都认可的增强凝聚力的活动来抓，并以此为契机进一步完善学生教育、管理、服务工作相结合、学生工作与相关单位的工作相结合和教育与学生的自我教育相结合的德育工作机制。

以理想信念教育为核心，以爱国主义教育为重点，努力构建文明的生活方式，塑造北大学生昂扬的精神风貌 学生工作部联合党委组织部在学生党员中开展了“北大人与中华民族的伟大复兴”、“弘扬和培育民族精神，全面建设小康社会”为主题的党日活动，加强学生党员的党性意识、强化党员先锋模范作用，逐步引导全校形成“秉承革命传统、树立远大理想，以所学报效祖国，以热情奉献社会”的共识。协助北京大学党校举办第十七期党的知识培训班，引导青年学生坚持不懈地用邓小平理论和“三个代表”重要思想武装头脑，坚定理想信念，构筑强大精神支柱。在全校学生中开展了“国庆55周年和纪念邓小平同志

诞辰100周年”教育活动，让同学们深切感受到新中国成立后特别是改革开放以来祖国取得的辉煌成就，深切缅怀邓小平同志的丰功伟绩，树立“北大人”的荣誉感、使命感和责任心。组织“成才报国北大人”事迹展览和大型报告会，激励同学们将满腔的爱国热情与脚踏实地的奋斗精神结合起来，刻苦学习，勤奋钻研，早日成为祖国的栋梁之材。

围绕“良好的生活态度、合理的求学计划”，积极推动学风建设，帮助学生合理安排求学计划和职业生涯规划　采访教学主管部门负责人、任课教师、杰出校友、“学生五·四奖章”获得者等，编辑成专刊，以新颖的视角、翔实的内容为学生成才提供帮助。举办“合理安排求学计划”大型主题交流活动，以“敢问路在何方——我的大学生活，你我共同分享”为主题，推广优秀同学的学习经验，推动更多同学进行积极的求学计划设计。开展“建一流大学，树一流学风”活动，以主题班会、“名师谈学风”系列讲座、课堂纪律大检查、考风考纪监督等形式，引导学生明确学习目标，端正学习态度，掌握科学的学习方法，自觉遵守学习纪律，形成良好的学习风气。推动以“职业生涯设计”为内容的全过程就业指导和教育，在本科生思想品德修养课中加入就业指导内容，开设成功技巧培训课，邀请就业指导中心的老师以及政府机关、企事业单位，包括自办公司的创业人员与学生面对面交流，帮助学生尽早规划自己的职业生涯，为将来步入社会做好准备。精心组织和联系北大国际MBA98班的成功校友与哲学系等多个非毕业班级结成“师友”关系，定期举行“爱心传递”联谊交流活动，给学生提供点对点的指导和择业观的引导。

积极倡导“关注安全、关爱生命”的理念，帮助广大同学树立安全意识，做好防疫防病和心理健康教育　学生工作部协同其他有关部门在校内开展了大规模的安全、健康教育宣传。通过组织讲座，制作宣传手册、展板，现场咨询，发放倡议书，举办消防演习等丰富的形式，利用网络、电视、报刊等媒体，以点带面，在全校范围形成了立体交叉式的宣传教育网。推出“关注心灵，享受生命”心理健康月、“探索心灵，完善自我”心理健康周等活动，邀请知名专家、学者举办专题讲座，涉及心理健康问题的产生、影响、解决方法，以及大学生中普遍存在的群体适应问题、学业问题、人际关系问题等，推动同学之间的沟通和交流，缓解内部矛盾，释放心理压力。建立心理健康测评系统，对2004级新生进行了普查，提前掌握新生的心理状况，为预防心理疾病提供科学依据。编印了《大学生心理健康手册》、制作了专题展板、宣传材料，发放到同学手中。指导我校心理学社推出心理情景剧等教育模式，深得同学喜爱。

加大宣传力度，营造良好氛围，扩展新生入学教育和毕业教育的覆盖面和影响力　面向2004级本科生与研究生新生，学生工作部共组织四场专题报告会，内容涉及校史、校情、入学心理适应教育、新生党员教育等四个方面的内容，并举办了优秀新生代表座谈会、新生家长会、迎新文艺汇演、新生音乐会等。毕业教育以“爱校荣校，回报社会”为主题，组织“放飞四海，心系母校”毕业留念、“饮水思源，立业思进”社会角色适应指导和“文明离校，安全离校”三大系列的活动。组织毕业班同学“走进校史馆，重温校史”、召开优秀毕业生座谈会、放映毕业电影、举办毕业生晚会、召开毕业典礼，其间采用了很多新颖的形式，如在毕业生晚会上邀请了学校领导和导师代表与大家真情道别，毕业典礼上安排了校友讲话。

准确定位，严格把关，打造新时期大学生思想政治教育的网络化平台　以“红旗在线”网站为载体，不断提高网络思想政治工作的影响力。结合“文明生活、健康成才”教育活动各阶段主题，制作“关注安全，关爱生命”、2004年军训生活、“祝福祖国，缅怀小平”国庆55周年、公民道德与法制宣传以及毕业教育专题；推出“成才报国北大人”网上展览；开辟国庆和邓小平诞辰纪念讨论区；制作各种讲座视频近10个；对版面进行了重大调整，国内外重大时事及时上网，并开设“光辉篇章”、“重要讲话”两个栏目、“入党专区”、“环球聚焦”和“新人新文艺”等栏目，增强了网站的可读性、原创性和实用性；举办“21世纪中国战略发展论坛”；开展“网络文明校园行”活动等。

树立标准，推出典型，加大学生工作宣传力度，扩大覆盖面　将《学生工作通讯》改为《北京大学学生工作》，版面更加精美，内容更加丰富，题材更加多样，增加“学工视点”、“理论研究”、“燕园风华”等栏目，提高刊物层次，突出刊物特色。以月为单位撰写《“文明生活、健康成才”主题教育活动简报》8期，共6万余字，全面反映北大学生思想政治教育工作的阶段成果。以周为单位编辑《学生工作周报》43期，总编辑量达80余万字，及时报道学生工作部及其挂靠单位和各院系学生工作办公室一周的工作情况。将“学生五·四奖章”和“班级五·四奖杯”获得者的事迹汇编成册，《激扬青春》印制图书共2500册，在全校范围内发放；对获得其他各项奖励的3379名优秀个人和90个先进集体，学生工作部投入了相当的精力和时间，收集、整理和编辑与获奖个人和集体有关的文字和图片资料，共印刷了8500份校报表彰专刊，并制作74块展板在三角地进行了为期三周的展出，宣传先进，砥砺全体。积极把学生典型向社会推广，获北京大学通令嘉奖的蒙晓燕和"五·四奖章"获得者马宗明、洪菲同学的事迹分别在其家乡所在地的报纸上报道，引起了社会各界的广泛关注，产生了积极而深远的影响。

【学生日常管理】 认真进行奖学金评审工作和各类奖学金颁奖会的组织工作。共评出198名"北京大学三好学生标兵"，78名"北京大学创新奖"，1365名"北京大学三好学生"，89名"北京大学优秀学生干部"，489名"北京大学社会工作奖"，1101名"北京大学学习优秀奖"，27名"北京大学五·四体育奖"，32名"北京大学红楼艺术奖"，共计3379名优秀个人；推荐57名北京市三好学生、19名北京市优秀学生干部。评选校级优秀毕业生655名，推荐校级优秀毕业生140名。共评出力学与工程科学系2003级本科生2班等26个"北京大学优秀班集体"，经济学院2003级本科生2班等58个"北京大学先进学风班"。推荐化学与分子工程学院2003级博士生班等19个班集体为北京市优秀班集体。评出地球与空间科学学院2002级博士生洪菲等10人荣获北京大学第四届"学生五·四奖章"，评出基础医学院医学2002级口腔预科班等三个班集体荣获"班级五·四奖杯"。

对于2004级新生，北京大学按照全面推广的原则组织学生投保。共为10070人办理保险，其中2004级学生6139人，其他年级学生3931人；启动学生重大疾病或意外身故险代为理赔程序，代为办理了化学学院和哲学系两起学生意外身故的理赔，保险公司总共赔付了40万元人民币；简化学生住院医疗保险的理赔程序，极大方便了同学办理医疗保险的理赔事宜；多次与保险公司合作，举办现场咨询，召开理赔座谈会等，为提醒和方便学生假期期间办理理赔，学生工作部还要求保险公司为2003年投保的学生制作了保险卡。

在学生违纪处理中，除根据学校有关规定对学生进行违纪处分外，还把违纪事例张贴于各宿舍楼入口处，发挥警示教育作用；把学校处理的多起学生受骗、打架斗殴事件，编辑成生动的案例，广而告之，提高学生安全防范意识，增强学生法制道德观念。共受理3起学生申诉，学校申诉受理委员会经过认真讨论和复核后，以投票表决方式做出了最后的决定。

【完善助学体系】 以大力推行国家助学贷款和完善资助体系为轴心，以加强对勤工助学工作和学生服务总队的指导为两翼，不断加强助学体系建设，各项工作稳步推进。

以国家助学贷款工作为重点，全力做好经济困难学生资助工作 推出"开心式助学"、"全方位助学"、"跟踪式助学"的工作方式。共计办理470人次的还款确认，并建立了大学生信用档案；积极宣传落实国家助学贷款新政策，累计完成来自全校26个院系的633名同学申请的助学贷款，申请金额1071.585万元。全年减免学费407人，共计1932050元；国家奖学金228人，共计1012000元；临时困难补助11人，共计11000元；经济困难学生伙食补助2349人，共计635760元；学生活动经费划拨19093人，共计381860元；北京大学基金会联系项目助学金834人，共计2279100元；学生工作部单独联系项目助学金271人，共计625024元。有力地保障了经济困难学生的正常学习生活。

以勤工助学中心成立10周年为契机，深入开展勤工助学的指导与管理工作以学生服务总队为载体，开展形式多样的活动，努力提高受助学生回报社会、无私奉献的品质。北京大学学生服务总队成立了新一届秘书处；建立并完善队员资料库；组建文体部；举办活动经验交流会；加强对队员的培训，启动骨干培训计划，推进队员能力建设，提高工作能力和服务水平；积极开展调查研究，完成了关于"社区英语培训"、"图书馆协理"、"校史馆义务讲解"、"学生服务总队活动和工作开展情况"等项目的调研和评估报告；编写完成学生服务总队成立两周年纪念专刊《青春、奉献、足迹——北京大学学生服务总队两周年巡礼》；组建成立了学生服务总队西部开发助学工程分队和宣明分队，指导两个分队开展了丰富多彩的活动，培养受助学生的回报社会意识和良好道德品质。成立了北京大学暑假校园参观接待组，主要负责外来参观单位的前期接待工作，并组建了新一届暑期校园学生导游队，为前来北大参观的团体提供校园导游和讲解服务。从7月6日至8月14日，校园导游队共接待了129个来校参观团体，共计12852人次，接待工作得到广泛好评。

以"信用中国论坛"为载体，大力开展信用教育 配合国家助学贷款新政策的推行，启动北京大学第三届"信用中国论坛"，进行了"信用中国论坛"暑期社会实践活动；探索性地开办"专家峰会"，举办了题为"中国的信用需求和信用产业的运作模式"和"社会信用原理与个人成长"的讲座；组织学生参观"信用中国成果展"；举行"信用"主题征文活动和演讲比赛，取得成功。

【国防教育】 *顺利完成2002级、2003级本科生军训工作* 面对两届学生同时军训、军训基地情况变化较大、承训部队教官人数减少和质量降低等诸多困难，严格执行2003年学校颁布的《北京大学关于加强学生军训团带队工作的决定》，实现学生军训向院系带队模式过渡，顺利完成了2002、2003级本科生（近6000人）的军训工作。

进一步促进军事理论教学管理工作规范化 组织完成了2003级文科学生和2004级理科学生3000多人的军事理论课教学工作。教学中,狠抓课堂纪律管理,出勤率达到99%以上;考试中,吸取以往考场安排、试卷管理的经验教训,采用按班确定考场、交卷签名制度,克服了以往存在的混乱情况。

迎接学生军训工作的检查和验收 以检查为契机,进一步加强了对历史资料的规范管理。在这两次检查验收中,北京大学军训工作成绩名列前茅,得到了较高的评价。

举办形式多样的国防教育活动 在抗日战争纪念馆建立了国防教育基地,免费组织一定规模的学生进行参观活动;组织军事爱好者协会赴大连海军舰艇学院进行社会实践;围绕全民国防教育日开展了国防教育月活动;组织学生参加"国防科技知识展览"开幕式;组织代表队参加北京高校学生定向运动比赛;承办北京高校第二届新世纪论国防演讲比赛选拔赛、预赛、决赛;组织赴保定冉庄地道战遗址参观及观摩特种部队表演的"校长、部长军营一日游"活动;举办多场军事问题热点讲座。

顺利完成其他国防工作 积极配合总政驻北京大学"后备军官选培办"开展了国防定向生的有关工作;加强与周边军队机构的联系,继续保持了与国防大学、军科院、卫戍区、海淀武装部和军训基地等单位的良好军地关系。

【万柳学区工作】 2004年,万柳学区的总体工作步入了稳定成熟和健康的发展阶段,各项工作都取得较大进展。

加强自身理论学习,积极开展调查研究 学区办公室组织工作人员开展了一系列的理论学习和研讨,包括党的十六届四中全会精神、第十三次高校党建工作会议精神、党中央国务院《关于进一步加强和改进大学生思想政治教育的意见》的精神等,用党的理论指导实际工作,同时结合实际工作,进行了"高校研究生宿舍人际关系状况调查",为万柳学区乃至全校的学生工作提供参考。

加强制度建设,努力开拓学生工作新模式 针对校外学生公寓如何对研究生进行管理、教育和服务的重大课题,学区办公室结合万柳实际,积极发挥主观能动性,在新的环境和新情况下积极摸索学生工作的新模式,取得了一定的成果。对运行两年的学生辅导员制度进行进一步的总结创新;确立学生座谈会制度,召开了大学生思想政治教育工作座谈会、2002级研究生入住燕园问题座谈会、2004级新生入学交流座谈会、学生代表与物业公司共建文明社区座谈会等;建立健全学生工作助理助管工作,在学区自习室和乒乓球室设立了勤工助学岗位,招聘贫困生进行管理和服务工作,并建立学生助理统一管理、培训、考核制度。

提高认识,深化思想政治教育和安全教育 组织开展学区范围的大学生思想政治教育工作调研,形成了《万柳学区学生思想教育工作调研报告》;开展"与安全同行"大型安全教育活动,强化安全意识、提高安全知识、杜绝安全隐患;配合学校六部门联合开展"关注安全、关爱生命"活动,印发《关于安全用电的通知》,进行宿舍安全用电教育。

高度负责,强化各项管理工作 积极做好2002级研究生回住燕园、2004级研究生入住万柳工作;更换物业管理公司,加强对物业公司的监督管理,要求物业公司以良好的服务态度保证服务质量;组织两次文明宿舍评比,奖励先进,对宿舍卫生较差的宿舍发出书面通知,督促同学们维持良好的宿舍卫生;加强学生住宿行为管理,通过严格出入管理、严肃住宿纪律等方式,严格查处出租、出借床位的违纪行为,规范学生的住宿行为。

着眼实际,加强沟通协调,更好地为同学服务 从同学们的实际困难出发,为同学提供各种相应的服务,一方面着手进行各种基础服务设施的硬件建设,一方面与相关单位加强联系和协调,把对同学的服务从小事、细节上反映出来。在学校和同学之间充当信息交流的管道,通过各种渠道收集同学的意见建议,并汇总整理向学校和相关职能部门反映;制定能满足大多数同学乘车的班车时刻表,同时保持和332支车队接触和协商的通畅渠道,监督班车的运行;增设能容纳六七百人的自习室,有效地解决了同学们的自习需求;及时处理好交通事故、急病和其他意外事件。

配合"文明生活、健康成才"主题教育活动,万柳学区开展"培养文明生活方式,携手共建万柳家园"的"文明生活月",举行了"文明宿舍评比"、"文明乘车座谈会"、"为文明添砖加瓦"、"共建文明社区座谈会"等系列活动,并召开了表彰大会;组织周末舞会、健美操班、第二届"万柳学区杯"围棋赛、万柳学区第二届乒乓球比赛、"万柳生活随想"大型征文活动、艾滋病防治讲座、健康保健知识讲座、就业指导讲座等文体和学术活动,为同学们提供增强体魄、陶冶情操的机会和平台。

【毕业生就业工作】 **基本情况**

1. 本科毕业生 2004年北大本科毕业生共计2317人,其中申请自费出国留学421人,占18.2%;考取研究生949人(含双学位1人),占41.0%;实际参加就业947人,占40.9%。在实际参加就业毕业生中,截止到2004年9月1日,正式派遣508人,志愿服务西部1人,服务北京基层2人,签劳动合同4人,用人单位证明打工144人,自由职业1人,自主创业9人,其他灵活就业方式184人,未就业毕业生92人(其中北京待分毕业生16人)。毕业去向落实率(就业率)为96.0%。

在已正式派遣的508名毕业生中,去机关57人,占11.2%;科研设计单位12人,占2.4%;高校40人,占7.9%;其他教学单位10人,占2.0%;其他事业单位58人,占11.4%;企业315人,占62.0%(其中金融单位38人,占7.5%;其他国有企业116人,占22.8%;三资企业101人,占16.7%;其他企业76人,占15.0%);部队16人,占3.1%。

从就业的地区来看,北京325人,占64.0%;广东、浙江位列2、3名,分别为60人、11人,分别占11.8%、2.2%;其他内陆省份112人,占22.0%,其中支援西部地区12人,非西部生源到西部地区5人,分别占2.4%、1.0%。

2. 毕业研究生 共计2630人,其中定向、委培生382人,可分配毕业生2248人。在可分配毕业生中,申请自费出国留学201人,占可分配毕业生数的8.9%;已考博(博士后)171人,占7.6%;实际参加就业分配1876人,占83.5%。在实际参加就业毕业生中,截止到2004年9月1日,正式派遣1673人,自主创业4人,自由职业1人,打工等灵活就业87人,待分毕业生111人(其中北京待分毕业研究生16人)。毕业去向落实率(就业率)为95.8%。

在已正式派遣的1673名毕业生中,去机关183人,占总人数的10.9%;到科研设计单位118人,占7.1%;高校268人,占16.0%;其他普通教学单位29人,占1.7%;其他事业单位156人,占9.3%;企业915人,占54.7%(其中金融单位127人,占7.6%;其他国有企业171人,占10.2%;三资企业187人,占11.2%;其他企业430人,占25.7%);部队4人,占0.2%。

从就业的地区来看,北京1256人,占已正式派遣毕业生的75.1%,仍然高居榜首;上海、广东位列2、3名,分别为131人、61人,分别占7.8%、3.6%;其他内陆省份225人,占13.4%,其中支援西部地区26人,非西部生源到西部地区12人,分别占1.6%、0.7%。

就业特点分析 与2003年相比,出国签证难的问题依然存在,北京大学2004年自费出国留学本科毕业生及毕业研究生在数量和比例上均显著下降,实际参加就业的人数与比例比去年都有明显增加。其中本科毕业生自费出国留学较去年减少了183人、7.1个百分点,实际参加就业人数比去年增加了54人、3.5个百分点;毕业研究生自费出国留学比去年减少了80人、7个百分点,实际就业人数大幅增加到554人、8.6个百分点。

与近几年的就业流向相类似,2004年企业仍然是本科毕业生就业的主渠道,在已正式派遣的508人中共有315人去企业,所占比例比去年高出12.4个百分点;应该说,企业占据毕业研究生就业流向的首位,这是北京大学毕业研究生就业自去年以来才呈现出来的特点,2004年到企业就业的毕业研究生比2003年增加了372人,上升了9.9个百分点。

与去年相比,2004年北京大学毕业生非派遣就业、灵活就业人数显著增加,其中本科毕业生、毕业研究生分别比去年增加101人、32人,上升了4.2、1.8个百分点,很大程度上显示出时代变迁以及毕业生择业观的深刻变化。

主要工作 1. 继续实施"一把手"工程,健全"三到位"、"四化"的毕业生就业服务体系。按照教育部、北京市教委要把毕业生就业工作列为"一把手"工程的明确要求,北京大学于2003年4月成立了由校长许智宏为组长、副校长林钧敬为副组长、校相关职能部门主要领导为委员的北大学生就业指导委员会。学校党政联席会议今年三次听取毕业生就业进展情况的汇报,研究解决有关重大问题与对策;许智宏校长亲临2004年毕业生就业工作会议,认真总结去年的毕业生就业工作,分析形势,明确任务,积极动员。

北京大学在就业指导中心成立之后,就努力实现机构、人员、资金的"三到位"。为了努力构建"全程化、全员化、专业化、信息化"的毕业生就业服务体系,主要做了以下工作:一是与针对毕业生的专家就业指导系列讲座互为补充,就业中心与校教务部、研究生院通力合作,在本科生必修的"人生理论"课、研究生必修的"政治理论"课中加插就业指导内容;与校学生工作部、校团委配合,加强对非毕业班同学的就业意识、创业意识教育,努力形成从入学开始到毕业生就业全过程的校园文化环境与就业指导体系。二是学校学生就业指导委员会协调校内各级党政部门,互相配合,团结协作,发动全校教职员工都来关心毕业生就业工作,已经形成了校级领导、职能部门、院(系)级领导、班主任以及专业导师组成的工作体系,开始形成全员参与的良好氛围。三是在毕业生就业工作中引入激励机制,对工作做得好,就业率、就业质量高的院、系,视情况予以奖励和表彰,对工作未到位、就业率偏低的单位则给予全校范围内的通报和减少招生。四是确保毕业生就业工作人员的相对稳定,为建立专业化的就业工作人员队伍创造条件,积极支持就业工作人员参加相应的学习、培训,不断提高工作人员的理论水平、政策水平和开展就业指导的能力,从而实现毕业生就业工作的专业化。为此,学校每年都组织院系老师集中培训或以会代训,利用暑期考察参观、走访京内外用人单位。五是大力推进毕业生就业的信息化建设,在北京大学就业服务信息网已成为沟通供需信息的主要渠道的基础上，又继续加大了对就业信息网以及办公自动化等信息化建设的投入，根据同学要求与工作需要，不断完善加强网络功能。

2. 加大对毕业生的就业服务力度。第一，针对北京大学应届毕业生三个主要去向即继续在国内深造、出国留学、实际参加就业的不同特点和需要，学校和各院系在学生进入毕业班前后就逐个落实，分类指导，使学生按照自己的选择有的放矢地做好准备；对于直接参加就业的毕业生加强就业指导和服务，使其尽早了解就业政策，认清就业形势，准确估计自己，掌握需求信息，抓住合适机会，找到理想单位。第二，与校系两级学工系统、院系毕业生就业工作小组通力合作，通过讲座、报告会、座谈会等形式，狠抓毕业生的毕业教育和毕业鉴定工作，以提高毕业生有志于发挥专业特长、献身社会、报效祖国的自觉性和主动性。第三，积极协助毕业生与西部地区、与国家有关重点单位联系和沟通，与校团委合作精心组织大学生志愿服务北京基层、大学生志愿服务西部等活动，同时为供需双方牵线搭桥，为双方的“互选”工作创造必要的便利和条件。第四，为了丰富北大学生创业实践活动，培养他们利用在校所学知识、技能应用于市场的基本素质和能力，提高他们未来走向市场、走向社会后能经受风雨、克服困难、努力创业的基本技能，积累丰富他们的创业经验，与北大科技园有限公司联合成立了北大科技园孵化器学生创业中心。该中心通过提供基本的场地设备条件和有利于创业的环境，使创业学生能以低廉的成本开始创业的起步，引导创业学生以市场为标准，以经济效益为导向，逐步实现企业从种子期向成熟期的发展过渡。第五，开放和完善资料室；建立了就业中心主任接待日、重大问题集体讨论现场办公和假期值班接待制度，为毕业生解疑释惑，提供帮助；强化信息服务，全天开放就业信息网络查询室；通过多种渠道及时发布用人单位需求情况；加强与用人单位的沟通与联系。第六，认真组织毕业生或高年级学生开展暑期就业实习与就业考察活动，今年暑期组织了 5 个社会实践、就业实习团奔赴全国各地，为高年级毕业生择业做好预热与准备。

3. 将共性问题的辅导讲座和“个案”问题的具体指导相结合，巩固完善就业辅导体系。一是开展生动活泼的就业咨询服务活动和就业指导专家系列讲座，将共性问题的辅导讲座和“个案”问题的具体指导相结合，巩固完善正在走向成熟的北京大学就业辅导体系。举行了专家就业指导系列讲座，分别是“职业生涯设计”（主讲人为宝洁公司北京技术中心人力资源经理郑云端）、“职业选择与生涯设计——简历写作技巧与外企面试技巧”（主讲人为诚讯联丰咨询公司董事长，我校 86 届经济学院校友许国庆）、“企业招聘与用人机制”（主讲人为联合利华管理发展人事总监汪磊）、“国家公务员制度与政策”（主讲人为国家人事部公务员管理司司长刘嘉林）等。二是办好《北大学生就业指导》报，使其成为发布就业政策、传递供需信息、介绍择业知识、交流应聘体会等的平台。三是与政府管理学院、职业发展研究会等校内有关院系及学生社团合作，通过联合举办北京大学职业发展论坛，邀请一批职业发展领域中外高级专家，面向北京大学在校同学进行职业生涯设计、自我评估、求职技巧等方面的培训讲座，同时邀请从事该领域研究的学者以高级研讨等形式进行该领域研究的交流，以弥补该领域研究的空白。目前该论坛已经开办了两场。

4. 充分发挥毕业生就业市场的主渠道作用，努力建设和培育无形就业市场与有形就业市场。在有形就业市场建设与培育方面，北京大学精心组织大中小相结合的就业洽谈会，每年一次面向全体毕业生和全国用人单位的大型就业洽谈会，组织十几场上百家较大用人单位的专场招聘会，安排几百场面向较小用人单位或专业范围内的小型招聘会和洽谈会。在无形就业市场建设与培育方面，北京大学进一步充实完善了毕业生就业信息网。

（方　伟）

【青年研究中心】 2004 年，青年研究中心始终坚持将上级部门的指示和学校的具体工作要求相结合，坚持长期性的工作标准与特定时期的工作建设相结合，坚持舆论监控与正面引导相结合，坚持日常性事物处理与网络管理理论研究相结合，保证了北京大学一年来的校园网络安全。

完善内部管理，健全规章制度，不断提高网络监控和引导工作的实效性，并增强理论研究的职能。进一步完善了网站站务 24 小时值班制度和内部管理制度，确保网络监控和引导工作的严密实施。坚持信息报告制度，拓展网络信息报送范围，每周编辑《校园网动态》，上报学校领导并通报相关部门，对重要情况和突发事件做到随时汇报。不断加强网络监控工作的理论研究，对网上讨论热烈，持续时间长的热点问题，进行阶段性、连续性的跟踪调研，形成了系列调查报告。以青年研究中心为骨干力量的北京大学课题组获得了教育部社政司的课题项目，青年研究中心负责的《BBS 管理研究》项目的相关工作顺利开展。创办反映思想政治教育工作的刊物《北大青年研究》，为德育学科和科学研究工作提供阵地和平台。

（霍晓丹）

医学部学生工作

【本专科学生思想工作】 医学部学生思想工作部承担着医学部本专科、长学制4000余名全日制医学生的德育教育工作。

一年来在德育教育工作中，牢牢抓住了“深入、求实、创新”这三个关键点。即：在深入上下功夫，不断增强学生工作的影响力和感染力；在求实上下功夫，把各项工作落到实处；在创新上下功夫，不断探索学生工作的新办法、开辟新途径，总结新经验，取得新成效。

主题教育 1. 开展“文明生活、健康成才”主题教育活动。2004年初全面启动了“文明生活、健康成才”主题教育活动。充分发挥活动主体——学生的能动作用，注意结合医学生的实际情况和专业特点，使广大学生提升全面成才的意识，培养与他人团结合作的精神，树立在集体中求得发展等核心价值观。

2. 举办“加强大学生思想政治教育宣传活动周”。

(1) 结合学习贯彻中央十六号文件精神，召开“学习贯彻中央十六号文件精神座谈会”，针对医学部学生思想状况，围绕开展医学生思想政治教育的工作经验体会，研讨今后工作的发展思路。

(2)“中央16号文件宣传教育展板”进入学生宿舍楼。

3. 召开新生座谈会。

为了了解刚入学的2004级新生的思想情况和初入大学的同学们在各方面的适应情况，召开了一场别开生面的新生座谈会，全国人大常委会副委员长、北京大学常务副校长、医学部主任韩启德发起并亲自来到学生们中间，与各学院(部)的新生代表亲切交谈。用最直接和最有效的渠道，了解了新生入学后的所感、所想以及他们的意见和建议，取得了很好的效果。

4. 以爱国主义、集体主义、社会主义教育为主线，增强广大学生责任感、使命感。

围绕“学习雷锋精神”，号召各学院(部)学生做到雷锋精神从我做起，各学院展开系列活动。

根据青年在不同时期的思想动态，以各种受学生关注的重大历史事件为契机，开展了“北大人与中华复兴”等一系列主题教育讨论活动，使学生加强了对党的理解，加深了对国家的热爱、对社会的奉献精神。组织成立“三个代表”学生宣讲组，倡导做“三个代表”的实践者、宣讲者、推动者。

5. 继续进行基本价值观教育，以完善适应时代要求和学生成长规律的德育工作体系。

(1) 开展价值观专题教育活动。本年度，学工部继续围绕培养大学生树立“国家利益至上”、“在集体中求得发展”、“诚信受益”和“在创业中实现人生理想”四个基本价值观搭建新的德育工作平台，进一步完善适应时代要求和学生成长规律的德育工作体系。

(2) 开展“名师访谈”主题活动。第一临床医学院、口腔医学院有针对性地启动、开展了“名师访谈”等活动，号召学生走近专家，感受老师们的人格魅力，以指导自己今后的求学之路。

6. 加强心理健康教育。针对不同年级学生心理健康状况和心理特点开展有针对性的教育活动，为学生健康成长提供广阔的空间和施展才能的舞台。

学生党建工作 1. 建立学生党支部书记学习会制度：通报学校改革发展的进展情况和上级有关部门的精神；今年，各学院(部)组织学生党支部书记培训、经验交流，并组织系列活动，加强理论知识学习，以提高学生党支部书记的政治素养和工作能力，更好地开展支部工作。

2. “党员宿舍”挂牌：为加强学生党员的自律与模范带头作用，学工部在学生公寓中的各宿舍门口设立了“党员宿舍”标牌；在广大同学和党员中推行监督、自查机制，促进党员模范带头作用。

3. 设立组织员制度：为加强学生党支部的组织建设，医学部学工部在药学院试点设立组织员制度。同时，学工部号召各学院党委、学生党支部聘请有经验的党务干部、党员教师中热心学生工作的同志，担任学生党员发展工作的组织员，负责对所在单位学生党支部党的发展工作进行知道和推动，对积极分子的培养进行理论学习帮助等。

4. 各学院继续加强积极分子的培养工作。在广大学生和入党积极分子中开展理论学习活动，进一步加深他们对党的理解和认识，端正入党动机。在严把质量关的基础上，把更多的优秀学子吸收入党组织中来，为党的事业增添新的力量。

5. 学生党支部定期活动。学生党支部通过各种形式的参观、学习、野外生存训练等活动，达到加强党支部凝聚力的作用。

6. 普及党的基本知识。进一步加强对全体学生的党的基础知识的普及工作。

素质教育工作 在开展工作时，不断调整、完善医学部学生文化素质教育管理机构。发挥学院(部)的优势，举办各类讲座、技能展示等活动。同时，加大社会实践的力度，拓展社会实践的范围；鼓励学生积极参与社会工作，为学生创造机会接触社会，了解社会。此外，不断深入校园环境建设，以展现学生风采。

1. 专业教育系列讲座。为了让八年制各专业学生回到医学部后尽快适应医学专业的学习生活，学工部邀请了医学部领导、各学院(部)领导为同学们进行本次系列专业教育讲座。

2. 邀请到北大和北医的名师

进行不同领域的讲座。

3. 深入开展社会实践工作。

(1) 共组织 14 路暑期社会实践小分队奔赴全国，并有 2 路与香港中文大学和韩国嘉泉医学院进行校际间、国际间的学生交流。学工部在以往与韩国嘉泉医学院进行交流访问的基础上，与韩国嘉泉医学院和香港中文大学医学院进一步建立了友好互访关系。共评选出 6 个医学部优秀社会实践团队、18 个医学部优秀社会实践个人。

公卫学院组织大一新生利用假期深入社会，每人在开学后都上交了一份出色的公共卫生领域问题的调查问卷。其中，很多同学制作的调查报告，还分获北京大学暑期社会实践论文及调查报告评比一、二、三等奖。

调研工作　1. 完成 2004 年高校学生思想政治状况滚动调查。目的是了解医学大学生的总体道德状况与思想水平，为教学改革提供切实、充分的资料与依据。学工部还将调查结果整理形成一系列调查报告，报送校领导及学校各部门，在学生与学校之间建立了一个沟通的渠道，为领导决策及各部门改进工作提供了参考。

2. 完成八年制学生调查报告，并出版《燕园医学生》。

3. 建立“以问题为中心”的德育工作模式。公卫学院正在尝试从死板的“保姆式教育”向灵活的“顾问式教育”的转变，实现工作模式新转变；搭建各种平台，形成了“办公室搭台，学生唱戏”的新局面，充分调动并发挥了他们参与教育、教学和管理的积极性和主动性。

学生工作队伍建设　在稳定学生工作队伍的基础上，加大对学生工作队伍成员的培养力度、推动师德师风建设。学工部重点研究的机制是，建立一支价值观正确、充满活力、创新意识及责任意识强的专兼职学生工作队伍；结合当前“十六号文件”精神，将“优选”与“厚待”的原则逐步融入选拔人才标准的范畴。

召开医学部 2004 年学生工作研讨会。本次会议旨在加强学生工作队伍的建设，总结研究学生工作现状，研讨学生工作中的深层次问题，从而进一步推动学生工作队伍的发展；同时也是为了使 2004 年新上岗的班主任，能够尽快适应工作环境、工作内容和适应工作岗位。

成立“医学部宣传教育骨干沙龙”。和党委宣传部联合，成立了“医学部宣传教育骨干沙龙”，意在促进宣传、教育工作的交流，搭建互动平台，信息资源共享，从而提高宣教干部的整体素质。

组织“医学部学生工作系统百人大合唱”：为了增强学生工作的感染力和凝聚力，学工部组织了“医学部学生工作系统百人大合唱”的活动。大合唱邀请了医学部主管学生工作的领导、绝大部分曾经担任过学生班主任、辅导员的已经离退休的前辈或已经转岗的老师，还有正在北医的学生工作岗位上工作的同志们参加。这是学生工作队伍的一次盛会、一次沟通和交流的机会。

学工部还制作了《北京大学医学部学生工作人员的流动情况调查表》，并将进行数据整理和反馈，以了解从事学生工作人员的流动、培养情况，为今后的学生工作人员提供了宝贵经验。

医学部获得北京大学优秀德育奖 1 人，优秀班主任奖 9 人，有 3 位老师被评为“北京高校优秀德育工作者”，药学院获得北京大学先进学生工作单位称号。医学部学工部获得北京高校优秀德育工作先进集体。

学生管理工作　1. 学年评估和奖学金评选工作：北京市先进班集体 5 个，北京市三好学生 18 人，北京市优秀学生干部 6 人，北京大学优秀班集体 5 个，北京大学学风班 3 个，北京大学创新奖 15 人，北京大学优秀学生干部 20 人，北京大学三好学生标兵 41 人，北京大学三好学生奖 267 人，北京大学单项奖 300 人，北京大学“五 · 四”奖学金获得者 6 人，北京大学医学部先进班集体 5 个，北京大学医学部学院级先进班集体 11 个，北京大学优秀医学生特等奖 14 人，北京大学—ELSEVIER 医学教育奖学金 40 人，北京大学光华医学生奖 98 人，医药奖 75 人，椎名医学奖 5 人，北京大学优秀医学生一等奖 50 人，北京大学优秀医学生二等奖 149 人，北京大学优秀医学生三等奖 203 人，北京大学优秀医学生单项奖 78 人。

与上一年相比，2004 年“北京大学创新奖”申报作品数量多、质量高，涉及诸多领域，共有 7 人获得创新奖。为了表彰同学们的突出表现，同时也为了鼓励更多的同学挖掘自己的创新意识，学生教育办公室制作了《北京大学医学部 2004 年申报创新奖作品集》。

2. 学生保险工作：长期以来，学生教育办公室还承担着学生保险等工作，并担负了保险理赔的部分工作，为保障在校学习学生的人身安全，提供了便利条件。

【研究生思想工作】　2004 年研究生思想工作部按照党委的统一部署和年初制订的工作计划，在全校学生中开展“文明成长，健康成才”的教育。不断改进研究生管理模式，试点研究生班建设。组织研究生赴青海社会实践，收到了良好的效果。加强研究生思想工作队伍建设，使其政治素质不断提高。与有关部门合作，做好研究生的日常管理工作。

根据北京大学党委统一安排，在全校学生中开展“文明成长，健康成才”教育。研思部和团委、学工部共同制订了开展这项活动的具体计划，研究生会组织了相应活动。

试点建立研究生班。基础医学院按纵向学科、专业组织起 10 个研究生班，建立班委会，设立系秘书负责制度，研究生党员参加各系的党支部活动。总结经验,不断改进研究生管理模式。

组织研究生暑期社会实践。2004年社会实践团在青海医学院及其附属医院进行了学术交流,举办了近10场学术讲座、介绍了一些新的手术技术、参加互助土族自治县医院的义诊。1个团队、5名个人获北京大学社会实践先进团队、先进个人表彰。

2004年博士研究生暑期学校由北京大学研究生院承办,有来自国内外25所大学的70余名博士研究生参加。研思部和研究生会负责医药版部分,在基础医学、临床医学、药学和公共卫生等领域,就当前世界医药发展的前沿热点,进行深入的、广泛的、自由的学术交流和参观。

各部门密切配合,做好研究生的日常管理工作。与党委组织部、宣传部密切配合,做好研究生的党建、积极分子培训和形势教育宣传工作;在保卫处配合下,做好研究生公寓及校园治安宣传工作;与校医院配合,做好研究生重大疾病、意外伤害的医疗救治工作;与学校公寓管理中心密切配合,进行了充分的调研,提出了切合实际的解决方案,较好地解决了研究生住宿面临的空前困难,特别是解决了草岚子研究生住宿的实际问题。

根据北京大学规定,研究生思想工作部积极表彰医学部优秀研究生,2004年研究生各类奖励、奖学金评选工作顺利结束,共有228名学生获得北京市、北京大学各类奖励表彰,177名研究生获得各类奖学金奖励,47人获北京大学优秀毕业生称号。4个研究生党支部、17名研究生党员获北京大学医学部党委隆重表彰。

加强研究生思想工作队伍建设,有1人获得北京大学优秀德育工作者称号表彰,1人获得北京大学优秀班主任二等奖,3人获得北京大学优秀班主任三等奖表彰。

【研究生就业】 医学部2004年总计毕业研究生500人(不包括2名硕士留学生),其中博士生269人,硕士生231人。生源来自31个省、市、自治区、直辖市,其中北京生源135人,占毕业研究生总数500人的27.0%。

500名毕业研究生中有统招生312人;自筹经费生85人;单位定向生68人;委托培养生35人。

500名毕业研究生中攻读临床专业学位的毕业研究生有180人,占毕业研究生总数的36.0%。其中攻读临床博士学位116人,占毕业博士生总数269人的43.1%。占攻读临床专业学位人数180人的64.4%。

就业去向与分析　500名毕业研究生的就业去向为:参加就业、申请自费出国、考取国内博士生、进入博士后流动站,比例分别为:83.4%、13.2%、1.4%、2.0%。

2004年研究生就业呈现以下特点:

1. 就业率较高,流向基本合理。研究生全年就业率为98.4%,与2003年持平。其中博士生就业率为98.1%,硕士生就业率为98.7%。

(1) 从毕业生就业单位所在地区分析,遍布全国24个省、市、自治区、直辖市,包括7个西部地区。有285名毕业研究生在北京地区就业(其中博士毕业生163人,硕士毕业生122人),占毕业生总数500人的57.0%,较2003年(282人,60.0%)减少了3个百分点,但绝对数与上一年度基本持平。25名毕业生在西部地区就业,占毕业生总数的5.0%。

(2) 从就业单位所属系统分析,在教育部系统就业的毕业研究生135人(其中博士生96人,硕士生39人),占毕业研究生总数500人的27.0%,较2003年下降五个百分点。在省、市所属单位就业的毕业研究生247(其中博士生117人,硕士生129人)占500人的49.4%;在其他部委就业36人(其中博士生15人,硕士生21人),占500人的7.2%。随着各高校进人门槛的提高,进入数量的减少,更多地引进有突出成果的国内、外中青年学者,促使研究生更多地进入省、市属基层单位。

(3) 从就业单位性质分析,毕业研究生进入高校191人,占毕业研究生总数的38.2%,与2003年相比(42.1%)减少四个百分点,其中进入高校附属医院的133人,占进入高校总数191人的69.6%;有110人进入其他医疗机构,占毕业总人数的22.0%。

2. 北京大学医学部留用毕业研究生近三年持续增长后2004年减少。2004年留用毕业研究生127人,占毕业研究生总数的25.4%,比2003年(31.5%)减少六个百分点,绝对数减少21人,其中留用博士生91人,占毕业博士生总数的33.8%,留用硕士生36人,占毕业硕士生总数的15.6%。近几年,学校留用毕业生更强调层次合理、比例恰当,注意增加校外生,防止近亲繁殖。

3. 研究生在国内就业比例近几年逐年攀高,自费出国比例明显下降。2004与2003年研究生在国内就业比例均为83.4%,较2002年(75.0%)上升8个百分点,比2001年(68.2%)上升了15个百分点。2004年与2003年自费出国、考取国内博士、进入博士后流动站的比例均为16.6%,比2002年(24.6%)下降了8个百分点,比2001年(31.4%)下降了15个百分点。同时,随着毕业生就业更加理性和社会人才市场的更加成熟和完善,选择在公司和民营企业就业的毕业生逐年增加。

4. 毕业研究生人数增加,用人单位需求相对减少。2004年是我国高校扩招后毕业生毕业的第二年。医学部2004年有毕业研究生500人,比扩招前的2002年增加119人(占32.7%),而用人单位对毕业生的需求相对减少,同时,研究生就业期望值居高不下,使毕业生就业工作难度进一步加大。

表 8-3　2004 年医学部毕业研究生去向统计

流　向		人　数	比例(%)	其中博士	比例(%)
总　计		500	100	269	53.8
出　国		66	13.2	31	11.5
录取博士(后)		17	3.4	10	3.7
实际参加就业	合　计	417	83.4	228	84.8
	高等学校	191	38.2	129	48.0
	科研单位	21	4.2	4	1.5
	党政机关	10	2.0	2	0.7
	企　业	55	11.0	17	6.3
	医疗卫生	110	22.0	61	22.7
	其他事业单位	11	2.2	0	0
	部　队	8	1.6	7	2.6
	回省就业	8	1.6	5	1.9
	自谋职业	1	0.2	1	0.4
	其他(港澳台)	1	0.2	1	0.4

(医学部教育处)

就业工作经验　1. 理顺就业体制,优化就业管理。

北京大学医学部在 1985 年研究生院(原北京医科大学研究生院)成立时就将研究生招生、就业、学籍管理三项工作合为一体,成立了研究生招生分配处。这种体制在当时的高等院校中为数并不多。经过多年的实践证明,这样的体制遵循了整体优化、合理组合和精简机构的原则。两校合并后,仍沿用该体制。2004 年新聘任的北京大学研究生院医学部分院新一届领导班子通过调研和实践,将一度撤销的"医学部研究生就业指导中心"恢复,使招生、就业、学籍管理工作形成了相互参与,相互兼容的局面,成为对研究生实行有效管理的一个整体。克服了"招生不考虑就业,就业不参考招生和学籍"的弊端,提高了工作效益和效率。

2. 加强就业指导与服务,促进研究生充分就业和就业去向合理化。

为了做好 2004 年毕业研究生就业工作,医学部多次召开毕业研究生就业大会,向毕业生介绍国家就业方针、政策,引导毕业生在国家规定的服务范围内就业。积极做好就业市场调研,不断加强与用人单位联系和需求信息的交流,努力扩大有效职位需求。同时,加大投入,改善就业服务软、硬件平台,争取 2005 年完成医学部研究生就业网并投入使用,提升就业服务信息化水平。加强就业指导与咨询,形成思想动员、政策解答、集中咨询和个别指导相结合,尤其是对在规定时间内尚未完全落实就业单位的毕业生提供更多的指导与帮助。

3. 上好毕业最后一课,引导毕业研究生升华对母校的感情。

医学部高度重视毕业典礼与毕业生离校等活动,视为毕业教育的重要环节。毕业研究生们也非常注重毕业离校活动,一些春季毕业的研究生(3 月毕业),特地从外地赶来参加学校暑期的毕业典礼等活动。

共青团工作

【概况】　2004 年,团委坚持以邓小平理论和"三个代表"重要思想为指导,认真贯彻党的十六大、十六届四中全会、团的十五大和北京大学第十一次党代会精神,积极落实中共中央、国务院《关于进一步加强和改进大学生思想政治教育的意见》(以下简称中央 16 号文件)精神,在校党委的领导和上级团组织的指导下,在全体团干部和广大团员青年的共同努力下,胜利召开了共青团北京大学第十七次代表大会,并以此为契机,大力推进思想政治教育,全面引导青年"文明生活,健康成才",积极加强团的自身建设,增强了团的工作能力,开创了服务大局、服务青年的崭新工作局面。

2004 年团委围绕纪念五四运动 85 周年和校庆 106 周年的主题,重点组织了北京大学纪念五四运动 85 周年暨第四届"五四奖章"、"五四奖杯"表彰大会、高校学生理论社团纪念五四运动 85 周年研讨会、纪念五四运动 85 周年天安门广场升旗仪式等活动,号召广大青年继承五四传统,弘扬北大精神,争做时代先锋。暑期至国庆期间，先后组织了纪念邓小平同志诞辰100周年主题社会实践活动和“国庆55周年暨‘小平您好’20周年”大型主题教育活动，引导学生缅怀伟人风采，立志为建设祖国奉献青春。此外，团委认真组织学习中央16号文件精神，并围绕加强大学生思想政治教育的主题，开展了一系列类主题教育活动。

2004年，北京大学团委出版了《挺立潮头——北大共青团跨世纪的奋斗和思考》、《共青团在北大》、《北京大学校园文化》(第2版)和《社团人》等多部著作。

团委全面推进校园文化建设，以北京大学创建世界一流大学的中心任务和青年学生全面发展的实际需要为出发点，将团的青年成才服务工作提升到了新的水平。2005年开展了五四学术文化节、研究生学术文化节、“十佳教师”评选、“博士开讲”、医学部研究生文化节暨北大生物医学论坛、社团文化节、十佳歌手大赛、新生文艺汇演、“一二·九”师生歌咏比赛、新年狂欢夜、“北大杯”、“新生杯”和“硕士杯”体育联赛、《北大讲座》、“挑战杯”——五四青年科学奖竞赛、“北大科技园杯”学生创业计划大赛、暑期社会实践、志愿服务等一系列活动，丰富同学们的校园文化生活。

在团建创新方面，团委重点推进了社团团建工作，开展了与武警天安门支队团委的共建活动。在基层建设方面，进一步确立了北京大学团委机关联系基层团委的分工制度，定期进行基层调研，并通过团支部风采展演大赛等活动有力地推进了基层团组织建设。医学部第十四次团代会胜利召开，标志着医学部共青团工作的新跨越。万柳团工委根据学区特点，大力开展安全教育、志愿服务和文化活动，走出了将团的基层建设与服务同学相结合的新路。在学生团干部队伍建设方面，团校、研究生骨干培训学校、社团文体骨干培训中心和宣传骨干培训学校的办学体制更加完善，办学特色更加突出。在团委指导下，学生会、研究生会和学生社团的制度建设有了新的进展。学生会和研究生会进一步建立了专门的学生维权部门，并对校内热点问题和突发事件进行了及时的调查和处理。学生社团的管理规范化和活动品牌化程度进一步提高。

2004年5月15日，共青团北京大学第十七次代表大会胜利召开。全国政协副主席胡启立为大会发来贺信，团中央书记处书记杨岳、团市委书记关成华、北京大学党委书记闵维方先后在大会上讲话，清华大学团委书记郑浩峻和北京大学工会常务副主席陈淑敏分别致辞。北京大学校长许智宏等校领导出席了会议。沈千帆代表共青团北京大学第十六届委员会作了题为“求发展之真、务服务之实，团结带领全校青年为加快创建世界一流大学和全面建设小康社会而努力奋斗”的工作报告。5月18日，共青团北京大学第十七届委员会第一次全体会议召开。经以上两次会议选举及学校党委和上级团组织批复，共产生共青团北京大学第十七届委员会委员35人、常委17人、书记班子8人，沈千帆为团委书记。

【学生思想政治教育】 2004年上半年，北京大学团委以纪念五四运动85周年和校庆106周年为工作重点，大力开展爱国主义教育和理想信念教育，号召广大青年弘扬“爱国、进步、民主、科学”的五四精神和北大传统，立志成才报国。4月23日，组织了106名团员青年和武警天安门支队的同志一道在电教西门广场举行106周年校庆升旗仪式。当日下午，举办了纪念“五四运动”85周年暨第四届“五四奖章”、“五四奖杯”表彰大会。此外，还成功举办了高校学生理论社团纪念五四运动85周年研讨会，纪念五四运动85周年征文比赛等活动。5月4日清晨，北京大学200名团员与武警天安门支队战士在天安门广场一起举行了纪念五四运动85周年升旗仪式。

9月28日，2003～2004年度北京大学共青团系统总结表彰暨庆祝建国55周年大会召开，拉开了“国庆55周年暨‘小平您好’20周年”大型主题教育活动的序幕。10月1日，千余名北大学子到天安门广场观看了国庆升旗仪式；仪式结束后，与来自首都其他高校的近万名同学一起在天安门广场进行了大型集体舞表演，拉开了庆祝建国55周年联欢活动的序幕。党的十六届四中全会和中央16号文件精神是2004年下半年北京大学团委思想政治教育和理论学习的中心。党的十六届四中全会期间，团委始终保持高度关注，并在第一时间组织学习了决议精神。中央16号文件下发之后，团委立即印发给书记班子成员、机关干部和基层单位团委书记，并逐级召开了机关、基层院系的学习研讨会和院系团组织的传达、座谈会，达到了迅速动员、及时学习、统一认识、逐级推进的学习效果。为进一步学习落实十六届四中全会和中央16号文件的精神，10月22日，团委召开了各院系团委书记参加的“加强团的能力建设，推进思想政治教育”主题研讨会。万柳团工委成功举办了主题为“团的自身能力建设”和“加强与改进研究生思想政治教育”的征文活动，进一步推动了研究生的思想政治教育。团委努力通过多个渠道和多种方式积极响应文件号召、加强大学生思想政治教育。如以基层单位宣委例会为依托，组织各院系团委宣传委员学习中央16号文件精神，针对“中国传统文化与大学生成长成才”、“当代青年的责任与思想道德建设”等问题展开讨论，表明当代大学生的正确态度;将加强思想政治教育与学生毕业教育和服务结合起来,指导学生社团举办了"关注时政,提高素质"系列活动;将加强思想政治教育与学生志愿服务活动结合起来,广泛整合社团资源,举办了"爱心日"系列志愿服务活动;以在志愿服务活动中表现突出而受到学校通令嘉奖的阳光志愿者协会会长刘正琛和中国青年志愿服务金奖获得者蒙晓燕为先进典型,发起了榜样学习活动;在宣传和学习方式上,围绕文件精神,连续出版了《北大青年》和《北大青年工作研究》特刊,并通过加强团委网站建设等途径,积极创新网络教育,达到了全面加强宣传工作的效果。

2004年,北大团委被北京团市委评为2004年度"学习塑造未来创业成就人生"青少年主题教育活动先进集体。

【理论研究与宣传引导】 2004年,北大团委积极开展扎实有效的理论研究工作,先后出版了《共青团在北大》、《挺立潮头——北大共青团跨世纪的奋斗与思考》和《北京大学校园文化》(第2版)等理论著作。

2004年,围绕社团团建、"小平您好"20周年和加强大学生思想政治教育等课题,团委有10篇文章收入了《中国青年研究》"加强和改进大学生思想政治教育专题研究"增刊。理论刊物《北大青年工作研究》共编辑出版3期,其中包括围绕"加强团的能力建设,推进思想政治教育"的主题编辑出版的《北大青年工作研究》特刊。

在调研工作方面,形成了由专家指导、以北京大学团委为主导和主体、各院系和学生组织配合的稳定的调研工作队伍,完成了多篇调研报告。《青年利益需求与高校共青团的思想政治教育工作——来自北京大学的调查报告》、《关于北京大学青年文化的抽样调查报告》和《关于北京大学学生人力资源现状的调研报告》对当前青年学生的思想状况和成才需求进行了深入的调查研究,为青年工作提供了重要的参考;《北京大学万柳学区研究生综合情况调查》和《万柳学区生活作息情况调研报告》则是在高校后勤社会化、学生生活公寓化的大趋势下和校区分割的情况下,对共青团如何更好地服务学生的积极的理论探索;《关于北京大学学生就业及职业发展问题的调研报告——建立专业化的学生职业指导体系(CDSS)》设计了北京大学校—院系两级通用、团体个体双向指导并存的CDSS标准流程;与共青团海淀区委合作调查撰写的《中关村青年人才状况调查报告》则是北大团委积极引进校外资源、加强区校合作、拓宽团的调研工作面和服务面的有效探索。这些调研报告积极进行了创新尝试,如《关于北京大学学生人力资源现状的调研报告》就采用了素质词典经典模型进行分析,进一步增强了报告的科学性。《青年利益需求与高校共青团的思想政治教育工作——来自北京大学的调查报告》获团中央2004年度全团调研奖三等奖。

2004年,北大团委被北京团市委评为"学习型组织建设先进单位",学生社团青年马克思主义发展研究会被团中央评为全国优秀青年学习组织。

2004年共出版团刊《北大青年》23期。北京大学团委调整了《北大青年》报社的工作思路,围绕"文明生活,健康成才"的各阶段主题,推出了"健康从心开始"、"网络时代中的文化传承"等专版,并刊载了《"舞台"与"平台","乐人"与"育人"——从2004年新生文艺汇演说起》、《大学生形象,是黑还是白——从北京大学通令嘉奖刘正琛同学看开来》等评论文章。团委不仅通过开辟"北大共青团大事记"和"百年聚焦"这样的历史资料性栏目等工作,大力完善了网站,在北京市基层团组织网站评选活动中获得"北京市基层共青团组织优秀网站评选一等奖";还利用《北大青年》报社成立6周年等契机,制作相应的未名BBS进站宣传画面,既扩大了报社的影响力,也在全校范围内取得了良好的宣传效果;团委还通过举办"五四青年论坛"、学生书画大赛、"龙汇中华"首届世界华人青年论坛北大分论坛等活动,探索了宣传工作的新渠道。

【学术科技与社会实践】 2004年,团委成功组织了北京大学第十二届"挑战杯"——五四青年科学奖竞赛,共评出个人一等奖14名、二等奖25名、三等奖29名,鼓励奖21名。2004年3月至4月,团委举办了北京大学首届"江泽涵"杯数学建模与计算机应用竞赛,评出一等奖3支团队、二等奖4支团队、三等奖14支团队、成功参赛奖30支团队。在2004年北京大学生数学建模与计算机应用竞赛中,北京大学获得一个全国一等奖、三个全国二等奖、一个北京一等奖、四个北京二等奖。2004年3月至12月,团委举办了第六届"北大科技园杯"学生创业计划大赛,评出金奖一个、银奖两个、铜奖三个。在2004年11月举行的第四届"挑战杯"中国大学生创业计划竞赛中,北京大学心安试剂创业团队获得金奖。

2004年,团委组织了以"文明生活,健康成才"为主题的暑期社会实践活动,共有212支团队、2235人参加。其中,本部组团194支,1871人参加;医学部组团18支,364人参加,主要开展医疗服务活动。有研究生参与的团队共计107支,较之往年有大幅度提高,其中有硕士生参与的团队计83支,有博士生参与的团队计31支,教师参与77支。团队的实践区域覆盖了全国30个省市自治区,按照活动区域划分,赴革命老区的团队23支，赴西部的团队73支，赴东北的团队10支，在北京的团队8支，其他93支；按照主题类型划分，经济调查类47支，科教兴国类57支，倡导“文明健康”类17支，关注“三农”问题类48支，其他类型23支。在首都大学生暑期社会实践评奖活动中，北京大学被评为2004年度首都高校社会实践先进单位，并荣获大学生社会实践首都贡献奖。15支社会实践团队被评为首都大学生社会实践优秀团队。与北大合作开展社会实践的四川省绵阳市委组织部、江西省井冈山市北山革命烈士陵园获得首都大学生社会实践示范基地的光荣称号。

【校园文化建设】 2004年，按照“政治文化是灵魂，道德文化是基础，学术文化是核心，文体文化是关键”的建设思路和“文明生活、健康成才”的主题教育要求，团委大力推进校园文化建设。

以育人为中心，团委组织了一系列学生学术活动。上半年，团委举办了分别以“人·自然·健康”、大学生心理健康、“艺海文心”和“学苑精华”为主题的系列讲座，还指导学生科协、学生会举办了北大2004年五四学术文化节，多次举行院士报告会和“学术新星”报告会。4月，成功举办了中韩日大学生创业交流会，中韩日三国大学生创业团队代表、企业代表及政府官员等共150多人参加了活动。下半年，团委组织了分别以迎新、“传统文化在今天”、“科技·人文·社会”、“健康生活”为主题的系列讲座和“走近‘挑战杯’”系列报告会，与北大电视台联合举办了北京大学“传媒今日谈”系列讲座。《北大讲座》第五、六辑顺利出版。学术性社团也在校园学术活动中崭露头角，博士生中国社会研究会的“博士开讲”等活动广受欢迎。

团委以文艺类和体育类社团为主体，开展了大量丰富多彩、各具特色的校园文体活动，极大地增添了校园文化的活力。6月13日，“马克华菲之夜——2004年毕业生联欢晚会”成功举办，毕业生们用自己最精彩的作品向北大做了离校前的汇报。9月8日，《李岚清音乐笔谈》首发式暨交响音乐会在北京大学百周年纪念讲堂隆重举行，前国务院副总理李岚清、国务委员陈至立、教育部部长周济等出席。9月10日，团委组织学生参加了第七届中关村电脑节大学生专场文艺演出，同时参与筹备了中央电视台与北京大学联合举办的“为祖国干杯，为奥运喝彩”特别节目。9月23日，2004级新生文艺汇演隆重举行，新生的精彩演出获得一致好评。12月5日，北京大学纪念“一二·九”运动69周年师生歌咏比赛在百周年纪念讲堂隆重举行。12月31日，团委举办了新年狂欢夜。北京大学党委书记闵维方，校长许智宏，校党委常务副书记、副校长吴志攀，常务副校长陈文申等校领导到现场与同学们一起共同迎接了新年的到来。2004年，张然同学在第二届中国大学生校园歌手大赛中夺得业余组金奖，北大团委获得了优秀组织奖，校园原创音乐集《未名》和反映毕业生生活的DV《离骚》更将校园原创艺术工作提高到了一个新的水平。

体育活动方面，“北大杯”、“新生杯”和“硕士杯”体育联赛作为校园体育盛事继续举办。6月9日，成功组织雅典2004奥运火炬北京大学传递活动。7月16日至17日，北大登山队启孜峰登山训练活动圆满完成。8月15日，在第六届“北大—清华百年赛艇对抗赛”上，北京大学赛艇队以优异的成绩连挫对手，荣膺冠军。8月29日，北大桥牌队喜获第九届全国大学生运动会桥牌表演赛金牌。

【学生组织与学生社团】 学生会 2004年9月25日，北京大学第二十八届学生代表大会隆重举行，北京大学党委副书记张彦出席大会并讲话。大会总结了自第二十七届学生会代表大会以来的工作，选举产生了由廖望、李春、刘凯、葛明磊、董帅、次海鹏和张健等7人组成的新一届主席团，国际关系学院2001级本科生廖望当选为新一届学生会执委会主席。在第二十八届学生会常代会第一次全会上，法学院2001级本科生林英杰当选为新一届学生会常代会会长。

学生会积极维护同学权益，服务同学生活。10月份，面临全国性的高校食堂饭菜涨价，学生会在配合学校作好相关的调研和宣传解释工作的同时，还争取到5万元社会赞助，发给全校100名贫困生作为伙食补贴。针对同学对教务部网上选课系统的意见，学生会也组织了相关的调研和一系列座谈会，形成报告并最终促成了网上选课系统的改革。针对同学对食堂和校医院的意见，学生会建立了食堂监督员和校医院定期见面会制度，架起了同学和学校相关部门沟通的桥梁。

学生会在校园文化建设方面发挥了生力军的作用。4月，在百周年讲堂成功举办了北京大学十佳歌手大赛决赛。10月，启动了新一届北京大学十佳歌手大赛预赛。11月，学生会举办了首届北京大学饮食文化节，评选出了北京大学的十佳菜肴。学生会还和研究生会共同举办了第十届“我爱我师——北京大学十佳教师”评选活动。12月，学生会举办了首届北京大学“英语之星”风采大赛，同时还举办了北京大学体育节目主持人大赛。

研究生会 2004年9月26日，北京大学第二十次研究生代表大会分别选举国际关系学院03级硕士研究生孙洪涛为北京大学第二十五届研究生会执委会主席，考古文博学院2003级硕士研究生彭阳为北京大学研究生会第十五届常代会主任。新一届研究生会成立后，迅速组建了工作队伍，并在继承上届部门设置及主席团分管负责制的基础上，进行了组织创新——所有部门均保留一个副部长名额由医学部同学担任，以加强本部与医学部间的交流合作；撤销万柳工作组，将主席团会议和部长会议开到万柳，以方便广大同学参与研究生会事务。

2004年，研究生学术活动又跃上了新的台阶。3月9日，第六届"许继杯"研究生"学术十杰"评选活动隆重拉开序幕，评选结果于4月24日揭晓。8月22日至24日，2004年全国博士生学术论坛在北京大学隆重召开。该论坛由北京大学研究生院承办，研究生会具体操作执行。3天内，共有500多名博士生分别在6个学科做了170场学术报告，另有222篇论文做成展板进行交流。11月18日，北京大学第五届研究生学术文化节开幕。此次文化节以"百年北大，青年学术"为主题，以"学术和文化相结合，提升研究生的学术兴趣和学术能力"为宗旨，历时一月有余。

研究生会的社会实践活动也取得了可喜成绩。2004年1月10日，北京大学研究生会与河南省荥阳市签署了共建社会实践基地的合作协议书。2004年6月至9月，研究生会共组织了赴贵州、江西、浙江、海南海口、四川绵阳、新疆石河子、江苏连云港、广西南宁、广西北海、河北沧州、广东顺德11个实践团，为广大研究生同学通过实践活动了解社会、服务社会、增长才干做出了重要贡献。

学生社团 本着"管理、服务、建设、发展"的八字方针，紧扣学校总体育人要求和社团实际状况，团委继续大力加强社团管理和建设。4月16日，"社团百年风华北大世纪青春"社团发展研讨会举行，许智宏校长亲切接见了优秀学生社团负责人。5月，北大团委编辑出版了《社团人——来自北大的青春故事》(中国画报出版社)一书，全面展示了北大社团活动的风采，总结了社团工作经验。10月26日，具备社团签到自动统计功能的"社团文体之家"新网站正式启用，社团管理信息化有了新的进展。2004年是北大学生社团活动100周年，12月21日，团委隆重举办了北京大学学生社团活动100周年纪念大会暨2004年度社团评优表彰会，评选产生了新一届"品牌社团"和年度"十佳社团"。

2004年，团委举办了"百年风华，世纪青春"北京大学第八届社团文化节、高校学生理论社团纪念五四运动85周年研讨会、山鹰风雪15年系列活动、车协文化周以及首届日本文化节、韩国文化节、武术文化节等成为本届文化节的亮点。4月下旬，团委组织社团积极参与了北京大学106周年校庆暨首届国际文化节的相关工作。下半年，团委大力加强社团思想政治教育工作，整合社团资源，举办了"关注时政 提高素质"、"爱心日"等系列活动。

10月10日，北大青年马克思主义发展研究会荣获了团中央颁发的全国优秀青年学习组织奖；11月15日，许智宏校长向阳光志愿者协会会长刘正琛同学颁发了全校通令嘉奖的嘉奖令。12月9日，北京高等学校学生社团联合会成立，北京大学青年马克思主义发展研究会、爱心社、中医协会(医学部)、北大戏剧社和山鹰社被推选为理事单位，爱心社被推选为常务理事单位。

【青年志愿者行动】 2004年，围绕"与时俱进，开拓创新"的总体思路，青年志愿者协会努力推动北京大学志愿服务事业向着专业化、规范化、社会化、品牌化的方向发展。2004年，在青年志愿者协会注册志愿者3162名，登记注册的院系青年志愿者协会22家，志愿服务类社团8家，专项志愿服务队若干支，"三驾马车"齐头并进，共同进步。

青年志愿者协会结合校内外需要，大力拓展项目建设，志愿服务项目日趋系统化、规范化。3月，青年志愿者协会与厂洼社区达成协议，每周派志愿者赴厂洼进行英语教学，获得了当地居民的高度评价。9月10日，青年志愿者协会在三角地举办了以"真情寄语，师恩难忘"为主题的大型教师节签名寄语活动。11月，青年志愿者协会援建"北京农友之家打工者文化发展中心"的图书馆在新世纪实验小学正式成立，志愿者还定期前往"农友之家"联系范围内的农民工子弟学校开展支教活动。11月，"她的美丽"艾滋病感染者巡回画展在北大三角地如期举行，突出了2004年"12·1"世界艾滋病日"关注妇女，抗击艾滋"的主题。12月9日，在"一二·九"运动69周年之际，志愿者协会与《湖南日报》、湖南省文联、株洲市文联联合主办了英雄戴碧蓉与北大学子座谈会。

2004年，青年志愿者协会积极调动校内外资源，依托常规工作，大力拓展品牌建设。7月，学生文明礼仪学校面向北京大学全校同学开办"知礼行礼"——大型暑期培训课程，并于10月举办"学礼致用"系列讲座，全年共举办了10余场文明礼仪讲座，受益人数超过1500人次。青年志愿者协会与英国公益组织"玛丽斯特普"合作，在北大开展了"同伴教育"活动，对校内同学进行青春期健康教育，全年共举行15场活动。志愿者协会还大力宣传自愿无偿献血，开展献血志愿服务，2004年共提供了29次150余人的献血服务。12月2日，主题为"法律援助志愿者在行动"的"12·4"全国普法宣传活动正式启动，得到了司法部、团中央、团市委、国际司法桥梁基金会和学校的高度肯定，《人民日报》、中央电视台等近20家媒体出席了发布会。

北京大学十分重视青年志愿者扶贫接力计划研究生支教团的工作。6月13日,北大党委副书记张彦率团赴青海看望了进行支教服务工作的8名北大研究生支教志愿者。第七届支教团招募了13名新的支教志愿者。10月,第五届支教团报告会举行,支教志愿者为同学们讲述了他们的支教经历和感想。2004年底,北大党委副书记张彦及学校各相关职能部门领导和研究生支教团的历届志愿者们齐聚一堂召开茶话会,共同商讨全方位提高北大支教行动的整体价值。

2004年,青年志愿者协会大力宣传奥运理念,努力做好迎奥运志愿服务工作。4月,“绿色祝福,迎接奥运”大型植树活动正式启动,计划在5年中植下2008棵树苗,为2008北京奥运送上第一份绿色祝福,并在怀柔植下了第一批共200棵“奥运林”树苗,刘伟、莫慧兰和凌洁等世界冠军应邀参加了活动并被聘为青年志愿者行动形象大使。8月,青年志愿者协会组织志愿者们参与了北京六台《五星连五环》节目录制。12月,青年志愿者协会联合中央财经大学、北京师范大学、北方交通大学和中国人民大学等高校,共同举办了人文奥运资料巡展。

12月,东南亚地区突然遭受百年不遇的海啸灾害。青年志愿者协会率先在全国高校中发起“关爱生命——为东南亚海啸受灾地区募捐”的活动,募集资金18000余元,包括《人民日报》、中央电视台、新华网、人民网在内的20余家大陆媒体和《大公报》等多家香港媒体都对募捐活动进行了报道,充分肯定了北大同学的国际人道主义精神。

志愿服务工作得到了校内外的充分认可。在人民大会堂举行的“2004中国城市绿色健康万里行”活动表彰大会上,青年志愿者协会和环境与发展协会双双被中华环境保护基金会授予“环保爱心单位”称号。在服务社会的过程中,志愿者中涌现出一批优秀典型,他们的先进事迹得到了校内外的充分认可。中国志愿服务金奖获得者、法律援助者协会前会长蒙晓燕,身患白血病而开创中国民间骨髓库事业的阳光志愿者协会发起者和负责人刘正琛,双双获得学校的通令嘉奖。

【机关建设与组织建设】 作风建设 2004年,团委以深入学习“三个代表”重要思想和贯彻落实党的十六大、十六届四中全会精神为指导,进一步全方位加强作风建设。在《关于建立联系基层制度的若干意见》和《关于加强和改进作风建设的若干意见》等制度规定的基础上,团委进一步健全了校团委机关联系基层团委的分工制度,开展了大量深入基层、联系基层的工作。

机关党务 2004年,团委机关党支部紧紧抓住党的十六届四中全会和五四运动85周年的契机,深入学习、践行“三个代表”重要思想和党关于执政能力建设的理论,全面总结北大共青团在党的领导下奋勇前进的光辉历程。团委机关党支部以规范化为建设重点,大力加强支部民主生活、理论学习等方面的规范化建设。机关党支部还积极推进党风廉政建设的制度化和常规化,重点组织学习了《中国共产党党内监督》条例,并通过制定《党风廉政建设责任制》和修订《北京大学团委党风廉政建设主要任务分工》进一步健全了党风廉政建设的制度体系和工作体系。

信息与财务工作 2004年,团委坚持做好信息工作,及时、主动、全面地收集和整理工作信息,全年共编辑刊发《北大团内信息》40期,并及时上报和下发。团委综合办公室王其华同志被评为2004年度北京市共青团优秀信息员。团委本着“精打细算,厉行节约,合理使用”的原则,对活动经费实行项目化管理,一方面严格执行财务管理制度,一方面充分发挥服务功能,不断提高财务管理工作水平,保证了团委经费的有效使用,有力地支持了学生组织和学生社团的活动,全年财务运转良好。

组织建设 团委以共青团北京大学第十七次代表大会为契机,大力加强组织建设。在团建创新方面,重点推进了社团团建工作,截至年底,共在60余家社团中建立了团支部。5月4日,北京大学团委与武警天安门警卫支队团委在天安门广场举行了合作共建协议签字仪式。通过组织北大师生为武警天安门警卫支队的战士们进行英语、计算机、演讲等方面的辅导,提高了战士们的科技文化水平,促进了军营科技素质建设,受到了战士们的热烈欢迎;同时开展观看升旗、组织同学走入军营等活动,对广大团员青年进行深刻的思想政治教育。双方团委共同组织“坚定信念跟党走,科学发展建小康——迎‘七·一’联欢晚会”、中央电视台“‘红旗飘飘’国庆特别节目——走进国旗护卫队”等大型活动。在基层组织建设方面,团委探索出了“北京大学团委指导、院系团委组织协调、团支部落实调整的三方良性互动”工作机制,举办了“组织有约——北京大学团系统组织工作论坛”,开展了面向各院系团委组织部部长的调研工作,组织了“引导青年参与,促进青年发展,加强共青团机制建设”、“健康心灵新鲜生活”、“修身树德,报国为怀,勇做先锋”、“忆伟人风采,庆祖国华诞,做民族栋梁”等主题团日活动,以及以“新鲜环境健康人”为主题的“2004年度北京大学团支部风采展演大赛”。4月7日至5月12日,开展了共青团系统评优工作;9月,评优工作完成并召开了总结表彰大会。2004年,北京大学团委被评为2004年度“北京市五四红旗团委”,物理学院2003级本科3班团支部和医学部2002级口腔团支部被评为2004年度“北京市五四红旗团支部”,国际关系学院2001级本科生丛小东被评为2004年度“北京市优秀共青团员”。

【共青团干与学生骨干培养】 2004年,团委大力加强团干部的选拔、培养、使用和考核工作,进一步健全学生骨干培养的体制机制。

在思想政治教育方面,团校高举邓小平理论和“三个代表”重要思想伟大旗帜,紧密围绕学校“文明生活、健康成才”主题教育活动展开工作。5月,团校以组织BBS网上讨论,小组座谈,书写学习报告等方式,认真学习了共青团北京大学第十七次代表大会精神。5月4日,团校学员参加了天安门的升旗仪式。当天,北大团校五四运动85周年FTP纪念站点也正式开通。9月,党的十四届六中全会胜利召开,北大团校率先在校内打出了“深入学习贯彻党的十六届四中全会精神”的横幅,并邀请北京大学马克思主义学院刘志光副教授举行了主题为“革命、建设与改革——中共执政能力的历史与战略分析”的讲座。11月,团校开展了“纪念孙中山先生,声讨台湾‘去中国化’行为”主题讨论活动,增进了同学们对台湾历史和现状的了解。12月,团校邀请北大校党委副书记、北大团校名誉校长张彦举行了题为“当代北大学生的政治思考”的讲座。12月,团校组织了“世界艾滋病日”系列活动。

在组织建设方面,北大团校积极建设组织文化,搭建既有主旋律又富多样化、既有高品位又有多层次的活动平台,切实提高学员的学习能力、实践能力和创新能力,拓展学员的综合素质。3月,团校组织了“青春北京”系列活动,包括密云植树活动、古长城志愿行等。4月,团校组织学员观看了西部支教专题话剧《托起明天的太阳》。10月,团校组织了模拟美国总统竞选活动。11月,团校组织了北京大学食堂涨价情况调查活动。同月,团校组织了“透过动漫看日本”等文化研究活动。12月,团校举办了首届“团校之声”主题辩论赛,同月,举行了北京大学团校系统工作研讨会暨新年茶话会和院系基层团校研讨会。团校还编纂了《北京大学团校制度汇编》,总结了历届团校制度建设的经验,进一步推动了团校工作的规范化和科学化。

北京大学研究生骨干学校成立于1994年12月,是由北大团委创办的面向全校研究生的骨干培训机构,至2004年已举办九期,培养了一大批品学兼优、德才兼备的高素质研究生骨干。

2004年3月,第八期研究生骨干学校举办了以“关注台海局势,心系祖国统一”为主题的北京大学第三届研究生“国是论坛”。4月,研究生骨干学校推出“学员讲坛”活动,通过由学员讲解、讨论热点问题或学科前沿知识,密切学员交流,也为学员创造了表达自己、锻炼能力的机会。8月14日至8月21日,研究生骨干学校组织学员赴内蒙古自治区阿拉善左旗进行暑期社会实践,实践团通过全面调研和与当地干部群众广泛交流,完成了多篇调研报告,提出了一系列意见和建议,得到当地领导和群众的一致好评,该实践团被评为“2004年度首都大学生社会实践优秀团队”。10月26日,第九期研究生骨干学校举行了开学典礼。第九期研究生骨干学校首次采用扁平化的组织架构,即实行秘书处领导下的团队制,直接调动每个学员积极性,增强研究生骨干学校的凝聚力、战斗力和影响力,并开创了名师课堂、技能培训、课题调研、社会实践等培养框架和板块。9月,研究生骨干学校组织学员集中学习贯彻中央16号文件精神,全面提高学员的理论水平,并推出了“乘书破浪,与时代同行”读书计划。12月6日,研究生骨干学校举行“新时期研究生骨干培养工作创新”暨庆祝北京大学研究生骨干学校成立10周年座谈会,就新时期研究生骨干培养模式进行了深入探讨。12月16日,研究生骨干学校“学员讲坛”走进基层,这是研究生骨干学校通过深入开展社会实践增强大学生思想政治教育实效性和创造性、探索新时期研究生骨干培养机制的一次重要尝试。

暑假期间,开办了“暑期组织工作干部培训班”、“暑期学术实践工作培训班”、“励志青春,健康成才”团校暑期研修班、“知礼行礼”——暑期大学生礼仪修养培训系列课程等短训班,对团委机关、基层单位团组织的学生干部和其他团员骨干进行了共青团理论、团务技能知识、科学文化知识等方面的培训。

【万柳学区共青团工作】 2004年9月,万柳团工委秘书处组织力量对已有的突发事件处理预案进行了详细修订,形成了新的《北京大学万柳学区团工委处理突发事件预案》,进一步细化了突发事件的处理步骤,增强了预案的可施行性,提高了事件处理的效率和效果。为防止交通意外,保障万柳同学安全,团工委在2004年5月和10月各制作了一批“交通安全指南”彩色折页发给同学。11月初秋冬交替之际,又特地制作了“温馨提示”,贴在各区宿舍和食堂门口,以做好因天气变化带来的各种突发事件的预防工作。

团工委在已有基础上进一步加强组织建设,充分发挥了“团工委—院系团工委—团支部”三级团组织的作用。为更好地联系基层,调动基层团组织的积极性和创造性,团工委坚持了定期召开基层团工委书记例会和组委、宣委例会的制度。此外,团工委还建立了"分片负责,落实到人,长期联系,及时反馈"的基层走访制度,组织团干部直接深入同学宿舍调查研究、了解情况。与问卷调查同时,团工委对国际关系学院、艺术系、生命科学学院等多个院系进行了基层走访,更加直接地了解了同学们在生活中所遇到的困难,力求为其排忧解难。

为了及时掌握同学们的心理状况,了解他们的需要,并且有针对性地解决困难。3月18日,万柳团工委交流信箱正式开通。交流信箱是团工委与万柳同学进行交流的平台,是帮助万柳同学解决各种困难的渠道。5月和11月,万柳学区团工委和万柳学区办公室一起举办了"宿舍文明生活月"活动。在活动中,团工委对各宿舍区进行了卫生检查,并评选了万柳学区的"文明卫生宿舍"。

团工委11月10日～12月10日举办了主题为"共青团自身能力建设"和"加强与改进研究生思想政治教育"的征文活动。收到了17个院系的24篇文章,其中有关"共青团自身能力建设"的文章8篇,有关"加强与改进研究生思想政治教育"的文章16篇。《万柳团讯》经过以往工作的探索、实践,已经形成了较为完善的体系与制度,同时也是上级领导了解团工委工作的重要途径,基本上沿袭了以往团讯的风格,内容和版式正规,栏目丰富,"会议传真"和"工作回顾"栏目全面客观地报道团工委的日常工作,"院系风采"和"基层团工委书记访谈"栏目及时反映基层团工委的工作动态,为基层团工委提供了展示风采的舞台。

团工委大力开展了志愿服务工作,并专门成立了志愿者服务总队,下辖电脑维护志愿小组和法律援助小组。电脑维护志愿小组成立以后,迅速在万柳学区同学的日常生活中发挥了重要的作用,受到了学区同学的广泛好评。法律援助小组是团工委与北京大学法律援助协会合作,为万柳学区的同学提供无偿法律咨询及其他法律服务的志愿者组织。团委还积极开展多种活动,丰富同学们的文化生活,5月和6月分别举办了"万柳生活随想"主题征文活动和"人在万柳"摄影大赛,9月到11月又举办了万柳学区英语角、乒乓球比赛及爱国电影放映等丰富多彩的活动。12月31日晚,团工委与万柳学区办一起,为万柳学区的同学们奉献了一场精彩的新年狂欢夜晚会。

(团　委)

医学部共青团工作

【概况】 2004年,共青团北京大学医学部委员会在上级团组织和医学部党委的领导下,高举邓小平理论和"三个代表"重要思想的伟大旗帜,深入学习贯彻党的十六大、十六届三中全会、共青团十五大精神,积极落实北京大学第十一次党代会、第十七次团代会关于共青团工作的有关部署,紧密围绕北京大学加快创建世界一流大学的宏伟目标,服务医学部中心工作,服务青年成长、成才需要,以纪念五四运动85周年、邓小平同志诞辰100周年、建国55周年等历史事件为契机,把握北京大学第十七次团代会和医学部第十四次团代会胜利召开的大好时机,不断加强团组织自身建设,重视干部队伍培养,充分发挥团组织的育人作用,引导同学文明生活,健康成才,团结带领医学部广大团员青年,较圆满地完成了年初所确定的工作计划,脚踏实地,勇于探索,大胆创新,为医学部的建设做出了积极的贡献,为共青团的发展注入了新的活力。

【组织建设和思想政治工作】 团建是共青团工作的根本,是团组织实现可持续发展的内在要求。医学部团委在原来的基础上,坚持以活动促建设、以建设促发展的原则,夯实基础,转变作风,努力推进团建创新,积极探索新形势下共青团组织体系构建和工作途径,突出医学部的特色,加强共青团自身的基础性建设,为各项工作的顺利开展提供有力保障。思想教育功能是共青团工作的核心,医学部共青团组织作为学校思想政治工作的一支重要力量,始终坚持把"培养人"作为一切工作的出发点和落脚点,始终坚持用邓小平理论和江泽民同志"三个代表"重要思想武装广大团员青年的头脑,深入贯彻团的十五大精神,始终坚持对广大团员青年开展爱国主义、集体主义、社会主义和"三观"教育。2004年,医学部团委继续坚持以先进理论构建团员青年精神支柱,坚持思想育人与实践育人相结合,利用纪念"五四运动"85周年、建国55周年等历史事件为契机,通过各种有效方式,不断改进工作方法,积极推进思想政治教育工作,增强了思想政治工作的针对性、时代性和实效性,使团的思想建设得到进一步加强。

调查研究　2004年,医学部团委结合自身实际情况,逐一走访各基层团组织,深入了解各基层团组织的状况,进一步增强与基层团组织的沟通和了解,通过对基层团组织工作环境、工作状态的调查研究,掌握第一手资料,更好地确定了2004年度工作目标和工作重点,为2004年工作的开展奠定了良好基础。在2004年的日常工作中,医学部团委大兴调研之风,通过调研调整工作方法;致力建设沟通机制,通过沟通实现工作透明化。

制度建设　共青团工作的制度建设是新时期团建的重要内容,是团组织走向规范化、制度化发展道路的必要条件,也是共青团工作上层次、上水平、创一流的标志。几年来,在不断学习、领会团中央、团市委有关精神的基础上，结合北京大学医学部的共青团工作的实际情况，认真总结新时期医学部共青团工作的新思路、新经验和新方法，制定了一些团内规章、制度和办法。2004 年，医学部团委大力加强团的基层组织建设，充分发挥基层团组织的积极性和创造力，结合《北京大学医学部共青团工作制度汇编》的使用，进一步完善了团的各项组织制度。医学部团委坚持高质量完成团员教育评议和团员注册工作；在思想教育、推优入党、理论学习和重大活动中注重调动团支部的力量，使之成为班级的政治核心；通过“团支部达标创优评比”及“优秀团支部答辩会”等活动以评促建，使一批优秀的团支部脱颖而出，起到了示范带动作用。2004 年，医学部团委结合 2003 年颁布的《关于团费收缴和管理的规定》，加强了对团费收缴与使用管理工作，努力做到“让每一分钱都在团的建设中发挥最大的作用”。

干部培训　加强团干部队伍建设是保障共青团战斗力的基础。2004 年，医学部团委坚持集中培训与自学相结合、理论提高与社会实践相结合的原则，通过开展“传承五四火炬、共谱青春乐章”新老团干部座谈会、优秀企业文化考察等活动，拓展团干部工作思路，提高团干部的综合素质和工作能力，加强团的干部队伍建设，使团组织成为培养和锻炼骨干分子的摇篮，努力建设一支党放心、青年满意的团干部队伍。与此同时，团委还适时地利用学生干部大批更替的时机，针对各级学生会、研究生会、学生社团特点，举办不同层次的学生干部培训班，实现了学生组织自我管理、自我教育、自我服务。通过学习和交流，提高了学生干部的工作使命感和责任感，增强了他们做好工作的信心和决心。通过不同层次、不同方式的干部培训，不断加强团干部、学生干部之间的交流和沟通，加强其工作能力和思想政治素质的提高，建设一支高效的团干部队伍。2004 年，团委创造性地公开招聘团委兼职学生干部，一批优秀的学生干部在公开竞聘中脱颖而出，为医学部团委补充了新鲜血液。

达标创优　“达标创优”是新时期新形式下全面推进基层团组织建设的重要载体和有效手段，也一直是医学部共青团工作的重要内容之一。为进一步提高基层团干部和广大团员的综合素质，更好地树立医学部共青团组织的良好形象，鼓励在“达标创优”活动中涌现出的先进个人和先进集体，医学部团委隆重举行了“达标创优”表彰大会：北京大学药学院 2002 级—4团支部荣获“北京市五四红旗团支部”；北京大学临床 2001 级—2团支部等 7 个团支部荣获“北京市‘先锋杯’优秀团支部”；北京大学第三医院胥雪冬荣获“北京市优秀团员”；北京大学第三医院团委等 5 个基层团委荣获“北京大学医学部红旗团委”称号；第一医院成人眼科团支部、基础 2001 级团支部等 32 个团支部荣获“北京大学医学部优秀团支部”称号；护理本科 2000 级团支部荣获“国旗护卫团支部”称号；临床 2003 级—5 团支部、药学 2003 级—1 团支部等 9 个团支部荣获“北京大学医学部提名优秀团支部”称号；梁书静、王辉等 24 人荣获“北京大学医学部优秀团干部”称号；刘妍、丁颐等 32 人“荣获北京大学医学部优秀团员”称号。通过表彰在全团范围产生了非常积极的影响，拓展了共青团的工作平台，促进了共青团工作的全面推进。

优化团的宣传阵地　团委积极推动宣传教育工作，把握好思想教育和校园文化的导向。在加强对广播站、团内信息、《北医之窗》等传统校园媒体进行指导和建设的基础上，积极进行网络建设，推进团委的信息化工作，展示团委形象，服务团员青年，鼓励学生加强自身文明修养，自觉投身校园文明建设。为配合纪念日和主题活动的开展以及医学部第十四次团代会的召开，团委充分运用广播站、橱窗、《北医之窗》、新闻网推出专题、专栏、专刊，宣传时事热点、团务知识，营造了良好的校园文化氛围。通过建设团的宣传阵地，医学部团委扩大了舆论影响力，组织形象逐渐形成。

理论建设　医学部团委坚持以马克思列宁主义、毛泽东思想、邓小平理论和“三个代表”重要思想为指导，加强团的理论建设；从医学部共青团的发展过程中总结经验，研究团建规律和青年运动的规律，主动学习兄弟团组织的成功经验和先进的团建理念。在医学部第十四次团代会召开前夕，团委在总结四年来的工作经验的基础上，组织编写了《与实践同行，为青春高歌——北京大学医学部优秀团建论文汇编》，为今后团建理论创新打下了良好的基础，将医学部的共青团工作带上了一个新高度。

团校工作　各级团组织始终站在思想教育的第一线，将思想教育放在团的工作首位，用邓小平理论武装青年，在广大团员青年中大力开展爱国主义、集体主义、社会主义教育，不断拓展其教育内涵，推动世界观、人生观、价值观教育，使医学部团的思想教育不断向前发展。为了贯彻落实医学部第十四次团代会的精神，结合医学部党委“加强学生思想政治教育宣传活动周”的开展，更好地对同学进行基本党务、团务知识的教育，促进同学关心时事，全面成长。2004 年新生团课暨初级党课对原有内容进行了优化整合，邀请党委副书记李文胜、党委宣传部部长姜辉、团委书记丁磊分别就“青年如何加强党性修养”、“积极努力加入中国共产党”、“共青团的发展与青年成长"进行了专题讲座,同时还请第五届中国(青海项目区)青年志愿者扶贫接力计划研究生支教工作先进个人沈鹏、汤可两位同学为同学们讲述了西部支教的经历。团课内容丰富详实,深受同学们的好评,有400余名团员青年报名参加。

主要活动

1. 纪念"五四运动"85周年　医学部团委为纪念五四学生爱国运动,弘扬五四精神,号召广大团员青年构建文明的生活方式,展现积极昂扬的精神风貌,以"北大人与中华民族的伟大复兴"为主题,以奋发的历史激励人,以光荣的传统鼓舞人,引导广大团员青年形成"秉承革命传统,树立远大理想,以所学报效祖国,以热情奉献社会"的共识,开展了形式多样的活动。医学部团委向各二级团委发出号召,各级组织开展"深入学习'三个代表'重要思想、贯彻十六大精神"系列主题活动,在广大团员青年中掀起了学习十六大精神和"三个代表"重要思想的高潮。

2. 庆祝55周年国庆　在庆祝祖国母亲55周岁生日之际,医学部团委把握时机,通过制作系列宣传教育展板,回顾新中国成立以来的发展变迁,缅怀革命伟人的丰功伟绩,使同学们充分感受到祖国的强盛和繁荣,提升团员青年的责任感和使命感。同时,10月1日,组织医学部99名团员青年同首都1.5万多名青少年欢聚天安门广场,隆重庆祝新中国55周年华诞。

3. 奥运会火炬传递　2004年雅典奥运会火炬北京传递活动的路线将北大校区列在其中。医学部团委积极组织同学参与了奥运火炬的接力活动。通过这堂生动的教育课,引导同学们将"更高、更快、更强"的奥林匹克精神带到学习工作中,力求卓越、拼搏上进。

加强和改进大学生思想政治教育活动　为了进一步学习、贯彻、落实《中共中央国务院关于进一步加强和改进大学生思想政治教育的意见》,在纪念"一二·九"运动69周年期间,医学部团委配合党委在医学部范围举办了以"社会主义教育、集体主义教育和爱国主义教育"为主题的"加强大学生思想政治教育宣传活动周"。通过祖国风光摄影书画展、《理想之歌》——抗战英烈事迹讲座、大型音乐史诗——《碑树人心中》、革命历史题材影片展等形式多样的活动,开拓了同学们的视野,增强了同学们的民族责任感和使命感。

首届医院文化论坛　2004年,医学部团委举办了以"活跃医院文化,凝聚青年人心"为宗旨的首届医院文化论坛,通过邀请国内知名学者进行医院文化讲座、举办医患关系演讲比赛、组织团干部和优秀青工团员代表赴山东考察优秀企业文化等活动打造青工团组织独特品牌,为附属医院的青工团员提供了文化交流的平台。

医学部第十四次团代会　2004年11月27日,历经2个多月筹备工作的共青团北京大学医学部第十四次代表大会胜利召开。会上,迟春霞同志代表共青团北京大学医学部第十三届委员会作了题为《以人为本·求真务实·团结带领医学部全体团员青年为培养高素质医药卫生人才和加快创建世界一流大学而努力奋斗》的工作报告,全面、客观地总结了自2000年以来医学部共青团工作。扎实、稳妥地提出了今后一个时期医学部共青团工作的方向和目标。大会还选举产生了新一届团委委员和书记班子,选举丁磊同志为团委书记。

【青年志愿者与"青年文明号、青年岗位能手"创建工作】　青年文明号已经成为社会公认的优秀青年群体的同义语,成为展示和传播社会主义精神文明的窗口。创建"青年文明号"行动已经成为医学部参与医药卫生系统精神文明建设的重要形式。医学部团委引导医院团组织结合本单位实际,围绕《公民道德建设实施纲要》,倡导职业文明,大力弘扬"崇尚学习、锐意创新、团结协作、争创一流"的时代精神,争做"三个代表"重要思想的积极实践者,进一步深化了"号、手"争创活动。2004年,医学部团委被团中央授予"十年青年文明号工作优秀组织奖",第三医院心内科23病房、第三医院神经科24病房、口腔医院正畸科荣获2003年度"北京市青年文明号"称号;第三医院北京大学眼科中心(北医三院眼科)病房、人民医院急诊科、第一医院传染科一病房被重新认定为"北京市青年文明号";第一医院高嵩、基础医学院张卫光、公共卫生学院朱文丽荣获2003年度"北京市青年岗位能手"称号。医院共青团工作坚持以医院精神凝聚人。各医院团委积极组织"号、手"创建单位的优秀分子和团内骨干,开展多种形式的志愿服务工作,通过义务导医、医疗咨询、义诊、"一加一"结对互助等活动,向社会展示了北医系统团员青年精湛的医术和高尚的情操,产生了良好的社会效益。2004年,医学部团委举办了以"活跃医院文化,凝聚青年人心"为宗旨的首届医院文化论坛,通过邀请国内知名学者进行医院文化讲座、举办医患关系演讲比赛、组织团干部和优秀青工团员代表,赴山东企业文化考察等活动,打造青工团组织独特品牌,为附属医院的青工团员提供了文化交流的平台。

青年志愿者活动是青年参与社会需求的反映,也是青年实现社会参与愿望的重要方式和途径。2004年11月,在医学部团委的指导下,"北京大学医学部青年志愿者协会"在医学部内开始推行注册志愿者制度。青年志愿者指导中心的成立,弥补了团委在青年志愿者活动指导方面的空缺,使医学部青年志愿者工作走上了规范化、制度化进程。目前，医学部共有400余名注册志愿者，仅11月青协就为志愿者提供了6000余志愿工作时。在继续开展义诊、临终关怀、心理咨询等富有医学部特色志愿服务活动外，还参与了艾滋病周健康宣传活动、外来人员子弟学校支教等服务活动。在丰富多彩的志愿服务活动中，广大青年志愿者发扬“奉献、友爱、互助、进步”的精神，在志愿服务中尝到了奉献社会的喜悦和满足，同时也向社会展示了医学部志愿者良好的精神风貌和社会责任感、使命感。

【社会实践工作】 医学部团委响应市委宣传部、市委教育工委、团市委、市教委、市学联联合下发的《关于组织开展2004年大中专学生志愿者暑期社会实践活动的通知》的有关要求，抓住历史契机，将2004年暑期社会实践的主题定为：“传承‘五四’报国志，落实科学发展观”，旨在引导广大青年学生在实践中深入学习邓小平理论和“三个代表”重要思想，继承和发扬五四光荣传统，树立和落实科学发展观。进一步激发他们成才进步、奋发有为的主动性、积极性和创造性；进一步增强建设祖国，振兴中华的责任感、使命感和紧迫感，坚定跟党走建设有中国特色社会主义道路的理想信念。在实践活动中，同学们充分发挥自身医学专业优势，积极投身社会实践活动，在实践中“受教育、长才干、做贡献”；在实践中认识国情、奉献社会、提高素质；在实践中向社会倡导科学、文明、健康的生活方式。根据实际情况，医学部团委坚持突出重点、校地结合的原则，精心组织了3支社会实践队，分别是医学部红色之旅赴广西百色分团、医学部赴内蒙“三下乡”社会实践团、北京大学首届医院文化论坛之企业文化考察团。同时，还积极组队参加了团市委、市学联组织的“小平您好”首都大学生纪念邓小平同志诞辰100周年赴四川广安的社会实践活动。其中，北京大学首届医院文化论坛之企业文化考察团获得“2004年度首都大学生社会实践特色实践团队”、“小平您好”首都大学生纪念邓小平同志诞辰100周年社会实践四川广安分团获“首都大学生纪念邓小平同志诞辰100周年社会实践优秀团队”、团委社团实践部部长肖冰冰同志获“2004年度首都高校社会实践先进工作者”。

【学生组织和校园文化】 学生会和研究生会是学校和学生的桥梁，代表着广大同学的利益。团委通过不断指导和帮助“两会”进行制度建设、健全队伍，使其更好地发挥学生组织的职能。2004年，“两会”班子平稳完成了调整和换届工作，使“两会”更好地代表广大学生的切身利益，合法行使民主管理、民主监督的职能，通过提案等渠道，正确反映学生的心声，积极向学校反映医、教、研、管理、服务等方面存在的问题，为学校改革、发展献计献策。进一步加强对研究生会的指导。通过走访调研，逐步理顺研究生管理体制，各院系成立研究生分会，在各二级单位团委（总支）的指导下开展工作；协助医学部研究生会举办了研究生学术节，丰富了研究生的文化学习生活；通过开展暑期社会实践，大力促进学术科研和社会实践领域中的研本联合。继续加强对学生会的扶助。以贯彻落实学生代表大会的会议精神为主线，坚持“自我教育、自我管理、自我服务”的工作方针，以项目化管理为载体，开展了形式多样的校园文化活动，积极的推进了校园精神文明建设；切实维护广大学生的利益，做好学生与学校的桥梁和纽带。

校园文化建设是营造良好校园氛围、提高学生、青工综合素质的有效途径。医学部团委一直本着“建设一流大学，要有一流的校园文化”的宗旨，坚持主旋律的正确方向，积极建设“学术活动高层次、文体活动高品位”的校园文化。随着首都高等教育的快速发展和素质教育的稳步推进，高校学生社团数量大规模增加，社团活动日益丰富，校际联系不断增强，为进一步规范社团管理，2004年，医学部团委首次面向全校公开招聘学生兼职团干部，成立社团实践部，旨在引领同学们能够自我管理、自我教育、自我服务、自我约束，促进学生社团的健康发展和社团成员的成长成才。一年来，团委通过重新修订社团管理章程，举办社团骨干培训等工程，思想建设引导社团，文化建设丰富社团，组织建设规范社团，以改革精神推进了北医社团的稳步发展，书写校园文化新篇章。

2004年，团委围绕“文明生活，健康成才”的主题，精雕经典活动，打造全新品牌，积极建设“高品位、高格调、高质量”的校园文化格局，引导广大团员青年加强自身修养，自觉投身于校园两个文明的建设中。

新生作为大学生人生的一个新起点，进入大学开始的经历对他们的大学生活，甚至一生都十分重要，团委以新生活动月为起点，用“我说故我在”主持人大赛、新生知识竞赛、新生篮球赛、新生文艺晚会等全面展示新生才艺和风采，让新生一入校就感受到校园文化，并很快融入北医的校园文化。

2004年医学部举办第十一届社团文化节。此次社团文化节以“为青春着色，为社团喝彩”为主题，活动丰富，异彩纷呈，举办的活动包括：“志愿北京·让爱飞翔”开幕式晚会、“寓教于乐”同伴教育舞会、艾滋病同伴教育走进中央民族大学、“健康生活进清华”同伴教育、“飞扬的青春，流动的精彩”个人羽毛球公开赛、“青春更精彩”美容知识普及活动、"名家面对面"国际象棋入门讲座、"美丽心灵"心理座谈、"我爱轮滑"轮滑表演、"你来我网"趣味网球公开赛、"爱心一百"文具义卖活动、"摄影新视点"参观冲洗暗房、"无声的交流"爱心手语普及讲座、"掌握现金流"未来企业家系列成长培训、"今日中医灿烂"大型义诊以及"I wanna be 璀璨之夜"闭幕式综艺晚会。整个社团节从5月17日至6月8日，为期半个多月，全校20多个社团参加，同时北京师范大学、首都师范大学、中央财经大学、北京对外经济贸易大学等高校的学生社团也参与了最后的演出。此次社团节中，每一个个性洋溢的社团都尽洒独特魅力，共同勾勒出北医校园文化的亮丽风景。

北大生物医学论坛以其学术内容的层次高、角度新、切合社会热点等鲜明特征在校内外享有很高声誉，凸显了北京大学医学部学生在科研、学术上的成长和进步，已成为具有医学部特色的校园文化精品。2004年研究生会，承办了"2004全国博士生学术论坛(医学)"，将"北大生物医学论坛"与全国博士生论坛有机结合，将原有论坛这一品牌活动推向了一个新的高潮。

学生会还承办了"青春五月，与时代同行"第十七届青年科技文化艺术节。丰富多彩的活动从5月10日持续到6月1日。本届校园科技文化艺术节还包括新碧校园大卖场、"展示力量，呈现青春"拔河比赛、电影赏析、"魅力之星"个人风采大赛、班刊大赛、辩论赛决赛、校园5·1电池回收活动、环保图片展、服装服饰搭配大赛决赛暨校园文化节闭幕式等活动，赋予了青年科技文化节，这一传统的校园文化活动以新的时代内涵。

(医学部团委)

· 人　　物 ·

在 校 院 士 简 介

中国科学院
数学物理学部

李政道　美国物理学家。1926年11月25日生于中国上海市，原籍江苏苏州。1944～1946年先后就读于浙江大学、西南联合大学。1946年入美国芝加哥大学物理系研究院学习，1950年6月获哲学博士学位。1953～1960年历任美国哥伦比亚大学助理教授、副教授、教授，1960～1963年任普林斯顿高等研究院教授，1964年至今任哥伦比亚大学费米物理教授，1984年至今任哥伦比亚大学"大学教授"。是中国科技大学、北京大学等11所大学的名誉教授。1994年6月8日当选为中国科学院首批外籍院士。

李政道教授曾获诺贝尔物理学奖(1957年)、爱因斯坦科学奖(1957年)、法国国立学院布德埃奖章(1969年,1977年)、伽利略·伽利莱奖章(1979年)、意大利共和国最高骑士勋章(1986年)、埃·马诺瑞那爱瑞奇科学和平奖(1994年)等。他是美国艺术和科学院院士(1959年)、美国国家科学院院士(1964年)、意大利林琴科学院院士(1986年)和中国台湾"中央研究院"院士(1957年)。

李政道教授关于弱相互作用中宇称不守恒定律以及其一些对称性不守恒的发现，是极为重要的划时代贡献，为此，李政道教授和杨振宁教授共获1957年诺贝尔物理学奖。

从20世纪40年代末到20世纪70年代初，李政道教授在弱相互作用研究领域，做出了许多具有里程碑性质的工作：除去宇称不守恒定律，还有二分量中微子理论、两种中微子理论、弱相互作用的普适性、中间玻色子理论以及中性K介子衰变中的CP破坏等重要研究成果。

在统计力学方面，李政道和杨振宁研究了一阶相变的本质(1952年)；完成了稀薄玻色硬球系统低温行为的分析(1956年)；他们还对量子多体系统的维里展开做了一系列的研究(1956～1959年)，并和黄克孙一起研究了量子玻色硬球系统的能级(1956～1957年)等等。这些研究对多体理论做出了开创性的和重大的贡献。

20世纪70年代和80年代，李政道教授创立了非拓扑性孤子理论及强子模型方面的研究，具有经典意义。量子场论中的"李模型"对以后的场论和重整化研究有很大影响。"KLN定理"的提出，为分析夸克—胶子相互作用奠定了理论基础。"反常核态"概念的提出，深化了人们对真空的认识，推动了相对论重离子碰撞的理论和实验研究工作。用随机格点的方法研究量子场论的非微扰效应，并建立离散时空上的力学，理论上受到广泛重视。李政道教授近年来关于高温超导的系统理论研究工作，也是别具一格的。

从20世纪70年代起，李政道教授为中国的教育事业和科学技术的发展做出了重大的贡献。为了在中国发展高能物理和建立高能加速器，在李政道教授的建议和安排下，自1979年，由几十位中国学者到国外学习和培训，后来成为建立北京正负电子对撞机(BEPC)、北京谱仪和进行高能物理实验的骨干；1982年当中国高能物理事业举棋不定的关键时刻，他帮助中国选择了一个既先进又符合国情的BEPC方案，并促成了中美高能物理合作，使BEPC工程在选择方案、进行设计和建设中，都得到了美国高能物理界的帮助和支持。北京正负电子对撞机能如期建成，并成为当今世界上在c-τ物理研究能区唯一的高亮度电子对撞机，并做出重要的物理结果，这与他的努力是分不开的。

为让中国的年轻人尽快成才，李政道教授除在中国开设长期讲座外，还倡议并创立了中美联合招考物理研究生计划(CUSPEA)，在

1979年到1989年的10年内,共派出了915位研究生,并得到美方资助。

1985年,他又倡导成立了中国博士后流动站和中国博士后科学基金会,并担任全国博士后管理委员会顾问和中国博士后科学基金会名誉理事长。1986年,他争取到意大利的经费,在中国科学院的支持下,创立了中国高等科学技术中心(CCAST)并担任主任,每年回到中国亲自主持国际学术会议,并指导CCAST开展多种形式的学术活动,对提高科技人员的水平起了重要作用。同时,在北京大学建立了北京现代物理中心(BIMP);其后,在浙江大学建立了浙江近代物理中心,在复旦大学建立了李政道实验物理中心。

姜伯驹　1937年生于天津,祖籍浙江。1957年毕业于北京大学数学力学系,留校任教至今。曾在美国普林斯顿高等研究所等处做研究访问。曾任北京大学数学科学学院院长。现任数学科学学院教授、博士生导师。是第三世界科学院院士。

主要从事不动点理论与低维拓扑学的研究。在不动点理论中尼尔森数的计算方面,首创了迹群和有限覆迭方法,取得突破性进展。深入研究低维的不动点问题,对于曲面自同胚,证明了尼尔森数等于最少不动点数;而对于曲面自映射,发现了尼尔森数一般不等于最少不动点数,解决了有半个多世纪历史的"尼尔森不动点猜测"。开创了尼尔森式的周期点理论,并进一步探索与动力系统理论的联系。曾获国家自然科学奖三等奖、二等奖。

张恭庆　1936年生,上海人,1959年毕业于北大数学系,曾在美、英、法、德、意大利、加拿大等国做研究访问。现任北大数学科学学院教授、博士生导师,并被授予"国家级有突出贡献专家"称号。

张恭庆教授在非线性泛函分析及非线性偏微分方程理论研究中都获得了国际领先成果,特别是他建立和发展了孤立临界点无穷维Morse理论,把几种不同的临界点定理纳入了一个新的统一的理论框架,由此又发现了好几个新的重要的临界定理,运用这一理论,得到了一批重要理论成果。此外,他发展了集值映射拓扑度和不可微泛函的临界点理论,解决了一批有实际应用的非线性偏微分方程的自由边界问题。他的这些成果都达到国际领先水平,多次获国家级科学奖。

杨应昌　物理学家,1934年生于北京。1958年毕业于北京大学物理系,留校任教至今。期间曾在法国国家科学研究中心格勒诺布尔磁学研究所和美国密苏里—罗拉大学材料研究中心工作。现为北京大学物理学院教授,凝聚态物理博士生导师。

杨应昌研究物质的磁性。研究宏观磁性和微观结构的联系,以基础研究为先导,结合我国资源特点,在研究稀土金属4f电子和铁族金属3d电子的特性、探索新相、发现新效应、开发新材料方面取得了一系列在国际磁学界具有重要影响的成果。如1980年合成了以稀土—铁为基的新相,该相现在已经成为稀土合金中的一个重要系列;1990年发现了在磁性合金中氮的间隙原子效应,从理论上阐明了间隙原子效应的物理根源;发明了钕铁氮和镨铁氮等新型稀土永磁材料,并持续研究了氮化物的磁畴结构及其反磁化过程,开发了制备高性能磁粉的新技术。

发表论文160余篇,SCI他人引用逾800次,取得多项国内外发明专利。曾获1991年和2003年国家自然科学二等奖,1991年和1993年国家教委科技进步一等奖,1992年王丹萍科学奖,2000年全国优秀博士论文指导教师奖和2004年何梁何利科学与技术进步奖。

陈佳洱　1934年生,上海市人。1954年毕业于吉林大学物理系。1963～1965年应英国皇家学会的安排赴牛津大学与卢瑟福高能研究所等处访问,从事串级加速器和等时性回旋加速器的研究工作。1982至1984年初,在美国石溪大学和劳仑斯伯克利国家实验室做访问科学家。曾任北京大学副校长、校长,现任北京大学技术物理系教授,博士生导师,北京大学重离子物理研究所所长,同时任国家自然科学基金委员会主任、中国科学院数理学部主任、中国科学院主席团执行委员会委员、国家高技术项目主题专家组顾问、中国科协全国委员会常务委员、北京市科协主席、中国物理学会理事长等职。1998～2000年任亚太物理学会主席,2000年选为英国物理学会会员(Chartered Physicist)。

陈佳洱教授长期从事粒子加速器的研究与教学,是一位理论素养与实验技能兼备,熟悉多种加速器的学科带头人。在比较艰苦的条件下完成了4.5兆伏静电加速器的设计、建造以及2×6兆伏串列加速器的改建工程，填补了国内单色中子能区空白和拓展了重离子束核分析技术；主持建成静电加速器质谱计，在国内首次实现 C-14 同位素的超灵敏检测，为国家夏商周断代工程任务的完成做出了重要贡献；在回旋加速器中心区物理和束流脉冲化研究上取得了一系列创造性成果，大幅度地提高了束流输运和利用效率；在加速器发展的前沿，他建议并主持新型重离子 RFQ 加速结构，率先实现用一个 RFQ 同时加速正负离子，大大提高了加速结构的束流效率；推动和主持射频超导加速器的实验研究，取得了具有国际先进水平的成果，为我国新一代加速器的发展做出贡献。在国内外发表论文 150 余篇，获国家科技进步二等奖、国家“863”计划优秀工作者（一等奖）各一项、省部级科技进步一等和二等奖各三项，获美国门罗学院、日本早稻田大学和香港中文大学授予的理学荣誉博士学位。

甘子钊　1938 年 4 月出生，广东省信宜县人。1959 年 10 月于北京大学物理系毕业，1959 年 12 月至 1963 年 1 月在北京大学物理系攻读研究生，毕业后留校任教至今。现任北京大学物理学院教授，中国科学院院士，中国人民政治协商会议第九、十届常委，北京现代物理中心副主任，国家超导实验室学术委员会主任，人工微结构和介观物理国家重点实验室学术委员会主任，《中国物理快报》（《Chinese Physics Letter》）主编，中国物理协会副理事长。

甘子钊的研究领域是固体物理和激光物理。1960 年至 1965 年间，主要从事半导体物理的研究工作。曾在半导体中的电子隧道过程、杂质电子状态、磁共振现象等方面进行过理论研究，解决了锗中隧道过程的物理机理。1970 年至 1978 年间，主要从事激光物理的研究工作，曾在二氧化碳气体激光器和燃烧型气体动力学激光器的研制、气体激光器的频率特性等方面进行过实验和理论研究，对发展我国的大能量气体激光做出一定贡献。1978 年至 1982 年间，主要从事光与物质的相互作用的研究，曾提出多原子分子光致离解的物理模型和光在半导体中相干传播的理论。1982 年至 1986 年主要从事固体电子状态的研究，曾在半导体中杂质的自电离状态量子 Hall 效应、绝缘体—金属相变、磁性半导体中磁极化子、低维系统中电子输运等方面进行理论研究。从 1986 年开始，转入高温超导电性的实验和理论研究，主持北京大学的高温超导和全国超导攻关项目的研究工作，对我国高温超导研究的发展做出重要贡献，并负责组建国家重点实验室“人工微结构物理实验室”的工作，在国际与国内学术刊物上发表论文 50 余篇。甘子钊学术工作的特点是致力于在凝聚态物理与光学物理的前沿研究，并总是力求把理论研究与实验研究结合起来。

文　兰　1946 年生，甘肃省兰州市人。1964～1968 年在北京大学数学力学系读本科，1978 年到 1981 年，在北京大学数学系读研究生，师从著名数学家、国际微分动力系统研究主要代表人之一廖山涛院士。1982 年到 1988 年，在美国纽约州立大学、西北大学数学系学习，其间获得西北大学博士学位。1988 年回国，在北大博士后流动站从事两年研究工作。1990 年 8 月晋升教授。

文兰教授是数学科学学院微分动力系统专家，独立解决了流 C1 稳定性猜测，建立了不一定可逆系统的 C1 封闭引理，证明 Williams猜测对一大类非扩张双曲引子成立。由于这些工作，文兰教授先后获得国家教委科技进步二等奖（1992 年）、国氏博士后奖励基金（1994 年）、陈省身数学奖（1996 年）、求是杰出青年奖（1997 年）。1999 年 11 月，当选为中国科学院理学部院士。

丁伟岳　1945 年生，上海市人，1967 年毕业于北京大学数学力学系数学专业。“文革”后以优异的成绩考取中国科学院数学研究所研究生，1986 年获博士学位。现任北京大学数学科学学院教授。

丁伟岳在几何分析这一当代基础数学的前沿领域的许多重要而困难的课题上做出了令人瞩目的成果。他推广了著名的 Poincare-Birkhoff 定理并将其应用于常微分方程周期解的存在性问题；他在著名的 Nirenberg 问题研究上取得了突破性进展，首次证明了该问题有解的充分条件，这一结果与其他一系列相关研究，推进了具共形不变性的半线性椭圆方程的理论；他在调和映射及其热流的存在性和奇异性的研究、Kahler-Einstein 度量的存在性以及薛定谔流的研究等一系列重要问题上，也获得了有国际影响的结果。多年来丁伟岳领导了北京地区的几何分析讨论班，培养了一批该领域的优秀青年数学家，并取得了丰硕的成果。丁伟岳于 1993 年获国家自然科学二等奖及陈省身数学奖；1995 年获求是杰出青年学者奖；1997 年当选为中国科学院院士。历任中国数学会副理事长（1996～2003），2002

年国际数学家大会组委会下属科学委员会主任,第9和第10届政协委员,第8届民建中央常委。

陈建生 1938年7月生,1963年毕业于北京大学地球物理系天体物理专业,1979～1980年在英澳天文台访问,1982～1983年在欧洲南方天文台访问,现任中国科学院北京天文台研究员,中国科学院—北京大学联合北京天体物理中心主任,北京大学天文系主任。1986年起任博士生导师,1991年当选为中国科学院院士。曾兼任中国科学院数理学部副主任,现兼任中国科学院天文学科专家委员会主任,国家自然科学奖等评审组专家,中国科技大学兼职教授,国际天文学会第9、第28委员会组委,美国《Fundamental of Cosmic Physics》学报编委,国务院学位委员会及人事部博士后专家组成员,中科院学位委员会委员,第八届全国政协委员、第九届、第十届全国人大常委、教科文卫委员会委员,农工民主党中央副主席,九届中—德议会友好小组成员,十届中匈友好小组副组长,中—欧盟友好小组成员。十届北京市政协副主席。主要研究领域:类星体巡天、类星体吸收线、星系际介质、星系物理、施密特CCD测光及大视场、大尺度、大样本天文学,现主持"九五"中科院重大基础研究项目及国家基金委重点项目,为"973"项目"星系形成与演化"首席科学家。

赵光达 1939年10月生,陕西省西安市人。1963年毕业于北京大学物理系。现任北京大学物理学院理论物理所教授。赵光达主要从事粒子物理学的强子物理和量子色动力学方面的研究。首次从QCD轴矢流反常的基本关系出发,研究了h,hȻ与赝标重夸克偶素hC等之间的混合及现象学,解释了J/y的辐射衰变实验,对y(2S)的预言与之后的实验一致。与研究生一起对NRQCD和重夸克偶素物理进行了研究,首次给出了强衰变中色八重态对QCD辐射修正的贡献,证明了红外发散的抵消,并得到了符合实验的P波粲偶素强衰变宽度;指出色八重态可将D波粲偶素在强子—强子碰撞、B介子衰变等过程中的产生率提高一两个数量级,得到了B介子工厂最新实验结果的支持。与合作者在国际上首先预言了奇异数等于－2,－3的重子谱,并被之后发现的W＊(2250)等重子所证实。有关夸克模型和重子谱,重子磁矩,胶子球,及B介子衰变的四篇论文被国际粒子物理界权威评述机构"粒子数据组"在《Review of Particle Physics》中连续引用。

1994年被授予国家有突出贡献的中青年专家。1997年获中国物理学会评选的周培源物理奖。现任欧洲物理学会《The European Physical Journal C》杂志编委。

田 刚 1958年生,江苏南京人。1982年毕业于南京大学数学系,1984年获北京大学硕士学位,1988年获美国哈佛大学数学系博士学位,现任北京大学教授及美国麻省理工学院西蒙讲座教授。曾为美国斯坦福、普林斯顿等大学访问教授。自1998年起,受聘为教育部"长江计划"在北京大学的特聘教授。2001年当选为中国科学院院士。

田刚院士解决了一系列几何及数学物理中重大问题,特别是在Kahler-Einstein度量研究中做了开创性工作,完全解决了复曲面情形,并发现该度量与几何稳定性的紧密联系。与他人合作,建立了量子上同调理论的严格的数学基础,首次证明了量子上同调的可结合性,解决了辛几何Arnold猜想的非退化情形。田刚教授在高维规范场数学理论研究中做出杰出贡献,建立了自对偶Yang-Mills联络与标度几何间的深刻联系。由于他的突出贡献,田刚教授获美国国家基金委1994年度沃特曼奖,1996年,获美国数学会的韦伯伦奖。

徐至展 1938年12月生,江苏苏州人。1962年毕业于复旦大学。1965年北京大学研究生毕业。中国科学院上海光学精密机械研究所研究员、所长,北京大学博士生导师。1991年当选为中国科学院学部委员(院士)。

长期主持激光核聚变研究,在实现激光打靶发射中子、微球靶压缩、建立总体计算机编码及建成6路激光打靶装置等项重大成果中均有突出贡献。在激光与等离子体相互作用领域,特别是在非线性过程或不稳定性研究方面,从实验与理论上进行了系统的深入研究,取得多项开创性重要成果。在X射线激光领域,1981年已实现粒子数反转并发现新反转区;首次在国际上用类锂和类钠离子方案获得8条新波长的X射线激光,最短波已达到46.8埃。在强场激光科学技术领域,特别是在新型超短超强激光、强场激光与原子、分子、电子、团簇、等离子体的相互作用以及强激光驱动粒子加速等研究方面都取得重要成果。

他长期从事并主持激光科学、

现代光学领域的科研工作，在国内重要学术刊物上发表论文300余篇，在约20次重要国际学术会议做特邀报告，作为第一研究者完成的10项重大成果获得国家或中国科学院级奖励，包括全国科学大会重大成果奖1项；国家自然科学奖二等奖1项、三等奖1项；中国科学院自然科学奖一等奖2项、二等奖3项；中国科学院科技进步奖一等奖2项。是国家人事部批准的国家级有突出贡献的中青年科学家，1995年被国务院授予全国先进工作者称号，1998年又荣获何梁何利基金科学与技术进步奖。

周又元　1938年生，江苏南京人。1960年毕业于北京大学物理系。曾任中国天文学会星系和宇宙专业委员会主任。现为中国天文学会常务理事和中国天文学会教育工作委员会主任，北京大学物理学院教授。2001年当选为中国科学院院士。

主要从事类星体和活动星系核的研究，同时涉及宇宙学、宇宙大尺度结构和高能天体物理等的研究。20世纪70年代采用射电类星体子源之间的距离作为判据进行光度标定，改善了类星体的Hubble图，支持了类星体红移的宇宙学起源本质；80年代中期较早利用类星体获得100Mpc的超大尺度结构的观测证据，并被大样本星系巡天所证实；90年代通过对活动星系核内部结构和辐射机制的深入研究，首次得到活动星系核大蓝包形状参数方程，给出了估算中心黑洞质量的新方法；并发现FeKα短时标变化规律新类型，用耀斑模型对各种类型的变化规律进行了统一解释。

发表论文100余篇，其中在国际一流杂志（Ap. J，A&Ap.，M. N. R. A. S）发表13篇，在《中国科学》发表10篇。有15篇论文被国际权威杂志（Nature，Science，天文和天体物理年评，Physics Report等）介绍和引用，Nature（270，205，1977）曾发专文介绍他及合作者研究的内容和意义。1980年和1990年两次获中科院自然科学二等奖，1992年获中科院有突出贡献中青年科学家奖。

苏肇冰　1937年生，江苏苏州人。1953～1958年就读于北京大学物理系。1991年当选为中国科学院院士（学部委员）。现为北京大学博士生导师，中科院院士，第三世界科学院院士。1994～1998年任中科院理论物理研究所所长。

目前主要研究领域为强关联多电子系统，介观系统，低维凝聚态系统和非平衡量子统计。他与周光召、郝柏林、于渌合作，系统地把现代量子场论与统计格林函数结合，发展了适用于平衡和非平衡统计的闭路格林函数方法，已经应用到相变临界动力学等多种问题。与合作者论证了电磁波在粗糙金属表面传播的安德逊局域化，提出了在金属小颗粒悬浮液体中可能通过测量吸收系数观察电磁波局域化的迁移率边界的建议。与于渌合作，推广了黄昆的多声子晶格弛豫理论，建立了准一维有机导体系统中非线性元激发的量子跃迁理论。

1987年获中科院科技进步一等奖。1999年获中科院自然科学一等奖，2000年获何梁何利基金科学与技术进步奖，2000年获国家自然科学二等奖。

张　杰　1958年生于山西太原，河北邢州人。1985年2月毕业于内蒙古大学物理系，获硕士学位；1988年8月毕业于中国科学院物理研究所，获博士学位；1989年1月至1990年12月在德国马普量子光学所做博士后研究（洪堡学者）；1991年1月至1999年1月在英国卢瑟福实验室任研究员；1999年9月至1999年12月在日本东京大学任访问教授。现任中国科学院物理研究所研究员，等离子体物理学家。2003年当选为中国科学院院士。

主要从事X射线激光和强场物理研究。在波长14纳米至6纳米的近水窗波段实现了X射线激光的饱和输出，解决了通向水窗的主要物理难题；研究了X射线激光的最佳泵浦脉冲结构，为X射线激光的小型化做出了贡献；对相对论强激光作用下电子在固体表面的高速运动进行了探索，产生了波长最短的固体高次谐波；测量了与快点火激光核聚变相关的“钻洞”速度，并揭示出其中的物理规律；对超热电子的产生和传输机制进行了深入研究，测量出了高能超热电子的角分布，同时揭示出静电分离势对超热电子的影响，实现了高能超热电子的定向发射和在低密和高密等离子体中的定向传输；对飞秒脉冲强激光与大气相互作用的物理过程进行了研究，在大气中产生了长等离子体通道并获发明专利；揭示了等离子体定标长度和激光偏振对超强激光与等离子体相互作用的影响；与同事一起，研制出超短超强激光装置和其他强场物理诊断系统，建立了先进水平的强场物理研究平台。

1997年获国防科工委科技进步奖；1998年获中国青年科学家奖；1998年获国家基金委杰出青

年基金;1999 年获香港求是基金会青年学者奖;2000 年获中科院科技进步奖;2002 年获中国光学学会王大珩光学奖;2003 年获中国物理学会饶毓泰物理奖。

社会兼职有:IUPAP C:17 量子电子学执行委员会委员;国际 X 射线激光研究理事会理事;OECD 超短超强激光委员会委员;英国物理学会高级会员;亚太原子分子物理国际顾问委员会顾问;物理学报副主编;物理杂志副主编。

张焕乔　核物理学家,1933 年 12 月 23 日生,重庆人。1956 年毕业于北京大学技术物理系,一直在中国原子能科学研究院工作,现任研究员、博士生导师和北京串列加速器国家核物理实验室主任。兼任北京大学教授、中核集团公司科技委高级顾问、国防科工委专家咨询委员会委员、中国物理学会常务理事。1997 年当选为中国科学院院士。

先后从事中子物理、裂变物理和重离子反应的实验研究。为我国第一台中子晶体谱仪和第一台中子衍射仪的建立做出了重要贡献。参与压电石英单晶中子衍射增强现象的发现,并提出合理解释。为国防需要测量部分重要核数据,提供若干测试手段和方法。系统研究自发裂变和中子诱发裂变的中子数及其与碎片特性的关联,提供了高精度^{252}Cf自发裂变的平均中子数,成为国际上“热中子常数和^{252}Cf自发裂变中子产额”这组重要初级标准中被收入的唯一中国数据。系统研究近垒和垒下重离子熔合裂变角分布,在国际上首先采用碎片折叠角技术实现将熔合裂变与转移裂变分开,发现碎片角异性的异常现象,并参加提出理论解释,最近得到国外实验支持。在国外合作研究垒下重离子熔合反应的平均角动量激发函数和熔合势垒分布中,首次揭示双声子激发引起熔合势垒分布劈裂成三个峰,表明复杂的核表面振动影响垒下熔合增强。该工作成为这方面研究的一个典型工作。采用转移反应作探针和发展 ANC 方法,首次研究稳定核激发态中子晕,观测到^{12}B第二,第三激发态和^{13}C第一激发态为中子晕态,扩大了晕核研究范围。

在国内外杂志发表上百篇文章,曾应邀 16 次在国际学术会上做报告。曾获国家自然科学奖等多项奖励,1991 年被评为核工业总公司优秀科技工作者,2004 年获何梁何利奖。

中国科学院化学部

张青莲　博士,中国科学院院士,著名化学家。1908 年生,江苏常熟人。1930 年毕业于上海光华大学,1936 年获德国柏林大学博士学位,并进入瑞典斯德哥尔摩物理化学研究所当访问学者。回国后曾任西南联大教授、清华大学教授、北京大学教授、博士生导师、北大化学系系主任、中国科学院化学部副主任及中国质谱学会理事长。

他是我国重水及稳定同位素化学研究的先驱和奠基人。1934～1984 年的 50 年中,一直在深入系统地进行中重水和稳定同位素的研究。发表学术论文百余篇。参与重水生产和锂同位素分离,对我国核工业建设做出贡献。耄耋之年致力于原子量新值测定。1991～2002 年间共进行 In、Ir、Sb、Eu、Ce、Er、Ge、Dy、Zn、Sm 10 个原子量新值的测定。并全部被国际 CAWIA 正式确认为原子量国际新标准。

唐有祺　中国物理化学家。1920 年 7 月生于原江苏省南汇县。1942 年毕业于同济大学理学院化学系。1946 年秋入美国加州理工学院,主修化学,副修物理,1950 年获博士学位,并在原校任博士后研究员。1951 年回国任教于清华大学化学系,1952 年院系调整转入北京大学。1980 年当选中国科学院学部委员(院士)。曾任北京大学物理化学研究所所长、分子动态与稳态结构国家重点实验室主任、国家教育委员会科学技术委员会主任、中国化学会和晶体学会理事长以及化学译报和物理化学学报创始主编等职。

唐有祺半个多世纪以来一直从事物理化学和结构化学的科研和教学工作。留学期间师从著名化学家 L. 泡令,主攻晶体结构分析和化学键理论,研究合金中形成超结构以及六亚甲基四胺与金属离子络合的本质问题,并在博士后期间涉足蛋白质晶体学。回国后首先开设晶体化学课程,筹建结构化学实验室并培养队伍,得以在 1960 年前后取得了首批成果,其中有:首批晶体结构测定结果,专著《结晶化学》和《统计力学》,还有两篇分别针对 DNA 双螺旋结构和两种红蛋白结构的来龙去脉以及有机物电子结构理论问题进行分析的论文,后者还特别对化学中共振的本质做出了阐发。

1970 年结合国内石油化学业的发展的需要,研究了部分氧化和聚合反应的催化剂,并对活性组分在载体上的分布方式和规律有所揭示。同一时期,他主持的实验室还是参加胰岛素结构测定的主要单位之一。1979年建成生物大分子结构实验室和表面分析实验室，得以开展生物分子结构和表面物理化学研究。90年代历任攀登项目“生命过程中重要化学问题研究”的首席科学家，还曾建议设立另一项目“功能体系的分子工程学研究”并被任为顾问。著有《结晶化学》(1957)、《统计力学及其在物理化学中的应用》(1964)、《化学动力学和反应器原理》(1974)、《对称图像的群论原理》(1977)、《有限对称群的表象及其群论原理》(1979)和《相平衡、化学平衡和热力学》(1984)，并发表论文300余篇。

徐光宪　1920年生，浙江绍兴人。1944年毕业于上海交通大学化学系，1951年获美国哥伦比亚大学博士学位，回国后在北大任教。先后曾任北大化学与分子工程学院教授、稀土化学研究中心主任、博士生导师、国家自然科学基金委员会化学科学部主任、中国化学会理事长、中国稀土学会副理事长等职。1980年当选为中国科学院学部委员(院士)。

徐光宪教授与合作者在量子化学领域中，提出了原子价的新概念nxcπ结构规则和分子的周期律、同系线性规律的量子化学基础和稀土化合物的电子结构特征，被授予国家自然科学二等奖。他的“串级萃取理论”，把我国稀土萃取分离工艺提高到国际先进水平，并取得巨大经济和社会效益，其《物质结构》一书在长达四分之一世纪的时期内是该课程在全国唯一的统编教材，被授予国家优秀教材特等奖。

冯新德　1915年生，江苏吴江人。1937年毕业于清华大学化学系，1948年获美国诺德丹大学博士学位。1952年由清华大学调入北京大学。现任北大化学与分子工程学院教授、博士生导师，曾任《高分子学报》、《中国高分子科学》主编。1980年当选为中国科学院学部委员(院士)。

冯新德教授为中国高等学校第一个高分子化学专业的创始人之一。在自由基聚合、共聚合、医用高分子材料、生物降解药物缓释放高分子、电荷转移光聚合、开环聚合等方面的研究中都取得了突出的成绩，获得多项国家奖励、日本高分子学会演讲奖和国际奖以及何梁何利科学技术进步奖。

张　滂　1917年生，江苏南京人。1942年毕业于国立西南联合大学化学系，1949年获英国剑桥大学博士学位。现为北大化学与分子工程学院教授，博士生导师。兼任中国化学会常务理事等职。1991年当选为中国科学院学部委员(院士)。

张滂教授在有机化学领域有很深的造诣，他特别着重于基础理论研究，取得了独创性的成果，在国内外重要期刊上发表了数十篇高水平的论文。他在以天然产物为中心的有机合成、新型化合物、试剂和方法的研究及新的有机反应的发现等研究领域都做出了突出的贡献。他还长期担任国家化学课程改革的学术领导工作，为我国有机化学人才的培养、教材建设及教学改革做出了重大贡献。

黎乐民　1935年生于广东省电白县。1959年北京大学技术物理系毕业后留校任教。1965年北京大学研究生毕业。1984年2～9月在美国北卡罗莱纳大学做访问学者，1984年10月年至1985年6月在美国Iowa州立大学做客座科学家。1991年当选为中国科学院学部委员(院士)。现任北京大学化学与分子工程学院教授、博士生导师、院学术委员会主任；北京大学稀土化学研究中心主任，稀土材料化学及应用国家重点实验室学术委员会主任。兼任《无机化学学报》、《分子科学学报》、《化学研究与应用》、《北京大学学报(自然科学版)》等刊物的副主编，《中国科学》、《科学通报》、《高等学校化学学报》、《物理化学学报》、《中国稀土学报》等刊物的编委。曾任稀土材料化学及应用国家重点实验室主任，中国化学会常务理事、无机化学委员会副主任等职。

1976年以前科研方向为配位化学，开展溶液中络合物的化学平衡、平衡常数测定方法、平衡常数与络合物组成及结构的关系等方面的实验与理论研究。与徐光宪合作提出弱络合物平衡的吸附理论，用正规溶液理论阐明萃取过程中惰性稀释剂的溶剂效应，发展了适用于研究萃取络合平衡的两相滴定法，被用于研究一系列萃取与协萃体系。1977年以后主要从事量子化学和物理无机化学研究。提出同系物性质变化的正弦型同系线性规律、振动力常数的自洽计算方法、配位场理论-双层点电荷模型及其应用、芬太尼类麻醉镇痛剂的药效与其电子结构的关系。开展稀土化合物的电子结构和化学键、稀土化合物稳定性规律及相对论效应的影响、密度泛函理论计算方法及其应用等方面的研究工作,取得了系统的有特色的研究成果。本人及与他人合作发表学术论文100余篇。研究成果"应用量子化学—成键规律和稀土化合物的电子结构"获得1987年国家自然科学奖二等奖。还获得过部委省级科技成果奖多项。在教学方面,与徐光宪等合作,出版教材多本,其中《量子化学——基本原理和从头计算法》(上中下),得到广大读者的好评。

刘元方 放射化学家,籍贯浙江镇海,男,生于1931年2月。1952年毕业于燕京大学化学系。1951年加入中国共产党。毕业后一直在北京大学任教,1981年任教授,1984年为博士生导师。

1991年当选中国科学院学部委员(院士),曾任中国核化学与放射化学学会理事长,国际化学联合会(IUPAC)放射化学和核技术委员会主席,中国核学会常务理事,中国科学院化学学部副主任。现任国家自然科学基金会化学部专家咨询委员会委员(一、二届),国家高放射性废物处置专家顾问委员会副主任等职。他多年来至今兼任《国际放射化学学报》顾问编委。

40年来在核化学与放射化学领域做过许多开拓性和创造性的工作。在创立和建设我国第一个放射化学专业的教育事业中做出了贡献。1960年领导建成了我国第一台5万转/分的浓集235U的雏型气体离心机;利用超铀元素重离子核反应首次直接制得251Bk,解决了从几十种元素中快速分离纯Bk的难题,重制了251Bk的衰变纲图;建立了从核燃料废液中提取Rh,Pd和Tc的先进的化学流程;80年代起系统地开展放射性核素标记抗癌单克隆抗体的化学的重要研究,其中111In标记化学等成果具有国际先进水平;他负责的"从金川矿中提取铑和铱的新方法"获国家教委1986年科技进步一等奖。还最先从生物体提取与稀土相结合的蛋白质。1994年以来,在生物—加速器质谱学研究中取得了优秀成果。2001年以来,积极从事纳米物质的生物效应研究。在核化学与放射化学等领域发表论文约140篇,著有《放射化学》(无机化学丛书16卷,科学出版社,1988)等书3种。

周其凤 1947年生,湖南浏阳人。1965~1969年在北京大学化学系学习,1979~1981年,在北京大学化学系读研究生,师从著名化学家冯新德先生。1981~1983年在美国麻省大学攻读研究生,1983年获得博士学位回国。1990年8月晋升教授,1995年任北京大学研究生院常务副院长。1999年当选为中国科学院院士。

周其凤教授主要从事高分子化学的教学和科研工作。他创造性地提出了"Mesogen-Jacketed Liq-uid Polymer"(甲壳型液晶高分子)的科学概念,并从化学合成和物理性质等角度给出了明确的证明。该成果获1997年国家自然科学三等奖。最先发现通过共聚合或提高分子量可使亚温态液晶分子转变为热力学稳定的液晶高分子两个原理;并发现了迄今认为是最早人工合成的热致液晶高分子;发现了高分子六方柱相超分子结构等。16年来,发表论文160篇,据SCI统计,其论文被引用486次。曾获中国化学会高分子基础研究王葆仁奖、霍英东教育基金会优秀青年教师基金、国家教委科技进步二等奖等奖励。

黄春辉 1933年生,河北人,无机化学家。1955年毕业于北京大学化学系,并留校任教。1981~1982年任美国能源部Ames实验室访问学者,1982~1983年任美国亚利桑那大学化学系访问学者。现任北京大学化学与分子工程学院教授。2001年当选为中国科学院院士。

黄春辉教授的主要研究领域是稀土配位化学和分子基功能膜材料。在稀土功能配合物的研究中,首次在稀土配合物的光学微腔中同时观察到荧光增强和寿命缩短这两个介观物理现象;以铽配合物组装成的电致发光器件,其绿光亮度达到目前同类工作已知的最高值920坎德拉/平方米。在分子基功能材料的研究中,将二阶非线性光学材料分子设计的原理引入到光电转化材料的设计中。在具有二阶非线性的半菁染料体系中,发现了两者在构效关系上的相关性,开发了一类新的光电转化材料。美国《物理化学》杂志(J. Phy. Chem.)连续刊登了她的工作成果,并于2000年被权威杂志《Chem. Rev.》大段引用。在对二氧化钛纳米晶进行表面修饰后,提高了染料敏化纳米晶太阳能电池的一些重要指标。

著有《稀土配位化学》(1997)和《光电功能超薄膜》(2001)。此外还参加编写了《无机化学丛书第七卷·钪及稀土元素》、《稀土》等3本专著。发表论文200余篇。曾获得专利2项、国家自然科学三等奖1项(排名第四)、国家教委科技进步二等奖2项(排名第一)。她注重教书育人,共培养硕士生11名,博士生23名。研究小组中有一名博士生于1996年获中国化学会青年化学奖及首届全国优秀博士论文奖，另一名青年教师获1998年中国化学会青年化学奖及1998年国家杰出青年基金的资助。

王　夔　1928年5月生，天津市人，无机化学家，1949年毕业于燕京大学化学系。曾任北京医学院及北京医科大学助教、讲师、副教授及教授，教研室主任、药学系主任及药学院院长，天然药物及仿生药物国家重点实验室主任，现任北京大学教授，及国家自然科学基金委员会化学科学部主任。1991年当选为中国科学院学部委员（院士）。

目前主讲医学化学及细胞微型及无机化学课。主要研究病理、毒理或药理过程中的基本无机化学，问题包括金属离子与生物大分子、细胞表面及内部靶分子的结合及由之引起的后续变化、生物系统中反应组合、有组织表面上的化学（膜或基质指导矿化的过程）以及金属离子生物效应的化学基础及其规律。在大骨节病病理化学过程方面发现致病因子黄腐酸通过自由基机理引起软骨细胞胶原蛋白基因表达由II型转为I型，使基质异常、骨矿物形成异常。此项工作获中科院科技进步二等奖及“八五”攻关重大成果奖。在胆红素溶液化学与自由基化学研究基础上阐述色素型胆结石形成过程，获国家教委科技进步二等奖。在大小分子配体竞争金属离子的反应组合研究方面获国家教委科技进步三等奖。提出金属络合物（作为毒物或药物）与细胞相互作用的多靶模型。在这方面重点研究对膜分子与细胞骨架的进攻及影响。系统地研究了顺铂类抗癌药物与非DNA靶分子的作用，在此基础上找到几种毒性低，抗癌活性强的铂络合物，已申请专利。近年来，又在此基础上研究稀土的生物效应的化学机理。开拓了以金属离子与细胞相互作用为基础的无机药物化学一个新的方向。1990年被聘为博士研究生导师。已发表论文100多篇。现任中国科学院化学部常委会副主任、全国自然科学名词审定委员会化学组副主任、第七届全国政协委员。

张礼和　1937年9月生，江苏省扬州市人，有机化学家。1958年毕业于北京医学院药学系，1967年北京医学院药学系研究生毕业。1981年至1983年在美国弗吉尼亚大学化学系做访问学者。曾任北京医科大学药学院院长，现任北京大学教授，天然药物及仿生药物国家重点实验室主任。长期从事核酸化学及抗肿瘤抗病毒药物研究。开设有机合成、高等有机化学及核酸化学等课程。1990年被聘为博士研究生导师。

张礼和20世纪60年代在研究1,2,4三嗪类化合物的合成时，发现了羟基含氮杂环化合物的不正常对甲苯磺酰化瓜，为这类化合物的取代基引人开辟途径。在美国工作期间，参与并完成了博莱霉素的全合成及其断裂DNA的机理研究。回国后在以下研究领域取得了成果：① 发展了环核苷类化合物的立体选择性合成方法和不同立体异构体的溶液构象研究，系统研究了环核苷酸类化合物结构与生物活性的关系，发现一些具有诱导分化肿瘤细胞的新化合物；② 针对癌基因，设计合成了具有选择性作用的反义寡聚核苷酸的偶联物；③ 发展了立体选择性地合成寡核苷酸甲基膦酸酯类似物的方法，并用作锤头型酶性核酸的底物研究酶降解机理；④ 系统合成并研究了不同类型的核苷和核苷酸，包括异核苷、氟代异核苷、碳环核苷、C-核苷和核苷酸糖酯等；发现一些具有较好的抗癌和抗病毒活性的化合物，已申请中国专利2项；⑤ 合成了一类新的非放射性DNA探针标记试剂。这些成果分获1980年北京市科技成果奖、1988年日本大谷科研奖、1993后国际药联奖和1994年吴阶平、保罗杨森医药奖。

主要兼职有国务院学位委员会学科评议组药学学科召集人，国家新药评审委员会委员，国家自然科学基金委员会评审委员，《高等学校化学学报》副主编，《国外医学药学分册》副主编，中国药学会常务理事，亚洲药化学会副主席，中科院上海有机所生命有机国家重点实验室学术委员会副主任等。1990年被评为在国家重点实验室建设中做出突出贡献先进工作者，1991年被评为北京市爱国立功标兵，1990被日本星药科大学授予名誉博士学位，1993年被美国密苏里-堪萨斯大学授予第十二届埃德加·斯诺教授称号，1995年当选为中国科学院院士。1995年被评为卫生部有突出贡献的中青年科学家。

中国科学院地学部

董申葆　1917年生，江苏武进人。1940年毕业于北京大学地质系。1948年赴法国留学，回国后曾任北京大学地质系教授、长春地质学院院长等职。1980年当选为中国科学院学部委员（院士）。现任北京大学地质系教授、博士生导师。他在变质岩石和岩浆岩石学研究方面取得了重要突破，曾获1978年全国科技大会先进工作者称号。他发起组织和领导了中国变质地质图件的编制与研究，填补了我国地质科学中的一项空白。他的专著《中国变质图及说明书》、《中国变质作用及其与地壳演化的关系》，分别获得国家自然科学二等奖、地矿部及全国优秀科技图书第一届提名奖。1998年，“中国扬子北缘元古代蓝片岩带及榴辉岩”获得教育部科技进步一等奖。

侯仁之 1911年生，山东恩县人。1940年毕业于燕京大学并留校任教，1946年赴英国利物浦大学地理系进修，1949年获博士学位后回国，并任教于燕京大学。1952年院系调整后，任教于北京大学地质地理系，曾任系主任和校副教务长等职。还曾兼任国际地理学会及科学历史哲学国际协会所属地理学思想史工作委员会常任委员。现任北大城环系教授、博士生导师，兼任北京市人民政府首都发展战略顾问组顾问等职，1980年当选为中国科学院学部委员(院士)。侯仁之教授长期致力于历史地理学的教学与科学研究，1950年发表《中国沿革地理课程商榷》一文，第一次在我国从理论上阐明沿革地理与历史地理的区别及历史地理学的性质和任务。他在对北京历史地理的研究中，解决了北京城市起源、城址转移、城市发展的特点及其客观规律等关键性问题，为北京旧城的改造、城市的总体规划及建设做出重要贡献。他还在西北干旱及半干旱地区的考察中，揭示了历史时期不合理的土地利用是导致沙漠化的重要原因，为沙区的治理，在决策上提出了重要的科学依据。改革开放以来，多次进行国际学术交流，曾应邀在加拿大和美国伊利诺大学讲学，出席在美国、西班牙与荷兰举行的学术讨论会，在康奈尔大学完成“从北京到华盛顿城市设计主体思想试探”专题论文。1984年被英国利物浦大学授予“荣誉科学博士”称号，1999年10月获何梁何利基金科学与技术成就奖，1999年11月获美国地理学会 The George Davidson 勋章。

赵柏林 1929年生，辽宁辽中人，1952年毕业于清华大学气象系，其后在北大物理系及地球物理系任助教、讲师，1979年越级晋升为教授，1984年为博士生导师。1957年到苏联莫斯科大学和苏联科学院应用地球物理研究所进修，完成国家重要科研任务多项，现为国家自然科学基金重大项目首席科学家。曾获国家科学大会奖(1978)，国家教委科技进步奖一等奖(1986)，国家科技进步一等奖(1987)，获部委科技进步奖二等奖三项，1988年获国家级有突出贡献中青年专家称号，1990年获全国高等学校科技先进工作者称号。1991年当选为中国科学院学部委员(院士)，1992～1994年任中国科学院地学部常务委员，1994年当选为总部在莫斯科的国际高等学校科学院院士。是第八届和第九届中国人民政治协商会议全国委员会委员。

他在云降水物理、大气光学、微波遥感、无线电气象、卫星气象及气候变化等科学领域中做出了重大贡献。在苏联期间，实现首次以人乘气球测云中电荷，其结果载入专著之中。后来研究雨层云人工降水和冰雹成长机制，并用于实践，研制多频微波辐射计用以监测天气变化，研制雷达与微波辐射计测雨系统，提高了测雨精度，建立微波遥感地物实验室，研究遥感水面油污和土壤湿度，用于环境遥感。在光学遥感大气污染方面，建立光学遥感气溶胶和二氧化氮的新方法，利用卫星遥感得出东亚大气尘暴的流动和大气臭氧的分布。在国际上具有良好的反响。云雨对微波通讯影响的评估为国内外所采用。在海洋大气遥感方面，建成低空大气遥感系统，利用此系统在海洋上进行观测，参加中日合作的西北太平洋云辐射实验，获得成功，受到国际上的重视，建立卫星遥感海洋大气新的方法，在实践中取得效益。目前主持的科研项目有：世界气候研究计划项目：全球能量与水分循环试验亚洲季风区中日合作的淮河流域试验；热带降水测量卫星(TRMM)微波资料的中日合作研究；国防科研项目：大气底层微波波导传播的预报。

涂传诒 1940年7月生，北京市人。1964年毕业于北京大学地球物理系。先后于1980～1981年在美国天主教大学、1988～1990年在德国马克斯普朗克学会高空研究所从事合作研究。2001年当选为中国科学院院士。现任北京大学地球与空间科学学院教授。

涂传诒教授建立了太阳风中湍流串级理论和太阳风质子加热理论；提出了阿尔芬脉动中存在着弱非线性湍流相互作用的新概念，给出了自恰处理阿尔芬脉动在非均匀介质中传播的几何光学效应与湍流串级加热效应的方法，导出了阿尔芬脉动功率谱在非均匀磁流体介质中发展的控制方程及阿尔芬脉动的能量串级函数。该理论揭示了存在于阿尔芬脉动中的湍流串级过程，给出了维持观测到的太阳风质子温度所需的能源，不仅解释了过去学术界所不能解释的关于功率谱发展的观测现象，而且被在该理论发表数年之后所做的数据分析所证实。该理论统一了在理论研究中长期存在的对于阿尔芬脉动的波动描述与湍流描述之间的矛盾，揭示了太阳风中阿尔芬脉动的本质，促进了国际学术界对太阳风湍流传输理论和太阳风动力学模型的研究；建立太阳风湍流发展的形态学和太阳风湍流结构的模型：首次发现太阳风湍流热能值起伏是起伏马赫数的一级量，提出磁声波与压力平衡结构混合模型，否定了国际学术界广泛流行的“近似不可压理论”在太阳风中的适用性；他和 Marsch 出版的专著总结了太阳风湍流研究成果，并指出了新的研究方向。

至 2005 年 4 月，涂传诒教授发表文章已被 SCI 引用 1644 多次，第一作者被引 1118 次，单篇最高引用 188 次；2005 年以第一作者在 SCIENCE 杂志发表研究论文，论述太阳风起源，提出新的太阳风起源模型。

涂传诒教授先后获得国家教委科技一等奖（1988 年）、国家自然科学二等奖（1989 年）、Vikram-sarabhai(COSPA)奖章（1992 年）、首届王丹萍科学奖（1992 年）、北京市科技进步一等奖（2000 年）、国家自然科学二等奖（2001 年）。何梁何利科学与技术进步奖（2002 年）。

张弥曼　1936 年生，浙江嵊县人，1960 年毕业于苏联莫斯科大学地质系。1982 年获瑞典斯德哥尔摩大学博士学位。中国科学院古脊椎动物与古人类研究所研究员，北京大学地球与空间科学学院研究员。1991 年当选为中国科学院学部委员（院士）。

从事比较形态学、古鱼类学、中—新生代地层、古地理学、古生态学及生物进化论的研究。对泥盆纪总鳍鱼类、肺鱼和陆生脊椎动物之间的关系的研究所得出的结果，她对传统的看法提出了质疑，受到国际上的重视。在中新生代含油地层鱼化石的研究中，探明了这一地质时期东亚鱼类区系演替规律，为探讨东亚真骨鱼类的起源、演化和动物地理学提供了化石证据，并在此基础上提出了对中国东部油田的有关地层时代及沉积环境的看法，在学术上和实际应用上都有一定价值。曾获国家自然科学二等奖，中国科学院自然科学一等奖，重大成果一等奖，科技进步二等奖及何梁何利科技进步奖。

童庆禧　1935 年生，湖北武汉人。1961 年毕业于苏联敖德萨水文气象学院。中国科学院遥感应用研究所研究员，北京大学博士生导师。我国最早从事遥感研究的专家之一。1997 年当选为中国科学院院士。

早年从事气候学、太阳辐射和地物遥感波谱特征研究。在我国首先提出关于多光谱遥感波段选择问题，并在理论、技术和方法上进行了研究。主持了中国科学院航空遥感系统的研制，“七五”攻关中发展成为具有国际先进水平的“高空机载遥感实用系统”。倡导和开展了高光谱遥感研究，在岩石矿物识别、信息提取和蚀变带制图方面取得突破。根据植被光谱特征研究发展的高光谱导数模型和光谱角度相似性匹配模型等为高光谱遥感这一科技前沿的发展与应用奠定了基础。近年来特别致力于推动以快、好、省为特征的小卫星对地观测系统的发展和国家航空遥感系统的建设。曾 14 次获国家及省部级科技奖，其中一次获中科院自然科学一等奖，两次获中国科学院科技进步特等奖。

马宗晋　1933 年生，吉林长春人。1955 年毕业于北京地质学院普查系。1961 年中国科学院地质研究所研究生毕业。曾任中国地震局分析预报中心副主任，中国地震局地质研究所所长，现任名誉所长、研究员，北京大学博士生导师和国家减灾委员会专家委员。1991 年当选为中国科学院学部委员（院士）。

长期从事地质构造、地震预报、地球动力学方面的研究工作。1964 年完成节理定性分期配套等小构造研究，在国内构造地质教学中广为选用。提出长中短临渐近蕴震模式，成为中国预报强震的主要思想和工作程序。还丰富了现今地球动力学的内涵，建立了 3 个全球的现今构造系统，论证了地球变动的韵律性和非对称性，从而提出以壳、幔、核细分层角差运动为基础的地球自转与热、重、流联合的动力模式构想，对全球构造动力模式进行了新的分析与综合，为灾害和矿产研究提供了部分基础。2004 年发表“中国重大自然灾害与社会”图集和“全球构造及动力学”专著。提出了综合减灾的减灾系统工程设计。曾获李四光地质科学奖、国家自然科学三等奖 1 次、国家科技进步二等奖 1 次、国家地震局科技进步一等奖 7 次。

叶大年 1939年生于香港，祖籍广东鹤山市。1962年毕业于北京地质学院岩石与矿物专业，1966中国科学院地质研究所研究生毕业。中国科学院地质与地球物理研究所研究员、第九届全国政协常委、民盟中央常委、北京市民盟副主委，北京大学博士生导师。1991年当选中国科学院学部委员(院士)。

长期从事矿物光学性质与晶体结构之间的关系研究，发现许多定性和定量的规律，从而开拓了结构光性矿物学的新领域，并著有世界上第一部此领域的专著《结构光性矿物学》，1986年获中国科学院自然科学二等奖。1968年至1975年，从事铸石学研究，提出“适度过冷结晶”的理论和“余硅指数”的配料计算方法，以及微观结构和结晶程度的测定方法，1978年获全国科学大会奖。擅长矿物的X射线鉴定方法，解决了斜长石、单斜辉石、石榴石、角闪石等造岩矿物鉴定问题，其专著《X-射线粉末法极其在岩石学中的应用》，推动了矿物学和岩石学研究。1976年在河南大别山发现C类榴辉岩和3T型多硅白云母，并论证了它们在中国大地构造中的意义。他多年致力于陶瓷矿物学和水泥矿物学应用技术研究，1986年因沸石水泥研究获国家科技进步三等奖。90年代，研究统计晶体化学和颗粒的随机堆积，发现“地球圈层氧离子平均占有体积守恒定律”、“分子体积可加和性”、“多级随机堆积常数”等等。近年来，他致力于“城市的对称分布和城市化趋势预测”研究。

著有专著3部：《结构光性矿物学》、《X射线粉末法及其在岩石学中的应用》、《造岩矿物概论》；主编专著4部：《岩矿实验室工作方法》、《铸石》、《铸石研究》等。发表论文170余篇，涉及结构光性矿物学、造岩矿物学、非金属矿物材料学以及结晶化学等领域。

陈运泰 1940年生于福建厦门，1962年毕业于北京大学地球物理系。1966年研究生毕业于中国科学院地球物理研究所。1981至1983年为美国洛杉矶加州大学(UCLA)地球和行星物理研究所(IGPP)访问学者。1986至2000年任中国地震局地球物理研究所所长。现任中国地震局地球物理研究所名誉所长、北京大学地球与空间科学学院院长、中国科学院咨询委员会副主任。历任中国地震学会理事长(1986～1991年，1995、2001年)，副理事长(1991～1995年)，中国地球物理学会常务理事，1991年当选为中国科学院学部委员(院士)。1998至2000年任中国科学院地学部副主任。1999年当选为第三世界科学院(TWAS)院士。

他从事地震学和地球物理学研究，并在地震波理论、地震震源理论和数字地震学研究中做出了突出贡献。他用地震波、大地测量、形变和重力等资料反演与综合研究邢台、昭通、海城、唐山等大地震震源过程的工作，是我国震源研究领域的先驱性工作。他在地震震源的静态、准静态和动态裂纹模型，地震序列的动力学模拟等前沿性的理论研究中做出了重要贡献，并将这些理论研究成果与中国地震学研究和防震减灾工作的实际相结合，深化了对地震成因、地震预测和防震减灾的认识。他关于地震矩张量反演和震源过程的数字地震成像的研究，特别是关于青藏高原地区的重要地震的震源过程的研究，代表了目前国际上在这一前沿领域的水平。他还积极倡导和从事了数字地震学方面的研究工作。

20世纪70年代以来，陈运泰在国内外学术刊物上发表论著170余篇(部)，他与人合著的《地球物理学基础》、《震源理论》等，长期以来被用作该领域的主要教材。他的研究成果曾获得全国科学大会奖(1978)、国家自然科学奖三等奖(1987)、中国地震局科技进步奖二等奖(1983、1985、1988)、一等奖(1997)、国家科技进步奖三等奖(1998)、何梁何利科学与技术进步奖(2000)等多项奖励。

中国科学院技术科学部

王　选 1937年生于上海。江苏无锡人，1958年毕业于北京大学数学力学系计算数学专业。现为北京大学计算机研究所所长、教授、博士生导师，中国科学院院士、中国工程院院士、第三世界科学院院士，文字信息处理国家重点实验室主任，电子出版新技术国家工程研究中心主任，方正(香港)董事局主席，中国科协副主席，九三学社中央副主席，全国人大常委，全国人大教科文卫委员会副主任。

王选教授主要致力于文字、图形和图像的计算机处理研究。从1975年开始，他作为技术总负责人，领导了我国计算机汉字激光照排系统和后来的电子出版系统的研制工作。他大胆越过当时日本流行的光机式二代机和欧美流行的阴极射线管式三代机，直接研制当时国外尚无商品的第四代激光照排系统。针对汉字字数多、印刷用汉字字体多、精密照排要求分辨率很高所带来的技术困难，发明了高分辨率字形的高倍率信息压缩技术(压缩倍数达到500∶1)和高速复原方法，率先设计了提高字形复原速度的专用芯片，使汉字字形复原速度达到700字/秒的领先水平，在世界上首次使用控制信息(或参数)来描述笔画的宽度、拐角形状等特征，以保证字形变小后的笔画匀称和宽度一致。这一发明获得了欧洲专利和8项中国专利。以此为核心研制的华光和方正中文电子出版系统处于国内外领先地位，引起了我国报业和印刷业的一场“告别铅与火、迈入光与电”的技术革命，使我国沿用了数百年的铅字印刷得到了彻底改造。王选教授因此被誉为“当代毕昇”。这一技术占领了国内报业99%和书刊(黑白)出版业90%的市场，以及80%的海外华文报业市场；方正日文出版系统进入日本的报社、杂志社和广告业；方正韩文出版系统开始进入韩国市场；累计利税15亿元，取得了巨大的经济效益和社会效益，分别两度被评为国家科技进步一等奖及中国十大科技成就。

其后，相继提出并领导研制了大屏幕中文报纸编排系统、基于页面描述语言的远程传版技术、彩色中文激光照排系统、Post Script Level2栅格图像处理器、新闻采编流程管理系统等国内首创并达到国际先进水平的成果，得到迅速推广应用，使我国出版印刷行业在“告别铅与火”后又实现了“告别报纸传真机”、“告别传统的电子分色机”以及“告别纸与笔”的技术革新，使中国报业技术和应用水平处于世界最前列，比日本领先两年，极大地促进了印刷行业生产力的提高。近年来方正出版系统的技术优势和市场占有率仍在不断持续上升。王选教授是促进科学技术成果向生产力转化的先驱者。从1981年开始，他便致力于研究成果的商品化工作，使中文激光照排系统从1985年起成为商品，在市场上大量推广。1988年后，他作为北大方正集团的主要开创者和技术决策人，提出“顶天立地”的高新技术企业发展模式，积极倡导技术与市场的结合，闯出了一条产学研一体化的成功道路。

王选教授1986年获第14届日内瓦国际发明展金奖。1987年获国家科技进步一等奖，首届毕昇奖。1990年获陈嘉庚奖。1991年获国家重大技术装备研制特等奖。1995年获国家科技进步一等奖，联合国教科文组织科学奖。1996年获王丹萍科学奖。1997年获台湾潘文渊文教基金奖，1999年获香港蒋氏科技成就奖。1993年、1995年及1999年、2000年还分别被授予全国劳动模范、全国先进工作者及首都楷模、首都精神文明建设奖光荣称号。2002年获国家最高科学技术奖。

杨芙清　女，汉族，1932年11月6日生于江苏无锡。计算机软件科学家、教育家。1991年当选中国科学院学部委员(院士)，2002年当选IEEE FELLOW。北京大学教授，信息与工程科学学部主任，软件与微电子学院理事长、软件工程国家工程研究中心主任，国务院学位委员会学科评议组召集人，中国软件行业协会副理事长。《中国科学》、《科学通报》和《电子学报》副主编，清华大学、复旦大学、浙江大学、上海交通大学等校兼职教授，上海大学名誉教授。曾任中国计算机学会副理事长，中国电子学会副理事长，国务院学位委员会委员等。

1958年北京大学数学力学系研究生毕业。1957年至1959年在苏联学习程序设计和计算机软件。1962年至1964年任莫斯科杜勃纳联合核子物理研究所计算中心中国专家。从事系统软件、软件工程、软件工业化生产技术和系统等方面的教学和研究工作，取得了卓越的、富有创造性的研究成果。主持研制成功我国第一台百万次集成电路计算机多道运行操作系统和第一个全部用高级语言书写的操作系统。倡导和推动成立了北京大学计算机科技系，1983～1999年担任系主任期间，将该系建成国内一流和国际知名的计算机科学技术研究和人才培养基地。在国内率先倡导软件工程研究，创办了国内第一个软件工程学科；主持了历经四个五年计划的国家重点科技攻关项目—青鸟工程，为国家软件产业建设提供了技术基础；创建了软件工程国家工程研究中心，促进了科研成果产业化。提出“人才培养与产业建设互动”的理念，创建了以新机制、新模式办学的示范性软件学院，面向产业培养实用型、复合型、国际化人才。被誉为“示范性软件学院的开拓者和设计师”。杨芙清在科学研究、学科建设、人才培养和产业建设四个方面做出的系统性、开创性工作，为我国计算机科学技术发展，学科建设和软件产业发展做出了重要贡献。

多次获得各种荣誉称号和奖励，包括：全国科学大会奖、国家科技进步二等奖、电子工业部科技进步特等奖等十五项国家及部委级的奖励，全国“三八”红旗手、北京市“三八”红旗手、第二届首都“巾帼十杰”、全国高等学校先进科技工作者、国家“七五”、“八五”科技攻关突出贡献先进个人、“九五”国家重点科技攻关计划先进个人、“光华科技基金”一等奖、何梁何利科学与技术进步奖、潘文渊文教基金研究杰出奖，2004年12月，获北京市教学成果一等奖。2005年7月获国家级教学成果奖一等奖。

1984年被聘为博士研究生导

师，已培养出百余名硕士、博士和博士后。发表论文100余篇，著作8部。

吴全德 男，汉族，物理电子学家。1923年12月出生于浙江黄岩。1947年毕业于清华大学电机系。北京大学教授。1991年当选为中国科学院学部委员(1994年改称院士)。研究领域主要在光电阴极、含超微粒子(纳米粒)薄膜的成核和生长机理、表面分析等方面。1963年提出阴极的固溶胶理论；1966年提出离子晶体或共价晶体中固溶胶粒的形成和生长理论；1979年提出银氧铯阴极的发射物理模型，推导出长波光电发射的光电流密度和量子产额公式，计算了它的长波光谱响应理论曲线，从而得出对长波有贡献的平均银超微粒子的直径约3.1纳米。此理论被国外有关权威学者承认称为“吴氏理论”。巴黎国家天文台F. Gex等人验证了吴的理论，用英文介绍吴的主要论点。斯坦福大学C. W. Bates教授曾发表论文介绍吴的工作和他自己的工作进展。应苏联A. M. Prokhorov院士(诺贝尔奖获得者)和M. Ya. Schelev(现已选为俄罗斯院士)的邀请，出国进行交流和讲学。

吴全德对固溶胶粒(即纳米粒)、薄膜形成初期原子团簇和纳米粒的形成和生长进行了理论研究。1987年提出固体表面上原子团和超微粒的形成和生长理论，以及外延生长条件。获1987年自然科学三等奖。他两次主持国家基金委的重大项目；结题后，主编并出版了《纳米电子学基础研究》(2004)。

吴全德出版了《吴全德文集》、《薄膜物理》(合著)、《电子发射与电子能谱》(合著)等书，以及发表了180多篇文章；此外还出版了文理交叉的《科学与艺术的交融》一书，撰写了《天道崇美 人性好美——美妙的黄金分割及发现DNA双螺旋50周年》(指出双螺旋与五角星的关系，并用“天生一种右旋双螺旋，生有二种横杠，可分为四种单元，其组合生成各种生物”来解释地球上的芸芸众生)、《科学美——科学中美的哲学和科学中的艺术》、《数学迭代的形象美》、《三种海马的形象美》、《雪花 冰花 纳米花——小康人要喝碱性小分子水》、《中华文人和科学人的审美——“以人为主”和“以物为主”的审美》(同意《大问题》作者的“涵盖一切的学问是以美为对象的学问”；提高审美能力有助于构建和谐社会)、《审美与心理“生动”》、《对称、反对称、对称破缺》、《第三个无理数与音乐》等文章(见《科学中国人》2003～2005各期)。

王阳元 现任北京大学教授、博士生导师、中国科学院院士，北京大学微电子学研究院首席科学家，中国电子学会副理事长，《半导体学报》和《电子学报》(英文版)副主编，《微电子学科学丛书》主编。信息产业部科技委委员(电子)，美国IEEE Fellow和英国IEE Fellow等。

从事微电子学领域中新器件、新工艺和新结构电路的研究。20世纪70年代主持研究成功我国第一块3种类型1024位MOS动态随机存储器，是我国硅栅N沟道MOS技术开拓者之一。80年代提出了多晶硅薄膜“应力增强”氧化模型、工程应用方程和掺杂浓度与迁移率的关系，被国际同行认为“在微电子领域处理了一个对许多研究者都有重要意义的问题”，“对实践有重要的指导意义”。研究了深亚微米和深亚微米CMOS电路的硅化物/多晶硅复合栅结构；发现磷掺杂对固相外延速率增强效应以及CoSi2栅对器件抗辐照特性的改进作用；90年代在SOI/CMOS器件模型和电路模拟工作方面，提出了SOI器件浮体效应模型和通过改变器件参量抑制浮体效应的工艺设计技术，扩充了SPICE模拟软件。在SOI/CMOS新结构电路研究方面，开发了新的深亚微米器件模型和电路模拟方法，研究成功了多种新型器件和电路；与合作者一起提出了超高速多晶硅发射极晶体管的新的解析模型，开发了成套的先进双极集成电路工艺技术；这对独立自主发展我国集成电路产业具有重要意义。90年代后期开始研究微机电系统(MEMS)，任微米/纳米加工技术国家重点实验室主任，主持开发了五套具有自主知识产权的MEMS工艺，开发了多种新型MEMS器件并向产业转化，获得一批发明专利。近期又致力于研究亚0.1 μm器件和集成技术，研制成功多种非经典CMOS器件与电路和相关工艺。

在1986～1993年任全国ICCAD专家委员会主任和ICCAT专家委员会主任期间，领导研制成功了我国第一个大型集成化的ICCAD系统，使我国继美国、日本、欧共体之后进入能自行开发大型ICCAD工具的先进国家行列；在研究集成电路发展规律基础上，提出了我国集成电路产业和设计业的发展战略建议。为推动我国微电子产业的发展，作为发起人之一，创建了中芯国际(SMIC-Semiconductor Manufacturing International Corporation)集成电路制造有限公司。被誉为“中国微电子领域的战略科学家”。

发表科研论文230多篇，出版著作6部，拥有9项专利，现有18项重大科技成果。获全国科学大会奖、国家发明奖、国家教委科技进步一等奖、光华科技基金一等奖等共17项国家级和部委级奖励。

秦国刚 1934年3月生于南京，原籍江苏昆山。1956年7月毕业于北京大学物理系，1961年2月研究生毕业于该系（固体物理方向）。2001年当选为中国科学院院士。现任北京大学物理学院教授。

秦国刚长期从事半导体材料物理研究。他带领的研究组在半导体杂质与缺陷和多孔硅与纳米硅镶嵌氧化硅发光领域做出系统的和创造性的成果：在中子辐照含氢硅中检测到结构中含氢缺陷在导带以下0.20 eV深能级，在国际上最早揭示硅中存在含氢深中心，提出的微观结构，被实验证实；发现退火消失温度原本不同的各辐照缺陷在含氢硅中变得基本相同；最早揭示氢能显著影响肖特基势垒高度。测定的硅中铜的深能级参数被国际权威性半导体数据专著采用。1993年对多孔硅与纳米硅镶嵌氧化硅光致发光提出量子限制-发光中心模型，成功解释大量实验，得到广泛支持；首次观察到p-Si衬底上氧化硅发光中心的电致发光现象。在此基础上，设计并研制出一系列硅基电致发光新结构，如半透明金膜/纳米(SiO_2/Si/SiO_2)双垒单阱/p-Si等。发光波长从近红外延伸到近紫外。所提出的电致发光机制模型，被广泛引用。在国内外重要期刊上发表论文240余篇，其中SCI论文160余篇。

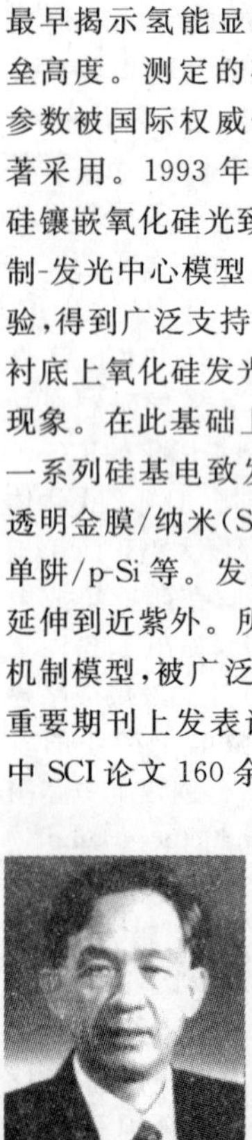

叶恒强 1940年7月生，广东省番禺县人。1990年被授予国家级有突出贡献的中青年专家称号，1991年当选为中国科学院学部委员（院士）。曾任中科院金属研究所所长、中科院固体原子像开放实验室第一、二届主任，并担任中国电子显微镜学会理事长、国家自然科学基金会委员、国务院学位委员会专家委员会及学科评议组成员等职。现为北京大学教授、电子显微镜实验室学术委员会主任，中科院金属所研究员，《国家重点基础研究发展规划》（973计划）材料计算设计与性能预测基础问题项目首席科学家。

主要从事材料的电子显微学研究。他与国外学者同时独立发现了传统晶体学不允许的五次对称性，进而与合作者发现并研究了20面体对称、8次对称等准晶相，为我国在准晶学研究方面居于国际前列作出了突出贡献。他在用高分辨原子成像技术对固体材料结构与缺陷的研究方面有独创性的发现；在高温合金拓扑密堆相中发现多种新相及畴结构；发现层状晶体多种长周期结构；直观揭示了合金非公度结构的原子模型。

叶恒强院士曾四次获国家自然科学奖（1982年三等奖；1987年一等奖；1989年四等奖；1999年四等奖），并获钱临照奖（1994年）、何梁何利科技进步奖（1996年）等。近十多年来，共发表5部学术专著、250余篇论文。先后培养博士、硕士30余名，其中数人获全国优秀博士论文、中科院院长奖学金等多种奖励。

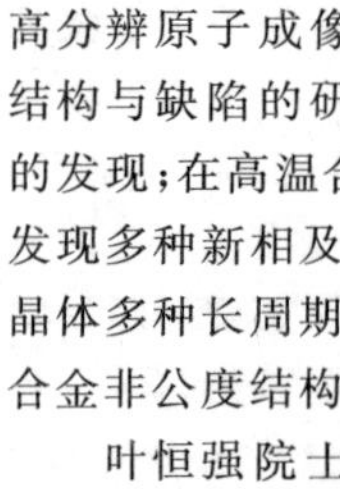

黄琳 1935年11月30日生，江苏扬州人。1961年北京大学数力系研究生毕业。现任北京大学力学与空间技术系教授，中科院院士（2003年）。控制科学专家，曾获包括国家自然科学三等奖在内的多项奖励。兼任北京航空航天大学、浙江大学、东北大学、南京航空航天大学、华南理工大学、中南大学等多所院校兼职教授或名誉教授，任中科院科学出版基金技术科学组组长。

一直从事系统稳定性与控制理论方面的研究工作，早在1959年结合飞机安定性分析提出多维系统衰减时间概念并给出估计方法，该成果作为中国的两项成果参加1963年第二届IFAC会议；1964年就解决了现代控制理论中的一些基本问题：给出单输入系统极点配置定理，并且给出了二次型最优控制的存在性、唯一性与线性控制律。后来又给出了输出反馈实现二次型最优控制的重要条件，并指出在一般情况下该问题无解。

1986年，首先给出了稳定多项式其凸组合保持稳定的充要条件，及利用顶点集与边界集判断多面体多项式族稳定的一组充分条件。随后与美国学者一起给出并证明了分析多项式系统族稳定性的棱边定理，有效地降低了计算复杂性。与国内学者合作给出了更为基础的边界定理，在多项式稳定性理论中相继提出了值映射、参数化等概念，建立了一系列重要定理，形成了一套系统的理论体系。进一步在鲁棒控制前沿领域，控制器与对象同时摄动问题、积分二次约束问题、模型降阶问题、非线性系统总体性质等方面，指导开展了一系列研究工作，取得了有价值的成果。

1993～1997主持国家“八五”重大基金项目“复杂控制系统理论的几个关键问题”。此外先后主持基金委重点项目，攀登项目子课题，以及多项面上项目的研究任务。出版3部著作，其中在《稳定性与鲁棒性的理论基础》(2003)一书中首次将鲁棒性与稳定性这两个基本概念统一于同一框架下，提炼与总结了相关的基础理论成果。目前正主持基金委重点项目“非线性力学系统的控制”。

在人才培养上做出了突出贡献，培养的研究生中有不少已成长为国内外知名学者，其中有长江学者与杰出青年基金获得者，航天控制领域专家（神舟系列飞船控制系统副总设计师），中国科学院1999年十大优秀博士后称号获得者等。

中国科学院生物学部

许智宏 1942年10月出生于江苏省无锡市。1959年9月至1965年8月，就读于北京大学生物系植物专业；1965年5月参加工作后，长期在中国科学院上海植物生理研究所工作；1979年8月至1981年9月，先后在英国约翰依奈斯研究所和诺丁汉大学从事研究工作；1983年12月至1988年10月，任上海植物生理研究所副研究员，副所长；1988年11月至1991年2月，任上海植物生理研究所研究员、副所长；1991年2月至1999年10月，任上海植物生理研究所所长。1992年10月至今任中科院副院长、党组成员。1999年12月，任北京大学校长。

许智宏长期从事植物生理学和生物工程的研究，为推动和发展中国的植物组织培养和生物工程研究，做出了重要贡献。1988年获“有杰出贡献中青年科学家”称号；1991年获国家自然科学三等奖；1994年获英国DEMONTFORT大学荣誉科学博士学位。1994年任香港大学荣誉教授。1995年当选第三世界科学院院士。1997年当选中国科学院生物学部院士。

翟中和 1930年生，江苏溧阳人，1991年当选为中国科学院学部委员（院士）。1956年毕业于苏联列宁格勒大学生物学系，回国后在北大生物系任教。后曾到苏联科学院生物物理研究所进修，并为美国麻省理工学院生物学系访问教授。现任北大生命科学学院教授、博士生导师，兼任中国细胞生物学会副理事长、亚洲太平洋地区细胞生物学联盟副主席、北京大学生命科学学院学术委员会主任等职。

翟中和教授较早建立细胞超微结构技术，首次研制成鸭瘟细胞疫苗，在动物病毒复制与细胞结构关系的研究方面取得突出成就。近十多年来，主要进行核骨架-核纤层-中间纤维体系、非细胞体系核重建、植物中间纤维及细胞凋亡与细胞衰老的研究，取得了许多创新性的成果，被国内外所引用。先后在国内外发表科研论文200余篇，其中被SCI收录为70多篇。培养硕士研究生30多名、博士生20多名、博士后6名。

翟中和教授先后获得过国家教委科学技术进步奖一等奖（4次）；农业部科学技术进步奖一等奖；国家自然科学奖2次（三等，四等）；国家科技进步三等奖；钱临照电子显微学奖；何梁何利科学与技术进步奖；北京大学首届自然科学基础理论研究突出贡献奖等奖项。他还主持编写了细胞生物学方面高校教材3册，《细胞生物进展》（3卷）、《细胞生物学动态》（3卷）、《生命科学技术》等书，并参与编著《医学生物学图库》、《生物医学超微结构》等书籍。

朱作言 1941年9月出生于湖南省澧县。1997年当选为中国科学院院士。第三世界科学院院士。国家自然基金委员会副主任。1965年毕业于北京大学生物系。1980年，于中国科学院研究生院细胞及发育生物学专业毕业。1981年至1982年10月，在英国伦敦帝国肿瘤研究所做访问学者。1982年至1983年5月，美国波士顿遗传研究所做访问学者。1988年4～10月，美国明尼苏达大学Hill-Visit-ing Professor。1988年11月年至1991年3月，美国马里兰大学海洋生物技术中心教授，Faculty Member。1991～1994年，英国阿伯丁大学高级讲师，Teaching Staff，博士生导师。其他兼任职务：中国科学院水生生物研究所所长（1996～1999），北京大学学术委员会委员（自2000），国家科委“863”专家组成员（1986～1988）；中科院生物技术专家委员会委员（自1992）；《中国科学基金》主编，《水生生物学报》、《遗传学报》、《遗传》、《动物学报》、《水产学报》、《生物工程学报》、《Cell Research》编委；中国细胞生物学会副理事长、中国水产学会副理事长等；湖北省科学技术协会副主席；第九届全国人民代表大会代表。

70年代在童第周教授指导下，合作完成了鲫鲤间的细胞核移植克隆，第一次实现低等脊椎动物异种间克隆。最近又用金鱼卵克隆了转基因鲤鱼，用斑马鱼卵克隆了稀有鮈鲫。鱼类异种克隆成功，对国内外正在进行的哺乳动物异种克隆有重要的激励和指导意义。80年代首创转基因鱼研究，提出鱼类转基因模型理论，外源基因不稳定的嵌合性整合（“有效整合”、“沉默整合”和“毒性整合”）和非均一表达，通过克隆建立稳定的转基因纯系。系统阐明了转GH基因鱼饵料利用、能量转换和蛋白质合成代谢的高效性，在转基因鱼的生理、能量及营养代谢和生态安全对策等方面，均开展前沿性研究，确立了我国在该研究领域的领先地位。提出"全鱼"重组基因概念，克隆鲤鱼肌动蛋白(CA)基因和草鱼生长激素(GH)基因，构建了全部由我国鲤科鱼类基因元件组成的"全鱼"基因重组体 pCAgcGH，培育转"全鱼"基因黄河鲤和不育的"863 吉鲤"。F1 群体生长速度提高 42%，饵料节省 18.52%，养殖效益提高 125.66%，并可实现当年成鱼上市，对促进我国东北和西北淡水养殖有非常重要的意义，现已完成中试和营养安全检测，有望在我国建立世界首例转基因动物品种商品化生产的范例。80 年代，组建了鲤、草鱼基因组文库，克隆并测序了鲤科鱼类 4 个基因和 6 个特异 DNA 片段，首次发现了鲤种的 DNA 分子标记；揭示了鱼类 GH 基因结构对研究脊椎动物早期演化的特殊意义。上述 4 方面共发表研究报告 110 多篇，其中 3 篇已成为鱼类基因工程领域公认的经典文献。曾应邀 25 次在国际学术会议和 22 次在欧美大学作学术报告。1978 年获全国科技大会奖，1979 年获中科院重大科技成果奖和湖北省科学大会奖。1984 年获中国科学院技术改进奖三等奖。1988 年获中国科学院科技进步奖二等奖。1996 年获中国科学院自然科学奖一等奖。1997 年获国家自然科学奖三等奖。1992 年获国务院政府特殊津贴。1996 年获"国家级有突出贡献中青年专家"称号。

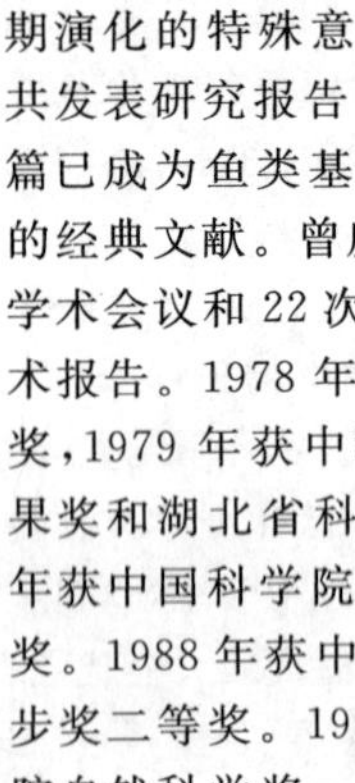

韩启德 1945 年 7 月生，上海市人，病理生理学家。1968 年毕业于上海第一医学院医学系，1982 年在西安医学院获医学硕士学位，1985 年 9 月至 1987 年 8 月在美国埃默里大学药理系进修。曾任北京医科大学副校长、研究生院院长、北京医科大学学位评定委员会副主席、北京医科大学心血管基础研究所所长、第三医院血管医学研究所副所长、教授。1997 年当选为中国科学院院士。现任北京大学常务副校长，北京大学医学部主任，北京大学研究生院院长，兼北京大学生命科学学院教授。

长期以来从事心血管基础研究。近 10 年在 α1-肾上腺素受体(α1-AR)亚型研究领域获重要成果，1987 年在国际上首先证实 α1-AR 包含 α1A 与 α1B 两种亚型，阐明了它们在药理特性与信号传导机制方面的差别，主要结果在《自然》与《分子药理学》等杂志发表。近年来系统研究 α1-AR 亚型在心血管分布、功能意义以及病理生理改变，曾于 1993 年获得国家科技进步一等奖，1995 年获国家自然科学三等奖，这方面的工作在国际同类研究中具有特色并有重要影响。在心血管神经肽研究中也有较多成果，关于神经肽与降钙素基因相关肽对心血管的作用以及病理生理意义的研究，先后获卫生部科技进步三等奖与国家教委科技进步二等奖。至今发表科研论文 180 余篇，其中在国际刊物上发表 30 余篇。论文被国外刊物引用 1300 余次。主编了《血管生物学》、《心血管药理学进展》等书。讲授心血管病理生理学、受体学等门课程。1993 年被聘为博士研究生导师，1995 年加入九三学社，1997 年加入中国共产党。现任九三学社中央主席。兼任国务院学位委员会学科评议组成员、教育部科技委员会委员、中国病理生理学会秘书长、国际心脏研究学会理事与中国分会主席、中国药理学会理事与心血管专业委员会主任，《临床与实验药理学与生理学》(Clinical and Experimental Pharmacology and Physiology)、《中国药理学报》、《中国病理生理杂志》等 10 余种国内外期刊的编委。1990 年获卫生部授予的"优秀留学回国人员"称号，1991 年获国家人事部与国家教委授予的"做出突出贡献的留学回国人员"称号，1994 年由国家人事部授予"有突出贡献的中青年专家"称号。

吴阶平 1917 年 1 月生，江苏省常州市人，泌尿外科学家。1942 年毕业于北京协和医学院，获医学博士学位。1947～1948 年在美国芝加哥大学进修。曾任北平中和医院(现北京大学人民医院)外科住院医师、住院总医师、主治医师；北京医学院第一附属医院外科讲师、副教授、教授；北京第二医学院副院长、院长；中国医学科学院副院长、院长；北京医科大学泌尿外科研究所所长；中华泌尿外科学会主任委员；中国科学技术协会副主任；世界卫生组织人类生殖专门项目顾问组成员等职。现任中国医学科学院名誉院长，中国协和医科大学名誉校长；北京大学泌尿外科研究所名誉所长；中华医学会名誉会长；中华泌尿外科学会名誉主任委员；《中华泌尿外科杂志》总顾问；《中国大百科全书》总编委会副主任；《中国医学百科全书》总编委会名誉主任；五所国内大学名誉教授；国际计划生育联合会中央副主席、亚太地区主席等职。1980 年当选为中国科学院学部委员(院士)。是中国科学院院士，中国工程院院士，第三世界科学院院士，美国医学院荣誉会员，美国泌尿外科学会荣誉会员，国际外科学会荣誉会员，美国泌尿外科学会荣誉会员，国际外科学会荣誉会员，四个国际学术团体荣誉会员或成员。

吴阶平在教学工作中强调提高学生实际工作能力，着重掌握临床医学特点，做一名好的医生。主要科研成果有：(1) 提出肾结核对侧肾积水的新概念，使原来不能挽救的病人获得康复机会；(2) 计划生育研究中在输精管结扎术的基础上提出多种输精管绝育法，国际上已承认我国居于领先地位；(3) 经17年临床资料的积累，确立了肾上腺髓质增生为独立疾病；(4) 对肾切除后留存肾的代偿性增长自80年代起进行了系统的实验和临床研究，已取得的研究成果说明，传统认识需要调整，以提高接受肾切除病人的寿命。1982年编著《性医学》，为在我国开展性教育打下了基础。发表医学论文150篇，编著医学书籍21部，其中13部为主编。获得全国性的科学技术奖7次，获首届人口科技研究奖，北京医科大学首届伯乐奖，巴黎红宝石最高荣誉奖，日本松下泌尿医学奖。1981年被聘为博士研究生导师。1952年加入九三学社。1956年加入中国共产党。是九三学社主席，第五、第六届全国政协委员，第七、第八届全国人大代表，第七届全国人大常委会副委员长。

陈慰峰　1935年11月生，上海市人，免疫学家。1958年毕业于北京医学院，1980～1982年在澳大利亚做访问学者及PHD学生，1982年获哲学博士。现任北京大学免疫学系教授，1995年当选中国科学院院士，兼任中国免疫学会副理事长兼秘书长、亚洲大洋洲地区免疫学会联盟副主席、世界免疫学会联合会执行委员会委员、国家自然科学基金委员会生命科学部专家咨询组成员、二审专家、卫生部第四届药物审评委员、中国国家艾滋病预防顾问委员会委员、北京市第八届政协委员等职及《北京医科大学学报》、《国外医学》免疫学分册、《生命科学杂志》、《中国免疫学杂志》、《中华微生物学》和《免疫杂志》等多种杂志编委。

陈慰峰长期系统从事胸腺内T淋巴细胞分化研究。首创两类高克隆效应单个T细胞培养系统，提示出胸腺内T细胞功能发育规律，即免疫功能始显于胸腺皮质型中的细胞，经胸腺髓质区分化、发育为功能完全成熟的胸腺迁出细胞；发现T细胞抗原识别受体，基因重排及转录发生于早期T细胞阶段。体外建立小鼠胸腺基质细胞系及克隆，揭示胸腺基质细胞经两类信号诱导早期T细胞分化为处于发育不同阶段的T细胞，包括细胞；黏附分子VLA-6及LAMININ结合产生的信号，涉及PRE-T细胞分化表达CD3分子；证明胸腺髓质型细胞须经胸腺髓质型TSC诱导，经历功能成熟分化，才发育为免疫功能细胞。从事细胞因子基因克隆、表达、纯化及功能研究，发现人多种细胞因子基因端非编码区的二级结构特点影响其在E. COLI的表达，据此适宜修饰，可提高表达效力。细胞因子生物功能研究，证明IL-10是杀伤T细胞分化因子，IL-7诱导早期T细胞表达；IL-4-LAK抑制人淋巴白血病细胞在裸鼠的致癌作用；原发性肾病的发病可能与IL-4产生过多相关，等等。发表论文203篇，其中研究论文169篇，综述论文34篇，主要论文被国际引用630次(SCI统计)。1990年被聘为博士研究生导师。曾荣获卫生部科技成果甲级奖、乙级奖、科技进步二等奖，国家教育委员会科技成果一等奖，国家自然科学三等奖，光华科技一等奖及何梁何利奖等，被授予国家级有突出贡献中青年科学家、全国科技先进工作者等光荣称号。

韩济生　1928年7月生，浙江省萧山市人，生理学家。1953年毕业于上海医学院医学系。在大连医学院生理高级师资班进修后，先后在哈尔滨医科大学、北京卫生干部进修学院、北京中医学院、北京医学院等单位生理系任教。1979年由讲师直接晋升为教授。1983～1993年任北京医科大学生理教研室主任，1987年任北京医科大学神经科学研究中心主任。1993年任卫生部神经科学重点实验室主任。主讲生理学和高级神经生理学课程。现兼任国务院学位委员会学科评议组成员，国务院科技名词审定委员会委员，中国博士后科学基金会理事会医学组长；卫生部医疗卫生国际交流中心理事会理事；北京神经科学会理事长及名誉理事长；中华医学会疼痛学会主任委员；中国生理学会常务理事及副理事长；中国神经科学学会副理事长。任《生理科学进展》杂志主编，《中国疼痛医学杂志》主编，《国际神经科学杂志》、《国际神经科学方法学杂志》、《亚太药理学杂志》、《中国药理学通报》、《中国生理科学杂志》(英文版)、《中国中西医结合杂志》(英文版)、《中国药物滥用防治杂志》等编委。

从1965年开始从事针灸原理研究，1972年以来从中枢神经化学角度系统研究针刺镇痛原理，发现针刺可动员体内的镇痛系统，释放出阿片肽、单胺类神经递质等，发挥镇痛作用；不同频率的电针可释放出不同种类阿片肽；针效的优劣取决于体内镇痛和抗镇痛两种力量的消长。研制出“韩氏穴位神经刺激仪(HANS)”，对镇痛和治疗海洛因成瘾有良效。在国内外杂志及专著上发表论文400余篇。主编《中枢神经介质概论》(1977，1980)、《针刺镇痛的神经化学原理》(1987)、《生理学多题汇编》(1987,1995)、英文生理教科书(1989)、《神经科学纲要》(1993,150万字,获国家教委科技图书特等奖)等著作。获国家自然科学三等奖一次,卫生部甲级奖三次、乙级奖二次,国家教委一等奖二次,二等奖一次,国家民委一等奖一次,北京市科技进步一等奖一次,国家中医药局二等奖一次。1981年被聘为博士研究生导师。1992年获北京医科大学"桃李奖"。1984年被评为有突出贡献的中青年专家。1995年被评为北京市先进工作者。1993年当选中国科学院院士。1979年以来应邀到24个国家和地区的100余所大学和研究机构讲学。多次担任国际学术会议主席,现任世界卫生组织科学顾问。获国际脑研究组织与美国神经科学基金会联合颁发的"杰出神经科学工作者奖学金",被选为瑞典德隆皇家学会国际会员,国际疼痛研究会(IASP)教育委员会委员和中国分会主任委员,国际麻醉性药物研究学会(INRC)执委会委员。连续9年获美国国立卫生研究院科研基金用以研究针灸原理。

中国工程院 信息与电子工程学部

王　选　(双院士,详见中国科学院技术科学部)

何新贵　1938年10月生,浙江省浦江县人,汉族。1960年北京大学数学力学系毕业。1967年北大研究生毕业。80年代初留学美国俄亥俄州立大学(The Ohio State University)计算机和信息科学系,研究数据库及数据库机技术。曾先后在国防部五院、七机部(后改航天部)和原国防科工委任技术员、工程组长、室主任、工程总师和所科技委主任和总工程师等职,现任我国载人飞船工程软件专家组组长,被授予少将军衔。技术职称:研究员、博士生导师。2001年当选中国工程院院士。

长期从事计算机软件和人工智能的理论研究和工程实践工作,是我国首批计算机软件工作者之一。提出了加权模糊逻辑、模糊计算逻辑、模糊区间值逻辑和模糊分布值逻辑等多种非标准模糊逻辑,以及巨并行的浸润推理模式、加权神经元网络和过程神经元网络等理论。他提出的可执行模糊语义网、模糊H网和主动模糊网络概念等在模糊理论与技术、知识处理及数据库等方面做出了具有创造性和系统性的贡献。此外,他对编译程序和数据库管理系统的实现技术,以及软件过程改进技术。(CMM)等也做出了较大贡献。至今,已发表第一作者学术论文130多篇,并著有《模糊知识处理的理论与技术》等10部专著,编撰《软件工程进展》等5本文集,是我国多部大型辞书的主要撰稿和审稿人。到2001年止,他所做的工作曾先后获国家或部委级以上科技进步等奖19项,其中12项排名第一。

中国工程院农业 轻纺与环境工程学部

唐孝炎　1932年10月生,籍贯江苏省。现任北京大学环境科学中心教授。1959年1月至1960年4月在苏联科学院地球化学分析化学研究所进修,1985年9月至1986年10月,任美国布鲁克海文国家实验和国家大气科学中心高级客座科学家。兼任联合国环境署(UNEP)臭氧层损耗环境影响评估组共同主席,中国环境学会副理事长。1995年当选为中国工程院院士。

自1972年起在我国最早建立环境化学方面的专业,20余年来培养出大量研究生和本科生。自70年代以来,开拓了大气环境化学研究方向。在我国兰州及其他城市光化学烟雾的成因及控制对策;南方地区酸雨的输送成因、来源及控制对策和城市化进程中我国大气污染的特点和大气中细颗粒物污染等研究方向,进行了系统深入的研究,取得了丰硕成果。在我国执行"蒙特利尔议定书"过程中,协助国家环保局主持编写《中国消耗臭氧层物质逐步淘汰国家方案》和行业机制战略等。为指定国家执行国际合约的战略和策略奠定了基础。探索了经济、能源与环境协调发展的道路、方法和理论。在福建和青岛做出了富有成效的典型范例。出版了多本著作,其中《大气环境化学》获国家教育部和国家环保局优秀教材一等奖。1985~1993年先后获国家科技进步二等奖三次,三等奖一次,国家教委科技进步一等奖一次。1994年获何梁何利科学技术进步奖。1998年获国家科技进步一等奖。

中国工程院 生物医学学部

吴阶平　(双院士,详见中国科学院生物学部)

陆道培　1931年9月生,上海市人,血液病学家。1955年毕业于同济医学院医疗系,1958年起在北京医学院

工作，历任北京医学院人民医院内科教授，北京医科大学血液病研究所所长，北京医科大学人民医院内科主任，北京医科大学内科学专业主任等职，1996年2月当选为中国工程院院士。兼任中华医学会副会长，中国科技协会全国委员会委员，中华医学会器官移植学会与实验血液学会副主任委员，全国骨髓移植登记与协作级负责人，同济医科大学名誉教授，国内外若干学术团体的名誉会员或会员，国际骨髓移植指导委员会委员，香港大学与香港中文大学名誉与客座教授，香港明德医院骨髓移植高级顾问，此外，还担任国外六种医学杂志的编委或主编，多次被邀请到英国、美国、瑞士、意大利、德国、法国、日本及澳大利亚等国的著名学术机构与大学访问、讲学。发表论文100余篇，主编了《白血病治疗学》、《血液学进展》等专著，参加撰写10余种医学书籍。

陆道培院士近年来在我国带头开展骨髓移植，并在此领域内进行了系统的开拓性研究，在国内首先发现三种遗传血液疾患，首先报告紫草及提取物对血管性紫癜与静脉炎有显著疗效。1964年，在亚洲首先成功进行了同基因骨髓移植，治愈了重症再生障碍性贫血。在世界上首先确定少至0.35×108公斤骨髓细胞就可重建骨髓，在世界上首先成功持久植活异基因骨髓移植，时间上早于台湾和香港。1985年因此获得国家科学进步二等奖。1986年ABO主要血型不相合的骨髓移植在国内首先成功，在国内外首先证实大蒜中有抗巨细胞毒成分，并首先用于防治骨髓移植后间质性肺炎。1991年又首先在国际上报道了诱导免疫耐受的一种新技术。目前他所领导的血液病研究所已完成异基因骨髓移植230例，患者长期存活率达到国际先进水平。1986年被聘为博士研究生导师。

郭应禄 1930年5月生，山西省定襄县人，泌尿外科学家。1956年毕业于北京医学院医学系，1963年于北京医学院医学系泌尿外科专业研究生毕业。1983年在加拿大大学皇家维多利亚医院进修肾移植。曾任北京医科大学第一医院副院长及泌尿外科主任。现任北京大学泌尿外科研究所所长，北京大学泌尿外科培训中心主任、教授、主任医师。

多年来从事泌尿外科教学、科研及医疗工作，主要研究方向是尿石症防治、尿路肿瘤的基因诊治及腔内泌尿外科技术。在我国肾移植、体外冲击碎石及腔内泌尿外科的发展中起到牵头促进作用，是泌尿外科学科带头人。1990年被聘为博士研究生导师。主编有：《肾移植》、《腔内泌尿外科学》、《前列腺热疗及衍生疗法》、《临床男科学》，主译《泌尿外科腔内手术图谱》，发表论文130余篇，参加了10余种书籍的编写。现任全国政协委员，中华医学会男科学会主任委员，中华医学会泌尿外科学会主任委员，吴阶平泌尿外科医学基金会理事长，中日医学科技交流协会会员，中国医学基金会副会长，国家医药管理局全国医疗器械评审专家委员会副主任，卫生部国际交流中心理事及吴阶平—杨森医药研究奖评委会主席。1999年当选为中国工程院院士。获首届吴阶平—杨森医药学研究一等奖。获全国科技大会一、二等奖及多项市及卫生部二、三等科技成果奖。1992年开始享受国务院颁发的政府特殊津贴待遇。

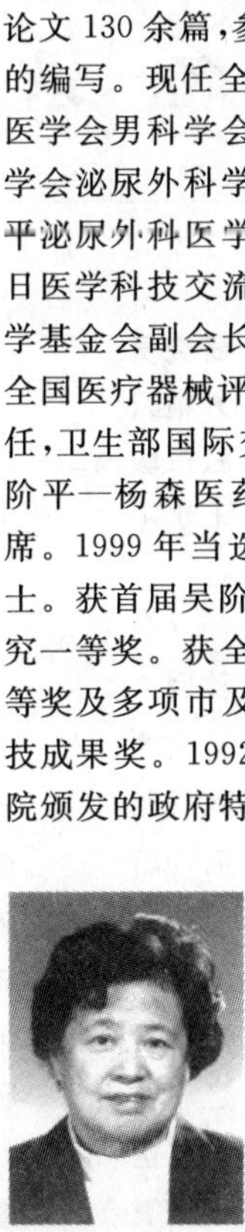

沈渔邨 1924年2月生，浙江省杭州市人，精神病学家。1951年毕业于北京大学医学院医学系。同年赴苏联留学，1955年毕业，获医学科学副博士学位。曾任北京医学院第三附属医院精神科主任、副院长，北京医科大学精神卫生研究所所长、教授，WHO北京精神卫生研究与培训使用中心主任，北京医科大学精神卫生系主任，卫生部精神卫生学重点实验室主任。1997年当选为中国工程院院士。

沈渔邨院士40余年来，始终坚持在医疗、教学与科学研究的第一线。70年代，在农村社区首创家庭精神病防治模式，随访证实其治疗效果与住院病人相近，复发率低，社会劳动能力恢复好，费用节省，曾在山东、辽宁、四川等省推广，此项成果于1984年获卫生部乙级科技成果奖。80年代引进精神疾病流行病调查的先进方法，组织国内六大行政区的12个单位进行了全国首次精神疾病流行病学调查，使得我国精神疾病流行病学研究水平迅速与国际接轨，并于1985年获卫生部乙级科技成果奖，WHO已将此调查资料用英文编辑出版。在此期间还率先对老年期痴呆筛查和诊断工具、发病率、患病率及发病危险因素进行研究，以及开展抑郁症病人的生化基础与药物治疗研究。上述课题在1993年分别获得卫生部与国家教委科技进步三等奖。目前正在进行精神疾病分子遗传学研究工作。60年代开始指导研究生。1984年被聘为研究生导师，主编了大型参考书《精神病学》，卫生部规划教材《精神病学》第2版和第3版。主编的《精神病防治与康复》，荣获中宣部颁发的全国首届奋发文明进步图书二等奖。发表论文百余篇，被SCI收录11篇，被引176次。参加国际学术会议50余次。1986年被挪威科学文学院聘为国外院士。1990年12月被美国精神病学院聘为国外通讯研究员。目前在国内外兼职有：WHO总部精神卫生专家组成员(已连任四届)，世界心理康复协会亚太区地区副主席。卫生部精神卫生咨询委员会主任委员，国务院学位委员会医学科学评议组成员。中华精神科学会副主任委员，中国心理卫生协会副理事长，《中华精神科杂志》总编辑，《中国心理卫生杂志》副主编。1959年被北京市授予文教卫生先进工作者荣誉称号。是北京医科大学90年代首批八位名医之一。

庄　辉　1935年1月生，浙江省奉化县人，流行病学、微生物学专家。1961年毕业于苏联莫斯科第一医学院。1961～1963年任中山医科大学卫生学教研室助教。1963年到北京医科大学工作。现任北京大学医学部基础医学院微生物学教研室教授。1980年3月至1982年6月、1993年2月至8月及1999年7月至12月先后三次作为访问学者赴澳大利亚Fairfield医院病毒科兼世界卫生组织病毒参考、生物安全性及协作研究中心进行病毒性肝炎研究。曾任北京医科大学微生物学系主任，现任国际戊型肝炎研究会副主席、国务院学位委员会学科评议组和卫生部肝炎防治领导小组成员、国家科技奖励医药卫生专业组评委会、卫生部病毒性肝炎专家咨询委员会、卫生部生物制品标准化委员会委员、中华医学会肝病学会主任委员、中国肝病防治基金会理事及第四军医大学等四所大学名誉教授等职。同时担任《中华肝脏病杂志》和《国外医学病毒学》杂志副主编，《World Journal of Gastroenterology》、《中华流行病学杂志》、《中华实验和临床病毒学杂志》等10余种期刊的常务编委或编委。

庄辉院士主要从事病毒性肝炎研究。首先证实我国存在流行性和散发性戊型肝炎；总结了我国戊型肝炎临床和流行病学特征；提出戊型肝炎流行和散发与病毒基因型无关，而与流行因素有关；发现戊型肝炎开放读框3抗原主要与急性期抗体有关，而开放读框2抗原则与恢复期抗体关系密切；在国内首先建立戊型肝炎实验室诊断技术和猕猴动物模型；研制成功“戊型肝炎病毒IgG抗体酶联免疫测定试剂盒”和“乙型肝炎病毒表面抗原胶体金试纸条”，获2项国家新药证书。先后获国家科技进步二等奖2项，卫生部科技进步一等奖、北京市科技进步一等奖和浙江省科技进步一等奖各1项。在国内外学术期刊上共发表论文300余篇，其中21篇被SCI收录，引用200余次。

教　授　名　录

校　本　部

环境学院

教授

白郁华(女)	蔡运龙	陈效逑	方　拥
朱　彤	冯长春	郭怀成	韩光辉
韩茂莉(女)	胡　敏(女)	胡建英(女)	
李树德	李有利	刘耕年	刘鸿雁
吕　斌	栾胜基	毛志锋	莫多闻
倪晋仁	阙维民	邵　敏	宋豫秦
唐晓峰	唐孝炎(女)	陶　澍	王红亚
王缉慈(女)	王健平	王学军	王仰麟
吴必虎	夏正楷	谢绍东	周力平
许学工(女)	叶文虎	俞孔坚	张世秋(女)
张永和	张远航	周一星	

研究员

方精云

教授级高工

王永华

信息科学技术学院

教授

吴全德	李红滨	甘学温(女)	王立福
陈章渊	杨芙清(女)	迟惠生	吴淑珍(女)
毛晋昌	徐安士	王阳元	项海格
吴锦雷	杨冬青(女)	刘晓彦(女)	薛增泉
汤俊雄	周乐柱	李志宏	张耿民
韩汝琦	张立昂	杨东海	张天义
赵宝瑛	屈婉玲(女)	郭　瑛(女)	王子宇
焦秉立	彭练矛	王克义	李晓明
谭少华	查红彬	郭　弘	丁文魁

康晋锋　谢昆青　陈向群(女)　陈　钟
孙家骕　陈徐宗　张大成　郝一龙
吴玺宏　邵维忠　刘新元(女)　代亚非(女)
赵玉萍(女)　梅　宏　夏明耀　张　兴
程　旭　黄　如(女)　汪国平　王捍贫
陈　清(女)

研究员

何新贵　袁崇义　魏引树　宁宝俊(女)
盛世敏　姜玉祥　封举富　张世琨

教授级高工

王兆江　闫桂珍(女)　赵兴钰

地球与空间科学学院

教授

白志强　程承旗　侯建军　马学平
邬　伦　蔡永恩　董熙平　胡天跃
潘　懋　吴泰然　陈　斌　方　裕
焦维新　秦　善　晏　磊　陈晓非
傅绥燕(女)　李　京　秦其明　张立飞
陈秀万　高克勤　李　琦(女)　史　謌(女)
赵永红(女)　陈永顺　关　平　李江海
涂传诒　郑海飞　郝维城　韩宝福
刘树文　王河锦　朱永峰　魏春景
郝守刚　鲁安怀

研究员

马宗晋　童庆禧　张弥曼(女)　叶大年
陈运泰　宋振清(女)　徐　备

数学科学学院

教授

谢衷洁　文　兰　刘张炬　马尽文
刘培东　张恭庆　裘宗燕　李治平
刘力平　任艳霞(女)　姜伯驹　王诗宬
高　立(女)　蒋美跃　周蜀林　张乃孝
郑志明　耿　直　柳　彬　张平文
李承治　徐树方　田　刚　陈大岳
蔡金星　郭懋正　刘和平　张继平
王长平　王保祥　彭立中　伍胜健
孙文祥　林作铨　汤华中　丘维声
方新贵　莫小欢　姜　明　朱小华
赵春来　何书元　许进超　鄂维南
史宇光　刘嘉荃　谭小江　李伟固
王正栋　王　铎　夏志宏　刘旭峰

研究员

丁伟岳　宗传明

物理学院

教授

赵柏林　杨应昌　秦国刚　陈佳洱
吴思诚　甘子钊　赵光达　王德煌
于金祥　舒幼生　赵　夔　段家忯(女)
卢大海　刘松秋　郭之虞　熊光成
邢启江　包尚联　丁富荣　张保澄
高政祥　郭建栋　冯庆荣　俎栋林
姚淑德(女)　吕建钦　李重生　王稼军(女)
朱　星　张国义　钱思进　刘树华
张　酣　王世光　叶沿林　欧阳颀
田光善　樊铁栓　谭本馗　钱维宏
俞大鹏　李振平　马中水　许甫荣
刘玉鑫　马伯强　王福仁　史俊杰
班　勇　王宇钢　王若鹏　刘克新
郭　华　熊传胜　冒亚军　范祖辉(女)
龚旗煌　张宏升　郑汉青　刘晓为
吴学兵　李定平　刘　川　孟　杰
蒋红兵(女)　张家森　盖　峥(女)　徐仁新
朱守华　朱世琳

研究员

张焕乔　陈建生　徐至展　周又元
叶恒强　卢咸池　陈金象　张　杰

教授级高工

赵绥堂　蔡建新　方　胜　王建勇
王洪庆

化学与分子工程学院

教授

唐有祺　李俊然(女)　周其凤　赵新生
邹德春　徐光宪　魏根拴　寇　元
李星国　邵元华　刘元方　李克安
钱民协(女)　其　鲁　来鲁华(女)　黄春辉(女)
裴伟伟(女)　程正迪　吴云东　甘良兵
曹维孝　姚光庆(女)　贾欣茹(女)　杨　震
许家喜　黎乐民　黄其辰　袁　谷
李元宗　席振峰　顾镇南　段连运
刘　锋(女)　严纯华　高　松　徐筱杰
金长文　林建华　魏高原　宛新华
马季铭　张新祥　刘虎威　刘忠范
沈兴海　王祥云　黄建滨　李　彦(女)
王剑波　吴　凯　李子臣　陈尔强
夏　斌　齐利民　刘文剑

研究员

陈志达　章士伟　王　远

教授级高工

翁诗甫

生命科学学院

教授

翟中和　李松岗　王忆平　邓兴旺
王世强　潘文石　于龙川　罗　明
苏晓东　魏丽萍(女)　崔克明　许崇任
顾红雅(女)　吕　植(女)　樊启昶　丁明孝
顾　军　陈建国　昌增益　罗静初
孙久荣　朱玉贤　陈章良　张　博(女)
赵进东　程　红(女)　安成才　李　毅
瞿礼嘉　张传茂　饶广远　舒红兵
苏都莫日根

研究员

朱作言　李二秋　白书农　蔡　宏(女)

教授级高工

周先碗　郝福英(女)

心理学系

教授

朱　滢　钱铭怡(女)　谢晓非(女)　李　量
王　垒　周晓林　韩世辉　苏彦捷(女)
王登峰

力学与工程科学系

教授

黄　琳　黄永念　王敏中　于年才
苏先樾(女)　顾志福　王　炜(女)　方　竞
陈十一　耿志勇　白树林　王建祥
佘振苏　陈国谦　李存标　王　龙
谭文长　郑玉峰

研究员

刘凯欣

中国语言文学系

教授

裘锡圭　董学文　王洪君(女)　王岳川
陈晓明　袁行霈　葛晓音(女)　高路明(女)
沈　阳　刘勇强　安平秋　温儒敏
耿振生　刘　东　钱志熙　杨　忠
方锡德　李小凡　车槿山　郭　锐
张双棣　李　零　夏晓虹(女)　陈保亚
张颐武　张联荣　董洪利　张　鸣
傅　刚　袁毓林　孟　华(女)　商金林
曹文轩　朱庆之　张　健　李家浩
宋绍年　陈平原　孟二冬　戴锦华(女)
卢永磷　程郁缀　孔江平

研究员

张剑福　曹亦冰(女)

历史学系

教授

何芳川　徐　凯　许　平(女)　王新生
宋成有　王晓秋　李孝聪　杨奎松
彭小瑜　王小甫　徐万民　徐　勇
牛大勇　荣新江　郭卫东　何顺果
邓小南(女)　阎步克　郭润涛　房德邻
王天有　董正华　朱孝远　欧阳哲生
罗志田　张希清　王红生　陈苏镇
王立新　高　毅

研究员

王春梅(女)　茅海建

考古文博学院

教授

葛英会　赵朝洪　高崇文　权奎山
刘　绪　黄蕴平(女)　赵化成　赵　辉
李水城　齐东方　王幼平　林梅村
徐天进　孙　华　李崇峰

哲学系

教授

叶　朗　魏常海　李中华　杜小真(女)
王　东　靳希平　赵敦华　张祥龙
王海明　胡　军　陈　来　张学智
尚新建　姚卫群　刘壮虎　王宗昱
郭建宁　丰子义　周北海　任定成
朱良志　张志刚　陈　波　韩水法
陈少峰　吴国盛　孙尚扬　王　博

研究员

何怀宏

经济学院

教授

肖灼基　晏智杰　李庆云　睢国余
萧国亮　王志伟　刘文忻(女)　萧　琛

郑学益	李心愉(女)	叶静怡(女)	何小锋
郑晓瑛(女)	孙祁祥(女)	王大树	胡　坚(女)
刘　伟	周　云(女)	王跃生	陆杰华
李涌平	黄桂田		

法学院

教授

郑胜利	李贵连	尹　田	李　鸣
钱明星	刘瑞复	饶戈平	郭自力
陈兴良	刘凯湘	张玉镶	姜明安
白建军	刘剑文	张千帆	巩献田
张建国	朱苏力	贺卫方	张守文
赵昆坡	周旺生	甘培忠	潘剑锋
陈瑞华	刘守芬(女)	王世洲	赵国玲(女)
汪建成	吴志攀	罗玉中	白桂梅(女)
邵景春	龚刃韧		

研究员

叶静漪(女)

国际关系学院

教授

潘国华	李　玉	张敏秋(女)	袁　明(女)
张锡镇	杨保筠	尚会鹏	李安山
连玉如(女)	牛　军	叶自成	贾庆国
许振洲	孔凡君	潘　维	李义虎
张小明	朱　锋	王正毅	

研究员

邱恩田	张世鹏

信息管理系

教授

余锦凤(女)	傅守灿(女)	秦铁辉	赖茂生
王锦贵	马张华	刘兹恒	李国新
王余光	陈建龙		

社会学系

教授

夏学銮	吴宝科	杨善华	王汉生(女)
王思斌	马　戎	郑也夫	郭志刚
谢立中	张　静(女)	佟　新(女)	高丙中
邱泽奇	王铭铭		

研究员

刘世定	蔡　华

东方学系

教授

季羡林	仲跻昆	姜永仁	韩振乾
赵玉兰(女)	张玉安	裴晓睿(女)	唐仁虎
唐孟生	李先汉	王邦维	刘曙雄
于荣胜	刘金才	梁敏和	赵　杰
段　晴(女)	谢秩荣	拱玉书	彭广陆
赵华敏(女)			

研究员

吴新英(女)

西语系

教授

赵振江	任友谅	王文融(女)	王燕生(女)
金海民	罗　芃	李昌珂	秦海鹰(女)
王东亮	黄燎宇		

俄语系

教授

任光宣	查晓燕(女)	赵桂莲(女)

英语系

教授

胡家峦	刘意青(女)	沙露茵(女)	解又明(女)
孙　玉(女)	石春祯	韩敏中(女)	姜望琪
辜正坤	沈　弘	王继辉	黄必康
丁宏为	韩加明	刘树森	申　丹(女)
周小仪	高一虹(女)	程朝翔	钱　军

政府管理学院

教授

谢庆奎	宁　骚	陈庆云	李成言
袁　刚	李　强	沈明明	江荣海
关海庭	周志忍	徐湘林	路　风
张国庆	王浦劬	黄恒学	肖鸣政
杨开忠	李国平	傅　军	

光华管理学院

教授

厉以宁	史树中	王其文	曹凤岐
杨岳全	张国有	梁钧平	朱善利
王建国	李　东	刘　力	武常岐
王立彦	张维迎	单忠东	涂　平
邹恒甫	刘　学	于鸿君	陆正飞

符国群　陈　嵘　姚长辉　徐信忠
江明华　雷　明　张一弛　周春生
龚六堂

马克思主义学院

教授

李顺荣(女)　易杰雄　陈占安　林　娅(女)
智效和　李青宜　程立显　祖嘉合(女)
李淑珍(女)　仝　华(女)　尹保云　杨　河
黄小寒(女)　李毅红(女)　孙蚌珠(女)

研究员

侯玉杰(女)

体育教研部

教授

李士信　刘承鸾(女)　周田宝(女)　李德昌
郝光安

研究员

田敏月(女)

艺术学系

教授

彭吉象　李小慧(女)　袁　禾(女)　李　松
朱青生　丁　宁　陈旭光

对外汉语教育学院

教授

李晓琪(女)　王若江(女)　张　英(女)

研究员

张秀环(女)

计算机科学技术研究所

教授

王　选　肖建国

研究员

陈晓鸥　周秉锋　邹　维　汤　帜
郭宗明

教育学院

教授

高利明(女)　陈学飞　康　健　闵维方
陈向明(女)　陈洪捷　丁小浩(女)

研究员

陆小玉(女)

中国经济研究中心

教授

陈　平　周其仁　梁　能　曾　毅
海　闻　林毅夫　汪丁丁　宋国青
平新乔　胡大源　卢　锋　李　玲(女)
赵耀辉(女)　姚　洋　马　浩

计算中心

研究员

孙光斗

教授级高工

黄达武　刘贺湘(女)　童建昌　李润娥(女)
张　蓓(女)

新闻与传播学院

教授

龚文庠　徐　泓(女)　关世杰　肖东发
杨伯溆　程曼丽(女)　谢新洲　陈　刚

方正集团

教授

魏　新

研究员

张国祥　张兆东　张炳贤　蒋必金

教授级高工

张尊超　陈文先　汪岳林　廖春生

青鸟公司

研究员

刘永进　杨　明

教授级高工

朱守涛　苏渭珍(女)　田仲义

未名集团

研究员

李平方

教授级高工

宋　云　潘爱华

维信公司

研究员

段震文

资源集团

研究员

仇守银　黄琴芳(女)　张永祥

校办公司

研究员

初育国

教授级高工

王　川

图书馆

研究馆员

蔡蓉华(女)　谢琴芳(女)　戴龙基　高倬贤
沈正华(女)　沈乃文　朱　强　陈　凌
肖　珑(女)

现代教育技术中心

教授

李树芳

教授级高工

张万增　崔光佐

编审

单淑明(女)

餐饮中心

研究员

崔芳菊(女)

校医院

主任医师

杨萍兰(女)　张宏印

社区服务中心

研究员

赵桂莲(女)

党办校办

教授

吴树青

研究员

赵存生　许智宏　林钧敬

纪检监察室

研究员

王丽梅(女)　侯志山

组织部

研究员

岳素兰(女)

宣传部

研究员

赵为民

编审

魏国英(女)

统战部

研究员

付　新(女)

人事部

研究员

周岳明　冯支越

国际合作部

教授

郝　平

研究员

庞志荣(女)　潘庆德

科研部

研究员

吴　锜(女)

编审

陈婧媛(女)

研究生院

研究员

曹在礼　魏志义

继续教育部

研究员

李国斌

基建工程部

研究员

支　琦

教授级高工

莫元彬

总务部

研究员

鞠传进　张宝岭

社科部

教授

朱邦芳(女)

编审

龙协涛

实验室与设备管理部

研究员

史守旭(女)　王兴邦

教育工会

研究员

陈淑敏(女)

昌平园区

研究员

宋心才

出版社

编审

赵学范(女)　段晓青(女)　江　溶　张文定
郭　力(女)　王明舟

档案馆

研究员

赵兰明(女)

街道办

研究员

张书仁

医　学　部

说明：本名录为 2004 年在职的具有正高级专业技术职务的人员，除特别注明外临床医学院的教授同时具有主任医师职务。

基础医学院

教授

陈慰峰　崔彩莲(女)　崔德华(先上岗后确认)
方伟岗　宫恩聪　高子芬(女)　高晓明
高远生　顾　江　管又飞　郭长占
韩济生　侯伟敏　贾弘禔　库宝善
李学军(女)　李凌松　李　刚　李　英(女)
刘国庆　刘树林　罗大力(女)(调入)
罗　非　马大龙　毛泽斌　梅　林(女)
濮鸣亮(先上岗后确认)　钱瑞琴(女)　邱晓彦(女)
邱幼祥　沙印林　尚永丰　沈　丽(女)
谭焕然(女)　唐朝枢　唐军民　汤　健
童坦君　王　露　王　宪(女)　王新娟(女)
王　韵(女)　汪南平　万　有　文宗耀
吴立玲(女)　肖瑞平(女)　谢蜀生　徐国恒
尹长城　于常海　于恩华　张　波
张书永　张志文　张宗玉(女)　章国良(女)
张永鹤　郑　杰　周春燕(女)　祝世功
钟延丰(女)　朱万孚　朱卫国　朱　毅
庄　辉

研究员

吴鎏桢

编审

冯腊枝(女)

教授级高级工程师

尚彤(女)

药　学　院

教授

艾铁民　蔡少青　陈虎彪　崔景荣(女)
果德安　雷小平(女)　李安良　李长龄
李荣昌　李润涛　李中军　刘俊义
刘湘陶(女)　卢　炜　蒲小平(女)　史录文
屠鹏飞　王　超　王　夔　王　璇(女)
王银叶(女)　武凤兰(女)　徐　萍(女)　许金焜
杨晓达　杨秀伟　叶新山　张礼和
张　强　赵　明(女)　赵玉英(女)　张亮仁
张天蓝

研究员

车庆明　崔育新　郭绪林　洪和根
林文翰　卢景雰(女)　解冬雪(女)　杨　铭(女)

公共卫生学院

教授

安　琳(女)　常元勋　曹卫华　陈　娟(女)
郭新彪　郭　岩(女)　郝卫东　胡永华
季成叶　康晓平(女)　李立明　李曼春(女)
林晓明(女)　刘　民(女)　马　军　马谢民
钮文异　宋文质　潘小川　唐金陵
王洪玮(女)　王培玉　王　生　王　燕(女)
吴　明(女)　肖　颖(女)　杨　辉　詹思延(女)
张宝旭　张金良(女)　周宗灿

研究员

康凤娥(女)　李可基　李　勇　王京宇
续美如(女)　余小鸣(女)　周小平(女)

护理学院

教授

洪黛玲(女)　王宜芝(女)　郑修霞(女)

公共教学部

教授

丛亚丽(女)	董　哲	贺东奇	洪　炜
胡德康	胡佩诚	贾炳善	李　菡(女)
刘　奇(女)	刘新芝(女)	王　玥(女)	张大庆

研究员

张建祥

网络学院

研究员

陈立奇

党政机关后勤部门及直属单位

教授

李　竹　　李书隽　　田　佳(女)(调入)

研究员

柏　志	邓艳萍(女)	侯　卉(女)	李　均(女)
李　鹰(女)	梁建辉	刘秀英(女)	刘志民
赖豫建	吕忠生	马长中(女)	马焕章
聂克珍(女)	彭嘉柔(女)	乔　力(女)	任爱国
王普玉(女)	王振铎	谢培英(女)	夏祖述
辛　兵(女)	闫　敏(女)	杨果杰	张成兰(女)
张　翎(女)	郑继旺	周喜秀(女)	

主任医师

王晓军(女)

研究馆员

林小平　　尹　源(女)

编审

周传敬(女)　　赵　时(女)　　安　林　　赵成正(女)

第一临床医学院(北大医院)

教授

鲍圣德	陈鸿义	陈瑞英(女)	丁　洁(女)
丁文惠(女)	杜军保	郭晓蕙(女)	郭燕燕(女)
郭应禄	霍　勇	黄建萍(女)	蒋学祥
姜　毅(女)	金　杰	李克敏(女)	李　龙
李若瑜(女)	李小梅(女)	李晓玫(女)	廖秦平(女)
刘新民	刘玉村	刘荫华	马明信
那彦群	潘柏年	秦　炯	任汉云
任自文	申文江	唐光健	万远廉
王海燕(女)	王贵强	王　丽(女)	王　梅(女)
王荣福	王仪生	王薇薇(女)	王荫华(女)
王振军	汪　涛	温宏武	吴希如(女)
吴新民	武淑兰(女)	肖永红	徐小元
薛兆英	辛钟成	严仁英(女)	晏晓明(女)
杨宗萍(女)	姚晨(调入确认单职)		袁　云
张慧琳(女)	张仁尧	张彦芳	章友康
赵明辉	周丛乐(女)	周利群	周应芳
朱　平	朱天岳	朱学骏	邹英华
左文莉(女)			

主任医师

白　勇	岑溪南	柴卫兵	陈斯同
陈永红(女)	戴三冬	戴淑凤(女)	段学宁
冯琪(女)	甘晓玲(女)	高惠珍(女)	高燕明(女)
郭在晨	贺茂林	胡伏莲(女)	洪　涛
霍惟扬	黄一宁	季素珍(女)	贾志荣(女)
金燕志(女)	李桂莲(女)	李　简	李　鸣
李巧娴(女)	李庆琪	李　挺(女)	梁丽莉(女)
梁卫兰(女)	刘玲玲(女)	刘梅林(女)	刘世援(女)
刘桐林	刘新光	刘玉洁(女)	刘运明(女)
林景荣	柳　萍	卢新天(女)	马　澜(女)
马玉凤(女)	那　加(女)	聂红萍(女)	庞　琳(女)
齐慧敏(女)	乔歧禄	石雪君(女)	宋鲁新
宋以信	孙　洁	谭　伟(女)	汤秀英(女)
涂　平	王爱萍(女)	王东信	王广发
王继琛	王丽勤(女)	王　平(女)	王全桂(女)
王仁贵	王　颖(女)	文立成	吴常德
肖　锋	肖江喜	谢鹏雁	许　幸
杨慧霞(女)	杨　欣(女)	杨尹默	杨　勇
殷　悦(女)	尤玉才	于岩岩(女)	张宝娓(女)
张明礼	张淑娥(女)	张晓春	赵冬红(女)
赵建勋	周元春(女)		

研究员

陈用忠	高树宽	冯　陶(女)	李本富
李海峰(女)	李六亿(女)	刘素宾(女)	刘晓燕(女)
孟繁荣(女)	戚　豫	孙曼琴(女)	伍期专
夏铁安	徐国兵	姚景雁(女)	俞莉章(女)
张春丽(女)	张祥华	王学美(女)	潘　虹(女)
张庆林	熊卓为(女)		

主任药师

孙忠民　　孙培红

主任护师

陈素坤(女)

主任技师

卢桂芝(女)	苗鸿才	裘毅民(女)	孙孟里(女)
王　彬	吴北生	赵　宜(女)	

第二临床医学院(人民医院)

教授

白文俊	陈　红(女)	崔　恒	杜如昱
杜湘珂(女)	冯传汉	高旭光	郭　卫
何权瀛	胡大一	黄晓波	黄晓军
回允中	纪立农	姜保国	姜燕荣(女)
蒋宝琦	解基严	冷希圣	李建国
黎晓新(女)	栗占国	刘开彦	卢纹凯(女)
陆道培	吕厚山	栾文忠	苗懿德(女)
丘镜莹(女)	王德炳	王　俊	王　杉

王晓峰　魏　来　魏丽惠(女)　徐万鹏
于德麟　于仲元　张国良　张建中
张小明　张　正(女)　朱积川　朱继业

主任医师

安友仲　鲍永珍(女)　戴　林(女)　高伯山
高承志　高淑华(女)　高占成　郭丹杰(女)
郭继鸿　胡肇衡　黄　迅　洪　楠
江　滨(女)　寇伯龙　李立新(女)　李书娴(女)
李月玺　梁冶失　刘桂兰(女)　刘海鹰
刘慧君(女)　刘玉兰(女)　林剑浩　马淑惠(女)
毛　汛(女)　倪　磊　牛兰俊　乔新民(女)
屈汉廷　曲星珂　沈丹华(女)　史克菊(女)
孙宁玲(女)　沈　浣(女)　佟富中　万　峰
王福顺　王　豪　王建六　王秋生
王少杰(女)　王山米(女)　王天龙　王伟民
伍少鹏　杨拔贤　杨德启　杨乃众
杨铁生　吴　夕(女)　于贵杰(女)　于永祥
余力生　曾超美(女)　张乐萍(女)　张立红(女)
张文娟(女)　张小明　赵　辉　赵明威
赵明中　赵　彦(女)　赵　耘(女)　朱天刚
朱继红

研究员

冯　捷(女)　何申戌　李春英　李月东
刘艳荣(女)　王吉善　何雨生　黄　锋
周庆环(女)

主任药师

李玉珍(女)　王　佩(女)

主任技师

贾　玫　滕智平(女)

主任护师

曲维香(女)

第三临床医学院(北医三院)

教授

敖英芳　陈明哲　陈忠新　陈仲强
党耕町　董国祥　樊东升　高　炜(女)
郭静萱(女)　韩启德　贺　蓓(女)　洪天配
蒋建渝　克晓燕(女)　李　东　李健宁
李邻峰　李诗兰(女)　李学佩　林共周
林佩芬(女)　林三仁　刘忠军　娄思权
卢国勋　马庆军　马志中　毛节明
乔杰(女)　曲绵域　王金锐　王　薇(女)
王　侠　王振宇　谢敬霞(女)　叶立娴(女)
张同琳　张　捷　张永珍　赵凤临(女)
赵金垣　赵鸣武　周丽雅(女)

主任医师

陈凤荣(女)　丛玉芳(女)　崔国庆　陈跃国
丁士刚　段丽萍(女)　范家栋　葛堪忆(女)
顾　芳(女)　郭丽君(女)　韩劲松(女)　郝燕生
侯宽永　胡跃林　贾建文　李　松
李伟力(女)　李　选　刘桂花(女)　刘剑羽(女)
陆少美(女)　吕愈敏(女)　马芙蓉(女)　马力文(女)
马潞林　马勇光　苗立英(女)　聂有智
潘天明　朴梅花(女)　宋世兵　孙永昌
孙　宇　沈　扬(女)　谭秀娟(女)　童笑梅(女)
王　超　王少波　魏　玲(女)　吴惠群(女)
吴玲玲(女)　伍赞群　肖卫忠　修典荣
徐　梅(女)　徐希娴(女)　徐　智　姚婉贞(女)
闫天生　杨碧波　杨　孜(女)　叶蓉华(女)
张福春　张连第　张　克　张燕燕(女)
张永珍　赵　军　郑溶华(女)　周　方
周谋望　庄申榕

研究员

艾　华　陈东明(女)　陈贵安(女)　付贤波
耿　力(女)　韩鸿宾　林　丛　秦泽莲(女)
沈　韬　吴建伟　许　锋　于长隆
张幼怡(女)　赵一鸣

主任药师

翟所迪

主任技师

杨池荪(女)

口腔医学院(口腔医院)

教授

曹采方(女)　冯海兰(女)　傅开元　付民魁
高学军　高　岩　葛立宏　郭传瑸
韩　科　洪　流(女)　姜　婷(女)　李铁军
李雨琴(女)　刘宏伟(女)　林久祥　林琼光(女)
林　野　吕培军　马　莲(女)　马绪臣
毛　驰　孟焕新(女)　欧阳翔英(女)　沙月琴(女)
孙勇刚　王鸿颖(女)　王嘉德(女)　王伟建
王新知(女)　王　兴　谢秋菲(女)　许天民
徐　军　于世凤(女)　俞光岩　岳林(女)
曾祥龙　张博学　张　丁(女)　张　刚
张　益　张震康　周彦恒

主任医师

陈　洁(女)　董艳梅(女)　丰　淳(女)　胡晓阳
黄敏娴(女)　贾绮林　姜　霞(女)　李巍然(女)
马　琦(女)　秦　满(女)　孙　凤(女)　王世明
王忠桂(女)　魏克立　俞兆珠(女)　张建国
罗　奔　谢毓秀(女)　徐　莉(女)　阎　燕(女)
翟新利(女)　张成飞　张　清(女)　张祖燕
赵士杰　赵燕平(女)

研究员

林　红(女)　刘文一　王　同(女)　张筱林
郑　刚

主任药师

梁俐芬(女)

主任技师

吴美娟(女)

编审

颜景芳(女)

临床肿瘤学院(肿瘤医院)

教授

陈敏华(女) 邓大君 顾 晋 黄信孚
季加孚 柯 杨(女) 李吉友 李萍萍(女)
吕有勇 徐光炜 许佐良 杨仁杰
勇威本 张珊文 张晓鹏 寿成超
游伟程 张力健

主任医师

范志毅 胡永华(女) 李蔚范(女) 林本耀
刘淑俊(女) 马丽华(女) 施旖旎(女) 孙 艳(女)
王 怡 徐 博 薛仲琪 杨 跃
章新奇(女) 张集昌 张乃嵩

研究员

方家椿 何洛文(女) 万文徽(女) 王启俊(女)
张 联 张青云 张宗卫

主任技师

韩树奎 胡思超

编审

凌启柏

精神卫生研究所(第六医院)

教授

丛 中 崔玉华(女) 黄悦勤(女) 李淑然(女)
沈渔邨(女) 王玉凤(女) 杨晓玲(女) 张 岱
周东丰(女)

主任医师

方耀奇(女) 甘一方 韩永华 吕秋云(女)
唐登华 张彤玲(女) 王希林(女) 王向群
于 欣 张鸿燕(女)

研究员

汪向东

院士

韩济生 陈慰峰 王 夔 张礼和
陆道培 韩启德 沈渔邨 郭应禄
庄 辉 吴阶平

特聘教授

高晓明 王 宪 叶新山 刘国庆
李凌松 汪 涛 吴 励(讲座教授)
肖瑞平 尚永丰 唐金陵 管又飞
王克威 王存玉(讲座教授)

入选“新世纪百千万人才工程”人员

万 有 汪 涛

2004年在岗博士生导师名单

校 本 部

马克思主义哲学

丰子义 郭建宁 王 东 杨 河 易杰雄
赵家祥

中国哲学

陈 来 胡 军 李中华 楼宇烈 庞 朴
汤一介 魏常海 许抗生 张学智 朱伯崑

外国哲学

杜小真 韩水法 靳希平 尚新建 张祥龙
赵敦华 逻辑学 陈 波 刘壮虎 周北海

伦理学

陈少峰 何怀宏

美学

叶 朗 朱良志

宗教学

孙尚扬 姚卫群 张志刚

科学技术哲学

傅世侠 龚育之 何祚庥 任定成 孙小礼
吴国盛

政治经济学

陈德华 睢国余 李顺荣 刘 伟

政治经济学

卢 锋 孙蚌珠 吴敬琏 吴树青 徐雅民

经济思想史

石世奇 晏智杰 郑学益

经济史

萧国亮　周其仁

西方经济学

樊　刚　胡大源　胡代光　刘文忻　平新乔
宋国卿　汪丁丁　王志伟　易　纲

世界经济

海　闻　王跃生　萧　琛

理论经济学(发展经济学)

林毅夫　姚　洋　曾　毅　赵耀辉

国民经济学

高程德　高尚全　李善同　厉以宁　秦宛顺
王　益　王梦奎　邹恒甫

区域经济学

杨开忠

金融学

曹凤岐　陈　平　单忠东　高西庆　何小锋
胡　坚　李庆云　李心愉　刘　力　孙祁祥
王大树　肖灼基　徐信忠　姚长辉　于鸿君
周春生

产业经济学

张来武　张维迎　朱善利

统计学

陈　嵘

法学理论

巩献田　罗玉中　赵震江　周旺生　朱苏力

法律史

贺卫方　李贵连　王　哲　武树臣　张建国

宪法学与行政法学

姜明安　罗豪才　肖蔚云　应松年　袁曙宏

刑法学

陈兴良　储槐植　郭自力　刘守芬　王世洲
张　文　赵国玲

民商法学

刘凯湘　钱明星　尹　田　郑胜利

诉讼法学

陈瑞华　潘剑锋　汪建成　张玉镶

经济法学

贾俊玲　刘剑文　刘瑞复　盛杰民　张守文

环境与资源保护法学

金瑞林　魏振瀛　朱启超

国际法学

白桂梅　龚刃韧　饶戈平　邵　津　邵景春
吴志攀　杨紫煊

政治学理论

关海庭　李　强　李成言　宁　骚　沈明明
王浦劬　谢庆奎　徐湘林　许耀桐　袁　刚

科学社会主义与国际共产主义运动

黄宗良　孔凡君　李青宜　梁　柱　林代昭
林勋建　潘国华　沙健孙　仝　华　张世鹏
智效和

马克思主义理论与思想政治教育

陈占安　程立显　林　娅　赵存生
祖嘉合

国际政治

陈峰君　李　玉　李安山　李义虎　梁守德
陆庭恩　尚会鹏　王　杰　张锡镇

国际关系

方连庆　刘金质　王正毅　许振洲　袁　明
朱　锋

外交学

贾庆国　牛　军　叶自成

政治学(国际传播)

程曼丽　龚文庠　邵华泽　肖东发　徐　泓
杨伯溆

社会学

费孝通　郭志刚　雷洁琼　刘世定　马　戎
邱泽奇　王汉生　王思斌　谢立中　杨善华
张　静

人口学

陆杰华　张纯元　郑晓瑛　周　云

人类学

蔡　华　高丙中　王铭铭

教育学原理

陈向明

高等教育学

陈洪捷　陈学飞　汪永铨　喻岳青

基础心理学

韩世辉　李　量　钱铭怡　沈　政　苏彦捷
王　垒　王登峰　肖　健　周晓林　朱　滢

文艺学

陈熙中　董学文　卢永璘　王岳川　张少康

语言学及应用语言学

陈保亚　沈　炯　王洪君　徐通锵

汉语言文字学

符淮青　耿振生　郭　锐　何九盈　蒋绍愚
李小凡　陆俭明　沈　阳　宋绍年　孙玉文
王福堂　袁毓林　朱庆之

中国古典文献学

安平秋　董洪利　金开诚　李　零　李家浩
裘锡圭　孙钦善

中国古代文学

程郁缀　储斌杰　费振刚　傅　刚　葛晓音
刘勇强　孟二冬　钱志熙　夏晓虹　袁行霈

周　强　周先慎

中国现当代文学

曹文轩　陈平原　陈晓明　方锡德　洪子诚
钱理群　商金林　孙玉石　温儒敏　张颐武

比较文学与世界文学

车槿山　戴锦华　乐黛云　刘　东　孟　华
严绍璗

英语语言文学

程朝翔　丁宏为　高一虹　辜正坤　韩加明
韩敏中　胡家峦　姜望琪　刘树森　刘意青
钱　军　申　丹　沈　弘　陶　洁　王逢鑫
周小仪

俄语语言文学

李明滨　任光宣　吴贻翼

法语语言文学

罗　芃　秦海鹰　王东亮　王庭荣
王文融

德语语言文学

范大灿　李昌珂　张玉书

日语语言文学

刘金才　彭广陆　于荣胜

印度语言文学

段　晴　季羡林　刘曙雄　唐仁虎　王邦维

西班牙语语言文学

赵德明　赵振江

阿拉伯语语言文学

仲跻昆

亚非语言文学

拱玉书　李　谋　裴晓睿　姚秉彦　张玉安
赵　杰

艺术学

丁　宁　彭吉象　朱青生

史学理论及史学史

董正华

考古学及博物馆学

高崇文　李水城　林梅村　刘　绪　齐东方
权奎山　宿　白　孙　华　王幼平　徐苹芳
严文明　赵　辉　赵朝洪　赵化成

历史地理学

侯仁之　李孝聪　于希贤

专门史

牛大勇　荣新江　王晓秋　徐万民

中国古代史

邓小南　郭润涛　荣新江　田余庆　王天有
王小甫　徐　凯　闫步克　岳庆平　张希清
朱诚如　朱凤瀚　祝总斌

中国近现代史

房德邻　郭卫东　金冲及　刘桂生　罗志田
茅海建　杨奎松　欧阳哲生

世界史

董正华　高　毅　郭华榕　何芳川　何顺果
梁志明　林承节　刘祖熙　彭小瑜　沈仁安
宋成有　王红生　王立新　王新生　徐天新
许　平　郑家馨　朱孝远

基础数学

丁石孙　丁伟岳　方新贵　姜伯驹　蒋美跃
李承治　李伟固　刘和平　刘嘉荃　柳　彬
莫小欢　彭立中　丘维声　孙文祥　谭小江
田　刚　王　杰　王保祥　王长平　王诗宬
文　兰　伍胜健　夏志宏　徐明曜　张恭庆
张继平　赵春来　郑志明　朱小华　宗传明

计算数学

鄂维南　李治平　徐树方　许进超　应隆安
张平文

概率论与数理统计

陈大岳　耿　直　何书元　刘　军　钱敏平
谢衷洁　郑忠国

应用数学

陈亚浙　程乾生　郭懋正　胡德焜　姜　明
林作铨　刘培东　刘旭峰　刘张炬　裘宗燕
史树中　王　铎　王正栋　张恭庆　张乃孝

理论物理

高崇寿　李定平　李重生　刘　川　刘玉鑫
卢大海　马伯强　马中水　宋行长　苏肇冰
赵光达　郑汉青　朱世琳

粒子物理与原子核物理

班　勇　陈金象　郭　华　冒亚军　孟　杰
许甫荣　姚淑德　叶沿林　张焕乔　张启仁

凝聚态物理

盖　峥　甘子钊　高政祥　欧阳颀　秦国刚
史俊杰　田光善　王福仁　吴思诚　熊光成
杨应昌　叶恒强　俞大鹏　张　酣　张国义
朱　星

光学

龚旗煌　孙驹亨　王若鹏　徐至展　张家森

无线电物理

陈徐宗　董太乾　郭　弘　汤俊雄　王义遒
杨东海

无机化学

陈志达　高　松　高宏成　顾镇南　黄春辉
李　彦　李星国　林建华　吴瑾光　徐光宪
严纯华　支志明

分析化学

李克安　李元宗　刘　锋　刘虎威　邵元华
张新祥

有机化学

甘良兵　王剑波　席振峰　杨　震

物理化学

蔡生民　黄建滨　黄其辰　金长文　寇　元
来鲁华　黎乐民　林炳雄　刘文剑　刘忠范
马季铭　齐利民　唐有祺　王　远　吴　凯
吴念祖　吴云东　夏　斌　谢有畅　徐光宪
徐筱杰　章士伟

高分子化学与物理

曹维孝　陈尔强　程正迪　冯新德　李子臣
宛新华　危　岩　魏高原　周其凤　邹德春

化学(化学生物学)

刘元方　钱民协　袁　谷　赵新生

化学(应用化学)

其　鲁　沈兴海　王祥云　魏根拴

天体物理

艾国祥　陈建生　邓李才　范祖辉　韩金林
景益鹏　刘晓为　南仁东　汪景琇　吴鑫基
吴学兵　武向平　徐仁新　赵　刚　周　旭
周又元

自然地理学

蔡运龙　陈静生　方精云　王红亚　王仰麟
许学工

人文地理学

董黎明　冯长春　吕　斌　王缉慈　吴必虎
谢凝高　杨吾扬　俞孔坚　周一星

地图学与地理信息系统

方　裕　李　琦　马蔼乃　秦其明　邬　伦

地理学(环境地理学)

胡建英　陶　澍　王健平　王学军

地理学(历史地理学)

韩光辉　韩茂莉　唐晓峰

地理学(地貌学与环境演变)

李有利　刘耕年　莫多闻　夏正楷

气象学

钱维宏　谭本馗　陶祖钰　王洪庆

大气物理学与大气环境

陈家宜　刘式达　刘树华　毛节泰　秦　瑜
桑建国　张宏升　赵柏林　郑国光　周秀骥

固体地球物理学

蔡永恩　陈晓非　陈永顺　陈运泰　胡天跃
臧绍先　赵永红

空间物理学

付绥燕　濮祖荫　涂传诒　肖　佐

矿物学、岩石学、矿床学

董申保　关　平　魏春景　阎国翰　张立飞

地球化学

刘树文　穆治国　郑海飞

古生物学与地层学

白志强　董熙平　高克勤　郝守刚　郝维城
马学平

构造地质学

韩宝福　侯建军　李江海　马宗晋　潘　懋
吴泰然　徐　备

第泰四纪地质学

崔之久　李树德　杨景春　周力平

地质学(材料及环境矿物学)

鲁安怀　王河锦

植物学

白书农　崔克明　顾红雅　李　毅　林忠平
饶广远　许智宏　尤瑞麟　赵进东

动物学

吕　植　潘文石　许崇任

生理学

孙久荣　于龙川

细胞生物学

陈建国　邓宏魁　丁明孝　莫日根　舒红兵
翟中和　张传茂　朱作言

生物化学与分子生物学

昌增益　顾　军　金长文　梁宋平　罗　明
茹炳根　苏晓东　王忆平　夏　斌　朱圣庚
朱玉贤

生物物理学

程和平　吴才宏

生物学(生物信息学)

李松岗　罗静初

生物学(生物技术)

安成才　陈章良　邓兴旺　瞿礼嘉

一般力学与力学基础

陈　滨　黄　琳　王　龙　叶庆凯

固体力学

白树林　胡海昌　黄筑平　刘凯欣　苏先樾
王　炜　王大钧　王建祥　王敏中　武际可
殷有泉

流体力学

陈国谦　陈十一　黄永念　李存标　佘振苏
魏庆鼎　吴介之　吴望一

工程力学

陈德成　方　竞　顾志福　颜大椿　袁明武

物理电子学

陈　清　龚中麟　刘惟敏　彭练矛　吴锦雷
吴全德　薛增泉　张耿民　周乐柱

微电子学与固体电子学

甘学温 韩汝琦 黄 如 吉利久 康晋锋 倪学文 盛世敏 谭长华 王阳元 武国英 许铭真 闫桂珍 张 兴 张利春 赵宝瑛

通信与信息系统

焦秉立 梁庆林 王子宇 吴德明 项海格 谢麟振 徐安士 余道衡

信号与信息处理

查红彬 迟惠生 封举富 何新贵 谭少华

计算机系统结构

程 旭 丛京生 代亚非 李晓明 王克义

计算机软件与理论

陈 钟 董士海 李大维 梅 宏 屈婉玲 邵维忠 沈昌祥 孙家骕 唐世渭 汪国平 王捍贫 王立福 许卓群 杨冬青 杨芙清 俞士汶 袁崇义 张立昂

计算机应用技术

陈堃銶 宋再生 汤 帜 王 选 肖建国 周秉锋

摄影测量与遥感

陈秀万 童庆禧 晏 磊

核技术及应用

包尚联 陈佳洱 郭之虞 刘克新 吕建钦 唐孝威 王宇钢 于金祥 张保澄 赵 夔 赵渭江

环境科学

白郁华 郭怀成 胡 敏 江家驷 栾胜基 毛志锋 邵 敏 唐孝炎 叶文虎 张远航 朱 彤

环境工程

查克麦 黄国和 倪晋仁

会计学

陆正飞 王立彦

企业管理

成思危 符国群 靳云汇 雷 明 李 东 梁 能 梁钧平 涂 平 王建国 王其文 武常岐 项 兵 熊维平 徐淑英 杨岳全 尹衍樑 张国有 张一弛

行政管理

陈庆云 傅 军 黄恒学 李习彬 刘 峰 路 风 汪玉凯 王 健 肖鸣政 张国庆 周志忍

教育经济与管理

丁晓浩 闵维方

图书馆学

王锦贵 王余光 吴慰慈

情报学

关家麟 赖茂生 梁战平 秦铁辉 王惠临 徐学文 余锦凤 赵澄谋

医学部

神经生物学

韩济生 王晓民 于常海 万 有 崔德华 王 韵 罗 非 崔彩莲

生理学

唐朝枢 王 宪 肖瑞平 朱 毅 汪南平 刘国庆 徐国恒

遗传学

钟 南

细胞生物学

柯 杨 李凌松

生物化学与分子生物学

贾弘禔 寿成超 吕有勇 邓大君 李 刚 周春燕 尚永丰 朱卫国

生物物理学

文宗耀 尹长城 沙印林

人体解剖与组织胚胎学

沈 丽 周长满 濮鸣亮

免疫学

陈慰峰 谢蜀生 马大龙 高晓明 张 毓 邱晓彦

病原生物学

庄 辉 刘树林

病理学

郑 杰 方伟岗 张 波 顾 江

病理生理学

韩启德 吴立玲 祝世功 管又飞 高远生

药理学

李学军 李长龄 陆 林 梁建辉 章国良 张永鹤 蒲小平

流行病与卫生统计学

李 竹 李立明 胡永华 游伟程 詹思延 唐金陵

劳动卫生与环境卫生学

王 生 赵一鸣

营养与食品卫生学

李 勇 李可基

儿少卫生与妇幼保健学

季成叶 王 燕

卫生毒理学

周宗灿 郝卫东 王培玉

社会医学与卫生事业管理

郭 岩 吴 明

药学化学生物学

王　夔　张礼和　刘俊义　李中军　李润涛　叶新山

药物化学

彭师奇　赵　明　杨　铭　崔育新　张亮仁

药剂学

张　强

生药学

赵玉英　果德安　蔡少青　屠鹏飞　杨秀伟　林文翰

内科学

武淑兰　朱　平　任汉云　霍　勇　丁文惠　谢鹏雁　王海燕　章友康　李晓玫　汪　涛　王　梅　赵明辉　郭晓蕙　刘新民　王贵强　徐小元　于岩岩　陆道培　王德炳　黄晓军　郭继鸿　孙宁玲　胡大一　陈　红　何权瀛　高占成　王　宇　刘玉兰　栗占国　魏　来　纪立农　陈明哲　郭静萱　陈凤荣　毛节明　张幼怡　高　炜　赵鸣武　姚婉贞　贺　蓓　林三仁　吕愈敏　周丽雅　段丽萍　克晓燕　洪天配　赵金垣

儿科学

王　丽　杜军保　丁　洁　秦　炯　周丛乐　戚　豫　张乐平　李　松

神经病学

王荫华　袁　云　黄一宁　樊东生

皮肤病与性病学

朱学骏　李若瑜　张建中　李邻峰

影像医学与核医学

蒋学祥　邹英华　王荣福　杜湘珂　洪　楠　谢敬霞　王金锐　杨仁杰　陈敏华　张晓鹏

临床检验诊学

夏铁安　张　正　彭黎明

外科学

刘玉村　李　龙　万远廉　朱天岳　郭应禄　薛兆英　俞莉章　那彦群　周立群　辛钟成　潘柏年　李　鸣　李　简　鲍圣德　冷希圣　王　杉　朱继业　吕厚山　姜保国　郭　卫　王晓峰　白文俊　张小东　何申戌　解基严　王　俊　万　峰　张同琳　徐　智　董国祥　党耕町　娄思权　陈仲强　刘忠军　马庆军　李健宁　王振宇　蔡櫃伯　王满宜　田　伟　蔡志明

妇产科学

郭燕燕　廖秦平　王临红　周应芳　冯　捷　魏丽惠　崔　恒　王建六　陈贵安　乔　杰　杨　孜

眼科学

晏晓明　黎晓新　王　薇　曹安明　马志中

耳鼻喉科学

余力生　李学佩

运动医学

于长隆　敖英芳　林共周　艾　华

麻醉学

吴新民　杨拔贤

中西医结合临床

钱瑞琴　王学美

口腔组织病理学

于世凤　高　岩　李铁军

牙体牙髓病学

王嘉德　高学军　栾文民

牙周病学

曹采方　孟焕新　沙月琴

口腔颌面外科学

张震康　马绪臣　俞光岩　王　兴　孙勇刚　林　野　马　莲　郭传瑔　傅开元

口腔修复学

冯海兰　徐　军　吕培军　谢秋菲

口腔正畸学

傅民魁　林久祥　曾祥龙　张　丁　周彦恒　许天民

肿瘤学

徐光炜　黄信孚　勇威本　李吉友　顾　晋　季加孚　任　军

精神病与精神卫生学

沈渔村　王玉凤　周东丰　张　岱　黄悦勤

科学技术史

张大庆

应用心理学

胡佩诚

2004 年逝世人物

姓　名	单　位	职称/职务
蔡文媚	经济学院	教　授
常文保	化学与分子工程学院	教　授
陈培元	公共卫生学院	研究员
丁蕙孙	医学部公共教学部	研究员
杜秉正	外国语学院	教　授
杜连耀	信息科学技术学院	教　授
丰庆增	力学与工程科学系	教　授
江泽培	数学科学学院	教　授
康映渠	北大医院	教　授
李赋宁	英语系	教　授
李世荫	北大三院	教　授
李松年	北大医院	教　授
李英敏	校医院	主任医师
李佑成	北大三院	主任医师
梁惠陵	出版社	编　审
唐子进	公共卫生学院	研究员
汪其来	马克思主义学院	教　授
王坤律	北医三院	主任药师
王申五	人民医院	研究员
于德水	人民医院	教　授
余国安	机关	研究员
张岱年	哲学系	教　授
张景春	人事部	研究员
朱　澂	生命科学学院	教　授

· 2004年北京大学党发、校发文件 ·

北党发

编号代字	内　　容
北党[2004]1号	北京大学关于学科评审组候选专家审核意见的复函
北党[2004]2号	关于落实中纪委案件协调会精神的请示
北党[2004]3号	中共北京大学委员会关于同意潘庆德同志到石河子大学挂职的复函
北党[2004]5号	北京大学关于增补副校长的请示
北党[2004]6号	北京大学关于美籍华人樊畿先生要求办理回国定居手续的报告
北党[2004]7号	关于报送2002～2003年北京高等学校党的建设和思想政治工作优秀成果、创新成果的报告
北党[2004]8号	关于赵杰同志有关问题的复函
北党[2004]9号	关于上报《北京大学领导班子思想政治建设情况汇报》的报告
北党[2004]10号	关于教育部社会科学委员会候选人成员政治表现情况的报告
北党[2004]11号	关于报送北京市优秀思想政治工作者候选人的报告
北党[2004]12号	北京大学关于上报校级领导班子民主生活会相关材料的报告
北党[2004]13号	北京大学关于中国和平统一促进会第七届理事会理事人选的复函
北党[2004]14号	关于许智宏同志拟担任中国植物生理学会理事长的请示
北党[2004]15号	中共北京大学委员会关于李资平同志丧事安排事宜的请示
北党[2004]24号	北京大学关于2004年度文科长江学者申报人政审情况的报告
北党[2004]25号	北京大学关于六所附属医院申报"首都文明单位"的请示
北党[2004]26号	北京大学关于北京高校优秀德育工作者及德育工作先进集体评选情况的报告
北党[2004]27号	北京大学关于2004贯彻落实党风廉政建设责任制情况的自查报告
北党[2004]30号	北京大学关于第五届教职工代表大会、第十七次工会会员代表大会选举结果的报告
北党[2004]31号	北京大学关于同意弓鸿午等同志挂职期满后工作安排的复函

党　发

编号代字	内　　容
党发[2004]1号	关于李文胜职务任免的通知
党发[2004]2号	关于数学科学学院党员大会选举结果的批复
党发[2004]3号	关于北京大学附属中学党员大会选举结果的批复
党发[2004]4号	关于印发《北京大学关于党政领导班子落实"三重一大"制度的实施办法》的通知
党发[2004]5号	关于印发《2004年北京大学党风廉政建设和反腐败工作主要任务分工》的通知
党发[2004]6号	关于岳庆平免职的通知
党发[2004]7号	关于周有光免职的通知
党发[2004]8号	关于刘海明任职的通知
党发[2004]9号	关于力学与工程科学系党员大会选举结果的批复
党发[2004]10号	关于调整北京大学保密委员会组成人员的通知
党发[2004]11号	中共北京大学委员会关于评选表彰优秀共产党员、先进党支部的通知

编号代字	内　　容
党发[2004]12 号	中共北京大学委员会关于续聘学校机关各部门正职干部的通知
党发[2004]13 号	关于郭海职务任免的通知
党发[2004]14 号	关于印发《北京大学党委常委会工作规则》的通知
党发[2004]15 号	关于印发《北京大学校长办公会工作规则》的通知
党发[2004]16 号	关于共青团北京大学第十七次代表大会选举结果的批复
党发[2004]17 号	关于续聘学校机关副职及相关部门干部的通知
党发[2004]18 号	关于成立"元培计划"管理委员会党总支的通知
党发[2004]19 号	关于迟行刚任职的通知
党发[2004]20 号	中共北京大学委员会关于表彰优秀共产党员和先进党支部的决定
党发[2004]21 号	关于北京大学医学部机关部处正职干部任免的通知
党发[2004]22 号	关于化学与分子工程学院党员大会选举结果的批复
党发[2004]23 号	关于査晶任职的通知
党发[2004]24 号	关于考古文博学院党员大会选举结果的批复
党发[2004]25 号	关于出版社党员大会选举结果的批复
党发[2004]26 号	关于北京大学医学部第九次工会会员代表大会和第九届工会委员会第一次全体会议选举结果的批复
党发[2004]27 号	关于北京大学医学部第四次教职工代表大会和第四届教职工代表大会常设主席团第一次全体会议选举结果的批复
党发[2004]30 号	关于李强任职的通知
党发[2004]31 号	中共北京大学委员会关于召开第五届教职工代表大会暨第十七次工会会员代表大会的通知
党发[2004]32 号	关于成立北大庆祝建国 55 周年领导小组的通知
党发[2004]33 号	关于深入学习、贯彻十六届四中全会精神的通知
党发[2004]34 号	关于学习贯彻落实《中共中央国务院关于进一步加强和改进大学生思想政治教育的意见》的通知
党发[2004]35 号	关于认真学习贯彻落实第十二次全国高校党建工作会议精神的通知
党发[2004]36 号	关于夏文斌任职的通知
党发[2004]37 号	关于沈岿、梁根林职务任免的通知
党发[2004]38 号	关于转发《中共北京市委教育工作委员会北京市教育委员会关于评选北京高校优秀德育工作者和德育工作先进集体的通知》的通知
党发[2004]39 号	中共北京大学委员会关于做好 2004～2008 年干部培训工作的意见
党发[2004]40 号	关于北京大学医学部部分机关干部兼职的通知
党发[2004]41 号	关于王干职务级别的通知
党发[2004]42 号	关于李海燕、迟行刚职务任免的通知
党发[2004]43 号	关于医学部产业党员大会选举结果的批复
党发[2004]44 号	关于丁磊、蒋广学等同志职务任免的通知
党发[2004]45 号	关于体育教研部党支部为直属党支部的通知
党发[2004]46 号	关于雷虹任职的通知
党发[2004]47 号	关于石勇任职的通知
党发[2004]48 号	关于北京大学护理学院党员大会选举结果的批复
党发[2004]49 号	关于吴志攀、陈文申任职的通知
党发[2004]50 号	关于刘杉杉职务级别的通知

编号代字	内　　容
党发[2004]51号	关于陈文申任职的通知
党发[2004]52号	关于同意第五届教职工代表大会、第十七次工会会员代表大会选举结果的通知
党发[2004]53号	关于成立中共北京大学机关委员会的通知
党发[2004]54号	关于成立中共北京大学直属单位总支部的通知

党办发

编号代字	内　　容
党办发[2004]1号	关于印发闵维方书记、许智宏校长在2004年春季干部大会上的讲话的通知
党办发[2004]2号	关于印发闵维方书记、许智宏校长在2004年秋季干部大会上的讲话的通知

校　发

编号代字	内　　容
校发[2004]1号	关于成立北京大学迎接教育部本科教学评估领导小组、工作小组的通知
校发[2004]3号	关于印发《北京大学2004年审计项目计划》的通知
校发[2004]4号	关于北京北大方正集团公司更名的批复
校发[2004]5号	关于印发《北京大学研究生学籍管理实施细则》的通知
校发[2004]6号	关于任命李宇宁为校长秘书的批复
校发[2004]21号	关于印发《北京大学教师聘任和职务晋升(暂行)规定》的通知
校发[2004]24号	关于外国语学院行政班子任职的通知
校发[2004]25号	关于印发《关于规范北京大学"企业冠名权"的规定》的通知
校发[2004]26号	关于北京大学学位评定委员会、学位分委员会换届的通知
校发[2004]27号	关于邹维、陈晓鸥职务任免的通知
校发[2004]28号	关于印发《北京大学校园卡管理暂行办法》的通知
校发[2004]31号	关于同意授予麦克德尔米德博士北京大学名誉教授称号的决定
校发[2004]32号	关于成立上海北京大学微电子研究院筹备工作领导小组和工作小组的通知
校发[2004]35号	关于长江学者聘期届满评估及续聘工作的意见
校发[2004]36号	关于印发《北京大学安宁西里住房(二期)操作方案》的通知
校发[2004]37号	关于成立北京大学数字中国研究院的通知
校发[2004]41号	关于成立北京大学会议中心中关园留学生公寓建设项目部的通知
校发[2004]45号	关于北京大学药学院行政班子任职的通知
校发[2004]46号	关于印发《北京大学关于理科科研经费管理的规定》的通知
校办[2004]47号	关于组织学生照相的通知
校办[2004]48号	关于转发《财政部 国家税务总局关于教育税收政策的通知》的通知
校发[2004]49号	关于北京大学老年医学研究中心更名的批复
校发[2004]52号	关于成立北京大学糖尿病中心的通知
校发[2004]53号	关于北京大学泌尿外科培训中心更名的通知
校发[2004]55号	关于成立"2004年全国博士研究生学术论坛"组织委员会和执行委员会的通知
校办会[2004]56号	北京大学分子医学研究所成员资格评审会纪要
校发[2004]57号	关于同意聘请林双林先生为北京大学客座教授的决定
校发[2004]58号	关于同意聘请王革先生为北京大学客座教授的决定
校发[2004]59号	关于成立北京大学微流体与纳米工艺研究中心的通知
校发[2004]60号	关于放暑假、暑期学校及相关工作安排的通知
校发[2004]61号	关于成立北京大学研究生招生工作领导小组的通知
校发[2004]62号	关于转发《关于印发2004年北京教育系统法制宣传工作要点的通知》的通知

编号代字	内容
校发[2004]64号	关于印发《北京大学学生宿舍管理规定》的通知
校发[2004]65号	关于印发《北京大学突发事件应急处置预案》的通知
校发[2004]66号	关于成立北京大学儒藏编纂中心的通知
校发[2004]67号	关于刘寿安任职的通知
校办[2004]68号	关于在2004年新生中推行人身保险项目的通知
校办[2004]72号	关于2004年五一节放假的通知
校发[2004]73号	关于对蒙晓燕同学予以通令嘉奖的决定
校发[2004]74号	关于北京大学软件学院更名的通知
校发[2004]75号	关于授予马宗明等"学生五四奖章"和基础医学院医学2002级口腔预科班等"班级五四奖杯"的决定
校办[2004]76号	关于全校在职教职工核对和补照照片的通知
校发[2004]77号	关于建立"北京大学坝上地球环境与生态系统实验站"的批复
校办[2004]78号	关于2004年教职工子女升入初中的通知
校发[2004]78号	关于程郁缀兼任《北京大学学报》(哲学社会科学版)编辑部主任的通知
校发[2004]79号	关于调整离退休工作委员会和成立离退休工作小组的通知
校发[2004]80号	关于水塔换热站翻建改造的批复
校发[2004]81号	关于集中供暖锅炉房翻建增容的批复
校发[2004]82号	关于科学与社会研究中心管理体制问题的通知
校办[2004]83号	关于发布北京大学2004～2005学年第一学期校历的通知
校发[2004]84号	关于成立北京大学分子医学研究所的通知
校发[2004]85号	关于方新贵任职的通知
校发[2004]86号	关于成立北京大学国际关系学院中国战略研究中心的通知
校发[2004]87号	关于做好迎接国家审计署对我校全面审计准备工作的紧急通知
校发[2004]88号	关于北大计算机所在方正集团股改中权益问题的批复
校发[2004]89号	关于邵莉任职的通知
校发[2004]90号	关于成立北京大学考试管理领导小组的通知
校发[2004]91号	关于印发《北京大学教师职务聘任条件》的通知
校办[2004]92号	北京大学关于加强网络信息管理工作的通知
校办[2004]93号	关于调整校本部教职工作息时间的通知
校办[2004]94号	关于转发《研究生院总务部学生工作部关于安排万柳学区部分2002级计划内研究生入住燕园的通知》的通知
校发[2004]95号	关于成立北京大学教学与人才培养基地领导小组的通知
校发[2004]96号	关于成立北京大学《儒藏》编纂中心的通知
校发[2004]97号	关于对北京大学学生合唱团予以通令嘉奖的决定
校发[2004]98号	关于马建钧任职的通知
校发[2004]99号	关于对用公款为个人购买商业保险情况进行清理登记工作的通知
校发[2004]100号	关于成立北京大学国家理科基础科学和教学人才培养基地迎评工作小组的通知
校发[2004]101号	北京大学关于表彰2004届优秀毕业生的决定
校发[2004]107号	关于成立北京大学历史地理与古地图研究中心的通知
校发[2004]109号	关于成立北京大学中国文化与典籍研究院的通知
校发[2004]110号	关于张新祥任免的通知
校发[2004]111号	关于刘玉村、王晓民职务任免的通知

编号代字	内　容
校办[2004]113号	关于转发北京大学教材建设委员会《关于公布2004年度北京大学教材建设立项名单的通知》的通知
校发[2004]114号	关于刘晋伟任职的通知
校发[2004]119号	关于同意聘请高杰先生为北京大学客座教授的决定
校发[2004]120号	关于同意聘请任尚芬先生为北京大学客座教授的决定
校发[2004]121号	关于同意聘请须田利美先生为北京大学客座教授的决定
校发[2004]122号	关于同意授予保罗·克鲁臣先生北京大学名誉教授称号的决定
校发[2004]123号	关于同意授予莫里斯·斯特朗先生北京大学名誉教授称号的决定
校发[2004]124号	关于同意聘请文正先生为北京大学客座教授的决定
校发[2004]125号	关于同意聘请赵正源先生为北京大学客座教授的决定
校发[2004]126号	关于同意授予王度先生北京大学顾问教授称号的决定
校发[2004]127号	关于同意授予劳依德·郡·沃德先生北京大学名誉教授称号的决定
校发[2004]128号	关于同意聘请陈涌先生为北京大学客座教授的决定
校发[2004]129号	关于同意聘请约瑟夫·H.艾伯利先生为北京大学客座教授的决定
校发[2004]130号	关于同意聘请李崇仁先生为北京大学客座教授的决定
校发[2004]131号	关于同意聘请王涛先生为北京大学客座教授的决定
校发[2004]132号	关于同意聘请柯伟林先生为北京大学客座教授的决定
校发[2004]133号	关于同意聘请罗梅君女士为北京大学客座教授的决定
校发[2004]134号	关于同意聘请叶文心女士为北京大学客座教授的决定
校发[2004]135号	关于同意聘请陈勇先生为北京大学客座教授的决定
校发[2004]136号	关于同意聘请菲利普·伍德先生为北京大学客座教授的决定
校发[2004]137号	关于柯杨、迟惠生职务任免的通知
校发[2004]139号	关于成立北京大学工学院筹建工作领导小组和北京大学工学院筹备委员会的通知
校发[2004]140号	关于北京大学精神卫生研究所行政班子任职的通知
校发[2004]141号	关于孙莉莉任职的通知
校发[2004]142号	关于李子臣任职的通知
校发[2004]143号	关于印发《北京大学学术委员会章程》的通知
校办[2004]144号	关于节约用电用水的紧急通知
校发[2004]147号	关于成立北京大学上海微电子研究院的通知
校发[2004]148号	关于2004年迎新及开学典礼工作安排的通知
校办[2004]149号	关于转发《关于开展校园网专项清理整治工作严防淫秽色情信息侵入的通知》
校办会[2004]150号	北京大学、海淀乡座谈会议纪要
校发[2004]151号	关于成立田刚院士回国工作领导小组的通知
校办[2004]152号	关于调整水价的通知
校发[2004]153号	关于表彰北京大学教学优秀奖和国家级、北京市级精品课程获得者的决定
校发[2004]154号	关于表彰北京大学2003～2004学年度优秀德育奖和优秀班主任的决定
校发[2004]155号	关于确认本科生主干基础课、聘任主持人和主讲教师的通知
校发[2004]156号	关于表彰北京大学第九届人文社会科学研究优秀成果奖的决定
校发[2004]157号	关于李贵才任职的通知
校办[2004]158号	“北京大学学生综合信息管理服务系统”建设情况通报
校办[2004]159号	关于国庆节放假的通知
校发[2004]160号	关于同意聘请王立河先生为北京大学客座教授的决定

编号代字	内　　容
校发[2004]161号	关于同意授予哈吉·奥马尔·邦戈·翁丁巴先生北京大学名誉教授称号的决定
校发[2004]162号	关于同意授予马里奥·莫利纳先生北京大学名誉教授称号的决定
校发[2004]163号	关于校园卡系统运行相关财务问题的决定
校发[2004]164号	关于同意聘请郁彬女士为北京大学客座教授的决定
校发[2004]165号	关于同意聘请杨士宁先生为北京大学客座教授的决定
校发[2004]168号	关于张贵龙任职的通知
校发[2004]169号	关于同意聘请西原春夫先生为北京大学客座教授的决定
校发[2004]170号	关于转发《教育部关于严禁直属高校在经济往来中违规收受回扣的通知》的通知
校发[2004]171号	关于贯彻执行全国治理教育乱收费检查工作的紧急通知
校发[2004]172号	关于成立北京大学继续教育体制调整领导小组、工作小组和专家小组的通知
校发[2004]173号	关于同意聘请马佐平先生为北京大学客座教授的决定
校发[2004]175号	关于批复社会科学部内设机构负责人招聘结果的通知
校发[2004]176号	关于批复教务部内设机构负责人招聘结果的通知
校发[2004]177号	关于高文学免职的通知
校发[2004]178号	关于批复教育基金会内设机构负责人招聘结果的通知
校发[2004]181号	关于成立教学成果奖励评审工作委员会和专家评审组的通知
校发[2004]182号	关于认真做好2004年校级、市级、国家级高等教育教学成果奖励工作的通知
校办会[2004]183号	北京大学分子医学研究所建设工作协调会议纪要
校办会[2004]184号	教材中心用房临时调整问题协调会纪要
校发[2004]185号	关于开展评选实验室工作先进集体和先进工作者的通知
校发[2004]186号	关于对刘正琛同学予以通令嘉奖的决定
校发[2004]187号	关于王仰麟、生玉海任职的通知
校发[2004]188号	关于张庆东任职的通知
校发[2004]189号	关于梁根林任职的通知
校发[2004]190号	关于考古文博学院行政班子任职的通知
校发[2004]191号	关于发布北京大学2004～2005学年第二学期校历的通知
校发[2004]192号	关于同意聘请许浚先生为北京大学客座教授的决定
校发[2004]193号	关于同意聘请伊格莱希·恩瑞凯先生为北京大学客座教授的决定
校办[2004]195号	关于开斋(尔代)节对信仰伊斯兰教的少数民族放假的通知
校发[2004]196号	关于公布北京大学2005年招生工作组组长名单的通知
校发[2004]197号	关于年终结账的通知
校发[2004]199号	关于成立北京大学语文教育研究所的通知
校发[2004]203号	关于批复国际合作部内设机构负责人招聘结果的通知
校发[2004]204号	关于批复档案馆内设机构负责人招聘结果的通知
校发[2004]205号	关于李国忠、初育国职务任免的通知
校发[2004]206号	关于周辉任职的通知
校发[2004]207号	关于成人教育学院行政班子任职的通知
校发[2004]211号	关于北京大学地球环境与生态系统实验站建设项目可行性研究报告的批复
校发[2004]212号	关于批复科学研究部内设机构负责人招聘结果的通知
校发[2004]213号	关于批复实验室与设备管理部内设机构负责人招聘结果的通知
校发[2004]214号	关于批复财务部内设机构负责人招聘结果的通知
校发[2004]216号	关于表彰2003～2004学年度优秀个人和先进集体的决定

编号代字	内　容
校发[2004]217号	关于成立北京大学医学教学委员会的通知
校发[2004]218号	关于李靖任职的通知
校发[2004]219号	关于批复燕园街道办事处内设机构负责人招聘结果的通知
校发[2004]221号	关于成立北京大学关心下一代工作委员会的通知
校发[2004]222号	关于同意北京大学航天中心医院教学医院更名的批复(12月21日重新修改)
校发[2004]223号	关于同意聘请铁学熙先生为北京大学客座教授的决定
校发[2004]224号	关于同意聘请土岐博先生为北京大学客座教授的决定
校发[2004]225号	关于同意聘请何昌垂先生为北京大学客座教授的决定
校发[2004]226号	关于同意聘请高炜先生为北京大学客座教授的决定
校发[2004]227号	关于同意组建国家信息资源管理北京研究基地的通知
校发[2004]228号	关于许智宏等任职的通知
校发[2004]229号	关于黄桂田、郑学益职务任免的通知
校发[2004]230号	关于邱尊社任职的通知
校办[2004]231号	关于元旦放假的通知
校发[2004]232号	关于调整学生就业指导委员会的通知
校发[2004]233号	关于成立心理健康教育工作领导小组的通知
校发[2004]234号	关于北京大学口腔医院、口腔医学院行政班子任职的通知
校发[2004]235号	关于同意聘请 Yoshio Nishi 先生为北京大学客座教授的决定
校办[2004]236号	关于寒假和春节放假的通知
校发[2004]237号	关于郑学益等任职的通知
校发[2004]238号	关于金顶兵任职的通知
校发[2004]239号	关于王小玥、金顶兵职务任免的通知
校办[2004]240号	关于严格控制举办大型活动的通知
校办会[2004]241号	成府项目前期专题会议纪要
校发[2004]242号	关于元培计划管理委员会领导班子调整的通知
校发[2004]243号	关于成立北京大学国防科研工作领导小组的通知
校发[2004]244号	关于建立北京大学新疆研究生培养基地的通知
校发[2004]245号	关于印发《北京大学"985工程"二期建设管理办法》的通知
校发[2004]246号	关于印发《北京大学"985工程"二期专项资金管理暂行办法》的通知
校发[2004]247号	关于北京大学第六医院增加名称的批复
校发[2004]248号	关于成立北京大学"985工程"办公室的通知
校发[2004]249号	关于成立北京大学美学与美育研究中心的通知
校发[2004]250号	关于成立北京大学中国教育与人力资源研究中心的通知
校发[2004]251号	关于同意授予安艺敬一北京大学名誉教授称号的决定

北　发

编号代字	内　容
北发[2004]1号	北京大学关于前乒乓球世界冠军梁戈亮用车申请免税的请示
北发[2004]2号	北京大学关于上报《北京大学海淀校区总体规划》的报告
北发[2004]4号	北京大学关于田刚院士回国工作问题的报告
北发[2004]5号	北京大学关于对"治贝子园"实施原址保护情况的报告
北发[2004]6号	北京大学关于商请协助解决住万柳学生交通问题的紧急请示

编号代字	内　　容
北发[2004]7号	北京大学关于北京大学出版社办理国有资产占有产权登记的请示(4月7日根据教育部要求第三次修改)
北发[2004]8号	北京大学关于建设"国家Linux操作系统推广中心"的请示
北发[2004]9号	北京大学关于商请支付公交总公司区间车空驶费的报告
北发[2004]10号	北京大学关于协调解决李赋宁先生住院和医疗待遇问题的请示
北发[2004]11号	北京大学关于水塔换热站改造工程的请示
北发[2004]12号	北京大学关于集中供暖锅炉房增容改造工程的请示
北发[2004]13号	北京大学关于张岱年先生丧事安排的报告
北发[2004]14号	北京大学关于李赋宁先生丧事安排的报告
北发[2004]15号	北京大学关于上报《北京大学海淀校区总体规划》的报告
北发[2004]16号	北京大学关于《中国高等教育文献保障系统CALIS经费管理实施细则》的报告
北发[2004]17号	北京大学关于《2004年北京市治理教育乱收费工作的意见》贯彻落实情况及具体工作意见的报告
北发[2004]18号	北京大学关于北大科技园上地园区规划建设工作的请示
北发[2004]19号	北京大学关于张岱年先生骨灰安放事宜的请示
北发[2004]20号	北京大学关于请北京市政府对五道口教师经济适用房拆迁工作给予协调的请示
北发[2004]21号	北京大学关于2004年招生收费情况自查情况的报告
北发[2004]22号	北京大学关于为付光辉同学办理就业派遣手续的请示
北发[2004]23号	北京大学关于为涂骏同学办理就业派遣手续的请示
北发[2004]24号	北京大学关于中关园留学生公寓项目情况的报告
北发[2004]25号	北京大学关于李资平同志丧事安排事宜的请示
北发[2004]26号	北京大学关于肖家河项目立项的请示
北发[2004]27号	北京大学关于教育收费自查情况的报告
北发[2004]28号	北京大学关于商请出具万柳大学生公寓为北京大学学生公寓证明的请示
北发[2004]29号	北京大学关于收取学生重修课程学费的报告
北发[2004]30号	北京大学关于上报"985工程"二期建设项目可研报告的请示
北发[2004]31号	北京大学关于启动肖家河教师经济适用房住宅项目置换主校园及周边家属园区初步设想的请示
北发[2004]32号	北京大学关于法律硕士、MBA等自筹经费研究生办理国家助学贷款问题的请示
北发[2004]33号	北京大学关于上报2004年安全稳定工作总结和《2004年维护高校安全稳定任务书》完成情况的报告
北发[2004]34号	北京大学关于对五道口教师经济适用房房屋面积进行说明的请示
北发[2004]35号	北京大学关于申请举办勤工助学工作研讨会的请示
北发[2004]36号	北京大学关于全国高校古籍整理工作委员会秘书处管理体制及相关问题的请示

北　教

编号代字	内　　容
北教[2004]1号	北京大学关于推荐沈彬等三名学生赴韩国学习的函
北教[2004]2号	北京大学关于拟接受高凌飞插班学习的请示
北教[2004]3号	北京大学关于推荐樊清等五名学生赴韩/朝学习的请示

北 自

编号代字	内 容
北自[2004]1号	北京大学关于推荐李佑斌教授担任“微米/纳米加工技术国防科技重点实验室”学术委员会主任的请示
北自[2004]2号	北京大学关于同意推荐王河铃等6位教授申报“中德学者短期合作交流项目”的报告
北自[2004]3号	北京大学关于同意徐备申请“中法先进研究计划”项目的报告
北自[2004]4号	北京大学关于同意姚淑德教授申请《中比弗拉芒大区双边科技合作项目》的报告
北自[2004]5号	北京大学关于景观设计学研究院申请创办《土地设计学报》的请示
北自[2004]6号	北京大学关于“造山带与地壳演化教育部重点实验室”调整领导班子的请示
北自[2004]7号	北京大学关于同意作为CNGI—CERNET2主干网核心节点建设承担高校的报告
北自[2004]8号	北京大学关于同意彭练矛教授申请中国—以色列科学和战略研究与发展合作研究基金的报告
北自[2004]9号	北京大学关于申请出版《北京大学学报(自然科学版)》增刊的请示
北自[2004]10号	北京大学关于商请任免兼职委员的函
北自[2004]11号	北京大学关于上报“十五”“211工程”建设项目中期检查报告的报告

北 社

编号代字	内 容
北社[2004]1号	北京大学关于推荐关海庭、赵桂莲等7位教师申报第三期“教育部支持高校学者短期赴俄罗斯等国进行合作科研、课题研究”项目的请示
北社[2004]2号	北京大学关于北京大学学报(社科版)出版增刊的请示
北社[2004]3号	北京大学关于全国高等学校文科学报研究会年检的报告
北社[2004]4号	北京大学关于中国敦煌吐鲁番学会年检的报告
北社[2004]5号	北京大学关于《经济学季刊》申请期刊刊号的请示
北社[2004]6号	北京大学关于上报北京大学学报(哲学社会科学版)入选教育部哲学社会科学名刊工程建设方案的请示
北社[2004]7号	北京大学关于出版社引进版教材图书出版和使用管理情况的报告
北社[2004]8号	北京大学关于美学与美育研究中心整改措施的报告
北社[2004]9号	北京大学关于中国经济研究中心整改措施的报告
北社[2004]10号	北京大学关于申请“王宽诚教育基金会”2005年度资助的请示
北社[2004]11号	北京大学关于外国哲学研究所整改措施的报告
北社[2004]12号	北京大学关于中国古代史研究中心整改措施的报告
北社[2004]13号	北京大学关于邓小平理论研究中心整改措施的报告
北社[2004]14号	北京大学关于中国社会与发展研究中心整改措施的报告
北社[2004]15号	北京大学关于汉语语言学研究中心整改措施的报告
北社[2004]16号	北京大学关于东方文学研究中心整改措施的报告
北社[2004]17号	北京大学关于政治发展与政府管理研究所整改措施的报告
北社[2004]18号	北京大学关于教育经济研究所整改措施的报告
北社[2004]19号	北京大学关于中国考古学研究中心整改措施的报告

北 财

编号代字	内 容
北财[2004]1号	北京大学关于2003年购汇人民币限额执行情况的报告
北财[2004]2号	北京大学关于上报2003年决算的报告

编号代字	内　　容
北财[2004]3号	北京大学关于国家发展与改革委员会下拨北京大学"211"专项经费的会计核算与财务管理的请示
北财[2004]4号	北京大学关于国际MBA学费水平调整的请示
北财[2004]5号	北京大学关于1999～2003年《行动计划》专项资金使用及效益情况的报告
北财[2004]6号	北京大学关于一年制硕士收费标准的请示
北财[2004]7号	北京大学关于申请核销张兴柏同学国家助学贷款的函
北财[2004]8号	北京大学关于申请对"计划内五年制直博生"按长学制博士生拨款的请示
北财[2004]9号	北京大学关于收取成人教育学士学位英语课程考试费的请示
北财[2004]10号	北京大学关于高校教师在职攻读硕士学位收费标准的请示
北财[2004]11号	北京大学关于上报清理资金往来整改情况的报告
北财[2004]12号	北京大学关于报送《2005年部门预算(一上)》的报告
北财[2004]13号	北京大学关于开设银行账户的请示
北财[2004]14号	北京大学关于"北京大学—伦敦经济学院暑期课程"收费标准的请示
北财[2004]15号	北京大学关于与中国银行全面合作有关问题的报告
北财[2004]16号	北京大学关于开立银行账户的请示
北财[2004]17号	北京大学关于2003年度《收费许可证》审验工作的报告
北财[2004]18号	北京大学关于2003年度国有资产统计工作的报告
北财[2004]19号	北京大学关于申请专项设备费的请示
北财[2004]20号	北京大学关于金融学硕士研究生单考班学费标准的请示
北财[2004]21号	北京大学关于上报2004年"985工程"二期中央专项资金项目预算的报告
北财[2004]22号	北京大学关于报送《2005年部门预算(二上)》的报告
北财[2004]23号	北京大学关于报送2005年购汇人民币限额预算的请示
北财[2004]24号	北京大学关于保留银行账户的请示
北财[2004]25号	北京大学关于申请收取自主招生报名考试费的请示
北财[2004]26号	北京大学关于申请收取"韩国语能力考试、英国剑桥商务英语考试和全国大学外语四、六级"考试报名费的请示
北财[2004]27号	北京大学关于申请调整国际MBA常规班学费的请示
北财[2004]28号	北京大学关于申请韩国政府国际环境保护协作专项资金的请示

北　研

编号代字	内　　容
北研[2004]1号	北京大学关于推荐夏令同学申请2004年度恒生银行海外奖学金项目的函
北研[2004]2号	北京大学关于建议增设"景观设计学"专业硕士学位的请示
北研[2004]3号	北京大学关于研究生教育收费与奖励制度的请示
北研[2004]4号	北京大学关于申请将全国法律硕士指导委员会秘书处设在北京大学的请示
北研[2004]5号	北京大学关于推荐冀可平参加2004/2005学年法国政府语言文学学习奖学金生项目选拔的报告
北研[2004]6号	北京大学关于推荐彭万华同志赴哈佛大学短期调研的请示
北研[2004]7号	北京大学关于推荐杨正洪申请2004年度国家留学基金管理委员会博士生联合培养项目的函
北研[2004]8号	北京大学关于推荐苏浩、魏秋菊、吴昊参加2004年赴英国伦敦大学学院攻读法学专业硕士学位项目遴选的函
北研[2004]9号	北京大学关于申请增加2004年博士生招生计划和规模的请示

编号代字	内　容
北研[2004]10号	北京大学关于建议增加"景观设计学"本科专业和增设"景观设计学"专业硕士学位的报告
北研[2004]11号	北京大学关于推荐王涛同学申请2004/2005年度中荷互换奖学金项目的函
北研[2004]12号	北京大学关于第七届学位评定委员会组成的请示
北研[2004]13号	北京大学关于再次申请增加2004年博士生招生规模的请示
北研[2004]14号	北京大学关于拟与香港大学合作举办"港大—北大普通法硕士学位课程"项目的请示
北研[2004]15号	北京大学关于推荐包明明申请赴以色列交流项目的函
北研[2004]16号	北京大学关于"国家留学基金委与德意志学术交流中心联合资助项目(PPP)科研人员赴德研修"延期一年的请示
北研[2004]17号	北京大学关于推荐陈甜同学申请赴埃及交流奖金项目的函
北研[2004]18号	北京大学关于2004年博士研究生招生工作有关事宜的报告
北研[2004]19号	北京大学关于拟派研究生和进修教师赴莫斯科大学的函
北研[2004]20号	北京大学关于推荐赵勤智同学申请国家留学基金委赴英国UEA攻读Mphil项目的函
北研[2004]21号	北京大学关于深圳研究生院拟与香港理工大学联合办学的请示
北研[2004]22号	北京大学关于适当扩大EMBA招生规模暨申请北大国际MBA高层管理班学生授予北大学位的请示
北研[2004]23号	北京大学关于适量扩大2005年博士研究生招生规模的请示
北研[2004]24号	北京大学关于申请提前申报北京大学经济学硕士—香港大学金融学硕士联合培养项目的请示

北　继

编号代字	内　容
北继[2004]1号	北京大学关于2004年成人高等教育招生计划的请示
北继[2004]2号	北京大学关于商请不再为校内二级单位办理《社会力量办学许可证》的函
北继[2004]3号	北京大学关于上报2003年现代远程教育招生统计表及校外学习中心基本情况表的函
北继[2004]4号	北京大学关于2003年远程教育年检年报的报告
北继[2004]5号	北京大学关于调整成人教育招生计划的请示
北继[2004]6号	北京大学关于2005～2006学年度接受进修教师计划的报告

北　人

编号代字	内　容
北人[2004]1号	北京大学关于黄颖国家公派延期一年派出的函
北人[2004]2号	北京大学关于推荐郭芳为2004年赴荷兰莱顿大学攻读硕士学位候选人的函
北人[2004]3号	北京大学关于推荐时光为"伊朗政府互换奖学金项目"攻读博士学位候选人的函
北人[2004]4号	北京大学关于解决史学军同志夫妻两地分居的请示
北人[2004]5号	北京大学关于解决徐怡涛同志夫妻两地分居的请示
北人[2004]6号	北京大学关于解决王文彦同志夫妻两地分居的请示
北人[2004]7号	北京大学关于解决张戈同志夫妻两地分居的请示
北人[2004]8号	北京大学关于解决包万超同志夫妻两地分居的请示
北人[2004]9号	北京大学关于推荐秦岭为赴英国伦敦大学学院进行短期访问研究人选的函
北人[2004]10号	北京大学关于推荐唐子勇为"2004年王宽诚教育基金会奖学金项目"赴英国攻读博士学位人选的函
北人[2004]11号	北京大学关于解决刘佳同志夫妻两地分居的请示
北人[2004]12号	北京大学关于解决郭永中同志夫妻两地分居的请示

编号代字	内　容
北人[2004]13号	北京大学关于解决李晓东同志夫妻两地分居的请示
北人[2004]14号	北京大学关于解决刘志海同志夫妻两地分居的请示
北人[2004]15号	北京大学关于申请调入李松教授的请示
北人[2004]16号	北京大学关于解决彭峰同志夫妻两地分居的请示
北人[2004]17号	北京大学关于美籍华人樊畿先生要求办理回国定居手续的请示
北人[2004]18号	北京大学关于解决韩德栋同志夫妻两地分居的请示
北人[2004]19号	北京大学关于解决董琦同志夫妻两地分居的请示
北人[2004]20号	北京大学关于申请调入王正毅教授的请示
北人[2004]21号	北京大学关于申请调入施晓光教授的请示
北人[2004]22号	北京大学关于申请调入张千帆教授的请示
北人[2004]23号	北京大学关于推荐张敏等十人为"补选2004/2005年度DAAD博士生奖学金项目留学候选人员"的函
北人[2004]24号	北京大学关于推荐刘剑飞等三人为"补选2004年高校基础课任课教师出国研修项目"候选人员的函
北人[2004]26号	北京大学关于推荐何怀宏等为"2005～2006学年富布赖特项目出国留学人员"候选人的报告
北人[2004]27号	北京大学关于补充推荐"2005年国家留学基金委与德意志学术交流中心联合资助项目(PPP)科研人员赴德研修"的请示
北人[2004]28号	北京大学关于解决韦正同志夫妻两地分居的请示
北人[2004]29号	北京大学关于解决褚泰伟同志夫妻两地分居的请示
北人[2004]30号	北京大学关于解决王汉生同志夫妻两地分居的请示(12月7日新修改)
北人[2004]31号	北京大学关于解决黄春高同志夫妻两地分居的请示
北人[2004]32号	北京大学关于解决董经胜同志夫妻两地分居的请示
北人[2004]33号	北京大学关于解决卢福泉同志夫妻两地分居的请示
北人[2004]34号	北京大学关于从京外调入中学高级教师张明、刘福合的请示
北人[2004]35号	北京大学关于从京外调入中学高级教师刘福合的请示
北人[2004]36号	北京大学关于推荐刘群艺为"2005年度赴日本从事博士后研究人选"候选人的函
北人[2004]37号	北京大学关于李植申请放弃"高校基础课任课教师出国研修项目"的函
北人[2004]38号	北京大学关于补充推荐刘颂浩为"2005～2006学年富布莱特项目出国留学人员"候选人的函
北人[2004]39号	北京大学关于推荐季羡林先生为"人民教师"候选人的报告
北人[2004]40号	北京大学关于推荐戚自科为2005～2006年度享受香港太古奖学金赴英国牛津大学做访问学者的报告
北人[2004]41号	北京大学关于接收应届毕业生工作的报告
北人[2004]42号	北京大学关于同意免除李素苗回国服务两年义务的函
北人[2004]43号	北京大学关于同意免除吴建华回国服务两年义务的函
北人[2004]44号	北京大学关于申请调入李宁硕士的请示
北人[2004]45号	北京大学关于申请调入何仲恺博士的请示
北人[2004]46号	北京大学关于解决彭宇新同志夫妻两地分居的请示
北人[2004]47号	北京大学关于解决张薇同志夫妻两地分居的请示
北人[2004]48号	北京大学关于解决李萍同志夫妻两地分居的请示
北人[2004]49号	北京大学关于解决梁循同志夫妻两地分居的请示

编号代字	内　容
北人[2004]50号	北京大学关于解决罗定生同志夫妻两地分居的请示
北人[2004]51号	北京大学关于解决潘卫同志夫妻两地分居的请示
北人[2004]52号	北京大学关于解决李红燕同志夫妻两地分居的请示
北人[2004]53号	北京大学关于解决孙立明同志夫妻两地分居的请示
北人[2004]54号	北京大学关于解决张雪虎同志夫妻两地分居的请示
北人[2004]55号	北京大学关于解决李成才同志夫妻两地分居的请示
北人[2004]56号	北京大学关于解决姬新建同志夫妻两地分居的请示
北人[2004]57号	北京大学关于补充推荐时光、周思为2004年非通用语种项目留学人员候选人的函
北人[2004]58号	北京大学关于推荐2004年度长江学者候选人的请示
北人[2004]59号	北京大学关于解决李莉春同志夫妻两地分居的请示(补此号,日期靠后)
北人[2004]60号	北京大学关于解决朱小华同志夫妻两地分居的请示
北人[2004]61号	北京大学关于解决梁学磊同志夫妻两地分居的请示
北人[2004]62号	北京大学关于解决孙智利同志夫妻两地分居的请示
北人[2004]63号	北京大学关于申请调入阙维民教授的请示
北人[2004]64号	北京大学关于申请调入郑玉峰教授的请示
北人[2004]65号	北京大学关于解决张路同志夫妻两地分居的请示
北人[2004]66号	北京大学关于申请调入沈波教授的请示
北人[2004]67号	北京大学关于中国人民解放军南京政治学院干部仰海峰同志转业留校工作的请示
北人[2004]68号	北京大学关于推荐2004年享受政府特殊津贴人选的请示

北　审

编号代字	内　容
北审[2004]1号	北京大学关于报送2003年审计工作总结的报告

北　医

北医[2004]1号	北京大学关于甘红兵同志赴澳门工作的请示
北医[2004]2号	北京大学关于拟调郝燕生同志来校工作的请示
北医[2004]3号	北京大学关于解决胡林英同志夫妻两地分居问题的请示
北医[2004]4号	北京大学关于解决周强同志夫妻两地分居问题的请示
北医[2004]5号	北京大学关于解决张睿同志夫妻两地分居问题的请示
北医[2004]6号	北京大学关于解决张华斌同志夫妻两地分居问题的请示
北医[2004]7号	北京大学关于举办“2004医学遗传学国际学术研讨会”申请经费的函
北医[2004]8号	北京大学关于拟聘澳大利亚Ian Moore来校任教的请示
北医[2004]9号	北京大学关于收回医学部被北京市第三建筑公司占用土地的请示
北医[2004]10号	北京大学关于调整教学大楼项目建筑面积和投资并转为施工任务的请示
北医[2004]11号	北京大学关于护理专业2002级学生王威申请转学的请示
北医[2004]12号	北京大学关于《中国介入心脏病学杂志》2004年出版增刊的请示
北医[2004]13号	北京大学关于解决高红桥同志夫妻两地分居问题的请示
北医[2004]14号	北京大学关于解决裴丽君同志夫妻两地分居问题的请示
北医[2004]15号	北京大学关于解决刘俊秀同志夫妻两地分居问题的请示
北医[2004]16号	北京大学关于拟聘请Dean Barry Middlebrook先生来校任教的函
北医[2004]17号	北京大学关于解决曲梅同志夫妻两地分居问题的请示
北医[2004]18号	北京大学关于解决张伸同志夫妻两地分居问题的请示
北医[2004]19号	北京大学关于《中国微创外科杂志》变更刊期的请示

编号代字	内　容
北医[2004]20 号	北京大学关于《中华糖尿病杂志》变更主办单位及主管单位的请示
北医[2004]21 号	北京大学关于《中国药物依赖性杂志》增加主办单位及变更刊期的请示
北医[2004]22 号	北京大学关于《医学教育》杂志变更页码的请示
北医[2004]23 号	北京大学关于《中国疼痛医学杂志》增刊的请示
北医[2004]24 号	北京大学关于聘请美国 Lawrence J. Dlugosz 先生来校任教的请示
北医[2004]25 号	北京大学关于出版《药用植物学》等 3 种电子出版物的请示
北医[2004]26 号	北京大学关于医学部林文翰教授申请延长研究周期的请示
北医[2004]27 号	北京大学关于聘请美国 Susan Levin 女士来校任教的请示
北医[2004]28 号	北京大学关于申请城内(草岚子胡同)学生宿舍楼建设经费财政拨款的报告
北医[2004]29 号	北京大学关于医学部学生综合服务大楼改建经费财政拨款的请示
北医[2004]30 号	北京大学关于聘请美国 Calvin 先生来校任教的请示
北医[2004]31 号	北京大学关于《新生儿杂志》更名的请示
北医[2004]32 号	北京大学关于《新生儿杂志》增加广告业务的函
北医[2004]33 号	北京大学关于同意《医学教育》杂志更名并纳入中华医学系列杂志的函
北医[2004]34 号	北京大学关于拟调魏世成同志来我校工作的请示
北医[2004]35 号	北京大学关于拟派栾庆先同志赴港访问考察的请示
北医[2004]36 号	北京大学关于《中国介入心脏病学杂志》出版增刊的请示
北医[2004]37 号	北京大学关于解决彭瑞玲同志夫妻两地分居问题的请示
北医[2004]38 号	北京大学关于美籍华人钟南博士来华定居的请示
北医[2004]39 号	北京大学关于授权医学部独立申请商标注册的函
北医[2004]40 号	北京大学关于拟调张庆俊同志来京工作的请示
北医[2004]41 号	北京大学关于医学部城内学生宿舍改造项目专项经费拨款的请示
北医[2004]42 号	北京大学关于医学部(原北京医科大学)与澳大利亚 La Trobe 大学卫生事业管理硕士培养项目的复核报告
北医[2004]43 号	北京大学关于申请出版《临床医师实践技能考试站站通》等电子出版物的请示
北医[2004]44 号	北京大学关于医学部新建学生综合服务大楼立项的请示
北医[2004]45 号	北京大学关于医学部新建学生综合服务大楼项目专项经费拨款的请示
北医[2004]46 号	北京大学关于加籍华人张毓博士来华定居的请示
北医[2004]47 号	北京大学关于解决罗树生同志夫妻两地分居问题的请示
北医[2004]48 号	北京大学关于解决雷连娣同志夫妻两地分居问题的请示
北医[2004]49 号	北京大学关于解决高卫线同志夫妻两地分居问题的请示
北医[2004]50 号	北京大学关于与澳大利亚 Griffith 大学联合培养卫生管理硕士项目的请示
北医[2004]51 号	北京大学关于北京大学医学部与澳大利亚 La Trobe 大学卫生事业管理硕士学位联合培养项目学位认证的请示
北医[2004]52 号	北京大学关于同意《中国 CT 和 MRI 杂志》变更杂志名称的请示
北医[2004]53 号	北京大学关于调整医学部 2004 年国家预算内投资的请示

北　函

编号代字	内　容
北函[2004]1 号	北京大学关于万柳大学生公寓 B、C 座问题的函
北函[2004]2 号	北京大学关于“北京北大燕园书店有限责任公司”使用北京大学名称一事的函
北函[2004]3 号	北京大学关于再次反映口腔医学院员工被打一事有关情况的函
北函[2004]4 号	北京大学关于“北京北大三方文化发展有限公司”盗用北京大学名称一事的函

编号代字	内　容
北函[2004]5 号	北京大学关于“北大书店一区域连锁”盗用北京大学名称一事的函
北函[2004]6 号	北京大学关于赛克勒考古与艺术博物馆申请举办“花舞大唐春”展览的函
北函[2004]7 号	北京大学关于集中供暖锅炉房增容改造工程事宜的函
北函[2004]8 号	北京大学关于北大科技园建设开发事宜的函
北函[2004]9 号	北京大学关于北大科技园建设开发事宜的函
北函[2004]10 号	北京大学关于北大科技园建设开发事宜的函
北函[2004]11 号	北京大学关于建议“珠江三角洲区域可持续发展战略研讨会”延期举办的函
北函[2004]12 号	北京大学关于赛克勒考古与艺术博物馆拟举办“王度先生收藏文物展(暂名)”的函
北函[2004]13 号	北京大学关于赠送图书申请免税进口的函
北函[2004]14 号	北京大学关于商请对北京北大三方文化发展有限公司进行查处的函
北函[2004]15 号	北京大学关于水塔换热站改造工程事宜的函
北函[2004]16 号	北京大学关于申请变更用电单位和用电性质的函
北函[2004]17 号	北京大学关于资源大厦接电一事情况说明的函
北函[2004]18 号	北京大学关于西门旧自备井申请延缓报废的函
北函[2004]19 号	北京大学关于王度先生愿将其藏品无偿捐赠给赛克勒考古与艺术博物馆一事的函
北函[2004]20 号	北京大学关于赠送臭氧探空仪申请免税进口的函
北函[2004]21 号	北京大学关于声学计量测试站对“地铁四号线”将对北大大型仪器设备产生严重影响的测试结果的意见
北函[2004]22 号	北京大学关于刊登“北大燕园法语”广告一事的函
北函[2004]23 号	北京大学关于请协助进行兴奋剂测试的函
北函[2004]24 号	北京大学关于确定金仙宗地(金山寺、金仙庵旧址)地界和文物保护范围的函
北函[2004]25 号	北京大学关于同意软件学院申请贷款的函
北函[2004]26 号	北京大学关于商请共建“北京大学数字中国研究院”的函
北函[2004]27 号	北京大学关于要求停止盗用学校名义办学的函
北函[2004]28 号	北京大学关于同意认购回龙观经济适用房的函
北函[2004]29 号	北京大学关于商请批准文物进口的函
北函[2004]30 号	北京大学关于商请批准文物入关事宜的函
北函[2004]31 号	北京大学关于申请建设电力隧道工程的函
北函[2004]32 号	北京大学关于通报地铁四号线有关情况的函
北函[2004]33 号	北京大学关于同意“景观设计学大楼”项目报建的函
北函[2004]34 号	北京大学关于商请为田刚院士提供便利的函
北函[2004]35 号	北京大学关于重点仪器分布情况及搬迁所需条件和可能造成的损失的函(地铁四号线)
北函[2004]36 号	北京大学关于对《历史文化遗产保护领域中长期科学和技术发展规划战略研究报告》反馈意见的函
北函[2004]37 号	北京大学关于同意作为“国际公民科学素质建设北京论坛”支持单位的函
北函[2004]38 号	北京大学关于调整理事的函
北函[2004]39 号	北京大学关于愿意监督资源集团遵守贷款协议督促其归还贷款本息的函
北函[2004]40 号	北京大学关于商请在河北省塞罕坝机械林场总场建立“地球环境与生态系统实验站”征用林地的函
北函[2004]41 号	北京大学关于北京燕园阳光发展有限责任公司侵权行为的函
北函[2004]42 号	北京大学关于科研设备申请出口的函

编号代字	内容
北函[2004]43号	北京大学关于赠送图书申请免税出口的函
北函[2004]44号	北京大学关于畅春新园学生宿舍建设项目开工有关问题的函
北函[2004]45号	北京大学关于篓斗桥学生宿舍建设项目申请预审的函
北函[2004]46号	北京大学关于篓斗桥学生宿舍建设项目土地利用情况的报告
北函[2004]47号	北京大学关于报送《北京大学海淀校区总体规划》的函
北函[2004]48号	北京大学关于申请开设临时大门的函
北函[2004]49号	北京大学关于赠送设备申请免税进口的函
北函[2004]50号	北京大学关于赠送软件申请免税进口的函
北函[2004]51号	北京大学关于赠送图书申请免税进口的函
北函[2004]52号	北京大学关于建设篓斗桥学生宿舍申请征地的函
北函[2004]53号	北京大学关于篓斗桥建设项目变更为学生宿舍及有关征地情况说明的函
北函[2004]54号	北京大学关于篓斗桥征地和拆迁情况说明的函
北函[2004]55号	关于推荐"中国青少年科技创新奖励基金"机构组成人员的复函
北函[2004]56号	北京大学关于申请恢复拆迁范围的函
北函[2004]57号	北京大学关于申请开展职业资格认证培训工作的函
北函[2004]58号	北京大学关于商请联合开展"市场经济转型与公民平等观念变化研究"的函
北函[2004]59号	北京大学关于商请对北京博雅特文化中心进行查处的函
北函[2004]60号	北京大学关于商请对《北京生活信息》进行查处的函
北函[2004]61号	北京大学关于通报地铁四号线有关情况的函
北函[2004]62号	北京大学关于申请开展《长江下游地区新石器文化的植物考古学研究》项目的函
北函[2004]63号	北京大学关于北大科技园孵化中心一期工程项目变更情况说明的函
北函[2004]64号	北京大学关于规划中地铁四号线及北大新建化学南楼有关情况的函
北函[2004]65号	北京大学关于商请拆除畅春新园剩余建筑的函
北函[2004]66号	北京大学关于赠送科研设备申请免税进口的函
北函[2004]67号	北京大学关于篓斗桥学生宿舍《征地补偿协议》有关问题的函
北函[2004]68号	北京大学关于畅春新园学生宿舍征地及开工建设问题的函
北函[2004]70号	北京大学关于赠送化学试剂申请免税进口的函
北函[2004]71号	北京大学关于办理土地出让手续的函
北函[2004]72号	关于反映逯海田涉嫌使用其配偶郭洪钧非法挪用北京大学公款一案的函
北函[2004]73号	北京大学关于卫星电视接收许可证丢失情况说明的函
北函[2004]74号	北京大学申请接收境外卫星电视节目的函
北函[2004]75号	北京大学关于赠送服务器申请免税进口的函
北函[2004]76号	北京大学关于商请协助办理医学部经济困难学生贷款事宜的函
北函[2004]77号	北京大学关于申请延长"中国成都平原及周边地区古代盐业的景观考古学研究"项目的函
北函[2004]78号	北京大学关于申请将北大万柳大学生公寓用水价格改为生活用水价格的函
北函[2004]79号	北京大学关于赠送服务器申请免税进口的函
北函[2004]80号	北京大学关于申请顺延拆迁许可证期限的函
北函[2004]81号	北京大学关于科研设备申请出口的函
北函[2004]82号	北京大学关于商请单独批复北大科技园成府园创新中心项目规划意见的函
北函[2004]83号	北京大学关于北大资源集团贷款有关事项说明的函
北函[2004]84号	北京大学关于报废241Am同位素源的函
北函[2004]85号	北京大学关于成府园区市政外线调整情况说明的函

编号代字	内　容
北函[2004]86 号	北京大学关于地铁四号线与北大新建化学南楼防振问题情况说明的函
北函[2004]87 号	北京大学关于北大资源集团贷款有关事项说明的函
北函[2004]88 号	北京大学关于商请协助办理“北京大学王度收藏文物展”展品延期的函
北函[2004]89 号	北京大学关于商请伐树的函
北函[2004] 90 号	北京大学关于申请创办《北大青年研究》杂志的函
北函[2004] 91 号	北京大学关于建设五道口教师经济适用房审定设计方案的函
北函[2004] 92 号	北京大学关于申请参加亚洲赛艇锦标赛的函
北函[2004] 93 号	北京大学关于商请为 2005 年北大体育特长生测试进行兴奋剂检测的函
北函[2004] 94 号	北京大学对《关于北京大学 2003 年度财务收支情况的审计报告(征求意见稿)》进行回复的函
北函[2004] 95 号	北京大学关于对五道口教师经济适用房房屋面积进行说明的函
北函[2004] 96 号	北京大学关于海淀校区总体规划方案地块编号说明的函
北函[2004] 97 号	北京大学关于商请加快办理北大光华企业家研修院建设项目规划建设许可证的函
北函[2004] 98 号	北京大学关于北大资源集团贷款有关事项说明的函

北　基

编号代字	内　容
北基[2004]1 号	北京大学关于调整畅春新园学生宿舍建筑面积和投资并转设计、施工任务的请示
北基[2004]2 号	北京大学关于古树移植的函
北基[2004]3 号	北京大学关于治贝子园异地迁建的函
北基[2004]4 号	北京大学关于上报 2003 年基建财务决算报表的报告
北基[2004]5 号	北京大学关于变更北大光华企业家研修院工程建设主体的请示
北基[2004]6 号	北京大学关于北京大学体育馆设计自主招标事宜的请示
北基[2004]7 号	北京大学关于北大中关园留学生公寓工程合同变更的函
北基[2004]8 号	北京大学关于北京大学医院项目建设立项的请示
北基[2004]9 号	北京大学关于北京大学医院项目规划建设的请示
北基[2004]10 号	北京大学关于上报北京大学体育馆建设设计方案资料的函
北基[2004]11 号	北京大学关于申请伐树的函
北基[2004]12 号	北京大学关于北京大学体育馆邀请六家设计单位参加建筑设计方案征集工作的函
北基[2004]13 号	北京大学关于调整畅春新园学生宿舍建筑面积并转施工任务的请示
北基[2004]14 号	北京大学关于尽快解决天然气管网安全隐患问题的函
北基[2004]15 号	北京大学关于畅春新园学生宿舍楼绿化审批的函
北基[2004]16 号	北京大学关于北京大学体育馆工程邀请六家设计单位参加建筑设计方案征集工作的请示
北基[2004]17 号	北京大学关于畅春新园学生宿舍楼交通审批事宜的函
北基[2004]18 号	北京大学关于畅春新园学生宿舍楼绿化审批事宜的函
北基[2004]19 号	北京大学关于申请中关园留学生公寓工程监理招标提前开标的函
北基[2004]20 号	北京大学关于改造东操场移植树木的函
北基[2004]21 号	北京大学关于新化学南楼绿化审批的函
北基[2004]22 号	北京大学关于畅春新园学生宿舍楼交通审批的函
北基[2004]23 号	北京大学关于公共教室楼申请立项的请示
北基[2004]24 号	北京大学关于篓斗桥学生宿舍项目合并的请示
北基[2004]25 号	北京大学关于减免学生宿舍 41＃—43＃楼等工程报建费用的函
北基[2004]26 号	北京大学关于落实解决畅春新园学生宿舍过街天桥的函

编号代字	内　容
北基[2004]27号	北京大学关于篓斗桥学生宿舍及学生食堂建筑设计方案审批的函
北基[2004]28号	北京大学关于学生宿舍41#～43#楼建筑设计方案审批的函
北基[2004]29号	北京大学关于商请协助邀请国际乒联代表的函
北基[2004]30号	北京大学关于上报《北京大学体育馆建筑设计方案评审办法》的函
北基[2004]31号	北京大学关于申请图书馆旧馆改造工程邀请招标的函
北基[2004]32号	北京大学关于畅春园学生宿舍63#楼建筑设计方案审批的函
北基[2004]33号	北京大学关于老生物楼改造工程申请免招标的请示
北基[2004]34号	北京大学关于老生物楼改造修缮工程开工审批的函
北基[2004]35号	北京大学关于图书馆旧馆改造装饰工程开工审批的函
北基[2004]36号	北京大学关于上报《北京大学体育馆建筑设计方案评审委员会评审细则》的函
北基[2004]37号	北京大学关于申请图书馆旧馆改造工程提前开标的函
北基[2004]38号	北京大学关于上报北京大学体育馆(2008年奥运会乒乓球比赛馆)建筑设计优秀方案的函
北基[2004]39号	北京大学关于图书馆旧馆改造工程监理招标提前开标的请示
北基[2004]40号	北京大学关于畅春新园学生宿舍工程监理招标提前开标的请示
北基[2004]41号	北京大学关于41#～43#楼学生宿舍、畅春园63#楼学生宿舍和篓斗桥学生宿舍等三个项目审批的函
北基[2004]42号	北京大学关于附中图书馆扩建工程立项的请示
北基[2004]43号	北京大学关于学生宿舍41#～43#楼绿化审批的请示
北基[2004]44号	北京大学关于体育馆坐席数量调整的函
北基[2004]45号	北京大学关于田刚院士生活安排问题的请示
北基[2004]46号	北京大学关于上报《北京国际数学研究中心可研性研究报告》的报告
北基[2004]47号	北京大学关于学生公寓63#楼申报说明
北基[2004]48号	北京大学关于中关园50#乙楼/丙楼住房情况的说明
北基[2004]49号	北京大学关于上报"北京大学海淀校区学生宿舍建设方案及进展情况"并请批转北京市发展规划委员会的函
北基[2004]50号	北京大学关于学生宿舍41#～43#楼工程采用01定额方式进行工程招投标的函
北基[2004]51号	北京大学关于41#～43#楼学生宿舍项目审批的函
北基[2004]52号	北京大学关于畅春园学生宿舍63#楼工程采用01定额方式进行工程招投标的函
北基[2004]53号	北京大学关于41#～43#楼学生宿舍项目审批的函
北基[2004]54号	北京大学关于上报公共教室楼可行性研究报告的报告
北基[2004]55号	北京大学关于成府园建设项目情况说明的报告
北基[2004]56号	北京大学关于篓斗桥学生宿舍交通审批的函
北基[2004]57号	北京大学关于学生宿舍41#～43#楼工程采用邀请招标的请示
北基[2004]58号	北京大学关于上报北京大学体育馆(2008年奥运会乒乓球比赛馆)建筑设计方案的函
北基[2004]59号	北京大学关于学生宿舍41#～43#楼工程提前开标的申请函
北基[2004]60号	北京大学关于申请畅春园学生宿舍63#楼工程提前开标的函
北基[2004]61号	北京大学关于上报北京大学体育馆可行性研究报告的报告

北　产

编号代字	内　容
北产[2004]1号	北京大学关于人民医院股权转让的请示
北产[2004]2号	北京大学关于北大青鸟出版社更名和变更主办单位的请示

· 表彰与奖励 ·

北京市优秀教师和教育工作者

姓　名	工作单位	姓　名	工作单位
曹文轩	中文系	赵春来	数学学院
斐伟伟	化学学院	朱积川	北京大学人民医院
刘俊义	医学部	平新乔	中国经济研究中心
徐天进	考古学院	韩光辉	环境学院
屈婉玲	信息学院	高子芬	医学部
杨尹默	北京大学第一医院	陈兴良	法学院
赵振江	外国语学院	王　铎	数学学院

北京大学教学优秀奖获得者

工作单位	姓　名	工作单位	姓　名
数学学院	潘家柱	光华管理学院	靳云汇
	史宇光	法学院	白桂梅
力学系	励　争		马忆南
物理学院	王若鹏	信息管理系	段明莲
	张瑞明	社会学系	杨善华
信息科学技术学院	代亚飞	政府管理学院	赵成根
	刘晓彦	外国语学院	王燕生
化学与分子工程学院	卞　江		李生俊
	廖一平	马克思主义学院	白雪秋
生命科学学院	胡晓倩	体教	何仲凯
	安成才	艺术学系	马　清
地球与空间科学学院	刘　瑜	对外汉语教育学院	杜晓勤
环境学院	许学工	中国经济研究中心	卢　锋
	李迪华	教育学院	阎凤桥
中文系	孟二冬	考古系	赵化成
	曹文轩	基础医学院	李　刚
历史系	李孝聪	第一临床医学院	李克敏
哲学系	周学农	第三临床医学院	马彩虹
国际关系学院	朱文莉	口腔医学院	于世凤
经济学院	王曙光	护理学院	郑修霞

2004年北京大学奖教金获奖教师名单

奖项名称	设奖单位	获奖者单位	获奖者
杨芙清—王阳元院士奖教金	杨芙清院士 王阳元院士 北京大学青鸟集团	信息科学技术学院	俞士汶
		信息科学技术学院	吴锦雷
		信息科学技术学院	康晋锋
		力学与工程科学系	黄筑平
		数学科学学院	谢衷洁
		化学与分子工程学院	顾镇南
		考古文博学院	徐天进
		外国语学院	赵振江
		法学院	陈兴良
		经济学院	何小锋
正大奖教金特等奖	正大集团	化学与分子工程学院	陈尔强
		历史学系	王新生
		生命科学学院	于龙川
		中国经济研究中心	陈　平
正大奖教金优秀奖		地球与空间科学学院	传秀云
		地球与空间科学学院	李江海
		对外汉语教育学院	李晓琪
		法学院	尹　田
		光华管理学院	张志学
		国际关系学院	王锁劳
		化学与分子工程学院	翟茂林
		环境学院	王雪松
		经济学院	郑学益
		考古文博学院	权奎山
		力学与工程科学系	史　蓮
		历史学系	王天有
		马克思主义学院	王文章
		社会学系	唐　军
		数学科学学院	黄　海
		数学科学学院	王冠香
		体育教研部	万　平
		外国语学院	罗　杰
		物理学院	荀　坤
		物理学院	赵春生
		心理学系	陆昌勤
		新闻与传播学院	史学军
		信息科学技术学院	张　超
		哲学系	吴国盛
		哲学系	张志刚
		政府管理学院	傅　军
		中国语言文学系	沈　阳
		中国语言文学系	张颐武

续　表

奖项名称	设奖单位	获奖者单位	获奖者
华为奖教金	深圳华为技术有限公司	信息科学技术学院	赵宝瑛
		信息科学技术学院	盛世敏
		信息科学技术学院	谢昆青
		信息科学技术学院	李红燕
		信息科学技术学院	杨冬青
		信息科学技术学院	夏明耀
		信息科学技术学院	严敏杰
		研究生院	黄俊平
		研究生院	贾爱英
		研究生院	钱　岷
宝钢奖教金	宝钢教育基金	中国经济研究中心	林毅夫
		生命科学学院	丁明孝
		心理学系	苏彦捷
		经济学院	张　延
		公共卫生学院	郝卫东
朱光潜奖教金	朱光潜先生及其家属	外国语学院	宁　琦
		外国语学院	刘建华
		哲学系	朱良志
东宝奖教金	通化东宝实业集团公司	生命科学学院	樊启昶
		生命科学学院	昌增益
树仁奖教金	香港树仁学院	教育学院	马万华
宝洁奖教金	宝洁公司	物理学院	王宏利
国泰奖教金	国泰人寿保险股份有限公司	经济学院	孙祁祥
		经济学院	李心愉
		经济学院	于小东
		经济学院	郑　伟
		经济学院	刘新立
		经济学院	孙立明
		经济学院	朱南军
捷迪讯奖教金	捷迪讯公司	信息科学技术学院	李正斌
IBM 奖教金	IBM 公司 国家留学基金委员会	软件与微电子学院	杭诚方
		软件与微电子学院	周立新

2004 年北京大学获国家级精品课名单

课程名称	课程主持人或主讲人	院　系
法理学	朱苏力	法学院
世界近代史	高　毅	历史学系
政治学原理	王浦劬	政府管理学院
高等代数	赵春来	数学科学学院
数学物理方法	吴崇试	物理学院
普通和无机化学	姚光庆	化学与分子工程学院
动物生物学	许崇任	生命科学学院

课程名称	课程主持人或主讲人	院　系
弹性力学	王敏中	力学系
哲学导论	张世英	哲学系
实验心理学	朱　滢	心理学系
近代国际关系史	袁　明	国际关系学院
艺术概论	彭吉象	艺术学系
病理学	顾　江	医学部
病理生理学	吴立玲	医学部

2004年北京大学获北京市级精品课名单

课程名称	课程主讲人	院　系
概率论	陈大岳	数学学院
有机化学	王剑波	化学与分子工程学院
城市化与城市体系	周一星	环境学院
毛泽东思想概论	仝　华	马克思主义学院
微观经济学	于鸿君	光华管理学院
大学英语	黄必康	外国语学院
民族与社会	马　戎	社会学系
法理学	朱苏力	法学院
刑法	陈兴良	法学院
国际经济法	吴志攀	法学院
世界近代史	高　毅	历史系
政治学原理	王浦劬	政府管理学院
病理生理学	吴立玲	医学部
药理学	库宝善	医学部

市级、校级优秀共产党员

北京市优秀党员领导干部

闵维方　北京大学党委书记

北京大学优秀共产党员标兵

郭应禄　第一医院名誉院长
廖陶琴　财务部部长
敖英芳　第三医院党委委员
李支敏　化学与分子工程学院党委副书记
刘俊义　药学院常务副院长
沈千帆　校团委书记
陈晓林　物理学院副院长
雷兴山　考古文博学院第一党支部书记
冒大卫　光华管理学院团委书记
尹　慧　公共卫生学院学生党支部书记

北京大学优秀共产党员

田立青　数学学院党委副书记
宋　鹏　数学学院2003级硕党支部书记

刘雨龙　数学学院团委书记
于年才　力学系教师
王　龙　力学系一般力学教研室主任
付超奇　力学系 2003 级硕党支部书记
郑春开　物理学院退休教师
陈海英　物理学院教师
蔡建新　物理学院教师
邹果秀　物理学院退休教师
费增坪　物理学院 2003 级硕党支部书记
张春雷　物理学院 2003 级博党支部书记
于　方　地球与空间科学学院鉴定室副主任
刘大平　地球与空间科学学院遥感中心实验室主任
任昊佳　地球与空间科学学院学生会主席
吴朝东　地球与空间科学学院岩矿支部副书记
倪德宝　地球与空间科学学院教师
吴锦雷　信息与科学技术学院教师
陈向群　信息与科学技术学院党委委员
屈婉玲　信息与科学技术学院党委委员
张天义　信息与科学技术学院党委委员
崔立农　信息与科学技术学院高级实验室机房主任
魏引树　信息与科学技术学院党委副书记
潘玉龙　信息与科学技术学院电子系学生
杜　鲲　信息与科学技术学院 2001 级硕士研究生
任　亮　化学与分子工程学院 2000 级本科党支部书记
任家荣　化学与分子工程学院 2001 级博士研究生
刘　锋　化学与分子工程学院党委书记
张启运　化学与分子工程学院退休联谊会主席
姜晓成　化学与分子工程学院 2000 级本科生
高　松　化学与分子工程学院副院长
丁明孝　生命科学学院院长
柴　真　生命科学学院党委副书记
沈　扬　生命科学学院党委副书记
杨国华　生命科学学院
许崇任　生命科学学院院党委书记
李金龙　环境学院教师
周一星　环境学院教师
卫　欣　环境学院 2003 级博党支部书记
宋　楠　环境学院 2001 级本党支部书记
高　隽　心理学系团委书记
李德超　中文系 2002 级硕党支部书记
艾　英　中文系 2001 级硕党支部书记
王明辉　中文系 2001 级博党支部书记
卢永璘　中文系教师
祝总斌　历史学系离退休党支部书记
张　帆　历史学系副主任
孙　明　历史学系团委书记
曹　婳　历史学系学生会主席
张中秋　哲学系美学与伦理学党支部书记
张秀成　哲学系副系主任
王　璐　哲学系 2000 级本党支部书记
杜文丽　哲学系 2003 级博党支部书记
关贵海　国际关系学院党支部书记
许振洲　国际关系学院副院长
吴　强　国际关系学院学工办副主任
吴祖馨　国际关系学院党委秘书
梁亚军　国际关系学院 2001 级硕党支部书记
孙祁祥　经济学院副院长
宋丹阳　经济学院 2001 级本党支部书记
孙晓鹏　经济学院 2002 级硕士研究生
张春晓　经济学院 2003 级博党支部书记
张春煜　经济学院 2002 级博党支部书记
李　莉　经济中心 2002 级硕党支部书记
王志理　人口所 2001 级硕士研究生
蔡　玉　光华管理学院学生
冒大卫　光华管理学院团委书记
李媛媛　法学院 99 级本科生
刘东进　法学院教师
张春阳　法学院 2001 级法律硕士班党支部组织委员
孙家旭　法学院 2002 级本党支部书记
金锦萍　法学院 2001 级博党支部书记
路姜男　法学院 2001 级本党支部书记
史小军　法学院 2001 级法学硕士党支部书记
程道德　法学院退休教师
王佳明　法学院 2002 级博士生班班长
秦铁辉　信息管理系教师
张久珍　信息管理系团委书记
刘旭东　社会学系党委副书记
叶金莲　社会学系 2001 级博党支部书记
刘伟华　社会学系 2000 级本第二党支部书记
迟行刚　政府管理学院党委副书记
王征宇　政府管理学院研究生会主席
李生俊　外国语学院阿拉伯伊斯兰文化研究所教授
张玉安　外国语学院东方学研究院副院长
焦　英　外国语学院英语系大学英语教研室教师
赵德明　外国语学院教师
周海燕　外国语学院教师
史　阳　外国语学院 2002 级硕士研究生
郭晓春　外国语学院团委副书记
刘世杰　马克思主义学院办公室主任
居维钢　马克思主义学院教师
骆世盈　马克思主义学院研究生会副主席
孙　华　新闻与传播学院党委副书记
周小琴　元培 2002 级本党支部书记
曲春兰　纪委办公室主任

孙　丽　学工部副部长
胡群海　保卫部办公室副主任
周岳明　人事部部长
郝光安　体育教研部部长
屈　兵　继续教育部招生办公室主任
董南燕　教务部教务办公室副主任
程郁缀　社科科学部部长
王兴邦　实验室与设备管理部副部长
丁万东　计算中心微机室主任
马志永　供暖中心副主任
王祖荫　总务部运行办公室副主任
冯春香　餐饮中心分总支副书记
李贡民　后勤党委副书记
安忠义　水电中心副主任
肖水高　基建分总支书记
初育国　资产管理部部长
张剑岷　校园管理中心副主任
沈芸芸　图书馆党委青年委员
张红扬　图书馆办公室副主任
张文定　出版社副社长
李宝屏　出版社社长助理
金木子　校医院总务药房党支部支委
张玉梅　校医院副主任医师
卢　明　附属中学教师
王卫东　附属中学党支部组织委员
栾　斌　资源中学教务处主任
王柏艳　软件学院党委秘书
魏　新　北大方正集团党委书记
赵东岩　方正电子公司集成系统开发部长
叶丽宁　资源集团总裁
陈国峰　行政助理
李启龙　主编
何大林　研究中心副主任
罗德顺　集团副总裁
隋凤花　产业党工委书记
修亚冬　街道工委委员
童文霞　街道校内社区党支部书记
安玉涵　承泽园党支部书记
王国堂　成人教育学院党政办公室主任
李文利　教育学院院长助理
于素荣　对外汉语学院办公室副主任
宋学武　深圳研究生院2002级法律硕士班学习委员
王欣涛　艺术系团委书记兼办公室主任
赵增秀　附属小学住宿部主任
韩祥云　第一医院支部宣传委员
郭应禄　第一医院院士
冯　琪　第一医院支部组织委员
谭　伟　第一医院副主任医师
杨海珍　第一医院副主任医师
王　梅　第一医院肾内科副主任
秦　永　第一医院支部组织委员
尹　玲　第一医院副主任医师
姚秀彬　第一医院化疗科护士长
聂红平　第一医院支部组织委员
戴　悦　第一医院主管技师
宋鲁新　第一医院影像科副主任
李素坤　第一医院
刘世刚　北大医院康友公司副总经理
刘建平　第一医院办事员
林保住　第一医院支部书记
李学英　第一医院住院处主任
韩蓓蓓　第一医院2000级学生党支部宣传委员
吴　元　第一医院99级学生党支部书记
冯海波　人民医院研究生内科支部副书记
姜保国　人民医院院党委委员
江　滨　人民医院血研所所长助理
薛桂林　人民医院劳资科科长
安淑兰　人民医院耳鼻喉科门诊护士长
孙淑琴　人民医院门诊办公室主任
吴晓英　人民医院外科护士长
张　素　人民医院内科护士长
王天龙　人民医院麻醉科支部书记
李　仁　人民医院设备基建支部书记
刘元生　人民医院主治医师
郭玉珍　人民医院儿科支部组织委员
李明武　人民医院主治医师
白　文　人民医院副主任医师
敖英芳　第三医院党委委员
赵扬玉　第三医院党支部书记
鲍慧玲　第三医院党支部书记
王俊杰　第三医院科主任
卢世芳　第三医院护士长
王　军　第三医院党支部书记
秦泽莲　第三医院中心实验室主任
孙　震　第三医院
李学民　第三医院主治医师
孙　威　第三医院主治医师
张　进　第三医院护士长
李长海　第三医院副处长
周洪柱　第三医院医务处副处长
高　岩　口腔医院支部委员
黄敏娴　口腔医院主任医师
张祖燕　口腔医院支部书记
朱玉梅　口腔医院支部书记

高进荣　口腔医院保卫处处长
郑　刚　口腔医院支部书记
田秀英　口腔医院支部委员
王　怡　肿瘤医院大外科主任
朱　军　肿瘤医院党委副书记
严　昆　肿瘤医院党委委员医技一支部书记
王　伦　肿瘤医院机关一支部书记
王玉凤　精神卫生研究所党委委员
方耀奇　精神卫生研究所编辑部主任
姜　平　基础医学院助教
朱　滨　基础医学院副主任技师
李卫东　基础医学院支部委员
王　韵　基础医学院副教授
郑　杰　基础医学院支部书记
唐军民　基础医学院系副主任
曹建一　基础医学院科研办主任
谭增鲁　基础医学院离休教师
宫丽华　基础医学院支部书记
刘俊义　药学院常务副院长
杨可伟　药学院 2001 级学生党支部书记
雷小平　药学院药物化学系党支部书记教授
郭敏杰　药学院教学办公室主任
杨秀伟　药学院重点实验室支部委员
刘　鹏　药学院硕士研究生支部委员
陈育德　公共卫生学院离退休支部支委
康晓平　公共卫生学院流行病与卫生统计学系副主任
段　平　公共卫生学院主管技师
王　波　公共卫生学院研究生会主席
尹　慧　公共卫生学院学生党支部书记
张进瑜　护理学院党支部副书记
贺新华　公共教学部党支部副书记
许　辉　医学部机关保卫处治安科科长
安　宇　医学部机关计财处核算科科长
孙莉莉　医学部机关党支部书记
李　红　医学部机关教育处副处长
林　丛　医学部机关人事处处长
赵　莳　医学部机关党支部委员
程传泰　医学部机关党支部书记
马世慧　医学部后勤综合办公室主任
张玉琴　北医社区居委会主任
胡存明　北医印刷厂厂长

北京大学先进党支部

数学科学学院计算实验室信息党支部
力学系 2003 级硕党支部
物理学院行政后勤在职党支部
物理学院 2003 级硕党支部
地球与空间科学学院行政党支部
信息科学与技术学院微电子教工一党支部
信息科学与技术学院信息科学中心党支部
化学与分子工程学院实验中心党支部
化学与分子工程学院 2003 级博党支部
生命科学学院 2002 级本党支部
环境学院教工第四党支部
环境学院 2003 级博党支部
心理学系万柳学生党支部
中文系 2002 级硕党支部
历史学系行政党支部
考古文博学院本科生党支部
哲学系本科生党支部
国际关系学院行政党支部
国际关系学院 2000 级本党支部
经济学院 2001 级本党支部
经济学院 2002 级硕党支部
光华管理学院行政机关党支部
法学院国际法党支部
法学院 2001 级本党支部
信息管理系研究生党支部
社会学系本科生第一党支部
政府管理学院 2002～2003 级本科生联合党支部
外国语学院东语系党支部
外国语学院英语专业和研公英党支部
马克思主义学院 2003 级硕党支部
新闻传播学院本科生党支部
机关一党委党办校办党支部
机关二党委财务部党支部
机关二党委继续教育部党支部
后勤党委会议中心党支部
后勤党委幼教中心党支部
图书馆咨询自动化党支部
出版社行政党支部
校医院内科党支部
附属中学第三党支部
软件学院第一学生党支部
产业党工委方正研究院党支部

产业党工委资源集团宾馆党支部
街道工委蔚秀园社区党支部
教育学院教育经济与管理系/教育与人类发展系党支部
深圳研究生院2003级法律硕士党支部
第一医院泌尿外科研究所党支部
第一医院妇产科党支部
第一医院感染疾病科党支部
第一医院退休第五支部
第一医院99级学生党支部
人民医院医务处党支部
人民医院心内科党支部
人民医院老院党支部
第三医院骨科党支部
第三医院外三党支部
第三医院儿科党支部
第三医院放射科党支部
口腔医院口腔颌面外科党支部
口腔医院牙体牙髓科党支部
肿瘤医院医技二支部
精神卫生研究所第六医院后勤党支部
基础医学院生理与病生理系党支部
基础医学院学生党总支
药学院药化学系党支部
公共卫生学院2002、2003学生党支部
护理学院学生党支部
公共教学部哲学与社会学系党支部
医学部北大医学出版社党支部
医学部保卫处党支部
医学部后勤饮食服务中心党支部
医学部印刷厂党支部

市级、校级学生奖励获得者

北京市三好学生

数学科学学院	张恺元 鲁剑锋 胡冲锋
物理学院	冯国星 吴俊宝
地球与空间科学学院	李慧娟 仲力恒
信息科学与技术学院	魏 蓝 罗 斌 张 迪
化学与分子工程学院	王 菲 姚志中 王 璐
生命科学学院	胡蕴菲
环境学院	何 钢 张书海
心理学系	张 昕
新闻与传播学院	左瀚颖
中国语言文学系	黄 梅
历史学系	曹 婳
考古文博学院	张英轩
哲学系	田 园
国际关系学院	邓明莉
经济学院	王 飞 戴 晨
光华管理学院	吕思遥 董韫韬
法学院	王佳明 吴计政
信息管理系	王 欣
社会学系	安文研
政府管理学院	彭 宇
外国语学院	郭晓春 吴阳春
马克思主义学院	陈 丹
艺术学系	赵明昊
元培计划	尚书连
教育学院	刘彦伟
基础医学院医学预科班	赵 敏
基础医学院	敖明昕 李 倩
公共卫生学院	尹 慧 臧嘉捷
药学院	杨可伟 毛玉丹
第一临床医学院	李伟山
第二临床医学院	刘晓宇 徐 峰 刘晓玲 曹 磊
第三临床医学院	王 婷
第四临床医学院	张 萧
口腔医学院	柳大为
中日友好临床医学院	杨 颖
护理学院	李 旭
民航总医院教学医院	林晓琳
航天中心医院教学医院	王 贺

北京市优秀学生干部

数学科学学院	刘佰军
物理学院	王 姣
地球与空间科学学院	任昊佳

化学与分子工程学院　丁　磊
信息科学与技术学院　刘譞哲
新闻与传播学院　殷明慧
历史学系　陈春宝
国际关系学院　吴春晖
经济学院　李晓菱
法学院　林彦华
社会学系　张　婧
外国语学院　杨川进
元培计划　乔元华
药学院　孙　崎
公共教学部　张艺宝
第一临床医学院　胡　君　张　骞
第二临床医学院　倪春雅
护理学院　陈华夏

北京市优秀班集体

数学科学学院	2002 级计算数学本科生班
地球与空间科学学院	2003 级本科生 3 班
环境学院	2003 级博士生班
新闻与传播学院	2002 级新闻专业本科生班
哲学系	2002 级本科生班
考古文博学院	2001 级本科生班
国际关系学院	2003 级本科生班
光华管理学院	2003 级工商管理本科生 2 班
政府管理学院	2003 级本科生班
外国语学院	2003 级西班牙语本科生班
教育学院	2003 级硕士生班
元培计划	2003 级本科生 1 班
信息科学与技术学院	2003 级电子本科生 2 班
临床医学院	2003 级临床本科生 2 班
基础医学院	口腔医学专业 2002 级本科生班
公共卫生学院	预防医学专业 2001 级 1 班
第一临床医学院	临床医学专业 2000 级 6 班
第二临床医学院	临床医学专业 2001 级 2 班
航天中心医院教学医院	临床医学专业 2000 级 8 班

北京大学三好学生标兵

数学科学学院
张恺元　鲁剑锋　骆　俊　韩　晗　胡冲锋　唐晓瑾　李秋月　宋　鹏　梅　婧
力学与工程科学系
焦　阳　荆文甲　付超奇
物理学院
龚　洁　冯国星　李　芸　方轲杰　王思远　何　颂　张　强　吴俊宝　郭亨长　庄承钢
地球与空间科学学院
李慧娟　仲力恒　佟啸鹏　陈　征　李　媛
信息科学与技术学院
罗　斌　徐方博　毛宏伟　汤玲玲　张　迪　陈　炯　庞九凤　罗国杰　魏　兰　王　畅　王　荣　朱　峰　蒋　珂　田　敬　任　芳　马　强　江志烨　刘　强
化学与分子工程学院
王　璋　王　菲　姚志中　王　璐　曹　征　黄　勇　何茂帅　石洪涛
生命科学学院
胡蕴菲　张继涛　洪　韬　陈智斌　冯　倩　张　虹　黄　俊
环境学院
宋　楠　陈旭东　张书海　郑一就　何　钢　姚　波　卫　欣　赵英丽
心理学系
钱　栋　张　昕
新闻与传播学院
蒋晶晶　常慧丽　陆小磊　左瀚颖
中国语言文学系
张红超　张俊明　黄　梅　贾静波　胡南敏　李祖德
历史学系
曹　婳　罗　玲　李国芳
考古文博学院
张英轩　马　赛
哲学系
田　园　李秋实　孟令朋
国际关系学院
邓明莉　朱淑娴　周陶沫　胡新龙　韩　刚　郑　伟
经济学院
戴　晨　周晓乐　尚　洁　姚　奕　郭　欣　王　飞　林卫斌
光华管理学院
董韫韬　吕思遥　李　芳　金　玲　卢　燕　余昌华　冯　飞　吴　冰　栗晓东
法学院
牟家月　潘冰清　陈　卓　张　立　廖宇飞　罗　彧　汤洁茵　吴计政　李　静　王　晓　王佳明　翟继光
信息管理系
王　欣　晏创业
社会学系
安文研　宋　婧
政府管理学院
彭　宇　顾善慕　梁　江

外国语学院
李　想　倪　璐　郭晓春　刘宇婧　吴阳春　邬瑞婧
史　阳　魏有美
马克思主义学院
萧新桥　陆　松　陈　丹
艺术学系
章　超　赵　磊
对外汉语教育学院
鞠　慧
元培计划
尚书连　张琬婷　韩　婷
教育学院
刘彦伟
人口研究所
李玉柱
深圳研究生院
王蒙明　仝　德　佟长辉
软件学院
李　想　马尔东
基础医学院医学预科班
李　姝　张　锋　陈　晗　刘　烨　赵　敏　宋　耕
基础医学院
陈瑶瑶　敖明昕　李　倩
公共卫生学院
尹　慧　臧嘉捷　吴　静　宋晓明
药学院
杨可伟　乔任平　李　媛　毛玉丹　王　瑞　陈晓梅
温　晶　赖先银
公共教学部
冯　攀
第一临床医学院
汪　旸　李伟山　孟立强　叶　华
第二临床医学院
蔡　林　赵兰婷　刘晓宇　曹　磊　左英熹　张晓蕊
第三临床医学院
王　婷　李　显
第四临床医学院
张　萧
口腔医学院
柳大为　丁　鹏
临床肿瘤学院
范　铁
中日友好临床医学院
杨　颖
护理学院
闫　琰　喻颖杰　陈　萌　李　旭　郑　奕
民航总医院教学医院
林晓琳
航天中心医院教学医院
王　贺

北京大学创新奖

数学科学学院
武　玮　孟祥瑞　蒲戈光
力学与工程科学系
杨陶令　禹　梅　纪志坚
物理学院
沈　宁　忻获麟　吴　斌　刘建军　欧阳正清
化学与分子工程学院
韩　峰　赵　强　王金亮　林　伟　周　江
生命科学学院
王广文
环境学院
后立胜　孙　健　程　成　宋先花　张　然
信息科学与技术学院
黄松芳　王建军　于哲峰　石进杰　刘昕鹏　司端锋
刘云峰　阮　勇
地球与空间科学学院
吕江宁　吴　宁　洪　菲　祝向平　李秋根　金　戈
阿布都瓦斯提·吾拉木
心理学系
陈　佳　穆　岩
新闻与传播学院
望开力
中国语言文学系
曾华锋　杨伯特　钱一凡
历史学系
毕　琼　刘　宏
国际关系学院
任羽中　罗建波
经济学院
刘　军　赵留彦　何予平
法学院
李　威　李文斌　张连生　曹圣光　欧阳泽蔓
信息管理系
刘　畅
政府管理学院
孙彩红　汤敏轩
马克思主义学院
孟志中　宇文利
艺术学系
郑　箫　柳　青

深圳研究生院

陈　睿

基础医学院

武春晓　张　华　吴　静　李俊旭　潘春水　付文先　唐　昆

药学院

雄文苑　张　扬　张　苑　杨世进

第二临床医学院

谢良麒　张海龙

第三临床医学院

李　欣　裴新龙

北京大学创新集体

赛艇队

主力队员　于晓鹏　朱利斯　王　磊　李　锐　孙　超　吴绍卿　张亨全　朱　晔　韩　光

替补队员　陈国栋　高立存

女子篮球队

主力队员　戚　静　郑　薇　张微微　岳　琮　刘子一

替补队员　代晶皎　龙　秦　孟　菊　张宁宁　谢琳琳

中国语言文学系第十二届挑战杯团队

曲　丹　丁伟伟　曾石铭　胡蔓妮

北京大学三好学生

数学科学学院

马宗明　殷婧彬　窦　炜　雷　径　陈　洁　胡雅琴　杨　珊　张　斌　张明远　何桢祺　王国强　殷巾英　郭　婷　袁洪松　刘保平　刘　毅　侯　琳　张　伟　徐　颖　李若莎　胡　兴　丁　剑　魏晓迪　张景阳　秦伯涛　李毅梅　王　涵　陈　浩　姚佩佩　邵　远　孙婷妮　邓　剑　张　帆　王天一　林一青　邢亦青　方家聪　王月清　陈可慧　崔庸非　刘　熠　范　翔　王敏瑶　吴　瑜　李震国　贾鲁军　周　娜　李佩繁　谢国洪　陈光忠　何晓梅　李　季　武红玉　沈玉萍　冯　涛　万范霞　葛　菲　谢先超　乔　琦　高　斌　王立威　邢瑞香　马　跃　刘　耿　梁　超　俸　旻

力学与工程科学系

何建华　楼颖燕　王丰伟　包鹤立　郭文轩　蔡　艺　郭家杰　张　哲　夏振华　苏天翔　韦兆汀　王建春　李　致　杨君昊　郭晶晶　孙　黎　覃永胜　周文韬　陈青松　李建波　徐思朋　胥柏香　朱金波

物理学院

李　琛　黄　震　明　帆　崔永涛　贾鹏翔　季敏标　李　想　袁　飞　高振宇　严斯蒙　唐　晖　陈　弦　王　雷　张　昊　刘　楠　劭旦瑛　张　翼　诸葛菁　蒙　康　袁王庆　王　晨　于海明　郑　闻　徐怡冬　张碧辉　林　蒲　于　航　王　赫　岳　嵩　杨　远　喻天弘　孙　鼎　陈祎伟　梁浩原　刘　伟　李　江　田　湉　应轶群　孙梦阳　周泉丰　宁展宇　侯丽娜　王　凯　唐佳妤　聂一民　李　刚　段　婧　张颖一　刘　微　郑明杰　曲　波　鄢俊一　李　倜　陈虹志　吴江文　沈志侠　李　欣　周广强　陈喜红　宋学锋　王　新　王　岚　李锋铭　张春雷

地球与空间科学学院

张　磊　明　镜　吴才文　刘启明　唐　哲　高一鸽　彭青兰　林亚娟　匡俊宇　涂蔚超　石　超　唐跟阳　陈建业　段佰川　徐世庆　叶　澎　汪　申　俞春泉　张　曦　赵俊彦　瞿清明　张　波　唐国军　张志刚　李　喆　李　宏　余海洋　邱　林　胡才博　秦　适　徐宜勤　何建森　李会军　赵泽辉　贾晓峰　王子煜　王晓朋　王　林

信息科学与技术学院

许　项　梁　瑞　姜　浩　王　玮　赵开兴　陈文兰　尚怡翔　张　帆　李　鑫　姬生乐　王位春　刘国栋　唐大闰　董　玮　王　栋　张晓薇　张　宁　朱　婧　钱　昆　宋云成　杨淮洲　陈舒毅　孙大伟　金祯祯　吴　俣　吴怡娜　毛　震　王　亮　王　川　方路遥　刘忠义　张　弥　胡　彬　李　合　韩　瑜　肖　斌　高鸣雁　吕　敏　何　巍　边　江　刘　钰　熊裕辉　何　杰　乐济麟　王振华　王莎莎　刘　运　徐连宇　顾闻博　叶　露　江云亮　王楠楠　刘　晟　马　尧　张鲁远　梁佳乐　黄　婧　王晶超　俞润祥　夏　冰　杨筱舟　丁　嵩　王　潇　刘　昱　蒋　竞　王靖轩　黄冀渝　丁晓红　景　昊　吴汉唐　李　刚　苏志华　张建华　余啸海　刘翰宇　凌　峰　杨春勤　杨　红　何建斌　张振海　延　涛　杨黎斌　谌贻荣　王小龙　王　琦　黄远文　彭小斌　童　霆　钱金蕾　张元睿　王　峥　罗　景　王　刚　窦　亮　单晓楠　郑闻睿　范小杏　张雅聪　孙含欣　任　惟　刘　芳　徐　丹　申峻嵘　夏　令　林小俊　严小天　邱宝军　史海洋　于　波　赵小莹　刘英男　王　彬　高　峻　郭　奥　吴　昊　袁　杰　杨　洁　杨　利　安维华　曲　宁

化学与分子工程学院

苏佳纯 陈思远 毛舒能 杨 征 资 虹 焦 雷
周强辉 罗佗平 刘 涵 吕 舟 郭 琳 李平凡
朱 志 杨胜韬 史严容 张可亚 李东旭 廖佩琳
方 超 蔡述宗 王一恺 朱 汇 张 锐 杨新星
王小烨 杜娟娟 唐 力 李子汇 王 博 何 阳
徐 翼 邓钦培 殷安翔 周 焱 周 阳 吴屹然
代克化 王 超 赵怡芳 左春山 张 勇 唐浩宇
焦丽颖 段晓菲 王云涛 何莎莉 牟新东 王 璇
王晓化 贡素萱 廖 玮 陈 辉 王志会 白士强
李社红 翟 林 李 栋 王 圣

生命科学学院

张 洁 陈 波 郭 聪 刘 媛 苏 玮 于鹏之
周 陌 阮 洁 朱伯开 胡 玮 赵玉婷 苏晓磊
何 斌 孙实笏 毛绮妍 陈唯韫 张 遥 刘伯涛
东 洁 赵 晶 俞雯清 陈力颖 沈东彪 王 姮
赵江阳 刘晓婷 王之頔 李 拓 孟琳燕 王亚萍
郭琴溪 谭志佳 刘 芃 郭 兰 王青松 陈 强
胡继承 赵卫星 雷 剑 马志强 张 帅 扈春阳
肖伟明 李联运 查纪坤 王 晶 薛 堃 熊 伟
苏小琴 李 晴 高 歌 杨 伟

环境学院

陈熳莎 吴晓栋 唐 辉 王 佳 朱秋莉 谢秀珍
刘 柯 姜 姗 张梦妮 谢志华 陈秀欣 王 乐
袁慧诗 谢彦佼 郭 嘉 陈 卓 任郁达 易 如
彭思圆 兰宗敏 陈 旻 沈凡卜 季 梦 李艾桐
刘 涛 俞奉庆 彭慧芳 陈 睿 党 宁 张琦峰
王丽婧 韩 蕾 戈爱晶 陈 琦 郭晓峰 李昌霞
肖海燕 丁 剑 金晓辉 范英英 罗定贵 李 伟
刘海龙 张 辉 马保春 王文博 常 明 彭 建

心理学系

范 妍 高 歌 张佳昱 王雨吟 刘松琦 潘苗苗
王月燕 孔令志 杨安博 叶冬梅 俞 涛 姜春萍
姚 翔

新闻与传播学院

刘美媛 张剑烽 龚婉祺 周 婧 郑幼智 余晓萍
谢佳妮 蒋俏蕾 王 嘉 王晓申 胡 娜 李 斐
唐 芳 周 健 顾 鑫 张雪皎 刘子祎 庄 燕
夏侯昭珺 付 瑜 蓝燕玲 王舒怀 周易军
徐 笛 严江宁 刘 畅 付 瑶 黄 佩

中国语言文学系

杨霁楚 王秀莉 吴舒洁 魏 霄 卫 纯 李 牧
丁伟伟 张德付 周剑之 叶坚颖 陈 益 袁 媛
王小龙 袁文旭 刘 纯 赵 祎 傅 爽 朱子辉
裴必玉 吕绍刚 王 勇 孙 芳 白 雪 王振峰
吕 远 王 璞 汤 莉 翟景运 戴晓华 郭凌云
黄 斌 金春梅 赵 文 王宏林 秦艳春 帅志嵩

历史学系

刘 怡 吕 媛 高欣亮 张 倩 张 静 侯 斌
田 园 崔金柱 林小异 徐利卫 姜言卿 王光龙
吴 楠 李 雯 刘慧娟 吕 迅 文礼朋 陈友良
黄艳红 昝 涛 王 涛 覃 影

考古文博学院

林永昌 金 涛 岳 青 黄 珊 杨 青 傅 月
戴 维 王朝勋 张 凌 努尔兰·肯

哲学系

李 爽 董 鹏 贡 洁 张梦竹 孟庆楠 张小星
游足华 谢广宽 单提平 胡 伟 陈 琦 肖清和
王云飞 吴 敏 王建永 李晓江 黄彦瑜 冯 艳
邢立军

国际关系学院

田 甜 何一轩 许 亮 蒲 实 董昭华 王牧笛
陈 蕊 邓晓天 陈 可 查文晔 王秋实 于慧玲
何叶紫 陈晓晨 黄 橙 陈 芳 陈 光 王剑英
刘 劼 王 田 周济申 杨 磊 陈先进 蒲芳芳
孔伟明 张桂凤 李小萌 许世鹏 侯 育 周 艳
赵焕刚 王兆东 马 超 杨伟玲 汪 恒 姚 远
钟飞腾 楼玲令 张效民 陈 崎 曾爱平

经济学院

张 琼 赵 璧 边 春 王 晔 张 倩 余向荣
万虹麟 张 薇 魏东旭 李 璇 瞿 茜 金旭毅
张 宁 朱至瑜 刘逸菡 蔡洪玮 孟 佳 林 锟
李 丹 王栋栋 冯知宇 马思伟 陈琰菲 郁智慧
黄 俊 李 婧 胥明阳 周 恒 李婧谦 杨美玉
沙 莎 宋 茜 孙雅雯 林卫斌 冯 艳 孙嘉弥
王 薇 李 伟 张春煜 黄 嵩 锁凌燕 张春晓

光华管理学院

王文博 吕明相 么 琳 邱 爽 眭芳韫 闵璐洁
王 慧 夏云飞 杨本心 史方舟 杨康博 李 密
罗佳媛 聂明珠 李 璐 唐 芋 王 锋 李 怡
李金诺 高 明 欧阳婧 冯 博 王 晶 沈自源
涂舜德 朱隆斌 冒大卫 李 楠 王 进 卢 戈
马庆林 贺国旺 彭 华 姜天坊 邹 曼 伯 倩
谭 力 郑少武 李 青 王 潇 冯永昌 张 成
梁 斌 卢先义 李 宪 曹 龑 胡海涛 王洪涛
宋晓玲 赵 萍 周 宁 许诗友 孙晓晖 蔡蓝诗
李昌民 陈晓华 刘建兴 赵占波 于兹志 罗雨泽
聂海峰 代冰彬

法学院

邵锦莉 顾孝亮 袁秀梅 叶明欣 周丽 郑燕
蒋明艳 陈天一 依天娇 邓澜 韩寒 杨慧
刘晓力 王守利 施志群 孔霏 朱毅峰 戴昕
柳思佳 李鹏 李嘉 庞海瑶 周源源 徐正捷
张舒 余仙 葛智 苏容 赵静怡 王述慧
姜婉莹 汪瑜 李娟婷 程莉 赵勤智 景浩
毕竟悦 蒋湘滨 廖文彬 毛晓秋 魏秋菊 夏春利
杨禾 陆炯 陈晓琴 汪震 彭亚 黄磊
雷卫明 沈奇 马丽红 梁海涛 魏倩 夏雯雯
张云 朱婉白 程松涛 王爱霞 叶可 罗玥
葛向伟 赵兴洪 张鑫 褚福民 郭维真 邓碧君
韩钧雅 陶中怡 潘晓琳 马卫华 孟树理 汤雄军
胡红梅 孙传霞 王嵘 王琪 郭德忠 黄军辉
刘扬 王蓓 陈新宇 孙远 赵玲 周菁
邢会强 周宝峰

信息管理系

魏琴 林媛 吴龙婷 黄妙茹 鄢凡 林轶君
宋景梅 刘妍 王雯 王素芳 余燕 蒋龙
陈芬 刘欣 黄崑 吕娜 许欢

社会学系

曹理达 陈超 胡飞飞 李丁 陈强 赵蕊
胡倩影 哈光甜 纪莺莺 郑晓娟 张磊 张闫龙
张磊 邓锁 田耕 高洪山 辛佳 张浩

政府管理学院

张弦 邱嘉娜 应潮翰 薛蕾 刘萍 梁玲玲
刘小英 潘丽媛 周燕燕 蔡亚庆 黄娴 罗浩斐
李璇 欧阳李慧 葛菲 段海燕 吴慧芬
陈慧晶 王阳亮 吴轶婷 唐益 田志 阮草
谷芳 邱高爽 叶颖 常征

外国语学院

黄淳 邓深 董洁 章元 徐君 刘媛
许一瑾 林经纬 白雨石 王晓晴 吴冬华 刘杨
汪洋 魏明 赵嵩 林梦茜 余宁 张芳
朱宏斌 徐文 张哲 林艳霞 徐蓓 张潇潇
郭鑫 张冉宁 王彦丹 郭雯 张妙妙 吴一凡
张博 明喆 焦越 黄弦 汪源 明亮亮
葛文菊 刘宁 王颖 王昊 李祥乐 刘倩
刘玉中 易嘉 贾真 陆蓉蕾 李宏梅 唐卉
郝薇薇 王琳 张璐 张强 万丽娜 何楠
孙铮 贯佳 刘冰 范颖川 李玉霞 杨晓霞

马克思主义学院

孙曼琳 彭敏 陈星星 顾一鸣 任卫军 胡海莹
彭颖敏 白斌 陈博 廉薇薇 邵樱 王娟娟
翟绍辉 张扬 张亦书 张子凯 张建桥 药利平
朱德福 黄明伟 韩文君

艺术学系

郝志 马骏 查萌 刘胜眉 杨邦皓 朱菁
金晓聚 许乐

对外汉语教育学院

章欣 张京京

元培计划

唐小东 王婷 韩菲 滕琪 杨至明 罗嘉元
杨滔 赵勇 崔婧 黄冰洁 张天翼 赖宇鸥
杨凝 赵翰露 黄珊 赵智沉 朱旋 杨威
翟霖 施皖 孙婷婷 王俊煜 张颖心

中国经济研究中心

颜建晔 张璐 严焱 时安安 周斌 周小铃
刘可

教育学院

李锋亮 郭丛斌 范皑皑 祝晨 刘红燕 陈建

人口研究所

刘菊芬 杨道兵

深圳研究生院

康兴 蔡军龙 严亮 杨士纪 周正国 司伟
陈真 王一 邹敏瀚 杨长喜 张良 陈睿
郭凌云 盛楠 司贺秋 王彦鹏 王胜利 王媛
戴鉴雄 李洁华 裴海 丛黎 苑仁庆 岳隽

软件学院

梁玉红 任海一 张海燕 温文 高磊 孙宝昌
王田 张莉 刘传梅 王宇

基础医学院医学预科班

成兴华 廖雁婷 宋广瀛 叶颖 宋杨 庞博
张博迪 祁姬 张佳楠 陈璨 宋韩明 楚红
桑田 黄远深 许颖 张明博 徐力 周靖
权敏 顾阳春 莫漓虹 何子骏 张芳 周知
吴翔 汲静 李苗 李楠 王欣 于利平
张庆芬 马瑞 刘静 谢璐 赵通 刘子源
赵建辉 李秀芽 李兴哲 陆峥飞 周洲 褚祎
刘洋 吕达

基础医学院

张佳宁 彭斯扬 崔扬 何冰 熊婷婷 阎焰
李莹 黄金华 康丽惠 张浔敏 刘娟 王娟
沈蕾 邓暄 石晔洁 刘黎黎 刘叠 李梦
王志强 高松 曲爱娟 马朋 顾艳艳 赵鑫
黄欣 汪立 朱海浩 高军卫 王炜 刘海静
乔志梅 张艳 李永华 刘风雨 李肖霞

公共卫生学院

李扬眉 吴盛 黄超峰 程亚杰 梁艺怀 田研研
孟莎 田芳 蔡黎 武轶群 宋岩 吴少伟

叶丽娜 孙晓东 成毅娟 彭 妮 周 婷 李 俊
尹遵栋 郭春晖 王晓梅 刘东兴 余焕玲 陈天娇
纪文艳 柳 鹏 李 勇 任 霞

药学院

李 昂 吕 炜 聂菲璘 蔡 黎 林松文 向 宇
周 欣 赵 彬 温 烃 梁公文 任宏燕 杨世进
许斐斐 安春娜 张春晖 刘 扬 刘晶晶 徐琼峰
谢璐佳 石雅玮 徐 芳 王 蕊 周 洋 刘 瑶
刘永娇 梁蓓蓓 房元新 孙精伟 杜 萍 王晓锋
杨丽娟 张荣春 甄 鹏 王 菲 张 元 宋 旭
曹 宇 姚 玥 梁 谋 张兆欣 刘 鹏 王添敏
周 建 陈艳丽 崔建鑫 丁文锋 赵树民 李 军
史兰香 任 博 熊小兵

公共教学部

贾 茹 黄 芳 杨晓晨 雷 铭 许 静 任晓洁
王 倩

第一临床医学院

杨 昕 陈 磊 毕青玲 王 维 陈 佳 杨志凯
童 彤 林 玮 朱毓纯 杨 柳 迟永堃 李士杰
闫 婕 毕鸿雁 李传保 张 蕾 关有彦 顾建芬
张学慧 刘海波 陈志越 王 微 袁亦铭 宋琳琳
李海霞 王云峰 倪石磊 张 欣 侯新琳

第二临床医学院

郝徐杰 黄 晨 曹 菊 程 谨 刘 琳 郑日亮
张晶晶 陈少敏 邓 锐 张黎黎 肖 玮 任 倩
王 喻 蒋 励 潘思思 付 瑶 周 城 杨 磊
焦 风 刘晓玲 徐 峰 齐焕英 陈 雪 张 凯
李新宇 冯 娟 王 欣 张晓蕊 赵艳丽 郭长勇
赵 丹 王 蔚 李大森 郭瑞霞 贾园棠 崔 明

第三临床医学院

赵 博 韩 麦 张海龙 刘 丹 梅 林 廖 莹
白 涛 张春妤 蒋 洁 王 飞 朱锦明 孙垂国
梅 双 王丽平 何 榕

第四临床医学院

张灵云 殷耀斌 刘 霞

口腔医学院

肖 楠 曹 烨 刘伟涛 朱 敏 朱姗姗 黄晋杰
王雪东 陈 帆 王 韵 桑艳辉 张卫民 李 健
司 燕 李启强 张海萍

临床肿瘤学院

龚继芳 钟文君 张宝珍 张庆英 刘 芬 曹邦伟
陈晋峰

护理学院

师晓荣 马凤玲 邹慧君 金文姬 林 淦 魏征新
刘 燕 刘 璐 李 欢 李 蕊 贺新欣 李 帆
隗东方 韩立云 王晓月 王春炅 董蔺萌 谢一萍
霍春燕 程 芳 龚晶晶 冯建春 戴玉玲 申雪梅
魏燕香 蓝晓焰 王笑赛 谭 敏 王 润 刘英武
申 唯 孙 硕 赵微微 郑 晶 来小彬

民航总医院教学医院

吴剑挥

航天中心医院教学医院

谢 兰 李 凌

精神卫生研究所

潘 超 汪 冰 赵志宇

北京大学优秀学生干部

数学科学学院	谢季纯 张贺信 范少锋 刘佰军
力学与工程科学系	刘 苑 曹 建
物理学院	王 姣 谢 辉 李鹏宇
地球与空间科学学院	任昊佳 杨默涵
信息科学与技术学院	辜新星 彭伶珊 刘譞哲 潘玉龙
化学与分子工程学院	魏昕宇 王 奇 丁 磊
生命科学学院	徐 蕙 刘贤伟
环境学院	苏 凯 徐志新
心理学系	常诗晴 任 静
新闻与传播学院	黄缘缘 陈叶红 殷明慧
中国语言文学系	韩 珂 刘小琴
历史学系	王海洋 张善鹏 陈春宝
考古文博学院	刘 静 张明东
哲学系	季志强 王耀华
国际关系学院	李宏毅 吴春晖
经济学院	詹 昊 许 辉 李晓菱
光华管理学院	石 凡 康大伟 刘聿达
法学院	林彦华 祝鹏程 申珺瑶
信息管理系	林剑锋 罗 超
社会学系	王一鸽 张 婧
政府管理学院	王 威 陈成标
外国语学院	杨川进 李 洋 王新萍
马克思主义学院	付 军 蒋 茜
艺术学系	匡 咨 俞 燕
对外汉语教育学院	曹晓艳
元培计划	乔元华
教育学院	宿方圆
人口研究所	周 辉
深圳研究生院	牛宏伟
软件学院	刘国栋 肖 恒
基础医学院医学预科班	刘晓默 阎 旭
基础医学院	刘 理 许晓风
公共卫生学院	马晓光 周 虹

药学院　邢　丞　孙　崎
公共教学部　张艺宝　李彦昌
第一临床医学院　胡　君　张　骞
第二临床医学院　倪春雅　刘彦国
第三临床医学院　钟沃权　曾　琳
第四临床医学院　赵冬雁
口腔医学院　陈晓播　朱胜吉
中日友好临床医学院　邹琦娟
护理学院　陈华夏
航天中心医院教学医院　曾跃平

北京大学社会工作奖

数学科学学院
王文浩　石亚龙　韩　准　夏戌罡　严　巍　方　子　余　辉　孔繁顺　刘　冉　贺　鹏　刘　畅　周　莹　肖国辉　孙　祺　常　伟
力学与工程科学系
刘　文　陈　曦　徐科益　王雯珺　沈震远　刘练兵　武　甡　李旭东
物理学院
高　吉　周其盛　梁豪兆　翟晓东　邓兆泽　曹中鑫　石宇宁　张一多　刘振鑫　杨　征　张新义　王海辰　曾　韬　王金博　孟立飞　刘争晖　罗浩俊　苏明贤　穆良柱　陈莉萍　玉　静　朱一超
地球与空间科学学院
王传成　曲炤鹏　尹双石　张　刚　柯敢攀　徐　速　陈　晓　刘超群　黄珊珊　李小凡　邓松涛　刘道理
信息科学与技术学院
周　沫　朱亚平　杨志丰　郭清逸　刘明浩　熊孝良　刘　鹏　孟祥奚　曲　径　李　囡　谷卫青　霍　宣　安志武　陈芋树　薛　欣　张　聪　陈　曦　夏银波　党向磊　胡天驷　周　磊　张旭东　刘映男　陈　嵩　张福强　董正斌　董　文　梁　璞　袁　峰　戴冀豪　高翔宇　杨德俊　乾　坤　张开明　甘中民　胡　真　贾　涛　谷亚权　史　超　刘雪松　刘宏伟　韩耀强　李修函　李成军
化学与分子工程学院
张　娜　刘毓海　刘晓斌　王　鹏　任晓晶　张闻宇　刘　佳　于　渤　魏　漾　王惠宁　白　岩　张　瑶　周李军　金建余　张子燕　黄　恺　杨志明　杨　硕　云　松　张晓蕾　李　翔　吴开宇　杨　婷　余陈君达　孙　晓　刘中仕　张志亮　高龙成　裴云鹏　韩晓峰　游泽金　叶　春　侯思聪　陈旭东
生命科学学院
姚　佳　陈嘉轩　崔　刚　大　方　梁中成　李林川　王冬梅　陈厚强
环境学院
郑　洋　舒时光
心理学系
郝元义　顾晓思　蒋　多　曲晓艳　黄　峥
新闻与传播学院
李英伟　何　欣　王轶旸　朱亮亮　刘　楠　谢名誉　钟　声　保　江　刘　溪　陆　兴　陈前军　宛志弘　张慧丽　王辰彦　佟佳家　刘　莉　臧　晔　杨　虎
中国语言文学系
郑伟汉　杨　菲　胡永志　李　翔　鄂文君　蔡　蕊　曲　丹　徐巧韵　明珊珊　金学影　丛治辰　张蕴爽　张　勇　李德超　方　政　姜卫国　梁　雨　张彦金　胡淼淼　张学君　孙　柏　李峻岫
历史学系
武世瑾　蔺亚琼　陈昱良　闻　淼　刘默涵　夏方晓　张在华　梁　科　孟晓旭　孙利强　李　虎　秦　川
考古文博学院
易　千　邹书予　钟棉棉　陈　阳　李青昕　彭　阳
哲学系
王清华　李婷婷　代建鹏　薛　城　朱松峰　蔡祥元　杨　东　王　利
国际关系学院
何　琳　王海艳　舒　冬　丛小东　廖　望　李　慧　成　煜　罗　冲　范玉婷　王　许　崔　剑　赵　俊　庞　博　李慧芬　宫金玉　左祖晶　刘赫丹　张弼华　邢孔婧　张　纯　陈彦彦　赵远良　马　原　沈晓雷　米　娜　史　昊　顾　群　周　玲　黄　梅　熊婷婷　何　薇　陈南燕　熊　炜　刘东胜
经济学院
董佳鑫　应　隽　简　练　张　刚　孙晓曦　吴　姗　宋丹阳　陈昌伟　董珮璐　苗　蕊　孟　霞　韩　旭　韩　艾　张　娴　杨　浩　黎　阳　郝亚明　周　怡　杜　珊　周　密　袁晓晴　薛雨涵　王　淼　马　跃　寇锦玮　仁　杰　喻桂华　王花蕾
光华管理学院
安立娟　王绍萍　杨　霖　周　羿　包晓妍　李媛媛　蔡　玉　陈　然　史小楠　雷翠霞　郎德超　付鹏飞　毛叶菲　孔　菲　官　乐　徐海燕　赵蕴青　陈国新　罗振夏　陈施行　景晓达　周雪军　夏沛沛　高　慧　匡　澜　朱朝辉　陈毅虹　冯玥珠　刘　涛　史亚莉　张旺德　许惠龙　李　瑜
法学院
王　悦　林英杰　何诗扬　温建利　文　韬　马翔翔　廖敏皓　陈雯娴　孙家旭　姜　莹　何　欣　许　凯

戚　鲁　孟兆平　卢　亮　黎　敏　张会峰

信息管理系

汪　珊　王　丹　夏　华　王一丁　窦曦骞　曹　郁
冯兰晓

社会学系

傅勇江　彭广舟　梁　晨　徐晓锋　余前广　朱　斌
尚　丹

政府管理学院

芦　杨　杨京涛　李　萌　李　翔　赵　立　徐南生
户国栋　朴南顺　籍　婧　黄莹洁　张　源　母欣阳
刘娟凤　白　静　田　雨　唐海华

外国语学院

刘君扬　宣　暄　谢　艳　谢　威　谭胜方　王　远
刘　星　郭　亮　王朝薇　邢燕燕　王熙威　海　洋
欧玉环　凌子未　解晓宇　刘晓霖　郭成专　佟　牧
张　蕊　吴起全　王　琛　邓兹韵　胡　婧　张皓然
游珊珊　荆淑娟　余　辉　郄丽莎　卢　炜　姜莉莉

马克思主义学院

王　森　刘京凯　程　彬　林语然　徐飞克　褚悦鑫
杨　凡　凌　锐　姜迎新　吴凤武　李　彦　李晓鹏
牛保良　蔡亚志

艺术学系

金　子　张姣怡　诸丛瑜

对外汉语教育学院

张　丽

元培计划

金　戈　鲍琳琳　沙　珧　郭　洁　郑小重　刘苗苗
黄　涛　彭　放　叶子君　许彦之　何　侠　陈昌明
王佳欣　郭运波　黎晖晖

中国经济研究中心

王　斌　郭榕榕　王敬媛　张晓亮

深圳研究生院

宋学武　韦胜雨　周晓敏　付景璐　闫广立　李长平
胡文刚

软件学院

庄　凝　方立锋　朱如山

基础医学院医学预科班

郭　洋　杨　晨　孙丽颖　马　赛　高露娟　王　渺
邹显彤　姜俪凡　黄辰晔　夏　雪　赵　瑾

基础医学院

许　英　刘　砺　杨　拓　吕　游

公共卫生学院

马　宁　那木子

药学院

杨　宁　张文悦　李　婷　路　敏　韩天相　李　良
赵少琼　闫雪莲　李　牧　刘　溪

第一临床医学院

韩蓓蓓　赫子仪　陈　西　吕　涛　陈　鑫　李奉龙

第二临床医学院

任　磊　韩　骁　吕　杰　邵晓凤　盖　源　谢　菲

第三临床医学院

刘　磊　聂芳菲　徐伟仙

第四临床医学院

张　源　刘亚军

口腔医学院

刘　晶　王　研　葛　娜　王　琳　于国霞　王　鹏
李　率　包旭东　杨　旭

护理学院

邓寒羽

北京大学学习优秀奖

数学科学学院

陈　曦　陈世炳　何济峰　杜　超　余盈意　李彩艳
罗晨光　何雪冬　朱永平　王　丹　娄易非　徐　晶
曾宪乙　汪　璐　王　芳　张　贤　杜一平　刘知海
张生明　李　欣　郑伟山　姜筱晔　何　平　萧　萧
杨　丹　单治超　万　昕　黄　皓　王　伟　孙洪宾
叶鑫审　方　笑　熊　慰　刘一峰　孙幼弘　齐　治
陈　苏　谭　旭　李　杜　吴宏锋　李　彬　王　欣
张　鹏　熊江涛　孙荣哲　杨金红　吴义超　岳志鸿
林　乾　张　峰　张　磊　邵嗣烘　郭沁苗　李　睿
李付海　闫　峻　张心婷　邸亚娜　俞　欢　李建涛
尤　娜　宋学玲　刘　琦

力学与工程科学系

熊　奕　张　衡　胡徐强　蔺　冰　陈松泽　杨　帆
王晓晨　陈曾伟　石朋忆　黄　岩　傅　琦　俞建华
杨艳静　鲁劲松　穆淑梅　石　红　楚海建　刘维甫

物理学院

戴　冰　王　欣　黎　陈　马　洁　莫一非　张熙博
杨永亮　何　卉　王硕鋆　刘跃斌　贾　璋　谯　春
朱照寰　杨　承　陈　实　周小舟　覃　睿　潘华璞
张　岑　张　磊　罗雪峰　洪礼明　杨子文　辛天牧
朱　好　陈　同　刘　琪　李国荣　吴　敏　刘作光
张桦森　邱文俊　刘焕龙　廖　侠　孙兰涛　牛　峰
丛　杨　谢　谊　李　楠　刘　啸　余　浪　王丰林
戴俊峰　周　彬　王　坤　吕　准　王　炜　魏志鹏
梁银花　李金海　张　艳　范　莹　杨　景

地球与空间科学学院

葛志宏　郭　璇　邵伟超　罗　扬　陈明雅　裴　睿

刘　莹　谭兆志　缪孜恒　竺文杰　刘新涛　贾建瑛
肖丹青　王　东　朱孟璠　杜治学　王华沛　冯小峰
陈凯晨　党青宁　唐　宾　刘念周　魏学军　梁晓峰
汪冬冬　柯樱海　李光辉　杨玉萍　余　博　涂　勇
李　强　任康绪　肖赛冠　杨吉龙　王志刚

信息科学与技术学院

周　武　轩辕哲　王箫音　黄　希　吴　波　袁　征
聂　晶　周　黎　席　倩　鄢贵海　王中果　罗　匡
李　翔　林鑫芬　黄文彬　袁晓飞　梁　晓　吴费维
徐重远　张良杰　马　乐　王　超　孙　鑫　何婷婷
张栱滈　刘　畅　江　南　何　啸　何　苗　林美娜
张旦峰　蔡述宪　李文雯　秦　琦　吕　超　魏　铮
刘　晔　管　涛　童　菲　柳　迪　吕　博　封　盛
张　诚　饶向荣　杨碧珊　范春辉　刘　斌　冯晋雯
刘　菲　殷　悦　张建伟　林兆祥　尹大力　黄宝琦
顾　翔　朱萍萍　田　豫　程　鹏　孙基男　王新宇
罗　艳　杨庆跃　朱国材　吴晓明　姜人宽　武艳军
雷大伟　彭　瀚　张　蕾　王　楠　郭　辉　李双峰
刘艺锋　王　煜　邓学智　李　明　肖　韩　孙国辉
田　阳　许国庆　陈良斌　陈　昆　沈　坚　王武军
鲁文高　孟　涛　李萍剑　董海峰　王宏鼎　张益贞
王建伟　杨川川　王治敏　蓝海平　王鸣生　林　桦

化学与分子工程学院

韩德伟　石　峰　丛日红　杨　敏　龙媛媛　陈　凯
吕　华　庞育成　孙　宁　梁海林　杨　容　张中岳
王海梁　徐　琳　刘　彬　许晓芬　钟　南　肖超贤
李　尤　郁　南　陈光业　王　珂　万五洲　刘玉峰
张　瑜　赵永峰　严　鹏　杨东宁　王冰冰　张大勇

生命科学学院

杨　莹　周　欣　刘曦励　徐　郁　李　健　王　惟
吴　霞　曲　卉　迟亦舟　李英蓝　范小舟　陈　栩
耿　瑄　楼梅燕　范　宇　王　昭　钱　浩　周　德
王　亮　陈　迪　蔺　晨　李　炎　张　镭　姜遥光
吴　叶　李春雷　李　欣　王　帆　陈准安　林颖洁
范瑞雪　顾海涛　尹　平　刘敬婧　郭安源　史运明
张俊争　牛旭辉　宋希军　严海芹　颜　媛　仲寒冰
陈彦丞　郭　蕾　王显花　肖卫民　刁葳菲　钱万强
王柏臣　张　颖　张　敏

环境学院

沈青云　吴冬青　方琬丽　张　纯　陈小洁　张树才
崔朝伟　王益红　胡　璟　姜玉梅　于　璐　刘　镮
韩　丹　何思源　朱晟君　王翼鹏　刘　侃　戴翰程
张雯婷　孙建欣　俞　蓉　鲍　宁　赵新光　戴　薇
徐治乙　赵　阳　薛　钊　刘静然　袁　斌　李春梅
王志恒　林　涛　尚嫣然　朱　彪　李　婷　沈兴兴

邢冠华　尹　璇　张　歆　李　莉　陈倩倩　翟国梁
张　源　李少鹏　刘　尚　赵星烁　邢可霞　蒋依依
李正国　许　楠　赫晓霞　赖　鹏　邱祝礼　陈喜波
邱兴华　杨元合

心理学系

杨曼姝　邹　玲　张杰栋　李松蔚　何吉波　林　涵
罗琳琳　史艺荃　张黎黎　黄　娟

新闻与传播学院

王彦丽　黄冰如　柏杰如　宋　扬　聂芝芯　翁若菁
郑一忱　李晓雨　王建宝　姜　超　付燕南　闫文捷
杜　鹏　张意轩　甄晓菲　文艺橙　马凤祥

中国语言文学系

肖　敏　白　冰　邓　盾　孙　爽　龙瑜宬　王　禹
庞书纬　李　晶　陈湘静　徐　钺　乔　攀　孔令涛
时胜勋　张　寒　何　恬　王　彦　彭春凌　包菊香
龚　英　赵雪沛　何宏玲　葛　飞　季剑青　柳春蕊
刘　进　宋华强

历史学系

王路曼　白　维　鲁虹佑　孙佳文　徐　硕　刘雅军
钟铁军　周东华　袁良勇　周立红　郑振清　向　静

考古文博学院

周文丽　刘　怡　张　敏　杨　琴　冯　峰　余建立

哲学系

秦　萌　高思存　王　静　范闻文　孙婧一　彭天璞
李　琼　洪　亮　李　俊　田　炜　颜玉科　马福元
杜文丽　高广宇　黄艳红

国际关系学院

孙昭钺　魏可钦　余　轶　李玉婷　詹奕嘉　李　可
周　斌　徐　薇　王晓璇　储亦张　李云飞　刘　月
康　涛　田景武　侯　蔚　李寒芳　果　宇　张镱及
刘凌霄　李明波　汤　韵　何　林

经济学院

柯　娟　王　希　孙蔚娟　吴佳琦　陈　曦　吴　宏
李昕旸　耿　莹　伍　婧　肖　丽　郭　星　韩京艳
于　平　张荣乐　张涵冰　徐自华　邵　烨　陶　婧
丁明明　章春燕　郑裕耕　岳大洲　吴姝南　毛星辉
吴若晗　徐　超　龚　欣　施　展　杜　珊　刘　涛
于　丽　史　浩　张蓉蓉　张王莹　王子慧　李正全
范幸丽　钱宥妮　王丹莉

光华管理学院

许　封　薛　杰　张鲁婧　李媛媛　邓　颖　王皙皙
曲　涛　李芳芳　谢　茜　何　洋　周　宇　符　晓
汪　倩　王智鹏　江　沐　蒋子懿　王建斌　李彬璐
桂文伟　李　方　常　涛　高振宇　张妩华　苏依依
黄　黎　朱俊丽　蒋大龙　贺　晟　焦　健　宋国华
田　华　徐　彻　肖宇波　高　岩　罗　青　彭征波
陈　可　娄景辉　洪道麟

法学院

路姜男　陈　燕　徐　婷　孙晓璞　金　旭　曾　莹　温丽梅　葛　琳　王　丽　刘小丽　时　磊　赵　杨　李晓龙　邵　博　徐　莹　刘　晗　龚仙蓝　林琼华　巩金麟　张霄杨　马丹姝　黄　菁　王明慧　蒋可桢　罗　璇　樊　凡　黄以天　邹丹莉　姚　瑶　谢　艺　刘晓飞　顾　锦　刘　阳　任君垚　张　岩　李晓霞　王　健　徐　蓓　肖百灵　周颖慧　胡国磊　张国芬　蹇有韬　秦　岭　王海涛　黑静洁　赵玮玮　冯翠玺　赵吉奎　贺凤哲　庄　瑾　戴新燕　赵百丽　陈清宁　孙　琦　吴　敏　吴　敏　王　婧　成协中　陈　轶　张瑞彩　金伏海　田　磊　王　鸽　杨有军　谭　姝　王田田　贺　莎　戴国庆　李　娟　苏灵芝　秦　曲　薛　景　杜军燕　何才林　纪文华　杨利敏　杜水源　高　巍　刘永沛　谭　红　朱利江　葛　磊　刘　凯　杨　雄

信息管理系

刘鼎盛　洪　燕　吴懿咏　孙翼飞　傅志辉　刘　琳　王　玮　王　法　余训培　王为丰　金海燕　孙广芝　余红梅　马德辉

社会学系

李静文　卢雨霞　廖衍杨韬　陈家建　陈　昊　王　雯　张　敏　杨　可　肖文明　韩俊魁　葛建军　张美川　杨春宇

政府管理学院

李丹丹　彭兰红　明　明　孟天广　周雪怡　刘雁翎　张　桐　金　洁　裴自余　胡良俊　王裕华　金　燕　陈　伟　刘亚娜　李凤华　卢明华　杜治洲　勤益奋

外国语学院

夏玲敏　宋才华　李婷婷　罗晨姿　史秀洁　顾卫霞　徐　笛　徐　泉　顾一鸣　万　瑾　张　健　王　萌　谢　闻　马筱璐　黄　卉　安思源　于　佳　王　潇　王　妍　陈思齐　钱杨静　宋亚男　赵　欣　鞠舒文　谷　玉　赵莎莎　杨　柳　谢先子　李　斌　尚明明　叶少勇　刘　淳　唐　娜　傅　琳　张　玥　高耿松　高　静　盛国飞　程　静　张　锦　王会英　李　杰　刘　炅

马克思主义学院

包卫刚　张　宏　孙　慧　王　滢　林延冰　黄晓帆　刘双桂　欧阳渝　侯肖林　谭来兴

艺术学系

纪　念　陈　婷　王安安　蔡　亮　王益钊　刘海英　刘礼红

对外汉语教育学院

王　佶

元培计划

苏　婕　高虹远　孙继承　刘鲁乔　周小琴　李璞琳　朱　炜　阮　明　徐春虎　汪清清　刘　龑　环　昊　陈剑宇

中国经济研究中心

李　嘉　胡向婷　廖志鹏　白　洁

教育学院

茶世俊　邓业涛　赵宇辉　吴淑姣　何　峰　蒋　华　江凤娟

人口研究所

郭　琳　张金辉　陈佳鹏

深圳研究生院

张　屹　尹　丽　林长华　张　博　陈　昕　王　为　左　航　胡亚飞　辜炜冬　石志猛　武艳军　张晓勇　王　晟　杜珊珊　石　铭　傅建旺　郑孜青　柏乔良　李庆滑　曹　东　王静静

软件学院

郑少将　章　恒　叶毓睿

基础医学院医学预科班

张英斌　索丽叶　解伟琳　迟　茗　高　倩　李　珺　白月婷　刘　曦　邱索均　王婕敏　周继豪　李　晓　杜巧新　王昊舒　莫晓冬　姚震旦　周　媛　石　磊　郭晓欢　葛雯姝　喻小娟　王小蕾　牛悦青　张筱颖　陈　欢　吴寸草　李　轩　周博达　袁家佳　刘明霞　梅　帆　王　溪　王　晶　周　妍

基础医学院

孙　佳　周玉斌　陈　怡　张　丽　艾丽菲热　周　敏　韩　为　高　妮　张佳丽　杨　彦　江丹凤　石婵奇　孙嘉明　苏运超　白　易　柏　明　毛加明　刘君萌　刘　蔚　李玲玲　战　军　龚　俊　梁　璟　吕晓凤　李　丹　杨光锐　吕少俐　肖梅芳　苗艳颖　张　岚　张　枫　赵金存　王　宏　王光明　杨小昂　王玉湘　薛　冰　张其鹏

公共卫生学院

李　琼　邱　敏　何鲜桂　栾　承　邓喜先　刘玲玲　何　柳　涂华康　苏小路　刘志刚　张　锋　李长伟　王琳瑗　陈　卿　聂　垚　赖颖斯　苏会娟　韩逸群　邱永祥　周　蕾　杜　莹　李桂荣　郑丽萍　李红娟　李大林　韩　静　熊玮仪　王艳红　张　淼

药学院

何山杉　雷万华　岳元婷　张　超　张　烁　郑明伟　王　佩　周　超　李平祝　高　敏　石　钰　唐　静　马　妍　边　萌　王　阳　张翠翠　李　妮　张伟伟　王旖旎　文冰亭　王　卓　胡　涛　陈　真　叶　昕　赵　捷　王　蕊　马良萍　张亚同　石玉杰　丁武孝　李宗圣　黄　健　刘　毅　王玉记　张双庆　李　烈　杨　梅　郭庆梅　吕　芳　张晓雪

公共教学部

何　煜　赵　昉　张　琪　苗金冈　张　锐

第一临床医学院

高世琴　段鸿洲　姚月琴　王　希　宋淋琳　张恒辉
郝燕捷　李天成　刘森炎　李　乾　李晓梅　陈　亮
李群彦　尹　玥　刘云峰　陈焕年　刘　喆　马序竹
杨志仙　陈　彦　肖建涛　杨松霖　朱绪辉　戎　龙

第二临床医学院

赵海燕　田　婷　黄　鹂　付志方　辛　颖　王　欣
高　瑾　郑兴邦　王　倩　余　洁　高鹏骥　武　蓓
王大鹏　任树风　袁　远　李　媛　冀　涛　陶　勇
张珊珊　任　亮　孔　雷　李世军　马　超

第三临床医学院

杨　帆　王　丽　任　川　盛　森　徐　婷　周　颖
杨　琼　许永乐　彭　琳　刘　宁　胡振兴　田志刚
陈　宁　赵　剑　廖文强　杨　民

第四临床医学院

刘庆玲

口腔医学院

刘宣玲　弓　煦　邓　昕　马　雯　张　勇　姚　瑶
张　洲　王英瑛

临床肿瘤学院

田萌萌　任颖佳　胡秀华　杨海霞　姚云峰　冷家桦
杨　薇

中日友好临床医学院

汪宇鹏

护理学院

杜　忆　王珊珊　沈　杰　赵　明　张荷钰　万　劼
朱小琴　季月新　曹倩倩　耿　妍　李　烨　苏艳秋
谷　禹　卢　欣　张　禼　秦雪娇　张　慧　李雪静
佟明笑　怀鑫馨　文　津　高月跃　张媛华　周　波
王巧玲　刘　婷　赵丽洁　周远珍　陈桂花　杨　光
安迎杰　张　静　王　洋　张　存　林　娓　邱　菊

民航总医院教学医院

陈　芸　徐晓娟

航天中心医院教学医院

黄志卓　张　莉

精神卫生研究所

公晓红　谭云龙　李　君

北京大学红楼艺术奖

力学与工程科学系	杨　帆
物理学院	李新叶
化学与分子工程学院	韩　雪
地球与空间科学学院	方　晨
环境学院	赵靖宇　张　朔　李　论　黄贇门璐
心理学系	黄　珊
新闻与传播学院	李　尚　王雅瑾
历史学系	王凯豪
经济学院	过　婧　文铭旭
社会学系	李雄明
外国语学院	纳　海　刘　菡　谢　冰　王　一　徐文婕　惠　郁
软件学院	高　磊　张　丽
基础医学院医学预科班	李　阳　闫　睿
药学院	邢　磊　郭宇岚　郑　铮
第一临床医学院	刘　爽　池　滢
护理学院	苗　苗

北京大学五·四体育奖

法学院	杨　帆　吴文彬　李　杰　叶柱轩　王　文　陈为芬
政府管理学院	朱诺伟
软件学院	张潇潇　肖　俊
基础医学院医学预科班	姜　宇　杜　阳　黄　知
药学院	付　刚　张关敏　张佳状　范洁明　王小利
公共教学部	任志佳
第一临床医学院	李志昌　马逸远
第二临床医学院	张　亮　姚远洋　李　蕾　陈梦捷
第四临床医学院	吴嘉暖
护理学院	王亚桥　单芳芳

北京大学学生工作先进单位

政府管理学院
外国语学院
数学科学学院
地球与空间科学学院
化学与分子工程学院
药学院

北京大学优秀班集体

数学科学学院	2002 级计算数学本科生班
力学与工程科学系	2003 级本科生 2 班
物理学院	2003 级本科生 3 班
化学与分子工程学院	2003 级博士生班
生命科学学院	2003 级本科生 2 班
生命科学学院	2003 级本科生 3 班

地球与空间科学学院	2003 级本科生 3 班
环境学院	2003 级博士生班
新闻与传播学院	2002 级新闻专业本科生班
历史学系	2002 级本科生班
哲学系	2002 级本科生班
考古文博学院	2001 级本科生班
国际关系学院	2003 级本科生班
经济学院	2002 级国际经济与贸易本科生班
光华管理学院	2003 级工商管理本科生 2 班
政府管理学院	2003 级本科生班
外国语学院	2003 级西班牙语本科生班
教育学院	2003 级硕士生班
元培计划	2003 级本科生 1 班
信息科学与技术学院	2003 级电子本科生 2 班
临床医学院	2003 级临床本科生 2 班(长学制)
基础医学院口腔医学专业	2002 级本科生班
公共卫生学院预防医学专业	2001 级 1 班
第一临床医学院临床医学专业	2000 级 6 班
第二临床医学院临床医学专业	2001 级 2 班
航天中心医院教学医院临床医学专业	2000 级 8 班

北京大学先进学风班

数学科学学院	2002 级数学本科生 1 班
数学科学学院	2002 级金融数学本科生 1 班
数学科学学院	2003 级本科生 3 班
力学与工程科学系	2003 级本科生 1 班
物理学院	2001 级大气科学系本科生班
物理学院	2003 级本科生 6 班
物理学院	2002 级物理 4 班
物理学院	2003 级本科生 2 班
物理学院	2002 级本科生 3 班
物理学院	2003 级本科生 5 班
地球与空间科学学院	2001 级地球化学本科生班
地球与空间科学学院	2002 级地球物理本科生班
地球与空间科学学院	2002 级遥感博士生班
地球与空间科学学院	2002 级地质硕士生班
地球与空间科学学院	2002 级地球物理博士生班
信息科学与技术学院	2001 级计算机本科 1 班
信息科学与技术学院	2001 级计算机本科生 2 班
化学与分子工程学院	2003 级本科生 5 班
化学与分子工程学院	2002 级本科生 3 班
化学与分子工程学院	2003 级本科生 1 班
化学与分子工程学院	2003 级本科生 2 班
生命科学学院	2002 级协和医预 2 班
生命科学学院	2003 级本科生 1 班
环境学院	2002 级地理科学基地班
环境学院	2002 级资源环境与城乡规划管理班
新闻与传播学院	2002 级研究生班
新闻与传播学院	2001 级新闻专业本科生班
新闻与传播学院	2001 级广告专业本科生班
考古文博学院	2003 级硕士生班
国际关系学院	2001 级外交本科生班
国际关系学院	2002 级外交本科生班
经济学院	2001 级保险本科生班
经济学院	2003 级本科生 2 班
光华管理学院	2003 级工商管理本科生 1 班
光华管理学院	2003 级金融本科生班
光华管理学院	2003 级金融硕士生班
法学院	2001 级本科生 4 班
法学院	2002 级本科生 1 班
外国语学院	2002 级印尼语本科生班
外国语学院	2003 级英语本科生班
外国语学院	2003 级日语本科生班
外国语学院	2002 级德语本科生班
外国语学院	2003 级东语系研究生班
外国语学院	2001 级蒙语本科生班
中国语言文学系	2003 级本科生 1 班
中国语言文学系	2003 级本科生 2 班
哲学系	2001 级本科生班
历史学系	2003 级硕士生班
信息管理系	2001 级本科生班
马克思主义学院	2003 级硕士生班
马克思主义学院	2002 级本科生班
艺术学系	2003 级本科生班
艺术学系	2003 级研究生班
艺术学系	2001 级本科生班
元培计划	2003 级本科生 2 班
元培计划	2002 级本科生班
口腔医学院	2003 级口腔本科生班
基础医学院	2003 级基础医学本科生班

奖学金获得者

明德奖学金

数学科学学院

瞿枫 张志强 王博潼 王伟 陈星兴 彭闽昱 张明远 肖梁 王璐璐 方家聪 耿原 杨诗武 余君 曾宪乙 王月清 万昕 林运成 徐尚华 朱庆三

物理学院

刘彦 高亢 施烨明

化学与分子工程学院

韩德伟 张维 吕华 刘伟山 周焱 胡蓉蓉 陈思远 罗佗平 安佳·罗娜 朱烨 倪犇博

生命科学学院

王凡 卢立 于凡 肖潇 郭琴溪 刘倩 杨莹 童一 张继涛 冯铁夫 黄璞 李晶晶 吴薇 胡蕴菲 崔维藴 孟琳燕 谭志佳 周腾 廖雅静 陈栩 傅宏宇 谭昊 吴叶 张鸿康 杨璐菡 李田园

环境学院

罗锐

新闻与传播学院

张晔 邵夷贝 陈玥

中国语言文学系

周剑之 陈晓梅

国际关系学院

朱淑娴 李滨兵 陈杭霞 李彦铭 娜迪娅·尼亚孜 马明宇

经济学院

邓靖芳 王林丽 帕尔温 刘黎君 朴英 金奇敏 蔡超 黄小倩 刘小溪 尼玛次仁 夏韵 叶文嫵 陈敏杰 钱磊 张涵冰 王春阳 杨良松 杨春莉 徐舒扬 米大鹏 郑莲 魏娜 王璇 孙建云 柴沿清 种佳伶 曾雪兰

光华管理学院

王玥 王琅 史小楠 史方舟 黄明旻 张丹 尹璐怡 孟涓涓 罗佳媛 李锦 刘梦羽 方美燕 潘伟明 柏青 张倩 李洋 李娜 王佳杰 王微微 王斌 郝煜 肖潇 王晓书 黄晨琦 宋婷 幸婧 刘英豪 赵聪 李原草 庆出蓝 慈颜谊 金燕 朱萝伊 黄兆瑛 费凡 韩陆瑶 谭彦 王瀛 王海桐 谢茜 杨令霞 史小燕 张晓楠 徐惊蛰 赵雪娟 邱石

法学院

方博 塔娜 张静 李圣思 江伟丽 于哲 徐晓彦 孔霏 黄姗 殷晓霞 伊晓莉 李昉芳 陈天一 项尹 阎天 张宇寒 格桑曲宗 刘爽 王馨 王军

社会学系

石松

政府管理学院

潘学峰

外国语学院

黄淳 廖海珍 赛婧

元培计划

韩凌 周哲宇 黄芳 郎瑞田 岳衎 薛明宇 高俊 张杰 王俊煜 吴杰行 杨森 卢炜 王峰 张颖心 徐岸汀 周之悦 王冉 申栋材 刘锐 张晓菲 陈歆 陈铭 刘良会 林英睿 宋筱嵚 晏琦帆 孟梦 宿洁 周全

信息科学技术学院

席倩 李鑫 曾文蓉 艾尼瓦尔·赛普拉木

医学部

闫晓峦

光华奖学金

数学科学学院

邸亚娜 吴义超 张磊 李琨 刘一峰 熊慰 张心婷 岳志鸿 方博汉 黄晶 陈苏 黄皓 刘佰军 孙荣哲 胡雅琴 张生明 方笑 吴瑜 刘书茂 林乾 李欣 贺淳 范翔 黄宇浩 林战刚 张峰 郑伟山 谭旭 张帆 邓剑 王欣

力学与工程科学系

胥柏香 刘练兵 俞建华 陈青松 武甡 沈震远 徐思朋 覃永胜 傅琦 李建波 陈曦 石朋忆

物理学院

毕研盟 吴斌 张立国 郑明杰 钟鸣远 郭宇铮 孙学锋 张翱 丛杨 周永恒 郑闻 周超 宋袆璞 钟志诚 王凯 黄冠 刘开剑 严锋 李俊 侯利娜 李倜 张曦 周鹏 陈志平 庄承钢 沈刚 刘文德 张岑 刘永铎 张政 陈莉萍 俞伟林

化学与分子工程学院

杨子良 赵飞 柯福佑 何旷 何阳

生命科学学院

史晓黎 庆婷婷 陈蓉蓉 边和 杨子平 杨光
王希胤 晏彦 姚欣 周博 李德岭 徐士立
薛堃 简翔 毛晨晖 朱园园 陈嘉轩 陈放

地球与空间科学学院

王子煜 牛向龙 李宏 李玉娟 陈明雅 金戈
李秋根 张志刚 秦适 李光辉 易肸 竺文杰
王志刚 刘念周 余博 刘启明 裴睿 俞春泉
刘道理 唐国军 胡才博 金永涛 金慧然 陈建业
孙作玉 陈征

环境科学学院

于涛 李婷 尹璇 郭晓峰 徐志新 兰宗敏
张小飞 李春梅 林涛 肖海燕 姜玉梅 刘静然
杨元合 王丽婧 尚嫣然 范英英 于璐 戴薇
邱祝礼 郑洋 朱彪 刘尚 任郁达 易如
邱兴华 陈睿 邢冠华 翟国梁 韩丹 沈凡卜
常明 沈兴兴 李昌霞 张歆

心理学系

莫书亮 张昕 吕晓薇 王彦 张智丰 王纯
储衡清 魏萍 谭洁清 胡月琴

新闻与传播学院

黄佩 宋豫 齐济 袁芳 蒙静泊 骆文
张洁 王萍 叶红 王保铭 徐丹 王培
胡晓玲

中国语言文学系

秦艳春 于浩淼 古尊师 周冰心 辛晓娟 王振峰
张源 林娟 文雯 白雪 彭春凌 陈勤
李建强 孙俊 詹勇 龚英 王晓白 华燕君
刘晓南 刘晓琴 杨治宜

历史学系

毕波 彭琦 王珊 徐利卫 王波 李雯
顾江龙 林小异 戴海斌 史楠 邹一峥 陈慧瑜

考古文博学院

努尔兰·肯加哈买提 李青昕 张凌

哲学系

王永生 黄艳红 代建鹏 谢广宽 薛城 秦峰
张建军 郭美云 聂伟荣 张卜天 欧日成 李俊

国际关系学院

李绍鹏 曾爱平 沈晓雷 姚远 李明波 苗苗
郑伟 付焦 徐少燕 陈人江 杨伟玲 何林
张效民 吴晓斐 米娜

经济学院

范幸丽 锁凌燕 孙蔚娟 李昕旸 周怡

光华管理学院

王弟海 曾玉萍 王志明 黄达 邱静 于兰
王志刚 王敏 杨雪 李方 李大钧 赵华安
朱晓明 曾颖 崔晓 李卫 刘聿达 陈烨
王丰

法学院

李淑娟 叶卫平 张鑫 陆艳平 丁宇翔 喻文婷
黎敏 税兵 焦娇 王心安 孙巾淋 赵百丽
陈新宇 吴飞 李佳 张丽丽 张彩燕 庞博
康伟 欧树军 汪华亮 林海 陈湘林 周芳芳
王佳明 王烈琦 杨芳 江菁 华秀兰 柳思佳
孙远 谭姝娅 陈福勇 刘砺兵 刘鹏 唐芒花
车浩 唐绍芬 刘琳 张莉鑫 吕卓 巩金麟
米传勇 王社坤 普丽芬 竹莹莹 吴敏 袁毅
叶慧娟 王伟 蒋雪雁 褚福宝

信息管理系

黄崑 王法 余艳 刘欣 林剑锋 刘妍
许欢 王玮 蒋龙 王为丰 王丹

社会学系

韩俊魁 吴新利 许雪莲 肖文明 杨可 傅勇江
陈彬莉 张磊 尚丹 辛佳 高洪山

政府管理学院

包雅钧 张超 樊鹏 杨贻兰 华伟 安真真
李玲玲 刘为民 李国强 程霞 王娜 杨腾原
胡卫 韩振海 王华宇

外国语学院

杨晓霞 安尼 张强 刘杨 廉超群 钱杨静
张金生 胡维 徐笛 海洋 黄卉 鞠舒文
曹明伦 孙铮 万墡 谢闻 赵嵩 谷玉
刘朝华 万丽娜 徐泉 郭鑫 赵璧 顾奕
郝薇薇 朱丽峰 陈璐 黄金铭 张潇潇 卢旖旎
夏海涵 刘娟娟

马克思主义学院

王浩雷 王长明 王娟娟 萧新桥 林延冰 夏银华
周连顺 安风雷 廉薇薇 程彬 毕丽玲 孙慧
梁金修 姜波

艺术学系

许乐 蒲波

对外汉语教育学院

李兰霞

元培计划

魏来 崔婧 张琬婷 阮明 陆稼书 陈翀

深圳研究生院

姜昕 陆俊 李坤 曹东 郝建伟 孙晓静
陈真 张磊 李桢荣 程露茜 李庆滑 佟长辉
邓昔 赵丽 姚婷婷 戴鉴雄 司贺秋 王静静
林长华

信息科学技术学院

程红兵　潘光虎　顾小锋　陈　婧　雷大伟　柳　迪
赵　要　李修函　胡　维　廖佳佳　李双峰　张福强
孟　涛　滕　腾　许　丞　王曦元　彭　瀚　唐　浩
马浩海　杨　洁　叶运奇　郭　辉　张　蕾　袁　烽
司端锋　黄敏声　尹大力　沈良国　孙国辉　党向磊
吴　昊　黄小蔚　张远志　王　一　熊校良　周　磊
伊　林　姚宏颖　朱萍萍　陈　昆　罗　匡

经济研究中心

郑东雅　吉远慧　韦志超　杨柏龄　黄玲文　马京晶
徐　高　孙　昂

教育学院

李锋亮　郭丛斌　陈　建　范皑皑　刘艳伟　祝　晨

人口研究所

杜江勤　潘　漪

医学院

索丽叶　白月婷　杜　阳　张　芳　李　苗　周博达
李　珺　李　晓　葛雯姝　汲　婧　陈　欢　梅　帆
李　阳　王旻舒

唐仲英奖学金

数学科学学院

李彩艳　吴镇国　肖国辉　丁　鹏

力学与工程科学系

万　希　荆文甲

物理学院

朱鹏飞　李　芸　邱文俊　李　江

化学与分子工程学院

甘文勋　姚志中　唐　力

生命科学学院

沈　玥　郭俊杰　张常青

地球与空间科学学院

曹　琴　杜治学

环境学院

张树才　王　乐　刘　涛　胡　章

新闻与传播学院

陆小磊　白玛吉宗

中国语言文学系

明姗姗　钟大迁

哲学系

李　爽　任　苗

国际关系学院

汤凤琴　柯金花　李云飞

经济学院

韩京艳　苏　宁　方志敏

光华管理学院

綦　龙　曲　涛

法学院

牟家玥　刘芳宇　索亚琼　周　林　贺　剑

信息管理系

吴龙婷　曹冠英

社会学系

沈　旭

政府管理学院

李文博　林伟鹏　许佳佳

外国语学院

付予彬　刘丽红　吴阳春

马克思主义学院

孙曼琳

艺术学系

马　骏　姜　扬

元培计划

葛　磊　孙婷婷　臧鹏飞　赵立红　陆怡纳　段晓琳

信息科学技术学院

吴　波　王振兴　张素明　胡君珏　王　腾　牛　犇
李新林　辜新星　张化强　杨暐健

医学部

庞　博　何　洋　张方博　贾平一　叶红强

奔驰奖学金

物理学院

田　旭　常　嵩　赖力鹏　王思远　范鹏宇　王　欣
方轲杰

中国语言文学系

郑熙青　赵　祎　黄　梅　金　晶　李国春　洪　琰
丁伟伟　袁一丹

哲学系

范闻文　张　厚　张小星　王　涵　肖　宇　许红蕾
王　静　董　鹏

光华管理学院

杨康博　蒋子懿　冯　博　荣　膺　许椽笔　项婷婷
王君竹　曾　勃

法学院

时　磊　葛　智　张　舒　钱思雯　邱方哲　林　妙
游　艺　孙景云

外国语学院

廖　迅　葛文菊　邬瑞婧　林　琳　张婧一　宋才华
魏　明　王竹雅

三星奖学金

数学科学学院
鲁剑锋　马宗明
物理学院
刘建军　郭亨长　梁豪兆　杨　远
化学与分子工程学院
李卉卉　苏佳纯　刘振飞
生命科学学院
刘　芃
地球与空间科学学院
吕江宁
环境学院
何　钢
经济学院
戴　晨　周晓乐
光华管理学院
宋美虹　石　凡
法学院
刘晓力　赵静怡
信息科学技术学院
刘　强　蒋　珂　谢　欣　梁　瑞　汤玲玲　张　迪

玫琳凯奖学金

数学科学学院
奚　诺　杨　珊　汪　璐　杨　丹　孙幼弘
力学与工程科学系
李瑛瑛
物理学院
成　静　周晓瑜　何玉斐　龚　洁　何　卉　朱芸慧
化学与分子工程学院
吕　恬　祝小茗
生命科学学院
姚小英　王　妲　王晓闻
地球与空间科学学院
郭　璇
心理学系
汪智艳　战宇杰
中国语言文学系
庄晶晶　唐　洁　叶坚颖　欧阳国焰　唐　玮
傅　爽
历史学系
曹　婳　王路曼　林晓洁　刘丽娜　李娜颖　潘　丹
考古文博学院
刘　怡　张　敏　哲学系　王清华　陈益维　张梦竹
贡　洁　丁　雪　孙婧一
国际关系学院
李　可　何　琳　王秋实　田　苗　邱稚博　周陶沫
许　静　朱红梅　刘雅雯　李　瑜　汪思涵　邢孔婧
张　毅　魏可钦　于慧玲
经济学院
孟　霞　吴姝南　郁智慧　龚　欣
法学院
刘千千　葛　琳　廖思宇　王明慧　叶菊芬
信息管理系
魏　琴　林轶君
社会学系
刘　琪　卢雨霞　梁　晨　赵　蕊　郑晓娟
政府管理学院
刘　蕊　田　园　柴博洋　寇　博　娜　敏
外国语学院
王晓晴　袁　娜　林　奕　马筱璐　余　宁
艺术学系
路　娜
元培计划
王　婷　张思媛
信息学院
林鑫芬　金祯祯　何婷婷　顾闻博　黄　婧　王楠楠
张晓薇
医学部
马　瑞

四季沐歌奖学金

数学科学学院
张恺元
力学与工程科学系
苏天翔
物理学院
贾　璋　程　熹　何　颂　杨　承　刘作光　李金海
陈虹志　王海龙　李福山　覃怀莉　徐爱国　李　琛
安海鹏　张雯娴
地球与空间科学学院
仲力恒
新闻与传播学院
傅杰妮
环境学院
张书海

中文系
张富海
历史系
毕　琼
考古系
张英轩
哲学系
高　芳
国际关系学院
周　艳
法学院
周源源
外国语学院
郭　晖
经济研究中心
李化松
医学部
赵　敏　刘晓默　张博迪

董氏东方奖学金

数学科学学院
王淑灵　骆　俊
物理学院
崔永涛　权奇敏　陈　同
地球与空间科学学院
李会军　祝向平
环境学院
王　佳　姜　姗
心理学系
陈　曦　李楠欣
新闻与传播学院
王彦达
中国语言文学系
陈雪竹　王　禹
哲学系
王云飞
国际关系学院
衣　远　王　田　储亦张
经济学院
姚　奕　郭　欣　尚　洁
光华管理学院
王　彬　高星星　李　青　陈　可　许崇伟
法学院
顾孝亮　刘小丽　徐正捷

外国语学院
王新萍　史　阳　倪　璐　刘宇婧　郭晓春　刘　宁
元培计划
杨　凝
深圳研究生院
陈　昕　胡亚飞　李洁华
信息科学技术学院
黄凯凯　赵晓莺　丁晓红　安志武　何　巍　何　杰
郭　奥　彭　翔　张雅聪　刘　钰　陈舒毅　吴怡娜
王　彬　夏志良　徐　丹　毛　震　曹　伟　王振华
丁　嵩　封　盛　管　涛
医学部
陈　璨　黄远深　陈　晗　高露娟　王　晶

佳能奖学金

数学科学学院
邢瑞香　李　华　何雪冬　俸　旻　沈玉萍　石亚龙
雷　径　杜一平
力学与工程科学系
郭文轩　郭家杰　陈松泽　张　哲
物理学院
赵　清　周广强　徐怡冬　杨李林　方圆圆　段　婧
诸葛菁
化学与分子工程学院
焦　雷　丛日红　于哲勋　陈　凯　吴湘楠　宋　杰
吴屹然
生命科学学院
张　路　熊慧中　李　莎　张晟瑜　张焕晓
地球与空间科学学院
阿布都瓦斯提·吾拉木　李　喆　唐　哲　贺元凯
李慧娟　古　琳
哲学系
李百玲　孟庆楠　高思存
法学院
庄田田　刘　晗　林琼华
信息管理系
晏创业　王　欣　王素芳　刘鼎盛　林　媛　黄妙茹
环境学院
赵英丽　陈　琦　党　宁　陈秀欣　张雯婷
新闻与传播学院
单丽晶　曾　俊
国际关系学院
刘凌霄

外国语学院

唐　卉　黄惠玲　徐　蓓　张浩宇

信息科学技术学院

罗　景　沈　坚　许国庆　张旭东　吕　博　杨碧姗
钱金蕾　王馨浩　王位春

通用电气基金会奖学金

化学与分子工程学院

王　辉　陈　卓　陈小芳　高　波　刘　骁　孙　宁
慕　成　林　松　潘其维　孙　欣　张可亚　王阳阳
王一恺　钱　玮

光华管理学院

姬　虹　林小驰　孙　鹏　谭潇乐　孙　庆　周　宇
李　楠　黄　黎　黄艳琼　王　怡　苏艳阳　邱晓东
胡　玮　张　卉

信息科学技术学院

何　茹　万　放　徐茂兴　边　江

嘉里粮油奖学金

化学与分子工程学院

关英华　张　岩　宋　威　刘　涵　魏昕宇　袁　媛
冀中华　黄少华　陈春来　吕　舟　肖　卿　徐　琳
彭海琳　余宇翔　沈　涓　王　璐　李子汇　刘　颂
徐建勋　贾春江

生命科学学院

张　虹　唐爱辉　王　宇　张晓冬　漆　雪　张　弛
苏小琴　徐　瑜　张　昕　钱文峰　赵江阳　王向锋
李　晴　陈浩东　姜小默　王　为　刘　辉

光华管理学院

朱　彤　刘勇刚　许　封　赖　娟　蒋斯妮　万晓慧
李　斌　唐　茜　薛　杰　王　锋　王智鹏　王旦丽
陈鲁蛟　李　习　孙馨蕊

侨心工程奖学金

数学科学学院

谭小路　李　璐　刘小亚

力学系

王丰伟

物理学院

朱碧徽　刘　琪

化学与分子工程学院

李东阵　李平凡

生命科学学院

张　洁　郭　聪　吴　霞

地球与空间科学学院

王　珏　明　镜

环境学院

覃金堂　郎　畅

心理学系

杜晓明　潘苗苗

新闻与传播学院

刘美媛

中国语言文学系

孙　顺　王　斌　邓　盾

历史学系

石　莉　白　维

考古系

郭慧文　周文丽

哲学系

田　园　于明明

国际关系学院

付凤云　刘　琼

经济学院

汤国鸿　彭小春

光华管理学院

张　炜　张　黎

法学院

谭四军

信息管理系

李书杰　杨　林

社会学系

尤璞允　陈　超

政府管理学院

王晓锋　沈汝洋　白成太

外国语学院

杨川进　白雨石

元培计划

刘建龙　吴兴宁　刘　璐

信息科学学院

朱玉振　胡海飞　刘明浩　宋云成

东港奖学金

化学与分子工程学院

何　筝　邹　鸣　黄　挺　李旭东　相明辉　文大为
张元竹　王春明　唐叶峰　杨凌露　张　莹　静　平
丁　里　袁　梅　周　璐　李　岩　李　薇　谢书宝
何建涛　关　元

生命科学学院

任　辉　王广文　于　明　黄　俊　高　歌　张　勇　查纪坤　方　敏　刘蓉蓉　蔡　涛　张　勇　杨　伟　李联运　王　晶　熊　伟

杨芙清—王阳元院士奖学金

数学科学学院

赵新宇　王立威　周　娜　李秋月

力学与工程科学系

付超奇

中国语言文学系

龙瑜宬　乔　攀　徐　钺

社会学系

安文研　哈光甜

政府管理学院

黄　娴

信息科学技术学院

刘云峰　喻丽姗　徐　泉　罗国杰　魏　蓝　王　畅　余啸海　杨艳云　庞九凤

大和证券集团奖学金

经济学院

黄　嵩　林卫斌　王　飞　余向荣　张　薇　刘逸菡

光华管理学院

杨　俊　何　平　张竹意　黄　杏　曾琲茹　窦一炜　汪　倩

政府管理学院

王　华　刘银喜　孔新峰　郑婧儒　陈　斯　段海燕　吴慧芬

翔鹭奖学金

化学与分子工程学院

资　虹　梁　勇　谈　蕾　丁　帅　郑腾飞　陈　倩　石　峰　陈　谦　蔡述宗　邹　鹏　刘　彬　黄　莺　杨　敏　丛　欢　朱　汇

光华管理学院

魏　玮　赵　嘉　朱隆斌　曹琉郡　王　岚　涂舜德　包　彦　李　然　姜　平　胡　琼

信息科学技术学院

罗　斌　刘国栋　韩　瑜　徐重远　孙大伟　刘　晔　张　平　钱　昆　乐济麟　郭玙璠　刘　畅　童　菲　袁　征　杨淮洲　方路遥

韩国学研究基金奖学金

外国语学院

韩美玲　张惠文　李婷婷　唐　棣　樊　清　林　礼　贺　莉　张京青　王　怡　王　颖　付　莉　董　洁　于丽丽

细越奖学金

数学科学学院

秦伯涛　李若莎　姜筱晔　侯　琳　李　致

物理学院

周其盛　莫一非　乔　良

化学与分子科学学院

楼　斌　段公平　王　博

生命科学学院

陈　波　陈峭霖　王亚萍

地球与空间科学学院

吴才文　刘　莹

环境学院

彭思圆　孙　婷

心理学系

蔡文菁

新闻与传播学院

曹晓明　黄　璐

中国语言文学系

曹牧春　曾石铭

历史学系

程　昊

考古文博学院

邹书予

哲学系

叶伟锋

国际关系学院

吴春晖　罗冰清

经济学院

杜　珊　施　展　郑裕耕

法学院

李　丰　高晓瑞　毛云霞

信息管理系

鄢　凡

社会学系

何菁菁

政府管理学院

寇建建

外国语学院
朱宏斌　张　博　徐　晴　赵莎莎　张雯雯　范　晓
马克思主义学院
白　斌
元培计划
赵　翔　张彦斌
信息科学技术学院
李文雯　林美娜　王梓又　夏银波　孙　鑫
医学部
刘　曦　赵　通　袁家佳

世川良一研究基金

国际关系学院
罗建波　任羽中　胡新龙　汤　韵
经济学院
孙嘉弥
光华管理学院
戴晓娟
法学院
廖　凡　朱利江　苏　浩　李　静

中国石油奖学金

数学科学学院
邵　远
力学与工程科学系
禹　梅　石　红
生命科学学院
王凤丹
新闻与传播学院
陈　晓　保　江
中国语言文学系
刘　妍
国际关系学院
柴绍锦　马　超
经济学院
赵留彦
光华管理学院
李　季　邵军令
马克思主义学院
李　倩　杨　凡
艺术学系
西少辉
元培计划
尚书连　环　昊
深圳研究生院
仝　德　王彦鹏
信息科学技术学院
王　川

东京三菱银行奖学金

经济学院
李正全　张春晓　张蓉蓉　王　薇　冯　艳　任　杰
张春煜　史　浩　于　丽　张 ying　刘　涛　孙雅雯
何予平
光华管理学院
王振源　饶　菁　方高山　邱　波　王　君　吴　静
刘丁己　魏　涛　李晓林　田　芳　翁运春　夏　耘
黄国华
法学院
刘　忠　魏建国　张会峰　胡铁民　张一诺　刘哲玮
张薇薇　方　鹏　刘明竟　刘　玥　王　喆　童颖琼
付立庆　葛　磊

杜邦奖学金

化学与分子科学学院
孟建强　朱文华　王　菲　斯　翀　杜娟娟
生命科学学院
曲秀霞　刘　毳　单　铭　武　晔　陈力颖
环境学院
后立胜　彭　建　谢志华　谢彦佼　郭　嘉
光华管理学院
廖良君　苑木辛　陈晓蓉　李　晶　庞　勃
法学院
马明亮　汤洁茵　孙晓璞　依天骄　李晓龙

德尔奖学金

化学与分子工程学院
梁欢欢　孟祥兰　谷建勤　李琛琛　李　琳　王金亮
齐　剑
生命科学学院
王青松　张　静　李万峰
光华管理学院
郭　倩　宋春蒿　王　珞　蔡　玉　陈　雯　聂明珠
李书孝　余晓平　何　立　唐　芊

联想奖学金

数学科学学院
葛　菲　王　丹

光华管理学院
陈国新
信息科学学院
景　昊　王广福　王　峥　黄远文　张　诚　叶　露

索尼奖学金

数学科学学院
胡冲锋　王　芳
环境学院
唐　辉　谢秀珍
经济学院
魏东旭　林　锟
元培计划
唐小东　黄冰洁
信息学院
张　宁　王　亮
医学部
宋韩明　周　知

SK 奖学金

生命科学学院
马　迪　刘晓婷
环境学院
王翼鹏　袁慧诗
新闻与传播学院
闫文捷　巩增盈
国际关系学院
吕　丹　刘　月
经济学院
李　璇　陈琰菲
光华管理学院
陈星彤　冼敏莹
法学院
邓　澜　邵　博　汪　瑜
政府管理学院
杜伟钊　蒋华良
外国语学院
王彦丹　刘　倩

宝钢奖学金

数学科学学院
孙洪宾
物理学院
沈志侠　张德平
化学与分子工程学院
王海梁
生命科学学院
王彦昭
地球与空间科学学院
佟啸鹏
环境学院
姚　波　陈旭东
心理学系
姚　翔
新闻与传播学院
李　丹
哲学系
陈　琦
法学院
周　雯　郑　燕
外国语学院
黄佳良
信息科学技术学院
唐大闰

UFJ 国际基金奖学金

国际关系学院
梁　劲　蒲　实　王晓璇
经济学院
赵　璧　耿　莹　朱至瑜　金旭毅
政府管理学院
张　琪
信息科学技术学院
王莎莎
医学部
张　峰　莫漓虹　李　姝　吴　翔　牛悦青　李秀茅

华为奖学金

数学科学学院
李震国　陈光忠　宋　鹏　林一青　崔庸非　王敏瑶
解国洪　武红玉
信息科学技术学院
倪夏云　王　潇　窦　亮　胡子敬　蔡述宪　江　南
任　芳

大韩生命保险奖学金

经济学院
吴佳琦　张　倩　应　隽　李　丹　万虹麟　岳大洲
刘富伟　肖　丽　黎　阳　章春燕

中国科学院奖学金

力学与工程科学系
杨陶令 焦 阳
物理学院
庞丹阳 张 昊
地球与空间科学学院
罗 扬

三井住友银行全球基金会奖学金

数学科学学院
刘保平
环境学院
郑一就
新闻与传播学院
李 伟
信息科学技术学院
陈 炯
医学部
莫晓冬 张英斌 刘 烨 李兴哲

住友商事奖学金

数学科学学院
杜 超 陈 曦
物理学院
唐雪倩
地球与空间科学学院
刘新涛
环境学院
朱秋莉
新闻与传播学院
康 维
中国语言文学系
孙 爽
历史学系
侯 斌
考古文博学院
钟棉棉
国际关系学院
田 凯
经济学院
张 刚
社会学系
余前广
外国语学院
夏玲敏
元培计划
吴 威 范晶晶
信息科学学院
陈治宇
医学部
解伟琳 周继豪 马 赛 宋 耕

晓龙基金会奖助金

经济学院
瞿 茜 马思伟 王栋栋 黄 俊 李婧谦
光华管理学院
谭 琴 陈欣昕 李 怡 江 沐 欧阳婧

沈秉钺先生纪念奖奖学金

新闻与传播学院
刘 楠
国际关系学院
陈 可
法学院
黄 菁
政府管理学院
马世姝 张 冬 元培 刘鲁乔
信息科学技术学院
肖 斌
医学部
顾阳春 廖雁婷 周 妍

泽利奖学金

数学科学学院
苏 亚
环境学院
颜 燕
新闻与传播学院
高 川 王默晗
中国语言文学系
张德付 王先云
历史系
毛艺霖
考古系
朱博雅

哲学系
李婷婷
信息科学技术学院
刘　飞

松下育英奖学金

经济学院
徐自华
法学院
田　甜
马克思主义学院
史　军
信息科学技术学院
刘　斌
医学部
周　媛

黄鹰育才奖学金

法学院
周　丽　韩　寒
信息科学技术学院
申峻嵘　张元睿

香港城市大学校长奖学金

数学科学学院
唐晓瑾
物理学院
王　屾
化学与分子工程学院
蔡志鹏
环境学院
陈小洁
新闻与传播学院
季晓莉　林　松
中国语言文学系
田贇宗
历史学系
李国芳
哲学系
赵丽君
法学院
冯　迎
信息管理系
陈　芬
外国语学院
王　萌
马克思主义学院
姜迎新
信息科学学院
胡天驷
医学部
李　轩

恒生银行奖学金

经济学院
董佳鑫　张　琼
光华管理学院
项伊南　沈　艾　沈自源

王度奖学金

考古系
刘　静　黄　珊
艺术系
王安安　章　超

叶潜昭奖学金

新闻与传播学院
蒋　莉　庄　明
法学院
叶明欣　何　珊

林超地理学奖学金

环境科学学院
马保春　丁　剑　蓝　图　何思源

力学攀登奖学金

力学系
何建华　邓　斐　杨　帆　蔺　冰

岗松奖学金

地球与空间科学学院
唐斯文

中国语言文学系
谢　俊
社会学系
栗晓红

曾宪梓奖学金

数学科学学院
单治超　蔡雄伟　叶鑫审
力学系
王建春　陈曾伟
物理学院
应轶群　薛秉侃　吴　敏
化学与分子工程学院
李必杰　刘文俊
生命科学学院
陈智斌　沈东彪
地球与空间科学学院
徐世庆　王华沛
环境学院
赵　阳　徐治乙
心理学系
夏　凯　林志成
新闻与传播学院
张雪皎
中国语言文学系
袁文旭
历史学系
徐　硕
考古文博学院
杨　青
国际关系学院
李　宁　李潇潇
经济学院
李　婧　冯知宇
法学院
程　莉　姜婉莹　余　仙
信息管理系
宋景梅　王　雯
社会学系
徐晓锋
政府管理学院
张　源　王春明
外国语学院
黄　弦　王　玲　王金艳　王　圆
马克思主义学院
朱飞飞
艺术学系
左屹桐　郝　志
元培计划
郭运波　任　洁　徐春虎　朱　璇
信息科学学院
刘　昱　刘　晟　夏　冰　蒋　竞

成舍我奖学金

中国语言文学系
李亚琦　谭晶晶

东宝奖学金

生命科学学院
李金菊　邹　枨　余雅梅　王冬梅

西南联大奖学基金

数学科学学院
孙婷妮
物理学院
袁　飞
中文系
卫　纯
历史系
崔金柱

杨乃英奖学金

历史学系
昝　涛　武世瑾　张　倩
国际关系学院
王静秋　邱娴都　姚　遥

欧阳爱伦奖学金

生命科学学院
施永辉
经济学院
于　平
光华管理学院
黄梦丹

外国语学院

王　琳　谢逸琴

冯奚乔奖学金

物理学院

侯振宇

顾温玉生命科学奖学基金

生命科学学院

贺金堂

谢培智奖学金

历史学系

马文丽　刘　怡

ECSC 奖学金

外国语学院

林梦茜

芝生奖学金

中国语言文学系

李　嘉

德姆塞茨经济学奖学金

经济学院

童晓白

光华管理学院

沈　扬

惠普奖学金

生命科学学院

冯　倩　苏晓磊

信息科学技术学院

田　敬　刘昕鹏　马志宇

IBM 中国优秀学生奖学金

信息科学技术学院

王　琦　董　玮

可口可乐奖学金

环境学院

谢　鹏

社会学院

张新风

五四奖学金

数学科学学院

赵　慧　王　彦　武　玮　余盈意　李毅梅　陈　浩
俞　欢　冯　涛　何桢祺　孟祥瑞　沈瑞鹏　胡　兴
梅　婧　乔　琦　王国强　魏晓迪　姚佩佩　丁　剑
贾鲁军　谢先超　殷巾英　谢季纯　王　涵　邢亦青
李佩繁　万范霞　罗晨光　徐　颖　袁洪松　陈可慧
吴宏锋　朱永平　陈　洁　李鹏飞　刘知海　韦兆汀
李　季　朱　楠　窦　炜

力学系

纪志坚　郭晶晶　周文韬　司　政　蔡　艺　王雯珺
楚海建　杨君昊　楼颖燕　王一伟　夏振华　王晓晨
孙　黎

物理学院

廖慧敏　胡豪然　李京倞　高振宇　林　蒲　于　航
孟　策　刘言锐　郭荆璞　王硕鋆　姜森林　陈任煜
张高龙　王金博　季敏标　洪礼明　程　稷　吴朝军
潘尧波　徐冰笑　张熙博　韩俊峰　朱时麟　汤一乔
王振伟　于　飞　唐　晖　李　东　陈祎伟　肖　军
常　雷　戴　冰　谈克峰　冉　靓　刘焕龙　秦　毅
王有刚　明　帆　刘跃斌　张碧辉

化学与分子工程学院

刘　丹　杨　征　白净卫　兰玉茹　张　晶　周长龙
王　晖　毛舒能　魏　漾　韩佐晏　李　腾　谭奕琛
吴晓牧　周强辉　杨　容　王　骁　冯　元　严　良
王晓彧　郭　琳

生命科学学院

顾兴龙　刘莹莹　阮　洁　金　鑫　任渝棠　朱　佳
田　旸　赵　扬　罗婷婷　林伯超　秦鼎新　郑　琰
张　琰　肖　俊　刘　音　邓昌荣　曾自强　王之頔
杨红波　张君瑞　胡冠菁　刘　岩　姜遥光　李　拓

地球与空间科学学院

贾晓峰　唐　宾　何建森　张　文　赵慧颖　段佰川
肖赛冠　党青宁　邱　林　安　安　包　项　赵俊彦
王　林　吴　宁　余海洋　彭青兰　黄　洁　瞿清明
陈　涛　徐宜勤　张　磊　林亚娟　王　东　张　曦

环境学院

李　伟　王文博　戈爱晶　俞奉庆　金晓辉　伍　佳

刘海龙 岳 隽 韩 蕾 陈 睿 吴晓栋 程 成
张 辉 卫 欣 张琦峰 王志恒 吴冬青 孙 健
刘 永 宋先花 彭慧芳 张 然 陈熳莎 张 纯
刘 柯 鲍 宁 俞 蓉 袁 斌 李艾桐 陈 旻
刘 侃 季 梦

心理学系

王异芳 李文瑞 何子静 许晓婧 刘 兴 陈 佳
赵迎春 陆慧菁 杜 丹

新闻与传播学院

张意轩 吴 chen 王一涵 韩天旸 郭文秀 喻梓雯
杜 鹏 刘 丽 李世凡 陈 露 桂 珍 望开力
甄晓菲 姚 朔 杨大伟 黄璪玢 肖 莎 夏侯昭珺

中国语言文学系

张敏杰 包旭玲 李 莉 王 璞 田 天 张蕴爽
谭代龙 栾伟平 杨 凯 刘 昂 张俊明 刘 纯
赵雪沛 姚 斌 王 彦 吴向廷 钱一凡 张志娟
李汇群 孙 鹏 包菊香 陈 莉 杨伯特 陈湘静
李云雷

历史学系

张小稳 崔 岷 郑振清 季爱民 陈 默 张 静
高柯立 覃 影

考古文博学院

员雪梅 王朝勋 林永昌 岳 青 傅 月 金 涛
戴 维 马 赛

哲学系

刘叶涛 谭 嫦 赵 翔 黄彦瑜 周奇伟 吴 敏
祝莉萍 裘江杰 徐思源

国际关系学院

邓 海 赵远良 娄 亚 李 巍 楼玲令 孙昭钺
韩 刚 檀有志 王兆东 秦 禾 许 亮 王牧笛
杨 磊 张 轩 赵焕刚 汪 恒 詹奕嘉 庞 博
郭 鸽 周济申 谭 琴 邓晓天

经济学院

宋 茜 边 春 王 晔 张 宁 陶 婧 胥明阳
李 伟 郭 星 伍 婧 张 娴 孟 佳 杨美玉
王 希 陈 曦 郝亚明 蔡洪玮 毛星辉 沙 莎
周 恒

光华管理学院

谭松涛 高 岩 李配章 刘惠明 夏 威 赵鲁川
牛 芳 金 波 李 萍 刘 禹 燕 伟 冯 翔
陈胜伟 李加钦 刘辰燕 刘卓鑫 赵 波 袁 烁

法学院

张 际 周宝峰 秦 岭 马火生 李 威 余慧婷
金自宁 周 菁 欧阳泽蔓 乔乐天 张 颖
王 婧 钟瑞友 赵 玲 熊 可 宋娟娟 曾 莹
施 进 李 荣 翟继光 吴 昊 郭维真 王 丽
蒋可桢 栾 莉 刘 凯 薛国胜 于谨源 胡硕叶

张霄杨 罗 翔 李玉洁 牛 悦 温丽梅 张连生
罗 璇 房保国 吉莉娅 丘 先 王 璐 尹 灿
苏 容 张江莉 孙运梁 曹圣光 徐 婷 李文斌
邹丹莉 胡田野 方 恒 樊百乐 金 旭 戴 昕
樊 凡 吴文嫔

信息管理系

孙广芝 吕 娜 洪 燕 孙翼飞 刘 琳 傅智辉
余红梅 余训培 汪 珊 吴懿咏

社会学系

邓 锁 宋 婧 田 耕 李静文 廖衍杨韬
胡倩影 吴晓黎 张 擘 巫锡炜 陈家建
张丹丹

政治学系

张 瑞 陈良文 梁 雪 丁康康 于 峰 顾善慕
白 萌 郭丽岩 宋 燕 程静轩 尹诗翰 李思静
陈 虹 邓 璇

外国语学院

李玉霞 范颖川 罗晨姿 袁 琳 王婧怡 邵文君
陆蓉蕾 刘 冰 李竹君 吴焱垚 纪金贤 张 哲
张 璐 李亚兰 晏文玲 侯 芳 于施洋 闫 敏
孙冬梅 何 楠 伍 倩 吴冬华 刘 爽 郭 雯
魏有美 章 元 林经纬 王晴初 孙明莹 刘玉中
赵 欣 汪梅子 明 喆 李祥乐 杨 柳

马克思主义学院

张守营 付 军 张亦书 任卫军 胡海莹 彭颖敏
唐觐英 邵 樱 张 宏 顾一鸣 陆 松 陈星星
骆世盈 张 杨 翟绍辉 陈 婷 彭 敏 陈 博
陈 丹

艺术学系

陈 亮 郑 箫 朱 菁 柳 青 陈 婷 刘胜眉
刘海英

对外汉语教育学院

章 欣 张 丽

元培计划

吕 燕 庆小飞 王 康 杨若晓 王佳欣 黎晖晖
杨至明 李璞琳 朱 炜 翟 霖 汪清清 刘 奭
陈 永 马亦欣 彭璐珞 李陟昱 黄 珊

深圳研究生院

傅建旺 张 屹 盛 楠 王胜利 王 媛 郑孜青
尹 丽 郭凌云 柏乔良

信息科学技术学院

焦现军 单 栎 刘 丹 袁 杰 刘 芳 孙含欣
张 磊 安维华 延 涛 张振海 夏 令 吴晓明
董海峰 安方明 张开明 董 宁 肖 韩 武艳军
刘宏伟 程 楠 罗小清 黄松芳 胡景贺 林小俊
鲁文高 黎晓晨 马 剑 张振宇 彭小斌 邱宝军
冯 洁 陈 刚 余 佐 单晓楠 石志猛 赵 硕

蔡金钟　姬生乐　吕　敏　王　超　秦　琦　王晶超
李　星　王　栋　何　苗　张栿滈　张良杰　张鲁远
邹彦书　黄文彬　胡　彬　马家宽　谷卫青　刘　运
向　博　吴费维　熊裕辉　薛　欣　陈　曦　杨筱舟
梁佳乐　俞润祥　王靖轩　饶向荣　董正斌　徐连宇
范春晖　马　尧　王　潇　黄冀渝　江云亮

中国经济研究中心

严　焱　王　斌　刘海燕　许　飞

教育学院

刘红燕　宿方圆　赵宇辉　何　峰　吴淑姣

人口研究所

纪　颖　王　莹　郭艳玲

医学部

张佳楠　徐　力　何子骏　王小蕾　姜俪凡　褚　祎
郭　洋　权　敏　姜　宇　李　楠　刘子源　夏　雪
楚　红　周　靖　叶　颖　张庆芬　赵建辉　周　洲
孙丽颖　姚震旦　宋　杨　于利平　吕　达　陆峥飞
许　颖　成兴华　祁　姬　王　欣　刘　洋　刘明霞
张明博

北京大学医学部特等奖学金

何金汗　周　虹　赖先银　孟立强　冯海波　李　显
李　健　李　君

北京大学医学部优秀奖学金

基础医学院

乔志梅　张华刚　李肖霞　王玉湘　李俊旭　李永华
高　松　吕少俐

药学院

王添敏

公共卫生学院

任　霞　王晓梅　周　蕾　张　焱

护理学院

邓寒羽

公共教学部

王　倩

北大一院

张　骞　刘　喆　陈志越　刘森炎　尹　玥　郝燕捷
宋琳琳　杨松霖

人民医院

杨　波　刘　峰　陈应泰　刘　芳　赵　婷　闫　丽

北大三院

曾　琳　王　飞　朱锦明

口腔医学院

李启强　张海萍　李　率

肿瘤学院

张宝珍　杨海霞　陈晋峰

精神卫生研究所

赵志宇

积水潭医院

刘亚军

北京大学医学部医药奖

杨光锐　汪　立　肖梅芳　赵　鑫　陈艳丽　周　健
崔健鑫　刘　毅　陈天娇　宋晓明　尹遵栋　戎　龙
顾建芬　李晓梅　关有彦　张恒辉　杨丽君　公丕花
孙垂国　陈　宁　蒋　洁　王　洋　丁　鹏　任颖佳
潘　超

北京大学通用基金会奖学金

许晓风　张　岚　张学慧　臧　越　关　岚　孙健玲
杨　薇　曹　广

北京大学东港制药奖学金

孙　崎　史兰香　丁文锋　任　博　赵树民　熊小兵
李　军　李宗圣　黄　健　张双庆　郭庆梅　李　烈

北京大学医学部椎名奖

李传保

校级优秀毕业生

数学科学学院(32人)

王新平(博)　彭建平(博)　何洋波(博)
曹小红(博)　颜水成(博)　刘淑霞(硕)
林冬瑜(硕)　庄东平(硕)　陈　莉(硕)
杜素贞(硕)　葛丹丹(硕)　方军雄(硕)
黄　洋(硕)　魏　鹏(本)　赵慧子(本)

梁　爽(本)　刘　歆(本)　唐君莉(本)
刘　晓(本)　王慧娟(本)　龙　云(本)
朱歆文(本)　魏　涛(本)　林　凌(本)
邢　浩(本)　魏　震(本)　恽之玮(本)
赵　亮(本)　王晓宇(本)　葛　颢(本)
赵晓飞(本)　曾　伟(本)

力学与工程科学系(11人)

左志强(博)　沈　芳(博)　吴宝榆(硕)
武义明(硕)　曾　娜(硕)　祁祖海(本)
徐　杰(本)　聂君锋(本)　杨延涛(本)
陈雪梅(本)　韩　璐(本)

物理学院(33人)

刘魁勇(博)　任海振(博)　王宝民(博)
丁原涛(博)　熊春乐(硕)　唐　昕(硕)
苗　川(硕)　孙　昌(硕)　刘大猛(硕)
宁振华(硕)　孙庆青(硕)　徐　袁(硕)
李富余(硕)　陈耀锋(硕)　王　然(本)
许　轲(本)　王小虎(本)　陈航晖(本)
陈晓升(本)　李　源(本)　王　堡(本)
潘　英(本)　葛　力(本)　冯振兴(本)
吕　莹(本)　赵　轶(本)　于海涛(本)
陈　宇(本)　龙　涛(本)　杨文昌(本)
林　树(本)　张蜜蜜(本)　万　鹏(本)

化学与分子工程学院(33人)

罗　锋(博)　李林艳(博)　卢　兴(博)
马玉荣(博)　张伟林(本)　高　原(本)
马　亮(本)　曲晓兴(本)　吕小羽(本)
江　宇(本)　王　羿(本)　李晓博(本)
周　爽(本)　中　韡(本)　郑　捷(本)
王　磊(本)　王胜地(本)　何　薇(本)
颜　钦(本)　李　博(本)　贾　艳(本)
褚海斌(本)　任　亮(本)　徐　超(本)
李　鑫(本)　汪丽敏(本)　宋　靖(本)
崔佳悦(本)　余　燕(本)　刘　庄(本)
姜晓成(本)　谢黎明(本)　张文彬(本)

生命科学学院(19人)

侯宏伟(博)　黄　旭(博)　孙衍刚(博)
吴　旻(博)　王雪冬(博)　杨海灵(博)
邢　娟(本)　李　冀(本)　王景文(本)
陈斯迪(本)　刘　旸(本)　朱益平(本)
阎晋源(本)　田　萌(本)　周　翔(本)
苏　岳(本)　王　晶(本)　林　舒(本)
石广路(本)

地球与空间科学学院(19人)

张海明(博)　马照亭(博)　张　静(博)
刘桥喜(博)　肖晓柏(硕)　李　滨(硕)
李　蓉(硕)　覃争锐(硕)　潘薪如(硕)
王美娜(硕)　文彦君(硕)　邹　亮(本)
黄俊伟(本)　戚国伟(本)　李　敏(本)
黄　慧(本)　梅国庆(本)　王乾杰(本)
李琳娜(本)

环境学院(22人)

程　龙(博)　赵　夏(博)　刘瑞民(博)
朴世龙(博)　张力小(博)　王裕东(博)
汪美华(硕)　高林宇(硕)　李　雁(硕)
张　宇(硕)　马　宁(硕)　陈　磊(硕)
田　坤(硕)　王吉华(硕)　赵子鹰(硕)
晋璟瑶(本)　孟祥利(本)　金丽佳(本)
段晓峰(本)　龙　飞(本)　王雅琴(本)
赵珊珊(本)

心理学系(6人)

王　彦(博)　张哲宇(硕)　郑　蕊(硕)
齐雅琼(本)　王　姝(本)　王慈欣(本)

新闻与传播学院(7人)

王秀丽(硕)　王　宇(硕)　云国强(硕)
孙菁茹(本)　李　珅(本)　李　萌(本)
王妍妍(本)

中国语言文学系(25人)

王明辉(博)　陈卫恒(博)　张　雁(博)
谷　建(博)　胡慧翼(博)　吴德祖(硕)
陈　瑛(硕)　宋作艳(硕)　姚静仪(硕)
艾　英(硕)　洪　丽(硕)　师力斌(硕)
朱喜峰(本)　仲　林(本)　颜维琦(本)
林志英(本)　李广益(本)　王　蓓(本)
吴晓楠(本)　李洪彦(本)　金　锐(本)
高慧芳(本)　徐丽文(本)　魏　薇(本)
徐　梦(本)

历史学系(12人)

邹水杰(博)　王　静(博)　林齐模(博)
张明亮(博)　刘汉生(硕)　周红江(硕)
孙　明(硕)　杨纪国(硕)　程东金(硕)
孙毓泽(本)　陈　晨(本)　曹　晋(本)

考古文博学院(5人)

高成林(硕)　马　健(硕)　祝诣博(硕)
盛　洁(本)　张剑葳(本)

哲学系(13人)

刘　军(博)　戴远方(博)　徐　辉(博)
管　伟(硕)　何　平(硕)　钟　磊(硕)
陆　鹏(硕)　李　立(硕)　杨春光(本)
余　亮(本)　林　翔(本)　王　征(本)
王海凤(本)

国际关系学院(21人)

何卫刚(博)　杨大研(硕)　曾　飞(硕)
袁海晗(硕)　葛　滨(硕)　孟亚峥(硕)

宋　伟(硕)　孙波涛(硕)　李绘新(硕)
梁亚军(硕)　黄　菊(本)　李　昀(本)
高望来(本)　刘彩华(本)　吴　浩(本)
李亚男(本)　姚佳威(本)　祁昊天(本)
肖　媛(本)　孙力舟(本)　罗　菁(本)

经济学院(28人)

谢怀筑(博)　谢光启(博)　招诗苗(硕)
傅孝文(硕)　隋福民(硕)　杜　兵(硕)
钱艳琼(硕)　杨　晶(硕)　秦明益(硕)
熊碧华(硕)　徐　甜(硕)　叶　捷(硕)
吴　铭(本)　尹劲桦(本)　李　昊(本)
杨长湧(本)　余晋琳(本)　郭　丽(本)
李峙玥(本)　章林峰(本)　刘　森(本)
周歆序(本)　赵冰喆(本)　童杨威(本)
陈一辛(本)　刁天烽(本)　梁　昊(本)
翁　翕(本)

光华管理学院(52人)

钱士春(博)　尹　奇(博)　顾佳峰(博)
汤立斌(博)　戴训军(硕)　付　安(硕)
王　顺(硕)　韩　琴(硕)　万　丹(硕)
谢　健(硕)　谢　俊(硕)　徐卫民(硕)
闫　林(硕)　周　昊(硕)　赵宇虹(硕)
葛俊峰(硕)　刘晓浏(硕)　林陈雷(硕)
汤　睿(硕)　刘　鹏(硕)　张丽君(硕)
高　飞(硕)　洪珊珊(硕)　胡　冰(硕)
李　晶(硕)　刘武礼(硕)　刘亚静(硕)
刘　勇(硕)　牛红薇(硕)　宋欣宇(硕)
宋云鹏(硕)　王振宇(硕)　萧　凡(硕)
薛　莹(硕)　张晓民(硕)　张　彦(硕)
张　羽(硕)　赵　磊(硕)　周洪刚(硕)
邹光林(硕)　林　立(本)　鲜丹丹(本)
刘　琪(本)　王晶琦(本)　刘洋洋(本)
李　辰(本)　权　静(本)　郝睿禧(本)
金海龙(本)　俞文皎(本)　周　蜜(本)
袁　博(本)

法学院(60人)

侯　猛(博)　梁迎修(博)　史大晓(博)
张　翔(博)　杜　宇(博)　方　泉(博)
蒋熙辉(博)　祁建建(博)　姚明铭(博)
金锦萍(博)　李富成(博)　伏　军(博)
谢海燕(硕)　李　霞(硕)　石明磊(硕)
邱传忠(硕)　曾建林(硕)　刘方誉(硕)
刘亚玲(硕)　赵雪敏(硕)　王　晶(硕)
魏　姝(硕)　徐　晴(硕)　吴　冬(硕)
艾佳慧(硕)　陈晓燕(硕)　程志娟(硕)
傅建平(硕)　傅伟芳(硕)　郜　超(硕)
李　昊(硕)　李　猛(硕)　刘立梅(硕)
潘　晶(硕)　邱忠义(硕)　王　杕(硕)
王　妍(硕)　吴　慧(硕)　夏　颖(硕)
杨在文(硕)　邹小雯(硕)　吴莉娟(本)
柏　林(本)　王兴华(本)　吴晓雪(本)
赵　敏(本)　沈丹丹(本)　许　懿(本)
李晓红(本)　唐汉洁(本)　马　超(本)
黄　洁(本)　胡馨月(本)　王旻初(本)
欧阳晓玲(本)　罗　鉴(本)　易晓洁(本)
李　枫(本)　张　林(本)　吕海涛(本)

信息管理系(10人)

王　芳(博)　王海娟(硕)　陈　杰(硕)
张　勇(本)　胡文倩(本)　刘　凌(本)
毛　辉(本)　罗　戎(本)　朱　琳(本)
葛　宁(本)

社会学系(11人)

王水雄(博)　叶金莲(博)　张　帆(硕)
丁　凯(硕)　刘小涛(硕)　刘振业(硕)
朱庆华(硕)　周　敏(本)　章邵增(本)
唐　蕊(本)　刘伟华(本)

政府管理学院(19人)

邓名奋(博)　黄玮茹(硕)　檀　莉(硕)
黄庆杰(硕)　李丹阳(硕)　吕恒立(硕)
善忠博(硕)　张　鑫(硕)　汤　杰(本)
石淇玮(本)　夏　宁(本)　张将来(本)
上官华洁(本)　甘启裕(本)　杨　琨(本)
蒙宇宁(本)　杨骁鹰(本)　彭　希(本)
孟令奇(本)

外国语学院(28人)

陈先梅(硕)　方　宏(硕)　李伟娜(硕)
刘　淼(硕)　初艳红(硕)　章　燕(硕)
李洪溪(硕)　陈永利(硕)　刘迪南(硕)
冯　骋(本)　韩冬冬(本)　李双志(本)
周姣贵(本)　杨　迪(本)　陈　湘(本)
于雯竹(本)　黄雷鸣(本)　朱丽涵(本)
苟振红(本)　王　靖(本)　郭　峰(本)
金红梅(本)　胡晓庆(本)　李如钰(本)
王　冰(本)　王　凯(本)　陈　萌(本)
魏　巍(本)

马克思主义学院(12人)

骆光宗(硕)　王　霞(硕)　葛元杰(硕)
祝念峰(硕)　贺　彬(本)　高晥翀(本)
马志强(本)　关海涛(本)　梁军辉(本)
屈丽芳(本)　向继志(本)　郑　向(本)

艺术学系(2人)

童颖骏(硕)　张　洁(硕)

对外汉语教育学院(1人)

孟贵贤(硕)

信息科学与技术学院(54人)

刘　璐(博)　刘　凌(博)　马　帅(博)
宋国杰(博)　王文俊(博)　张　戈(硕)
陈建军(硕)　柏亚军(硕)　贾　涛(硕)
满文钢(硕)　邵子瑜(硕)　宋　京(硕)
桂少华(硕)　施小康(硕)　王小保(硕)
杜　鲲(硕)　段卫华(硕)　韩近强(硕)
姜　晖(硕)　李　靖(硕)　王益冬(硕)
吴　翔(硕)　杨　勇(硕)　袁　骏(硕)
赵培翔(硕)　陈　华(硕)　屈宏伟(硕)
李　钦(硕)　牛兴雯(硕)　皮文凯(硕)
任　申(本)　宫　彪(本)　刘文俊(本)
刘　彬(本)　张小欣(本)　蒋逸明(本)
银　平(本)　陈　亮(本)　吴　泠(本)
张吉豫(本)　任茂盛(本)　李继峰(本)
殷　俊(本)　宋姗姗(本)　吴大可(本)
陈　潭(本)　刘　安(本)　刘　鹏(本)
朱贤铭(本)　虞南方(本)　孙自怡(本)
马文秀(本)　朱文琪(本)　张　颖(本)
纪　超(本)

中国经济研究中心(4人)

徐锡龙(硕)　许　飞(硕)　岳庆媛(硕)
张　乐(硕)

教育学院(4人)

濮岚澜(博)　杨　非(硕)　周俊波(硕)
徐慧璇(硕)

人口所(1人)

李庆利(硕)

基础医学院(13人)

王　莺(博)　常　林(博)　段学章(博)
董学员(博)　张爱宏(博)　林　钊(硕)
魏尔曼(硕)　陈　燊(硕)　孙　钱(硕)
李瑞芳(本)　张　婷(本)　王笑菲(本)
罗　昕(本)

护理学院(3人)

江　华(硕)　尤文平(本)　曾　淳(本)

药学院(19人)

张素娜(博)　吴向美(博)　胡　健(博)
于少云(博)　赵　莹(硕)　耿兴超(硕)
胡新颖(硕)　傅德倩(本)　孙　昱(本)
马秀全(本)　赵桂玉(本)　易姝燕(本)
杜　婧(本)　卢　宁(本)　刘忆霜(本)
钱珂多(本)　何梅孜(本)　李鲜婵(本)

第一临床医学院(26人)

帅晓玮(博)　管　娜(博)　李　航(博)
高　莹(博)　张　岩(博)　苏　涛(博)
杨晓娜(博)　李学松(博)　吴　曦(硕)
刘善润(硕)　韩晓宁(本)　边大鹏(本)
魏雅楠(本)　朱贵霞(本)　刘继强(本)
梅　玫(本)　赵轶国(本)　史　楠(本)
刘业成(本)　史济华(本)　范子田(本)
时延伟(本)　樊曦涌(本)　李　纾(本)
尚　鹄(本)　曹晓光(本)

第二临床医学院(7人)

于晓明(博)　赵　力(博)　宋盛晗(博)
郭慧方(博)　杨　燊(博)　魏光如(硕)
朱海涛(硕)

第三临床医学院(12人)

杨　欣(博)　汪　韬(博)　宋红松(博)
崔立刚(博)　郭　钧(博)　王　健(博)
张树栋(硕)　董　菲(硕)　雷　鹍(本)
刘　佳(本)　谷士贤(本)　刘　杰(本)

第四临床医学院(3人)

方柏荣(本)　孔雅娴(本)　刘军伟(本)

航天中心医学院(2人)

郭芳岑(本)　白　瑾(本)

中日友好临床医学院(2人)

侯　艳(本)　张大方(本)

口腔医学院(10人)

周治波(博)　赵宝红(博)　梁　炜(博)
刘　敏(硕)　杜　钰(本)　邢燕西(大专)
林　范(本)　许永伟(本)　蔡　宇(大专)
韩　冰(硕)

肿瘤医学院(3人)

李　明(博)　刘毅强(博)　许小青(硕)

公共教学部(1人)

于新亮(硕)

公共卫生学院(9人)

王海俊(博)　刘爱萍(博)　王　芳(硕)
于鸿江(本)　李会娟(本)　陈　良(本)
吕　聪(本)　秦　雪(本)　邓　晶(本)

精神卫生研究所(1人)

王　菲(博)

2004 届北京地区高等学校优秀毕业生名单

数学科学学院(9 人)

林　凌(本)　邢　浩(本)　魏　震(本)

赵　亮(本)　王晓宇(本)　葛　颢(本)

赵晓飞(本)　曾　伟(本)　恽之玮(本)

力学与工程科学系(3 人)

杨延涛(本)　陈雪梅(本)　韩　璐(本)

物理学院(8 人)

吕　莹(本)　赵　轶(本)　于海涛(本)

陈　宇(本)　龙　涛(本)　杨文昌(本)

林　树(本)　张蜜蜜(本)

化学与分子工程学院(11 人)

任　亮(本)　徐　超(本)　李　鑫(本)

汪丽敏(本)　宋　靖(本)　崔佳悦(本)

余　燕(本)　刘　庄(本)　姜晓成(本)

谢黎明(本)　张文彬(本)

生命科学学院(7 人)

阎晋源(本)　田　萌(本)　周　翔(本)

苏　岳(本)　王　晶(本)　林　舒(本)

石广路(本)

地球与空间科学学院(4 人)

黄　慧(本)　梅国庆(本)　王乾杰(本)

李琳娜(本)

环境学院(4 人)

段晓峰(本)　龙　飞(本)　王雅琴(本)

赵珊珊(本)

心理学系(1 人)

王慈欣(本)

新闻与传播学院(2 人)

李　萌(本)　王妍妍(本)

中国语言文学系(6 人)

李洪彦(本)　金　锐(本)　高慧芳(本)

徐丽文(本)　魏　薇(本)　徐　梦(本)

历史学系(1 人)

曹　晋(本)

考古文博学院(1 人)

张剑葳(本)

哲学系(2 人)

王　征(本)　王海凤(本)

国际关系学院(4 人)

祁昊天(本)　肖　媛(本)　孙力舟(本)

罗　菁(本)

经济学院(8 人)

刘　淼(本)　周歆序(本)　赵冰喆(本)

童杨威(本)　陈一辛(本)　刁天烽(本)

梁　昊(本)　翁　翕(本)

光华管理学院(6 人)

权　静(本)　郝睿禧(本)　金海龙(本)

俞文皎(本)　周　蜜(本)　袁　博(本)

法学院(9 人)

黄　洁(本)　胡馨月(本)　王旻初(本)

欧阳晓玲(本)　罗　鉴(本)　易晓洁(本)

李　枫(本)　张　林(本)　吕海涛(二学位)

信息管理系(2 人)

朱　琳(本)　葛　宁(本)

社会学系(2 人)

唐　蕊(本)　刘伟华(本)

政府管理学院(3 人)

孟令奇(本)　石淇玮(本)　汤　杰(本)

外国语学院(8 人)

郭　峰(本)　金红梅(本)　胡晓庆(本)

李如钰(本)　王　冰(本)　王　凯(本)

陈　萌(本)　魏　巍(本)

马克思主义学院(3 人)

屈丽芳(本)　向继志(本)　郑　向(本)

信息科学与技术学院(10 人)

陈　潭(本)　刘　安(本)　刘　鹏(本)

朱贤铭(本)　虞南方(本)　孙自怡(本)

马文秀(本)　朱文琪(本)　张　颖(本)

吴大可(本)

基础医学院(2 人)

王笑菲(本)　罗　昕(本)

护理学院(1 人)

曾　淳(本)

药学院(6 人)

钱珂多(本)　何梅孜(本)　李鲜婵(本)

纪　超(本)　傅德倩(本)　刘忆霜(本)

第一临床医学院(6 人)

尚　鵾(本)　曹晓光(本)　韩晓宁(本)

边大鹏(本)　樊曦涌(本)　李　纾(本)

第三临床医学院(2 人)

刘　杰(本)　雷　鹍(本)

第四临床医学院(2 人)

刘军伟(本)　孔雅娴(本)

中日友好临床医学院(1 人)

张大方(本)

口腔医学院(3 人)

韩　冰(硕)　杜　钰(本)　邢燕西(大专)

公共卫生学院(3 人)

吕　聪(本)　秦　雪(本)　邓　晶(本)

共青团系统表彰奖励名单

红旗团委

环境学院团委
中国语言文学系团委
经济学院团委
社会学系团委
政府管理学院团委
外国语学院团委
第三医院团委
药学院团委

先进团委

信息科学技术学院团委
考古文博学院团委
国际关系学院团委
法学院团委
艺术学系团委
马克思主义学院团委
应用文理学院团委
临床肿瘤学院团委
护理学院团委

优秀团支部

组织建设奖
数学科学学院2001级数学本科班团支部
力学与工程科学系2003级本科2班团支部
物理学院2003级本科3班团支部
化学与分子工程学院2002级本科3班团支部
生命科学学院2002级本科1班团支部
信息科学技术学院2002级计算机本科2班团支部
地球与空间科学学院2003级地质硕士班团支部
环境学院2002级地理科学本科班团支部
中国语言文学系2003级本科2班团支部
历史学系2002级本科班团支部
考古文博学院2003级考古本科班团支部
哲学系2003级本科班团支部
国际关系学院2003级本科班团支部
经济学院2003级本科2班团支部
法学院2001级本科4班团支部
信息管理系2002级本科班团支部
社会学系2003级本科班团支部
政府管理学院2003级本科班团支部
外国语学院2003级英语本科班团支部
艺术学系2002级本科班团支部
新闻与传播学院2001级新闻学本科班团支部
元培计划管理委员会2002级本科班团支部
医学部长学制班2002级临床3班团支部
应用文理学院2003级计算机科学与技术专升本班团支部
第一医院成人眼科团支部
人民医院老院团支部
临床肿瘤学院中西介入团支部
基础医学院2001级基础本科班团支部
护理学院2002级护理本科班团支部
公共教学部2002级医学英语本科班团支部
青年马克思主义发展研究会团支部
工作创新奖
数学科学学院2002级计算本科班团支部
物理学院2003级本科2班团支部
化学与分子工程学院2003级本科5班团支部
地球与空间科学学院2002级地球化学本科班团支部
环境学院2003级本科3班团支部
中国语言文学系2003级本科1班团支部
历史学系2003级本科班团支部
哲学系2002级本科班团支部
国际关系学院2002级外交本科班团支部
经济学院2002级国际经济与贸易本科班团支部
法学院2002级本科1班团支部
政府管理学院2001级本科班团支部
外国语学院2002级德语本科班团支部
新闻与传播学院2002级新闻广电本科班团支部
马克思主义学院2002级本科班团支部
元培计划管理委员会2003级本科1班团支部
医学部长学制班2002级临床4班团支部
中国经济研究中心2003级硕士班团支部
第三医院妇产科团支部
药学院2001级药学本科1班团支部
京昆社团支部
爱心社团支部
学术实践奖

力学与工程科学系 2001 级力学本科班团支部
物理学院 2003 级本科 6 班团支部
生命科学学院 2002 级本科 2 班团支部
地球与空间科学学院 2001 级地球化学本科班团支部
环境学院 2002 级城市规划本科班团支部
国际关系学院 2002 级国际政治本科班团支部
政府管理学院 2002 级硕士班团支部
新闻与传播学院 2003 级硕士班团支部
马克思主义学院 2003 级硕士班团支部
公共卫生学院 2001 级预防本科 2 班团支部
山鹰社团支部
自行车协会团支部

共青团标兵

孙实笏　生命科学学院 2002 级本科生
任昊佳　地球与空间科学学院 2001 级本科生
林小异　历史学系 2002 级硕士研究生
丛小东　国际关系学院 2001 级本科生
何予平　经济学院 2003 级博士研究生
朱　凯　经济学院 2000 级本科生
路姜男　法学院 2001 级本科生
郭晓春　外国语学院 2002 级本科生
范皑皑　教育学院 2003 级硕士研究生
刘晓默　医学部长学制班 2002 级本科生
赵荣生　医学部团委副书记
陈斌斌　药学院团委书记

十佳团支书

夏戌罡　数学科学学院 2001 级本科生
张　哲　力学与工程科学系 2002 级本科生
谢　辉　物理学院 2002 级本科生
张子燕　化学与分子工程学院 2002 级本科生
张善鹏　历史学系 2002 级硕士研究生
白　萌　政府管理学院 2002 级硕士研究生
高文隽　新闻与传播学院 2002 级本科生
乔元华　元培计划管理委员会 2002 级本科生
吴晓舟　人民医院麻醉科团支部书记
刘志伟　基础医学院 2002 级本科生

优秀新生团支书

王雯珺　力学与工程科学系 2003 级本科生
王楠楠　信息科学技术学院 2003 级本科生
范　妍　心理学系 2003 级本科生
王剑英　国际关系学院 2003 级本科生
张妙妙　外国语学院 2003 级本科生
孙曼琳　马克思主义学院 2003 级本科生
张艺宝　公共教学部 2003 级本科生

优秀团干

数学科学学院
宋　鹏　谢季纯　孙　祺　唐晓瑾
力学与工程科学系
杨玉林　董子静
物理学院
李鹏宇　李　琛　周晓瑜　陶　鸥　王　姣　李　骏
化学与分子工程学院
武　更　徐　菁　巨　蓉　张　锐　张晓蕾
生命科学学院
刘　芃　颜　媛　见　康　崔　刚
信息科学技术学院
李继峰　蒋逸明　吉聪睿　刘　鹏　李　敏　张　懿
罗　匡　黄　希　熊校良　曲　径　吴　俣　何　正
地球与空间科学学院
刘俊杰　易鸿宇　赵慧颖
环境学院
苏　凯　谢秀珍　张新平　金　鑫　谢志华
心理学系
李　峥　高　隽
中国语言文学系
于浩淼　李　莉　姜卫国　韩　珂　孙昊牧
历史学系
陈　实
考古文博学院
刘保山
哲学系
王　璐　谢广宽
国际关系学院
马　原　胡新龙　于　菲　邓明莉　吴春晖　廖　望
经济学院
孙嘉弥　王　轩　王　希　李晓菱　姚晓阳　詹　昊
光华管理学院
石　凡　商　尚　綦　龙　谢　茜
法学院
张　岩　马翔翔　温建利　陈　卓　霍　琨
信息管理系
张久珍　曹冠英
社会学系
尹鹤灵　刘雪婷　张　奕

政府管理学院

阮　草　芦　杨　彭　宇　曾嘉坤　吴　旭　陈　斯

景璐艳

外国语学院

孙冬梅　杨　璇　张　蕊　郭　鑫　王彦丹　明　喆

艺术学系

王　艳　刘胜眉

新闻与传播学院

陆小磊　李　伟　殷明慧　曹晓明　黄缘缘　樊　敏

马克思主义学院

陈　丹　胡　敏

元培计划管理委员会

李　胜　赵　翔　魏恩道　杨　凝

中国经济研究中心

王　亮

教育学院

蒋　华

软件与微电子学院

王柏艳　王　亮　刘传梅

人口研究所

刘　骥　周　辉

应用文理学院

圆明园校区：

张晓蒙　蒋任君　饶庆树

昌平园校区：

刘　娟　谢　博　魏志丽　朱冠群

医学部长学制班

孙丽颖　刘　洋

附属中学

景志国　陈方好

医学部

史金龙　刘一坤　师晓薇　梁书静　胡小素　谢立锋

赵　晶　闻利红　朱微微　许永乐　赵　谨　高露娟

阎　旭　李　昂　韩　晟　王　辉　张进瑜　玉　喆

肖冰冰

优秀团员

数学科学学院

王铭锋　李大海　肖　溶　韩　准　黄雄韬　贺　鹏

力学与工程科学系

刘练兵　李　金　朱虹宇

物理学院

丁志博　冯国星　王辰宇　李　超　陈祎伟　李　江

石宇宁

化学与分子工程学院

曹　元　韩佐晏　陆文婕

生命科学学院

陈浩东　王　宇　孙　叶　王　妲　高　岳

信息科学技术学院

彭小斌　李泽为轩　李　囡　毛　震　王莎莎

霍　宣　刘　晔　胡慧琳　李　良　薛　欣　夏银波

徐国专　赵甲东　辜新星　袁兆凯　鄂继明　戴冀豪

陈昊罡

地球与空间科学学院

李慧娟　张　磊　仲力恒　王斯宇　汪　申　孙　权

环境学院

赵英丽　宋　楠　李其林　高菠阳　陈旭东

心理学系

王月燕　胡月琴

中国语言文学系

郑伟汉　刘洛克　明姗姗　薛冬晗

历史学系

曹　晋　峨　嵋　胡　鸿　詹　珩

考古文博学院

赵　健　邹书予　钟棉棉

哲学系

田　园　洪　浩　季志强

国际关系学院

罗　冲　姚　遥　于慧玲　陈晓晨　朱斯哲　王秋实

王　俊　刘赫丹　毛　燕

经济学院

宋丹阳　姚元杰　金旭毅　董珮璐　徐小骄　宋涤尘

蔡洪玮　杨　洋　杨　柳　王　璇

光华管理学院

杨本心　金　玲　周　羿　张运慧　谢　茜　裴　培

法学院

王济发　卢　亮　高广彬　林英杰　王　悦　刘仁婧

罗　意　高晓瑞　高　霞　王明慧　戚　鲁　王　陶

信息管理系

陈　晶　祝　迪　曹　郁

社会学系

李　丁　张新凤

政府管理学院

刘娟凤　薛　蕾　李　璇　徐南生　马胜强　顾善慕

吴志翔

外国语学院

洪　玮　王　帅　黄重凤　张　全　王朝薇　邬瑞婧

郭　雯　黄佳良　张　驰　明亮亮

艺术学系
王益钊　章　超
新闻与传播学院
周凯莉　张　颉　顾　鑫　周　悦　李　响
马克思主义学院
付　军　彭　敏
元培计划管理委员会
黄冰洁　甘　泉　彭　放　赵　勇　许彦之　彭璐珞
翟　霖
中国经济研究中心
孙　宁　毛　亮
教育学院
郭丛斌　揭忠应
软件与微电子学院
李　想　李世荣
人口研究所
李玉柱

应用文理学院
圆明园校区：
卢晓莉　徐永帅　刘晶明　乔优宁　戴忠义
昌平园校区：
高　丽　霍丽娜　严颜波　蔡　锐　彭蔚然　黄祥志
医学部长学制班
林　洁　陈　晗　张碧莹　权　敏　师晓蕊
附属中学
杨　睿　肖　晶
医学部
王　鹏　徐　征　黎　丹　张　薇　李元春　李晓晓
杨　薇　刘　研　刘云松　丁　颐　黄　震　叶木林
陈　琛　郑　帅　赵旻玮　李文德　韩　为　杨　楠
聂菲璘　张　瑾　白　柯　万　颖　董　帅　樊石磊
李长伟　熊玮仪　郑　重　刘　燕　吕　娜　王晓月
周苗苗　李　珂　李哲轩

·毕业生名单·

本专科毕业生

数学科学学院

梁爽 陈靖 暴乐 刘旭元 刘歆 顾岁成
赵一统 李武群 郑昱 宋坤 王威扬 王江声
王武 胡桔 周立 张伟 唐君莉 袁原
丁悦静 郭化楠 裴鹏 曹淑霞 王宁 山泉
吴鹏 吴山乐 赵宇 陈应华 曾雄杰 杜胜军
高星 李超 申春朵 宋周敏 李科胜 姜栋
白芸 田瑀 吴昊 王鑫 柴鸣人 宋培培
申强 杨进伟 胡华嵩 路遥力 史佳祎 刘晓
袁立宇 林凌 欧阳智 陈斯超 邢浩 魏震
詹婷婷 赵亮 杨升松 朱凡 张景玮 刘宇
高勤 刘升 吴雨飞 吴霖萩 王谦 邹中梁
胡卫平 段为钊 姜宁宁 柯东旭 王远祺 王慧娟
龚锡挺 刘涛 钱盛 屈楠 王晓宇 叶蕴青
葛颢 宋丰权 蔡勇勇 吴明辉 胡晓君 刘志鹏
龙云 潘小双 郭委鑫 朱歆文 谢朋呈 桑辉艳
李明 王翀 刘剑锋 赵鑫阳 宋震 裴国军
吴毅彪 彭凌薇 马锐 张林钧 毛濛 高欣
赵晓飞 任朝霞 吴劲松 秦岭 王一早 张阳
孙鹏 姚剑峰 何航 刘文飞 苏义平 林乐峰
魏涛 李鑫 欧阳佑 宋洁 胡敬华 黄晓亮
王文龙 窦杨杨 杨雨龙 刘思 刘庆 邵晨
游嘉 魏鹏 夏金 邓呈亮 李宇 沈浔浔
张洁 付一兰 曾伟 赵慧子 陈博 牛玥
乔磊 陈昕 何睿 周春雨 邓琦琦 周鹏
李驰 刘鹏飞 恽之玮 刘海 林焕波 缪维民
陈琳 邹传伟 杨笑山 张宏忠 冷雪霏 徐大伟
刘晗 杨澍 杨成 黄辉 伍崇友 蔡超
张欣苗 徐立恒 汪明晰 钱潇明 凌启圣 盛寒蕊
林雯烜 黄德龙 段俊涛

力学与工程科学系

刘磊 王超 王辰旸 徐杰 胡晓 马婷婷
申垚 杨绪光 石腾骥 薛琨 刘明晖 尹俊
胡新 朱涛 邓谷雨 胡钢清 艾科 曾凡飞
寻波 刘宇聪 陆彬 吴舒 刘臣 林雉伟
杨延涛 蒋欣 陈雪梅 罗春其 赵亮 侯岳
毛悦 韩璐 夏炎 傅晋 沈在莲 霍光
胡宁 贺亮 陈志福 安佰琳 楼航迪 陈丰
林川力 孟庆峰 聂君锋 唐爱华 肖畅 刘亮环
陈云华 李旻 祁祖海 张杨飞 唐绿岸 党刚
谢羽 王嘉 巩克壮 林志丹 申俊喜 任运志
周良仪

物理学院

张浩 许旅顺 张友炘 李润东 安琳 来晓宇
方辰 张进 吕莹 刘铁鸿 张万成 许轲
赵轶 池月萌 齐明鑫 王跃辉 邵佳 魏群
连季春 马瑞 王晓楠 侯阳 于超 王小虎
吴松楠 薛强 赵志俊 贾宏博 孙笑晨 孙凯
朱海涛 于海涛 赵明宇 李钊 宫明 曹孝斌
陈磐颖 陈航晖 王懿 陈晓升 陈挺 方瀛
沈晓冬 俞弘毅 智华勇 周俊 黄志琦 董世英
施洋 于长恺 陈跃龙 孙国锋 许应瑛 魏启元
牛强 任磊 宿夤 张立 林亮 刘亮
杨宗长 李谦 张少庆 刘奇 方圆 宋均亮
彭超 杨跃德 吴思耘 石鹏博 陈沅沙 彭旭
陈华星 夏晓翔 戴杨 李源 段然 陈宇
赵亮 龙涛 钱磊 武洪刚 王垡 刘一
朱萌 郭晓麟 蒋闽曦 田应翔 蔡益 葛鉴桥
王煜恒 冯旭 王睿 刘靖 韩笑 张玮玮
马明敏 韩凯 李智 林光星 张霖 蔺洪涛
黄磊 潘英 陈政豪 刘新建 游春华 杨文昌
顾晓华 吴偎立 孙吉宁 童甫 宋真 王可
林树 卢飞 安然 李航 王跃 徐佳
宋智峰 尚怡君 焦长峰 李宜泽 钱波 陈波
滕海云 葛力 冯振兴 郑家荣 张荣卿 段侪杰
艾颖 易永鑫 许丹丹 史平 闫聪 孙保元
李蝉 万鹏 王小康 吴飞 李毅 张蜜蜜

张博	范舟	王然	岳友岭	边渐鸣	陈暾
丁锐	马文昶				

化学与分子工程学院

徐晓光	杨志瑜	回丽梅	马亮	刘轶男	刘夙
施维维	刘晔	张波	吴春赟	高旭光	曲鹏
任亮	曲晓兴	陈涛	王博阳	朱嘉丹	张梦佳
钱华磊	徐超	刘斌	李川	邱景义	赵志飞
陈晨	袁媛	程碧初	郭楠	彭涛	罗嘉
蒋大伟	赖鹏	杨坤	郎梦	吴颖兰	王瑶
沈婧	俞佳	王静娜	张胜男	王姝晶	邵杰
缪晓鹏	廖琪	张晓春	陈鹏	祖延雷	钱全兵
唐堃	孟鑫	吕小羽	傅正	李鑫	陈欢
江宇	饶颖昉	王羿	童银银	张智锋	郭诚
王超	李晓博	刘娟	周爽	汪丽敏	牛蓓
胡洁淼	申韡	师晓萌	李晓虹	周蓉	牛君
宋靖	王旻	薛伟	刘文远	汪灿	马楠
傅鹏	许晓汲	崔佳悦	阚哲	郑磊	郑捷
俞科兵	张文吉	谢旺申	张若冰	陈政	吴鹤松
丁皓	王博	伍建	张慧	袁泉	韩扬
马严	齐绩	孟伟哲	余燕	谢芳	毛广如
温梦婷	陈知宇	卓小丁	惠超	袁建	孟翔
朱声宝	王志永	王磊	王胜地	刘庄	李昂
周毅	刘剑华	潘坤山	苏立	周雄飞	刘潇
王蕾	何薇	徐菲	葛宁	杨铭	李蕾
胡甜	苏国良	李可心	王娜	潘之炜	彭超
李长坤	颜钦	韩洋	徐毅	史朝胜	谷洛
王靖方	彭程	姜晓成	屈明剑	张毅群	冯玮
梁烁	颜宁	谢黎明	关莹璐	何述钟	现晓军
李博	林晨翔	苏虹	王晓红	王羽	于菲
李宁宁	贾艳	高雨茜	吕梦媛	杨柳	贾颖华
张珊珊	李春光	褚海斌	华小辉	张伟林	金山
韩书亮	花镇东	张健	田欣	徐建军	傅用增
张文彬	费岸	田恩涛	高原	黎永杰	王晶
卫庆硕	魏孔吉	李铭煊	李恒	周涛	桑广艺
苗笛					

生命科学学院

黄荷	章怡	阎晋源	王苗	贺晓路	刘渝
张乐	高琳琳	庹姗姗	陈悦军	何怡	张燕
郑凝	田萌	魏晓	王晓璐	赵婧	王延轶
谢怡莹	邢娟	冯娟	王瑞	宋臻涛	周鹏
温锐林	郑淇	周翔	周黔禾	林垚	陈亚琪
梁超	耿亮	艾尔康	方华明	陈勇	尹玉峰
庄光磊	阎言	马静	张俏	高炼	万哲
苏岳	王逸岚	张丹丹	王晶	程苑苑	苏天
刘歆	张曦	许笛	李溯	刘国琪	韩锋
逄宇	卢蓓	梁志杰	暨国彪	蒋鑫	李冀
陈旭光	许师明	胡晋川	林舒	吴颖娴	邓颖璐
陆文	傅静雁	王景文	赵东昕	刘鲁燕	席烁
仇珺	徐冬彦	李博	卢枫	徐欣然	陈斯迪
王超	尹晓磊	刘翔宇	梁伟	白志勇	史秋明
郑乃中	薛远	刘超	陆发隆	周伟诚	秦道明
麻洪	陈俏梅	黄宇	吕多	杨萍萍	刘旸
许洁琳	刘旭航	胡早立	戚飞	黄小鸥	赵博
王恩珏	马涛	李海良	朱益平	冷松	石广路
刘忠钰					

地球与空间科学学院

王永福	尚学峰	巩志远	朴今春	楼小挺	戴天然
李翔	黄俊伟	蒋韬	唐有彩	刘绘强	魏萌
李磊	陆彦	袁名达	胡龙	黄慧	周桂清
刘依谋	刘鲁波	常燎	张伟	金正俊	刘畅
王楠	梅国庆	武昱东	李朝秦	戚国伟	刘霁辉
黎津	董健毅	乔妥	刘洁	侯素宽	王宇
林晓鹏	梁振兴	鄢贤宁	吕明	田麟	刘源
李健	余盛强	王斌	王乾杰	甘涛	张文涛
刘超辉	琚岩	万之缓	万珍珠	李敏	马皓明
苏海滨	陈路晗	瞿毅臻	安基文	蒋林	曾祥坤
邹亮	周睿	王飞	李虎	汪大明	周烨
刘江	龙玄耀	朴妍	李琳娜	陶迎春	喻新
黄舟	王未明	徐强			

环境学院

刘刚	钱蟒	段晓峰	陈爽	温雨金	任宝
龙飞	李理	丁登	马小萌	王赫	孙海清
夏黎黎	王丹	张恩洁	王宏远	闫永涛	李春波
高联军	王坚	曾宇	周力	张黎明	苏波涛
刘继文	晋璟瑶	王颖	王潇潇	赵静	蒋潇潇
陈丹丹	朱乐	方明	王会	周萌	杨树
王乐征	莫献坤	黄钱	杨宇	姜韬	王红强
丁利军	王成	介崇禹	解忠敬	孟祥利	张锐
陈嵩	沈琼	郭允允	王雅琴	叶友斌	王怡
于涵	陶文娣	李书舒	谭琨	金丽佳	彭博
赵琰	姜帆	冉阳	龙巍坚	刘辰	石璇
赵珊珊	于淼	杜婷婷	何大哲	严汾	郭兰麟
许姗姗	王瑾芳	段超	肖冉		

心理学系

聂晶	齐雅琼	闫冬	祖霁云	郭晶萍	刘青
王姝	匡海彦	方华	李晓白	陈阳	王慈欣
王桢	何松	周雯	王纯	李东晓	李文娟
马超	张雯	朱棋	黎鹏	刘宇	宋茜兰
白海峰	李峥	郭振宇	王珏	魏巍	林鸣

软件与微电子学院

李　震　孙郭炜　娄慧霞　林海伟　朱　丹　胡晓波

新闻与传播学院

陶丽娜　陈　喆　王逸鸣　蔡俊彬　吴彦彬　赵　耀
高　波　韩　薇　李鸣飞　雷向晴　陈　阳　窦丽丽
孙菁茹　赵栋梁　江　雁　丁　佳　赵　晨　罗　康
李　萌　李　楠　王宁子　谢　艳　谢　颜　齐文研
李　壮　郭贵花　李　威　何智韬　王妍妍　徐子莫
王佳元　张丽媛　付明君　曾　翔　丁文杰　李　珊
吕　品　刘大炜　李　莎　刘思甸　张亚歌　梁娟娟
周皓皞　顾姗姗　刘　畅　阎靖靖　包思佳　张彧浩
于　飞　杜丙铠　刘兵斌　高　川　闫一晨　张保淑
刘金海　黄少杰　刘　洋　彭诗剑　张　园　蔡心奕
魏保珠　胡申知　朱　虹　李　宇　苏　晶　余启敏
庞庆娟　李　珅　申　林　温　雅

中国语言文学系

刘　荻　朱明慧　韩　穗　汪晨芳　董熠晶　杨丙涛
吴　燕　张　娜　阎　炎　金　楠　李小天　弓　琳
李洪彦　运红娜　孙佳楠　徐国辉　金　锐　赵　欣
刘　莹　朱喜峰　姚秀程　张佳妮　华　亭　章迪思
仲　林　颜维琦　蒋炯毅　叶秋玲　张　璟　徐晨怡
屠建达　吴光富　员　韫　秦　璇　胡　楠　林志英
叶　静　林平芳　陈　晔　廖　娟　张　伟　王　媛
刘春明　秦　琳　江玲玲　王彩华　张则锋　李　楠
杨清晓　高慧芳　郭　琳　唐　媛　黄田子　陈楸帆
黄　飞　彭　琳　谢晓婷　麦子茵　王云霞　徐丽文
郭朝元　王秋萍　张潇潇　陶　媛　杨冰晶　叶保秀
张艳艳　李　阳　郭青剑　权　静　魏　薇　成　方
景　辉　李　苗　李广益　张　雪　郑妙思　李芳芳
谈　汀　程　炜　何文峰　章文颖　孙　娟　付　飞
张筱燕　王　艳　金卫国　王玉响　温桂辉　张佳佳
杜　娟　王　蓓　金　溪　袁晓希　吴晓楠　王　杨
郑　磊　倪咏娟　徐　梦　郭道平　朱莹莹　蔡晓铭
周　兰　马　楠　丁笑丹　侯冬华　姚　娜　李常伟
曹菁菁　怀　沙

历史学系

尹　路　刘紫钟　张　婷　何绍波　孙　瑜　孙毓泽
黄贤明　孙正军　曹　晋　陈　晨　柳万军　曾　柳
聂爱玲　夏　昀　左　娅　赵　西　张云波　宋子强
马　翎　邓　菲　施　骏　潘　曦　陈天玄　汪　丹
陈　甜　李文杰　顾凡颖　管晓宁　刘文俊

考古文博学院

魏　尼　范佳翎　霍明华　刘保山　盛　洁　王慧丽
李　伟　梁竞文　顾文静　鲁昱熙　曾昭明　彭　骥
杨　非　王铁琪　张剑葳　徐　文　张薇薇　钱　蕾
李婷婷　陈　莘　汤诗伟　周　宇　陈　瑞

哲学系

王　征　胡婉晶　唐亚刚　王婷婷　霍　彤　杨春光
徐　楠　李蓓蕊　王海凤　徐丽娜　余　亮　郑砚秋
黄　路　余　莉　钱叶文　林　翔　陈　瑶　林丽媛
吴　昊　刘婷婷　乔　宇　王　璐　毛　帽　陈　欢
苏　阳　郗　戈　许韩茹　刘小丹　王彦晶　张翼飞
洪　旻　王凯峰　下　上　王进会　陈　婷　屠　玥
胡　杰　于　浩　赵轶琛　张青松　刘　君　杨　成

国际关系学院

韩　旭　余　乐　高望来　白　芃　白　田　费　杨
单雪静　郑燕宁　祁昊天　肖　媛　唐莉茂　张　梧
冯　静　周　博　李　希　陈　晔　杨美荣　柴晓蓓
许晓雷　刘彩华　米颖慧　孙广星　刘　然　崔　婧
岳　凯　陆　曦　吴伟锋　陈　敢　曹　文　孙奇杰
沈建冬　吴蕾蕾　魏婷婷　吴　浩　罗业超　吴永华
陈蕊亚　刘　星　熊　霓　李亚男　吴晓丹　李俊佑
王艳辉　陈伟嘉　陈丽敏　杨劲科　鲁玮玮　程　建
李　晟　颜丽媛　尹　歆　黄　锐　陈　玲　孙力舟
罗　菁　黄　菊　徐　来　苏晓晖　杨　帆　李　昀
常　雪　王志鑫　张雅君　郭　丽　王凤军　王文泽
吴瑞成　武光陶　郭晓宇　吕　强　张瑞婷　张海涛
姚佳威　谌冠英　张　陶　俞　晴　鲍菡苕　丁　玲
于　玲　孙冰冰　葛　鹏　刘　澄　董　斐　赵玉杰
齐　志　邢立鹏　王党明

经济学院

王一鹤　吴　铭　苗　苗　李惟谨　刘　淼　于　安
张靖涛　刘　辉　刘　明　王　姝　姜天岳　刘　爽
邢自强　王少东　叶　灿　翟珊珊　陈少晖　殷建琼
徐　振　王玉龙　付伟华　程俊霞　王艳军　郭银霞
宋　芳　王胜蓝　严　慧　何　芹　郑　佳　周歆序
王　沛　史文瑞　范　颖　温　静　张　宇　张建磊
马填依　任　斌　赵冰喆　王慧敏　童杨威　储丽雯

朱陆燕 尹劲桦 于杰辉 朱建化 江政 郭志华
高民芳 刘占朝 焦点 张慧 雷蕾 杨亮亮
李楠 黎藜 黄欢 谢函 司高飞 陈军
欧宇婷 刘需瑶 王驰 李依婷 陈一辛 吴青青
吴昊 马佳奇 李昊 袁天龙 冀愉 付玲
张鸿源 潘则均 赵越 金仙淑 康可佳 仲婧
董平 张海涛 姚克铭 宋洁琼 沈祺 印为
石磊 俞孟晶 刁天烽 钱伟 丘文鹏 郭万怀
张迅 孙海琳 李昊 杨长湧 梁昊 朱凯
于乔 郑东吉 李花 胡伟琴 翟文婕 何玫
郭庆齐 黄静颖 陈勇华 易滢婷 吴珺 周昊
黄海文 陈小燕 余晋琳 石昊 朱琳 苏创
兰慧 刘芝萍 王军 江涛 刘环 郝赫
张丹 张荣琳 魏宁远 崔红永 贺志锐 郭丽
闻鸣 鲁元春 滕贞旭 卞鑫 翁翕 方芬
陈世暖 彭强 程宇冉 许鼎 吴凌凌 明李霌
徐秋 袁苑 钟子埙 雷蓓蓁 张秀梅 罗亚琳
刘维 刘杰 李峙玥 姜孟夏 李暾 叶存栋
章林峰 张娟 夏冰心 杨逊敏 黄燕萍 黄刚
庞恩富 许冬 陶佩

光华管理学院

于佳 齐婉宁 曹珊珊 赵欣 苏林 张涵天
权静 李婧涵 汪溪沙 孙立平 葛欣 赵端端
贺婧 赵燕红 鲍驭舟 黄韡晔 汪晶 侯仁凤
于海 王晋杰 方小丽 刘琪 王晶琦 邹一萍
陈琦 王媛 张博 蒋德军 韩智勇 毕琦
刘洋洋 张英杰 刘文佳 万翔 刘欣 顾华
张雪 王娟 刘琼 谈丹 肖闻起 孙洁
杨传龙 徐雨文 沈贻芳 梁辰 邹承 徐昂
李辰 陈阳 王晓艳 郝睿禧 张灵 牟菲
沈宗飞 金海龙 岳阳 董晓波 张一雷 黄珂
金光 诸晓萍 薛蕾 滕飞 顾颖群 林立
严格 林智明 陈雯雯 涂刚 张瑜 沈启盟
李诺 初君 张渝晴 郭维博 赵辛 宋杨
赵雯 杨嘉慧 骆楠 李暐 邹洁 董祥
徐志庆 吴焱 庞隽 华晔晴 廖张锋 叶然冰
苏丹 李柰 方继凯 王瑛 俞文皎 潘祥
周蜜 陈义言 符妙茜 樊蕾 赵华虎 吴陈尧
任佳 王星 鲜丹丹 袁博 徐振龙 杜凯
孙博 于长明 杨婵 王佳 李春阳

法学院

王婷 李凤仙 单立娟 于进进 次仁平措 邱琳
杨华 徐斌 顾宏伟 王磊 田昕鑫 彭芸
董萍 姚坚 王佳 侯琳 罗成 董潇
李磊 李宗文 崔燕 柏林 黎梨 左婧
郭洋 李艳 黄洁 周芬芬 严厚福 张坤义
孙新亮 王兴华 耿德华 胡馨月 谢莲坤 鲍璇璇
张莹 孙放 黎翔 杨帆 任远 黄文
王翀 汤洁 李延 曲果 刘佳 李文馨
丁晓静 王旻初 汪丽 吴晓雪 欧阳晓玲 许頔
席娜劼 荣姗姗 李凯玲 幸嘉佳 张纬樑 王睿
赵宇果 刘涛 王锦 王雪皓 黄颖 徐玲芳
郑欢 霍仁现 朱纯龙 赵敏 张大勋 胡文静
刘潇潇 刘震 卢杰 刘柏庆 梁伟 谷利
穆颖 赵宁 苗晶 蒋晓薇 曾雯雯 杨轻舟
赵岩 沈丹丹 胡凌 石永峰 张有志 许懿
付澎 肖颖 左芳 张湖月 罗鉴 曲晶晶
王志刚 全英 易晓洁 王猛 陈英振 苗淼
王伟 李花 陈珍 徐莹 赵璐 盛情
李枫 陈睿 曲桦 殷婷婷 马勍 尹月
刘磊 张静 孙溦 张紫璇 胡晓晓 宫婷
杜靖 武玉挺 罗造祉 李晓红 李秀红 唐汉洁
刘佳萍 刘堂斌 杨希然 高洁 白丽娟 文梁娟
黎藜 沈成然 操乐龙 张婷 张荣胜 郭霞
蔡晨程 张林 刘世彪 于蒙 马微 李杨
单磊 张蕾 李伟淑 韩慧莹 王亚宁 严明
李泊桥 许昱华

知识产权二学位

钱卉 赵蕊 蔡朋朋 彭妍妍 高洁 马佑平
於林峰 邓科峰 潘磊 刘卉 张玉 蔡蕾
李咏 麻玉峰 沈梦 马超 何怡涛 王晓慧
王瑛 文昕 孙新宇 张月珠 吴莉娟 吕海涛
金杭萍 刘子菲 闫霞 王学孟

信息管理系

刘贞君 牛先芳 王明良 郑碧敏 李存峰 徐淼
张勇 孙志鹏 刘钧燕 胡文倩 朱琳 王蕊寒
王剑英 杨泽远 温立武 陈曦 晋志勇 蒋文
刘凌 毛辉 金德锋 林冉 黄亦西 邓国
赵康 葛宁 杨志彤 刘佳 张丽 孙文钦
张萌 乔千 吴菁 郭芋妙 路遥 张宏胜
罗戎 张晶晶 杨梁彬 段然

社会学系

齐欣 曲媛 燕海鸣 唐蕊 陆毅茜 韩紫超
金丹 张晶 秦冰 杨鹏峰 李睿 王迪
李巍 马强 田芳 高雯蕾 周敏 秦丽娟
汪文 章邵增 蒋巍峰 郭谊 李治雁 张蓓蓓

林建英 游凡 李晶 杨耀辉 杨仁旺 柴馥蕾
豆坦友 刘伟华 杨迎 张黎雯 刘重杰 李思
郑莉 王敏 尹鹤灵 王珊 林森

政府管理学院

邢培健 果佳 郭琳 上官华洁 马妍彦 孟令奇
杨惠颖 李春亮 王鑫笑 贾丽华 郝程光 于丹
李光植 裘菊 方香丹 陈军 许亮 王景香
周雪莲 李子奇 姜淑 柳清海 甘启裕 王敏
苏雪燕 陈贵兵 谢秋荣 杨琨 丁杰 李振国
张立栋 成云波 徐卓 郭伟 王丹 闵才良
李强 唐慧 彭志男 陈素婷 蒙宇宁 杨骁鹰
吴强 彭希 赖婷婷 但根友 龚连刚 王丹
张小波 陈春 夏宁 张本盛 张文琳 相丽丽
焦鹏 魏薇 石淇玮 汤杰 杨波 左瑜
张将来

外国语学院

王曦 马小凡 李苏宁 李桂仙 张媛媛 孙娜
姚洛 于扬杰 杨扬 李娟 赵博娟 王婷婷
远芳 姚啸漪 郭峰 段孟华 金红梅 王冕
谈香丽 冯骋 马天杰 胡晓庆 孙珏 欧阳闻捷
金松芸 王燕 朱亚丽 王想想 江雄标 郑熹
李真 谢萌 朱庆华 高瑛 周大伟 王悦
张林华 张倩 周茜 甘情操 卡娜丽娅
唐金楠 刘宏飞 李敏捷 张祎 吴楠 王忆南
张亮 李森 王灏 王苏萌 谢丽昆 李如钰
毕维伟 王冰 沈欢 尹琼瑶 蒋鹏 刘飞飞
苏伟 许大公 韩冬冬 满一波 侯艳丽 陈雷
宋灵敏 程雪 王作 胡天佑 梅静媛 高燕
杨慧 邹丽 李双志 李雯翠 杨洋 王凯
魏静 朱丹 张晶晶 李玲玲 黄杨 江健龙
王钰 张枫 戴义冰 于晓 陈凯培 刘菲
艾青 魏然 刘旭 吕硕 陈萌 李镇伯
崔勋 徐薇 吴婧 孙颖屏 周姣贵 黄旭
温晓静 刘润秋 王淼 成瑶 南萍 朱俊清
张弛 杨兆华 方菲 杨迪 秦义 刘潜
陈宁 陈湘 陈兮 陈翔宇 刘冲 毛兴华
于雯竹 李小微 鲁成思 邹传 陆娜 赵佳
张凌琳 黄雷鸣 朱晖 张芬芳 陈肖棣 郭晓丽
王羽维 李昂 周思 周权 沈一鸣 朱丽涵
朱锋 沈可 孙华 车玲 王倩 姚西蒙
李悦 马超 龚国曦 崔喆 黄菲 尚彤
魏巍 林日闯 王玉娇 苟振红 周延 乐恒
唐崇麟 方靓 吴迪 孙剑峰 周晓丹 巢巍

沈斌 王靖 谢炜娜 李勤 刘文静

马克思主义学院

陈燕珍 侯密 谢超 顾晓曦 高岩 刘竹
屈丽芳 丁玥 刘倩 武静 杨蕾 马志强
杨燕 黄震明 夏睿红 马迎春 夏飞 陈颖芳
向波伟 文睿 吴琼 程昊 冯贺 王纯
杨海燕 林红 程驰 王艺红 陈良玉 李美青
关海涛 黄玉 李黄珍 张琳娜 胡晓晖 王慧珠
梁军辉 杨祎思 郭志刚 刘毓锋 林力远 陈明
郝娜 薛亚楠 孙成滨 王磊 王积越 鲍先泽
胡坤俊 关欣 吴效鹏 贾雯雯 胡璇绚 向继志
宋玉琪 孟丹 刘中美 李红燕 刘凡 吕競
王蔚嘉 贺彬 石春艳 雷晓林 王庆泉 郑向
乔荣 高晥翀 成光 王冬 张欣 程刚
谢洋 张东方 赵玉兰 薛莲 宋歌 李园
贾双燕 刘军 白俊峰 杨丽娜 张亚伟 孙华
张宁 王峥 王跃勇 余涛 胡亚光 黎明
赵海燕 杨军 杜旭雯

信息科学技术学院

安然 王晏酩 吴奇 冻梁 章新春 赵辉辉
廖晖 张孝达 黄强 郝闯 黄海 杨振宇
王旋 徐启翔 任申 王习 伍景明 何凯
孙云刚 刘天喜 刘敏 严伟振 宫彪 陈潭
庄晖 王全 孙根泉 林海洋 张震 俞竞可
王中为 高志宇 刘安 李韫慧 李莅繁 邵华
刘欢昱子 王暄 吴霞 朱丹丹 张恒 许敏
刘文俊 田笑微 马婧 韦燕 陈丽丽 张岩
郝诗莹 李静芸 周越 苏鹏 于洋 程方
裴轶 李宝同 周苏生 宣善明 刘江涛 刘彬
陈晨 蔡钦 李东云 刘朋 刘鹏 陈迅
李贵生 胡经伟 陈备 陈炜东 郭锐 秦谊
范挺威 金增笑 林楠 朱贤铭 吴毅凌 柳金硅
揣云志 赵巍 郭放 陈恕 虞南方 吴冰
魏红秀 李享 汪丽 王珺 徐晓燕 刘彬
刘雯 詹超慧 马晓楠 张小欣 吴泉声 戎懿
张晓儒 谢琳 邹璐璐 吴文倩 陈礼高 邓天松
孙自怡 王博璐 续一磊 管武 刘伦 王威加
刘丹星 朱嘉奇 汪萌 李昊 马晓征 朱亦真
蒋逸明 施澍 李芬 黄炎灿 李健 谢利子
孙玉香 钱晓俊 王媛媛 梁希云 刘磊 余晋
银平 孙玉砚 李勤飞 何靖 浦甲列 殷普杰
黄颖 张学伟 姚远 马文秀 徐春香 李希婷
史惠斌 关方兴 耿翔宇 郭新宇 张秦龙 王玥

杨帆　海丽娟　廖泰敏　鄢博　高海斌　李燕
陈亮　李玉娟　周晓鲁　吕广西　姚远照　赵静
沈李明　刘骥才　李俊德　庄凌峰　叶婧　张忠贤
俞辉　朱凯庆　田枫　朱文琪　祁益峰　张彬彬
吴泠　冉军　叶玉婷　王莉春　洪柳　韩亮
穆亚东　张磊　万鹏　余方　刘琪　刘轶群
蒋孟萍　刘海斌　赵婧　夏庆　梅源　于渟
程志　范刚　刘江红　葛文兵　李灵福　林伟
林怀东　李瑞超　肖向伟　杨阳　张法吾　巴赫
赵阳　张吉豫　刘益成　戴蓉　顾钧　张静
柯培宏　张颖　李晨煜　李世亮　邢彬　任茂盛
徐蓓蓓　成俊　王楠　李继峰　李可文　王丹
殷俊　乔治　宋姗姗　王志远　王欣　侯晓宇
王晓峰　徐博卷　刘乐　吴珂　戴鹏　楼夏
方昊　施文典　吴大可　余非　陈亮亮　赵端
宋颖　韩翔　宋岩　韩晓磊　刘冬宁　刘深亮
杨楷　范炜　韩旭　徐川　安安　帖猛
张宁　匡西尼　郑佳鹏　唐健　汤亮

医学部

临床医学

陈新军　韩薇　王鹤　吴柄东　刘业成　金丽敏
黄萍　唐锋　金克敏　孙帅　林昌山　林菲
冯伟　张乐嘉　侯米莎　张珅　武莹　邢加迪
吴晓燕　任玮　樊华　史济华　李海　赵欣
刘可　柳晨　陈辛元　田然　张蕊　边大鹏
王璐　周振兴　王斌　李洁　邓雪蓉　李纾
吴欢　熊磊　王纪英　付静　张翾　张国强
李文畅　金星姬　赵轶国　唐刘君　朱厉　田勍
安娜　朱正　史楠　李倩　刘潇潇　高鑫
郭丽莉　王荣丽　郝苹　王伟　李伟　李秋萍
马新颖　孔亮　范斌　张兮　韩星　徐新娜
漆佩静　母艳蕾　邢晓芳　周围围　张涛　解飞
帅澜　蒋晨曦　范俊　张云　李宁　闫东
张月霞　刘世晓　郝晴　黄辉　冯磊　罗湘蓉
肖斌　牛思萌　单莹　王麟　张琮　李伟
吕超　荣艳华　辛晨　曾涛　高莉　张雪
张宇　苏晓宇　徐静　邓晓慧　张雅　郑晴
于洋　吴东伟　孔雅娴　刘军伟　方柏荣　刘颖
李云飞　丁渝　郑一华　范晶　王瑞琦　樊曦涌
王燕飞　曲昂　徐文军　林毅军　刘珣　许可见
董斌　李全　裘佳　张瑾　范子田　徐薇薇
顾雅静　王萌　屈岭　王武超　蔡晶晶　郭晓萌
郭洋　周岩　宋瑞生　梅玫　李迎光　过哲
吴元　陈培服　时延伟　段蕾　徐敏　黄林洁
张扬　王胜伟　黎麟达　赵艳丽　朱丹　林寒
徐节坤　刘波涛　李权鹤　张举　林玉晶　刘杰
谷士贤　刘烁　巴姗姗　兰汀隆　张弛　白静
贾媛　肖洋　刘永鑫　马媛　赵莎莎　霍宏蕾
杨煦　仲昭岩　吴迪　张展志　陈磊　张志鹏
魏洪政　雷玉琳　胡爱民　冀亚男　范孜轶　王方芳
臧金鹏　甘承　马晓伟　李春杰　孙洪义　雷鹍
江东　郑瑜　刘萍萍　刘佳　王智敏　车雪风
卢鸣　林万鎏　张虹　杨帆　王楠　王磊
暴婧　于路平　侯艳　闫崴　王凌宇　庞艳莉
汪业军　王博　吕刚　孙东杰　宋志强　沈曦
陈园园　刘宗志　周熹　陈奋　王鑫　苗旭
张大方　姜长涛　郑明非　郝丽文　张五芳　黄晓霞
李世蕊　陈征山　莎茹拉　刘宁　谢飞彬　徐冲
顾漪　张晓燕　曹琦　郭芳岑　赵晶　王金桥
冯俊　荀利如　张冰　白瑾　张娜　王文冬
冯喆　马鎏　崔晓雨　吴熙　蔡晶晶　衣喆
李迎楠　徐丹　邓莹　许志松　国鹏

口腔医学

吴辰　贾芳芳　许向亮　张俊　赵宁宁　刘莹
林碧琛　曹艳丽　田福聪　张艳玲　李浩　曾百进
许永伟　马莉莉　韩冬　林范　项天庆　文艺
李海峰　刘明宏　王晓冬　单小峰　王碧　潘彦杰
李婧　杜钰　付晶　李玫　许克樱　吴鹏
曹婕　赵雪岩　陈艳明　刘健生

基础医学

王笑菲　朱梦嫘　李瑞芳　刘元沨　徐清问　刘侃
王卓　张玉霞　钱朝伟　黄砚北　罗昕　魏泽峰
李树欣　彭思颖　陈珊　李珺　刘静漪　陈琦
张婷婷　赵颖　童梅　唐萌　王昊　杨阳
关志强　李玲　李谧　张婷

药学

牟科　陈文倩　莫丽都尔　雷超　朱墨桃
刘忆霜　李怀玉　张峰　蓝礼生　成伟家　刘倩
魏鹏　杨漾　李慧　魏鑫　王少戎　傅德倩
纪超　格桑平措　师晓丽　胡晋　俞江
吴小雪　刘晶　刘新月　张杨　巴桑卓玛
潘铁成　胡光　闫志国　张翼　刘恕　张艳
秦锋　泽仁拉珍　张鲸惊　陈静文　宋涛
顾佳　王怀雨　程水红　邱涯琼　何立波　赵传科
周受辛　邓洁丽　洪浩　韩冬　蔡雷　郑晓曦
马秀全　何梅孜　万志龙　杨蕾　路永斌　钱珂多
李桢　石桥桥　李若雯　王强　梁晓光　吴边
杨楠　马圣骏　法鲁克　杨霏　胡应生　肖钧
赵桂玉　冯彬　林晨玮　郑伟　吴增宝　管晓东
邱玉琴　李鲜婵　易姝燕　赵菁　王珊珊　张洁
张凯　王谈凌　季鸣　王磊　周琦芸　韩镭
陶原　王翔　张俊杰　吴雪　仁增顿珠

林　木　郝晓健　段　铮　李　时　陈治强　李业嘉
刘　哲　达瓦仁增　刘婷婷　周艺兵　任　彭
张安阳　李立飞　张　阳　倪　钎　杨啸川　杜　婧
刘晓锋　刘　斌　王启迪　魏　炜　卢　宁　王俊华
杜　煜　高　飞　郭谆谆　林　硕　朱士英

预防医学

李　皎　周　炯　王洪江　匡季秋　吴逸园　刘　涛
韦凌君　贾会学　李新平　李　林　秦　雪　陈　磊
黄丽萍　吴延花　骆颖慧　郭　赟　余灿清　王　娟
王　倪　郑　鑫　焦　薇　李　珊　高　竹　闫　涛
陈　威　王　超　王　亮　王青海　邓　晶　徐想顺
温思瑶　周　颖　刘利容　杜小宁　李海峰　易　伟
王蕾琴　周穗赞　吕　聪　陈　斌　裴荣娟　李会娟
邢　运　张　兴　张慧芳　丁中华　黄高平　许艳子
徐立俊　胡斯奇　卜令楠　罗　昊　李珅珅　廖　巍
吴　婷　杨睿悦　王　萍　郑晓雨　于鸿江　徐　佳
孟凡亚　陈　良　宋明山　赵　娜　廖秋燕　陈　晨

护理

成　涛　杨桂玲　鲍云非　张小明　赵　昱　程　蕾
罗蓉梅　朱　颖　彭淑霞　孙荣娜　李艳林　王琼玲
朱冠楠　李　燕　刘　娟　谭耀华　王　姝　尤文平
姚　璐　曾　淳　黄　卉　姚庆苹　李　晶　徐　娟
胡榴燕　王晓菁　管嫣红　潘玉芹　刘春霞　朱　静
尹亚妮　李燕筠　冷　婧　张　蘅　张睿霖　张　晖

医学实验技术(专科)

沈　飞　郝　乐　王小珏　周立娟　任劭珉　闫　妍
康丽娜　刘亚楠　蒲申申　李艳艳　张　倩　严　岩
刘婧婧　宋　川　贾　鹏　李　则　吕　珊　渠　凯
陈瑛琪　郭　婧　刘起祥　郑　匣

应用药学(专科)

张　磊　李　森　李　晶　储　祎　张　丹　杨　菲
胡红光　张　京　刘　建　张霄斌　胡巧雨　周沄沄
姜　维　王　焕　张　岩　肖增燕　么　杨　郭培京
王　靖　张　郃　赵捷宇　李　喆　禄　茜　王　淼
张　骥　王　楠　刘文娜　刘　春　周　欣　赵　飞
王　婧　周丹丹　张阳鑫　李一然　付　珊　杨从怡
解丽娜　韩鹏举　李　潇　吴　霏　赵　丽　杜　韫
孔　妍　王　娜　张　茜　马蕴宜　陈　静　张　希
詹轶秋　梁晓宇　蔡晓初　陈　曦　孟　昉　王　玲
周　巍　孙志华　凡爱平　周仲君　王晓穆　袁　野
崔慧铖　吴云娜　徐雯雯　朱　林　陈植涛　杨　斌
杨春晓　唐　莹　袁　茉　张晓梅　崔璐璐

口腔修复工艺学(专科)

陈中媛　蔡　宇　李晓利　邢燕西　耿京京　温海娜
薛晓燕　段若兰　过丹秋　刘雅妮　刘　旭　申珊珊
刘蓉蓉　孙　博　李赛　杜宝玥　李卓然

护理(专科)

孙丽娜　杨　迎　洪　伟　霍　文　张立萍　翟文洁
姚　观　王小鸥　杨　洋　张　怡　李　果　程　妍
宁　静　李　青　乔建京　王树丽　李杨煜　宗　菲
解中原　董　蒙　李春敏　刘怡宁　李　伟　钱晶京
齐一鸣　郭　煜　尚云飞　王　溪　刘静曦　徐　鑫
刘　婧　陈秋艳　白云涛　韩　墨　张秋月　陈思然
刘诗芳　徐玲玲　张　瑜　宗岩岩　李　连　张树琪
王　静　于　森　彭　涛　张　菡　郑媛媛　刘　思
刘　洋　叶迎迎　冯亚楠　陈胜男　孙晓迪　温艳红
王　宁　于媛静　张晓焱　杜　楠　谷昂蔚　赵明明
崔　琳　商雯雯　张莹莹　李　娜　王玉梅　徐　怡
高　娟　李姗姗　夏晶晶　宗邵杰　孟　超　任　娜
张　晨　武博瑶　周　青　田　颖　李　欣　赵杏初
刘迎春　王洁云　赵　阳　胡　祎　李　宁　刘　超
闫素仙　冀　倩　付　悦　孙小倩　林　芳　刘　杨
王长琦　张晓芳　张　昕　董立晔　崔丽雯　吴亚南
孙　颖　贾璟楠　李　晔　李　薇　张　涛　钮　安
刘　蕊　陈　欣

临床护理(高职)

宋鑫蕊　刘　丹　苏艳艳　张　欢　常　青　吴　蕊
代京楠　姜　楠　王莹莹　曲建楠　韩　丽　孙　萌
崔　雪　梁钰坪　张　丹　侯　婷　毛雅迪　王　静
马　兰　蔡　颖　侯惠乔　吕　依　肖　岩　李珊珊
刘　佳　万　丛　张　璐　赵　熠　张　爽　李媛璐
李　晓　谢湘菡　齐　培　李静然　阎　红　孟雅莉
孟　静　孙慧歆　王　萌　王艳华　吕海佳　崔颖硕
顾佳卿　周　烨　王春莲　杨　雪　桂嵘嵘　陈　晨
陈　娜　田　甜　范春蕾　李　璐　赵　茜　王晋文
戴晶晶　叶　蕤　赵　瑾　李　立　王　蓥　张　雯
何文娟　夏凌凌　李　旸　张　婷　赵　婵　郭　莹
高媛媛　史　悦　方　静　宋凌云　梁　蕊　傅馨延
李　旭　韩　燕　康　荫　张　希　王　冰　王　慧
陈　鸣　赵　力　吴　岚　林逍纳　张　愿　段　薇
李甜甜　张蓓蓓　郑　薇　张　韵　张　璐　马　静
郑　宇　李　双　孙　超　杨　璠　陈　铮　王育美
李　颖　丁芸芸　王雅楠　任　逸　王　菲　连　莲
王　姗

硕士毕业生

001　数学科学学院

博午日亘　蔡昊兴　陈　莉　陈　勇　戴　强　董建锋
窦　燕　杜素贞　方军雄　葛丹丹　华锦芝　黄　洋
孔宪芬　李　双　李兆丰　林冬瑜　刘海涛　刘建军
刘丽英　刘若川　刘首政　刘淑霞　刘　英　罗　颂
马守荣　潘流俊　邱群义　任亚唯　宋龙峰　宋诗畅
苏小泉　孙银玲　童　海　汪　洋　王　平　王士模
王述珍　王　伟　王晓霈　王　彦　王贞琦　王　证
隗　刚　巫桃养　吴　昊　夏　静　肖玉明　谢　琳
辛　磊　徐礼虎　许晨阳　杨春红　杨维华　曾　辉
张会娜　张　龙　张　頔　张　欣　张　宇　赵晓军
赵　扬　周建松　周　翔　周谢慧　庄东平

003　力学与工程科学系

薄雪峰　宫　皓　韩国瑞　贺　昆　黄为鹏　简应荣
孔令宝　李廷文　李　勇　李　准　刘　健　刘世强
罗一斌　毛小锋　彭恒初　任燕翔　史可天　塔海森
尉立肖　魏　兰　吴宝榆　武义明　鲜　峰　于长平
余荣国　袁　方　曾　娜　赵学峰　郑巧玲　钟　彦

004　物理学院

安辉芝　巢静宜　陈耀锋　陈永军　陈　渝　迟东妍
杜文峰　杜希宁　方慧智　甘恒谦　高文胜　葛国庆
韩　慧　何春勇　胡小明　黄接辉　黄骏锋　金春来
李　朝　李德军　李富余　李　戬　李文武　李　霞
李振华　刘大猛　刘　飞　刘　军　刘　锴　刘勤勇
娄淑娟　罗旭辉　毛　博　孟广为　苗　川　明建川
宁振华　彭大勇　彭　松　钱婷婷　任国利　任　谦
史　欣　宋慧超　孙　昌　孙庆青　谭忠魁　汤　杰
唐　昕　汪　萍　王　曦　王先桥　王新峰　吴龙涛
吴文忠　熊春乐　熊明渊　徐　袁　闫继锋　杨　华
袁志军　张　备　张海雁　张　洁　张　鹏　张仕刚
张伟华　张撷秋　赵子正　周　然　周　伟

010　化学与分子工程学院

戴新河　付成锋　何　平　江卫军　刘主根　王　剑
夏　可　徐　勇　闫　宇　张　弢

011　生命科学学院

陆瑞丰　张春兰　赵文宁

012　地球与空间科学学院

陈　鹏　陈思锦　崔荣国　邓长瑜　富起来　胡　滨
怀保光　李　滨　李多丽　李吉芝　李　蓉　李辛子
李宗怀　刘　娟　刘瑞宏　刘雪萍　刘　影　卢宝坤
马　磊　毛婷婷　牟　莉　牟　南　潘薪如　沙志友
史宏宇　覃文圣　覃争锐　田　玥　王红岩　王　欢
王美娜　王维亮　王玉斌　王治国　魏立力　文彦君
伍建机　肖晓柏　徐斌恩　许　绚　严　明　杨振涛
袁庆东　张海泉　张双涛　张雪松　郑小松

013　环境学院

曹　东　陈　磊　陈玲飞　陈　梅　程冰歧　楚敬杰
崔　凌　戴永立　范　巍　甘翠锋　高林宇　郭长雷
郭　森　韩　彦　胡　璇　花　维　黄　燚　姜斌彤
姜世国　姜卫峰　姜文玲　姜学艳　蒋丕彦　焦晓武
金　蕾　景　娟　孔令江　冷宏志　李全林　李寿辉
李卫锋　李小凌　李晓华　李晓娟　李　雁　廖建华
刘俊兰　刘文政　刘小鹏　刘　欣　刘新虎　刘艳华
陆思华　马　宁　毛　矛　冒亚明　孟晓刚　潘汉生
朴秀英　齐　丽　邵世云　苏洁琼　孙凤龙　孙婧博
孙　莉　覃宁宁　谭文垦　田　坤　田旭东　汪美华
王吉华　王　涛　王　薇　王　伟　王　欣　王铸铭
翁桂兰　吴　倩　吴　强　吴元元　夏　洁　夏连珠
肖庆文　邢秋茹　徐　锋　徐　辉　徐易伟　薛其福
闫　雁　杨　红　杨建敏　杨小兰　叶　鹏　殷柏慧
于雪娜　曾　明　张海峰　张　鲸　张　磊　张　蕾
张清华　张　茹　张艳红　张　宇　张祯玺　赵　静
赵汝林　赵子鹰　郑顺平　钟　鹏　周宗楚　朱李华
祝　斌

016　心理学系

蔡伟栋　蔡雅琦　崔剑霞　郭铁元　蒋　毅　邝　怡
刘海骅　潘志然　沙淑颖　沈恒君　田　林　王春燕
吴超荣　谢冬梅　袁慧娟　张怡玲　张哲宇　章晓云
郑　蕊　庄明科

018　新闻与传播学院

陈慧颖　陈文娟　丁于珊　葛小娟　耿慧丽　郭丽婷
郭梅雨　郝立鹏　蒋　娟　缴立洋　李　卿　刘　扬
刘勇杰　吕　品　蒙　晖　陶岳波　王金媛　王　馨
王秀丽　王　宇　吴　薇　尹铁钢　云国强　张　宁
张　冉

020　中国语言文学系

艾　英　白　静　陈春敏　陈　静　陈　宁　陈　瑛
陈园媛　程亚婷　崔　彦　崔玉珍　杜东辉　杜新艳
杜　轶　韩丽婧　洪　丽　姜　南　蒋建设　蒋静忠
金安辉　柯琳芳　来晓燕　李　禾　李佳行　李少华
李予湘　李志腾　林晓雁　刘春华　刘　军　刘占召
刘　钊　鲁太光　陆　成　马　晖　蒙　娃　慕志勃

邱立坤 申宇 师力斌 宋晓晖 宋作艳 孙洪伟
孙文秀 田露 田媛 王枫 王亚莉 吴德祖
吴洋 肖学周 严蓓雯 杨小亮 杨雪芬 姚静仪
姚树军 袁筱芬 曾汀燕 张冬梅 张洪玲 张丽华
张祎琳 赵婀娜 赵丽华 郑以然 周翠 周志刚

021 历史学系

陈曦 程东金 高暖 韩伟华 何心平 何秀霞
胡修雷 黄鹤 冀永义 李典蓉 李儒雅 刘汉生
庞建国 孙家红 孙明 汤宇兵 王锦萍 王鹏
王抒 王兴栋 王颖 武欣 徐锋 徐乐天
薛瑞汉 杨纪国 杨展 张平 张世国 张晓莉
周红江 朱歌姝 朱也也

022 考古文博学院

曹大志 常洁 陈莺 范梦园 高成林 李媛媛
李珍萍 刘未 马健 马文光 魏彩云 文明
徐世炼 阎欣 杨冠华 杨莉 杨勇 翟少冬
祝谊博

023 哲学系

蔡蓁 曹彦 朝格图 陈光 陈国强 邓庆平
高健群 管伟 郭永盛 何平 何小平 胡占利
黄建江 姬宁 贾海 孔美荣 李立 李联敬
梁议众 梁泽生 刘乃勇 刘洋 卢华萍 陆鹏
孟宪青 宁晓萌 任军高 盛珂 汤志恒 田毅松
涂学梅 王键 王永军 吴冰华 谢晓健 熊婵
徐菁菁 杨峰 姚福燕 于万昌 张汉英 张昀
赵建永 赵雪梅 赵正国 郑天喆 钟磊 周艳辉

024 国际关系学院

白冰 陈婧 陈垦 陈诗宁 戴平辉 邓晓霞
高伟 高远 葛滨 郭耀华 黄金平 黄秀丽
黄岩 蓝建学 雷欣 黎轶 李海东 李贺杰
李绘新 李麗 梁开业 梁星 梁亚军 刘凤祁
刘华 刘家仪 刘万平 刘晓东 刘馨 刘颖
刘郁 龙瑾 卢成军 卢锋雷 吕东 罗景一
孟亚峥 宁曙光 彭云 钱江 沙建嵩 邵宗玮
孙波涛 孙尚武 汤晔 汤仪华 田俊丽 田少颖
王夫海 王日华 王秀国 王羽 吴东 伍伟
项飞 谢忠平 严富昌 杨大研 杨丽 姚詠文
于晓燕 余剑伟 袁海晗 曾飞 张长春 张传慧
张琳 张荣耀 张少飞 张晓鲁 张盈盈 朱春波
朱丹

025 经济学院

蔡玮菁 曹燕 常辉 常晋枫 陈慧君 陈俊红
陈良季 陈伟 陈岩 陈颖 程勇 邓磊
丁珊珊 董凤斌 杜兵 杜林 冯丽丽 冯旭南
冯煜 傅孝文 高凌 谷怀冰 韩莉 韩肃
洪瑶 侯琦 黄凯 黄巍 姬钢 季文杰
李春华 李峰 李伏林 李佳 李克佳 李猛
李淑玲 李文琳 李翔婷 李晓莉 李亚临 梁景丽
林显峰 刘长胜 刘东彬 刘东伟 刘汉涛 刘佳
刘俊毅 刘璐 刘亚丽 刘愔 刘云鹤 卢盾
卢月根 鲁刚 陆文袒 骆颖 马云天 明小冲
祁莉 钱华 钱艳琼 秦明益 秦怡 任小琛
任宇航 时炜 宋俊秀 宋英培 孙晓鹏 田峥
王安锦 王力伟 王丽 王琳 王明存 王鹏
王伟 王玮 王卫芳 王晓丹 王晓瑞 王星
王秀莉 魏崧 吴洁云 伍云燕 夏晓辉 谢辉
谢柳 幸科 熊碧华 徐甜 徐彤 徐蔚
许黎文 颜恒 杨红 杨杰 杨晶 杨丽萍
杨鹏飞 杨素兰 叶捷 易鄂 于擎 袁永辉
袁宇非 曾琪琪 张戈 张建民 张京军 张君红
张伟 张艳芳 张志勇 招诗苗 赵斌 赵维久
赵霞 赵旭宏 赵岩 赵征 郑小鸥 郑欣
钟贞 周晨 周鸣 朱丽蜜 朱亚勇

028 光华管理学院

包洪涛 毕士钧 邴峰云 蔡碧波 蔡键 曹彬
曹叠峰 曹翊君 曹志强 常琦 陈爱武 陈爱霞
陈朝晖 陈丹 陈锋 陈宏华 陈经超 陈静华
陈珏 陈美风 陈巧玲 陈小平 陈晓兰 陈远望
陈众 程贺 迟鸥 丛艳 崔春雷 崔萌萌
代东凯 戴海涛 戴瑞良 戴训军 邓罡 邓岷山
丁军 董国防 董林涛 董书友 董宇航 杜奎
杜凌艳 段京丽 范睿 范志 付安 傅萍
富雷 高大明 高飞 高平阳 高汪军 高巍
高伟 高向阳 高莹 高子健 葛俊峰 耿德健
耿毅 宫国强 顾俊 顾启栋 郭福强 郭护湘
郭西燕 郭勇 韩惠敏 韩每加 韩琴 何东川
何东炯 何芳 何金国 何平 何志强 贺长明
洪波 洪珊珊 洪文龙 洪英彪 胡冰 胡大安
胡贵春 胡秋会 胡守柏 胡雯 胡欣然 黄步昆
黄超 黄华丽 黄金星 黄雪飞 黄宇航 纪岩
贾欣楠 江南 江培军 江燕 姜茂学 姜锐
姜勇 蒋理 蒋苏煜 蒋震洪 蒋珠慧 矫英莉
金军根 金科 景东 孔建春 孔然 李冰
李芳 李峰 李刚 李国东 李家胜 李嘉
李洁琳 李晶 李俊 李克端 李雷文 李强
李伟民 李晓红 李新辉 李新林 李岩 李焱
李鹰鹏 李志刚 李志艳 李治国 梁宗保 林陈雷
林霖 林燕 林源 刘兵 刘代谊 刘丹
刘德军 刘刚 刘根祥 刘国栋 刘洪文 刘结成
刘晶晶 刘军 刘坤 刘鹏 刘淑君 刘巍
刘武礼 刘湘 刘晓浏 刘新国 刘亚静 刘延锋
刘彦博 刘艳 刘艳华 刘艳伟 刘洋 刘寅
刘永涛 刘勇 刘云燕 刘志远 柳泰宇 卢翠萍
卢乐平 卢伟 吕柏乐 吕天文 吕园 罗兵

罗艳　马东春　马朋倩　马强　马泉鑫　马子业
毛小元　孟晨　孟青山　苗俊梅　牟淑慧　倪华
倪志伟　宁笔　牛冬梅　牛红薇　诺·托里
欧阳少波　潘泓　潘宇　彭涛　钱攀峰
秦磊　邱昌恒　权学标　阙安宁　任领玉　任一飞
荣海　商皓　沈倜　施敏　石春健　石衡
石进国　史春雷　史新波　宋京燕　宋欣宇　宋云鹏
孙成军　孙道银　孙丰飞　孙菁　孙兰克　孙萌
孙明　汤睿　汤文斌　唐应伟　陶江辉　陶宇韬
滕立策　田艳　童泰松　涂海斌　涂路明　涂鹏
万丹　万里红　汪通　王成　王大立　王宏
王洪铎　王惠芳　王嘉南　王坚强　王建强　王建新
王娟　王磊　王霖　王路清　王仑　王慕龄
王亓永　王强　王锐　王顺　王涛　王威
王文玲　王小彬　王燕　王怡欢　王永智　王云鹏
王韵涵　王振宇　位罡　魏洪贵　魏智勇　温晓艳
文爱心　文锐　闻建国　巫兴亮　吴长亮　吴刚
吴毛利　吴娜　吴暑　吴维崐　吴学孔　吴应冬
伍莉　夏昕　夏志勇　萧凡　肖峰　谢健
谢俊　谢占福　辛建涛　信蓓　邢程光　熊焰
徐冰　徐超　徐菡　徐浩锋　徐剑波　徐菊萍
徐爽　徐卫民　徐滢　许怀镕　许巍　许鑫岳
薛青锋　薛涛　薛逸凯　薛莹　闫林　严卫红
颜华　颜涛　杨代龙　杨菲　杨凯　杨莉
杨宁　杨青　杨少琼　杨霞英　杨小洁　杨晓红
杨燕萍　杨勇　姚英博　姚瑛　姚忠森　阴长盛
尹志强　尹子容　于锋池　于涛　于向前　于银光
于渊　于哲　于缜　余建军　雨乔　原之博
曾庆斗　曾涛　詹静　张辰旭　张成慧　张广中
张浩　张捷　张磊　张立伟　张丽君　张明
张缪兴　张荣　张斯亮　张晓民　张训鹏　张严
张彦　张毅　张羽　赵国俊　赵洪彦　赵杰
赵晶　赵兰坤　赵磊　赵伟　赵溪　赵笑梅
赵延标　赵宇虹　郑仁满　郑伟　郑卫东　郑旭
郑亚杰　郑洲　周长国　周朝阳　周春峰　周海峰
周昊　周洪刚　周明　周飘遥　周伟　周小茂
周兴　周永才　周宇清　周远　周哲娟　周祖禹
朱德永　朱峰　朱汉夫　朱柯　朱晓霞　朱永明
庄玉强　宗建国　邹光林　邹丽　邹有丽

029　法学院

艾飞　艾佳慧　白洪娟　白丽丽　毕征　邴梦成
曹丽丽　曹酒婷　曹智　陈德龙　陈放　陈利强
陈利新　陈明　陈穆商　陈平　陈瑞荣　陈韬
陈卫民　陈文慧　陈晓燕　陈新旺　陈宜　陈宜
陈悦　陈永昌　陈忠楠　程志娟　崔磊　崔晓丽
戴锐　邓友平　丁春艳　丁婕　丁树海　董嵘
钭旭杰　窦慧娟　堵光媛　杜鸣欣　杜永浩　段承恩
范文祥　冯博　傅建平　傅伟芳　郜超　戈笑鸿
葛丽娟　郭鹤鹏　郭叶　郭勇　郭治　韩春晖
何军　胡茜　胡爽　黄建国　黄庭煜　黄文圣
黄晓勇　贾海燕　贾京山　江溯　姜大慧　姜小蕾
金炼　金敏　金明浩　靳林明　景艳　瞿月苏
柯伟才　雷春晖　李长振　李春景　李春晓　李昊
李建一　李锦　李瑾　李玲玲　李猛　李娜
李日波(结业)　李森　李寿双　李素颖　李天一
李文国　李霞　李岩松　李尤尤　李玉木　李峥
李志刚　李中辉　梁慧玲　梁剑锋　廖德宇　林伏龙
林海宁　林久初　林锡光　刘斌　刘诚　刘方誉
刘富君　刘广送　刘虹妮　刘华　刘辉　刘剑波
刘景明　刘军　刘蕾　刘立梅　刘敏　刘三军
刘书燃　刘淑珍　刘熙　刘伟添(结业)　刘向武
刘亚玲　刘妍　刘祎　刘卓锋　柳阳　龙伟永
龙异　卢峰　吕彩霞　吕欣　罗洁洁　罗亚萨
马浩广　马小寒　蒙晓燕　孟庆友　明辉　莫智源
牛晓波　潘晶　平云旺　亓俊华　钱荣泽　钱振国
乔寒　乔鲁京　邱传忠　邱忠义　沈波涌　石明磊
史小军　宋云锋　苏春莉　苏建恒(结业)　苏灵麒
隋平　孙祖兴　谭军力　唐莹莹　万幸　汪红飞
王翠竹　王杕　王福丽　王华　王晶　王珏
王磊　王蕾凡　王鹏　王萍　王榕　王旭坤
王学权　王雪生　王亚凯　王妍　王毅敏　王莹
王勇　王玉　王昱丰　王震宇　魏磊　魏世敏
魏姝　文学　吴登科　吴冬　吴航斌　吴慧
吴江　吴丽好(结业)　吴毅　吴志云　夏颖
向建国　肖世泽　谢丁　谢海燕　谢宏宇　谢晓雪
谢鑫　谢艺　邢嘉然　徐红新　徐惠越　徐君
徐俊　徐丽丽　徐晴　徐颖慧　薛继东　闫丽红
严晶　晏卫华　晏英　杨健　杨娇健　杨柳晋洁
杨秋岭　杨涛　杨艺宁　杨在文　姚守国　叶剑华
叶平　易明群　尹平笑　余佳　余明旭　余启平
余仁祥　袁杜娟　袁雷鸣　岳志刚　曾朝晖　曾建林
翟慧　张春阳　张军　张力　张立艳　张琳
张陌凌　张琪　张锐　张润潮　张淑成　张曙光
张爽　张韬略　张万春　张旺霞　张望才　张伟华
张文娟　张晓煜　张晓煜　张亚波　张亚东　张晔
张煜　赵常丽　赵方方　赵峰　赵佳　赵兰芳
赵雷　赵亮　赵启杉　赵素莹　赵庆　赵雪敏
赵伊江　赵云波　郑楚达　郑丽　郑晓槿　郑宇
周菲　周晖煜　周健　周俊　周明　周倩
周折　周铮　朱红英　朱惠勇　朱建明　朱荃
朱天怡　祝明　庄海燕　庄齐明　邹小雯　邹永忠

030　信息管理系

陈宏伟　陈杰　杜桂玲　冯静　胡晓峰　黄红华
李安　李晟　李世娟　刘静　楼丽萍　申思

施 燕 石明芳 时 琳 宋维翔 苏理顺 王海娟
王 娟 王 琳 王 宁 王秀玲 王 媛 吴淑燕
谢景海 徐 波 许 涛 薛 旻 张 崇 张 杰
张 萍 张学华 章莉萍 赵 鹏 周城雄

031 社会学系

把 冉 白云升 陈 玲 陈雪飞 丁 凯 葛 婧
郭 悦 黄 霞 何 欣 侯 健 李化斗 李 娜
李 琰 李云驰 刘 敏 刘伟娜 刘小涛 刘振业
龙 彦 罗 攀 孟慧新 权文洁 申 静 石 鑫
孙飞宇 苏 敏 汪 澎 王利平 王晓慧 王秀丽
许敏敏 杨振南 张春娜 张 帆 张 琳 张茂元
张文艺 张 翔 章 宁 赵 萌 朱庆华

032 政府管理学院

曹堂哲 曹子颖 陈 雷 陈 莉 陈庭忠 陈艳英
仇 蕾 戴 岱 戴 璐 邓逢光 邓泳辉 邓 征
段保良 方胜华 胡小坤 黄惠冠 黄庆杰 黄玮茹
黄文瑶 贾 岚 江 岚 姜春雨 姜 娇 赖 波
乐丽华 李丹阳 李国华 李海龙 李海燕 李小海
李燕艳 李智国 林 松 刘爱平 刘保平 刘灿灿
刘 超 刘海阔 刘 静 刘亚辉 刘 洋 刘 莹
刘 颖 刘月梅 刘肇全 吕恒立 马凤宝 梅 冰
孟庆瑶 裴亚琴 钱建强 邱晓里 区 莹 屈 兵
善忠博 史晔华 宋 杰 苏 锐 孙朝阳 孙明月
孙 晴 孙荣飞 孙廷文 檀 莉 汤 洋 万早田
王彩凤 王 纯 王华健 王继平 王 娟 王士永
王旭杰 王彦敏 王征宇 魏 国 魏彦芳 巫烈光
吴景武 伍源超 武 群 武贤芳 谢伟群 邢瀚晟
玄兆辉 严福德 严敏杰 杨建成 尹 璐 于水波
余宗波 袁志臻 张长东 张 帆 张相林 张小娟
张 鑫 赵家宝 赵金玲 周福启 周林芳 周雪奇
周宇松 周镇平 邹 宇

039 外国语学院

曹 飞 常 力 陈 冰 陈 琼 陈 群 陈先梅
陈永利 初艳红 崔艺苧 党素萍 邓文嫦 方 宏
房晓霞 耿学刚 韩诚忠 郝群欢 侯 铎 胡 越
黄海华 黄玉梅 李菁菁 李 佩 李 睿 李伟娜
李洪溪 李月敏 林正锦 刘迪南 刘 剑 刘 森
刘 杉 刘武松 刘雪梅 卢 云 陆 晨 陆继鹏
路燕萍 马海凌 马浩岚 彭园珍 史 月 宋 阳
宋一楠 唐新艳 万玉波 汪 蘅 王东旭 王 娜
王珊琳 王 杨 王 玥 吴兆颖 武鹏飞 向 俊
许洪淑 薛晓云 杨春丽 杨 虹 杨 明 姚 婕
姚 骏 于海洋 喻蓉霞 袁 琳 曾 毅 张爱萍
张飞飞 张嘉妹 张林凤 张 娜 张志鹏 张忠亮
章 燕 赵 媛 朱淑兰 朱 玉

040 马克思主义学院

白兴利 陈世忠 陈叶军 陈玉明 董朋林 葛元杰
龚雄军 桂石见 郭洪川 郭玉闪 李海伟 李惠清
李淑萍 李 微 李亚新 刘小欧 骆光宗 马 岳
潘 良 齐艳涛 谭宏钢 王红玉 王剑武 王 霞
吴福财 吴克峰 谢殿军 徐 斌 尤江虎 张 伟
张晓宏 郑 杰 周春树 周 卫 祝念峰

042 科学与社会研究中心

曹 霞 陈小科 杜 扬 何 涓 何 玲 李 磊
颜宜葳

043 艺术学系

陈小强 付晓红 贾鲁歆 莫 艾 施 杰 童颖骏
汪 瑞 王 滢 吴啸雷 武秦瑞 许 珍 张 卉
张 洁 张 劲 赵明荣 赵震绯 邹宇泽

044 对外汉语教育学院

黄荣荣 琚 萍 刘敬华 马秀丽 孟贵贤 生 华
王国萍

048 信息科学技术学院

柏亚军 蔡 涵 蔡颖琨 陈 波 陈 超 陈国良
陈 华 陈 华 陈 佳 陈建军 陈可明 陈 亮
陈 霖 陈 鹏 陈晓宗 陈 颖 陈 原 程 伟
戴祝运 邓海清 邓 楠 邓 平 东 凯 杜超武
杜 鲲 杜先锋 段卫华 范 欣 方 田 方 向
冯海涛 冯晋涛 付 强 高 明 高 睿 高 伟
高 志 桂少华 郭怀印 郭 武 郭中梅 哈龙兴
韩 博 韩近强 韩 蕾 郝 为 何 广 何文峰
何 星 胡梦涛 胡 嵩 胡 伟 胡新婕 黄亚锋
季新华 贾 涛 江 泳 姜 晖 蒋绍明 李朝光
李承智 李 靖 李 丽 李丽娟 李 楠 李 钦
李夏青 李 轶 李 沅 梁 研 林 飞 林楠楠
林中松 刘安昱 刘芳斌(结业) 刘浩成 刘世杰
刘图招 刘晓亮 刘 洋 刘 迎 卢建政 卢丽萍
卢振庭 栾 琳 马 飞 马振民 满文钢 毛卫洋
牛兴雯 彭 程 彭 枫 彭炜松 皮文凯 钱宗保
秦 涛 秦 岩 邱 洪 曲 民 屈宏伟 全海峰
阮 卫 阮亚平 邵泽才 邵子瑜 申 旻 慎 辉
施小康 石岩峰 宋 京 苏玉梅 孙 伟
孙振宇(结业) 孙中化 陶图泓 田 欣 田 勇
田作青 涂 彬 万 钧 王成伟 王 冲 王 栋
王 洹 王会娣 王 雷 王立江 王 鹏 王鹏云
王奇刚 王蜀安 王 涛 王小保 王晓鹏 王雅科
王益冬 王 悦 王 悦 王志富 王志伟 韦春妍
魏 巍 温 勇 文 会 吴 斌 吴 帆 吴海涛
吴 杰 吴先荣 吴显斌 吴 翔 吴拥华 吴运声
项 斌 肖玲燕 肖艳华 邢 岩 熊国民 徐冠雄
徐 剑 徐兴文 许毅飞 薛 明 杨 斌 杨 健
杨升浩 杨 勇 姚燕玲 尹 莉 应 尧 于亭亭
余利波 余 鹏 袁 骏 岳烈骥 臧桂鹏 曾凤萍

曾福恋　曾铭芳　张大为　张　戈　张广程　张锦懋
张京华　张　敏　张　明　张　萍　张茹云　张　松
张　晰　张晓丰　张新泳　张雪蓉　张　洋　张志刚
张志平　章卫祥　章　悦　赵承宇　赵冬燕　赵福军
赵培翔　赵瑞君　赵蔚楠　郑　芳　郑文丰　钟　诚
周际春　周　杰　周　静　周　翔　周智颖　朱　伟
朱　彦　朱志高　邹盛享

062　中国经济研究中心

蔡辉明　陈　仪　陈　政　邓　玥　郭国栋　郭美新
何英华　黄　异　黄志刚　蒋　承　焦　云　雷　蕾
李宏霞　李　俊　李　可　李凌峰　李韶瑾　李　雪
李雪明　李　岩　梁民俊　刘　晖　刘　嵘　莫　倩
彭云峰　邱　天　阮　峥　宋红海　万定山　王格玮
吴　栋　吴　华　徐锡龙　许　飞　杨连成　余海丰
岳庆媛　张　乐　张　彤　张晓华　赵　冬　赵鹏飞

067　教育学院

陈　越　郭婷婷　何　山　侯华伟　焦园媛　揭忠应
李　皓　李　云　廖华汶　刘　芳　刘湘燕　刘晓蔓
刘雨昕　施　枫　苏　璟　苏晓秋　汪　韬　夏　晨
徐慧璇　杨　非　杨临明　杨　石　张蔚萌　张　铮
周俊波　周明洁　周志轶　卓晓辉

068　人口研究所

敖　晋　蔡天骥　付　岩　李庆利　吕　萍　沈　丽
孙　玉　田　丰　王海涛　王志理　张　春　周　琼

基础医学院

石　磊　鲁　洪　孙　钱　陶春丽　李鹏飞　芮　伟
赵　曼　彭　聪　陈　希　吴军峰　尹　娜　林　钊
魏尔曼　姜　涛　张凌凌　陈　燊　孟　君　孙　莹
郭　俊　马瑞琼　马　强　赵君朋　柳华东　王国涛
程闪虹　孙　铮　马建波　许静波　刘　明　黄敏燕
梅　放　王　苗　李　慧　陈治国　毕晶珠　张　盼
贾永蕊　张天宇　陆　颖　胡　然　赵文丽　金晓琨
金　聪

公共卫生学院

陈　延　姜巧巧　徐　波　向妮娟　赵亚玲　李　刚
崔利伟　成　君　荆　华　陈　丽　段雪英　尹喜玲
张佳持　毛雪丹　李　楠　龙海珍　韩　萍　张　洁
李晓霞　王　芳　程　辉　阮云洲　智　春　吕书红
王晓梅　李桂荣　刘东兴　田　申　杜　莹　刘　方
尹占春　臧春鹏

药学院

宁　凝　严　俊　李燕杰　王正会　王延龄　倪南婷
戚颖玫　李　铮　王洪涛　王一强　杨　哲　张　欣
孙　锋　杨　莉　钟叙英　石　靖　越　莹　袁　泉
郑爱萍　张云龙　刘广学　闫　静　杨欣欣　赵　杨
纪卿飞　邹海艳　田　莉　乌耀华　田　茵　郭　杰
朱婷婷　胡新颖　贾秀虹　果　伟　王江华　田雪菲
胡　赫　耿兴超　王玉华　沈华杰　况　斌　高小丽

护理学院

陈　华　江　华　孟庆慧

公共教学部

王秀玲　于新亮　鲁小华　王玉玲　梁永钰　张　斌

第一临床医学院

任鸿坤　王　军　赵太云　林　箐　吴　曦　霍　娜
梁颖慧　邓江红　宋福英　石　瑛　钱　宁　陈国利
李月凤　张建华　王建伟　刘善润　陈志涛　赵海鹏
赵文治　鞠彦合　丁秀勇　罗文毅　李凤杰　关　欣
蔡小宁　谢媛丽　郭　丹　宋　萍

第二临床医学院

尤　鹏　陈　彬　邱国华　魏晓飞　郑伟毅　张玉锋
周倩云　郑　蓉　侯瑞田　石　峰　申占龙　宋之明
魏光如　李清乐　任志刚　李　健　朱海涛　李运海
刘　阳

第三临床医学院

刘　晨　王建霞　董　菲　郝天袍　王　琛　崔　专
王海涛　杜丽娟　刁增艳　吕　岩　张晓峰　胡晓舟
张景梅　胡国栋　陈　欣　张树栋　于　涛　张洪磊
杨　静　何　渊　李　斌　张　弨　卢亚魏

口腔医学院

高　丽　袁峻伟　孙玉春　刘明丽　赵晓婧　金鹏越
张　鹏　钱三楼　刘　敏　肖永芳　宋　扬　余文莉
黄马雷　陈小贤　赵亮亮　韩方凯　娄雅俐

精神卫生研究所

张浩波　孙旭坤　位照国　朱忠军

临床肿瘤学院

许小青　赵一强　宋玉峰　路万里　顾玉明　刘晶哲
朱永强　蓝　海　刘　淼　姜玉良　胡治国　孙小丽

北京积水潭医院

伊力夏提　郭　阳

临床医学

李　楠　曹晓光　田孝东　赵　晶　何雪梅　陈　程
师素芳　李　莉　刘余庆　宋　雷　薛　辉　程　学
李　虎　孙　倩　何立芸　韩晓宁　王新宇　侯志嘉
刘继强　薛志强　隋　准　卢　珊　李　萍　尚　鹳
魏雅楠　高　娜　刘春军　于锦利　李洪振　杨明辉
刘　冉　康　岚　张圆圆　蒋邵宁　吴　铮　张　争
刘　军　李　辉　王　锋　李　卉　马　悦　李　洁
孙玉华　朱贵霞　张　凯　熊　建　王　成　阚君锁
周　军　陆颖霞　孙　宇　葛维莹　李　宁　钟　铮

口腔医学(七年制,硕士)

尹兴喆　赵双云　韩　冰　侯晓玫　冯　敏　李　蓬
武冠英　卢玉鹤　付宏宇　卫　彦　吴小吉

博士毕业生

001 数学科学学院

蔡　凯　曹　磊　曹喜望　曹小红　陈　酌　程明松
韩　庆　何洋波　贺艺军　李建清　李天则　李学文
卢　胱　马小土　孟　彬　彭建平　钱　江　孙喜晨
王新平　王学丽　王岩华　乌建伟　谢践生　许　静
许　孟　颜水成　殷艳敏　章复熹

003 力学与工程科学系

李海滨　李鑫滨　李轶明　刘云峰　年晓红　沈　芳
王　平　王一晶　向树红　谢冬梅　杨靖波　岳志勇
赵颖涛　赵　振　左志强

004 物理学院

艾力伊沙　丁原涛　葛四平　李　娟　刘魁勇　陆　敏
任海振　邵明轩　王宝民　王开存　吴翠娥　向　蓉
颜学庆　杨引明　张时声　张　炜　张正秋
赵振民(结业)　朱佩君

010 化学与分子工程学院

程　艳　丛海林　范可强　方红云　冯华升　高卫平
关　敏　郭　敏　胡向前　匡小军　李国喽　李林艳
卢　兴　罗　锋　骆宏鹏　马玉荣　米建秋　欧阳贱华
任家荣　施卫峰　石志红　唐凌天　王炳武　王　凡
王海芳　王银杰　韦　宇　夏江滨　严铮洸　杨　岭
杨敏莉　易　毅　于学春　张东凤　张　莉　张茂峰
赵金富　周颖琳

011 生命科学学院

安丽华　陈蕴佳　高　莹　洪　龙　侯宏伟　胡建军
黄晨辉　黄　旭　李冬玲　刘　颖　毛盛勳　孙衍刚
田　霞　王培刚　王雪冬　王忠锁　吴　旻　徐晓晶
许云哲　杨海灵　张磊亮　赵饮虹

012 地球与空间科学学院

陈　莉　段体玉　方世虎　何永锋　黄少英　黄宗英
李常清　李树芳　刘　静　刘桥喜　陆诗阔　马照亭
宋　扬　郗凤云　夏遵义　袁　文　张翠光　张海明
张　静　赵　虎

013 环境学院

陈　彬　陈　静　陈俊伟　陈彦光　陈耀华　程　龙
韩西丽　鞠远江　来红州　雷洪德　刘瑞民　朴世龙
沈金箴　史兴民　孙　弘　田大庆　王晓川　王鑫海
王裕东　吴秀芹　杨保军　杨建强　詹存卫　张力小
张世秋　张晓霞　张　茵　赵　夏　赵新平　周年兴

016 心理学系

郭晓娟　侯玉波　卢致新　施俊琦　隋　洁　王　彦
易春丽

020 中国语言文学系

蔡觉敏　陈卫恒　陈玉东　程　凯　崔希亮　范慧琴
高永安　谷　建　韩一宇　何金俐　黄瓒辉　李畅然
李　静　李　俊　李若晖　李彦东　刘　军　刘复生
秦　露　饶先来　宋清秀　谭五昌　万德凯　王继红
王明辉　王晓冰(结业)　王彦霞　熊　燕　徐　妍
徐　贞　许　军　杨立权　应三玉　曾祥波　战立忠
张和友　张　宏　张雅秋　张　雁　赵明正

021 历史学系

安　然　戴　宇　窦　坤　冯夏根　付庆芬　官德祥
何朝晖　胡　澎　林齐模　刘琴丽　刘新光　钱金飞
唐利国　王　静　王利军　武玉梅　徐　勇　姚宏杰
张建军　张明亮　张晓刚　张佑如　郑翠英　朱德贵
朱昭华　邹水杰

022 考古文博学院

陈悦新　李志荣　林　立　孙　危　唐仲明　于成龙

023 哲学系

蔡世昌　戴远方　韩连庆　贾江鸿　李昌舒　李虎群
梁　骏　刘爱军　刘　军　罗美云　马永翔　孟　领
蒲长春　孙显蔚　徐　辉　许　海　张力锋　张丽华
张秀芹　张羽佳　朱东华　朱　刚

024 国际关系学院

范德尚　龚加成　郭业洲　韩　灵　何卫刚　贺文萍
胡永权　贾宏宇　李建民　林宏宇　刘文祥　马　骏
孙光荣　王　嘎　王开明　王　堃　王星宇　习　骅
张晓兵

025 经济学院

陈利敏　高　飞　郭　敏　韩　冬　韩玲慧　郝继涛
何振亚　霍宏涛　李成刚　李海涛　李　权　李晓澜
刘　牧　鲁向东　吕云武　毛　晖　聂志红　齐晓华
曲振涛　魏子力　吴　锋　吴越涛　谢光启　谢怀筑
徐念沙　杨　继　杨荣华　于永臻　袁　力　湛志伟
张　红　张楠楠　张志刚　周　晔

028 光华管理学院

鲍明刚　贾　民　李正强　梁鸿飞　刘柏宏　邱谢京睿
石庆淼　汤立斌　童　盼　汪淼军　王汀汀　肖欣荣

杨　松　尹　奇(结业)　余书炜　张　华　张　晏
周　煊

029　法学院

蔡和平　查庆九　陈天本　陈　文　陈　鑫　崔　华
戴　波　邓建鹏　丁　一　杜瑞芳　杜　宇　范振汝
方　军　方　泉　方文军　伏　军　高维俭　龚伟玲
侯　纯　侯　猛　胡戎恩　黄　永　霍全生　冀祥德
江必新　蒋建峰　蒋丽华　蒋熙辉　金锦萍　劳东燕
李　竹　李富成　李佳勋　李建人　李凌波　李玉林
梁迎修　廖　军　刘朝阳　刘慧卓　刘文清　刘银良
罗东川　马冬梅　马家福　牛克乾　彭志刚　祁建建
史大晓　苏西刚　台　冰　仝宗锦　万　玲　王春阁
吴文彦　武建敏　徐绪辉　许德峰　薛现林　姚明铭
云昌智　张吕好　张　翔　张芝梅　赵芳芳　赵永伟
周长军　周　威

030　信息管理系

傅湘玲　韩　芸　黄　蕾　姬鹏宏　刘绿茵　慎金花
王　芳　张曼玲　赵俊玲

031　社会学系

陈　波　陈　鸿　李国武　刘　萍　孙　龙　王水雄
王　微　姚　立　叶金莲　俞弘强　袁　岳　张红霞
张文霞　郑　莉

032　政府管理学院

邓名奋　李　强　刘　星　刘志伟　吕文栋　马　恩
任丙强　王　军　王洛忠　翁　瑾　吴　丕　张　伟
张召堂　赵　晖　朱　宇　祝灵君

039　外国语学院

陈　方　金衡山　马　剑　申东月　吴杰伟　晏　奎
张　政　祝湘辉

040　马克思主义学院

白雪秋　韩振峰　黄宁莺　吉洪武　李　强　刘　仓
罗佐县　米运生　孙宗伟　田改伟　吴　昊　易秋霖

042　科学与社会研究中心

李宏芳　李政亮　王　骏　王小红

048　信息科学技术学院

白　锋(结业)　柏晓静　陈　萍　方幼林　郝一龙
贺玉玲　李立宇　李振东　刘　群　刘　凌　刘　璐
马　帅　彭　波　宋传华　宋国杰　宋教花　王文俊
王晓峰　薛英健　杨振川　依　那　于　刚　昝红英
张大成　张海东　张军海　张　丽　赵　文　赵文兵
朱德新　祝曙光

062　中国经济研究中心

段辰菊　胡雪峰　李世光　吴　峰

067　教育学院

侯龙龙　蒋　凯　康　宁　李春萍　林小英　濮岚澜
张建新

068　人口研究所

张　震

基础医学院

涂会引　王锦琰　王　颖　骆　昊　王建军　刘贤宇
张红宇　白小文　郑文婕　薛丽香　王培昌　陆小春
王金华　潘玉琼　王亚军　李　兵　董学员　邵宝妹
石　爽　王　莺　樊文梅　段学章　师永红　常　林
蒋　维　张绥宏　朱彦慧　赵瑷君　裴　裴　夏　青
宫丽平　王卫平　曹琦珍　张雅丽　赵洪波　叶向锋
郑瑞茂　卢　舜　杜　绗　宁钧宇　李仁忠

公共卫生学院

和　红　刘爱萍　李智文　王凯娟　冯　鑫　李国珍
臧明玺　王　伟　王海俊　甄　宏

药学院

胡　健　王占黎　张素娜　张志丽　熊　瑜　吴国锋
顾克利　刘红梅　于晓琳　王海盛　古险峰　戴俊东
金义光　于善江　于少云　赵　锋　王坚成　张翠英
盛彧欣　关树宏　王朝虹　吴向美　朱　慧　成　军
薛培凤　周军兰　李　泉　吴一卉

第一临床医学院

史力斌　王贵松　金　哲　苏　涛　杨　敏　于　峰
曾　琼　黎金庆　闫　辉　管　娜　陈晓波　姜德春
张　巍　丁颖果　李　航　陈路增　齐　心　武学清
买铁军　陈　捷　闫　勇　刘武江　牛亦农　刘　宁
杨风光　师长进　谭　可　陆　叶　祖凌云　王志坚
师晓玮　焦红梅　迟　雁　吕继成　王　鑫　张路霞
高　莹　张清友　石　琳　李朝阳　周受红　李建川
杨晓娜　陈　剑　封　云　姜　勇　赵磊光　王鹏远
孙国锋　李学松　管同郁　王　冰　李西慧　周　丹
张　岩　王艺蕾　曾　媛　杨旭东　王　芳

第二临床医学院

杨瑞红　贾　伟　洪　江　王　龙　倪永斌　杨进刚
肖　江　舒塞男　王　燕　陈　瑶　王　昱　张　艳
周　静　秦致中　杨　燊　赵　力　关　心　宁盛晗
何凌峰　白　泉　陈建海　李　南　许少华　张东舜
李　运　郭慧方　白丽霞　于晓明　孙秀丽　刘　颖
元　力　姚　进　余海登　邢　燕　马艳良　蔡晓凌
程翼飞　柳彩凤　郭利劭　薛　峰　尚永刚　曲华毅
刘　帆　杨文兰　祝洪澜　马　昱　王　旻

第三临床医学院

王永煜　秦晓梅　张　坦　刘永刚　邓　敏　宋红松
孔令琦　陈晓丽　田　伟　韦　峰　蔡　宏　李　磊
白金柱　周昊嵬　汪　韬　鞠晓东　杨　欣　王晓晔
郑晓英　蔡学泳　彭红梅　曾惠阳　刘砚星　李文静
刘文斌　农　芳　刘建军　丁艳苓　张雪峰　陈　明

崔立刚 孙涛 郭钧 藏磊 王健 王永健

口腔医学院

周丽晶 孟雪梅 李曙霞 李启艳 吕平 周治波
祝为桥 王稚英 向军 张宇 赵宝红 王莹
张磊 江久汇 梁炜 楚德国

精神卫生研究所

程嘉 任园春 杨莉 王菲 邬素萍 张彦波

孙新宇 刘津 郭崧 任艳萍

临床肿瘤学院

赵军 杨琳 邢晓雁 谭晓晖 邓华 姜北海
刘毅强 谢彦 赵军 余靖 李健 李明
梁震 范照青 燕鑫 戴玲 郭建辉 吴晓红

北京积水潭医院

王永庆 孙宇庆 周一新 潘勇卫

毕业留学生

姓名	性别	系别	专业	类别	国籍
崔孝	男	环境学院	环境科学	博士	韩国
陈明镐	男	中国语言文学系	文艺学	博士	韩国
金媛熙	女	中国语言文学系	汉语言文字学	博士	韩国
赵永来	男	历史学系	中国古代史	博士	韩国
崔志暎	女	国际关系学院	国际政治	博士	韩国
林建宏	男	经济学院	金融学	博士	加拿大
金寅圭	男	经济学院	政治经济学	博士	韩国
金钟佑	男	法学院	经济法学	博士	韩国
丁宁	男	法学院	国际法学	博士	德国
李钟华	男	政府管理学院	政治学理论	博士	韩国
郑准镐	男	政府管理学院	行政管理	博士	韩国
郑尚烈	男	新闻与传播学院	传播学	硕士	韩国
宫腰亚生	女	中国语言文学系	汉语言文字学	硕士	日本
李范烈	男	中国语言文学系	汉语言文字学	硕士	韩国
中田友美	女	中国语言文学系	中国现当代文学	硕士	日本
柳浚炯	男	历史学系	中国古代史	硕士	韩国
李周美	女	历史学系	世界史	硕士	韩国
朴帝炫	男	历史学系	世界史	硕士	韩国
朴载福	男	考古文博学院	考古学及博物馆学	硕士	韩国
曹丽砬	女	国际关系学院	国际政治	硕士	韩国
许政烂	男	国际关系学院	国际政治	硕士	韩国
申英淑	女	国际关系学院	外交学	硕士	韩国
郑姬淑	女	国际关系学院	外交学	硕士	韩国
苏爱娃	女	国际关系学院	国际政治	硕士	吉尔吉斯斯坦
柯思凡	男	国际关系学院	国际政治	硕士	老挝
潘文多	男	国际关系学院	国际政治	硕士	中非
桑索飞	男	国际关系学院	国际政治	硕士	柬埔寨
卡芮霞	女	国际关系学院	国际政治	硕士	厄瓜多尔
安吉发	男	国际关系学院	国际政治	硕士	委内瑞拉

续　表

姓　名	性　别	系　别	专　业	类　别	国　籍
吉尤姆	男	国际关系学院	国际政治	硕　士	贝　宁
童　平	男	国际关系学院	国际政治	硕　士	老　挝
路易斯	男	国际关系学院	国际政治	硕　士	墨西哥
路冰泰	男	国际关系学院	国际政治	硕　士	马达加斯加
玛丽扎	女	国际关系学院	国际政治	硕　士	马达加斯加
冯家强	男	光华管理学院	工商管理硕士	硕　士	新加坡
林翠玲	女	光华管理学院	工商管理硕士	硕　士	新加坡
林达辉	男	光华管理学院	工商管理硕士	硕　士	新加坡
卢传瑛	女	光华管理学院	工商管理硕士	硕　士	新加坡
朴现俊	男	光华管理学院	工商管理硕士	硕　士	韩　国
朴钟勋	男	光华管理学院	工商管理硕士	硕　士	韩　国
全龙炳	男	光华管理学院	工商管理硕士	硕　士	韩　国
徐莹莹	女	光华管理学院	工商管理硕士	硕　士	新加坡
杨苓敏	女	光华管理学院	工商管理硕士	硕　士	新加坡
余敏兴	男	光华管理学院	工商管理硕士	硕　士	新加坡
张森斌	男	光华管理学院	工商管理硕士	硕　士	新加坡
郑荣华	男	光华管理学院	工商管理硕士	硕　士	新加坡
郑盛旭	男	光华管理学院	工商管理硕士	硕　士	韩　国
郑贤俊	男	光华管理学院	工商管理硕士	硕　士	韩　国
阮氏黄幸	女	法学院	国际法学	硕　士	越　南
崔允瑛	女	政府管理学院	政治学理论	硕　士	韩　国
金美仙	女	政府管理学院	中共党史	硕　士	韩　国
吴桦廷	女	外国语学院	亚非语言文学	硕　士	韩　国
申惠媛	女	艺术学系	艺术学	硕　士	韩　国
裴振亨	男	对外汉语教育学院	汉语言文字学	硕　士	韩　国
平松智行	男	对外汉语教育学院	汉语言文字学	硕　士	日　本
克里斯托	男	人口研究所	人口学	硕　士	赞比亚
苏赞乌丁	男	医学部		硕　士	孟加拉
卡奔德拉	男	医学部		硕　士	尼泊尔
奥德格尔勒	女	医学部		硕　士	蒙　古
斯坦尼斯拉娃	女	医学部		本　科	保加利亚
青山哲也	男	医学部		本　科	日　本
杨雅利	女	医学部		本　科	柬埔寨
艾亥拉姆	女	医学部		本　科	也　门
曾威策	男	医学部		本　科	澳大利亚
维喀什	男	医学部		本　科	毛里求斯
努莎德	女	医学部		本　科	毛里求斯

· 2004 年大事记 ·

1 月

1 月 2 日　北京大学召开分子科学国家实验室“985 工程”二期建设论证会。许智宏、林建华、林久祥听取了化学学院院长席振峰关于国家实验室筹备情况和 2003 年化学学院科研工作的最新进展的汇报。

1 月 3 日　北京大学举行第四届青年教师教学基本功和现代教育技术应用演示竞赛，来自全校各个院系的青年教师参加了竞赛，林建华出席并讲话。

1 月 6 日　北京大学召开学生工作系统新春团拜会。闵维方、许智宏、迟惠生、张彦、林钧敬、林久祥、王丽梅、张维迎、海闻、王登峰等出席。学生工作系统 200 余人参加了团拜会。

2003 年中华医学科技奖颁奖大会在人民大会堂召开，由北京大学第三医院放射科教授谢敬霞领衔历时 7 年完成的“磁共振（MR）扩散加权成像临床应用及相关基础研究”项目荣获中华医学科技奖二等奖。

1 月 7 日　北京大学举行统战系统新春联谊会。各民主党派成员、无党派人士、归侨侨眷、台胞台属、少数民族同胞等近 300 人参加了联谊会，岳素兰、郝平出席并讲话。

1 月 8 日　美国前国家安全事务助理布热津斯基在解放军副总参谋长熊光楷上将陪同下来北京大学访问。闵维方、郝平在临湖轩会见来宾。会谈后，布热津斯基与北京大学学生进行了交谈。

1 月 12 日　美国亚利桑那州立大学校长 Michael M. Crow 教授一行来访，许智宏在临湖轩会见来宾，共商两校合作等事宜。代表团参观了北京大学纳米研究中心、光华管理学院、微处理器研发中心、中古史研究中心以及生命科学学院的实验室。

1 月 13 日　瑞典司法大臣托马斯·伯德斯托伦一行来访，许智宏会见来宾。

1 月 15 日　国际著名科技杂志《Nature》刊登了北京大学地球与空间科学学院教授董熙平、生命科学学院教授程红、地球与空间科学学院副教授刘建波与英国布里斯托尔大学地球科学系 Philip Donoghue 博士有关寒武纪胚胎化石研究的科研论文，该成果受到了国际学者的关注。

1 月 16 日　北京大学举行 2004 年春节团拜会。会议由闵维方主持，许智宏发表讲话。全国人大常委会副委员长韩启德，全国政协副主席罗豪才、王选，中科院副院长白春礼，北京市副市长范伯元，教育部学位办公室主任周其凤等参加会议。

1 月 18 日　国务委员陈至立、教育部部长周济在闵维方、张彦的陪同下至 301 医院看望北京大学季羡林先生。

2 月

2 月 11 日　美国全国商会副总裁、西点军校前校长丹尼尔·克里斯特曼访问北京大学并以“美国全国商会以及美中贸易现状”为题发表演讲。

2 月 12 日　北京大学召开 2004 年春季全校干部大会。闵维方、许智宏在总结 2003 年工作的基础上，对新学期的工作做了全面部署。

韩国高丽大学校长鱼允大一行来访，许智宏会见来宾。

2 月 18 日　社会党国际主席、葡萄牙前总理古特雷斯率领社会党国际高级代表团访问北京大学并以“全球化与应对机制”为题发表演讲。

2 月 19 日　北京大学举行 2004 年医院管理委员会会议，韩启德、吴志攀、林久祥、柯杨、张维迎、海闻等出席，会议就医院管理和发展中存在的问题进行了研讨。

2 月 20 日　在 2003 年度国家科学技术奖励大会上，北京大学 5 项成果获 2003 年度国家科学技术奖，其中国家自然科学二等奖 2 项、科技进步一等奖 1 项、科技进步二等奖 2 项。北京大学校友、中国科学院院士、中国科学院地质与地球物理研究所研究员刘东升获 2003 年度国家最高科学技术奖。

2 月 25 日　北京大学举行主题为“让青春在志愿服务中闪光”的支教志愿者座谈会。历届远赴中西部贫困地区从事支教工作的志愿者参加了座谈。张彦出席并讲话。

2 月 26 日　APRU（环太平洋大学协会）年会在北京大学举行。闵维方、许智宏、郝平等出席。

北京大学举行“巴黎高师日”活动。巴黎高等师范学校校长 Gabriel Ruget 率代表团来访并在英杰交流中心发表演讲。随团访问的巴黎高师学者们还到北京大学有关院系进行了演讲、参观和交流。闵维方、许智宏、郝平会见来宾。

2 月 26～28 日　北京大学法学院与亚洲专讯资料研究中心联合举办的劳动法国际论坛学术研讨会在法学院召开。来自 16 个国家和地区的劳动法专家就劳动法的改革与发展问题进行了交流和研讨。林建华出席会议并致辞。

3 月

3 月 4 日　北京大学举行机关干部任期届满考核、聘任工作布置暨机构调整动员会议。闵维方、岳素兰、林钧敬出席。

"文明生活、健康成才"主题教育活动启动仪式暨首场报告会在办公楼礼堂举行。闵维方做了校情报告。张彦、林钧敬出席，各有关部门负责人及各院系学生工作负责人、班主任、学生骨干近 800 人参加启动仪式。该主题教育活动旨在营造健康文明、积极向上、朝气蓬勃的校园氛围，引导同学们以良好的身体素质和精神状态投入到学习和工作中去。

3 月 8 日　教育部部长周济、社政司司长靳诺来北京大学视察网络安全工作。闵维方、张彦陪同。

校工会庆祝"三 · 八"国际妇女节联欢会在体育中心多功能厅举行。纪委书记王丽梅、工会主席赵存生等到会并讲话。

3 月 9 日　由中宣部、教育部、北京市委联合举办的 2004 年春季首都大学生国际形势报告会在北京大学百周年纪念讲堂举行。主讲人为外交部副部长王毅。教育部副部长袁贵仁主持报告会，北京市委常委、教育工委书记朱善璐等领导出席。来自北京大学、清华大学、人民大学等 10 所高校的大学生听取了报告。闵维方、张彦会见来宾。

江苏省省长梁保华与北京大学校长许智宏分别代表江苏省和北京大学签署了《江苏省人民政府—北京大学合作协议》。岳素兰主持签约仪式。江苏省省委副书记任彦申、副省长吴瑞林、张桃林等江苏省代表团成员与北京大学校领导闵维方、吴志攀、林钧敬、郝平、林建华、鞠传进、张维迎等出席仪式。

全国人大副委员长许嘉璐视察方正集团。许智宏、吴志攀、林钧敬、张维迎陪同。

匈牙利布达佩斯罗兰大学校长 Istvan Klinghammer 来北京大学访问。郝平会见来宾。双方签订了《北京大学——匈牙利布达佩斯罗兰大学谅解备忘录》。

3 月 10 日　北京大学召开 2004 年党风廉政建设工作会议。闵维方主持会议。各部门党政领导和纪委委员参加会议。王丽梅传达了教育部、北京市和北京市教工委关于认真学习胡锦涛总书记讲话和中纪委三次全会的会议精神，并部署了 2004 年北京大学纪律检查工作。岳素兰、吴志攀、张彦就 2004 年度的组织工作、宣传工作和学生工作等分别做了布置。

北京大学举行"相聚燕园"——"两会"校友返校活动。闵维方、许智宏、岳素兰、吴志攀、林钧敬、林建华等出席。

以"关注台海局势、心系祖国统一"为主题的北京大学第三届研究生"国是论坛"在交流中心举行。全国政协委员、福建省副省长汪毅夫与全国政协委员、北京大学经济研究中心主任林毅夫发表演讲。张彦出席并致辞。

3 月 13 日　北京大学与浙江省签订省校合作协议。浙江省委书记、省人大常委会主任习近平，北京大学党委书记闵维方在签字仪式上讲话。浙江省委副书记、省长吕祖善和北京大学校长许智宏分别代表浙江省和北京大学签署了《浙江省人民政府北京大学合作协议》。浙江省副省长盛昌黎等浙江代表团成员与北京大学校领导岳素兰、林钧敬、鞠传进、张维迎、海闻等出席签字仪式。

北京大学化学学院稀土材料化学及应用国家重点实验室接受科技部组织的评估。林建华参加并听取反馈。

第一届亚洲法律学生协会大会开幕式暨论坛在办公楼礼堂举行。来自香港、日本、泰国等地方的代表及国内其他高校的代表参加了大会。吴志攀出席并讲话。

3 月 15 日　教育部"中国高等学校人文社科文献服务中心"学术研讨会暨启动大会在北京大学图书馆北配楼举行。许智宏、吴志攀出席。

耶鲁大学副校长 Linda Lorimer 一行来北京大学访问。许智宏、郝平会见来宾。双方就举办耶鲁大学校长研讨班等事宜进行了磋商。

3 月 18 日　"北京大学企业家研修院大楼"奠基典礼在成府园区举行。闵维方出席并讲话。

北京大学日本文化节开幕式在图书馆北配楼举行。林钧敬出席并致辞。

3 月 22～23 日　北京大学举行"北京大学—牛津大学日"。牛津大学校长、北京大学名誉博士柯林 · 卢卡斯(Collin Lucas)教授率团访问北京大学，并在交流中心做了题为"作为世界一流大学的牛津大学"的演讲。活动期间，闵维方、许智宏、吴志攀、郝平、林建华、林久祥等会见了来宾。

3 月 24 日　北京大学召开"学习贯彻中共中央《关于进一步繁荣发展哲学社会科学的意见》座谈会"。吴志攀、赵存生、黄楠森、叶朗等 20 余人参加座谈会。与会者就如何结合北京大学实际进一步贯彻《意见》进行了研究和交流。

“大学生心理健康系列讲座”举行首场讲座。唐登华做了题为“如何进行情绪调控”的报告。张彦出席。

“首届北京大学发展论坛：人才北京大学”在交流中心举行，北京大学部分“两会”代表、委员应邀出席论坛。

3月27日 北京大学举行“关注心灵、享受生命心理健康活动月”启动仪式。张彦、林久祥出席。

以北京大学第一医院皮肤科教授朱学骏为首的课题组经过多年研究，在对付肿瘤性天疱疮发病机理研究中取得重大突破。

3月28日 “与杰出校友共话求学计划”活动在五四体育馆举行。

北京大学被北京市委市政府评为“2003年度北京市信访排查调处工作优秀单位”。

北京大学党委办公室被北京市委评为“2003年度北京市党委系统信息工作先进单位”。

4月

4月3日 第18届“京华杯”北京大学清华大学棋类、桥牌比赛在北京大学勺园多功能厅举行。张彦、林钧敬出席。中国棋院院长王汝南在开幕式上致辞。100余名选手参加了比赛。

4月5日 北京大学与国家行政学院联合举办的MPA班举行开学典礼。许智宏、吴志攀赴国家行政学院出席典礼。

北京大学在英杰交流中心新闻发布厅举行奥运场馆建筑设计方案征集活动项目介绍会。鞠传进到会。

4月6日 北京大学与内蒙古呼伦贝尔学院“关于敖鲁古雅鄂温克族乡综合研究”合作签字仪式在北京大学临湖轩举行。呼伦贝尔学院院长王志、北京大学副校长郝平出席并讲话。

4月8日 南京理工大学党委书记郑亚、校长徐复铭、校长助理张春福等来北京大学调研。许智宏、林钧敬等会见来宾。双方就学科建设、师资建设、管理体制改革等问题进行了交流。

4月9日 美国加州大学洛杉矶分校校长 Albert Carnesale 访问北京大学，并在万众楼做了题为“加州高等教育”的演讲。闵维方、许智宏、郝平会见来宾。在会谈中，双方就两国文化交流及两校教育情况交换了意见。

美国哥伦比亚大学校长 Lee Bollinger 访问北京大学，并在交流中心发表题为“大学在全球化中扮演的角色”的演讲。闵维方、许智宏、吴志攀、郝平等先后会见来宾。双方就进一步加强两校之间的交流和合作进行了深入探讨。

4月10日 北京大学在办公楼礼堂为学校中层干部举行《中国共产党党内监督条例（试行）》学习辅导报告会。吴志攀主持报告会。闵维方、岳素兰等出席。此次报告会由中央党校陈述教授主讲。

“IET 教育基金”首届大学校长奖颁奖会在北京大学交流中心举行。闵维方获奖。全国政协副主席罗豪才、财政部副部长李勇、北京市副市长范伯元、“IET 教育基金会”理事长王逢旦等出席。

4月16日 北京大学图书馆举行历史地理数据库开通仪式。吴志攀出席。

许智宏、张彦在团委会议室会见北京大学山鹰社、爱心社、自行车协会等主要学生社团的代表，讨论社团工作及发展。

4月17日 北京大学第十二届体育文化节暨师生田径运动会开幕式在五四体育场举行。开幕式上，来自学校41个单位的近800名教职工表演了太极健身球双球操《百花争艳》。

北京大学举行《儒藏》编纂与研究工作会议。来自全国21所高校及学术机构的专家学者参加了会议。吴志攀出席。此次会议讨论确定了《儒藏》精华选目、编纂条例和编纂过程中的合作分工事宜。

4月19日 北京大学举行“北京大学巴黎高科日”活动。巴黎高科校长丹尼尔·奥里维耶(Daniele Olivier)率团访问北京大学。许智宏、迟惠生、郝平、林建华出席活动并会见来宾。会见结束后，丹尼尔·奥利维耶等在阳光大厅发表了系列演讲，就法国的工程教育等问题与在场同学进行了交流。代表团分别参观了北京大学化学学院、生命科学学院和电子学系的实验室。

4月22日 北京大学法学院2000级硕士生蒙晓燕在志愿者服务中做出突出贡献而获得学校通令嘉奖。闵维方代表学校向其颁发了嘉奖令。这是自1993年以来北京大学学生第一次受到全校通令嘉奖。张彦主持颁奖仪式。

捷克总统瓦茨拉夫·克劳斯(Vaclav Klaus)访问北京大学并与北京大学学者座谈。闵维方、吴志攀、郝平会见来宾并进行了会谈。

“奉献者风采—首都高校大学生志愿服务西部计划先进事迹报告会”在北京大学百周年纪念讲堂举行。北京大学医学部毕业生、第五届“中国十大杰出青年志愿者”莫锋等做事迹报告。团中央书记处第一书记周强、教育部副部长袁贵仁、团中央书记处常务书记赵勇、中组部秘书长李智勇与北京大学党委副书记张彦等出席报告会。

北京大学2004年五四学术文化节院士报告会暨开幕式在交流中心举行。张彦出席开幕式并致辞。随后，中科院院士、化学与分子工程学院教授刘元方做了题为“谈谈青年学子现代科学素质的培养”的报告。

4月24日 北京大学106周

年校庆暨首届国际文化节开幕式在百周年纪念讲堂广场上举行。全国政协副主席罗豪才，全国政协副主席王选，教育部副部长章新胜，韩国、阿富汗等国驻华大使和代表，校领导闵维方、许智宏、迟惠生、岳素兰、张彦、林久祥、郝平，以及校友代表、留学生代表等参加了开幕式。

著名哲学家、哲学史家、国学大师、北京大学哲学系教授张岱年先生，因患心肌梗塞引起心衰竭，经救治无效，在北京大学附属第三医院逝世，享年 95 岁。

为庆祝 106 周年校庆，北京大学邀请武警天安门支队国旗班的 27 名战士与北京大学 106 名共青团员一起在电教西门举行了升国旗仪式。升旗仪式上，北京大学学生代表宣读了《为 106 周年校庆致全体北京大学学子》的倡议书。许智宏、张彦出席升旗仪式。

《中国历史美学文库》首发仪式在英杰交流中心举行。闵维方、迟惠生等出席。《中国历史美学文库》是由北京大学哲学系教授叶朗任总编，集合了北京大学、清华大学等 30 余所高等院校和科研机构的 140 多位专家学者，历时 12 年，反复甄选并经历多次修订而成。

北京大学纪念“五四运动”85 周年暨第四届“五四奖章”、“五四奖杯”表彰大会在办公楼礼堂隆重举行。教育部副部长袁贵仁、团中央书记处书记杨岳、共青团北京市委书记关成华，北京大学校领导闵维方、许智宏、岳素兰、林钧敬、林久祥、郝平、郭岩、柯杨、张维迎、海闻，学校党政机关和各基层党委负责人，北京大学共青团历届干部代表，以及北京大学近 800 名学生代表参加了大会。

深圳市法律援助中心北京大学深圳研究生院工作站暨北京大学深圳研究生院法律援助中心挂牌仪式在深圳研究生院举行。

4 月 25 日　北京大学在百周年纪念讲堂举行招生咨询会及招生信息发布会。迟惠生出席并讲话。

4 月 28 日　中关园留学生公寓举行奠基仪式。闵维方、许智宏、林钧敬、张彦等出席。

“北京大学 106 周年校庆工商界人士招待酒会”在英杰交流中心举行。来自中国石油天然气集团公司、中国华远集团、戴姆勒—克莱斯勒(中国)投资有限公司、英特尔(中国)公司、拜耳(中国)公司、中国惠普有限公司、方正集团、北京大学青鸟、北京大学资源集团等 50 多家国内外工商企业界知名企业的高层人士，以及北京大学闵维方、许智宏、吴志攀、林钧敬、郝平、林建华、张维迎、吴树青、厉以宁、林毅夫等出席了校庆酒会。

香港科技大学校长朱经武率代表团访问北京大学。许智宏、郝平、林建华会见来宾。双方共同回顾了两校合作交流的历史，就联合培养研究生、开展新的合作等问题进行了深入交谈，并续签了《北京大学与香港科技大学关于互派本科生在对方学习的协议书》。会后，代表团参观了重点实验室和中国经济研究中心。

4 月 29 日　医学部分子心血管学教育部重点实验室暨“985”工作会议在生物楼召开。韩启德主持会议。

为纪念“五四运动”85 周年和《中华人民共和国国防教育法》颁布三周年，北京大学与抗日战争纪念馆在办公楼礼堂联合举行北京大学与抗战纪念馆建立国防教育基地暨抗战纪念馆学生社会实践活动首场演出。

4 月 29～30 日　高校学生理论社团纪念“五四运动”85 周年研讨会在北京大学举行。本次研讨会由北京大学青年马克思主义发展研究会发起。包括清华大学学生马克思主义学习研究协会等京内外 32 个高校学生理论社团参加了研讨会。团中央学校部副部长周扬帆、北京团市委副书记方力以及北京大学闵维方、张彦等出席开幕式。

5 月

5 月 1 日　第六届国家图书奖揭晓。北京大学共有 13 种参选图书获奖。其中荣誉奖 3 种、国家图书奖 2 种、国家图书奖提名奖 7 种。本届国家图书奖还增设了特别奖，包括北京大学医学部公共卫生学院钮文异主编的《科学防治·战胜非典》在内的 50 种抗击非典图书获得奖励。

5 月 2 日　法学院成立 100 周年庆典在百周年纪念讲堂举行。全国人大常委会副委员长韩启德、全国政协副主席罗豪才、国务院法制办主任曹康泰、教育部副部长袁贵仁、司法部副部长胡泽君、最高人民法院副院长黄松有、最高人民检察院副检察长孙谦等到会并分别讲话，北京大学校领导闵维方、吴志攀、张彦、林久祥、郝平，以及法学院师生、校友参加了庆典。

5 月 4 日　北京大学团委与武警天安门警卫支队团委在天安门广场联合举行纪念“五四运动”85 周年升旗宣誓活动。随后双方签订了合作共建协议。张彦出席并讲话。双方团委将以“思想工作联抓、公益事业联做、人才培养联手、文体活动联谊”为主题，开展全方位合作。

5 月 7 日　哲学系建系 90 周年庆祝会在百周年纪念讲堂举行。哲学系历届系友和在校师生等 1600 余人出席大会。教育部副部长袁贵仁、北京大学党委书记闵维方、中国人民大学副校长冯俊、国家图书馆馆长任继愈、著名学者汪子嵩、国家行政学院常务副院长陈福今、中央党校副校长王伟光、中央文献研究室副主任冷溶以及哲学系教师代表黄楠森、汤一介、杨辛、叶朗、陈来等先后致辞。出席大会的还有中央党史研究室副主任石仲泉、宁夏自治区党委副书记韩茂华、大连市政协主席林庆民、北京大学吴志攀、张彦等。作为庆祝活动的一部分，5月8日在交流中心举行了“2004北京大学论坛·哲学论坛”。

由北京大学考古文博学院和陕西省考古研究所联合组成的考古队在陕西岐山县城周公庙遗址发现目前已知的西周最高等级的墓葬群。该发现具有重大学术意义。

5月9日 由北京大学学生合唱团师生组成的代表队获得“第十一届CCTV全国青年歌手电视大奖赛非职业组团体决赛”总分第六名并获铜奖。此次比赛全国共有74支代表队参加，北京大学代表队在参赛的10支高校代表队中取得了最好成绩。

5月11日 哲学系在英杰交流中心举办“云在青天水在瓶——师生共话冯友兰先生”活动，吴志攀出席。

5月12日 由北京大学博士后办公室、北京大学中国社会与发展研究中心、中国博士后科学基金会联合主办的“中国社会运行与变迁”学术研讨会在正大国际中心举行。林久祥出席研讨会并讲话。

5月13日 新西兰教育部部长Hon Trevor Mallard率代表团来北京大学访问。闵维方、郝平在临湖轩会见来宾。双方就加强北京大学和新西兰的大学校际合作及学术交流进行了商讨。

世纪金源集团向政府管理学院捐赠仪式在英杰交流中心阳光大厅举行。全国政协副主席、政府管理学院院长罗豪才，世纪金源集团董事局主席黄如论，校领导闵维方、吴志攀等出席了捐赠仪式。

5月14日 美国耶鲁大学校长理查德·列文(Richard Levin)一行访问北京大学。许智宏、郝平、吴志攀、柯杨在办公楼会见来宾，双方就耶鲁大学与北大历史系开展博士生交流以及与政府管理学院开展大学校长培训等项目进行了商讨。

5月15日 北京大学第十七次团代会在办公楼礼堂召开。团中央书记处书记杨岳、共青团北京市委书记关成华及北京大学闵维方、许智宏、迟惠生、岳素兰、吴志攀、张彦、林钧敬、郝平、鞠传进、王丽梅、杨河、郭岩、柯杨等领导出席会议。来自清华大学、中国人民大学等50多所北京高校的共青团代表出席。北京大学各院系的近300名团代表参加会议。

5月16日 北京大学外国语学院英语系教授李赋宁先生遗体送别仪式在八宝山革命公墓举行。李赋宁先生因患晚期癌症、多器官衰竭医治无效，于2004年5月10日在北京大学第三医院病逝，享年87岁。

5月17日 哲学系举行“纪念康德逝世200周年国际学术研讨会”。该研讨会是哲学系90周年系庆系列活动之一。吴志攀出席。

5月18日 芬兰前总统马蒂·阿赫蒂萨里(Martti Ahtisaari)来北京大学访问。许智宏、郝平在办公楼会见来宾，并向来宾介绍了北京大学的基本情况。

共青团北京大学第十七届委员会第一次会议在英杰交流中心举行。张彦出席。会议通过了《共青团北京大学第十七届委员会第一次全体会议选举办法》并选举产生常务委员会和团委书记、副书记。

5月19日 德国司法部长布里吉特·居普里斯(Frau Brigitte Zypries)来北京大学访问，并在法学院做了题为“国家与互联网”的演讲。吴志攀在英杰交流中心会见了来宾。

光华管理学院“光华—泰达—毕节”领导培训项目开学典礼暨“加大扶贫力度，促进扶贫地区经济发展”主题论坛在北京大学拉开序幕。全国人大常委会副委员长、民盟中央主席丁石孙出席论坛并发表讲话。闵维方出席。

由北京市委教育工委、中国人民解放军空军政治部主办，北京大学承办的“黄勇烈士先进事迹首都大学生专场报告会”在百周年纪念讲堂召开。北京大学与首都其他高校师生共计2000余人参加了此次报告会。中国人民解放军空军政治部副主任宋琨、空军政治部宣传部部长刘邦基、北京大学党委副书记张彦等出席。

5月20日 英国约克大学校长Brian Cantor率代表团来北京大学访问。许智宏在临湖轩会见了来宾。双方介绍了各自学校的教学、科研等情况。随后，代表团成员分别与经济学院、光华管理学院、物理学院、电子学系等探讨合作事宜。

5月21日 学校治理教育乱收费领导小组在办公楼举行会议，研究落实北京市2004年教育乱收费治理工作意见。王丽梅主持会议。

美国IEEE计算机学会主席Carl K. Chang来北京大学访问。迟惠生在办公楼会见了来宾。双方对两校间的软件开发与合作研究事宜进行了深入探讨。

香港特区政府公务员“北京大学国情研习课程”结业典礼在百周年纪念讲堂举行。林久祥出席并为学员颁发了结业证书。

5月22日 “联泰供应链系统研发中心国际研讨会”在英杰交流中心举行。闵维方出席。

北京大学首届“江泽涵杯”数学建模与计算机应用竞赛颁奖典礼在英杰交流中心举行。张彦出席颁奖典礼并致辞。

5月23日 外国语学院与美国瓦西塔浸会大学联合举办的“传教士与翻译：近现代的中西方交流”国际学术研讨会在民主楼举行。吴志攀出席并讲话。

5 月 24 日 邵华校友捐书仪式暨邵华将军舞蹈艺术摄影展开幕式在图书馆举行。闵维方出席。

5 月 25 日、26 日、28 日 学生工作部协同北京市工商银行海淀支行举办了三次毕业生还贷确认活动，所有贷款毕业生都签订了还款确认书。

5 月 26 日 台湾中华文物保护协会理事长王度先生“北京大学顾问教授”称号授予仪式暨王度收藏文物展开幕式在赛克勒考古与艺术博物馆举行。闵维方、许智宏、吴志攀、郝平等出席仪式。

北京大学举办“斯坦福大学日”。期间，在交流中心举行了“(斯坦福大学)约翰·亨尼斯(John Hennessy)校长北京大学名誉博士学位授予仪式暨演讲会”。根据与斯坦福大学签署的框架性合作协议，斯坦福大学将从 2004 年秋季开始在北京大学建立分校，每年选拔 30～50 名学生来北京大学学习一个学期。

北京大学中国经济研究中心和财经新闻研究中心联合举办“媒体管理高层研讨会”。吴志攀、海闻出席研讨会，其间会见了英国《金融时报》全球首席执行官 Olivier Fleurot 先生。

美国 ESRI 公司向北京大学赠送 ArcGIS 软件签字仪式在临湖轩中厅举行。

5 月 27 日 赛克勒考古与艺术博物馆举行开馆 10 周年庆典。闵维方、吴志攀等出席。

“与大师对话——诺贝尔奖获得者中国校园行”活动首场演讲会在英杰交流中心举行。2000 年诺贝尔化学奖获得者、美国国家科学院和工程院院士、宾夕法尼亚大学教授艾伦·G·麦克德尔米德发表了演讲。郝平主持报告会。会上同时聘请麦克德尔米德教授为北京大学客座教授。国家外国专家局副局长李兵、团中央书记处书记尔肯江·吐拉洪、团中央学校部副部长周扬帆、清华大学副校长龚克以及来自北大、清华、北师大等高校的大学生和来自一零一中学的部分中学生参加了演讲会。

5 月 28 日 第六届研究生“学术十杰”颁奖典礼在英杰交流中心举行。林建华出席。

5 月 29 日 “中国跨越式发展国际环境论坛”在英杰交流中心举行。迟惠生出席并讲话。

北京大学高分子教育与科研 50 周年庆祝会在英杰交流中心举行。闵维方出席。

5 月 31 日 北京大学附小举行新教学大楼及学生宿舍楼工程开工典礼。林钧敬出席。

6 月

6 月 1 日 北京大学召开“国际数学研究中心”筹建工作会议。林钧敬、林建华、鞠传进以及教育部发展规划司、人事司、科技司的同志到会。

6 月 2 日 “北京大学—富士通信息科学技术联合研究中心”举行揭牌仪式。迟惠生出席。

6 月 3 日 北京大学政府管理学院与美国南加州大学政策规划与发展学院签署合作备忘录。吴志攀出席签署仪式并会见对方学院院长 Daniel Mazmanian。

6 月 3～6 日 郝平率北京大学代表团赴香港进行招生宣传，并在香港举办了北京大学教育展。

6 月 4 日 林建华在临湖轩会见新加坡南洋理工大学副校长林文钦。双方签署了两校工作备忘录。

6 月 8 日 学校各学部举行职称评审会议。吴志攀、林久祥参加会议。

6 月 9 日 印尼大学校董会董事长、印尼力宝集团董事长李文正先生来北京大学访问。闵维方、许智宏在正大国际会议中心接待来宾。

雅典 2004 年奥运火炬北京大学校园传递活动圆满成功。许智宏、桑兰、肖伟山三位火炬手协作完成了火炬在校园内的传递。

6 月 10 日 北京大学学位评定委员会第 77 次会议在办公楼会议室举行。许智宏主持会议。会议决定授予刘军等 509 人博士学位；决定授予白静等 2581 人硕士学位。

学校在办公楼会议室召开“985 工程”二期工作会议。许智宏主持会议。吴志攀、林钧敬、林久祥、林建华、柯杨以及教务部、人事部、科研部、校本部和医学部“985 工程”办公室的负责人出席了会议。会上传达了 6 月 8 日教育部“985 工程”二期建设工作会议精神，通报了北京大学“985 工程”二期的前期准备情况，并研究了下一步的工作。

“北京分子科学国家实验室”挂牌仪式在北京大学化学楼和中国科学院化学研究所同时举行。林建华出席仪式并讲话。

6 月 11 日 北京大学举办“新趋势、新思路、新对策——2004 中国房地产企业家峰会”。吴志攀出席。

医学部召开教职工代表大会。闵维方、岳素兰、郭岩、柯杨、赵存生等出席大会。

学校在办公楼会议室召开科研管理体制改革座谈会。迟惠生、岳素兰、林钧敬、林建华参加。

新西兰奥克兰大学 John Hood 校长一行来访北京大学，闵维方、许智宏、郝平在临湖轩会见来宾，双方签署了学术合作协议。

北京大学通令嘉奖学生合唱团，以表彰其在此前举行的第十一届全国青年歌手电视大奖赛中的出色表现。许智宏、吴志攀出席表彰会并讲话。张彦主持表彰会。

6 月 12 日 第十三届“时代广

告金犊奖”颁奖典礼在百周年纪念讲堂进行。颁奖会由新闻与传播学院广告系和台湾《中国时报》集团共同主办。来自全国各大专院校广告专业的 2000 余名师生参加了颁奖典礼。

北京大学国际关系学院与日本财团联合培养国际关系研究生班毕业典礼在英杰交流中心举行。

6 月 13～15 日 张彦率团赴青海省看望北京大学在当地支教的 8 名学生志愿者，并参观了志愿者们服务的中学。在此期间，张彦会见了青海省委常委、副省长李津成、省委常委、省委宣传部长曲青山和副省长马培华等领导，双方就省校交流合作、对口支援等问题进行了磋商。

6 月 15 日 许智宏在临湖轩会见韩国庆熙大学前校长赵正源先生，并授予赵正源先生“北京大学客座教授”称号。

郝平在临湖轩会见澳大利亚拉筹伯大学校长 Michael Osborne 及中国第一历史档案馆馆长邢永福等，三家签订了关于整理清代外务部中英关系档案的研究项目合作意向书。随后，郝平陪同拉筹伯大学校长代表团赴新疆石河子大学商谈合作事宜。

学校在百周年纪念讲堂举行纪念中国共产党成立 83 周年暨表彰大会。市委常委、教育工委书记朱善璐，教育工委常务副书记张建明，闵维方、许智宏、岳素兰、吴志攀、张彦、林钧敬、林久祥、林建华、鞠传进、柯杨等校领导，北京大学先进党支部和优秀共产党员代表，各基层单位、机关职能部门负责人和民主党派代表，以及来自学校各方面的党员代表和师生代表出席大会。700 多名新党员由岳素兰带领进行入党宣誓。闵维方、朱善璐先后在大会上发表讲话。吴志攀主持大会。

国际乒联主席沙拉拉（Adham Sharara）在北京奥组委专职副主席杨树安、国家体育总局乒羽中心副主任姚振绪的陪同下来北京大学访问。郝平在临湖轩会见来宾。前乒乓球世界冠军刘伟、梁戈亮、孙晋及发展规划部、国际合作部、基建工程部、北京大学方正乒乓球俱乐部的负责人参加会见。双方就国际乒联、中国乒协与北京大学共建北京大学国际乒乓球培训中心一事进行了探讨。会见结束后，来宾们参观了塞克勒考古艺术博物馆和北京大学方正乒乓球俱乐部训练基地。

6 月 16 日 北京大学 2004 年本科生毕业典礼在百周年纪念讲堂隆重举行。闵维方、许智宏、岳素兰、张彦、林钧敬、林久祥、林建华、柯杨、海闻等校领导以及北京大学师生代表、校友代表出席。林钧敬主持典礼。林建华宣读了北京大学关于表彰优秀毕业生的决定。会上颁发了优秀毕业生证书和毕业证书。许智宏发表讲话。人文学部主任、中文系教授袁行霈等教师代表、校友代表和毕业生代表先后发言。2004 年北京大学共有 2433 名本科生毕业。

德国东亚论坛在英杰交流中心召开。中科院院长路甬祥、许智宏、德国东亚论坛团长、德国巴符州科技教育艺术部前部长特罗塔先生分别致辞。闵维方出席。

新加坡南洋理工大学校长徐冠林来北京大学访问。许智宏在临湖轩会见来宾。双方就进一步加强两校合作事宜进行了探讨。

6 月 17 日 2004 年北京大学研究生毕业典礼分两场在百周年纪念讲堂举行。校领导闵维方、许智宏、岳素兰、吴志攀、林钧敬、林久祥、林建华、柯杨、海闻，学部主任甘子钊、杨芙清、袁行霈、厉以宁以及部分院系领导、师生代表和校友代表出席。林钧敬主持典礼。林建华宣读了北京大学 2004 年研究生学位授予的决定。吴志攀宣读了北京大学关于表彰优秀毕业生的决定。许智宏发表讲话，对毕业生们提出了殷切希望。校友代表、教师代表、毕业生代表先后发言。会上举行了隆重的学位授予仪式，509 人被授予博士学位，2581 人被授予硕士学位。

6 月 19 日 北京大学诗歌中心成立大会在英杰交流中心隆重举行。吴志攀出席。

“罗念生先生百年诞辰纪念活动”在勺园多功能厅举行。

6 月 24 日 北京大学在百周年纪念讲堂举行“北京大学 2008 年奥运会乒乓球比赛场馆（北京大学体育馆）应征建筑设计方案评审活动”新闻发布会。林钧敬到会并讲话。

6 月 25 日 为纪念建党 83 周年，北京大学团委与武警天安门支队团委在武警天安门支队大院共同举办“坚定信念跟党走，科学发展建小康——迎‘七一’联欢晚会”。共青团中央书记处书记张晓兰、武警十四支队政委李风格、支队长檀建彬以及北京大学党委副书记张彦等出席活动。

“北京大学理科论坛”系列第三讲在英杰交流中心阳光大厅举行。诺贝尔物理学奖获得者、美籍华人朱棣文作了题目为“物理学家眼中的生命现象”的报告。林建华主持报告会。

6 月 25～26 日 为纪念邓小平同志诞辰 100 周年，北京大学在英杰交流中心举行了“邓小平与当代中国和世界”国际学术研讨会。来自中国大陆、台湾地区以及美国、日本、俄罗斯、韩国、吉尔吉斯斯坦等国家和地区的百余名专家学者参加了会议。吴志攀主持研讨会开幕式，教育部副部长章新胜，市委教育工委常务副书记张建明，中俄友好、和平与发展委员会副主席萧榕以及北京大学闵维方、郝平等出席开幕式，闵维方、章新胜、萧榕先后致辞。与会专家从政治、经济、文化、外交、国际战略等不同方面深入研讨了邓小平对当代中国和世界发展所产生的重要而深远的影响，深切缅怀了邓小平的丰功伟绩和崇高风范。

6 月 26 日 由北京大学保险和社会保障研究中心主办的北京大学首届“赛瑟论坛”在英杰交流中心举行。岳素兰出席并讲话。

7 月

7 月 1 日 林钧敬率北京大学博士生赴黔社会实践团全体成员，在遵义市委副书记陈凌华的陪同下，与遵义各界群众一起参加了升国旗仪式，随后出席了在遵义会议旧址，举行的庆祝建党 83 周年活动并发表讲话。

医学部庆祝建党 83 周年暨“七一”表彰大会在第三医院眼科中心召开。会上授予 9 名医务人员“医德医风风范奖”，表彰了 12 个“文明服务先进科室”。岳素兰、柯杨、郭岩以及党员代表共 300 余人出席大会。

7 月 2 日 伊朗副总统玛苏梅·埃卜特卡尔(Massoumeh Ebtekar)女士来北京大学访问，并在临湖轩与环境学院部分师生就环境保护、妇女运动等问题进行座谈。吴志攀出席座谈会。

7 月 8 日 迟惠生、林建华会见佐治亚理工学院教务长查尔斯·里奥塔先生一行，商讨合作共建北京大学工学院事宜。

北京大学和郑州大学在河南大厦签订了合作办学协议。北京大学校长许智宏、郑州大学校长申长雨在协议书上签字。教育部副部长张保庆、河南省副省长贾连朝、郑州大学党委书记郑永扣等参加了签字仪式。河南省省委书记李克强、省长李成玉发来贺信。林钧敬主持签字仪式。

7 月 11 日 “世界文明与郑和远航”国际学术会议开幕式在英杰交流中心举行。

7 月 13 日 北京大学团委在三角地举行了以“北京大学学子，情系奥运，立志青春，健康成才”为主题的庆祝北京申奥成功 3 周年大型签名活动。

7 月 13～16 日 闵维方、岳素兰、林钧敬率各院系党委书记及机关正职培训班一行 40 余人到延安考察学习，参观了枣园旧址、杨家岭旧址、王家坪、鲁艺旧址等革命圣地，访问了延安大学，并就党建及市校合作等问题与延安市委市政府举行座谈。

7 月 13 日 北京大学各院系的教学、教务负责人赴深圳参加北京大学研究生教学研讨会。北京大学副校长林建华出席会议。会议就如何组织和整合北京大学的教学资源，切实巩固和提高深圳研究生院的教学质量进行了探讨。

7 月 15 日 北京大学出版社《孙子兵法大典》出版座谈会在国家图书馆召开。

7 月 17 日 在京参加全国台联台胞青年夏令营的千余名台湾学生参观北京大学并听取了诺贝尔奖物理学奖获得者杨振宁先生的演讲。

7 月 29 日 北京大学新疆研究生培养基地在乌鲁木齐揭牌成立。该基地的成立是北京大学对口支援石河子大学的一个重要举措。北京大学校长许智宏和新疆生产建设兵团政委陈德敏为培养基地揭牌。

8 月

8 月 1～3 日 由教育部主办、北京大学承办的第三届“中日大学校长论坛”在北京召开。来自中国北京大学、清华、复旦、上海交大等 11 所大学的校长及日本北海道大学、东京大学、名古屋大学等 9 所名校校长参加论坛。教育部周济部长、章新胜副部长，日本文部省科学审议官近藤信司先生、日本学术振兴会小野元之理事长也作为特邀代表出席了本次论坛。许智宏在开幕式上发表演讲。此次论坛围绕“中国 2003～2007 年教育振兴计划”及“日本国立大学法人化改革”给中日大学带来的新课题、加强联合培养高层次人才及科研合作、围绕中日重点大学项目，加强中日大学合作体系等问题进行了充分的交流。

8 月 3 日 “北京大学—早稻田大学教学科研联合中心”启动仪式在北京大学资源大厦举行。早稻田大学总长白井克彦以及北京大学许智宏、郝平等校领导出席了仪式。今后两校将在本科生联合培养、以 21 世纪 COE(Center of Excellence)项目为主线的教学科研合作与年轻研究人才的培养以及相关产业合作等广泛领域开展合作。

美国哥伦比亚大学校长李·鲍林格(Lee Bollinger)访问北京大学并接受北京大学授予的名誉博士学位。闵维方、许智宏、吴志攀等出席学位授予仪式。

8 月 4 日 北京大学第一医院幼儿园发生歹徒持刀伤人恶性事件。上午 9 时许，幼儿园临时工徐和平持刀砍伤 15 名儿童和 3 名教师，其中一名儿童伤重不治，两名儿童和一名教师重伤，徐和平被当场抓获。事件发生后，北京大学成立了“8·4”事件善后工作领导小组，由闵维方、许智宏任组长，林钧敬、柯杨任副组长，统筹领导医疗救治和善后工作。

8 月 7～12 日 由中国国家对外汉语教学领导小组主办，北京大学承办的世界性大学生中文水平比赛——第三届“汉语桥”世界大学生中文比赛在英杰交流中心举行。

8 月 13～28 日 许智宏、吴志攀、林建华赴美国耶鲁大学参加大学校长研讨班。

8 月 15 日 在福建省福州市举行的第六届“北京大学——清华大学百年赛艇对抗赛”上，北京大学以优异成绩赢得冠军。张彦、林钧敬率队参加本次赛事。

8 月 16 日 北京大学外国语学院学生罗雪娟在雅典奥运会女子 100 米蛙泳决赛中，以 1 分 06 秒 64 的成绩夺得金牌，并刷新了原 1 分 06 秒 78 的奥运会纪录。

8 月 22 日 “2004 年全国博士生学术论坛”在北京大学百周年纪念讲堂举行开幕式。教育部副部长赵沁平，国务院学位办公室副主任李军，国家科技部副秘书长李健，清华大学党委副书记杨振斌，吉林大学副校长裘式伦，北大校领导鞠传进、柯杨及其他兄弟院校领导和多位院士、长江学者以及来自全国各大高校的 500 多名优秀博士生出席了开幕式。远在耶鲁大学的许智宏校长为论坛发来贺信。柯杨致开幕辞。本次论坛分为数学、物理学、化学、生命科学、地球系统科学、医学 6 个分论坛。

8 月 23～25 日 首届“北京论坛”在京举行。这是在北京市政府的支持下由北京大学主办的一次具有重大国际影响的论坛。这次论坛的主题是“文明的和谐与共同繁荣”。联合国秘书长安南给论坛发来贺信。中国国务院前副总理钱其琛在开幕式上做了特邀报告，美国华盛顿大学教授 Douglass C. North、美国哈佛燕京学社社长杜维明、北京大学教授汤一介做了主旨报告。本次论坛分为考古、艺术、中国文学、经济、法学、社会学等 14 个分论坛，来自世界 33 个国家的 400 多位著名学者参加了论坛。闵维方致了开幕词和闭幕词。林久祥、郝平出席了开幕式和闭幕式。

8 月 25 日 深圳研究生院举行 2004～2005 学年开学典礼，北京大学党委副书记岳素兰出席了开学典礼仪式。深圳研究生院自 2002 年开始招收全日制硕士研究生，此次 2004 年深圳研究生院招收的全日制硕士研究生共计 544 人。

8 月 26～27 日 北京大学教育学院、教育经济研究所主办的“中国教育与人力资源国际研讨会”在英杰交流中心召开。

8 月 29～9 月 4 日 “北京大学—斯坦福中美学生论坛”北京会议在英杰交流中心召开。来自北大、清华、复旦、哈佛、耶鲁、斯坦福等著名学府的学生代表参加了论坛。

8 月 30 日 教育部召开高校党风廉政建设视频会议。教育部部长周济做重要讲话。闵维方赴教育部主会场参加会议。岳素兰、张彦、林久祥、王丽梅以及各部门、院系负责人在北京大学英杰交流中心会议室参加会议。

8 月 31 日 北京大学在百周年纪念讲堂召开 2004 级新生家长见面会。张彦出席会议并讲话。学工部、教务部、团委、总务部和保卫部的负责人根据各自部门的职责范围回答了家长们关心的问题。

9 月

9 月 3 日 北京大学在办公楼会议室举行 2004 级优秀新生代表座谈会。应届新生中的各省高考第一名、奥赛金牌获得者、保送生以及其他优秀新生代表 50 多人参加了座谈会。许智宏、张彦、林建华以及学工部、教务部、招生办等部门负责人出席。座谈会上为优秀新生代表颁发了新生奖学金证书。

9 月 8 日 《李岚清音乐笔谈》首发式在北京大学百周年纪念讲堂举行，李岚清同志出席并现场签名赠书。国务委员陈至立出席并发表讲话。

大韩生命保险株式会社总裁申殷澈向北京大学捐赠“北京大学大韩生命保险奖学金”的仪式在英杰交流中心举行。张彦出席并在捐赠仪式上签字。

北京大学授予加蓬共和国总统哈吉·奥马尔·邦戈·翁丁巴名誉教授称号。许智宏、韩启德、林钧敬出席授予仪式。

北京大学成府园区政府管理学院暨法学院教研楼工程结构封顶仪式在政府管理学院大楼东侧举行。

9 月 9 日 北京大学在英杰交流中心召开“北京大学 2004 年庆祝教师节暨表彰大会”。闵维方、许智宏、吴志攀、张彦、林钧敬、林建华、王丽梅、柯杨、赵存生、郭岩、海闻、王学珍、吴树青、王德炳等以及师生员工代表 400 多人出席。

9 月 10 日 国务院原副总理钱其琛在办公楼为北京大学师生做国际形势报告，并出席国际关系学院大楼落成典礼。出席典礼的嘉宾还有全国人大常委会副委员长、北京大学常务副校长韩启德，原全国政协副主席孙孚凌，国务院港澳办公室副主任陈佐洱，中共中央统战部副部长楼志豪，以及国关大楼的主要捐赠者、新鸿基地产发展有限公司董事局主席郭炳湘的代表徐靖世，香港长江制衣有限公司董事局主席陈瑞球，全国政协常委、香港长江集团董事总经理陈永棋，意大利著名社会活动家瓦洛里等。闵维方、吴志攀、林钧敬、鞠传进、海闻等也出席了典礼。

北京大学召开 2004 年招生工作总结会。林建华、王丽梅出席并讲话。2004 年北京大学本科生招生工作取得了圆满成功，北京大学文科录取分数线在全国依然保持绝对的领先地位，理科录取分数线取得突破性成绩，北京大学在 13 个省份的理科录取分数线居首位。

9 月 14 日 由澳门特别行政

区法律及司法培训中心与北京大学法学院联合举办的“法律草拟深化课程——当今中国立法与司法实践培训班”合作协议签署仪式在法学院举行。澳门特别行政区行政法务司司长陈丽敏、澳门特别行政区法律及培训中心主任尹思哲、澳门特别行政区驻北京办事处代主任阮燕莲以及吴志攀等出席。

9 月 16 日　北京大学召开 2004～2005 学年宣传思想工作会议。来自全校机关、院系、后勤等单位主管宣传工作的负责人、宣传委员参加会议。吴志攀出席会议并讲话。

北京大学在英杰交流中心会议室举行纪念“九·一八”事变 73 周年师生座谈会。张彦等出席。座谈会以“毋忘历史、珍惜和平、努力学习、振兴中华”为主题。

9 月 17～19 日　北京大学举办“全国大学生攀岩邀请赛”。林钧敬出席开幕式和闭幕式。

9 月 17 日　北京大学化学学院聘请中科院院士陈立泉为兼职教授。林久祥出席聘任仪式。

9 月 18 日　北京大学中国经济研究中心成立 10 周年庆典在百周年纪念讲堂举行。许智宏出席并发表讲话。

9 月 23 日　北京大学邓小平理论研究中心与北京市邓小平理论与“三个代表”重要思想研究中心在英杰交流中心联合召开了“学习贯彻十六届四中全会精神，加强执政党能力建设”理论研讨会。

9 月 24 日　北京大学在艺园举行 2004 年北京大学“西部开发助学工程”受助学生中秋联欢会。张彦出席。

9 月 26 日　北京大学第二十次研究生代表大会在电教报告厅召开。闵维方、张彦出席并讲话。

9 月 27 日　斯坦福北京大学分校项目开班仪式在英杰交流中心大厅举行。闵维方出席并讲话。

“希望工程—嘉里粮油优秀大学生奖学金”合作协议签字仪式暨座谈会在英杰交流中心会议室举行。张彦出席并讲话。

北京大学在办公楼礼堂召开学习贯彻十六届四中全会精神报告会。闵维方向与会人员传达了十六届四中全会精神。岳素兰主持报告会。张彦、林钧敬、鞠传进及学校中层干部、各基层单位党委委员和学校各党支部的支部书记 500 余人参加会议。

教育部部长周济来北京大学看望田刚院士。闵维方、林建华向周济部长汇报了关于田刚院士回国及筹建数学中心有关工作。

9 月 28 日　北京大学在百周年纪念讲堂广场举行宁夏文化周开幕式。闵维方、林钧敬等出席。本次活动以“祖国在宁夏人心中，宁夏在祖国怀抱中”为主题。

北京大学共青团系统年度总结表彰暨庆祝建国 55 周年大会在办公楼礼堂召开。张彦出席并讲话。

北京大学经济学院综合楼奠基典礼隆重举行，闵维方出席典礼并致辞。典礼上，亿阳集团与经济学院签署了捐资协议。

9 月 29 日　庆贺萧蔚云教授八十华诞暨萧蔚云学术思想研讨会在英杰交流中心举行。闵维方、林钧敬出席。

10 月

10 月 1 日　北京大学师生在电教西门前举行升国旗仪式，庆祝建国 55 周年。林建华出席并讲话。北京大学千余名师生由张彦带队，赴天安门广场参加了由首都各高校共同举行的庆祝建国 55 周年庆祝活动。

10 月 9 日　中国国际关系学会第七届年会在北京大学召开。外交学院院长、国际关系学会常务副会长吴建民，北京大学党委书记闵维方等出席了开幕式。开幕式结束后，国务委员唐家璇做了国际形势报告。在与会的几天中，学者们就“9·11”以后的国际形势发展走势、中国外交新格局、地区主义与地区一体化以及国际关系理论的新发展等四个问题展开讨论。

由北京大学电子政务研究院和北京大学方正集团发起的“提高党的执政能力与电子党务建设理论与实践”研讨会在北京大学召开。岳素兰、杨河出席。与会人员分别就党的执政能力建设与电子党务的关系、电子党务概念的内涵和外延、电子党务建设的指导思想、目标要求和实施原则等诸多方面的问题发表了见解。

外国语学院和澳大利亚墨尔本大学联合举办的“澳中关系新视野：全球化与多元文化主义”国际学术研讨会在北京大学举行。墨尔本大学校长孔李栋、澳大利亚驻华大使艾兰·托马斯等到会并发表讲话。

10 月 10 日　北京市政府副秘书长隋振江及市交通委、路政局、轨道交通建设管理有限公司等单位负责人来北京大学研讨地铁四号线建设相关问题。许智宏、林钧敬、林建华、鞠传进参加会议。

10 月 11 日　环太平洋大学协会(APRU)秘书处处长 Lawrence Loh 一行来北京大学访问。许智宏在办公楼会议室会见来宾。双方就 2005 年联盟会等事宜交换了意见，并对北京大学提出的文化多元化研究项目合作进行了探讨。

北京大学在图书馆北配楼召开伙食提价协调会。张彦、林钧敬、鞠传进出席。随后，学校领导和有关部门就伙食提价问题与学生代表举行见面会，张彦出席。

10 月 15 日　“北京大学 2008 年奥运会乒乓球比赛场馆首次捐赠仪式”在英杰交流中心大厅举行，标志着为北京大学 2008 年奥运会乒乓球比赛场馆筹集资金的“万企工程”正式启动。中国乒乓球队总教练、国家体育总局乒羽中心乒乓球部主任蔡振华，中国乒乓球队总领队黄彪，北京大学方正乒乓球俱乐部总经理刘伟以及陈杞、王皓、桑兰、刘璇等奥运冠军或著名运动员，捐资企业代表和师生代表以及林钧敬、鞠传进、吴树青等领导出席仪式。海闻主持仪式。

中美高校“大学合作研讨会”在英杰交流中心大厅举行。此次研讨会的主题是“大学与企业的研究策略：合作与竞争”。林建华主持大会并做报告。

北京大学国家助学贷款工作人员培训会在英杰交流中心召开。张彦出席会议。

10 月 16 日　北京大学深圳研究生院在深圳会展中心举行签约仪式，分别与来自海内外的 5 家企事业单位，签订了长期的科研合作协议，签约投资金额超过 1 亿元人民币。在此次深圳中国国际高新技术成果交易会上，深圳研究生院携多项高新技术项目成果和产品参展，涉及的领域包括电子信息类、通信工程类、生物化学、基因组学、新药物开发、环境分析和保护等。

10 月 17 日　“欧亚—太平洋学术网络会议”开幕式在北京大学英杰交流中心大厅举行。郝平主持开幕式，闵维方出席。会议期间，闵维方、郝平会见了奥地利教育部长 Elisabeth Gehrer。奥地利代表介绍了近年来该国在高教改革方面的举措与经验，以及在国际化过程中奥地利教育、经济和外交政策的一系列变化。来自欧亚太平洋地区近六十所高校的校长及代表们共同商讨经济、文化、自然科学、音乐艺术等领域的校际合作前景，力求促进成员大学之间的学生和教员交流，并致力于相互承认学位、开展双学位和多学位的联合教学等合作项目的发展。

10 月 18 日　由北京大学生命科学学院和美国 NIH 国立人类基因组研究所（NHGRI）共同参与的“斑马鱼功能基因组国际合作项目”正式启动。国际项目合作方代表、美国加州大学洛杉矶分校林硕教授和美国国立卫生研究院 Shawn Burgess 教授参加了活动。

北京大学在办公楼礼堂召开党委扩大会议，学习贯彻落实第十三次全国高校党建工作会议暨高校领导班子思想政治建设座谈会精神。党委常委、委员以及各基层党委（党总支、直属党支部）、各机关负责人共 200 多人参加了会议。大会由校党委副书记岳素兰主持。闵维方书记传达了曾庆红同志在座谈会上的讲话精神。岳素兰副书记传达了贺国强同志在座谈会上的讲话精神。吴志攀副书记传达了胡锦涛同志在与北京市基层干部群众座谈会上的讲话精神。会上印发了《北京大学关于认真学习贯彻落实第十三次全国高校党建工作会精神的通知》和《关于学习贯彻落实〈中共中央国务院关于进一步加强和改进大学生思想政治教育的意见〉的通知》。

10 月 19 日　美国克莱顿大学校长约翰·施莱格尔教授代表团一行访问北京大学。吴志攀在办公楼会见了来宾，双方探讨了两校开展合作的可能性。

10 月 20 日　瑞典隆德大学罗尔瓦伦堡人权与人道研究所所长、联合国保护与促进人权小组委员会委员 Alfredsson 教授来北京大学法学院访问。吴志攀在办公楼会议室会见了来宾。

加拿大卡尔加里大学校长 Harvey Weingarten 教授率代表团来北京大学访问。许智宏、吴志攀会见来宾。双方就大学院系设置、教学等情况进行了交流。

北京大学“文明生活、健康成才”2004 年暑期社会实践总结表彰大会在英杰交流中心举行。一批优秀的实践团队和个人受到了表彰。张彦出席表彰大会并讲话。大会还播出了北京大学电视台制作的《2004 年北京大学暑期社会实践专题片》，展现了社会实践的活动情况，表现了北京大学学生的精神风貌和实践地风土人情。

10 月 21 日　由学工部组织的国家助学贷款现场咨询会在百周年纪念讲堂大厅举行。咨询会上向同学们介绍了北京大学助学贷款各方面的情况并现场发放了贷款申请表等有关材料。

北京大学在生命学院大楼六层会议室举行教学成果奖工作会议暨教学成果评审工作委员会成立大会。吴志攀、林建华等出席。

北京大学在办公楼召开高层次人才工作座谈会。林久祥主持座谈会，全校教学科研单位及六大附属医院负责人 40 余人参加。座谈会上，林久祥通报了长江学者推荐工作进展以及北京大学高层次人才队伍建设面临的形势与任务，学校拟采取的支持措施等。

10 月 22 日　由国家自然科学基金委和北京大学地球与空间科学学院组织的“夸父”卫星探测计划研讨会在北京大学召开。我国航天界、空间界专家，“两弹一星”功勋科学家王希季院士、航天科技集团杨维廉院士、北京天文台台长欧阳自远院士、总参通讯部宋笑亭少将等到会。国家自然科学基金委地球与空间物理处于晟主任主持会议。林建华出席。“夸父计划：L1＋极轨”日地空间扰动因果链探测计划由北京大学、航天东方红卫星公司、中国科学技术大学等单位共同参与。该项目在 2003 年底由地球与空间学院涂传诒院士提出初步建议。目前该计划已被列入“国际与星同在计划（International Living With a Star-ILWS）”中。

北京大学在英杰交流中心大厅召开“北京大学 2003 年度科技奖励大会”。国家科技奖励办公室副主任胡晓军，教育部科技发展中心成果专利处副处长金涛以及许智宏、林建华、张维迎、海闻等领导出席会议。本次大会汇报了2003年度北京大学科研成果，并表彰了2003年度北京大学获得国家自然科学奖、国家科技进步奖、教育部提名国家科学技术奖、北京市科技奖、何梁何利科技进步奖、获权专利以及东盛论文奖的组织和个人。许智宏在会上讲话。

10月23日 由学工部主办的“国际青年成就志愿者日”大型求职辅导活动在英杰交流中心举行。来自微软（中国）、摩托罗拉（中国）、毕博（中国）咨询有限公司等公司的数十名志愿者参加活动，向同学们介绍了求职及职业规划等方面的经验。此次活动是学工部“职业生涯设计”系列活动的开端。

10月28日 北京大学对光华管理学院2000级硕士研究生刘正琛予以通令嘉奖。2001年12月，刘正琛被确诊患慢性粒细胞性白血病。2002年，刘正琛倡导并筹建了中国第一个民间骨髓库——阳光骨髓数据库，并发起成立了阳光志愿者协会。在刘正琛带领下，阳光志愿者协会成功完成“阳光1000”计划，采集并公开了1118例骨髓数据，帮助7位患者找到配型骨髓。目前，协会正积极准备推出“阳光10000”活动，努力使阳光骨髓库增加到10000份检测数据。

10月29日 北京大学2004年研究生工作研讨会开幕式在生命科学学院报告厅举行。本次会议以“明确目标，改善机制，确保质量、追求卓越”为主题，以进一步完善研究生教育质量保证体系，提高和保证北京大学研究生教育质量为目的，总结了一年来北京大学的研究生教育工作。来自学校各个职能部门、各个院系包括医学部的代表166人参加了研讨会，对带有共性的研究生教育问题进行了研讨，特别是重点讨论了研究生生源的选拔、博士研究生学位论文的质量保证、博士研究生指导教师的职责和遴选、博士学科点建设和评估等问题。开幕式由张国有主持，许智宏，林建华、林久祥，赵存生出席。许智宏做了题为“明确目标，改善机制，确保质量、追求卓越”的主题报告。会议发布了《北京大学研究生招生复试规则》、《研究生培养方案的制定与实施规则》、《关于完善博士研究生培养质量保证措施的若干意见》等文件。

10月29～30日 北京大学召开首届辐射防护工作会议。会议就如何加强北京大学辐射防护工作提出了若干意见。林钧敬出席会议。本次会议本着为全校师生负责的态度，旨在进一步推动北京大学的辐射防护工作，为创建一流大学的发展与稳定作出贡献。

10月30日 蒙古学研究中心成立仪式暨“面向21世纪的蒙古学：回顾与展望”国际研讨会在民主楼多功能厅举行。中国驻蒙古国前任大使黄家骙、蒙古国驻中国大使馆参赞巴特巴雅尔、吴志攀出席。在为期两天的研讨会中，来自蒙古国科学院、蒙古国立大学、中国社会科学院、中央民族大学、内蒙古大学等10所高校、科研机构的80位蒙古学者参加研讨并宣读了论文，回顾蒙古学的学术历史，总结了蒙古学各领域的学术成绩和经验，共同展望了蒙古学的美好未来。

11月

11月1日 北京大学阳光志愿者协会在光华管理学院召开“阳光一万计划”启动新闻发布会。“阳光一万计划”的目标是征集10000名造血干细胞捐赠者并完成检测，用于扩大骨髓库，为需要骨髓移植的白血病患者提供帮助。北京团市委副书记、北京青少年发展基金会常务副理事长刘剑，《北京青年报》社总编辑、中国网球公开赛组委会副主任、中国网球公开赛体育推广有限公司董事长张雅宾先生，全国政协委员、著名小提琴家盛中国先生以及北大党委副书记张彦等出席新闻发布会。张彦在发布会上致词，表示阳光计划对社会意义重大，希望全社会都来奉献爱心，学校会尽可能地对协会提供一切所需的帮助。

11月1～4日 林钧敬率领北京大学学生体育代表团赴香港参加第四届“两岸三校三大运动友谊赛”，与香港中文大学、台湾大学的师生进行了友好的交流。林钧敬在开幕式上致辞。经激烈角逐，北京大学分别获得女篮、乒乓球比赛冠军和羽毛球比赛亚军。在此期间召开了以体育教学的未来发展为主题的研讨会。

11月2日 首都高校“智乐杯”健美操大赛总决赛在北京大学百周年纪念讲堂举行。本次比赛以“青春在运动中绚丽，生命在追求中精彩”为主题，希望通过比赛的形式，使大学生对竞技健美操有更深入的认识，帮助大学生形成文明健康的生活方式。经激烈角逐，北京大学、清华大学、北京体育大学分获前三名。赵存生等观看比赛。

11月3日 北京大学召开“985工程”二期科技平台负责人会议。林建华主持会议。

学生文明礼仪学校“学礼致用——大学生礼仪修养与形象设计系列课程”在理科教学楼正式开课。本次系列讲座由团委宣传部、青年志愿者指导中心、学生文明礼仪学校共同举办，以传播礼仪知识、弘扬礼仪文化、提高北京大学学子的文明修养和个人素质为宗旨，在商务面试、服饰搭配、人际交往、外交风范、形象设计等方面安排了一系列的课程。希望能借此在校园形成一股学礼、知礼、懂礼、行礼、授礼的新风尚。

11月5日 “北京大学宣明助

学金”发放仪式在英杰交流中心会议室举行。世界宣明会中国办事处总干事陈思堂、副总监王超和北京大学党委副书记张彦等出席。世界宣明会是世界上最大的以救灾、扶贫和发展为目标的民间慈善机构之一。仪式上，陈思堂、张彦介绍了“北京大学宣明助学金”的启动情况以及其良好的社会效益。与会领导、嘉宾向学生代表发放了北京大学助学金资助卡。

由北京大学科技园主办的第一届“中日科技园发展国际论坛”在英杰交流中心举行，本届论坛的主题是“中日科技园产学研的模式与实践”。鞠传进出席。论坛上，与会嘉宾就大学科技园在运作过程中如何面向政府、大学、企业开展广泛的合作，发挥辐射区域经济、创新发展模式的功能等问题进行了讨论和交流。

“中国高等教育文献保障体系——中国高等教育数字化图书馆(China Academic Digital Library & Information System，简称 CADLIS)”项目建设启动暨成果汇报大会在北京大学隆重召开。CADLIS 项目是国家“十五”期间“211 工程”建设的三大公共服务体系之一。全国政协副主席王选院士、教育部副部长吴启迪等国家和教育部领导，发改委、财政部、科技部、文化部、中国科学院、中国社科院等相关机构领导以及北京大学许智宏、吴志攀等校领导出席会议。许智宏在大会上讲话。

由中国经济研究中心与香港上海汇丰银行共同设立的“北京大学汇丰经济论坛”在办公楼礼堂举行。2001 年诺贝尔经济学奖得主迈克尔·斯宾塞教授进行了首期演讲。他演讲的题目是“互联网对全球市场的影响与世界经济演化”。

11 月 6 日 北京大学政党研究中心成立暨“执政能力与执政党建设”学术研讨会在英杰交流中心举行。来自中组部、中宣部、中央对外联络部、民盟中央、致公党中央、中共山西省委、中央党校、中国社会科学院、中国人民大学、复旦大学、中国政法大学、北京大学、中央社会主义学院、中国青年政治学院等单位的领导、专家、学者共 30 余人参加研讨会。

11 月 8 日 美国宾夕法尼亚大学校务卿 Leslie Kruhly 一行来北京大学访问。吴志攀会见了来宾。

迟惠生在临湖轩会见了台湾世新大学校长牟灿一一行。迟惠生向访问团详细介绍了北京大学近年来教学、科研的发展情况，并回答了他们提出的问题。随后，双方就今后加深双向学术合作与交流、拓展新的交流领域等进行了深入的探讨。

11 月 9 日 北京大学举办“北京大学康奈尔大学日”。美国康奈尔大学校长杰弗里·雷孟(Jeffrey Lehman)教授率代表团来到北京大学，同北京大学师生 400 多人一起参加了大学日活动。杰弗里·雷孟校长向北京大学师生发表了演讲。林建华会见杰弗里·雷孟校长一行并主持了演讲会。两校还决定共同创建“中国与亚太研究项目”，许智宏校长与康奈尔大学签订了合作协议。

11 月 10 日 由亚洲女性发展协会与北京大学中外妇女问题研究中心联合主办“亚洲女性论坛”在京召开。该论坛旨在促进亚洲女性的友好交流，推动女性事业的发展，创造男女和谐发展的环境。中国妇联名誉主席彭珮云任论坛主席，北京大学岳素兰出席。

德国新任驻华大使史丹泽博士在国际关系学院报告厅举行了题为“欧洲与中国——共同承担全球责任”的讲座，介绍了欧盟的发展状况和中欧关系的前景。他认为，中国是国际社会中负责任的大国，是欧盟一个日益重要的战略伙伴，中国与欧洲之间应该进一步加强经济合作和文化交流。

11 月 10～11 日 “2004 年中国博士后经济与管理前沿论坛——全球化与中国现实问题”在北京大学举行。这次大会由北京大学和中国博士后科学基金会主办，会议针对“WTO 与中国宏观经济”、“中国区域经济发展”、“全球化与经济管理”三个专题进行了讨论。“中国博士后经济与管理前沿论坛”已主办了三届，本次是规模最大的一次。论坛宗旨是展现年轻学者对前沿问题的活跃思维，希望以交流的形式促进学者们对中国现实经济问题的关注和认识。林久祥担任大会主席。巴西驻 WTO 大使、下一届 WTO 总干事候选人路易斯·菲利普·瑟克萨斯·科雷亚先生在大会上做了题为“WTO 多哈议程与发展中国家利益”的演讲。

11 月 11 日 “2004 年度何梁何利基金颁奖大会”在人民大会堂新闻厅举行。北京大学教授段学复、杨应昌、赵柏林分别在数学力学、物理学和气象学领域获得科学与技术进步奖。根据基金章程规定，该奖项是授予“在自然科学领域取得重大发明、发现和科技成果的优秀科技工作者”。至此，北京大学共有 31 人获得该基金的奖励。出席这次授奖大会的国家领导人和嘉宾有：全国人大常委会副委员长许嘉璐、全国政协副主席周铁农、国务委员陈至立、科技部部长徐冠华、教育部副部长赵沁平、基金评选委员会主任朱丽兰、著名物理学家杨振宁先生和基金捐赠人何善衡、梁銶琚、何添和利国伟先生的家属代表。闵维方书记、许智宏校长向段、杨、赵三位教授发了贺信。

深圳研究生院举行了“大气污染物扩散特征”国际研讨会。此次国际研讨会由北京大学深圳研究生院、空气及废物管理学会香港分会、香港理工大学环境技术与管理研究中心、香港科技大学海岸与大气研究中心联合主办，并由香港工程协会环境部协办。此次研讨会邀请了海内外许多专家学者参与，其内容是交流当今污染源问题的实践信息，研究泛珠江三角洲地区的污染控制政策和技术。

我国台湾地区媒体访京团来北京大学访问。迟惠生在临湖轩接待了来宾，该团由台湾地区各大新闻机构、主要报刊负责人、总编辑等组成，此次来访旨在通过民间交流的形式，更多的了解近年来北京的发展概况，并让台湾地区的民众更多地了解大陆的情况。迟惠生向访问团详细介绍了北京大学近年来教学、科研的发展情况，并详细回答了访问团提出的一系列问题。宣传部、统战部、港澳台办公室、新闻与传播学院等单位的负责人参加了接待。会谈后，代表团参观了北京大学校史馆和校园。

11月12日 北京大学国家助学贷款发放仪式暨信用中国论坛专家报告会在生命科学学院报告厅召开。张彦出席并讲话。

瑞士联邦工学院 Olaf Kubler 院长来北京大学访问，林建华在临湖轩会见来宾。双方分别介绍了两校的教学、科研等情况，并就学校的学科规划和发展方向交换了看法，双方表示，应加强相关院系教员之间的联系和交流，从而进一步探讨开展合作的可能性。

11月13～14日 为总结北京大学近年来理论建设的成就和经验，研讨和规划北京大学理论工作发展战略，北京大学在解放军总政治部沙河培训基地举行了"北京大学理论工作会议"。沙健孙、陈占安、赵敦华、董学文、阎志民、朱苏力、姜明安、黄宗良等著名学者以及宣传部、教务部、社科部、医学部党委和宣传部等部门领导到会。会议分析了北京大学当前理论研究工作的现状以及面临的挑战，并就如何结合"985工程"和"211工程"、进一步加强北京大学理论建设提出了很多意见。吴志攀、杨河、赵存生出席会议，吴志攀做了总结发言。

11月14日 为纪念中俄(苏)建交55周年，俄国外交部档案馆图片和文献巡回展在校史馆举行。俄罗斯驻华公使衔参赞贡恰罗夫以及众多高校和研究机构的相关学者参加了开幕式，吴志攀出席并致词。

11月18日 北京大学2004年杨芙清-王阳元院士奖励基金协议续签仪式在英杰交流中心举行。许智宏、林久祥、柯杨、海闻出席了仪式。杨芙清院士、王阳元院士、青鸟集团许振东总裁和教育基金会理事长吴树青分别代表捐赠方和学校教育基金会在协议上签字。"杨芙清-王阳元院士奖励基金"由杨芙清、王阳元两位院士和青鸟公司共同设立。新协议生效后，奖励范围扩大至校人文、社会、理学、信息和医学五个学部，年度捐赠额度将增加到60万元。

11月19日 美国明尼苏达私立大学主席 David Laird 来北京大学访问。吴志攀会见来宾。双方探讨了学生与教员交流等问题。

11月19～20日 法学院举行"劳动争议处理国际研讨会"。这是北京大学法学院、上海师范大学法政学院、全国律师协会劳动法和社会保障法专业委员会以及美国国际劳工团结中心四方合作的系列研讨活动之一。美国联邦仲裁与调解局局长 Peter J. Hurtgen 以及来自美、澳、中、中国香港等国家或地区的劳动法专家、法官、律师参加了研讨会。吴志攀出席开幕式并致辞。

11月20日 经首都卫生系统精神文明建设协调委员会批准，北京大学第一医院、人民医院、第三医院、口腔医院、肿瘤医院、第六医院、首钢医院全部被评为"2004年首都公共卫生文明单位"，同时获得申报"2004年度首都文明单位"的资格。

11月22日 "东亚四国大学校长论坛暨学术研讨会"在英杰交流中心举行。日本东京大学校长佐佐木毅、韩国汉城国立大学校长郑云灿、越南河内国家大学校长陶仲诗分别率团队参加本次论坛。论坛以"东亚文化文明的发展与高等教育的关系"为主题，并分"大学教育中东方与西方的学术经典"、"传统价值观与莎士比亚"、"在东亚四所高校开设以东亚文明为主要内容的互选课"、"东亚地区的美国问题研究"等四个学术专题小组进行深入交流。许智宏、吴志攀以及哲学系汤一介教授等出席了论坛。许智宏做了主题报告。

法国博福—益普生集团执行总裁 Jean Luc Belingard 一行来北京大学访问。林建华会见来宾。双方就未来合作的可能性进行了探讨。化学学院、生命科学学院、医学部及未名集团的代表参加了座谈。

11月23日 北京大学电视台建台15周年庆祝大会暨全国高校电视台工作会议首届年会在正大会议中心多功能厅召开。中央电视台副台长王庚年，中国教育电视台党委书记黄百炼，北京市委教育工委宣教处处长周志成，北京大学吴志攀、赵存生等领导以及来自清华大学、中国人民大学、北京师范大学、复旦大学、四川大学、中山大学等全国近40家高校的宣传部长和电视台台长等100多人出席大会。

口腔医学院与香港大学牙医学院签署了联合培养牙周专业临床硕士生的备忘录。双方并就该项目的组织形式、运作管理及教学方式等问题进行了详细磋商。

11月24～27日 由北京大学和国家纳米科学中心联合举办的第二届亚洲纳米科技会议在英杰交流中心举行。国家纳米科学中心主任白春礼院士担任本次大会主席。来自中国、日本、韩国、新加坡、泰国、新西兰、澳大利亚、印度以及俄罗斯等国家的300余名代表出席会议。香港科技大学沈平教授、日本 Kaoru Tsujii 教授、韩国 Myongsoo Lee 教授和中科院薛其坤研究员等在大会上做了特邀报告，会议就纳米材料合成、纳米加工技术等前沿问题进行了研讨。林建华出席。

11 月 26 日 医学部逸夫教学大楼举行开工典礼。全国人大常委会副委员长、常务副校长韩启德以及鞠传进、柯杨等出席典礼。

11 月 27～28 日 首届“刑法方法论”研讨会在北京大学深圳研究生院召开。来自北京大学、中国人民大学、清华大学、中国政法大学、武汉大学、香港大学等大学的知名刑法学者出席了论坛。此次研讨会是国内首次刑法方法论研究方面的学术专题研讨会。史守旭出席并致开幕辞。

在 2004 年全国大学生数学建模竞赛暨北京大学生数学建模与计算机应用竞赛中，北京大学获得 1 项全国一等奖、3 项全国二等奖、1 项北京市一等奖、4 项北京市二等奖，比 2003 年有较大进步。

11 月 29 日 澳大利亚悉尼大学副校长 John Hearn 一行来北京大学访问。吴志攀会见来宾，双方就学生交流等事宜进行了商讨。

泰国驻华大使祝立鹏一行来北京大学访问。郝平会见来宾。双方商讨了举办中泰建交 30 周年及诗琳通公主五十华诞庆祝活动等事宜。

11 月 30 日 国际著名地球物理学家安艺敬一(Keiiti Aki)先生“北京大学名誉教授”授予仪式暨学术报告会在英杰交流中心举行。林建华向安艺敬一先生颁发了名誉教授证书并致辞。

12 月

12 月 2 日 北京大学 2004 年自主增设学科复审专家组会议在办公楼会议室举行。林建华出席。

团委和法学院在英杰交流中心联合举办“法律援助志愿者在行动”——“12·4”全国法制宣传日高校联合宣传活动的新闻发布会。团中央青年志愿者工作部部长卢雍政，司法部法律援助中心副主任王军益，团市委志愿者指导中心副主任、北京市志愿者协会秘书长王静涛等出席。张彦出席并做总结讲话。12 月 4 日、5 日，包括北京大学在内的全国 14 所大学近 3000 名法律援助志愿者参与了活动。这是全国各知名大学第一次联合举行、规模最大的普法宣传活动。

巴基斯坦高等教育委员会顾问 Altaf G. Shaikh 来北京大学访问。迟惠生会见来宾。双方探讨了有关巴基斯坦向北京大学派遣理工科专业方向博士生事宜以及加强与北京大学外国语学院乌尔都语专业交流事宜。Altaf 先生还欢迎北京大学教师申请巴基斯坦政府资助赴巴研修。

12 月 4 日 德尔奖助学金颁奖会在英杰交流中心第二会议室举行。张彦、林钧敬出席会议。此项奖助学金由苏州德尔地板有限公司在北京大学设立的。

12 月 5 日 北京大学第六届“北京大学科技园杯”创业计划大赛决赛答辩暨颁奖典礼在图书馆北配殿举行。本次活动由校团委主办。鞠传进出席并讲话。

12 月 7 日 中国科学技术信息研究所在北京国际会议中心召开了“2003 年度中国科技论文统计结果”发布会。该项统计增加了中国香港地区和中国台湾省的论文数据，统计结果进一步细化。结果显示，北京大学 2003 年度 SCI 收录论文 1481 篇，列高校第三位(前两名分别为清华大学、浙江大学)。与 2002 年相比，北京大学国际论文被引用次数为 4256 次，比 2002 年的 3065 次增长了 38.9%，国内论文被引用次数为 8099 次，比 2002 年的 5774 次增长了40.3%，这两项重要指标再次获全国高校第一名；1998～2002 年 SCI 收录论文累积被引用次数 18456 次，全国高校排名第一；北京大学医学 SCI 论文数名列全国第一。数学科学学院丁伟岳院士的论文被列为数学类 SCI 高影响因子论文。

北京大学戴姆勒—克莱斯勒奔驰奖助学金设立 10 周年系列纪念活动在国际关系大楼举行。闵维方、迟惠生、光华管理学院院长厉以宁教授和戴姆勒—克莱斯勒董事会成员顾儒伯(Rüdiger Grube)博士、戴姆勒—克莱斯勒全球对外事务和公共政策副总裁 Michael Inacker 博士、戴姆勒—克莱斯勒(中国)投资有限公司总裁兼首席执行官费诺铭(Roman Fischer)等公司的官员，以及近 300 名北京大学师生出席此次纪念活动。顾儒伯博士发表了演讲。演讲后举行了 2004 年度戴姆勒—克莱斯勒奔驰奖助学金颁奖仪式。北京市委常委、教育工委书记朱善璐发来贺信。作为 10 周年纪念活动之一，戴姆勒—克莱斯勒又捐资在北京大学光华管理学院新建了教育项目“戴姆勒—克莱斯勒论坛”。闵维方、厉以宁、顾儒伯、英纳克分别代表北京大学、光华管理学院和戴姆勒—克莱斯勒签署了设立论坛的协议。

12 月 8 日 美国德州农工大学副校长 Richard Ewing 一行来北京大学访问。闵维方、林建华会见了来宾。双方商讨了第二届中美关系研讨会圆桌会议筹备事宜。

“中国首届留华毕业生新年招待会”以及“2005 年首都外国留学生新年文艺晚会”分别在北京大学英杰交流中心和百年纪念讲堂举行。教育部部长周济，北京市委常委、教育工委书记朱善璐出席了文艺晚会。教育部副部长章新胜，北京市副市长范伯元，北大校长许智宏，以及外交部、国家广电总局、北京市教委等单位领导出席了招待会和文艺晚会。

12月9日　由北京大学中国经济与WTO研究所、商务部《WTO经济导刊》主办，北京大学光华管理学院、澳大利亚国际开发署、中国—欧盟支持中国参与世界贸易体系项目协办的"庆祝中国加入WTO 3周年国际论坛"在光华管理学院举行。WTO副总干事拉纳博士、中国商务部部长助理易小准、澳大利亚特别农业谈判代表克里斯多夫·朗格曼、美国国际贸易委员会经济研究局局长罗伯特·库普曼、中央汇金投资有限责任公司总经理谢平、北京首都创业集团有限公司总经理刘晓光以及北京大学吴志攀教授、厉以宁教授等出席。论坛回顾了中国加入WTO 3周年以来的经济发展，探讨了多哈发展议程及其对中国经济环境的影响、WTO与中国企业国际化发展、国有银行改革、中国与WTO农业发展和中美贸易关系等问题。

12月10日　北京大学在英杰交流中心举行2003～2004学年光华奖学金颁奖大会。台湾阳明大学前校长张心湜、光华教育基金会总干事尹衍樑博士以及林钧敬、柯杨等出席。

第二届"北京大学国际之夜"晚会在正大国际会议中心多功能厅举行。来自瑞典、委内瑞拉、奥地利、日本、墨西哥、美国等20个国家的留学生表演了节目。本次活动由国际合作部、团委和学生国际交流协会(SICA)主办。

第10届全国美术作品展览获奖作品颁奖仪式在中国美术馆举行，全国人大常委会副委员长李铁映、何鲁丽，文化部部长孙家正等为金奖获得者颁奖。北京大学景观设计学研究院教授俞孔坚主持设计的作品中山岐江公园获得设计类金奖。这是该作品继2002年获得全美景观设计年度最高奖、荣誉设计奖，和2003年中国建筑艺术奖等不同领域的最高奖之后，又一次获得中国美术领域的最高奖。五年一度的全国美术作品展览由文化部和中国美术家协会共同主办，是我国规格最高、规模最大的国家级综合性美术和设计大展。

12月12日　2004年北京高校乒乓球锦标赛胜利闭幕，北京大学乒乓球队摘取7个项目中的4项冠军，创历史最好成绩。

"北京大学第十届'十佳教师'评选大会"在办公楼礼堂举行。此次评选活动分文科、理科院系上下两场举行。在参加评选的23个院系所推举的22位教师中，最终获得"十佳教师"称号的是，文科：中国语言文学系孔庆东，元培计划委员会与历史系阎步克，艺术学系彭吉象，政府管理学院朱天飚，中国经济研究中心卢锋，考古文博学院雷兴山；理科：环境学院陈效逑，化学与分子工程学院赵新生，信息科学技术学院周乐柱，物理学院王稼军。

基础医学院神经生物学系于常海教授带领的课题组在SARS病毒早期检测方面取得突出进展，其研究成果近期发表于国际顶尖医学类杂志《新英格兰医学》(《*New England Journal of Medicine*》)。该刊物影响因子高达34.833。这是基础医学院迄今发表的影响因子最高的科研论文。

12月15日　北京大学召开"985工程"二期基础设施建设及发展规划会议。许智宏、林建华、林钧敬、鞠传进等出席。

12月17日　霍英东教育基金会在人民大会堂举行第九届高校青年教师奖和教师基金颁奖大会，北京大学共有7名青年教师获得本届霍英东高校青年教师奖，获奖人数居全国高校之首。

12月17～18日　北京大学举行第五届教职工代表大会暨第十七次工会会员代表大会。17日举行了开幕式。许智宏做了工作报告。赵存生做了上届工会教代会工作报告。18日进行了代表分组讨论。18日大会选举出了新一届教代会执行委员会和工会委员会委员，通过了新一届教代会五个专门工作委员会委员及新一届工会经费审查委员会委员名单。

12月18日　北京大学在百周年纪念讲堂举行数字中国研究院成立大会。研究院分别举行与电子工业大学出版社合作出版"数字中国"丛书，与北京大学科技园合作筹建"数字中国大厦"以及与中国信息化推进联盟合作启动"中国信息主管培养计划"三大项目签字仪式。国务院信息化工作办公室杨学山副主任、科技部部长徐冠华院士、新疆生产建设兵团阿勒布斯拜·拉合木副司令、世界华人协会程万琦会长、全国人大常委会倪岳峰委员、水利部索丽生副部长、国防科工委孙来燕副主任、中科院郭华东副秘书长、美国得克萨斯A&M大学校长助理隋殿志教授、四川省德阳市政府杨咸武副市长、广东省信息产业厅邹生副厅长和思科(中国)公司张思华副总裁等出席。许智宏在会上讲话。

12月21日　由北京大学经济学院与中国证监会、上海期货交易所和上海证券报联合主办的"积极稳妥发展资本市场"大型论坛在英杰交流中心举行。吴志攀出席。

12月21日　日本新泻大学国际中心阿波村主任来北京大学访问。林久祥在临湖轩会见来宾。双方就加强两校交流合作等事宜进行了磋商。

12月21日　2005年北京大学港澳台学生新年联谊会在勺园二号楼举行。许智宏、郝平出席。

12月22日　韩国统一部长官、韩国国家安全保障会议常任委员长郑东泳来北京大学访问，吴志攀会见了来宾。郑东泳先生做了题为"和平繁荣的东北亚与韩半岛"的演讲，就目前的东北亚局势和实现本地区和平稳定的发展进行了论述。

北京大学勤工助学中心成立10周年暨勤工助学工作研讨会在英杰交流中心举行。张彦出席。

12月23日 国家科技部召开国家重点实验室计划20周年、国家重点基础研究计划("973计划")5周年纪念大会。在大会表彰的先进集体和个人中,北京大学稀土材料化学及应用国家重点实验室荣获先进集体称号,化学学院黎乐民院士、医学部张礼和院士荣获"国家重点实验室计划先进个人"称号,物理学院龚旗煌、欧阳颀、许甫荣,化学学院王远、严纯华,信息学院黄如、李晓明,医学部王宪、张宗玉和人口所郑晓瑛等10位教授获"973计划先进个人"称号。

"北京大学优秀博士后表彰大会"在英杰交流中心阳光大厅召开。许智宏做大会讲话,林久祥宣读了表彰决定。国家人事部专家与留学服务中心主任、中国博士后科学基金会秘书长庄子健、教育部学位办文理医学科处副处长陆敏、北京市人事局专家与博士后处处长林革出席会议。北京大学100多名在站博士后,各院系、各单位相关领导和老师参加会议。本次共表彰1985~2003年期间在北京大学从事博士后研究工作的优秀博士后31人,他们是文兰、陈大岳、龚旗煌、田光善、王远、甘良兵、宛新华、袁谷、金长文、黄建滨、施祖进、李清文、梅宏、张兴、倪晋仁、吴必虎、徐福留、刘树文、陈保亚、陈瑞华、陈明、郑晓瑛、刘旭峰、盖峥、李子臣、张琦锋、蔡运龙、宋述光、董秀芳、刘剑文、杨富学。

日本早稻田大学白井克彦总长一行来北京大学访问。迟惠生在临湖轩会见来宾。24日,林建华、闵维方先后赴钓鱼台国宾馆为早大中国研修团做专题报告。

韩国ICU大学Unna Huh校长一行来北京大学访问。迟惠生在临湖轩会见来宾。双方就两校有关院系合作、接收北京大学留学生申请韩国政府奖学金前往学习等事宜进行了商讨。

2004年曾宪梓奖学金颁奖会在人民大会堂新闻发布厅举行。张彦出席颁奖会。北京大学共有100名学生获奖。

"第六届北京十大杰出青年"评选活动日前揭晓,北京大学校友李莹、大山当选。李莹为北京大学东语系日语专业87级毕业生,目前担任北京盈之宝汽车销售服务有限公司董事长。大山曾为北京大学中文系加拿大籍留学生,目前担任加拿大大山有限公司总裁。

12月24日 北京大学医院召开四届二次教职工代表大会。闵维方出席。

委内瑞拉玻利瓦尔共和国总统查韦斯来北京大学访问并在英杰交流中心就玻利瓦尔革命与国际形势发表演讲。闵维方、林建华出席。郝平主持演讲会。

12月26日 朱光亚院士科技思想座谈会暨"朱光亚星"命名仪式在人民大会堂举行。林建华出席。

北京大学光华新年论坛在百周年纪念讲堂举行。闵维方出席并致辞。国家科技部副部长马颂德、刘燕华,农业部副部长张宝文、厉以宁等领导出席了本次论坛。与会人员专家学者共同探讨了科技创新和经济健康持续协调发展等重要问题。本届论坛主题是"科技创新强国",下设三个分论坛,主题分别为"创新创业于高新技术产业发展"、"农业、科技、企业家精神"、"从中国制造到中国创造——传统产业与科技创新"。

12月27日 北京大学研究生院成立20周年庆祝大会暨2004年北京大学优秀博士学位论文颁奖仪式在国际关系学院秋林报告厅举行。吴志攀、林建华、林久祥以及研究生院主要负责人出席大会。原北京大学校长兼研究生院院长陈佳洱院士也应邀出席会议。2004年北京大学优秀博士学位论文获得者及其导师和研究生师生代表参加了会议。本次评出的优秀博士学位论文共55篇,其中一等奖9篇、二等奖14篇、三等奖32篇。

12月28日 北京大学召开党政联席会。会议通过了北京大学首批文科资深教授名单。

12月29日 北京大学"挑战杯"科技工程和社会实践工作协调会在团委会议室召开。会议研究和协调解决"挑战杯"科技工程和社会实践工作面临的情况与问题。张彦主持会议。

12月30日 医学部妇产科、传染病及核医学学系举行成立大会。柯杨、郭岩以及医学部部分领导出席会议。

12月31日 由北京大学考古文博学院和陕西省考古研究所联合组成的周公庙考古队又获得西周考古重大新发现——在周原西部的凤翔县境内,发现了西周空心砖、条形砖、铸铜炼炉以及极有可能为西周城墙的大面积夯土层等。

· 附　　录 ·

2004年名誉教授授予情况

姓　名	国籍、职务	聘请院系	批准时间
麦克德尔米德博士	美国宾夕法尼亚大学教授，2000年诺贝尔化学奖获得者	化学与分子工程学院	2004年2月20日
保罗·克鲁臣	德国马克斯普朗克化学研究所大气化学室主任、1995年诺贝尔化学奖获得者	环境学院	2004年4月30日
莫里斯·斯特朗	加拿大人，联合国秘书长特别顾问，获得过有环境学界诺贝尔奖之称的泰勒奖	环境学院	2004年4月30日
劳依德·郡·沃德	美国Ludwig肿瘤研究所首席执行官、LICR董事会成员、LICR纽约分所所长，纽约肿瘤研究所所长，康奈尔大学医学研究院免疫学教授、纽约哥伦比亚大学兼职教授，曾当选为美国科学院医学研究院院士、美国技术及科学院院士、美国科学院院士	医学部	2004年6月15日
哈吉·奥马尔·邦戈·翁丁巴	加蓬共和国总统	国际关系学院	2004年9月8日
马里奥·莫利纳	美国麻省理工学院地球大气与行星科学系和化学系教授，1995年诺贝尔化学奖获得者	环境学院	2004年9月13日
安艺敬一	美国南加州大学地球科学教授、现代地震科学的重要奠基人	地球与空间科学学院	2004年11月12日

2004年客座教授授予情况

姓　名	国籍、职务	聘请院系	批准时间
林双林	美国奥马哈内布拉斯加大学华德·林得莱及乔治林得莱讲座教授	经济学院	2004年3月29日第528次校长办公会通过
王　革	美国爱俄华大学教授	数学科学学院	2004年3月29日第528次校长办公会通过

续 表

姓　名	国籍、职务	聘请院系	批准时间
高　杰	法国国家科研中心终身研究员	物理学院	2004年4月6日第529次校长办公会通过
任尚芬	美国伊利诺州立大学物理系教授	物理学院	2004年4月6日第529次校长办公会通过
须田利美	日本理化学研究所研究员	物理学院	2004年4月20日第531次校长办公会通过
文　正	美国 Raytneon 系统公司首席科学家、加州大学洛杉矶分校技术顾问	信息科学技术学院	2004年5月18日第535次校长办公会通过
赵正源	韩国庆熙大学校长	国际关系学院	2004年5月25日第536次校长办公会通过
陈　涌	美国加州大学洛杉矶分校教授	信息科学技术学院	2004年6月15日第539次校长办公会通过
约瑟夫·H.艾伯利	美国罗切斯特大学物理与天文学系安德鲁·卡耐基物理学讲席教授	信息科学技术学院	2004年6月15日第539次校长办公会通过
李崇仁	台湾交通大学电子工程系教授	信息科学技术学院	2004年6月15日第539次校长办公会通过
王　涛	英国谢菲尔德大学物理系特约研究员	物理学院	2004年6月15日第539次校长办公会通过
柯伟林	美国哈佛大学文理学院院长、历史学教授	历史学系	2004年6月15日第539次校长办公会通过
罗梅君	德国柏林自由大学汉学系主任、教授	历史学系	2004年6月15日第539次校长办公会
叶文心	美国加州伯克利大学中国研究中心主任、历史学教授、东亚研究所主任	历史学系	2004年6月15日第539次校长办公会
陈　勇	法国巴黎高等师范学院化学组织及纳米工艺实验室、法国国家科学研究中心光子与纳米结构研究室负责人，主任研究员，纳米工艺与微流体器件研究组负责人	物理学院	2004年6月25日第541次校长办公会
菲利普·伍德	牛津大学国际金融法客座教授、剑桥大学 Yorke 杰出客座研究员、伦敦政治经济学院客座教授、伦敦大学玛莉皇后学院客座教授	法学院	2004年6月25日第541次校长办公会
王立河	美国爱俄华大学终身教授	数学科学学院	2004年9月15日第544次校长办公会
郁　彬	美国加州大学伯克利分校 Miller 统计系研究教授	数学科学学院	2004年9月15日第544次校长办公会
杨士宁	中芯国际副总裁兼(中国)集成电路上海研究中心主任，IEEE IEDM 会员	信息科学技术学院	2004年9月15日第544次校长办公会
西原春夫	日本著名刑法学家、前早稻田大学校长	法学院	2004年9月29日第546次校长办公会通过
马佐平	美国耶鲁大学电子工程系系主任、教授	信息科学技术学院	2004年10月12日第547次校长办公会通过
许　浚	贝尔实验室亚太区总裁	信息科学技术学院	2004年10月26日第548次校长办公会通过

续 表

姓　名	国籍、职务	聘请院系	批准时间
伊格莱希 · 恩瑞凯	美国加州大学伯克利分校化工系教授、劳伦斯伯克利国家实验室科学家和伯克利催化剂中心主任	化学与分子工程学院	2004 年 10 月 26 日第 547 次校长办公会通过
铁学熙	美国大气研究中心(NCAR)高级研究员	物理学院	2004 年 12 月 7 日第 554 次校长办公会通过
土岐博	日本大阪大学核物理研究中心主任、教授	物理学院	2004 年 12 月 7 日第 554 次校长办公会通过
何昌垂	联合国粮农组织(FAO)助理总干事、驻亚太地区总代表，国际欧亚科学院院士	地球与空间科学学院	2004 年 12 月 7 日第 554 次校长办公会通过
高　炜	美国农业部全球变化项目(UVB)两位首席科学家之一，美国科罗拉多州立大学三级研究员；兼任美国密西西比州立大学教授、雷金斯大学教授	地球与空间科学学院	2004 年 12 月 7 日第 554 次校长办公会通过
Yoshio Nishi	斯坦福大学工程学院电气工程系教授，纳米制造研究室主任、斯坦福集成系统中心的研究主任和斯坦福纳米材料和工艺项目的主要负责人	信息科学技术学院	2004 年 12 月 21 日第 556 次校长办公会通过

2004 年聘请的顾问教授

姓　名	国籍、职务	聘请院系	批准时间
王　度	台湾地区中华文物保护协会理事长		2004 年 5 月 25 日第 536 次校长办公会通过

2004 年授予的名誉博士

国　别	姓　名	性　别	职　务	授予日期
美　国	约翰 · 亨尼斯(John Hennessy)	男	美国斯坦福大学校长	2004 年 5 月 26 日
美国、埃及	艾哈迈德 · 泽维尔(Ahmed Zewail)	男	美国加州理工学院教授	2004 年 6 月 28 日
英　国	爱莉森 · 理查德(Alison F. Richard)	女	英国剑桥大学校长	2004 年 8 月 2 日
美　国	李 · 鲍林格(Lee C. Bollinger)	男	美国哥伦比亚大学校长	2004 年 8 月 3 日

媒体报道有关北京大学主要消息索引

【人物】

这就是季羡林先生……光明网2004年1月8日
淡泊之中的追求——记北京大学医学部王宪教授……《人民日报(海外版)》2004年2月6日
俞孔坚:永不停歇的“土行者”……《华声报》2004年2月25日
潘文石:把我的心灵和热血都献给祖国……人民网2004年2月26日
软件学院:软件业崛起的希望——访北京大学软件教育学院院长陈钟教授……《中国教育报》2004年3月19日
张维迎与企业经济学……《人民日报(海外版)》2004年4月2日
蔡元培的目光与措施……《人民日报(海外版)》2004年4月2日
论张岱年的学术思想……《人民日报(海外版)》2004年4月23日
奉献者风采——北大莫锋……《光明日报》2004年4月23日
到西部播种 展现风采——北大莫锋……《中国教育报》2004年4月23日
张岱年:思与学、知与性、述与作的统一……人民网2004年4月26日
与哲学宗师的心灵对白——近访张岱年先生……人民网2004年4月26日
国学大师张岱年先生:自强不息 厚德载物……中新网2004年4月26日
张岱年及其七十年的哲学因缘……人民网2004年4月26日
哲人其萎 功业长存……《光明日报》2004年4月28日
盛寒蕊:志愿服务西部她第一个报名……《中国青年报》2004年4月29日
心香一瓣:为张岱年先生拍照……《人民日报》2004年5月5日
张岱年先生的学术方向……《光明日报》2004年5月11日
哲人其萎……《光明日报》2004年5月11日
育人不倦 直道而行……《光明日报》2004年5月11日
让智慧之花灿烂——追记国学大师张岱年……人民网2004年5月21日
张岱年:直道而行 行之有恒……《现代教育报》2004年5月21日
蜜与蜡的回忆——怀念李赋宁先生……《文汇·读书周报》2004年5月21日
纪念国学大师张岱年……《中国文化报》2004年5月26日
追思张岱年先生……《中华读书报》2004年6月2日
我们华年如歌——北大六人合唱组合……《中国教育报》2004年6月5日
北大校长许智宏……《北京晨报》2004年7月15日
北大党员标兵郭应禄……《光明日报》2004年9月13日
汤一介从容的人生旅途……新华网2004年10月18日
从边路照排王选……光明网2004年10月26日
萧蔚云:此生无愧……《光明日报》2004年11月1日
王阳元:“跑步”圆梦……《科技日报》2004年11月10日
俞孔坚:一个设计师要讲良心……《景观中国》2004年11月26日
薛祚:在死亡之点考察心理……《北京科技报》2004年12月1日
林毅夫:探索中国经济的“哥德巴赫猜想”……新华网2004年12月10日

【访谈】

苏贤贵论科学与宗教……《中华读书报》2004年1月2日
北大招办主任董德刚解读自主招生政策……新华网2004年1月5日
林毅夫解读中国经济中的“矛盾现象”……人民网2004年1月6日
楼建波谈《城市房屋拆迁估价指导意见》……《经济参考报》2004年1月15日

魏新谈企业竞争的最高境界是文化的竞争 …………………………………………… 南方网 2004 年 2 月 10 日
汇率是一场大国的游戏——访北京大学中国经济研究中心陈平教授 ………《证券市场周刊》2005 年 3 月 29 日
相信中国——访北京大学中国经济研究中心主任林毅夫 ……………………………… 搜狐网 2004 年 4 月 20 日
"创造我们这代人的光荣"——访北大法学院院长朱苏力 ……………………… 中国民商法律网 2004 年 5 月 17 日
回头看十年 已海阔天空——厉以宁妙语解读经济与人生 ……………………《北京青年报》2004 年 5 月 20 日
信息通信技术加速社会可持续发展——访北京大学光华管理学院教授张国有博士 ……………………………………………………………………………… 中国通信新闻网 2004 年 5 月 21 日
大学生应该怎样学习——访北京大学校长许智宏院士 ……………………………《中国青年报》2004 年 6 月 1 日
世界遗产,从我们手中传承——访北京大学世界遗产研究中心主任谢凝高教授……………………………………………………………………………《中国教育报》2004 年 6 月 4 日
让市场发挥积极作用——访北大经济学院副院长孙祁祥教授 ……………………《金融时报》2004 年 6 月 9 日
让心灵在所有方向上充分涌流——访北京大学中国经济研究中心教授汪丁丁 ……… 中评网 2004 年 6 月 11 日
"软着陆",民营资本更需制度保障——访北京大学经济学院院长刘伟教授 …………《市场报》2004 年 6 月 29 日
拿自己的钱 让学生练手——医学部于常海教授谈创业 …………………………《科学时报》2004 年 7 月 22 日
北大是我们一生的精神财富 ……………………………………………………………《科学时报》2004 年 9 月 1 日
追求健康的城市化—访北京大学教授周一星……………………………………… 烟台新闻网 2004 年 10 月 19 日
韩济生院士谈颅脑手术戒毒 ……………………………………………………………《光明日报》2004 年 11 月 26 日
守望精神的田园——访北京大学叶朗教授 ……………………………………………《人民日报》2004 年 12 月 16 日

【言论】

潘文石:三项措施保护白头叶猴 ……………………………………………………………… 人民网 2004 年 1 月 5 日
李义虎:陈水扁"四个一没有"承诺犹如跳脱衣舞 ………………………………… 中国新闻网 2004 年 1 月 7 日
马浩:品牌和竞争优势 ………………………………………………………………………… 新浪网 2004 年 1 月 7 日
谢凝高:世界遗产规划和开发要"正本清源" ………………………………………… 中国西部网 2004 年 1 月 9 日
曹凤歧:全流通只需一个转让原则………………………………………………………… 新浪网 2004 年 1 月 10 日
姜明安:2003 年我国立法的经验和特征 ………………………………………………… 人民网 2004 年 1 月 15 日
萧蔚云:香港的政制发展中央有权一管到底……………………………………………… 中广网 2004 年 1 月 17 日
周一星:山东半岛将是中国下一个珠三角 ……………………………………………《齐鲁晚报》2004 年 1 月 19 日
萧灼基:目前引进外资要注意做到五个转变……………………………………………… 中新网 2004 年 1 月 19 日
朱锋:鲍威尔访问格鲁吉亚一箭双雕……………………………………………………… 新华网 2004 年 1 月 26 日
贺卫方:如何走出"禁放"困境 ……………………………………………………………《新京报》2004 年 1 月 28 日
夏文斌:"三个代表"重要思想的主题 …………………………………………………《中国教育报》2004 年 2 月 3 日
张维迎:中国经济应觅新动力 避免成为日本第二 ……………………………………… 新浪网 2004 年 2 月 5 日
王岳川:世界文化在互动中前进 …………………………………………………………《经济日报》2004 年 2 月 6 日
许智宏:提高学生全面素质和创新能力 …………………………………………………《人民日报》2004 年 2 月 6 日
贺卫方:想方设法保障新闻监督 …………………………………………………………… 新浪网 2004 年 2 月 9 日
林毅夫:发展农村教育转移农村人口是解决三农的关键…………………………… 中国农业信息网 2004 年 2 月 10 日
厉以宁:中国正处在发展的关键时刻 ……………………………………………………《中国企业报》2004 年 2 月 10 日
金安平:通过媒体征议案是民主政治的进步 ……………………………………………《新京报》2004 年 2 月 12 日
杨凤春:解读北京市《政府工作报告》……………………………………………………《新京报》2004 年 2 月 17 日
文东茅:博士扩招不能盲目进行 …………………………………………………………《新京报》2004 年 2 月 17 日
夏学銮:用好网络这把"双刃剑" …………………………………………………………《人民日报》2004 年 2 月 19 日
金安平:公开道歉体现现代政府风范 ……………………………………………………《新京报》2004 年 2 月 19 日
黄宗良:评《党内监督条例》……………………………………………………………… 中新网 2004 年 2 月 20 日
杨凤春:树新发展观从领导干部开始 ……………………………………………………《新京报》2004 年 2 月 23 日
毛节泰:人工影响天气的科技进展 ………………………………………………………《人民日报》2004 年 2 月 26 日
李义虎:"公投"是"台独"伏笔……………………………………………………………… 千龙网 2004 年 2 月 26 日
王岳川:发现东方 …………………………………………………………………………《中国青年报》2004 年 2 月 29 日

金安平:全国“两会”给我们的期待 ……《新京报》2004年3月2日
林毅夫:中国控制“通胀”是为了防止“通缩” ……中国金融网2004年3月4日
萧灼基:振兴东北老工业基地要有新思路 ……中国网2004年3月7日
厉以宁:民营企业家负面形象被夸大 ……《中国经济时报》2004年3月15日
谢立中:中国经济和社会发展已经到了转折点 ……《经济参考报》2004年3月17日
萧灼基:汽车工业是新的经济增长点 ……《中国商报》2004年3月17日
罗艳华:传统文化对东亚国家人权观的影响 ……搜狐网2004年3月25日
曹凤岐:《证券法》修改核心是保护投资者利益 ……新浪网2004年3月26日
杨开忠:瞩目“环渤海经济圈” ……《经济日报》2004年3月26日
萧灼基:快速增长不是过热 中国经济运行正常 ……人民网2004年4月20日
沈明明:彩票业纠纷不断 立法迫在眉睫 ……人民网2004年4月22日
许智宏:异地办学不是复制 要办出特色办出水平 ……南方网2004年4月27日
陈平原:墨迹背后的文化变迁——谈《二十世纪北京大学著名学者手迹》 ……《北京日报》2004年5月3日
北大学子:为中华民族伟大复兴而奋斗 ……新华网2004年5月4日
周其仁:国企改革的逻辑 ……《中国青年报》2004年5月9日
谢凝高:世界遗产切忌错位开发与超载开发 ……《南方周末》2004年5月13日
陈佳洱:父亲教我爱科学 ……《报刊文摘》2004年5月14日
林毅夫:后发国家如何建立信用体系 ……《21世纪经济报道》2004年5月17日
吴树青:企业如何增强国际竞争力 ……《北京日报》2004年5月31日
许智宏:让院士和学术以外的东西脱钩 ……《中国青年报》2004年6月3日
林毅夫:实现可持续发展的五点建议 ……中评网2004年6月11日
汤一介:“学而不厌、诲人不倦” ……《现代教育报》2004年6月11日
桑兰:我想在2008年为祖国拿回一枚残奥会金牌 ……《北京晚报》2004年6月12日
俞孔坚:世界遗产是一个民族的“身份证” ……《中国新闻社》2004年6月16日
杨芙清:我国软件人才培养模式需要转变 ……计算机世界网2004年6月18日
袁行霈:北大呼唤诗歌的回归 ……《中华读书报》2004年6月24日
夏学銮:忠信缺失和四维危机 ……《新民周刊》2004年6月28日
孔寒冰:民间反“台独”运动需政府引导 ……《国际先驱导报》2004年6月29日
姜明安:依法行政的三个“不仅仅” ……人民网2004年6月29日
叶自成:印巴和平进程大步走 ……《新京报》2004年6月29日
朱锋:布什的欧洲之行得到了什么? ……中国日报网2004年6月30日
闫志民:“两票制”“两会制”是执政党基层民主建设的创举 ……中国农村研究网2004年6月30日
张平:通过网络买卖货物还为时过早 ……《青年时讯》2004年7月1日
王登峰:心理学研究要“本土化” ……《科技日报》2004年8月12日
汤一介:必须承认西方强势文化 ……《新京报》2004年8月26日
王选:科学研究的目标和环境 ……《光明日报》2004年10月8日
厉以宁:新“龟兔赛跑”的四点启示 ……中新网2004年10月11日
孔寒冰:从俄罗斯总统访华谈中俄关系 ……《国际先驱导报》2004年10月14日
闵维方:努力抓住三个载体加强领导班子思想理论建设 ……《光明日报》2004年10月18日
王选:为成材要争当学生干部 ……搜狐网2004年10月19日
许智宏:科学界面临巨大伦理挑战 ……新华网2004年10月19日
俞孔坚:要唤醒民族身份与土地伦理危机 ……中新网2004年10月24日
程朝翔:培养跨文化的世界公民 ……《人民政协报》2004年10月27日
朱锋:美国开始“布什时代” ……搜狐网2004年11月7日
张黎明:出版更高境界的大学教材 ……《中国青年报》2004年11月9日
张祥龙:接续民族精神的元气血脉 ……《社会科学报》2004年11月11日
黄宗良:与高层共话中共执政 ……人民网2004年11月15日

陈平原:俗文化研究的精神性、文学性与时代性…………光明网 2004 年 11 月 16 日
张维迎:银行呆坏账是国资最大的流失 ……《证券日报》2004 年 11 月 23 日
周其仁:追兵四起如何保持国际竞争力 ……搜狐网 2004 年 11 月 25 日
朱善利:北大光华的精神世界 ……《经济观察报》2004 年 11 月 27 日
闵维方:企业创新一定要走产学研相结合的道路 ……新浪网 2004 年 11 月 28 日
温儒敏:改善科研管理抑制学术失范 ……《中华读书报》2004 年 11 月 30 日
杨芙清:中国软件产业亟待发展 ……《中国经济时报》2004 年 12 月 1 日
闵维方:论新时期大学生思想政治教育……《求是》第 396 期
厉以宁:巨人正在过河 ……新浪网 2004 年 12 月 10 日
魏新:方正集团四大创新掌握核心竞争力 ……搜狐网 2004 年 12 月 11 日
杨开忠:下活中部崛起这盘棋 ……《经济日报》2004 年 12 月 13 日
曹凤岐:制度创新还投资者一个天堂 ……《证券时报》2004 年 12 月 20 日
孔寒冰:以工党入阁可能重启和平进程 ……《新京报》2004 年 12 月 20 日
路风:能力是买不来的 ……《工人日报》2004 年 12 月 22 日
林毅夫:目前的重工业热不符合中国国情 ……《经济参考报》2004 年 12 月 22 日
江家驷:环境科研规划应立足经济开发 ……《科技日报》2004 年 12 月 22 日
张颐武:记忆需要证明 ……《光明日报》2004 年 12 月 24 日

【专题】

还语文课以魅力——北大努力推进语文教育改革 ……光明网 2004 年 2 月 12 日
白头叶猴是我们的孩子——记北大崇左生物研究基地 ……人民网 2004 年 2 月 26 日
北大青鸟——中国 IT 职业教育先行者 ……深圳新闻网 2004 年 3 月 4 日
国际化:一流大学的趋势 ……《光明日报》2004 年 4 月 1 日
贴近学生思想 贴近学生情感 贴近学生实际……《中国教育报》2004 年 4 月 30 日
在激情与理性中绽放——记北大政管学院 2000 级本科生班 ……搜狐网 2004 年 5 月 5 日
北大哲学系走过九十年 ……《人民日报(海外版)》2004 年 5 月 11 日
一所法学院的历史——中国法律人百年寻梦 ……《法制日报》2004 年 5 月 13 日
北大法学院:百年砥砺正年轻 ……《人民日报》2004 年 5 月 19 日
老北大教授们的课堂魅力……《作家文摘》2004 年 6 月 1 日
北大高分子走过 50 年 ……《中国教育报》2004 年 6 月 4 日
北大为何坚持大类招生 ……《光明日报》2004 年 6 月 10 日
燕南园 57 号 ……《北京晨报》2004 年 6 月 19 日
高校再铸师魂刻不容缓 ……《中国教育报》2004 年 6 月 24 日
北大:团队教学提高授课质量……《中国教育报》2004 年 6 月 27 日
北大与新诗 ……《中国文化报》2004 年 7 月 21 日
一流学科决定一流大学发展方向 ……《中国教育报》2004 年 8 月 6 日
差距敢于正视 目标坚定不移 ……《中国教育报》2004 年 8 月 9 日
20 年后,再道一声“小平您好”……《科学时报》2004 年 8 月 20 日
2015 北大建成世界一流大学……《北京晚报》2004 年 9 月 9 日
让课堂成为思想政治教育的主渠道——北大清华创新思想政治理论课教学纪实 ……《光明日报》2004 年 10 月 27 日
我来帮你,好吗?——北大开展学生心理卫生教育侧记 ……人民网 2004 年 10 月 28 日
走过艰难 魅力燕园人才兴 ……《中国教育报》2004 年 11 月 12 日
北大八条战略措施加强理论建设 ……《中国教育报》2004 年 11 月 20 日

【新闻】

北大学子获男、女长城国际登山赛青年组第一名 ……新华网 2004 年 1 月 2 日
“青年文化遗产日”北大举行……《南京日报》2004 年 1 月 2 日
北大考古文博学院师生岐山考古有重大发现……《陕西日报》2004 年 1 月 2 日
王琐劳解说巴以和平路线图……新浪网 2004 年 1 月 5 日

北大青鸟 APTECH 发布系列新品 ……………………………《人民日报(海外版)》2004 年 1 月 5 日
北京大学关注中小学语文教育 ……………………………………………《光明日报》2004 年 1 月 6 日
北大法学院为国家有关部门起草物种安全管理办法 ……………………《信息时报》2004 年 1 月 7 日
国内第一个京昆曲古琴研究所落户北京大学 ……………………………《华声报》2004 年 1 月 8 日
防止校企不分 北大校企 5 年内取消“北大”冠名 ……………………… 千龙网 2004 年 1 月 9 日
方正集团进入后 PC 多元化整合魏新以退为进…………………………《财经时报》2004 年 1 月 10 日
北大现代远程教育登陆泉州 ………………………………………《海峡都市报》2004 年 1 月 11 日
北大光华获得最具领导力 EMBA 称号 …………………………………《京华时报》2004 年 1 月 12 日
支持财经新闻学科建设“史美伦奖学金”北大设立 ……………………… 中新社 2004 年 1 月 13 日
北大教授发表论文:动物演化特征有新发现 ……………………………《北京晨报》2004 年 1 月 19 日
北大召开研讨会庆祝世界史专业成立四十周年 ………………………… 光明网 2004 年 1 月 20 日
北大附中四川分校 9 月招生 ………………………………………………《成都日报》2004 年 1 月 22 日
中国教育电视台改版《青春之歌》北大首站演出 ………………………《北京日报》2004 年 1 月 24 日
北大青鸟杨明入选“影响中国软件开发的 20 人”…………………… 深圳热线 2004 年 2 月 10 日
北大专家主持规划山西左权国防教育基地 ……………………… 慧聪教育商务网 2004 年 2 月 11 日
北大医学部学生党员宿舍门口挂牌明示 ………………………………《中国教育报》2004 年 2 月 13 日
心理学家苏彦捷领衔研究金丝猴 ……………………………………《北京晚报》2004 年 2 月 14 日
北大光华携手摩托罗拉联合培养制造业管理人才 ……………………… 新华网 2004 年 2 月 18 日
北大参与北京医药集团医药科技创新体系建设 …………………………《科技日报》2004 年 2 月 19 日
北大学生与日本创价大学书道部交流书法 ……………………………… 新华网 2004 年 2 月 20 日
北大学生吴优参加全国象棋精英赛 ……………………………………… 新华网 2004 年 2 月 20 日
北大众志 CPU 被列为有重要突破的国家重大高新技术………………… 新华社 2004 年 2 月 22 日
中美名校强强联手 北大 BiMBA 打造管理精英 ………………………… 新浪网 2004 年 2 月 23 日
北大学报入选“教育部高校哲学社会科学名刊工程” …………………《光明日报》2004 年 2 月 23 日
北大两项研究入选 2003 年度高校十大科技进展 ………………………《科技日报》2004 年 2 月 25 日
北大光华 EDP:把女性管理者课程带进珠三角 …………………………… 大洋网 2004 年 2 月 26 日
打造国家精品课程 ……………………………………………………………《科技日报》2004 年 2 月 26 日
北京大学暑期中文班全美招生………………………………………………《华声报》2004 年 3 月 2 日
北大众志 CPU 等重大科技专项实施进展顺利 …………………………… 人民网 2004 年 3 月 4 日
北大学生民乐团为首都中外妇女联谊会专场演出………………………… 千龙网 2004 年 3 月 7 日
北大化学学院学术道德成研究生必修课 ……………………………《中国青年报》2004 年 3 月 12 日
北大国际 MBA 垂青中小企业……………………………………………………《信报》2004 年 3 月 15 日
北大今年仍按大类招生 ………………………………………………………《信报》2004 年 3 月 15 日
北大研究生停止扩招 ………………………………………………………《京华时报》2004 年 3 月 15 日
北大日本文化节将拉开序幕 …………………………………………………《新京报》2004 年 3 月 17 日
中国高校人文社会科学文献中心正式启动 ……………………………《中国青年报》2004 年 3 月 19 日
北大成立衰老研究中心迎战未来老龄社会 ……………………………… 新华网 2004 年 3 月 21 日
北京大学在“大学日”中国际化 …………………………………………… 中新社 2004 年 3 月 23 日
北大等学校确定 2004 年招生计划 ……………………………………《北京晚报》2004 年 3 月 23 日
北大高招新增智能科技专业 …………………………………………………《新京报》2004 年 3 月 24 日
北大建立与世界精英对话平台 ……………………………………………《北京晚报》2004 年 3 月 24 日
牛津校长北大演讲 …………………………………………………………《北京晨报》2004 年 3 月 24 日
北大领导耶鲁取经 …………………………………………………………《北京晨报》2004 年 3 月 24 日
“国际高教立体化教材发展趋势论坛”在京开讲 ………………………《中华读书报》2004 年 3 月 24 日
北京大学在“大学日”中国际化 …………………………………………《中国新闻社》2004 年 3 月 24 日
中国高校人文社科文献中心启动仪式 …………………………………《中华读书报》2004 年 3 月 24 日
牛津校长北大布道 …………………………………………………………《中国青年报》2004 年 3 月 24 日

日本友人向北大捐赠个人藏书 3000 册 …………《京华时报》2004 年 3 月 25 日
北大——清华赛艇基地扩建工程开工 …………新华网 2004 年 3 月 25 日
北大哈佛亲密握手 首届交流营明日启动 …………《新京报》2004 年 3 月 25 日
北大与地方政府"亲密接触" …………《光明日报》2004 年 3 月 25 日
网络教育让北大思考 …………《光明日报》2004 年 3 月 26 日
北大首次举办世界卫生组织专家咨询会 …………《北京晚报》2004 年 3 月 29 日
首届北大哈佛国际象棋团队赛 …………《中国青年报》2004 年 4 月 2 日
重大突破背后的"学科交叉" …………《科技日报》2004 年 4 月 2 日
北京大学百年讲堂再三芭蕾 …………《中国文化报》2004 年 4 月 3 日
近距离接触"北大——哈佛交流营" …………《新京报》2004 年 4 月 3 日
国家行政学院与北大合作培养公共管理硕士 …………《人民日报》2004 年 4 月 5 日
北大公开招聘百名教授 …………《京华时报》2004 年 4 月 8 日
北大人事改革方案启动 95 个岗位面向海内外招聘 …………《中国青年报》2004 年 4 月 8 日
季羡林先生给中小学生写了四句话 …………《人民日报》2004 年 4 月 8 日
北大全球招聘 95 位教授 …………《新京报》2004 年 4 月 9 日
北大党委书记闵维方获 IET 教育基金大学校长奖 …………《中国新闻社》2004 年 4 月 10 日
十万元重奖大学校长 …………《北京青年报》2004 年 4 月 11 日
"大学校长奖"昨日开奖 …………《北京晨报》2004 年 4 月 11 日
IET 教育基金设大学校长奖 …………《北京日报》2004 年 4 月 11 日
内地首个经教育部批准的香港学生社团在北大成立 …………中国新闻网 2004 年 4 月 12 日
北京大学全部按院系招生推行本科导师制 …………《中国青年报》2004 年 4 月 13 日
北京大学 2004 高招:优先满足高分考生专业志愿 …………《信报》2004 年 4 月 14 日
北大本科今年全部按院系招生 …………新华社 2004 年 4 月 14 日
华裔新生代企业家中国经济高级研修班北大结业 …………《中国新闻社》2004 年 4 月 14 日
北大握手中国教育学会 …………《中国教育报》2004 年 4 月 19 日
北大暑期学校今年正式开课 …………《科学时报》2004 年 4 月 20 日
《儒藏》编纂工作启动 …………《中华读书报》2004 年 4 月 21 日
北大首届国防毕业生受欢迎 …………《中国教育报》2004 年 4 月 21 日
国内首家社会性反倾销研究机构北大成立 …………《新京报》2004 年 4 月 22 日
牛津造访北大:大学国际化向我们走来 …………《社会科学报》2004 年 4 月 22 日
北大研讨财税法律体系建设 …………《经济日报》2004 年 4 月 22 日
康佳北大联合成立反倾销研究协会 …………《深圳特区报》2004 年 4 月 22 日
北大校园开放日名校云集 …………《北京晨报》2004 年 4 月 22 日
风云际会哲学门 …………《光明日报》2004 年 4 月 22 日
康佳与北大联合成立反倾销研究协会 …………《环球时报》2004 年 4 月 23 日
北大——辉瑞医院高级管理项目结业 …………《光明日报》2004 年 4 月 23 日
哲学大师张岱年溘然辞世 …………《北京晨报》2004 年 4 月 25 日
"国宝"张岱年心脏停摆 …………《北京青年报》2004 年 4 月 25 日
著名哲学家张岱年逝世 …………《中国教育报》2004 年 4 月 25 日
著名哲学家张岱年逝世 …………《中国青年报》2004 年 4 月 25 日
北大日渐成为"世界的讲坛" …………《中国教育报》2004 年 4 月 25 日
著名哲学家张岱年逝世 …………《光明日报》2004 年 4 月 25 日
北大 106 周年校庆 …………《光明日报》2004 年 4 月 25 日
哲学名宿张岱年先生逝世 …………《北京日报》2004 年 4 月 25 日
北大率先在全国高校推出小学期 …………《光明日报》2004 年 4 月 26 日
我国著名哲学家张岱年先生逝世 …………《新华每日电讯》2004 年 4 月 26 日
北大暑期学校六月启动 …………《北京晨报》2004 年 4 月 26 日

北大首试"小学期"制 ……《北京日报》2004年4月26日
深圳北大、香港科大合作入佳境 ……《人民日报(海外版)》2004年4月26日
北大率先推出暑期学校 ……《文汇报》2004年4月26日
北大纪念"五四"运动85周年 ……《中国教育报》2004年4月26日
北大与康佳共同筹建反倾销研究协会 ……《中国青年报》2004年4月26日
北大将推出小学期 ……《中国青年报》2004年4月26日
外校学生暑假可以上北大 ……《北京青年报》2004年4月26日
北大暑期学校招生六千 ……《京华时报》2004年4月26日
暑期学校使北大更加开放 …… 科学网 2004年4月27日
北大试办小学期,世界名教纷至沓来 ……《光明日报》2004年4月27日
暑期去北大听讲座 ……《北京晚报》2004年4月27日
哲学家张岱年逝世 ……《中国文化报》2004年4月27日
暑期学校使北大更开放 ……《科学时报》2004年4月27日
北大公共卫生学院完成SARS期间北京预防用药及问题研究 ……《科学时报》2004年4月27日
北大学生将赴法参加校园企划决赛 ……《文汇报》2004年4月27日
国学大师张岱年谢世 ……《中华读书报》2004年4月28日
香港科大与北大清华互派本科生 ……《人民日报(海外版)》2004年4月29日
香港科大与北大结忘年交 ……《科技日报》2004年4月29日
中华少年写作园在北大授牌 ……《中国教育报》2004年4月29日
著名哲学家张岱年先生逝世 ……《现代教育报》2004年4月29日
北大校友向母校捐赠篆刻作品 ……《光明日报》2004年4月29日
一代国学大师、北大哲学教授张岱年遗体今火化 …… 新华网 2004年4月30日
北大师生深情送别国学大师张岱年 …… 新华网 2004年5月1日
北大学生厦门大学演绎交响名曲 ……《厦门日报》2004年5月2日
北大法学院今天庆百年 ……《北京晚报》2004年5月2日
北大法学院迎来百岁华诞 …… 新华网 2004年5月2日
天安门警卫支队官兵与北大学子同观升国旗仪式 ……《解放军报》2004年5月4日
程旭获北京市"五四奖章" ……《北京青年报》2004年5月4日
继承五四传统 弘扬民族精神 ……《北京日报》2004年5月5日
与名校"手拉手" 密云与北大学子开展青年共建 …… 人民网 2004年5月8日
北大举办"哲学与社会科学跨学科研究"论坛 ……《中国教育报》2004年5月10日
北大新添"哲学论坛" ……《科学时报》2004年5月10日
北大哲学系建系90周年 ……《光明日报》2004年5月11日
北大诞生高校首个学生创业中心 ……《中国教育报》2004年5月11日
晋江老板爱充电 争进北大总裁班 ……《人民日报(海外版)》2004年5月11日
北大与山东工商分行联设金融MBA ……《现代教育报》2004年5月12日
北大首届民营资本与城市经济论坛 ……《科学时报》2004年5月12日
信用卡专业走进北大校门 ……《北京现代商报》2004年5月12日
光华鼎力推出高辅班 ……《北京晨报》2004年5月13日
邵华泽海外摄影作品展在北大举行 ……《中华新闻报》2004年5月14日
北大哲学系庆祝建系90周年 ……《科学时报》2004年5月14日
北大公开招聘95位教授 ……《中国青年报》2004年5月17日
纪念张岱年学术研讨会召开 ……《人民日报》2004年5月17日
桑兰参加火炬接力追梦奥运 ……《北京晚报》2004年5月20日
北大光华泰达毕节:联手探索智力支边新途径 ……《光明日报》2004年5月20日
《梅兰芳》走进北大校园 ……《北京日报》2004年5月21日
房屋中介首次开进北大 ……《北京青年报》2004年5月21日

曾宪梓教育基金会奖励优秀贫困大学生 ……………………………………………《中国教育报》2004 年 5 月 22 日
北大君士影视文化节 DV 大赛结束 ……………………………………………《中国教育报》2004 年 5 月 22 日
北大举行张抗抗作品讨论 ……………………………………………《人民日报(海外版)》2004 年 5 月 24 日
“梅兰芳”震了北大 ……………………………………………《北京晚报》2004 年 5 月 24 日
《梅兰芳》爱国激情震撼北大师生 ……………………………………………《北京日报》2004 年 5 月 25 日
林兆华到北大办戏剧研修班 ……………………………………………《中国文化报》2004 年 5 月 25 日
邵华主席捐书北大母校办展 ……………………………………………《中国摄影报》2004 年 5 月 25 日
曾宪梓资助大学贫困生 ……………………………………………《人民日报(海外版)》2004 年 5 月 25 日
林兆华转型 北大带学生 ……………………………………………《北京日报》2004 年 5 月 25 日
《梅兰芳》搅热北大 ……………………………………………《北京青年报》2004 年 5 月 25 日
林兆华走进北大带徒弟 ……………………………………………《新京报》2004 年 5 月 25 日
与北大合作 美国斯坦福大学首次在亚洲设分校 …………………………………… 新华网 2004 年 5 月 26 日
周公庙发现 1700 多片西周甲骨 ……………………………………………《新华每日电讯》2004 年 5 月 27 日
周公庙遗址考古获突破性发现 ……………………………………………《科技日报》2004 年 5 月 27 日
最高等级大型西周墓发现 ……………………………………………《人民日报(海外版)》2004 年 5 月 27 日
“周王陵”详情首次披露 ……………………………………………《北京日报》2004 年 5 月 27 日
斯坦福将在北大建分校 ……………………………………………《光明日报》2004 年 5 月 27 日
斯坦福大学校长北大坐论大学之道 ……………………………………………《中国青年报》2004 年 5 月 27 日
斯坦福今秋把课堂搬到北大 ……………………………………………《中国教育报》2004 年 5 月 27 日
斯坦福大学设北大分校 ……………………………………………《新京报》2004 年 5 月 27 日
斯坦福要建北大分校 ……………………………………………《北京晨报》2004 年 5 月 27 日
北大授予诺贝尔奖得主麦克德尔米德客座教授称号 ………………………………… 新华网 2004 年 5 月 28 日
斯坦福大学今秋开办北大分校 ……………………………………………《文汇报》2004 年 5 月 28 日
首届和平文化节活动在京启动 ……………………………………………《人民日报(海外版)》2004 年 5 月 28 日
500 学生对话诺贝尔大师……………………………………………《北京青年报》2004 年 5 月 28 日
诺贝尔奖得主巡游北京校园 ……………………………………………《北京晚报》2004 年 5 月 28 日
诺贝尔奖获得者中国校园行北大开讲 ……………………………………………《光明日报》2004 年 5 月 28 日
诺贝尔奖获得者中国校园行启动 ……………………………………………《中国青年报》2004 年 5 月 28 日
北大公共课教改引人注目 ……………………………………………《现代教育报》2004 年 5 月 28 日
学子为孤残儿童举行义卖活动 ……………………………………………《北京晚报》2004 年 5 月 30 日
娃娃京剧唱响百年讲堂 ……………………………………………《北京晚报》2004 年 5 月 31 日
诺贝尔奖获得者走进中国校园……………………………………………《科技日报》2004 年 6 月 1 日
北大庆祝高分子学科走过 50 年 ……………………………………………《科技日报》2004 年 6 月 1 日
季羡林领衔倡议募捐“育才图书室”…………………………………… 新华网 2004 年 6 月 1 日
中外学者北大共话近现代中西文化交流…………………………………… 光明网 2004 年 6 月 2 日
季羡林领衔倡议募捐“育才图书馆”……………………………………《人民日报(海外版)》2004 年 6 月 4 日
台湾文物收藏家受聘北大顾问教授……………………………………………《中国文化报》2004 年 6 月 8 日
火炬通过北大未名湖畔 ……………………………………………《北京日报》2004 年 6 月 10 日
桑兰自己拿着火炬完成全程 ……………………………………………《新京报》2004 年 6 月 10 日
许智宏桑兰联袂上演校园火炬“接力战” ……………………………………《中国青年报》2004 年 6 月 10 日
新中国最重大考古发现 ……………………………………………《深圳特区报》2004 年 6 月 11 日
专家称周公庙墓葬群是“新中国最重大考古发现” ……………………………《北京日报》2004 年 6 月 12 日
海峡两岸学者汇聚北京大学探讨大陆广告业难题 ……………………………《中国新闻社》2004 年 6 月 13 日
阳光桑兰笑度 23 岁生日 奥运火炬是最好礼物……………………………《京华时报》2004 年 6 月 13 日
桑兰昨天点燃 23 岁生日蜡烛 ……………………………………………《北京青年报》2004 年 6 月 13 日
北大研究生社会实践团携企业为高考学子支教 ……………………………《中国新闻社》2004 年 6 月 14 日
北大清华免试招收香港优秀学生 ……………………………………………《世界新闻报》2004 年 6 月 14 日

北大建起毕业留言墙 ……《北京晚报》2004 年 6 月 14 日
北京大学授予赵正源先生客座教授 …… 人民网 2004 年 6 月 15 日
奥运圣火穿越清华北大 ……《科学时报》2004 年 6 月 15 日
北大师生宣誓入党 ……《新京报》2004 年 6 月 16 日
欢喜毕业 快乐就业 ……《科学时报》2004 年 6 月 16 日
魏新和张维迎获选首届“十大中华经济英才” …… 人民网 2004 年 6 月 18 日
教育部肯定北大人事制度改革 ……《新京报》2004 年 6 月 18 日
北大“美学散步”文化沙龙办音乐会 ……《中国教育报》2004 年 6 月 20 日
北大暑期学校今开课受冷落 ……《北京晚报》2004 年 6 月 21 日
北京大学诗歌中心成立 …… 人民网 2004 年 6 月 21 日
北大医院文化论坛 ……《北京晚报》2004 年 6 月 23 日
北大学生社团山鹰社将攀登西藏启孜峰 …… 新华网 2004 年 6 月 24 日
应用数学与计算科学暑期学校在北大举行开学典礼 ……《光明日报》2004 年 6 月 24 日
北京奥运会乒乓球比赛场馆进入建设阶段 …… 新华网 2004 年 6 月 24 日
北大资源学院试水新一代高等教育模式 ……《科学时报》2004 年 6 月 25 日
文科第一名钟情北大 ……《北京青年报》2004 年 6 月 25 日
北大学子骑车千里宣传水资源保护 ……《新华每日电讯》2004 年 6 月 25 日
北大学子骑车千里宣传水资源保护 ……《光明日报》2004 年 6 月 25 日
北大研究生赴山东开展支教活动 ……《中国教育报》2004 年 6 月 25 日
北京文科第一名报北大 ……《华夏时报》2004 年 6 月 25 日
北大山鹰社欲登狗形山 ……《新京报》2004 年 6 月 26 日
北大学生与国旗手共庆七一 ……《新京报》2004 年 6 月 26 日
北大深圳医院挂牌 ……《深圳特区报》2004 年 6 月 26 日
北大与国旗卫士共庆“七一” ……《中国教育报》2004 年 6 月 28 日
中国青年报联姻北大青鸟扩张报纸传媒业 …… 大洋网 2004 年 6 月 29 日
手链祝平安 山鹰社昨赴西藏 ……《北京青年报》2004 年 6 月 29 日
北大师生为奥运场馆支招 ……《京华时报》2004 年 6 月 29 日
奥运乒乓球馆设计公示 ……《新京报》200 4 年 6 月 29 日
诺奖得主成北大名誉博士 ……《新京报》200 4 年 6 月 29 日
奥运乒乓球馆 6 个方案等待投票 ……《北京日报》2004 年 6 月 29 日
北大赴欧开设暑期课程 ……《科学时报》2004 年 6 月 29 日
北大表彰优秀共产党员和支部 ……《光明日报》2004 年 6 月 30 日
北大一暑期课将在欧洲上 ……《信报》2004 年 7 月 1 日
北大青鸟力推职业教育新体系 ……《光明日报》2004 年 7 月 1 日
北大学子远征三亚宣传节水 ……《中国教育报》2004 年 7 月 2 日
明年免试进北大机会增加 ……《科学时报》2004 年 7 月 6 日
上海话剧北大获知音 ……《新民晚报》2004 年 7 月 6 日
北大举行“邓小平与当代中国和世界”国际学术研讨会 ……《光明日报》2004 年 7 月 6 日
《艺术》笑翻北大师生 ……《北京青年报》2004 年 7 月 6 日
北大清华调档线昨出炉 ……《北京晨报》2004 年 7 月 8 日
北大清华划定录取分数线 ……《北京青年报》2004 年 7 月 8 日
给我一次感受北大的机会 ……《中国教育报》2004 年 7 月 9 日
《艺术》进北大 乐飘未名湖 ……《中国文化报》2004 年 7 月 10 日
北大与郑州大学开始全面合作办学 ……《光明日报》2004 年 7 月 10 日
北大与郑州大学签署合作办学协议 ……《中国教育报》2004 年 7 月 10 日
郑大与北大签订合作办学协议 ……《科学时报》2004 年 7 月 13 日
北大成立资源美术学院 ……《光明日报》2004 年 7 月 13 日

名校成了暑期旅游金字招牌 ……《中国教育报》2004 年 7 月 14 日
北大启动会计硕士专业学位项目 ……《社会科学报》2004 年 7 月 15 日
"杰出青年基金"为北大科研发展注入活力 ……《光明日报》2004 年 7 月 16 日
北大光华推出会计硕士学位 ……《中国青年报》2004 年 7 月 18 日
暑期学校敞开北大之门 ……《科学时报》2004 年 7 月 20 日
北大女生法庭上讨回 19 天工钱 ……《新京报》2004 年 7 月 20 日
北大学生最重视生活态度与求学计划 ……《光明日报》2004 年 7 月 22 日
北大学子"小平您好" ……《北京青年报》2004 年 7 月 23 日
北京大学筹建工学院 ……《新京报》2004 年 7 月 25 日
北大在 13 省市实现志愿零调剂 ……《中国教育报》2004 年 7 月 28 日
中美共建分子生命科学中心 ……《科学时报》2004 年 7 月 28 日
北大艺术系戏剧高级研修班正式开课 ……《中国文化报》2004 年 7 月 28 日
厉以宁荣获亚洲文化奖 ……《北京晚报》2004 年 7 月 29 日
厉以宁获亚洲文化奖 ……《北京晨报》2004 年 7 月 30 日
厉以宁获福冈文化奖 ……《人民日报(海外版)》2004 年 7 月 30 日
北大与新疆建设兵团全面合作 ……《中国教育报》2004 年 7 月 30 日
北大举办中学生心理素质训练营 ……《现代教育报》2004 年 7 月 30 日
数据库遭侵权 北大清华获赔 ……《新京报》2004 年 8 月 3 日
北京大学筹备建立工学院 ……《科学时报》2004 年 8 月 3 日
剑桥校长在北大演讲 ……《人民日报(海外版)》2004 年 8 月 3 日
北大建立研究生精品课程资源共享网络 ……《中国教育报》2004 年 8 月 3 日
国外名校长戴上北大博士帽 ……《午报》2004 年 8 月 4 日
北大酝酿取消研究生笔试 ……《北京晨报》2004 年 8 月 5 日
北大校长聆听同行发言 ……《北京晨报》2004 年 8 月 5 日
第二届中外大学校长论坛开幕 ……《北京日报》2004 年 8 月 5 日
季羡林先生迎来九十周岁华诞 ……《光明日报》2004 年 8 月 9 日
北大清华校长感慨会议太多 ……《北京青年报》2004 年 8 月 9 日
首届"北京论坛"本月下旬亮相 ……《中国教育报》2004 年 8 月 10 日
北大要把北京论坛办成品牌 ……《劳动午报》2004 年 8 月 10 日
"小平您好"是这样诞生的 ……《中国青年报》2004 年 8 月 11 日
北大校长与哥大校长交流 ……《光明日报》2004 年 8 月 12 日
500 博士生北大论道 ……《华夏时报》2004 年 8 月 14 日
全国博士生论坛将探讨学术 ……《科技日报》2004 年 8 月 14 日
2004 年全国博士生论坛举行 ……《中国教育报》2004 年 8 月 14 日
首届北京论坛下周开幕 ……《中华读书报》2004 年 8 月 18 日
北大学生热衷暑期礼仪学校 ……《光明日报》2004 年 8 月 19 日
剑桥、哥大愿与北大进一步合作 ……《中国教育报》2004 年 8 月 20 日
指挥大师斯图尔率德国名团亮相北大 ……《北京青年报》2004 年 8 月 21 日
首届"北京论坛"隆重开幕 ……《科学时报》2004 年 8 月 24 日
北大全国博士生学术论坛开幕 ……《科学时报》2004 年 8 月 24 日
对话开启不同文明合作之门 ……《文汇报》2004 年 8 月 24 日
首届"北京论坛"在京开幕 ……《人民政协报》2004 年 8 月 24 日
北京论坛开幕 众学者论剑 ……《新京报》2004 年 8 月 24 日
北京论坛第二日议题火爆 ……《新京报》2004 年 8 月 25 日
首届"北京论坛"闭幕 ……《人民日报(海外版)》2004 年 8 月 26 日
全国博士生学术论坛在北大开幕 ……《光明日报》2004 年 8 月 26 日
北京论坛关注助学贷款 ……《北京晚报》2004 年 8 月 26 日

“北京论坛”闭幕 人文精神高扬 ……《新京报》2004年8月26日
北京论坛昨闭幕 ……《劳动午报》2004年8月26日
博士生论坛开辟学术交流新方向 ……《科学时报》2004年8月31日
全国博士生学术论坛在北大举行 ……《科技日报》2004年8月31日
北大诚信教育保障助学贷款……《新京报》2004年9月1日
九旬侯仁之被抬上“永定门”……《北京晨报》2004年9月2日
北大在线举办公益活动……《光明日报》2004年9月2日
14岁的王大可北大报到……《北京晚报》2004年9月5日
《李岚清音乐笔谈》首发式举行……《中国教育报》2004年9月9日
《李岚清音乐笔谈》首发式举行 ……《光明日报》2004年9月10日
北大国关大楼落成 ……《劳动午报》2004年9月13日
一部音乐与教育的交响诗 ……《中国教育报》2004年9月14日
李岚清教师节前签名售书 ……《中华读书报》2004年9月15日
北大国关学院新楼落成 ……《光明日报》2004年9月16日
《李岚清音乐笔谈》在京发行 ……《人民日报(海外版)》2004年9月17日
北大推出“从历史看管理”课程 ……《中国教育报》2004年9月17日
“三校博士生论坛”研讨党的执政能力 ……《中国教育报》2004年9月19日
国防讲座走进北大校园 ……《中国青年报》2004年9月18日
宁夏文化周在北大开幕 ……《劳动午报》2004年9月29日
“宁夏文化周”亮相京城 ……《中国文化报》2004年9月30日
“宁夏文化周”在京举行 ……《光明日报》2004年9月30日
首届斯坦福大学北大分校项目正式启动 ……《中国青年报》2004年10月8日
北大研讨“电子党务”建设……中国网2004年10月9日
首都大学生参观红旗渠精神 ……《光明日报》2004年10月9日
北大第二届财经新闻培训课程招生……《北京青年报》2004年10月11日
北大乒乓球场馆邀万家企业捐助 ……《法制晚报》2004年10月13日
北大邀请万家企业捐建奥运会乒乓球比赛场馆 ……《北京晚报》2004年10月13日
明星助阵北大乒乓球场馆建设资金捐赠活动……新华网2004年10月15日
2008年奥运会乒乓球比赛场馆首次捐赠仪式在北大举行……《中国新闻》2004年10月16日
北大“万企工程”建奥运场馆……《午报》2004年10月18日
欧亚——太平洋学术网络国际会议举行 ……《中国教育报》2004年10月18日
北大奥运乒乓球场馆启动“万企工程”……《中国体育报》2004年10月18日
陕西周公庙西周大墓正式发掘……《北京晚报》2004年10月18日
周公庙西周大墓昨起开始发掘……《北京晨报》2004年10月18日
周公庙遗址西周大墓正式发掘……《中国青年报》2004年10月18日
北大招香港学生标准由4A变6A ……中青在线2004年10月18日
北大三晋文化研究会召开迎新大会……新浪网2004年10月19日
国际知名环保企业作客北大与学子对话……中新网2004年10月19日
中美高校“大学合作研讨会”在北大举行 ……《中国教育报》2004年10月19日
中美高校“大学合作研讨会”在北大举行……新浪网2004年10月20日
北大模拟联合国大会将于“联合国日”召开 ……新华网2004年10月21日
北大学生为国旗班补英语……新浪网2004年10月25日
北大举行第四届模拟联合国大会……新华网2004年10月25日
北大燕东幼儿园开设“弱视班” ……《北京晚报》2004年10月25日
北大明年组织周文化寻根之旅……华商网2004年10月26日
北大面向奥运会培养体育管理人才……慧聪网2004年10月26日
治疗儿童弱视越早越好 ……《北京青年报》2004年10月26日

弱视矫正前移幼儿园 ……………………………………………………《北京日报》2004 年 10 月 26 日
北大学生启动“阳光一万计划”征集匹配骨髓 ………………………………… 新华网 2004 年 11 月 1 日
北大酝酿发起“不占座日” ………………………………………………《法制晚报》2004 年 11 月 1 日
北大召开辐射防护会 ……………………………………………………《环境报》2004 年 11 月 2 日
北大历史学科迎来一百零五周年 ………………………………………《光明日报》2004 年 11 月 2 日
北大三千贫困生回报社会 ………………………………………………《北京日报》2004 年 11 月 2 日
泰国侨领北大演讲 ………………………………………………………《北京晨报》2004 年 11 月 4 日
北大清华分列第 17 及 61 位 …………………………………………《法制晚报》2004 年 11 月 5 日
IBM 进北大招才 …………………………………………………………《北京晚报》2004 年 11 月 5 日
全国高校联合建设数字化图书馆 ………………………………………《北京晚报》2004 年 11 月 5 日
北大将连通全国高校图书馆 ……………………………………………《北京日报》2004 年 11 月 6 日
全国高校将全天候联网 ………………………………………………《北京青年报》2004 年 11 月 6 日
150 名北大贫困学子昨天接受资助……………………………………《北京青年报》2004 年 11 月 6 日
全国高校数字化图书馆建设启动 ………………………………………《北京晨报》2004 年 11 月 6 日
北大贫困生昨获 33 万助学金 …………………………………………《北京晨报》2004 年 11 月 6 日
全国高校联手建设数字化图书馆 ………………………………………《中国新闻》2004 年 11 月 6 日
泰晤士报公布最佳院校排名,北京大学名列亚洲第二 …………………《参考消息》2004 年 11 月 6 日
高教数字化图书馆建设启动 ……………………………………………《光明日报》2004 年 11 月 6 日
中国高教数字化图书馆项目启动 ……………………………………《中国教育报》2004 年 11 月 6 日
北大首次设公益助学金 …………………………………………………《北京晚报》2004 年 11 月 6 日
北大超越清华 45 位 ……………………………………………………《北京晚报》2004 年 11 月 6 日
北大举行暑期社会实践成果展 …………………………………………《京华时报》2004 年 11 月 7 日
北大教授明起教你创业 …………………………………………………《北京晨报》2004 年 11 月 7 日
北大宣明助学金颁发 …………………………………………………《中国教育报》2004 年 11 月 8 日
中国高等教育数字图书馆项目启动 ……………………………………《科技日报》2004 年 11 月 9 日
《泰晤士报》推出最佳高校排名北大跻身全球前 20 名 ………………《中华读书报》2004 年 11 月 10 日
北大与康奈尔大学推出“中国亚太研究项目” ………………………《中国教育报》2004 年 11 月 10 日
北大选拔艺术体育特长生 ……………………………………………《中国教育报》2004 年 11 月 10 日
青岛软件园与北京大学签约 ……………………………………………《科技日报》2004 年 11 月 10 日
北大、清华与美国康奈尔大学开展合作 ………………………………《光明日报》2004 年 11 月 10 日
中国博士后经济与管理前沿论坛举办 ………………………………《中国教育报》2004 年 11 月 11 日
中国博士后经济与管理前沿论坛举办 …………………………………《光明日报》2004 年 11 月 11 日
137 名北大学子昨晚领到助学贷款 ……………………………………《北京晚报》2004 年 11 月 13 日
北大生物系转基因草坪步入产业化………………………………………… 易网 2004 年 11 月 15 日
北京大学国家助学贷款发放仪式暨“信用中国论坛”举行 ……………《中国教育报》2004 年 11 月 16 日
北大百余学生获“宣明助学金”………………………………………… 新华网 2004 年 11 月 18 日
北大自主招生加大复试文化课笔试比重……………………………… 中青在线 2004 年 11 月 18 日
2003 年度“东盛北大优秀论文奖”揭晓……………………………………《科技导报》2004 年 11 月 18 日
北大个人奖励额度最大奖学金增加到一年 60 万元 …………………《中国青年报》2004 年 11 月 19 日
北大评选校园十佳菜肴 …………………………………………………《京华时报》2004 年 11 月 20 日
东盛北大优秀论文奖揭晓 ……………………………………………《中国教育报》2004 年 11 月 20 日
北大校长反思东亚高校文化 ……………………………………………《新京报》2004 年 11 月 23 日
北大爱心社今发起“爱心日”活动 ………………………………………《北京日报》2004 年 11 月 23 日
东亚四大学酝酿开设互选课 …………………………………………《中国教育报》2004 年 11 月 24 日
北大举办城市建设与规划高级研修班 …………………………………《光明日报》2004 年 11 月 25 日
“aigo 杯”国象大赛北大继续不败纪录 …………………………………《北京晨报》2004 年 11 月 25 日
高校拒绝炒作安全套 ……………………………………………………《北京晚报》2004 年 11 月 25 日

“联众世界杯”全国大学生桥牌赛将办 ……《中国教育报》2004年11月26日
肄业生也能获学位 ……《新京报》2004年11月27日
高校学生开展抗艾滋宣传 ……《北京日报》2004年11月29日
学子脸上飘扬红丝带 ……《北京青年报》2004年11月29日
北大阳光志愿者协会“阳光10000”计划启动 ……《新京报》2004年11月30日
“西南联大奖学金”在北大、清华等四校设立 ……《北京日报》2004年12月1日
北大艺术团首赴美演出 ……《信报》2004年12月5日
北大校园模拟面试 ……《北京晚报》2004年12月5日
北大女博士出任形象代言人 ……人民网2004年12月7日
北京大学艺术学教学成果显著 ……《人民日报》2004年12月7日
外国留学生新年文艺晚会在北大举行 ……中新网2004年12月9日
北大招募校园安全志愿者 ……《新京报》2004年12月10日
北大师生捐助病危学子 ……《新京报》2004年12月12日
中国宏观经济与医院体制改革论坛在北大举办 ……《光明日报》2004年12月16日
北大数字中国研究院成立 ……新华网2004年12月19日
北大学生获大学生IC设计竞赛一等奖 ……慧聪网2004年12月22日
北大教授与“普析通用”做成技术买卖 ……《光明日报》2004年12月23日
北京大学表彰优秀博士后 ……《中国教育报》2004年12月24日
北大女博士打车紧追招聘团 ……《北京青年报》2004年12月24日
北大表彰优秀博士后 ……《光明日报》2004年12月25日
第七届北大光华新年论坛召开 ……《中国高新技术产业导报》2004年12月29日
我们怎样看待世界大学排名? ……《光明日报》2004年12月29日

· 索 引 ·

使用说明

1. 本索引采用内容分析索引法编制。除“大事记”外，年鉴中有实质检索意义的内容均予以标引，以供检索使用。

2. 本索引基本上按汉语拼音音序排列。具体排列方法如下：以数字开头的标目，排在最前面；字母开头的标目，列于其次；汉字标目则按首字的音序、音调依次排列。首字相同时则以第二个字排序，并依此类推。

3. 索引标目后的数字，表示检索内容所在的正文页码，数字后面的英文字母 a、b、c，表示正文中的栏别，组合在一起即指该页码及自左至右的版面区域。年鉴中以表格、图形反映的内容，则在索引标目后用括号注明(表)、(图)字样，以区别于文字标目。

4. 为反映索引款目间的逻辑关系，对于二级标目，采取在一级标目下缩二格的形式编排，之下再按汉语拼音的音序、音调排列。

0～9

1995～2003 年发表的 SCI 收录论文比较(表) … 212
1998～2004 年北京大学大型仪器
　　对外测试服务情况(表) …… 298b
1998～2004 年到校科研经费分类统计(表) …… 204
1998～2004 年全校到校科研经费总额
　　增长表(表) …… 204
1999～2004 年北京大学回收报废仪器设备
　　对照(表) …… 299
2002～2004 年北京大学财务收入情况(图) …… 287
2002～2005 年医学部夜大学招生、在校生、
　　毕业生人数一览(表) …… 150
2004 届北京地区高等学校优秀毕业生名单 …… 484
211 工程 …… 200a
　　建设 …… 264
　　中期检查 …… 264b
5999 热线 …… 320a
985 工程 …… 200a
　　二期 …… 20b、287c
　　二期基础设施建设和改造规划 …… 310b
　　二期立项 …… 264a
　　建设 …… 264
　　进口仪器设备一览(表) …… 299
　　项目执行情况 …… 294c
　　一期基础设施建设和改造项目收尾工作 … 310b
　　一期专项资金使用及效益情况 …… 264a

A～Z

ECSC 奖学金 …… 478a
IBM 中国优秀学生奖学金 …… 478a
P3 实验室建设 …… 295c
SCI 收录论文比较(表) …… 212
SK 奖学金 …… 474a
UFJ 国际基金奖学金 …… 474b

A

爱国主义教育 …… 371c、377b、381b
爱卫会办公室 …… 312a
安全技术防范系统工程建设 …… 365a
安全意识 …… 372b
安全用电 …… 312a
案件 …… 362c
　　办理 …… 360a
奥运场馆建设 …… 266c
奥运会火炬传递 …… 389a

B

八年制医学教育峰会 …… 146a
百周年纪念讲堂 …… 328c
　　队伍建设 …… 329a
　　工作调整 …… 328c
　　活动统计 …… 329a
　　人员状况 …… 329b

完善制度 …… 328c
文艺演出 …… 329a
办理境外赠送科教用品一览(表) …… 305
办学经费筹措 …… 287a、288b
邦戈访问北大 …… 268b
宝钢奖学金 …… 474a
保密工作 …… 364a
保卫部 …… 363b
保卫工作 …… 363、365a
宣传工作 …… 365c
保险 …… 280a
保障服务队伍建设 …… 311c
北大方正集团公司 …… 228a
IT 高科技产业 …… 228b
北大国际医院 …… 229b
重庆大新药业股份有限公司 …… 229c
电脑 …… 229a
电子出版 …… 228c
电子出版照排软件系统 …… 228c
发展概况 …… 228a
方正阿帕比数字版权保护系统 …… 228c
方正电路板产品 …… 229b
方正电子政务公文版式文件 CEB …… 228c
方正科技战略重点 …… 229a
方正软件 …… 228b
钢铁产业 …… 229c
西南合成制药股份有限公司 …… 229c
医疗医药产业 …… 229b
应用软件系统开发 …… 229a
证券产业 …… 229c
北大—港大中国历史与文化暑期研修班 …… 192b
《北大青年》团刊出版 …… 382b
北大青鸟集团 …… 230a
IT 行业 …… 230c
广电网络 …… 232a
教育 …… 231b
文化 …… 231c
新能源 …… 232a
杨芙清—王阳元院士奖励基金 …… 230a
业务 …… 230b
中芯国际 …… 230b
主要业务 …… 230a
北大未名生物工程集团有限公司 …… 232b
研究与开发 …… 232b
北大资源集团 …… 232c
安福大厦项目 …… 233a
博雅西园和德园项目 …… 233a
房地产业务 …… 233a
改制工作 …… 232c
教育项目 …… 233b
科技项目 …… 233b
物业经营管理工作 …… 233b
肖家河教师住宅项目 …… 233a
主营业务 …… 232c
北京大学 …… 20a
《北京大学本科生选课办法及管理规则》
(讨论稿)出台 …… 143b
北京大学出版社 …… 245a
版权工作 …… 245c
出版单位体制改革试点工作 …… 245b
出版图书 …… 245b
发展概况 …… 245a
获奖情况 …… 246a
人员状况 …… 245c
业务拓展 …… 245c
北京大学附属小学 …… 339
财务工作 …… 339c
德育工作 …… 339c
古诗文诵读 …… 340a
国内外文化交流 …… 340a
获奖情况 …… 340b
基建 …… 339b
教师获奖 …… 340c
教师节活动 …… 340a
教学改革 …… 339c
教学工作 …… 340b
教学及宿舍楼工程 …… 308a
教职工 …… 339b
捐赠活动 …… 340b
科技园区小学承办 …… 339c
六一活动 …… 339c
三代招生问题 …… 339c
示范校申报 …… 339b
学生 …… 339b
学生获奖 …… 341a
学校获奖 …… 341c
北京大学附属中学 …… 336
安防监控系统安装 …… 339a
棒球队竞赛获佳绩 …… 338b
北京市红十字学校 …… 339a
北京市基础教育成果奖 …… 338c
北京市教委号召向张思明学习 …… 339a
北京市学生金帆艺术团学校称号 …… 339a
北京市英语竞赛 …… 337b

北京市中小学科技教育示范学校称号 …… 338c
程序设计竞赛获区团体第一名 …… 337b
党委换届选举 …… 336b
港澳台交流 …… 338b
高二小论文宣讲答辩会 …… 338a
工会换届大会 …… 337c
机器人比赛获奖 …… 337c
教师课件获奖 …… 338c
教学风采展示 …… 338b
教育研讨会 …… 338b
教职工 …… 336b
绿色奥运活动 …… 337a
青少年科技创新大赛 …… 337b
师生获海淀区教育系统奖 …… 338a
师生向印度洋灾民捐款 …… 339a
食品卫生等级A级单位称号 …… 337c
外事往来 …… 336c
信息学比赛获奖 …… 337c
学生 …… 336b
学生参加加强未成年人思想道德品质建设的诗歌朗诵会 …… 338a
学生获奖 …… 337b
远程教育合作示范校年会 …… 337a
张思明同志先进事迹报告会 …… 339a
章熊语文教育思想研讨会 …… 338c
《北京大学海淀校区校园总体规划》制定及向北京市规划委员会报批工作 …… 265b
《北京大学海淀燕园主校区文物保护规划》编制工作 …… 265c
北京大学牛津大学日 …… 267b
北京大学数字中国研究院 …… 41c
北京大学斯坦福大学日 …… 267c
北京大学校长科研基金 …… 199a
《北京大学学报》(医学版) …… 254b
《北京大学学报》(哲学社会科学版) …… 253a
获奖情况 …… 254a
名刊建设 …… 253b
深化改革 …… 253b
《北京大学学报》(自然科学版) …… 251c
2003年刊载论文被国内外权威检索期刊(数据库)收录情况 …… 252a
2003年论文计量指标 …… 252a
北大学者采访 …… 252b
编辑部接收稿件学科分布(表) …… 252
工作进展 …… 252a
获奖情况 …… 253a
建立审稿专家数据库工作 …… 252b
刊载论文被国际检索机构收录情况(表) …… 252
刊载论文情况 …… 251c
刊载论文学科分布(表) …… 251
科研 …… 253a
论文计量指标(表) …… 252
论著情况 …… 253a
收稿情况 …… 252a
《学报》独立网站 …… 252b
学报工作正常运作 …… 252a
著作权保护工作 …… 252c
《北京大学学生学籍管理细则》修订 …… 143b
北京大学医院 …… 334
创建首都公共卫生文明单位活动 …… 336b
国际交流 …… 335b
后勤工作 …… 336c
护理工作 …… 334c
机构设置 …… 334b
精神文明建设 …… 335c
科研工作 …… 335a
人员状况 …… 334b
社区卫生服务 …… 335a
体制改革与管理 …… 335c
医保工作 …… 335b
医疗工作 …… 334b
医学教育 …… 335a
医院等级评审 …… 336b
资产设备 …… 334b
北京大学与江苏省的合作 …… 224b
北京大学与新疆生产建设兵团的合作 …… 224c
北京大学与浙江省的合作 …… 224c
北京大学—早稻田大学教学科研联合中心及两校本科生双学位联合培养项目 …… 267c
北京大学中长期发展规划编制和修订工作 …… 265c
北京地区高等学校优秀毕业生名单 …… 484
北京高校统战理论研究会年会暨换届大会 …… 355a
北京论坛 …… 216a、268c
北京市第八届哲学社会科学优秀成果奖
名单(表) …… 220
特等奖 …… 220
一等奖 …… 220
二等奖 …… 221
北京市第八届哲学社会科学优秀成果评奖 …… 216a
北京市级精品课名单 …… 449
北京市科委资助项目 …… 199c
北京市科研项目 …… 199a
北京市教委共建项目 …… 199a
北京市科技项目与北京市科技新星计划 …… 199a

　　北京市自然科学基金项目 …… 199a
北京市三好学生 …… 453a
北京市委党校北医分院教育教学与管理工作 …… 347c
北京市优秀班集体 …… 454a
北京市优秀党员领导干部 …… 449a
北京市优秀教师和教育工作者 …… 446
北京市优秀教师奖 …… 272c
北京市优秀教育工作者项目 …… 272c
北京市优秀学生干部 …… 453b
北京市重点实验室(表) …… 202
北京医科大学 …… 20b
北医新闻网 …… 352c
奔驰奖学金 …… 468b
本科对外交流 …… 143b
本科教学工作会议 …… 143a
本科课程 …… 147c
　　目录(表) …… 153
本科生教育教学 …… 142
本科生军训工作 …… 373c
本科生科研 …… 143a
　　学分制 …… 143a
本科生选课办法及管理规则 …… 143b
本科战略发展研究小组和老教授教学调研组
　　工作讨论会 …… 142c
本科专业 …… 147c
　　目录(表) …… 150
本专科毕业生 …… 489
本专科学生思想工作 …… 377a
毕业教育 …… 372b
毕业留学生(表) …… 503
毕业生 …… 178c
　　名单 …… 489
毕业生就业工作 …… 374c
　　本科毕业生 …… 374c
　　毕业生就业服务 …… 376a
　　毕业生就业服务体系 …… 375b
　　毕业生就业市场主渠道作用 …… 376c
　　毕业研究生 …… 375a
　　基本情况 …… 374c
　　就业辅导体系 …… 376b
　　就业特点分析 …… 375b
　　无形就业市场与有形就业市场建设
　　　　和培育 …… 376c
　　一把手工程 …… 375b
　　主要工作 …… 375b
毕业研究生去向统计(表) …… 380
表彰 …… 446
博士毕业生 …… 501
博士后工作 …… 181a
博士后公寓管理 …… 291b
博士后管理工作 …… 280c
博士生导师名录 …… 421
博士生选拔和录取方式改进 …… 171b
博士生学术论坛 …… 174b
博士生指导教师 …… 173a
博士学位授予权 …… 170c
部属(管)医院管理分会工作 …… 321c

C
财务 …… 287
　　审计 …… 289b
　　收入情况(图) …… 287
　　收支概况 …… 287a
　　信息化建设 …… 288a
　　指标评价 …… 287b
　　专题分析 …… 287a
财务工作 …… 287a
　　管理工作 …… 287b
　　规章制度建设 …… 288a
参加北京地区科学仪器协作共用网情况(表) …… 298
餐饮中心 …… 312b
　　ISO9001 国际质量体系认证 …… 313b
　　安全工作 …… 313c
　　队伍建设 …… 313b
　　管理技术队伍 …… 312c
　　管理制度 …… 312c
　　国家卫生 A 级量化管理申报工作 …… 313b
　　后勤社会化 …… 313c
　　伙食调价 …… 313a
　　机构设置 …… 312b
　　技术培训 …… 313b
　　加强沟通 …… 313b
　　深化服务 …… 313b
　　硬件水平 …… 312c
草岚子学生宿舍 …… 320b
产业管理 …… 222、223b
产业开发 …… 196
产业审计工作 …… 223c
产业效益 …… 224a
长江学者聘任情况 …… 272a
畅春新园学生宿舍项目 …… 292a
　　研 A 工程 …… 308b
陈佳洱 …… 393c
陈建生 …… 395a

陈慰峰 …… 409a
陈运泰 …… 403b
成人高等学历教育招生录取人数统计(表)…… 189
成人教育学院 …… 187c
成人学历教育 …… 186a
成舍我奖学金 …… 477b
成套家属房汇总统计(表)…… 297
诚信行医 …… 362a
惩防腐败体系 …… 358c
筹资情况 …… 322b
出国留学工作研究会 …… 281c
出国人员学历、职称、年龄分布状况(表) …… 273b
出售公有住宅楼房情况一览(表)…… 297
处级以上领导干部报告个人重大事项规定执行 … 346b
创建世界一流大学中心任务…… 20b
创新集体 …… 456a
创新奖 …… 455b

D

达标创优 …… 388b
大发展、大建设的新时期 …… 20a
大韩生命保险奖学金 …… 474b
大和证券集团奖学金 …… 472a
大事记…… 505
1月 …… 505a
2月 …… 505b
3月 …… 506a
4月 …… 507a
5月 …… 508c
6月 …… 510b
7月 …… 512a
8月 …… 512b
9月 …… 513b
10月 …… 514b
11月 …… 516b
12月 …… 519a
大型仪器对外测试服务情况(表) …… 298b
大学行政管理者国际会议 …… 268a
大学学报类期刊总被引频次分类排序(表)…… 254
代理人员管理与服务工作 …… 286b
党发文件…… 428
党风廉政建设 …… 358a
工作会议 …… 358a
责任制 …… 362c
责任制度 …… 374c
党风廉政宣传教育 …… 361a
党纪条规知识测试 …… 360a
党建工作 …… 342、344c
基本标准落实 …… 344c
新思路探究 …… 344c
党派新成员发展考察工作 …… 354a
党外代表人士工作 …… 355c
党校工作 …… 346c
党员干部统战理论知识培训 …… 355b
党员状况 …… 342a
档案馆 …… 249a
常规业务档案 …… 249a
档案 WEB 查询系统 …… 249c
档案利用与服务 …… 249c
档案收集 …… 249a
档案整理鉴定 …… 249c
企业档案 …… 249b
数据库建设 …… 249c
思想政治工作 …… 249a
信息化建设 …… 249c
学术交流与编研 …… 249c
征集档案 …… 249b
导师队伍建设 …… 180c
到校科研经费分类统计(表)…… 204
到校科研经费总额增长表(表)…… 204
德尔奖学金 …… 473b
德姆塞茨经济学奖学金 …… 478a
德育工作体系 …… 377b
邓小平与当代中国和世界国际学术研讨会 …… 347c
低值医用耗材集中招标过程监督 …… 363a
地球与空间科学学院…… 40b
北京大学数字中国研究院…… 41c
党建工作…… 42c
发表论文和论著…… 43b
发展概况…… 40b
获奖情况…… 43b
教学工作…… 41a
教职工…… 40c
科研经费…… 43b
科研项目…… 43b
课程建设…… 41a
实验室建设…… 41b
数字中国研究院…… 41c
学生…… 40c
学生工作…… 42c
学术交流与合作…… 42a
专业设置…… 40b
组织结构(图) …… 40
第二临床医学院 …… 117b

发展概况 …… 117b
国际交流 …… 120a
后勤工作 …… 120c
护理工作 …… 119a
继续医学教育 …… 119c
教学工作 …… 119b
科研工作 …… 119c
科研基金申报及获准情况表(表) …… 120
文明服务工作 …… 120b
医疗保险工作 …… 119a
医疗工作 …… 117c
第六医院 …… 128b
发展概况 …… 128b
国际交流与合作 …… 130a
教学工作 …… 129a
精神卫生工作 …… 130b
科研工作 …… 129c
门诊病人就诊情况统计(表) …… 129
全年护理质量综合平均成绩(表) …… 129
医德医风建设 …… 130b
医疗工作 …… 128c
住院病人情况统计(表) …… 129
第三临床医学院 …… 121a
发展概况 …… 121a
后勤保障工作 …… 122c
获奖情况 …… 123a
机构设置 …… 121a
基本建设工作 …… 122b
基建后勤 …… 122b
教学工作 …… 121c
精神文明建设 …… 123a
科研工作 …… 122a
信息化建设 …… 123a
医疗安全 …… 121b
医疗工作 …… 121b
医疗绩效指标完成情况 …… 121b
医院管理 …… 122c
院内感染监控 …… 121c
质量管理 …… 121b
第五届教代会暨第十七次工代会 …… 369a
第五届校教职工代表大会执行委员会 …… 25
第一临床医学院 …… 115c
后勤建设 …… 117b
护理工作 …… 116b
机构设置 …… 115c
教学工作 …… 116c
科研工作 …… 116c
事业概况 …… 115c
学术交流 …… 117a
医德医风建设 …… 117a
医疗工作 …… 116a
电话室 …… 318a
电视台工作 …… 351a
《北大光影交响曲》形象宣传片拍摄 …… 351a
建台15周年台庆系列活动 …… 351a
日常工作 …… 351a
调查研究 …… 348a、387c
调出人员学历及流向分布(表) …… 285
调出人员专业技术职务及岗位分布(表) …… 285
调入人员分布(表) …… 271
调入人员技术岗位分布(表) …… 284
调入人员学历及来源分布(表) …… 284
调研工作 …… 378a
成果 …… 360c
丁伟岳 …… 394c
东宝奖学金 …… 477b
东港制药奖学金 …… 471b、480b
东京三菱银行奖学金 …… 473b
东亚论坛会议 …… 268a
东亚四国大学校长论坛暨学术研讨会 …… 268a
董申葆 …… 400c
董氏东方奖学金 …… 470a
杜邦奖学金 …… 473b
杜秉正教授逝世 …… 87c
短期留学工作 …… 191a
对口支援石河子大学 …… 235
对口支援工作 …… 235a
对口支援工作例会 …… 235a
国际交流与合作 …… 236a
教学支援 …… 235b
文化西援工程 …… 236a
新疆研究生培养基地 …… 235a
院系合作 …… 235c
对内对外宣传 …… 353a
对内继续教育 …… 189b
对外汉语教育学院 …… 97c
对外交流 …… 98c
发展概况 …… 97c
机构设置 …… 98a
教学工作 …… 98a
教学管理 …… 98a
教职工 …… 98a
科研工作 …… 98b
对外交流 …… 267

对外交流中心 …… 328a
　国际会议承办 …… 328b
　会场使用情况 …… 328b
　接待参观团 …… 328b
　接待交流团体 …… 328b
　人员状况 …… 328c
　重要接待 …… 328b

F

发展规划部 …… 264b
　工作总体思路 …… 265a
　基础工作 …… 265b
　主要职责 …… 264b
发展规划工作 …… 264
法学院 …… 75b
　百年院庆 …… 76a
　发展概况 …… 75b
　获北京大学第九届人文社会科学研究
　　优秀成果奖名单(表) …… 78
　获北京市第八届哲学社会科学
　　优秀成果奖名单(表) …… 78
　交流与合作 …… 76b
　教职工 …… 76a
　科研与学术活动 …… 78a
　图书馆 …… 75c
　学科建设 …… 76b
　学生 …… 76a
　学生工作 …… 78b
　研究中心 …… 75c
　《中外法学》…… 76a
防疫防病教育 …… 372b
房地产对外合作 …… 292c
房地产管理 …… 291a、319c
房改工作 …… 292b、319c
房改售房工作 …… 292b
房屋产权管理 …… 291c、292a
房屋改造 …… 291c
房屋基本情况汇总(表) …… 296b
房屋、土地固定资产管理 …… 319c
非离退减员分布(表) …… 271
非离退减员学历分布(表) …… 271
分会正高职务评议结果(表) …… 277
分子心血管学教育部重点实验室 …… 200b
冯奚乔奖学金 …… 478a
冯新德 …… 398b
服务大局 …… 356c
福利 …… 279a、282c
　工作 …… 370c
福利费支出统计(表) …… 279
辐射防护工作 …… 267a
附录 …… 522
副高职务评议结果(表) …… 277
富余人员管理 …… 278a

G

概况 …… 20
干部 …… 23
干部队伍基本情况 …… 342a
干部队伍建设 …… 345b
干部工作 …… 343a
　制度化、规范化建设 …… 345b
干部考核竞聘 …… 319a
干部考核考察工作 …… 363b
干部能力建设 …… 344b
干部培训 …… 388a
　体系 …… 343c
干部述职述廉 …… 359b
干部思想作风建设 …… 346b
干部调整工作 …… 346a
干部医疗注册 …… 285c
干细胞研究中心 …… 201b
甘子钊 …… 394a
岗松奖学金 …… 476b
岗位聘任 …… 274b、285a
　申诉受理调查工作 …… 360b
港澳台交流 …… 269a、269c
港澳台侨工作 …… 357b
港澳台学生工作 …… 192a
高层次继续教育 …… 189a
　学生统计(表) …… 189
高层次研修班 …… 187a
高科技企业 …… 21b、228
高校侨联工作座谈会 …… 354c
各分会副高职务评议结果(表) …… 277
各学部副教授(副研究员)审议结果(表) …… 276
各学部教授(研究员)审议结果(表) …… 276
各学部通过副教授(副研究员)年龄与
　学历分布统计(表) …… 276
各学部通过教授(研究员)年龄与
　学历分布统计(表) …… 276
工程前期准备 …… 309a
工程审计 …… 289b
工程项目管理 …… 307c
工程预结算审核 …… 307b

工会工作 …… 366
　自身建设 …… 366c
工会组织宣传工作 …… 367a
工人技术培训 …… 279c
工资 …… 279a、282c
公共卫生学院 …… 112a
　北京精品教材申报 …… 113b
　本科生教学 …… 112b
　发展概况 …… 112a
　函授部工作 …… 114a
　继续教育 …… 113a
　教学成果申报 …… 113a
　教学工作 …… 112b
　教学基地建设 …… 113b
　科研工作 …… 113b
　研究生工作 …… 113a
　研究生招生、毕业及在校研究生数量(表) …… 113
　一级学科评估 …… 113a
公共卫生专业学位招生 …… 179b
公派留学人员回校情况(表) …… 274
公用房搬迁与周转 …… 291a
公用房分配与调整 …… 291a
公用房普查工作 …… 291b
公用房调配与管理 …… 291a
公用房验收 …… 291b
公用房装修改造申请受理 …… 291b
供暖工程 …… 310c
供暖中心 …… 314c
　党支部工作 …… 314c
　改造工程 …… 314c
　供暖工作 …… 314c
　人才引进 …… 314c
　浴室工作 …… 314c
供用电工程改造 …… 310c
共青团北京大学第十七次代表大会 …… 381b
共青团标兵 …… 486a
共青团干培养 …… 386a
共青团工作 …… 380、387b
共青团系统表彰奖励名单 …… 485
共青团系统总结表彰暨庆祝建国 55 周年大会 …… 381c
顾温玉生命科学奖学基金 …… 478a
顾问教授(表) …… 524
关爱生命——为东南亚海啸受灾地区募捐活动 …… 385a
关注安全、关爱生命理念倡导 …… 372a
管理 …… 264
　审计 …… 289b
　效率 …… 143b
贯彻落实党风廉政建设责任制情况检查 …… 358c
光华管理学院 …… 73a
　承担科研项目(表) …… 74
　发展概况 …… 73a
　获奖科研成果(表) …… 74
　交流与合作 …… 74a
　教学 …… 73c
　教职工 …… 73b
　科研 …… 73c
　学科建设 …… 73c
　学生 …… 73b
光华奖学金 …… 466b
广播台工作 …… 350b
归国华侨联合会负责人 …… 31
规划工作研讨与交流 …… 266c
规划落实工作 …… 266b
规划设计 …… 319b
贵重仪器设备使用情况及效益评价工作 …… 295c
郭应禄 …… 411b
国防教育 …… 373c
国防科技项目 …… 198c
国际关系学院 …… 64c
　出版著作一览(表) …… 65
　党建工作 …… 66c
　发展概况 …… 64c
　教学工作 …… 65a
　教职工 …… 64c
　科研活动 …… 65c
　外事工作 …… 66a
　新大楼落成并投入使用 …… 66b
　学生 …… 65a
　学生工作 …… 66c
　学院大楼工程 …… 307c
　专业设置 …… 64c
国际合作 …… 196c
国际交流 …… 21b、196c
国际文化节 …… 190a
国家工程研究中心(表) …… 202
国家级精品课名单 …… 448
国家科学技术奖 …… 196a
国家科研计划项目 …… 198b
　863 计划 …… 198b
　973 项目 …… 198b
　国家高技术发展计划 …… 198b
　国家重点基础研究发展规划项目 …… 198b
国家社会科学基金项目(表) …… 217
国家审计署审计配合 …… 287b

国家实验室建设 …………………………… 197a
国家卫生部资助项目 ………………………… 199c
国家中医药管理局资助项目 ………………… 199c
国家重点基础研究发展规划项目(表)………… 206
国家重点实验室(表)…………………………… 201
国家重点实验室更新改造费及校基建费 ……… 294c
国家重点实验室及基建经费
进口仪器设备一览(表)……………………… 305
国家助学贷款工作……………… 287c、373b
国家自然科学基金面上和重点项目(表)……… 206
国家自然科学基金批准项目数和经费数 ……… 196a
国家自然科学基金委员会资助项目 ……… 197c、199c
创新研究群体科学基金 …………………… 198a
国际交流与合作项目 ……………………… 198a
国家杰出青年科学基金 …………………… 198a
海外(及港澳)青年学者合作研究基金 …… 198a
面上项目 …………………………………… 197c
重大研究计划 ……………………………… 198a
重点项目 …………………………………… 198a
国家自然科学基金项目(表)…………………… 205
国内合作 …………………………… 21b、222、224b
国内合作委员会 ……………………………… 224b
办公室 ……………………………………… 224b
委员会职能 ………………………………… 224b
国内设备集中采购 …………………………… 294c
国有土地使用权登记办理 …………………… 292a

H

海淀校区校园总体规划 ……………………… 265b
海淀燕园主校区文物保护规划 ……………… 265c
海外教育……………………………………… 190
韩国学研究基金奖学金 ……………………… 472b
韩济生 ………………………………………… 409c
韩启德 ………………………………………… 408a
汉语桥世界大学生中文比赛决赛 …………… 190b
何新贵 ………………………………………… 410a
恒生银行奖学金 ……………………………… 476b
红楼艺术奖 …………………………………… 464a
红旗团委 ……………………………………… 485a
侯仁之 ………………………………………… 401a
后备干部库建设 ……………………………… 346c
后勤…………………………………………… 307
保障……………………………………………… 264
服务 ……………………………………………… 320a
工作 ……………………………………………… 319a
社会化改革工作 ………………………………… 309b
综合预算管理 …………………………………… 309c
后勤党委工作 ………………………………… 318a
党风廉政建设责任制 …………………………… 318b
党员队伍建设 …………………………………… 318b
党员发展工作 …………………………………… 318b
党支部建设 ……………………………………… 318b
干部队伍建设 …………………………………… 318b
关心和支持后勤团委工作 ……………………… 318c
后勤保证 ………………………………………… 318a
离退休党支部工作 ……………………………… 318b
胡锦涛 ………………………………………… 6a
护理工作 ……………………………………… 321c
护理学院 ……………………………………… 114b
获奖情况 ………………………………………… 115c
教学改革 ………………………………………… 114c
教职工 …………………………………………… 114b
科研活动 ………………………………………… 114c
论文发表刊登情况(表)………………………… 115
社会服务 ………………………………………… 115b
学科建设 ………………………………………… 114b
学生 ……………………………………………… 114b
学生工作 ………………………………………… 115a
学院概况 ………………………………………… 114b
华为奖学金 …………………………………… 474b
华裔新生代企业家中国经济高级研修班 ……… 191b
化学与分子工程学院…………………………… 49a
成果统计………………………………………… 50b
承担主要纵向科研项目(表) …………………… 51
发展概况………………………………………… 49a
教学工作………………………………………… 50a
教职工…………………………………………… 49a
科研工作………………………………………… 51b
学科设置………………………………………… 50a
学生工作………………………………………… 50b
学术交流………………………………………… 52a
专业设置………………………………………… 50a
组织结构(表) …………………………………… 49
环境保护 ……………………………………… 267a
环境学院………………………………………… 54a
党建工作………………………………………… 55a
对外合作………………………………………… 55a
获准专利成果…………………………………… 54c
教学科研………………………………………… 54b
两会提案………………………………………… 55b
绿色大楼工程…………………………………… 55c
培训工作………………………………………… 54c
人事工作………………………………………… 55b
思想政治工作…………………………………… 55a

学科建设…………………………… 54a
学生工作…………………………… 55b
研究生招生工作…………………… 54b
黄春辉 …………………………… 399c
黄琳 ……………………………… 406b
黄鹰育才奖学金 ………………… 476a
回收报废仪器设备对照(表)……… 299
会议中心 ……………………… 327、354a
工作业绩 ………………………… 327a
机构设置 ………………………… 327a
理事会第三次会议 ……………… 327a
主要任务 ………………………… 327a
惠普奖学金 ……………………… 478a
获奖科技成果(表)……………… 209

J

机动车进校计时收费制度 ……… 365b
机构 ……………………………… 23
调整 ……………………………… 319a
机关部处办公室主任选聘 ……… 285b
机关干部任期届满考核聘任工作 …… 345c
机关各部门、工会、团委负责人 ……… 26
校本部 …………………………… 26
医学部 …………………………… 27
机关作风建设 …………………… 362b
基本价值观教育 ………………… 377b
基本建设工程执法监察 ………… 363a
基层党组织建设 ………………… 345a
基础设施建设……………………… 22a
基础研究 ………………………… 196a
基础医学、预防医学、药学专业长学制
二级学科培养方案研讨 ………… 146c
基础医学院 ……………………… 109a
发展概况 ………………………… 109a
教学活动 ………………………… 109b
教职工 …………………………… 109a
科研活动 ………………………… 109c
学科建设 ………………………… 109c
基地建设工作 …………………… 197b
基建………………………………… 307
基建工程部 ……………………… 307a
党风廉政建设 …………………… 307a
党员干部思想教育 ……………… 307a
工作业绩 ………………………… 307a
人员状况 ………………………… 307a
入党积极分子培养教育工作 …… 307a
基建工作…………………… 307a、319b
基建投资计划与完成 …………… 307b
基建修缮工程审计 ……………… 290a
集体主义教育 …………………… 377b
计算机科学技术研究所…………… 94a
Apabi 数字版权管理(DRM)系统 ……… 94c
成果统计…………………………… 95b
电子出版核心技术 RIP ………… 95a
发展概况…………………………… 94a
获得专利情况(表) ……………… 95
教职工……………………………… 94a
科研工作…………………………… 94a
申请专利情况(表) ……………… 95
信息安全工程研究中心…………… 94b
计算中心 ………………………… 256c
成果转让 ………………………… 256c
管理信息系统建设 ……………… 257b
管理信息系统开发、维护和管理……… 256c
教学环境建设 …………………… 258b
教职工 …………………………… 256c
项目成果 ………………………… 256c
校园网建设与维护 ……………… 256c
运行室工作 ……………………… 259a
纪检监察队伍自身建设 ………… 363b
纪检监察干部队伍建设 ………… 360c
纪检监察工作 ……………… 358、360c
纪念五四运动 85 周年…………… 389a
技术工人升级考工工作 ………… 286a
技术合同目录……………………… 225
继续教育…………………………… 186
工作会议 ………………………… 188a
招生工作 ………………………… 186b
加强大学生思想政治教育宣传活动周 ………… 377a
加强和改进大学生思想政治教育活动 ………… 389a
加强思想理论建设 不断提高领导班子的
思想政治素质和领导水平 ……… 18
党的思想理论建设………………… 18a
党的执政能力建设………………… 18a
领导班子成员的政治意识、大局意识、
责任意识、忧患意识 …………… 19b
领导班子创建世界一流大学的领导水平…… 19b
领导班子思想理论建设思路……… 19a
领导班子思想政治素质…………… 18a
三个代表重要思想贯彻落实……… 19b
三个代表重要思想为统领………… 19a
三个代表重要思想武装头脑……… 18a
三个代表重要思想与创建世界一流大学的
内在联系………………………… 19b

思想理论建设…………………………… 18b、19b
佳能奖学金 ………………………………… 470b
家属房拆迁、评估及置换………………… 291c
嘉里粮油奖学金 …………………………… 471a
甲型公寓工程 ……………………………… 308b
减员情况 …………………………………… 272a
建立健全惩防腐败体系工作部署 ……… 358c
建立健全惩防腐败体系理论和工作研讨 ……… 359a
剑桥大学合作项目 ………………………… 192a
姜伯驹 ……………………………………… 393a
奖教金获奖教师名单(表)………………… 447
奖教金评审工作 …………………………… 272c
奖励………………………………………… 446
奖学金获得者……………………………… 466
奖学金、助学金、奖教金、研究资助概表(表) …… 323
交叉学科研究中心(表)…………………… 202
较高影响因子 SCI 论文………………… 212
教材建设…………………………… 143c、147b
立项工作 ……………………………… 143c
教代会工作………………………………… 366
教工之家工作 ……………………………… 370b
教师队伍年龄结构(表)…………………… 270
教师队伍学历结构统计(表)……………… 282
教师队伍学历状况(表) ………………… 270a
教师队伍专业技术职务年龄结构统计(表)……… 282
教师公寓管理和服务 ……………………… 291b
教师聘任 …………………………………… 282b
教师职务评审委员会 ……………………… 23
教授名录…………………………………… 412
教务管理与服务 …………………………… 143b
教务员培训 ………………………………… 143b
教学成果奖 ………………………………… 147b
教学改革…………………………… 142a、146a
教学管理 …………………………………… 146c
教学管理与建设 …………………………… 142c
教学科研服务机构………………………… 237
教学评估 …………………………………… 143c
教学研究 …………………………………… 146a
教学有关数据 ……………………………… 145b
教育部人文社会科学重点研究基地(表)……… 217
教育部网上合作研究中心(表)…………… 202
教育部、卫生部神经科学重点实验室……… 200c
教育部哲学社会科学研究重大课题
攻关项目招标工作 …………………… 216c
教育部直属高校党风廉政建设视频会议 ……… 358b
教育部重点实验室(表)…………………… 202
教育部资助项目 ………………… 198c、199c
创新团队发展计划 ……………………… 198c
教育部其他资助 ………………………… 199a
教育部重大、重点科学研究项目及
高等学校博士点学科专项科研基金 … 199a
新世纪优秀人才支持计划 ……………… 198c
教育基金会………………………………… 322
教育教学…………………………………… 142
改革 ……………………………………… 21a
教育乱收费治理………………… 360b、363a
教育学院…………………………………… 89b
发展概况………………………………… 89b
获奖情况………………………………… 91a
机构设置………………………………… 89b
教职工…………………………………… 89b
科研工作 ………………………………… 89c
培养工作 ………………………………… 89c
人事工作 ………………………………… 90c
学术会议 ………………………………… 91b
学术交流 ………………………………… 90a
研究项目 ………………………………… 90a
教职工……………………………………… 22b
教职工代表大会暨第十七次工会会员代表大会 … 366b
教职工代表大会执行委员会 ……………… 25
教职工队伍素质建设 …………… 367a、370a
教职工队伍状况 ………………… 269b、281c
教职工基本情况一览(表)………………… 282
教职工住房管理和服务 …………………… 291b
教职工住宅现状情况(表)………………… 296
教职员工基本情况一览表(表)…………… 270
接收毕业生学历及岗位分布(表)………… 284
接受境外赠送工作 ………………………… 295a
节能办公室 ………………………………… 312a
节能宣传 …………………………………… 312b
节约能源 …………………………………… 319c
金仙庵复建工程 …………………………… 308a
进修教师 …………………………………… 186c
经济困难学生资助工作 …………………… 373b
经济学院…………………………………… 71a
北京大学图书馆经济分馆………………… 72c
北京大学图书馆经济分馆藏书情况(表) …… 73
发展概况………………………………… 71a
科研工作………………………………… 71c
外事交流………………………………… 72b
信息中心………………………………… 73a
学科建设………………………………… 71b
学生……………………………………… 71b
学生工作………………………………… 72b

学生培养……………………………… 71c
硬件设施……………………………… 72c
院系设置……………………………… 71b
经济责任审计…………………… 289b、290a
纠风 …………………………………… 360b
专项治理工作 ……………………… 321a
旧仪器回收款使用情况(表)………… 299
捐赠项目 ……………………………… 322b
竣工工程 ……………………………… 307c

K

考古文博学院…………………………… 59b
八里岗遗址发掘……………………… 60a
花舞大唐春——何家村遗宝展……… 60c
教学工作……………………………… 59c
教学机构……………………………… 59c
教职工………………………………… 59c
科研工作……………………………… 60a
赛克勒考古与艺术博物馆…………… 60c
田野调查发掘………………………… 60a
王度先生收藏文物展………………… 60c
学科建设发展情况…………………… 59b
学生工作……………………………… 60b
学术交流及考察……………………… 60b
中国考古学研究中心………………… 60b
周公庙西周大墓的发现……………… 60a
考务工作 ……………………………… 286a
科技部资助项目 ……………………… 199c
科技成果转化、产业管理工作专家委员会……… 223b
科技防范 ……………………………… 364b
科技奖励 ……………………………… 199b
科技开发………………………………… 222
成果 ………………………………… 222b
科技开发部合同到款额统计总表(表)……… 225
科技开发部合同额统计总表(表)……… 225
科技开发部技术合同院系分布表(表)……… 225
科学研究………………………………… 196
科研成果 …………………… 21a、199b、200a
科研工作 ……………………………… 196c
科研管理工作 ………………………… 196c
科研基地建设 ………………………… 197a
科研经费 …………………… 197c、199c
分类统计(表)……………………… 204
经费管理办法起草 ………………… 288a
经费总额增长表(表)………………… 204
科研论文 ……………………………… 196c
科研项目 …………………… 197c、199c
可口可乐奖学金 ……………………… 478b
客座教授授予情况(表)………………… 522
课程建设 ……………………………… 147a
课程教学 ……………………………… 179c
评估 ………………………………… 144a
口腔医学院 …………………………… 123c
对外合作 …………………………… 125a
发展概况 …………………………… 123c
教学工作 …………………………… 124b
科研工作 …………………………… 124c
医疗工作 …………………………… 124a
预防工作 …………………………… 125b
会计队伍建设…………………… 288b、288c

L

老干部政治待遇和生活待遇落实 ……… 286c
老生物楼改造工程 …………………… 308a
离退休人数统计表(表)………………… 283
离退休人员分布(表)…………………… 271
离退休人员分类统计(表)……………… 281
离退休人员工作……………… 280a、286b
黎乐民 ………………………………… 398c
李赋宁教授逝世………………………… 87b
李政道 ………………………………… 392a
理工科获基金委国际(地区)合作项目(表)……… 215
理工科获科技部政府间国际合作项目(表)……… 215
理科 4#楼工程 ……………………… 307c
理科到校科研经费来源(图)…………… 204
理科发表的 SCI 收录论文及分布(表)……… 211
理科国家高技术研究发展计划课题情况(表)…… 207
理科获准北京市教委共建项目(表)……… 209
理科获准北京市自然科学基金(表)……… 208
理科获准创新团队发展计划清单(表)……… 207
理科获准高等学校博士点专项科研基金(表)…… 207
理科获准霍英东高校青年教师奖和青年教师优选资助课题(表)……………………………… 208
理科获准教育部重大和重点项目(表)……… 207
理科获准新世纪优秀人才支持计划名单(表)…… 207
理科基地检查 ………………………… 147a
理科经过正式鉴定的科研成果(表)……… 213
理科科研………………………………… 196
科研项目到校经费(表)……………… 203
理科通过验收结题的科研项目(表)……… 213
理科新获准国家重点基础研究发展规划子项目(表)……………………………… 206
理科与北京市科委新签科技合同(表)……… 209
理科在研科研项目来源(图)…………… 203

理科在研科研项目数统计(表)…………………… 203
理科主持的国家重点基础研究发展规划
项目(表)………………………………… 206
理论工作 ……………………………………… 347b
会议 ……………………………………… 348a
理论建设 ……………………………………… 388c
理论研究 ……………………………………… 382a
理想信念教育 ………………………… 371c、381b
理学部学术委员会 ……………………………… 24
力学攀登奖学金 ……………………………… 476b
力学与工程科学系………………………………… 35b
博士点………………………………………… 35c
发展概况……………………………………… 35b
管理工作……………………………………… 36b
国际交流与合作……………………………… 36b
教学科研工作………………………………… 36a
教职工………………………………………… 35c
理科基地建设工作…………………………… 36a
全国湍流与流动稳定性学术会议…………… 36a
世界计算力学大会暨第二届亚太计算力学
大会(WCCMVI) ……………………… 36b
湍流与复杂系统创新科技平台共建………… 36a
学生…………………………………………… 35c
历史学系………………………………………… 58a
党委工作……………………………………… 58c
电影中的历史文化节………………………… 59b
二级学科……………………………………… 58a
发展概况……………………………………… 58a
教学工作……………………………………… 58b
教职工………………………………………… 58a
科学研究工作………………………………… 58c
学生…………………………………………… 58b
学生工作……………………………………… 59a
研究机构……………………………………… 58a
研究生学术论坛……………………………… 59b
立项教材规范化管理 ………………………… 143c
联合办学 ……………………………………… 189c
联想奖学金 …………………………………… 473b
廉洁自律工作重点 …………………………… 359a
廉政培训、谈话、回访 ………………………… 361b
两代会 ………………………………………… 369b
两个条例学习 ………………………… 359c、361a
林超地理学奖学金 …………………………… 476b
临床教学改革 ………………………………… 146b
临床教学基地建设 …………………………… 147a
临床路径工作 ………………………………… 321a
临床肿瘤学院 ………………………………… 125b
成果与专利管理 ……………………………… 127a
队伍建设 ……………………………………… 127b
服务质量 ……………………………………… 128a
工会工作 ……………………………………… 128b
公共技术平台管理与利用 …………………… 127b
行风建设 ……………………………………… 127c
行风专项治理工作 …………………………… 128a
护理管理 ……………………………………… 126a
护理质量 ……………………………………… 126a
基金课题年度进展汇报工作和
结题验收工作 …………………………… 127a
教学工作 ……………………………………… 126b
科研工作 ……………………………………… 126c
科研基金申报工作 …………………………… 126c
科研基金申报及中标情况(表)………………… 126
青年文明号活动 ……………………………… 128a
文明单位争创 ………………………………… 128a
学科建设 ……………………………………… 126a
学术活动 ……………………………………… 127a
医疗工作 ……………………………………… 125b
医疗指标与 2003 年同期比较(表) ………… 125
医院核心竞争力 ……………………………… 126a
临时工管理………………………………… 286a、319a
临时聘用合同工管理、培训…………………… 311a
临时聘用人员登记备案情况(图)……………… 279
临时聘用人员管理 …………………………… 278b
领导班子换届 ………………………………… 223a
领导班子思想政治素质和领导水平 …………… 18
领导干部兼职调查 …………………………… 361c
领导干部廉洁自律 …………………………… 359a
廉洁自律规定落实 ………………………… 361b
领导干部廉政教育 …………………………… 360a
领导干部述职述廉 …………………………… 361c
刘元方 ………………………………………… 399a
流动编制管理 ………………………………… 277b
留华毕业生新年招待会 ……………………… 190c
留学回国人员科研启动基金文科入选
人员名单(表)……………………………… 220
留学生招收 …………………………………… 190a
篓斗桥学生宿舍项目征地工作 ……………… 291c
陆道培 ………………………………………… 410c
录取各省第一名学生名单(表)………………… 169
录取中学生国际奥林匹克竞赛获奖学生
名单(表)…………………………………… 170
论文专著 ……………………………………… 199b

M

马克思主义理论课教学 ……………………… 144a

马克思主义学院 …… 88a
对外交流 …… 88c
发展概况 …… 88a
教学工作 …… 88a
教学科研机构 …… 88a
教职工 …… 88a
科研工作 …… 88b
其他工作 …… 89b
学生 …… 88a
学生工作 …… 89a
马宗晋 …… 402c
玫琳凯奖学金 …… 469a
媒体报道有关北京大学主要消息索引 …… 525
访谈 …… 525
人物 …… 525
新闻 …… 528
言论 …… 526
专题 …… 528
美国密歇根大学商学院中国经济高级研修项目 …… 191c
美国斯基德模尔大学中国学项目 …… 191c
民盟中央领导到北大调研 …… 354c
民主党派和归国华侨联合会负责人 …… 31
民主党派组织机构状况(表) …… 355、358
民主生活会 …… 359b
民族宗教工作 …… 357b
闵维方 …… 18
在 2004 年春季全校干部大会上的讲话 …… 1
在 2004 年秋季全校干部大会上的讲话 …… 9
名誉博士(表) …… 524
名誉博士学位授予 …… 173b
名誉教授授予情况(表) …… 522
明德奖学金 …… 466a

N

内部审计实务标准修订 …… 289c
能源运行 …… 319c
匿名评审制度 …… 173b
年度考核 …… 274b、285a
牛津大学合作项目 …… 192a
女教职工工作 …… 368b

O

欧亚—太平洋学术网络会议 …… 268a
欧阳爱伦奖学金 …… 477b

P

派出工作 …… 268c
派出国别(表) …… 274
派出类别(表) …… 273a
培训工作 …… 286a、343c
培养工作 …… 179c、180b
批准成立的交叉学科研究中心(表) …… 202
聘请的顾问教授(表) …… 524
聘请世界著名学者项目 …… 200a
评奖教学成果奖 …… 143c
评奖教学优秀奖 …… 143c

Q

七一表彰 …… 344c
侨心工程奖学金 …… 471a
秦国刚 …… 406a
青年工作 …… 368b
青年教师流动公寓 …… 274a
青年科技文化艺术节 …… 391c
青年文明号、青年岗位能手创建工作 …… 389b
青年研究中心 …… 376C
青年志愿者扶贫接力计划研究生支教团工作 …… 385a
青年志愿者工作 …… 389b
青年志愿者活动 …… 389c
青年志愿者行动 …… 384b
庆祝 55 周年国庆 …… 389a
求学计划安排 …… 372a
全国博士生学术论坛 …… 174b
全国出国留学工作研究会 …… 281c
全国大型科学仪器共享网络信息管理系统项目 …… 295a
全国湍流与流动稳定性学术会议 …… 36a
全国医学专业学位教育指导委员会秘书处 …… 181c
全国优秀博士学位论文(表) …… 181
全校到校科研经费总额增长表(表) …… 204
全员聘任制度 …… 272a

R

人才服务与培训 …… 285c
人才计划 …… 196a
人才开发与培训 …… 272c
人才培养 …… 20a
人防工程管理 …… 293b
人防工程建设申报与工程验收 …… 293b
人防工程平时使用及安全管理 …… 293b
人防工程统计(表) …… 297
人口研究所 …… 96b
发展概况 …… 96b
教职工 …… 96b

科研工作 …… 96c
科研奖励 …… 97c
学术交流 …… 97b
专业设置 …… 96b
人类疾病基因研究中心 …… 201b
人民武装部 …… 371a
人事部 …… 269a
人事代理及档案管理工作 …… 285c
人事档案工作 …… 285c
人事档案管理工作 …… 281b
人事改革通报座谈会 …… 356c
人事工作 …… 269a、319a
人事管理 …… 269、281c、311a
人事信息库整理 …… 281b
人文社会科学人选 2004 年教育部新世纪优秀人才支持计划名单(表) …… 221
人文社会科学优秀成果评奖 …… 216a
人文学部学术委员会 …… 24
人物 …… 392
人员调入调出单位分布(表) …… 283
人员分布情况(表) …… 270
任务分解 …… 358b
日常保障服务工作 …… 310a
《儒藏》编纂与研究 …… 216b
入党积极分子教育培训工作 …… 344a、346c
软件与微电子学院 …… 98c
发展概况 …… 98c
国际国内合作 …… 99b
合作培训 …… 100a
教职工 …… 99a
年度大事 …… 100a
师资队伍 …… 99b
图书馆 …… 98c
学科建设 …… 99a
学生工作 …… 99c

S
赛克勒考古与艺术博物馆 …… 60c
三好学生 …… 456a
三好学生标兵 …… 454a
三井住友银行全球基金会奖学金 …… 475a
三星奖学金 …… 469a
三重一大制度 …… 288a
商标注册 …… 223b
上级纪检监察机关工作会议精神贯彻 …… 358a
勺园 …… 327b
人员状况 …… 328a
荣誉 …… 328a
员工岗位续聘工作 …… 327c
设备采购与管理 …… 296a
社会保险工作 …… 283b、286a
社会工作奖 …… 460a
社会监督 …… 171c
社会科学部 …… 215b
学术委员会 …… 24
社会实践 …… 382c、390a
社会学系 …… 80b
成人教育 …… 81c
党建工作 …… 81b
概况 …… 80b
教学工作 …… 80c
教职工 …… 80b
科研 …… 81a
学生工作 …… 81b
学术活动 …… 81a
社会主义教育 …… 377b
社团团建工作 …… 381a
深港产学研基地 …… 236
第六次理事会 …… 236b
服务地方 …… 237a
科技成果转化 …… 237c
科技开发 …… 236b
南山社区信息化项目 …… 237c
深港产学研论坛 …… 237b
深圳研究生院 …… 177b
大事记 …… 177b
深圳医院 …… 130c
大事记 …… 132b
党群工作 …… 132b
发展概况 …… 130c
后勤工作 …… 132a
急诊抢救水平 …… 131b
急诊医疗管理 …… 131b
健康产业 …… 132a
教学工作 …… 131c
科研工作 …… 131c
临床药理试验基地 …… 131a
平均住院日缩短 …… 131a
信息化建设 …… 132b
学科建设 …… 131b
药师下临床工作 …… 131a
医疗工作 …… 131a
诊疗流程优化 …… 131a
准点手术 …… 131a

沈秉钺先生纪念奖奖学金 …… 475b
沈渔邨 …… 411b
审计 …… 287
　技术 …… 289c
　科研工作 …… 289c
审计工作 …… 289a
　范围拓宽 …… 290a
　绩效 …… 289a
　人、法、技建设 …… 289c
审计人员业务素质 …… 289c
生活福利工作 …… 368c
生命科学学院 …… 53a
　党政工作 …… 53c
　教学工作 …… 53a
　教职工 …… 53a
　科研工作 …… 53a
　新生命科学大楼启用 …… 54a
　学生工作 …… 54a
　学院概况 …… 53a
生物医学跨学科研究中心工作 …… 200c
生物医学论坛 …… 391b
生育健康研究所 …… 136a
　发展概况 …… 136a
　国际交流 …… 137b
　科普工作 …… 137c
　科研合作 …… 136a
　卫生部生育健康研究重点实验室 …… 136c
　学科建设 …… 137a
省校合作 …… 224b
失业保险 …… 280a
　缴费情况统计(表) …… 280
失业、养老保险缴费情况(表) …… 283
师资培养 …… 282a
师资人事制度改革 …… 21a、269a
诗歌中心 …… 57c
十佳团支书 …… 486a
十五 211 工程进口仪器设备一览(表) …… 300
十五 211 工程中期检查 …… 264b
十五 211 项目进展情况 …… 294c
实验动物科学部 …… 262b
　机构设置 …… 262c
　培训工作 …… 262c
　人员状况 …… 262b
　实验动物尸体处理工作 …… 263c
实验技术队伍建设 …… 295b
实验室安全管理 …… 295b、295c
实验室管理 …… 293c
实验室基本情况(表) …… 298、306
实验室建设 …… 196b
实验室建设与管理 …… 295b
实验室信息化建设工作 …… 295a
实验室与设备管理部主要工作 …… 290c
实验室资源配置 …… 295c
世川良一研究基金 …… 473a
世行贷款高等教育发展项目 …… 295a
　三标仪器设备一览(表) …… 305
世界计算力学大会暨第二届亚太
　计算力学大会(WCCMVI) …… 36b
市校合作 …… 224c
逝世人物 …… 427
首都发展研究院 …… 233
　《北京大学服务首都工作简报》编辑 …… 234a
　北京大学服务首都教育行动计划策划
　　和组织 …… 234a
　发展概况 …… 233a
　国际交流 …… 234c
　市校合作 …… 234a
　首都发展智力支持 …… 234a
　咨询活动参与 …… 234a
首钢医院 …… 133b
　发展概况 …… 133b
　管理改革 …… 133c
　护理工作 …… 134b
　机构设置 …… 133c
　基础设施建设 …… 135a
　科研工作 …… 134c
　人员状况 …… 133b
　医保工作 …… 134b
　医风建设 …… 134c
　医疗工作 …… 133c
　预防保健工作 …… 134b
　重大技术活动 …… 134a
授予的名誉博士(表) …… 524
暑期学校 …… 142a
数学科学学院 …… 33a
　本科生获校长基金优秀论文 …… 34
　党建工作 …… 35a
　党建及学生工作获奖名单 …… 35
　发展概况 …… 33a
　高等教育教学成果奖项目 …… 34
　获得科技及其他奖项 …… 34
　教职工 …… 33a
　人才培养 …… 33b
　学科建设 …… 33b

学生 …… 33b
学生工作 …… 35a
学术交流 …… 33b
优秀博士学位论文 …… 34
专业设置 …… 33a
水电中心 …… 314a
N 年～N 年供水运行 …… 314b
窗口服务 …… 314b
供电运行 …… 314a
水电收费 …… 314b
硕士毕业生 …… 496
硕士学位授予权 …… 170c
思想理论工作 …… 353a
思想理论建设 …… 18
思想政治工作 …… 342、387b
思想政治教育 …… 386a
思想作风建设 …… 344a
斯坦福大学北京大学分校项目 …… 191a
四季沐歌奖学金 …… 469b
松下育英奖学金 …… 476a
苏肇冰 …… 396b
素质教育工作 …… 377c
索尼奖学金 …… 474a

T

唐孝炎 …… 410b
唐有祺 …… 397c
唐仲英奖学金 …… 468a
体育工作 …… 367c
体育教研部 …… 101b
2008 年北京奥运会乒乓球比赛用馆 …… 103b
北京大学体育馆 …… 103b
场馆工作 …… 103b
大学生安全教育——自卫防身学教师培训班 …… 101b
党务工作 …… 103c
党性教育 …… 103c
防火知识讲座 …… 104b
工会工作 …… 104a
国内外学术会议参加 …… 103a
教学工作 …… 101b
科研工作 …… 102c
离退休人员参观绥中古长城 …… 104b
论文申报和获奖情况 …… 103a
南亚行考察活动 …… 104a
群众体育运动 …… 102b
体育代表队工作 …… 101c
体育竞赛成绩(表) …… 104
田径记录(表) …… 108
五四游泳池 …… 103b
学术活动 …… 102c
游泳记录(表) …… 109
组织建设 …… 103c
天然药物及仿生药物国家重点实验室 …… 200a
田刚 …… 395b
调配工作 …… 283b
通用电气基金会奖学金 …… 471a
通用基金会奖学金 …… 480b
同等学力申请学位工作 …… 173b
童庆禧 …… 402b
统战部 …… 354a
统战工作 …… 354、355c
大事记 …… 354c
统战理论研究和信息工作 …… 354b
统战系统培训工作 …… 356b
投资计划与完成 …… 319b
图书馆 …… 237b
CADLIS 技术标准规范制订 …… 242b
CADLIS 项目启动暨成果汇报大会 …… 242a
CALIS 各子项目应用软件招投标工作 …… 243a
CALIS 馆际互借与文献传递网启动 …… 242b
CALIS 省中心建设 …… 242c
CALIS 十五可研报告批复 …… 241c
CALIS 项目 …… 241c
CALIS 综合文献服务平台 …… 242c
北京历史地理数据库 …… 240a
读者服务 …… 239a
分馆建设 …… 241b
工会工作 …… 241c
工作重点 …… 237b
接待读者借阅咨询统计(表) …… 239
旧馆改造 …… 239a、308c
内部工作 …… 239c
期刊采访统计(表) …… 238
期刊改排架 …… 241a
数字图书馆建设 …… 240a
《数字信息资源的检索与利用》获奖 …… 241a
图书采访统计(表) …… 238
图书馆大事 …… 238a
文献编目 …… 238c
文献编目统计(表) …… 238
文献采访 …… 238b
五四科学讨论会 …… 241a
校园卡试用 …… 240a

学术交流 …… 241b
医学图书馆使用 Unicorn 系统 …… 240b
中国高校人文社会科学文献中心服务启动 …… 240c
中文电子期刊导航系统发布 …… 240c
资源引进 …… 243b
涂传诒 …… 401c
土地与房屋产权管理 …… 291c
土地专项工作 …… 292a
土地资源基本情况汇总(表) …… 296a
团的宣传阵地优化 …… 388b
团建创新 …… 381a
团委 …… 380b
财务工作 …… 385b
机关党务 …… 385b
机关建设 …… 385b
信息工作 …… 385b
组织建设 …… 385b、385c
作风建设 …… 385b
团校工作 …… 388c
推荐免试研究生接收 …… 179b

W

瓦斯拉夫克劳斯访问北大 …… 268b
外国留学生分国别统计(表) …… 193
外国留学生分院系统计(表) …… 195
外国语学院 …… 81c
北京市社科理论专著出版基金申请工作 …… 83c
党务工作 …… 82b
杜秉正教授逝世 …… 87c
发展概况 …… 81c
工会工作 …… 87b
获北京大学第九届人文社会科学研究优秀成果奖名单(表) …… 85
获北京大学教材建设立项名单(表) …… 82
获北京高等教育精品教材名单(表) …… 82
获北京市第八届哲学社会科学优秀成果奖名单(表) …… 85
获国家社科基金项目统计(表) …… 84
获教育部留学回国人员科研启动基金项目统计(表) …… 84
获外资研究项目统计(表) …… 84
继续教育 …… 87b
教学工作 …… 83a
教职工 …… 81c
科研成果分类统计(表) …… 85
科研成果统计 …… 83c
科研工作 …… 83a、84c
科研奖励 …… 83b
科研项目立项和申报 …… 83a
李赋宁教授逝世 …… 87b
荣誉称号 …… 83b
外事工作 …… 85a
外事活动 …… 85b
学科建设 …… 82c
学生 …… 81c
学生工作 …… 87a
学术会议 …… 84a
院系设置 …… 81c
外国政要来访 …… 268b
万柳学区工作 …… 374a
万柳学区共青团工作 …… 386c
王度奖学金 …… 476b
王夔 …… 400a
王选 …… 403c
王阳元 …… 405b
网络安全管理 …… 366b
网络与图片编辑部 …… 351b
《北大信息周刊》编辑 …… 351c
多媒体报道方式开拓 …… 351c
稿件编审 …… 351c
刊物栏目组合 …… 351c
内容组合 …… 351b
人员梯队建设 …… 352a
深入采访 …… 351b
图片摄影报道 …… 352a
新闻报道量和吸引力 …… 351b
页面设计 …… 351b
重大新闻报道 …… 351b
专题报道常规化 …… 351b
为教职工办实事 …… 367a
围绕中心 …… 356c
维护校园稳定 …… 364a
卫生部部属(管)医疗机构临床学科重点项目 …… 200a
卫生部精神卫生学重点实验室 …… 200b
卫生部口腔医学计算机应用工程研究中心 …… 200c
卫生部临床肾脏病重点实验室 …… 200c
卫生部生育健康研究重点实验室 …… 136c、200c
卫生部医学免疫学重点实验室 …… 200c
文化工作 …… 367b
文科获教育部重大攻关项目名单(表) …… 218
文科获其他横向课题项目(表) …… 218
文科科研 …… 215a
文兰 …… 394b
文明生活方式构建 …… 371c

文明生活、健康成才主题教育活动 377a
文艺体育工作 370c
吴阶平 408c
吴阶平泌尿外科中心项目 224a
吴全德 405a
五·四体育奖 464b
五道口教师经济适用房项目前期工作 293a
五四奖学金 478b
物理学院 36c
北大物理钟盛标教育基金研究生学术论坛 38b
北京大学全国博士生论坛·物理学科分论坛 38b
党建工作 39b
对外交流与合作 39a
发展概况 36c
教材建设 37c
教学成果 37a
教学成果一览(表) 37
教职工 36c
科研成果一览(表) 39
科研项目与成果 38b
课程建设 37a
人才引进 39a
行政管理与岗位聘任 40a
学生工作 39b
研究生培养 38a
招生工作 39a
职称评定 39a
物业费供暖费收取和支付 291c
物资供应中心 296c

X

西北区项目 224a
西二旗安宁西里二期经济适用房售房及结算工作 292c
西二旗安宁西里一期购房职工原住房催交工作 291b
西南联大奖学基金 477b
细越奖学金 472b
下属企业管理 223c
先锋作用 20b
先进党支部 452
先进团委 485a
先进学风班 465a
现代教育技术中心 254b
获奖情况 255c
人员状况 254c
协作委员会工作 255b
主要工作 254c
现代远程教育 186b
现有人员编制构成(表) 270b
香港城市大学校长奖学金 476a
翔鹭奖学金 472a
消防安全宣传 364c
消防工作 364b、366a
晓龙基金会奖助金 475b
肖家河教师经济适用房项目启动前期工作 293a
校办产业 222a
校报工作 349b
报头版式美化 350b
编辑理论素养 349c
对外宣传 349b
理念创新 350a
内容创新 350a
荣誉 350a
网络版工作 349b
校报系列好新闻、好论文评选 349c
新闻策划 350a
形式创新 350b
学术水平 349c
校本部出国人员学历、职称、年龄分布状况(表) 273b
校本部调入人员分布(表) 271
校本部非离退减员分布(表) 271
校本部非离退减员学历分布(表) 271
校本部福利费支出统计(表) 279
校本部各分会副高职务评议结果(表) 277
校本部各分会正高职务评议结果(表) 277
校本部各学部副教授(副研究员)审议结果(表) 276
校本部各学部教授(研究员)审议结果(表) 276
校本部各学部通过副教授(副研究员)年龄与学历分布统计(表) 276
校本部各学部通过教授(研究员)年龄与学历分布统计(表) 276
校本部公派留学人员回校情况(表) 274
校本部教师队伍年龄结构(表) 270
校本部教师队伍学历状况(表) 270a
校本部教职员工基本情况一览表(表) 270
校本部离退休人员分布(表) 271
校本部离退休人员分类统计(表) 281
校本部临时聘用人员登记备案情况(图) 279
校本部民主党派组织机构状况(表) 355
校本部派出国别(地区)(表) 274

校本部派出类别(表) …………………… 273a
校本部人员分布情况(表)…………………… 270
校本部失业保险缴费情况统计(表)………… 280
校本部现有人员编制构成(表) …………… 270b
校本部新增 800 元以上仪器设备对照(表)……… 298
校本部选留毕业生分布(表)…………………… 271
校本部养老保险人员及缴费情况(表)………… 280
校本部增员分布表(表)…………………… 271
校本部增员类别及学历分布(表)…………… 271
校本部总减员分布(表)…………………… 272
校发文件…………………………………… 428
校级奖学金、助学金、奖教金、
研究资助项目统计(表)…………………… 323
奖教金…………………………………… 325
奖学金…………………………………… 323
研究资助………………………………… 325
助学金…………………………………… 324
校级银行存款审计审签 …………………… 289b
校际合作 ………………………………… 224c
项目 ………………………………… 268b
校际交流 ………………………………… 267a
校领导机构组成名单 ……………………… 23
校内经济秩序规范 ………………………… 288c
校内开放测试基金有关情况…………………… 298
校企改制……………………………… 222a、223b
校史馆 …………………………………… 250a
交流工作 ……………………………… 251c
内部建设 ……………………………… 251b
日常工作 ……………………………… 250a
校史讲座 ……………………………… 251a
校史文物实物征集 ……………………… 251b
校史研究 ……………………………… 250c
校史展览 ……………………………… 250a
专题展览 ……………………………… 250b
校卫队工作 ……………………………… 366c
校友工作………………………………… 322
校园 110 ………………………………… 366c
校园管理服务中心 ………………………… 315c
保洁工作 ……………………………… 316a
环卫工作 ……………………………… 316a
机构设置 ……………………………… 315c
其他工作 ……………………………… 316a
人员状况 ……………………………… 315c
园林绿化工作 ………………………… 315c
主要工作 ……………………………… 315c
校园规划编制工作 ………………………… 265b
校园环境整治 ……………………… 310c、364c
校园精神文明建设 ………………………… 367a
校园文化…………………………… 353b、390b
建设 …………………… 349a、381a、383a、390b
校园治安综合治理 ………………………… 366b
谢培智奖学金 …………………………… 478a
心理健康教育……………………… 372b、377b
心理学系 ………………………………… 55c
教学工作………………………………… 55c
科研工作………………………………… 56a
人事工作………………………………… 56b
外事工作………………………………… 56a
行政工作………………………………… 56b
学生工作………………………………… 56c
新的用工制度 …………………………… 311a
新发 SARS 有关工作 ……………………… 320a
新加坡公务员硕士培养项目 ……………… 191a
新建工程 ………………………………… 319b
新疆研究生培养基地成立 ………………… 175b
新开工程 ………………………………… 308a
新任教职工岗前培训 ……………………… 274a
新上岗中层管理干部培训工作 …………… 347a
新生入学教育 …………………………… 372b
新生座谈会 ……………………………… 377a
新时期大学生思想政治教育网络化平台打造 … 372c
新世纪百千万人才工程项目 ……………… 272c
新世纪优秀人才支持计划名单(表)………… 207
新闻宣传工作 …………………………… 348b
新闻与传播学院…………………………… 67b
发展概况 ……………………………… 67b
国际交流………………………………… 67c
教学工作………………………………… 67b
科研工作………………………………… 67b
学生……………………………………… 67b
学生工作………………………………… 68a
新项目 …………………………………… 224a
新增 800 元以上仪器设备对照(表)………… 298
新增教育部人文社会科学重点研究基地(表)…… 217
信访 ……………………………………… 362c
接待 …………………………………… 360a
信息管理 ………………………………… 307b
信息管理系………………………………… 79a
成人教育………………………………… 80a
发展概况………………………………… 79a
机构设置………………………………… 79b
教职工…………………………………… 79a
科研工作………………………………… 79c
外事与校外合作………………………… 80a

学科建设…………………………………… 79b
学术交流…………………………………… 79c
在研项目(表) ……………………………… 80
信息化建设 ………………………………… 344b
信息科学技术学院…………………………… 43c
本科生教学工作…………………………… 44c
承担科研项目一览(表) …………………… 46
出版科学著作一览(表) …………………… 47
党的建设…………………………………… 44b
党风廉政责任制落实……………………… 44a
《党内监督条例》学习……………………… 44a
党政工作…………………………………… 44a
德育工作…………………………………… 44b
发展概况…………………………………… 43c
岗位责任制………………………………… 44b
获得奖励一览(表) ………………………… 47
获得专利权一览(表) ……………………… 47
教学工作…………………………………… 44b
教职工 ……………………………………… 43c
科研工作…………………………………… 45b
其他工作…………………………………… 46c
外事活动…………………………………… 46a
学科建设单位一览(表) …………………… 47
学生工作…………………………………… 46b
学术交流…………………………………… 46a
研究生教学工作…………………………… 45b
研究所一览(表) …………………………… 48
支部工作…………………………………… 44b
制度建设…………………………………… 44b
重点实验室………………………………… 44a
重点实验室一览(表) ……………………… 48
信息与工程科学部学术委员会 ……………… 25
信用教育 …………………………………… 373c
信用中国论坛 ……………………………… 373c
行政领导班子换届工作……………………… 20b
形势报告 …………………………………… 348a
徐光宪 ……………………………………… 398a
徐至展 ……………………………………… 395c
许智宏 ……………………………………… 407a
在 2004 年春季全校干部大会上的讲话 ……… 4
在 2004 年秋季全校干部大会上的讲话……… 13
宣传部 ……………………………………… 347b
宣传工作 ………………………… 347、352c、370b
宣传教育 …………………………………… 359c
宣传引导 …………………………………… 382a
选课系统改造 ……………………………… 143b
选留毕业生分布(表)………………………… 271
学部学术委员会 ……………………………… 24
学风建设 …………………………………… 371a
学籍管理 ……………………………… 179c、186c
学科建设 ……………………………… 142、200a
学科结构……………………………………… 20b
学科增设 …………………………………… 173b
学生…………………………………………… 22b
学生党建工作 ……………………………… 377b
学生工作 ……………………………… 371、377a
学生工作部 ………………………………… 371a
党风廉政建设 …………………………… 371a
德育学科和科学研究工作 ……………… 371b
队伍建设 ………………………………… 371a
干部廉洁自律工作 ……………………… 371a
干部培养 ………………………………… 371a
学生工作队伍结构优化 ………………… 371a
学生工作组织体系和机构设置调整 ……… 371a
学生工作队伍建设 ………………………… 378a
学生工作先进单位 ………………………… 464b
学生工作宣传 ……………………………… 372c
学生骨干培养 ……………………………… 386a
学生管理工作 ……………………………… 378b
学生会 ……………………………………… 383c
学生奖励获得者……………………………… 453
学生交费管理 ……………………………… 288c
学生教学楼改造 …………………………… 310c
学生精神风貌塑造 ………………………… 371c
学生日常管理 ……………………………… 373a
学生社团……………………………… 383b、384a
学生食堂 …………………………………… 320b
改造 ……………………………………… 310c
学生思想政治教育……………………… 371c、381b
学生宿舍 38 楼工程………………………… 307c
学生宿舍安全工作 ………………………… 310a
学生宿舍管理服务中心 …………………… 315a
管理水平 ………………………………… 315a
全心全意为同学服务意识 ……………… 315b
暑期送旧迎新工作 ……………………… 315a
宿舍精神文明建设 ……………………… 315b
信息化管理 ……………………………… 315b
与同学交流 ……………………………… 315b
学生宿舍楼建设工作 ……………………… 291c
学生学籍管理细则 ………………………… 143b
学生浴室改造 ……………………………… 310c
学生住宿条件 ……………………………… 310c
学生组织……………………………… 383b、390b
学术道德建设 ……………………………… 362b

学术交流 …… 201c
学术科技 …… 382c
学术梯队建设 …… 282a
学术委员会 …… 23
学位工作 …… 172c、180c
学位评定委员会 …… 24
　换届 …… 173a
学位授权点建设 …… 180c
学位授予 …… 172c
学位与研究生教育调研 …… 179a
学习优秀奖 …… 461b
学校后勤保障服务工作 …… 310a
学校机关机构核定和调整工作 …… 265c

Y

研究生毕业审批 …… 172c
研究生分类培养 …… 171c
研究生工作研讨会 …… 173c、179b
研究生公开招考 …… 179b
研究生骨干学校 …… 386b
研究生国是论坛 …… 386b
研究生会 …… 383c
研究生教务管理 …… 172b
研究生教学用书申报和遴选 …… 172c
研究生教育 …… 170
　调研 …… 179a
研究生精品课程 …… 174c
研究生就业 …… 379a
　就业工作经验 …… 380a
　就业管理 …… 380a
　就业去向与分析 …… 379b
　就业特点 …… 379b
　就业体制理顺 …… 380a
　就业指导与服务 …… 380a
研究生课程建设中期检查 …… 175b
研究生课程进修班教学管理 …… 172b
研究生联合培养 …… 172c
研究生培养方案修订 …… 172a
研究生培养工作 …… 171c
研究生培养质量保证措施 …… 172a
研究生生源质量分析与评价 …… 171b
研究生思想工作 …… 378c
研究生统计(表) …… 185
研究生学籍档案归档工作 …… 172c
研究生学籍管理 …… 172b
研究生学术交流 …… 172b
研究生学习年限调整 …… 171c
研究生院建院 20 周年 …… 174a
研究生招生 …… 170c、171a、178c
　招生规模制定 …… 179b
研究资助概表(表) …… 323
燕北园生活服务用房工程 …… 309a
燕园街道办事处 …… 333
　创卫工作 …… 333b
　环境综合整治 …… 333a
　集中整治工作 …… 333b
　经济普查工作 …… 334a
　其他工作 …… 334a
　社区党建工作 …… 333a
　社区建设 …… 333c
燕园社区服务中心 …… 330
　安全生产管理 …… 332b
　拆迁工作 …… 331b
　大型便民服务活动开展情况 …… 330c
　党支部工作 …… 332c
　工会工作 …… 332c
　家政服务开展情况统计(表) …… 330
　企业名录(表) …… 333
　人员状况 …… 330a
　社区服务 …… 330a
　社区家政服务运行情况 …… 330b
　社区建设 …… 331a
　社区经营 …… 331a
　社区网络服务运行情况 …… 330a
　社区宣传 …… 331b
　职工安置工作 …… 331b
　综合管理 …… 331c
杨芙清 …… 404b
杨芙清—王阳元院士奖学金 …… 472a
杨乃英奖学金 …… 477b
杨应昌 …… 393b
养老保险 …… 280a
　缴费情况(表) …… 283
养老保险人员及缴费情况(表) …… 280
药品集中招标过程监督 …… 363a
药学院 …… 110a
　发展概况 …… 110a
　获北京市科委基础研究专项(表) …… 112
　获国家杰出青年基金(表) …… 111
　获国家自然科学基金资助项目(表) …… 111
　获奖情况 …… 111b
　获教育部博士点基金资助项目(表) …… 111
　获教育部项目(表) …… 112
　获科技部项目(表) …… 112

获省部级以上科研奖励(表)………………… 111
继续教育 ……………………………………… 111a
教材建设 ……………………………………… 110c
教学改革 ……………………………………… 110c
教学活动 ……………………………………… 110c
教学评估 ……………………………………… 111a
教职工 ………………………………………… 110b
科研工作 ……………………………………… 111b
学科建设 ……………………………………… 110c
学生 …………………………………………… 110b
研究生工作 …………………………………… 112a
专业设置 ……………………………………… 110a
叶大年 ………………………………………… 403a
叶恒强 ………………………………………… 406a
叶潜昭奖学金 ………………………………… 476b
夜大学 ………………………………………… 149a
一级学科评估 ……………………… 173a、175a、179a
医疗集团工作 ………………………………… 321a
医疗纠纷工作 ………………………………… 321b
医疗指标 ……………………………………… 320a
医学本、专科生教育教学 …………………… 146a
医学部 2003、2004 年各省市录取考生(一批)
分数比较(表)………………………………… 148
医学部保卫工作 ……………………………… 365a
医学部本部离退休人数统计表(表)………… 283
医学部本部失业、养老保险缴费情况(表) ……… 283
医学部本科各专业实际录取考生人数(表)……… 148
医学部毕业研究生去向统计(表)…………… 380
医学部部刊 …………………………………… 353c
医学部产业第一次党员大会 ………………… 223a
医学部产业管理 ……………………………… 223a
医学部第十四次团代会 ……………………… 389b
医学部第十一届社团文化节 ………………… 390c
医学部调出人员学历及流向分布(表)……… 285
医学部调出人员专业技术职务及岗位分布(表)…… 285
医学部调入人员技术岗位分布(表)………… 284
医学部调入人员学历及来源分布(表)……… 284
医学部负责人 ………………………………… 25
医学部工会与教代会工作 …………………… 369b
医学部公共教学部 …………………………… 138a
党建工作 ……………………………………… 138c
发展概况 ……………………………………… 138a
教学工作 ……………………………………… 138b
教职工 ………………………………………… 138a
科研工作 ……………………………………… 138c
思想政治工作 ………………………………… 138c
学科建设 ……………………………………… 138b
院系设置 ……………………………………… 138a
医学部共青团工作 …………………………… 387b
医学部广播电视台 …………………………… 353c
医学部后勤工作 ……………………………… 319a
医学部获北京市精品教材(表)……………… 148
医学部纪检监察工作 ………………………… 360c
医学部教师队伍专业技术职务年龄
结构统计(表)………………………………… 282
医学部教育技术中心 ………………………… 255c
北医电视台 …………………………………… 256b
毕业生照片档案工作 ………………………… 256b
发展概况 ……………………………………… 255c
工作任务 ……………………………………… 255c
机构设置 ……………………………………… 255c
教材建设 ……………………………………… 256a
教学服务 ……………………………………… 256a
医学部教职工基本情况一览(表)…………… 282
医学部接收毕业生学历及岗位分布(表)……… 284
医学部近 3 年教师队伍学历结构统计(表)……… 282
医学部会计队伍建设 ………………………… 288c
医学部民主党派组织机构状况(表)………… 358
医学部人事管理 ……………………………… 281c
医学部人员调入调出单位分布(表)………… 283
医学部审计 …………………………………… 290a
医学部师资队伍建设 ………………………… 146c
医学部实验室基本情况(表)………………… 306
医学部双代会 ………………………………… 369c
医学部特等奖学金 …………………………… 480a
医学部统战部自身建设 ……………………… 357c
医学部统战工作 ……………………………… 355c
医学部统战人士获得表彰奖励 ……………… 356c
医学部团委主要活动 ………………………… 389a
医学部信息通讯技术中心 …………………… 259c
服务工作 ……………………………………… 259c
网络电话工作 ………………………………… 259c
信息工作 ……………………………………… 259c
医学部宣传工作 ……………………………… 352c
医学部学生工作 ……………………………… 377a
医学部学生交费管理 ………………………… 288c
医学部学术委员会 …………………………… 25
医学部学位评定委员会及分会换届 ………… 180c
医学部夜大学招生、在校生、毕业生人数
一览(表)……………………………………… 150
医学部医药奖 ………………………………… 480b
医学部优秀奖学金 …………………………… 480a
医学部预算管理 ……………………………… 288b
医学部制度建设 ……………………………… 288c

医学部椎名奖 …… 480b
医学部资产管理 …… 295b
医学部资金、资产管理 …… 288c
医学部自学高考 …… 149c
医学部组织工作 …… 344b
医学出版社 …… 246a
　出版基金 …… 246c
　队伍建设 …… 246c
　发展概况 …… 246a
　管理模式转变 …… 246b
　新书目录 …… 247
　医学部科学出版基金资助项目(表) …… 247
　医学专著出版 …… 246b
　营销策划工作 …… 246b
医学海外教育 …… 192b
　留学生招收 …… 192b
　培养工作 …… 192c
医学继续教育 …… 188c
医学科学学位研究生培养 …… 180b
医学科研工作 …… 199c
医学图书馆 …… 243b
　CALIS 二期工程建设 …… 244b
　CALIS 三个子项目中标 …… 244b
　SCI 收录北医论文库建设 …… 244b
　参考咨询 …… 243c
　读者服务 …… 243c
　馆际互借 …… 243c、245a
　馆际互借情况(表) …… 244
　教学参考书数据库建设 …… 244b
　教学工作情况(表) …… 244
　全国医学图书馆现状调查 …… 244c
　日常借阅服务 …… 243c
　书刊编目 …… 243c
　数据库联合采购 …… 244c
　数据库引进 …… 244a
　数字论文系统建设 …… 244a
　数字图书馆专项建设 …… 244a
　网络资源建设 …… 244a
　文献采访 …… 243c
　文献传递服务培训 …… 245a
　系统合并前期准备工作 …… 243b
　用户教育与培训 …… 243c
　自动化管理系统更新 …… 244a
医学研究生教育 …… 178c
医药科工作委员会 …… 181a
医药卫生分析中心 …… 260a
　蛋白质组学实验室 …… 261c
　电镜室 …… 260c
　放射性药物联合实验室 …… 261a
　生物与医学(细胞)分析室 …… 260b
　卫生与环境分析室 …… 261c
　行政办公室 …… 260a
　药学与化学分析室 …… 262a
　医学同位素研究中心 …… 261a
医院 2004 年主要医疗指标(表) …… 322
医院管理 …… 320
医院行风监督员聘请 …… 362b
医院行风建设 …… 361c
　成效 …… 362b
医院评审工作 …… 321b
医院文化论坛 …… 389b
依法用工意识 …… 311a
仪器设备采购 …… 294b
仪器设备管理 …… 293c
艺术教学 …… 145b
艺术学系 …… 92a
　出版专著(表) …… 93
　发表论文(表) …… 93
　发展概况 …… 92a
　教学科研 …… 92a
　教职工 …… 92a
　学科建设 …… 92b
　学生 …… 92a
　学生艺术团 …… 92c
　学生艺术团 2004 年演出活动(表) …… 94
　学术交流 …… 92a
　研究所 …… 92a
　艺术教育 …… 92b
银行账户清理 …… 288a
英语新闻网 …… 352a
　师生风貌报道 …… 352b
　特别内容策划 …… 352b
　校园文化氛围报道 …… 352b
　学术新闻系列报道 …… 352b
　重大事件报道 …… 352b
迎奥运志愿服务工作 …… 385a
用电运行管理 …… 312a
用水用电全额收费市场运作机制 …… 312b
优秀班集体 …… 464b
优秀毕业生 …… 480
　名单 …… 484
优秀博士学位论文(表) …… 181
优秀博士学位论文颁奖 …… 175c
优秀博士学位论文评选 …… 173a、179a

优秀共产党员 …… 449
优秀共产党员标兵 …… 449a
优秀团干 …… 486b
优秀团员 …… 487a
优秀团支部 …… 485a
优秀新生团支书 …… 486a
优秀学生干部 …… 459b
优质生源吸引 …… 171b
有权授予博士、硕士学位的学科专业目录 …… 182
幼教中心 …… 316b
  北京市教委早期教育示范基地验收工作 … 316c
  党团支部战斗堡垒作用 …… 317c
  后勤工作 …… 317c
  家园沟通渠道拓宽 …… 316c
  家园信息交流 …… 316c
  教科研活动 …… 317a
  教师整体素质 …… 317a
  教职工 …… 316b
  科技创安 …… 317b
  亮博士弱视力培训班开办 …… 316c
  人员状况 …… 316b
  社会公益活动参加 …… 317b
  师资人事制度改革 …… 316c
  用人制度 …… 316c
  园所条件 …… 317b
  政治思想工作 …… 317c
舆情信息工作 …… 348b
与武警天安门支队团委共建活动 …… 381a
预科留学工作 …… 192a
预算管理 …… 288b
元培计划管理委员会 …… 139b
  导师工作 …… 140a
  发展概况 …… 139b
  教学管理 …… 139c
  学生工作 …… 140b
  学生思想教育和交流工作 …… 140c
  元培计划导师名单(表) …… 140
  元培计划实验班 2001 级、2002 级和 2003 级
    学生院系分布情况(表) …… 139
  元培计划研讨会 …… 139b
  制度化、信息化建设 …… 140b
元培计划研讨会 …… 139b、142a
援助捐赠 …… 224c
远程教育 …… 187b
院系奖学金、助学金、奖教金、
  研究资助项目统计(表) …… 325
  奖教金 …… 326
  奖学金 …… 325
  研究资助 …… 326
  助学金 …… 326
院系联络人工作 …… 176a
院系情况 …… 33
院、系、所、中心负责人 …… 28
  校本部 …… 28
  医学部 …… 29
院系调整 …… 20b
运输中心 …… 316a
运行管理 …… 310b

Z

在 2004 年春季全校干部大会上的讲话 …… 1、4
  985 工程二期 …… 4b
  985 工程二期建设总体目标 …… 5a
  安全工作 …… 9a
  办学经费筹措 …… 7b
  毕业生就业工作 …… 8b
  财务工作 …… 7a
  财务工作总体思路 …… 7a
  财政收入 …… 7b
  存在的问题 …… 7a
  大学生和青年教师中发展党员的
    有效途径探索 …… 3a
  党代会任务 …… 2a
  党风廉政建设 …… 3a
  党委换届 …… 2a
  第十一次党代会 …… 1b
  防控疫情工作 …… 1b
  干部考核续聘工作 …… 7b
  工会会员代表大会 …… 3b
  工作研讨会 …… 4b
  国际交流活动 …… 8a
  国际交流与合作工作 …… 8a
  国际影响力 …… 8a
  国内合作 …… 8b
  寒假工作研讨会 …… 1a
  机构核定和调整任务 …… 8a
  机关机构调整 …… 7b
  基础设施建设 …… 8b
  纪检监察工作 …… 3a
  纪念邓小平同志诞辰一百周年 …… 3a
  加强管理 …… 7a
  教代会 …… 3a
  教学改革 …… 6b
  教学科研任务 …… 6b

教职工代表大会 …… 3b
开源节流 …… 7a
抗击非典斗争 …… 1a
科学研究 …… 7a
领导班子建设 …… 2b
企业改制 …… 8b
求真务实精神弘扬 …… 3a
全国人才工作会议 …… 6a
群团工作 …… 3a
人才基础 …… 5b
人才培养 …… 7a
师资人事制度改革 …… 2b、4a、5b
树立预算观念和成本核算意识 …… 7b
统战工作 …… 3a
团代会 …… 3a
维护学校安全 …… 3b
信息化建设 …… 8b
学科建设 …… 5b、6b
学科建设任务 …… 6b
学习、宣传、贯彻、实践邓小平理论和
三个代表重要思想新高潮 …… 3a
学校建设 …… 4a
研究生招生、培养改革 …… 6b
医学部工作 …… 8a
医院工作 …… 8a
争取985工程二期经费支持 …… 4b
政治稳定 …… 3b
重点工作 …… 2b
在2004年秋季全校干部大会上的讲话 …… 9、13
985工程二期 …… 11a
985工程二期筹备工作 …… 9a、13b
985工程二期宏观布局 …… 14b
985工程二期建设规划 …… 15a
985工程二期建设基本思路 …… 14a
985工程二期建设指导思想和整体思路 …… 14a
办学理念 …… 9b
《北京高校党建和思想政治工作基本标准》
落实 …… 11b
财务工作 …… 17a
财务制度建设 …… 17a
常规工作 …… 12a、18a
惩防腐败体系 …… 12a
大学生思想教育和公共理论课教学 …… 10a
党外代表人士参政议政、民主监督作用 …… 12b
党委工作 …… 11a
党委日常工作 …… 10b
党委主要工作 …… 9b
邓小平与当代中国和世界国际学术研讨会 …… 10a
第二十个教师节 …… 12a
队伍建设 …… 14a、14b
工会会员代表大会 …… 11a
工作成绩 …… 13a
国际合作与交流工作 …… 17b
机关干部任期届满考核和重新聘任工作 …… 10b
纪念邓小平同志诞辰一百周年系列活动 …… 12a
继续教育工作 …… 16a
建国55周年庆祝活动 …… 12a
教育教学工作 …… 12a、15b
教育收费管理工作 …… 18a
教职工代表大会 …… 11a
面临的形势和任务 …… 11a
全员育人、全过程育人观念 …… 12a
人才培养质量 …… 15b
师资人事制度改革 …… 15b
暑期干部研讨班 …… 10a
特色工作 …… 10b
香港学生培养工作 …… 17b
校外媒体工作 …… 12b
校园安全工作 …… 17b
宣传工作 …… 12b
宣传工作统一管理 …… 13a
宣传工作有关规定和纪律执行 …… 13a
学生管理与服务工作 …… 12a
学生食堂伙食价格上调的准备工作 …… 17b
学习胡锦涛总书记在邓小平同志
百年诞辰纪念大会上的重要讲话 …… 12a
学校新闻发言人制度 …… 12b
以人为本 …… 12a
哲学社会科学创新基地建设支持 …… 15a
直属高校党风廉政建设视频
会议精神贯彻落实 …… 12a
中心工作 …… 9a
重大基建工程项目 …… 16b
主要工作 …… 13b
遵守劳动纪律问题 …… 18a
作息时间调整 …… 18a
在岗博士生导师名录 …… 421
在校外国留学生分国别统计(表) …… 193
在校外国留学生分院系统计(表) …… 195
在校研究生统计(表) …… 185
在校院士 …… 392
中国工程院农业轻纺与环境工程学部 …… 410b
中国工程院生物医学学部 …… 410c
中国工程院信息与电子工程学部 …… 410a

中国科学院地学部 …………………………… 400c
中国科学院化学部 …………………………… 397b
中国科学院技术科学部 ……………………… 403c
中国科学院生物学部 ………………………… 407a
中国科学院数学物理学部 …………………… 392a
在职教育培训中心项目 ……………………… 224a
在职人员申请学位 …………………………… 180c
泽利奖学金 …………………………………… 475b
责任落实 ……………………………………… 358b
曾宪梓奖学金 ………………………………… 477a
增员分布表(表)……………………………… 271
增员类别及学历分布(表)…………………… 271
增员情况 ……………………………………… 270a
翟中和 ………………………………………… 407b
张岱年先生逝世……………………………… 63a
张恭庆 ………………………………………… 393b
张焕乔 ………………………………………… 397a
张杰 …………………………………………… 396c
张礼和 ………………………………………… 400b
张弥曼 ………………………………………… 402a
张滂 …………………………………………… 398b
张青莲 ………………………………………… 397b
招聘工作 ……………………………………… 286b
招生工作 …………………………… 144a、148a、179b
招生执法监察 ………………………………… 363a
赵柏林 ………………………………………… 401b
赵光达 ………………………………………… 395a
哲学系………………………………………… 60c
90 周年系庆典礼 …………………………… 61a
北大论坛哲学论坛…………………………… 61b
《北京大学哲学系史稿》修订出版………… 62b
当代视野中康德的道德哲学
国际学术研讨会………………………… 62a
发展概况……………………………………… 60c
冯友兰先生追思会…………………………… 63b
凤凰卫视摄制系庆专题片…………………… 61b
《观澜集》出版……………………………… 62b
《苦乐年华——北京大学哲学系系友回忆录》
出版……………………………………… 62c
南北哲学论坛………………………………… 61c
《薪火集》出版……………………………… 63a
张岱年先生逝世……………………………… 63a
正常进口仪器设备一览(表)………………… 302
正高职务评议结果(表)……………………… 277
政保工作 ……………………………………… 366a
政府管理学院………………………………… 68b
本科生教学基础工程建设…………………… 69b
党团工作……………………………………… 70c
对外交流……………………………………… 70a
发展概况……………………………………… 68b
教学成果获奖………………………………… 69b
教学工作……………………………………… 69a
教学管理工作………………………………… 69b
教职工………………………………………… 68c
科学研究……………………………………… 69c
学生…………………………………………… 68c
学生工作……………………………………… 70c
政治学研究基地发展………………………… 68c
专业设置……………………………………… 68b
支出结构 ……………………………………… 287b
支援内蒙医疗队工作 ………………………… 320b
芝生奖学金 …………………………………… 478a
执法监察 ……………………………………… 363a
直属、附属单位负责人……………………… 30
校本部 ……………………………………… 30
医学部 ……………………………………… 31
职业生涯规划 ………………………………… 372a
志愿服务工作 ………………………………… 385a
制度建设………………………………… 344a、387c
制度完善 ……………………………………… 319b
治安工作………………………………… 364b、365c
中层领导班子换届工作 ……………………… 346a
中层在职管理干部培训工作 ………………… 347a
中长期发展规划 ……………………………… 265c
中关园留学生公寓工程 ……………………… 308b
中关园项目部 ………………………………… 329b
拆迁工作 …………………………………… 329b
工程建设 …………………………………… 329b
内部管理 …………………………………… 330b
人员状况 …………………………………… 330c
设计调整 …………………………………… 329c
中国八年制医学教育峰会 …………………… 146a
中国和平统一促进会理事 …………………… 355a
中国经济研究中心…………………………… 95b
发展概况……………………………………… 95b
教职工………………………………………… 95c
培训项目……………………………………… 96a
学科建设……………………………………… 95c
学术交流……………………………………… 96a
中国考古学研究中心………………………… 60b
中国科学院奖学金 …………………………… 475a
中国—欧盟奥地利暑期学校 ………………… 190c
中国石油奖学金 ……………………………… 473a
中国研究生院院长联席会秘书处 …………… 176a

工作会议 …… 176a
国际交流 …… 176b
支持西部地区研究生教育活动 …… 177a
专题研讨 …… 176c
中国药物依赖性研究所 …… 135a
发展概况 …… 135a
科研工作 …… 135b
学科建设 …… 135b
中国语言文学系 …… 57a
北京大学诗歌中心成立 …… 57c
北京论坛：中国文学分论坛文学艺术的对话与共生 …… 57c
发展概况 …… 57a
教学工作 …… 57a
教职工 …… 57a
科研活动 …… 57b
学生 …… 57a
中文系学术及学位委员会扩大会议 …… 57b
中纪委三次全会精神贯彻 …… 361a
中日大学校长论坛 …… 268a
中心工作 …… 344c
重大警卫活动 …… 364a
重点实验室 …… 200a
评估 …… 197b
周其凤 …… 399b
周又元 …… 396a
朱作言 …… 407c
主题教育 …… 377a
住房补贴发放和预算决算工作 …… 292b
住房手续办理 …… 291c
住友商事奖学金 …… 475a
住院医师培训 …… 188c
住宅房屋防水及维修工程 …… 308a
住宅管理 …… 319c
助学金、奖教金、研究资助概表(表) …… 323
助学体系 …… 373b
专家工作 …… 269a
专利 …… 199b
专题民主生活会 …… 361c
专文 …… 1
专项监督检查 …… 360b、362b
专项情况调查 …… 359b
专项治理工作 …… 361c
专业技术职务晋升 …… 282b
专业技术职务聘任 …… 275b
专业技术职务评审委员会 …… 24
庄辉 …… 412a
资产管理 …… 290、295b
内部控制制度修订 …… 288a
资产管理部 …… 290b
资金、资产管理 …… 288c
自筹经费能力 …… 287a
自我约束机制 …… 171c
自学考试 …… 187b
宗教学系 …… 60c
总减员分布(表) …… 272
总务部工作 …… 309b
总务部机关干部考核续聘工作 …… 309c
总务部基础设施主要工程或项目一览(表) …… 310
总务部人事室自身建设 …… 311b
总务部职责履行 …… 309c
总务系统工作 …… 309b
总务系统人事干部素质 …… 311b
总务系统运行经费管理 …… 309c
总务系统职业技能大赛 …… 311c
组织工作 …… 342、344b
组织建设 …… 387b
组织系统内部建设 …… 344a

（肖东发 王彦祥 编制）